최신

미국 연방대법원 판결

(I)

장주영 편역

진원사

머 리 말

2000년대 이후 선고된 미국 연방대법원 판결 중 27건을 번역하여 책으로 펴낸다. 자동차 배출가스 규제 규칙 제정과 관련된 Massachusetts v. EPA (2007) 판결부터 가장 최근에 백신접종의무지침의 위법성을 다룬 Biden v. Missouri (2022) 판결이 포함되어 있다.

이 책에 소개한 판결들은 미국 사회에서 커다란 논쟁이 발생하였거나 언론에 보도된 것들 중에서 내가 관심을 갖고 있는 사례들을 임의로 골랐다. 원래는 판결의 취지를 개인적으로 자세히 알아보기 위해 시간 날 때마다 옮겨 보았다. 그런데 번역물이 쌓이다 보니 혹시라도 판결내용에 관심을 갖고 있는 사람들을 위해 자료로 남길 필요가 있다는 생각이 들었다. 외국의 지식이나 정보는 우리말로 번역되어 널리 공유되었을 때 온전히 우리 것으로 남는다.

미국은 우리와 달리 50개주로 이루어진 연방국가인만큼 연방정부와 주정부 사이의 권한 범위를 둘러싸고 자주 다툼이 발생한다. 대표적으로 주가 만든 법이 연방헌법에 위반되어 무효인지와 연방의회의 법이 연방헌법이 규정한 권한 범위 내에 있는지, 또는 주의 권한을 침해했는지 등을 둘러싸고 분쟁이 생긴다. 또한 다양한 인종으로 구성된 사회인데다 사회, 경제규모가 크다 보니 이해관계나 이념이 부딪치는 사안이 늘 소송을 통해 법원에 온다. 대의제 민주주의의 이념에 따라 선거로 선출된 의원들로 구성된 입법기관이 입법을 통해 사회의 갈등사안을 해결하고 정치적 책임을 지는 방식이 바람직하지만, 오히려 찬반 의견이 뜨거운 사안일수록 입법부가 정치적 책임 때문에 선뜻 나서지 못하는 경우가 있다. 인종이나 성소수자 차별 금지, 동성결혼허용 문제, 낙태 허용과 한계 등 입법기관에서 해결하지 못하고 법원이 최종 판단을 해야 하는 상황에 이르렀을 때, 민주적 정당성과 책임성이 부족한 사법부의 역할이 어디까지 허용될 수 있을지를 두고 치열한 논쟁이 벌어진다.

한국사회도 선진국의 반열에 들면서 입법이나 소송에서 미국의 법제와 분쟁이 자주 언급되고 비교된다. 코로나19와 관련된 집회제한이나 백신의무접종과 같은 방역지침이 헌법상 종교의 자유에 어긋나는지, 법률상 행정부의 적법한 권한 범위 내에 있는지등을 다룬 판결은 우리나라의 비슷한 방역지침의 효력에도 바로 참고할 수 있다. 그밖에도 완전히 똑같지는 않더라도 우리 법정에서도 공방이 오가고 있거나 머지않아 법적 다툼이 생겼을 때 참고할 수 있는 내용도 많다.

1년에 미국 연방대법원은 통상 100건 이내의 판결문을 공개하고 있고, 이 책에 들어 있는 판결들은 극히 일부다. 공정거래나 저작권 판결처럼 판결 1건만 번역한 분야도 있다. 겨우 판결 1,2건을 읽고 이해한다 해서 연방대법원의 법리를 이해하는데 어떤 도움이 될까 하는 생각이 있을 수 있다. 그러나 하나의 판결이라 해도 그 분야의 과거 중요한 선례들을 소개하면서 인용하고 있고, 법정의견과 반대의견에서 드러나는 선례 해석 및 견해 차이 등을 통해서 과거로부터 현재까지 전반적인 법리의 흐름이나 변천을 이해할 수 있다. 또한 이 책에 실린 판결은 앞으로 나올 판결에서도 자주 인용될 수 있어서 비록 1건의 판결이라 해도 판결내용을 처음부터 끝까지 정확하게 이해한다면 관련 분야의 다른 판결을 읽어볼 때 익숙한 느낌을 가질 수 있다.

이 책에 실린 연방대법원 판결은 분야도 다양하고 관련 법조항도 많은데, 나름 최선을 다해 옮겼으나 판결내용이나 법조항을 모두 제대로 이해하고 옮겼다고 자신할 수 없음을 잘 알고 있다. 예를 들면 연방과 주가 독립하여 일정한 주권을 행사하는 연방헌법체제를 갖고 있는 미국에서 연방과 주 사이의 권한 배분, 각종 행정 관련 법과 규칙, 독점금지 관련 판결 등은 미국 헌법 전공자도 아니고 관련 분야에 전문지식이 부족한 상태에서 정확한 우리말 번역어를 찾기가 쉽지 않았다. 외국 판결이라 해도 아는 만큼 이해할 수 있는데, 기본 지식이 부족한 탓에 판결내용을 제대로 이해하지 못하고, 그 때문에 매끄럽게 옮기지 못한 것은 아닌가 하는 걱정이 늘 있다. 하지만 비록 불완전한 번역이라 해도 이를 바탕으로 앞으로 더 나은 번역과 이해로 나아가는 징검다리가 되기를 바랄 뿐이다.

공개된 미국 연방대법원 판결은 다수의견과 소수의견을 합하면 분량이 매우 많은 건이 여럿 있다. 예를 들면 오바마 정부가 추진하던 건강보험개혁법을 둘러싸고 진보와 보수 진영 사이에서 날 선 논쟁이 벌어졌던 National Federation of Independent Business v. Sebelius (2012) 판결은 193쪽 분량이다. 사회적으로 팽팽하게 의견이 대립되는 사안은 대법관의 성향에 따라 다수의견과 소수의견이 간발의 차이(예컨대 5:4)로 갈리는 경우가 많다. 그런 사안에서는 대법원의 구성이 변동되면 결론도 바뀔 수 있어서 소수의견이라고 무시할 수 없으므로 소수의견도 함께 실었다. 소수의견을 보면서 다수의견의 취지와 쟁점을 더욱 잘 알게 되고 두 의견의 차이도 뚜렷하게 알 수 있다.

일부 소수의견까지 싣다 보니 분량이 늘어나서 내용을 줄이는 방법을 강구할 수밖에 없었다. 그래서 판결 내용 중에서 절차법 문제나 본문을 이해하는데 크게 지장이 없다고 생각되는 부분은 과감히 생략하였다. 폭넓게 인용되는 판례나 근거 자료, 참고서면 등도 내용을 이해하는데 크게 필요하지 않다고 생각되면 뺐다. 인용근거나 자료를 제대로 알고 싶다면 원문에서 확인하기 바란다. 원문의 주석은 필요한 범위에서 일부만 옮겼고, 임의로 추가한 주석도 있으므로 원문의 주석번호와 이 책의 주석번호가 다르다. 판결문에는 인용문구라는 사실을 표시하기 위해 인용부호(따옴표 등)를 자주 쓰고 있으나, 읽기 편하도록 이를 생략하기도 하였다.

판결 원문의 요약(Syllabus) 부분을 없애고 그 자리에 내가 간략하게 판결의 배경과 쟁점, 법정의견 및 반대의견의 주요 내용을 간추린 해설을 덧붙였다. 판결내용을 바로 읽기보다는 간단하게나마 해설내용을 읽고 요지를 알면 이해가 편하리라고 생각하였다. 원래 요약부분은 연방대법원판례집 편찬자가 독자들의 편의를 위해 판결의 주요 요지를 요약한 내용인데 판결 원문의 일부는 아니다.

이 책은 내가 과거에 펴낸 「미국 저작권 판례(2003), 증보판(2012), 제2증보판(2017)」과 「미국 수정헌법 제1조와 표현의 자유 판결(2015)」에 이어 3번째로 미국 판결을 옮긴 책이다. 내가 미국 판결을 번역하게 된 계기는 2000년부터 2년간 미국에서 유학할 때 배운 저작권 판결들을 옮기면서부터다. 유학을 가기 전에 우연히 국내에서 번역한 미국저작권판례를 읽고 나서 원문을 보니 이해하기가 쉬웠다. 아무 사전지식 없이 바로 영문 판결을 읽었더라면 이해하기가 훨씬 더 어려웠을 것 같다. 비록 훌륭한 번역은 아니었다고 해도 그마저도 영문판례를 공부하는데 큰 도움이 되었다. 그때의 깨달음으로 미국에서 배운 저작권판결들을 자료로 남기기 위해 옮기기 시작하였다. 그 뒤 번역의 필요성을 개인 차원에서만 느끼고 있다가, 동양과 서양의 문명이 서로 교류하는 과정에서 번역이 얼마나 큰 역할을 했고 또 중요한지를 역설한 도올 김용옥 선생의 글을 읽고 시야를 더욱 넓힐 수 있었다.

어려운 출판여건 속에서 두꺼운 책을 훌륭하게 편집하여 출간해 준 진원사의 양진수 사장님과 류재현 부장님께 감사드린다.

2022. 6.

장 주 영

목 차

[사 형 제]

[행 정]

[형 사]

[독점금지]

[저 작 권]

최신

미국 연방대법원 판결

(Ⅰ)

[연방헌법상 권한의 범위]

1. 주검사의 대통령 금융자료 제출명령과 대통령의 면책 여부

Trump v. Vance
591 U.S._____(2020)

〈해 설〉

뉴욕주의 지방검사 반스는 트럼프 대통령의 개인 회계 회사에 거의 10년간의 금융 자료를 제출하라는 대배심 명령을 발부하였다.

트럼프 대통령은 연방헌법 제2조(행정부)와 연방법 우위 조항에 따라 현직 대통령은 주의 형사절차로부터 면책되거나, 대통령 업무의 중요성을 고려할 때 요구 자료가 기소 결정에 핵심 자료이고 제출명령 외에 다른 방법으로는 입수할 수 없으며, 현직일 때 입수할 필요가 있는 등 제출명령 발부 기준이 엄격해야 한다고 주장하였다.

법정의견은 과거 연방사건에서 대통령이 문서제출명령과 증언 의무에서 면제되지 않는다는 선례 내용을 확인하고, 대통령의 공정한 직무 수행에 직접 영향을 미치는 구체적인 사유가 없는 한 엄격한 기준이 필요하지 않다고 판결하였다.[1)]

[대법원장 로버츠]

우리 사법 체계에서 "국민은 모든 사람의 증거에 접근할 권리를 가지고 있다." 공화국 초기에 "모든 사람"에는 대통령이 포함되어 있다. 제퍼슨에서 시작하여 클린턴까지 대통령들은 한결같이 연방법원이 요청했을 때 형사절차에서 증언하거나 서류를 냈다. 이 사건은 우리와 당사자들이 알고 있는 한 주의 형사절차상 제출명령을 처음으로 대통령에게 보낸 사건이다. 대통령은 제출명령이 집행될 수 없다고 주장하고 있다. 우리는 헌법 제2조와 연방법 우위 조항이 현직 대통령을 주의 형사 제출명령 대상에서 제외하거나 제출명령의 발부에 강화된 기준이 필요한지를 결정하기 위해 상고를 허가하였다.

---

1) 대법원장 로버츠가 법정의견을 작성하고 대법관 긴즈버그, 브레이어, 소토마요르, 케이건이 참여하였다. 대법관 카바노가 동조의견을 작성하고 대법관 고서치가 참여하였다. 대법관 토마스와 알리토가 반대의견을 작성하였다.

I

2018년 여름 뉴욕주 지방검찰청은 "주법을 위반한 행위로 의심되는 여러 사람의 거래"라고 모호하게 설명한 조사를 시작하였다. 1년 뒤 대배심 심리를 위해 검찰청은 트럼프 대통령의 개인 회계회사인 마자르에게 제출명령(증거를 제출하라는 요청)을 발부하였다. 제출명령은 마자르에게 "2011년부터 현재까지 세금 환급액과 관련된 명세서"를 포함하여 대통령 및 그가 관여한 사업체에 관련된 금융 자료를 내라고 하였다.

대통령은 연방지방법원에 지방검사와 마자르를 상대로 제출명령의 집행 정지 소송을 걸었다. 그는 헌법 제2조와 연방법 우위 조항에 따라 현직 대통령은 주의 형사절차로부터 완전히 면책된다고 주장하였다. 그는 법원에 "대통령이 재직중일 때는 제출명령이 무효이며 집행할 수 없다는 확인판결"과 지방검찰청이 제출명령을 영구히 집행할 수 없도록 해달라고 요구하였다. 마자르는 대통령과 지방검사 사이의 다툼이라고 보고 대통령이 말한 법률 쟁점에 대해 어떤 입장도 취하지 않았다.

지방법원은 진행 중인 주의 형사 절차에 연방법원의 개입을 일반적으로 금지한 Younger v. Harris, 401 U.S. 37 (1971) ("영거 판결")에 따라 재판권 행사를 자제하고 사건을 각하하였다. 지방법원은 대통령이 금지명령의 구제를 받을 수 없다고 판결하기도 했다.

연방2항소법원은 절반만 받아들였다. 항소법원은 주정부와 연방 정부 사이의 다툼을 방지하는 영거 판결의 개입 자제 이론은 이 사건의 지방검사와 대통령처럼 주와 연방의 행위자들이 이미 충돌 상태에 있을 때는 그 정당성이 줄어든다고 보았다.

본안에서 항소법원은 예비 금지명령을 거부한 지방법원에 동의하였다. 연방사법절차에 따라야 하는 200년간의 대통령 지위에 따라 대통령의 면책으로 제3자에게 특권대상이 아닌 자료를 내라고 명령하는 주의 대배심 명령의 집행을 금지하지 않는다고 결론 내렸다. 또한 주의 대배심 제출명령에는 더 큰 필요성이 소명되어야 한다는 참고인 국가의 주장도 배척하였다. 항소법원은 행정부 자료의 특권을 다룬 사례에서 본 심사기준에 따르면, 대통령의 개인에만 관련되어 있고 그의 헌법상 의무의 수행과는 관련이 없는 정보를 요구하는 제출명령에 거의 적용되지 않는다고 했다. 우리는 상고를 허가하였다.

Ⅱ

1807년 여름 모든 사람들의 눈은 버지니아 리치몬드로 향했다. 전직 부통령 애런 버르가 반역죄로 재판을 받고 있었다. 알렉산더 해밀턴과의 운명을 건 대결 이후 정치에서 물러난 버르는 빈털터리 미국인의 생활을 이어갔다. 그는 새로운 기회를 찾아 서부로 향했으나 욕심이 컸다. 루이지애나 주지사인 윌킨슨 장군과 함께, 당시 스페인이 다스리던 멕시코의 새로운 영역을 빼앗으려는 계획을 세웠다.[2] 두 사람은 미국와 스페인 사이에 전쟁이 곧 시작되리라고 기대했고, 전쟁이 터졌을 때 그들은 민병대를 앞세워 스페인 영토로 쳐들어가려고 하였다.

그러나 버르가 계획에 동조자를 모으는 동안 스페인과의 긴장은 줄어들었고, 버르가 앨러거니 산맥에 걸쳐 있는 주들을 연방체제로부터 떼어내려는 음모를 꾸미고 있다는 소문이 돌았다. 음모의 주요 공모자로 드러날까 걱정한 윌킨슨은 모든 책임을 버르에게 돌리려고 하였다. 그는 제퍼슨 대통령에게 여러 건의 편지를 보내, 버르가 뉴올리안즈를 공격하고 루이지애나 지역에서 혁명을 일으킬 계획을 세우고 있다고 비난하였다.

과거 부통령 후보였던 버르를 업신여긴 제퍼슨은 윌킨슨의 말을 가볍게 믿어버렸다. 대통령은 의회에 버르를 연합의 평화와 안전을 위협하는 계획의 주요 행위자로 지목하는 특별 의견을 보냈다. 제퍼슨은 버르를 연합의 분리나 스페인 영토의 공격을 꾀하는 사람으로 보았다. 제퍼슨은 소문, 추측, 의심이 섞여 있는 내용이라고 인정했지만, 윌킨슨의 편지를 인용하면서 의회에게 버르의 유죄는 의문의 여지가 없다고 확언하였다.

이어진 재판은 공화국의 짧은 역사에서 엄청난 구경거리였다. 사람들은 재판을 보러 리치몬드로 몰려들어 그 지역인구 5000명의 거의 두 배나 되는 사람들이 강둑에 텐트를 치기도 했다. 버르의 변호인들에는 헌법회의의 대리인이자 유명한 변호사였던 랜돌프와 마틴도 있었다. Marbury v. Madison, 1 Cranch 137 (1803)

---

2) 윌킨슨은 정보제공과 영향력 행사의 대가로 스페인으로부터 물밑으로 돈을 받았다. 버르의 재판에 뒤이어 그는 의회로부터 조사를 받았고 군사재판을 받았다. 그러나 그는 증거부족으로 풀려났고, 그의 이중성은 사망 10년 뒤 스페인의 자료가 공개되었을 때 밝혀졌다.

사건에서 제퍼슨 행정부와 한 판 붙었던 대법원장 마샬은 버지니아 순회법원의 대법관으로 재판을 진행하였다. 제퍼슨은 유죄판결을 받기 위해 검사들을 조직하고 5달 동안의 절차에서 재무부로부터 거의 10만불을 꺼내 썼다.

재판 시작부터 자신을 비난한 사람들을 목표로 삼은 버르는 제퍼슨을 향한 제출명령을 신청하였다. 제출명령 초안은 대통령에게 의회에 의사를 전달하면서 참조했던 윌킨슨의 편지와 자료들을 1806. 10. 21.까지 내라고 요구하였다. 검찰은 대통령은 그러한 제출명령을 따를 수 없고 편지는 주의 비밀을 담고 있다고 주장하면서 버르의 신청에 반대했다.

먀샬은 대통령은 헌법의 일반 조항 또는 피고인은 방어를 위해 증인을 강제로 소환할 절차상 권리를 가진다고 보장한 수정헌법 제6조로부터 면제되지 않는다고 선언했다. United States v. Burr, 25 F. Cas. 30, 33-34 (No. 14,692d) (CC Va. 1807) (“버르 판결”). 보통법에서 증언 의무의 유일한 예외는 왕의 품위가 법정의 절차에 나타나는 것과 양립할 수 없다고 인정되는 왕의 사건이었다. 그러나 마샬은 왕은 태어날 때부터 권력을 갖고 있었고 잘못을 저지를 수 없지만, 대통령은 국민의 대통령이고 법을 지켜야 한다고 보았다. 마샬에 따르면 대통령이 증언의무로부터 면제되기 위한 유일한 이유는 대통령의 의무 때문에 모든 시간을 국가의 일에 쏟아야 한다는 요구이다. 그러나 마샬은 그러한 요구는 무제한이 아니라고 판단하였다. 그리고 대통령의 직무수행 때문에 특정 시간과 장소에 참석할 수 없다면, 법원은 제출명령이 반환되었을 때 판단할 수 있다고 했다.

마샬은 대상 서류가 주의 비밀을 담고 있기 때문에 대통령이 제출명령으로부터 면책된다는 검찰의 주장을 배척하였다. 제출명령은 정상적인 소환장을 발부할 수 있는 사람이면 누구에게나 발부될 수 있다. 헌법을 공정하게 풀이하면 증인출석을 요구할 권리는 그 증인에게 방어에 중요한 서류도 함께 가져오도록 요구할 권리를 포함하지 않는다는 결론은 지지받지 못한다. 그리고 공정성의 기본 문제로 그러한 정보를 내지 않도록 허락하는 것은 법원의 명예를 더럽히게 된다. 서류 제출이 적정한지는 서류를 갖고 있는 사람이 누구인지가 아니라 서류의 성질에 달려 있다. 마샬은 버르가 요구하는 서류를 공개하면 공공의 안전이 위험에 빠질 수 있는 정보가 들어 있을 수 있다고 인정했지만, 그러한 우려는 자료를 보내면 적절히 고려하겠다고 밝혔다.

다툼이 계속되는 동안 제퍼슨은 검사에게 서한을 보내서, 어떤 행정 자료를 제외해야 하는지를 결정하는 특권이 있음을 전제로 제출하겠다고 알렸다. 그러나 그의 법정출석은 헌법이 늘 작동하도록 요구하는 유일한 직책이 비게 된다는 이유로 논외로 하였다.

버르가 제출명령에 따른 자료를 받기 전에 마샬은 반역으로 기소한 검찰의 핵심 논리를 배척하였고 버르는 무죄를 선고받았다. 그러나 제퍼슨은 멈추지 않았다. 유죄를 받는데 몰두한 그는 검사에게 지시하여 스페인과의 전쟁을 부추긴 혐의로 경범죄로 기소하라고 지시하였다. 그러자 버르는 윌킨슨의 10. 21. 편지를 다시 요청하였고 복사본을 받았다. 두 번째 편지인 1806. 11. 12.편지의 제출을 요청했으나 검사는 면책특권을 주장하였다. 대통령이 공공의 안전을 보호하기 위해 정보를 공개하지 않을 수 있다고 인정하면서, 마샬은 편지를 공개하지 않는 특별한 이유를 말하라고 요청하였다. 법원은 그 이유들을 모두 적절하게 존중하면서 공개 여부를 결정하려고 했지만, 경범죄 재판이 유죄의 증거가 뚜렷이 부족해서 중단되었을 때 결정할 필요가 없게 되었다.

버르 재판 이래 두 세기동안 다음 대통령들은 대통령도 제출명령에 따라야 한다는 마샬의 법리를 받아들였다. 1818년 몬로 대통령은 그가 임명한 사람의 군사재판에서 증언하도록 소환장을 받았다. 버르 재판에서 검사로 일했던 법무장관 워츠는 몬로에게 마샬의 법리에 따르면 증인 소환장은 적절하게 대통령에게 발부되었다고 조언하였다. 몬로는 진술서 제출방식을 요청했고 서면 조사에 답변서를 보냈다.

몬로를 이어서 다음 대통령들도 형사절차에서 요청을 받았을 때 한결같이 증언에 동의하였고 선택한 시간과 장소에게 증언하였다. 1875년 그랜트 대통령은 위스키 탈세 사업에 얽혀 있는 사람을 임명하였는데 그 사람의 형사 재판에서 3시간 진술하였다. 1세기가 지나서 포드 대통령은 암살미수사건에서 증인으로 소환되었다. 포드는 처음으로 멀리서 안전하게 영상진술하였다. 카터 대통령은 조지아 주지사 시절에 도박장 단속을 미리 알려주는 대가로 선거운동을 도와 주겠다고 제안한 사람들 재판에서 같은 방법으로 증언하였다. 2년뒤 카터는 도피중인 금융업자가 백악관에 추방절차를 멈추어 달라고 탄원했는지를 조사하는 연방대배심 절차에 영상증언을 했다. 클린턴은 3번 증언했는데 부정축재 조사와 관련하여 협의자들의 형사재판에서 소환장에 따라 두 차례 진술서를 보냈고, 대배심의 위증 조사에서 한 번 영상증언을 하였다.

1974년 마샬이 판단하지 않은 문제로 대통령이 반대할 때 공문서의 공개를 요구할 수 있는지의 문제가 나타났다. 그 봄에 워터게이트 건물의 민주당 전국위원회 본부에 몰래 들어간 사건을 조사하기 위해 임명된 특별검사는 닉슨을 공모자로 쓰고 관련된 7명의 피고인을 기소하였다. 사건이 재판으로 가자, 특별검사는 닉슨에게 백악관 회의의 녹음테이프를 내라는 제출명령을 발부하였다. 닉슨은 제출명령의 집행정지를 신청하면서, 헌법은 모든 대통령의 모든 자료에 대해 절대적인 비밀 특권을 부여했다고 주장했다. 이 법원은 나중에 대통령은 제출명령에 따라야 한다는 마샬의 법리를 명백하고도 단호히 지지한 판결이라고 설명한 United States v. Nixon, 418 U.S. 683 (1974) ("닉슨 판결")에서 그 주장을 받아들이지 않았다. Clinton v. Jones, 520 U.S. 681, 704 (1997) ("클린턴 판결"). 닉슨 판결은 고위 공무원과 그에게 조언하고 도와주는 사람들 사이에 교환되는 의견의 비밀을 지키는 중요성을 인정하였다. 법원은 "경험칙상 발언이 공개된다고 예상하는 사람들은 공개의 우려와 의사결정에 따른 피해발생에 대한 자신들의 이해관계 때문에 솔직하지 않을 수 있음을 알고 있다." 비밀은 대통령의 의사결정에서 나온 솔직하고 객관적이며 퉁명스럽거나 거친 의견과 관련한 공공의 이익을 증진한다.

그러나 2세기전의 마샬처럼 법원은 이익의 대립을 인정하였다. 법원은 "국민은 모든 사람의 증거를 볼 권리가 있다"는 보통법의 격언을 들면서, 공정하고 정확한 사법절차 중에서 국민의 이익은 형사 절차에서 가장 크다고 보았다. 정의를 염원하는 우리에게 "죄를 면해서도 안 되지만 억울함이 있어서도 안 된다." "일부만 제출되거나 추측으로 제시된 사실을 바탕으로 판단된다면" 이 두 가지 목표는 달성할 수 없게 된다. 닉슨 판결은 "검사나 피고인에게 필요한 증거를 제출하기 위한 강제절차는 반드시 이용 가능해야 한다."고 인정했다.

그래서 법원은 계류 중인 형사재판에서 증거입수가 구체적으로 필요하다는 점이 소명되었다면 대통령의 일반적인 특권 주장을 받아들일 수 없다고 결론지었다. 2주 뒤에 닉슨대통령은 테이프를 제출하였다.

Ⅲ

위에서 본 과정은 모두 연방 범죄절차에서 일어났다. 이 사건에서 우리는 처음으로 주 법원의 감독에 따라 운영되는 대배심이 대통령에게 발행한 제출명령을 마주하고 있다.[3)]

대통령은 이 사건은 완전히 다르다고 한다. 그는 연방법 우위 조항으로 현직 대통령은 주의 형사 제출명령에서 완전히 면책된다고 주장한다. 그 제출명령에 따르면 헌법 제2조의 기능 수행에 지장을 가져오기 때문이라고 한다. 국가 대리인인 송무차관은 대통령의 논리에 상당부분 동의하지만 다는 아니다. 송무차관은 현직 대통령에 대한 주의 대배심 제출명령은 적어도 "필요성이 커야 한다는 기준을 충족"해야 하며, 이 사건에서는 그 요건에 맞지 않는다고 강조한다.

A

우리는 먼저 절대 면책 문제를 본다. 헌법 제2조가 행정부의 독립성을 보장하고 있음을 누구도 의심하지 않는다. 행정부의 수장으로서 대통령은 "헌법체계에서 특별한 지위를 갖고 있다." Nixon v. Fitzgerald, 457 U.S. 731, 749 (1982) ("피츠제럴드 판결"). 충실한 법의 집행에서 군통수권에 이르는 그의 직무는 비교할 수 없는 무게와 폭을 갖고 있다. 매우 적절하게 그 직무는 핵심 기능을 수행하는 대통령 능력의 보호와 함께 한다. 위 판결(대통령은 그의 공적인 행위에서 예상되는 손해배상책임으로부터 절대 면책된다), 닉슨 판결, 708(대통령의 자료는 특권보호대상으로 추정된다고 인정).

헌법은 "각 주의 통제로부터 연방정부의 완전한 독립성"을 보장하고 있다. 우리가 가끔 말했듯이 "주는 의회가 만든 법의 집행을 늦추거나 방해, 제한, 또는 어떤 방식으로든 통제할 권한이 없다." 주는 대통령의 법집행을 가로막을 권한도 없다.

200년간의 실무와 닉슨 판결에 뿌리내린 버르 판결의 마샬 법리는 연방 형사 제출명령이 "행정부가 헌법상 의무를 수행하는 능력에 지장을 주기 때문에 헌법

---

3) 제출명령이 대통령의 회계회사에 발부되었지만, 당사자들은 문제의 서류들은 대통령의 것이고 마자르는 단순히 보관만하고 있다고 인정하고 있다. 그래서 면책을 판단할 때, 그 것은 기능적으로 대통령에게 발부된 제출명령이다.

상 금지되는 정도에 이르지" 않았음을 확인해주고 있다. 클린턴 판결 702-3. 그러나 대통령은 주의 형사 제출명령은 지장을 초래할 특별한 위험이 있고 그래서 더 큰 보호를 받아야 한다고 주장하고 있고 송무차관도 일부 동의하고 있다. 대통령은 분명히 이 사건에서 제출명령이 특별이 허용될 수 없을 정도로 부담이 된다고 주장하지 않는다. 대신에 그는 주의분산, 오명, 괴롭힘의 3가지 이유로 주의 형사 제출명령에 일반적으로 연관된 부담을 주장하고 있다. 우리는 차례로 살펴본다.

1

송무차관이 지지하는 대통령의 주된 주장은 주의 형사절차상 제출명령을 따르면 행정부 수장으로서 그의 직무 수행에서 벗어나 관심을 딴 데로 돌리게 된다고 한다. 그는 대통령의 공적인 행위로 예상되는 손해배상책임으로부터 완전 면책을 인정한 피츠제럴드 판결의 우려를 들고 있다. 당시 법원은 면책의 근거로 책임질 가능성은 대통령에게 공적인 직무를 회피하게 할 수 있고, 이는 대통령 자신 및 대통령직뿐만 아니라 대통령제로 운영되는 나라에 피해를 입힐 수 있다고 보았다. 753. 대통령은 마찬가지로 주의 형사 제출명령으로 야기된 주의분산은 헌법 제2조의 기능을 수행하는 대통령의 직무능력에도 견딜 수 없는 부담이 된다고 주장한다.

그러나 피츠제럴드 판결은 주의분산이 절대면책을 부여하는 충분한 이유라고 판결하지 않았다. 대신에 판사들과 검사들의 보통법상 절대 면책에 주의깊게 비유하였다. 대통령은 판검사처럼 그의 직무를 두려움 없이 공평하게 다루어야 하고 공적인 행위에 대한 민사배상책임의 가능성으로 그 직무수행에 지나치게 조심스러워서는 안된다고 결론 내렸다. 우리는 15년 뒤 클린턴 판결에서 주의분산만을 이유로 한 면책을 명백히 받아들이지 않았다. 그 사건에서 클린턴 대통령은 소송참여필요성으로 주의가 분산되는 위험 때문에 현직 대통령은 피츠제럴드 판결에서처럼 공적인 행위만이 아니라 사적인 행위에 대한 민사소송에서 절대 면책되어야 한다고 주장하였다. 우리는 그 논리에 동의하지 않았는데, 피츠제럴드 판결의 주된 관심사는 단순한 주의 분산이 아니라 피해배상의 가능성과 관련한 걱정으로부터 나오는 공무수행 의사결정과정의 왜곡이었다고 설명하였다. 법원은 대통령들이 개인이나 정치 영역에서, 일부는 공무수행결과로서 수많은 주의를 기울여야 한다고 인정했다. 그러나 법원은 그러한 주의분산은 성가신 일이기는 하지만 그것들이 보통 헌법의 관심사는 아니라고 보았다.

형사 제출명령에서도 마찬가지다. 적절하게 제기된 민사소송이 보통 대통령의 실질적인 시간이나 주의를 끌지 않는 것처럼, 두 세기의 경험은 적절하게 제한된 형사 제출명령이 대통령의 헌법상 직무 수행을 방해하지 않음을 확인해주고 있다. 대통령이 제퍼슨처럼 다른 사람의 형사절차에서 제출명령을 받은 경우에, 대통령의 부담은 민사소송에서 방어하는 부담보다 보통 더 가볍다.

그러나 대통령은 검사가 그와 그의 사업을 조사하고 있다고 믿고 있다. 그러한 상황에서 그는 형사절차는 대통령의 시간에 특별한 짐이 되며 압도적인 정도는 아니어도 많은 시간이 필요하기 때문에 형사절차가 대통령에게 지우는 부담은 피츠제럴드 판결 및 클린턴 판결의 사안에서 주의분산보다 더 크다고 한다.

그러나 대통령은 미래의 형사 책임 가능성에 따른 주의분산으로부터의 면책을 구하지 않고 있다. 그는 법무부의 입장과 일치하여 주의 대배심은 임기를 마친 뒤 기소하기 위해 현직 대통령을 자유롭게 조사할 수 있다고 인정하고 있다.

그러므로 대통령의 반대는 제출명령 자체로 주의분산이 더 발생했는지로 한정된다. 그 주장은 대통령이 수사 중일 때에도 대통령과 공적 자료가 사법절차에 따라야 한다고 확립한 200년 동안의 선례에 어긋난다.

2

다음으로 대통령은 제출명령을 받았다는 오명이 국내외에서 지도력에 상처를 줄 거라고 주장한다. 송무차관은 이 주장을 지지하지 않는데, 아마도 심각한 비행 혐의에 관련된 두 건의 사건에서 거부되었기 때문인 듯하다. 그러나 더럽혀진 명성을 피해로 볼 수 있다고 해도, "형사 조사에 관련 정보를 제공하는 보통 사람의 의무를" 이행하는 대통령에게 오명이란 있을 수 없다. 우리는 수사를 받고 있는 사람들이나 그 활동과 연계될 위험성으로 대통령이 중요한 공적 직무를 회피할 수 있다는 주장도 받아들일 수 없다. 과거의 대통령들은 연방 사건에서 이러한 연계 위험을 견뎌 냈고, 따라다니는 악평이 주의 법정 절차에서 반드시 더 커진다고 볼 이유가 없다.

대통령이 수사를 받고 있다면 대통령의 공적인 지위에 미치는 영향은 커진다. 그러나 대통령은 그러한 조사가 헌법 제2조 및 연방법 우위조항에 따라 허용된다고 인정했고, 제출명령이 대통령의 위신에 끼치는 피해를 키우지 않을 것 같다.

나아가 이 사건 소송이 마자르 제출명령을 부각시키지만, 대배심의 비밀을 유지하는 오래된 규칙은 대통령이 걱정하는 바로 그 오명을 막기 위함이다. 물론 공개 제한이 완벽하지 않다. 그러나 대배심 제출명령과 관련하여 허락 없이 공개하는 사람은 위험을 각오해야 한다.

3

마지막으로 대통령과 송무차관은 대통령이 주의 형사 제출명령에 따라야 한다면 쉽게 괴롭힘의 표적이 될 거라고 경고한다. 피츠제럴드 판결 753. 그러나 우리는 클린턴 판결에서 거의 같은 주장을 배척하였는데, 그 사건에서 클린턴 대통령은 공무가 아닌 행위에 대해 민사배상책임을 허용하면 정치적인 동기에 따라 괴롭힐 목적의 하찮은 소송이 많이 생길 거라고 주장했다. 그럼에도 대통령과 송무차관은 주의 형사 제출명령이 그 위험성을 높이고 두려움 없이 공평하게 주의 문제를 다루어야 하는 대통령의 능력을 약화시킬 수 있다고 주장한다. 연방검사는 대통령에게 책임을 지고 해임될 수 있지만, 이 나라의 2,300명의 주 검사들은 지역의 유권자들, 이익, 편견에 반응하고 있고, 대통령에 대한 불만을 드러내기 위해 형사절차를 이용할 수 있다고 한다. 지역의 대배심원들을 감독하는 주 법원이 연방정부의 대통령에게 연방법원이 보여주는 존중을 갖지 않을 수 있다고 한다.

우리는 괴롭힐 목적의 제출명령이 어떤 상황에서는 행정부의 독립성이나 효율성을 위협할 수 있다고 인정한다. 그렇다 해도 클린턴 판결에서 우리는 연방법원이 그러한 민사소송을 막는 방법을 갖고 있고 필요하다면 각하할 수 있기 때문에 그 위험은 크지 않다고 보았다. 그리고 우리가 주의 검사들이 정치 동기를 가질 수 있다는 가능성을 무시할 수 없지만, 이 사건에서 법은 이미 예상되는 남용으로부터 보호하고 있다.

첫째, 대배심원들은 악의나 괴롭히는 의도로 수사를 시작하고 자의적인 조사를 하지 못하도록 되어 있다. United States v. R. Enterprises, Inc., 498 U.S. 292, 299 (1991). 이러한 보호는 행정부 수장으로서 특별한 지위에 비추어 특별한 효력을 가지고 대통령에게 적용된다. 그리고 그러한 괴롭힘이 발생했을 때 대통령은 연방법원의 보호를 받을 수 있다. 주의 형사 절차에 연방의 개입은 강력하게 금지되지만, 연방지방법원은 괴롭히려는 의도로 시작되었거나 악의로 행해지는 주의 절차라고 적절하게 인정되는 경우에 그 사건에 개입할 수 있다. Huffman v. PU.S.e,

Ltd., 420 U.S. 592, 611 (1975).

둘째, 대법관 알리토의 설명과 달리 우리의 판결은 주에게 연방행정부의 기능을 함부로 다루는 것을 허용하지 않는다. 연방법 우위조항으로 주의 판사와 검사는 대통령의 공무에 개입할 수 없다. 제출명령을 발부하여 대통령의 정책 결정을 조종하거나 대통령의 공무수행에 앙갚음하려는 시도는 그러한 방해로부터 면제되는 우월한 권력에 영향을 미치려는 위헌적인 시도이다. 연방법은 대통령이 이 사건처럼 연방 영역에서 위헌적인 영향을 다툴 수 있도록 하고 있다.

이러한 보호책과 법원의 선례를 모아 볼 때, 우리는 헌법 제2조나 연방법 우위조항에 따라 절대 면책이 필요하거나 타당하다고 결론내릴 수 없다. 반대하는 대법관도 동의하고 있다. 대법관 토마스는 버르 판결의 마샬 법리에 들어 있는 헌법의 이해를 바탕으로 똑같은 결론에 이르고 있다. 그리고 대법관 알리토도 버르 판결에 따라 대통령 자료를 내달라는 주의 모든 형사 제출명령이 금지되지는 않는다는데 동의하고 있다. 그 점에서 법원은 의견이 같다.

B

다음으로 우리는 대통령의 개인 서류를 내라는 주 대배심 제출명령이 높은 필요성 기준을 충족시켜야 하는지를 본다. 송무차관은 요구하는 증거가 구체적인 기소 결정에 핵심이어야 하고 다른 방법으로는 입수할 수 없는 증거여서 제출명령이 마지막 수단이며, 대통령 임기가 끝나기 전인 지금 필요하다는 점을 밝혀야 한다고 주장한다. 대법관 알리토는 그 요건을 거의 모두 받아들이면서 대통령에 대한 주의 형사 제출명령이 높은 기준을 충족하지 못하면 허용되어서는 안된다는데 동의하고 있다.

우리는 3가지 이유로 동의하지 않는다. 첫째, 그러한 높은 기준은 공적인 자료의 보호를 대통령의 개인 서류에까지 넓히게 된다. 송무차관과 대법관 알리토도 인정하듯이 그들의 기준은 버르 판결에서 시작된 행정부 특권 판례에서 나왔다. 버르 판결에서 마샬은 만약 제퍼슨이 행정 자료에 대한 대통령의 특권을 주장한다면, 법원은 서류가 사건의 정의실현에 필수적임을 명백히 보여주는 변호인의 진술서를 요구할 것이라고 설명했다. 송무차관과 대법관 알리토는 우리가 대통령의 개인 서류에도 비슷한 기준을 적용해야 한다고 한다. 그러나 이 주장은 버르 판결의 다른 판시내용을 말하지 않고 있다. "만약 행정부가 공적인 성격이 아닌 서류를 갖고 있다면, 그 서류에 대해서 대통령은 다른 보통 사람과 거의 똑같은 지위에 있어야 한다." 그리고 겉으로는 사적이지만 공적인 서류로서의 성격도 띠고 있는 자료에 대해 대통령이 특권을 주장할 권리가 있기 때문에 "완전히"가 아니라 "거의"이다.

둘째, 송무차관이나 대법관 알리토도 주의 제출명령으로부터 대통령을 강하게 보호하는 것이 행정부의 헌법 제2조 기능 수행에 필요함을 증명하지 않았다. 위에서 본 괴롭힘의 위험 외에 그들이 높은 기준이 필요하다고 이야기하는 유일한 정당한 이유는 "원치 않는 부담"에서 대통령의 보호이다. 결과적으로 중요한 증거일 때 대통령에게 연방 제출명령을 보낼 수 있다 해도, "증거가 반드시 필요할 때에만" 주의 제출명령이 발부될 수 있다고 주장한다. 그러나 그러한 2중 기준은 법리상 근거가 없다. 만약 주의 제출명령이 대통령을 조종하기 위해서 발부되지 않았다면, 자료 자체가 보호되지 않는다면, 행정부의 기능이 손상되지 않는다면, 헌법 제2조나 연방법 우위조항은 주의 제출명령이 연방 제출명령보다 더 높은 기준을 따라야 한다고 보장하지 않는다.

마지막으로 행정부를 보호할 필요가 없으면 공정하고 효율적인 법집행에 관한 공익은 증거에 대한 폭넓은 접근을 허용할 수 있다. 주의 대배심에게 높은 기준의 필요성을 충족하라는 요구는 조사에 관련된 모든 정보를 얻으려는 대배심의 능력을 떨어뜨린다. 그리고 그 기준에 따라 보류된 증거가 대통령의 임기가 끝날 때까지 보존된다고 가정해도, 그 사이에 기억이 사라지고 자료가 없어지면서 주는 증거가 이끌어 줄 조사를 할 수 없게 된다. 이는 제3자(공소시효가 지날 수 있다)의 확인, 조사, 기소를 못하게 한다. 더 큰 문제는 대배심이 무죄 증거를 입수하지 못하면 억울한 사람이 생길 수 있다.

높은 필요성 기준을 배척한다고 해서 대통령이 실제 보호를 받지 못하는 것은 아니다. 먼저 대통령은 모든 시민들이 이용할 수 있는 똑같은 보호를 받을 수 있다. 여기에는 보통 악의와 부당한 제한이나 광범성을 포함하여 주법이 허용하는 근거에 따라 제출명령을 다투는 권리가 있다. 그리고 연방법원에서처럼 대통령직을 마땅히 존중하여 증거개시절차의 시기와 범위를 포함한 모든 절차를 알려주어야 한다. **클린턴 판결 707,724(대법관 브레이어 동조의견)** (대통령을 상대로 한 소송을 담당한 법원은 대통령의 공적인 책임 이행에 부당하게 끼어들지 않도록 심리일정을 잡아야 할 필요성 강조). 닉슨 판결 702(대통령에 대한 제출명령일 경우 상소심은 특히 꼼꼼하게 심리해야 한다).

나아가 헌법이 행정부에게 절대 면책이나 높은 기준을 허용하지 않았다 해도, 대통령은 일반 시민이 이용할 수 있는 이의제기만 할 수 있는 것은 아니다. 대통령은 주 또는 연방 차원에서 제출명령에 특유한 헌법문제를 제기할 수 있다. 그는 연방법 우위 조항을 어겨 공적인 직무 수행에 영향을 미치려는 의도라며 제출명령을 다툴 수 있다. 이는 연방 헌법 권력의 효율적인 작동에 끼어들어 방해하려는 지역 정치의 책략으로부터 보호한다.

또한 행정부는 지방 검사도 인정하듯이 특정 제출명령을 따르면 대통령의 헌법상 직무 수행에 방해가 된다고 주장할 수 있다. 헌법 제2조는 그 기능을 걸림돌이나 손상 없이 수행할 권한도 포괄하고 있다. 그 결과 "대통령이 사법절차와 공적인 의무 사이에 충돌"이 있다고 하거나, 법원의 지시나 제출명령이 그 의무를 이행하는 노력에 꽤 개입하고 있다는 점을 보여준 이상, 상황은 바뀐다. 클린턴 판결 710,714. 그 점에서 대통령 직무에 대한 그러한 개입이 발생하지 않도록 보장하기 위해 필요하다면 법원은 제출명령을 중단하거나 고치기 위해 자신의 권한을 써야 한다. 708.

* * *

200년 전 우리 법원의 위대한 대법관은 시민은 물론 심지어 대통령조차도 형사절차에서 요청받았을 때 증거를 낼 의무가 있음을 확인했다. 우리는 오늘 그 원칙을 다시 인용하고, 대통령이 개인 서류를 요구하는 주의 형사 제출명령에서 완전히 면제되지 않을 뿐만 아니라 높은 필요성 기준을 요구할 수 없다고 판결한다. 최고위 공직자를 보호하는 일은 행정부의 독립과 형사 정의실현의 완전성 모두를 지키는 방식으로 확립된 법리 및 헌법이론을 개별 제출명령에 적용하는 법원의 손에 달려 있다.

대법원과 항소법원에서 나온 주장은 절대 면책과 높은(엄격한) 필요성 여부로 한정된다. 그러나 항소법원은 대통령이 추가 주장을 적절하게 제기하면 지방법원으로 돌려보내야 한다고 지시하였다.

우리는 항소법원의 판결을 인용하며 이 의견에 따른 추가 절차를 위해 사건을 되돌려 보낸다.

[대법관 카바노 동조의견(대법관 고서치 참여)]

오늘 법원은 만장일치로 대통령이 주의 형사 제출명령에서 완전히 면제되지 않는다고 결론 내렸지만, 대통령이 제출명령에 대해 적절하게 헌법 및 법률상 이의를 제기할 경우 이 사건을 지방법원에 돌려보내야 한다고도 인정했다. 나는 두 결론에 동의한다.

* * *

대배심 제출명령을 둘러싼 다툼은 주가 형사 조사를 하는 법률상 이익과 대통령이 부당한 간섭을 받지 않고 직무를 수행하는 헌법 제2조 법률상 이익 사이의 충돌이다. 이 사건이 대통령의 개인 정보와 관련되어 있고 행정특권 사례는 아니지만, 다수의견은 헌법 제2조와 연방법 우위조항이 이 사건과 같은 주의 형사 제출명령에 대해 대통령을 일부 보호하고 있다는 선례를 바탕으로 올바른 결론을 내렸다.

우리의 정부제도에서 이 법원이 가끔 말했듯이 누구도 법위에 있지 않다. 물론 그 원리는 대통령에게도 적용된다. 동시에 이 법원은 헌법 제2조에 비추어 반복해서 선언했고 오늘 다시 법원은 대통령도 보통의 소송당사자처럼 재판진행에 이의를 제기할 수 있다고 밝힌다. (인용 선례 생략).

이 사건의 문제는 주의 이익과 헌법 제2조의 이익 사이에 어떻게 균형을 맞추느냐이다. 공무원, 특권을 가진 행정부 정보에 대한 연방 범죄 제출명령에 적용된 오래된 선례는 닉슨 판결이다. 그 판결은 검사가 대통령의 정보를 입수할 구체적인 필요성을 소명하도록 요구하고 있다.

닉슨 판결은 특별한 필요성 기준이 형사절차의 법익과 헌법 제2조 대통령직의 법익을 수용한 검증된 기준이라고 밝혔다. 닉슨 판결 기준은 정보를 제출받을 검사의 이익이 헌법 제2조의 대통령직에 대한 개입을 충분히 정당화할 만큼 중요함을 확인하고 있다. 닉슨 판결 기준은 검사가 대통령의 정보를 한정된 상황에서만 얻을 수 있도록 함으로써 대통령이 부당한 부담을 지는 위험을 줄이고 있다.

비록 법원이 닉슨 기준을 다른 헌법 제2조의 맥락, 즉 공적이고 보안 정보의 기밀성에 관련된 맥락에서 채택했더라도, 오늘 다수의견은 이 사건도 중요한 헌법 제2조(그리고 연방법 우위 조항)의 법익이 관련되어 있다고 인정하고 있다. 주 검사가 괴롭힘이나 주의 분산을 통해 대통령의 직무에 개입하는 방식으로 형사절차를 이용하고 제출명령을 발부할 가능성 때문에 대통령에 대한 주의 형사 제출명령은 헌법 제2조와 연방법 우위 조항에 관한 논란을 일으킨다. 피츠제럴드 판결 751-753.

이 사건은 형사절차를 진행할 헌법상 이익과 헌법 제2조 대통령직의 수행 사이의 충돌이기 때문에, 나는 이 사건에 오래된 닉슨 판결의 "증명된 특별한 필요성" 기준을 적용하고자 한다. 다수의견은 나처럼 닉슨 기준을 이 사건의 헌법 제2조 맥락에 적용하지 않았다. 다수의견은 닉슨 판결과 헌법의 권력 균형에 들어 있는 중요한 관심사를 적절하게 고려하였다고 한다. 다수의견은 주 검사가 부정직하거나 악의 또는 대통령을 괴롭힐 의도로, 부당한 검찰권의 행사로 조사와 관련없거나, 너무 광범위하거나 부당하게 부담되거나, 대통령의 공적인 행위나 정책 결정을 조작, 개입, 앙갚음하거나, 대통령의 공적인 직무 수행을 막거나, 충돌, 개입하는 방식으로 대통령의 개인정보를 요구하는 제출명령을 발부해서는 안된다고 설명하고 있다. 나아가 대법관 전원은 대통령이 주검찰의 형사제출명령에 대해 주법원은 물론 연방법원에도 이의를 제기할 수 있다는데 모두 동의한다.[4] 그리고 다수의견은 대통령직에 부여된 최대한의 존중에 비추어 법원은 대통령의 개인 자료를 제출하라는 명령을 판단하는데 특히 세심해야 한다.

끝으로 다수의견의 다양한 기준이 앞으로 수십 년 동안 어떻게 적용될지는 여러 가지 고려사항이 있다. 미래의 사건들은 다수의견이 만든 다양한 기준들과 내가 채택한 기준으로 매우 중요한 닉슨 판결의 "증명된 특별한 필요성", 대법관 토마스와 알리토가 제안한 다른 기준들 사이에 얼마나 많은 차이가 있는지를 올바르게 결정하게 될 것이다. 어느 경우든 하급법원은 대통령이 관련된 유형의 사건에서 다른 방법으로 얻을 수 있는지를 포함하여 주가 정보를 필요로 하는 이유와 얼마나 원하는지, 제출명령에 따르는 일이 대통령의 공적인 업무수행에 부당하게 부담을 주거나 개입하는지를 반드시 따지면서 시작하게 될 것이다.

* * *

나는 대통령이 주의 대배심 제출명령이 정당한지를 두고 헌법 및 법률상 이의를 제기하는 경우에, 추가 절차를 위해 지방법원에 사건을 되돌려 보내야 한다는

---

4) 다수의견이 확인한 기준은 단순히 법률이나 주법의 요건이 아니라 이러한 헌법 제2조 요건에 따른 맥락에서 고려되어야 한다.

데 동의한다.

2. 오바마케어에서 건강보험의무가입 및 메디케이드 확대 조항을 제정할 연방 정부의 헌법상 권한

National Federation of Independent Business v. Sebelius

567 U.S. 519 (2012)

〈해 설〉

이 사건은 건강보험개혁법(the Patient Protection and Affordable Care Act, 환자보호 및 부담적정보험법, 이하 "개혁법")에서 도입한 건강보험의무가입 조항과 메디케이드 확대 조항이 의회의 헌법상 권한을 넘어 제정되었는지를 다룬 사건이다. 개혁법은 오바마 대통령과 의회가 미국의 건강보험제도를 개혁하기 위해 추진한 법으로 "오바마 케어"라고도 불린다. 연방국가인 미국은 연방헌법에 연방정부의 권한으로 열거된 권한만을 행사할 수 있고, 나머지 권한은 모두 주 또는 국민들에게 유보되어 있기 때문에 연방정부가 연방헌법상 개혁법을 제정할 권한이 무엇인지가 주로 다투어졌다.

로버츠 대법원장은 법정의견에서 의회가 헌법상 통상조항(the Commerce Clause)과 필요적정조항(the Necessary and Proper Clause)을 근거로 건강보험의무가입 조항을 제정할 권한이 없으나, 과세조항에 따라 합헌이라고 판결하였다.[5] 메디케이드 확대조항은 주가 이 조항에 따르지 않을 경우 연방정부가 기존에 지원하던 메디케이드 지원금을 모두 중단한다는 내용은 주가 다른 선택을 할 수 없게 만드는 강압적인 내용이므로 위헌이라고 판단했다. 대법관 긴즈버그는 일부 반대의견에서 건강보험의무가입 조항은 의회가 통상조항에 근거하여 제정할 수 있으며, 메디케이드 조항도 강요에 의해 주의 권한을 제한하지 않았고 의회의 헌법상 권한인 지출조항에 따라 합헌이라고 결론지었다.

---

5) 로버츠 대법원장이 작성한 의견 중 Ⅰ, Ⅱ, Ⅲ-C에 대법관 긴즈버그, 브레이어, 소토마요르, 케이건이 참여하였고, Ⅳ의 의견에는 대법관 브레이어, 케이건이 참여하였다. 대법관 긴즈버그는 일부 동조, 일부 반대 의견을 작성하였고 대법관 소토마요르가 참여하였다. 대법관 긴즈버그의 Ⅰ,Ⅱ,Ⅲ,Ⅳ 의견에 대법관 브레이어와 케이건이 참여하였다. 대법관 스칼리아, 케네디, 토마스, 알리토가 반대의견을 작성하였다. 대법관 토마스가 반대의견을 작성하였다.

이 판결은 건강보험에 가입하지 않은 약 5,000만명과 비싼 의료비 등이 불러온 의료불평등을 개혁하려고 시도한 오바마 케어에서 연방정부와 주정부의 권한 범위를 둘러싼 미국 사회의 커다란 논쟁을 연방대법원이 최종 판단한 사안이다. 민간이 주도하는 의료보험의 문제와 주정부들 사이의 이해관계 대립 등으로 연방정부가 나서서 의료보험을 개혁하려고 한 배경이 판결문에 잘 정리되어 있다.

[대법원장 로버츠]

오늘 우리는 2010년 개혁법의 다음 두 조항에 대한 헌법문제를 풀어야 한다. 개인들이 최소한의 보장을 제공하는 건강보험을 구입(가입)하도록 한 개인의무조항과 주들이 저소득층 시민들에게 특정한 건강 보호를 제공하는 조건으로 주들에게 자금을 주는 의료보호 확대 조항. 우리는 법이 바람직한 정책을 담고 있는지는 검토하지 않는다. 그 판단은 선출된 나라의 지도자들에게 위임되어 있다. 우리는 의회가 헌법에 따라 그 조항들을 제정할 권한이 있는지에 관하여만 묻는다.

우리 연방체제에서 연방정부는 제한된 권한만을 갖고 있다. 나머지는 주들과 국민들이 보유하고 있다. 거의 2세기 전에 연방대법원장 마샬은 연방정부에 "실제 주어진 권한의 범위에 관한 문제"는 "우리의 체제가 존속하는 한 없어지지 않고 아마도 계속 나타날 것이다"라고 관측하였다. McCulloch v. Maryland, 4 Wheat. 316, 405 (1819) ("맥컬록 판결"). 이 사건에서 우리는 헌법이 의회에게 권한을 주었는지를 다시 결정해야 한다. 그러나 많은 주들과 개인들은 의회가 그 권한을 갖지 않고 있다고 믿고 있다.

연방정부는 "열거된 권한을 가진 주체라고 모두가 인정하고 있다." 즉 헌법이 예상가능한 정부의 모든 기능을 수행하는 일반 권한을 부여했다기보다는, 연방정부의 권한을 열거 또는 나열하고 있다. 예컨대 의회는 "화폐를 발행하고," "우체국을 설립하고," "군대를 창설하여 지원"할 수 있다. 제1조 8절 5, 7, 12항. 열거된 권한은 "열거는 열거되지 않는 것을 전제로 하고 있기 때문에 권한의 제한이다." 헌법이 일부 권한을 명시적으로 부여한 것은 다른 권한은 부여하지 않았다는 것을 명백히 하고 있다. 그리고 연방 정부는 "주어진 권한만을 행사할 수 있다." 맥컬록 판결, 405.

오늘날 많은 미국인들의 마음속에서 정부 권한의 제한은 무엇보다 권리장전에 들어있는 것과 같은 적극적인 금지이다. 그러나 이 적극 금지는 정부가 먼저 움직일 권한을 가지고 있을 때에만 작동한다. 만약 의회가 어떤 법을 통과시키는데 근거가 되는 열거된 권한이 없다면, 그 법은 권리장전이나 그 밖의 헌법상 명백한 금지를 위반하지 않았다 해도 제정될 수 없다.

헌법기초자들은 적어도 권한을 열거하면 정부를 충분히 제한할 수 있다고 느꼈기 때문에 애초에 권리장전을 포함하지 않았다. 알렉산더 해밀턴은 "모든 이성적인 의미에서 그리고 모든 유용한 목적에서도 헌법은 그 자체로 권리장전이다"라고 말했다. 연방주의자 논설 84호, 515. 그리고 권리장전이 승인되었을 때, 권한의 열거가 필연적으로 함축하는 바는 "헌법에 의해 연방정부에 위임되지 않는 권한은… 주들 또는 국민들에게 유보되어 있다"는 것이 명백하다. 수정헌법 10조. 연방정부는 지난 2세기에 걸쳐 극적으로 확장되어 왔지만, 여전히 개별 행위를 할 권한을 헌법이 부여하였음을 입증해야 한다. United States v. Comstock, 560 U.S. ____(2010).

같은 논리가 주들에게는 적용되지 않는데. 왜냐하면 연방헌법이 주 권한의 원천이 아니기 때문이다. 연방헌법은 예컨대 주정부가 어떤 사람에 대한 평등보호의 거부를 금지함으로써 주정부들을 규제할 수 있다. 그러나 그러한 금지가 적용되는 않는 경우에는 주정부들은 업무를 수행하기 위해 연방헌법상 근거가 필요하지 않다. 그래서 주들은 연방헌법이 권한을 부여하지 않았다 하더라도 거리 범죄를 처벌하고, 공공 학교를 운영하고, 개발구역을 설정하는 등 현대 정부의 중요한 기능을 수행할 수 있고 수행하고 있다. 우리의 판례들은 연방정부가 아닌 주정부가 갖고 있는 이러한 일반적인 정부 권한을 "자치 권한(police power)"이라고 부른다. United States v. Morrison, 529 U.S. 598, 618-619 (2000) ("모리슨 판결").

"주의 자치권은 그 자체로 끝나지 않는다.: 그보다는 연방주의는 자치권의 확산으로부터 나오는 자유를 시민들에게 보장하고 있다." New York v. United States, 505 U.S. 144, 181 (1992). 행정 권한은 하나의 연방 주권 대신에 50개의 다른 주들이 행사하기 때문에, 시민들의 일상생활에 미치는 행정의 측면은 정상적으로 피치자와 더 가까운 더 작은 정부가 집행한다. 그래서 헌법기초자들은 "일상의 생활에서 사람들의 삶, 자유, 재산에 관계된 권한은 멀리 떨어진 연방정부보다는 더 지역적이고 책임있는 주정부의 보유"를 보장하였다. 연방주의자 논설 45호. 293(메디슨).

또한 독립된 주의 권한은 연방정부 권한의 감시기능을 한다. "공적인 생활의 모든 문제에 대해 어느 한 정부의 완전한 관할권을 거부함으로써, 연방체제는 자의적인 권력으로부터 개인들의 자유를 보호한다." Bond v. United States, 564 U.S. ____(2011) (9-10).

이 사건은 헌법이 연방정부에 부여했으나 자치 권한과 비슷한 포괄적인 연방권한이 되는 것을 피하기 위해 신중하게 해석되어야 하는 2가지 권한과 관련되어 있다. 헌법은 의회에 "외국, 다른 주들 사이, 그리고 인디안 부족들과의 통상을 규제하도록" 허용하였다. 제1조 8절 3항. 우리의 선례들은 그 조항을 의회가 "주사이의 통상 경로," "주 사이의 사람과 물건," 그리고 "주 사이의 통상에 실질적으로 영향을 미치는 활동들"을 규제할 권한이라는 뜻으로 해석하였다. 주 사이의 통상에 실질적으로 영향을 미치는 활동에 관한 권한은 광범위할 수 있다. 그 권한에 의해 농부가 밀을 집에서 사용하기 위해 재배하는 결정과 고리대금업자가 이웃한 정육점에서 사채놀이 하는 것과 같이 겉으로 보아서는 지역 문제에 대한 연방규제가 허용된다는 판결이 있었다. Wickard v. Filburn, 317 U.S. 111 (1942) ("위커드 판결"), Perez v. United States, 402 U.S. 146 (1971) ("페레즈 관결").

의회는 또한 "미국의 공동 방위와 일반 복지를 제공하고 빚을 갚기 위해 세금, 의무, 관세, 부과금, 소비세를 부과하고 거둘" 수 있다. 제1조 8절 1항. 간단하게 말해서 의회는 세금을 거두고 지출할 수 있다. 이로 인하여 연방정부는 직접 규제할 수 없는 지역에서도 상당한 영향력을 행사할 수 있게 되었다. 연방정부는 인가하거나 금지하거나 또는 달리 통제할 수 없는 활동에 세금을 부과할 수 있다. License Tax Cases, 5 Wall. 462, 471 (1867). 그리고 의회는 지출권한을 행사하면서 주들에게 자금을 제공할 수 있고 특정한 요건에 따르는 것을 조건으로 제공할 수 있다. College Savings Bank v. Florida Prepaid Postsecondary Ed. Expense Bd., 527 U.S. 666, 686 (1999). 이러한 자금 제공은 연방정부 스스로는 실행할 수 없는 정책을 주들이 채택하도록 유도한다. South Dakota v. Dole, 483 U.S. 203, 205-206 (1987) ("돌판결") (주들이 음주연령을 21세로 올리는 것을 조건으로 연방 고속도로건설 자금을 지원).

헌법이 의회에게 "위와 같은 권한을 실행하기 위해 필요하고 타당한 모든 법의 제정을" 허용함으로써 열거된 연방정부 권한의 범위는 더 넓어진다. 제1조 8절 18항. 우리는 이 조항을 의회에게 권한 행사에 넓은 재량권을 준 것이라고 해석해왔다. "목적이 정당하며 헌법의 범위 내에 있고, 그 목적에 적합하고 금지되지 않으며 헌법의 글과 정신에 맞는, 적절한 모든 수단은 합헌이다." 맥컬록 판결, 421.

이러한 권한에 대한 우리의 해석은 선출된 지도자들의 행위를 무효로 하는데 있어서의 신중함으로 설명되기도 하였다. "동등한 부[입법부]를 적정하게 존중하여 문제의 법을 통과시킬 헌법상의 권한이 없다는 것이 명백하게 밝혀졌을 때에만 우리는 의회의 법을 폐기한다." United States v. Harris, 106 U.S. 629, 635 (1883).

대법관들은 법을 해석하는 권한을 갖고 있다. 우리는 정책판단을 할 특권이나 전문지식이 없다. 그러한 결정은 국민들이 동의하지 않는다면 바꿀 수 있는, 선출된 지도자들에게 위임되어 있다. 국민들을 정치적인 선택의 결과로부터 보호하는 것이 우리의 임무는 아니다.

그러나 정책문제에 있어서 우리의 존중이 법의 문제에 있어서 권한의 포기가 될 수 없다. "입법부의 권한은 정의되어 있고 제한된다. 그 제한을 오해해서도 안되고 잊어서도 안된다." Marbury v. Madison, 1 Cranch 137, 176 (1803). 그래서 의회의 정책 판단에 대한 우리의 존중은 헌법이 신중하게 만든 연방 권력의 제한을 부인할 정도로 확대될 수 없다. 그 제한을 넘는 의회의 행위를 폐기함으로써 연방권력에 대한 제한을 집행할 책임은 이 법원에게 있다.

이 사건의 문제는 이러한 기본 원칙을 배경으로 검토되어야 한다.

I

2010년 의회는 개혁법을 통과시켰다. 법은 건강보험으로 보호되는 미국인들의 수를 늘리고 의료비용을 줄이는 것을 목표로 하고 있다. 법의 10개 장은 900쪽이 넘고 수백 개의 조문이 들어 있다. 이 사건은 보통 개인의무와 메디케이드 확대로 불리는 2가지 중요한 조항에 대한 헌법상의 문제제기이다.

개인의무는 대부분의 미국인들에게 "최소한의 본질적인" 건강보험을 유지하도록 하고 있다. 26 U.S.C. §5000A. 의무는 수감자와 미등록 외국인과 같은 일부 개인들에게는 적용되지 않는다. §5000A(d). 상당수 사람들은 사용자나 메디케이드(Medicaid, 저소득층 의료보장제도) 또는 메디케어(Medicare, 노인의료보장제도)와 같은 정부 프로그램으로 보험적용을 받는다. 그러나 면제되지 않거나 제3자를 통한 보험이 없는 개인들은 법적 요건을 이행하기 위해 민간회사의 보험을 사야 한다.

2014년 초까지 의무를 이행하지 않는 사람들은 연방정부에 "책임분담금"을 지급해야 한다. §5000A(b)(1). 법이 "벌금(penalty)"이라고 표현한 분담금(옮긴이 : 일종의 과징금)은 국세청에 개인 세금과 함께 지불하고, "세금과 같은 방식으로 산정되고 징수된다." 그러나 법은 형사기소와 가산금과 같은 정상적인 세금 집행수단의 사용을 금지하고 있다. 그리고 의무가 있는 사람들 중 기준금액이하의 소득자와 인디안부족과 같은 일부 사람들은 벌금이 면제된다.

대통령은 법에 서명하고 플로리다주와 12개의 다른 주들은 플로리다 북부 연방지방법원에 소송을 걸었다. 이 사건의 쟁점에 따라 상고인 겸 피상고인인 원고들에게 순차적으로 13개주와 일부 개인들, 그리고 독립 자영업 협회(the National Federation of Independent Business : NFIB)가 참가하였다. 원고들은 먼저 법의 개인의무조항이 헌법상 의회의 권한을 넘는 것이라고 주장하였다. 지방법원은 이에 동의하고 의회가 개인의무조항을 제정할 헌법상의 권한이 없다고 판결하였다. 지방법원은 개인의무조항이 법의 나머지 조항들과 분리될 수 없다며 법 전체를 폐기하였다.

연방제11항소법원은 일부 인용하고 일부 취소하였다. 항소법원은 개인의무조항이 의회의 권한을 넘는 것이라는 지방법원의 판결을 인용하였다. 648 F.3d 1235 (2011). 재판부는 일치하여 개인의무조항이 세금을 부과하는 것은 아니며 "세금을 물리고 걷을" 의회의 헌법상 권한으로 정당화되지 않는다고 판단하였다. 또한 다수의견은 개인의무가 "여러 주들 사이의 통상을 규제"하는 의회의 권한에 따라 허용되지 않는다고 판결하였다. 다수의견에 따르면 통상조항은 개인들에게 통상활동에 참여하도록 명령하는 권한을 연방정부에게 주지 않았다. 마커스 판사는 개인의무조항이 주사이의 통상에 분명히 영향을 미치고 있는 경제 활동을 규제하고 있다는 이유로 반대하였다.

다수의견은 개인의무조항이 위헌이라고 판단한 후 법의 나머지 조항으로부터 분리될 수 있는지를 검토하였다. 다수의견은 지방법원의 견해와 달리 분리될 수 있다고 결정하였다. 그래서 개인의무조항만을 폐기하고 법의 다른 조항은 그대로 남겨두었다.

다른 항소법원들도 개인의무조항을 검토하였다. 연방제6항소법원과 연방DC항소법원은 의회의 통상권한을 유효하게 행사한 것으로 개인의무조항을 승인하였다. Thomas More Law Center v. Obama, 651 F. 3d 529 (CA6 2011); Seven-Sky v. Holder, 661 F. 3d 1 (CADC 2011). 연방제4항소법원은 반금지명령법으로 인하여 법원이 본안 판단을 할 수 없다고 결정하였다. Liberty Univ., Inc. v. Geithner, 671 F. 3d 391 (2011). 그 법은 "세금의 과세 또는 징수를 제한할 목적"의 소송 제기를 금지한다. 26 U.S.C. §7421(a). 연방제4항소법원의 재판부는 개인의무조항의 벌금은 국세청이 정상적인 세금부과 방법을 통하여 징수하는 금액 과세이기 때문에 반금지명령법상의 세금이라고 보았다. 그래서 다수의견은 원고들이 벌금을 내기 전까지 개인의무조항을 다툴 수 없다고 판결하였다.

이 사건에서 직접 문제가 되고 있는 개혁법의 두 번째 조항은 메디케이드 확대이다. 1965년에 제정된 메디케이드는 임산부, 어린이, 빈곤층, 시각장애인, 노인, 그리고 장애인들이 의료보장을 받을 수 있도록 도와주기 위해 주들에게 연방자금을 제공한다. 42 U.S.C.§1396(a)(10). 그 자금을 받기 위해, 주들은 누가 의료보장을 받아야 하는지와 어떤 서비스를 어떤 비용으로 제공하는지와 같은 연방정부가 지시하는 사항에 따라야 한다. 1982년까지 모든 주는 메디케이드에 참여하기로 하였다. 연방자금은 메디케이드를 통해 주 예산의 상당한 부분을 차지하였고, 지금은 대부분 주 전체 예산의 10%를 넘고 있다.

개혁법은 메디케이드의 범위를 넓히고 주들이 보호해야 할 개인들을 늘리고 있다. 예를 들면 법은 연방빈곤선을 기준으로 133%까지의 소득을 얻는 어른에게 의료보장 혜택을 제공하도록 요구하고 있다. 반면 현재 많은 주들은 소득이 매우 낮고 아이들이 있는 어른들만 혜택을 제공하고, 아이들이 없는 어른들은 제외하고 있다. 법은 비록 주 스스로가 부담하는 비용이 있다 하더라도, 의료보장 혜택을 넓히는데 드는 주의 비용을 보전하기 위해 연방자금을 증액하였다. 만약 주가 법의 새로운 요건을 따르지 않으면 그 요건에 맞는 연방자금뿐만 아니라 모든 메디케이드 자금을 받을 수 없게 된다.

연방제11항소법원에서 원고 주들은 개인의무조항과 함께 메디케이드 확대조항이 의회의 헌법상 권한을 넘는다고 주장하였다. 위 항소법원은 만장일치로 의료보장 확대가 지출조항에 따른 유효한 의회의 권한 행사라고 판결하였다. 그리고 연방 의료보장 자금의 상실 위협은 의료보장 확대에 따르도록 강제함으로써 수정헌법 제10조를 위반하였다는 주들의 주장을 받아들이지 않았다. 648 F.3d, 1264,

1268.

우리는 개인의무조항과 메디케이드확대 조항에 관한 제11항소법원의 판결을 재심리하기 위해 상고를 허가하였다.

Ⅱ

(반금지명령법에 관한 이유 생략)

Ⅲ

정부는 2가지 이론을 제시하면서 의회가 개인의무조항을 제정할 헌법상 권한이 있다고 주장한다. 첫째, 정부는 의회가 통상조항에 따라 의무조항을 제정할 권한을 갖고 있다고 한다. 의회는 개인들이 건강보험을 구입하지 않으면 주사이의 통상에 영향을 미치고, 개혁법의 다른 개혁내용을 반감시키기 때문에 건강보험에 가입하도록 명령할 수 있다. 둘째, 정부는 통상권한이 의무조항을 뒷받침하지 않는다 하더라도, 우리가 의회의 과세권한 행사에 따라 이를 승인하여야 한다고 주장한다. 의회가 개인에게 보험을 사라고 지시할 권한은 없다 하더라도, 개인의무조항 불이행에 따른 유일한 결과는 그렇게 하지 않는 사람들에게 세금을 부과하기 때문에, 법은 세금으로 승인되어야 한다고 주장한다.

A

정부의 첫째 주장은 개인의무조항은 의회가 통상조항과 필요적정조항에 따라 의회의 권한을 행사하였으므로 유효하다는 것이다. 정부는 의료보험시장의 성격상 심각한 비용전가문제가 있다고 한다. 결국 누구나 예측할 수 없는 범위에서 언제든 건강보험이 필요하지만, 보험이 없으면 의료비를 지불할 수 없을 때도 있을 것이다. 그럼에도 주 및 연방의 법은 지불능력과 무관하게 병원이 개인들에게 일정 정도의 치료를 하도록 요구하고 있고, 42 U.S.C. §1395dd; Fla. Stat. Ann. §395.1041, 병원은 그들이 제공한 서비스의 일부에 대해서만 보상(비용)을 받게 된다. 병원은 손실을 만회하기 위해 많은 치료비를 청구하여 보험회사에 비용을 전가하고 차례로 보험회사는 비싼 보험료 형태로 보험가입자들에게 비용을 떠넘긴다. 의회는 보상받지 못한 치료비 때문에 가족건강보험료가 해마다 1000불 넘게 오르고 있다고 추산하였다. 42 U.S.C. §18091(2)(F).

개혁법에서 의회는 지나친 조건 때문에 또는 다른 이유로 보험에 가입할 수 없는 사람들의 문제를 다루었다. 법의 "보장 사유(guaranteed-issue)"과 "공동체 요율(community-rating)"조항으로, 보험회사가 그러한 조건에 있는 사람의 보험가입을 거부하거나 또는 건강하지 못한 사람에게 건강한 사람보다 비싼 보험료를 부과하지 못하도록 했다.

그러나 보장 사유와 공동체 요율 개혁은 보험에 가입하지 않겠다고 하는 개인들의 문제를 처리하지 못한다. 아플 때까지 건강보험가입을 늦추려는 개인들에게 보장도 되고 지불 가능한 보험제공을 약속하는 유인책을 제공함으로써, 제도개혁은 사실상 문제를 더 악화시켰다. 또한 건강하지 못한 사람들을 받아들이되 보험적용에 필요한 적정한 보험료 부과를 금지함으로써 보험회사는 엄청난 비용을 새로 부담하는 위험을 안게 되었다. 이 때문에 보험회사는 보험료를 상당히 인상하게 될 것이다. 미국건강보험계획에 관한 참고서면 8-9.

개인의무조항은 이러한 문제에 대한 의회의 해결책이었다. 개인이 건강보험에 가입하도록 의무화함으로써, 보험에 가입하지 않으려는 사람들 때문에 발생하는 비용전가를 방지한다. 나아가 의무조항은 평균보험료가 의료비보다 높아질 건강한 개인들도 보험에 가입하게 한다. 이로 인하여 개혁이 채택하도록 요구하고 있는 건강하지 못한 사람들을 수용하는 비용을 보험회사가 감당하도록 한다. 정부는 통상 및 필요적정조항에 따라 의회가 이러한 해결책을 만들 권한을 가지고 있다고 주장한다.

1

정부는 보험가입실패가 비용전가 문제를 일으킴으로써 "주사이의 통상에 실질적이고 해로운 영향을 미치기" 때문에 개인의무조항이 의회의 권한범위 내에 있다고 주장한다. 통상 조항에 관하여 우리의 선례가 만든 길은 항상 부드럽게 진행되지 않지만, 의회는 그 조항에 따른 광범위한 권한을 갖고 있음은 분명하다. 예를 들면 우리는 "주사이의 통상에 관한 의회의 권한은 주사이의 통상규제로 한정되지 않고, 주들 사이의 통상에 실질적인 효과를 갖는 활동"으로 확대된다고 인정해왔다. United States v. Darby, 312 U.S. 100, 118-119 (1941). 나아가 의회의 권한은 주 사이의 통상에 실질적으로 영향을 미치는 활동 자체의 규제로 제한되지 않고, 다른 비슷한 활동과 종합했을 때에 영향을 미치는 활동으로 확대된다. 위커드 판결 127-128.

확대된 범위를 고려할 때 의회가 시대의 절실한 요구를 다루기 위해 다양한 방식으로 통상권한을 활용해왔다는 것은 놀랄 일이 아니다. 그러나 의회는 통상활동에 참여하지 않는 개인들에게 원치 않은 제품을 사도록 강요하기 위해 그 권한에 의존하려고 하지 않았다.[6] 새로운 입법이 반드시 치명적인 것은 아니다. 모든 일에는 시작이 있다. 그러나 때때로 "심각한 헌법 문제의 가장 강력한 조짐은… 의회의 조치에 대한 역사적인 선례의 부족이다." 적어도 우리는 그러한 새로운 개념의 연방 권한에 마주했을 때 "정부 주장의 함의를 진지하게 생각"해보아야 한다.

헌법은 의회에 "통상을 규제할" 권한을 주었다. 제1조 8절 3항. 통상을 규제할 권한은 규제될 통상활동이 존재한다는 것을 전제하고 있다. 만약 무언가를 규제할 권한이 그것을 창출할 권한을 포함한다면, 헌법의 많은 조항들은 쓸모없게 된다. 예를 들면 헌법은 의회에 "화폐가치를 규정할" 권한을 주고 "화폐를 발행"할 권한도 주었다. 5항. 그리고 헌법은 의회에 "육군과 해군의 통수와 규율을 제정할" 권한 외에 "군대를 편성하고 지원할" 권한과 "해군을 설치하고 유지할 권한"을 주었다. 12-14항. 만약 군대나 화폐가치를 규제할 권한이 규제대상을 만들 권한을 포함하고 있다면, 그러한 권한의 구체적인 부여는 불필요할 것이다. 헌법의 문장은 규제권한이 이미 규제된 대상이 이미 존재한다는 것을 전제하고 있다는 자연스런 인식을 반영하고 있다. Gibbons, 9 Wheat., 188 ("헌법을 기초한 계몽된 애국자들과 이를 채택한 국민들은 그들의 자연스런 의미로 낱말을 사용하였고 그들이 말한 바를 의도했다고 이해되어야 한다.")

우리의 선례도 이와 같이 이해하고 있다. 우리의 선례가 통상 권한의 범위를 확대하여 해석하면서, 공통적으로 가지고 있는 한 가지가 있다. 그들은 일관되게 권한이 "활동"에 미치는 것으로 설명한다. 선례를 인용할 때 그 낱말을 외면하기란 거의 불가능하다. Lopez, 560 ("경제활동이 실질적으로 주 사이의 통상에 영향을 미칠 때, 그 활동을 규제하는 입법은 승인된다"); 페레즈 판결 154 (활동의 한 부류가 규제되고 그 것

---

6) 대법관 긴즈버그가 인용한 다른 헌법적인 의무 사례(35, 주10)는 모순되지 않는다. 배심의무신고, 징병 등록, 민병대 근무 대비 무기 구입, 금을 지폐로 교환, 소득세 신고와 같은 의무는 각각 통상조항이 아닌 다른 헌법 조항에 바탕을 두고 있다. 1조, 8절. 9항 ("대법원 아래에 하급법원을 조직"); 12항 ("육군을 편성하고 유지"); 16항 ("민병대 편성, 무장, 훈련을 결정"); 5항 ("화폐 주조"); 1항 ("세금을 부과하고 징수").

이 연방 권한 범위 내에 있을 경우, 법원은 사소하고 개별적인 사례들이라고 제외할 권한이 없다); **위커드 판결**, 125 ("비록 피항소인의 활동이 지역적이고 통상으로 간주되지 않는다 해도, 성격이 무엇이든 만약 주 사이의 통상에 실질적인 경제 효과를 가져온다면 의회의 규제대상이 될 수 있다."); NLRB v. Jones & Laughlin Steel Corp., 301 U.S. 1, 37 (1937) (분리해서 검토했을 때 활동이 성격상 주 내부의 일이라 해도, 만약 주 사이의 통상과 밀접하고 실질적인 관계가 있어서 그 통상에 대한 부담과 장애물로부터 보호하는 것이 필요하거나 적절하다면, 규제권한을 행사하는 의회의 권한이 부정될 수 없다)

그러나 개인 의무조항은 현존하는 통상활동을 규제하지 않는다. 대신에 개인들이 제품을 구입하지 않으면 주 사이의 통상에 영향을 미친다는 이유로, 제품을 구입함으로써 통상활동에 참여하도록 강제하고 있다. 정확하게 개인들이 아무 일도 안 하기 때문에 통상조항에 따라 의회가 그들을 규제할 수 있다고 해석하는 것은 의회가 권한을 행사할 수 있는 새롭고도 잠재적으로 광범위한 영역을 열어주게 될 것이다. 사람들이 하루에도 하지 않는 일이 무한대로 있다. 어떤 경우에 그들은 아무 일도 안 하기도 하고, 단순히 하려다 실패하기도 한다. 통상에 관한 비활동을 지적함으로써 의회의 연방규제를 정당화하는 것은 개인이 연방규제 범위 내에서 잠재적으로 할 수 있는 무수한 결정을 상정하게 되고, 정부 이론에 따르면 의회는 그를 위해서 그러한 결정을 대신할 수 있는 권한을 갖게 될 것이다.

정부의 논리는 거의 모든 문제를 풀기 위한 의무구입을 정당화할 수 있다. Seven-Sky, 661 F.3d, 14-15 (정부의 통상 권한 이론에 따르면 "주 내부의 통상에서 제품이나 서비스를 구입하는 의무 중 위헌에 해당하는 것을 찾을 수" 없다고 적시). 건강관리 시장에서 다른 예를 검토하면, 많은 미국인들은 균형 잡힌 식사를 하지 않는다. 그들은 전체 인구 중에서 건강보험 없는 사람들보다 더 많은 수를 차지한다. 건강한 식단을 챙기지 않는 집단은 보험을 구입하지 않은 사람들보다 훨씬 더 건강관리비용이 늘어난다. Finkelstein, Trogdon, Cohen, & Dietz, 비만으로 인한 연간 의료비 지출, 28 Health Affairsw 822 (2009) ("비만의 증가와 의료비 지출 증가 사이의 부인할 수 없는 연관성"을 설명, 그리고 "매년 비만으로 인한 의료비 부담이 의료비 지출 총액의 거의 10%에 이르고 2008년에 1,470억불에 이른다."고 추산). 보험미가입자가 비용을 보험가입자에게 떠넘기는 것처럼, 그와 같이 늘어난 비용은 의료비를 더 지불해야 하는 다른 미국인들 책임이다. **윤리센터, 건강 위험: 누가 지불해야 하는가?**, 6 **윤리잡지** 6 (1993) ("건강하지 못한 습관을 가진 사람들은 그들의 행동과 관련된 비용의 일부만 지불하고; 대부분의 비용은 비싼 보험료, 의료보장을 위한 정부 지출, 장애인들 혜택의 형태로 사회가 부담한다는 뚜렷한 증거"를 제시). 의회는 모든 사람에게 보험에 가입하도록 명령함으로써 보험 문제를 다루었다. 정부 이론에 따르면 의회는 사람들에게 야채를 사도록 명령함으로써 다이어트 문제를 다룰 수 있을 것이다. 다이어트 지침 19 ("개선된 영양, 적절한 식사 습관, 그리고 신체활동 증가는 의료비용을 줄일 가능성이 매우 크다.")

사람들은 자신들만의 이유로 가끔 자신들 또는 사회에 바람직한 행동을 하지 못한다. 그러한 실패는 다른 사람들의 실패와 더불어 쉽게 주 사이의 통상에 실질적인 영향을 미칠 수 있다. 정부의 논리에 따르면, 그 때문에 의회가 통상 권한을 이용하여 시민들에게 정부가 원하는 행위를 하도록 강제할 수 있다고 한다.

이는 우리의 헌법기초자들이 마음속에 그린 나라가 아니다. 제임스 매디슨은 통상조항이 "거의 반대가 없었고 어떤 걱정도 없이 추가되었다"고 설명하였다. 연방주의자 논설 45, 293. 통상 조항에 따른 의회의 권한이 물론 나라 경제의 성장과 함께 확대되어 왔지만, 우리의 선례는 "항상 통상을 규제할 권한은 광범위하지만 한계가 있다는 것을 인정해왔다." Maryland v. Wirtz, 392 U.S. 183, 196 (1968). 정부의 이론은 의회의 권한이 자연스런 범위를 넘어 활동영역을 확대하여 "어디나 미치게 하고, 모든 권한을 충동적인 소용돌이 속으로 이끌면서," 이러한 한계를 무너뜨릴 것이다. 연방주의자 논설 48호, 309(매디슨). 의회는 이미 우리의 많은 행위를 규제하는 엄청난 권한을 갖고 있다. 정부의 이론을 받아들이게 되면 시민과 연방정부의 관계를 근본적으로 바꾸면서, 우리가 하지 않는 행위를 규제하는 권한을 의회에게 주게 될 것이다.[7)]

정부는 달리 보고 있다. 질병과 상해는 예측할 수 없지만 피할 수 없기 때문에, "보험에 가입하지 않은 계층은 주기적으로 요청하고 받는 의료 시장에서 적극적이다."라고 주장한다. 개인의무조항은 "단지 개인들이 그러한 적극적인 참여를 하기 위해 비용을 다른 사람에게 전가하면서 무보험상태로 지내기보다는 보험을 통해 해결하도록 요구하면서, 어떻게 돈을 마련하고 지불할 것인지를 규제한다."

---

7) 개인 의무조항을 통상활동의 규제로 재구성하기 위해, 대법관 긴즈버그는 "민간보험회사로부터 보험을 사지 않은 사람은 다른 형태의 보험인 자가보험을 선택한 것으로 볼 수 있다."고 말한다. 26. 그러나 "자가보험"은 보험에 가입하지 않은 행위를 설명한 것에 지나지 않는다. 보험에 가입하지 않을 때, 사람들은 아무 일도 하지 않을 때 다른 시장에서 활동적이지 않은 것처럼 "자가보험 시장에서도 활동적"이지 않다.

정부는 서면을 통해 "의료 시장에서 적극적"이라는 문구를 되풀이하여 사용하고 있지만, 그 개념은 헌법상 중요성이 없다. 2년 전에 차를 사고 장래에 다른 차를 살 수도 있는 사람은 "자동차 시장에서 적극적"이다. "시장에서 적극적"이라는 구절은 개인의무조항에 의해 규제되는 대부분의 사람들이 현재 의료 관련 통상 활동에 참여하지 않고 있다는 사실을 덮을 수 없다. 그리고 그 사실은 "계층으로서 보험에 들어 있지 않는 사람들을 규제"하려는 정부의 노력에 치명적이다. 우리의 선례들은 의회가 "계층의 활동"을 규제할 권한을 인정하였으나, Gonzales v. Raich, 545 U.S. 1, 17 (2005) ("레이치 판결"), 개인들이 참여하고 있는 활동과 분리하여 계층에 속한 사람들이 아니다. 페레즈 153("상고인들은 착취신용거래에 참여하는 계층의 구성원임이 명백하다.")

누구나 음식, 옷, 운송, 주거지, 에너지에 관한 시장에 참여할 것이다. 그것 때문에 의회가 시장에서 특정 제품을 구입하도록 지시할 권한은 없다. 통상조항은 특정 거래에 참여할 것으로 예상된다는 이유로 요람에서 무덤까지 사람을 규제하는 일반적인 허가증이 아니다. 활동과 반대로, 그렇게 개인을 규제하는 자치 권한은 주에게 주어져 있다.

정부는 건강보험이 특별한 상품이기 때문에 개인의무조항은 이 원리에 대한 일종의 예외로서 승인될 수 있다고 주장한다. 정부 주장에 따르면 개인의무조항을 승인하는 것이 자동차나 브로콜리와 같은 물건의 구입의무를 정당화하는 것은 아니다. 왜냐하면 "건강보험은 자동차와 브로콜리처럼 자신을 위해 구입하지 않고, 의료 소비에 돈을 대고 위험을 대비하는 수단"이기 때문이다. 그러나 자동차와 브로콜리는 건강보험만큼이나 자신을 위해 구입되지 않는다. 운송과 음식에 대한 수요에 맞추기 위해 구입된다.

정부는 건강보험과 의료비조달은 내재적으로 통합되어 있다고 말한다. 그러나 그 때문에 건강보험의 의무 가입이 의료비조달의 타당한 규제로 간주된다는 의미는 아니다. 건강보험과 의료 소비가 어떻게든 "내재적으로 통합되어 있다"해도, 그것들이 같지는 않다. 그들은 다른 시점에 다른 제공자와 다른 거래를 한다. 그리고 의무조항의 대상인 대부분의 사람들에게 중요한 의료 치료는 수년 또는 수십년 뒤에 필요한 일일 것이다. 의무와 이어지는 통상 활동 사이에 연관되는 정도와 밀접성이 너무 부족하여 정부가 주장하는 종류의 예외를 정당화하지 못한다. 개인의무조항은 정확하게 개인들이 통상활동을 하지 않기로 결정하였다는 이유로 통상활동을 하도록 강요하고 있다. 그러한 법은 "통상을 규제"하기 위해 의회에 부여한 헌법조항에 따라 승인될 수 없다.

2

정부는 다음으로 의무조항이 "보장된 사안과 공동체요율 보험 개혁과 같은 포괄적인 경제 규제 체계로 통합되어" 있기 때문에, 의회는 필요적정조항에 따라 개인의무조항을 제정할 권한이 있다고 주장한다. 이 주장에 따르면 개인의 비활동이 주 내부의 통상에 미치는 영향을 고려할 필요가 없다. 의회는 비활동을 효과적으로 규제하는 방식으로 통상활동을 규제하면 충분하다.

헌법에 열거된 권한을 "행사하는데 필요하고 적정한 모든 법을 제정할"(제1조 8절 18항) 권한은 "열거된 권한에 수반되고 유익하게 행사하는데 바람직한" 조항을 제정할 권한과 함께 의회에 부여되어 있다. 맥컬록 판결 418. 비록 조항이 의회에 "헌법과 관련되는 많은 부수적인 권한에 관하여 입법할" 권한을 부여하였지만, "구체적으로 열거된 것을 넘어 매우 실질적이고 독립적인 권한"을 행사하도록 허가하지 않았다. 411, 421. 대신에 그 조항은 "모든 불확실성을 없애기 위해, 주어진 권한을 집행하기 위한 수단도 포함된다는 선언일 뿐이다."

필요적정조항에 관한 우리의 법리학이 발전하면서, 우리는 규제가 "필요하다"는 의회의 결정을 매우 존중해왔다. 그래서 "권한의 유익한 행사에 편리하거나 유용하거나 좋은" 법을 승인해왔다. Comstock, 560 U.S., 5. 그러나 우리는 헌법이 창설한 정부 구조를 허물어트리는 법을 위헌이라고 선언하는 책임도 수행해왔다. "헌법의 글과 정신에 맞지" 않는 법들은 열거된 의회의 권한을 행사하는 타당한 수단이 아니다. 연방주의자의 말로 하면 그 법들은 단지 권리를 침해하는 행위일 뿐이다. Printz v. United States, 521 U.S. 898, 924 (1997).

이러한 원리를 적용하면 개인의무조항은 건강 보험 개혁의 본질적인 구성물로서 필요 적정 조항에 의해 승인될 수 없다. 그 조항에 따라 법을 승인한 우리의 선례들은 모두 주어진 권한을 행사하거나 파생된 권한을 행사하는 것과 관련되어 있었다. 개인의무조항이 법의 의료 보험 개혁에 필요하다 할지라도 연방 권한의 확장이 그 개혁을 효과적으로 만드는 "적정한" 수단은 아니다.

정부는 원래 자신들 결정의 근거로 레이치 판결을 들었다. 레이치 판결에서 우리는 "주내부의 마리화나 시장을 규제하는 포괄적인 입법을" 검토하였다. 545 U. S., 22. 일부 사람들은 그들이 주내부에서 소지하고 소비하는 일에만 관여한다는 이유로 그 규제로부터의 면제를 청구하였다. 우리는 마리화나가 대체가능한 상품이고 주 사이의 시장에서 거래되는 물품으로 쉽게 전환될 수 있기 때문에, 면제 주장을 받아들이지 않았다. 만약 주 내부의 소지와 소비를 규제할 수 없다면 주 사이의 마리화나 시장을 규제하는 의회의 시도는 실질적으로 제한될 것이다. 따라서 우리는 "규제가 순전히 주내부의 활동을 일부 규제"한다 하더라도, "의회는 권한행사는 정당한 범위 내에 있다"고 인정하였다. 22. 페레즈 판결 154. 레이치 판결은 이 사건의 쟁점이 되고 있는 것과 같은 "실질적이고 독립적인 큰 권한"의 행사와 무관하다. 그 보다는 "유효한 법률체계의 개별적인 적용"의 합헌성에만 관련되어 있다. 레이치 판결 23.

개인 의무조항이 건강보험 가입실패의 실질적인 영향을 규제하는 법으로 승인될 수 없는 것처럼, 보험 개혁의 "필요 적정"한 내용으로 승인될 수 없다. 그래서 통상 권한은 의무조항을 허용하지 않는다.

B

이것이 문제의 끝은 아니다. 통상조항이 개인 의무조항 제정을 지지하지 않기 때문에, 정부의 2번째 주장, 즉 의무는 "세금을 부과하고 징수하는" 의회의 열거된 권한범위 내에서 승인될 수 있는지를 검토할 필요가 있다.

정부의 과세 권한 주장은 통상권한 이론을 검토할 때와는 달리 법을 보도록 요청하고 있다. 정부가 통상조항에 근거하여 주장할 때는 개인들에게 건강보험을 구입하도록 요구하는 규제로서 의무조항을 옹호하였다. 정부는 의회가 과세 권한으로 그러한 명령을 할 수 있다고 주장하지 않는다. 대신에 정부는 의무조항을 개인들에게 보험을 사도록 명령하는 것이 아니라, 그 제품(보험)을 구입하지 않는 사람들에게 세금을 부과하는 것으로 해석하도록 요청하고 있다.

법문은 때로 가능한 하나 이상의 뜻을 담고 있다. 비슷한 예를 들면 "공원 내 차량 금지"를 해석하는 법은 공원 내 자전거를 금지하거나 금지하지 않을 수도 있다. 그리고 만약 법이 가능한 2가지 의미를 가지고 있고 그 중 하나가 헌법을 위반한다면, 법원은 헌법에 위반되지 않는 의미를 채택해야 한다는 것은 확립된 법리이다. 스토리 대법관은 180년 전에 다음과 같이 말했다. "법원은 법의 용어 때문에 불가피하지 않으면, 헌법의 위반, 그러나 의도치 않는 위반이라고 해석해서는 안된다." Parsons v. Bedford, 3 Pet. 433, 448-449 (1830). 홈즈 대법관은 1세기 뒤에 똑같이 말했다. "법의 해석이 2가지로 가능한데, 그중 하나는 위헌이고 다른 하나는 유효할 때, 우리의 단순한 임무는 법을 구제하는 쪽을 채택한다는 법리는 확립되었다." Blodgett v. Holden, 275 U.S. 142, 148 (1927) (동조의견).

의무조항을 가장 직접적으로 해석하면 개인들에게 보험을 구입하도록 명령하고 있다. 무엇보다 조항은 개인이 건강보험을 유지해야 한다고 말하고 있다. 26 U.S.C. §5000A(a). 의회가 그 명령을 통상조항에 따라 제정한 것이라고 생각했고 정부도 처음에는 이를 근거로 법을 옹호하였다. 그러나 위에서 설명한 이유로 통상조항은 의회에게 그와 같은 권한을 주지 않았다. 그러므로 우리의 선례에 따라 정부의 대안적인 법해석-조항은 보험 없는 사람들에게 세금을 부과한다- 이 합리적인지를 물어야 할 필요가 있다.

의무조항에 따르면 만약 개인이 건강보험을 유지하지 않는다면, 남은 결과는 국세청에 세금을 납부할 때 추가 분담금을 지급하여야 한다. §5000A(b). 정부는 의무조항이 국세청에 납부하는 분담금, 즉 세금을 내는 조건을 설정한 것으로 간주될 수 있다는 의미라고 한다. 그 논리에 따르면 의무조항은 보험에 가입하라는 법률 명령이 아니다. 보험에 가입하지 않고 세금을 내면 된다. 만약 의무가 결과적으로 건강보험에 가입하지 않는 일부 납세자들에게 세금인상에 해당된다면, 그것은 의회의 과세권한 행사가 된다.

문제는 그것이 의무조항의 가장 자연스런 해석인지 아니라, "공정하게 가능한" 해석인지이다. Crowell v. Benson, 285 U.S. 22, 62 (1932). 우리는 "법의 위헌성을 없애기 위해 모든 합리적인 해석을 동원해야 한다."고 설명한 바 있다. Hooper v. California, 155 U.S. 648, 657 (1895). 정부는 만약 의무조항이 헌법에 위반된다면 세금을 부과하는 것으로 해석해 줄 것을 요청하고 있다. 연방 법률을 충분히 존중할 때, 아래와 같은 이유로 그와 같이 해석될 수 있다.

C

건강보험이 없는 사람들에 대한 개혁법의 과세는 많은 측면에서 세금처럼 보인다. 법이 붙인 이름인 "책임분담금"은 세금을 납부할 때 "납세자들"이 재무부에 낸다. 26 U.S.C. §5000A(b). 가계소득이 국세청이 정한 기준소득보다 적어서 연방

소득세를 내지 않는 사람들에게는 적용되지 않는다. §5000A(e)(2). 납세자들이 납부해야 하는 분담금은 과세소득, 피부양인수, 종합신고와 같은 낯익은 요소들로 결정된다. §§5000A(b)(3), (c)(2), (c)(4). 납세요건은 세법에 들어 있고 국세청이 세금과 동일한 방식으로 산정하고 징수한다. 이 과정은 세금의 본질적인 특성이고 정부의 일부 수입이 된다. 분담금은 2017년까지 해마다 40억불에 이를 것으로 예상된다. 의회예산국 보고서, 71 (2010).

물론 법은 분담금을 세금이 아닌 벌금으로 설명하고 있다. 그러나 그 명칭이 반금지명령법이 적용되지 않는 핵심적인 이유인 반면에, 분담금이 의회의 과세권한 행사로 볼 것인지를 결정하지 않는다. 특정한 법률에 반금지명령법을 적용할 것인지는 의회에 달린 일이고, 그 문제는 의회가 선택한 명칭에 따라 판단된다. 그러나 그 선택은 강제징수가 헌법에 따른 의회의 과세권한의 범위 내에 있는지를 좌우하지 않는다.

우리의 판례들은 기능적인 접근을 확인하고 있다. 예컨대 Drexel Furniture 판결에서 우리는 아동 노동자 고용에 대한 이른바 세금이 실제로는 벌금이라고 확신하게 되는 3가지 현실적인 특성에 초점을 맞추었다. 첫째, 위반의 정도가 작더라도, 세금은 어린이를 고용한 사람들에게 지나치게 무거운 부담-회사 순수입의 10%-을 부과하였다. 둘째, 고의로 어린 노동자들을 고용한 사람들에게만 부과하였다. 의회가 종종 의도적으로 법을 위반한 사람들만의 처벌을 원하기 때문에 그 고의요건은 전형적인 처벌법이다. 셋째, 이 세금은 세입을 징수하는 기관이 아닌, 노동법위반을 처벌할 책임이 있는 노동부가 일부 집행하였다. 259 U.S., 36-37; Kurth Ranch, 511 U.S., 780-782 (징수금액과 별개로 형사법 위반행위에 대해 부과되었다는 사실을 고려); Constantine, 295 (같은 뜻).

이 사건에서 같은 해석으로 책임분담금은 헌법의 목적상 벌금이 아닌 세금으로 고려될 수 있음을 암시한다. 첫째, 대부분의 미국인들에게 분담금 액수는 보험비용보다 낮을 것이고 법에 따르면 결코 높을 수가 없다.[8)] 둘째, 개인의무조항은 고의 요건이 없다. 셋째, 형사기소와 같은 처벌수단이 허용되지 않음을 제외하고,

---

8) 예를 들면 2016년 연소득 35,000불을 버는 사람들은 건강보험에 가입하지 않는 달마다 60불을 국세청에 낼 것으로 예상된다. 연소득이 100,000불인 사람은 약 200불을 낼 것이다. 보험료는 한 달에 약 400불로 예상된다. 뉴만, 의회 보고서(2011).

분담금은 정상적인 과세절차를 통해 국세청에서만 징수한다. Drexel Furniture 사건에서 "세금"이라고 불렀던 것을 법원이 벌금이라고 판결한 이유는 이 사건에서 "벌금"이라고 부른 것을 세금으로 볼 수 있다는 결론을 뒷받침하고 있다.

세금과 벌금을 구별하면서 이 법원은 "만약 벌금의 개념이 무엇을 의미한다면, 불법적인 행위나 부작위의 처벌을 의미한다." United States v. Reorganized CF&I Fabricators of Utah, Inc., 518 U.S. 213, 224 (1996). 개인의무조항이 건강보험의 가입을 유도할 목적이지만, 가입하지 않는 행위를 불법이라고 선언하고 있다고 해석될 필요는 없다. 개혁법이나 다른 법이 건강보험에 가입하는 않은 행위에 국세청에 분담금을 지급하는 것 말고 법적으로 부정적인 결과를 덧붙이지 않았다. 정부는 만약 개인이 건강보험에 가입하지 않고 분담금 납부를 선택한다면 법을 완벽하게 지킨 것이라는 해석에 동의했다.

매년 400만명이 보험에 가입하기보다는 국세청에 납부할 것으로 예측되고 있다. 우리는 만약 그러한 행동이 불법이라면, 의회가 그 전망 때문에 곤란을 겪었을 것으로 예상한다. 의회가 의무에 따르지 않을 경우를 묵인하였다는 것은 의회가 400만명의 범법자를 만들지 않겠다고 생각했음을 암시한다. 책임분담금은 시민들이 건강보험에 가입하는 대신에 적법하게 납부해야 하는 세금의 부과로 보인다.

원고들은 의회가 보험에 들거나 벌금을 납부해야 한다는 용어를 선택한 것은 불법행위의 형사처벌이라고 해석하여야 한다고 주장한다. 우리는 과거에 비슷한 주장을 받아들이지 않았다. New York v. United States 판결에서 우리는 "각 주는 저준위 원자력 폐기물을 처분할 책임이 있다"고 규정한 법을 검토하였다. 505 U.S., 169 (42 U.S.C. §2021c(a)(1)(A) 인용). 폐기물을 다른 주로 운송하는 주는 부담금을 내야하고, 그 중 일부는 연방정부에게 지급되었다. 그리고 법률 요건을 따르지 않은 주는 증액된 금액을 "위반에 대한 벌금"으로 물어야 했다. 뉴욕주는 법이 주의 입법기관에게 폐기물의 처리에 관한 법을 제정하도록 연방정부가 명령한 것이고 이는 헌법 위반이라고 주장하였다. 우리는 위헌을 피하기 위하여 주가 폐기물에 대한 책임을 지도록 "일련의 유인책"을 부과한 것으로 법을 해석하였다. 그리고 나서 연방정부에 내는 금액은 과세권한의 행사로 승인하였다. 우리는 이 사건에서 비슷한 해석을 하는데 극복할 수 없는 장애물이 있다고 보지 않는다.

그러나 건강보험이 없는 사람들의 세금에 대해 더 근본적인 반대가 있을 수 있다. 세금이라 하더라도 납부금은 연방정부가 행위가 아닌 부작위에 대해 부과하는 부담으로 남아 있다. 만약 통상 조항을 의회가 통상활동을 하지 않는 사람들을 규제하는 것을 허용한다고 해석하는데 어려움이 있다면, 아마도 의회가 무엇을 하지 않는 사람들에게 세금을 부과하는 것을 허용하는 데에도 비슷한 어려움이 있어야 한다.

3가지 고려사항이 이러한 걱정을 누그러뜨린다. 첫째 그리고 가장 중요하게 헌법은 개인이 비활동으로 세금을 회피하는 것을 보장하지 않았다는 것이 명백하다. 무엇보다도 인두세는 누구나 단지 존재한다는 이유로 납부해야 하는 세금이고, 헌법이 명백히 인정하였다. 법원은 오늘 우리가 규제된 활동을 하지 않는 한 통상조항에 따라 연방규제를 받지 않음을 헌법이 보장한다고 판단했다. 그러나 헌법은 제정당시부터 세금에 관해서는 그러한 약속을 하지 않았다.

의무조항이 통상조항에 따라 승인될 수 있는지는 연방 권한의 범위와 관련하여 의문이 있다. 반면에 의회가 무엇을 사도록 장려하기 위해 세금조항을 사용하는 것은 새롭지 않다. 예컨대 세금 장려책은 이미 집을 사고 직업교육을 하도록 권장하고 있다. 26 U.S.C. §§163(h), 25A. 의무조항을 세금으로 인정하는 것은 의회가 건강보험 가입을 권장하기 위해 과세 권한을 행사할 수 있는지가 아니라, 적정하게 행사했는지에 달려 있다. 그러므로 과세조항에 따라 개인의무조항을 승인하는 것이 새로운 연방권한을 인정하지 않는다. 의회가 기존 권한을 사용했다.

둘째, 행동에 영향을 미치기 위해 과세권한을 행사하는 의회의 권한에 제한이 없지는 않다. 행위를 규제하려고 계획된 징벌적 징수를 무효로 판단하면서 이러한 제한을 공세적으로 적용한 판례도 있다. United States v. Butler, 297 U.S. 1 (1936); Drexel Furniture, 259 U.S. 20. 더 자주 그리고 더 최근에 우리는 세입을 늘리는 조치의 규제 동기나 효과를 자세히 조사하는 것을 거부해왔다. 그럼에도 불구하고 우리는 "세금으로 불리는 징벌적 특성이 확대되는 과정에서 그 성격을 잃고 규제와 형사처벌의 성격을 갖는 단순한 징벌이 되는 때가 있다."고 밝혔다. Kurth Ranch, 511 U.S., 779 (Drexel Furniture 판결 인용).

우리는 이미 책임분담금의 실제 성격이 과세권한을 가장 제한적으로 해석해도 세금임을 설명하였다. 이 사건 세금이 그러한 엄격한 제한범위 내에 있기 때문에, 우리는 징수가 징벌적이어서 과세권한으로 이를 허용하지 않게 되는 정확한 지점을 결정할 필요가 없다.

셋째, 의회의 과세권한이 통상 규제 권한보다 넓다고 하더라도, 과세권한은 의회에 개인의 행동에 대해 같은 정도의 통제권을 주지 않는다. 의회가 통상 조항에 따라 특정한 결정을 규제할 수 있다고 인정한 이상, 연방정부는 모든 권한을 행사할 수 있다. 의회는 단순하게 사람들에게 지시하는 대로 행동할 것을 명령할 수 있다. 그리고 따르지 않는 사람은 형사제재를 받게 된다. 그러한 제재는 벌금과 징역뿐만 아니라, 범죄자로 낙인찍히고, 무기를 소지하거나 선거에서 투표하는 등과 같은 보호되는 시민권의 박탈, 취업기회의 상실, 사회적인 오명, 그리고 양육이나 이민과 같은 다른 논쟁 참여의 심각한 지장이라는 결과가 따른다.

반면에 의회의 과세권한은 개인이 연방재무부에 돈을 내는 것으로 제한될 뿐이다. 만약 세금이 적절하게 납부된다면 정부는 해당 개인을 강제하거나 처벌할 권한은 없다. 우리는 특히 규제목적의 세금이 지울 수 있는 심각한 부담을 가볍게 여기지 않는다. 그러나 세금 부과는 선택에 따른 세금을 납부할 의사가 있는 한, 개인에게 어떤 행위를 할 것인지 말 것인지를 선택하도록 맡겨둔다.[9)]

건강보험에 가입하지 않은 개인이 벌금을 내도록 한 개혁법 요건의 성격을 세금으로 보는 것이 합리적이다. 헌법은 그러한 세금을 허용했기 때문에 이를 금지하거나, 그 세금의 현명함이나 공정성의 판정은 우리의 역할이 아니다.

D

대법관 긴즈버그는 §5000A가 과세 권한에 의해 승인될 수 있다는 점을 고려할 때, 정부의 통상 권한 주장을 배척할 필요성이 있는지 의문을 제기하고 있다. 그러나 법은 세금으로서 보다는 보험에 가입하는 명령으로 더 자연스럽게 풀이되고, 나는 만약 헌법이 이를 허락했다면 승인했을 것이다. 과세권한 문제를 다룰 필요가 있는 것은 오직 통상 조항이 그러한 명령을 허락하지 않았기 때문이다. 그리고 §5000A가 세금으로 해석될 수 있다는 것은, 만약 공정하게 가능하다면 법

---

9) 물론 사람들은 세금을 내지 않는 적법한 선택을 하지 않을 수 있고, 때로는 그 때문에 기소될 수도 있다(비록 책임분담금을 납부하지 않는 것 때문은 아니지만 26 U.S. C. §5000A(g)(2)). 그러나 그것이 세금이 예측한 활동을 할 것인지 아니면 포기할 것인지에 관한 적법한 선택을 제한하지는 않는다. 개인의무조항이 적용되는 사람들은 적법하게 건강보험을 포기하고 더 높은 세금을 내거나, 보험에 가입하고 낮은 세금을 내거나 할 것이다. 부적법한 유일한 행위는 건강보험에 가입하지도 않고 세금도 내지 않는 일이다.

을 구제하는 방식으로 해석할 의무가 우리에게 있기 때문이다. 통상조항 문제를 결정하지 않는다면, 나는 그러한 구제적인 해석을 활용할 근거를 찾지 못했을 것이다.

연방정부는 사람들에게 건강보험을 사도록 명령할 권한을 갖고 있지 않다. 그러므로 §5000A가 명령으로 해석된다면 위헌일 것이다. 연방정부는 건강보험이 없는 사람들에게 세금을 부과할 권한을 갖고 있다. 세금으로 해석되는 것이 합리적일 수 있기 때문에 §5000A는 합헌이다.

IV

A

주들은 메디케이드 확대가 지출 조항에 따른 의회의 권한을 넘는 것이라고 주장한다. 그들은 주들이 새롭게 확대된 의료보장 자금을 받아들이고 그에 따른 조건을 수용하지 않으면, 주들에게 지급되는 메디케이드 자금 지원을 모두 끊겠다고 위협함으로써 의회가 원하는 제도 변화를 주들이 받아들이도록 강요하고 있다고 주장하고 있다. 이것이 "연방정부는 주들에게 연방 규제 제도를 제정하거나 집행할 것을 강요할 수 없다"는 기본 원칙을 위반한다고 주장한다. New York, 505 U.S., 188.

법이 메디케이드에 따른 주의 의무를 매우 강화시켰다는 점에는 의문이 없다. 현재의 메디케이드는 주들이 임산부, 어린이, 가난한 가족, 시각장애인, 노인, 장애인과 같이 일부 어려운 사람들에게 적용하도록 요구하고 있다. 42 U.S.C. §1396a(a)(10). 부양할 어린이가 없는 성인들과 주들이 보통 적용대상에 포함시키지 않는 사람들에게는 의무적으로 적용하지 않고 있다. 주들은 가난한 부모의 범위와 관련하여 이미 상당한 자율성을 갖고 있다. §1396a(a)(10)(A)(ii). 평균적으로 주들은 연방 빈곤 기준의 37% 이하인 미취업 부모들과 63%이하의 취업한 부모들만을 적용대상으로 하고 있다.

개혁법의 메디케이드 조항은 주들에게 2014년까지 연방 빈곤 기준의 133% 이하의 소득을 가진 65세 이하의 모든 사람들에게 적용되도록 확대할 것을 요구하고 있다. §1396a(a)(10)(A)(i)(VIII). 법은 또한 새롭게 개인 의무조항에 따른 수혜자들의 의무를 이행하기에 충분한 수준이 되는 "필수적인 의료 혜택" 패키지를 만들어, 주들이 모든 메디케이드 대상자들에게 제공하도록 하고 있다. §§1396a(k)(1), 1396u-7(b)(5), 18022(b). 개혁법은 연방정부가 2016년까지 새로이 자격이 되는 사람들을 위한 비용을 모두 지급하도록 규정하고 있다. §1396d(y)(1). 그 이후에는 연방교부금 수준이 점차적으로 최소 90%까지 줄어든다. 법 적용 대상의 확대로 연방정부는 의료보장지출이 1년에 100억불 가량, 현재보다 거의 40% 정도 늘어날 것으로 예상된다.

헌법의 지출조항은 의회에 "미국인의 일반적인 복지를 제공하고 빚을 갚는" 권한을 부여하였다. 제1조 8절 1항. 우리는 오랫동안 의회가 이 권한을 주들에게 연방자금을 교부하고, "의회가 주들에게 요구할 수 없는 어떤 조치를 취하는 것을" 교부의 조건으로 하기 위해 사용할 수 있다고 인정해왔다. College Savings Bank, 527 U.S., 686. 그 수단은 "주들이 특정한 방식으로 규제하도록 권장하고, 주의 정책선택에 영향을 미친다." 의회의 조건들은 주들이 사용한 자금이 의회가 의도한 방식대로 "일반적인 복지를 제공한다는 것"을 보장한다.

동시에 우리의 판례는 연방의 목적에 따르도록 하기 위해 사용되는 지출조항에 따른 의회권한에 제한이 있음을 인정했다. "우리는 지출조항에 따른 입법이 성격상 계약이라고 되풀이하여 규정하였다." Barnes v. Gorman, 536 U.S. 181, 186 (2002) 의회가 지출권한을 행사하는 정당성은 "주가 자발적으로 그리고 알면서 계약의 조건을 받아들였는지에 달려 있다." 이 제한을 존중하는 것은 지출조항입법이 우리의 연방체제에서 독립적인 자치권을 가진 주들의 지위를 약화시키지 않음을 보장하는 핵심이다. 연방체제는 "자유는 하나가 아닌 두 개의 정부를 창설함으로써 지켜진다는 직관에 어긋나는 통찰에 의존하고 있다." Bond, 564 U.S., (8) (Alden v. Maine, 527 U.S. 706, 758 (1999) 인용). 이러한 이유로 "헌법이 의회의 지도에 따라서 주들이 통치하는 권한을 의회에 부여하였다고 결코 이해되지 않는다." New York, 162. 그렇지 않으면 헌법기초자들이 만든 두 개의 정부 체제는 하나의 중앙 정부에 권한을 주는 체제로 바뀌었을 것이고 개인의 자유는 고통을 겪었을 것이다.

그 통찰에 따라 이 법원은 연방의 목적을 위해 주의 입법기구나 집행 기관에 명령하는 연방 입법을 폐기하였다. Printz, 521 U.S., 933 (주의 법집행공무원들에게 권총구입자들의 신상을 의무적으로 확인하도록 강요한 연방입법을 폐기); New York, 174-175 (주에게 핵폐기물의 소유권을 취득하거나 주의 폐기물 규정을 제정하도록 한 법조항을 무효로 함). 또한 우리는 의회가 "부당한 영향과 비슷한 권한"을 행사하기 위해 재정유인책을 사용하지 않도록 하기 위해 지출조항 입법을 면밀히 조사하였다. Steward Machine Co. v. Davis, 301 U.S. 548,590 (1937). 의회는 주가 연방정책에 따라 행동하도록 장려하기 위해 지출권한을 행사할 수 있다. 그러나 "압력이 강제로 바뀔 때," 입법은 우리의 연방체제에 어긋난다. "헌법은 의회가 주들에게 규제를 요구하는 권한을 주지 않았다." New York, 505 U.S., 178. 이것은 의회가 직접 주에게 규제하도록 명령하거나 간접적으로 주에게 연방규제체계를 채택하도록 강요할 경우에 타당하다.

연방정부가 주에게 연방제도를 이행하도록 강요하는 것을 허용하면 연방체제의 중요한 정치적 책임성을 위협하게 될 것이다. "연방정부가 주에게 규제하도록 지시할 때, 정치적 불복종으로 인한 타격을 받은 사람들은 주 공무원들이다. 반면 규제 제도를 고안한 연방공무원들은 그들의 결정과 관련한 선거의 영향으로부터는 면제된 채로 남아 있게 된다." 지출조항 제도는 주가 연방 자금을 받는 대신 연방의 조건을 받아들일지에 관해 정당한 선택을 할 때는 이러한 위험이 드러나지 않는다. 그러한 상황에서 주 공무원들은 연방의 제안을 받아들이거나 거절하는 선택에 대해 정치적으로 책임을 질 수 있다. 그러나 주에게 선택의 여지가 없을 때 연방정부는 New York 및 Printz 사건에서처럼 책임을 지지 않고 목적을 이룰 수 있다. 이러한 위험은 의회가 지출조항에 따라 행동했을 때 높아진다. 왜냐하면 의회는 열거된 권한에 따라서는 직접 요구할 수 없는 연방정책을 이행하기 위해 지출조항을 이용할 수 있기 때문이다.

그러나 주들은 메디케이드 확대는 전형적인 사건들과 다르다고 주장한다. 그들은 의회가 자금을 조직하는 방식으로 "권장과 강요를 구분하는 선을 넘었다"고 반대한다. 그 방식은 새로운 조건을 수용하지 않는 주들에게 단순히 새로운 자금 교부의 거부가 아니라, 의회는 기존 자금 지원을 전액 철회하겠다고 위협하는 것이다. 주들은 이러한 위협은 확대를 원치 않는 주들이 법에 따른 보장 확대에 서명 강요외에 다른 목적은 없다고 말한다.

이 사건 위협과 프로그램의 성격을 볼 때 우리는 동의한다. 우리는 주가 연방 자금을 받을 때 사용 제한 조건을 따르도록 하는 의회의 권한을 승인했다. 왜냐하면 그것이 "일반적인 복지"라는 의회의 견해에 맞추어 자금 지출을 보장하는 수단이기 때문이다. 그러나 이 사건에서 자금 사용을 통제하는 조건은 그러한 이유로 정당화될 수 없다. 예를 들면 그 조건이 다른 중요한 독립적인 지원을 중단하는 위협의 형태를 취할 때, 조건은 주가 정책변경을 받아들이도록 압력을 가하는 수단으로 여겨지게 된다.

돌 판결에서 우리는 만약 주가 음주 나이를 21세로 올리지 않으면 주에게 지원하는 연방고속도로 자금의 5%를 줄이겠다고 위협한 연방법의 위헌성을 검토하였다. 법원은 조건이 "고속도로 자금이 지출되는 주요 목적의 하나-주 사이의 교통-에 직접 관련되어 있"다고 인정하였다. 483 U.S., 208. 동시에 조건은 특정 고속도로의 보수와 유지 노력과는 별개로 고속도로 자금이 사용되는 방법에 대한 제한은 아니었다.

따라서 우리는 "의회가 제공한 재정상의 유인책"이 "강압적이어서 압력이 강제로 바뀌는 지점을 넘었는지를" 물었다. 법원은 "재정상의 유인책"이란 고속도로 자금의 5% 상실 위험을 의미했다. 음주 나이를 올리기 위해 주들에게 새롭게 제공되는 돈은 없었다. 우리는 의회가 주들에게 상대적으로 온건하게 권장하고 있기 때문에, 유인책은 허용될 수 없을 정도로 강압적이지 않다고 인정하였다. 돌 판결 211. 우리는 "사우스다코타 주가 선택한 음주 나이를 고집한다면 잃어버리는 것은 고속도로 자금의 5%가 전부일 것이다." 사실상 문제의 연방자금은 당시 사우스 다코타주 예산의 0.5%에도 미치지 못했다. 결과적으로 "우리는 주의 조치를 권장하는 것은 지출 권한의 유효한 사용이었다고 결론지었다." 돌 판결 212. 음주 나이 변경을 받아들일 것인지는 "단순히 이론상이 아니라 실제로 주의 특권을 건드리지 않았다." 211-212.

이 사건에서 의회가 선택한 재정 "유인"은 "상대적으로 온건한 권장책"보다 훨씬 심하고 머리에 총을 겨눈 것이다. 메디케이드법의 1396c는 다음과 같이 규정하고 있다. 만약 주의 메디케이드 계획이 법의 요건에 맞지 않으면 보건부장관은 "주에게 추가로 교부금을 지급하지 않을 것"이라고 선언할 수 있다. 42 U.S.C. §1396c. 개혁법의 메디케이드 확대를 받아들이지 않는 주는 현재의 메디케이드 자금의 "상대적으로 적은 비율"뿐만 아니라 모든 자금을 지원받지 못할 처지에 놓이게 된다. 메디케이드 지출은 주의 전체 평균 예산의 20%가 넘고 연방 자금은 그 비용의 50%에서 83%를 차지한다. 주 예산협회, 2010년 주의 지출보고서, 11, 표5(2011); 42 U.S.C. §1396d(b). 연방정부는 확대하기 전의 메디케이드 비용으로 2010년과 2019년 사이에 3.3조불을 지출할 것으로 예상하고 있다. 나아가 주들은 현재의 제도에서 자신들의 목적을 달성하기 위해 수십년 동안 복잡한 법과 행정 체계를 발전시켜왔다. 사우스 다코타주 예산의 0.5% 상실 위협은 이론상으로만이 아니라 실제로 의회가 바라는 정책을 거부할 특권을 주에게 남겨둔다고 결론지을 수 있었던 돌 판결의 논리를 보자. 211-212. 대조적으로 주 전체 예산이 10% 넘게 사라질 위협은 메디케이드 확대의 수용 외에 달리 선택 여지를 남겨두지 않는 경제적인 강압이다.[10)]

긴즈버그 대법관은 이 사건에서 "의회가 다른 프로그램에 배정된 예산을 철회한다고 위협하지 않았기" 때문에 Dole 판결과는 다르다고 주장한다. 그러나 주는 의료보장 확대는 현실적으로 새로운 제도이고 의회가 기존 메디케이드 자금으로 위협함으로써 이를 받아들이도록 강요하고 있다고 주장한다. 우리는 기존 메디케이드와 개혁법이 요구하는 확대가 "의회가 만들었다"는 단순한 이유로 모두 하나의 제도라는 것에 동의할 수 없다. 만약 확대가 기존 메디케이드 제도의 수정으로 보는 것이 타당하지 않다면, 그렇게 이름붙인 의회의 결정은 관련이 없다.

이 사건에서 정부는 주들이 처음에 제도를 도입하기로 서명했을 때 의회가 의료보장 조건을 변경할 수 있다고 동의하였기 때문에 메디케이드 확대는 기존 제도의 수정으로 보는 것이 타당하다고 주장한다. 정부는 원래의 메디케이드 규정이 들어 있던 사회보장법에 그 법률 "조항의 개정, 변경, 폐지할" 권한이 명백히 유보된다는 조항이 들어 있었다고 보고 있다. 42 U.S.C. §1304. 맞는 말이다. 그러나 "만약 의회가 연방자금의 교부에 관한 조건을 붙이려고 하였다면, 분명하게 그렇게 해야 한다." PennhU.S., 451 U.S., 17. 사회보장법의 관련 조항을 "변경" 또는 "개정"하는 권한을 유보한다는 조항을 보고 주가 합리적으로 해석했을 때 의회가

10) 긴즈버그 대법관은 주의 메디케이드 확대에 따른 지출은 확대이후 0.8% 증가에 그칠 것이라고 보고 있다. 그것은 주의 행정 비용 증가를 무시하고 있을 뿐만 아니라, 연방정부가 현재 법으로 특정된 수준으로 확대자금을 지원할 것이라고 가정하고 있다. 그러나 연방정부가 연방자금을 지원하지 않는 의무를 주에게 부과하는 방식으로 요건을 확대할 것이라는 점은 알려져 있다. 더 중요하게는 주에게 부과되는 새로운 재정 부담의 크기는 주가 그 부담을 받아들이도록 압력을 받았는지를 분석하는 것과 무관하다. 주머니에 1불이 있든 500불이 있든지 간에 "너의 돈이냐 생명이냐"는 강압적인 제안이다.

메디케이드를 조정할 권한이 있다고 가정할 것이다. 의회는 사실 그렇게 해왔고 새로운 자금지원에 조건을 붙이거나, 이전 또는 새로운 자금에 조건을 붙인 때도 있었다. [사회보장법 개정 등 예시한 법률 생략]

그러나 메디케이드 확대는 단순히 정도의 문제가 아니라 종류가 바뀌었다. 원래 제도는 4가지 특정 범주의 가난한 사람들, 즉 장애인, 시각장애인, 노인, 피부양어린이가 있는 가난한 가족에게 의료 서비스를 제공하기로 되어 있었다. 42 U.S.C. §1396a(a)(10). 메디케이드 수혜 자격에 대한 과거의 개정은 단순히 이 범주의 범위를 변경하거나 확대하는 것이었다. 개혁법은 메디케이드를 빈곤수준의 133% 이하 소득을 가진 노인이 아닌 모든 인구의 의료 보장 필요를 충족하기 위한 제도로 변환시켰다. 이제 더 이상 가장 가난한 사람들을 돌보는 제도가 아니고, 보편적인 건강 보험 혜택을 제공하기 위한 포괄적인 국가의 계획의 일부다.

확대 방식을 보면 의회가 기존의 메디케이드를 단지 바꾸어 확대하는 모양새를 취했지만, 의회는 주들이 새로운 의료보장제도에 참여하도록 한 것임을 보여주고 있다. 의회는 확대에 의해 새로이 자격을 얻은 사람들에게 서비스를 제공하는 비용을 대기 위해 별개의 자금조항을 만들었다. 의회가 현재 메디케이드 적용을 받는 사람들의 비용 중 50%에서 83%를 지급하지만, §1396d(b), 확대가 모두 이행되면 의회는 새로이 적용대상이 되는 사람들 비용의 90%를 지급할 것이다. §1396d(y)(1). 다른 자금의 사용 조건도 다르다. 의회는 새로 자격을 얻은 사람들이 기존의 메디케이드 혜택을 받던 사람들보다 줄어든 혜택을 받도록 했다. §1396a(k)(1).

우리는 "의회가 지출조항에 따라 입법할 권한이 넓다 하더라도, 사후 새로운 조건이나 소급 조건으로 참여하는 주들을 놀라게 하는 것을 포함하지 않는다."고 설명했다. PennhU.S., 25. 주는 의회가 메디케이드를 변경 또는 개정할 권한을 유보한 것이 제도를 그렇게 심하게 변형할 권한을 포함하고 있다고 거의 예상할 수 없었을 것이다.

대법관 긴즈버그는 이번 확대가 과거의 메디케이드 변경과 사실상 다르지 않으므로 "주는 공정한 공지를 하지 않았다고 항의하기 어려울 것"이라고 주장한다. 그러나 가장 극적으로 바뀐 사례로 예시한 과거의 변화는 이번 확대가 변형한 내용에 미치지 못한다. 그녀는 주에게 임신부를 포함하고 적용대상 어린이의 수를 늘리도록 요구한 개정을 들고 있다. 그러나 이 개정은 처음부터 "피부양어린이가 있는 가족"에게 의료보장을 제공하는 제도의 주요한 변경이라고 말할 수 없다. 과거의 메디케이드 개정은 이 사건의 것과 같은 종류가 아니다.

Stewart Machine 판결에서 법원은 설득이 강요가 되었을 때 경계선이 어디인지 정하려고 하지 않았다. 301 U.S., 591. 법원은 "경계가 어디이든 이 법률은 그 경계 범위 내에 있다"고 인정하면 충분하다고 보았다. 우리 역시 경계선을 정할 필요가 없다. 그 경계선이 어디이든 이 사건 법률이 그 선을 분명히 넘었다는 것으로 충분하다.

의회는 주의 공무원들을 징집하여 연방국가의 관료집단에 배속할 수 없고, 메디케이드 확대로 그렇게 시도할 수 없다.

B

우리 의견은 의회가 의료보험을 확대하기 위해 개혁법에 따른 자금을 제공하고, 그 자금을 받은 주들이 사용조건에 따르도록 요구하는 것을 금지하지 않는다. 의회가 자유롭게 할 수 없는 일은 기존 메디케이드 자금을 빼어감으로써 새로운 제도에 참여하지 않기로 결정한 주들을 벌하는 것이다. 1396c는 보건부장관에게 그 권한을 주었다. 만약 주가 확대를 포함하여 의료보장요건을 따르지 않기로 결정하면, 주에게 지급되는 모든 메디케이드 교부금을 주지 않도록 허용하고 있다. 42 U.S.C, §1396c. 법원의 판결에 따라 장관은 그 조항을 적용하여 확대 요건에 따르지 않는다는 이유로 메디케이드 자금 지급을 철회할 수 없다.

그것이 우리가 확인한 헌법위반을 완벽하게 구제한다. §1396c가 들어 있는 법은 분리조항을 갖고 있어서 우리가 더 나아갈 필요가 없다. 그 절은 "만약 어느 조항 또는 어느 사람이나 상황에 적용하는 것이 무효로 판결된다면, 나머지 조항과 다른 사람과 상황에 대한 그 조항의 적용은 영향을 받지 않는다." §1303. 오늘 판결은 기존 의료보장 제도에 §1396c가 계속 적용되는 것에 영향을 미치지 않는다. 만약 확대에 참여하는 주가 그 법의 요건에 따르지 않는다면, 개혁법에 따른 자금을 철회할 장관의 권한에도 영향이 없다.

공동반대의견이 말하는 바와 같이, 이 때문에 우리가 "메디케이드 확대 부분을 다시 쓰고 있는" 것은 아니다. 우리는 첫째, 의료보장 확대에 따르기를 거부한 주로부터 기존에 지급하던 메디케이드 자금지급을 철회할 때 §1396c가 위헌이라고 결정한다. 그리고 우리는 "다른 조항, 다른 사람이나 상황에 대한 적용은" 영향을 받지 않는다는 의회의 명백한 지시를 따른다. §1303. 우리가 적용이 위헌이기 때문에 법적용을 무효로 할 때, 우리가 법을 다시 쓰지 않는다. 우리는 단지 헌법을 집행할 뿐이다.

우리는 의회가 나머지 법을 보존하기를 바랐을 것이라고 확신한다. 주들이 달리 현실적인 선택을 할 수 없다는 것을 고려하면, 의회가 모든 주들이 메디케이드 확대에 참여할 것으로 예상했다고 말해야 맞다. 주들은 의회가 그러한 모든 참여를 염두에 두고 법의 나머지도 제정했다고 주장한다. 그들은 의회가 의무를 이행하는 도구로 메디케이드를 만들었다고 지적한다. 26 U.S.C. §5000A(f)(1)(A)(ii). 그리고 소득이 낮은 많은 사람들에게 의료보장을 제공하는 다른 계획을 만들지 않았다. 주들은 이것이 법이 모두 폐기되어야 한다는 것을 의미한다고 한다.

우리는 동의하지 않는다. 오늘 법원은 장관이 메디케이드 확대조건을 주가 받아들이도록 유인하는데 사용하는 재정 압력을 제한한다. 그것은 주들이 이제 의료보장 확대를 거부할 수 있다는 것을 의미한다. 그것이 전부이다. 일부 주들은 새로운 예산 소요를 감당할 수 있다고 확신할 수 없어서든, 확대를 시행하기 위해 필요한 행정자원을 쓰려고 하지 않기 때문이든, 참여를 거부할 수 있다. 그러나 다른 주들은 특히 법이 제공하는 연방자금수준을 고려할 때, 메디케이드를 확대가 괜찮다고 보고 자발적으로 참여할 수도 있다.

우리는 얼마나 많은 주들이 확대 조건을 수용할지 모르지만, 일부 주들이 참여하지 않는다는 이유로 법이 모두 폐기되는 것을 의회가 바란다고 믿지 않는다. 무엇보다 의회가 제정한 다른 개혁내용은 "법으로 완전히 작동"되고, "법을 제정한 의회의 기본 취지에 맞는" 방식으로 운영될 것이다. 우리는 의회의 의도가 다르지 않다는 것을 확신하고, 법의 나머지 내용은 우리가 헌법판단에 비추어볼 때 폐기할 필요가 없다고 결론 내린다.

* * *

건강보험개혁법은 일부 합헌이고 일부 위헌이다. 개인의무조항은 통상 조항에 따른 의회 권한의 행사로 승인될 수 없다. 그 조항은 의회가 주 사이의 통상을 규제할 수 있도록 허락하였지, 개인들이 통상에 참여하라는 명령을 하도록 허락하지 않았다. 그러나 이 사건에서 의회가 한 행위는 일정한 소득을 얻고 있는 사람들에게 건강보험을 가입하지 않으면 세금을 인상하였다고 해석하는 것이 합리적이다. 그러한 입법은 의회의 과세권한 범위 내에 있다.

개혁법의 메디케이드 확대부분은 기존의 메디케이드 자금 지원의 중단을 위협함으로써 헌법에 어긋난다. 의회는 그 지시에 따라서 주들에게 규제하도록 명령할 권한이 없다. 의회는 주들에게 지원금을 주고 수반되는 조건에 따르도록 요구할 수 있지만, 주들은 그 제안을 받아들일 것인지를 자율적으로 선택하여야 한다. 주들은 이 사건에서 그러한 선택을 할 수 없다. 주들은 메디케이드의 기본적인 성격 변화를 받아들이든지, 아니면 모든 메디케이드 교부금을 잃을 위험을 감수해야 한다. 그러한 헌법위반을 구제할 방법은 연방정부의 제재를 금지하는 것이다. 그 구제방법은 건강보험개혁법의 다른 부분의 폐기를 요구하지 않는다.

헌법기초자들은 제한적인 권한을 가진 연방정부를 창설하였고, 이 법원에 그 제한을 집행할 의무를 맡겼다. 법원은 오늘 그렇게 한다. 그러나 법원은 건강보험개혁법의 타당성에 대해서는 의견을 표명하지 않는다. 헌법에 따라 그 판단은 국민들에게 유보되어 있다.

연방제11항소법원의 판결을 일부 인용하고 일부 취소한다.

[대법관 긴즈버그 일부 동조, 일부 반대 의견(대법관 소토마요르 참여)(대법관 브레이어, 케이건 Ⅰ,Ⅱ,Ⅲ,Ⅳ에 참여)]

나는 반금지명령법이 법원의 이 사건 법조항 검토를 금지하지 않으며, 최소 보장 조항(개인의무조항)이 의회의 정당한 과세권한 행사라는 대법원장의 의견에 동의한다. 그러므로 나는 대법원장 의견 Ⅰ, Ⅱ, Ⅲ-C 부분에 참여한다. 그러나 대법원장과 달리 나는 의회가 통상조항에 의해서도 최소 보장 조항을 입법할 수 있다고 판결한다. 또한 나는 지출조항이 의회가 제정한 바대로 메디케이드 확대를 허용한다고 판결한다.

I

오늘날 건강보험 조항은 1930년대 노인과 유족 연금처럼, 국가 차원의 관심사이다. 의회는 사회보장법에서 은퇴한 근로자들에게, 그리고 유족들에게 매달 연금을 지급하는 연방제도를 만들었다. 의심할 여지없이 의회는 건강보험을 위해서도 비슷한 제도를 채택할 수 있었다. 그 대신에 의회는 민간보험과 주정부의 핵심역할을 보존하는 쪽을 선택하였다. 대법원장에 따르면 통상조항은 그 보존을 허용하지 않는다. 이러한 엄격한 통상조항의 해석은 거의 의미가 없으며 놀랍게도 퇴보하고 있다.

1937년 이후 우리의 선례는 경제 및 사회 복지 영역에서 국가의 장래를 설정하는 의회의 넓은 권한을 인정하였다. United States v. Darby, 312 U.S. 100, 115 (1941) (Hammer v. Dagenhart, 247 U.S. 251 (1918) 번복). 그리고 "헌법이 일부 금지하고 있는 것을 침범하지 않는 통상 규제는 통상조항이 의회에 부여한 전권의 범위 내에 있다"고 인정하였다. NLRB v. Jones & Laughlin Steel Corp., 301 U.S. 1, 37 (1937) ("통상권한은 무제한이고 위협의 원인이 무엇이든지간에 주 사이의 통상을 보호하기 위해 행사될 수 있다.") 통상조항에 대한 대법원장의 해석은 국가경제를 지탱하고 노동자들의 이익을 위해 경제를 규제하려는 의회의 노력을 법원이 가로막았던 시대를 떠올리게 하고 있다. Railroad Retirement Bd. v. Alton R. Co., 295 U.S. 330, 362, 368 (1935) (주 사이의 통상법이 적용되는 운송노동자들을 위한 의무 퇴직과 연금 제도를 무효화함; 법원은 법이 본질적으로 "노동자들의 사회복지와 관련되어 있고, 그래서 통상 자체의 규제와 거리가 멀다"고 보았다). 더 이상 유효하지 않는 해석이다.

A

건강보험개혁법(ACA)을 제정하면서 의회는 의료시장을 폭 넓게 개혁하였다. 시장은 어마어마하다. 전체적으로 미국인들은 2009년에 의료비로 2.5조불을 지출하였고 우리 경제의 17.6%에 해당한다. 42 U.S.C. §18091(2)(B) (2006 개정, Supp. IV). 다음 10년간 의료비 지출은 거의 2배가 될 것으로 예상된다.

의료시장의 특징은 또 있다. 거의 대부분의 다른 제품이나 서비스와는 달리 사람들이 모두 불가피하게 참여해야 하는 시장이다. 사실상 미국에 사는 모든 사람들은 언제든 의사를 만나거나 다른 의료전문가를 만날 것이다. 보건부, 국립건강통계센터, 미국성인건강통계: 2009년 면담조사(2010. 12.) (65세가 넘는 성인들 99.5% 이상이 의료전문인을 만난다). 대부분의 사람들도 마찬가지일 것이다(2009년에만 성인 64%는 2번 이상 병원에 갔다).

사람들이 진찰을 받을 때, 현재 진료 시장의 또 다른 현실, 즉 비싼 비용에 마주치게 된다. 2010년에 평균적으로 미국사람이 의료비로 7천불 이상을 지출하였다. 평생 동안 비용은 수십만불에 이른다. 한 사람이 부정기적인 치료가 필요할 때, 비용은 보통 그가 부담할 수 있는 범위를 넘는다. 예를 들면 병원에 하루 머물 때, 비용은 1만불을 넘는다. 희귀한 병이 아니더라도 많은 심각한 치료에는 많은 비용을 내야 한다. **경제연구가들 참고서면,** 10(1998년에 90일간 심장병치료비용은 2만불을 넘고, 연간 암치료비용은 5만불 이상이었다)

비록 모든 미국인 가정이 일생동안 상당한 의료비를 지출하더라도, 언제 치료가 필요한지를 예측할 수 없다. 사고, 심장병, 암발견은 보통 경고없이 발생한다. 우리는 사전 예고없이 어느 순간 치료가 필요한 위험에 처한다. 캠벨, 보험 곤경에 빠지다. **뉴욕타임즈 2012. 4. 5. 23**(보험에 가입하지 않은 32세의 건강한 여성이 어느 날 자동차 사고로 사지마비환자가 된 사례를 말함)

병원 치료 - 높은 비용, 예측불가능성, 불가피성- 와 관련된 위험에 대비하기 위해 대부분의 사람들은 건강보험에 가입한다. 2009년에 약 1억 7천만명은 민간보험회사에 가입되어 있다. 65세 이상과 가난하고 장애가 있는 사람들을 포함한 다른 사람들은 메디케어와 메이케이드라는 정부가 지원하는 제도에 의존하고 있다. 민간보험과 주 및 연방 정부가 미국 거주자들에게 제공되는 병원 치료의 거의 85%를 맡고 있다.

그러나 모든 미국 거주자들이 건강보험을 갖고 있지는 않다. 2009년에 원해서든, 또는 아마도 민간보험료를 낼 수 없고 정부 도움을 받을 자격이 안 되기 때문에 약 5천만명은 보험이 없다. 집단으로서 보험에 가입하지 않은 개인들은 매년 건강비용으로 1천억불 이상, 총 건강비용의 거의 5%를 지출하고 있다. 해마다 보험 없는 사람들의 60% 이상이 의사를 만나거나 응급실에 간다.

B

건강보험이 없는 많은 사람들이 전국의 의료 시장에 부담을 주고 있다고 의회는 인정하였다. 42 U.S.C. §18091(2). 심각한 질병의 응급 치료나 처치비용은 개인이 스스로 지출할 수 있는 금액을 보통 넘는다. 그러나 대부분의 상품시장과 달리 치료비를 지불할 수 없다고 해서 보험 없는 개인들이 치료를 받지 않아도 되는 것은 아니다. 연방 및 주법뿐만 아니라 전문가 의무와 사회 규범으로 인하여 병원과 의사들이 환자의 지불능력에 관계없이 정말 필요할 때 치료를 거부하지 못한다. **[연방법, 주법, 윤리장전 등 생략]**

그 결과 의료 서비스 제공자는 치료비를 받지 못하는 보험미가입자를 치료하게 된다. 예를 들면 2008년에 병원, 의사, 다른 건강관리 전문가들은 보험이 없는 사람들에게 제공한 서비스와 관련하여 430억불을 지급받지 못했다. 42 U.S.C. §18091(2)(F) (2006년판, Supp. IV)

의료서비스제공자들은 이러한 악성부채를 스스로 감당하지 않는다. 그들은 치료비를 인상하고 받지 못한 비용을 확실한 지불능력이 있는 정부와 민간보험회사에 떠넘긴다. 이어서 민간보험회사들은 보험료를 올리고 증액된 의료비용을 보험에 가입한 사람들에게 떠넘긴다. 건강보험이 있는 사람들이 보험에 들지 않은 사람의 의료비를 보조하는 결과가 된다. 경제학자들은 보험 없는 사람들이 건강보험료를 납부하는 사람들에게 무임승차하고 있다고 설명한다.

이 보조금의 규모는 상당하다. 의회는 비용전가로 인하여 "1년에 가족보험료가 평균 1천불이상 오르고 있다"고 인정하였다. 이어서 높은 보험료는 건강보험을 유지하기 어렵게 하고, 많은 사람들이 보험에서 탈퇴하여 비용전가현상이 늘어나고 있다.

그리고 의료비와 건강보험료의 인상을 부채질하는 사람들은 보험미가입자 중 현재 아프거나 다친 사람들만이 아니다. 보험회사와 의료서비스제공자들은 건강하고 보험에 가입하지 않은 사람들 일부가 매년 병을 앓거나 다쳐서 지불능력과 무관하게 치료를 받아야 한다는 것을 알고 있다. 지급받지 못한 진료비를 예상하여 병원은 치료비를 올리고 보험회사는 보험료를 올린다. 보험에 가입하지 않는 사람이 어느 날 치료가 필요하고 병원이 그 위험을 감수해야 하기 때문에 보험미가입자들 모두가 치료 가격과 건강보험에 영향을 미친다.

개인이 보험에 가입하지 않으면 의료시장에 미치는 해로운 영향이 또 있다. 보험 없는 사람들은 일반적으로 예방치료를 받지 않기 때문에, 고혈압과 당뇨병과 같이 미리 진단을 받는다면 성공적으로 또 저렴하게 치료될 수 있는 진료를 받지 못한다. 결국 보험미가입자가 질병 때문에 치료를 받게 되었을 때, 치료가능한 상태가 이미 심각한 건강문제로 변해서, 더 비싸고 많은 치료를 요구하게 된다. 병원이 보험미가입자를 치료하면서 추가로 쓰는 시간과 자원은 보험이 있는 사람들을 위해 진료할 시간을 줄이게 된다.

C

주들 스스로는 보험미가입자 문제를 풀 수 없다. 사회보장 혜택처럼, 전국 단위의 의료보장 제도는, 만약 개별주들이 채택한다면 "가난한 가족들이 이주해서 안식처를 구하도록 권장하는 미끼"가 될 것이다. Helvering v. Davis, 301 U.S. 619, 644 (1937). **매사추세츠 참고서면,** 15(2009년 매사추세츠 응급실이 다른 주 거주자들인 수천명의 보험미가입자들을 치료했다고 설명). 의료보장제도를 채택한 주로 건강하지 못한 사람들이 밀려들면 의료서비스 비용의 증가를 불러올 것이다. 늘어난 비용을 감당하기 위해 주는 세금을 올리고 민간보험회사는 보험료를 올릴 것이다. 높은 세금과 증액된 보험비용으로 회사와 건강한 개인들은 주를 떠나게 될 것이다.

그래서 스스로 건강보험개혁을 추진한 주들은 "이웃이나 경쟁자들과 비교해서 경제적으로 불리한 처지에 빠져들" 위험이 있다. 이러한 위험을 알게 된 개별 주들은 보험미가입자들의 문제를 해결하는 것이 모든 주들에게 이익이 된다 하더라도 다루려고 하지 않을 것이다. 의회의 개입은 이러한 집합적인 교착상태를 극복하기 위해 필요했다.

D

의회는 전국적인 해결이 필요하다고 느끼고 사회보장과 같은 연방의 과세-지출 제도를 만들어 건강보험 시장을 접수할 수도 있었다. 보통 단일 지급 제도(연방정부만이 의료비 지급)라고 불리는 그 제도는 민간 회사나 주들이 관여할 여지를 거의 남기지 않았을 것이다. 대신에 의회는 민간 보험회사와 주 정부가 활발한 역할을 하는 해결방법으로 개혁법을 제정했다. 그러나 의회는 대부분의 사람들이 민간보험에 가입하는 요건을 포함한 새로운 방식을 사용하였다. 26 U.S.C. §5000A (2006 ed., Supp. IV) (최소보장 조항). 아래에서 설명하는 바와 같이 이 방법을 채택함으로써 의회는 실제적이고 대체로 합리적인 해결에 이를 수 있었다.

개혁법의 핵심 목표는 보험에 가입하지 않은 미국 거주자들의 수를 줄이는 것이다. 최소보장조항은 건강 치료를 받을 사람들에게 보험에 가입하도록 권장함으로써 이 목적을 이루려고 한다. 최소보장에 따라 개인은 보험에 가입하거나 세금벌금으로 해석되는 비용을 내야 한다. 26 U.S.C. §5000A.

최소보장조항은 보험미가입자를 줄이려는 의회의 계획을 추진하기 위해 중요하다. 의회는 사람들이 보험에 들도록 권장하는 것이 문제 해결에 충분하지 않을 수 있음을 알고 있었다. 왜냐하면 대부분의 보험미가입자들은 자의로 가입하지 않았기 때문이다.[11] 특히 의회는 보험이 절실히 필요해도 가입할 수 없는 사람들, 즉 병환으로 고통을 겪고 있는 사람들에게 관심을 기울였다.

개혁법이 제정되기 전에 민간 보험 회사는 보험료를 정하거나 보험가입여부를 결정할 때 신청자의 진료이력을 고려하였다. 기존 질환자들은 건강한 사람들보다 더 많은 보험금이 나가기 때문에 보험회사는 보험가입을 거절하거나, 보험료를 높게 매기거나, 기존 질병을 보험대상에서 제외하는 제한된 보험만을 제공했다. **보건부, 보험거절: 건강보험제도가 어떻게 수백만명을 제외하는가 (2009)** (지난 3년간 12.6백만명의 65세 이하 성인들은 기존 질병 때문에 보험가입이 거부되거나 비싼 보험료를 냈다)

병력을 가진 사람들이 감당할 수 있는 보험에 접근할 수 있도록 보장하기 위해, 의회는 3가지 해결책을 만들었다. 첫째, 의회는 보험회사가 질환이나 진료이력 때문에 보험적용을 거부할 수 없도록 한 "보장 사유" 요건을 만들었다. 42 U.S.C. §§300gg-1, 300gg-3, 300gg-4(a) (2006, Supp. IV). 둘째, 의회는 보험회사에 보험료를 책정할 때 "공동체 요율"을 이용하도록 하였다. §300gg. 공동체 요율은 결과적으로 보험회사가 기존 질환자들에게 비싼 보험료를 부과할 수 없도록 하였다.

그러나 사람들이 보험에 가입하는 강력한 유인책이 없다면 이 두 조항이 효과적으로 작동할 수 없음을 의회는 알았다. **청문회(2009)** (시장에서 경쟁하는 민간보험회사들에게 공동체 요율과 보장 사유를 부과하는 것은 개인 의무 가입과 함께 운영되지 않으면 그 시장은 무너질 것이다). 1990년대에 뉴욕주, 뉴저지, 워싱턴, 켄터키, 메인, 뉴햄프셔, 버몬트를 포함한 몇 개 주들은 보장 사유와 공동체요율을 규정한 법을 제정했다. 결과는 매우 나빴다. "7개주 모두 치솟는 보험료, 보험에 가입한 개인들의 감소, 보험상품과 제공자의 감소를 겪었다." **미국장애인협회 참고서면 11-398, 9**(다음부터 AAPD 서면이라 함), **워싱턴 주지사 크리스틴 그레고리 참고서면 11-398, 11-14**(주가 기존 질환자에 대한 보험적용을 요구하는 법을 통과시켰을 때, 워싱턴 보험시장은 무너졌다고 설명).

의회는 보장 사유와 공동체요율 규정만으로는 안 된다고 이해했다. 보험회사가 환자를 적절한 가격으로 보험에 가입시키라고 요구하면, 사람들은 보험에 가입하기 위해 아플 때까지 기다릴 수 있다. 병원 치료가 필요한 사람들, 즉 보험금이 가장 많이 나가는 사람들은 바로 보험회사의 주요 고객이 된다. 보험회사는 이러한 "역선택" 문제로 급증하는 비용을 대기 위해 보험료를 훨씬 올리거나 시장을

---

11) 국가보건통계센터의 연구조사에 따르면, 보험미가입의 가장 일반적인 이유는 비싼 보험료이고, 그 다음으로 실직, 사용자의 보험 제공 거부, 보험사의 기존질환자들 보험가입 거부, 메디케이드 상실이다. 보건부, 국가보건통계센터, 미국인구의 건강통계(2010. 12.)

떠나거나 하는 2가지 선택지를 갖게 된다. 최소 보장조항 없이 보장 사유와 공동체 요율 요건을 시행한 7개주에서 보험회사들이 정확히 그렇게 했다.

의회는 매사추세츠가 역선택의 문제를 해결하였다고 들었다. 대부분의 주 거주자들에게 보험에 가입하도록 요구함으로써 환자들만 보험에 가입하는 것을 막았다. 그 결과 연방의원들이 보기에 다른 주들은 실패하였지만 매사추세츠는 성공하였다. **매사추세츠 참고서면 11-398**, 3(주의 개혁으로 보험미가입자는 2% 이하로 줄어 미국에서 가장 낮은 비율이 되었고, 지급받지 못한 치료비는 1/3가량 줄었다).[12] 보장 사유와 공동체요율 방안을 최소보장조항과 결합시키면서 의회는 매사추세츠의 예를 따랐다.

* * *

요약하면 의회는 수십 년 동안 미국을 괴롭히던 경제 사회 문제, 즉 보험에 가입할 수 없거나 가입을 꺼리는 많은 수의 미국 거주자들 문제를 풀기 위한 핵심요소로서 개혁법의 최소보장조항을 통과시켰다. 의회가 내린 정책결정에 대해 어떻게 생각하든, 그러한 결정을 하는 것은 의회의 특권이다. 그 결정을 적절하게 존중하면서 검토할 때, 보장 사유와 공동체 요율 처방과 함께 최소보장조항은 헌법의 통상조항 및 필요 적정 조항에 의해 허용되어야 한다.

Ⅱ

A

통상조항은 "헌법 자체에서 발생하는 핵심 문제에 대한 헌법기초자들의 답변"으로 널리 인식되었다. 연방조항에 따라 통상규제권한은 주가 갖게 되었는데, 이 체계는 작동할 수 없다는 것이 밝혀졌다. 왜냐하면 개별주들은 당연히 자신들의 경제 이해에 초점을 맞추게 되고, 나라 전체의 성공에 중요한 조치를 취하지 않은 사례가 있었기 때문이다. **미합중국 정치 체제의 약점, 제임스 매디슨: 논설** 69, 71(공통의 이해증진이 요구되는 문제에서 협력이 부족하여, 국가의 위엄, 이해, 수입에서 어려움을 겪었다).

필요한 것은 "통합적인 조치가 필요한 모든 사례에서 능동적이고 숙달된 권한

12) 성공에도 불구하고, 매사추세츠의 의료 서비스 제공자들은 여전히 지급받지 못한 치료비 상당액을 부담하고 있고, 그 중 대부분은 다른 주에서 오는 보험미가입 환자들 때문이다.

으로 무장한 … 연방정부였다." 제임스 매디슨의 에드먼드 랜돌프에게 보낸 편지(1787. 4. 8.), 제임스 매디슨 논설 9권, 368, 370. 조지 워싱턴의 제임스 매디슨에게 보낸 편지(1785. 11. 30.), 8권 428,429("우리는 연합된 사람들이든 아니든 둘 중의 하나이다. 만약 전자라면, 나라의 목표를 증진하고 나라의 특성을 지탱하는 공통의 관심사에 대해서는 하나의 나라처럼 행동하자.") 헌법기초자들의 해결책은 "연방의 공통 이익이 되는 모든 사안에서, 그리고 주들이 개별적으로 다룰 능력이 없는 모든 사안에서", 경제 입법을 제정한 권한을 의회에 부여한 통상조항이었다는 것을 우리는 알고 있다. 1787년의 연방의회 기록 2권, 131-132. North American Co. v. SEC, 327 U.S. 686, 705 (1946) ("[통상권한]은 국가적인 필요에 상응하는 적극 권한이다.")

헌법기초자들은 "연방의 보편적인 이익"은 시간이 흐르면서 그들이 예상할 수 없는 방식으로 변할 것이라고 이해하였다. 따라서 그들은 헌법이 자세한 청사진이 아니라 "일반적인 개요"여야 한다고 인정하였고, 맥컬록 판결 407 (1819) 그 조항들은 "사안의 사실들이나 맥락에 의해 설명되는" 폭넓은 개념들을 포함하였다. 제이스 매디슨이 트리스트에게 보낸 편지(1831. 12.) 제임스 메디슨 글 9권, 471, 475. 알렉산더 패밀턴은 "현재의 필요성으로부터 연방정부에 맡긴 권한의 적정한 범위를 추론하는 것은 잘못이다. 미래에 발생한 일들을 대비하는 역량이 있어야 하고, 그 일들은 성격상 제한될 수 없기 때문에, 그 역량을 안전하게 제한하는 것은 불가능하다." 연방주의자 논설 34, 205, 206, 맥컬록 판결 415.

B

헌법기초자들의 의도에 맞게, 우리는 통상조항에 따른 의회의 권한은 "실제의 경험"을 포함한 "현실적인" 고려사항에 달려 있다고 강조해왔다. North American Co., 327 U.S., 705("통상 자체는 매우 현실적인 문제이다. 이를 효과적으로 다루기 위해서 의회는 경제 및 금융 현실을 바탕으로 조치할 수 있어야 한다.") 우리는 의회에게 "국가의 문제를 직접 그리고 현실적으로 해결하도록 하기 위한" 재량을 부여하였다. American Power & Light Co. v. SEC, 329 U.S. 90, 103 (1946)

오늘날까지 의회가 통상 권한을 유효하게 행사했는지를 판단하는 이 법원의 실용적인 접근방식에는 2가지 익숙한 원칙이 있다. 첫째, 의회는 "주 사이의 통상에 실질적으로 영향을 미치는" 경제활동을 규제할 권한을 갖고 있다. 레이치 판결 17. 이 권한은 종합적으로 보아서 주 사이의 통상에 실질적인 영향을 미치는 지역

활동에도 확대된다. 위 판결, 위커드 판결 125("피항소인의 활동이 지역적이고 통상활동이라고 볼 수 없다 할지라도, 그 성격이 무엇이든, 주 사이의 통상에 실질적인 경제 효과를 미친다면 의회의 권한이 여전히 미칠 수 있다.")

둘째, 우리는 의회가 경제 및 사회 입법을 만들고 제정했을 때 의회를 존중했다. 레이치 판결 17. Pension Benefit Guaranty Corporation v. R. A. Gray & Co., 467 U.S. 717, 729 (1984)("국가 경제 정책 분야의 입법은 강하게 존중된다."); Hodel v. Indiana, 452 U.S. 314, 326 (1981)("이 법원은 주사이의 통상과 그에 미치는 영향간의 관련성이 명백하게 부존재하지 않는 한, 법원의 판단으로 의회의 판단을 대체하지 않을 것임은 분명하다.") 그러한 입법을 평가할 때 우리는 (1) 의회가 규제 대상 활동이 실질적으로 주 사이의 통상에 영향을 미친다고 결론지은 "합리적인 근거"를 가지고 있는지, 그리고 (2) "선택한 규제 수단과 목적 사이에 합리적인 연관성"이 있는지를 물을 뿐이다. [인용 판례 생략]. 이러한 문제에 답하면서, 우리는 이 사건 법을 합헌으로 추정하고 의회가 비합리적으로 행동했다는 "명확한 증명"이 있을 때만 폐기할 것이다. 모리슨 판결 607 (2000)

C

이러한 원칙들을 직접 적용하면 법원은 최소 보장 조항이 통상조항에 따른 정당한 입법이라고 판결하여야 한다. 계층으로서 보험미가입자가 주 사이의 통상에 실질적으로 영향을 미치고 있다고 결론지은 합리적인 근거를 의회는 갖고 있다. 보험에 가입하지 않은 사람들은 매년 수십억불의 건강관리 상품 및 서비스를 소비하고 있다. 이러한 상품들은 주 경계를 넘어서 사업을 하는 전국 및 지역 회사들이 대부분 만들어서 판매한다. 또한 치료를 받기 위해 보험미가입자들은 주 경계를 건너고 있다. 일부는 집에서 멀리 떨어져 있는 동안 응급 치료를 받는다. 다른 사람들은 아플 때 보험에 가입하지 않은 사람들에게 더 나은 치료를 하는 바로 옆의 주로 가기도 한다.

위에서 설명했듯이 보험이 없는 사람들이 매년 더 많은 치료를 받을 뿐만 아니라, 그들은 치료비 상당액을 지불할 수 없기 때문에 치료비의 시장 가격을 올리고 비용을 다른 소비자들에게 떠넘기며, 시장의 효율성과 안정성을 떨어뜨린다. 주 사이의 통상에 널리 미치는 이러한 영향을 고려할 때, 보험을 포기하는 결정은 거의 하찮거나 "아무 것도 안하는 것"과 같다. 반면에 그것은 의회가 통상 조항에 따라 다룰 권한을 가지고 있는 경제 결정이다. 위 14-15쪽. 또한 위커드 판결 128("통상을 규제할 권한이 그 통상의 상품 가격과 그 가격에 영향을 미치는 실무를 규제할 권한을 포함하고 있다는 점은 이 법원의 판결로 확립되어 있다.")

나아가 최소 보장 조항은 보험에 가입하지 않는 개인들이 일으킨 혼란으로부터 건강관리 시장을 지키려는 의회의 목적과 "합리적인 연관성"을 갖고 있다. 보험이 없는 사람들에게 요금을 지불하도록 함으로써, 최소 보장 조항은 개인들에게 보험에 들도록 강력하게 권장하고 있다. 의회가 타당한 이유가 있다고 믿는 이러한 유인책은 보험미가입자수를 줄이고 이들이 전국의 건강관리 시장에 미치는 부정적인 영향을 줄일 것이다.

의회가 보험미가입자들에게 아프든 건강하든, 보험에 가입하거나 특정한 벌금을 지불하도록 한 것은 합리적이다. 위에서 설명한 바와 같이, 모든 사람은 어느 때든 병원 치료를 받을 위험이 있기 때문에, 보험이 없는 사람들은 그들의 현재 건강 상태와 무관하게 치료비와 건강 보험료에 부정적인 영향을 미친다. 또한 즉시 치료가 필요한 사람들로 한정하여 보험에 가입하도록 하는 것은 가능하지 않다. 보험회사들은 이러한 개인들에게 값비싼 보험료를 요구하거나, 만약 공동체 요율 규제가 있다면 문을 닫을 것이다. 메릴랜드와 다른 10개 주 참고서면 11-398, 28 (다음부터 메릴랜드 서면이라 함) ("만약 사람들이 보험 위험이 위험뿐이라면 참여하지 않을 수 있고 위험이 현실화되었을 때 참여할 수 있다면, 어느 보험체계도 살아남을 수 없다.")

"입법자들이 통상을 보호하는데 필요한 규제 체계를 선택한 합리적인 근거를 가지고 있다고 인정되는 경우, 우리의 심사는 끝난다." Katzenbach, 379 U.S., 303-304. 의회가 현실적이고 경험에 바탕을 둔 방식으로 구체적인 주 사이의 문제를 다루고 있는 최소 보장 조항을 만든 것은 이러한 기준에 쉽게 들어맞는다.

D

대법원장은 우리의 선례가 확립한 방식으로 최소 보장 조항의 합헌성을 평가하기 보다는 새롭게 만든 헌법이론에 내세우고 있다. 대법원장은 통상 권한은 의회가 "개인들에게 상품을 구입하여 통상활동에 적극 참여하도록 강제하는" 것은 허용하지 않는다고 선언하고 있다.

1

a

대법원장이 의회의 통상 권한을 새롭게 제한한 것은 우리의 선례상 근거가 없다는 이유만으로도 반대하게 된다. 그러나 의회가 통상권한에 의해 "통상활동에 참여하지 않은 개인들에게 원치 않는 상품을 사도록 강요할 권한이 부족하다고 가정해도," 그러한 제한은 이 사건에 적용될 수 없다. 모든 사람은 어느 때든 건강관리 상품과 서비스를 사용한다. 그래서 만약 보험구입요건이 건강관리를 적극적으로 소비하는 사람들에게만 적용될 수 있다는 대법원장의 견해가 옳다면, 최소 보장 조항은 딱 들어맞는다.

대법원장은 모든 미국 주민들이 생활 속에서 의료 서비스 시장에 참여하고 있음을 다투지 않는다. 16 (모든 사람들은 결국 예상할 수 없는 시점과 범위에서 건강관리가 필요할 것이다). 그러나 대법원장은 "오늘날 보험미가입자들과 그들의 통상 활동 사이에 연결성을 인정하기 위한 근접성과 밀접성이 너무 부족"하기 때문에, 보험미가입자는 건강관리 시장에서 활동하고 있다고 볼 수 없다고 주장한다.

이 견해는 여러 가지 결함을 갖고 있다. 첫째, 보험 없는 사람들의 60% 이상이 해마다 병원이나 의원에 간다. 거의 90%가 5년 이내에 갈 것이다. 그래서 보험미가입자의 의료 서비스 소비는 매우 근접해 있다. 결국 5년 이내에 발생할 것은 분명하고 올 해에도 일어날 가능성이 많다.

의회가 오늘 응급 치료가 필요한 보험미가입자들(의료 치료를 받은 일이 매우 임박한 사람들)을 수년간 의료 서비스가 필요하지 않을 사람들로부터 분리하는 방법을 갖고 있지 않다. 아무도 언제 응급상황이 생길지 모르지만 보험미가입자들의 응급상황은 매일 일어난다. 예상치 못하게 매우 가까운 장래에 치료를 받아야 하는 개인들을 붙잡기 위해 의회는 가까운 시일 내에 병원에 가지 않을 사람들을 포함할 필요가 있었다. 페레즈 154 ("피해를 막기 위해 정확한 방지대상 이상을 포괄하는 법을 만들 필요가 있을 때 그렇게 할 수 있다.")

둘째, 입법부가 규제하려는 시장의 경계를 긋는 것은 의회의 역할이지 법원의 역할이 아니다. 대법원장은 건강관리 시장을 바로 즉시 또는 시간적으로 가까운 때 발생하는 거래만을 포함한다고 정의하고 있다. 그러나 의회는 장기적인 전망에 따라 시장을 합리적으로 관찰할 수 있고, 지금 당장 일어나지 않더라도 다음

10년에 걸쳐 발생할 것이 분명한 모든 거래를 포함할 수 있다.

셋째, 대법원장의 주장과 달리, 우리의 선례는 "의회는 예측되는 미래의 활동 때문에 오늘 개인의 활동을 지시할 수 있다는 명제"를 지지하고 있다. 위커드 판결에서 법원은 연방정부가 1938년의 농업조정법에 따라 재배가 허용된 양보다 더 많은 밀을 생산한 농부에게 부과하는 벌금을 지지하였다. 114-115. 농부는 시장에서 팔지 않고 가정에서 소비하기 위해 밀을 재배하였기 때문에 처벌될 수 없다고 주장하였다. 법원은 이 주장을 받아들이지 않았다. 가정에서 소비하기 위한 밀은 "잉여로 남아 만약 값이 올라간다면 시장에 흘러들어올 수 있고 법이 의도한 가격 인상을 막을 수 있다"고 판시하였다.

비슷한 이유는 사적인 사용을 위한 마리화나 재배를 규제하는 의회의 권한을 승인한 레이치 판결도 비슷한 이유였다. 19. "주 사이의 시장에서 높은 수요는 그러한 마리화나를 시장으로 끌어낼 것이기 때문에," 가정에서 기른 마리화나는 실질적으로 주 사이의 마리화나 시장에 실질적인 영향을 미친다고 보았다.

그래서 우리 판결은 통상 조항에 따라 장래의 거래(밀 또는 마리화나의 시장에서 판매)가 예측되기 때문에, 개인의 행위를 명령하는(위커드 판결에서 농부에게 밀의 과잉 재배 금지; 레이치 판결의 원고에게 마리화나 경작의 중단을 명령) 의회의 권한을 인정하고 있다. 이 사건에서 미래의 활동(의료보험의 사용)은 발생할 것이 확실하되, 언제 그 활동이 일어날 것인지가 불확실할 경우에 의회의 조치는 더 합리적이기까지 하다.

보험미가입자들이 건강관리 시장에서 활동적이지 않다고 주장하면서, 대법원장은 자동차시장을 예로 들었다. 대법원장은 누구나 언젠가 자동차를 사기 때문에 개인은 자동차 시장에서 활동적이지 않다고 보고 있다. 알맞은 비유가 아니다. 불가피하지만 예측할 수 없는 병원 치료 필요성과 응급 치료를 원할 때 받을 것이라는 보장은 다른 시장에서는 존재하지 않는 조건이다. 그것은 자동차 시장도 그렇고 브로콜리시장도 마찬가지다. 사람이 어느 날 자동차나 브로콜리를 살 수 있지만, 계속 살 것이라는 확실성은 없다. 그리고 만약 자동차를 원하거나 브로콜리를 몹시 원한다면, 그것들은 받기 전에 계산대에서 돈을 내야 한다. 다른 소비자들이 (의료보험시장처럼) 오른 값으로 내야 하는 비용으로 공짜로 차를 타거나 먹을 수 없다. 그러므로 모든 사람들이 건강관리 시장의 참여자이거나 참여자가 될 것이라는 이유로 최소 보장 조항을 승인한다고 해서, 통상 조항에 따라 다른 경우에 상품과 서비스의 구입의무 부과가 정당하다는 의미가 될 수 없다.

또한 최소보장조항이 "사람들에게 원치 않는 상품을 사도록 강요한다."고 말하는 것은 정확하지 않다. 오늘 필요하지 않는다면, 보험이 보장하는 의료 서비스는 내일 반드시 필요할 수 있다. 되풀이하지만 사실상 누구나 삶의 어느 시점에서 치료를 받는다. 건강보험은 이 치료에 비용을 내는 수단일 뿐이다. 의회는 개인들이 보험에 가입하도록 요구함으로써, 별도로 원치 않는 상품의 구입의무를 부과하지 않고 있다. 의회는 단지 사람들이 사용하는 상품에 비용을 지불하는 조건을 정의하고 있다. 그 조건은 의무를 이행하는 사람들은 (호주머니에서 돈을 꺼내지 않고) 보험을 통해서, (서비스를 받는 때가 아니라) 지금 미리 치료비를 지불하는 것이다. 주 사이의 통상에 영향을 미치는 상품 구입의 지불 조건을 설정하는 것은 의회의 권한범위 내에 있는 본질적으로 경제규제이다. United States v. Wrightwood Dairy Co., 315 U.S. 110, 118 (1942) 대법관 스칼리아, 케네디, 토마스, 알리토 공동반대의견(연방정부는 상품의 질과 그 가격도 규제할 수 있다는 점을 인정).

대법원장은 또한 최소 보장 조항이 젊고 건강한 사람들에게 덜 건강한 사람들이 내는 보험료를 보조하도록 하는 부당한 시도라고 부른다. 이 견해 역시 겉으로만 그럴싸하다. 현재의 건강관리 체계에서도 보험이 없는 건강한 사람은 자신들이 비용을 지불하지 않지만 혜택을 받는 경우도 있다. 예컨대 그들이 필요할 때 비용을 낼 수 없어도 응급치료는 보장된다. 보험을 갖고 있는 사람들은 이 보장에 대한 비용을 부담한다. 건강하지만 보험이 없는 사람들이 보험에 가입하거나 세금과 같은 벌금을 내도록 함으로써 최소 보장 조항은 이러한 개인들이 현재 누리는 무임승차를 끝내고 있다.

또한 시간이 흐르면서 오늘 젊고 건강한 사람들은 나이 들고 병약해진다. 일생에 걸쳐서 볼 때 비용과 혜택은 같다. 현재 공정한 분담금보다 더 지불하는 젊은 이들은 나이가 들었을 때는 공정한 분담금보다 덜 지불하게 될 것이다. 그리고 만약 일생에 걸쳐서 일부 사람들이 실제 받는 치료보다 보험료를 더 내는 사례가 있을 수 있지만, 보험이 원래 그렇기 때문에 그들은 거의 불평하지 않을 것이다. 비록 보험계층의 일부만이 궁극적으로 보호를 필요로 할지라도, 보험에 가입한 사람들은 모두 재앙적인 손실에 대비한 보호를 받는다.

b

통상활동에 적극 참여하는 사람들을 규제하는 통상권한을 제한하는 대법원장의 견해는 헌법이나 우리의 선례상 근거가 없다. 헌법 제1조 제8절은 "여러 주들 사이의 … 통상을 규제할" 권한을 의회에 주었다. 이 문장 속에서 의회의 통상권한이 통상 거래에 적극 참여하고 있는 사람들만을 규제하는 것으로 제한된다고 암시하는 내용은 없다. 연방DC항소법원은 "헌법이 제정될 때, 규제한다는 것은 무엇보다 행동을 요구한다."는 것을 의미한다고 풀이하였다. Seven-Sky v. Holder, 661 F. 3d 1, 16 (2011).

대법원장은 반대로 주장하면서 "헌법이 의회에 화폐가치를 규율하는 권한과 함께 화폐를 발행하는 권한을 의회에 주었고," 비슷하게 "육군과 해군의 통수와 규율에 관한 규정을 제정하는 권한과 함께 육군을 편성하고 지원하며 해군을 창설하고 유지하는 권한을 주었다"고 적고 있다. 대법원장은 규제 권한을 규제 대상을 새롭게 만드는 권한과 분리하면서 "헌법의 글을 보면 규제권한은 그 대상이 이미 존재한다고 전제하고 있다는 이해를 반영한다."고 주장한다.

이는 헤아리기 어려운 주장이다. 사람들에게 보험에 가입하도록 요구하는 것은 의심할 여지없이 주 사이의 건강 보험 및 건강관리 시장을 규제하고 있는데 이들은 모두 개혁법의 제정이전에 이미 존재하고 있었다. 위커드 판결 128 ("통상을 장려하는 것은 금지하거나 제한하는 것과 마찬가지로 규제기능의 사용이다.") 그래서 "규제되는 것"은 의회가 최소 보장 조항을 만들 때 이미 존재하고 있었다.[13)]

우리의 선례는 활동 대 비활동의 사이를 구분하지 않는다. 예를 들면 위커드 판결에서 우리는 규제가 농부들에게 시장에서 밀을 사도록 강제하는 효과가 있더라도, 너무 많은 밀을 기르는 농부에게 부과한 벌금을 승인하였다. 법원은 "일부 농부들에게 자신들이 필요한 것을 시장에서 사도록 강제하는 것은" 통상을 규제하는 유효한 수단이라고 판결했다. 다른 사건에서 이 법원은 "활동적이지 않은" 토지소유자에게 토지를 팔도록 강제하는 의회의 권한을 통상 권한에 따라 승인하

13) 대법원장의 헌법 문언 해석은 다른 이유로도 의문이다. 나라의 통화 "가치를 규제하는" 권한은 통화 가치를 올리는 권한-즉 과거에는 없던 가치를 만들어내는 권한-을 포함하는 것으로 추정된다. 그리고 만약 육군과 해군을 규율하는 권한이 "이미 규제대상(즉 육군과 해군)이 존재하고 있음"을 전제한다면, 의회는 공군을 창설할 권한이 없는가?

였다. Monongahela Nav. Co. v. United States, 148 U.S. 312, 335-337 (1893) ("통상을 규제할 큰 권한에 따라," 의회는 부동산이 항행수로의 개선을 위해 필수적인 경우, 그 부동산을 의무적으로 정부에 팔도록 할 권한을 갖고 있다); Cherokee Nation v. Southern Kansas R. Co., 135 U.S. 641, 657-659 (1890) (철로 건설을 위해 사유 부동산의 의무 매각과 관련하여 비슷하게 통상권한에 의존).

대법원장은 의회가 통상조항에 의해 상업적인 "비활동"을 규제하는 것이 허용되지 않으므로, 의회가 건강관리 문제를 해결하기 위해 고안한 현실적인 해결책을 허용할 수 없다고 결론지으면서, 그 조항을 "기술적인 법률 개념"으로 보고 있는데, 우리의 선례는 정확하게 그렇지 않다고 말하고 있다. 위커드 판결 122. 통상권한의 제한 범주를 정하려는 과거 이 법원의 노력은 성공하지 못했다. 뉴딜 이전의 일부 사건에서 법원은 한 때 비통상적이라고 인식된 활동, 예컨대 "생산", "채굴", "제조"를 "통상"과 구분함으로써 의회의 통상 조항에 따른 권한을 좁히려고 시도하였다. United States v. E. C. Knight Co., 156 U.S. 1, 12 (1895) ("통상은 제조 다음의 일이지, 제조의 일부분은 아니다."); Carter v. Carter Coal Co., 298 U.S. 238, 304 (1936) ("채굴은 통상의 대상을 만들어낸다. 통상은 그것을 처분한다.") 법원은 주 사이의 통상에 직접 영향을 미치는 활동을 구분하려고도 하였고, 간접 영향만 있는 것들은 연방 규제를 받지 않는다고 하였다. A.L.A. Schechter Poultry Corp. v. United States, 295 U.S. 495, 548 (1935) ("주내부의 거래가 주 사이의 통상에 미치는 직접 영향과 간접 영향 사이의 구분은 기본으로 인정되어야 한다.")

이렇게 경계선을 그으려는 실무는 지지를 받지 못했고, 법원은 오래전에 포기하였다. "통상조항에 따른 의회의 권한 문제는 "생산"과 "간접"과 같이 이름을 붙여서 효력을 좌우하는 어떤 공식을 참조함으로써 결정되지 않고, 문제되는 활동이 주 사이의 통상에 미치는 현실적인 효과를 고려하지 않는다." 모리슨 판결 641-644 (수터 대법관 반대의견) (의회의 통상권한에 관한 형식에 따른 제한은 법원에게 "거의 처참한 실험"이었음을 언급). 이러한 역사로부터 배우지 못하고, 대법원장은 통상에 활동적인 사람과 그렇지 않은 사람 사이를 형식적으로 구분하려고 애쓰고 있다.

법원(그리고 의회)이 "활동"을 규제하는 법과 "비활동"을 규제하는 법을 구분할 때 따르는 어려움이 무엇인지 밝히는 것은 어렵지 않다. 이스터브룩 판사는 "대부분의 활동은 동일한 효과를 가진 상응하는 비활동으로 바꾸어 말할 수 있다."

고 했다. Archie v. Racine, 847 F. 2d 1211, 1213 (연방제7항소법원 1988). 에를 들어보자. 민간 보험회사로부터 보험에 가입하지 않기로 한 사람은 다른 형태의 보험, 즉 자가 보험을 적극 선택하였다고 여겨질 수 있다. Thomas More Law Center, 651 F. 3d, 561 (서튼 판사 일부 동조의견) ("자가보험이나 민간보험은 같은 위험을 다루기 위한 2가지 형태의 활동이기 때문에, 건강관리를 위해 비용을 지출하는 방법을 결정할 때 누구도 비활동적이지 않다."). 그러므로 최소 보장 조항은 자가 보험 시장에서 활동하는 사람들을 규제하는 것으로 설명될 수 있다.[14] 위커드 판결은 다른 사례이다. 그 사건의 법에서 적용대상은 활동(너무 많은 밀을 재배)인가 비활동(농부가 시장에서 밀을 구입하지 않는 행위)인가? 법정의견의 해석은 후자임을 암시한다. 127-129.

2

통상조항이 통상 시장에서 활동적으로 참여하는 자들의 규제로 한정되어야 한다는 대법원장 견해의 밑바탕에는 그렇지 않으면 통상권한의 한계가 없을 것이라는 걱정이 깔려 있다(의회가 통상에 참여하지 않는 사람에게 상품 구입 강요를 허용한다면, 의회의 권한이 자연스런 범위를 넘어 모든 곳으로 확대되어, 의회가 모든 권한을 성급하게 행사함으로써 혼란이 발생하게 될 것이다). 공동 반대의견도 비슷한 걱정을 표현하였다(최소 보장 조항이 통상 권한에 따라 승인된다면, "통상 조항은 무제한 권력의 원천이 되고,… 게걸스런 턱을 가진 끔찍한 괴물이 되어 성별이나 나이, 많든 적든, 종교적이든 아니든 가리지 않을 것이다"). 이러한 우려는 근거가 없다.

첫째, 대법원장은 의회에게 모든 종류의 구입의무[통상에 참여하여 활동할 의무]를 규정할 수 있는 백지권한을 주지 않고도 개인 의무를 승인할 수 있었다. 의료 시장의 독특한 성격 때문에 누구나 그 시장에 활동적으로 참여하게 되고 다른 시장에는 일어나지 않는 중요한 무임승차 문제를 일으킨다는 점은 여러 차례 말하였다.

대법원장의 "활동" 제한이 없어도, 통상권한은 제한된다. 주 사이의 통상에 미치는 영향이 적은 비경제 활동의 규제는 전통적으로 주법에 맡겨져 있고 의회는 규제할 수 없을 것이다. 모리슨 판결 617-619. 예컨대 Lopez 판결에서 법원은 연방정부가 통상 조항에 따라 지방의 학교 지역에서 총기 소지를 처벌할 권한이 없다

14) 대법원장이 민간보험에 가입하지 않기로 한 사람들을 "아무 일도 안하는" 사람으로 보는 것은 비슷하게 의문이다. 자가보험자는 필요할 때 사용할 상품이지만 미리 지불하지 않기로 결정한다. 종합해볼 때, 그 선택권의 행사는 건강관리 시장에 실질적인 영향을 미친다.

고 판결했다. 학교 근처에서 총을 소지하는 행위는 "다른 곳에서 반복되면서 주 사이의 통상에 실질적으로 영향을 미치는 경제 활동이 아니"라는 이유를 들었다. 514 U.S., 567 (법원은 총기 소지가 통상에 실질적인 영향을 미친다고 결론짓기 위해서는 "추론에 추론을 더해야" 할 것이라고 판시). 비슷한 논리로 모리슨 판결에서 법원은 의회가 주사이의 통상에 미치는 영향이 너무 적다고 여겨지는 폭행을 규제할 수 없다고 판결하였다. 615. 나는 위에서 개인의 자가 보험 결정이 주 사이의 통상과 연결성을 갖는 경제활동이라고 설명하였다. 사람들이 하는 다른 선택들이 똑같거나 비슷하게 들어맞을 것 같지는 않다. 대법원장은 그가 두려워하는 규제 유형의 예로 친환경 야채의 구입의무를 들고 있다. 이러한 걱정을 "브로콜리 공포"라고 부를 수 있을 것이다. 건강 보험에 가입하지 않는 것처럼 건강한 음식을 먹지 못하는 개인들이 다른 사람에 비용을 부담시킨다는 이유로 의회는 그러한 의무를 채택할 수 있을 거라고 가정하고 있다.

야채 구입 의무가 날씬한 미국인들이 부담하는 건강보험 비용에 실질적인 영향을 미친다는 결론을 받아들이기 위한 추론 과정을 살펴보자. 법원은 야채를 살 의무가 있는 사람들이 (야채를 버리거나 남에게 주지 않고) 야채를 먹고, (튀기지 않고 익히거나 날로 먹는) 건강한 방식으로 야채를 준비하며, 건강하지 못한 음식을 줄이고, 다이어트에 성공하기 위해 (운동부족이나 잠부족과 같은) 다른 요인들은 없다고 믿어야 할 것이다. 그러한 추론에 추론을 더하는 일은 법원이 Lopez 및 모리슨 판결에서 배척하였다.

헌법의 다른 조항도 의회의 권한 남용을 막고 있다. 예를 들면 특정한 상품의 구입의무는 언론의 자유를 제한하거나 종교의 자유에 간섭하거나, 적법절차조항이 보호하는 자유를 침해하여 허용될 수 없다면 위헌일 것이다.

이러한 법률 제한을 보충하는 것은 의회의 권한에 대한 강력한 억제, 즉 민주절차이다. 레이치 판결 33; 위커드 판결 120 ("통상권한 행사에 대한 효과적인 제한은 사법절차보다는 정치 절차를 통해 진행되어야 한다는" 대법원장 마샬의 경고 반복(Gibbons v. Ogden, 9 Wheat. 1, 197 (1824)). 개혁법의 통과를 둘러싼 논쟁이 보여주듯이, 가입의무는 정치적인 저항을 불러올 수도 있다. 이러한 전망은 주의원들이 행동으로 보여주었다. 의무를 부과할 권한을 갖고 있음에도 주 정부는 거의 그렇게 하지 않았다.

3

대법원장은 최소보장조항이 통상 조항에 따른 유효한 입법이 아니라는 주장을 보강하기 위해, 그 조항의 신규성을 강조하고 있다. 18쪽 의견 ("종종 심각한 헌법 문제의 가장 두드러진 모습은… 의회 조치의 역사적인 선례 부족이다.") 보험 가입 의무는 새롭지만, 대법원장의 주장은 전혀 그렇지 않다. "통상 권한 행사의 거의 대부분의 사례에서 과거 그 권한 행사와의 차이가 주장되었고 비판의 근거가 되었다." 페레즈 사건의 상고이유서 5 ("선례없는 권한의 행사"); Katzenbach v. McClung, 사건의 피상고인들 보충서면 40 ("연방 권한의 새로운 주장"); 위커드 사건의 피상고인 서면 6 ("완전한 일탈"). 수십 년 동안 법원은 전례없다는 이유로, 그리고 타당한 이유가 있다고 해서 입법의 대체를 지양해왔다. 우리나라 경제가 성장하고 변화하면서 우리는 의회가 변화하는 "경제 및 금융 현실"에 적응해야 한다고 인정했다. 그러한 의회의 역량을 방해하는 것은 근시안적이다. 만약 역사가 지침이 된다면 통상조항에 대한 대법원장의 해석은 오래 가지 못할 것이다.

III

A

위에서 설명한 대로 최소보장조항은 통상조항에 따른 유효한 입법이다. 개혁법 내용을 전체적으로 보았을 때, 조항의 합헌성은 더 뚜렷해진다.

필요 적정 조항은 의회에게 통상 권한을 시행하기 위해 단독으로는 만들 수 없는 법을 제정할 수 있도록 하였다. 레이치 판결 39 (스칼리아 대법관 동조의견). 그래서 "복잡한 규제 제도는 내용들이 모두 독립하여 직접 유효한 헌법 목표에 관련되어 있다는 증명없이도, 통상 조항에 따른 이의제기를 넘어설 수 있다." Indiana, 452 U.S., 329, 주 17. "이의가 제기된 조항들이 규제 제도에 통합되어 있고 규제 체계를 전체적으로 검토했을 때 이 심사를 충족하면 충분하다." 레이치 판결 24-25 (이의제기된 법률 조항이 경제 활동의 더 넓은 규제의 본질적인 부분이고 그 조항이 없다면 규제 체계가 약화된다면, 그 조항은 의회의 적정한 통상 권한 범위 내에 있다). 레이치 판결 37 (스칼리아 대법관 동조의견) ("의회는 비경제적인 지역 활동이 주 사이의 통상에 대한 더 일반적인 규제에 필요한 부분이라면 그 활동도 규제할 수 있다. 관련된 문제는 선택된 수단이 통상 권한에 따라 정당한 목적을 이루기 위해 합리적으로 조정되었는지 여부이다.")

개혁법을 제정한 의회 목적 중의 하나는 기존 질병이 있는 사람들에게 비싼 보험료를 물리거나 보험계약을 거부하는 보험회사의 관행을 없애는 것이다. 통상권한에 따라 의회가 이 관행을 금지할 수 있다는 점은 아무도 다투지 않는다.

그러나 의회는 단지 보험회사들의 병력에 따른 차별대우 금지가 실제로는 효과가 없음을 알았다. 개인의무조항이 없으면 보장 대상과 공동체 요율 요건이 건강보험시장에서 역선택의 소용돌이, 즉 보험료는 급상승하고 보험미가입자도 늘어나고 보험회사는 시장을 떠나게 될 것임을 알았다. 반면에 보험의무가입을 신설하면, 보장대상과 공동체요율은 의도된 대로 시행되어, 보험에 가입하는 사람이 늘고 치료비미지급은 줄어들 것이다. 그래서 최소 보장 조항은 "경제 활동의 더 넓은 규제의 본질적인 부분"이고 그 조항이 없으면 "규제 체계는 약화될 것이다." 레이치 판결 24-25. 달리 말하면 최소 보장 조항은 보장대상과 공동체요율 요건과 함께, "통상권한에 따른 정당한 목적, 즉 신청자의 병력을 고려하는 가격 및 판매 관행을 없애는 목적을 이루기 위해 합리적으로 맞춰졌다."

B

대법원장은 필요 적정 조항으로 최소보장조항이 정당화되지 않는다고 주장하면서, "적정"이라는 낱말에 초점을 맞추고 있다. 그는 헌법이 확립한 정부 구조를 훼손하기 때문에 건강보험 의무가입이 "적정한" 입법이 아니라고 한다. 그 주장은 수사는 길지만 내용이 부족하다.

대법원장은 연방법이 주와 연방의 권한 경계를 침범해서 허용될 수 없다는 판결 2개만을 인용하고 있다. Printz v. United States, 521 U.S. 898 (1997), New York v. United States, 505 U.S. 144 (1992). 그러나 두 사건의 법은 주 공무원들에게 연방정부를 위해 일하도록 강제한 것이었다. 521 U.S., 925-933 (주의 법집행 공무원들에게 연방의 총기규제법을 집행하도록 의무화한 법을 위헌으로 판결); New York, 505 U.S., 176-177 (주의원들에게 의회의 지시에 따라 규제법령을 제정하도록 한 법을 폐기). 법원은 "주의 공무원들을 징집하는 연방법은 주의 자치권을 침해하므로 헌법에 맞지 않는다."고 판시하였다. Printz, 521 U.S., 925, 935; New York, 505 U.S., 176.

대조적으로 최소 보장 조항은 "주를 매개자로 이용하지 않고 직접 개인들에게" 적용된다. 그래서 조항은 헌법의 설계와 완전히 일치한다. Printz, 521 U.S., 920 ("헌법기초자들은 주가 아닌 사람들을 규제하는 권한을 의회에 부여한 헌법을 명시적으로 선택하였다.")

대법원장의 판결을 뒷받침하는 선례가 부족함에도 불구하고, 그는 이 법원이 필요 적정 조항에 따라 승인한 다른 법률보다 범위가 더 제한되어 있지 않아서 최소보장조항이 적정하지 않다고 선언하고 있다.

대법원장이 건강보험 가입 또는 세금으로 징수할 수 있는 벌금의 납부를 지시할 권한이 이 법원이 필요 적정 조항에 따라 인정한 다른 권한에서 더 벗어났다고 보는 이유를 설명하지 않고 있다. 이러한 권한들은 다음 권한을 포함하고 있다. 형법 제정, United States v. Fox, 95 U.S. 670, 672 (1878); 민사 구금을 포함하여 감금할 권한, Comstock, 560 U.S., (1); 국립은행을 창설할 권한, 맥컬록 판결 425. 또한 Jinks, 538 U.S., 463 참조(공정하고 효율적인 연방 법원 운영에 필요할 경우 주법이 주법원에 적용되는 방식을 수정할 의회의 권한 승인).

대법원장은 개인 의무 조항이 우리의 헌법 질서를 위협하는 이유를 설명하지 못하면서, 미래 법원들에게 해로운 일을 하고 있다. 연방법의 합헌성을 판단할 때, 판사가 의회가 "독립적인 권한"을 행사했는지, 또는 거의 "변형적인" 권한을 행사했는지, 사용된 권한이 "실질적인지," 또는 단지 "부수적인지"를 어떻게 판단할 것인가?

최소 보장 조항이 주 자치권의 본질을 부당하게 침해하고 있다고 보는 것은 지나친 과장이다. 첫째, 개혁법은 "주가 역사적으로 주권을 행사해 온 형사법이나 교육과 같은 분야"에 적용되지 않는다. 메디케이드, 메디케어, 1974년의 근로자은퇴수당보장법(ERISA), 그리고 1996년의 건강보험법(HIPAA)에서처럼, 연방정부는 건강관리 분야에서 직접 그리고 규제자로서 중요한 역할을 하고 있다.

둘째, 그리고 가장 중요하게, 최소 보장 조항은 법의 다른 조항과 함께, 우리 연방 체제에서 통상 권한이 필수적으로 필요한 주 사이의 문제를 다루고 있다. 건강 보험이 없는 많은 미국인들이 초래한 위험은 주들이 "각자 다룰 수 없는" 전국 차원의 것이다. 메릴랜드 주 서면 15-26(각 주의 건강관리 경제가 상호 연관되어 있어서 주의 효과적인 정책결정에 걸림돌이 되고 있다고 설명하고 "주 차원의 개혁은 비용이 지급되지 않는 치료의 문제를 충분히 다룰 수 없다"고 강조). 주의 자치권 침범이 아니라, 개혁법은 각기 주들이 해결할 수 없다는 바로 그 이유 때문에 연방차원의 해결을 시도하고 있다. 법은 주의 중요한 역할을 유지하면서 미국민들의 일반 복지를 추구하고 있다. 위 메릴랜드 서면 31-36(개혁법이 중요한 개혁 내용을 이행하는데 주에게 넓은

재량을 허용하고 있다는 것을 예시하여 설명).15)

Ⅳ

20세기초에 이 법원은 주와 연방 정부의 대표자들이 만든 경제 규제를 자주 폐기하였다. 예컨대 Carter Coal Co., 298 U.S., 303-304, 309-310; Dagenhart, 247 U.S., 276-277; Lochner v. New York, 198 U.S. 45, 64 (1905). 대법원장의 통상 조항에 관한 의견과 공동 반대의견은 오래전에 번복된 판결과 불안할 정도로 닮았다.

법원은 개인 의무 조항이 "미국의 일반 복지를… 위해" 의회의 과세 및 지출 권한의 적정한 행사로 승인하고 있다. 제1조 제8절 제1항. 나는 그 결론에는 동의하지만, 대법원장의 통상 조항에 관한 이유 설시는 더 헷갈린다. 대법원장이 계속 발전하는 우리 현대 경제에서 끊임없이 생기는 새로운 문제들을 처리하는 의회의 역량을 제한하기 위해 그렇게 애쓰는 이유는 무엇인가? 나는 그의 의견에서 그 문제에 대한 만족할만한 답을 찾지 못했다.

Ⅴ

메디케이드를 통해, 의회는 연방 자금을 지원하여 주가 가난한 사람들에게 병원 치료를 받도록 하였다. 연방 자금을 받기 위해서는, 주들은 임산부, 아이들, 부모, 장애인들을 포함하여 특정한 범주의 어려운 사람들에게 의료 혜택을 제공하여야 한다. 일부 범주는 연방 빈곤 수준(100% 또는 133%에 이른 소득)과 같고 다른 범주는 주 또는 연방 지원 제도에 맞는 자격을 갖춘 경우이다. 개혁법은 주가 연방 빈곤 수준 기준으로 133%까지의 소득이 있는 65세 이하의 성인을 반드시 포

15) 공동 반대의견은 최소 보장 조항이 의회가 개혁할 수 있는 유일한 방법이 아니기 때문에 필요하고 적정하지 않다고 주장한다. 또한 개인들이 결국 건강보험제도를 이용할 때 이전에 보험에 가입하지 않았던 사람들에게 추가 요금을 부과함으로써 의회는 보험 시장의 혼돈을 피할 수 있었다고 주장한다. 의회는 보험에 가입하지 않은 사람들에게 "소득 공제를 모두 인정하지 않을 수도 있었다."고도 주장한다.
보험에 가입하지 않은 사람들에게 추가요금을 물리거나 소득공제를 인정하지 않는 것은 보장 대상과 공동체 요율 요건이 일으킨 문제를 해결하지 못한다. 누구도 아프거나 부상당하기 전에 보험에 가입하지 않을 것이다. 그러나 최소 보장 조항에 대해 "실용적인" 대안이 있다고 가정하더라도, "필요적정 조항은 법이 의회의 열거된 권한 행사에 절대적으로 필요해야 한다는 것을 요구하고 있다는 견해를 우리는 오래 전에 배척하였다." Jinks v. Richland County, 538 U.S. 456, 462 (2003) (맥컬록 판결 v. Maryland, 4 Wheat. 316, 414-415 (1819) 인용). 그 보다는 법조항이 의회가 달성하고자 하는 목적에 "필요하고" "합리적으로 맞춰질" 것만이 요구된다. Jinks, 538 U.S., 462. 최소보장조항은 이 요건에 맞는다.

함하도록 적용 대상을 늘리고 있다. 헌법이 부여한 지출권한에 따라 의회의 연방 자금 지원 제도 제정이 허용된다는 점을 법원이 의심한 적이 없다. 그리고 적용 대상을 확대하기 위해, 의회는 기존 입법을 재검토하고 메디케이드 대상에 의회가 선택한 가난한 사람들을 추가하는 새로운 법으로 대체할 수 있었다.

2010년 메디케이드 확대가 일으킨 문제는 본질적으로 이것이었다. 의회는 더 많은 사람들을 포함하기 위해 법을 폐지하고 다시 제정하는 길로 가야 하나, 또는 같은 결과를 얻기 위해 기존의 법을 개정해야 하나? 답은 의회가 메디케이드 혜택을 받을 수 있는 어려운 사람들의 범위를 수정함으로써 확대할 수 있다는 것이었다. 의회가 연방 자금으로 지원되는 제도의 대상자를 확대하기 위해 지출 입법을 폐지하고 다시 제정하여야 한다는 형식적인 요구는 헌법 원리를 발전시키지도 않고 연방주의의 이익에 거의 도움이 되지 않는다. 반대로 그러한 요구는 의회가 주에게 권한을 부여하여 연방 제도의 집행과정에 함께 나서도록 하려는 의회의 시도를 엄격하게 제한할 것이다.

메디케이드는 나라의 일반 복지를 위해 연방과 주가 협력하는 모범 사례이다. 연방 공무원이 가난한 사람들을 위해 전국적으로 통일된 건강관리 제도를 집행하기 보다는, 의회는 주들에게 연방법이 설정한 범위 내에서 고유의 필요성에 맞추어 제도를 집행하는 기회를 제공하였다. 의회는 메디케이드를 만들면서 참여하는 주들이 따라야 하는 조건을 영구적으로 고정하려고 하지 않았다. 의회는 법 조항을 "수정, 개정, 폐지하는" 권한을 보유하였다. 42 U.S.C. §1304. 주들은 종종 연방법이 만든 변경에 맞추어 자신들의 메디케이드를 개정하기로 동의하였다. 42 CFR §430.12(c)(i) (2011). 그리고 1965년부터 지금까지 주들은 의회의 법개정에 주기적으로 따랐다.

대법원장은 의회가 "연방자금의 사용 제한에 따르도록 하기 위해 주의 연방 자금 수령에 조건을 붙일" 수 있음을 인정하고 있다. 그러나 2010년의 확대는 부당한 강제라고 결론내리고 있다. 그의 결론은 3가지 이유에 바탕을 두고 있다. 첫째, 메디케이드 확대는 새로운 혜택을 주는 제도이고 개혁법이전에 존재하던 제도에 추가한 것이 아니라는 견해이다. 그는 의회가 새로운 제도를 채택하도록 하기 위해 기존 제도의 자금지원을 받지 못할 수도 있다고 주들을 위협하고 있다고 한다. 둘째, 주들이 처음에 메디케이드 참여를 결정했을 때 확대는 예상할 수 없었다. 셋째, 자금 상실 위협이 너무 커서 주들은 메디케이드 확대 참여외에 다른 선택지가 없다. 그러므로 대법원장은 처음으로 의회 지출권한의 행사가 강압적이어서 위헌이라고 보았다.

그러나 개혁법이 개정한 메디케이드는 2개의 지출 제도가 아니다. 그것은 가난한 사람들이 필요할 때 기본 치료를 받을 수 있도록 하는 변함없는 목표를 가진 하나의 제도이다. 과거에 확대된 사례와 의회가 참여하는 주들이 따라야 하는 요건을 변경할 수 있다고 하는 명시적인 법률 조항을 고려할 때, 법이 사전공지가 없어서 무효라는 주장은 성립될 수 없다. 나아가 주들은 자금을 받을 권한이 없다. 단지 그들은 의회의 조건에 따른 자금을 받을 기회만 있다. 미래의 의회는 이전 의회가 결정한 것에 얽매이지 않는다. 적절하다고 생각하는 대로 연방 재정을 지출할 권한이 있다. 그러므로 연방정부는 다른 제도를 선택하도록 유도하기 위해 다른 지출 제도의 기존 자금 상실로 주를 위협하지 않는다. 의회는 단지 주에게 메디케이드 자금을 받기 위해 오랫동안 했던 일, 즉 의회가 만든 참여 조건에 따르도록 요구하고 있을 뿐이다.

그러나 다수의견은 이용가능했던 자금을 장래 철회할 수 있다는 것이 의회의 지출권한을 위배했다고 주장하고 있다. 그 점에서 나는 적절한 구제수단에 관한 대법원장의 의견에 전적으로 동의한다. 개혁법이 모두 폐기되어야 한다는 반대의견은 법원이 가는 정상적인 길로부터 급격하게 멀어지고 있다. 법이 불안전할 때, 법원은 보통 그 불완전성을 제거한다. 법원은 구조기능을 맡고 있다. 법을 파괴하지 않는다. Brockett v. Spokane Arcades, Inc., 472 U.S. 491, 504 (1985) (법원의 정상적인 조치는 "위반된 범위에서 무효로 선언하지만, 그렇지 않은 부분은 온전히 남겨 두는 것이다.") 그 조치는 이 사건처럼 의회가 무효가 아닌 모든 조항은 그대로 두도록 법원에 명시적으로 지시한 경우에 특히 타당하다. 42 U.S.C. §1303. 대법원장은 연방 자금의 지원이 아닌 철회가 지출조항에 어긋난다고 보았기 때문에, 메디케이드 확대는 참여할 의사가 있는 주들에게 맡겨져 있다.

A

확대는 메디케이드의 특성이었다. 2010년 개혁법과 비슷하게, 1965년에 통과된 메디케이드는 주들과 함께 집행해온 기존의 연방 지원 범위를 늘려왔다. 주들에게 메디케이드 참여는 의무가 아니었다. 그러나 만약 참여한다면 연방정부는 적어도 비용의 절반을 지원하였다. 이러한 지원을 받기 위해서는 주들은 연방자금이 지원되고 주가 집행하는 4가지 종류의 복지 제도 수혜자들에게 최소한의 치료 혜택을 제공해야 했다. 양육할 어린이가 있는 가족 지원, 노인 지원, 시각장애인 지원, 전신 마비 장애인 지원. 주들은 "의료 서비스가 필요한" 개인들을 추가할 수 있었다. 이 비용도 부분적으로 같은 비율, 적어도 50%는 연방정부가 부담하였다.

1965년 이후 의회는 50번 이상, 때때로 매우 크게 메디케이드를 개정하였다. 이 사건과 가장 관련성이 있는 것으로 1988년과 1990년 사이에 의회는 참여 주들에게 수혜자들의 범위에 연방 빈곤선 기준으로 소득 133%까지의 가족을 둔 임신부, 같은 소득 수준에서 6살까지의 어린이, 그리고 빈곤선의 100%에 이르는 소득을 얻는 가족의 6살부터 18살까지의 어린이를 포함하도록 요구하였다. [법률 내용 생략]. 이 개정으로 수백만 명이 위 메디케이드의 혜택을 받은 자격을 갖게 되었다.

1966년과 1990년 사이에 연방의 위 메디케이드 지출은 631.6백만불에서 426억불로 늘어났다. 주의 지출은 같은 기간 동안 310억불이 늘어났다. 그리고 1990년과 2010년 사이에 연방지출은 2,695억불로 늘어났다. 요약하면 위 제도의 대상자와 서비스의 증가는 추세였다.

과거 개정과 비교해서, 이 사건 개혁법에서 연방정부가 지불할 금액은 주목할 만하다. 2010년의 확대는 대부분 연방 재정으로 지출된다. 2014년에 연방 자금은 새로 혜택을 받는 사람들 비용의 100%를 부담한다. 그 비율은 2020년에 90%정도로 서서히 줄어든다. 42 U.S.C. §1396d(y) (2006, Supp. IV). 반면에 법개정 전의 수혜자들을 위한 연방의 기여는 50%에서 83% 사이로 변동되고, 2005년과 2008년에 평균 57%가 된다. §1396d(b) (2006., Supp. IV). [근거 자료 생략]

또한 확대는 주의 지출을 엄청나게 증가시키지 않을 것이다. 의회 예산청은 0.8% 정도 더 지출할 것으로 예측하고 있다.

마지막으로 제도를 공정하게 평가하면 주들이 법에 따라 누리는 상당한 자율권을 인정하게 될 것이다. "주 공무원들을 전국의 관료 조직 일원으로 징발하는 것과는 달리, 메디케이드는 협력적인 연방제도를 개선하도록 설계되었다." [인용판례 생략]. 기본 요건에 따라 메디케이드법은 주들에게 "매우 다른 수준의 자금지원과 적용 대상을 선택할 권한, 다른 자금조달과 전달 방법으로 변경하거나 실험할 권한, 특정한 수술이나 치료의 범위를 선택할" 권한을 주었다. 주들은 지난 수십 년간 여러 제도를 만들기 위해 이 정책 재량을 이용하였다. 개혁법은 이 방법을 버리지 않았다. 직접 집행자로서 주들은 필요한 사람들 사이에 실질적인 자원의 분배를 지도해 나갈 것이다.

B

지출조항은 "미합중국의 일반 복지…를 제공하고 빚을 갚을" 권한을 의회에 부여하였다. 제1조 8절 1항. 주에게 제공되는 연방자금이 의회가 의도한 방식대로 "일반 복지 제공에" 사용됨을 보장하기 위해, 의회는 주가 연방 예산을 사용하는 데 제한을 두는 권한을 물론 가져야 한다. 이 법원은 자주 의회가 설정한 지출 조건을 존중하였고, 주가 이를 지키도록 요구했다. 특히 우리는 의회가 설정한 메이케이드 참여 조건을 주가 따르는 것을 지원금 지급의 전제조건으로 설정한 의회의 권한을 인정하였다.

의회가 연방자금의 사용에 조건을 붙이는 권한은 새로 시작하는 제도로 한정되지 않는다. 입법부는 법을 개정하여 향후 수령인이 자금을 계속 지원받기 위해서 따라야 하는 새로운 조건을 붙일 수 있고 종종 붙이고 있다.

물론 의회가 조건을 붙이는 지출 권한의 사용에 연방제도에 기초한 제한이 있다. 이 분야의 지도적인 판결인 돌 판결 203(1987)에서 법원은 4가지 유형을 확인하였다. 주에 대한 연방의 지원에 붙이는 조건은 (a) "일반 복지"를 향상하고, (b) "명료하게" 주들에게 요구되는 것이 무엇인지 알리고, (c) "특정한 국가사업이나 제도의 연방이익에" 밀접한 관련이 있고, (d) "위헌인 활동에 주들이 참여하도록 유도하지" 않아야 한다. 207-208, 210.

개혁법은 연방이 지원하는 메디케이드에만 관련되어 있다. 만약 주들이 따르지 않는다고 해서, 의회가 다른 제도를 위해 지원하는 자금을 철회하겠다고 위협하지 않았다. 또한 개혁법은 메디케이드 자금을 사용하여 주들에게 의회가 할 수 없는 조치를 취하도록 유도하지 않았다. 연방정부는 노인들의 건강관리를 위한 메디케어를 운영하듯이, 가난한 사람들을 위한 건강관리 제도를 운영할 수 있다는 것은 의심의 여지가 없다.

그것이 이 사건을 단순한 사건으로 만들고 있고 다수의견이 불안한 이유이다. 어려운 사람을 도우기 위해 의회는 연방자금을 이용하여 연방 기준에 맞는 주의 건강보험제도를 지원해왔다. 개혁법이 세운 주요한 기준은 주의 제도가 연방 빈곤선의 133% 이하 소득을 얻는 성인들을 포함시키라는 것이다. 그러한 제한을 요구함으로써 의회가 일반 복지를 추구하면서 가난한 사람들의 건강관리를 위해 연방자금을 지출한다는 것을 보장한다.

C

대법원장은 메디케이드 확대가 "새로운 건강관리 제도"를 창설한다고 주장한다. 나아가 주들은 의회가 "제도를 극적으로 변경"할 것이라고 "거의 예상할 수 없었다."고 한다. 그래서 그는 주가 "새로운" 제도에 참여하지 않으면 "기존" 메디케이드 자금을 철회하겠다는 위협은 "다른 독립적인 혜택을 끝내겠다는 협박"이라고 주장한다. 그리고 하나의 제도에서 많은 금액을 철회하겠다는 위협으로 "주가 새로 만든 제도를 받아들이는 것 외에 다른 현실적인 선택을 할 수 없기 때문에," 메디케이드 확대는 강요로서 위헌이라고 결론지었다.

1

대법원장의 강요 분석이 맨 먼저 의존하고 있는 전제는 개혁법이 실제 메디케이드를 확장하지 않았고, 의회가 기존 제도와 공존하는 완전히 새로운 제도를 만들었다는 것이다. 대법원장은 개혁법이 새로운 것이라고 불렀으나, 사실은 원래의 제도보다 더 많은 수의 가난한 미국인들을 대상으로 하고 있을 뿐이다.

메디케이드는 주가 "가난한 사람들"을 의료 지원할 수 있도록 만들었다. 더 많은 미국인들이 부담할 수 있는 건강관리 제도를 만들기 위해, 메디케이드 확대는 그 기본 목표의 확대이다.

메디케이드법에는 제도운영을 관장하는 수백 개의 조항이 들어 있는데, "주에 대한 지급제한"부터 "적법한 영주권이 없는 불법 체류자에 대한 의료 지원"에 이르기까지 다양하게 조건을 설정하고 있다. 메디케이드 확대는 이러한 대다수의 조항은 그대로 두고, 기존 제도의 수혜자들을 추가하고 주가 추가되는 수혜자들에게 제공하는 서비스 비용을 지불하는 비율을 특정하고 있다. 개혁법은 새로 수혜자격을 얻은 사람들을 위한 제도의 운영을 설명하지 않고 있다. 그 정보를 얻기 위해서는 기존의 메디케이드법을 읽어야 한다.

의회는 메디케이드 확대를 새로운 건강관리 제도가 아니라 명백히 기존 법의 개정으로 보았다. 1965년의 4가지 범주 수혜자와 1980년대 후반에 추가된 3종류 집단에 더하여 개혁법은 8번째 종류인 연방 빈곤선 기준 133% 이하의 소득을 얻는 사람들을 추가하였다. [관련법 개정 내용 생략]

의회는 당대에 이해하고 있는 바대로 "일반 복지"를 충족하기 위해 지출 제도를 만들거나 조정할 넓은 권한을 갖고 있다. 법원은 의회가 만든 지원제도의 성격을 존중하고 있다. 비록 법원이 입법성격에 관한 의회의 구상을 추측하는 경향이 있다 하더라도, 판사가 개정법이 실제로는 개정이 아니고 새로운 것이라고 어떻게 알아맞힐 수 있겠는가? 어느 지점에서 확장이 너무 광범위하여 기본법을 변형하게 되는가?

의회가 새로운 제도를 만들었다고 밝히면서, 대법원장은 확대의 3가지 면을 인용하였다. 첫째, 그는 연방 빈곤 수준의 133%이하 소득을 얻는 사람들을 적용대상에 포함하면서 메디케이드 확대는 그 이전의 메디케이드와 달리 가장 가난한 사람들을 돌보지 않는다고 주장한다. 무엇이 그렇게 되었는가? 현재 연방 빈곤선 기준 133%인 1년에 14,856불이하의 소득을 얻는 성인들은 나라의 가난한 사람들에 속하는 것이 분명하다.

둘째, 대법원장에 따르면, "의회는 새로 자격을 얻은 사람들이 전통적인 혜택보다 줄어든 포괄적인 적용을 받도록 하고 있다"고 한다. 그러나 줄어든 포괄적인 혜택은 개혁법이 도입한 개혁이 아니다. 2006년 이래 주들은 많은 메디케이드 수혜자들을 위해 그것을 자유롭게 이용해왔다. 그래서 제공되는 수혜의 수준은 개혁법 이전이나 이후나 수혜자들에게는 변함이 없다.

셋째, 대법원장은 개혁법을 통해 메디케이드 수혜 자격을 갖는 사람들과 관련하여 참여주들에 대한 지원비율이 다르다고 지적한 것은 맞다. 그러나 참여하는 주에 대해 지급 비율에서만 다르다. 개혁법이전에는 연방정부는 현재 대상자들에 대한 비용의 83%까지만 지원한다. §1396d(b) (2006. Supp. IV). 개혁법에서는 연방교부금은 100%에서 시작하여 마지막에는 90%로 정해질 것이다. §1396d(y). 7%라는 적은 변화가 헌법적인 중요성을 갖고 있다고 인정하더라도, 만약 의회가 주에게 같은 의무를 이행하는데 적은 돈을 주었다면 주의 자치권 침해를 피할 수 있었거나 줄일 수 있었다고 말하는 것이 이상하지 않은가?

2

대법원장은 메디케이드 확대가 참여하는 주를 놀라게 하기 때문에 취약하다고 보고 있다. "주는 의회가 메디케이드를 급격히 변경하려고 하는 것을 예상할 수 없었다."고 그는 말한다. 주가 참여할 때 의회가 나중에 수정할 수 있다는 것을 예상할 수 있어야 한다는 논리를 위해, 대법원장은 판례 하나만을 인용하고 있다. Pennh U.S. State School and Hospital v. Halderman, 451 U.S. 1.

위 판결에서 연방 자금으로 주가 운영하는 정신장애인 시설의 거주자들이 발달장애인 지원과 권리에 관한 법에 위반된 학대와 비인간적인 조건에 불만을 제기하였다. 우리는 주가 "알고서 자발적으로 받아들이지" 않은 조건을 위반한 것 때문에 손해에 책임을 질 수 없다고 판결했다. 법문과 입법과정을 조사한 후, 우리는 원고들이 문제삼는 요건, 즉 최소한의 제한적인 환경에서 적절한 대우를 받는다는 점을 법이 명확하게 부과하지 않았다고 보았다. 의회가 그러한 대우 제공을 연방자금지원의 명확한 조건으로 삼지 않았다고 보고, 우리는 그러한 요건을 법이 요구하는 것으로 해석하지 않았다. 우리는 의회의 지출권한이 나중에 받아들이거나 소급적으로 적용되는 조건을 걸어서 참여하는 주를 놀라게 하는 것을 허용하지 않는다고 판결하였다.

그래서 위 판결은 만약 의회가 연방 자금을 지원하는데 조건을 건다면, 명확하게 해야 한다는 것을 알려준다. 그 요건은 이 사건에서 충족된다. §2001은 2014년에 효력이 발생한다. 개혁법은 그때 메디케이드 자금을 받는 주에게 요구되는 것이 무엇인지 명확히 하고 있다. 그것은 주들이 연방 빈곤선의 133%이하 소득을 얻는 성인들에게도 적용하여야 한다는 것이다. 42 U.S.C. §1396a(a)(10)(A)(i)(VIII) (2006. Supp. IV)

대법원장은 위 판결에서 지출조항에 따른 입법이 처음 통과되었을 때, 또는 주들이 처음 연방 제도에 참여했을 때, 의회가 나중에 부과할 조건을 분명하게 공지해야 한다는 요건을 발견한 것 같다. 만약 내가 그의 요점을 올바로 이해했다면, 메디케이드가 변화하는 규모와 모습을 주에게 명확하게 경고하는 것은 1965년 의회의 의무였다. 그리고 그러한 공지가 없었다면 꽤 큰 변화는 이루어질 수 없을 것이다. 우리의 선례는 그러한 요건을 지지하지 않는다.[16)]

Bennett v. New Jersey, 470 U.S. 632 (1985) 판결에서, 교육부장관은 주가 1978

년 I 편(Title I)의 개정내용에 따르지 않았다는 이유로 연방 자금[17]의 회수를 청구하였다. Pennh U.S. 판결을 근거로 우리는 주가 연방자금을 받고 지출할 때는 존재하지 않았던 규정을 위반하였다는 이유로 자금을 회수하려는 장관의 시도를 받아들이지 않았다. 470 U.S., 640 ("뉴저지가 1970년과 1972년 사이에 자금을 신청하고 받았을 때, 당시에 존재하던 것과는 다른 기준에 의해 지출의 적정성이 평가되리라고 믿을 만한 근거가 없었다." PennhU.S. 24- 25 인용).

그러나 기존의 지원 제도의 개정에 그러한 소급적인 효과가 없을 때, 우리는 의회의 지침을 승인하였다. Bennett v. Kentucky Dept. of Ed., 470 U.S. 656 (1985) 판결에서 장관은 의회가 1970년에 추가한 지출 조건을 켄터키가 1974년에 위반하였다는 이유로 자금의 회수를 청구하였다. PennhU.S. 판결에 따른 켄터키의 주장을 배척하면서, 우리는 주가 연방지금을 받은 후 놀랄 일이 없었다고 판결하였다. 그래서 켄터키는 돈을 반환할 의무가 있었다. 부과된 조건은 법이 원래 제정되었던 1965년이 이 아니라, 지원이 이루어진 때 적용되는 법적 요건에 따라 1974년에 평가되었다.

이 판결들이 보여주듯이, Pennh U.S. 법리는 연방자금 지원조건은 의회가 제도를 도입한 법을 통과시킨 아마도 그 이전 시점이 아니라, 주가 돈을 받아 사용할 때 명확해야 한다는 것을 요구한다. 돌 판결 208 (법이 채택된 1956년으로 돌아가서 보지 않고, 법이 개정된 1984년에 연방고속도로지원법의 명확성을 바탕으로 PennhU.S. 법리에 따라 판결)

어느 경우든 메디케이드법은 주에게 제도가 바뀔 수 있다는 공지를 하였다. "조항을 변경, 개정, 또는 폐지할 권한이 의회에게 유보되어 있다"는 것은 1965년 이래로 같다. 42 U.S.C. §1304. "이러한 몇 개의 단순한 낱말의 효과"는 오래전에 확인되었다. 지출 제도를 변경, 개정, 폐지할 권한을 유보함으로써, 의회는 "입법권의 정당한 범위 내에서 변경 및 개정하는 완전한 권한을 보유한다는 의사를 특

---

16) 대법원장은 "지출조항 입법은 성격상 계약과 매우 비슷하다."고 보고 있다. 의견 46. 반대의견 33쪽도 같다. 그러나 법원은 과거에 "정상적인 계약상 약속과 달리, 연방 지원 제도는 바람직한 공공 정책에 관련된 의회의 판단을 표현하는 법률 조항으로 시작되고 규제된다."고 인정하였다. Bennett v. Kentucky Dept. of Ed., 470 U.S. 656, 669 (1985).

17) 1965년 기초 및 보충교육법은 저소득층 아이들의 보충적인 집중교육을 위해 연방자금을 제공하였다. Bennett v. New Jersey, 470 U.S. 632, 634-635 (1985) (Pub. L. No. 89-10, 79 Stat. 27 인용).

별히 공지하고 있다."

Bowen v. Public Agencies Opposed to Social Security Entrapment, 477 U.S. 41, 51-52 (1986) 판결도 이 사건과 관련이 있다. 1935년에 제정된 사회보장법은 주의 노동자들을 적용대상에 포함하지 않았다. 주의 노동자들도 적용대상에 포함시켜 달라는 요청에 따라 의회는 1950년에 법을 개정하여 주가 제도에 편입되는 것을 허락하였다. 주에게 이 선택권을 준 법조문은 주가 제도에서 탈퇴하는 것도 허용하였다.

1970년대 후반 탈퇴를 선택하는 주들이 늘어났다. 탈퇴가 사회보장의 통합을 위협한다는 걱정에 의회는 종료조항을 폐지하였다. 이로써 의회는 사회보장제를 주가 자발적으로 참여하는 제도로부터 의무이행제도로 바꾸었다. 캘리포니아는 사회보장으로부터 탈퇴할 권리를 빼앗은 것은 허용될 수 없다고 주장하면서 반대하였다. 우리는 전원일치로 캘리포니아의 주장을 배척하였다. 우리는 "법 조항을 변경, 개정, 폐지하는 권한을 명백하게 유보하는 조항"을 법에 삽입함으로써, 의회는 법이 "계약상의 권리를 창출한 것은 아니"라는 공지를 주에게 하였다고 판결하였다. 그래서 주는 제도를 매우 크게 바뀌었음에도 불구하고 개정에 대해 불만을 제기할 법적인 근거가 없었다.

그럼에도 불구하고 대법원장은 "조금 변경할 권한 또는 너무 많이 개정하지 않을 권한"만을 지지하기 위해 §1304를 재해석하려고 한다. 그러나 의회는 §1304를 그와 같이 만들지 않았다. 의회는 메디케이드를 폐지할 재량권도 유보하였다. Delta Air Lines, Inc. v. August, 450 U.S. 346, 368 (1981) (렌퀴스트 반대의견) ("대는 소를 포함한다는 상식적인 격언"을 지적). Bowen 판결이 알려주듯이, 어떤 주도 규모가 작은 경우에만 조정할 수 있는 권한을 의회에 유보한 것으로 §1304를 해석할 수 없다.

사실은 어떤 주도 그와 같이 이해하고 있지 않다. 주는 메디케이드 규제를 준수하면서 미래의 변화에 따르겠다고 분명히 약속하였다. 42 CFR §430.12(c)(1) (2011) ("주의 메디케이드 계획에는 연방법, 규제, 정책 해석, 법원 판결의 변화를 반영하여 필요할 때마다 개정될 것이라는 내용이 있어야 한다.") 주가 연방정부에 자신의 메디케이드 제도의 변경사항을 알릴 때마다, 연방이 설정한 참여조건이 바뀔 수 있다는 것을 알고 있고, 참여를 계속하기 위한 조건으로 그 변화를 준수할 것이라는 점을 확인한다.

대법원장은 과거와 달리 이번의 확대가 "정도의 문제가 아니라 유형이 바뀌었다"고 고집한다. 그러나 의회가 주에게 수백만의 아이들과 임신부를 적용대상에 포함하도록 요구했을 때는 메디케이드는 유형이 아니라 단지 정도만 바뀐 것인가? 의회는 양육어린이가 있는 가족을 지원하는 제도(AFDC)의 "범위를 단지 수정하고 확대"하지 않았다. 그보다는 의회는 참여하는 주에게, AFDC 제도에 맞추는 것이 아니라, (나중에 개혁법이 한 것처럼) 연방 빈곤선에 맞추어 적용하도록 요구하였다. 요약하면, 이 법원이 Bowen 판결에서 §1304를 해석한 것과 1965년 이래 메디케이드가 확대된 것을 보면,[18] 주는 2010년에 의회가 더 많은 가난한 사람들을 포함하기 위해 메디케이드를 수정하였을 때, 공정한 공지를 받지 못했다고 불평하기 어려울 것이다.

3

대법원장은 결국 "의회의 재정적인 유인이…압력이 강요로 바뀌는 지점을 통과했는지"를 묻고 있다. 의회가 이 사건에서 사용한 재정 유인책은 그 선을 넘었다고 그는 결론지었다. 그는 기존 메디케이드 자금의 지원 철회 위협은 주가 순종하도록 머리에 겨눈 총구라고 보았다.

대법원장은 "설득이 강요가 된다면," 설득과 강요 사이의 명확한 경계선이 어디인지 밝힐 필요를 느끼지 못하고 있다. 공동반대의견도 마찬가지이다.

오늘 판결 이후 앞으로 지출 조항에 도전하는 사건이 발생했을 때, 소송당사자들과 판사들은 "주가 연방자금과 교환하여 연방 조건을 받아들일지에 관한 정당한 선택권을 가졌는지"를 어떻게 판단할 것인가? 법원은 연방정부가 주들이 조건을 따르지 않아 지원을 철회하는 금액을 산출해야 하는가? 주 예산의 어려움도? 그리고 원고와 또는 주들(이 사건에서 매우 다른 재정상태에 있는 26개주), 또는 일부 중립적인 주 중에서 어느 주 예산에 결정적인가? 대부분의 주들과 달리 플로리다는 주소득세를 걷지 않고 있는데 새로운 주 수입으로 연방자금을 대체할 수 있는가? 또는 강요당한 주 공무원들이 실제 두려워하는 것은 정치적으로 인기있는 연방 지원의 거부에 대해 투표장에서 책임지는 것인가?

---

18) 이와 관련하여 1935년에 노인 연금 제도로 시작된 사회보장제도는 1939년에 생존자 혜택, 그리고 1956년에 장애인 혜택을 포함하는 것으로 확대되었다.

그러므로 강요문제는 사법 판정을 거부하는 정치 판단과 관련되어 있는 것 같다. Baker v. Carr, 369 U.S. 186, 217 (1962). 돌 판결의 강력한 집행을 지지하는 학자들도 연방 자금을 거부할 능력이 없다는 점을 전제로 한 "허용될 수 없는 강요"의 개념은 "너무 모호해서 사법적으로 집행될 수 없다."고 결론 내렸다. [논문 인용 생략]

실제로 주가 연방 자금에 의존하고 있기 때문에 지출 제도를 수정할 의회의 권한이 제한된다는 것이 다른 대법관들의 입장이다. 이것은 후퇴이다. 주가 아니라 의회는 일반 복지 서비스를 위해 연방 자금을 지출하는 임무를 맡고 있다. 그리고 연속적인 의회는 타당하다고 생각되는 대로 자금을 사용할 권한이 있다. 110대 의회가 메디케이드 자금에 대해 이전 의회의 견해와 다른 결론에 이르렀을 때, 존재하거나 또는 기존에 존재하는 자금에 대한 주의 권리를 제약하지 않았다. 왜냐하면 사실상 그러한 자금은 없기 때문이다. 주는 미래의 의회로부터 받기를 기대하는 돈만이 있을 뿐이다.

D

의회는 보건부장관에게 원래 제정되고 뒤이어 개정된 메디케이드 법을 따르지 않는 주로부터 연방 메디케이드 자금의 전부 또는 일부 지원을 철회할 권한을 맡겼다. 42 U.S.C. §1396c. 그러나 대법원장은 장관이 메디케이드 확대를 거부한 주를 상대로 기존의 메디케이드 자금을 철회하는 것은 헌법에 위반된다고 판결했다. 나는 위와 같은 이유로 그러한 철회가 지출 조항을 어겼다는 것에 동의하지 않는다. 따라서 나는 이 점에 관하여 연방제11항소법원의 판결을 인용한다.

그러나 대법원장의 결론에서 나는 메디케이드법의 분리가능조항이 적절한 구제가 된다는 점에는 동의한다. 그 조항은 "만약 메디케이드 법 조항, 또는 그 조항의 사람이나 상황에 대한 적용이 무효로 판결된다면, 나머지 조항과 그 조항의 다른 사람 또는 상황에 대한 적용은 그로 인하여 영향을 받지 않는다."고 규정하고 있다. 42 U.S.C. §1303. 법원은 개혁법의 어떤 조항도 폐기하지 않는다. 단지 개혁법의 요건에 따르지 않는 주로부터 메디케이드 자금을 철회하는 장관 권한의 적용만을 금지한다. 그래서 확대를 지원하는 자금을 허용한 개혁법은 유효하고, 확대를 따르지 않는다는 점을 제외한 다른 이유로 자금을 철회하는 장관의 권한은 영향을 받지 않는다.

법원이 위헌법률을 만났을 때 법원은 입법부의 지배적인 목적을 보존해야지 파괴해서는 안 된다. Ayotte v. Planned Parenthood of Northern New Eng., 546 U.S. 320, 328-330 (2006) 이 사건에서 그 목적은 주가 연방 자금을 더 많이 이용함으로써 가난한 사람들이 의료 관리 서비스 이용을 늘리는 것이었다. 의회가 "건강관리 서비스 이용을 확대하기 위해, 그리고 연방자금을 받은 주들이 그 이용 조건을 따르도록 요구하면서" 주에게 연방자금을 제공할 수 있다는 대법원장의 결론은 의심할 여지없이 옳다. 그러므로 나는 대법원장 의견의 Ⅳ-B 부분에 관한 판단에 동의한다.

3. 대통령의 회계감독원 임원 해임 제한과 권력분립

Free Enterprise Fund v. Public Company Accounting Oversight Board
561 U.S. 477 (2010)

〈해 설〉

의회는 2002년 제정한 옥슬리법에서 회계감독원을 신설하고, 증권거래위원회가 회계감독원 5명의 임원을 5년 임기로 임명하도록 하였다. 회계감독원은 회계 회사를 규율하는 광범위한 권한을 갖고 있다. 증권거래위원회는 회계감독원을 감독하고, 정당한 이유가 있을 때 일정한 절차에 따라서 그 임원들을 해임할 수 있다. 대통령은 증권거래위원회 위원들을 임명하는데, 해임할 때는 "무능, 의무소홀, 부정" 등 정당한 이유가 있을 때 해임할 수 있다. 이 사건에서 대통령은 정당한 이유가 있을 때 증권거래위원회 위원들을 해임할 수 있으나, 회계감독원 임원은 증권거래위원회가 정당한 이유가 있을 때에만 해임할 수 있으므로 대통령이 직접 회계감독원 임원을 해임할 수 없도록 한 규정이 행정권을 대통령에게 부여한 헌법의 권력분립원칙에 위배되는지가 쟁점이었다.

다수의견은 대통령은 연방헌법 제2조에 따라 법을 충실히 집행하는 권한과 책임을 갖고 있고 그 권한에는 의무이행을 도와주는 사람을 해임할 권한도 포함되어 있다고 해석하였다. 대통령이 회계감독원 임원들의 업무수행이 부당하다고 생각해도, 증권거래위원회가 해임사유가 아니라고 판단한다면, 그들을 해임할 수 없도록 한 규정을 통해 의회는 중요한 법집행권한을 가진 회계감독원을 대통령이 적절하게 통제하지 못하거나 책임을 물을 수 없도록 하였기 때문에 권력분립에 위반된다고 판단하였다.

반대의견은 선례가 심판기능을 갖고 있거나 실무전문성이 요구되는 기관의 독립성을 보장하기 위해서 대통령의 해임 권한 제한을 인정한 적이 있는데, 회계감독원의 기능에는 심판기능이 포함되어 있으며, 대통령은 회계감독원을 실질적으로 감독하고 있는 증권거래위원회를 통해서 회계감독원도 충분히 통제할 수 있다고 보았다. 그리고 권력분립론은 입법부가 해임권한을 스스로 보유하여 권한을 확대하고 행정부의 법집행권한을 축소할 위험이 있는지를 보는데 이 사건은 그러한 사례가 아니라고 판단하였다.[19]

[대법원장 로버츠]

우리 헌법은 “새 연방정부의 권력을 입법부, 행정부, 사법부의 세 부분으로” 나누었다. 헌법 제2조는 “행정권은 … 법을 충실하게 집행하여야 하는 미국 대통령에게” 부여하였다. “한 사람이 국가의 중요한 일을 모두 수행하는 것은 불가능하다”고 보고, 헌법은 “대통령의 직무수행을 도와주기 위해” 행정 공무원을 두었다.

1789년 이후 헌법은 대통령에게 필요하다면 공무원들을 해임함으로써 책임을 묻는 권한을 부여한 것으로 이해되었다. 그러나 이 법원은 이 권한에 제한이 없지는 않다고 결정했다. Humphrey's Executor v. United States, 295 U.S. 602 (1935) (“험프리 판결”)에서 우리는 의회가 어떤 상황에서 대통령이 임명하였지만 임의로 해임할 수 없고 정당한 이유가 있을 때에만 해임할 수 있는 고위 공무원들이 운영하는 독립기관을 만들 수 있다고 판결했다. 마찬가지로 United States v. Perkins, 116 U.S. 483 (1886) (“퍼킨스 판결”)과 Morrison v. Olson, 487 U.S. 654 (1988) (“모리슨 판결”)에서, 법원은 대통령에게 책임을 지는 고위 공무원이 하위 공무원을 해임하는 권한의 제한을 인정하였다. 당사자들은 이러한 선례들의 재검토를 요청하지 않았고, 우리는 하지 않는다.

그러나 우리는 법원이 다루지 않았던 새로운 상황의 검토를 요청받았다. 문제

19) 대법원장 로버츠가 법정의견을 작성하고 대법관 스칼리아, 케네디, 토마스, 알리토가 참여하였다. 대법관 브레이어가 반대의견을 작성하고 대법관 스티븐스, 긴즈버그, 소토마요르가 참여하였다.

는 이러한 보호의 단계가 별개로 결합될 수 있는지이다. 하위 공무원이 정책을 결정하고 법을 집행한다 하더라도, 하위 공무원을 해임할 권한이 제한되는 고위 공무원을 대통령이 해임할 권한이 제한될 수 있는가?

우리는 이렇게 해임을 여러 단계로 보호(제한)하는 것은 대통령에게 행정권을 부여한 제2조에 어긋난다고 판단한다. 대통령이 만약 법을 집행하는 공무원들의 충실성을 감독할 수 없다면 "법이 충실히 집행되도록 보살필" 수 없다. 이 사건에서 대통령은 공무원이 의무를 게을리 하거나 부당하게 업무를 수행한다고 판단해도, 한 단계의 정당한 이유에 따른 해임 이상으로 보호되는 공무원을 해임할 수 없다. 그 판단은 대통령의 판정에 동의하든 안 하든 다른 공무원에게 맡겨져 있고, 대통령은 그의 판정에 동의하지 않는다는 이유만으로 해임할 수 없다. 이는 법의 충실한 집행을 보장하는 대통령의 헌법상 의무에 위반된다.

I

A

유명한 회계 실패(부정)가 이어진 후, 의회는 2002년 옥슬리법을 만들었다. 법은 새로 설치하는 회계감독원이 회계 산업계를 더 꼼꼼하게 규제하도록 하였다. 감독원은 증권거래위원회가 5년 임기로 임명하는 5명의 임원으로 구성되어 있다. 위원회의 감독을 받는 회원사들을 조사하고 규율하는 뉴욕증권거래소와 같은 증권산업계의 민간 자율규제기구를 본받았다. 의회는 감독원을 민간의 "비영리기구"로 만들었고, 감독원의 임원들과 직원들은 입법 목적상 정부의 공무원이나 직원으로 여겨지지 않았다. 15 U.S.C. §§7211(a), (b). 그래서 감독원은 표준적인 정부 임금 체계보다 높은 임금을 지불하면서 임원들과 직원들을 민간 영역에서 뽑을 수 있다. §§7211(f)(4), 7219.[20)]

그러나 민간자율규제기구와 달리, 감독원은 정부가 만들었고, 정부가 임명하는 기구로 회계 산업계 전반을 규율하는 폭 넓은 권한을 갖고 있다. 국내든 해외든 증권법에 따라 상장회사의 회계를 감사하는 모든 회계 회사들은 감독원에 등록하고, 1년 수수료를 지불하며, 감독원의 규정과 감독에 따라야 한다. §§7211(a), 7212(a), (f), 7213, 7216(a)(1). 감독원은 옥슬리법, 증권법, 위원회 규정, 자신의 규정,

20) 현재 의장의 연봉은 673,000불이고, 다른 임원들은 547,000불을 받는다.

전문 회계 표준을 집행할 의무가 있다. §§7215(b)(1), (c)(4). 이러한 목적에 따라 감독원은 고용, 전문성 개발, 홍보, 감사 업무의 감독, 새로운 업무의 승인, 오래된 내부 검사 절차의 지속, 전문가 윤리 규정, "감독원이 규정하는 다른 요건"을 포함하여 회계 회사의 실무를 세세하게 규제할 수 있다. §7213(a)(2)(B).

감독원은 회계감사와 윤리 강령을 선포하고 모든 회계 회사들을 정기 검사하며, 서류와 증인을 요구하고, 공식 조사와 징계 절차를 진행한다. §§7213-7215. 감독원 규정의 고의 위반은 1934년 증권법의 고의 위반으로 형사처벌되어 20년 이하의 징역 또는 2500만불 이하의 벌금(사람은 5백만불)에 처해진다. 그리고 감독원 스스로 징계절차에서 회사 등록의 영구 취소, 등록된 회사에 취업 금지, 1,500만불이하(사람에게는 75만불) 이하의 과태료를 포함하여 무거운 제재를 가할 수 있다. §7215(c)(4). 감독원 임원들이 입법목적상 정부 공무원이 아니라는 규정에도 불구하고, 당사자들은 감독원이 헌법의 목적상 "정부의 일부"라고 인정한다. Lebron v. National Railroad Passenger Corporation, 513 U.S. 374, 397 (1995). 그리고 임원들은 "미국법에 따라 중요한 권한을 행사하는 미국의 공무원"이라고 인정한다.

옥슬리법은 감독원이 특히 규정을 제정하고 제재를 할 때 위원회의 승인을 받고 시정요구에 따르도록 하여 위원회의 감독을 받도록 했다. §§7217(b)-(c). 그러나 자율규제기구의 임원들과 직원들처럼 감독원의 임원은 실질적으로 위원회의 통제를 받지 않는다. 위원회는 감독원의 임원들을 임의로 해임할 수 없고 "정당한 이유가 있을 때" 일정한 절차에 따라서만 해임할 수 있다. §7211(e)(6).

이 절차는 위원회가 청문 통지와 기회를 준 다음에 기록상 다음과 같은 사실인정을 거치도록 하고 있다.

> "(A) 고의로 옥슬리법, 감독원의 규정, 증권법의 규정을 위반,
> (B) 고의로 임원의 권한을 남용,
> (C) 합리적인 정당성이나 이유없이, 등록된 회계 회사나 등록된 사람에게 그 법조항이나 규정, 전문 표준 규범을 집행하지 못한 사실" §7217(d)(3).

위원회의 공식 명령으로 감독원 임원을 해임하여야 하고 그 해임은 사법심사를 받는다. 5 U.S.C. §§554(a), 556(a), 557(a), (c)(B); 15 U.S.C. §78y(a)(1). 비슷한 절차는 위원회가 민간 자율 규제기구의 임원과 직원을 해임할 때도 적용된다. §78s(h)(4). 당사자들은 위원회 위원들은 험프리 판결의 "무능, 의무 소홀, 사무실 부정"

기준에 따르는 경우를 빼면 대통령이 해임할 수 없다는데 동의한다. 우리는 그러한 바탕에서 사건을 판단한다.

B

상고인 벡스테드(Beckstead and Watts, LLP)는 감독원에 등록된 네바다주 회계회사다. 감독원은 회사를 검사하여 회계감사절차를 지적하는 보고서를 내고, 공식 조사절차에 들어갔다. 벡스테드와 회사가 가입한 비영리기구인 자유기업기금은 감독원과 임원들을 상대로 소송을 걸었다. 감독원이 헌법에 위반된다는 확인판결과 감독원의 권한 행사를 금지하는 명령을 구하였다.

상고인들은 지방법원에서 옥슬리법이 대통령의 통제 없이 감독원에게 광범위한 집행권한을 부여하여 권력분립에 위반하였다고 주장하였다. 또한 법이 "미국 공무원은 상원의 조언과 동의를 받아 대통령이 임명한다."는 헌법의 임명조항에 위반된다고 다툰다. 임명조항은 하위 공무원은 예외로 하여 의회가 "대통령, 법원, 부서의 장"에게 그들의 임명권을 부여할 수 있다고 규정하고 있다. 상고인들은 위원회가 감독원의 임원을 임명하기 때문에 (1) 임원들은 "부서의 장"이 임명할 수 있는 "하위 공무원"이 아니고, (2) 위원회는 "행정 각 부"가 아니며, (3) (위원장이 아닌) 임원들은 "부서의 장"이 아니다 라고 주장하고 있다. 미국은 법의 합헌성을 옹호하기 위해 소송에 참가하였다. 당사자들은 약식 판결을 신청하였다. 지방법원은 재판권을 갖고 있다고 결정하고 피상고인들 승소판결을 했다.

항소법원의 다수의견은 인용하였다. 537 F. 3d 667 (CADC 2008). 지방법원이 상고인들의 청구에 재판권을 갖고 있다는데 동의하였다. 본안에서 항소법원은 해임 쟁점은 "처음 보는 문제"여서, 항소법원이나 대법원이 "해임 제한이 두 단계의 통제를 거쳐야 하는 상황을 검토해 본" 적이 없었다고 인정했다. 항소법원은 감독원 임원 해임에 대한 두 단계 제한으로 대통령의 헌법상 의무 수행이 불가능하지는 않기 때문에 허용될 수 있다고 판단했다. 다수의견은 대통령이 감독원 임원들을 직접 뽑거나 감독하지는 않지만, 감독원은 위원회의 광범위한 통제를 받고, 위원회에 미치는 대통령의 영향은 감독원에게도 헌법상 충분한 영향을 미친다는 것을 포함하고 있다는 이유를 들었다. 또한 감독원 임원들은 위원회의 지시와 감독에 따르는 하위 공무원이고, 그들의 임명은 임명조항과 일치한다고 판결했다.

카바노 판사는 반대했다. 그는 처음 보는 사건이라는 데는 동의했지만, "두 단계의 정당한 이유에 따른 해임조항이 결합되어 감독원에 대한 대통령의 의미 있는 통제를 빼앗는다."고 보았다. 또한 위원회가 감독원 임원들을 효과적으로 감독하지 못해서 임명조항에 따른 하위 공무원일 수 없다고 판단했다.

우리는 상고를 허가했다.

Ⅱ (재판권 관련 부분 생략)

Ⅲ

우리는 감독원 임원들을 해임할 때 2단계 정당한 이유제한은 헌법의 권력분립에 어긋난다고 판결한다.

A

헌법은 "행정권은 미국 대통령에게 부여된다."고 규정하고 있다. 제2조 제1절 1항. 메디슨이 처음 열린 의회에서 "만약 어떤 권력이 행정부에 있다면, 그 것은 법을 집행하는 사람들을 임명, 감독, 통제하는 권한이다."

행정 공무원의 해임은 처음 행정부서가 만들어졌을 때 의회에서 광범위하게 논의되었다. 헌법의 문맥과 행정부서의 필요한 책임 및 조화에 가장 들어맞는 견해는 행정권은 해임을 통해 행정공무원을 감독하는 권한을 포함하는 것이었다. 왜냐하면 전통적인 행정권을 명시적으로 없애면 안 되기 때문에 대통령에게 남아 있었다. "1789년의 결정은 최초(제헌) 의회의 의원들 다수가 그 제도를 설계하는데 참여하였기 때문에 헌법의 의미를 밝히는 당대의 무게있는 증거이다." Bowsher v. Synar, 478 U.S. 714, 723-724 (1986) ("보우셔 판결"). 그리고 곧 확립되고 널리 이해된 헌법 해석이 되었다.

기념비적인 Myers v. United States (1926) ("마이어스 판결")에서 헌법 제2조가 대통령에게 "법을 집행하는 사람들의 일반적인 행정 통제 권한" 주었다는 원리를 재승인하였다. 272 U.S., 164. 법이 충실히 집행되도록 유의하는 것은 그의 책임이다. 해리 트루만 대통령의 유명한 말처럼 책임은 대통령에게 있다. 우리가 마이어스 판결에서 대통령은 "그가 계속해서 책임질 수 없는 사람들을 해임하는 권한"을 가져야 한다고 설명하였다.

거의 10년 뒤 험프리 판결에서 이 법원은 마이어스 판결에도 불구하고 의회가 독립기관의 고위 공무원에게 정당한 이유 없이 해임을 금지하는 임기보장을 부여할 수 있다고 판결했다. 그 사건은 7년 임기가 보장되고 "무능, 의무소홀, 또는 부정행위"가 없으면 대통령이 해임할 수 없다고 판결한 연방통상위원회 임원들 사건이었다. 295 U.S., 620. 법원은 마이어스 판결이 "행정부의 한 부서 중 하나에 속하고, 하급자이자 보조하는 공무원을 대통령이 배타적이고 제한 없이 해임하는 권한에 가져야 한다."고 판결한 사건이라는 이유로 마이어스 판결을 구분하였다. 반면에 법원은 연방통상위원회는 단순한 행정권한이 아니라 "준입법 및 준사법" 성격을 갖고 있어서, 의회는 행정 통제로부터 독립하여 운영되도록 할 수 있다고 판결했다. "다른 사람이 좋아하는 기간 동안에만 자리를 지키는 사람은 그 사람의 의사에 반하여 독립적인 태도를 유지하기 어렵기 때문에," 법원은 의회가 "위원회 위원들의 임기를 설정하고, 임기 동안 이유 없는 해임을 금지할" 권한이 있다고 판결했다.

험프리 판결은 의회가 장관에게 임명권을 준 하급 공무원의 해임을 다루지 않았다. 하위 공무원의 해임권한은 보통 대통령이 아니라 장관이 가졌을 것이다. 이 법원은 그 권한에 대한 정당한 이유에 따른 제한도 승인하였다.

퍼킨스 판결에서 해군 기술자는 더 이상 그의 업무가 필요하지 않았기 때문에 해군에서 명예롭게 퇴직하였다. 116 U.S. 483. 그는 군사법원이나 해군장관이 "비행"사유를 제외하고 평화시기에 면직을 금지하는 법에 따라 임금청구소송을 걸었다. 이 법원은 의회는 행정부 장관에게 하위 공무원의 임명권을 주었을 때, 공익을 위해 가장 좋다고 여길 때 해임권을 제한하거나 규제할 수 있다고 판결한 재판소의 논리를 그대로 받아들였다. 퍼킨스는 비행이나 군사법원의 선고로 면직되지 않았기 때문에 법원은 여전히 근무중이고 임금을 받을 자격이 있다는데 동의하였다.

우리는 다시 모리슨 판결에서 하위 공무원의 지위를 살펴보았다. 그 사건은 고위 공무원의 범죄 혐의 조사를 위한 특별 검사를 규정한 정부윤리법 사건이다. 검사는 특별 법원이 임명하였고, 검사의 모든 권한을 행사하였으며, 법무부장관이 "정당한 이유"만으로 해임할 수 있었다. 487 U.S., 663 (28 U.S.C. §596(a)(1) 인용). 우리는 특별검사는 의심할 여지없이 "준입법" 또는 "준사법"이 아니라 행정 공무원이지만, 우리는 "우리의 현재 검토된 견해"로 의회가 정당한 이유로만 해임하는 제한을 부과할 권한이 있다고 설시하였다. 법원은 법률이 대통령에게 직접 책임을 지고 그를 통해 조치를 취할 수 있는 법무장관에게 특별검사를 감독하거나 통제하는 몇 가지 수단-가장 중요하게 정당한 이유에 따른 검사 해임권-을 주었다고 적었다. 그러한 상황에서 법원은 법을 승인했다. 그러나 모리슨 판결은 정당한 이유에 따른 임기보장의 1단계 이상의 결과를 다루지 않았고, 법원(다수의견)과 반대의견도 이 법원에 "처음 다루는 문제"를 남겨두었다고 인정하고 있다.

B

우리는 대통령의 해임권한을 제한하는 내용을 승인하였다. 그러나 그 사건에서 1단계의 임기보장만으로 행정권을 행사하는 공무원으로부터 대통령을 분리하였다. 공무원의 행위가 정당한 이유 기준에 따라 해임될 수 있는지를 결정하는 사람은 대통령 또는 그가 임의로 해임할 수 있는 공무원이었다.

이 사건 법은 매우 다르다. 감독원 임원들은 정당한 이유를 빼고 해임될 수 없지만 대통령이 정당한 이유가 있는지를 결정할 수 없다. 그 결정은 임기가 보장된 공무원이면서, 대통령의 직접 통제를 받지 않는 위원회 위원들이 한다. 그 결과 감독원은 대통령에게 직접 책임을 지지 않고 대통령도 감독원 운영에 책임을 지지 않는다.

추가된 임기보장 단계는 차이가 있다. 위원회와 감독원 사이의 분리가 없으면 위원회는 감독원 임원들을 언제든지 해임할 수 있고, 감독원의 행위에 모든 책임이 있을 것이다. 그리고 나서 대통령은 위원회가 하는 모든 행위에 대해 책임을 물을 수 있는 방식과 똑같이 위원들에게 감독원에 대한 감독책임을 물을 수 있다.

2번째 임기보장은 대통령이 심사하는 성질을 바꾸게 된다. 이제 위원회는 감독원 임원을 뜻대로 해임할 수 없다. 그래서 대통령은 위원회가 하는 모든 행위에 책임을 묻는 방식과 똑같이 감독원의 행위에 대해 위원회의 책임을 완전히 물을 수 없다. 위원들은 감독원의 행위에 책임질 수 없다. 법의 엄격한 정당한 이유 기준에 해당하는지의 결정에만 책임을 질 수 있다. 그리고 대통령이 그 결정에 동의하지 않아도, 그 결정이 비합리적이어서 "무능, 의무소홀, 부정행위"에 해당하지 않는 한 개입할 권한이 없다. 험프리 판결 620.

이 새로운 구조는 감독원의 독립성에 추가된 것이 아니라 이를 변화시키고 있다. 대통령도, 그에게 직접 책임을 지는 누구도, 대통령이 정당한 이유로만 행위의 적절성을 판정할 수 있는 공무원조차도 감독원에 완전한 통제권을 갖지 못한다. 대통령은 우리의 선례들이 보존해 온 권한을 빼앗겼고, 그의 하급자들이 행위에 책임을 지도록 함으로써 법을 집행하는 권능이 손상되었다.

이 상황은 헌법 제2조가 대통령에게 행정권을 부여한 취지와 모순된다. 감독원을 감독하거나, 감독원의 잘못에 대해 그가 감독할 수 있는 사람들에게 책임을 묻지 못하면, 대통령은 더 이상 감독원의 행위를 통제할 수 없다. 대통령은 감독원 임원들이 권한을 남용하거나 의무를 게을리하는 지를 결정하는 사람이 아니다. 그는 법이 충실히 집행된다고 보장할 수 없고, 감독원 임원들의 충실의무의 반에 책임을 물을 수 없다. 이는 대통령이 "궁극적인 책임이나 책임과 함께 존재하는 적극적인 감독의무를 위임할 수 없다"는 기본 원리에 위반된다. 왜냐하면 헌법 제2조는 "행정부의 행위에 대통령 한 사람이 책임을 진다"고 되어 있기 때문이다.[21]

만약 허용된다면 이러한 책임의 분산은 계속 일어날 수 있다. 만약 의회가 2단계의 정당한 이유에 따른 임기보장으로 관료를 보호할 수 있다면, 3번째 임기보장은 왜 못하겠는가? 구두변론에서 정부는 대통령과 감독원 사이에 5단계의 임기보장조차도 너무 많다고 인정하지 않으려 했다.

아마도 개인 대통령은 자신의 손을 묶어서 유리하다고 판단할 지도 모른다. 그러나 권력분립은 개인 대통령의 의견에 달려 있지 않다. Freytag v. Commissioner, 501 U.S. 868, 879-880 (1991) ("프레이태그 판결"), 뿐만 아니라 침범당한 부서가 그 침범을 승인하는지와도 무관하다. New York v. United States, 505 U.S. 144, 182 (1992). 대통령은 늘 하급자들을 다루는 데 스스로 자제할 수 있다. 그러나 그는 권한을 줄여 후계자들을 임면하지 못하게 하거나, 자신의 책임이 아니라고 하면서 스스로 책임에서 벗어날 수 없다.

권한의 분산에는 책임 분산이 이어진다. 국민은 "미국 공무원"에게 투표하지 않았다. 대신에 그들은 대통령이 "자신이 감독하는 보조자나 하급자"를 이끌어

---

21) 반대의견과 달리, 2번째 임기보장은 위원회가 유지되기를 바라는 감독원 임원을 해임하는 대통령의 권능과 절충한 것이다. 2번째 임기보장이 없으면 위원회는 법을 충실히 집행하지 않은 공무원을 해임하지 않은 행위에 면책되지 않는다. 위원들의 임기가 보장되는 2번째 임기보장으로 위원회는 정당한 이유가 없다는 사실인정, 즉 대통령이 쉽게 뒤집을 수 없는 사실인정에 의해 대통령의 판단으로부터 보호될 수 있다. 반대의견은 이 모순을 4가지 시나리오 중 하나로만 설명하고 있다. 그러나 이는 이 사건의 중심 쟁점이다. 두 번째 임기보장은 대통령이 하위 공무원을 해임해야 할 필요가 있다고 인정하였고, 법이 해임을 막고 있을 때 중요하다.

가기를 기대한다.

뚜렷하고 효과적인 명령체계가 없으면, 공중은 "유해한 조치의 책임이 누구에게 있는지, 누구를 징벌해야 하는지 판단"할 수 없다. 헌법기초자들이 법을 집행하기 위해 뽑힌 사람들의 타당한 지위를 보장하려고 한 이유이다. "그리고 책임관계도 지켜져야 한다. 가장 낮은 공무원, 중간 간부, 최고위 공무원은 의무에 따라 대통령에게 책임지고, 대통령은 공동체에 책임진다."

법은 감독원에게 행정부의 감독을 받지 않는 행정권을 줌으로써 충실하게 법을 집행해야 하는 대통령의 권능뿐만 아니라, 그의 업무능력을 판정하는 능력까지 국민으로부터 빼앗고 있다. 이 사건 법의 제한은 헌법의 권력분립과 나란히 갈 수 없다.

C

피상고인들과 반대의견은 감독원이 "'일할 수 있는 정부'에서는 허용되어야 하는 입법부와 행정부 사이의 현실적인 합의 유형"이라고 설명하면서 이 결론을 받아들이지 않는다. Metropolitan Washington Airports Authority v. Citizens for Abatement of Aircraft Noise, Inc., 501 U.S. 252, 276 (1991) (MWAA 판결). 반대의견에 따르면 의회는 "전문지식이 필요한 독립 기관을 만들" 때, 대통령과 그의 하급자 사이에서 다양한 단계로 정당한 이유에 따른 임기보장을 할 수 있다. 감독원의 임무에는 "실무 능력"과 "정치와 무관한 전문지식"이 요구되고, "실무 전문가"들만이 권한을 행사하여야 한다고 한다. 이러한 점에서 감독원을 만든 법은 "여러 주제를 다루는 많은 법률들, 곧 입법 목적을 이루기 위해 행정 권한을 행사하고, 다양한 종류의 행정구조속에서 조직된 행정관리들의 업무를 통하여 행정행위를 규정하거나 예상하는 법률들" 중 하나의 예에 지나지 않는다고 한다.

다양하고도 많은 연방 관료기구를 만들 수 있는 의회의 권한을 아무도 의심하지 않는다. 그러나 이 모든 것 중에서 선출된 대통령이 감독하는 역할은 어디에 있는가? 헌법은 전 국민이 뽑은 대통령이 법집행을 감독하라고 요구하고 있다. 그리고 "정부의 기능을 수행하는데 주어진 법과 절차가 효과적이고, 편리하며, 유용하다는 사실만으로 헌법 위반이 구제되지 않는다." 왜냐하면 "편리함과 효율이 민주정부의 원래 목적이나 특성이 아니기" 때문이다. 보우셔 판결, 478 U.S., 736.

공무원의 지배를 받지 않고 운영되는 정부, 전문가들이 지배하지 않고 전문지식의 도움을 받아 운영되는 정부를 가질 수 있다. 우리 헌법은 국민이 선출한 지도자를 통해 국민 스스로가 다스릴 수 있도록 채택되었다. 이제 강력한 권한을 휘두르고 일상생활의 거의 모든 영역에 영향을 미치는 행정부의 성장이 행정 통제로부터 벗어나고 국민의 통제로부터 벗어나지 않을까 하는 걱정이 커지고 있다. 이러한 걱정은 반대의견과 같이 행정국가를 거의 찬양하지 않는다.

예를 들면 반대의견은 대통령의 업무수행 권한은 "누가 기관의 예산요청과 자금수요, 한 기관과 다른 기관의 관계를 통제하느냐…순수한 정치 요소(영향을 미치는 의회의 능력 포함), 그리고 선출되지 않는 공무원이 대통령의 정책을 지지 또는 저항하는지에 더 달려 있다."고 하면서, 감독의 도구로서 해임의 중요성을 가볍게 보고 있다. 헌법 기초자들은 우리의 자유를 그러한 관료조직의 세부 운영에 맡기지 않았다. 보우셔 판결에서 우리는 "정부의 분리된 권력은 행정권을 행사하는 공무원이 의회와 좋은 관계를 갖고 있는지를 사법적으로 평가하는 일에 좌우되지 않는다."고 말했다.

사실상 반대의견이 지지하는 다단계의 임기보호는 "입법권이 확대되는 밝은 미래를 열어준다." MWAA 판결, 277. 견제와 균형의 체계에서 "권력은 진공상태를 싫어"하고, 한 부가 약해지면 다른 부가 강해진다. "한 부가 권력을 휘두르지 않을 때에도, 헌법상 의무를 수행하는 다른 부를 손상시켜서는 안된다." 의회는 임금, 의무, 공무원의 존재를 완전히 통제한다. 대통령의 감독권만이 그 영향에 맞설 수 있다. 헌법이 대통령에게 입법부가 줄이거나 수정할 수 없는 권한을 준 이유이다.[22)]

헌법 기초자들은 국민이 정부를 통제하는 구조를 만들었다. 그 통제는 종이호랑이가 아니라 3부에 "다른 부의 침입에 저항하기 위해 필요한 헌법 수단과 개인 동기를 부여함으로써" 유지되었다. 대통령에게 주어진 핵심적인 "헌법 수단"은 "임명, 감독, 법을 집행하는 사람들을 통제하는 권력"이었다. 그리고 반대하거나 경쟁하는 이해관계가 때로 행정의 부드러운 작동을 가로막을 수 있지만, "헌법기초자들은 길게 보아서 권력 남용의 체계적인 방어가 자유를 지키는데 중요하다고

22) 반대의견은 감사원장과 같은 일부 행정공무원은 대통령과 독립되어 있을 수 있다는 믿음을 메디슨으로부터 이끌어내고 있다. 그러나 메디슨은 그의 헌법 견해에 맞게 감사원장은 대통령이 해임하지 않는 한 몇 년간 임용되고, 대통령이 해임할 수 있기 때문에 대통령에 책임지며, 상원이 재임명에 동의해야 하기 때문에 상원에도 책임진다고 말하였다.

인정했다."

시대의 필요성에 비추어 이러한 방어의 포기 요청은 드물지 않다. 관료전문성의 주장은 회계분야에만 국한되지 않는다. 회계 규제의 실패는 "국가의 문제가 되지만, 초헌법 정부를 용인하는 사법부는 길게 보면 더 나쁘다." 피상고인이나 반대의견은 감독원의 임무가 다른 기관들과 달리 대통령으로부터 한 단계 이상의 거리가 필요한 이유, 또는 두 단계가 필요한 이유를 설명하지 못하고 있다. 요점은 일반적인 정당한 이유에 의한 제한이 문제가 아니다. 우리는 법원이 과거에 다루지 않았던 두 단계로 된 정당한 이유의 임기보장이라는 드문 상황을 다루고 있다.

대통령은 행정 공무원을 감독할 권력을 갖고 있다. 해리 트루만 대통령의 한탄처럼 "설득없이 해야 할 일을 할 의무가 있는 선출되지 않은 부하들을 설득할" 필요는 없다.

D

정부는 하위 공무원의 해임을 일부 제한하는 것은 헌법에 위반될 수 있다고 인정한다. 그러나 이 사건 해임 제한은 그렇지 않다.

먼저 정부는 위원회가 감독원을 해임하는 권한은 폭넓고, 만약 헌법위반을 피할 필요가 있다면 여전히 더 넓게 해석될 수 있다고 주장한다. 그러나 정부는 감독원의 정책이나 우선권에 단순히 동의하지 않는다는 것이 해임의 정당한 이유가 된다고 주장하지 않는다. 우리의 선례도 그렇게 나아가지 않는다. 예를 들면 험프리 판결은 "연방통상위원회가 정책이나 행정에 관하여" 합의를 거치지 않았다는 이유로 한 해임을 취소하였다. 왜냐하면 연방통상위원회는 "정부관리나 대통령의 지시에 따르지 않고, 정치적인 지배나 통제에서 벗어난 성격상 독립"된 기관으로 설계되었기 때문이다. 295 U.S., 619, 625. 모리슨 판결 487 U.S., 693 ("법무장관의 해임권한을 제한하는 의회의 결정은…기관의 독립성을 확보하기 위해 필요한 본질적 내용"이라고 인정). Wiener v. United States, 357 U.S. 349, 356 (1958) (정당한 이유에 따른 해임을 공무원의 정직성과 관련이 있다고 설명). 그리고 이 사건에서 감독원 임원들의 해임을 사법심사대상이고, 위원회가 해임명령의 정당성을 최종 결정하지 않는다. 법에 둔 해임제한은 규정된 대로의 의미를 갖고 있다.

이 사건은 보통의 2중 정당한 이유 기준보다 행정 통제에 더 심각한 위협을 주고 있다. 의회는 이례적으로 감독원 임원들을 해임하기 위해 갖추어야 하는 높은 기준을 설정하였다. 감독원 임원은 법과 감독원 규정, 증권법을 고의로 어기고, 고의로 권한을 남용하거나, 위원회의 공식 명령으로 결정되어 기록에 남긴 내용을 부당하게 집행하지 않은 경우에 통지와 청문기회를 거쳐야 해임될 수 있다. 옥슬리법, 증권법, 감독원권한과 무관한 다른 법을 어긴 감독원 임원들을 해임할 권한을 위원회에게 주지 않았다. 대통령은 세금을 내지 않는 감독원 임원들에게 완전한 충실성을 기대할 수 없다. 그러한 행위는 §7217(d)(3)의 해임 사유에 들어 있지 않다.

감독원 임원들의 해임에 요구되는 엄격한 기준은 뉴욕주 증권거래소와 같은 민간 기구와 관련된 법률에서 나왔다. §§78s(h)(4), 7217(d)(3). 우리가 여기서 문제를 결정할 필요는 없지만, 민간 기구를 통제하는 정부의 권한을 제한하는 적절한 해임 기준이 미국 행정권을 행사하는 공무원에게는 부적절할 수 있다.

피상고인들은 항소법원의 판결대로 위원회는 감독원 임원들이 아니라면 감독원의 기능에 대해 임의의 해임권한을 행사하기 때문에 옥슬리법의 해임 제한이 관련이 없다고 말한다. 감독원에 대한 위원회의 일반적인 감독 및 집행권한은 정당한 이유에 의한 해임 조항이 갖고 있는 헌법상 부당성을 약화시켰고, 감독원의 기능을 위원회 내부의 부서로 만들었을 때 보다 대통령에게 더 나쁘지는 않다고 한다.

감독원의 기능에 대한 넓은 권한은 감독원 임원들을 해임하는 권한과 같지 않다. 예를 들면 위원회는 감독원의 예산을 승인, §7219(b), 감독원에게 적용되는 규정을 제정, §§7202(a), 7217(b)(5), 감독원의 권한을 박탈, §7217(d)(1), 감독원의 제재를 시정, §7217(c), 또는 스스로 감독원의 규정을 집행할 수 있다. §§7202(b)(1), (c). 그러나 기관의 예산이나 권한을 변경하는 것은 하위 공무원을 통제하는 방식으로 문제가 있다.

감독원의 행위를 통제하는 위원회의 권한이 임원들을 통제하는 권한으로 대체될 수 있다 하더라도, 우리는 이 점에서 위원회의 권한이 차고 넘친다는 피상고인들의 전제를 받아들이지 않는다. 감독원은 행정조치를 취할 권한이 있고, 거의 모두 위원회와 독립하여 행사한다. 물론 감독원의 권한은 위원회의 보이지 않은 통제에 일부 따라야 한다. 그러나 옥슬리법은 어디에서도 감독원의 개별 조사나 행정부 공무원들이 전형적으로 행사하는 집행 활동을 시작, 중단, 바꿀 권한을 위원회에 주지 않았다.

정부와 반대의견은 위원회가 새로운 규정을 공포하거나, 감독원의 규정을 개정하여 감독원의 재량권 행사를 통제하고 지시할 수 있다고 말한다. 예고와 의견수렴절차를 거쳐 만든 일반 규정은 감독원의 업무를 세세하게 관리하는 수단으로는 분명히 좋지 않다. 그래서 정부는 달리 제안하면서 위원회가 규정을 만들어서 감독원에게 "위원회의 승인을 받아 처분하도록" 요구할 수 있다고 한다. 이는 적어도 위원회가 감독원 임원들을 해임하기 위해 필요한 사실인정과 똑같은 사실인정 없이는, 옥슬리법이 금지하는 "감독원의 행위, 기능, 작용에 대한 제한"중의 하나임이 분명하다. §7217(d)(2). 그래서 감독원은 위원회의 사전 승인이나 지시없이 매우 독립하여 규제 대상 회사(와 연관된 사람들)의 문제에 개입하여 우선 결정하고 있다.

마지막으로 피상고인들은 우리의 결론이 의회의 지난 실무와 모순된다고 한다. 그러나 옥슬리법이 정당한 이유가 무엇인지를 매우 좁게 정의하고 있고 해임 전에 거쳐야 할 엄격한 절차를 가진 1단계를 포함하여 정당한 이유에 의한 해임이라는 2단계로 보호하는 공무원에게 실질적인 행정권한을 맡기는 무척 드문 법이다.

당사자들은 하위 공무원이 정당한 이유에 의한 임기보장의 2단계로 보호되는 흔치 않은 상황을 확인하고 있다. 항소법원 판사 카바노는 반대의견에서 다음과 같이 적었다.

> "아마 감독원의 심각한 헌법상 문제를 보여주는 가장 강력한 지표는 이 기관의 역사적인 선례가 부족하다는 점이다. 다수의견이나 감독원이나 보조참가인으로서 미국정부는 역사상 이 새로운 기관과 비슷한 기관을 찾지 못했다. 그들은 감독원처럼 다른 독립 기관이 임명하고 정당한 이유가 있는 때에만 해임할 수 있는 경우외의 다른 독립기관을 확인하지 못했다."

반대의견은 다른 비슷한 지위가 있을 수 있다고 하면서 다수의견이 그 지위를 판단하지 않았다고 비판한다. 어떻든 반대의견은 이유가 없는데, 반대의견이 찾은 지위들이 감독원과 비슷하지 않기 때문이다.

예를 들면 독립기관 내에 근무하는 많은 공무원들은 "미국법에 따라 중요한 권한을 행사하는 미국의 (고위)공무원"이 아닐 것이다. 당사자들은 감독원 임원들이 헌법에 쓴 용어로서 "(고위)공무원들"이라고 인정한다. 우리는 다른 정부 공무원들의 지위를 판단하지 않으며, "미국 (고위)공무원들에게 복종하는 관료들이 법에 따라 중요한 권한"을 행사하는 사람들과 똑같은 종류의 통제에 따라야 하는지를 판단하지 않는다. 버클리 판결, 126, 및 주 162.

또한 반대의견이 말한 공무원들은 감독원 임원들과 마찬가지로 대통령의 감독으로부터 매우 예외적인 보호를 받지 않는다. 정부의 고위 또는 정책 결정 지위에 있는 사람들은 대통령의 통제를 보장하기 위해 경쟁 직에서 제외될 수 있다. 5 U.S.C. §§2302(a)(2)(B), 3302, 7511(b)(2), 고위공무원단의 공무원들은 기관장이 발령내거나 심사할 수 있다(대통령은 모든 기관들로부터 업무를 배제할 수 있다). §§3132(c), 3395(a), 4312(d), 4314(b)(3), (c)(3); 비교 §2302(a)(2)(B)(ii). 그러한 모든 권한들이 이 사건과 관련되어 있지 않지만, 그 권한은 물론 감독원과는 전혀 무관하다. 그래서 우리의 의견이 독립기관안의 공무원체계에 의문을 남긴다고 해석되어서는 안 된다.[23]

마지막으로 다수의견에 따르면 군장교를 해임하는 대통령의 권한을 늘릴 수도 있다고 보는 반대의견은 꽤 멀리 떨어져서 헤매고 있는 셈이다. 그 권한의 범위가 어디까지인지 의견을 말하지 않고, 우리는 나라의 군대와 감독원 사이에서 비슷한 점을 거의 보지 못했다고 적어두면 충분하다. 군장교는 명령체계를 거쳐 군통수권자로서 대통령의 통제에 광범위하게 따른다. 헌법 제2조, 제2절, 1항, 10 U.S.C. §§162, 164(g). 대통령과 그 부하들은 군장교들의 잘못이나 업무 부실을 확인하기 위해 군사법원이나 조사위원회에 개입할 수도 있다. §§822(a)(1), 823(a)(1), 892(3), 933-934, 1181-1185. 반면에 이 사건에서 대통령은 정당한 이유가 있을 때 감독원 임원들의 해임을 개시할 권한이 없다.

우리가 반대의견이 확인한 이러한 지위들이나 이 사건에서 쟁점이 되지 않은 다른 지위들이 대통령의 헌법상 권한을 침해하는 구조인지를 다룰 이유가 없다.

---

23) 비슷한 이유로, 우리의 판결이 행정법판사로 일하는 독립기관 공무원들을 다루지 않는다. 5 U.S. C. §§556(c), 3105. 그 판사들이 "미국의 고위 공무원인지" 다툼이 있다. 감독원 임원들과 달리 많은 행정법 판사들은 집행 또는 정책 결정 기능보다는 판정업무를 하거나 순수하게 권고 권한을 갖는다. §§554(d), 3105. 정부는 하급법원에서 "독립 기관에서 임기가 보장되는 공무원"이나 "감독원의 선례로서 행정법 판사"들의 확인을 거절했다.

"이러한 모든 다양한 공무원들의 업무가 보류될 것"이라는 반대의견의 걱정도 실체가 없다. 이 사건의 판결은 어떤 공무원을 대통령으로부터 한 단계 제한하는 것은 그 공무원이 해임되는 조건에 영향을 미치고, 의회가 반대로 결정하지 않는 한, 그 공무원이 유효하게 계속 근무하는데 영향은 없을 것이다. 이 사건에서 오직 하나의 쟁점은 활발하게 움직이는 우리 경제 분야에서 최후의 수단이자 중요한 법집행권한을 가진 규제기간인 감독원을 적절히 통제하는 권한을 의회가 대통령으로부터 빼앗을 수 있는지이다. 우리는 그럴 수 없다고 판결한다.

Ⅳ

상고인은 대통령의 감독과 통제로부터 자유로워진 감독원은 헌법에 위반된 모든 권력과 권한을 갖게 되었다고 주장한다. 우리는 그렇게 프괄적인 결론을 받아들이지 않는다. 대신에 우리는 헌법에 위반되는 임기보장 조항이 나머지 법률 내용과 나누어질 수 있다는 정부의 견해에 동의한다.

"일반적으로 말해서, 법률에 있는 헌법상 흠결을 마주했을 때, 우리는 문제된 부분을 없애고 나머지 부분은 그대로 둠으로써 문제만을 해결한다." Ayotte v. Planned Parenthood of Northern New Eng., 546 U.S. 320, 328-329 (2006). 법 일부 내용의 위헌성이 반드시 나머지 조항을 무효로 하거나 유효성에 영향을 미치지 않기 때문에, "올바른 법리는 문면상 위헌(전면 무효)보다는 일부 무효가 필요하다." Brockett v. Spokane Arcades, Inc., 472 U.S. 491, 504 (1985). 상고인들이 다투는 임명조항과는 별개로, 감독원의 존재 자체는 권력분립을 어기지 않았지만, §§7211(e)(6)과 7217(d)(3)에 따른 해임 제한은 어겼다. 전통의 흠결 보충 법리에 따르면, 해임은 임명권한에 부수한다. Sampson v. Murray, 415 U.S. 61, 70, 주17 (1974); 마이어스 판결, 119; Ex parte Hennen, 13 Pet., 259-260. 해임 제한이 무효라는 결론에도 감독원은 위원회의 뜻으로 해임될 수 있고, 감독원 임원은 한 단계의 정당한 이유에 따른 임기보장으로 구분된다. 위원회는 위원회의 기능에 대한 대통령의 감독에 복종하듯이, 감독원의 행위에 모든 책임이 있다.

옥슬리법은 이 임기보장제한을 없애도 "법으로 완전히 작동"한다. 그러므로 우리는 "입법부가 무효인 조항과 독립하여… 나머지 조항을 만들지 않았을 것임이 분명하지 않는 한" 나머지 조항들을 승인해야 한다. 때로는 이 믄제가 헷갈릴 수 있지만, 이 사건에서 답은 분명한 것 같다. 남은 조항들이 독립하여 기능하지 못한다고 볼 수 없다. 그리고 법의 문맥이나 역사적인 맥락에서 의회가 헌법이 부과한 제한을 마주했을 때, 임원들이 임의로 해임될 수 있는 감독원이라면 어떤 감독원도 만들지 않았을 거라는 뚜렷한 근거는 없다.

정당한 이유에 의한 해임을 규정한 법문은 수많은 법조항중의 하나일 뿐이고, 함께 작동할 때 헌법에 위반된다는 것도 사실이다. 이론상으로 아마 법원은 감독원의 책임을 모두 바꿔서 임원들이 더 이상 "미국의 고위 공무원"일 수 없도록 할 수도 있을지 모른다. 또는 우리는 감독원의 행정 권한을 제한해서 순수하게 권고하는 위원회로 만들 수 있다. 또는 감독원 임원들이 앞으로 정당한 이유든 임의로든 대통령만이 해임할 수 있도록 할 수 있다. 그러나 그렇게 바꿀 권한은 입법부에 속하지 사법부에 속하지 않는다. 물론 의회는 이러한 방안들 중에서 자유롭게 고를 수 있다.

V

상고인들은 헌법상 임명조항에 따라 감독원에 대해 3가지를 더 다투고 있으나 이유가 없다.

첫째, 상고인들은 감독원 임원들이 상원의 조언과 동의를 받아 대통령이 임명하는 고위 공무원이라고 다툰다. 우리는 Edmond v. United States, 520 U.S. 651, 662-663 (1997) ("에드먼드") 판결에서 "하위 공무원인지는 상사가 있는지에 달려 있고, 하위 공무원은 대통령이 상원의 동의를 받아 임명하는 다른 공무원의 지시를 받거나 감독을 받는 공무원"이라고 판결했다. 특히 우리는 임의로 이유없이 "고위 공무원을 해임하는 권한"이 하위 공무원을 통제하는 강력한 수단이라고 적었다. 위원회가 감독원 임원들을 해임하는 권한을 제한하는 법률조항은 위헌이고 무효이다. 헌법에 따라 위원회가 감독원 임원들을 임의로 해임할 권한을 갖고 있다고 여겨지고, 위원회의 다른 감독 권한을 볼 때, 우리는 에드먼드 판결에 비추어 감독원 임원은 하위공무원이고, 의회가 감독원 임원들의 임명을 "부서의 장"에게 부여했다는 결론이다.

그러나 상고인들은 위원회가 5 U.S.C. §101에 열거된 "행정부"와 같은 "부"가 아니라고 다툰다. 프레이태그 판결에서 우리는 "증권거래위원회…와 같은 주요

기관이 임명조항상의 부서인지"의 문제를 남겨두었다. 501 U.S., 887, 주4. 그러나 4명의 대법관은 위원회가 행정부에서 독립 및 자립하고 있는 기관이기 때문에 "부"라고 결론 내렸다. 915.

피상고인들은 프레이태그 판결에서 다루지 않은 기관들에 대해서 이러한 논리를 채택해야 한다고 하고 있고, 우리는 채택한다. 피상고인들의 임명조항 해석은 "의무가 특정인에게 배정된 사업이나 별개의 영역에서 분리된 업무나 부분"으로 "부"를 말하는 당시의 통용되는 정의에 맞다. 1792년에 우정장관(Postmaster General)에게 필요할 때 부장관이나 장관보를 임명할 권한을 주고, 그를 장관이라는 이름도 없고 내각의 구성원이 아님에도 "행정부의 장"으로 취급한 의회의 초기 실무와도 들어맞는다. 그리고 그러한 기관의 장이 임명한 행위를 무효로 한 적이 없는 우리의 선례와도 일치한다. 프레이태그 판결, 917; 비교 Burnap v. United States, 252 U.S. 512, 515 (1920); United States v. Germaine, 99 U.S. 508, 511 (1879). 위원회는 행정부의 독립된 부서이고. 다른 부서에 복종하거나 그 부서 내에 있는 조직이 아니기 때문에, 임명조항의 취지상 "부"이다.[24]

그러나 상고인들은 위원회 의장만이 위원회의 "장"이기 때문에, 위원회 전체가 감독원 임원들을 임명할 수 없다고 다툰다. 그러나 위원회의 권력은 의장에게만이 아니라 위원들에게 함께 부여되어 있다. 15 U.S.C. §§77s, 77t, 78u, 78w. 위원들은 위원회의 정책에 따라 행정 및 집행 기능을 행사하는 의장에게 보고하지 않는다. 의장도 대통령이 위원들 사이에서 임명한다.

헌법문제로 우리는 임원들이 여러 명 있는 기관이 관장하는 "부의 장"이 될 수 없는 이유를 알지 못한다. 상고인들은 헌법 기초자들이 집단 임명의 해악을 알고서 이를 피하기 위해 고위 공무원의 임명권을 대통령에게 부여하였다고 다툰다. 그러나 상고인들은 위원들이 여러 명인 기구를 포함하여 다른 곳에 하위 공무원의 임명권을 부여한 사례에 관하여 비슷한 걱정을 말하지 않는다. 실무상 여러 위원들로 구성된 기관의 하위 공무원 임명을 허가하고 있다. 우리는 감독원 임원들을 위원회가 유효하게 임명할 수 있다고 결론 내린다.

위와 같이 상고인들은 감독원의 운영에 대해 광범위한 금지명령을 구할 권한

---

24) 우리는 위원회가 제2조 제2절 1항 또는 수정헌법 제25조의 4절 의견 조항의 "행정부"인지에 대해 판단하지 않는다.

이 없다. 그러나 그들이 따라야 하는 보고의무와 회계 기준이 행정부에 책임을 질 수 있는 헌법상 기관에 의해서만 집행되어야 한다는 점을 보장하는 선언적 구제를 받을 자격이 있다. **보우셔 판결**, 727 주5(권력분립 위반은 법원의 구제대상인 지금 당장의 피해를 만들어낸다는 결론).

* * *

대통령이 국민에게 법집행의 책임을 지도록 한 헌법은 그에게 그렇게 할 권력도 준다. 그 권력에는 그의 의무 이행을 도와주는 사람을 해임할 권한도 포함되어 있다. 그러한 권력이 없으면 대통령은 자신의 책무 이행에 충분히 책임을 질 수 없고, 책임이 누구에게 있는지 모르게 된다. 그러한 권한의 불분명함은 최고 통치자로서의 필요하고도 예정된 책임성을 크게 약화시킨다.

우리가 어떤 사건에서 대통령의 해임권한 제한을 승인했지만, 이 사건 옥슬리법에서 우리는 새로운 유형의 제한, 즉 중요한 행정권을 행사하는 사람들의 해임을 두 단계로 보호하는 제한을 검토했다. 의회는 대통령의 권한을 이런 식으로 제한할 수 없다.

DC항소법원의 판결을 일부 인용하고 일부 취소한다.

[대법관 브레이어 반대의견(대법관 스티븐스, 긴즈버스, 소토마요르 참여)]

법원(다수의견)은 증권거래위원회가 감독원의 임원을 정당한 이유가 있을 때에만 해임할 수 있다고 규정한 법률을 위헌으로 판결했다. 감독원의 하위 공무원을 1단계 이상으로 정당한 이유에 의해 보호하는 것은 충실한 법의 집행을 보장하는 대통령의 헌법상 의무에 위반된다고 한다. 나는 감독원 임원이 하위 공무원이라는데 동의한다. 그러나 옥슬리법이 대통령의 행정 권력을 심각하게 침해했다고 보지 않는다. 권력분립 원리에 위반되지 않았다. 그리고 법원의 판결은 공정하고 효율적인 법집행을 심각하게 방해할 위험이 있다. 나는 결과적으로 반대한다.

I

A

이 사건 법률문제는 2가지 일반 헌법 원리의 교차점에서 발생한다. 한편으로 의회는 구체적으로 열거된 헌법상 권한을 행사하기 위해 "필요하고도 적정한" 법률을 만들 광범위한 권력을 가지고 있다. 제1조 제8절 제10항. 연방대법원장 마샬이 거의 200년 전에 필요하고 적정한 조항이 오랫동안 지속될 헌법을 만들고자 하는 헌법 기초자들의 노력을 담고 있다고 적었다. McCulloch v. Maryland, 4 Wheat. 316, 415 (1819). 정부가 미래에 권력을 행사하는 방법을 모두 규정하는 것은 슬기롭지 않다는 인식이 들어 있다. 변치 않는 규정을 두면 예상되더라도 희미하게 보일 수밖에 없는 미래의 긴급상황에 대응하는데 필요한 유연성을 정부로부터 빼앗아 버리게 된다. 그래서 헌법상 '필요하고 적정한 조항'은 의회에 정부 기관을 만들고 그 기관을 구성하는 광범위한 권한을 주고 있다. 의회는 지난 세기에 다양한 위험이 발생할 때마다 그에 대응하여 수많은 연방 기관을 만들기 위해 그 권력을 썼다.

반면에 헌법 제1, 2, 3조의 시작 부분은 모든 입법권은 의회에, 행정권은 대통령에게, 사법권은 대법원(과 의회가 때때로 제정하고 설립하는 하위 법원)에게 분리하여 각각 부여하였다. 이 조항들은 구조적으로 권력분립 원리를 담고 있다. 그리고 그 원리는 대통령이 법을 충실히 집행하도록 유의하여야 한다는 제2조 제3절과 함께 연방정부를 구성하는 의회의 권력을 제한하고 있다. 이 법원은 권력분립원리가 대통령에게 행정부의 공무원을 임의로 해임하는 권한을 보장한다고 판결해 왔다. 마이어스 판결(1926).

그러나 해임 사건에 적용될 때 두 원리로 해결되지 않는다. 필요 적정 조항이 의회에 모든 행정부 공무원을 대통령의 뜻에 따른 해임으로부터 보호하는 권한을 주지 않았다. 권력분립 원리가 대통령에게 모든 행정부 공무원을 뜻대로 해임하는 절대 권한을 주지 않았다. 그보다는 직무의 성격, 기능, 대상에 따라, 의회는 가끔 헌법에 맞게 대통령의 공무원 해임권한을 제한할 수 있다. 험프리 판결, 마이어스 판결 일부 번복; 모리슨 판결. 그리고 우리는 여기서 이 사건 법률을 둘러싼 상황으로 그러한 제한이 정당한지를 결정해야 한다.

문제에 답하면서 우리는 법원이 다른 권력분립 사건에서 의존하였던 임명조항이나 제시조항의 문언처럼 헌법의 더 구체적인 법문에 기댈 수 없다. 이유는 일반적인 "부여"나 "유의하다"의 문언은 예외로 하고, 헌법은 해임권한에 관하여 전혀 말하지 않고 있기 때문이다.

또한 역사도 의미 있는 도움을 주지 않는다. 행정공무원을 해임하는 대통령의 권력은 "헌법 제정 회의에서 논의되지 않았다." 첫 의회는 감사원장, 연방지방검사(오늘날 미국 검사의 전임자), 재무장관을 포함하여 행정부 공무원을 감독하는 대통령의 권한을 제한하는 연방법들을 제정하였다. 그러나 그 법들은 정부의 초기 역사에서 자주 논의되었고 매우 다양한 의견이 나왔던 주제로서 공무원을 해임하는 대통령의 권한을 직접 제한하지 않았다. 연방대법관들처럼 학자들도 확실치 않은 역사기록에서 이끌어내야 하는 추론뿐만 아니라 원래 불일치되는 성질에 대하여 계속 의견이 달랐다.

또한 법원의 선례는 이 사건의 문제를 충분히 다루지 않았다. 적어도 다투고 있는 조항을 뚜렷하게 무효로 결정하지 않았다. 마이어스 판결에서 처음으로 법원은 의회가 만든 법이 행정부 공무원을 해임하는 대통령의 권한을 부당하게 제한하였다는 이유로 무효로 하였다. 그러나 바로 뒤에 법원은 명백히 마이어스 판결의 폭넓은 논리를 거의 모두 승인하지 않았다. **험프리 판결**, 295 U.S., 626-627, **마이어스 판결**의 일부 번복; **위너 판결**, 352 (1958) (험프리 판결이 마이어스 판결의 논리 상당수를 명백하게 배척). 나아가 법원은 그 뒤 "마이어스 판결의 요체는 의회가 법집행에 참여하는 권리나 해임하는 권한을 스스로 만들어내는 것은 헌법이 금지한다는 판단이었다."고 말했다. **모리슨 판결**, 686. 그리고 의회의 권한을 넓히는 법률의 그러한 특징은 이 사건에는 없다. 의회는 스스로에게 감독원의 임원을 해임하는 역할을 주지 않았다. **프레이태그 판결**, 878 참조("권력분립론은 일반적으로 한 부가 다른 부의 희생으로 그 권한을 확대하는 위험에 초점을 맞추고 있다.") (공수처도 대통령의 권한이 약화되고 의회의 권한이 확대되거나 사법부의 권한이 확대되지 않는다) **버클리 판결** 129 (같음); **쇼어 판결**, 856 (같음); **보우셔 판결** 727 (1986) (같음). **마이어스 판결**(의회가 스스로에게 행정부 공무원의 해임권한을 준 법률을 폐기)과 **험프리 판결**(그러한 권한 확대가 없을 경우 법을 승인) 비교. **위너 판결** (같음); **모리슨 판결**(같음).

요약하면 이 사건 문제는 두 가지의 충돌하는, 넓게 짜인 헌법 원리가 만나는 곳에 있다. 법문, 역사, 선례 어느 것도 명확히 답변하지 않았다. Chicago v. Morales, 527 U.S. 41, 106 (1999) 참조 (**토마스 대법관 반대의견, 렌퀴스트 대법원장, 스칼리아 대법관 참여**) (이 법원은 헌법의 법문상 근거가 약한, 판사가 만든 헌법을 다룰 때 가장 취약하다는 견해를 제시).

B

법문에 근거가 없는 문제를 결정할 때, 법원은 맥락상으로 받아들였을 때 특정 조항이 어떻게 기능할 것 같은지의 조사가 중요하다고 강조하였다. 가장 중요한 권력분립 사건인 Crowell v. Benson, 285 U.S. 22, 53 (1932) 판결에서 법원은 "헌법 제한이 관련된 다른 사건에서처럼, 단순한 형식 문제뿐만 아니라 필요한 바가 무엇인지의 실질도 고려되어야 한다."고 말했다. 법원은 쇼어 판결에서 이렇게 지시했고, 모리슨 판결에서도 되풀이하였다. **쇼어 판결** 854(법원은 형식을 넘어 의회가 무엇을 했는지의 실질을 보아야 한다고 판시). **모리슨 판결** 689-90(우리의 해임 판례가 분석하려고 하는 바는 대통령의 의사로 해임될 수 있는 또는 해임될 수 없는 공무원의 엄격한 범주를 정의하려는 것이 아니라, 문제된 공무원의 기능을 감안할 때, 해임조항이 대통령의 행정권 행사를 방해하는지를 묻는다) 법원은 "헌법은 실무상 흩어진 권한이 기능할 수 있는 정부로 통합되기를 예정하고 있다"는 대법관 잭슨의 현명한 개념을 법리로 만들었다. Youngstown Sheet & Tube Co. v. Sawyer, 343 U.S. 579, 635 (1952) (헌법에 따른 정부의 실제 행위는 맥락에서 분리되어 독립된 조항에 기초한 각 부의 권력에 관한 사법상 정의에 따를 수도 없고 따르지 않는다).

이러한 상황에서 법원이 뚜렷한 기준이 아니라 기능과 맥락에 기대는 것이 놀랍지 않다. 헌법 기초자들의 의도를 반영하고 있다는 이론이 있다. 오래 전에 대법원장 마샬은 이 법원을 포함하여 대등한 3부가 건국시기에 희미하게 알 수 있거나 아마도 전혀 알 수 없는 긴급사태와 변화하는 조건에 대응하기 위한 현실적인 판단을 집행하도록 헌법이 설계되었다고 보았다.

의회와 대통령이 변화하는 상황에 맞춰 법률을 만드는데 필요한 유연성을 허용하는 기능적인 이론도 있다. 헌법이 연방정부에 부여한 권력이 연방정부의 역할을 점점 넓히기에 충분할 만큼 광범위한(포괄적인) 문언으로 되어 있는 이유다. New York v. United States, 505 U.S. 144, 157 (1992). 건국초기에 연방정부는 2,000명의 직원이 있었고 약 400만 명의 인구에게 봉사했다. 그러나 오늘날 연방정부는 기술, 경제, 사회가 빠르게 변화하는 시대에 3.1억 명의 국민들에 봉사하는 4.4백만 명의 공무원을 고용하고 있다.

연방 법률들은 이제 정부 공무원에게 외교나 방위뿐만 아니라 세금, 복지, 사회보장, 의약, 교육, 고속도로, 철도, 전기, 천연가스, 핵발전, 금융상품, 은행, 의료보호, 공중보건과 안전, 환경, 공정 채용, 소비자 보호 등등과 같은 매우 다양한 업무의 제공, 규제, 관리를 요구하거나 허용하고 있다. 그러한 법률들은 다른 조직 구조를 만들어내고 있다. 행정권한을 대통령에게 직접 위임(10 U.S.C. §2031(a)(1); 42 U.S.C. §5192(c)), 오래된 내각 부서에 권한을 부여(7 U.S.C. §1637b(c)(1); 12 U.S.C. §5221(b)(2)), 독립위원회나 기관에 권한을 위임(15 U.S.C. §4404(b); 28 U.S.C. §994), 한 명의 집행관에게 권한을 부여(15 U.S.C. §657d(c)(4); 42 U.S.C. §421), 내각 산하 국, 부서, 사무소, 기관 등에 권한을 부여(18 U.S.C. §4048); 특별 조직에 권한 부여(5 U.S.C. §§593-594; 50 U.S.C. §402); 한 부 이상의 구성원들로 이루어진 위원회나 자문위원회에 권한을 부여(20 U.S.C. §42(a); 28 U.S.C. §991(a)); 부서, 위원회, 국, 행정관리자 사이에서 권한을 분배(5 U.S.C. §9902(a)); 주정부나 지방정부의 참여를 허용(7 U.S.C. §2009aa-1(a))하기도 한다. 마찬가지로 법률은 행정관리자에게 다양한 권한, 예를 들면 규정을 만들고, 비공식의 실무를 발전시키는 권한, 조사, 판정, 제재 부과, 인허가를 하는 권한, 상품과 서비스, 조언 등을 제공하는 권한을 준다.

요점은 오늘날 숱한 문제들에 관련된 수많은 주제를 다루는 수두룩한 법률들이 입법목적을 달성하기 위해, 다른 종류의 행정 권한을 행사하는 매우 다른 유형의 행정 구조로 조직된 관료들의 업무를 통해 집행 또는 관리하거나 예측하고 있다. 그리고 정부 일의 성격을 볼 때, 많은 행정조직은 크기와 모습이 다르다.

우리 선례들이 요구한 기능 이론은 행정의 복합성을 인정하고 있고, 더 중요하게 이러한 맥락에서 대통령의 권한이 작동하는 다양한 방식, 그리고 해임 조항이 그 권한에 영향을 미치는 다양한 방식을 인정하고 있다. 율리시스가 안전하게 사이렌의 노래를 들을 수 있도록 스스로를 돛대에 묶은 뒤로 사람들이 알게 되었듯이, 때로는 더 큰 목적을 이루기 위해서는 스스로 자제할 필요가 있다. 그래서 쉽게 바꿀 수 없는 계약과 법률처럼, 그리고 이 사건의 독립 행정 기구처럼 법률상 집행할 수 있는 약속은 사람의 절제 능력 때문에 정교하게 권한을 부여할 가능성을 안고 있다. 만약 대통령이 공정한 심판을 통해서 규제하려고 한다면, 그 때 심판관의 임의 해임 금지가 그 목적을 이루는데 도움이 될 수 있다. 그리고 전문분야의 의사결정자가 이유없는 해임을 두려워하지 않도록 하면 그 공무원의 전문적인 결정을 비전문적인 정치 압력에서 벗어나게 함으로써 그의 규제 행위에 정당성을 부여하는데 도움이 된다.

권력은 기초 수학 방정식에 늘 민감하지 않다. 대통령의 친구들과 협력자들로부터 권한을 빼앗는 규범은 그를 약하게 할지 모른다. 그러나 대통령의 반대자들로부터 권한을 빼앗는 규범은 그를 강하게 할 수 있다. 그리고 기능상 중립의 독립 기구에서 권한을 빼앗는 규범은 어떤가? 그 경우에 대통령의 권한이 추상적으로 어떻게 영향을 받을지 알기 어렵다.

이러한 실용적인 이유들이 이 사건과 같은 경우는 구체적인 기능과 맥락을 살펴보아야 한다는 우리 선례의 판단을 뒷받침한다. 또한 판사들은 다른 부가 내리는 이유에 따른 결정을 뒤늦게 평가하기 전에 삼가야 함을 알려준다. 의회와 대통령과 견주어 볼 때, 사법부는 행정 현실과 거의 모든 정치권력을 포함한 권력이 맥락 속에서 작동하는 방식을 더 잘 이해한다고 볼 수 없다.

상대적으로 더 전문적인 두 의회(상원 및 하원)가 이 사건 쟁점인 "정당한 이유" 조항을 둘러싸고 갈라졌다는 자료는 없다. 이 사건에서 그 조항을 담은 법은 2002년 하원에서 423:3, 상원에서 99:0으로 통과되었다. 감독원의 창설은 상하 양원에서 오래도록 논의되었는데, 누구도 그 구조가 헌법 문제를 갖고 있다고 하지 않았다. (회의 자료 생략) 대통령은 법에 서명했고, 그 때 그는 법의 여러 조항을 비판하는 글을 남겼으나 권력분립우려를 내세우지 않았다. (관련 자료 생략)

이 사건에서 우리는 맥락 속에서 조항의 실용적인 기능에 비추어 헌법 문제를 판단해야 한다. 그리고 우리의 결정은 사법부가 상대적으로 제도에 관한 전문성이 모자란다는 점을 염두에 두어야 한다.

Ⅱ

A

법의 "정당한 이유" 조항이 실제로 어느 범위까지 대통령의 행정권 행사를 제한하는가? 실무상 "정당한 이유" 조항의 정의만으로는 충분하지 않다. 이는 (의회가 영향을 미치는 능력을 포함한) 더 순수한 정치적인 요소뿐만 아니라, 법률이 관련된 관료가 행사하는 권한의 범위를 정하는 방식으로 예컨대 대통령보다는 농무장관에 궁극적인 행정 권한을 부여하는 입법 결정, 기관의 예산 요청과 자금, 한 기관과 다른 기관사이의 관계를 누가 통제하는가에 관한 결정이 업무를 수행하는 대통령의 권한에 더 영향을 미칠 것 같기 때문이다. 이것이 대통령 트루만이 "대통령의 권력은 국민들을 설득하지 않고 국민들이 해야 할 바를 하게 만드는 것이나 마찬가지다"라고 불평한 이유이다. 그리고 학자들이 대통령은 독립되었든 아니든 많은 정부 기관과의 관계에서 우월하지도 않고 그렇다고 무력하지도 않다고 쓴 이유이다. 그러한 기관들은 기능의 상당한 측면에서는 대통령의 지시에 모두 따르고, 다른 측면에서는 대통령의 지시에 저항할 수 있다.

해임권한이 대통령이 독립기관의 하위 공무원을 감독하는 핵심 도구라는 다수의견의 주장에도 불구하고, 대통령은 실제 "정당한 이유" 조항의 범위를 심사하여 그 권한을 행사하려고 하지 않을 것 같다.

그러나 다른 문제를 제쳐두더라도, 우리는 "정당한 이유" 제한이 대통령의 권한을 크게 제한하지 않는다고 결론 내려야 한다. 제한은 대통령의 권한이 아니라, 이미 독립된 기관의 권한을 제한하고 있다. 다수의견에 따르면 대통령이 감독원 임원의 행동이 해임사유에 해당한다고 판단했어도, 대통령의 직접 통제를 받지 않고 임기가 보장된 위원회의 다른 위원들이 결정하기 때문에 개입할 권한이 없다고 한다. 그러나 대통령이 정당한 이유가 없으면 위원회 위원들을 해임하지 못하므로 정당한 이유로만 감독원의 임원들을 해임하는 위원회의 권한을 무효로 만들어도 다수의견이 밝힌 문제를 해결하지 못한다. 위원회가 합리적으로 해임하지 않기로 결정했다면, 대통령은 여전히 감독원 임원을 해임하는 방식으로 개입할 권한이 없다.

달리 말하면 법원은 두 가지 단계의 정당한 이유 보호가-위원들을 대통령으로부터 분리하는 첫 번째 단계와 감독원을 위원들로부터 분리하는 두 번째 단계-첫 번째 단계보다 더 대통령의 권한을 더 세게 제한한다는 점을 보여주지 못한다.

발생할 수 있는 4가지 상황을 생각해보자.

1. 대통령과 위원회가 모두 감독원 임원들이 계속 일하기를 바란다. 어느 단계도 관련 없다.
2. 대통령과 위원회가 모두 감독원 임원의 해임을 바란다. 두 단계들은 정당한 이유없는 해임을 금지한다. 대통령이나 위원회가 의견이 같기 때문에, 대통령의 위원회를 해임할 권한(첫 번째 단계)은 무관하다.
3. 대통령이 감독원 임원의 해임을 바라지만, 위원회는 그렇지 않다. 첫 번째 단계는 위원회가 대통령의 반대 의견에도 불구하고 자신의 결정을 할 수

있도록 허용한다. 위원회가 감독원 임원의 해임을 바라지 않기 때문에 두 번째 단계는 무관하다.

4. 대통령은 감독원 임원의 계속 근무를 바라지만, 위원회는 해임을 바란다. 왜냐하면 대통령이 계속 근무를 바라는 감독원 임원을 해임하는 위원회의 권능을 제어하고 있기 때문에, 여기서 두 번째 단계가 대통령을 도와준다.

그래서 두 번째 단계만을 없애는 다수의견의 결정은 실제로 아무 것도 달라지지 않는다. 그리고 이는 대통령의 해임권 제한 효과가 다수의견이 예상하듯이 정당한 이유에 의한 두 가지 단계의 존재가 아니라, 위원회와 대통령의 관계가 실제 어떤 속성인지에 달려 있기 때문이다. 위원회의 위원은 두 정당의 의견을 반영하여야 하기 때문에(15 U.S.C. §78d(a)) 가능이 분명히 있는데, 만약 대통령이 그의 정책 판단에 저항하려는 위원회를 만났다면, 위원회의 감독원 임원 해임 권능 제한은 무관하거나(위 상황 3), 또는 현실적으로 대통령을 도와준다(위 상황 4). 그리고 만약 대통령이 그의 정책 판단을 이행하려는 위원회를 만났다면, 대통령과 위원회의 의견이 같기 때문에 첫 번째 단계는 무관하다.

이러한 기초 논리를 피하기 위해 다수의견은 2가지 각본을 만들어 내고 있다. 첫째, 위원회와 대통령이 모두 감독원 임원의 해임을 바라지만, 그럴만한 정당한 이유가 있는지에 관하여 다른 판단을 가진다. 즉 대통령과 위원회가 감독원 임원이 해임되어야 한다는 결론은 같지만 그 결론이 합리적인지에 관하여 의견이 다르다. 둘째, 대통령은 감독원 임원의 해임을 바라지만 위원회가 동의하지 않는다. 그러나 대통령과 독립하여 합리적인 결정을 내릴 수 있음에도(첫째 단계), 위원회는 (대통령에게 동의한다고 분명히 말하고 감독원 임원을 해임하기를 바라지만) 실제 목표를 추구하기 위해 두 번째 단계를 "구실," 즉 첫째 단계를 감안할 때 필요없는 구실로 사용한다.

이러한 상황들은 둘 다 드물다. 나는 실제 일어난 상황인지도 모르겠다. 그러나 나는 논리적 가능성마저 부인하지 않는다. 나는 단순히 중요성을 의심한다. 대통령의 권한과 관련하여 정당한 이유에 의한 해임의 2가지 단계는 때로 도와주기도 하고 때로 손상되기도 하기 때문에 나는 전체적인 효과는 기껏 해 봐야 불확실하다고 본다.

그러나 일단 우리가 가정적인 논리의 영역을 떠나서 전체 법의 맥락 속에서 해임조항을 살펴 본 이상, 현실적인 효과가 적다는 것은 쉽게 분명해진다. 이는 법이 감독원의 모든 기능에 대해 위원회에게 충분한 권한과 사실상 포괄적인 통제를 허용하고 있기 때문이다. 감독원을 만든 사람들은 뉴욕증권거래소와 다른 비슷한 자율규제조직과 같은 금융규제의 영역에서 널리 퍼져 있는 준민간규제기구를 본떠서 조직과 권한을 만들었다. 그리고 민간 금융과 민간 영역의 직원들에게 의존하고 있는 그 조직들은 위원회에서 파생되었고, 위원회가 세세히 통제하는 규정의 제정 및 심판권한을 행사한다.

그 모델을 좇아 이 사건 법은 감독원에게 회계보고서 준비, 규정을 따르지 않은 회계회사에 대한 제재절차 진행, 제재 부과, 법의 요구에 따라 등록된 회계 회사 조사와 규정과 관련된 법적 의무 준수를 점검하기 위한 조사와 같은 활동을 위한 규정과 기준을 채택할 권한을 주었다. 15 U.S.C. §§7211-7216. 그러나 동시에

- 감독원 규정은 위원회가 승인하기 전과 승인될 때까지 효력이 없다. §7217(b)(2)
- 위원회는 증권 회계 감독법들의 목적을 추구하기 위해 필요하다고 판단될 때마다. 감독원이 공포한 규정이나 규정 일부를 폐지, 삭제, 추가할 수 있다. §7217(b)(5)
- 위원회는 감독원이 부과한 제재를 재심하고 감독원의 조치가 적절하지 않다고 인정되면, 그 제재를 가중, 수정, 취소, 축소, 감면 요청할 수 있다. §§7215(e), 7217(c)(3)
- 위원회는 감독원의 모든 검사와 조사 행위를 제한하거나 지시하는 규정을 공포할 수 있다. §§7211(c)(3), 7214(h), 7215(b)(1)-(4)
- 위원회는 스스로 조사를 시작하거나 감독원의 권한범위 내에서 규정을 공포할 수 있고, §7202, 관련 규정이나 전문 기준을 불합리하게 집행하지 않은 감독원 임원들을 해임할 수 있다. §7217(d)(3)(C)
- 위원회는 공공의 이익을 위해서 필요하다면 언제든지 법과 규정, 전문 기준에 따라서 집행하는 감독원의 책임을 면제할 수 있다. §7217(d)(1)

다수의견이 "법이 어디에서도 위원회에게 감독원의 조사를 개시, 중단, 변경할 효과적인 권한을 주지 않았다"고 말할 때, 위 법조항들을 보면 잘못임이 분명하다. 위원회가 갖고 있는 감독원의 조사와 법적 기능에 대한 통제는 거의 절대적

이다. 나아가 위원회는 감독원 자체를 일반적으로 감독하는 권한을 갖고 있다. 예산 통제, §§7219(b), (d)(1) 감독원에게 필요하거나 적절하다고 결정한 의무나 기능을 위임, §7211(c)(5) 감독원에 대하여 완전한 감독 및 집행 권한, §7217(a) 적절하다고 판단될 때, 감독원의 활동을 검사하는, §7217(d)(2) 권한이 있다. 그리고 감독원 임원들이 법집행을 잘못하거나, 법조항을 어기거나, 법이 부여한 권한을 남용한다면 해임할 뿐만 아니라 감독원이나 임원들을 질책할 수 있다. §7217(d)(3). Shurtleff v. United States, 189 U. S. 311, 314-319 (1903) (해임 권한이 법에 설정된 정당한 이유에 따른 해임으로만 제한되지 않는다고 판결), 보우셔 판결, 729 (법에 열거된 구체적인 해임 사유로 인하여 다른 이유에 따른 해임의 가능성을 배제한다는 주장 배척)

무엇이 남았나? 감독원 임원의 합리적인 조치가 자주 위원회에서 뒤집어질 때 위원회가 그 위원을 해임하지 못한 경우? 그런 일이 실제 일어날 가능성이나 만약 그렇다면 그러한 문제에 대한 대통령의 심각한 우려? 대통령의 위원회 통제가 헌법상 충분하다고 모두 인정하고 있다. 험프리 판결, 602; 위너 판결, 357 U.S. 349. 그리고 만약 대통령의 위원회 통제가 충분하다면, 위원회의 감독원 통제는 거의 절대적이고, 그러면 실무상 대통령의 감독원 통제는 마찬가지로 충분하다고 인정되어야 한다.

B

의회와 대통령은 "정당한 이유" 조항을 만든 타당한 이유가 있었다. 무엇보다도 감독원은 사건을 심판한다. 15 U.S.C. §7215. 이 법원은 오랫동안 가끔씩만 심판기능을 하는 사람들의 독립을 보호하기 위해 정당한 이유 조항을 사용하는 것이 적절하다고 인정했다. 험프리 판결, 623-628, 위너 판결, 355-356, 모리슨 판결, 690-691, 주30 등. 1789년에 제임스 매디슨은 "감사원장과 같은 행정공무원이 그의 주요 의무가 사법 성질을 강하게 띠고 있다면, 행정부를 즐겁게 하기 위해 일해서는 안 되는 강력한 이유가 된다."고 말했다. 그러나 다수의견은 논리를 펼 때, 감독원의 심판 기능을 거의 무시했다. 그리고 마지막으로 핵심 기능을(주석에서) 다룰 때, 다수의견은 감독원은 심판기능을 수행하지 않는다고 간단히 말했는데, 이는 법문 내용과 맞지 않다. §7215(c)(1) (등록된 회계 법인이나 임직원이 징계를 받아야 하는지를 결정하는 감독원의 절차를 규정)

나아가 심판기능에 더하여 감독원 임원들은 실무 전문가를 감독하고 스스로도 전문가이다. §7211(e)(1)(감독원 임원들이 감사 보고서의 준비 및 발행에 관하여 회계사들의 책임과 의무를 실무상 이해하고 있음을 증명하여야 한다고 요구) 이 법원은 건전한 감사 보고를 준비하는 어려움 때문에 과학적인 감사 원리의 적용이 필요하다고 인정했다. 그리고 이 법원은 기관의 독립성이 실무 전문성의 필요에 의해 요구될 때 헌법상 정당하다고 인정했다. 험프리 판결 624-626(기타 인용 자료 생략)

이 사건에서 감독원의 실무 전문가들이 정치적인 영향 때문에 일자리를 잃는 두려움에서 벗어날 필요가 있다는 뜻에서 정당성은 특히 강력하다. 의회는 사려깊게 그러한 종류의 보호를 제공하려고 했다. 의회는 정당한 이유가 있어서 그렇게 했다. 그리고 역사적으로 이 규제 대상-금융 규제-는 특히 독립 필요성이 있다고 여겨졌다. 그리고 의회는 예컨대 감독원에 의회의 예산배분절차에서 독립된 수입구조를 제공하면서 감독원이 다른 정치적인 영향뿐만 아니라 의회의 영향으로부터 벗어나도록 도와주었다. §7219.

간추리면 의회와 대통령은 감독원 임원들이 순수하게 정치적인 해임의 두려움에서 벗어나도록 할 만큼 신중하다고 합리적으로 생각할 수 있었다. Civil Service Comm'n v. Letter Carriers, 413 U.S. 548, 565 (1973)(정부와 공무원은 대의 정부 제도의 신뢰가 재앙적인 정도로 훼손되지 않으려면, 정치적 정의의 집행을 피하는 것이 중요할 뿐만 아니라 이를 피하려고 하고 있다는 외관을 갖추는 것이 중요하다). 그리고 핵전력생산과 같이 복잡한 문제를 규제하는 연방정부를 믿는 세상에서, 우리가 전문가들의 규제 없이 살아가는 법을 배워야 한다는 법원의 주장은 기껏해야 비현실적이거나, 최악의 경우에는 위험하게 비현실적이다.

C

정당한 이유 조항이 대통령의 권한을 제한하지 않고 정당한 제도의 필요성이 클 경우 선례는 합헌성을 강력히 지지한다. 첫째, Nixon v. Administrator of General Services, 433 U.S. 425 (1977) 판결에서 법원은 "법이 협력하는 부 사이에서 타당한 균형을 방해하는지를 결정할 때, 법 때문에 행정부가 헌법이 위임한 기능을 수행하지 못하게 하는 정도에 초점을 맞추어야 함"을 명백히 하였다. 법원은 대통령의 해임 권한 제한을 승인한 모리슨 판결에서도 마찬가지로 말했다. 691(진짜 문제는 해임제한이 대통령의 헌법상 의무 수행 권능을 방해하는 성질을 갖고 있는지 이고, 문제되는 공무원의 기능은 그 점에서 분석되어야 한다). 이 사건에서 해임 제한은 감독원을 통제하는 위원회의 권능을 조금 약화시키지만, 대통령의 감독원 통제 권능에 관한 부정적인 효과는 거의 없다. 법원이 형사 기소를 통제하는 대통령의 중요한 역사적인 권한, 순수한 집행 기능에 상당히 개입하는 권한을 제한한 모리슨 판결을 볼 때, 이 사건 제한의 합헌성은 훨씬 더 강력해진다.

둘째, 이 법원은 정당한 이유 조항이 심판 책임이 있는 공무원을 해임하는 대통령의 권한을 제한할 때 반복하여 승인하였다. 그리고 우리는 그러한 제한이 일정 정도 특별한 독립성을 보장하는 전문적인 책임성을 가진 공무원이 관련되었을 때 그 제한을 승인하였다. 감독원의 기능은 두 가지 종류의 책임성을 갖고 있다. 따라서 위원회가 감독원의 정책과 조치에 궁극적인 권한을 가지고 있는 반면에, 감독원의 심판 책임, 업무의 전문 성격, 그 업무에 전문가를 뽑을 필요성, 국민에게 업무의 비정치적인 성격을 증명하는 중요성은 감독원 임원이 업무를 유능하게 수행할 때 일자리를 잃는 두려움을 가지지 않도록 보장하는 법의 정당성을 강력하게 뒷받침하고 있다.

셋째, 몇몇 선례들이 이 사건에서 논리상 합헌성 판단을 어떻게 이끌고 있는지를 살펴보자. 마이어스 판결(127)과 모리슨 판결(689, 주27)에서 재인용한 퍼킨스 판결 483-4에서, 법원은 하위 공무원으로 정의한 기술사관후보생을 해임하는 해군장관의 권한을 제한하는 해임제한을 승인하였다. 법원은 다음과 같이 말했다.

> "우리는 의회가 법으로 하위 공무원의 임명을 부서장에게 주었을 때, 공공의 이익을 위해 최선이라고 여기면 해임권한을 제한하고 규제할 수 있다는데 의심의 여지가 없다. 임명권을 부여하는 의회의 헌법상 권한은 의회가 만든 법에 의해 임명된 공무원에 대하여 해임을 제한, 한정, 규제하는 권한도 포함하고 있다." 퍼킨스 판결, 485. 모리슨 판결, 723-4 (대법관 스칼리아 반대의견) (부서장이 임명한 하위 공무원을 해임할 권한은 제한될 수 있다는데 동의)

험프리 판결에서 법원은 의회가 부서장을 포함하여 중요 공무원을 해임하는 대통령의 권한을 제한할 수 있다고 판결했다. 627-629. 그리고 법원은 한결같이 그 판결의 유효성을 인정하였다. (인용 판례 생략)

그리고 프레이태그 판결에서 대법관 스칼리아는 대법관 케네디를 포함하여 4명의 대법관과의 동조의견에서 "험프리 판결을 보충하기 위해 헌법 내용을 조정하는 일은 쓸모없는 시도이다." 이들 대법관들의 견해로는 법원은 "독립 기관"을 위해 별개의 헌법론을 만들어서는 안된다. 법은 부서장을 다른 행정부의 장관을 다루는 것과 마찬가지로 기관장들을 다루어야 한다. 결과적으로 법원이 퍼킨스 판결에서 판단했듯이, 위원회가 임명한(예컨대 감독원 임원들) 사람들을 해임하는 위원회의 권한을 제한하고 통제하는 것은 합헌이다.

넷째, 법원은 "우리의 권력분립론은 일반적으로 한 부가 다른 부의 희생으로 권한을 확장하는 위험에 초점을 맞춘다"고 말했다. 프레이태그 판결, 878; 같은 취지 버클리 판결 129; Schor, 856; 모리슨 판결 686; 비교 보우셔 판결. 정당한 이유에 의한 해임 제한을 폐기한 오직 하나의 판결인 "마이어스 판결의 핵심"은 "헌법에 따라 의회는 해임할 권한을 스스로 행사하지 못한다는 판단이었다." 모리슨 판결 686. 이 사건에서 의회는 감독원 임원을 해임하는 권한을 스스로에게 가져오지 않았다. 대신에 예를 들면 감독원에게 의회의 예산배정절차에서 독립한 수입구조를 마련함으로써 자신의 권한을 제한하려고 하였다. 그래서 이 사건은 법원이 가장 심각하게 우려하는 헌법 문제 범위 밖에 있다.

요컨대 법원의 선례는 이 사건에서 쉽게 해당되는 기능적인 범주를 확인하고 잇다. 일단 법원의 기초 수학방정식(즉 1 더하기 1은 1보다 크다)을 넘으면, 우리의 선례는 다투어지고 있는 "정당한 이유" 조항은 합헌이라는 결론을 사실상 지시하고 있다.

D

우리에게 문제 하나가 더 있다. 이 사건 "정당한 이유" 조항이 그 자체로 대통령의 권한에 개입하지 않거나 의회의 권력을 넓히지 않는다 해도, 합리적이라고 승인된 두 단계의 조항을 통해 의회가 대통령의 헌법상 핵심 역할을 줄이지 않도록, 위 조항을 금지하는 명확한 법리를 채택할 필요가 있는가? 그러한 필요성은 드러나지 않았다. 법원이 그러한 역할을 창출하려고 한다면 실패한다. 그리고 실패하면서 법원은 정당한 이유 조항이 가져 올 상상할 수 있는 피해보다 훨씬 더 심각한 피해를 가져 올 수 있다.

다수의견은 판결의 범위에 관한 상당한 불확실성-판결에 들어 있는 불확실성 때문에 명확한 법리를 만들지 못했다. 예를 들면 다수의견은 하위 공무원이 "심판… 기능을 수행할" 경우에 적용되지 않는다고 한다. 그러나 감독원은 심판기능을 수행한다. 우리가 다수의견의 잠재적인 예외를 만들어내 하는가? 그 예외가 순수한 심판 외에 중요한 행정 의무를 갖고 있는 행정법 판사들에게 적용되는가? 다수의견은 정당한 이유로 공무원을 해임하려는 시도의 사법 심사를 규정한 해임 법률에만 적용된다고 하고 있다. 그러나 우리는 정당한 이유에 따른 해임 조항에 의해 보호되고 임기만료에 따라야 하는 모든 공무원들은 "법원에서 통지와 사법 심사"의 권리가 있다고 판시했다. 그러한 사법심사가 없다면 임명권한은 마음대로 또는 충분하다고만 여기는 이유로 해임할 수 있기 때문이다. Reagan v. United States, 182 U.S. 419, 425 (1901); Shurtleff, 189 U.S., 314. 그러면 이러한 예외 암시에 어떤 무게가 주어져야 하는가?

다수의견은 판결이 위원회와 감독원의 관계와는 다른 하위공무원에게는 적용되지 않는다고 말하는 것 같다. 그러나 다수의견이 관련성이 있다고 본 위원회와 감독원 관계의 유일한 특징은 두 단계의 정당한 이유에 따른 해임이다. 그러면 두 단계의 정당한 이유 해임을 포함하고 있는 다른 관계는 이 사건과 달리 살아남아야 하는 이유는 무엇인가? 어떤 차이가 있는가? 만약 다수의견이 의회가 드물게 정당한 이유에 따른 해임이라는 높은 기준을 만들었을 경우에만 판결이 적용된다는 뜻이라면, 정상적인 두 단계의 정당한 이유에 따른 해임을 위헌이라고 하지 않는다면, 나는 그 내용을 환영하여야 한다. 그러나 다수의견의 대부분은 포괄적이고 기계적인 법리, 이 사건의 맥락에서 벗어난 법리를 선호하여 그렇게 좁게 해석하지 않으려고 하는 것 같다. 그러한 기계적인 법리는 아마도 법리가 언뜻 보기에 매우 비슷해 보이는 사례에 적용되지 않는다고 말해서 비좁은 곳에 머물러 있을 수 없다. 사법 판결은 본래"하루 기차만 이용할 수 있는 제한된 열차표"가 아니다.

다수의견은 판결이 "공무원 직위"에는 적용되지 않는다고 했을 때 두 단계의 정당한 이유 법리에 들어 있는 현실적인 문제를 드러내기 시작한다. "공무원 직위"는 군대를 빼고 법률상 상원의 승인을 받은 사람들을 포함하여 "미국정부의 모든 임명직"을 포함한다. 5 U.S.C. §§2101, 2102(a)(1)(B), 2104. 그래서 공무원 직위는 위원회와 감독원의 임직원들과 구별될 수 없는 많은 공무원들을 포함하고 있다. 이 법원은 마이어스 판결에서 "일반직(별정직 등 제외)" -경력을 인정받는 일반 공무원-이 미국 공무원의 대부분을 차지하고 있다고 인정하였다. 5 U.S.C. §2102(c).

그러나 나는 다수의견이 새 법리의 범위에서 일반직을 뺀다고 가정하더라도, 제외만으로 충분하지 않다고 본다. 이는 법원의 정당한 이유 법리가 하위 공무원인 임명된 사람에게 적용되기 때문이다. 그리고 그들은 누구인가? 법원과 학자들은 한 세기 넘어 헌법 용어 "하위 공무원들"을 정의하기 위해 애썼으나 그다지 성공하지 못하였다. (인용 자료 생략). 법원은 개념을 정리하지 않았다. 그러나 다수의견의 새 법리가 적용되는 하위공무원이 누구인지를 밝히지 않으면, 우리는 법원이 만든 법리의 범위나 일관성을 알 수 없다. 나는 보통법의 사건별 접근이 갖고 있는 미덕을 이해한다. 그러나 이 사건에서 (내가 다수의견에서 찾을 수 있는 것보다 더 구체적으로 적용되지 않을 때) 그러한 접근은 큰 위험을 낳을 수 있다.

문제는 "하위 공무원들"이라는 낱말이 불확정적일 뿐만 아니라 정확하게 정의하려고 해도 낱말의 범위가 넓다고 결론내릴 수밖에 없다. 법원이 밝힌 하위 공무원들을 생각해보자. (1) "공법의 관리와 집행"을 하는 사람들, 버클리 판결, 139, (2) "중요한 권한"이 주어진 사람들, 버클리 판결, 126, (3) "미국 법원에서 민사소송을 수행할 책임"이 있는 사람들, 버클리 판결, 140, (4) 규정이나 법률로 만든 공직을 수행한다고 말할 수 있는 사람들.

법무부가 가장 최근에 밝힌 정의를 보자. "하위 공무원"은 지속되는 지위를 갖고 연방정부의 지배권내에서 법적 권한이 주어진 사람으로 범인 체포, 사람이나 재산의 압수·수색, 규정 제정, 권위있는 법률 의견 제시, 민사 소송 수행, 세금 징수, 외국에 미국 대표, 군대 지휘, 국가 계약 체결 권한을 가진 사람들이다.

그리고 이 법원이 공직을 수행한다고 판결한 사람들은 다음과 같다. (1) 지방법원 직원, (2) 업무와 관련된 자료, 기록, 문서에 책임이 있는 재무부, 내무부와 다른 부의 수천명의 직원, (3) 보스톤에 있는 회계보조 직원, (4와 5) 해군장관이 임명한 의사와 기술사관후보생, (6) 선거 감시원, (7) 미국 검사, (8) 연방 집행관, (9) 군판사, (10) 헌법 제1조의 판사, (11) 교통부 법무관. (인용 판례 생략)

위와 같은 범주를 가능하면 엄격하게 해석해도, 나는 판결의 범위 내에 있는 수백, 아마도 수천명의 고위직 정부 공무원들의 고용 보장과 행정 조치 및 결정의 헌법상 위험을 기꺼이 받아들이면서 무시하는 일을 피할 방법을 알지 못한다. 보수적으로 헤아리자면, 기관장을 법률상 정당한 이유로만 해임될 수 있는 연방 부서, 사무소, 기관을 나열해야 할 것이다. 나는 48개의 그러한 기관을 찾았고 부록A에 나열하였다. 그리고 나서 그 기관들 중 정당한 이유로만 해임될 수 있는 고위 공무원을 확인할 필요가 있다. 나는 573명의 고위 공무원을 확인했고 부록B에 열거하였다. 원자력위원회, 사회보장국, 연방에너지규제위원회, 연방통상위원회, 화학안전국, 연방광산안전 및 보건위원회, 중재원의 거의 모든 고위직이 포함된다.

이 목록은 고위공무원단에서 경력 채용직(5 U.S.C. §§2101a, 3132(a)(2)), 즉 일반직(§2101(a)(1)(C))과 구분되어 대통령이 임명한 사람 바로 아래의 주요 직책에서 일하는 고위 공무원단(§2102(a)(1)(C))과 예외 없이 정당한 이유로만 해임될 수 있는 사람들(§§7542-7543, §2302(a)(2))만으로 이루어져 있기 때문에 보수적인 판단이다. 예를 들면 고위공무원단은 교도국, 마약정보국, 재무부의 국제통화정책국의 장들을 포함하고 있다. 그리고 사실상 모든 고위공무원단은 법률에 의해 기관 내 부서의 업무를 지시하고, 고위 관리 기능, 중요한 정책 고안 및 결정, 다른 행정 기능을 수행하여야 하기 때문에 하위공무원들에 해당된다. 고위공무원단은 오늘의 법리에서 면제되는가 아닌가? 법원은 고위공무원단이 다를 수 있는 이유를 나열한 뒤, 문제를 다루지 않는다고 간단히 말한다. 아마도 고위공무원단을 감독원과 구분하는 어려움을 드러내거나 다수의견의 법리에 들어 있는 불안전성을 드러내지 않고는 다룰 수 없기 때문이다.

오늘 판단이 영향을 미치는 사람들의 목록은 더 늘어난다. 대법관 스칼리아는 행정법 판사들은 모두 행정 공무원이라고 보았다. 행정법 판사는 실적평가위원회가 세우고 결정한 정당한 이유가 있을 때에만 해임될 수 있다. 5 U.S.C. §§7521(a)-(b). 그러나 실적평가위원회의 임원들은 정당한 이유가 없으면 대통령이 해임할 수 없다. §1202(d). 내가 연구한 바에 따르면 연방정부에는 25개 이상의 기관에서 발생하는 행정문제를 심판하기 위해 1,584 명의 행정법판사가 있다. 부록C 참조. 행정법 판사들은 개인들에게 매우 중요한 사회보장혜택, 고용분쟁 등의 문제를 심판한다. 행정법 판사에게 패소한 당사자는 패소 결정이 위헌이라는 이유로 항소할 수 있는가?

군대는 어떤가? 임관한 장교는 하위공무원이다. 군대에서 근무하는 장교는 21만명이 넘는다. 수많은 법률 조항이 그 장교들은 (적어도 평화시에는) 정당한 이유없이 해임되지 않는다고 규정하고 있다. 그리고 마찬가지로 경력으로 보호받는 다른 장교들만이 보통 그러한 장교들을 해임할 수 있다.

다수의견은 군대는 다르다고 간단히 말하고 있다. 그러나 어떻게 다른지 설명해야 할 것이다. 왜 헌법이 최고사령관인 대통령에게 비교될만한 공무원의 해임보다 하위 군 장교들을 해임하기 어렵게 한 이유를 알기 어렵다.

다수의견은 이러한 지위에 있는 사람들이나 다른 사람들이 새로운 법리에 따라 위헌으로 여겨질 지는 앞으로 일어날 사건에 맡기면서 지금 다룰 이유가 없다고 한다. 그러나 그 사이에 일어날 일은 무엇인가? 항소법원들이 오늘 판결이 그들에게 적용되는지를 결정하는 동안 이러한 다양한 공무원들의 일을 멈추도록 해야 하는가? 의회가 “정당한 이유” 조항을 없애기 위해 움직여야 하는가? 대통령이 행정명령을 하여 그들이 일하도록 해야 하는가? 그리고 군대는 어떤가? 더 명확한 경계가 이러한 실무상의 어려움을 피하는데 도움이 될 것이다.

다수의견은 이러한 많은 문제들이 하급법원에 걸려 있어도 법원의 판결은 “공무원들이 어느 날 해임될지도 모른다는 조건”에만 관련되어 있기 때문에 정부 기능에는 영향을 미치지 않을 거라고 말한다. 그러나 해임가능성을 다투는 연방공무원이 이 사건 소송을 걸지 않았다. 지금 당장 규제를 받고 있고 그 규제기구의 존재 자체를 반대하는 민간인들이 제기한 소송이다. 그리고 민간인들이 승소하였다. 그래서 법원의 헷갈리는 새 법리에 따라야 할 수도 있는 연방공무원으로부터 비슷한 규제를 받는 사람은 누구나 그 공무원의 조치가 위헌이라는 확인판결과 그의 권한 행사를 금지하는 명령을 청구하면서 헌법에 따라 직접 소송을 제기하는 묵시적인 권리를 갖게 된다. Legal Services Corporation v. Velazquez, 531 U.S. 533, 546 (2001) (권력분립 위반을 시정하기 위해 금지명령의 부여를 인용). 그 원고는 먼저 행정 구제 절차를 거칠 필요조차 없다.

또한 법원이 늘 그러한 헌법상의 결함을 단지 위반되는 해임조항을 분리함으로써만 고칠 수 있는지 뚜렷하지 않다. 왜냐하면 사법 구제를 생각해내는 법원의 능력은 종종 쟁점이 되는 헌법 원리를 얼마나 분명하게 고안해 내느냐에 달려 있기 때문이다. 법원의 새로운 법리가 나오는 “불확실한 헌법 맥락”에서는 분리는 이용될 수 없다. Ayotte v. Planned Parenthood of Northern New Eng., 546 U.S. 320, 329, 330 (2006). 또한 분리가능성 분석의 터전은 입법자의 의도이고, 의회는 지난 세기에 연방업무는 정치 서비스보다는 전문 역량에 따라 수행되는 것이 나라에 가장 큰 이익이 된다는 판단을 표명했다. Civil Service Comm'n, 413 U.S., 557, Bush v. Lucas, 462 U.S. 367, 380-388 (1983) (정치 동기에 따른 해임 문제에 의회가 주의를 기울여 온 역사 설명). 그리고 다수의견이 제기한 많은 문제들의 해결을 요청받은 법원은 다수의견의 새로운 법리를 결론에 적용할 뿐만 아니라, 두 단계의 정당한 이유 문제에 유일한 구제책이 모든 기관들을 무력화하는 결정일지도 모른다.

그래서 다수의견의 주장에도 불구하고 오늘 판결의 잠재적인 결과는 걱정스럽다. 요점은 법률상 사면초과다. 법원의 판결을 예외적인 상황에만 적용될 수 있다는 해석은 그 법리의 피해를 줄일지 모르지만 자의적이다. 그 법리를 넓게 해석하면 더 이성적이지만 파괴적이 된다.

Ⅲ

마지막 남은 문제 : 다수의견은 어떤 근거로 위원회 위원들은 "정당한 이유"로만 해임될 수 있다고 가정할 수 있는가? 위원회 위원들이 사실상 "정당한 이유" 요건으로 보호되지 않는다면, 법원의 논증에 따르면 감독원법은 헌법상 흠결이 없다. 나는 법원이 (스스로든 당사자 합의에 의해서든) 법률에서 헌법 흠결을 비슷하게 만들어 내고서 법을 위헌으로 폐기하기 위해 그 흠결을 든 다른 사례를 알지 못한다.

위원회 위원들이 정당한 이유에 따른 보호를 받는다는 점은 분명치 않다. 부록A에 열거된 48개의 연방기관을 설립한 법과 달리, 위원회를 설립한 법은 해임 규정이 없다. 법문언만을 보면 대통령이 위원을 해임하는 권한은 국무장관이나 법무장관을 해임하는 권한과 다르지 않다. Shurtleff, 189 U.S., 315 (해임권한을 없애려면 뚜렷하고 명확한 용어가 필요하다. 단순한 추론이나 암시로 해임권한이 박탈되어서는 안된다).

위원회를 설립한 법률에 "정당한 이유"조항이 없는 것이 우연 같지 않다. 의회는 이 법원이 마이어스 판결을 선고한 뒤 9년에 걸쳐 위원회를 창설하였고, 모든 "정당한 이유"에 따른 해임 조항의 합헌성에 많은 의문을 가졌다. 그러나 법원이 독립기관의 위원들을 정당한 이유로만 해임할 수 있도록 한 조항의 합헌성에 관하여 의문을 없앤 험프리 판결을 선고하기 전이었다. 달리 말하면 의회는 이 법원의 선례에 따라 위원들을 정당한 이유로만 해임할 수 있도록 하는 것이 위헌일 수 있는 시기에 위원회를 창설하였다. 그리고 9년 동안 의회는 공무원을 정당한 이유로 해임할 수 있다는 조항 없이 적어도 3개의 중요한 연방기관을 만들었다. 증권거래위원회, 연방통신위원회, 연방전력위원회. 그런데 거꾸로 험프리 판결의 한 달 뒤에 의회는 독립위원회를 설립하면서 그 조항을 두는 마이어스 판결 이전의 실무로 돌아갔다.

의회가 위원회 위원들을 "정당한 이유"로 해임할 수 있다고 하지 않았다는 사실이 독립 기관이 아닌 비독립기관을 만들려고 했다는 뜻은 아니다. 기관의 독립성은 몇 가지 다른 요소들 중 하나이고, "정당한 이유" 보호는 그 중 하나일 뿐이다. 그러한 요소들에는 기관의 독립된 예산 권한, 독립된 소송 권한, 두 정당이 관여하여 구성된 위원회, 법률에서 "독립"이란 낱말 사용, 무엇보다도 전통과 기능을 볼 때 대통령이 정당한 이유 없이 기관의 위원을 해임하려고 할 때 무거운 정치적 부담을 지는 정치 환경이 포함된다.

그래서 "정당한 이유"조항이 없어도 기관의 독립성에 치명적이지 않다. 의회연구소 연구원은 적어도 법률에 해임조항이 없는 독립기관이 13개 있다고 한다. 그러나 이는 다수의견의 법리를 더 헷갈리게 한다. "하위 공무원"의 정의가 없고, 다수의견에 따르면 어느 부서의 장이 해임 조항이 없는 법률아래에서도 정당한 이유에 따라 해임을 해야 하는지를 추측해야 하기 때문이다. 만약 독립되었다고 여겨지는 기관이 비슷하게 취급된다면, 다수의견의 범위는 더 넓어지게 된다.

추정하자면 다수의견은 다른 법률에는 없고 의회가 아마 입법하지 않은 "정당한 이유 해임"문구를 법전 속으로 집어넣고 있다. 그리고 다른 법률들을 승인하기보다는 폐기하기 위해서 그렇게 하고 있다. 이는 헌법문제를 피하기 위한 법률해석이 아니라 그 반대다. Ashwander v. TVA, 297 U.S. 288, 347 (1936) (대법관 브랜다이스 동조의견) (사건의 해결에 절대로 필요하지 않는 한 헌법 문제를 판단하는 것은 법원의 관행이 아니다), NLRB v. Catholic Bishop of Chicago, 440 U.S. 490, 500 (1979) (의회의 법을 다르게 해석할 수 있다면 헌법을 어겼다고 해석되어서는 안 된다).

나는 감독원 해임조항이 합헌이라고 보기 때문에 위원회 위원들이 실제 "정당한 이유"로만 해임될 수 있는지를 결정할 필요가 없다. 그러나 그렇지 않다면, 위원회법의 의미를 법문언 그대로라고 판단하는 것이 법원이 지금 결정한 위헌을 적절하게 피하는 길이 될 것이다.

* * *

나는 다수의견이 매우 잘못되었다고 생각한다. II-A, II-B, II-C에서 보듯이, 만약 법원이 기능과 맥락을 올바르게 살펴본다면 감독원 조항이 합헌이라고 인정해야 한다. II-D에서 보듯이, 법원이 명확한 법리를 만들려고 한다면 성공하지 못할 것이다. 다수의견의 법리는 부정확하고 지나치게 넓다. 부정확성 때문에, 다수의견은 법리를 자의적으로 좁히거나, 사실상 감독원에게만 적용하거나, 다른 많은 하위 공무원들에게도 적용될 수 있는 법리를 방치하게 될 것이다. 후자의 경우 대통령의 권한을 약화시킬 것이다. 그리고 헌법이 창출하려고 했고, 이 법원이 승인하기로 약속했던 일할 수 있는 정부의 올바른 기능수행에 심각한 위협이나 걸림돌이 될 것이다.

정중하게 나는 반대한다. (첨부 A~D 생략)

[언론의 자유]

4. 공공채널 운영자가 국가행위자로서 수정헌법 제1조 언론의 자유 보호 여부

Manhattan Community Access Corp. v. Halleck

587 U.S._____(2019)

〈해 설〉

케이블 통신정책법에 따라 뉴욕주는 케이블 방송 사업자에게 공공채널을 의무적으로 운영하도록 요구하였고, 주법에 따라 공공채널은 무료이고 선착순으로 이용되었다. 공공채널은 지방정부가 직접 운영하거나 민간단체에 운영을 맡길 수 있는데, 뉴욕시는 민간 비영리기구인 상고인에게 공공채널을 운영하도록 위탁하였다. 영상물 제작자인 피상고인들은 상고인이 할렘 동쪽 지역을 무시하고 있다는 내용의 영상을 만들어 공공채널을 통해 방송하였다. 상고인이 그 영상의 내용 때문에 항의를 받았다는 이유 등으로 피상고인들의 공공채널 이용을 정지하였다. 피상고인들은 영상의 내용 때문에 공공채널 이용이 제한되었다며 수정헌법 제1조 언론의 자유 침해라고 주장하면서 소송을 걸었다. 연방지방법원은 상고인이 국가행위자가 아니라고 보았고, 연방제2항소법원은 상고인이 국가행위이론(state-action doctrine)에 따라 수정헌법 제1조의 규제를 받는 국가행위자라고 결론 내렸다.
다수의견은 수정헌법 제1조 언론의 자유조항이 정부의 언론 제한을 금지하고 있고 민간의 언론 제한을 금지하지 않음을 전제하고, 상고인이 뉴욕시로부터 공공채널 운영과 관련하여 폭넓게 규제를 받았다고 해서 국가행위자가 되지 않으며, 뉴욕시가 공공채널을 소유하거나 빌리지 않았고, 공식 이용권이나 재산권을 갖고 있지 않으므로 국가행위자가 아니라고 결론지었다.
반대의견은 뉴욕시가 케이블 채널 사업을 허가하면서 공공채널을 이용할 권리를 받아 재산상 이익으로 확보하였고, 선착순 및 차별없이 공공채널을 이용하도록 하였으므로 공론장의 성격이 분명하다고 보았다. 공공채널이 공론장이라면 뉴욕시가 직접 운영하든 민간단체에 운영을 위탁하였든 수정헌법 제1조가 적용된다고 판단하였다.[25)]

[대법관 카바노]

수정헌법 제1조의 자유언론 조항은 정부 행위자를 규제하고 민간 행위자를 보호한다. 정부와 민간 사이에 선을 긋기 위해서, 이 법원은 이른바 국가행위이론을 적용하고 있다. 그 이론에 따르면, 민간단체는 전통적으로 주가 독점하고 있는 기능을 행사할 때 국가행위자로 간주된다. Jackson v. Metropolitan Edison Co., 419 U.S. 345, 352 (1974) ("잭슨 판결").

이 국가행위사례는 이 사건 맨해튼의 타임워너 유선 방송에 공중접근채널("공공채널")과 관련되어 있다. 공공채널은 일반 시민이 이용할 수 있다. 맨해튼의 타임워너 케이블 방송에서 공공채널은 MNN("상고인")으로 알려진 민간 비영리기구가 운영하고 있다. 여기서 문제는 상고인이 민간단체임에도 공공채널을 운영할 때 국가행위자가 되는 지이다. 달리 말하면 유선 방송에서 공공채널을 운영하는 것이 전통의 독점적인 공공기능인가? 만약 그렇다면 수정헌법 제1조는 공공채널에서 언론과 발언자에 관한 상고인의 편성재량권 행사를 규제할 수 있다.

---

25) 대법관 카바노가 법정 의견을 작성하고, 대법원장 로버츠, 대법관 토마스, 알리토, 고서치가 참여하였다. 대법관 소토마요르가 반대의견을 작성하고 대법관 긴즈버그, 브레이어, 케이건이 참여하였다.

선례가 적용한 국가행위자이론에 따르면 우리는 유선 방송에서 공공채널의 운영이 전통의 독점적인 공공 기능이 아니라고 결론 내린다. 또한 다른 사람의 언론을 위해 채널을 제공하는 상고인과 같은 민간단체는 그 사실만으로 국가행위자로 바뀌지 않는다. 공공채널을 운영하면서 상고인은 국가행위자가 아닌 민간행위자이고, 그래서 편성재량권을 행사할 때 수정헌법 제1조의 제한을 받지 않는다. 우리는 2항소법원 판결을 일부 취소하고 이 의견에 맞는 추가 절차를 위해 되돌려 보낸다.

I

A

1970년대 이래로 공공채널은 미국 전역을 통하여 유선 방송계의 일반 특징이었다. 1970년대 연방통신위원회(이하 "위원회")는 유선방송 사업자에게 공공채널을 마련하라는 규정을 만들었다. 그러나 1979년 이 법원은 위원회가 그렇게 규제하기 위한 법적인 근거가 부족하다고 판결했다. 몇 년 뒤 의회가 유선방송 통신정책법(1984)을 통과시키고 레이건 대통령이 서명했다. 그 법에 따라 주정부와 지방정부가 유선방송 운영자에게 공공채널을 마련하도록 요구하는 권한을 갖게 되었다. 47 U.S.C. §531(b).

뉴욕주 공공 서비스 위원회는 뉴욕주의 유선방송 사업자에게 공공채널을 운영하도록 요구하였다. 주법에 따르면 공공채널은 무료이고 선착순으로 이용되었다. 또한 지방정부가 직접 채널을 운영하거나 민간단체에 운영을 맡기지 않으면 유선방송 운영사업자가 공공채널을 운영한다.

타임워너(지금은 차터)는 맨해튼에서 유선방송 채널 사업을 하고 있다. 주 법에 따라 타임워너는 공공채널을 운영해야 한다. 뉴욕시는 민간 비영기 기구인 상고인에 타임워너의 공공채널을 운영하도록 위탁하였다. 이 사건은 공공채널의 운영과 관련하여 상고인에 대한 청구이다.

B

이 사건은 각하신청단계에서 상고되었기 때문에 우리는 소장의 주장내용이 모두 진실이라고 전제한다.

피상고인 할렉과 멜렌데즈는 맨해튼에서 공공채널 프로그램을 만들고 있었다.

그들은 상고인이 할렘 동쪽 지역을 무시하고 있다고 내용의 영상을 만들었다. 피상고인들은 공공채널에 방송하기 위해 상고인에 영상을 보냈고, 나중에 방영되었다. 그 뒤 상고인은 영상의 내용 때문에 여러 가지 항의를 받았다. 이에 상고인은 할렉의 공공채널 이용을 임시 정지하였다.

제작자들은 상고인을 상대로 연방지방법원에 소송을 걸었다. 두 제작자들은 상고인이 영상의 내용 때문에 공공채널의 이용을 제한했다며 자신들의 수정헌법 제1조 언론의 자유권을 침해했다고 주장했다.

상고인은 국가행위자가 아니므로 편집재량권을 행사하는데 수정헌법 제1조의 제한을 받지 않는다는 이유로 제작자들의 수정헌법 제1조 청구의 기각을 신청하였다. 지방법원은 상고인의 주장을 받아들여 수정헌법 제1조 청구를 기각하였다.

연방제2항소법원은 원심판결을 취소하였다. 882 F. 3d 300, 308 (2018)

판사 뉴만이 작성하고 판사 로이어가 참여한 다수의견은 맨해튼의 공공채널은 수정헌법 제1조의 목적상 공론장이라고 하였다. 공론장은 대개 정부가 운영한다고 논증하면서, 법원은 상고인이 수정헌법 제1조의 규제를 받는 국가행위자라고 결론 내렸다. 판사 로이어는 동조의견에서 뉴욕시가 공공채널의 공론장에서 언론을 관리하고 규제하는 전통의 공적 기능을 상고인에 맡겼다는 이유로 상고인이 국가행위자에 해당한다고 설명하였다.

판사 제이콥은 반대의견에서 상고인이 국가행위자가 아니라고 보았다. 그는 발언자를 위한 공론장을 운영하는 민간단체는 국가행위자가 아니라는 이유를 들었다. 판사 제이콥은 공공채널의 운영이 전통의 독점적인 공적 기능이 아니라고 한다.

우리는 공중 접근 유선방송 채널의 민간 운영자가 수정헌법 제1조의 적용을 받는 국가행위자인지에 관한 항소법원들 사이의 불일치를 풀기 위해 상고를 허가하였다. 882 F. 3d 300, Wilcher v. Akron, 498 F. 3d 516 (CA6 2007), Alliance for Community Media v. FCC, 56 F. 3d 105 (CADC 1995).

II

1791년 승인된 수정헌법 제1조는 "의회는 언론의 자유를 제한하는… 법을 제정하지 못한다."고 규정하고 있다. 1868년에 승인된 수정헌법 제14조는 수정헌법

제1조의 자유언론 조항이 주에게 적용될 수 있다고 규정하고 있다. "주는 미국 시민의 특권이나 면책특권을 제한하는 법을 만들거나 적용하지 못한다; 주는 적법절차에 따르지 않고 생명, 자유, 재산을 빼앗지 못한다." 그 수정헌법의 문구와 원래의 의미, 이 법원의 오랜 선례는 자유언론 조항은 오로지 정부의 언론 제한만을 금지한다고 밝히고 있다. 자유언론 조항은 민간의 언론 제한을 금지하지 않는다. Denver Area Ed. Telecommunications Consortium, Inc. v. FCC, 518 U.S. 727, 737 (1996) (복수의견); Hurley v. IrishAmerican Gay, Lesbian and Bisexual Group of Boston, Inc., 515 U.S. 557, 566 (1995); Hudgens v. NLRB, 424 U.S. 507, 513 (1976); cf. Miami Herald Publishing Co. v. Tornillo, 418 U.S. 241, 256 (1974).

헌법의 문장과 구조에 일치되게 이 법원의 국가행위론은 개인 및 민간단체로부터 정부를 구분하고 있다. Brentwood Academy v. Tennessee Secondary School Athletic Assn., 531 U.S. 288, 295-296 (2001). 정부와 민간 사이의 헌법상 경계를 강조함으로써 국가행위론은 개인 자유의 튼튼한 영역을 보호하고 있다.

이 사건에서 제작자들은 민간단체인 상고인이 영상의 내용 때문에 공공채널 이용을 제한하고 있다고 주장하고 있다. 제작자들은 상고인이 수정헌법 제1조를 어겼다고 한다. 수정헌법 제1조 청구의 기초 문제로서 상고인은 민간단체이다.

제작자들은 이 법원의 국가행위 선례에 따라 상고인이 편성재량권을 행사할 때 수정헌법 제1조의 제한을 받는 국가행위자라고 주장하고 있다. 이 법원의 판례에 따르면 민간단체는 매우 제한된 상황에서만 국가행위자가 될 수 있다. 예를 들면 (i) 민간단체가 전통의 독점적인 공적 기능을 수행할 때, 잭슨 판결 352-354; (ii) 정부가 민간단체에게 특정한 행위를 하도록 강요했을 때, Blum v. Yaretsky, 457 U.S. 991, 1004-1005 (1982); (iii) 정부가 민간단체와 공동으로 행동했을 때, Lugar v. Edmondson Oil Co., 457 U.S. 922, 941-942 (1982).

이 사건에서 제작자들의 원래 주장은 첫 번째 범주에 들어간다. 제작자들은 상고인이 맨해튼에서 타임워너 유선방송 체계에서 공공채널을 운영할 때 전통의 독점적인 공적 기능을 수행한다고 주장한다. 우리는 동의하지 않는다.

A

법원의 선례에 따르면, 민간단체는 주가 전통적으로 독점하는 권한을 행사할 때 국가행위자에 해당된다. Jackson, 419 U.S., 352. 연방, 주, 지방 정부가 과거에 기능을 행사했고 아직도 그렇다는 것으로는 충분하지 않다. 기능이 어떤 식으로든 공공선이나 공공의 이익에 이바지하고 있다는 것으로도 충분하지 않다. 그보다는 국가행위 선례의 의미상 전통의 독점적인 공공 기능에 해당되기 위해서는 정부는 전통적으로 그리고 독점하여 기능을 수행해야 한다.

이 법원은 매주 드문 기능이 이러한 범주에 들어간다고 강조했다. 법원의 판례에 따르면 이러한 기능은 예를 들면 선거 시행과 기업도시 운영을 포함한다. Terry v. Adams, 345 U.S. 461, 468-470 (1953)(선거); Marsh v. Alabama, 326 U.S. 501, 505-509 (1946)(기업 도시); Smith v. Allwright, 321 U.S. 649, 662-666 (1944)(선거); Nixon v. Condon, 286 U.S. 73, 84-89 (1932)(선거).[26] 이 법원은 다양한 기능들이 그 범주에 들어가지 않는다고 판결했다. 예를 들면 체육회와 경기 운영, 보험료 지급 관리, 양로원 운영, 특별한 교육 제공, 가난한 범죄 피고인 지원, 민간 분쟁 해결, 전기 제공 등. American Mfrs. Mut. Ins. Co. v. Sullivan, 526 U.S. 40, 55-57 (1999)(보험금 지급); National Collegiate Athletic Assn. v. Tarkanian, 488 U.S. 179, 197, 주18 (1988)(대학 체육); San Francisco Arts & Athletics, Inc. v. United States Olympic Comm., 483 U.S. 522, 544-545 (1987)(아마추어 체육); Blum, 457 U.S., 1011-1012(양로원); Rendell-Baker, 457 U.S., 842(특수 교육); Polk County v. Dodson, 454 U.S. 312, 318-319 (1981)(공공 변호인); Flagg Bros., 436 U.S., 157-163(민간 분쟁 해결); Jackson, 419 U.S., 352-354(전기 서비스).

이 사건에서 관련된 기능은 유선방송 체계 내에서 공공채널의 운영이다. 그 기능은 정부가 수행하는 전통의 독점 기능이 아니다.

1970년대 이래로 공공채널이 유선방송 체계 내에서 표준 특징이 되었을 때, 다양한 민간 및 공적 행위자들이 공공채널을 운영하였다. 민간 유선방송 운영자, 민간 비영리 기구, 지방자치단체, 교회, 학교, 도서관과 같은 다른 공공 또는 민간 지역 조직이 그 예이다.

맨해튼의 공공채널의 역사는 그 점을 예시해준다. 1971년 공공채널은 먼저 맨해튼에서 운영되기 시작되었다. 맨해튼의 초기 공공채널은 대부분 민간 유선방송

---

26) 최근에 이 법원은 정부가 자신의 헌법상 의무 일부를 민간단체에 위임했을 때, 민간단체가 어떤 상황에서는 국가행위자로 여겨질 수 있다고 인정했다. 예컨대 West v. Atkins 판결에서 주는 교도소 수용자에게 의료 혜택을 줄 헌법상 의무가 있었다. 487 U.S. 42, 56 (1988). 이 사건은 정부가 공공채널을 운영할 의무가 없기 때문에 사안이 다르다

운영자들이 일부 비영리 민간기구의 도움을 받아 운영하였다. 그 민간 유선방송 운영자들은 상고인이 공공채널을 운영하기 시작한 1990년대 초까지 공공채널을 운영해왔다. 유선방송에서 공공채널의 운영은 이 법원 판례의 의미상 전통의 독점적인 공공 기능이 아니다.

B

이러한 결론을 피하기 위해, 제작자들은 시야를 더 넓혀서 이 사건의 관련 기능이 단순히 유선방송에서 공공채널의 운영이 아니라, 더 일반적으로 공론장의 운영이라고 주장한다. 제작자들에 따르면 공론장의 운영은 전통의 독점적인 공적 기능이다.

이러한 논리에는 국가행위의 기본 문제를 무시하는 잘못이 있다. 정부가 언론의 공론장을 제공할 때, 정부는 보통 견해 또는 내용을 바탕으로 언론이나 발언자를 공론장으로부터 배제하지 않는다는 뜻에서 수정헌법 제1조의 제한을 받는다. Southeastern Promotions, Ltd. v. Conrad, 420 U.S. 546, 547, 555 (1975) (시에게 빌려준 민간 극장); Police Dept. of Chicago v. Mosley, 408 U.S. 92, 93, 96 (1972) (인도); Hague v. Committee for Industrial Organization, 307 U.S. 496, 515-516 (1939) (거리와 공원)

반면에 민간단체가 언론을 위한 공론장을 제공했을 때, 민간단체는 국가행위자가 아니기 때문에 보통 수정헌법 제1조의 제한을 받지 않는다. 그래서 민간단체는 공론장에서 언론이나 발언자에 대해 편집재량권을 행사할 수 있다. 이 법원은 1976년 Hudgens v. NLRB, 424 U.S. 507 (1976) ("허진스 판결")에서 쇼핑센터 소유자는 공론장이론에서와 같이 수정헌법 제1조의 제한을 받는 국가행위자가 아니라고 판결했다. 424 U.S., 520-521; Lloyd Corp. v. Tanner, 407 U.S. 551, 569-570 (1972); Central Hardware Co. v. NLRB, 407 U.S. 539, 547 (1972); Alliance for Community Media, 56 F. 3d, 121-123.

허진스 판결은 상식적인 원칙을 담고 있다. 언론을 위한 공간의 제공은 정부기관만이 전통적으로 수행했던 행위는 아니다. 그러므로 언론 공간을 제공하는 민간단체는 그 사실만으로 국가행위자로 바뀌지 않는다. 무엇보다도 개인 재산 소유자와 민간 임차인은 가끔 언론을 위해 자신들의 재산을 제공한다. 소매점은 지역민을 위한 게시판을 설치한다. 코메디 클럽은 자유발언을 허용한다. 제이콥 판사의 설득력 있는 설명대로 공적인 표현, 정치, 정보, 또는 오락을 위한 공론장을 제공하는 것은 주의 독점 기능이 거의 아니다.

요약하면 다른 주체들이 관리하는 언론은 전통의 독점적인 공공 기능이 아니며 그 때문에 민간 주체가 수정헌법 제1조의 제한을 받은 국가행위자로 바뀌지 않는다.

만약 달리 본다면 모든 민간 재산 소유자들과 언론을 위해 재산을 제공하는 민간 임차인은 수정헌법 제1조의 제한을 받게 되고 그 공개된 장소 안에서 편집 재량권을 적절히 행사할 수 없게 된다. 민간 재산 소유자들과 민간 임차인들은 공개 장소를 모두에게 허용하거나 아예 닫는, 내키지 않는 선택을 하게 된다. "헌법은 결코 사적인 재산을 공공의 이용에 바치는 그런 허약한 이론을 요구하지 않는다." 허진스 424 U.S.,519. 벤자민 프랭클린은 "모든 사람들을 위한 자리를 가진 승합마차"로서 신문을 운영할 필요가 없었다. 그 원칙은 여전히 맞다. 허진스 판결에서 법원은 언론을 위한 공론장을 제공하는 사유 재산 소유자가 수정헌법 제1조의 제한을 받는다고 한다면 이 나라에서 사유재산권이 갖고 있는 헌법의 기초를 완전히 무시하는 법리를 만들게 된다고 했다. 424 U.S., 517. 헌법은 사유 재산 소유자와 개인 임차인이 자신들의 재산에서 언론과 발언자에게 편집 재량권을 행사하는 일을 막을 수 없다.

이 사건에서 제작자들은 허진스 판결을 포함한 이 법원의 법리를 뒤집으려고 하고 있다. 그러나 허진스 판결은 옳으며 우리는 그 판결의 법리를 다시 확인한다.

C

다음으로 제작자들은 뉴욕시가 상고인에게 타임워너 유선방송의 공공채널 운영을 맡겼고, 뉴욕시가 상고인의 공공채널 운영을 규제했기 때문에 이 사건은 허진스 판결과 다르다고 한다. 그러나 이 법원의 선례에 따르면 그러한 사실들로 상고인이 국가행위자가 되지 않는다.

뉴욕시가 상고인을 공공채널 운영자로 지정한 것은 정부로부터 이용허락받은 경우, 정부계약자, 정부가 허용한 독점과 비슷하다. 그러나 법원은 그 경우 민간 단체가 전통의 독점적인 공공 기능을 수행하지 않는 한, 민간단체가 국가 행위자로 바뀌지 않는다고 판시해 왔다. San Francisco Arts & Athletics, 483 U.S., 543-544 (독점이용권과 회사설립허가); Blum, 457 U.S., 1011 (이용허락); Rendell-Baker, 457 U.S., 840-841 (계약); Polk County, 454 U.S., 319, 주9, 320-322 (법률이용허락); Jackson, 419 U.

S., 351-352 (전기 독점); Columbia Broadcasting System, Inc. v. Democratic National Committee, 412 U.S. 94, 120-121 (1973) (방송허가); Moose Lodge No. 107 v. Irvis, 407 U.S. 163, 176-177 (1972) (주류 면허); cf. Trustees of Dartmouth College v. Woodward, 4 Wheat. 518, 638-639 (1819) (회사 설립허가). 정부가 민간단체에 기금을 제공하거나 보조한다면 같은 원리가 적용된다. Blum, 457 U.S., 1011; Rendell-Baker, 457 U.S., 840.

미국의 수많은 민간단체가 정부허가, 정부 계약, 정부가 허용한 독점을 이용한다. 만약 그러한 사실들로 민간단체가 국가행위자가 되기에 충분하다면 미국의 엄청난 수의 민간단체가 갑자기 국가행위자로 바뀌고 그들의 활동에 많은 헌법상 제약이 따르게 된다. 이 법원의 많은 국가행위 관련 선례가 보여주듯이 그것은 법리가 아니다. 따라서 이 사건에서 뉴욕시가 상고인을 타임워너 케이블 회사의 공공채널 운영자로 지정한 행위로 상고인이 국가행위자가 되지 않는다.

마찬가지로 뉴욕시가 상고인의 공공채널 운영을 폭넓게 규제했다고 해서 상고인이 국가행위자가 되지 않는다. 주의 규제에 따르면 공공채널의 방송시간은 자유여야 하고, 방송프로그램은 들어오는 순서대로 방송되어야 한다. 그러한 규제는 상고인의 편성 재량권을 제한하고 마치 통신 회사처럼 운영되기를 요구하는 결과가 된다. 그러나 이 법원의 선례에 따르면 그러한 제한으로 상고인이 국가행위자가 되지 않는다.

그 점에 관하여 중요판결인 잭슨 판결에서 법원은 "사업이 주의 규제를 받는다고 해서 그 행위가 주의 행위로 바뀌지 않는다."고 설시했다. 그 사건에서 법원은 "강한 규제, 민간이 소유한 전력, 지역 내에서 전기 공급을 일부 독점해도" 국가행위자는 아니라고 판결했다. 법원은 "규제 체계가 폭넓고 자세하게 존재한다고 해서" 전력 회사가 국가행위자가 되지 않는다고 설명했다. 주가 전력 회사에 특정 지역의 전기 공급을 허가했는지, 또는 전력 회사가 그 지역에 전기를 공급하는 유일한 회사인지는 중요하지 않았다.

이 사건은 잭슨 판결과 거의 비슷하다. 잭슨판결의 전력 회사처럼 상고인도 "강한 규제를 받는 민간 소유" 주체이다. 잭슨 판결처럼 규제가 규제받는 민간 주체를 국가행위자로 바꾸지 않는다.

단순하게 말하자면 주로부터 규제를 받아도 국가 행위자는 아니다. 법원 선례의 설명대로 “강한 규제를 받기 때문에 국가행위자가 된다.”는 이론은 순환 논리일 뿐이고 개인의 자유와 민간 주체를 큰 위험에 빠트리게 한다. 특히 언론 맥락에서 민간 주체의 재산이나 장소에서 언론과 발언자에 대해 편집재량권을 행사하는 권리를 빼앗아 가버리기 때문이다. 놀랄 것도 없이 대법관 토마스 말마따나 이 법원은 “그러한 규제를 통한 통제, 특히 민간 주체의 수정헌법 제1조 언론권에 대한 직접 통제에 따라 규제받는 민간 주체가 수정헌법 제1조의 제한을 받는 것이 정당하다.”고 암시한 적이 없었다. Denver Area, 518 U.S., 829.

요약하면 우리는 상고인이 공공채널의 운영에서 편성재량권을 어떻게 행사하는 지에 관하여 수정헌법 제1조의 제한을 받지 않는다고 결론 내린다. 상고인의 편성재량권은 (그러한 주법이 연방법이나 헌법에 위반되는 않는 한) 주법에 따른 제한을 받는다. 만약 상고인이 그 주법을 어기거나 계약을 어겼다면, 상고인은 아마 주법에 따른 제재나 일정한 책임을 져야 할 수도 있다. 우리는 물론 주법 문제에 대해서는 어떤 입장도 취하지 않는다. 우리는 단지 상고인이 민간 행위자로서 공공채널에서 언론과 발언자에게 편집재량권을 행사하는 방법에 관하여 수정헌법 제1조의 제한을 받지 않는다는 결론이다.

Ⅲ

민간 주체와 사유 재산에 적용될 수 있는 국가 행위 법리에 따르면 상고인이 국가행위자라는 주장에 문제가 있다고 인정하고, 대신에 제작자들은 공공채널이 실제 뉴욕시의 재산이지 타임워너나 상고인의 재산이 아니라고 주장하고 있다. 제작자들은 상고인이 본래 뉴욕시를 위해 정부 재산을 관리하고 있다고 주장하고 있고 반대의견도 동의한다.

그 주장에 짧게 답하자면 공공채널은 뉴욕시의 재산이 아니다. 이 사건 기록상 정부(연방, 주, 또는 시)가 이 사건 공공채널이나 유선방송을 소유하거나 빌려 쓰고 있다는 근거는 없다. 타임워너와 상고인은 둘 다 민간 주체이다. 타임워너는 케이블 사업자이고 자신의 유선방송에 공공채널을 포함하고 있다. 상고인은 그 공공채널을 자신의 시설과 장비로 운영한다. 시는 공공채널을 소유하거나 빌리지 않았고, 공식 이용권이나 재산권을 갖고 있지 않다. 시와 타임워너 사이의 계약에서 시는 공공채널에 재산상 이익을 갖고 있지 않다. 반면에 계약서에서 공공채널은 명확히 상고인의 관할권 아래 있다. 나아가 제작자들은 소장에서 시가 채널에 재산상 이익을 갖고 있다고 말하지 않았다. 그리고 제작자들은 그러한 결론을 뒷받침하는 주법상 근거를 대지 못했다. 간단하게 말하면 뉴욕시는 공공채널에 공식 이용권이나 다른 재산권을 갖고 있지 않다.

뉴욕시와 타임워너 사이의 계약 조항에서 시가 타임워너 유선방송에서 공공채널을 운영하는 민간 주체를 지정하도록 한 것은 중요하지 않다. 타임워너는 여전히 유선방송을 소유하고 있다. 그리고 상고인은 여전히 공공채널을 운영하고 있다. 되풀이하자면 계약서의 어느 조항에도 시가 타임워너 케이블 방송, 또는 그 방송의 공공채널에 재산상 이익을 갖고 있다고 되어 있지 않다.

시가 유선방송 사업자인 타임워너에게 시의 공공 도로를 따라 케이블을 설치하도록 허락하였다. 그러나 타임워너가 공로를 이용하였다 해서 국가행위 해석이 바뀌지 않는다. 다른 유선방송 사업자처럼 타임워너가 공로를 이용한 것은 케이블을 놓고 케이블 구조물을 설치하기 위해 필수불가결하였기 때문이다. 그러나 잭슨 판결의 전력회사처럼 전력 공급자도 마찬가지다. 간단하게 말해서 민간 주체가 정부로부터 허가를 받아 공로를 썼다고 해서 민간 주체가 국가행위자가 되지 않는다.

이 사건에서 우리의 요점을 너무 넓게 해석해서는 안된다. 뉴욕주를 포함한 어떤 주의 법에 따르면 지역정부는 (많은 뉴욕주와 다른 주들의 지방정부가 이미 하듯이) 지역 유선방송에서 공공채널을 직접 운영하기로 결정하거나, 공공채널에 관한 권리를 얻기 위한 적절한 조치를 취할 수 있다. 상황에 따라서는 수정헌법 제1조가 지역정부의 공공채널 운영을 제한할 수 있다. 우리는 이 사건의 기록에 비추어 결정할 따름이다.

* * *

정부가 클수록, 개인은 작아진다는 말을 하곤 한다. 헌법 문언에 맞게 국가행위이론은 정부와 개인 사이에 분명한 줄을 긋고, 그럼으로써 개인의 자유 영역을 튼튼하게 보호한다. 전통의 경계를 넘어 국가행위이론을 넓히는 일은 개인과 민간 주체의 자유를 제한하고 정부의 통제를 넓히게 될 것이다. 우리는 이 사건에서 그러기를 바라지 않는다.

상고인은 유선방송 방송에서 공공채널을 운영하는 민간 주체이다. 공공채널을 유선방송에서 운영하는 일은 전통의 독점적인 공공 기능은 아니다. 다른 사람들의 언론을 위해 재산상 이익을 제공한 상고인과 같은 민간 주체는 그 사실만으로 국가 행위자로 바뀌지 않는다. 헌법의 문언과 우리 선례의 해석에 따르면 상고인은 수정헌법 제1조의 제한을 받는 국가 행위자가 아니다. 우리는 연방제2항소법원 판결의 일부를 취소하고 이 의견에 일치되는 추가 절차를 위해 되돌려 보낸다.

[대법관 소토마요르(대법관 긴즈버그, 브레이어, 케이건 참여) 반대의견]

법원(다수의견)은 우리에게 오지 않은 사건에 관하여 매우 합리적으로 이야기하고 있다. 나는 바로 우리가 다루고 있는 사건을 말하기 위해 반대의견을 쓴다.

이 사건은 정부가 헌법상의 공론장을 관리하기 위해 지명한 조직에 관한 사건이다(다수의견이 말하듯이 사유 재산 소유자가 다른 사람에게 사유재산을 단순히 제공한 사건이 아니다). 뉴욕시는 유선방송 회사와 계약을 했을 때 공공채널에 재산상 이익을 확보하였다. 주의 규정은 그러한 공공채널을 공론장으로 만들어 공공에 제공하도록 요구하였다. 시는 그 공론장의 관리를 상고인 상고인과 같은 민간 기관에 맡겼다. 상고인은 대리인 관계를 받아들이면서 시의 입장이 되었고 수정헌법 제1조의 적용을 받는 국가행위자의 자격을 얻었다.

I

A

유선방송 계약은 본래 특정 지역에 유선방송을 보내기 위한 체계를 만들기 위한 허가이다. 대개 지방정부가 민간 회사에 주는 가치 있는 권리이다. 민간 회사는 그 허가 없이는 지역 유선방송 시장에 들어갈 수 없다.

유선방송 회사들은 전송 시설과 개인 가입자들의 텔레비전 세트를 이어주는 회선을 통해서 내용을 전송한다. 이러한 회선망을 만드는 일은 공공 도로와 지역권을 이용하여 이루어진다.

뉴욕주는 지방도시에 적어도 하나의 공공채널을 갖출 때에만 일정 규모의 유선방송 회사에게 유선방송 방송 허가를 내주도록 하였다. 그리고 나서 뉴욕주는 공공채널은 모든 사람들에게 선착순 및 차별없이 제공되어야 한다고 요구하였다. 마찬가지로 유선방송 회사와 지방 정부 모두 음란물과 다른 보호되지 않는 내용을 빼고는 공공채널에 대한 편성재량권 행사를 금지하였다.

B

몇 년 전에 뉴욕시와 타임워너 회사(이 사건 당사자는 아니다)는 유선방송 사업 계약을 했다. 타임워너는 유선방송 사업 허가를 받았고 시는 공공채널을 받았다. 계약에서 공공채널은 맨해튼 시장이 지정한 비영리, 독립 단체가 운영한다고 규정하고 있다. 그러나 다른 뉴욕주 자치단체들의 실무를 보면, 시는 공공채널을 스스로 운영할 수도 있었다.

상고인은 공공채널을 운영하도록 지정된 비영리 독립 단체이다. 상고인은 1991년에 맨해튼시가 뽑은 7명(현재는 2명만 있다)의 이사들과 함께 채널을 운영할 목적으로 만들어졌다. 시는 상고인이 타임워너로부터 초기 투자를 받을 수 있도록 도왔고, 타임워너와 다른 맨해튼 유선방송 방송사들로부터 받은 허가수수료로 자금을 지원하였다. 맨해튼 시장은 1991년에 상고인을 만들기로 발표하면서, 상고인의 주된 임무는 맨해튼의 유선방송에서 모든 공공채널을 관리하고 운영하는 것이라고 하였다.

이 사건 피상고인들은 뉴욕 남부 연방지방법원에 상고인을 상대로 소송을 걸었다. 그들은 주의 규정과 계약에 따라 만들어진 공공채널은 제한받지 않은 공론장으로 지정되었는데, 상고인은 피상고인들의 수정헌법 제1조의 권리를 침해하여 견해를 차별하였다고 주장하였다.

지방법원은 피상고인의 수정헌법 제1조에 따른 주장을 기각하였다. 연방 제2항소법원은 그 기각판결을 취소하면서 공공채널이 공론장이고, 상고인의 직원들은 수정헌법 제1조가 금지하는 행동을 하는 국가행위자라고 충분히 소명되었다고 결론 내렸다.

Ⅱ

나는 항소법원 판결을 인용한다. 공공채널은 명백히 공론장이다. 시는 재산상 권리를 갖고 있고 뉴욕주의 규정은 공공채널에 대한 접근이 모두에게 열려 있어야 한다고 요구하고 있다. 그리고 시는 (1) 유선방송 허가에서 부여한 공론장을 제공할 의무가 있고, (2) 공론장이 수정헌법 제1조를 지키도록 할 의무가 있으며, 그 의무는 시가 공론장의 관리를 민간 주체에게 맡겼을 때 사라지지 않는다. 시가 스스로 공론장을 운영하기로 했다면 수정헌법 제1조를 지켜야 하듯이, 상고인이 위임을 받았을 때도 똑같은 책임을 져야 한다.

A

자유언론권이 침해되었다는 주장이 있을 때, 법원은 일반적으로 주장이 무엇인지 뿐만 아니라 어떤 맥락에서 주장되었는지도 검토하여야 한다.

한쪽에는 공론장이나, 정부가 공중의 언론을 위해 열어놓은 환경이 있다. 법원의 선례들은 이러한 넓은 범주를 여러 세부 범주로 나누면서, 정부의 언론 규제 재량의 정도를 다양하게 변화시키고 있다. Minnesota Voters Alliance v. Mansky, 585 U.S. (2018) (7). Frisby v. Schultz, 487 U.S. 474, 480 (1988) (거리, 공원, 전통의 공론장), Southeastern Promotions, Ltd. v. Conrad, 420 U.S. 546, 555 (1975) (시가 빌린 극장, 지정된 공론장), Christian Legal Soc. Chapter of Univ. of Cal., Hastings College of Law v. Martinez, 561 U.S. 661, 669, 679, and 주 12 (2010) (등록된 학생조직을 위한 프로그램, 제한된 공론장). 그러나 많은 판결들이 어떤 형태의 공론장인지를 묻고 있는 반면, 이 사건에서 중요한 점은 그 모든 판례에서 견해차별이 허용될 수 없다는 것이다. Good News Club v. Milford Central School, 533 U.S. 98, 106 (2001).

다른 쪽에는 공론장의 유형에 들어가지 않는 맥락이 있다. 정부가 스스로 언론 활동을 하면서 좋아하는 견해를 선택할 자유가 있는 경우가 있다. Walker v. Texas Div., Sons of Confederate Veterans, Inc., 576 U.S. (2015) (6-7) (특별 허가번호); Pleasant Grove City v. Summum, 555 U.S. 460, 467-469, 481 (2009) (공원에 민간이 기부한 영구조형물). 또한 수정헌법 제1조가 적용될 수 없는 순수 민간 영역이 있다. 수정헌법 제1조는 개인 가게 소유자(또는 집주인)가 좋아하지 않은 견해를 퍼트리는 손님(또는 저녁 손님)을 쫓아낼 자유가 있다. Lloyd Corp. v. Tanner, 407 U.S. 551, 569-570 (1972). 이러한 상황에서는 견해차별에 수정헌법 제1조의 권리를 주장할 수 없다.

이 사건에서 피상고인들은 견해차별을 주장하였다. 그래서 핵심 문제는 맨해튼 공공채널이 무엇인가이다. 견해차별을 주장하는 청구가 인정될 수 있는 일종의 공론장인가, 아니면 보통 좋아하는 견해를 고를 수 있는 정부 언론이나 순수 개인 재산과 같은 상황인가이다.[27] 상고인이나 다수의견은 이 사건이 정부언론이라

---

27) 채널은 물론 물리적인 장소는 아니다. 법원의 선례에 따르면 차이가 없다. "장소 또는 지리적 의미보다는 철학적 의미에서 공론장인지와 무관하게… 같은 원칙이 적용된다." Rosenberger

고 말하지 않는다. 그래서 이 사건은 무엇보다 공공채널이 순수 사유 재산인가 아닌가를 살펴보아야 한다.[28]

1

이 법원은 공론장이 존재하기 위해서 어떤 종류의 정부 재산상 이익이 필요한지를 정확히 정의하지 않고 있다. 나는 이 사건 논의를 위해서 정부가 "광장의 소통 목적에 어울리는 재산상 이익"이 모자라는 경우에는 공론장 분석은 부적절하다고 본다.

그러한 이익이 이 사건에 있다. 뉴욕주는 시에게 타임워너에게 유선방송 허가를 내주면서 공공채널을 확보하도록 요구하였다. 이러한 채널(그리고 반드시 타임워너의 방송시설)을 이용할 독점권은 최소한 지역권과 비슷한 재산상 이익에 해당한다.

이 법원이 최근에 공공채널에 관련된 사건을 다루면서 5명의 대법관은 지역권과 비슷한 것으로 이 사건과 같은 이익을 설명하였다. 비록 대법관 브레이어가 공공채널이 공론장이라고 결론내리지 않았지만, 그는 공공채널을 유보하는 유선방송 회사의 계약을 "시가 토지의 분할을 승인하면서 공공의 용도로 남겨두거나 거리와 공원 부지로 기부하는" 것에 비유하였다. Denver Area, 518 U.S., 760-761 (대법관 스티븐스와 수터 참여). 대법관 케네디는 공공채널이 유선방송 사업자가 권리를 갖고 있는 재산을 이용하고 있을 지라도, 지역권은 적절한 비유일 수 있고, 공공채널이 공론장의 정의에 맞다고 보았다. 5명의 대법관이 1996년에 판시한 것은 오늘날에도 진실로 남아 있다.

"보통 재산은 일정한 조합으로 재산을 구성하는 개별 권리들의 집합인 '나무가지들 묶음'으로 설명한다." 배척하고 사용할 권리는 가장 중요한 두 가지 나뭇가지이다. 수정헌법 제1조의 광장 분석을 불러오는 재산상 이익이 충분한지에 관련된 선례들은 충분하다고 보고 있다.

위에서 보았듯이 타임워너가 케이블회선을 소유하고 있다는 점에는 다툼이 없

---

v. Rector and Visitors of Univ. of Va., 515 U.S. 819, 830 (1995)("학생활동 기금"을 공론장으로 다루고 학교의 우편체계와 자선 활동이 공론장과 관련이 있다는 선례를 인용).

28) 아래에서 설명하듯이, 일부 공공채널이 정부언론일 수 있다. 그러나 상고인이 관리하는 채널은 공개되고 동등한 이용을 강제하는 뉴욕주 규정을 볼 때 더 분명하게 공론장으로 여겨진다.

다. 만약 회선이 길이었다면, 길을 걷는 공중의 권리를 지역권으로 정의하기가 쉬웠을 것이다. 비슷하게 만약 회선이 극장이었다면, 이를 이용하기 위해 정부가 오래 빌린 행위는 공론장을 만들 목적이라고 보기에 충분하다는 점에는 의문이 없을 것이다. 그러나 이 사건은 회선이 물리적으로 점유하고 있는 길이나 극장이 아니기 때문에 더 복잡하다고 볼 수 있다. 회선은 텔레비전 채널에 나타나는 신호를 보내는 관이다. 달리 말하면 문제는 회선을 이용하는 채널에 방송물을 보내는 권리를 어떻게 이해하느냐이다.

다른 이의 물리적인 시설을 써서 표현물을 전달하는 권리는 새롭지 않다. 낮은 수준의 기술을 예로 들면 한 회사가 게시판을 갖고 있고 다른 사람이 그 게시판의 공간을 빌렸다고 해보자. 임차인은 게시판 자체를 소유하고 있지 않더라도 임차기간동안 게시판에 표현물을 올리는 재산상 이익을 가질 수 있다.

같은 원리가 이 사건 더 높은 수준의 기술 영역에도 적용되어야 한다. 채널이 게시판이었다면, 뉴욕시는 예정기간 동안 공중이 채널을 독점하여 이용하는 권리를 얻었을 것이다. 재계약을 하지 않으면 아무도 채널을 함부로 가져가지 못한다. 시는 채널의 관리를 맡기거나 직접 관리할 권리를 얻었다. 채널은 게시판보다는 더 무형적이나, 재산상 이익이 되기 위해서 권리가 유형적이어야 한다고 믿는 사람은 없다. 그리고 정부가 민간 주체에게 어떤 가치를 준 대가로 그 민간 주체의 시설물을 이용하여 전송하는 권리를 얻는 전례가 없지도 않다. 1800년대에도 있었다.

나는 정부가 계약에 따라 만들어진 공공채널에 재산상의 이익을 항상 갖고 있다고 말하려는 것은 아니다. 그러나 이 사건 계약은 법원이 다른 맥락에서 정부의 재산상 이익으로 다루었던 것과 일치한다. 뉴욕시는 타임워너에 회선을 놓고 유선방송 TV를 팔 권리를 주었다. 그 대가로 시는 타임워너의 시설물을 이용하여 자신의 신호를 보낼 독점권을 받았다. 다른 이의 게시판에 광고를 다는 것과 다르지 않다. 그러한 권리들은 채널에 대한 정부의 재산상 이익이고, 그 재산상 이익은 명백히 "광장의 소통 목적에 맞는다." 이는 바로 뉴욕주법이 공중에게 열어두고 동등한 접근을 보장한 표현물을 전송하는 권리이다.

2

정부의 재산상 이익이 있으므로 공공채널이 공론장이어야 한다는 점이 분명해져야 한다. 보도와 공원과 같은 고전적인 예를 넘어서면, 정부가 적어도 공중의 언론을 위한 환경으로 의도적으로 공개할 때에만 공론장이 성립한다. "따라서 법원은 전통적으로 공개되지 않은 장소를 모여서 토론하기 위한 공론장으로 지정할 의도를 가졌는지를 확인하기 위해 재산 자체뿐만 아니라 정부의 정책과 실무를 살펴본다." 예를 들면 대학은 학생 단체에 시설물을 공개할 수 있고, 시는 광장을 공중의 모임을 위해 공개할 수 있다.

이 사건에서 필요한 정부의 의도는 뚜렷하다. 뉴욕주 규정은 "선착순으로 비차별적인 방식으로" 공중이 채널을 이용할 수 있어야 한다고 하였다. 달리 말하면 주는 공중의 표현을 위해 문이 활짝 열려 있어야 한다고 하였다. 이러한 규제는 "공론장을 만들려는 명백한 의도를 증명하고 있다."

B

만약 뉴욕의 공공채널이 공론장이라면, 뉴욕은 그 공론장의 관리를 민간 대리인에게 맡겨서 수정헌법 제1조를 벗어날 수 없다. 상고인이 공론장 관리 책임을 맡았을 때, 시의 입장이 되었고 42 U.S.C. §1983의 목적상 국가행위자가 되었다.

West v. Atkins, 487 U.S. 42 (1988) ("웨스트 판결")에 따르면 이러한 결론에 이른다. 웨스트 판결에서 법원은 교도소 수감자에게 의료 혜택을 주기 위해 고용된 의사는 국가 행위자라고 전원일치로 판결했다. 각 주는 수감자들에게 의료 혜택을 주어야 하고, 주가 이를 위해 민간 의사를 고용했을 때, 의사는 주법의 권한을 가진 국가 행위자가 된다. 만약 주가 고용한 의사가 권한을 남용했을 때, 주가 수감자를 가두고 건강관리를 그 의사에 손에 맡김으로써 피해는 국가 행위 문제와 관련되어 피해가 발생하였다.

법원은 의사가 개인 계약자였다는 사실 때문에 다르지 않다고 강조하였다. 의사의 행위가 주의 책임이 되는 지를 결정하는 것은 의사 개인의 계약자 지위가 아니라 주의 체제 내에서 의사의 기능이었다. 일단 주가 원고를 가둔 이상, 수정헌법 제8조에 따른 의무가 있다. 주가 그 의무를 민간 의사에게 맡긴 이상, 의사는 국가 행위자가 된다. 만약 법리가 달라진다면, 주는 헌법상 제공의무가 있는 모든 서비스를 외부와 자유롭게 계약하고, 그 서비스가 거부되었을 때, 권리보호 여부는 민간 행위자에게 맡겨버려 시민들은 자신들의 권리를 지킬 수단을 갖지 못하는 결과가 된다.

웨스트 판결은 이 사건을 해결하고 있다. 비록 상황은 다르지만 법률상 특징은 같다. 정부가 (1) 헌법상 의무가 생기는 선택을 했고, (2) 계약을 통해 그 헌법상 책임을 민간주체에게 맡겼을 때, 그 일을 하기로 합의한 주체는 §1983의 목적상 국가 행위자가 된다.29)

정부가 위임한 행위가 모두 헌법상 의무를 반드시 이행해야 하지는 않지만 이 사건은 이행을 요구한다. 뉴욕주 규정은 시가 유선방송을 허가한다면 공공채널 확보를 요건으로 삼고 있다. 시는 유선방송 허가를 했다. 주의 규정에 따르면 시는 "선착순, 비차별적으로" 이용할 수 있는 공공채널을 갖추어야 한다.30) 이 규정이 채널을 공론장으로 만들었다. 공론장을 열게 되면 이어서 수정헌법 제1조의 의무가 따라온다.

시는 스스로 할 수도 있었지만 대신에 공론장의 운영을 민간단체 상고인에 맡겼다. 상고인은 안 한다고 할 수 있었으나, 한다고 했다(이 일을 하기 위해서 상고인이 만들어졌다). 이 일을 하게 되면서 상고인은 시의 책임을 받아들였다. 수정헌법 제1조는 단지 정부가 헌법상 의무의 관리를 민간 행위자에게 넘겼다는 이유로 침묵하지 않는다.

III

다수의견은 지방 정부가 (1) 공공채널에 재산상 이익을 갖고 있거나, (2) 이 사건의 뉴욕시보다는 그 채널의 관리에 직접 더 관여할 경우에 수정헌법 제1조가

---

29) 물론 정부는 헌법상 교도소나 공론장을 운영할 의무는 없지만, 일단 운영한다면 헌법상 의무를 지켜야 한다. 정부가 민간 관리자에게 맡기는 방식으로 헌법을 회피하지 않아야 한다는 법리는 교도소에만 적용되지 않는다. 예를 들면 50여년 전에 이 법원은 Evans v. Newton, 382 U.S. 296 (1966) 판결에서 조지아주의 메이컨시는 공원의 운영을 민간인들에게 맡겨서 수정헌법 제14조의 평등보호조항을 회피할 수 없음을 분명히 했다. 대신에 "공원의 공적 성격으로 인하여, 누가 주법에 따라 권리를 갖고 있든지 간에, 수정헌법 제14조에 따라 공적인 제도로 다루어져야 한다."

30) 따라서 이 사건은 민간 주체가 기준없는 재량권을 행사하는 사건은 아니다. 만약 뉴욕주법이 상고인에게 자유롭게 방송물을 골라도 된다고 했다면, 결과가 달라질 것이다. 상고인은 타임워너와의 계약에 따라 방송물을 편성하고, 어느 채널로 내보낼 지를 결정할 수 있다고 한다. 그러나 상고인의 계약은 뉴욕주법의 "선착순, 차별하지 않은" 편성 요건을 어길 수 없다. 그리고 상고인이 주장하는 재량은 내용을 차별하지 않아야 하는 방송물을 내보낼 시간과 배치를 조정하는 제한된 권한에 지나지 않는다. 이는 모든 공론장을 관리하는 경우와 마찬가지로 시간, 장소, 방법을 합리적으로 제공하는 권한과 비슷하다. Ward v. Rock Against Racism, 491 U.S. 781, 791 (1989).

적용될 수 있다고 인정하고 있다. 그리고 이 사건의 기록에 따라서만 결정하다고 강조하고 있다. 이러한 특정 사건에 한하는 판결은 다수의견의 효력을 매우 제한하지만, 2가지 면에서 잘못이 남아 있다. 첫째, 다수의견은 원고들에 대해 법률문제로 재산상 이익 여부를 결정한 잘못이 있다. 둘째, 그리고 더 근본적으로 다수의견은 대리인에게 책임을 넘기기로 한 정부에 관한 사건을 단순히 시장에 참여한 민간단체에 관한 사건으로 잘못 이해하고 있다.

A

이 사건에 정부의 재산상 이익이 없는 이유를 설명하는 다수의견은 옳지 않다. 다수의견은 타임워너와 상고인이 민간 주체이고, 타임워너가 공공채널을 포함한 케이블망을 소유하고 있으며, 상고인이 자신의 시설과 장비로 공공채널을 운영하고 있다는 사실을 강조하고 있다. 그러한 사정들은 이 사건을 해결할 수 없다. 쟁점은 누가 케이블망을 소유하는가나 상고인이 채널을 운영하기 위해 자신이 소유한 재산을 사용하는가가 아니다.

다수의견은 이 사건 기록상 정부가 유선방송 체계나 공공채널을 소유하고 있거나 빌리고 있다는 근거가 없다고도 말하고 있다. 그러나 유선방송 체계 자체는 위에서 설명하였듯이 무관하며, 타임워너에게 유선방송 방송 허가를 준 뒤 받은 것이 정부의 재산상 이익이다.

다수의견은 방송허가 합의는 공공채널을 명백히 상고인의 관할에 두고 있다고 보고 있지만, 이는 뉴욕시가 채널을 관리하기 위해 상고인을 지정한 사실을 말하고 있을 뿐이다. 다수의견은 피상고인들이 시가 채널에 재산상 이익이 있다는 점을 주장하지 못했다고 하지만, 피상고인들의 소장은 그러한 주장을 담고 있다. 어느 경우든 각하단계에서 모호함이나 부정확함이 피상고인들에게 불리하게 작용해서는 안된다. 다수의견이 재산상 이익이 있는지와 관련된 사실 또는 법률상 쟁점에 관하여 피상고인들의 청구에 의문을 품었다면, 더 신중하게 하급법원이 그 문제를 더 충분히 고려하도록 취소하고 되돌려 보내야 한다. 어느 경우든지 내가 설명한 대로 가장 나은 길은 인용이다.

B

더 근본적으로 다수의견은 다른 유형의 사건, 즉 민간 주체가 시장에 참여하여 정부의 규제를 받고 있는 유형의 사건에 매달리고 있는 잘못이 있다. 한마디로 헛다리를 짚고 있다.

다수의견은 규제 배경 속에서 운영되고 있는 민간 행위자의 책임을 인정하지 않은 판례들의 전형적인 사례인 잭슨 판결(1974)을 들고 있다. 잭슨 판결은 사업이 주의 규제를 받고 있다는 사실 자체로 주의 행위로 바뀌지 않는다고 강조하였다. 그래서 전력 회사가 강한 규제를 받는다 하더라도 시장에 참여했다는 사실 때문에 국가행위자가 되지 않는다. 물론 민간 코메디 클럽과 잡화점도 마찬가지이다.

잭슨 판결은 이 사건에는 맞지 않다. 상고인은 단순히 시장에 뛰어 든 민간단체가 아니다. 망이 깔리는 노선에 대한 공공의 권리를 포기하는 대신에 공공채널을 확보하고, 뉴욕주가 요구하는 대로 그 채널을 공론장으로 개설하며, 그 채널의 운영을 상고인에게 맡긴 시가 요구했기 때문에 그 역할을 맡았다. 규제 배경 아래 단순히 가게를 연 민간 주체와 상고인이 다른 이유이다. 상고인이 정부로부터 규제를 받는 민간 조직일 뿐이면 웨이터가 레스토랑 소유자로부터 강한 규제를 받는 독립된 음식 판매인이라고 말하는 것과 같다.

다수의견은 공적 기능은 정부가 전통적으로 독점하여 수행한 기능이어야 한다는 잭슨판결 내용을 들고 있다. 적절하게 이해된다면 그 법리는 민간 행위자가 정부(전력 회사나 판매시설을 개설하는 등)가 공유(또는 규제)하는 영역에 스스로 뛰어 든 잭슨 사건과 같은 사례에서 책임을 다루고 있다. 법원은 웨스트 판결에서 법리는 "주의 피용인의 역할이 민간 영역의 근로자와 비슷하다는 사실이" 국가행위의 인정을 배척하지 않는다고 하였다.

달리 말하면 정부가 대리인을 고용했을 때, 문제는 민간 시장에서도 할 수 있는 일을 하기 위해 대리인을 고용했는지가 아니다. 만약 그것이 중심 문제라면 웨스트 판결에서 의사는 국가행위자가 아니게 된다. 아무도 정형의학이 "주가 전통적으로 독점하여 유보하고 있는" 기능이라고 생각하지 않는다.

다수의견은 웨스트 판결을 주석에 넣어버리고, 정부는 공공채널을 운영할 헌법상 의무가 없기 때문에 그 사례는 이 사건과 다르다고 했다. 다수의견은 주가 교도소 수감자들에게 의료 혜택을 줄 헌법상 의무가 있기 때문에 웨스트 판결은 다르다고 하는 것 같다. 그러나 다수의견이 무시하고 있는 것은 웨스트 판결에서 주는 교도소를 만들거나 먼저 수감자를 가둬 둘 헌법상 의무가 없고, 의료 혜택 제공 의무는 감금했을 때 생긴다는 점이다.

시는 자신의 선택에 따라, 주법을 배경으로 발생한 비슷한 헌법상 의무가 있다. 물론 시는 유선방송 허가를 내주거나 공공채널을 운영할 헌법상 의무는 없다. 그러나 일단 시가 유선방송 허가를 내준 이상, 뉴욕주법에 따라 시는 공공채널을 확보하여야 하고, 공론장으로 열어두어야 한다. 이 때 채널과 관련하여 수정헌법 제1조에 맞게 행동할 시의 의무가 생긴다. 그것이 시가 그 공론장의 운영을 대리인에게 맡겼을 때 헌법이 적용되는 이유이다.[31]

"민간 주체가 언론을 위한 광장을 제공할 때, 민간 주체가 보통 수정헌법 제1조의 제한을 받지 않는다."는 다수의견은 분명히 옳다. 이는 다수의견이 헌법상 광장을 말하지 않고, 민간 주체가 단지 다른 사람들을 불러서 말하는 공간을 이야기하기 때문이다. 코메디 클럽은 바라는 만큼 넓게 문을 열어둘 수 있지만, 스스로를 정부 대리인으로 지정할 수 없다. 스스로 서비스를 제공하는가와 정부를 대신해서 헌법상 책임을 관리하기 위해 정부가 요구하는 서비스를 제공하는가의 차이이다.[32]

다수의견이 매달리는 사건들과 이 사건의 차이를 더 분명하게 알아보기 위해서 다수의견의 민간 코미디 클럽은 제쳐두자. 대신에 주립대학이 해마다 지역 극장을 빌려서 코미디 경연대회를 열고, 주의 규정에 따라 학생들이 선착순으로 공연하기 위해 등록을 허용했다고 가정해보자. Rosenberger v. Rector and Visitors of Univ. of Va., 515 U.S. 819 (1995). 몇 년 뒤 대학은 경연대회 운영이 힘들어서, 비영리 단체와 계약을 맺고 운영하도록 하였다. 비영리단체는 특정 정당을 비웃는 유머를 좋아하여 같은 견해를 갖고 있는 학생들만 참가하도록 하였다. 다수의견은

31) 반면에 잭슨 판결은 정부가 제공할 의무가 없는 서비스를 민간 행위자가 제공하는 사례를 보여주고 있다. 419 U.S., 353(정부가 전력 서비스를 제공할 의무 없다). 허진스 판결(판매시설). 대조적으로 웨스트 판결에서 교도소가 수감자들을 가둔 이상 수정헌법 제8조에 따라서 그들에게 의료 혜택을 줄 의무가 있었고, 이 사건에서 시는 유선방송 허가를 내준 이상 수정헌법 제1조에 따라서 주민들에게 공론장을 제공할 의무가 있다.

32) 따라서 다수의견이 "언론을 위해 재산을 제공하는 모든 민간 재산 소유자들과 민간 임차인들이 수정헌법 제1조의 제한을 받을 수 있다"고 두려워할 필요가 없다. 그러한 종류의 주체들은 정부의 대리인이 아니다. 상고인은 정부의 대리인이다. 그 주체들이 정부를 위해 정부의 의무를 이행하는 요청을 받아들이지 않는 한, 그들이 많은 규제를 받거나 정부의 허가, 정부 계약, 정부가 부여한 독점이 필요한지는 중요하지 않다.

국가행위의 관점에서 지역회사가 연 민간 코메디 클럽과 비영리단체를 구별할 수 없다고 믿고 있는가?

그러지 않기를 바란다. 그러나 여하튼 2가지 위험이 숨어 있다. 한편으로는 만약 채널의 운영을 민간 주체에게 맡기는 시의 결정이 수정헌법 제1조와 무관한 것이라면, 남용이 뒤따르지 않을까 걱정할만한 실질적인 이유가 있다. 주립대학이 학생단체들에게 자금을 나눠주기 위해 비영리단체를 고용함으로써 수정헌법 제1조를 회피하지 않을까? 시는 시립극장을 운영하기 위해 회사를 지정함으로써 똑같은 일을 할 수 있지 않을까? 시립공원은 어떤가?

다른 한 편으로 다수의견은 서둘러 결정을 내리고 이 사건의 특정한 사실관계로 한정하였다. 신중한 제한이라 해도 다수의견이 잭슨 판결에 매달리는 것은 여전히 정부가 외주한 경우 언제 어떻게 헌법의 범위를 넘는 남용이 될 것인지에 관하여 하급법원들 사이의 혼란을 남길 위험이 있다.

어느 경우든 여기서 혼란은 없어야 한다. 상고인은 시장에 참여하여 스스로 정부의 규제를 받아들인 민간주체가 아니다. 정부가 하도록 요청하였고 그에 따라 보상을 받았다. 만약 그 일을 더 이상 바라지 않는다면(다른 주체들처럼 계약상 의무에 따라) 그만둘 수 있다. 그러나 상고인이 정부가 준 권한을 계속 쓰는 한, 정부의 입장이 되며 다른 정부 행위자처럼 수정헌법 제12조를 지켜야 한다.

Ⅳ

이 사건은 더 큰 정부와 더 작은 개인에 관한 사건이 아니다. 주인과 대리인에 관한 사건이다. 뉴욕시는 재산상 이익을 갖고 있는 공공채널에 공론장을 열었다. 시는 상고인에게 그 공론장을 운영하도록 요청하였고 상고인은 그 일을 받아들였다. 그것이 마치 시가 스스로 공론장을 운영하기로 결정한 때처럼 상고인에게 수정헌법 제1조를 지키도록 하였다.

다수의견이 적용범위가 좁고 이 사건 사실에 국한된 판결이라고 강조했지만, 잘못이 줄어들지 않는다. 법원이 우리의 선례가 완전히 인정하였고, 이 사건처럼 헌법상 책임을 위임받은 민간 행위자들이 수정헌법의 요구에 책임을 져야 한다는 현실을 계속 무시하지 말아야 한다는 것이 중요하다. 나는 정중히 반대한다.

5. 아시아인을 경멸하는 뜻을 가진 록밴드이름의 상표등록과 언론의 자유

Matal v. Tam

582 U.S._____(2017)

〈해 설〉

록밴드의 이름 "The Slants"의 상표등록이 거절되었다. 상표청은 경멸하는 상표의 등록을 거절하는 상표법조항에 따라 거절하였다.

전원일치의견은 상표법조항이 불쾌한 생각을 표현한다는 이유로 언론을 금지할 수 없다는 수정헌법 제1조의 언론자유에 위반된 조항이라고 판결하였다. 상표는 사적인 언론으로 언론의 자유 침해와 무관한 정부언론이 아니며, 정부가 상표청에 등록하여 운영한다고 하더라도 언론의 자유 보호가 요구되지 않는 보조금 지급 성격이 아니라고 판단하였다. 위 상표법조항이 모욕적인 내용을 금지하여 인종 관용에 이바지할 수 있다는 주장은 불편한 생각을 표현하는 언론을 막는다는 것이어서 자유 언론을 위험에 빠트리고 있으며, 적용대상이 너무 넓기 때문에 위헌이라고 결론 내렸다.[33]

[대법관 알리토]

한 록밴드가 밴드의 이름, "The Slants"를 연방특허상표청("상표청")에 등록신청하였다. "Slants"는 아시안계 후손들을 업신여기는 말이고 밴드는 아시안계 미국인들로 구성되어 있다. 그러나 밴드 구성원들은 그 경멸어를 그룹의 이름으로 쓰면, 낱말의 본래 뜻을 회복하고 경멸하는 의미를 없애는데 도움이 된다고 믿었다.

특허상표청("상표청")은 "산 또는 죽은 사람을 경멸하거나… 깎아내리거나… 모욕하는" 상표의 등록을 금지하는 상표법(Lanham Act) 규정에 따라 등록을 거절하였다. 15 U.S.C. §1052(a). 우리는 이 규정이 수정헌법 제1조의 자유언론조항을 어겼다고 판결한다. 그 조항은 불쾌한 생각을 표현한다는 이유로 언론을 금지할 수 없다는 수정헌법 제1조의 근본 법리를 침해하였다.

---

33) 대법관 케네디와 대법관 토마스의 별개의견이 있다.

I

A

"상표를 보호하는 원리는 낱말, 이름, 상징 등의 독특한 상표가 특정한 장인의 상품을 다른 사람들의 상품과 구분할 수 있다는 것이다." 상표는 "특정 생산자의 제품으로 상품을 지정하고 그 상품을 다른 상품의 판매와 구별하여 보호"한다. 상표는 소비자들이 사거나 거부하려는 상품과 서비스를 확인하는데 도움을 준다.

"연방법은 상표를 만들지 않는다." 상표는 고대로부터 시작되었고, 상표는 건국 때부터 보통법과 형평법에서 보호되었다. 19세기에 상표보호는 거의 모든 주의 영역이었다. 그 뒤 의회는 1870년에 상표를 보호하는 연방법을 통과하여 전국단위에서 통일적으로 적용하였다. 현재 연방상표법은 1946년에 만든 상표법을 바탕으로 하고 있다. 그 때 상표는 단지 상품이나 서비스를 확인하는 정도의 문구정도였다. 이제는 상표가 메시지를 전달하는 재미있는 문구도 있다.

상표법에 따르면 상업에서 쓰는 상표는 "주등록부"에 등록되어야 했다. 그리고 상품과 서비스를 구분할 수 있으나 적법하게 상업에 사용하는 주등록부에 등록될 수 없는 일부 상표는 다른 등록부(보조등록부)에 등록될 수 있다. 지금은 연방등록부에 200만개 이상의 상표가 등록되어 있다. 이 연방등록제도는 상표가 완전히 보호되고 상업의 자유로운 거래를 뒷받침하는 역할을 하고 있다. 우리는 "상표가 생산자에게 좋은 명성을 보장함으로써 경쟁을 촉진하고 품질을 유지하기 때문에 전국 단위의 상표보호는 바람직하다"고 설명하였다. San Francisco Arts & Athletics, Inc. v. United States Olympic Comm., 483 U.S. 522, 531 (1987).

B

연방 규제가 없어도 지금도 유효한 상표는 상업에 이용된다. 그리고 등록되지 않은 상표라도 몇 가지 방법으로 침해자에게 집행될 수 있다. 상표가 연방 상표청에 등록되지 않아도, 상표침해소송을 제기할 수 있도록 규정한 상표법 43(a)에 따라 집행될 수 있다. 등록되지 않은 상표는 도메인선점방지법과 같은 다른 연방법으로 보호받을 수 있다. 등록되지 않은 상표는 주의 보통법에 따라, 또는 주에 등록되었다면 주의 등록제도에 따라 집행될 수 있다.

그러나 연방상표 등록은 상표를 등록한 보유자에게 중요한 법률상 권리와 혜택을 주고 있다. 주 등록부에 등록되면 (1) 등록인이 상표 보유자임을 공지하였다고 추정되고, (2) 상표 등록 사실, 등록상표의 유효성, 상표보유자의 소유권, 상업 또는 등록증에 특정된 상품이나 서비스에 등록상표를 이용할 독점권을 추정하는 증거가 된다. 등록된 상표의 소유자는 침해상표를 달고 있는 상품을 미국으로 수입하는 행위를 막을 수 있다.

C

상표법은 상표 등록을 거부하는 조항을 두고 있다. 예를 들면 상품을 단순히 설명하거나 허위로 잘못 설명하거나, §1052(e)(1), 이미 등록된 상표나 상호와 비슷해서 혼동이나 실수, 사기를 일으킬 수 있다면 등록이 거부될 수 있다. §1052(d).

이 사건은 우리가 경멸조항이라고 부르는 한 조항이 쟁점이다. 이 조항은 "산 또는 죽은 사람, 제도, 신념, 나라 상징을 업신여기거나… 깎아내리거나… 모욕하는" 상표의 등록을 금지하고 있다. 이 조항은 원래 상표법에 있었고 오늘날까지 남아 있다.

경멸 상표인지를 결정할 때 심사관은 보통 2가지 심사를 한다. 먼저 사전의 정의뿐만 아니라 다른 요소와의 관계, 상품이나 서비스의 성질, 상품이나 서비스와 관련하여 상표가 시장에서 사용되는 방식을 포함하여 심사대상의 의미를 살펴본다. "만약 그 뜻이 사람, 제도, 신념이나 나라 상징을 가리킨다고 확인되면" 심사관은 두 번째 단계로 나아가서, "그 의미가 실질적인 성분을 경멸하는 지"를 묻는다. 만약 심사관이 신청된 상표가 당시의 사고방식에 비추어 실질적인 성분을 경멸한다고 인정한다면, 경멸이 추정되고, 경멸상표가 아니라는 입증책임은 신청인에게 돌아간다. 상표청은 "신청인이 그 집단(보호대상)에 속하는 사람이거나 용어의 사용에 좋은 의도가 있다고 해도 보호대상의 실질적인 성분이 그 용어사용을 못마땅하게 여긴다는 사실을 없애지 못한다."고 보고 있다.

D

시몬 탬은 "The Slants"의 리드 보컬이다. 그는 아시아인에 대한 고정관념을 고치고 소유권을 얻기 위해 이름을 골랐다. 그룹은 어렸을 때 혀꼬부라진 말이나 놀이방의 놀리는 말에서 가사의 영감을 얻었고, 앨범 이름도 "황색 앨범"과 "찢어진 눈, 찢어진 가슴"으로 붙였다.

탬은 연방 주등록부에 "THE SLANTS"의 등록을 신청하였지만, 상표청의 심사관은 등록을 거부하였다. 심사관은 상표청의 두 단계 심사를 적용하고 "신청한 상표의 낱말이 기분나쁘다고 여기는 사람들이 많다."고 인정하였다. 심사관은 많은 사전들이 'slants' 또는 'slant-eyes'를 업신여기거나 불쾌한 낱말로 정의하고 있다는 사실을 참고하였다. 심사관은 밴드의 이름 때문에 공연이 취소되고, 몇 몇 블로거와 평가자들이 밴드에 관한 글에서 용어와 신청한 상표가 불쾌하다고 여겼으며 밴드의 이름이 자주 모욕적이라고 인정되었던 사실을 근거로 삼았다.

탬은 등록거부를 다투면서 재심사와 상표청에 이의를 신청하였으나 기각되었다. 그 뒤 연방법원에 소송을 걸었고, 연방항소법원 전원부는 경멸조항이 수정헌법 제1조의 자유 언론 조항을 어겨 문면상 위헌이라고 인정하였다. 다수의견은 경멸조항이 견해차별이고 상표의 표현 성분을 규제하고 있으며, 상업언론으로 다루어질 수 없어 엄격심사를 받아야 하는데 엄격심사를 통과하지 못했다고 인정하였다. 다수의견은 등록된 상표가 정부언론에 해당하고, 연방등록은 정부 보조금 형태라는 정부의 주장도 받아들이지 않았다. 다수의견은 이 법원의 상업 언론 선례에 따르더라도 경멸조항은 그 선례들이 설정한 중간 심사를 통과하지 못한다고 판단하였다.

몇 몇 판사들은 별개의견을 쓰고 논리를 깊이있게 폈다. 오말리 판사는 동조의견에서 다수의견의 결론에 동의하였지만 경멸조항이 모호하여 위헌이라는 의견을 더하였다. 다이크 판사는 일부 동조 일부 반대의견을 냈다. 그는 상표등록은 정부보조금이고 경멸조항은 문면상 합헌이지만, THE SLANTS는 핵심 표현에 해당되고 아시아계 미국인을 업신여길 목적으로 고른 것은 아니기 때문에 THE SLANTS에 적용될 때 경멸조항은 위헌이라고 판단하였다. 반대의견에서 로리 판사는 경멸조항이 문면상 합헌이라는 다이크 판사의 의견에 동의하였지만, 이 사건에 적용될 때 합헌이라는 다양한 이유를 제시하였다. 판사 레이나도 상표는 상업언론이고 경멸조항은 "질서있는 상업 거래를 유지하는 정부의 실질적인 이익을 직접 증진"하기 때문에 중간심사를 통과한다면서 반대하였다.

정부는 상고허가신청을 하였고 우리는 경멸조항이 수정헌법 제1조의 자유언론조항에 따라 문면상 무효인지를 결정하기 위해 허가하였다.

Ⅱ

경멸조항이 수정헌법 제1조를 어겼는지를 다루기 전에, 우리는 그 조항이 인종이나 민족집단을 경멸하는 상표에 적용되지 않는다는 탬의 주장을 살펴본다. 그 조항은 "사람들"을 업신여기는 상표 등록을 금지하고 있고, 탬은 "사람들"이란 말은 자연인과 법인만을 포함하고 있지, 인종이나 민족 집단과 같은 비법인 단체를 포함하지 않는다고 주장한다.

탬은 상표청이나 연방법원에서는 주장하지 않았고, 상고심에서 주장했을 때 우리는 이 문제로 상고허가하지 않았다. 보통은 이 법원에서는 그것으로 끝이다.

그러나 정부가 상고이의신청서에서 탬의 법문해석을 받아들이면 이 사건을 해결할 수 있고, 수정헌법 제1조의 문제는 다루지 않아도 된다고 짚고 있다. 우리는 가끔 헌법 문제가 성숙되지 않았을 때 결정하지 않는 것이 중요하고, 그러한 결정이 피할 수 없을 때가 아니면 헌법문제로 넘어가서는 안 된다. 그래서 우리는 상표법의 "사람들"정의를 언급하는 탬의 주장이 타당하지 않은 이유를 설명하면서 시작한다.

경멸조항은 "산 또는 죽은 사람들을… 업신여기는" 상표의 등록을 막고 있다. 탬은 위 법에서 "이 장의 해석에서 문맥에서 분명히 다른 뜻이 아닌 한, 사람과 다른 낱말은 신청인, 혜택 또는 특권을 받는 자, 이 장의 규정에 따라 책임이 있는 자로 지정하기 위해 사용된 '사람들'은 자연인 및 법인을 포함한다."고 규정한 정의를 지적하고 있다. 탬은 인종 및 민족 집단은 자연인이나 법인이 아니므로, 이 집단은 이 정의에 들어 있지 않다고 주장한다.

탬의 주장은 경멸조항의 평범한 용어로 반박된다. 이 조항은 사람들을 업신여기는 상표에 적용된다. 인종이나 민족 집단 구성원들의 "실질적인" 다수를 업신여기는 상표는 많은 "사람들," 즉 그 집단 구성원들을 반드시 깔보게 되어 있다. 그 조항에 "사람"으로만 되어 있고, 의회가 복수어 "사람들"을 사용하여 불분명해졌다고 해도 탬의 주장은 인정될 수 없다.

"사람들"을 좁게 해석하는 탬의 주장은 경멸조항의 범위와 충돌한다. 조항은 "사람들"뿐만 아니라 "제도", "신념"을 업신여기는 상표에도 적용된다. 그래서 정치, 이념, 종교의 집단처럼 특정한 신념을 갖고 있는 집단의 구성원들에게 적용된다. 제도를 업신여기는 상표에도 적용된다. 탬의 해석대로 회사, 노동조합, 다른 결사와 같은 법인에게 적용된다. 조항은 특정한 자연인을 업신여기는 상표로 제한되지 않는다. 만약 의회가 탬이 제안하는 방식으로 경멸조항의 적용범위를 한정하려고 하였다면, 쉽게 그렇게 했을 것이다. 상표법의 다른 조항에서 "서면동의가 없으면 살아있는 개인을 특정하는 이름, 초상화, 서명이 들어 있는" 상표등록을 거부하고 있다.

탬은 입법과정과 상표청이 여러 해 동안 흑인과 인디언을 업신여기는 상표를 등록해왔다는 사실을 보면 자신의 경멸조항 해석이 맞다고 주장한다. 이 주장은 설득력이 없다. "법문이 명확하고 법체계가 통일성과 일관성을 갖고 있을 때" 우리는 법문의 뜻을 더 묻지 않는다. "사람들을 경멸하는" 상표 등록 금지 조항은 공통의 인종이나 민족 구성원인 사람들을 업신여기는 용어의 등록을 금지하는 것이 분명하다.

입법과정과 초기 법집행 실무를 거론할 수 있다고 해도, 우리는 탬의 주장이 설득력이 없다고 본다. 탬은 입법과정에서 의회가 그의 해석을 받아들였다는 사실을 보여주는 증거는 내지 않았다. 그리고 경멸조항이 만들어진 뒤 몇 년간 상표청의 실무는 불안정했다. 경멸조항에 따른 심사기준의 모호함[34]과 엄청난 양이 신청되면서 일관되지 못한 실무 자료가 쌓였다(오늘날에도 주등록부에는 많은 사람들이 인종과 민족 집단을 경멸한다고 여기는 상표들로 가득하다). 탬이 들고 있는 불쾌한 상표가 등록된 이유는 그의 해석을 받아들인 결과라기보다는 대부분 문제된 시절의 유감스러운 태도와 민감성과 같은 다른 요인 때문이었을 것이다.

Ⅲ

경멸조항은 인종 또는 민족의 구성원들을 업신여기는 상표에 적용되기 때문에, 우리는 그 조항이 수정헌법 제1조의 자유언론조항을 어겼는지를 결정해야 한다. 먼저 우리는 수정헌법 제1조의 보호대상이 아니라는 3가지 주장들을 살펴보아야 한다. 구체적으로 정부는 (1) 상표는 정부언론이지 사적(민간) 언론이 아니다, (2) 상표는 일종의 정부 보조금이다, (3) 경멸조항의 합헌성은 "정부 프로그램론"이라

---

34) 상표청은 "부도덕한 또는 경멸하는 상표인지를 판정하는 지침이 조금 모호해서 그 판정이 매우 주관적일 수밖에 없었다"고 인정했다. 상표청은 마찬가지로 경멸하는 상표인지는 "매우 주관적이어서 일반 기준을 세우기가 어렵다"고 보았다.

는 새로운 이론으로 심사되어야 한다고 주장하고 있다. 우리는 3가지 주장을 이어서 살펴본다.

A

수정헌법 제1조는 의회와 다른 정부기관 및 공직자가 "언론의 자유를 제한하는" 행위를 금지하고 있다. 수정헌법 제1조는 의회와 다른 정부기관이 자유롭게 말하는 자신의 능력을 제한하여야 한다고 말하지 않는다. 우리의 선례도 "자유언론 조항은… 정부 언론을 규제하지 않는다"고 인정하고 있다. Pleasant Grove City v. Summum, 555 U.S. 460, 467 (2009) ("서멈 판결"); Johanns v. Livestock Marketing Assn., 544 U.S. 550, 553 (2005) ("조안스 판결"); Board of Regents of Univ. of Wis. System v. Southworth, 529 U.S. 217, 235 (2000).

만약 정부가 수정헌법 제1조가 사적인 언론에 부과하는 제한에 따라야 한다면, "정부가 어떻게 기능할 수 있을지 상상하기 쉽지 않다." Walker v. Texas Div., Sons of Confederate Veterans, Inc., 576 U.S. ___, (2015) ("워커 판결") 5-7. 수정헌법 제1조는 정부가 다른 사람들의 비용으로 일부의 견해나 생각을 선호하는 방식으로 언론을 규제하는 행위를 금지하고 있다. 그러나 정부언론이 견해 중립 요건을 따라야 한다고 하면 기능이 마비된다. 정부 기관이 어떤 행위를 했을 때, 반드시 특정한 견해를 취하거나 배척하게 된다. 자유언론 조항은 공직자나 공무원이 임무에 관하여 말할 때 정부에게 견해 중립성을 지키라고 요구하지 않는다.

간단한 예를 들어보자. 제2차 세계대전 중에 연방정부는 전쟁승리를 위해 수백만장의 전단지를 만들어 배포하였다. 징병등록, 전쟁채 매입, 희귀 자원 보존을 독려하였다. 이 전달지들은 견해를 나타냈지만 수정헌법 제1조는 정부에게 미국인들에게 이러한 활동 참여를 자제하라고 권장하는 전단지를 제작, 배포하는 방법으로 메시지의 균형을 맞추라고 요구하지 않았다.

그러나 정부언론이론이 중요하고 필요하지만, 오용될 위험이 있는 이론이다. 만약 사적 언론이 단순히 정부의 승인을 받아서 정부언론처럼 취급될 수 있다면, 정부는 싫어하는 견해의 표현을 막거나 약화시킬 수 있다. 이러한 이유로 우리는 우리의 정부 언론 선례를 확대하기 전에 마땅히 주의를 기울여야 한다.

이 사건에서 연방정부기구인 상표청이 등록한 상표의 내용이 문제되고 있다. 연방정부는 이러한 상표들을 생각해내거나 등록 때 제출된 상표를 편집하지 않는다. 이 사건 관련 법률이 요구할 때를 빼고, 심사관은 표현되어 있는 견해를 바탕으로 상표등록을 거부하지 않는다. 그래서 법률 조항이 적용되어야 한다는 생각이 들지 않는 한 심사관은 상표가 전달하는 견해가 정부 정책에 맞는지, 그 견해가 이미 주등록부에 있는 다른 상표가 표현한 것과 일치하는 지를 묻지 않는다. 대신에 만약 상표가 상표법의 견해 중립성 요건에 맞는다면, 등록의무가 있다. 그리고 만약 심사관이 주등록부에 등록될 자격이 있는 상표라고 인정한다면, 등록을 다투지 않는 한 상관이 그 결정을 재검토하지 않는다. 또한 상표가 일단 등록되면, 당사자가 등록취소를 신청하거나, 등록유효기간이 지나거나, 연방통상위원회가 일정한 절차를 시작하지 않는 한, 상표청은 등록을 취소할 권한이 없다.

위에서 본 바와 같이 등록된 상표의 내용이 정부언론이라고 하는 것은 설득력이 없다. 만약 연방정부에 등록되어 상표가 정부언론이 된다면 연방정부는 터무니없고 끊임없이 재잘거리게 된다. 정부는 허튼소리를 많이 하고, 모순되는 견해를 표현하게 된다. 부끄러움도 없이 많은 상업 제품과 서비스를 홍보하게 된다. 그리고 소비자들에게 수수께끼 같은 조언을 한다.

예를 들어 상표가 정부언론이라면, 미국인들에게 make.believe"(소니), "Think different"(애플), "Just do it"(나이키), 또는 "Have it your way"(버거킹)라고 말할 때 정부는 무슨 생각을 하고 있을까? 정부가 "EndTime Ministries"이란 상표를 등록했을 때 다가오는 재난을 경고했을까?

상표청은 등록이 상표의 승인이 아니라고 분명히 밝혔다. 그리고 연방상표등록이 뜻하는 바를 아는 사람은 많지 않을 것 같다.

우리의 정부언론 선례는 등록된 상표가 정부 언론이라는 생각을 조금도 뒷받침하지 않고 있다. 조안스 판결에서 우리는 소고기 제품 판매를 홍보하는 광고를 살펴보았다. 연방법은 소고기와 소고기 제품의 이미지와 호감을 높이기 위해 유료 광고 프로그램의 제작을 요구하였다. 의회와 농림장관은 광고 내용의 지침을 주었고 농림부 공무원은 구체적인 광고내용을 논의하는 회의에 참석하였다. 장관은 광고를 고치거나 거부할 수 있었다. 우리는 소고기 홍보물에 들어 있는 메시지는 처음부터 끝까지 연방정부가 만들어서 광고는 정부언론이라고 판결하였다. 이러한 소고기 광고 제작에 정부가 참여하는 행위는 상표가 등록될 때 일어나는 일과는 전혀 닮지 않았다.

서멈 판결도 매우 다르다. 작은 도시공원에 15개의 기념물이 있었다. 555 U.S., 464. 11개는 민간단체가 기부하였고, 그 가운데 한 개에 십계명이 들어 있었다. 한 종교 단체는 기부한 기념물을 받아들인 시가 사적인 언론을 위한 제한된 공론장을 만들었기 때문에 공원에 자신들의 신앙을 표현하는 기념물을 전시할 의무가 있다고 주장하였다.

공원의 기념물은 정부 언론을 의미한다고 판결하면서 많은 요소들을 인용하였다. 정부는 고대로부터 일반인들에게 말하기 위해 기념물을 사용하였다. 공원은 기부한 기념물을 받아들이고 전시하기 위해 전통적으로 선택된 장소이다. 만약 민간단체가 제공한 모든 기념물을 받아들일 의무가 있다면 공원은 가득 차게 된다. 일반인의 마음속에는 공원이 땅을 소유한 정부기관과 밀접하게 관련되어 있다. 받아들인 기념물은 정부의 메시지를 전달한다는 뜻이 있거나 전달하는 효과를 갖고 있다.

상표는 이러한 특성을 전혀 갖고 있지 않다. 상표는 과거로부터 정부의 의사를 전달하기 위해 사용되지 않았다. 15 U.S.C. §1052(a)의 예외를 빼면, 상표가 갖고 있는 견해는 주등록부에 등록할지를 결정하는데 아무런 역할을 하지 않는다. 공중이 상표의 내용을 연방정부와 연관시킨다는 증거는 없다.

정부가 가장 크게 의존하고 있는 사건, 워커 판결은 정부언론이론의 경계를 설정하고 있다. 텍사스 특수 면허증의 메시지가 정부언론이라고 판단하면서, 워커 법원은 서멈 판결에서 뽑은 3가지 요소를 인용하였다. 첫째, 면허증은 주가 메시지를 전달하기 위해 오랫동안 사용해왔다. 둘째, 면허증은 주가 설계하여 만들고 소유하고 있고, 정부증명서 형태로 기능하고 있기 때문에 공중의 마음속에서 주와 밀접하게 연관되어 있다. 셋째, 텍사스는 특수면허증에서 전달하는 메시지를 직접 통제하고 있다. 이 사건에서는 이러한 요소들이 전혀 없다.

요컨대 연방 상표등록은 조안스 판결의 소고기 광고, 서멈 판결의 기념물, 워커 판결의 특수 면허증과도 매우 다르다. 등록된 상표가 정부 언론이 된다면 정부언론이론이 매우 위험하게 확장된다. 만약 상표 등록이 정부언론이라면, 다른 정부 등록 제도의 성질도 똑같은 방식으로 같아진다.

아마도 정부 주장이 가장 걱정스러운 것은 저작권 등록 제도와 관련되어 있다. 만약 연방 상표 등록이 정부언론이 되고 수정헌법 제1조의 모든 보호로부터 제외된다면, 책을 저작권으로 등록해도 비슷하게 바뀌는가?

정부는 저작권이 자유 표현의 엔진이라는 이유로 구분하려고 하고 있지만, 이 사건이 예시하듯이, 상표도 표현적인 내용을 갖고 있다. 회사는 메시지를 전달하는 상표를 만들어 홍보하기 위해 많은 돈을 쓰고 있다. 사실 상표는 간결성이 필요해서 말할 수 있는 내용이 제한된다. 그러나 때때로 강력한 메시지를 몇 마디 말로 전달할 수 있다. 상표는 정부 언론이 아니라 사적인 언론이다.

B

다음으로 이 사건은 이 법원이 특정 견해를 표현하는 언론을 보조하는 정부 프로그램의 합헌성을 인정한 선례들에 따라 판단되어야 한다는 정부의 주장을 본다. 이 선례들은 악명높게 까다로운 헌법 문제를 갖고 있다. 우리는 헌법이 보호하는 언론의 자유를 침해한다는 이유로, 혜택을 받을 자격이 없다 하더라도 사람에 대한 혜택을 거부하지 못한다고 판결했다. Agency for Int'l Development v. Alliance for Open Society Int'l, Inc., 570 U.S.___ (2013) 8. 그러나 동시에 정부가 원치 않는 활동을 보조할 필요는 없다. 이 원리가 특정 사건에 적용되는지를 결정하는 일이 늘 명확하지는 않지만, 이 사건에서는 어려운 문제는 없다.

이 사건과 달리 정부가 들고 있는 판결은 모두 예산 지원이나 비슷한 일들이 관련되어 있다. Rust v. Sullivan, 500 U.S. 173 (1991) ("러스트 판결")에서 연방법은 가족계획사업을 위해 민간단체에 자금을 제공하였다. National Endowment for Arts v. Finley, 524 U.S. 569 (1998) ("핀리 판결")에서는 예술가들에게 자금이 지원되었다. 그리고 United States v. American Library Assn., Inc., 539 U.S. 194 (2003) 판결에서는 공공 도서관에 지급한 연방자금이 문제였다. 다른 사건에서 우리는 세금 혜택을 보조금과 비슷하게 여겼다. Regan v. Taxation With Representation of Wash., 461 U.S. 540 (1983); Cammarano v. United States, 358 U.S. 498 (1959).

상표의 등록은 그 사건들에서 문제가 되었던 프로그램이 아니다. 상표청은 상표등록 신청인에게 돈을 주지 않는다. 오히려 그 반대이다. 상표등록을 신청하기 위해서는 상표청에 신청비 225~600불을 내야 한다. 그리고 연방등록을 유지하기 위해서 상표권자는 10년마다 300~500불을 내야 한다. 연방항소법원은 이 비용으로 지난 27년 동안 등록 제도가 잘 운영되어 왔다고 인정했다.

정부는 등록되면 연방정부가 관리하는 조사, 공개, 상표등록증 발급 등을 할 수 있는 원천 자료에 직접 접근할 수 있는 가치 있는 비금전적인 혜택을 준다고 한다. 그러나 모든 정부 서비스에는 정부 예산이 지출된다. 경찰, 소방업무와 같이 모두에게 혜택이 가는 서비스뿐만 아니라 일부 사람들만 활용하는 서비스, 예컨대 소송의 해결과 공원 및 고속도로의 이용도 마찬가지다.

상표등록은 유일한 정부 등록제도가 아니다. 예를 들면 연방정부는 저작권과 특허권도 등록한다. 주정부와 산하기관은 부동산과 담보권을 등록하고, 운전면허증, 오토바이 등록, 사냥, 낚시, 배 면허증을 내준다.

러스트 판결과 핀리 판결은 그러한 서비스와 관련되어 부과되는 언론 제한의 합헌성을 분석하는데 도움이 되지 않는다.

C

마지막으로 정부는 정부 프로그램 사건들에 적용되는 새로운 이론에 따라 경멸조항이 유지되야 한다고 주장한다. 이 주장은 상표 등록에 적용될 수 있도록 이론을 넓게 해석하는 시도로서 우리의 정부 언론 선례와 위에서 논의한 보조금 사건에 거의 모두 흡수된다. 이 해석에서 새로운 부분은 공무원노동자들로부터 사용자가 조합비를 거둔 사건 2건이 있다. 그러나 이 사건들은 수정헌법 제1조의 판례법에서 특별한 영역이고, 상표 등록과는 매우 다르다.

Davenport v. Washington Ed. Assn., 551 U.S. 177, 181-182 (2007) 판결에서 워싱턴주법에 따라 공공기관의 사용자는 노동조합에 가입하지 않은 직원들의 임금에서 집단교섭활동에 쓰이는 조합비 상당액을 자동으로 뺐다. 그러나 이 직원들이 적극 동의하지 않으면, 법은 선거에 쓰이는 조합비 상당액의 공제를 허용하지 않았다. 직원 노조는 이 법이 내용에 따른 언론제한으로 위헌이라고 주장하였다. 즉 법이 사용자에게 집단교섭과 관련된 문제에서 노동조합의 언론을 도와주도록 허용하고 있지만, 노동조합이 선거활동을 돕기 위해 돈을 모으는 행위를 더 어렵게 하였다는 것이다. 이 법을 승인하면서 우리는 비노조원의 임금에서 돈을 빼서 노조에 주는 예외적인 혜택을 무료로 제공하면서 자그마한 제한이 더해졌다고 보았다. 더 큰 혜택을 부여하지 않은 것이 생각의 시장(공론장)을 뒤엎지 않으며 노조의 자유언론권을 제한하지 않았다고 판결했다.

YsU.S. v. Pocatello Ed. Assn., 555 U.S. 353 (2009) 판결도 비슷하다. 우리는 공무원들이 임금에서 뺀 노동조합비를 관리할 수 있도록 허용하였지만, 그 공제액을 노조의 정치행동위원회에 전달하는 것을 허용하지 않은 아이다호주법을 살펴보았다. 우리는 "정부는… 특정한 생각의 표현을 지원하기 위해 다른 사람들을 도울 필요가 없다"는 이유를 들었다. 355 (수정헌법 제1조는 표현행위를 위한 자금을 얻기 위해 정부의 임금제도를 이용하는 적극적인 권리를 허용하지 않는다).

위 두 판결들은 우리의 보조금 선례와 비슷하다. 비록 두 법이 노동조합에 현금을 보조하지는 않지만, 공공기관 사용자가 수금하여 노조에 무료로 넘겨주는 대리인 요금을 비조합원이 내는 조건으로 단체교섭협상을 하는 권리라는 매우 가치있는 혜택을 주었다. 현금을 지원하는 선례에서처럼 위 제도가 중요한 정부 이익에 도움이 된다고 생각하였기 때문에 법은 이러한 혜택을 허용하였다. 그러나 위 두 법은 더 나아가서 정치활동에 쓰이는 돈을 편리하게 거두는 제도를 허용하지 않았다.

요컨대 워싱턴 및 아이다호 주의원들은 특히 장려하려고 했던 활동을 지원할 목적으로 실질적으로 비금전 혜택을 주었지만, 다른 활동을 지원할 목적으로 비슷한 혜택을 제공하지 않았다. 그래서 위 두 판결은 위에서 논의한 보조금 사건과 마찬가지로 이 사건과 무관하다.

정부기관이 사적인 언론을 위해 제한된 공론장을 연 사건들이 더 비슷할 수 있다. Good News Club v. Milford Central School, 533 U.S. 98, 106-107 (2001); Rosenberger v. Rector and Visitors of Univ. of Va., 515 U.S. 819, 831 (1995) ("로젠버거 판결")

정부가 글자 그대로든 형이상학적인 의미든, 그러한 공론장을 열었을 때, 내용과 발언자에 따른 일부 규제가 허용될 수 있다. 그러나 그 사건에서도 우리가 말한 견해차별은 금지된다. 로젠버거 판결 830-831.

우리의 선례는 "견해" 차별이라는 용어를 넓은 의미로 사용한다. 그러한 의미에서 경멸조항은 "견해"를 바탕으로 차별하고 있다. 그 조항은 분명히 모든 집단의 경멸을 공평하게 금지하고 있다. 민주당원과 공화당원, 자본주의자들과 사회주의자들, 모든 사안의 양쪽에 있는 사람들을 비난하는 상표에 똑같이 적용된다. 어느 집단이든 많은 구성원들에게 불쾌한 상표는 등록이 거부된다. 그러나 이 사건에 관련된 의미에서 그것이 견해차별이다. 불쾌감을 주는 것이 견해이다.

우리는 되풀이해서 "생각의 공개적인 표현은 일부 듣는 사람들에게 불쾌감을 준다는 이유만으로 금지될 수 없다." (인용 판례 생략)

이러한 이유로 경멸조항은 일부 내용과 발언자에 따라 규제가 허용되는 정부 프로그램의 일종으로 분석하여 구제될 수 없다.

Ⅳ

경멸조항이 우리의 정부 언론 또는 보조금 선례, 정부가 제안한 정부 프로그램 이론에 비추어 유지될 수 없다고 결론내린 다음, 우리는 상표가 상업언론이어서 Central HU.S.n Gas & Elec. Corp. v. Public Serv. Comm'n of N.Y., 447 U.S. 557 (1980) 판결("Central HU.S.n")이 세운 완화된 심사대상인지의 문제에 관한 당사자들의 다툼을 본다. 정부와 그 입장을 지지하는 참고인들은 모든 상표는 상업언론이라고 주장한다. 그들은 상표제도의 중심 목적은 상업이고 연방법은 공정하고 질서 있는 상업을 촉진하기 위해 상표를 규제하고 있다고 적고 있다. 반면에 탬과 그의 참고인들은 모두는 아니더라도 많은 상표가 표현 성분을 가지고 있다고 한다. 즉 이러한 상표는 단순히 상품이나 서비스의 출처를 확인만 하지 않고 상품이나 서비스, 다른 더 넓은 사안에 관하여 그 이상을 말하고 있다고 한다. 이 사건에서 상표는 이 점을 예시하고 있다. "The Slants"란 이름은 밴드를 특정할 뿐만 아니라 사회적인 사안에 대한 견해를 나타내고 있다.

우리는 경멸조항이 Central HU.S.n 판결의 심사조차 통과하지 못하기 때문에 당사자들 사이의 이 논쟁을 해결할 필요가 없다. Central HU.S.n 판결에 따르면 언론의 규제는 "실질적인 이익"에 이바지 하여야 하고, "좁게 적용"되어야 한다. 이는 규제가 그 이익에만 적용되어야 한다는 뜻이다. 경멸조항은 이 요건을 넘지 못한다.

경멸조항은 2가지 이익을 좇고 있다고 주장된다. 첫째 이익은 서면에서 다양한 방식으로 표현되어 있다. 하급심 법원 판결을 보면 정부는 상업 광고에서 "덜 대표된 집단"이 모욕적인 메시지로 무차별 공격받는 일을 막는 이익이 있다고 주장하고 있다. 정부의 입장을 지지하는 참고인은 인종 관용, 사생활 보호, 개인 안녕의 장려를 지적하고 있다. 어떤 식으로 말하든, 요점은 틀림없이 정부가 불쾌한 생각을 표현하는 언론을 막는 이익을 갖고 있다는 것이다. 그 생각은 수정헌법 제1조의 핵심을 건드리고 있다. 인종, 민족, 성, 종교, 나이, 장애, 다른 비슷한 이유를 근거로 모욕하는 발언은 싫다. 그러나 우리의 언론자유법리론의 가장 뚜렷한 자랑은 "우리가 싫어하는 생각"을 표현하는 자유를 보호한다는 것이다.

둘째 이익은 상업의 질서 있는 흐름의 보호이다. 인종, 성, 민족, 국적, 종교, 성적 지향, 그리고 비슷한 인구통계분류를 경멸하는 상표는 상업 흐름을 방해한다. 그러한 상표는 상업에 부정적인 영향을 미친다고 인정되는 차별 행동과 비슷하다.

이 주장에 대한 비슷한 대답은 경멸조항이 부당한 차별을 지지하는 상표를 배제하기 위해 "좁게 제한되지" 않았다는 것이다. 경멸조항은 어느 사람, 집단, 제도를 업신여기는 상표를 대상으로 한다. "인종주의자 타도", "성차별주의자 타도", "동성애 혐오자 타도"와 같은 상표에도 적용되는데, 이는 차별금지 조항이 아니라, 가벼운 대화 조항이 된다. 이러한 방식으로 추구하는 실질적인 이익이 필요한 이상으로 넓어지고 있다.

그 조항은 마찬가지로 적용대상이 너무 넓다. 조항은 산 또는 죽은 모든 사람들뿐만 아니라 모든 제도도 보호한다. "제임스 뷰캐넌은 재앙적인 대통령이었다." 또는 "노예는 악마의 제도이다"라고 말하는 상표가 상업을 방해한다고 말할 수 있다.

불쾌감을 주는 듯한 표현으로 상업언론이 깨끗해진다는 주장에는 더 큰 문제가 있다. 상업시장은 유명한 사람과 집단을 업신여기는 상인들로 가득 차있다. 상업언론과 비상업언론 사이의 경계는 이 사건이 보여주듯이 늘 분명하지 않다. 만약 상업 딱지를 붙여서 정치 또는 사회적인 격분을 일으킬 수 있는 언론의 억압을 허용한다면, 자유 언론은 위험에 빠진다.

* * *

위와 같은 이유로 우리는 경멸조항이 수정헌법 제1조의 자유언론조항을 어겼다고 판결한다. 연방항소법원의 판결을 인용한다.

[대법관 케네디]

상표청은 THE SLANTS의 상표등록을 거부하였다. 상표청은 "산 또는 죽은 사람, 제도, 신념, 나라 상징을 경멸하거나… 깎아내리거나… 모욕하는" 상표의 등록을 금지하는 경멸조항에 따라 그렇게 했다.

법원(다수의견)이 경멸조항은 엄격한 헌법심사를 받아야 할만큼 강력한 언론 억압의 형태인 견해차별이라고 판결한 것은 옳다. 정부의 조치와 근거법이 이 심사를 통과할 수 없다.

법원은 결론이 옳고, 그 의견의 Ⅰ, Ⅱ-A, Ⅲ부분에 동의한다. 견해차별을 금지하는 수정헌법 제1조가 이 사건 상표에 적용되는 이유를 더 자세히 설명하기 위해 따로 적는다. 견해차별을 판단하면 당사자들이 제기한 다른 문제를 더 다룰 필요가 없다는 것도 밝힌다.

I

사기, 명예훼손, 선동과 같이 정부가 규제하거나 처벌할 수 있는 언론의 범주는 우리의 헌법전통안에서 잘 확립되어 있다. United States v. Stevens, 559 U.S. 460, 468 (2010). 이러한 몇 가지 예외를 빼고, 수정헌법 제1조의 근본 원칙은 정부가 언론이 전달하는 생각이나 관점을 승인하지 않는다는 이유로 언론을 처벌하거나 억누르지 못한다. 로젠버거 판결 828-829.

수정헌법 제1조는 내용에 따른 차별로 알려진 형태의 언론 억압인 "특정한 사안을 대상으로 한" 법을 허용하지 않는다. Reed v. Town of Gilbert, 576 U.S. ___, ___ (2015) 12. 이 범주에는 "주제에 관한… 특정한 견해"의 억압을 목표로 한 법이 들어 있다. 견해에 따라 차별한다고 인정되는 법은 "위헌으로 추정되는 매우 나쁜 형태의 내용 차별이다."

가장 먼저 견해차별 심사는 관련되는 대상 범주 내에서 정부가 표현된 견해를 바탕으로 싫어하는 메시지들을 배제하는지를 본다. 이 사건에서 정부가 이행하고 집행하려고 하는 경멸조항은 관련된 대상을 "산 또는 죽은 사람, 제도, 신념, 나라 상징"으로 삼고 있다. 그 범주 안에서 신청인은 긍정적이거나 친절한 표지를 등록할 수 있지만 업신여기는 표지를 등록할 수 없다. 그래서 법은 정부가 불쾌하다고 인정한 메시지들을 승인하지 않는다는 점을 반영하고 있다. 이것이 견해차별의 본질이다.

정부는 이 결론을 다투고 있다. 법이 불쾌하거나 깔보는 상표에 모두 똑같은 방법으로 적용되기 때문에 법이 견해중립이라고 한다. 이는 논점에서 벗어났다. 먼저 내용을 정의한 뒤 한 가지 종류의 논평만 요구함으로써 규제 또는 검열하는 대상은 견해중립이 아니다. 모든 면에서 반대쪽 비판을 금지함으로써 법은 더 견해에 기초하게 된다. 로젠버거 판결 831-2 (많은 목소리가 침묵하는 한, 토론이 편향되지 않았다는 선언은 단순하게 잘못이다. 토론은 다양한 방식으로 왜곡되었다). 정부의 논리에 따르면 법이 만약 공직자가 칭찬받을 수 있지만 비난받을 수 없다고 규정해도 견해중립이 된다. 수정헌법 제1조의 견해 중립성 원리는 한 쪽만을 확인하는 권리 이상을 보호한다. 즉 발언자의 선택에 따라, 특정한 입장을 지지하는 주장을 특정한 방식으로 만들어내고 제시할 권리를 보호한다. 긍정성을 강요함으로써 이 사건 법은 반대의견을 침묵시키고 공론장을 왜곡하고 있다.

정부는 다음으로 경멸조항이 신청인의 개인 견해나 상표를 사용하는 이유를 묻지 않고 상표에 적용되기 때문에 법조항이 견해중립이라고 주장한다. 신청인의 음악을 듣는 사람들의 예상되는 반응을 근거로 등록이 거절되었다고 한다. 정부는 특정한 견해가 싫어서 행동하였다고 말할 수 없다고 한다. 예를 들면 정부는 피상고인이 긍정적인 방식으로 상표를 쓰려고 했다는 점은 다투지 않는다. 피상고인은 자부심을 나타내는 증표로 만들 의도로 음악 재능과 새로운 통찰, 풍자적인 유머를 이용하여 인종 차별의 뜻을 대체하려고 The Slants를 쓰려고 했다. 피상고인의 신청이 거부된 이유는 업신여기거나 불쾌감을 주려고 신청했다기보다는 상표가 적어도 일부 아시안계 미국인에게 영향을 미칠 거라고 정부가 생각했기 때문이다.

정부는 검열을 발언자의 청중 반응과 연계함으로써 견해차별의 혐의를 벗을 수 없다. 법원은 정부가 발언자의 신념을 억누르려는 의도가 있을 때 견해차별이 생긴다고 말했다. 그러나 견해차별은 모든 경우에 그런 형태를 띨 필요가 없다. 견해차별의 위험은 정부가 어떤 생각이나 관점을 더 넓은 토론영역에서 없애려고 할 때 발생한다. 만약 생각이나 관점이 특정한 청중이 적어도 처음 들었을 때 불쾌하다고 생각하는 것이라면, 그 위험은 더 커진다. 초기 반응이 나중의 심사숙고를 이끌어내고 더 합리적이고 관용하는 입장에 이르게 된다.

청중의 반응에 따른 언론 제한은 정부의 위장된 반감과 개입일 뿐이다. 무엇보다 정부가 발언자의 의견을 인정하지 않는다는 이유로 대상 언론이 정해진다. 그리고 이 사건에서 관련 청중이 언론을 불쾌하다고 인정하는지를 결정하는 주체는 정부이다. 이러한 이유로 법원의 선례는 오랫동안 정부가 억누르려고 하는 언론의 불쾌함을 지적함으로써 수정헌법 제1조의 부담에서 벗어나려는 것을 금지해 왔다.

정부는 법조항의 합헌성을 옹호하면서 피상고인의 상표가 부정적인 뜻을 갖고 있다고 가정하고 있다. 우리는 이 주장을 다루면서 정부의 해석이 정확하다는 뜻은 아니다. 피상고인이 처음 신청할 때부터 그의 상표가 정부가 말하는 바와 같은 뜻을 가졌다고 동의하지 않았음은 명백하다. 피상고인은 상표가 모든 아시안계 미국인이 미국의 다양성에 기여할 수 있고 기여하고 있다는 점을 축하하는 긍정적인 목적을 가지고 불쾌한 용어를 재고시키는 효과를 가질 거라고 강조하고 있다. 사려 깊은 사람들은 이 생각을 동의하거나 동의하지 않을 수 있지만, 상표가 말하는 바와 정부 자신의 반대, 그리고 부정적인 해석 사이의 불협화음은 법조항이 가진 헌법상의 해악을 확인해준다.

Ⅱ

당사자들은 상표가 상업언론인지, 상표등록이 연방보조금으로 해석되어야 하는지를 다툰다. 전자의 쟁점은 상표보호에 대한 어떤 상업적인 관심이 규제의 근거가 되는지에 달려 있다. 그러나 이 사건 견해차별은 반드시 엄격 심사를 받아야 하기 때문에 그 쟁점은 해결되었다.

법원은 "정부가 상업언론이 전달하는 의견에 동의하지 않아 언론을 규제할 때마다 수정헌법 제1조는 엄격심사를 요구한다는 원칙에 상업언론도 예외가 아니다."라고 설명하였다. Sorrell v. IMS Health Inc., 564 U.S. 552, 566 (2011) ("소렐 판결"). 내용에 따른 차별과 달리, 불쾌하다는 이유로 언론을 대상으로 한 규제를 포함한 견해차별은 상업계에서도 심각한 관심사로 남아 있다. Bolger v. Youngs Drug Products Corp., 463 U.S. 60, 65, 71-72 (1983). 상표가 상업 언론에 해당하는 범위에서, 그 용어나 범주가 수정헌법 제1조의 견해 중립성 요건에서 완전히 면제되지 않음을 보여준다. 대법관 홈즈가 "생각의 자유로운 교환"과 "공론장의 경쟁에서 인정되는 생각의 힘"을 말한 것은 은유였다. 상표의 영역에서 은유적인 공론장은 손에 잡히는 강력한 현실이 되었다. 이 사건에서 실제 공론장은 연방정부와 무관하게 주법과 보통법의 문제로 존재한다. 이 상표들은 연예오락단체, 방송망, 디자이너의 옷, 신문, 자동차, 과자, 장남감 등과 함께 일상생활에서 표현의 일부를 이루고 있다. 의학연구와 다른 인도주의 조직부터 정치 단체에 이르기까지 비영리 기구도 상표(상호)를 가지고 있고, 다른 사람들에게 자신들의 활동목적에 참여하도록 설득하면서 실제 경제적인 의미로 기금모금과 다른 지원을 받기 위해 경쟁하면서 상표를 사용하고 있다. 이러한 맥락에서 견해차별을 허용하면 정부의 검열을 허용하게 된다.

이 사건은 상표법의 다른 조항이 수정헌법 제1조에 따라 어떻게 분석되어야 하는지의 문제를 드러내지 않는다. 예컨대 상표가 혼동이나 오인을 일으킬 때 법은 소비자와 상표 소유자들을 보호할 수 있다. 이 사건도 제품 표지나 소비자를 보호하기 위한 표지 등에 관련된 법조항을 다루지 않는다. 소렐 판결 579(상업상 소비자 피해를 막는 정부의 정당한 이익은 상업 언론이 비상업언론보다 더 많은 정부의 규제를 받을 수 있는 이유를 설명해 준다). 그러나 이러한 고려 때문에 이 사건 법조항에 들어 있는 견해차별을 금지하는 언론법리가 바뀌지 않는다.

법원의 선례는 견해차별이 허용될 수 있는 예외적인 상황을 인정하였다. 정부 스스로가 발언하거나 다른 사람을 고용하여 정부 메시지를 전달하게 하는 경우이다. Legal Services Corporation v. Velazquez, 531 U.S. 533, 540-542 (2001) ("벨라스케즈 판결"); Board of Regents of Univ. of Wis. System v. Southworth, 529 U.S. 217, 229, 235 (2000); 로젠버거 판결 833. 정부가 입장을 분명히 밝히고 정책을 추진하기 위해 필요한 예외이다. 그러나 이는 모든 정부 프로그램이 수정헌법 제1조로부터 면제된다고 주장하는 것을 막기 위해 매우 제한된 예외이다. 이 선례들은 정부가 스스로를 위해 발언한다는 점을 알 수 있는 요소들을 확인하고 있지만 이 사건에서는 없다.

민간 발언자들이 특정한 정부 의견을 전달하는데 도움을 주기 위해 정부 프로그램에서 선택된 경우가 있을 수 있다. 이 사건은 그러한 사례가 아니다. 상표 등록의 중심 목적은 출처 확인을 쉽게 하기 위함이다. 그 넓은 목적을 이루기 위해 정부는 모든 종류의 상품과 서비스를 확인하는 수백만의 표지에 대해 연방 등록이라는 혜택을 주고 있다. 등록된 상표는 매우 다양한 낱말, 상징, 메시지로 만든 의미로 그러한 기능을 한다. 경멸하는 상표인지는 그 목적과 아무런 관련이 없다. 이러한 목적을 가진 연방 제도의 목적과 범위를 정의하는 일이 복잡할 수 있지만, 우리의 선례는 이 사건에서처럼 정부가 민간 발언자들의 견해 다양성을 권장하기 위해 돈을 쓸 때, 견해차별이 허용되지 않는다는 점을 분명히 하고 있다. 벨라스케즈 판결 542.

* * *

일부 사람들에게 불쾌하다고 인정된 언론에 적용되는 법은 소수자와 반대 견해로 향할 수 있고 이는 모두에게 피해를 주게 된다. 수정헌법 제1조는 그 권한을 정부의 선의에 맡기지 않는다. 대신에 우리는 민주 사회의 자유롭고 열린 토론이 가져오는 실질적인 안전장치에 기대야 한다.

이러한 이유로 나는 법원의 판결이유에 일부 참여하고 판결에 동조한다.

[종교의 자유]

6. 코로나19 전염 예방을 위한 예배참석인원 제한과 종교의 자유

Roman Catholic Diocese of Brooklyn v. Cuomo

592 U.S.______(2020)

〈해 설〉

피상고인 쿠오모 뉴욕주지사는 뉴욕주의 브루클린과 퀸스 지역에서 전염율이 높은 지역을 붉은색, 둘러싸고 있는 지역을 감색, 그 바깥지역을 노란색 지역으로 지정하였다. 예배당(성당, 유대교 회당)에 참석하는 신자수를 붉은색 지역은 10명 이하 또는 수용인원의 25% 이하, 감색 지역은 25명 이하 또는 수용인원의 33% 이하, 노란색 지역은 수용인원의 50% 이하만 허용하는 행정명령을 하였다. 가톨릭 브루클린 교구와 정통 유대교 및 관련 단체는 행정명령이 수정헌법 제1조의 종교의 자유를 침해하였다고 주장하면서 집행정지를 신청하였다. 연방지방법원은 신청을 기각하였고, 연방제2항소법원도 기각하였다.

법정의견은 종교의 자유 제한에는 중대한 주의 이익을 달성하기 위해 대상과 범위 등을 정교하게 맞추어 제한해야 한다는 엄격심사기준이 적용된다고 전제하였다. 코로나 바이러스 확산방지는 중대한 주의 이익이지만, 신청인들이 방역지침을 이의 없이 지켰는데도 비종교시설과 비교해 볼 때 지나치게 예배참석인원을 제한하고 있으며, 예배당에 직접 참석하여 영성체를 하지 못하는 등 신자들의 종교의 자유가 회복할 수 없을 정도로 침해되었다고 인정하였다. 이 사건 규제로 공공의 이익을 해친다는 증거가 없고, 행정명령이 완화되었다 하더라도 언제든지 강화될 수 있으므로 집행 정지가 필요하다고 판결했다.
대법관 브레이어는 헌법은 정치적으로 책임지는 위치에 있는 공직자에게 인민의 안전과 건강을 맡겼고, 그 공직자들은 과학전문가들과 함께 상황변화에 빠르게 대응하고 있으며, 신청인들의 예배당은 이미 노란색 지역으로 바뀌었으므로 이 사건 금지명령을 내릴 필요가 없다고 판단하였다. 대법관 소토마요르는 목숨을 살리기 위해 종교기관을 다른 세속기관과 똑같이 또는 더 유리하게 대우하는 규제는 공중보건위기에 대응하기 위한 조치로서 헌법에 의해 금지되지 않는다고 판단하였다.

[익명 판결]

연방제2항소법원에 계류 중이고 상고허가신청이 계류 중인 동안, 피상고인이 한 행정명령 202.68의 10명과 25명 집합제한처분의 집행을 금지한다. 상고허가신청이 기각되면 이 명령은 자동 실효된다. 상고허가신청이 인용되면 이 법원의 판결선고시에 이 명령은 실효된다.

* * * * *

이 사건 긴급 신청과 다른 신청(정통 유대교 사건)은 같은 쟁점을 갖고 있어서 두 사건을 함께 다룬다. 두 사건은 "붉은색 또는 감색" 지역으로 지정된 곳에서 예배 참여를 매우 강하게 제한한 뉴욕주지사의 행정명령에 대해 구제를 신청하고 있다. 붉은색지역에서는 10명 이하의 사람만이 예배에 참여할 수 있고 감색지역에서는 25명 이하로 한정되었다. 가톨릭 브루클린 교구와 정통 유대교 및 관련 단체가 제기한 두 건의 신청에서, 이 제한조치가 수정헌법 제1조 종교의 자유를 침해하였으니, 재판이 진행 중에 처분의 집행을 정지해달라고 요청하였다. 정통유대교는 주지사의 여러 발언들을 인용하면서, 구체적으로 정통유대교 공동체를 목표로 삼아 붉은색 및 감색 지역을 지정할 때 정통유대교를 거의 모두 포함시켰다고 주장한다. 신청인들은 다른 비슷한 세속 시설과 비교해 볼 때 더 세게 예배당을 제한했다고 주장한다. 그들은 모든 공공 방역 지침을 이의 없이 지켰고, 추가 조치도 이행하였으며 한 건의 확진 없이 몇 달 동안 예배인원을 25% 또는 33%로 줄여서 운영하였다고 한다.

신청인들은 재판중 구제를 신청할 자격을 분명히 밝혔다. 수정헌법 제1조 청구로 승소할 가능성이 있고, 구제를 거부하면 회복할 수 없는 피해를 입을 수 있으며, 구제를 허용해도 공공의 이익에 반하지 않는다. 신속하게 명령을 내릴 필요성이 있어 우리는 즉시 구제가 필요한 이유를 짧게 요약한다.

본안소송 승소가능성

신청인들은 다투고 있는 규제가 종교에 대한 최소한의 중립성 요건을 위반하였음을 강력하게 밝혔다. Church of Lukumi Babalu Aye, Inc. v. Hialeah, 508 U.S. 520, 533 (1993) ("루쿠미 판결"). 하급법원의 반대의견이 밝혔듯이 다투고 있는 규제와 관련한 발언들이 정통유대교 공동체를 대상으로 하는 것처럼 비춰질 수 있다. 그러나 그 발언들을 제쳐둔다고 해도, 구체적으로 가혹한 조건으로 예배당을 규제하고 있기 때문에 규제는 중립적으로 보일 수 없다.

붉은색 지역에서는 유대교 회당이나 성당은 10명 이상을 입장시킬 수 없는 반면, "필수"로 분류된 영업장은 원하는 대로 사람들을 입장시킬 수 있다. 필수 영업장에는 침술원, 캠프장, 쓰레기처리장, 화학공장, 전자제품공장, 모든 운송시설과 같은 필수로 분류될 수 있다고 생각되지 않는 곳들로 포함되어 있다. 감색 지역의 차별대우는 더 크다. 예배당 참석인원이 25명 이내로 묶여 있는 반면, 필수가 아닌 영업장은 스스로 입장인원을 결정할 수 있다.

이러한 분류는 문제다. 지방법원의 심리에서 보건부 공무원은 브룩클린에는 수백 명이 물건을 살 수 있는 대규모 가게가 있다고 증언하였다. 근처 성당이나 유대교 회당은 예배 인원이 10명 또는 25명으로 제한되어 있다. 그리고 주지사는 공장과 학교에서 코로나 바이러스가 퍼지고 있다고 말하였지만, 기록상 안전한 상태를 유지하고 있는 교구 교회와 유대교 회당보다 규제가 덜하다.

이 사건 규제는 중립이 아니고 일반적으로 적용가능하지 않기 때문에, 엄격심사를 받아야 하고, 중대한 주의 이익을 달성하기 위해 맞춤형으로 만들어져야 한다. 루쿠미 판결 546. 코로나 바이러스의 확산방지는 중대한 이익임에 틀림없지만, 규제가 제한적으로 만들어졌다고 볼 수 있는지 알기 어렵다. 이전에 법원이 심리한 코로나 바이러스 관련 규제[35]보다 더 심하다. 유행병으로 큰 타격을 입은 다른 지역이 채택한 규제보다 더 세고, 신청인들의 예배장소에서 바이러스의 확

---

35) Calvary Chapel Dayton Valley v. Sisolak, 591 U.S. ___ (2020) (예배인원을 50명으로 제한한 지침); South Bay United Pentecostal Church v. Newsom, 590 U.S. ___ (2020) (예배인원을 100명 및 수용인원의 25% 이내로 제한한 행정명령).

산을 막기 위해 필요하다고 생각될 수 있는 정도보다 훨씬 강하다. 지방법원은 "교구의 교회에서 다시 예배를 시작한 이후 코로나 바이러스가 확진되지 않았다"고 적었고, 질병의 확산을 막으려는 교구의 노력을 인정하였다. 교구는 "규제가 발표되기 전에 주의 요구보다 더 엄격한 안전기준을 한결같이 적용"하였다. 유대교도 "모든 방역 지침을 엄격하게 이행하였음을 주지사가 인정하고 있고, 예배 중에 코로나 바이러스 환자가 발생하지 않았다"고 주장한다.

신청인들이 바이러스를 퍼트렸다는 증거가 없고, 예배에 참석하는 사람들의 위험을 최소화하기 위해 선택할 수 있는 완화된 규제가 더 많이 있다. 예배 최대 참석자를 성당이나 회당의 규모에 연계할 수 있다. 행정명령으로 영향을 받는 26개의 교구 성당에는 적어도 500명의 자리가 있고, 14곳은 700여명, 2곳은 1,000명을 수용할 수 있다. 유대교 회당도 400명의 자리가 있다. 1,000명 좌석의 성당이나 400명 좌석의 회당에 10명 이상이 입장하면 주가 허용하는 다른 많은 시설보다 건강상의 위험이 더 큰지 의문이다.

회복할 수 없는 손해

이 사건 규제가 집행된다면 회복할 수 없는 손해 발생은 의문의 여지가 없다. "설령 아주 짧은 기간이라 해도 수정헌법 제1조 자유를 잃으면 의문의 여지없이 회복할 수 없는 피해가 발생한다." Elrod v. Burns, 427 U.S. 347, 373 (1976) (복수의견). 만약 10명에게만 예배 참석이 허용된다면, 많은 신자들은 일요일 미사나 안식일 예배에 참석하지 못한다. 그리고 참석 못 한 신자들이 TV를 통해 예배를 볼 수 있다고 해도, 현장에 참여한 예배와 똑같지 않다. 집에서 미사를 보고 있는 가톨릭 신자들은 영성체를 할 수 없고, 정통 유대교 교리는 직접 참석이 중요한 종교 전통이다.

공공의 이익

마지막으로 집행정지 신청을 받아들이면 공공의 이익을 해친다는 증거는 없다. 주는 신청인들의 예배 참석으로 질병이 퍼진다고 주장하지 않았다. 주는 만약 제한이 덜한 수단을 적용한다면 공중 보건이 위험에 빠진다고 하지 않았다.

대법관들은 공중보건 전문가가 아니고, 우리는 이 분야에서 특별한 전문성과 책임을 가진 사람들의 판단을 존중하여야 한다. 그러나 대유행시기에도 헌법을 외면하거나 잊어서는 안 된다. 이 사건 규제는 많은 사람들의 예배 참석을 금지하는 효과가 있고, 수정헌법 제1조가 보장하는 종교의 자유 핵심을 건드리고 있다. 규제를 허용하기 전에 그 조치의 필요성을 깊이 검토할 의무가 우리에게 있다.

반대의견은 요즘 상황이 바뀌었기 때문에 우리가 구제를 철회해야 한다고 주장한다. 신청인이 이 법원에 구제를 요청한 뒤, 주지사는 감색부터 노란색 지역을 다시 분류하였고, 이 변경으로 신청인들은 최대 수용인원의 50%를 입장시킬 수 있다. 반대의견은 지금은 구제신청을 받아들이지 않지만 최근의 재분류가 취소된다면 교구와 유대교의 구제신청 취지 변경을 허용하고 있다.

그러한 재판진행을 허용할 정당성이 없다. 이 문제에 확인의 이익이 있음은 분명하다. (인용 판례 생략) 신청인들이 붉은색 또는 감색으로 다시 분류될 수 있는 위협을 계속 받고 있기 때문에 구제명령은 여전히 필요하다. 주지사는 사전에 알리지 않고 지역을 자주 재분류하고 있다.[36] 그렇게 된다면 재분류로 인하여 거의 분명하게 사법구제를 얻기 전에 예배에 참석할 수 없게 된다. 거의 모든 가톨릭 성당에서 미사는 날마다 진행되고 있고 정통 유대교의 기도도 마찬가지다. 또한 과거처럼 주후반에 재분류된다면, 신청인들이 안식일이 지나기 전에 사법구제를 받을 시간이 없다. 교구가 이 사건 신청을 한 지 13일이 지났고 유대교의 신청도 한 주가 지났다. 우리가 앞으로 좀 더 빨리 움직여야겠지만, 2주가 지나기 전에 구제결정을 한다는 보장은 없다. 신청인들은 구제를 얻는데 필요한 증명을 하였고, 앞으로 다시 분류될 때 회복할 수 없는 피해를 입는 위험을 안아야 할 이유는 없다.

이러한 이유로 우리는 신청인의 예배를 강하게 규제하는 주지사의 이 사건 행정명령은 금지되어야 한다고 본다.

[대법관 고서치 동조의견]

정부가 위기시에 수정헌법 제1조를 무시할 자유는 없다. 최소한 정부가 중대한 이익을 추구하고 가장 제한이 덜한 수단을 쓰지 않는 한, 종교 행위를 상응하는 세속적인 행위보다 나쁘게 대우해서는 안 된다. 그러나 최근에 코로나 바이러스

---

36) 최근의 변경은 다음과 같다. 11, 23 월요일/11. 19. 목요일/ 11. 18. 수요일/11. 11. 수요일/ 11. 9. 월요일/ 11. 6. 금요일/ 10. 28. 수요일/ 10. 21. 수요일.

대유행시기에 일부 주는 이와 같이 오래 전에 확립된 원칙을 무시하는 듯하다.

오늘 사건이 바로 그 예이다. 뉴욕 주지사는 행정명령으로 지역별로 다른 색으로 분류하고 규제할 권한이 있다고 주장하였다. "붉은색 지역"에서 예배당은 최대 10명을 빼고는 문을 닫는다. 예배정족수로 10명의 남성이 필요한 정통 유대교회는 규제로 모든 여성이 갈 수 없다. "감색 지역"에서도 다르지 않다. 이 규제는 보통 수백 명씩 수용하는 가장 큰 성당과 유대교회당에도 적용된다. 그리고 사회적 거리두기, 마스크 쓰기, 문과 창문 열기, 합창 생략, 예배시간 사이 소독 시간 등을 포함하여 어떤 주의를 기울여도 규제는 적용된다.

주지사는 필수 영업장에는 인원을 묶지 않았다. 그리고 주지사가 필수라고 생각한 영업장에는 공구점, 침술원, 술판매점이 들어 있다. 자전거 수리점, 광고판 회사, 회계사, 변호사, 보험대리인도 역시 필수 사업장이다. 그래서 적어도 주지사에 따르면 교회에 가는 일은 안전하지 않지만, 포도주를 고르거나 새 자전거를 사거나 침을 맞으며 오후를 보내는 일은 괜찮다. 공중보건을 아는 사람이 완벽하게 그러한 편의를 배분할 수 있을까?

오늘 모든 대법관들은 주지사의 방침을 우리의 수정헌법 제1조 전통 법리에 맞추기가 쉽지 않음을 인정하고 있다. 사람들은 버스정류장과 공항, 빨래방, 은행, 공구점, 주류판매점에 모인다. 규제에 따라 특히 종교기관이 필수 사업장에 요구한 모든 안전 지침을 따를 준비가 되어 있고 기꺼이 따르겠다고 했을 때 사람들이 성당이나 회당에 모이지 않을 이유는 없다. 종교시설을 달리 대우하는 유일한 설명은 종교시설의 활동이 다른 장소에서의 활동만큼 필수적이지 않다는 판단에서 나온 듯하다. 주지사는 이 점에 대해 정말 놀랍게도 솔직하다. 그의 판단으로 세탁이나 술, 여행과 공구는 전통의 종교 행사와 달리 필수다. 정확하게 수정헌법 제1조가 금지하는 차별이다.

새로운 문제가 아니다. 최근 몇 달 사이 다른 주지사들도 비슷한 지침을 내렸다. 그들은 쉽게 교회, 모스크, 절을 빼고 식당, 마리화나 판매점, 카지노에 특혜를 주는 권한을 주장하였다. 너무 많은 장소에서, 너무 오랫동안 우리의 종교의 자유는 잠자고 있다.

*

수정헌법 제1조의 용어와 오랫동안 확립된 법리에서 갑자기 벗어나는 일이 정당한 이유는 무엇인가? 다른 대법관들은 2가지 답을 내고 있다. 먼저 대법원장이 새로운 긴급상황이고 질병이 거의 알려지지 않았기 때문에 대유행의 초기 상황에서 행정명령을 존중한다고 밝힌 South Bay Pentecostal Church v. Newsom, 590 U.S. ___ (2020) ("사우스 베이 판결")의 1인 동조의견을 가리킨다. 그 때에 코로나바이러스는 퍼지기 시작한 뒤 3개월가량으로 가장 이른 시기였다. 지금은 2020년이 끝나가고 있고 대유행의 그림자아래 두 번째 해를 살아야 하는 상황을 맞이하고 있어서, 그 논리는 더 이상 유효하지 않다. 헌법이 대유행시기동안 쉰다고 해도 계속 쉴 수는 없다. 사우스 베이 판결의 구속력이 없고 유효기간이 지난 동조의견을 적용하기보다 종교의 자유조항을 다시 적용해야 한다. 오늘 다수의견은 이를 분명히 하고 있다.

사우스 베이 판결의 동조의견은 지금 우리가 맞고 있는 현실과 다른 상황을 다루고 있을 뿐만 아니라 그 의견은 처음부터 잘못되었다. 그 동조의견은 100년 전의 대법원판례집에서 찾은 Jacobson v. Massachusetts, 197 U.S. 11 (1905) 판결 ("제이콥슨 판결")의 취지를 받아들이고 있다. 그러나 제이콥슨 판결은 대유행 시기에 헌법을 느슨하게 적용해야 한다고 하지 않는다. 그 판결은 전혀 다른 권리와 규제, 분석을 다루었다.

먼저 분석 방법을 보자. 비록 제이콥슨 판결이 현대의 엄격심사이전에 나왔지만, 이 법원은 천연두 대유행 시기에 백신을 맞고, 5불 벌금을 내거나 면제대상임을 확인하도록 요구한 주법을 다투는 사건에서 합리성 심사기준을 적용하였다. 이 법원은 인종이나 다른 사유에 따른 의심스런 구분, 또는 기본권 청구가 아닌 한, 합리성 심사기준을 수정헌법 제14조 분쟁에 일반적으로 적용한다. 달리 말하면 제이콥슨 판결은 대유행 시기에 정상 법리를 벗어나지 않았다. 오히려 오늘 법원이 살펴 본 권리와 관련된 전통의 심사기준을 적용하였다. 곧 엄격심사를 말한다. 수정헌법 제1조는 주에게 엄격심사요건을 충족할 수 있으면, 곧 주의 중대한 이익을 달성하기 위해 가장 알맞은 수단을 선택하였음을 증명한다면, 종교활동을 다른 상응한 세속 활동과 마찬가지로 대우하라고 요구하고 있다. 루쿠미 판결 546.

다음으로 거론된 권리를 보자. 제이콥슨은 수정헌법 제14조에서 나온 "신체의 온전성"에 대한 실질적인 적법절차상 권리를 갖고 있어서 백신을 거부할 수 있을 뿐만 아니라 5불(오늘날 약 140불)을 내고 면제대상임을 증명할 필요는 없다고 주장하였다. 이 법원은 받아들이지 않았다. 그러나 그것이 우리의 상황과 어떤 관계가 있는가? 일부 판사들이 헌법의 그림자 뒤에 숨어 있는 권리를 발견해서 긴급히 제한할 수 있다고 해도, 문언상 명백한 종교활동의 권리도 같은 운명에 처해야 하는 것은 아니다.

마지막으로 규제의 성격이 다르다. 제이콥슨 사건에서 사람들은 백신을 맞을 수 있고, 벌금을 낼 수 있거나 면제대상임을 증명할 수 있다. 그래서 신체 온전성에 관하여 제이콥슨이 주장하는 권리에 대한 규제는 피할 수 있었고 상대적으로 느슨하다. 쉽게 합리성 심사를 통과할 수 있고, 거부자들이 회피할 수 있는 방법이 있기 때문에 엄격심사도 넘을 수 있다. 반면에 이 사건에서 주지사의 선택에 따라 지침을 발표할 때마다 영향을 받는 지역에서 모든 형태의 전통 예배가 금지되는 효과가 있다. 제이콥슨 판결은 확립된 헌법상 권리를 그와 같이 심각하고 오랫동안 침해하는 조치를 승인하기는커녕 다루지도 않았다. 사실상 제이콥슨 판결은 문제의 법이 미국 헌법을 어기지 않았거나 헌법이 부여하거나 보장하는 권리를 침해하지 않았기 때문에 유효하다고 설명하였다.

대법관들은 누구도 이 내용을 다투지 않는다. 우리의 헌법기준이 아닌 다른 기준이 현재의 대유행시기에 적용되어야 하는 이유를 설명하려고 하지 않는다. 사실 오늘 사우스 베이 판결 동조의견을 쓴 대법관(로버트 대법원장)은 이 사건과 제이콥슨 판결의 관련성이 크지 않다고 한다. 환영할만한 진전임이 분명하다. 그러나 대법원장처럼 사우스 베이 판결의 동조의견이 제이콥슨 판결을 의미 있는 정도로 따르지 않음을 분명히 할 필요가 있다. 대유행이 관련된 유일한 사건이자, 이 법원에서 실질적인 법리 문제에서 인용된 첫 판결이 사우스 베이 판결이고, 많은 하급 법원이 코로나바이러스가 머물러 있는 동안 헌법의 자유를 느슨하게 보호하기 위해 그 판결을 인용하고 있다. 대유행의 시기에 헌법에 그늘을 드리우는 권력을 위해서 제이콥슨 사건의 느슨한 판결을 이용하는 이유는 무엇인가? 결국 나는 위기의 시대에 비켜나 있으려는 특정한 사법 본능이 답이 될 수 있다고 추측할 뿐이다. 그러나 그 본능을 이해할 수 있고 다른 상황에서 바람직할 수도 있지만, 헌법이 위협받을 때 우리는 그냥 머물러 있어서는 안 된다. 우리가 그럴 때 결코 상황이 나아지지 않는다.

*

다른 대법관들의 두 번째 주장을 보자. 주지사의 조치를 지지하는 선례는 아마도 없다. 아마도 그 조치는 헌법을 위반하였다. 그러나 그들은 마찬가지로 손대지 말아야 한다고 말한다. 이 사건 성당과 유대교회당이 몇 개월 동안 헌법에 위반된 규제를 받고 있다 해도, 주지사가 언제든지 원고들이 있는 브루클린과 퀸즈의 규제 색깔을 바꾸기 때문에 중요하지 않다고 한다. 이제 그 지역은 "노란색 지역"이고 감색 및 붉은색 지역의 예배 제한은 풀렸다.

원고들이 법원에 제소하여 대법원에 오기까지 몇 주가 걸렸다. 그 동안 그들은 헌법에 위반되는 규제를 받고 있었다. 지금 이 법원이 결정하려고 할 때, 주지사는 조건이 바뀌면 언제든지 고삐를 당기는 권한이 있음을 주장하면서 규제를 느슨하게 하였다. 그래서 만약 우리가 이 사건을 기각하면 주지사가 내일 다시 그 규제를 재개하는 행위를 막을 수 없다. 그리고 새로운 소송사건이 우리에게 왔을 때, 주지사는 다시 규제를 바꿀 수 있다. 재판도중에 주지사가 단지 방침을 바꾸었다는 이유만으로 우리가 종교 지도자들의 청구를 물리치는 것은 사법 겸손의 이름으로 기본권의 또 다른 희생을 가져올 뿐이다.

반대의견을 가진 대법관들도 우리의 심판권 대상이 아니라거나 소멸시켰다고 하지 않는다. 그들은 질병과 관련된 상황이 빠르게 바뀐다는 이유만으로 연기해야 한다고 본다. 그러나 빠르게 변하는 상황이 무엇을 뜻하는지 보라. 주지사 코오모와 블라시오 시장이 뉴욕시의 5개 자치구가 노란색에서 감색으로 바뀌는 것은 시간문제라고 하고 있다. 누구의 말에 의하든 이 사건 분쟁은 어쩔 수 없이 헌법의 관심을 필요로 할 듯하다.

당사자들에게 나중에 다시 청구하라고 말하기는 쉽다. 그러나 우리는 유대교 대축일 예배가 방해받지 않을까 걱정하는 랍비가 아니며 크리스마스를 준비하는 신부도 아니다. 우리는 예배에 참석할 수 없는 뉴욕주의 위헌적인 조치 속에서 몇 달을 사는 신도들이 느끼는 부담을 가볍게 여길 수 없다. 이 법원이 새로운 청구를 빠르게 판단할 수 있는지는 논점이 아니다. 이 사건 당사자들은 이미 구제를 받을 자격이 있음을 밝혔다. 구제를 허용함으로써 법리를 명확히 하고 그들의 역량을 끝없는 긴급 소송보다는 생산적으로 사용하도록 한다. 뿐만 아니라 구제 허용하면 이미 오랫동안 지속되어 온 위기의 시대에 헌법의 역할을 오해하지 않도록 할 것이다.

바이러스 대유행과 힘겹게 싸워야 하지만, 지정된 색깔에 따라 술 및 자전거 판매점은 열고 교회, 유대교 회당, 모스크는 닫는 행정 규제를 헌법이 참을 수 없음을 분명히 할 때다.

[대법관 카바노]

나는 예배인원을 10명과 25명으로 제한하는 뉴욕주의 조치에 대해 신청인들의 집행정지신청을 인용하는데 동의한다. 기록상 뉴욕주의 엄격한 예배참석인원제한은 수정헌법 제1조에 위반될 수 있기 때문에 집행정지가 허용되어야 한다. 오늘 법원의 결정은 본안의 최종 판결이 아니다. 법원은 항소법원이 12월에, 그 뒤이 법원이 적절하게 본안을 더 충분히 검토할 수 있을 때까지 임시로 집행을 정지한다.

먼저 뉴욕주가 붉은색 및 감색 지역(코로나 바이러스가 더 퍼진 지역)에서 예배참석인원을 10명과 25명으로 제한한 조치는 사우스 베이 판결과 Calvary Chapel Dayton Valley v. Sisolak, 591 U.S. ___ (2020) ("캘버리 판결")에서 보았던 캘리포니아와 네바다의 규제를 포함하여 거의 모든 다른 주의 제한보다 세다. 사우스 베이 판결에서 예배 장소는 100명(또는 수용인원이 400명 이하인 곳에서는 25% 이내)으로 제한되었다. 그리고 캘버리 판결에서 예배인원은 50명으로 묶였다.

뉴욕주는 더 나아갔다. 뉴욕주의 붉은색 지역에서 거의 모든 예배장소는 10명으로 제한되었다. 감색 지역에서는 25명으로 제한되었다. 엄격하고도 융통성 없는 인원수 제한은 평소에 수백 명의 인원을 수용할 수 있고, 거리두기와 마스크쓰기로 10명 또는 25명 이상을 쉽게 입장시킬 수 있는 대형 성당과 회당에도 적용된다.

또한 뉴욕주의 예배 규제는 가혹하면서도 차별적이다. 붉은색 및 감색 지역에서 예배는 각각 10명 및 25명의 인원제한이 있지만, 그 제한은 같은 동네의 일반 건물에는 적용되지 않는다. 예를 들면 붉은색 지역에서 교회나 회당은 입장인원이 10명 이내여야 하나, 같은 거리에 있는 식료품점, 반려동물 가게, 대형 할인점은 제한받지 않는다. 감색 지역에서 종교 차별은 더 크다. 필수 영업장과 많은 비필수 영업장은 이용인원 제한이 없다.

주의 종교 차별은 수정헌법 제1조의 문제가 있고 차별의 정당성을 충분히 증명해야 한다는 강화된 심사기준이 적용된다. 루쿠미 판결 537-8, Employment Div., Dept. of Human Resources of Ore. v. Smith, 494 U.S. 872, 884 (1990) ("스미스 판결"). 그러나 뉴욕주는 예배당을 다른 영업장보다 더 세게 규제하는 정당성을 충분히 밝히지 못했다.

주는 극장과 같은 영업장은 문을 닫아야 하고 예배당보다 불리하게 취급되고 있기 때문에 허용될 수 없을 정도의 종교 차별이 아니라고 주장한다. 그러나 이 법원의 선례에 따르면 주가 예배당과 견주어 다른 일반 영업점이 비슷하게 또는 더 엄격한 제한을 받고 있다고 지적하는 것으로 충분하지 않다. 루키미 판결 537-8 등. 뉴욕주가 이 사건에서 했듯이 주가 유리하게 분류한 영업장을 설정했다면, 주는 그 분류에서 예배당을 뺀 정당성을 밝혀야 한다. 그러므로 이 사건에서 주는 예배당에는 10명 및 25명의 인원제한을 두었지만 다른 일반 영업장에는 제한을 두지 않은 조치의 정당성을 밝혀야 한다. 주는 밝히지 못했다.

분명히 코로나 바이러스 대유행은 매우 심각하고 치명적이다. 적어도 백신을 쉽게 이용할 때까지는, 미국의 여러 지역에서 상황은 더 나빠질 수 있다. 헌법은 "본래 인민의 안전과 건강을 정치적으로 책임질 수 있는 주의 공직자에게 맡겼다." 사우스 베이 판결 590. 그러므로 연방법원은 대유행시기에 대립하는 정책 고려사항의 균형을 어떻게 맞출 수 있는지에 관하여 주 및 지방 공직자의 결정을 실질적으로 존중해 왔다. 그러나 종교차별, 인종차별, 자유언론 등과 같은 중요한 문제가 발생했을 때, 긴급상황이나 위기상황에서 그와 같은 사법의 존중이 사법의 전면 포기를 뜻하지 않는다.

매우 나빠지는 대유행을 볼 때, 나는 예배와 영업장의 인원수를 알맞게 제한하거나, 심지어 더 엄격히 제한하는 주의 권한을 의심하지 않는다. 그러나 수정헌법 제1조가 위협받고 있는 상황에서 뉴욕주의 예배인원 제한은 맞춤형 규제가 아니다. 되풀이하면 뉴욕주의 예배인원 제한은 사우스 베이 및 캘버리 판결에서 문제가 되었던 캘리포니아와 네바다의 제한보다, 그리고 거의 모든 주가 취한 예배 참석 인원 제한 조치보다 훨씬 더 지나치다. 그리고 뉴욕주의 제한은 예배당을 다른 영업장보다 매우 나쁘게 대우하고 있어서 종교 차별이다.

이러한 이유로 나는 "뉴욕주의 10명 및 25명 인원 제한은 부당한 제한인 듯하고… 그러한 제한은 종교의 자유조항에 어긋나는 듯하다"는 대법원장의 의견에 동의한다. 나는 금지명령의 발부시기에 관하여 절차상의 작은 지점에서만 대법원장과 갈라선다. 대법원장은 지금 금지명령을 발부하지 않는다. 주는 몇 일 전에 지정지역을 바꾸었고, 지금은 이 사건 신청인들의 교회나 회당은 붉은색 또는 감색 지역에 들어 있지 않다. 대법원장은 예배당이 금지명령을 신청하고 그 명령이 발부되는 날에 변함없이 붉은색 또는 감색 지역에 있지 않는 한 금지명령을 발부하지 않을 것 같다. 그러나 주는 행정 지침을 철회하지 않았고 개정하지 않았다. 그리고 주는 신청인들이 행정명령의 인원제한을 다툴 적격이 없다거나 사건이 소의 이익이 없거나 성숙하지 않았다고 하지 않는다. 곧 주는 신청인이 오늘 피해를 입고 있음을 부인하지 않는다. 특히 주는 이 사건 신청인들을 포함하여 일부 예배당이 가까운 장래에 붉은색 또는 감색 지역으로 분류될 수 있음을 부인하지 않는다. 그러므로 나는 지금 금지명령을 발부하지 못할 법리상 또는 신중한 장애물을 발견하지 못한다.

금지명령의 발부를 늦출 정당한 이유도 없다. 만약 예배당이 붉은색 또는 감색 지역에서 벗어난다면, 오늘 법원이 내릴 금지명령은 주에게 피해를 주지 않고 주의 코로나 바이러스 대응에도 영향이 없다. 그리고 예배당이 붉은색 및 감색 지역에 들어간다면, 오늘 금지명령으로 종교기관은 헌법에 위반되는 10명 및 25명 인원제한을 따르지 않아도 된다. 나아가 며칠 뒤가 아닌 지금 금지명령을 발부하는 것이 신청인의 헌법상 권리를 보호할 뿐만 아니라, 주와 종교기관에 명확한 지침을 제공해줄 것이다.

* * *

기록상 신청인들은 상고가 허가되고 번복될 가능성, 회복할 수 없는 피해를 입을 가능성, 형평상 구제를 부여할 가능성을 증명하였다. 그러므로 나는 항소법원이 12월에, 그리고 나서 이 법원이 적절하게 본안을 충분히 심리할 때까지 임시 금지 명령의 발부에 동의한다.

[대법원장 로버츠 반대의견]

나는 현재의 상황에서 금지명령을 발부하지 않는다. 그럴 필요가 없다. 교구와 정통 유대교의 신청 후, 주지사는 영향을 받는 지역을 바꾸었다. 신청인들의 예배당은 이제 인원수 제한을 받지 않는다. 신청인들은 이 사건에서 신청하는 구제만큼 유리하게 수용인원의 50%까지 입장시킬 수 있다.

적용 지역에 따라 10명 및 25명의 인원수 제한은 부당한 제한인 듯하다. 그리고 그 제한은 종교의 자유조항을 위반했다고 볼 수 있다. 그러나 이 시점에서 그 심각하고 어려운 문제를 판단할 필요가 없다. 주지사는 다시 규제할 수도, 안 할 수도 있다. 그리고 치명적인 대유행 시기에 공중 보건에 필요한 조치와 관련하여 공중 안전 공직자의 판단을 뒤집는 일은 중요한 사안이다. 만약 주지사가 인원수를 다시 묶고 신청인들이 이 법원에 올 수 있다면, 우리는 재빨리 새로운 신청에 따라 결정할 수 있다. 그러나 신청인들은 "예외적인 금지 구제"를 받을 권리가 있음을 밝히지 않았다. Nken v. Holder, 556 U.S. 418, 428 (2009). 주지사에게 그가 하지 않은 일을 하지 마라고 말하는 명령은 엄격한 기준을 충족하지 못한다.

이 사건 규제는 헌법에 따른 심각한 우려를 불러일으키고, 우리가 사우스 베이 및 캘버리 판결에서 보았던 사안과는 구별된다는 대법관 카바노의 의견에 동의한다. 나는 이 부분에서 반대의견을 낸 다른 대법관들과 다르다.

분명히 하자면, 나는 반대의견을 낸 대법관들이 "대유행시기에 헌법을 느슨하게 적용하고, 위기의 시대에 비켜서 있으려는 사법 본능에 따랐다거나, 헌법이 공격을 받을 때 가만히 있었다(대법관 고서치 의견)."고 여기지 않는다. 그들은 헌법이 부여한 책임을 이행하기 위해 최선의 노력을 하여 주의 깊은 연구와 분석을 한 끝에 사안을 달리 보았을 뿐이다.

오늘 대법관 1인의 동조의견은 사우스 베이 판결에서 내 의견을 언급하고 있다. 대법관 고서치 의견. 오늘 반대의견이 근거로 제이콥슨 판결의 취지를 인용하기 위해 100년 전의 대법원판례집을 들춰 보았다고 한다. 또한 제이콥슨 판결은 실질적인 법률문제에 관하여 이 법원에서 사우스 베이 판결이 처음 인용하였고, 대유행과 관련하여 인용된 유일한 판결이라고 한다. 그래서 일부 법원이 사우스 베이 판결의 취지에 따라서 대유행의 시기에 헌법에 그늘을 드리우는 권력을 위해서 느슨한 제이콥슨 판결을 오해하여 이용하고 있다고 한다. 제이콥슨 판결은 위 동조의견의 3쪽에 걸쳐서 언급되고 있지만, 그 판결은 사우스 베이 판결에서 한 문장으로만 인용되었다. 그 한 문장은 뭐라 말하고 있는가? "우리 헌법은 원래 인민의 안전과 건강을 지키고 보호하는 업무는 정치적으로 책임을 질 수 있는 주의 공직자에게 맡겼다" 뿐이다. 위 동조의견이 이 문장의 어느 부분이 그렇게 어지럽다고 느꼈는지 분명치 않다. 동조의견은 여러 해석도구 중에서 새롭게 "처음 인용된 판결" 법리를 드러내면서 겉으로 보이는 것 이상이 있다고 추측하고 있다. 그러나 주장된 실제 명제는 논란이 되어서는 안 되며, 동조의견이 찾고자 하는 대상을 발견하기 위해서는 낱말 자체의 뜻을 넘어서야 한다.

[대법관 브레이어 반대의견(대법관 소토마요르, 케이건 참여)]

빠르게 퍼져 나가고 치명적인 코로나 바이러스와 싸우기 위한 뉴욕주 규제는 주지사에게 전염율이 높은 지역을 확인하고 그 지역을 붉은색 지역으로, 둘러싼 지역은 감색 지역으로, 그 바깥 지역은 노란색 지역으로 지정하도록 했다. 그 지역 내에서(제한은 붉은색 지역에서 가장 세고 노란색 지역에서 제일 약하다) 바이러스의 이동을 막고 인근 지역으로 퍼지는 것을 방지하기 위해 제한하고 있다. 10월에 주지사는 브루클린과 퀸즈 지역 일부에 붉은색, 감색, 노란색 지역을 지정하였다. 이 지역에서는 한 번에 예배당에 모이는 인원수를 붉은색 지역은 10명 이하 또는 수용인원의 25% 이하, 감색 지역은 25명 이하 또는 수용인원의 33% 이하, 노란색 지역은 수용인원의 50% 이하로 묶었다.

가톨릭 브룩클린 교구와 정통 유대교(직원들과 랍비 포함)는 뉴욕주지사를 상대로 소송을 걸었다. 그들은 붉은색 지역의 10명과 감색 지역의 25명 인원제한은 너무 엄격하여 수정헌법 제1조 종교의 자유 보호 조항을 어겼다고 주장하였다. 그들은 연방지방법원에 이 제한의 집행을 금지하는 임시 명령을 청구하였다.

지방법원은 교구 사건에서 증거를 제출받고 증언을 들은 뒤 뉴욕주의 규제는 과학을 바탕으로 유행병 방지 목적으로 만들어졌다고 인정하였다. 지방법원은 종교 집회를 비슷한 위험이 있는 "공개 강의, 콘서트, 극장 공연"과 같은 비슷한 모임보다는 더 유리하게 취급했다고 적었다. 지방법원은 규제가 식료품점과 은행을 포함한 필수 영업장이라고 부르는 곳보다 종교 집회를 불리하게 다루었다는 교구의 주장을 인정하였다. 그러나 이 필수 영업장이 예배와 구분될 수 있고 무엇이 필수 영업장인지에 관한 주의 판단을 재검토하지 않았다. 지방법원은 금지명령 신청을 기각하였다. 연방제2항소법원은 항소심 계류 중에 교구의 긴급 금지명령 신청을 기각하였지만, 본안 심리를 위해 빠른 서면 제출을 요청하고 12. 18.에 변론을 열기로 했다. 이 법원은 당사자들이 2항소법원의 판결을 기다리는 동안 하급법원과 달리 붉은색 및 감색 지역의 예배당에서 참석인원 제한 조치의 집행을 금지하는 임시명령을 발부하기로 결정했다. 나는 그 결정에 동의할 수 없다.

먼저 지금 그 명령을 발부할 필요가 없다. 교구의 교회들과 두 곳의 유대교회당이 있던 브룩클린과 퀸즈의 지역은 지금은 더 이상 붉은석 및 감색 지역이 아니다. 그래서 신청인들은 이제 재판에서 다투고 있는 수용인원 제한을 받지 않는다. 신청인의 예배당은 이제 최대수용인원의 50%까지 입장시킬 수 있는 노란색 지역에 속한다. 그리고 신청인들은 노란색 지역의 조건이 이 사건 신청에서 요구하는 구제보다 더 많은 인원을 허용하기 때문에 그 제한을 다투지 않는다.

대신에 신청인들은 주가 앞으로 붉은색 또는 감색 지역으로 다시 묶을지 모른다고 지적한다. 그러나 그러한 일이 생긴다면, 그들은 다시 신청할 수 있다. 그리고 이 법원은 필요하다면 하루 이틀 만에, 아마도 몇 시간 안에도 결정할 수도 있다. 이 법원이 정상의 심리 과정을 거쳐 주장이나 증거의 충분한 검토 없이 (그리고 항소법원의 판결 전에) 지금 결정해야 하는 이유는 무엇인가? 이 법원이 언제 그렇게 할 법리상 또는 실무상 필요성이 있는가? 나는 그 문제에 대한 설득력 있는 답을 찾지 못했다.

또한 이 법원의 결정은 정상의 법리와 부딪친다. 우리는 과거에 금지명령은 "드문 구제방법"이라고 말했다. Nken v. Holder, 556 U.S. 418, 428 (2009). 이 사건처럼 심리를 마치기 전에 하급법원의 결정에 반대하여 신청인들이 금지명령을 신청하는 경우에 특히 그렇다. 이 사건에서 제한은 (마스크 쓰기와 거리두기와 무관하게) 예배에 모이는 인원수를 10명 및 25명으로 묶고 있다. 그 인원수는 매우 적다. 그러나 현재 상황에서 그 적은 인원수가 헌법이 보장한 종교의 자유를 침해했는지는 뚜렷하지 않다. 나는 신청인들이 "드문 금지명령"을 받을 권리가 있음을 증명하여야 한다고 본다.

코로나 바이러스는 미국인 1200만명 이상에게 전염되었고, 25만명이 넘는 사람이 숨졌다. 그 중에서 적어도 26,000명이 뉴욕주에서 죽었고, 뉴욕시에서만 16,000명이 숨졌다. 코로나 바이러스 감염자수는 사망자수의 몇 배에 이른다. 이제 두 번째 급증시기를 맞고 있다. 예컨대 뉴욕주에서는 새로 확인된 7일 동안의 확진자들 중 하루 평균 확진자는 지난여름에 700명가량에서 지난주에는 4,800명

이 넘었다. 지금 전국의 하루 확진자수는 어느 때보다 높다. (인용 자료 생략)

동시에 과학 및 의료계의 사람들은 바이러스가 사람들이 모여 가까이에서 말하고, 노래하고, 기침할 때 나오는 침방울을 통해 사람 사이에 전염된다고 말하고 있다. (인용 자료 생략) 그래서 전문가들은 사람들이 긴 시간 동안, 특히 실내나 닫힌 공간에서 서로 가까이 접촉할 때 옮길 위험이 커진다고 한다. 전염병의 성질, 급증, 불확실성, 빠른 조치 필요성을 함께 고려해 볼 때 주는 신청인들의 수정헌법 제1조의 주장과 균형을 맞춰야 하는 건강, 안전, 행정상 고려사항에 따른 상반되는 주장을 할 수 있다. 대법관 소토마요르의 설명과 함께 그 사실로 볼 때, 신청인들의 헌법 위반 주장은 확실하지 않다(이러한 모든 문제는 나중에 정상의 재판절차에서 논의되고 검토될 수 있다). 동시에 계속 변화하는 상황에서 정부의 빠른 조치를 요청하는 공중의 심각한 건강 및 안전 필요성도 "형평의 저울이 신청인들 쪽으로 기울어진다"거나 "금지명령이 공공의 이익에 들어맞는다."고 분명히 말할 수 없음을 뜻한다. Winter v. Natural Resources Defense Council, Inc., 555 U.S. 7, 20 (2008).

관련된 선례도 같은 의미를 담고 있다. 우리는 과거에 선출된 공직자들이 의료 및 과학의 불확실성에 대처하는 영역에서 조치를 취할 때 법원은 그들에게 넓은 재량을 허용해야 한다고 인정하였다. 사우스 베이 판결(로버츠 대법원장 동조의견). 이는 "헌법이 원래 인민의 안전과 건강을 정치적으로 책임질 수 있는 주의 공직자들에게 맡겼기" 때문이다. 주와 연방정부의 선출된 부서는 과학 전문가들을 모아서 "현장에서 변화하는 사실"에 대응하여 구체적인 정책을 만들 수 있다. 그리고 그들은 법원보다 더 빠르게 일 처리할 수 있다. 이는 특히 이 법원처럼 증거 조사를 하지 않은 법원에게 맞는 말이다. 이 사건처럼 조치의 필요성이 급박하고, 정보가 적으며 예외를 만들기 어렵고, 질병에 관련된 상황이 빠르게 바뀌는 경우에 더 그렇다.

나는 항소법원이 빠르게 처리해야 한다고 본다. 뉴욕주는 주민의 건강과 안전에 피해를 입히지 않고 이 사건에서 문제되는 종교 이익을 허용하는 길을 찾을 것이고 찾아야 한다. 그러나 나는 이러한 목적을 이루기 위해 금지명령을 발부할 실무상 필요성을 알지 못한다. 즉각적인 금지명령 필요성을 찾을 수 없다. 나는 현행법에 따라서는 발부해서는 안된다고 믿는다. 그래서 나는 법원의 결정에 반대한다.

[대법관 소토마요르 반대의견(대법관 케이건 참여)]

이미 25만명 미국인들의 삶에 영향을 미치고 있는 유행병의 시기에 오늘 법원은 가장 심각한 전염에 직면한 지역에서 코로나 바이러스의 확산을 억누르기 위한 뉴욕주의 공중 보건 조치 중 하나의 집행을 정지했다. 올해 초에 이 법원은 비슷하게 드문 구제를 발부해 달라는 요청을 두 번 거절했다. 사우스 베이 및 캘버리 판결. 나는 법원의 태도 변화가 옳은 지 의문이고 가톨릭 브룩클린 교구의 신청을 인용하면 나라의 고통이 더 심해질까 두렵다.

사우스 베이 및 캘버리 판결은 코로나 바이러스의 확산을 막으려는 주 공직자에게 분명하고도 운영할 수 있는 법리를 제공하였다. 즉 공직자들은 비슷한 다른 기관들이 적어도 동등하게 엄격한 제한을 받는 한 예배당의 인원을 제한한 수 있다. 뉴욕주의 안전조치는 이러한 범위 안에 넉넉히 들어간다. 사우스 베이 및 캘버리 사건에서 주들이 했듯이, 뉴욕주는 "많은 사람들이 꽤 긴 시간동안 가깝게 모이는 강의실, 실외공연장, 극장, 운동경기장, 실내공연장 등에 비슷하거나 더 강한 규제를 적용하였다." 마찬가지로 뉴욕주는 식료품점, 은행, 빨래방과 같이 사람들이 많이 모이지 않거나 긴 시간동안 가깝게 머물지 않는 곳은 더 느슨하게 다루었다. 그 것으로 이 사건을 결정하기에 충분하다.

교구는 예배에 참석하는 일이 예컨대 대형판매점에서 물건을 사는 일보다 더 위험하다는 뉴욕주의 결론을 다투면서 사우스 베이 및 캘버리 판결에서 빠져나가려고 한다. 그러나 지방법원은 그 주장이 기록상 사실로 뒷받침되지 않는다고 판단하였다. 끈질긴 대법관 고서치는 종교 회합과 비슷한 위험이 있지만 뉴욕주 규제에서는 더 느슨하게 다루고 있다고 스스로 생각하는 다른 세속 활동 사례(술판매점에 가거나 자전거 수리)를 들고 있다. 그러나 대법관 고서치는 그의 사례를 의료 전문가들이 코로나 바이러스를 더 퍼트린다는 조건, 곧 많은 사람들이 꽤 긴 시간동안 실내에서 가깝게 모여, 말하고, 노래하는 조건에 맞추어 보려고 하지 않고 있다. (인용 자료 생략) 모든 사람들이 위험 요소인 종교 활동과 달리 자전거 수리점과 술판매점은 보통 한 번에 한 시간 이상 모여서 함께 말하거나 노래하는 소비자들이 없다("유행병학자와 의사들은 종교활동이 가장 위험한 활동 중의 하나라는데 동의한다"). 다수의견 대법관들은 주마다 백만명의 미국인들을 감염시키는 전염 바이러스가 더 쉽게 퍼지는 환경을 평가하는 보건 공직자의 전문 판단을 추측하는 생명을 건 게임을 하고 있다.

사실 이 사건은 사우스 베이 및 캘버리 사건보다 더 쉽다. 두 사건에서 주는 사람들이 많이 모이는 세속 기관과 예배당을 일반적으로 똑같이 제한한 반면, 뉴욕주는 예배당을 비슷한 세속 기관보다 더 유리하게 대우하였다(네바다주는 극장과 예배당의 수용인원을 똑같이 50명으로 제한하였고, 뉴욕주는 극장, 콘서트장, 운동경기장을 완전히 닫았지만 예배당은 수용인원을 제한하고 열었다). 그리고 사우스 베이 및 캘버리 사건에서 규제는 주 전역에서 적용되었지만, 뉴욕주의 제한은 코로나 바이러스가 급증한 특별히 지정한 지역에서만 적용되었다.

교구는 뉴욕주의 규제가 예배당을 이름만으로 골라냈기 때문에 종교의 자유와 관련하여 중립적일 수 없다고 한다. 그 사실 때문에 규제는 엄격심사를 받아야 한다고 한다. 뉴욕주의 방침이 겉으로는 실제 종교를 가리키고 있다. 그러나 내가 설명했듯이 이는 세속 모임과 비교하여 유리한 대우를 하기 위해 종교 기관을 골라냈기 때문이지, 종교기관을 차별하려 했기 때문이 아니다. 교구는 이미 다른 세속 기관보다 더 나은 대우를 받고 있음을 지적함으로써 더 느슨한 규제를 요구할 수 없다.37)

마지막으로 교구는 뉴욕주의 규제가 종교 활동을 대상으로 하여 허용될 수 없다는 증거로 주지사 쿠오모의 발언을 지적하고 있다. 교구는 이 발언이 "엄격 심사를 적용하는 독립된 근거"가 된다고 주장한다. 나는 어떻게 그런지 알지 못한다. 이 법원의 선례에 따르면 주지사의 발언만으로 엄격 심사가 적용되지 않는다. 몇 년 전에 이 법원은 원래는 "우리나라의 의회가 어떤 일이 진행되고 있는지 알 수 있을 때까지 무슬림의 미국입국을 철저히 차단"하였다고 알려진 대통령 명령을 트럼프 대통령이 "무슬림 금지"라고 설명했어도, 무슬림이 다수인 나라로부터 이민을 제한한 명령에 강화된 심사를 적용하지 않았다. Trump v. Hawaii, 585 U.S. ___, ___ (2018) (27). 대통령의 발언으로 다툼의 대상인 규제가 최소한의 종교

---

37) 대법관 카바노는 루쿠미 판결과 스미스 판결을 들면서 주는 비슷하지 않은 세속 기관조차도 예배당보다 더 유리하게 대우하는 조치의 정당성을 밝혀야 한다고 한다. 그러나 위 판례들은 그러한 법리를 말하지 않았다. 루쿠미 판결은 동물을 제물로 바치는 경우를 빼고는 동물 살해를 허용한 법이 산테리아교를 목표로 삼은 "종교 게리맨더"라는 이유로 폐기하였다. 스미스 판결은 더 동떨어졌는데, 종교가 지시(또는 금지)하는 행위를 법이 금지(또는 지시)한다는 이유로 일반적으로 적용가능한 유효하고 중립적인 법을 지킬 개인의 의무를 종교의 자유가 없애지 못한다는 전혀 무관한 법리를 밝혔다.

중립성 요건을 위반하였음이 증명되지 않는 한, 주지사 쿠오모의 발언이 어떻게 위반이 되는지 알기 어렵다.

* * *

종교의 자유는 우리의 가장 귀중하고 확실하게 보호되는 헌법상 권리이다. 주들은 이 사건과 같은 목숨이 달린 위기를 마주했을 때에도 종교 기관을 차별해서는 안 된다. 그러나 그 원칙이 이 사건에서 위협받지 않는다. 헌법은 종교기관을 다른 세속 기관과 똑같이 또는 더 유리하게 대우하는 규제가 특히 목숨을 살릴 때 그 규제를 통하여 공중보건 위기에 대응하는 조치를 금지하지 않는다. 뉴욕주의 코로나 바이러스 규제는 옳기 때문에 나는 정중히 반대한다.

7. 종교학교 학생들에게 세금혜택을 통해 장학금을 지원하는 제도와 종교의 자유

Espinoza v. Montana Department of Revenue
591 U.S._____(2020)

〈해 설〉

몬태나주의회는 2015년 사립학교에 다니는 학생들에게 장학금을 주는 법을 만들었다. 이 법에 따르면 주민들이 장학재단에 기부하면 일부 세금혜택을 받고, 장학재단은 학부모와 학생이 선택한 사립학교의 수업료로 지원한다. 주대법원이 위 장학금 지원 제도가 종교단체지원을 금지하는 주헌법에 위반된다고 판결하였다. 학부모들은 연방헌법의 종교의 자유조항에 따라 종교학교도 지원을 받을 수 있다고 주장하면서 연방대법원에 상고하였다.
다수의견은 종교학교라는 성격에 따라 학교 및 학부모를 차별하기 위해 주헌법의 지원금지조항을 적용했기 때문에 가장 엄격한 심사가 적용된다고 보았다. 종교학교가 지원받지 못하면 종교의 자유를 누리는데 제약을 가하는 결과가 되며, 일단 사립학교를 지원하기로 결정한 이상 종교학교라는 이유만으로 지원에서 배제하면 지위에 따른 차별이므로 연방헌법상 종교의 자유조항에 따라 지원이 허용되어야 한다고 결론지었다.
반대의견은 종교학교는 이 사건의 당사자도 아니고 장학금을 신청하거나 경쟁하지 않으며, 자신들의 이익을 대변하려고 하지 않으므로 지위에 따른 차별이 아니라고 보았다. 주헌법의 지원금지조항은 종교활동을 제재하지 않고, 신앙에 따른 정치활동을 금지하지 않으며, 세금혜택을 통한 장학금으로 종교학교에서의 신앙 교육과 종교활동 지원을 허용하지 않을 뿐이므로 연방헌법의 종교의 자유조항 목적에 위반되지 않는다고 판단하였다.[38]

[대법원장 로버츠]

몬태나주의회는 사립학교에 아이들을 보내는 부모들에게 수업료를 지원하는 제도를 만들었다. 그 학교에 다니는 학생들에게 장학금을 주는 기관에 기부한 사람들에게 세금혜택을 주었다. 상고인들이 종교학교에서 장학금을 사용하려고 할 때, 몬태나대법원은 제도를 폐기하였다. 그 법원은 교회, 분파, 종파가 운영하는 학교에 지원을 금지하는 주헌법의 지원금지조항에 근거하여 판단하였다. 이 사건의 쟁점은 연방헌법의 종교의 자유조항이 지원금지조항의 적용을 금지하느냐이다.

I

A

2015년 몬태나주의회는 사립학교에 다니는 학생들을 위한 장학제도를 만들어 학부모와 학생들의 교육 선택을 지원하려고 하였다. 2015 Mont. Laws p. 2168, §7. 제도에 따르면 학생 장학금 지원 기관("장학재단")에 기부하는 납세자에게 150불의 세금혜택을 주었다. 장학재단은 기부금을 장학금으로 사용하여 사립학교의 수업료를 내도록 하였다.

지금까지 장학재단 빅 스카이만이 제도에 참여하였다. 빅 스카이는 주로 형편이 어렵거나 장애인이 있는 가족에게 장학금을 지원하였다. 장학재단은 장학금 신청 절차를 마련하고 기부금의 90%를 장학금으로 지급하며 주에게 보고하고 감독받는 요건을 지켜야 한다.

38) 대법원장 로버츠가 법정의견을 작성하고 대법관 토마스, 알리토, 고서치, 카바노가 참여하였다. 대법관 토마스가 동조의견을 작성하고 대법관 고서치가 참여하였다. 대법관 알리토와 고서치가 동조의견을 작성하였다. 대법관 긴즈버그가 반대의견을 작성하고 대법관 케이건이 참여하였다. 대법관 브레이어가 반대의견을 작성하고 대법관 케이건이 I 부분에 참여하였다. 대법관 소토마요르가 반대의견을 작성하였다.

제도에 따라 장학금을 받은 아이들의 가족은 인가, 심사, 안전 요건을 충족한 사립학교인 "자격 있는 교육기관"에서 사용할 수 있다. 사실상 몬태나의 모든 사립학교가 해당된다. 장학금을 받는 가족이 학교를 선택하여 지정하면 장학재단은 직접 학교로 자금을 보낸다. 장학재단이나 기부자는 특정한 유형의 학교로 제한하여 지원할 수 없다.

몬태나주의회는 2016년부터 해마다 3백만불의 예산을 세금혜택을 할당하였다. 만약 예산을 다 쓰면 그 다음해에는 10% 증액하였다. 제도는 2023년에 종료될 예정이다.

또한 주의회는 몬태나 헌법 X조 6절에서 종교학교에 정부의 지원을 금지하는 지원금지조항에 따라 제도가 운영되어야 한다고 지시하였다. 그 조항 내용은 다음과 같다.

"종교학교에 금지되는 지원… 주의회, 지방자치단체(시, 군, 구), 지역 교육청, 공기업은 교회, 분파, 종파가 전부 또는 일부 운영하는 교회, 학교, 학원, 신학대, 전문대, 종합대, 다른 문화 또는 과학 기관을 지원하기 위해, 또는 종교 목적으로 공공자금이나 돈, 부동산이나 다른 재산을 직접 또는 간접으로 지원하거나 이용할 수 없다."

장학제도가 만들어진 뒤, 몬태나 재무부는 법무장관의 반대에도 불구하고 "규칙1"을 발표하였다. 그 행정규칙은 종교학교에서 장학금 사용을 금지하였다. 교회, 분파, 종파가 전부 또는 일부 운영하거나 소유하고 있는 학교를 제외하기 위해 "자격 있는 교육기관"의 정의를 바꾸었다. 재무부는 주헌법의 지원금지조항에 어긋나지 않게 장학금제도를 만드는 내용이라고 설명하였다.

주법무장관은 동의하지 않았다. 그는 재무부에 보낸 서한에서, 주헌법이 종교학교를 제도에서 제외하도록 요구하지 않으며, 만약에 그렇다면 종교학교와 학생들을 차별함으로써 연방헌법을 위반할 가능성이 높다는 의견을 보냈다. 주법무장관은 이 사건에서 재무부를 대리하지 않는다.

B

몬태나북서부 스틸 워터 기독학교에 아이들을 보낸 3명의 어머니가 이 소송을 걸었다. 스틸 워터는 법률상 "자격 있는 교육기관" 요건을 채운 사립기독학교로 유아원부터 12학년까지 학생들을 가르치고 있다. 상고인들은 가정에서 가르치는 기독교 가치를 교육하고 있기 때문에 위 학교를 선택하였다. 한 아이는 이미 빅스카이로부터 장학금을 받았고 다른 상고인들의 아이들도 장학금을 받을 자격이 있어서 신청할 계획이었다. 그러나 규칙1이 유효한 이상, 상고인들이 스틸워터에서 수업료를 내기 위해 장학금을 사용할 수 없다. 상고인들은 재무부를 상대로 주법원에 소송을 걸었다. 상고인들은 규칙1이 장학제도를 만든 법과 충돌하고 있고, 주헌법의 지원금지조항에 의해 정당하다고 할 수 없다고 주장하였다. 또한 규칙이 종교적인 견해와 아이들의 학교로 선택한 학교의 종교 성격을 이유로 차별하고 있다고 주장하였다.

1심법원은 규칙1의 적용을 중지하였다. 법원은 주헌법의 지원금지조항이 종교학교를 도와주는 "이용"만을 금지하고 있고 "세금 혜택"은 금지하지 않기 때문에, 지원금지조항이 요구한 내용은 아니라고 보았다.

금지명령에 따라 빅스카이는 종교학교든 비종교학교든 무관하게 학생들에게 장학금을 줄 수 있게 되었다. 2017년 가을에 개학하는 학교의 학생 59명으로부터 신청서를 받아 44명에게 500불씩을 장학금으로 지급하였다. 다음해 빅스카이는 90명의 신청을 받아 54명에게 500불씩을 지급하였다. 대부분 1년 수입이 3만불이하인 가족들은 장학금으로 스틸워터 기독학교에 아이들을 보냈다.

2018. 12.에 몬태나대법원은 하급법원의 판결을 뒤집었다. 먼저 규칙1이 변경하지 않은 장학제도 자체가 주헌법의 지원금지조항을 위반하여 종교학교를 도와주고 있다고 판결하였다. 주대법원은 지원금지조항이 폭넓고도 엄격하게 종교학교 지원을 금지하고 있다고 보았다. 장학제도는 종교와 연관되어 있거나 전부 또는 일부 교회가 운영하고 있는 사립학교의 수업료지급을 보조하기 위해 세금혜택을 사용하여 지원하고 있다고 판단하였다. 장학제도는 주정부가 주의 예산을 종교학교 지원에 사용할 수 없다는 헌법의 규정취지를 무시하였다고 한다.

주대법원은 지원금지조항을 위반하였기 때문에 장학제도 전체가 무효라고 판단하였다. 제도에 종교학교 지원을 방지하는 장치가 없기 때문에 장학제도는 어떤 상황에서든 지원금지조항에 맞다고 해석될 수 없다고 설명하였다. 그 결과 세금혜택은 더 이상 종교학교든 비종교학교든 장학금에 적용되지 않았다.

마지막으로 주대법원은 재무부가 자신의 권한을 남용하여 규칙1을 공표했다는 상고인의 주장을 받아들였다. 장학제도를 만든 법은 자격 있는 학교를 넓게 정의하여 종교학교 등 모든 사립학교를 포함하였고, 재무부가 행정규칙으로 그 정의를 바꿀 권한이 없다고 설명하였다.

II

A

수정헌법 제1조의 종교 조항에 따르면 "의회는 국교의 수립에 관한, 또는 그로 인한 종교의 자유를 금지하는 법을 만들지 못한다." 우리는 국교 금지 조항이 허용하고 종교의 자유조항이 요구하는 내용 사이의 관련성을 인정하였다. Trinity Lutheran Church of Columbia, Inc. v. Comer, 582 U.S. ___, ___ (2017) (6) ("트리니티 판결") (Locke v. Davey, 540 U.S. 712, 718 (2004) ("로크 판결") 인용). 이 사건에서 당사자들은 장학제도가 국교금지조항에서 허용될 수 있음을 다투지 않는다. 우리는 종교인들과 종교단체가 국가의 제도로부터 혜택을 받을 때 국교수립조항에 위반되지 않는다고 여러 번 판결하였다. 로크 판결 719, 트리니티 판결 6. 이 사건에서 특히 국교 금지 조항에 따라 장학제도를 반대할 수 없다. 왜냐하면 몬태나주민들이 독자적으로 장학금을 종교학교에 지급하기로 선택한 결과라면 정부의 종교학교 지원은 가능하기 때문이다. 그러나 주대법원은 법률문제로 그러한 정부의 간접 지원조차도 주헌법이 금지하는 지원이라고 판단하였다.

이 법원의 쟁점은 연방헌법의 종교의 자유조항이 장학제도에서 종교학교를 제외하기 위한 주헌법의 지원금지조항 적용을 금지하느냐이다. 그 쟁점을 해결하기 위해서 우리는 장학제도가 주헌법의 의미상 허용될 수 없는 지원에 해당된다는 결정을 포함하여 주대법원의 법률 해석을 받아들이고, 종교학교와 영향을 받는 가족들을 장학제도에서 제외하는 것이 연방헌법에 위반되는지를 판단한다.

수정헌법 제14조에 의해 주에 적용되는 종교의 자유조항은 불공정한 대우와 종교인 지위에 따른 특별한 불이익을 주는 법으로부터 종교인을 보호한다. 트리니티 판결 6,9. 이 법원은 오랫동안 그 기본 원리를 따랐다.

가장 최근에 트리니티 판결은 종교적인 성격만으로 공공혜택에서 제외하는 것은 가장 엄격한 심사를 거쳐야 하는 종교의 자유를 제한한다는 당연한 결론을 내렸다. 트리니티 판결에서 미주리주는 놀이터 보수를 위한 비영리기구의 지원을 도와주기 위해 보조금을 주었지만, 교회, 종교 분파, 다른 종교단체가 소유하거나 운영하는 곳은 제외하였다. 그 방침으로 인하여 교회가 소유한 유치원의 놀이터를 재포장하기 위한 보조금이 거부되었다. 미주리의 방침은 교회라는 이유만으로 교회를 차별하였고 가장 엄격한 심사대상이 되었으며 그 심사기준을 통과하지 못했다. 우리는 교회가 예배하는 방식을 형사처벌하지 않았고 교회에게 특정 복음을 따를 수 없다고 말하지 않았다고 인정했다. 그러나 주의 차별 방침은 늘 우리 헌법이 싫어했다.

이 사건 역시 몬태나의 지원금지조항은 학교의 종교적인 성격만으로 종교학교를 공공의 혜택에서 제외하고 있다. 또한 종교학교에 아이들을 보내려는 부모들이 학교가 가진 종교적인 성격만으로 같은 혜택을 받지 못하게 하고 있다. 이는 평범한 문장에서 명백하다. 조항은 “교회, 분파, 종파가 전부 또는 일부 운영하는” 학교에 대한 지원을 금지하고 있다. “종파 학교에 금지된 지원”이라는 제목은 종교 성격을 기초로 학교들을 제외하고 있음을 확인해주고 있다. 그리고 주대법원은 조항이 종교 분파, 종교와 연관된, 교회가 전부든 일부든 운영하는 학교에 대한 지원을 금지하고 있다고 설명하였다. 조항은 분명히 종교적인 지위만으로 정부 지원에서 학교들 제외하고 있다.

재무부는 지원금지조항은 수령인의 종교적인 성격이 아니라 자금이 종교교육에 사용될 수 있기 때문에 적용된다는 이유로 트리티니 판결이 이 사건에 적용되지 않는다고 반박한다. 트리니티 판결에서 다수의견은 미주리의 방침은 종교적인 지위를 바탕으로 차별하고 있기 때문에 종교의 자유조항을 위반하였다고 결론 내렸다. 복수의견은 “자금의 종교적인 사용이나 다른 형태의 차별”과 관련한 차별을 다루지 않았다. 복수의견은 미주리가 명백히 “종교적인 성격을 기초로” 차별하였고, 정부의 자금이 어떻게 사용되는지를 다루지 않고도 충분히 주의 방침이 무효였기 때문에 그 부분을 살펴볼 필요가 없다고 보았다.

이 사건도 종교적인 지위에 달렸지 종교적인 사용에 달려 있지 않다. 주대법원은 지원금지조항을 종교적인 지위만을 참고하여 적용하였다. 지원금지조항은 전부든 일부든 교회가 운영하는 학교, 종교 분파 학교, 종교와 연관된 학교에 지원을 금지한다고 되풀이 설명하였다. 이 조항을 장학제도에 적용하면서 주대법원은 제도에서 혜택을 받는 사립학교는 거의 모두 종교와 연관되어 있거나 교회가 운영하므로, 결국 장학제도는 교회가 운영하는 학교를 도와줌으로써 주 헌법을 위반하였다고 적었다. 주헌법은 트리니티 판결에서 교회, 종교 분파, 다른 종교 단체가 소유하거나 운영하는 기관을 제외한 바로 미주리 방침처럼 종교적인 지위를 기초로 차별하고 있다.

재무부는 정부지원이 결과적으로 "종파 교육"이나 "종교 교육"에 사용되지 않도록 하는 목적이나 효과를 갖고 있다는 다른 판결문 내용을 들고 있다. 또한 트리니티 판결에서 놀이터 재포장이라는 완전히 비종교적인 혜택과 이 사건의 무제한 수업료 지원을 비교하고 있다.

이러한 고려사항은 주대법원이 종교학교를 배제하기 위해 지원금지조항을 적용한 근거는 아니었고, 종교적인 지위만을 근거로 판단하였다. 지위에 기초한 차별의 목적이나 효과중의 하나가 종교단체가 지원을 종교용으로 사용하는 행위의 금지라 해도 지위에 기초한 것이다.

트리니티 판결에 구애되지 않고 주대법원은 종교학교는 장학 혜택을 받을 수 없다고 판결하기 위해 지원금지조항을 적용하였다. 그렇게 적용되면서 조항은 종교적인 지위를 기초로 특별한 불이익을 주고 있고 수령인의 혜택은 종교적인 지위를 포기할 것인지에 달려 있게 되었다. 주헌법에 따라 정부지원을 받기 위해서 학교는 종교적인 운영이나 연관성에서 벗어나야 한다. 혜택이나 특권에 그러한 조건을 붙이는 것은 수정헌법 제1조 권리 행사를 제약하거나 재갈을 물리고 있다. 트리니티 판결 11 (Sherbert v. Verner, 374 U.S. 398, 405 (1963) ("셔벗 판결") 인용). 종교의 자유조항은 간접적인 강제로부터도 보호하는데, 이 사건에서 몬태나처럼 정부 지원에서 종교를 배제함으로서 종교의 자유 행사를 제재하고 있다. 그러한 지위에 따른 차별은 가장 엄격한 심사 대상이다.

우리가 정부지원금의 종교적인 이용 관련 차별에 덜 엄격한 심사기준을 적용한다는 재무부의 의견에 동의한다는 의미는 아니다. 이용이나 행위에 기초한 차별과 지위에 기초한 차별 사이의 의미 있는 차이가 있는지 의문을 갖고 있는 대법관들이 있다(대법관 고서치 동조의견(대법관 토마스 참여)). 우리는 그 내용은 인정하지만 이 사건에 다룰 필요가 없다. 몬태나의 지원금지조항이 종교적인 지위에 따라 차별하고 있기 때문에 트리니티 판결의 엄격심사가 이 사건에 적용된다는 결론으로 충분하다.

B

트리니티 판결에서 벗어나기 위해 재무부는 이 사건에 로크 판결이 적용된다고 주장한다(대법관 브레이어 및 소토마요르 반대의견 참조). 로크 판결도 장학금 제도 사건이다. 워싱턴주는 고등교육을 받는 학생들을 도와주기 위해 주 예산으로 장학금을 지원하였다. 장학금은 승인받은 종교 및 비종교학교에서 사용될 수 있었으나, 워싱턴주는 성직자가 되기 위해 신학 학위를 받는데 장학금의 사용을 금지하였다. 데이비는 목사가 되기 위한 학위를 받기 위해 장학금을 사용할 수 없었다. 우리는 워싱턴주가 종교의 자유조항을 위반하지 않았다고 판결했다.

로크 판결은 2가지 면에서 이 사건과 다르다. 첫째, 로크 판결은 워싱턴주가 단순히 특별한 유형의 교육, 곧 신자들을 이끄는 성직자의 교육, 곧 본질적으로 종교 사업에 지원하지 않기로 하였다고 설명하였다. 그래서 데이비는 그의 사용계획, 곧 성직자가 되기 위한 자금 사용 때문에 장학금을 받을 수 없었다. 워싱턴주의 제도는 수업에서 종교교육을 하는 일반 종교학교에서 장학금 사용을 허용하였다. 반면에 몬태나의 헌법은 종교학교에서 본래의 종교 교육에 관심을 가지지 않는다. 지원금지조항은 학교가 종교학교로 남을지 아니면 정부 혜택을 받을 지를 선택하도록 하면서 단순히 종교학교라는 이유만으로 모든 지원을 막고 있다. 동시에 가족들도 종교학교에 아이들을 보낼지 아니면 혜택을 받을지 선택하도록 하고 있다.

둘째, 로크 판결은 성직자 교육에 자금을 지원하지 않는데 "역사적이고 실질적인" 주의 이익과 관련되어 있다. 교회 지도자들을 지원하기 위한 자금 사용의 반대는 역사적으로 종교 조항의 핵심이다. 그 전통의 증거로서 로크 판결은 주의 성직자 지원이 적절한지는 건국 시기 핵심 논쟁대상이었고, 그 이후로 거의 모든 주 헌법은 성직자를 지원하기 위한 세금 지출을 금지하였다.

그러나 종교학교를 정부 지원에서 배제하는 몬태나 결정을 뒷받침하는 "역사적이고 실질적인" 전통이 없다. 건국시기와 19세기 초에 주정부들은 특정 교파를 포함하여 사립학교에 재정을 지원하였다. "그러한 지원을 금지하지 않고 초기 주 헌법들과 법률들은 그 방침을 권장하였다." (근거 자료 생략) 지방정부들은 가난한 사람의 교육을 위하여 종교학교를 포함한 사립학교에 보조금을 지급하였다. 뉴저지, 펜실베이니아, 조지아와 같이, 성직자 교육의 정부지원을 금지하는 주에서도 종교학교에 여러 형태로 지원하였다. 초기에는 연방정부도 종교학교를 지원(토지 제공 포함)하였다. 의회는 콜럼비아특별구의 종교학교를 1848년까지 지원하였고,

19세기말까지 미국 원주민들을 교육하는 학교를 운영하는 교회에 자금을 지원하였다. 남북전쟁이후 의회는 해방된 자유인들 교육에 많은 돈을 썼고, 남부의 종교학교를 지원하기도 하였다.[39]

재무부는 종교학교에 지원을 반대하는 전통은 19세기 후반에 몬태나를 포함한 30개주 이상이 지원금지조항을 채택하면서 생겼다고 주장한다. 물론 그러한 사실 자체로 미국의 초기 전통이라고 말할 수 없다. 또한 많은 지원금지조항은 1870년대 블레인 헌법 개정안이 담고 있는 더 다양한 전통에 속한다. 그 개정안은 연방헌법에 주의 "분파" 학교 지원을 금지하는 내용으로 지원금지조항과 비슷한 조항을 추가하였다. "분파"는 가톨릭을 뜻한다는 것이 공공연한 비밀이었다. 블레인 개정안은 편견 때문에 만들어졌고 가톨릭 교회와 가톨릭 일반에 대한 적대감이 퍼져 있을 때 제안되었다. 19세기의 지원금지조항은 우리가 종교의 자유조항을 이해하는데 필요한 전통과 거의 관계가 없다.

재무부는 일부 추가 지원금지조항을 뒤집거나 제한하는 개정안을 받아들이지 않았고, 몬태나도 반가톨릭 편견과 무관한 이유로 1970년대에 헌법을 유지하였다고 주장한다. 그러나 다른 한 편으로 오늘날 지원금지조항이 있는 주를 포함하여 많은 주들은 할인권, 장학금, 세금혜택과 다른 수단으로 종교학교를 지원하고 있다. 상고인들은 지원금지조항을 갖고 있는 37개주 중 20개즈가 공개 모금한 장학금 제도에서 종교 지원을 허용하고 있고, 세금혜택에서 종교 지원을 거의 대부분 허용하고 있다고 한다.

우리는 역사 기록이 복잡하다는 재무부의 의견에 동의한다. 그리고 시대마다 주정부들이 종교학교에 여러 가지의 정책을 펼친 것도 사실이다. 그러나 로크 판결에서 밝힌 대로 주의 성직자 교육 지원에 반대하는 전통에 비교할 만큼 종교학

---

39) 대법관 브레이어는 성직자 지원 금지와 종교학교 지원금지 사이에 의미 있는 차이를 보지 못하고 있다. 그러나 건국 초기 주정부들은 분명히 그렇게 했다. 대법관 브레이어는 일부 사례를 다루고 있지만 성직자 지원 금지로 종교 교육의 후원이 금지되지 않았다고 인정한다. 그리고 이 사건 쟁점과 관련하여 그는 로크 판결이 인용한 유형과 같이 종교학교 지원을 금지하는 일관된 초기 전통을 밝히지 않고 있다. 종합대학 신학 교수직 개설 및 신학 세미나 인가를 반대한 버지니아 사례는 법안내용에 맞지 않는다. 대법관 브레이어는 매디슨의 버지니아 예산안 반대 사례를 들고 있으나, 그 반대는 예산안이 특정 교회와 성직자에게 특별한 지원을 하고 있어서 형평에 반하기 때문이었다. 모든 사립학교를 동일하게 지원하는 제도도 마찬가지로 반대할지는 분명하지 않았다. 그러한 지원제도에서 종교학교를 제외하는 것은 매디슨이 두려워한 특별한 부담이 될 듯하다.

교 지원에 반대했던 역사적이고 실질적인 전통이 없음은 분명하다.

C

반대의견을 낸 두 대법관은 새로운 길을 가고 있다. 대법관 소토마요르는 종교조항에 들어 있는 이익이라고 판단하고 있는 내용을 기초로 종교 단체를 제외하는 여유를 주자고 한다. 대법관 브레이어는 트리니티 판결에서 자신의 동조 의견을 바탕으로 "유연하고 맥락에 따른 방법"을 채택하고 있다. 이 방법을 적용하는 법원은 쟁점이 되는 특정한 혜택과 제한을 밝혀서, "목적에 비추어 측정된 맥락과 결과"를 고려하여 종교 및 사회와의 관계를 식별하게 된다. 대법관 브레이어는 "법리 판단을 하기 위한 심사기준에 관련된 대안이 없다"고 주장하면서 우리의 현재 법리체계보다 훨씬 더 자유로운 재량을 판사들에게 부여한다.

가장 간단하게 말하자면 이러한 반대의견은 트리니티 판결이나 그 판결을 적용해온 수십년간의 선례들이 아니라 별개의 논문에서 나왔다. 이러한 선례들은 우리가 오늘 적용한 명쾌한 법리를 반복하여 확인하였다. 곧 자격이 있는 수령인이 자신의 종교적인 특성 때문에 공공의 혜택을 받지 못할 때, 우리는 엄격심사를 적용해야 한다. 종교차별을 명확히 금지하는 이 법리는 "이론상의 혁명"이 아니다. 트리니티 판결은 이 법리는 우리의 선례에 비추어 특별하지 않다고 설명하였다.

이론 혁명이라면 우리는 반대의견들을 보아야 한다. 종교단체와 종교인 차별에 "여유있는" 또는 "유연한" 접근 방법은 우리의 종교의 자유 선례로부터 멀리 떨어져 있다. 종교의 자유 보호는 종교 차별이 불분명한 이익에 봉사하는 지에 관한 "사건별 분석"에 달려 있지 않다.

D

몬태나 대법원이 학교의 종교적인 성격을 이유로 학교와 학부모를 차별하기 위해 지원금지조항을 적용했기 때문에, "가장 엄격한 심사"가 적용된다. "엄격한 기준"은 물타기가 아니라 실제 말 그대로의 의미를 갖고 있다. 그 기준을 충족하기 위해서 정부의 조치는 가장 높은 단계의 이익을 증진시켜야 하고 그 이익을 추구하기 위해 제한적으로 맞춰져야 한다.

몬태나 대법원은 지원금지조항이 연방 헌법보다 더 확실하게 교회와 주를 분리하는 주의 이익에 봉사한다고 밝혔다. 그러나 그 이익은 이 사건 종교의 자유를 침해하는 측면에서 중대하다고 볼 수 없다. 국교분리조항어서 이미 보장된 이상으로 교회와 주를 분리하는 주의 이익은 종교의 자유조항으로 제한된다.

재무부는 지원금지조항이 종교의 자유를 실제 증진한다고 주장한다. 지원금지조항이 세금이 직접 종교단체로 흘러가지 않도록 함으로써 납세자의 종교의 자유를 보호하고 있고, 정부가 종교단체의 운영에 관여하지 않음으로써 종교 단체의 자유를 보호하고 있다고 한다. 그러나 수정헌법 제1조 자유 침해가 종교의 자유를 증진한다는 주의 견해가 정당할 수 없다. 우리의 연방 제도는 주의 실험을 귀하게 여기지만, 자유언론을 억압하는 실험은 그렇지 않다. 종교의 자유에 대해서도 마찬가지다.

나아가 우리는 지원금지조항이 어떻게 종교의 자유를 증진하는지 모르겠다. 이 법원은 특히 정부와 종교사이의 관계가 민간인의 선택으로 멀어졌을 때, 세금을 종교인과 종교단체에 공평하게 지원하는 주정부의 제도를 승인하였다. 종교활동에 정부의 개입을 걱정하는 학교가 있다면 스스로 정부제도 운영에 참여하지 않을 수 있다. 그러나 우리는 처음부터 참여하는 기회를 뺏는 것이 학교의 자유를 증진할 수 있는지 의문이다.

재무부의 주장은 이 사건 종교의 자유 침해는 종교학교와 신자들에게 폭넓게 영향을 미치기 때문에 더 설득력이 없다. 몬태나의 지원금지조항은 종교학교에 폭넓고도 엄격하게 모든 종류의 지원을 금지하는 제한을 가하고 있다. 이 금지는 놀이터 보수 공사에서 교회를 배제한 트리니티 판결의 방침보다 더 강력하다.

그리고 이 사건 금지는 종교학교뿐만 아니라 그 학교에 다니거나 가기를 바라는 학생을 둔 가족에게도 부담이 된다. "지속된 미국 전통"으로부터 우리는 아이들에게 종교 훈육을 지도할 부모들의 권리를 인정해왔다. 많은 부모들은 헌법에서 보호하는 선택권으로서 아이들을 종교학교에 보내면서 그 권리를 행사한다. 그러나 지원금지조항은 비종교학교보다는 사립종교학교를 선택한다면 혜택을 받지 못하게 함으로써 그 선택권을 억누르고 있다.

재무부는 지원금지조항이 몬태나의 공공 교육 이익을 증진한다고 한다. 정부지원이 사립학교로 가지 않도록 보장함으로써 공공 교육 제도를 보호한다고 한다. 그러나 지원금지조항은 비슷한 비종교 행위와 관련해서는 그 목적을 추구하지 않기 때문에 지나치게 제한한다. 재무부는 모든 사립학교에 정부 지원이 이루어지면 공공 교육 이익이 훼손된다고 하나, 지원금지조항은 종교학교에게만 지원을 막고 있다. 법은 금지되지 않은 핵심 이익에 예상 가능한 피해를 남길 때 가장 높은 단계의 이익을 증진하지 않는다. 공공 교육에서 몬태나의 이익이 사립 종교학교만 제한하는 지원금지조항의 정당성을 뒷받침하지 않는다.

주는 사립교육을 지원할 필요는 없다. 그러나 주가 지원하기로 결정한 이상 종교학교라는 이유만으로 사립학교를 배제할 수 없다.

Ⅲ

재무부는 몬태나 주대법원이 결국 장학금제도를 모두 폐기하였기 때문에 이 사건에서 종교의 자유 위반은 없다고 주장한다. 이제 그 제도는 남아 있지 않고 종교학교와 신자들은 일반적으로 이용할 수 있는 혜택에서 제외되었다고 말할 수 없다고 한다.

반대하는 두 대법관도 동의한다. 대법관 긴즈버그는 몬태나주가 장학제도를 폐지하였기 때문에 모든 사립학교 학부모들을 차별하지 않고 있다고 보았고, 대법관 소토마요르는 연방 헌법의 종교의 자유조항과 아무 관련이 없는 주법을 근거로 주대법원이 결정하였다고 설명하고 있다.

설명이 정확하지 않다. 몬태나주의회는 장학제도를 만들었고, 정책적인 이유든 다른 이유든 이를 끝내기로 결정하지 않았다. 제도는 법원이 폐지하였고 종교의 자유 침해와 무관한 주법의 원리에 근거하지 않았다. 그보다는 몬태나 주대법원은 명백하게 종교 지위를 바탕으로 차별하고 있는 주법의 규정에 따라서 제도의 무효를 선고하였다. 주법원은 종교학교의 제도 참여를 막기 위해 그 조항을 적용하였다. 종교학교가 지원받지 못함을 확인하기 위해 다른 방안을 살펴보지 않고서, 주법원은 제도를 모두 폐지하였다.

종교학교든 비종교학교든 모두 불리하게 제도를 폐지하였다. 그러나 법원의 연방법 오류는 처음부터 발생하였다. 법원이 종교학교를 제도에서 제외하기 위해서 주법의 지원금지조항을 적용해 달라는 요청을 받았을 때, 연방헌법에 따라 이를 거부할 의무가 있었다. 법원이 지원금지조항의 적용이 연방 종교의 자유를 위반하는 사례들 중의 하나라고 인식했다면, 법원은 지원금지조항의 위반을 인정하지 않았을 것이다. 그러한 주법 위반이 없다면 법원은 제도를 끝낼 근거가 없다. 연방법을 따르지 않은 몬태나 주대법원의 잘못에서 바로 제도가 폐지되었기 때문에, 중립의 정책 결정이라거나 독립되고 타당한 주법에 근거하였다고 항변할 수 없다.[40)]

연방법 우선조항은 "모든 주의 판사들은 주의 헌법이나 주법에 배치되는 내용이 있을 지라도 연방 헌법에 따른다."고 규정하고 있다. 이 조항은 주법원에게 연방법에 어긋나는 주법에 효력을 부여하지 않도록 지시하는 판단법리를 창출하였다. Armstrong v. Exceptional Child Center, Inc., 575 U.S. 320, 324 (2015). 종교의 자유조항과 이 사건 지원 금지 조항 적용 사이의 충돌을 감안할 때, 몬태나 주대법원은 지원금지조항을 무시하고 이 사건을 연방 헌법에 맞게 관결하였어야 한다. 연방 최고법은 종교학교와 그 곳에 아이들을 보내는 학부모들을 상대로 한 차별을 허용하지 않는다. 그들은 우리 사회의 구성원들이고, 장학제도에서 그들을 배제하는 것은 끔찍한 일이므로 허용될 수 없다.[41)]

* * *

몬태나주대법원의 판결을 취소하고, 이 판결에 맞는 추가 절차를 위해 되돌려 보낸다.

[대법관 브레이어 반대의견]

수정헌법 제1조의 종교의 자유조항은 종교를 신봉할 권리를 보장한다. 동시에 국교금지조항은 정부의 종교지원을 금지한다. 둘을 합할 때, 종교 조항은 우리나라가 모든 신앙인들에게 자유를 보장하면서 종교에 따른 불화를 피하도록 도와준다.

이 법원은 오랫동안 지나치게 엄격한 종교의 자유조항 적용은 의무들 사이에 충돌이 생기거나 기본 목적을 외면하는 결과가 될 수 있음을 인정하였다. 그리고

---

40) 대법관 소토마요르는 다수의견에 따르면 몬태나 주대법원은 이제는 존재하지 않은 장학제도를 다시 시행하라고 명령해야 하지 않을까 걱정하고 있다. 그러나 주대법원이 제도를 폐지하였고, 다시 심사대상으로 남아 있다. 우리가 주대법원의 판결을 뒤집어서 법원의 연방법 잘못이전에 주의회가 만든 대로 제도를 복원하였다. 우리는 주의회가 앞으로 선택할 대안은 고려하지 않는다.

41) 이 판결에서 우리는 지원금지조항이 평등보호조항이나 국교금지조항을 위반하였다는 상고인들의 주장을 판단하지 않는다.

이러한 충돌은 종교 목적을 달성하거나 종교기관을 지원하는 주의 지원이 관련된 사건에서 더 분명해진다. 그러한 사건에서 법원은 국교금지조항이 허용하는 바와 종교의 자유조항이 요청하는 바 사이에서 헌법상 여유나 융통성이 있어야 한다고 판단했다. 트리니티 판결 6. 특정한 주의 제도가 그 영역에 속하는지는 종교 조항의 목적에 비추어 고려되어야 하는 문제의 지원이 갖는 성질에 달려 있다.

다수 의견은 이 사건에서 융통성 이론을 거의 인정하지 않고 있다. 국교 금지 조항은 요구하지 않지만 종교의 자유조항이 사립학교에 대한 정부 지원의 비종교적인 사용과 종교적인 사용 사이에 구분짓기를 금지한다고 한다. 이 사건에서 다수의견의 접근과 결론이 종교 조항이 막으려고 했던 일종의 충돌과 혼란을 부추기지 않을까 두렵다.

I

2015년 몬태나 주의회는 사립학교에 다니는 학생들에게 장학금을 주는 기관에 기부한 사람에게 150불의 세금혜택을 주는 법을 만들었다. 이러한 학교들은 거의 모두 종교학교다(2018년에 지급된 장학금의 94%는 종교학교 수업료 지불에 쓰였다). 몬태나 주대법원은 이 제도가 교회, 분파, 종파가 전부나 일부 관리하는 교회, 학교, 학원을 지원하기 위해 또는 종교 목적으로 직접 또는 간접 충당이나 지급하는 법을 금지한 주의 헌법 조항을 위반하였다고 판결했다.

상고인들은 몬태나의 한 사립기독학교에 다니는 학생들의 부모들이다. 그들은 자신들의 신앙에 따라서 아이들을 종교학교에 보내야 한다고 믿었다. 그들이 주가 지원하는 장학금을 그 학교에서 사용하지 못함으로써 주대법원의 주헌법 해석이 연방수정헌법 제1조의 종교의 자유를 위반하였다고 주장한다. 나는 이 의견의 목적상 주대법원이 세금혜택을 주는 제도를 모두 무효로 했음에도 상고인들의 종교의 자유 주장이 남아 있다고 가정한다.

A

우리 모두는 수정헌법 제1조가 종교 차별을 금지한다고 인정한다. 동시에 우리의 역사와 연방 헌법 선례에는 주의 종교 교육 지원이 특혜를 준다는 우려를 불러일으켜 종교 불화나 분열을 일으키고 종교의 자유 자체를 위협할 수 있다는 깊은 우려가 깃들어 있다. 그래서 법원은 헌법이 종교와 관련하여 정부에 “중립적인 지위"를 위임하였음을 분명히 하였다. School Dist. of Abington Township v. Schempp, 374 U.S. 203, 226 (1963) (쉠프 판결).

그러나 국교 금지 조항과 종교의 자유조항 사이에 남아 있는 긴장은 이 영역에서 헌법상 중립성의 과정이 절대의 경계가 될 수 없음을 의미한다. 엄격한 적용이 어느 종교도 후원하지 않고 우대하지 않으며, 장악되지 않으며 금지되지 않음을 보장하려는 이 조항들의 기본 목적을 허물어트릴 수 있다.

법원이 후원과 개입 없이 종교 활동을 허용하면서, 선의의 중립성에 따른 조항들의 명백한 금지 사이에 융통성이 있다고 판결한 이유이다. 종교의 자유조항이 요구하지 않지만 국교 금지 조항이 허용한 주의 조치들이 일부 있다고 판결했다. 그리고 나는 융통성은 이 사건에서 결정적인 역할을 수행해야 한다고 본다.

우리의 선례에 따르면 국교 금지 조항은 몬태나가 상고인들의 아이들 교육을 보조하는 조치를 금지하지 않는다. 그러나 이 사건에서 문제는 종교의 자유조항이 그렇게 하도록 요구하는지이다. 다수의견은 그렇다고 답하고 있다. 주가 일단 사립학교를 후원하기로 결정한 이상, 종교학교라는 이유만으로 사립학교를 배제할 수 없다고 한다. 내가 반대하는 이유를 설명하겠다.

B

다수의견도 인정하듯이 트리니티 판결과 로크 판결은 관련성이 매우 크다. 트리니티 판결에서 우리는 미주리가 놀이터 보수 지원 신청에서 교회가 소유한 유치원을 뺄 수 있는지를 살펴보았다. 법원은 국교금지조항이 교회 부설 학교에 이러한 종류의 지원을 허용한다고 전제하였다. 그러나 법원은 국교금지조항이 허용하는 바와 종교의 자유조항이 요청하는 바 사이에 융통성이 있기 때문에 이것이 문제에 대한 해답이 아니라고 덧붙였다. 그래서 법원은 나아가 미주리법이 교회의 종교의 자유에 미치는 영향을 살펴보았다.

미주리법이 교회와 연관된 학교를 제외함으로써 교회는 선택의 기로에 섰다. 곧 교회는 혜택을 받는 제도에 참여하느냐 종교 기관으로 남느냐의 선택. 다수의견은 그러한 간접 강요는 종교의 자유를 제한하고 있어 가장 엄격한 심사가 필요하다고 설명하였다. 다수의견은 국교금지조항의 우려로부터 가능한 한 멀리 벗어나려는 주의 정책은 이 기준을 충족하지 못한다고 하면서, 종교의 자유조항이 미주리에게 놀이터 보수 지원에 교회 부설 학교로 포함시키도록 요구하였다고 보았다.

우리는 로크 판결에서 다른 종류의 지원 제도를 살펴 보고나서 다른 결론에 이르렀다. 그 사건에서 우리는 신학 학위나 포교 목적의 학위를 따려고 하지 않는다는 분명한 조건으로 대학생들에게 예산으로 장학금을 제공한 워싱턴주법을 살펴보았다. 이 법원은 국교금지조항이 그 학위를 따려는 학생들에 대한 주의 지원을 허용한다고 전제하였다. 그러나 종교의 자유조항이 이를 요구하지 않았다고 결론지었다.

법원은 종교 학위를 지원하지 않겠다는 주의 결정이 종교활동을 제재하지 않으며 신앙과 정부의 혜택 사이에서 선택하도록 요구하지 않는다고 보았다. 그 보다는 주는 단지 본래 종교성격을 가진 특별한 범주의 교육에 지원하지 않기로 결정하였을 뿐이었다. 비록 워싱턴 헌법이 연방헌법보다는 더 엄격한 경계를 짓고 있다고 해도 법원은 주의 입장이 미국의 설립초기에 널리 공유되고 있는 견해, 곧 예산으로 지원하는 종교 가르침은 개인의 자유에 위험이 된다는 견해에 일치한다고 인정하였다. 이러한 역사적이고 실질적인 주의 이익을 고려할 때, 법원은 워싱턴주법의 위헌성 추정이 타당하지 않다고 결론 내렸다. 그리고 그러한 추정이 없으면 종교 교육의 배제가 종교의 자유조항을 위반하였다는 주장은 "인정되지 않는다." "왜냐하면 두 조항 사이에 융통성이 있다면 이 사건에서 필요하다."

C

다수의견은 놀이터 사건인 트리니티 판결이 이 사건에 적용되고 신학 공부 사건인 로크 판결이 이 사건에 적용되지 않는다고 한다. 나는 찬성하지 않는다. 이 사건 제도가 로크 판결에서 승인된 제도와 매우 비슷하고 트리니티 판결에서 위헌이라고 인정한 제도와는 다르다. 로크 판결의 워싱턴주처럼 몬태나는 "본질적으로 종교 활동" - "신앙을 유도"하기 위해 계획된 교육-을 지원하지 않기로 하였다. 그러한 유형의 제도는 놀이터 보수 지원 신청에서 교회 부설 학교를 뺀 미주리 결정과 연관될 수 없다.

로크 판결에서 법원은 신학연구는 학문추구뿐만 아니라 종교 소명과 비슷할 수 있다고 보았다. 취학전 교육을 통해 다음 세대의 마음과 정신을 가꾸는 일은 종교의 영속을 도우기 위해 필요한 활동의 하나로서 성직자 교육만큼 중요할 수 있다. 많은 신앙 지도자들이 종교 전도에서 학교가 핵심 역할을 한다고 강조하는 이유이기도 하다. 종교학교에서 일부 교사들이 자신들의 일을 포교의 형태로 보기도 한다. 그리고 상고인들은 그것이 아이들을 종교학교에 보내기로 결정한 주요 이유라고 증언하였다.

헌법은 이러한 형태의 교육을 막지 않는다. 오히려 종교의 자유조항은 자신들의 아이들에게 신앙을 가르치는 학부모들의 자유에 큰 가치를 두었던 역사에서 나왔다. 영국 내란 이후 자신만의 방식으로 신을 경배하고 아이들을 가르칠 권리가 있고 신을 두려워한다고 믿는 사람들의 발자취에서 미국 계몽주의의 지도자들이 나왔다. 그러나 종교 충돌의 쓰라린 교훈은 국교금지조항과 로크 판결에서 인용한 강요된 지원을 금지하는 주법을 낳았다.

그러면 로크 판결과 이 사건의 차이는 무엇인가? 그리고 종교 교육 지원이 로크 판결의 신학 학위 지원보다 트리니티 판결에서 놀이터 보수 지원에 더 비슷하다고 결론내린 다수의견의 논리는 무엇인가? 다수의견의 주요한 주장은 트리티니 판결에서처럼 몬태나가 오직 학교의 종교성격 때문에 제도에서 종교학교를 제외했다는 것 같다. 다수의견은 로크 판결에서 쟁점이었던 제도와 지위에 기초한 차별을 대비시키고 있다. 다수의견은 로크 판결에서 세속적인 전문직이 아니라 성직자 교육이라는 종교적인 이용에 기초하여 신학생들에게 장학금을 거부했다고 한다.

몬태나의 지원금지조항이 종교와 연관된 학교에 널리 지원을 금지하고 있는 것은 사실이다. 그러나 이 사건은 지위에 기초한 차별청구가 아니다. 학교는 장학금을 신청하거나 경쟁하지 않으며, 이 사건의 당사자도 아니다. 그리고 자신들의 이익을 대변하려고 하지 않는다. 이 사건은 지원금지조항을 적용함으로써 학부모들이 선택한 학교에 보내기 위해 납세자가 지원하는 장학금을 이용하지 못하게 하여 그들의 종교의 자유가 침해되었다고 주장하는 소송이다. 달리 말하면 로크 판결에서처럼 문제는 상고인들이 무엇을 하려고 했는지, 곧 종교 교육을 하기 위해 자금을 사용하려고 했는지이다.

학교의 지위가 관련되어 있다고 하더라도 나는 다수의견의 구분이 이 사건에 어떤 관련이 있는지 알지 못한다. 종교학교가 학생들에게서 신앙이나 가치를 가르치려고 한다는 사실에는 다툼이 없다. 상고인들이 이 학교에 보내기 위해 주의 지원을 받지 못하게 하는 조치가 어떻게 종교의 자유를 침해할 수 있는가? 그래서 이 사건의 문제는 트리티니 판결과 달리 학교가 주의 지원을 받아 무엇을 하는가로 모아진다. 결론은 로크 판결에서처럼 우리는 종교 교리의 교육에 자금을 지원하지 않겠다는 주의 결정을 다루고 있다.

다음으로 다수의견은 로크 판결이 내세운 주의 성직자 지원에 반대하는 전통에 견줄 정도로 종교학교 지원에 반대하는 역사적이고 실질적인 전통이 없다고 주장한다. 그러나 다수의견은 로크 판결에서 인용한 건국초기의 금지 이유에 눈감고 있다.

아마 가장 유명한 사례는 기독교 정통 교사를 지원하기 위해 세금을 부과하려는 1786년 버지니아 법안의 부결이다. 그 법안을 반대한 제임스 매디슨은 이러한 방식으로 주에게 종교 후원을 강요하는 것은 종교에 관한 견해가 입법기관의 의견과 다른 모든 사람들을 동등한 시민의 지위에서 강등시키는 박해의 신호라고 주장하였다. 매디슨은 그 세금에서 혜택을 받은 사람들 사이에서도 종교 개입의 자제가 만들어낸 절제와 조화를 법안이 깨트릴 위험이 있다고 경고했다. 매디슨의 충고로 자극된 반대의견이 법안을 무산시켰을 뿐만 아니라, 버지니아주의회가 매우 다른 법 곧 토마스 제퍼슨이 기초한 종교자유법을 제정하도록 자극하였다.

제퍼슨 법안은 주가 지원하는 종교 교화가 위협하는 종교 자유에 대한 위험을 강조하였다. 믿지 않는 의견을 전파하기 위해 돈을 기부하도록 강제하는 일은 죄악이고 압제다. 따라서 법은 종교 예배, 교회당, 목사의 강제 후원이나 참여는 허용하지 않고 있다. 비슷한 규정이 많은 주의 초기 헌법에 들어갔다.

나는 매디슨과 제퍼슨이 갖고 있는 우려와 종교학교 장학금을 지원하는 납세자가 갖고 있는 불가피한 우려 사이에 의미 있는 차이가 있다고 보지 않는다. 주의 예산은 교육기회 부족으로 인하여 시민들을 교육시키는데 사용되지만, 종교의 교리에서는 시민 교육 관련 지식을 얻을 수 없다. 두 사건에서 선택받지 않은 교사들이 종교문제에 관한 의견의 보급을 지원하도록 납세자들에게 강요할 것이다. 그리고 두 사건에서 그러한 목적에 주 자원을 배분하는 것은 "우리 법이 종교 개입을 자제하며 형성한 절제와 조화를 깨뜨릴" 위험이 있다.

주의 종교학교 지원 역사가 복잡하다는 사실을 부인하지 않는다. 그러나 건국시기 성직자 교육 의무 지원에 대한 경향도 복잡하다. 조지 워싱턴, 패트릭 헨리, 존 마샬과 같은 건국 세대의 많은 유명인들이 버지니아의 재산세법안을 지지하였다. 이러한 종류의 정부지원을 지지한 일부 사람들은 양심의 자유를 위협하지 않는다고 생각했다. 다른 사람들은 국교수립이나 마찬가지인 종교지원 조항을 거부하였다. 어떤 역사가는 헌법의 구절인 "국교 수립 금지"가 무엇을 의미하는 지에 관하여 건국한 사람들이 통일된 이해를 했다고 보기가 거의 불가능하다고 설득력 있게 주장하고 있다.

이러한 다양한 의견은 로크 판결에서나 이 사건에서나 다르지 않다. 우리는 신생공화국을 만든 사람들이 교리 가르침에 세금 지원은 개인의 자유와 공동체의 조화에 커다란 위험이 된다고 인식한 매디슨과 제퍼슨을 포함한 국민들임을 말하면 충분하다. 그동안 종교조항의 적용에서 법원은 이러한 "역사적이고 실질적인" 우려를 꾸준히 고려하였다. 헌법기초자들이 느꼈던 위험이 시간이 지나면서 더 분명해졌기 때문에 이러한 견해에 대한 법원의 특별한 주의에 놀랍지 않다. 남북전쟁이후 몇 년간 우리나라에서 활동하는 종교의 수는 엄청 늘었다. 그로 인하여 주정부가 종교와 얽혀 있을 때 특혜를 준다는 의심을 피하기가 더 어려워졌다.

이 사건의 세금 혜택은 특정 장학기관을 후원한 기부자들에게 도움이 된다. 그 장학재단은 이어서 스스로 선택하여 자격 있는 학교에 다니는 학생들에게 장학금을 준다. 다수의견은 이 사건처럼 주의 예산이 개인의 선택에 따라 종교학교로 들어간 제도를 승인한 사건을 지적하고 있다. 그러나 트리니티 판결은 그 지원 제공이 의무였는지의 문제에 답하지 않았다.

뿐만 아니라 대수의견은 내가 이미 설명한 관련된 우려를 다루지 않았다. 개인선택은 자신의 믿음이든 다른 사람의 믿음이든 신앙의 전도에 지원하지 않으려는 납세자에게 도움이 될 수 없다. 자신들의 신앙을 가르치는 학교 지원은 너무 적은 종교적 소수자들에게 도움이 될 수 없다. 그리고 주정부가 지원하는 제도 참여를 거부하는 신앙을 가진 사람들을 만족시킬 수 없다. 위와 같은 설명에 해당하는 일부 또는 많은 사람들은 공공 기금이 종교학교로 흘러들어갔을 때 무시당했다고 느낄 수 있다. 이러한 느낌은 종교가 부추긴 정치 갈등과 분열을 일으킬 수 있고, 주가 이 사건과 같은 제도에 종교학교를 포함시킬 의무가 있는 경우에 위험은 매우 커질 수 있다. 그리고 그 제도들이 주에 있는 많은 종파 중에서 일부에게만 혜택을 줄 경우 역시 위험성이 크다.

몬태나 헌법의회의 기록을 보면 이러한 우려가 다른 종파의 신앙 지도자들을 포함한 다양한 종교집단을 대표하는 위원들이 지원금지조항을 지지한 이유였다.

이러한 위험을 가볍게 보고 로크 판결과 이 사건을 구분하기 위해, 다수의견은 몬태나 헌법이 특정한 본래의 종교 교육 과정을 겨냥하지 않았다고 주장한다. 그러나 이 사건은 지원금지조항의 문면상 다툼이 아니다. 세금을 종교학교에서 학생 수업료로 지불하는데 사용되는 장학제도에게만 영향을 미치는 사건이다. 우리는 오랫동안 이러한 종류의 무제한 현금 지불은 특별한 국교수립금지 우려를 낳는다고 인정했다. Mitchell v. Helms, 530 U.S. 793, 818-819 (2000) (복수의견); 848-849 (대법관 오코너 동조의견). 상고인이 요구하는 보조금은 수정헌법 제1조의 의미상 성직자를 고용하는 교회의 신앙을 신봉하는 교사들과 관리인들의 월급을 지급하는데 쓰일 것이다.

25년 동안 우리가 학생들에게 신앙을 가르치는 사람들의 월급을 지급하도록 납세자들에게 강요하지 않았다면, 오늘 우리가 어떻게 몬태나에게 교실에서 신앙을 가르치는 사람들과 관련하여 다른 견해를 받아들이라고 요구할 수 있는지 나는 알지 못한다.

Ⅱ

다수의견은 종교의 자유조항에 따라 상고인들이 납세자가 지원한 장학금을 아이들의 종교교육에 쓸 수 있도록 몬태나가 허용하여야 한다는 결론을 내리면서 혁신적인 이론을 내세웠는데 내가 보기에는 길을 잘못 들었고 역효과를 낼 수 있다.

다수의견이 지나가는 말로 국교금지조항이 금지하는 것과 종교의 자유조항이 허용하는 것 사이에 융통성이 있다고 하였지만, 이전 판결에 그림자를 드리우고 있다. 다수의견은 종교 교육 지원에 국교 조항 선례에 따른 걸림돌이 없다고 하면서, 몬태나의 국교 금지 이익이나 그에 관한 논의를 거의 설명하지 않고 있다. 예산을 종교 교육 지원에 쓰지 않아야 한다는 주의 우려에 눈감고 있다. 대신에 다수의견은 놀이터 지원이든 종교 가르침에 관하여든 종교에 따른 모든 차별이 비슷하고 위헌으로 추정되기 때문에, 몬태나의 예산이 어떻게 쓰이는지를 살펴볼 필요가 없다고 한다.

다수의견이 가려낸 이 사건의 특성에 관한 문제는 그만두고라도, 나는 다수의견이 우리 선례들의 유연하고 맥락에 맞춘 접근 방식을 엄격 심사로 교체하는 잘못을 저질렀다고 생각한다. 그리고 정부의 혜택이 걸려 있을 때마다 똑같은 강화된 심사를 적용하여야 한다고 본 것도 잘못이다.

"우리는 민감한 헌법 적용 영역에서 정부 활동이 허용되는 경계를 어슴푸레 인식할 수 있음"을 경험이 가르쳐주고 있다. Tilton v. Richardson, 403 U.S. 672, 678 (1971) ("틸튼 판결") **(복수의견)** (정확하게 적용하여 허용됨 또는 허용될 수 없음을 쉽고도 일관되게 구분할 수 있는 간단하고도 분명한 척도는 없다), **왈즈 판결** 669(엄격함은 이 조항의 기본 목적, 곧 종교의 지원이나 선호가 없고 지배하거나 금지되는 종교가 없음을 보장하는 목적을 외면해버릴 수 있다). 만약 다수의견이 종교에 관한 두 조항 사이에서 줄타기가 가능하다고 본다면, "이론적인 유연성을 보존하고 분별있고 현실적인 적용 필요성을 인정"할 때만 가능하다.

법원은 로크 판결에서 바로 이러한 방식으로 나아갔다. 그 판결은 위헌성 추정을 뒷받침하기 위해 오늘 다수의견이 인용한 선례를 똑같이 살펴보았다. 그러나 신학 학위에 지급지원을 거절한 워싱턴주의 결정에 그 선례들이 확립한 추정을 적용하면 선례들의 사실관계뿐만 아니라 논증을 훌쩍 넘어 확대 적용된다고 보았다. 내가 보기에 그 분석은 이 사건에도 똑같이 적용된다.

몬태나의 법은 종교 활동을 제재하지 않는다. 그 법은 신앙 때문에 정치활동에 참여할 권리를 빼앗지 않는다. 그리고 학생들에게 자신들의 신앙과 실업수당과 같은 비종교 정부 지원의 수령 사이에 선택하도록 하지 않는다. 주는 단순히 대부분 신앙의 전형적인 가르침과 예배에 관련된 제도에 예산을 지원하지 않기로 하였다. 그래서 기본권의 행사를 보조하지 않기로 한 주의회의 결정은 권리를 침해하지 않았고 엄격심사대상이 아니다.

우리 선례에서 융통성의 개념 적용, 위헌성 추정의 주저, 혜택 관련된 판결을 맥락으로 한정하려는 경향은 모두 우리가 종교 조항의 기본 목적이 종교의 자유와 종교의 관용을 완전히 보장하고 그 목적을 이루려는 희망을 최대한 실현하는 조건을 키우는데 있다고 인정한다면 매우 신중할 필요가 있다는 깨달음을 반영하고 있다.

정부 혜택은 다양한 모습과 크기로 나타난다. 주의 혜택에 관련된 판단을 다루는 적절한 방식은 종교 조항과 문제가 된 구체적인 혜택 및 제한 사이의 관계에 따라 다르다. 종교와 특정 혜택과의 관련성을 우려하는 의견 차이는 대개는 해결하기 어렵다. 특정한 혜택은 작지만 중요한 세부내용에 관련되어 있을 수 있다.

어느 종교에 부정적으로 다른 종교에 긍정적으로 영향을 미치는가? 정부가 특정한 혜택에 의무조항(예컨대 자격)을 부과하는 방식에 반대하는 종교는 어떤가? 또는 종교적인 이유로 정부의 지원을 받아들일 수 없는 종교집단은? 그리고 정부예산을 어느 한 종교에 지원하는 내용으로 자격 요건이 정해지면 어떤 일이 일어날까? 법원은 이러한 충돌을 다루기에는 적절하지 않다. 그러나 여러 종교가 있는 나라에서는 그러한 불일치가 많이 발생할 수 있다.

다수의견은 이러한 내용을 무게 있게 검토하면 우리의 선례로부터 벗어나게 되고 법원이 종교의 자유조항을 해석하는 재량이 너무 많아진다고 한다. 그러나 우리는 수정헌법 제1조 중립성 요건의 적용은 민감한 해석을 필요로 한다고 오랫동안 인정해왔다. 쉠프 판결 226. "종교 조항에 따른 가치 판단은 문제의 특정한 행위에 신앙이나 의식을 국교로 확립하거나 개입할 의도가 있는가 또는 그렇게 하는 효과가 있는가에 달려 있다"고 우리는 설명했다. 왈즈 판결 669.

다수의견의 방식으로는 어렵고 민감한 문제를 사법이 회피하지도 못한다. 오히려 그러한 문제를 피하는 주의회의 결정을 존중하는 대신에, 법원이 종교 집단과 주정부 사이의 다툼을 풀어야 하는 더 복잡한 임무를 수행해야 한다. 동시에 문제를 개선하는데 도움이 되는 숨 쉴 공간 없이 종교의 자유와 국교수립금지의 요구 사이에 갇혀서 주는 입법의 어려움에 처하게 된다.

나는 다수의견이 일부 법 영역에서 일반적으로 적용될 수 있는 심사기준을 발전시키는데 도움이 될 수 있음을 인정한다. 우리의 선례가 보여주듯이, 문제는 국교 금지 조항과 종교의 자유조항의 상호 작용 때문에 거의 모든 사건에서 조항들의 대립하는 이익을 정당화하는 심사기준을 만들어내기가 특히 어렵다. 이는 우리의 선례들이 기계적인 공식을 만들지 않고 정확하게 다수의견이 배척한 사건별 분석의 필요성을 계속해서 그리고 솔직하게 인정한 이유이기도 하다. 우리 선례의 기준은 종교 조항들의 목적이 훼손되는 사정을 확인하는 지침으로 이용되어야 한다. 틸튼 판결, 678.

이러한 경험에도 불구하고 가끔 다른 법리를 선언하려는 법원의 시도는 수정헌법 제1조 법리학에서 동의를 얻지 못했다. Van Orden, 545 U.S., 697 (대법관 브레이어 동조의견) (사례 나열). 이러한 지속적인 불일치는 오늘 다수의견이 채택한 법리처럼 엄격하고 선명한 법리도 헌법상 종교 조항의 기본 목적에 어긋나게 작동한다. 그리고 그 조항의 목적을 달성하지 못하는 기준은 심사기준이 없느니만 못하다.

다수의견의 판결에 따라 발생할 수 있는 현실적인 문제를 몇 가지 살펴보자. 여러 주는 지역의 필요에 따라 교육에 공적인 지원을 하는 제도를 만들기 위해 종교 조항 사이에서 융통성을 발휘해 왔다. 여러 주들은 비정규 학교에 아이들을 보내는 가족들에게 장학제도부터 세금 혜택, 수업료를 갚아주는 공제까지 다양한 지원을 하고 있다. 거의 모든 주 헌법은 몬태나처럼 지원금지조항이 있지만, 그 조항들은 더 폭넓은 규제의 일부분일 뿐이다. 지원금지조항이 종교학교 학생들에 대한 장학금을 금지하지 않는다고 보는 주들이 있는가 하면, 그러한 조항이 없어도 종교학교를 지원하지 않기로 하는 주들도 있다. 오늘 판결은 일부 또는 많은 사례에서 주들이 종교 조항의 목적을 실제 증진하는지를 계속 물으면서 이러한 제도를 뒤죽박죽으로 만들고 있다.

그리고 오늘 판결의 한계는 어디 인가? 다수의견은 주들이 사립교육을 보조할 필요가 없다고 한다. 그러나 왜 그런지를 설명하지 않는다. 세속적인 사립학교에서만 쓸 수 있는 장학제도를 만드는 것이 아이들을 종교학교에 보내야 한다는 신앙을 갖고 있는 학부모들에게 강압적인 압력이 된다면, 어떻게 세속적인 공립학교에만 지원하는 주의 결정이 덜 강압적인가? 다수의견의 논리에 따르면 두 사례에서 학부모들은 신앙과 납세자가 후원하는 교육 사이에서 선택을 해야 한다.

공립과 사립학교를 구분하는 다수의견을 받아들이면 다수의견이 끌어들인 불확실성을 거의 다루지 못한다. 인가학교(차터 스쿨)는 어떤가? 인가학교를 만들고 지원하고 관리하는 방법은 주마다 다르다. 인가 학교 지원이 공립학교 지원과 비슷한 주와 다수의견으로 사립 종교학교를 지원하는 헌법상 의무를 갖게 되는 주 사이에 어떤 차이를 둘 것인가? 다수의견은 종교의 자유조항과 국교금지 조항 사이의 충돌하는 이익 사이에서 균형을 잡기 위한 법원 및 주의회의 역할을 매우 제한하면서도 어떤 지침도 주지 않는다.

* * *

주의회가 정당하게 입법할 수 있도록 두 종교조항 사이의 중립적인 영역을 구분하기는 쉽지 않다. 그리고 한편으로는 종교의 자유를 선호하고 다른 한 편으로는 주의 지원을 반대하는 헌법의 가치가 충돌하는 이 사건과 같은 경우에 더 어렵다. 그러한 사건에서는 법리 판단은 조항들의 기본 목적을 반영하고 그에 충실해야 하며, 사건의 전후사정과 그러한 목적에 비추어 측정된 결과를 고려하여야 한다. 이 사건에서 로크 및 트리니티 판결에서 본 사례와 함께 그러한 목적을 고려 할 때, 나는 종교학교를 달리 대우한 몬태나의 조치가 합헌이라고 믿는다. "두 종교 조항 사이에 융통성이 있다면, 이 사건에 있어야 한다." 로크 판결 725. 이러한 이유로 나는 법원의 반대 결론에 정중히 동의하지 않는다.

8. 동성결혼 케이크 판매 거부의 차별금지법 위반과 종교의 자유

Masterpiece Cakeshop v. Colorado Civil Rights Commission
584 U.S._____(2018)

〈해 설〉

2012년 콜로라도에서 상고인 빵집을 운영하는 제빵사이자 독실한 신자인 상고인 필립스는 동성연인이 빵집에 와서 자신들의 결혼식에 쓸 케이크를 주문하자, 종교상의 이유로 동성결혼에 반대하고 콜로라도가 동성결혼을 인정하지 않기 때문에 케이크를 만들 수 없다고 말하였다. 동성연인들은 상고인들이 대중시설물에서 성적 지향에 따른 차별을 금지한 차별금지법을 위반하였다는 이유로 차별구제를 신청하였다. 콜로라도 민권국의 조사와 행정판사의 서면 결정을 거쳐 민권위원회는 제빵사의 결혼 케이크 제조 및 판매 거부가 차별금지법을 위반하였다고 판단하고 차별행위 금지 및 공개문 게시, 조치 이행 보고 등의 구제명령을 했다. 주항소법원의 항소기각, 주대법원의 상고허가신청기각이 이어졌다.

다수의견은 주정부가 신앙이나 종교 관습이 부당하다거나 이를 판정하는 방식으로 업무를 처리할 수 없고 필립스의 신앙을 중립적이고 관용하는 방식으로 상대했어야 함에도, 다른 비슷한 사례의 처리와 비교해 볼 때 민권위원회 위원들이 종교적인 반감을 갖고 판단하였다고 인정하고 필립스의 종교의 자유를 침해하였다고 결론 내렸다. 대법관 고서치는 종교의 자유 제한은 엄격심사를 통과하여야 하는데 진지하게 간직하고 있는 신앙을 비이성적이라거나 불쾌하다고 보고 내린 결론은 엄격심사를 통과하지 못한다고 보았다. 대법관 토마스는 케이크를 만드는 행위는 표현행위이고 동성결혼용 케이크를 만들지 않는다는 표현이 불쾌하다는 이유로 제한하는 것은 표현의 자유 침해라고 보았다.

반대의견은 이 사건의 사실관계가 뚜렷하지는 않지만, 일부 위원회 위원들의 반감을 가진 발언이 주법원의 심판절차에 모두 영향을 미쳤다는 근거가 없고, 민권위원회의 구제명령은 유효하고 중립적이며 보편적으로 적용가능한 법으로서 남성 동성연인들이 일반인들과 똑같은 조건으로 제품과 서비스를 이용할 수 있다는 차별금지법의 취지에 따른 결론이라고 판단하였다.[42)]

[대법관 케네디]

2012년 동성연인들이 콜로라도의 빵집에 가서, 결혼 축하연에 쓸 케이크를 주문하였다. 가게 주인은 종교를 이유로 동성결혼에 반대하기 때문에 케이크를 만들지 않겠다고 말했다. 당시 콜로라도주는 동성결혼을 인정하지 않았다. 동성연인들은 콜로라도 차별금지법을 어겨 성적 지향을 바탕으로 차별하였다고 주장하면서 콜로라도 민권위원회("위원회")에 구제신청을 하였다.

위원회는 빵집의 행동이 법을 어겼다고 판단하고 구제결정을 하였다. 콜로라도 주법원들은 그 결정 및 집행명령을 인용하였고, 이 법원은 위원회의 명령이 헌법을 어겼는지를 결정해야 한다.

이 사건은 두 원칙을 올바르게 조화시키는 어려운 문제를 드러내고 있다. 첫째는 결혼하였거나 결혼하려는 동성애자들이 물품과 서비스를 구할 때 차별을 겪을 경우 그들의 권리와 품위를 보호하려는 주와 주정부의 권한이다. 둘째 수정헌법 제14조를 통해 주에게 적용되는 수정헌법 제1조에 따른 기본 자유를 누리는 모든 사람들의 권리이다.

이 사건에서 언론의 자유와 종교의 자유가 주장되고 있다. 이 사건의 자유 언론 측면은 멋진 결혼 케이크를 본 몇몇 사람이 케이크제조행위를 언론으로 보호받아야 한다고 생각할 수 있어서 어렵다. 그러나 이는 헌법상 자유를 새로운 상황에 적용하면 자유의 의미를 더 깊게 이해할 수 있다는 명제의 유익한 예이다.

이 사건에서 제빵사가 서비스 제공을 거절하는 범위에 관하여 당사자들의 의견

42) 대법관 케네디가 법정의견을 작성하고 대법원장 로버츠, 대법관 브레이어, 알리토, 케이건, 고서치가 참여하였다. 대법관 케이건이 동조의견을 작성하고 브레이어가 참여하였다. 대법관 고서치가 동조의견을 작성하고 알리토가 참여하였다. 대법관 토마스가 동조의견을 작성하였고 고서치가 참여하였다. 대법관 긴즈버그가 반대의견을 작성하였고 대법관 소토마요르가 참여하였다.

이 달라서 어려움이 있다. 만약 제빵사가 결혼을 축하하는 말이나 상징이 있는 특별한 케이크, 예를 들면 종교 의미를 갖고 있는 말을 담고 있는 케이크의 제조를 거절하였다면, 케이크를 전혀 팔지 않겠다는 거절과는 다르다. 제빵사의 빵만들기가 보호될 수 있는지를 판가름할 때 이러한 상세한 내용은 차이를 만들어낸다.

제빵사의 자유 주장이 유효한지를 결정할 때도 같은 어려움이 있다. 케이크를 똑바로 자르기 위한 결혼식 참석 요청을 거절하거나, 또는 케이크에 붙이는 종교 용어나 장식 거절, 종교 용어나 상징이 있으나 일반 대중용으로 케이크 판매를 거절하는 행위가 가능한 3가지 예이다.

일부 사건에서 언론과 종교의 자유 원리의 융합이 어떤 사건에서 가능할 수 있지만, 위원회가 이 사건을 심리할 때는 종교 중립성에 관한 주의 의무를 지키지 않았다. 제빵사가 거절한 이유와 동기는 그의 진지한 신앙과 확인에 바탕을 두고 있었다. 법원의 선례에 따르면 대중들에게 물건을 파는 제빵사는 일반적으로 적용될 수 있는 법으로 제한을 받지만 종교의 자유를 누릴 권리를 갖고 있다. 주가 유효하게 종교의 자유를 제한할 수 있는지의 민감한 문제는 주가 추구하는 균형에서 주 자신의 종교적인 반감이 요소가 아닌 상황에서 결정될 필요가 있었다. 그러나 이 사건에서는 그럴 필요가 없다. 위원회가 이 사건을 심리했을 때, 헌법이 요구하는 종교 중립성으로 심리하지 않았다.

이러한 모든 상황을 종합해 볼 때, 이 사건과 사실관계가 비슷한 미래의 일부 논쟁 결과가 어떻든지 간에, 이 사건에서 위원회의 결정은 헌법상 종교의 자유를 침해하였고, 그 구제명령의 취소가 타당하다.

I

A

상고인(Masterpiece Cakeshop)은 콜로라도 덴버 인근의 레이크우드에 있는 빵집이다. 가게는 날마다 쿠키와 브라우니부터 생일 파티, 결혼식 등을 위해 주문자가 요구한 공들인 케이크까지 다양한 빵 제품을 판다.

상고인 잭 필립스는 24년간 가게를 소유하고 운영해 온 전문 제빵사다. 필립스는 독실한 기독교인이다. 그는 "인생의 주요 목적이 전 인생에서 예수 그리스도와 예수의 가르침에 복종"하는 것이라고 설명하였다. 그리고 그는 빵집에서 일하면서 신을 경배하려고 한다. 그는 "인류 역사가 시작될 때부터 결혼을 시키는 신의 의도는 한 남자와 한 여자의 결합이고 그래야 한다."고 믿었다. 필립스에게 동성결혼 케이크를 만드는 일은 자신의 가장 깊은 믿음에 반대되는 행사에 참여하는 것과 마찬가지였다.

필립스는 찰리 크레이그와 데이브 멀린스가 2012년 여름 가게에 왔을 때 처음 보았다. 크레이그와 멀린스는 결혼할 계획이었다. 그 당시 콜로라도는 동성결혼을 인정하지 않아서 그들은 매사추세츠에서 적법하게 결혼하고 그 후 덴버에 있는 가족들과 친구들을 축하연에 초대할 계획이었다. 결혼식을 준비하기 위해 크레이그와 멀린스는 가게에 가서 필립스에게 "우리 결혼식"에 쓸 케이크를 주문하려고 한다고 말했다. 그들은 상상하는 케이크의 디자인을 말하지 않았다.

필립스는 동성결혼을 위한 케이크를 만들지 않는다고 알려주었다. 그는 "나는 당신들의 생일 케이크, 선물 케이크를 만들고, 쿠키와 브라우니를 팔지만, 동성결혼 케이크는 만들지 않는다."고 설명하였다. 그들은 더 말하지 않고 가게를 떠났다.

다음날 크레이그의 어머니는 필립스에게 전화해서 케이크를 만들지 않은 이유를 물어보았다. 필립스는 종교에 의해 동성결혼을 반대하고 콜로라도는 당시에 동성결혼을 인정하지 않았기 때문에 동성결혼용 케이크를 만들지 않는다고 설명하였다. 그는 나중에 "성경의 가르침에 직접 반대되는 무언가를 축하하는 행사용으로 결혼 케이크를 만드는 일은 그들 행사나 관계에 개인이 지지하고 참여하게 된다는" 그의 믿음을 설명하였다.

B

콜로라도는 지금까지 대중 시설물에서 차별을 금지하였다. 1885년 콜로라도가 주로 편입되고 몇 년 뒤, 주의회는 "인종, 피부색이나 과거 노예상태와 관계없이 모든 시민들에게 일부 대중 시설물의 완전하고도 평등한 이용을 보장하는 인권 보장법"을 통과시켰다. 10년 뒤 주의회는 모든 대중 시설물에 적용을 확대하였다.

오늘날 콜로라도 차별금지법은 대중시설물에서 차별을 금지하는 주의 전통을 넓혔다. 2007년과 2008년에 다른 보호되는 특성뿐만 아니라 성적 지향에 따른 차별을 금지한 개정 차별금지법은 다음과 같이 규정하고 있다.

"직접 또는 간접적으로 장애, 인종, 교리, 피부색, 성, 성적 지향, 결혼 상태, 국적, 혈통 때문에 개인 또는 집단에게 물품, 서비스 시설, 특권, 이익, 대중시설물의 이용을 완전하고도 평등하게 누리는 것을 거부, 철회, 부인하는 행위는 차별 관행이자 불법이다." Colo. Rev. Stat. §24-34-601(2)(a) (2017).

법은 "대중시설물"을 넓게 정의하여 "공중에 물품을 파는 사업장과 공중에게 서비스를 제공하는 장소"를 포함하고 있지만, "교회, 유대교 회당, 이슬람 사원, 주로 종교 목적으로 사용되는 다른 장소"는 뺐다.

차별금지법은 차별 청구를 해결하는 행정 절차를 만들었다. 법을 위반한 차별 청구는 먼저 콜로라도 민권국이 맡는다. 민권국은 청구를 조사하여 차별금지법 위반이 인정되는 사유가 있다면 위원회로 사건을 보낸다. 이어서 위원회는 주의 행정 판사가 공식 심리를 시작할 지를 결정한다. 행정 판사는 증거와 주장을 듣고 서면으로 결정한다. 행정 판사의 결정에 대해서는 7명의 위원으로 구성된 전원 위원회에 이의할 수 있다. 위원회는 사건을 결정하기 전에 공개 심리와 숙의 과정을 거친다. 만약 위원회가 법위반을 증명하는 증거가 있다고 결정한다면 법이 규정한 구제 조치를 내린다. 가능한 구제조치에는 차별정책을 그만두며, 위원회에 정기적으로 조치 이행을 보고하라는 명령, 대중의 실질적인 권리를 보장한다는 공개문 등이 있다. 콜로라도 법은 위원회의 손해배상이나 벌금형 부과를 허용하지 않는다.

C

크레이그와 멀린스는 2012. 8. 빵집에 갔다 온 뒤 바로 상고인과 필립스를 상대로 차별 구제신청을 하였다. 신청서에서 크레이그와 멀린스는 자신들의 성적 지향 때문에 빵집에서 "완전하고 평등한 서비스"를 받지 못했고, 동성결혼 케이크를 팔지 않는 것이 필립스의 "표준 사업 관행"이었다고 했다.

민권국은 조사를 시작했다. 조사자는 필립스가 여러 번 자신의 신앙이 금지하고 있고 당시는 불법이었기 때문에 동성결혼식이나 축하연용 케이크를 만들 수 없다고 말하면서, 성적 지향을 이유로 소비자들을 돌려보냈다고 인정했다. 조사에서 필립스는 그러한 이유로 다른 동성연인들에게 약 6차례 결혼 케이크를 팔지 않았다는 사실이 인정되었다. 크레이그와 멀린스가 제출한 인증진술서에 따르면 필립스의 가게는 여성 동성애자들에게 서약식을 위한 컵케이크 판매를 거부했는데, 그런 종류의 일에 동성연인들에게 빵을 팔지 않는다는 방침을 갖고 있어서라고 했다. 이러한 사실인정을 바탕으로 민권국은 필립스가 차별금지법을 어긴 사유가 있다고 인정하고 사건을 위원회로 보냈다.

위원회는 공식 심리의 시작이 옳다고 판단하고 주 행정 판사에게 사건을 보냈다. 결혼 사실에 다툼이 없다고 인정한 판사는 신청을 받아들였다. 판사는 먼저 크레이그와 멀린스의 결혼 케이크를 만들지 않는 행위는 콜로라도 법을 어기지 않았다는 필립스의 주장을 받아들이지 않았다. 가게가 대중시설물법의 적용을 받는다는 점은 다툼이 없었다. 그리고 판사는 필립스의 행동은 단순히 그가 주장하는 대로 동성결혼 반대가 아니라 성적인 지향을 바탕으로 한 차별행위에 해당되어 금지된다고 판단했다.

필립스는 판사 앞에서 2가지 헌법 주장을 하였다. 먼저 동성결혼 케이크를 만들도록 요구하는 방식의 차별금지법 적용은 그가 동의하지 않은 의사를 표현하기 위해 그의 재능을 쓰도록 강요함으로써 그의 수정헌법 제1조 자유 언론권을 침해한다고 주장했다. 웨딩 케이크를 준비하는 행위는 보호되는 언론 유형이고, 크레이그와 멀린스의 케이크를 만드는 행위는 필립스에게 "이념에 따른 견해"를 따르도록 강요한다는 주장을 판사는 받아들이지 않았다. 판사는 차별금지법의 적용이 필립스의 언론의 자유를 침해하지 않는다고 보았다.

필립스는 동성결혼용 케이크를 만들도록 요구하는 것은 수정헌법 제1조가 보호하는 종교의 자유권을 침해한다고 주장하였다. 이 법원의 선례인 Employment Div., Dept. of Human Resources of Ore. v. Smith, 494 U.S. 872 (1990) ("스미스 판결")를 들면서 판사는 차별금지법이 "유효하고 중립적이며 일반적으로 적용가능한 법"이므로 이 사건에서 필립스에 적용하는 것이 종교의 자유조항을 위반하지 않았다고 판단했다. 그래서 판사는 헌법에 따른 두 가지 주장에서 필립스와 빵집에 불리하게, 크레이그와 멀린스에게 유리하게 판정했다.

위원회는 판사의 결정을 모두 인용했다. 위원회는 필립스에게 결혼 케이크나 이성 연인에게 파는 다른 제품의 판매를 거부하여 동성 연인을 차별하는 행위를 그만두라고 명령했다. 또한 차별금지법에 관한 교육을 받고 모든 회사의 정책을 명령에 맞게 고치는 것을 포함한 구제명령을 했다. 또한 위원회는 필립스에게 2년간 구제조치를 이행했다는 진술과 함께 서비스를 거부한 손님의 수와 이유를 쓴 분기별 이행보고서를 준비하도록 요구했다.

필립스는 항소했으나 콜로라도 항소법원은 위원회의 법리 판단과 구제 명령을 인용하였다. 법원은 위원회의 명령이 필립스와 빵집에 동성결혼을 축하하는 메시지를 전달하도록 강요하는 것은 위헌이라는 주장을 배척하였다. 법원은 위원회의 명령이 종교의 자유조항을 어겼다는 주장도 배척하였다. 이 법원의 선례인 스미스 판결을 들면서, 항소법원은 법을 따르는 것이 종교 의식이나 신앙에 개입한다는 이유로 종교의 자유조항에 의하여 보편적으로 적용가능하고 유효하며 중립적인 법을 지킬 의무가 면제되지 않는다고 보았다. 법원은 법률 준수 요구가 그의 종교의 자유권을 침해하지 않았다고 결론 내렸다. 콜로라도 대법원은 상고허가신청을 기각하였다.

필립스는 이 법원에 상고하였고, 상고를 허가하였다. 그는 수정헌법 제1조의 자유 언론 및 종교의 자유를 다시 주장하고 있다.

Ⅱ

A

우리 사회는 동성애자들과 동성연인들이 사회에서 따돌림 당하거나 품위와 가치가 떨어지는 사람으로 취급될 수 없다는 인식에 이르렀다. 그러한 이유로 법과 헌법은 그들의 인권을 보호할 수 있고 어떤 경우에는 보호해야 한다. 다른 사람들과 동등한 조건으로 자유를 누릴 수 있도록 법원은 마땅히 존중해야 한다. 동시에 동성결혼을 종교와 철학적으로 반대하는 것은 보호되는 의견이고 보호되는 형태의 표현인 경우도 있다. 이 법원이 Obergefell v. Hodges, 576 U.S. 644 (2015) ("오버게펠 판결")에서 "수정헌법 제1조는 종교 기관과 종교인이 그들의 삶과 신앙을 채우고 중심이 되는 원칙을 가르치려고 할 때 적정한 보호를 보장한다."고 보았다. 그럼에도 그러한 종교 및 철학적인 반대가 보호되지만, 일반 원칙으로는 사업가와 경제 · 사회의 다른 행위자들이 중립적이고 널리 적용될 수 있는 대중시설법에 따른 물품과 서비스의 동등한 이용을 거부하는 것은 허용되지 않는다. Newman v. Piggy Park Enterprises, Inc., 390 U.S. 400, 402, n. 5 (1968); Hurley v. Irish-American Gay, Lesbian and Bisexual Group of Boston, Inc., 515 U.S. 557, 572 (1995) ("헐리 판결") (주의회가 특정 집단이 차별대상이고 규정들이 일반적으로 수정헌법 제1조 또는 제14조를 어기지 않았다고 믿을만한 이유가 있을 때, 이 사건 규정을 만들 권한이 있다).

동성결혼을 도덕 또는 종교적인 이유로 반대하는 성직자에게 그의 종교의 자유를 부인하지 않고 결혼식을 주재하도록 강요할 수 없다는 점은 가정할 수 있다. 이러한 거부는 우리의 헌법 질서에서 동성애자들이 자신들의 품위와 가치를 심각하게 손상시키지 않고도 인정하고 받아들일 수 있는 종교의 자유로 넉넉히 이해될 것이다. 그러나 만약 그러한 예외가 제한되지 않는다면, 결혼과 결혼식을 위한 물품과 서비스를 제공하는 많은 사람들이 동성애자들을 거부할 수 있게 되고, 물품, 서비스, 대중 시설의 동등한 이용을 보장하는 민권법의 역사와 역동성에 맞지 않는 공동체의 낙인효과를 불러올 것이다.

콜로라도법이 일반인들에게 제공되는 같은 요건과 조건으로 원하는 물품과 서비스가 무엇이든 얻을 수 있도록, 다른 집단의 개인들을 보호할 수 있듯이 동성애자들을 당연히 보호할 수 있다. 그리고 아무도 수정헌법 제1조가 관련되었다고 다툴 수 없는 셀 수 없는 물품과 서비스가 있다. 나아가 만약 제빵사가 모든 동성결혼용 물품이나 케이크를 팔지 않는다면, 이는 다른 문제다. 곧 주는 이 법원의 선례를 따라 일반인들에게 물품과 서비스를 제공하고 중립 및 보편적으로 적용될 수 있는 대중시설법을 지켜야 하는 제빵사가 위법하게 거부했다는 주장을 할 수 있게 된다.

그러나 필립스는 그보다 좁은 쟁점이 드러났다고 한다. 그는 자신의 목소리와 창작물로 결혼을 지지하는 내용을 표현하기 위해 그의 재능을 써야 한다고 주장한다. 필립스의 이러한 주장은 중요한 수정헌법 제1조의 성질을 갖고 있고 그의 깊고도 진지한 신앙에 관련되어 있다. 이러한 맥락에서 제빵사는 소비자의 물품과 서비스에 대한 권리가 소비자들의 메시지이지만, 그가 신앙에 맞는 방식으로는 표현할 수 없는 메시지를 그에게 표현하도록 요구할 수 있을지 판단하기 어렵다.

필립스의 오도 가도 못하는 처지는 법리와 당시의 콜로라도 법집행을 감안할 때 특히 이해할만하다. 서비스를 거절한 그의 결정과 행동은 모두 2012년에 일어났다. 그 때에는 콜로라도는 주내에서 치러진 동성결혼의 유효성을 인정하지 않았다. 문제된 사건이 발생했을 때는, United States v. Windsor, 570 U.S. 744 (2013) 또는 오버게펠 판결이 나오기 전이다. 주는 콜로라도에서 동성결혼을 허용하지 않았기 때문에, 동성애자들은 다른 주에서 결혼할 계획이었다 해도 제빵사가 동성결혼을 지지하는 메시지를 만들고 표현하기만을 거부하는 한, 동성결혼의 유효성을 지지하는 표현, 자신이 진지하게 갖고 있는 신앙에 반대되는 표현으로 이해되는 조치를 하지 않아도 합법이라고 여기는 것이 불합리하지 않다는 주장은 유력하다.

당시 주법에 따라 가게주인은 불쾌하다고 여기는 특정 메시지를 만들지 않을 자유가 있다. 필립스에 대한 집행절차는 진행 중이지만, 위원회 스스로 이러한 명제를 지지하고, 다른 제빵사들이 케이크 제조와 관련된 3건의 사건에서 동성애자들이나 동성결혼을 얕보는 장식이 있는 케이크를 만들지 않겠다고 한 제빵사의 행동은 적법하다고 결론 내렸다. Jack v. Gateaux, Ltd., Charge No. P20140071X (Mar. 24, 2015); Jack v. Le Bakery Sensual, Inc., Charge No. P20140070X (Mar. 24, 2015); Jack v. Azucar Bakery, Charge No. P20140069X (Mar. 24, 2015).

일반인들에게 서비스하는 사업에 주가 보통 적용할 수 있는 규제를 집행하면서 나타나는 결론을 볼 때, 주가 할 수 있는 분명한 답변이 있었다. 그리고 제빵사들에게 유리한 결정은 충분히 제한된다. 도덕 및 종교적인 이유로 동성결혼에 반대하는 물품과 서비스의 모든 공급자들이 결과적으로 "동성결혼용으로 이용된다면 물품과 서비스를 제공하지 않는다."는 표시, 동성애자들에게 심각한 낙인을 찍는 표시를 걸지 않도록 제약된다. 그러나 그럼에도 모든 상황을 종합해서 필립스의 주장을 중립적으로 존중하여 고려하여야 한다.

B

그러나 이 사건에서 필립스 주장을 중립적이고 정중하게 살펴보지 않고 있다. 위원회는 반대하는 그의 진지한 신앙을 향해 뚜렷하고도 허용될 수 없는 반감을 갖고 사건을 다루었다.

그 반감은 기록에 나타나 있듯이 위원회의 공식, 공개 심리에서 드러났다. 2014. 5. 30. 7인의 위원회는 필립스 사건을 살펴보기 위해 공개 소집되었다. 회의 중에 위원들은 신앙과 신앙인은 콜로라도의 사업 분야에서 덜 환영받는다고 암시하면서, 신앙이 대중의 영역이나 상업 분야로 적법하게 진출할 수 없다는 견해를 지지하기도 하였다. 어느 위원은 필립스는 원하는 대로 믿을 수 있지만, 만약 그가 주에서 사업을 하기로 결정했다면 신앙에 따라 행동할 수 없다고 말했다. 몇 달 뒤 위원은 같은 입장을 되풀이했다. "만약 사업가가 주에서 사업하기를 바라고 개인의 신앙에 영향을 미치는 법에 관련된 사안을 갖고 있다면, 조화될 수 있는지를 살펴볼 필요가 있다." 이 진술은 다른 해석을 낳을 수 있다. 한편으로는 단순하게 개인 견해에도 불구하고 사업에서 성적 지향을 바탕으로 서비스의 제공을 거부할 수 없다는 뜻이 된다. 다른 한편으로는 필립스의 종교 자유와 그가 마주한 혼란에 대해 적정한 고려가 부족함을 보여주는 부적절하고 낮춰 보는 말로 여겨질 수 있다. 다음과 같은 말을 보면 후자가 더 맞을 것 같다.

2014. 7. 25. 위원회는 다시 모였다. 이 회의에는 공개로 진행되었고 기록되었다. 여기서 다른 위원이 구체적으로 이전 회의의 논의내용을 언급했으나 필립스의 신앙을 얕보는 비평을 더하였다. 위원은 다음과 같이 말했다.

"나는 심리 또는 지난 회의에서 우리가 말한 바를 다시 반복하려고 한다. 종교의 자유와 종교는 역사를 통하여 노예제든 유대인 학살이든, 종교의 자유가 차별을 정당화하기 위해 사용된 수백 건의 상황에서 모든 종류의 차별을 정당화하는데 이용되어 왔다. 그리고 나에게는 종교의 자유가 다른 사람을 상처주기 위해 종교를 사용하는 가장 야비한 말들 중 하나다."

사람들이 할 수 있는 가장 야비한 말들 중의 하나로 신앙을 묘사하는 것은 2가지 방식으로 종교를 업신여기고 있다. 야비한 것으로 묘사하고, 공허하거나 진지하지도 않은 단지 말뿐이라고 규정하였다. 위원들조차도 필립스가 진지하게 갖고 있는 신앙을 노예제나 유대인학살의 옹호에 견주기까지 하였다. 이러한 감정은 종교뿐만 아니라 성적인 지향에 따른 차별을 보호하는 콜로라도 차별금지법을 공정하고 중립적으로 집행하는 엄숙한 책임이 있는 위원회토서는 부적절하다.

기록상 이러한 의견에 반대하는 다른 위원들은 없었다. 그리고 나중에 위원회의 결정을 심리하는 주법원의 판결도 이 의견을 말하지 않았고, 그 내용에 관심을 두지 않았다. 이 법원에 낸 서면에서도 위원들은 부정하지 않았다. 이러한 이유로 법원은 이러한 말이 위원회가 필립스 사건을 심판할 때의 공정성과 불편부당성에 의문을 드리우고 있다는 결론을 피할 수 없다. 판사들은 고의로 종교를 기초로 차별하였는지를 결정하기 위해 주의원들의 진술을 고려해야 하는지에 관하여 의견이 다르다. Church of Lukumi Babalu Aye, Inc. v. Hialeah, 508 U.S. 520, 540-542 (1993) ("루쿠미 판결"); 558(대법관 스칼리아 일부 동조 의견). 그러나 이 사건은 매우 다른 맥락에서 특정한 사건을 결정하는 심판 기관이 한 말이다.

또 다른 반감은 필립스의 사건과 양심에 따라 케이크주문을 거부하였고 위원회에서 승리한 다른 사건을 다루는 차이에서 나타난다.

위원회는 동성결혼 반대와 종교 문구를 전달하는 이미지가 있는 케이크의 제조를 거부한 3건의 사건을 다루었다. 민권국은 제빵사의 서비스 거절이 모두 적법하다고 인정하였다. 민권국은 주문받은 케이크에 제빵사가 보기에 "경멸한다고 보이는 말과 이미지", "혐오로 보이는 말과 이미지", "차별이라고 여기는 메시지의 전시"를 포함하고 있기 때문에 이러한 결정을 했다.

위 3건의 사건에서 양심에 따른 반대를 다룬 위원회는 필립스의 반대를 다룰 때와 대조된다. 위원회는 주문받은 케이크가 전달하는 메시지는 소비자에게 속하지 제빵사의 것이 아니라는 논리 등으로 필립스 패소판결을 했다. 그러나 민권국은 동성결혼 반대 상징을 담고 있는 케이크에게는 이러한 점을 언급하지 않았다. 또한 민권국은 다른 사건에서는 제빵사들이 소비자들에게 기독교 교리를 설명한 다른 제품을 팔려고 하였기 때문에 차별금지법의 위반이 아니라고 인정했다. 그러나 위원회는 동성애자들에게 생일 케이크, 선물 케이크, 쿠기, 브라우니를 팔려는 필립스의 의사는 관련이 없다고 받아들이지 않았다. 다른 사건들과 필립스 사건의 취급을 견주어 보면 언론이 관련되었는지의 문제에 관하여 일치하지 않는다고 합리적으로 해석될 수 있다. 간추리면 위원회가 필립스의 종교적인 반대를 고려할 때 다른 반대 사건들을 처리할 때와 일관되지 않았다.

콜로라도 항소법원에서 필립스는 이러한 불균형한 처리가 자신의 신앙에 대한 위원회의 반감을 보여준다고 항의했다. 그는 위원회가 다른 제빵사들의 양심에 따른 반대를 정당하다고 하면서도, 그의 반대는 부당하고 신앙 자체를 판단하였다고 주장하였다. 항소법원은 이런 차이를 무시해버리고 주석에서 가볍게 다루고 있다. 주석에서 항소법원은 덴버에 있는 다른 제빵사들이 주문받은 케이크의 제조를 거부했을 때 교리를 바탕으로 기독교인을 차별하지 않았다고 인정한 민권국의 최근 판정과 구별될 수 있다고 말하였다. 항소법원은 "민권국이 제빵사들이… 주문받은 메시지의 불쾌한 성질 때문에… 기독교인의 주문을 거부했다고 인정"하였기 때문에 허용될 수 없는 차별은 없다고 했다.

두 사례를 다룰 때 정부 자신이 불쾌하다는 판단에 기초할 수 없음이 원칙이다. "높든 낮든 공직자는 정치, 민족주의, 종교, 다른 문제에 대한 의견에서 무엇이 정통인지 규정할 수 없는" 것처럼, West Virginia Bd. of Ed. v. Barnette, 319 U.S.

624, 642 (1943), 무엇이 불쾌한지의 결정은 주나 그 공직자의 역할이 아니라고 법원이 반복하여 판결했다. Matal v. Tam, 582 U.S. ___, (2017). 콜로라도 법원이 사건의 다른 처리를 설명하는 시도는 무엇이 불쾌한지에 대해 하나의 견해를 다른 것보다 높게 평가하고 필립스의 신앙을 공식적으로 승인하지 않는다는 신호를 보내게 된다. 그러므로 법원의 주석은 주의 관행이 종교상의 반대 이유를 선호하지 않는다는 제빵사의 우려에 대한 답이 아니다.

C

위와 같은 이유로 필립스 사건을 다룬 위원회는 수정헌법 제1조에 따라 법이나 규정이 종교 또는 종교적 견해에 대한 반감위에 기초해서는 안된다는 주의 의무를 어겼다. 루쿠미 판결에서 법원은 정부가 헌법상 종교의 자유를 존중한다면, 시민들의 신앙을 적대하는 규제를 할 수 없고 신앙이나 종교 관습의 부당성을 전제하거나 판정하는 방식으로 행동할 수 없다는 점을 명백히 했다. 종교의 자유조항은 종교 문제에 관해 "중립성에서 민감하게 벗어나는 것도" 금지한다. 이는 위원회가 종교의 자유조항에 따라 필립스의 신앙을 중립적이고 관용하는 방식으로 대할 의무가 있음을 뜻한다. 헌법은 정부 스스로 종교를 관용하도록 했고, 주의 개입이 종교에 대한 반감이나 종교 관습의 불신에서 나온다는 조금의 의심이 있어도, 모든 공직자는 헌법과 헌법이 보장하는 권리를 지킬 자신의 높은 의무를 기억해야 한다.

정부의 중립성 평가와 관련된 요소들은 "문제된 결정의 역사적인 배경, 문제의 법률제정이나 공공 정책을 이끈 구체적인 사건들, 입법 또는 행정 발자취, 입법기관 구성원들의 당대의 진술"을 포함하고 있다. 이러한 요소들의 관점에서 기록을 보면 필립스 사건을 살펴 본 위원회는 그의 신앙을 존중하지도 관용하지도 않았다. 위원회는 그의 거부와 종교적인 근거에 대하여 정당성을 부정하는 규범적인 평가를 바탕으로 필립스의 종교적인 반대를 판단하였다. 정부가 필립스의 양심에 기초하여 반대하는 종교 근거가 정당한지 아닌지를 결정하거나 제안하는데 아무런 역할을 하지 않는다는 점은 두 말할 필요가 없다. 이러한 사실에서 법원은 필립스의 종교에 따른 반대가 종교의 자유조항이 요구하는 중립성으로 심리되지 않았다는 추론을 할 수밖에 없다.

이 사건 판단이 어렵기는 하지만, 엄격하게 관찰되어야 하는 필수적인 종교 중립성에 일치하는 방식에서 보면 주의 이익은 필립스의 진지한 종교적 반대보다 낮게 평가될 수 있다고 결론 내려야 한다. 위원들의 일부 논평-명령을 인용하는 절차 어디에서도 주나 위원회가 부인하지 않았던 논평에서 종교에 반감을 공식 표현한 것은 종교의 자유조항이 요구하는 바와 어울리지 않는다. 위원회가 다른 제빵사들의 사건과 비교하여 필립스 사건을 전혀 다르게 심판한 것도 마찬가지다. 이러한 이유로 명령은 취소되어야 한다.

Ⅲ

위원회가 가진 반감은 우리의 법이 종교에 중립적인 방식으로 적용되어야 한다는 수정헌법 제1조의 보장과 일치하지 않는다. 이 사건이 제기되고, 심리, 결정되는 모든 상황에서 필립스가 종교적인 반대를 주장했을 때, 그는 충분하고 공정하게 심리하는 중립적인 판정권자의 판정을 받아야 했다.

다른 상황에서의 비슷한 사건은 동성애자들이 공개 시장에서 물품과 서비스를 구할 때 그들의 품위를 훼손하지 않는다고 인정하는 가운데 관용으로 해결되어야 하고, 진지한 신앙을 부당하게 무시하지 않아야 한다는 점을 고려하여 미래에 법원의 심판을 기다려야 한다.

콜로라도 항소법원의 판결을 취소한다.

[대법관 케이건 동조의견]

"종교 및 철학적인 반대 때문에 경제 및 사회의 사업주나 다른 행위자들이 보호받는 사람들에게 중립적이고 일반적으로 적용가능한 대중시설법에 따른 물품과 서비스의 이용을 거부하는 행위는 허용되지 않는 것이 일반론이다." 그러나 그 원리를 인정하면서 주행위자들은 종교적인 견해에 반감을 보여줄 수 없고 그 견해를 중립적으로 존중하여 고려하여야 한다. 나는 위원회가 그 의무를 이행하지 않았다고 믿기 때문에 법원의 의견에 모두 동의한다. 나는 판결의 기초 중 하나에 관하여 따로 설명하려고 한다.

법정의견은 양심에 따라 주문받은 케이크 제조를 거부했던 다른 제빵사의 사건에 견주어 필립스 사건을 달리 고려했다는 점을 일부 근거로 삼고 있다. 후자의 사건에서 윌리암 잭이라는 이름의 소비자는 종교 용어와 동성결혼을 반대하는 이미지를 갖고 있는 케이크를 주문하였고, 제빵사들은 이를 거부하였다. 그 제빵사들은 위원회에서 승소하였지만, 종교적인 이유로 동성연인을 위한 결혼 케이크 제조를 거부한 필립스는 패소하였다. 법정의견은 주 기관들의 법리 논증이 잭 사건과 필립스 사건에서 매우 다르다고 인정하고 있다. 그리고 그 사건들을 비교하면서 잭이 요청한 메시지가 불쾌한 성질을 가지고 있음을 주 기관들이 인정하였다는 콜로라도 항소법원의 의견을 구체적으로 적고 있다. 법정의견은 정부 스스로가 불쾌함을 평가하고 달리 취급할 수 없다고 하고 있다.

사건들을 구분하는 타당한 근거가 있고, 사실상 명백하기도 하다. 차별금지법에 따라 대중시설에서 성적 지향과 신념을 포함한 어떤 특성에 따라 물품과 서비스의 충분하고도 동등한 이용을 거부하는 행위는 불법이다. 잭 사건에서 3명의 제빵사는 그 법을 어기지 않았다. 잭은 그들에게(동성애자들과 동성결혼을 업신여기는) 케이크를 만들어 달라고 요청했다. 제빵사들은 다른 소비자들에게도 요청을 거부했을 것이다. 주문을 거부하면서 제빵사들은 잭의 종교 때문에 잭만을 배척한 것이 아니라 다른 사람들에게 했던 똑같은 방식으로 대했다. 그것이 바로 차별금지법의 요구다. 반면에 이 사건에서 동성 연인은 필립스가 이성 연인들에게는 만들어 주었을 결혼 케이크를 주문했다. 그 주문을 거부하면서 필립스는 소비자들이 성적지향과 무관하게 대중 시설물의 완전하고도 평등한 이용을 할 수 있다는 차별금지법의 요구를 어겼다. 그래서 잭과 필립스 사건의 다른 결론은 콜로라도법의 평이한 해석과 중립적인 적용, 신앙에 대한 편견에 빠지지 않은 적용으로 정당하다.[43)]

43) 대법관 고서치는 동의하지 않는다. 그는 잭 사건과 필립스 사건에서 제빵사들이 주문받은 케이크를 다른 사람에게도 팔지 않았을 것이기 때문에 똑 같이 다루어져야 한다고 본다. 그 설명은 잭 사건에 꼭 들어맞고, 제빵사들이 위법한 차별을 하지 않은 이유를 말해준다. 그러나 필립스는 결혼 케이크를 이성 연인들에게 자주 팔았다. 고서치 대법관은 결혼 케이크가 관련된 제품이라는 생각을 하지 않았을 때에만 자신의 주장을 할 수 있다. 고서치 대법관이 보기에 필립스가 팔지 않았고 다른 사람에게도 팔지 않았을 제품은 "동성 결혼을 축하하는 케이크"였다. 그러나 이는 잘못이다. 주문받은 케이크는 "동성 결혼을 축하하는 구체적인 케이크"가 아니었다. 동성과 이성 결혼에 이용되기에 알맞은 표준 결혼 케이크와 같은 단순한 결혼 케이크였다. (다수의견은 필립스가 케이크 주문을 거절하기 전에 케이크의 디자인을 자세히 논의하지 않았다고 설명하였다). 그리고 대법관 고서치의 견해와 다르게 필립스와 같은 상인이 종교적인 중요성을 가지고 특정 소비자들에게 팔 때마다 결혼 케이크가 달라지지 않는다. 이 법원은 오랫동안 판결해 왔고 오늘 다시 인용하고 있듯이, 상인은 자신의 종교로 인하여 성적 지향, 인종, 성, 또는 다른 보호되는 특성으로 정의되는 일부 소비자들에게 제품 판매를 거부하였다는 이유로 대중

나는 법정의견이 그 견해에 완전히 들어맞는다고 해석한다. 법정의견은 필립스 사건과 잭 사건이 구별되는지와 별개로 주 기관들(그리고 항소법원)의 논증으로 제한하여 분석하고 있고, 그 사건들의 다른 결과를 잘 설명하는 원리를 알고 있다. 콜로라도법과 법원은 "동성애자들이 일반인들에게 제공되는 물품과 서비스를 같은 조건으로 받을 때, 다른 계층의 사람들을 보호할 수 있듯이 동성애자들도 보호할 수 있다."고 말한다. 그러한 이유로 콜로라도법은 성적 지향이나 달리 금지되는 이유로 차별하지 않는 제빵사들과는 성적 지향을 근거로 차별하는 제빵사를 다르게 대할 수 있다. 그러나 법원이 옳게 말하듯이 주의 결정이 종교적인 반감이나 편견에 영향을 받지 않았을 때에만 그렇다. 따라서 나는 동조한다.

[대법관 토마스]

나는 위원회가 필립스의 종교의 자유를 침해하였다는 것에 동의한다. 대법관 고서치가 설명하듯이 위원회는 필립스의 종교에 대한 반감으로밖에 설명될 수 없는 이유로 3명의 다른 제빵사들이 관련되어 있는 비슷한 사건과 다르게 필립스 사건을 처리했다. 다수의견은 위원회가 필립스를 다르게 대했고, 일부 위원들이 필립스의 종교를 업신여기는 말을 했다고 지적했다. 비록 위원들의 말이 분명히 걱정되지만, 콜로라도 대중시설법의 차별 적용이 그 자체로 필립스의 권리를 충분히 침해하였다. 법정의견이 동의하는 범위에 나는 참여한다.

필립스가 종교의 자유 주장에서는 이겼지만, 나는 그의 자유 언론 주장을 다루기 위해 따로 의견을 낸다. 법정의견은 기록상 불확실해서 이 주장을 다루지 않는다. 구체적으로 당사자들은 필립스가 개인 피상고인들에게 주문받은 결혼 케이크의 제조를 거부했는지, 아니면(기성 케이크를 포함하여) 결혼 케이크 판매를 모두 거부했는지 다투고 있다. 그러나 콜로라도 항소법원은 이러한 사실관계 다툼을 필립스에게 유리하게 해결하였다. 항소법원은 그가 "동성결혼을 축하하는 케이크

시설법을 회피할 수 없다. Newman v. Piggie Park Enterprises, Inc., 390 U.S. 400, 402, n. 5 (1968) (바베큐 판매인은 그의 신앙에 위배되어 인종 평등성을 옹호한다고 인식했다 하더라도 흑인 소비자들에게 판매해야 한다고 판결). 상인은 파는 물품을 선택할 수 있지만 이유가 무엇이든 소비자를 선택할 수 없다. 필립스는 결혼 케이크를 판다. 그 물품에 대해 위법하게 차별하였다. 즉 그는 이성 연인에게 팔지만 동성 연인에게 팔지 않는다. 그리고 필립스의 신앙과 아무 관련이 없는 근거로 콜로라도는 금지된 차별을 하지 않은 잭 사건의 제빵사들과 필립스를 구별할 수 있다.

를 디자인하고 만드는" 행위를 거부했다고 설명하였다. 그리고 위 법원은 위원회의 명령은 필립스에게 주문받은 결혼 케이크를 포함하여 이성 연인들에게 파는 모든 제품을 팔도록 요구했다고 적었다.

필립스의 행위를 이렇게 묘사한 뒤에 항소법원은 필립스의 행위가 표현적이지 않고 보호되는 언론이 아니라고 결론 내렸다. 외부의 관찰자는 필립스가 메시지를 표현하지 않고 단지 대중시설법을 지키고 있다고 생각할 것이라는 이유를 들었다. 이 논리는 우리의 자유언론 법리학의 기본 원칙을 어기고 있고 개인에게 말하기를 강요하는 어떤 법도 정당하다는 결론이 된다. 이를 그대로 지나쳐서는 안 된다.

I

수정헌법 제14조를 통해 주에게 적용될 수 있는 수정헌법 제1조는 언론의 자유를 제한하는 주법을 금지하고 있다. 법원이 이 조항을 해석할 때 언론의 규제와 행위의 규제를 구분한다. 후자는 표현에 부수적인 부담을 준다 하더라도, 보통 언론의 자유 제한은 아니다. Sorrell v. IMS Health Inc., 564 U.S. 552, 567 (2011). 법정의견의 설명대로 대중시설법은 대개 행위를 규제하고 있다. "일반적으로 대중시설법은 언론을 대상으로 하지 않고 대중이 이용하는 물품, 특권, 서비스를 제공할 때 개인을 차별하는 행위를 금지하고 있다." 헐리 판결 572 (1995).

비록 대중시설법이 행위를 규제하더라도, 특정한 적용사례는 보호되는 언론에 영향을 줄 수 있다. 대중시설법이 "언론 스스로를 대중시설이라고 선언하는 효과"가 있을 때, 수정헌법 제1조는 완전히 적용된다. 헐리 판결 573, Boy ScoU.S. of America v. Dale, 530 U.S. 640, 657-659 (2000). 예컨대 헐리 판결에서 매사추세스 대중 시설법은 "대중 시설에서 출입이나 대우와 관련하여… 성적 지향을… 이유로 한 구분, 차별, 제한"을 금지하였다. 이 법이 패트릭 성인 기념일 길거리행진의 후원자에게 남성 및 여성 동성애자, 양성애자 아일랜드 미국인들의 행진 팀을 포함하도록 요구했을 때, 이 법원은 법이 후원자의 언론의 자유를 침해했다고 전원일치로 판결했다. 법원은 행진은 표현 형식이고, 대중 시설법을 적용하면 후원자에게 새로운 팀을 추가하도록 강요함으로써 행진의 표현적인 내용을 변경한다고 설명했다. 그 팀의 추가는 행사 조직자에게 일부 아일랜드인이 남성 및 여성 동성애자이거나 양성애자들이라는 사실을 목격하도록 강요하게 되고, 그러한 성적 지향을 가진 사람들도 이성애자들만큼 제한없이 사회에서 수용되어야 한다는 뜻을 드러내게 되고, 그들의 참여가 축하받을만하다는 의미를 주게 한다. 이 법원이 그 팀의 거부가 잘못 이해되거나 상처를 줄 수 있다는 점을 인정했지만, 정부가 자유 언론에 반대되는 의미로 일부 집단이나 모든 사람들이 받아들일 수 있는 생각과 진술을 강요할 수 있다는 생각을 배척하였다.

헐리 판결의 행진이 이 법원이 인정한 표현 행위의 예이다. 이 법원은 오래 전에 "헌법은 표현매체로서 말이나 글 이상을 보고, 상징은 생각을 전달하는 원시적이지만 효과적인 수단이라고 판결했다. West Virginia Bd. of Ed. v. Barnette, 319 U.S. 624, 632 (1943). 그래서 사람의 행위는 수정헌법 제1조와 제14조의 영역에 들어가는 소통의 요소들로 가득 찰 수 있다. Texas v. Johnson, 491 U.S. 397, 404 (1989) ("존슨 판결"). 이 원칙을 적용하면서 법원은 표현에 해당할 수 있는 다양한 행위를 인정해왔다. 알몸춤, 성조기 태우기, 평화표시를 테이프로 붙인 성조기 흔들기, 군복 입기, 검은 완장 차기, 조용히 앉아 있기, 성조기에 경례하지 않기, 붉은기 흔들기[44)]

물론 행위가 단지 행위를 하는 사람이 행위를 통해 생각을 표현하려고 의도했기 때문에 보호받는 언론이 되지 않는다. United States v. O'Brien, 391 U.S. 367, 376 (1968) ("오브라이언 판결"). 행위가 충분히 표현이 되는 지를 결정하기 위해 법원은 "소통의사"가 있었는지, "맥락상 보는 사람이 소통하려고 한다고 합리적으로 이해했는지"를 묻는다. Clark v. Community for Creative Non-Violence, 468 U.S. 288, 294 (1984). 그러나 특정되는 메시지는 불필요한데, 그렇지 않으면 언론의 자유는 "의문의 여지없이 보호되는 잭슨 폴락의 그림, 쉔베르그의 음악, 루이스 캐롤의 시를 포함하지 못하게 된다." 헐리 판결 569.

법원이 일단 행위가 표현적이라고 결론내리면, 헌법은 이를 규제하거나 강제하

---

44) Barnes v. Glen Theatre, Inc., 501 U.S. 560, 565-566 (1991); Texas v. Johnson, 491 U.S. 397, 405-406 (1989); Spence v. Washington, 418 U.S. 405, 406, 409-411 (1974) (per curiam); Schacht v. United States, 398 U.S. 58, 62-63 (1970); Tinker v. Des Moines Independent Community School Dist., 393 U.S. 503, 505-506 (1969); Brown v. Louisiana, 383 U.S. 131, 141-142 (1966) (opinion of Fortas, J.); West Virginia Bd. of Ed. v. Barnette, 319 U.S. 624, 633-634 (1943); Stromberg v. California, 283 U.S. 359, 361, 369 (1931).

는 정부의 권한을 제한한다. "언론자유 원칙의 중요한 의미중의 하나는 말하는 사람은 말하지 않을 내용을 결정할 수 있고 적당하다고 생각되는 대로 메시지의 내용을 맞출 수 있다" 이 법칙은 "가치, 의견, 옹호의 표현뿐만 아니라 발언자가 회피하려고 하는 사실의 진술에도 똑같이 적용된다." 그리고 정부가 언론의 창작, 배포, 또는 소비를 규제하는지에 따라 달라지지 않는다.

Ⅱ

A

콜로라도 항소법원이 필립스의 행위라고 본 행위, 즉 주문받은 결혼 케이크를 디자인하고 만드는 행위는 표현적이다. 필립스는 스스로 화가라고 생각했다. 마스터피스 케이크숍의 간판은 그림붓과 빵 재료 휘젓기가 들어 있는 화가의 그림판모양이다. 계산대 뒤에는 필립스가 캔버스에 그림을 그리고 있는 화가로 서 있는 사진을 갖고 있다. 필립스는 케이크를 만들 때, 매우 주의를 기울여서 먼저 종이에 디자인을 그리고, 색깔을 고르고, 장식을 만들고, 굽고 다듬고, 장식을 달아서 완성한 다음 결혼식에 배달한다. 그가 만든 케이크의 사례들은 가게 웹사이트에서 볼 수 있다.

필립스는 결혼을 적극 축하하였다. 그는 주문받은 결혼 케이크를 만들기 전에 연인들과 상담한다. 그는 주문한 연인들의 취향을 케이크에 반영할 수 있도록 그들이 좋아하는 것, 개성, 결혼식 내용을 논의한다. 결혼 축하연의 중심이 되는 케이크를 만들어 보내면서 필립스는 때때로 식장에서 손님들과 같이 앉아서 이야기한다. 그의 케이크를 좋아하는 손님들이 나중에 빵집을 찾기도 한다. 필립스는 결혼 케이크에 들어 있는 상징도 본다. 그가 보기에 결혼 케이크는 "결혼식이 있었고, 결혼이 시작되었으며 두 사람은 축하받아야 한다."는 뜻을 전달한다.

결혼 케이크는 사실상 이러한 의미를 갖고 있다. 남북전쟁 후 미국으로 이어진 영국의 빅토리아 시대의 전통인 "결혼 케이크는 어디서 시작되었는지 알기 어려운 상징과 결합되어 있다." 만약 평범한 사람이 실내로 들어가서 흰색의, 케이크를 본다면, 바로 결혼식장에 왔음을 알게 될 것이다. 케이크는 어떤 사람도 의문을 가질 수 없을 만큼 결혼식의 표준화되고 필수적인 부분이다. 거의 모든 결혼식에서, 아무리 검소하게 치르더라도 케이크는 빠지지 않는다. "사진촬영, 자르기, 건배, 케이크 나누기 그리고 결혼식과 그 이후 인정 등 전체 행사에서 케이크 없는 결혼식은 상상할 수 없다." 나중에는 케이크를 먹지만, 원래의 목적은 아니다. 케이크의 목적은 새로운 결혼의 시작을 알리고 두 사람을 축하하는데 있다.

따라서 필립스가 주문받은 결혼 케이크를 만드는 행위는 표현이다. 결혼의 시작을 축하하는 널리 인정되는 상징을 만들기 위한 그의 예술 재능 사용은 알몸춤, Barnes v. Glen Theatre, Inc., 501 U.S. 560, 565-566 (1991), 또는 붉은 깃발을 날리는 행위, Stromberg v. California, 283 U.S. 359, 369 (1931)보다 더 분명한 메시지를 전달한다.[45] 필립스에게 주문받은 동성결혼용 결혼케이크를 만들도록 강제함으로써, 콜로라도 대중시설법은 그의 메시지가 가진 표현 내용을 수정하고 있다. 이 법원은 표현 행위의 의미는 일어난 맥락에 달렸다고 설명하였다. 존슨 판결 405. 필립스에게 주문받은 동성결혼식용 케이크를 만들라고 강요하는 일은 그에게 적어도 동성결혼식이 결혼식이라고 인정하고, 축하받아야 한다는 뜻을 나타내도록 요구하게 된다. 이는 그의 신앙이 금지하고 있다고 믿는 정확한 메시지다. 수정헌법 제1조에 따라 콜로라도가 필립스에게 이러한 사실을 증언하거나 그가 동의하지 않는 믿음을 인정하도록 요구할 수 없다. 헐리 판결 573-4.

B

그럼에도 불구하고 콜로라도 항소법원은 필립스의 행위가 주의 강제로부터 보호되는데 충분한 표현이 아니라고 결론 내렸다. 합리적인 관찰자가 필립스의 행위를 "동성결혼의 지지"로 여기지 않고, 대중시설법을 지켰다고 볼 거라고 적었다. 또한 마스터피스 가게는 콜로라도법에 따라 차별하지 않는다거나 그의 서비스가 동성결혼의 옹호가 아니라는 문서를 붙여서 동성결혼과의 관련성을 끊을 수 있다고 강조하였다. 이러한 논증은 매우 잘못되었다.

---

45) 반대의견은 필립스가 결혼 케이크가 메시지를 전달한다는 증거를 내지 않은 잘못이 있다고 한다. 그러나 우리의 선례는 이러한 요건을 요구하지 않는다. 이 법원은 당사자들이 길거리행진, 깃발, 알몸춤의 표현 성격을 상세히 밝히는 증거를 내도록 요구하지 않는다. 그리고 우리는 필립스의 예술성이 표현이라는 결론, 또는 결혼 케이크가 적어도 결혼이라는 기본 사실을 전달한다는 결론을 내리기 위해 많은 증거가 필요하지 않다. 뿐만 아니라 연인이 케이크를 통해 메시지를 전달한다는 것도 중요하지 않다. 한 사람이 보호받는 언론행위를 할 수 있다는 것이 더 중요하다. 그리고 그에게 케이크를 제공하도록 강제함으로써, 콜로라도는 필립스에게 수정헌법 제1조의 권리를 충분히 담고 있는 연인의 표현에 친밀하게 연결되도록 요구하고 있다.

1

콜로라도 항소법원이 합리적인 관찰자는 필립스가 단지 대중시설법을 지키고 있다고 생각할 것이기 때문에 그의 행위가 표현이 아니라고 결론내린 것은 잘못이다. 이 논리에 따르면 보호받은 언론을 강제하는 어떤 법도 정당하다는 결과가 된다. 그리고 이 법원은 이를 결코 받아들이지 않았다. 강요된 언론 관련 선례는 권한을 가진 사람들이 유리한 힘으로 모든 사안을 해결할 수 있다는 주장을 배척하였다. 예컨대 헐리 판결은 매사추세츠 대중시설법의 적용은 주관자에게 길거리 행진의 표현적인 내용을 바꾸라고 요구했다고 판결했다. 합리적인 관찰자는 주관자가 단순히 매사추세츠 대중시설법을 따른다고 여기지 않는다고 판결했다.

콜로라도 항소법원이 이러한 결론을 위해 든 결정들은 다르다. 제3자의 언론을 위한 광장 제공 강요를 거부한 집단에 관한 3건의 결정을 인용했다. FAIR 판결(로스쿨이 학교 내에서 군인 모집 행위를 거부), Rosenberger 판결(공공 대학이 종교 학생 신문에 자금제공을 거부), PruneYard 판결(쇼핑센터가 사유공간에서 개인들이 서명을 받는 행위 거부). 그 판결에서 이 법원은 제3자의 언론을 위한 공간을 제공하도록 요구하는 행위는 그 언론을 옹호하도록 요구한다는 주장을 배척하였다. 그러나 이 판결들은 정부가 발언자에게 그들 자신의 메시지를 수정하라고 강제할 수 있다고 하지 않았다.

또한 콜로라도 항소법원은 마스터피스는 소비자에게 돈을 받는 영리 빵집이라고 적었다. 그러나 이 법원은 발언자에게 영리 동기가 있다면 정부가 언론을 자유롭게 강요할 수 있다는 생각은 반복하여 배척하였다. Virginia Bd. of Pharmacy v. Virginia Citizens Consumer Council, Inc., 425 U.S. 748, 761 (1976) (언론이 영리 목적으로 팔리는 형식으로 전달된다 하더라도 보호된다). 나아가 거의 모든 영리 회사들이 메시지를 전달하는데 최대한 영리추구를 우선한다고 가정해도, 마스터피스는 아니었다. 필립스는 빵집이 기독교신앙을 대표하는 방식으로 운영된다는 점을 보증하기 위해 정기적으로 이익을 포기하였다. 그는 일요일에는 가게를 열지 않았고, 직원들에게 평균 이상의 임금을 주었으며, 필요할 때 돈을 빌려주기도 하였다. 또한 술이 들어 있는 케이크, 인종주의나 동성애혐오 메시지가 있는 케이크, 신을 비난하는 케이크, 할로윈이 빵집에게는 가장 돈이 되는 때라 해도 할로윈을 축하하는 케이크의 제조를 거부하였다. 빵집이 보내는 메시지를 통제하려는 이러한 노력은 필립스의 행위가 표현이라는 증거들이다.

2

필립스가 빵집은 동성결혼을 지지하지 않는다는 공지문을 붙일 수 있다는 콜로라도 항소법원의 제안도 잘못이다. 이 논리에 따르면 언론을 강제하는 모든 법이 정당하게 된다. 이 법원이 배척한 논리이다. 우리는 비슷한 주장이 핵심 문제를 회피한다고 보았다. 정부는 언론을 강요할 수 없기 때문에, 발언자에게 한 번은 인정하고 다음에는 거부하도록 요구할 수 없다고 했다. 주는 개인에게 다른 사람의 믿음을 승인하거나 침묵을 원할 때 말하라고 강요할 수 없다.

Ⅲ

필립스의 행위는 표현이기 때문에 대중시설법이 엄격심사를 통과하지 못하면 제재할 수 없다. 이 법원이 때때로 오브라이언 판결[46]에서 설정한 더 너그러운 심사로 표현 행위 규제를 심리하지만, 그 심사는 정부가 표현성분에도 불구하고 제재할 때 적용된다. Barnes, 501 U.S., 566-572(알몸춤에 일반 알몸 금지의 적용여부를 판단하기 위해 오브라이언 판결 적용); Clark, 468 U.S., 293(공원의 집회에 일반 캠프 금지의 적용여부를 판단하기 위해 오브라이언 판결 적용). 그러나 이 사건에서 콜로라도는 필립스가 주문받은 일반 케이크의 제조를 거부했다면 제재하지 않았을 것이지만, 동성결혼의 승인을 표현하는 결혼 케이크 제조를 거부했기 때문에 제재했다. 이 사건과 같은 사례에서 우리의 선례는 가장 엄격한 심사를 요청한다.

콜로라도 항소법원은 법이 엄격심사를 통과했는지를 판단하지 않았고, 나도 먼저 하지 않는다. 그러나 콜로라도법의 정당성과 관련하여 뚜렷한 흠이 있다. 개인 피상고인들에 따르면 콜로라도는 필립스의 언론이 동성결혼의 품위를 떨어뜨리기, 열등성 주장, 창피함, 좌절, 당황에 빠뜨리게 하는 행위를 금지할 수 있다. 이러한 정당성은 우리의 자유 언론 법리학에서 완전히 낯설다.

주는 일부 집단이 언론을 불쾌하고, 상처 주고, 낙인찍고, 비합리적이고, 품위 없다고 여긴다는 이유로 보호받은 언론을 제재할 수 없다. 만약 수정헌법 제1조

46) 정부의 표현행위 규제는 다음 요건에 따를 때 정당하다. 1) 정부의 헌법상 권한 범위 내에 있고, 2) 중요하거나 실질적인 정부의 이익을 증진하며, 3) 정부의 이익이 자유 표현의 억압과 관련이 없고, 4) 수정헌법 제1조에 대한 우연한 제한이 필수적인 정부 이익의 증진보다 더 크지 않을 때. 오브라이언 판결 377.

의 뿌리가 되는 원칙이 있다면, 정부는 사회가 불쾌하다거나 동의할 수 없다는 이유만으로 생각의 표현을 막지 못한다. 반대 논리는 정부가 사실상 마음대로 언론을 짓밟은 것을 허용하게 된다. Morse v. Frederick, 551 U.S. 393, 409 (2007) (무엇보다 많은 정치와 종교 언론을 일부 사람들은 불쾌하게 느낀다). 법원이 오늘 반복하는 대로, "무엇이 불쾌한지를 규정하는 일은 주나 그 공직자의 역할이 아니다." 만약 대중시설법이 언론을 규제하는 오직 하나의 이유가 보호받은 집단에 대한 "편견 없는 사회를 만들기 위한" 것이라면, 그 목적은 법의 합헌성에 확실히 치명적이다. 왜냐하면 그것은 언론을 정통 표현만으로 제한하자는 제안일 뿐이기 때문이다. 헐리 판결 515 U.S., 578-579, United States v. Playboy Entertainment Group, Inc., 529 U.S. 803, 813 (2000) (내용에 기초한 언론 규제의 계획된 이익이 청취자의 민감성을 보호하기 위한 경우에는, 일반 법칙은 표현의 권리가 우세하다). "청중의 반응에 기초한 언론 규제는 다른 모습으로 나타난 정부의 반감일 뿐이다." Matal v. Tam, 582 U.S. ___ (2017) (대법관 케네디 일부 동조의견)

이 사건에서 필립스가 실제 개인 피상고인들에게 말한 내용을 살펴보자. 같이 앉아 상담하면서 필립스는 연인들에게 "나는 당신들의 생일 케이크, 선물 케이크를 만들 수 있고, 쿠키와 브라우니를 팔 수 있지만, 동성결혼용 케이크는 만들지 않는다"라고 말했다. 이 말이 길거리행진에서 동성애자들을 막고, 보이스카웃에서 탈퇴시키고, "신은 동성애자를 싫어한다"는 표지를 사용-이 법원은 모두 수정헌법 제1조로 보호된다고 했다-하는 것보다 어떻게 남성 및 여성 동성애자들을 비난한다고 볼 수 있는지 알기 어렵다. 헐리 판결, Dale, 534 U.S., 644, Snyder v. Phelps, 562 U.S. 443, 448 (2011). 또한 필립스의 말이 이 법원이 과거 판결에서 용인했던 흑인에 대한 인종주의자, 업신여기는, 위협하는 말보다 더 나쁘다고 할 수 있는지 알기 어렵다. "품위"와 "오명"에 대한 우려는 이 법원이 백인 우월주의자의 7미터 높이 십자가를 불태울 권리[Virginia v. Black, 538 U.S. 343 (2003)], 마틴 루터 킹 목사 생일날 시위[Forsyth County v. Nationalist Movement, 505 U.S. 123 (1992)], "흑인을 파묻어 버리겠다"고 협박하고 무기를 휘두른 복면 KKK 회원이 나오는 영화를 돌려보는 행위(Brandenburg v. Ohio, 395 U.S. 444, 446, 주1 (1969))를 허용했을 때 승리하지 못했다.

뿐만 아니라 이 법원이 오버게펠 사건을 결정했다고 해서 필립스의 자유언론권이 줄어들지 않는다. "헌법이 동성결혼에 대한 권리를 보호한다. 그 견해를 공유하지 않는 모든 사람들을 편견에 사로잡혀 있고 다른 견해를 말할 자격이 없다고 하는 것은 다른 문제이다." 이 법원은 양심의 문제에 관한 권위자가 아니다. 법원의 결정은 비판받을 수 있다(가끔 비판받아야 한다). 수정헌법 제1조는 사람에게 오버게펠 판결의 올바름 및 동성결혼의 도덕성에 반대하는 권리를 주었다. 오버게펠 판결은 결혼은 전통적으로 이 나라 및 전세계를 통하여 합리적이고 성실한 사람들이 선의로 이해하고 유지되어왔다고 강조하였다. 만약 필립스가 그렇게 계속 이해한 결과 오버게펠 판결이후 소수자가 되었다면, 이는 그의 언론이 보호되어야 한다고 더 강조하는 이유가 된다. Dale 판결, 660 (점점 더 많은 사람들이 동성애를 사회가 받아들이고 지지해야 한다는 하는 사실은 다른 견해를 말하려는 사람들이 갖는 수정헌법 제1조의 권리를 보호할 더 큰 이유가 된다).

* * *

오버게펠 판결에서 나는 사람들이 동성연인의 결혼에 참여하고 지지해야 한다는 요구와 마주하면서 판결이 종교의 자유와 불가피하게 충돌할 것이라고 경고했다. 이 사건은 충돌이 이미 일어났음을 보여준다. 법원의 판결이 필립스의 종교의 자유를 보호하였기 때문에, 종교의 자유는 다음의 충돌 때까지 살아남은 것 같다. 그러나 앞으로 오버게펠 판결이 반대하는 의견의 모든 자국을 없애고, 새로운 정통에 동의하지 않으려는 미국인들을 헐뜯기 위해 사용되는 것을 막기 위해 언론의 자유는 반드시 필요하다. 만약 그 자유가 생명력을 유지한다면, 콜로라도 항소법원과 같은 논증은 배척되어야 한다.

[대법관 긴즈버그 반대의견]

법정의견에는 내가 동의하는 내용이 많이 있다. "종교 및 철학적으로 반대한다고 해서 경제 및 사회의 사업주나 다른 행위자들이 중립적이고 일반적으로 적용되는 대중시설법에 따라 보호받은 사람들이 물품과 서비스를 동등하게 이용하는 것을 거부할 수 없다는 것이 일반 법칙이다." "콜로라도법은 대중에게 제공하는 똑같은 요건과 조건에 따라 물품과 서비스를 얻을 때 다른 집단의 개인을 보호하듯이 남성동성애자들을 보호할 수 있다." "도덕 및 종교 이유로 남성 동성결혼에 반대하는 물품 및 서비스의 제공자는 '만약 동성결혼용으로 사용된다면 물품이나 서비스를 팔지 않는다'는 표지를 달 수 없다." 남성 동성연인들은 "공개 시장에서 그들이 물품과 서비스를 살 때 모욕"을 받아서는 안 된다.47) 그러나 나는 크레이그와 멀린스의 패소 결론에 강하게 반대한다. 위에서 인용한 내용 모두는 반대 결론으로 향한다.

다수의견은 종교의 자유조항이 요구하는 중립성으로 필립스의 종교에 따른 반대가 고려되지 않았다는 결론을 내리고 있다. 이 결론은 위원회의 종교에 대한 반감을 보여준다는 증거에 의존하고 있다. 잭이 요청한 케이크의 제조를 거부한 3명의 다른 제빵사들 사건과 견주어서 필립스 사건을 다르게 고려했다는 것에서 반감이 있었음을 알 수 있다고 한다. 법정의견은 위원회가 연 필립스 사건의 2차례 공개 심리에서 나온 진술에서 반감을 찾았다. 법정의견은 우리가 과거에 자유언론 침해라고 판단한 유형의 종교에 대한 반감을 밝히지 못하고 있다. 뿐만 아니라 이 사건을 심리한 4개 판정기관 중 한 곳에서 한, 두 사람의 말로 인하여 항소법원의 판결 취소가 정당할 수 없다.

I

2014. 3. 13. -행정판사가 동성 연인, 크레이그와 멀린스에게 유리하게 판정하고 약 3달 뒤, 위원회가 필립스의 이의를 듣기 2달 전- 윌리암 잭은 3곳의 콜로라도 빵집에 갔다. 그의 방문은 비슷한 형태였다. 그는 케이크 2개를 주문했다.

"펼친 성경을 닮은 케이크와 성서의 문구로 장식된 케이크를 요청했다. 그는 한 케이크는 손으로 빨간X표시를 하고 있는 두 명의 신랑 들러리 이미지를 포함하도록 요청하였다. 그는 양쪽에 '신은 범죄를 싫어한다. 찬송가 45:7. 동성애는

47) 대법관 토마스 말대로 법정의견은 결혼 케이크가 수정헌법 제1조의 보호를 받는 언론이나 표현이라고 판단하지 않았다. 뿐만 아니라 우리의 수정헌법 제1조 선례에 맞을 수도 없다. 대법관 토마스는 보호받는 표현에 해당하는 행위가 되려면 관찰자가 그 행위를 의사소통이라고 합리적으로 이해하여야 한다고 인정했다. 이 사건 기록에는 필립스가 케이크가 전달한다고 믿는 메시지에 대해 그의 자신의 견해로 가득 차 있다. 토마스의 일부 동조의견(필립스가 그의 작품을 어떻게 생각하고 보고 있는지 설명). 그러나 필립스는 객관적인 관찰자가 보기에 결혼 케이크가 메시지를 전달한다고 이해한다는 점을 보여주는 증거를 제출하지 않았고, 관찰자가 메시지를 결혼하는 연인들이 아니라 제빵사의 것이라고 이해한다는 점을 밝히는 증거는 더욱 없다. 일부 결혼 산업계에서는 결혼 케이크가 어떤, 또는 누구의 메시지를 전하는지를 설명할 수 없다고 한다. 그리고 필립스는 이 법원이 빵의 제공이 표현 행위라고 밝힌 선례를 들지 못하고 있다. 헐리 판결(길거리 행진을 표현이라고 인정한 과거 선례 인용), Barnes v. Glen Theatre, Inc., 501 U.S. 560, 565 (1991) (알몸 춤이 표현 행위라고 인정한 선례들을 적음), Spence v. Washington, 418 U.S. 405, 410 (1974) (이 법원이 깃발의 상징성을 10여년 전에 인정)

혐오스러운 범죄. 레위기 18:2'라고 되어 있는 케이크를 주문하였다. 그는 두 번째로 양쪽에는 빨간 ×표시와 함께 '신은 죄인을 사랑한다. 우리가 죄인이지만 예수님은 우리를 위해 돌아가셨다. 로마서 5:8'로 된 케이크를 주문하였다."

잭과 대조적으로 크레이그와 멀린스는 단순하게 결혼 케이크를 주문하였다. 그들은 메시지를 말하지 않았고, 필립스가 파는 다른 결혼 케이크와 자신들이 사려는 케이크를 구분 짓지도 않았다.

한 빵집은 잭에게 성서 모습의 케이크를 만들 수 있지만 요청한 메시지로 케이크를 장식할 수 없다고 말했다. 빵집 주인은 잭에게 자신의 빵집은 차별하지 않으며 모든 사람들을 포용한다고 말했다. 두 번째 빵집 주인은 잭에게 성서와 책으로 된 케이크를 여러 번 만들었고 멋있었으나, 잭이 설명한 케이크의 메시지가 혐오스러워서 주문을 사양하였다. 잭의 진술에 따르면 세 번째 빵집은 케이크를 만들 수 있으나 요청한 메시지를 담을 수 없다고 말했다.[48)]

잭은 민권국에 3곳 빵집을 상대로 구제를 신청하였다. 민권국은 기독교 신앙을 원인으로 한 물품과 서비스의 불평등한 대우와 거부라는 잭의 주장을 뒷받침하는 정당한 이유를 인정하지 않았다. 민권국은 빵집들이 기독교 상징을 가진 케이크와 다른 빵들을 일상적으로 만들었고, 차별금지법이 보호하는 사람들을 업신여기는 디자인을 요청하는 소비자들의 주문을 거부하였다고 보았다. 위원회는 민권국의 판단을 인용하였다.

법정의견은 위원회가 필립스의 종교에 따른 반대와 다른 제빵사들의 반대를 달리 심리하고 처리하였다고 결론 내렸다. 그러나 법정의견이 든 사례들은 비교대상이 되기 어렵다. 제빵사들은 어느 손님이든 잭이 주문한 메시지를 가진 케이크 제조를 거부하였을 것이다. 그리고 잭이 찾은 제빵사들은 누구에게나 팔았을 빵을 그에게도 팔았을 것이다. 제빵사들이 잭이 주문한 종류의 케이크 제조를 거부한 행위는 필립스가 크레이그와 멀린스의 주문을 거부한 행위와 거의 닮지 않았다. 필립스는 다른 사람들에게 일상적으로 팔던 케이크 종류를 바로 그들의 성적 지향 때문에 크레이그와 멀린스에게 팔지 않았을 것이다. 그들이 가게에 갔을 때, 주문한 제품은 이성애자들 결혼이나 동성결혼을 축하하는 케이크가 아니라, 자신들의 결혼을 축하하는 케이크였고, 거부되었다. 콜로라도와 법정의견은 크레

---

48) 기록상 제빵사들이 어떤 관념에 따라 거절했는지에 대한 설명은 없다.

이그와 멀린스가 겪은 차별을 정확하게 금지한다는 점을 부정하지 않는다. 반면에 잭은 다른 보호되는 특성이 아니라 그의 종교를 이유로 서비스가 거절되었다. 그는 다른 손님들이 받았을 대우와 똑같았다. 더 낫지도 더 나쁘지도 않았다.[49)]

필립스가 다른 케이크나 쿠키를 동성 연인들에게 팔았을 거라는 사실은 이 사건의 쟁점과 무관하다. 필립스가 이성연인들에게 제공하는 물품이나 서비스를 동성연인에게 제공하지 않았다는 점이 중요하다. 대조적으로 다른 빵집들이 기독교인에게 다른 물품을 파는 것은 관련이 있다. 빵집들이 기독교인에게 팔지 않은 제품을 비기독교인에게 파는 경우는 없다.

콜로라도 항소법원이 정부 자신이 불쾌함을 판단하여 두 사건을 달리 다루지 않았다. 필립스는 그가 불쾌하다고 여긴 케이크 판매를 사양하였는데, 제품의 불쾌함은 주문한 손님 때문에 결정되었다. 3곳의 다른 빵집들이 케이크 제조를 사양한 것은 주문받은 제품이 보여주는 모욕 메시지를 반대하였기 때문이었다. 법원은 글이나 이미지가 있는 특정 케이크 제조 거부는 케이크를 전혀 팔지 않은 행위와 다르다.[50)] 항소법원은 잭이 주문한 케이크에 있는 메시지가 불쾌하고 크레이그와 멀린스를 위한 케이크의 메시지는 그렇지 않다는 자신들의 사실인정을 바탕으로 필립스와 다른 3곳의 빵집을 구분하지 않았다. 콜로라도 법원은 주가

---

49) 대법관 고서치는 상황이 모두 법률상 중심 특징을 공유한다고 주장한다. 그러나 중요한 차이는 법적으로 보호되는 손님의 특성이 서비스의 거절에서 어떤 역할을 했는지이다. 크레이그와 멀린스의 성적 지향(또는 성)을 바꾸면, 필립스가 케이크를 제공했을 것이다. 잭의 종교를 바꾸어도 제빵사들이 주문을 받지 않았을 것이다. 잭의 케이크를 제빵사들이 반대한 것은 "동성 결혼에 대한 종교적인 반대"와 무관하다. 제빵사들은 단순히 차별금지법이 보호하는 사람들을 업신여기는 내용이 담겨 있는 케이크의 제조를 거부했을 뿐이다. 특히 빨간 X표시를 한 두 명의 신랑들러리와 "신은 죄인을 사랑한다. 우리는 여전히 죄인이지만 예수님은 우리를 위해 돌아가셨다"는 문구가 있는 잭의 두 번째 케이크에서 제빵사들은 업신여기는 이미지가 아니라 종교 문구가 반대를 유발했다는 말을 전혀 하지 않았다. 그러므로 필립스는 성적 지향 때문에 차별하였고, 다른 제빵사들은 신앙 때문에 차별하지 않았다. 위원회는 적절하게 잭 사건에서는 차별을 인정하지 않았고 필립스 사건에서는 차별을 인정하였다.

50) 법정의견은 나중에 다른 3곳 빵집의 처리와 견주어, 필립스 사건의 처리가 언론관련성이 있는지의 문제에 관하여 일치하지 않다는 해석이 합리적일 수 있다고 주장하면서 이 관점을 무시하였다. 그러나 잭은 특정 문구가 새겨진 케이크를 주문했지만, 크레이그와 멀린스는 어떤 결혼 케이크도 사지 못했다. 구체적인 케이크 디자인을 논의하기 전에 가게를 떠났다. (필립스는 글이 있는 결혼 케이크는 거의 만들지 않거나 적어도 그런 종류의 케이크는 광고하지 않는 것으로 보인다. 홈페이지에 광고된 31개의 결혼 케이크에 문구는 전혀 없다). 민권국과 항소법원은 얕보는 문구와 이미지를 포함한 사건과 구체적인 디자인이 없는 결혼 케이크 사이를 합리적이고 적법하게 구분할 수 있다. 구분은 문구가 있거나 없거나가 아니다(대법관 고서치 동조의견 참조). 특정 디자인이 있는 케이크와 디자인이 전혀 논의되지 않은 케이크 사이의 구분이다.

차별로부터 강력하게 보호하려고 했던 특성을 가진 크레이그와 멀린스의 서비스가 거부되었다는 이유로 사건을 구분하였다. 나는 법정의견이 차별금지법에 보호받은 특성을 포함한 콜로라도 주의회의 결정이 무엇이 불쾌한지 아닌지를 정부가 결정했고 이는 허용될 수 없다는 의미는 아니라고 본다. 되풀이하자면, 법정의견은 "콜로라도법이 대중에게 제공되는 요건 및 조건과 똑같이 남성 동성애자들이 선택한 제품과 서비스를 얻을 수 있도록 다른 집단의 개인들을 보호하는 것처럼 그들을 보호할 수 있다."고 인정하였다.

II

필립스 사건에서 위원회의 공개 심리에서 나온 말이 오늘 법정의견을 더 강력하게 뒷받침하지 않는다. 역사적인 맥락에서 그 말을 어떻게 생각하든, 나는 크레이그와 멀린스에게 결혼 케이크 판매를 거부한 필립스의 결정을 살피기 위해 위원 한, 두 사람의 말을 고려해야 하는 이유를 알지 못한다. 절차는 여러 번의 독립된 결정과정을 거쳤고, 위원회 절차는 그 중 하나일 뿐이었다. 첫째, 민권국은 필립스가 차별금지법을 어긴 정당한 이유를 찾아야 했다. 둘째, 행정판사는 당사자의 쌍방 요약판결 신청을 받았다. 셋째, 위원회는 필립스의 이의신청을 심리하였다. 넷째, 위원회의 결정 후, 콜로라도 항소법원은 새롭게 사건을 심리하였다. 어떤 편견이 위원회의 전과 후에 판정자들의 결정에 영향을 미쳤는가? 법정의견은 말하지 않는다. 그래서 필립스의 사건은 법정의견이 기대고 있는 오직 하나의 선례, 종교 중립성의 원칙을 어긴 정부가 입법기구인 시의회였던 루쿠미 판결로부터 멀찌감치 떨어져 있다.

* * *

위와 같은 이유로 남성 동성애자들에게 결혼 케이크 판매를 거부한 행위에 차별금지법을 사리에 맞게 적용한 콜로라도 항소법원의 판결은 인용되어야 한다.

[평 등 권]

9. 동성애자, 성전환자라는 이유의 해고와 성을 이유로 차별을 금지한 민권법

Bostock v. Clayton County

590 U.S._____(2020)

〈해 설〉

사용자가 동성애자, 또는 성전환자라는 이유로 근로자를 해고되었을 때, 1964년에 제정된 민권법이 금지한 성을 이유로(because of … sex) 한 차별에 해당하는지가 쟁점인 사건이다.

다수의견은 법제정 당시 예상한 적용대상이나 입법의도, 입법자의 주된 관심사가 무엇인지를 고려하지 않는다고 하면서 성문법의 평이한 위 문구의 의미를 그대로 적용하여 차별에 해당한다고 판결했다. 의회가 포괄적인 낱말을 사용하고 예외를 두지 않았을 때, 법원도 넓게 적용한다고 판시했다.

소수의견은 법이 제정될 당시 통상의 의미나 합리적인 미국 사람들이 이해하는 바에 따르면, 성차별에는 성적 지향이나 성정체성에 따른 차별을 포함하지 않는다고 판단하였다. 의회가 입법을 통해 차별 금지 대상에 성적 지향이나 성정체성에 따른 차별을 포함시키지 않는 한 법원이 임의로 확대 적용하여 사실상 법을 개정하는 역할을 해서는 안된다고 보았다.[51)]

[대법관 고서치]

때때로 작은 움직임이 예상치 못한 결과를 가져올 수 있다. 실제로 중요한 결단이 그 결과를 낳는다. 우리 시대의 연방입법 중 1964년의 민권법이 중요한 자리를 차지하고 있다. 7편에서 의회는 직장에서 인종, 피부색, 종교, 성, 국적을 바탕으로 한 차별을 금지하고 있다. 오늘 우리는 사용자가 동성애자 또는 성전환자라는 이유만으로 해고할 수 있는지를 결정해야 한다. 답은 뚜렷하다. 동성애자 또는 성전환자라는 이유로 해고한 사용자는 다른 성에서는 문제가 되지 않은 특

---

51) 대법관 고서치가 법정의견을 작성하고, 대법원장 로버츠, 대법관 긴즈버그, 브레이어, 소토마요르, 케이건이 참여하였다. 대법관 알리토가 반대의견을 작성하고 대법관 토마스가 참여하였다. 대법관 카바노가 반대의견을 작성하였다.

성이나 행동으로 그 사람을 해고한다. 성은 해고결정에서 필요하고도 숨길 수 없는 역할을 하고 있고 7편이 바로 금지하고 있다.

민권법을 만든 사람들은 이러한 결과가 나올지 예상하지 못했을 수 있다. 마찬가지로 그들은 모성을 기초로 한 차별이나 남성 근로자의 성희롱 금지를 포함하여 여러 해를 걸치면서 분명해진 법의 결과 중 많은 부분을 생각하지 못했다. 그러나 법 입안자가 가진 상상의 한계는 법의 요청을 무시할 이유가 되지 못한다. 법의 뚜렷한 용어가 우리에게 하나의 결론만을 주고 문언의 의미를 넘는 고려사항이 다른 결론을 드러낼 때, 논란은 끝난다. 법에 써진 날말 그대로가 법이고 모든 사람들은 그 혜택을 받을 수 있다.

I

우리가 마주한 법률문제를 다루기 위해 많은 사실이 필요없다. 세 사건은 같은 방식으로 시작했다. 근로자가 동성애자 또는 성전환자라고 밝힌 뒤 사용자가 해고하였고, 동성애자나 성전환자이외의 다른 이유는 없었다.

제럴드 보스톡은 조지아주 클레이턴 카운티에서 오랫동안 아동복지업무를 했다. 그의 업무지도로 군은 국가로부터 아동복지관련 상을 받았다. 일한 지 10년이 지나 보스톡은 남성동성애자 소프트볼 경기에 참가하기 시작하였다. 얼마 지나지 않아 공동체의 유력인사들이 보스톡의 성적 지향과 경기 참가를 두고 차별적인 말을 하였다고 한다. 곧 그는 (2013. 6. 13.에) 카운티의 근로자 자격을 상실하는 행위를 했다며 해고되었다.

도널드 자르다는 뉴욕주의 Altitude Express사에서 스카이 다이빙 교사로 일했다. 몇 년이 지난 뒤 자르다는 자신이 남성동성애자라고 말했고 며칠 뒤(2010. 6. 경) 해고되었다.

아이미 스테핀(성전환 여성)은 미시간주 가든시에서 해리스 장례회사에서 일했다. 취업할 때 스테핀은 남성이었다. 그러나 회사에서 일한 지 2년 뒤 좌절감과 외로움으로 치료를 받기 시작했다. 결국 의사들은 성부조화로 진단하고 여성으로 살라고 권유하였다. 6년째에 스테핀은 사용자에게 편지를 써서 다음 휴가에서 돌아온 뒤 여성으로 살면서 일할 계획이라고 설명하였다. 회사는 (2013. 6. 경) 그녀를 해고하면서 그것은 불가능한 일이라고 말했다.

이 사건들은 똑같은 방식으로 시작되었지만, 결과는 달랐다. 근로자들은 7편에 따라 소송을 걸었고 성에 기초한 위법한 차별이라고 주장하였다. 보스톡 사건에서 연방제11항소법원은 사용자가 근로자를 남성동성애자라는 이유로 해고하는 행위를 법이 금지하지 않는다면서 법률문제로 청구를 기각하였다. 723 Fed. Appx. 964 (2018). 반면에 자르다 사건에서 연방제2항소법원은 성적 지향에 따른 차별은 7편을 위반하였다고 결론 내렸다. 883 F. 3d 100 (2018). 스테핀 사건은 더 복잡한 선례가 얽혀 있지만, 연방제6항소법원은 7편에 따라 사용자가 근로자의 성전환을 이유로 해고할 수 없다고 판결하여 2항소법원과 같은 결론을 냈다. 884 F. 3d 560 (2018). 오래 걸린 재판절차 진행 중에 자르다와 스테핀은 숨졌다. 그러나 그들 재산의 상속과 관련하여 상속인들에게 문제가 남았다. 우리는 7편의 동성애자와 성전환자 보호 범위를 둘러싼 항소법원들 사이의 불일치를 해결하기 위해 모두 상고를 허가하였다.

Ⅱ

이 법원은 보통 법의 제정 당시 용어의 통상적인 의미에 따라 법을 해석한다. 무엇보다 법문언만이 의회가 채택하고 대통령이 승인한 법이다. 만약 판사들이 문언을 넘는 자료와 우리 자신의 상상력만으로 자극을 받아 오래된 법률 용어에 추가, 재수정, 최신화, 제거를 할 수 있다면, 우리는 국민의 대표자들에게 맡겨진 입법절차 밖에서 법을 개정할 위험이 있다. 그리고 우리는 권리와 의무를 알기 위해 의존하고 있는 법의 원래 의미가 계속 유지되기를 바라는 국민들의 권리를 거부하게 된다.

이를 머릿속에 두면 우리의 임무는 너무 뚜렷하다. 우리는 7편의 공적인 뜻(사회통념에 따른 의미)을 결정해야 한다. 7편은 "사용자가 인종, 피부색, 종교, 성 또는 국적 때문에 고용하지 않거나 해고하거나 또는 달리 고용의 기간, 조건, 혜택, 보상에 관하여 차별하는 행위는… 위법"하다고 규정하고 있다. §2000e-2(a)(1). 우리는 이 사건에 미치는 영향을 평가하고 이 법원의 선례를 확인하기 전에 법을 만든 1964년의 시기로 되돌아가서 법률 용어를 살펴보자.

A

오늘 사건의 유일한 쟁점은 법률이 보호하는 특징으로 "성"이고, 당사자들이 그 뜻을 다투고 있는 7편의 용어이기도 하다. 당시의 사전들을 참조하면서, 사용자들은 1964년에 "성"은 "생식 생물학으로 결정되는(아이를 낳을 수 있는) 남성 또는 여성의 지위"라고 말한다. 근로자들은 1964년에도 그 용어는 해부학 이상의 더 넓은 범위를 가리키고 있어서 최소한 성정체성 및 성적 지향과 관련된 일부 기준도 포함하고 있다고 반박한다. 그러나 이 사건에서 우리의 방법론은 당사자들 다툼에 달려 있지 않고 근로자들도 논의의 편의상 요점을 인정하고 있기 때문에, 우리는 "성"이 사용자들이 말한 대로 남성과 여성 사이의 생물학적인 구분만을 가리키는 의미를 갖고 있다고 가정하고 나아간다.

이는 시작일 뿐이다. 문제는 "성"의 의미가 아니라, 7편이 그에 대해서 말하는 바가 무엇이냐이다. 법률은 사용자가 성 "때문에(because of)" 어떤 조치를 취하는 행위를 금지한다. 그리고 이 법원이 이전에 설명했듯이, "때문에"의 뜻은 "이유로(by reason of)" 또는 "으로(on account of)"이다. 법률 용어로 이는 7편의 "때문에"심사가 간단하고도 전통적인 단순(but-for)인과관계 기준을 반영하였음을 뜻한다. 그 인과관계는 특정한 결과가 알려진 원인을 빼면 일어나지 않았을 때마다 성립한다. 달리 말하면 이 심사에서는 우리는 하나를 바꾸면 결과가 바뀌는지 본다. 만약 바뀌면 우리는 인과관계를 인정한다.

이는 포괄적인 기준이 될 수 있다. 사건 발생에는 가끔 여러 원인이 있다. 예컨대 피고가 빨간불에 달리고 동시에 원고가 교차로에서 회전깜박이를 하지 않았기 때문에 교통사고가 났다면, 우리는 두 가지를 사고원인으로 본다. 7편에서 전통적인 단순인과관계 기준을 사용하면 피고는 해고결정에 다른 요소도 관련되어 있다고 하여 책임을 면할 수 없음을 뜻한다. 원고의 성이 해고한 원인 중의 하나였다면 충분히 법위반이 된다.

의회는 더 제한할 수도 있었다. 다른 법률처럼 다양한 요인이 더해져서 취한 조치는 법위반이 아니라고 하기 위해 "유일하게"를 추가할 수도 있었다. 11 U.S.C. §525; 16 U.S.C. §511 참조. 또는 금지된 요인이 피고의 근로관계 결정의 주된 원인이어야 한다는 점을 밝히기 위해 "주로 때문에"로 규정할 수 있었다. 22 U.S.C. §2688. 그러나 7편에는 없다. 의회는 반대 방향으로 움직여 1991년 7편에 원고가 다툼이 되고 있는 피고의 근로관계 실무에서 성과 같은 보호되는 특성이 "동기로 작용한 요인"이었음을 밝히기만 하면 된다고 보충하였다. 42 U.S.C. §2000e-2(m).

이렇게 더 너그러운 기준에서는 성이 사용자의 결정에 원인이 아니었더라도 책임이 뒤따를 수 있다. 우리의 분석은 동기 요인 심사가 아니기 때문에, 우리는 7편의 구제를 받을 수 있는 확실한 길을 제공하고 있고 더 전통적인 단순인과관계기준에 초점을 맞춘다. §2000e-2(a)(1).

단순인과관계 기준이 매우 포괄적이기 때문에, 7편은 성 때문에 일어난 모든 일에 관심을 갖지는 않는다. 법은 사용자가 성과 같이 법률이 보호하는 특성 때문에 누군가를 뽑지 않거나 채용을 거부하거나, 해고, 또는 달리 차별할 때만 책임을 묻는다. 사용자들은 이 사건에서 원고들을 해고한 사실을 인정하지만, 법은 달리 차별하는 경우에만 적용된다고 주장한다. 사용자들은 낱말 달리(otherwise)가 있기 때문에, 7편은 모든 해고가 아니라 차별하는 해고만을 다루고 있다고 한다.

논의의 편의상 이 주장을 받아들인다면 문제는 1964년에 "차별한다"는 의미는 무엇인가가 된다. 당시의 뜻은 오늘날의 뜻과 거의 같다. "대우나 혜택(다른 사람과 비교해서)을 다르게 한다." 사람을 차별하는 행위는 비슷한 상태에 있는 사람보다 더 나쁜 대우를 의미할 것 같다. 이 사건과 같은 이른바 "차별 대우"사건에서 이 법원은 성에 따른 차별 대우는 의도적이어야 한다고 판결했다. 종합해 볼 때 다른 성을 가진 사람에게는 봐줄 수 있는 어떤 사람의 행동이나 특성 때문에 해고하는 경우처럼 성을 이유로 의도적으로 더 나쁘게 대우하는 사용자는 7편을 위반하여 사람을 차별한다.

물론 다른 해석도 가능할 수 있다. 때때로 차별이 "사람별로보다는 범주별로 차별하는 행위나 실무, 사례"와 연관될 수 있다. 그렇게 이해하면 사용자의 방침이 하나의 성 전체와 다른 성 전체에 어떻게 영향을 미치는지 알기 위해 개인보다는 집단을 어떻게 대우하는지를 살펴보아야 할 것이다. 그 생각에 따르면 아마도 법 자체는 사용자들이 보통 남성보다 여성을 차별하지 못하도록 하는데 관심을 가진다고 보게 된다. 그렇다면 우리는 7편의 차별대상이 개인인지 집단인지를 어떻게 구분할 수 있을까?

법은 그 문제에 바로 답하고 있다. 법은 "…대해서 차별한다"는 낱말 바로 뒤를 포함하여 3차례나 "개인(individual)"이라는 낱말을 사용하여 집단이 아니라 개인에 초점을 맞추어야 한다고 말하고 있다. "개인"의 뜻은 오늘날처럼 1964년에도 다툼의 대상이 아니다. 곧 "계층, 종, 집합과 구분되는 특정한 존재." 의회는 법을 달리 만들 수도 있었다. "채용, 해고, 근로기간이나 조건에서 한 성을 다른 성보다 선호하는 근로실무는 위법하다"라고 말할 수 있었다. 집단으로 두 개의 성 사이에 다른 대우에 초점을 맞추어서 성차별은 없어야 한다고 말할 수 있었다. 더 좁게 집단으로서 여성에 대한 "성별 정책"만을 금지할 수도 있었을 것이다. 그러나 이 사건 법은 그렇게 하지 않았다.

집단보다는 개인에게 초점을 맞춘 법의 결과는 이론에 그치지 않는다. 사용자가 성적인 접근을 거부한 여성을 해고한 경우를 생각해보자. 사용자가 그 개인여성을 남성보다 더 나쁘게 대우했지만, 전체 여성 근로자들을 우대했다는 항변은 허용될 수 없다. 사용자는 그녀의 성 때문에 이 여성을 불리하게 대우한 책임이 있다. 사용자가 성 때문에 남성과 여성을 모두 차별했다고 말하는 것도 항변이 될 수 없다. 이 법은 양쪽 성의 개인들을 차별로부터 동등하게 보호하고 있다. 그래서 여성이 충분히 여성스럽지 않다는 이유로 해고하거나 근육질이 아니라는 이유로 남성을 해고한 사용자는 집단으로서 남성과 여성을 거의 똑같이 대우하게 된다. 그러나 두 경우에 사용자는 (다른 이유가 있다 하더라도) 일부분 성 때문에 개인을 해고하였다.

B

법을 만들 때 법문의 통상적인 공공의 의미로부터 쉬운 법리가 나온다. 곧 사용자가 고의로 일부분 성을 기초로 개인 근로자를 해고했을 때 7편에 위반된다. 원고의 성외에 다른 요인이 작용했더라도 마찬가지다. 그리고 사용자가 집단으로 남자와 견주었을 때 집단으로 여성을 똑같이 대우했다 해도 중요하지 않다. 만약 사용자가 근로자를 해고하기로 결정했을 때 일부분 개인의 성에 고의로 의존했다면, 달리 말하면 근로자의 성을 바꾸면 사용자가 달리 결정했을 거라면 법률위반이다. 7편의 취지는 쉽지만 중요하다. 개인 근로자의 성은 "근로자의 채용, 평가, 보상과 무관해야 한다."

이 사건에서 법의 취지는 마찬가지로 단순하고 중요하다. 개인의 동성애자나 성전환자 지위는 고용 결정과 무관해야 한다. 이는 성에 기초하여 개인을 차별하지 않고는 동성애자나 성전환자인 사람을 차별하기란 불가능하기 때문이다. 예컨대 근로자 2명이 모두 남성에게 매력 있는 경우를 생각해 보자. 사용자의 마음속으로 두 명 중 한 사람은 남성이고 다른 사람은 여성이라는 점을 빼고, 모든 면에서 실질적으로 똑같다. 만약 사용자가 그 남성이 남성에게 매력적이라는 이유만으로 해고했다면 사용자는 여성 근로자라면 봐줄 수 있는 특성이나 행위로 그를 차별하게 된다. 달리 말하면 사용자는 고의로 일부분 근로자의 성을 기초로 해고하였고, 근로자의 성은 해고의 이유이다. 또는 태어날 때 남성이지만 지금은 여성으로 확인되는 성전환자를 해고한 사용자를 생각해 보자. 만약 사용자가 태어날 때 여성인 근로자의 고용을 유지한다면, 태어날 때 여성으로 확인된 근로자의 행위나 특성은 봐주지만 태어날 때 남성으로 확인된 사람에게 불이익을 주게 된다. 개인 근로자의 성은 해고 결정에서 뚜렷하고도 허용될 수 없는 역할을 하게 된다.

이로 인해 이 사건은 7편이 말하고 있지 않은 수많은 사람들과 구분된다. 여성 근로자를 게으르거나 무능, 싫어하는 스포츠팀을 응원한다는 이유로 해고한 사용자를 예로 들어 보자. 사용자가 7편이 말하지 않은 남성의 특성을 참지 않는다고 가정해보자. 그러나 다른 특성이나 행동과 달리 동성애와 성전환자 지위는 성과 어쩔 수 없이 엮여 있다. 동성애나 성전환자 지위가 모호한 의미로 성과 관련되어 있기 때문이 아니라, 또는 이에 따른 차별이 한 성 또는 다른 성에 차별적인 영향을 갖고 있기 때문이 아니라, 이를 이유로 한 차별은 개별 근로자들의 성을 이유로 고의로 달리 취급하게 되기 때문이다.

뿐만 아니라 사용자가 근로자의 성을 이유로 불리하게 대우했을 때, 다른 요인들이 그 결정에 기여했다 해도 중요하지 않다. 여성이 양키즈 팀의 팬으로 밝혀지면 해고하는 방침을 갖고 있는 사용자를 가정해 보자. 사용자가 같은 취향을 가진 남성 근로자를 봐준다면, 사용자가 여성이고 동시에 양키즈 팬인 근로자에게 그 방침을 적용하는 것은 성에 따른 해고이다. 이 사건도 마찬가지다.

사용자가 동성애자 또는 성전환자이기 때문에 근로자를 해고했을 때, 두 가지 요인, 개인의 성과 다른 요인이 작용할 수 있다. 그러나 7편은 가리지 않는다. 만약 사용자가 개인의 성을 빼면 근로자를 해고하지 않았을 거라면, 법의 인과관계는 인정되고 책임을 진다.

이 사건에서 추가 의도와 같은 추가 이유를 다시 요구하면 사용자를 면책시킬 뿐이다. 침입자의 원래 의도(또는 동기)가 더 좋은 조망을 얻기 위해서라고 해도, 이웃집을 고의로 불태우는 행위는 방화이다. 마찬가지로 동성애자나 성전환 근로자들을 차별하는 사용자의 목표를 이루는 수단으로만 생각했다 해도, 성에 따라 고의로 차별하는 행위는 7편 위반이다. 사용자가 동성애자나 성전환 근로자를 차별할 때 성이 당연한 이유이듯이 이러한 이유로 차별하는 사용자는 불가피하게 결정과정에서 성에 의존할 의도를 갖고 있다. 동성애자로 알려진 근로자를 해고하는 방침을 갖고 있는 사용자를 상상해 보자. 사용자는 파티를 열어서 근로자들에게 배우자를 데려오도록 초대한다. 근로자가 파티장에 와서 자신의 아내 수잔을 소개한다. 그 근로자가 해고될까? 만약 방침이 사용자의 의도대로 운영된다면 답은 근로자가 남성인가 여성인가에 달려 있다. 사용자의 목표는 성적 지향을 바탕으로 차별하는데 있다. 그러나 그 목적을 이루기 위해서 사용자는 의도적으로 일부분 개인의 성을 기초로 불리하게 대우해야 한다.

사용자는 동성애자이거나 성전환자인 남성 및 여성 근로자를 똑같이 해고한다는 답변이 더 나은 항변이 아니다. 7편의 책임은 모든 근로관계 조치를 통하여 여성 집단보다 남성집단을 달리 대우하는 사용자로 한정되지 않는다. 법은 개인의 성 때문에 근로자를 차별하는 각각의 경우를 독립된 7편 위반으로 보고 있다. 전통의 성 역할을 하지 않는다는 이유로 여성 및 남성 근로자를 해고한 사용자의 7편 책임이 면제되지 않는 것처럼, 남성 또는 성전환자라는 이유로 해고한 사용자도 마찬가지다.

실제 이 사건들은 쉽고도 확립된 의미를 가진 법률 용어의 단순한 적용일 뿐이다. 동성애나 성전환자라는 이유로 사용자가 근로자를 차별했다면, 사용자는 고의로 일정 부분 성 때문에 남성 또는 여성 근로자를 차별해야 한다. 이는 늘 7편의 평이한 법문이 금지해 왔고 더 나아가 살펴볼 필요가 없다.

C

우리의 결론에 근거가 더 필요하다면 멀리 갈 것도 없다. 법률의 평이한 낱말이 뜻하는 바는 이 법원의 선례에서 이미 확인되었다. 3건의 선례를 살펴보자.

Phillips v. Martin Marietta Corp., 400 U.S. 542 (1971) ("필립스 판결")에서 회사는 어린이가 있는 여성의 고용을 거부하였지만, 같은 나이의 어린이가 있는 남성은 고용하였다. 이 차별은 근로자가 여성이어서가 아니라 어린이의 부모라는 다른 사유이기 때문에 회사는 성 때문에 차별하지 않았다고 주장하였다. 회사는 전체적으로 남성보다 여성 고용을 우선했기 때문에 법을 위반하지 않았다고도 하였다. 이런 주장에 법원은 흔들리지 않았다. 사용자가 의도를 가지고 일부분 성 때문에 차별했다고 해도 7편 위반이다. 사용자가 여성을 집단으로 우대했다 해도 마찬가지다.

Los Angeles Dept. of Water and Power v. Manhart, 435 U.S. 702 (1978) ("맨하트 판결")에서 사용자는 여성에게 남성보다 더 많은 연금액을 내라고 요구하였다. 사용자는 여성이 남성보다 더 오래 살고 더 많은 연금을 받기 때문에 차별대우가 정당하다고 하였다. 사용자는 여성에 대해 반감을 갖거나 여성의 업무수행 능력이 떨어진다는 관습적인 추측을 하지 않았다. 대신에 통계상 정확해 보이는 기대수명을 내세웠다. 그렇더라도 법원은 집단 수준에서 동등해 보이는 방침이 개인 수준에서는 차별임이 증명될 수 있다고 인정하였다. 집단으로서 여성은 집단으로서 남성보다 오래 산다. 그러나 개인에 초점을 맞춘 법은 모호하지 않으며, 개인 여성이 더 많은 연금액을 내더라도 남성보다 일찍 숨질 수 있다. 마찬가지로 법원은 남성과 여성 사이에 성별사이의 형평성을 얻으려는 동기로 조치를 취하였다는 사용자의 주장을 받아들이지 않았다. 성에 기초한 사용자의 의도적인 차별은 보험통계로 설명되는 평범한 의도로 시작되었을 때에도 허용될 수 없다.

Oncale v. Sundowner Offshore Services, Inc., 523 U.S. 75 (1998) ("온케일 판결")에서 남성 원고는 성희롱 때문에 동료 근로자들이 그를 따돌렸다고 주장하였다. 법원은 피해자와 같은 성의 사람이 차별을 했다는 점을 중요하지 않다고 판결했다. 법원은 집단으로서 남성이 차별을 받았는지 또는 원고의 행위나 개인 특성처럼 성외에 다른 무엇이 차별을 일으켰는지를 보지 않았다. 사건은 의회가 7편을 만들 때 관심을 가졌던 주요한 문제와 무관했다. 그러나 법원은 만장일치로 입법자의 주된 관심이 아니라 법 조항을 따른다고 설명했다. 원고는 괴롭힘은 그의 성이 아니면 일어나지 않았다. 즉 만약 자신이 여성이었다면 비슷한 취급을 겪지 않았을 거라고 주장했기 때문에, 7편청구가 성립하였다.

이러한 사건들의 교훈은 익숙하다. 첫째, 사용자가 차별관행을 뭐라고 부르는지, 다른 사람이 어떻게 보는지, 다른 동기가 있었는지는 무관하다. 맨하트 판결에서 사용자는 여성에게 연금을 더 내도록 요구한 방침을 성 평등을 얻기 위해 필요한 기대수명 조정이라고 불렀다. 필립스 판결에서 사용자는 자신의 방침이 모성에 기초한 것이라고 정확하게 말할 수 있었다. 똑같은 방식으로 오늘 사용자들은 그들의 조치를 근로자들의 동성애자나 성전환자 지위에 의해 야기되었다고 설명할 수 있다. 그러나 해명이나 추가적인 의도나 동기로 맨하트 판결 또는 필립스 판결이 달라지지 않듯이, 이 사건도 차이가 없다. 사용자가 동성애자나 성전환자라는 이유로 근로자를 해고할 때, 반드시 그리고 의도적으로 성 때문에 차별한다. 그것이 7편이 책임을 묻는 이유의 전부다.

둘째, 원고의 성은 사용자의 조치에 오직 하나의 또는 주된 이유일 필요가 없다. 위 3건의 판결에서 피고는 쉽게 다른 보호되지 않는 특성을 지적하고 조치의 더 중요한 요인이었다고 할 수 있었다. 이 사건에서도 원고가 매력있게 보인 성이나 어떤 성으로 표현했는지와 같은 다른 요인들이 작용했다면, 사용자의 결정에 더 중요한 역할을 했다 해도 중요하지 않다.

마지막으로 사용자는 남성과 여성을 집단으로 동등하게 대우했다고 밝힘으로써 책임을 피할 수 없다. 맨하트 판결처럼 사용자는 제도가 집단 차원에서 형평성을 높인다 해도 남성보다 개인 여성에게 연금부담액을 더 내라고 요구하는 의도에 책임이 있다. 마찬가지로 개인 동성애자 또는 성전환자 근로자를 개인의 성 때문에 의도적으로 해고한 사용자는 모든 남성과 여성 동성애자나 성전환자를 같은 방침으로 처리하려고 했다 해도 법위반이다.

Ⅲ

사용자들은 어떻게 반론할까? 그들은 동성애자나 성전환자라는 이유로 원고들을 해고했다는 점을 다투지 않는다. 해고결정의 진정한 이유를 골라내는 것은 어려운 일이지만 이 사건에서는 쟁점이 아니다. 사용자들은 동성애자나 성전환자를 이유로 근로자를 고의로 차별하는 행위조차도 7편에 따라 책임을 지는 근거가 없다고 한다.

사용자들의 주장은 두 단계로 나아간다. 우선 법문에 근거를 두고 동성애나 성전환자 지위를 기초로 한 차별이 성차별과 관련이 없다고 한다. 그러나 이러한 주장들은 우리가 이미 보았던 잘못의 재포장에 지나지 않으며 이 법원의 선례는 이미 받아들이지 않았다. 사용자들은 법문을 벗어나서 우리가 7편을 만든 입법취지나 법적용의 미래에 눈감았다고 한다. 그들은 근로자들에게 유리한 결과가 가져올 파장을 경고하고 있다. 그러나 사용자들이 생각하듯이 법이 하기로 되어 있던 일이나 해야 할 일에 관한 이러한 주장들 때문에 우리가 있는 그대로의 법을 무시할 수 없다.

A

아마도 가장 직관적으로 사용자들은 동성애자와 성전환자 지위를 기초로 한 차별은 일상의 대화에서는 성차별을 가리키지 않는다고 주장한다. 친구가 왜 해고되었는지 묻는다면 오늘 원고들도 남성동성애자나 성전환자이기 때문이라고 하지 성 때문이라고 말하지 않을 것 같다. 사용자들에 따르면 법률의 엄격한 용어가 아니라 대화할 때의 답변이 우리의 판단에 지침이 되어야 하고 근로자가 성 때문에 해고되었다는 주장은 배척되어야 한다고 한다.

그러나 이러한 주장은 법이 7편의 사건에서 찾는 요건을 잘못 이해하고 있다. 대화에서 말하는 이는 듣는 이에게 무엇이 가장 관련이 있거나 정보로 전달될 지에 초점을 맞출 것 같다. 그래서 방금 해고된 근로자는 모든 원인보다는 주된 또는 가장 직접적인 원인을 말할 것 같다. 그러나 이런 대화할 때의 주장이 간단하게 성이 원인인지를 묻는 7편의 법률 분석을 좌우하지 않는다. 예컨대 필립스 판결에서 사용자의 방침에 따라 채용되지 않았던 여성이 친구들에게 엄마여서 또는 어린아이가 있어서 지원에서 떨어졌다고 말했을 수 있다. 많은 여성들이 방침에 따라 채용될 수 있기 때문에 그녀가 여성이어서 채용되지 않았다고 말하지 않을 것 같다. 그러나 법원은 머뭇거리지 않고 필립스 판결에서 사용자가 성 때문에 원고를 차별하였다고 인정하였다. 성은 오직 하나의 요인이 아니었거나 주된 요인이 아니었지만 이유 중의 하나였고 그걸로 충분했다. 법률의 단순 인과관계 기준이 포괄적이고 법형식론이라고 할 수 있다. 반대의견도 이를 딱딱하고 문자적이라며 배척하고 있다. 그러나 그것이 법이다.

피고들은 동성애자나 성전환자 지위에 따라 차별한 사용자는 차별청구가 요구하듯이 성에 기초하여 고의로 차별하지 않았다고 주장한다(대법관 알리토와 카바노의 반대의견 참조). 그러나 동성애자나 성전환자인 근로자를 차별하는 사용자는 반드시 그리고 고의로 성에 기초한 방침을 적용한다. 예를 들면 동성애자를 채용하지 않을 거라고 발표한 사용자는 남성에게 끌리는 남성근로자와 여성에게 끌리는 여성 근로자에게 불이익을 준다.

사용자들이 동성애자나 성전환자 지위에 따른 의도적인 차별이 성에 기초한 고의의 차별이 아니라고 우기는 뜻은 무엇인가? 아마도 사용자들은 집단으로 한 성이나 다른 성에게 피해를 주려는 의도는 없었다는 것 같다. 그러나 법은 집단이 아니라 개인의 차별에 초점을 맞추고 있다. 사용자들은 성에 따라 차별하려는 의욕을 가지지 않았다고 스스로를 인식하고 있다. 그러나 7편은 성 차별을 넘어 다른 의도나 이유를 요구하지 않고 있다. 맨하트 판결에서 사용자는 여성에게 집단으로서 남성과 여성 사이에서 형평에 맞추려는 목적을 이행하기 위해서만 많은 연금액 납부를 요구했다. 필립스 판결에서 사용자는 고용방침이 전체로서 여성에게 유리하다는 전제로 성이 아니라 모성에 따른 구별이라고 말했다. 그러나 두 사건에서 법원은 모두 무관하다고 보았다. 사용자의 방침이 성에 따른 고의의 차별이 관련되어 있다면, 7편의 책임을 질 수밖에 없다.

사용자는 지원자의 성을 모르더라도 남성동성애자나 성전환자의 채용을 거부할 수 있다는 점을 볼 때 이 사건은 다르지 않는가 라고 묻는다. 사용자가 동성애자나 성전환자인 지원자에게 지원서의 네모에 표시하도록 요구한 경우를 상상해 보자. 사용자는 성을 식별하는데 쓰일 수 있는 정보를 모을 수 있다. 지원과정에서 그들이 남성 또는 여성인지를 드러내지 않고도 동성애자나 성전환자임을 드러낼 수 있다. 그 가능성이 있기 때문에 동성애자나 성전환자에 대한 사용자의 차별이 성차별이 아니라고 볼 수 있지 않는가?

그렇지 않다. 이 사례에서도 개인 지원자의 성은 여전히 사용자의 결정에 중요하게 작용하는 요소다. 가정을 조금 바꾸면 뚜렷해진다. 사용자의 지원서 양식에 흑인인지 천주교신자인지를 표시하는 부분이 있다고 가정해 보자. 만약 사용자가 거기에 표시하는 사람의 채용을 거부하였다면, 우리는 특정 지원자의 인종이나 종교를 애써 알려고 하지 않는 한 사용자가 7편을 준수하였다고 결론내릴 수 있는가? 물론 아니다. 개인 지원자에 대해 무엇을 아는지 또는 모르는지 간에, 인종이나 종교에 따라 채용하는 방침을 고의로 만들어 사용자가 법을 위반하였다.

이 사건들도 마찬가지다. 지원자가 성을 생각하지 않고는 동성애자 또는 성전환자 표시여부를 결정할 방법이 없다. 지원자가 동성애자나 성전환자라는 말의 뜻을 모른다고 가정해보자. 그 때 남성, 여성, 성이란 낱말을 쓰지 않고 누가 네모에 표시해야 하는지 설명하려고 해보지만 불가능하다. 마찬가지로 사용자가 일부 지원자의 성 때문에 차별하지 않고 동성애자나 성전환자 네모에 표시한 사람들을 차별할 수 없는 방법이 없다. 동성애자들을 차별함으로써 사용자는 고의로 남자에게 매력있는 남성과 여성에게 매력있는 여성에게 불이익을 준다. 성전환자를 차별함으로써 사용자는 태어날 때 성과 지금의 성이 다른 사람을 차별할 수밖에 없다. 사용자는 지원자의 성을 모른다 해도 개인의 성 때문에 지원자의 채용을 고의로 거부하게 된다.

다음으로 사용자들은 7편이 보호하는 특징, 곧 인종, 피부색, 성, 국적으로 향한다. 동성애자와 성전환자 지위는 그 목록에는 없고 개념상 성과 거리가 있기 때문에, 7편의 적용범위에서 명백히 빠진다고 한다. 의회가 이 문제들을 7편에서 다루기를 바랐다면, 구체적으로 언급했을 거라고 한다.

그러나 꼭 그렇지 않다. 우리는 동성애자와 성전환자 지위가 성과는 구분되는 개념이라는데 동의한다. 그러나 우리가 위에서 보았듯이, 동성애자나 성전환자 지위에 따른 차별은 반드시 성에 따른 차별에서 나온다. 곧 전자는 후자 없이는 일어날 수 없다. 의회가 더 일반적인 법적 규율 안에 들어가는 구체적인 사례를 직접 말하지 않았다고 해서 말없이 예외(적용예외)를 만들었다고 하는 규범(도넛 구멍 규범)과 같은 것은 없다. 의회가 넓은 법적 규율에 예외를 넣지 않았을 때, 법원은 넓게 적용한다. 그리고 이 법원이 늘 7편을 해석하는 정확한 방식이었다. "성희롱"이 개념상 성차별과 구분되지만 7편의 적용대상일 수 있다. 온케일 판결 79-80. "모성"도 마찬가지다. 필립스 판결 544. 사용자들이 의회가 그 문제들을 더 구체적으로 말했을 거라는 논리로 위 판결들의 번복을 요구할 수 있을까? 물론 아니다. 만들어진 대로 7편은 성에 따라 모든 형태의 차별을 금지하고 있다.

사용자들은 다른 방식으로 같은 내용을 말하고 있다. 1964년 이래로 의회가 7편이 보호하는 특성에 성적 지향을 추가하는 몇 건의 입법안을 고려하였지만, 개정되지 않았다고 한다. 반면에 의회가 성적인 지향을 논의하는 다른 주제를 다루는 다른 법률을 만들었다고 한다. 1964년 이후 입법역사가 우리에게 무언가를 가르치고 있다고 한다. (대법관 알리토와 카바노의 반대의견 참조)

그래서 어떻다는 말인가? 나중에 의회가 성적 지향을 언급한 다른 법을 만들었으나 7편이 개정하지 않은 이유를 설명하는 권위있는 증거는 없다. 아마도 7편의 넓은 문언이 이미 영향을 미치고 있고 개정이 필요없다고 생각하였을 것이다. 아니면 영향을 알고 있었으나 누구도 눈치채기를 바라지 않았을 수 있다. 다른 문제에 신경 쓰느라 문제를 전혀 알지 못했을 수도 있다. 우리가 확실히 아는 바는 후속 의회가 개정하지 않은 이유에 관한 추측으로 과거의 의회가 채택한 현행법을 "특히 위험한 근거"에 따라 해석하게 된다는 것이다. Sullivan v. Finkelstein, 496 U.S. 617, 632 (1990) (대법관 스칼리아 동조의견) ("후속 입법과정에 기초한 주장은… 주석에서도 진지하게 받아들여서는 안된다.")

7편의 평이한 법문과 우리의 선례는 사용자가 남성과 여성을 집단으로 견주어 대우하는지, 남성 동성애자나 여성동성애자를 모두 해고한 사용자가 (남녀를) 동등하게 차별하지 않았지만 책임이 인정되었다. 사용자가 기대여명에 따라 연금납부액을 내라고 한 조치를 허용하지 않은 맨하트 판결을 잠깐 보자. 법률은 사용자의 해고결정에 성이 아닌 다른 요인들도 있는지를 보지 않는다. 보스톡의 사용자는 그의 성과 그에게 매력을 느끼는 성, 두 가지 요인만으로 그를 해고하기로 결정하였다. 그러나 모성이 문제된 필립스 판결에서도 정확하게 똑같이 말할 수 있다.

사용자들은 이 사건은 다르다고 우기고 있다. 이 법원이 다루었던 사건 중에서 남성 또는 여성에게만 피해를 준 다른 고용 방침과 달리, 이 사건 사용자들은 남성과 여성에게 똑같이 불이익을 주고 있다. 만약 다른 성을 가진 사람이 같은 방침에서 같은 조치를 당한다면 어떻게 성이 그 결과에 필요할 수 있겠는가?

사용자들이 다르다고 본 내용도 특이하지 않다. 물론 삶과 법에서 두 개의 인과관계요인이 결합하여 다른 방식으로 일어날 수도 있는 결과를 낳을 수 있다. 화창한 날에 집이 더워서 창문을 열었다고 상상해 보자. 밖의 시원한 공기와 안의 열기가 창문을 여는 원인이다. 이는 밖이 따뜻하고 안이 추워서 창문을 열었을 때에도 바뀌지 않는다. 어느 경우든 창문이 밖의 기온 때문에 열렸다는 사실을 부인하지 않는다. 우리의 사건들도 마찬가지다. 예컨대 동성애자인 근로자의 경우 남성이고 남성에게 매력을 느낀다는 사실을 합하여 해고될 수 있는 요인들이다. 여성과 여성에게 매력도 해고될 수 있다는 사실이 다른 요인들이 합쳐져서 똑같은 결과가 나올 수 있다는 것을 보여줄 뿐이다. 어느 경우든 성은 본질적인 인과관계의 역할을 한다.

간추리면 사용자들의 주장은 성이 불이익조치의 유일하거나 주된 원인이어야 7편의 책임이 인정된다는 데로 모아진다. 그 주장은 우리가 아는 법률과 매우 다르다. 직장에서 1950년대식 성 역할을 되살리려고 하는 사용자를 생각해보자. 그는 기계정비공으로 남성만을, 비서로 여성만을 채용하는 방침을 시행하고 있다. 자격을 갖춘 여성이 정비공에 지원했으나 거부되었을 때 단순 심사는 곧 차별을 찾아낸다. 자격 있는 남성이라면 채용되었을 테니까, 성은 사용자가 채용을 거절하는 단순한 이유이다.

성적 지향이나 성전환자 지위에 따른 차별에 관련된 사건에서만 더 엄격한 인과관계의 적용이 옳다고 누구도 생각하지 않는다. 사용자는 성적인 전형에 따라 채용한다면? 사용자는 성에 따라 연금납부액을 정한다면? 사무실에서 충분히 사내답지 못한 남성을 해고한다면? 모두 단순 심사를 적용한다. 그러나 같은 사용자가 여성에게 매력적인 여성이나 태어날 때 여성이었지만 나중에 남성이 된 사람을 차별할 때, 갑자기 새롭고 더 엄격한 기준을 만들어야 하는가? 성을 나머지 다른 사유와 달리 봐야 할 이유가 없다.

B

결국 사용자는 법문과 선례를 근거로 다투지 못하고 가정과 정책에 호소한다. 그들은 법이 제정된 1964년에 7편이 동성애자와 성전환자에 대한 차별에 적용되리라고 기대한 사람은 거의 없다고 주장한다. 법문과 선례의 뜻이 무엇이든 이 사건 사실관계에서는 책임이 인정되지 않는다고 한다.

이 법원은 그 동안 여러 차례 법문의 뜻이 평이할 때, 우리 업무는 거기서 끝난다고 설명하였다. 법원이 법문이외의 고려사항에 따라 평이한 법문을 무시한다는 두려움 없이 국민들은 써진 그대로 법에 의지할 권리가 있다. (판례 생략) 물론 이 법원의 몇몇 대법관들은 모호한 법문을 풀이할 때 입법연혁을 참고하였다. 그러나 이 사건과는 무관하다. "입법 연혁은 이를 살펴보는 사람들에게 모호함을 해결하는 의미가 있지 모호함을 만들지 않는다." Milner v. Department of Navy, 562 U.S. 562, 574 (2011). 그리고 우리가 살펴보았듯이 7편이 이 사건 사실들에 적용되는지에 관한 모호함은 없다. 이 사건에 법률을 적용하면 의원들이 의도했거나 다루고자 했던 "주된 해악을 넘은" 적용임은 분명하다. 온케일 판결 79. 그러나 "의회가 뚜렷하게 예상하지 않은 상황에 법이 적용된다는 사실"이 모호함을 낳지 않는다. 그 보다는 폭넓은 입법 명령임을 뒷받침해줄 뿐이다. Sedima, S. P. R. L. v. Imrex Co., 473 U.S. 479, 499 (1985). 그리고 궁극적으로 우리는 의원들의 주된 관심이 아니라 법조항에 따른다.

입법 연혁이 모호한 법문을 대체할 수 없지만, 그 자료는 다른 목적으로 쓰일 수 있다. 보통 법을 만들 때의 일반적인 의미가 적용되기 때문에, 법문이 지금 의미하는 바 또는 입법시기에 다른 의미를 가졌거나 다른 맥락에서 다른 의미를 가졌을 가능성을 우리는 민감하게 살펴보아야 한다. 그리고 우리는 법문이 개별적으로 또는 글자 그대로 보았을 때 다른 뜻을 가졌을 가능성도 살펴보아야 한다. 글자의 뜻과 일상의 의미 사이의 민감한 구분 또는 언어사용례에서 변화를 찾아내기 위해 이 법원은 때때로 일부 (늘 결정적이지 않은) 근거로 법제안자의 이해를 참고하였다. 예컨대 이 법원은 1931년의 "운송 수단(vehicle)"이란 용어는 글자로는 "땅, 물, 공기에서 움직이는 운송기관"을 뜻한다고 인정했다. McBoyle v. United States, 283 U.S. 25, 26 (1931). 그러나 문맥과 1919년에 법을 만들 때의 "일상 대화"를 종합하여, 이 법원은 그 법의 "운송 수단"은 비행기를 빼고 땅에서 움직이는 것만을 포함한다고 결론 내렸다. 비슷하게 New Prime 판결에서 우리는 오늘날 "고용 계약"은 근로자와의 계약만을 뜻하지만, 법을 만들 때는 독립 계약자와의 계약도 포함한다고 이해되었다고 판단하였다.

그러나 사용자들은 이 사건에서 그와 같은 주장을 하지 않는다. 7편 문구의 뜻이 1964년이래로 바뀌었다거나 개별 또는 전체로 보았을 때 우리가 놓친 의미를 갖고 있다고 예시하기 위해 역사 자료를 거론하지 않는다. 오히려 사용자들은 "개인의 성에 따라 개인을 차별"하는 법문의 의미를 우리처럼 이해하고 있다. 반대의견도 개별 또는 전체로 보았을 때 다른 의미가 있다는 주장도 하지 않는다. 법문이 다른 의미가 있다고 주장하기 보다는 사용자들과 반대의견은 1964년에 누구도 오늘의 결과를 예상하지 못했기 때문에 우리가 법문을 따라서는 안된다고 하고 있다. 예상하지 못했고 중요한 새로운 적용문제가 생겼을 때 우리가 문제를 지적만 하고, 의회로 보낸 다음, 법의 평이한 용어를 집행하지 말아야 한다고 하고 있다.

이 법원이 오랫동안 배척해 온 논리이다. 사용자들은 입법 의도의 정당성을 밝히기 보다는 "예상된 법적용"을 존중하자는 말을 하려고 애쓰고 있다. 누구든 의원들이 예상된 법적용만을 의도했다거나 법의 목적은 입법 당시 예상된 적용으로 제한된다고 쉽게 주장할 수 있다. 그러나 사용자의 논리는 법의 평이한 의미를 법이외의 다른 것으로 바꾸려는 시도로 허용될 수 없다.

또한 사용자의 새 해석은 새로운 문제만을 더할 뿐이다. 사용자들은 1964년에 누구도 오늘의 판결 결과를 예상하지 못했을 거라고 말한다. 진짜일까? 법이 통과되고 얼마 지나지 않아 남성동성애자와 성전환자 근로자들이 7편에 따라 소송을 걸기 시작하였고, 이들에게 법이 적용될 가능성을 예상한 사람들도 있었다. (인용 판례 생략) 그리고 7편이 통과된 지 10년이 지나지 않아 평등권 개정을 둘러싼 토론 중에 7편과 놀랍도록 비슷한 개정문이 동성애자들을 차별에서 보호한다고 밝히기도 하였다.

오늘의 판결결과를 전혀 예상하지 못한 것은 아님을 증명하는데 충분하지 않은가? 얼마나 많은 사람들이 법적용을 예상해야 충분한가? 우리가 입법된 순간만 보거나 새로운 법이 언젠가 나올 거라고 기다려야 하나? 우리가 특정한 법적용을 생각해 볼 이유가 없는 사람들의 예상 또는 문제를 생각할 이유를 가진 사람들만의 예상만을 고려해야 하는가? 우리가 시간이 흐르면서 새로운 사실을 알거나 새로운 주장을 듣고 생각이 바뀌는 사람들을 어떻게 설명해야 하나? 이 사건에서 구체적으로 또는 일반적으로 어떻게 적용해야 하나? 이러한 문제들은 뚜렷한 해답도 없고 사용자들도 의견이 없다.

예상치 못한 법적용 주장이 중립적으로 작용하지 않을 수도 있다는 걱정은 합리적일 수 있다. 그 반대의 배후에는 의회가 불이익을 받는 집단을 보호하려고 하지 않았을 수도 있다는 냉소주의가 자리잡고 있다. "공공기관"은 "법에 규정한 장애인"을 차별할 수 없다는 장애인보호법의 법문을 다룬 이 법원 사례를 보자. Pennsylvania Dept. of Corrections v. Yeskey, 524 U.S. 206, 208 (1998) ("예스키 판결"). 물론 의회가 법이 적용되는 공공기관을 모두 열거하지 않았다. 그러나 법이 교도소에 적용될 지를 놓고 다음과 같은 주장이 있었다. 펜실베이니아주는 "의회가 장애인보호법이 주의 수감자들에게 적용된다고 상상하지 않았다"고 했다. 이 법원은 그 견해를 단칼에 거부하였다. "모호한 법문이 있을 때 의회가 구체적인 법적용을 예상했는지는 상관이 없다"고 설명하였다. 212. 예스키 판결과 오늘 판결이 예증하듯이, 법을 만들 때 정치적으로 인기없는 집단-1990년대 수감자든 1960년대 동성애자와 성전환자 근로자든-에 (권리보호)법을 적용하는 것은 예상되지 못한 일로 여겨질 수 있다. 그러나 그 때문에, 이 사건의 당사자들이 법이 만들어졌을 때 인기없다는 이유만으로 법집행을 거부하는 것은 법해석자로서 우리의 역할 포기이다. 정의의 저울이 강하거나 인기있는 집단에 유리하게 기울 수 있고 모든 사람은 법문에 따라 혜택을 받을 자격이 있다는 전제를 무시하게 된다.

사용자들의 주장이 지나치다는 점도 밝혀졌다. 만약 우리가 7편의 평이한 법문을 1964년에 예상한 일부 집단에게만 적용한다면, 우리는 법을 뒤집게 된다. 온케일 판결을 보자. 1964년에 얼마나 많은 사람들이 법이 남성 근로자들을 보호하게 되리라고 예상할 수 있었겠는가? 다른 동성 근로자의 성희롱으로 남성 근로자의 보호는? 우리는 직장에서 남성 대 남성 성희롱은 의회가 7편을 만들었을 때 관심을 가졌던 주된 해악은 아니었다고 인정했다. 온케일 판결 79. 그러나 법원은 머뭇거리지 않고 7편의 평이한 용어가 이를 금지한다고 했다. 사용자들의 논리에 따르면 이 결론이 잘못인 듯하다.

이는 우리가 해결해야 할 법의 시작일 뿐이다. 고용평등기회위원회(EEOC) 위원들은 법이 통과된 바로 뒤 "7편 성 조항의 적용에 어려움이 있다"라고 보았다. 어려움은 7편의 성차별금지를 처음 제안한 하워드 스미스 하원의원 때문이기도 하다. 의원들이 넓은 범위의 효과를 가진 광범위한 용어를 바라거나 적어도 그 가능성을 무시하였다고 설명하였다. 스미스 의원이 모든 형태의 성적 차별을 뿌리뽑는데 관심을 가졌기 때문이 아니라, 오히려 민권법을 무산시키기를 바랐거나 성적 차별을 포함하는 문구를 추가하여 독소로 작용하리라고 생각하였기 때문이라고도 한다. 빈약한 입법 연혁은 이 조항이 좁게 해석되어야 한다는 의미를 전혀 보여주지 않고 있다.

스미스 의원이 도입한 넓은 문구 때문에 많은 사람들, 거의 모든 사람들은 법이 만들어졌을 때 7편 성 조항의 적용범위를 예상하지 못하였다. 초기에 법적용의 많은 사례가 열띤 반대에 부딪쳤고, 그 중에는 법을 집행해야 하는 사람들도 있었다. 7편이 통과되고 바로 다음해에 고용평등기회위원회는 채용공고에서 남성 지원 분야와 여성 지원 분야를 따로 정한 것은 차별이 아니라 도움이 된다는 공식의견을 발표하였다. 일부 법원은 성적 접근의 거부를 이유로 한 근로자의 해고는 7편이 금지하지 않는다고 판결했다. 그리고 법원은 어린이가 있는 아버지가 아닌 어머니의 채용거부방침이 성에 따른 차별이 아니라고 판결했다. Phillips v. Martin Marietta Corp., 411 F. 2d 1 (CA51969), 400 U.S. 542 (1971) 판결로 취소됨.

시간이 흐르면서 법문의 포괄적이어서 적용을 배제하기 어렵다고 밝혀졌다. 1960년대 말에 고용평등기회위원회는 성을 구분한 채용광고에 관한 입장을 뒤집었다. 1971년 이 법원은 어린이가 있는 여성을 어린이가 있는 남성과 달리 대우하는 것은 7편을 어겼다고 판결했다. 필립스 판결 544. 1970년대 말에 법원은 성희롱이 가끔 성적 차별에 이를 수 있다고 인정하기 시작하였다. Barnes v. Costle, 561 F. 2d 983,990 (CADC 1977). 현대의 눈으로 보면 이러한 사례들은 "생물학적 성에 따른 분명한 차별에 해당하는" 것 같지만, 7편의 제정이후 위 사건들은 뜨거운 논쟁거리였다. 그리고 우리가 오늘 살펴보는 차별에 대해서도 많은 연방 판사들이 오랫동안 7편은 이 사건의 상황에 적용되지 않는다고 해석했다. 사용자들이 이렇게 예상하지 못한 법적용을 모두 무효로 하라고 할 수 있을까?

법적용 예상과 관련하여 사용자들의 주장에는 그들이 쥐구멍에 코끼리는 없다는 규범(의회가 모호한 법문의 해석 적용을 법원이나 행정기관에 맡겨 법의 중요한 취지를 바꾸지 않는다는 의미) 뒤로 숨을 수 없는 이유가 드러난다. 그러나 이 사건과 무관하다. 우리는 사용자들이 동성애자나 성전환자 지위에 따라 근로자를 해고할 수 없다는 오늘 판결이 코끼리임을 부인할 수 없다. 그러나 쥐구멍은 어디에 있는가? 7편의 고용상 성차별 금지는 연방 민권 입법의 중요한 부분이다. 매우 광범위한 용어로 만들어졌다. 적어도 적용을 받는 사람들의 견해로는 예상하지 못하게 적용되었다. 의회의 주요한 입법 선택-집단 사이가 아니라 개인에 대한 차별에 집중하고 성이 피해의 원인일 때마다 사용자가 책임을 진다-은 사실상 예상치 못한 적용이 나올 수밖에 없다. 이 코끼리는 쥐구멍에 숨어있었던 적이 없었다. 늘 우리 앞에 서 있었다.

이제 사용자들은 예상치 못한 적용의 우려를 포기할 수밖에 없고 모든 법률 해석 주장에 모두 실패한 뒤 마지막 방어수단-정책 주장-으로 뒷걸음질했다. 만약 우리가 평이한 법문을 적용한다면, 그들은 정책 판단에 따라 바람직하지 못한 결과가 뒤따를 거라고 다툰다. 대법관 알리토 반대의견도 마찬가지다. 이 사건의 법률 해석은 겉치레일 뿐이고, 우리가 최선이라고 생각하는 대로 판단하기 위해 법의 지침을 무시하고 나아가야 한다는 제안만 남는다고 한다. 그러나 법원이 받아들인 적 없는 제안이다. 새로운 입법을 하고 오래된 법의 바람직하지 않는 결과를 다루는 곳은 의회이다. 법률 해석에서 우리는 할 수 있는 한 충실하게 법의 요구를 사건에 적용하는 역할로 제한된다. 판사로서 우리는 주권자인 국민이 옳다고 또는 현명하다고 생각해야 하는 바를 우리 스스로가 선언할 권한이나 구체적인 전문성이 없다. 그리고 사법의 겸손은 법을 넓히는 일을 삼가야 하듯이 법을 축소하는 일도 자제해야 한다.

어떻든 결론은 무엇인가? 사용자들은 이 사건에서 7편 요건을 지키면 다른 사용자들이 종교 신념을 위반할까 두려워하고 있다. 우리는 헌법에 들어 있는 종교의 자유를 지키는데 깊은 관심을 갖고 있다. 그 보장은 다양한 사회의 핵심이다. 그러나 7편이 종교의 자유와 어떻게 조화될 수 있을 지의 걱정은 새롭지 않다. 법률이 통과되기 전에도 있었던 문제이다. 법을 심사숙고하여 입법한 결과, 의회는 종교기관에 대해서는 법률상 예외를 명시하였다. §2000e-1(a). 이 법원도 수정헌법 제1조가 종교기관과 성직자 사이의 고용관계와 관련된 청구에서 고용차별금지법의 적용을 금지할 수 있음을 인정하였다. Hosanna-Tabor Evangelical Lutheran Church and School v. EEOC, 565 U.S. 171, 188 (2012). 의회는 나아가 종교자유법(1993)을 만들었다. 그 법에서 종교의 자유 제한이 중대한 정부이익을 증진함과 동시에 그 이익을 추구하기 위한 최소한의 제한임을 연방정부가 증명하지 않는 한 종교의 자유를 실질적으로 제한하는 행위를 금지하고 있다. §2000bb-1. 종교자유법이 다른 연방법의 정상 운영을 대체하는 일종의 우선 법으로 운영되기 때문에, 적절한 사건에서 7편의 적용을 대체할 수 있다. §2000bb-3.

*

성차별을 금지하기 위해서는 7편에 문구를 추가해야 한다고 생각했던 사람들 일부는 그것이 민권법의 전부 폐기로 이어지리라고 기대했을 줄 모른다. 그러나 그 의도와 다르게 법안은 통과되었다. 그 이후로 의회나 그 밖의 많은 사람들의 예상을 뛰어넘어 7편이 넓게 적용되면서 그 효력이 널리 확장되었다.

그러나 이는 오늘 판단에 도움을 주지 않는다. 우리들은 성문법의 사회에 살고 있다. 판사들이 법적용 예상이나 입법의도의 추정만으로 평이한 성문법 명령을 못 본체 할 자유는 없다. 7편에서 의회는 사용자가 근로자의 성에 따라 해고하는 행위를 금지하는 법문을 만들었다. 우리는 오늘 머뭇거림없이 그 입법 선택에 따른 결과를 인정한다. 남성동성애자 또는 성전환자라는 이유만으로 개인을 해고하는 사용자는 법위반이다.

제2 및 제6 항소법원의 판결은 인용한다. 제11항소법원의 판결을 취소하고 이 판결에 따른 추가 심리를 위해 되돌려 보낸다.

10. 인종을 고려한 텍사스 대학의 입시제도와 평등보호조항

Fisher v. University of Texas at Austin

579 U.S._____(2016)

〈해 설〉

텍사스 오스틴 주립대학("텍사스 대학")은 2004년부터 신입생의 75%를 텍사스 지역 고등학교에서 상위 10% 안에 드는 학생들을 입학시키고, 나머지 25%는 학습지표와 개인성취지표(종합심사)로 평가하여 입학을 허가하되 인종을 개인성취지표 항목 중의 하나로 가점이 주어졌다. 종합심사를 통해 지원했으나, 불합격된 상고인 피셔는 인종을 고려하여 백인 지원자에게 불이익을 준 것은 헌법상 평등보호조항 위반이라고 주장하였다.

다수의견은 입시에서 인종의 고려는 인종간 이해의 증진, 여러 인종으로 구성된 직장과 사회 대비 등 다양한 학생 구성에 따른 교육 혜택이라는 중대한 이익이 있고, 다른 인종 중립 수단으로는 효과가 없었으며, 종합심사가 중대한 이익을 달성하기 위해 정밀하게 맞춘 제도라는 증명책임을 텍사스 대학이 이행하였다고 인정하였다.

반대의견은 텍사스 대학이 구체적이고 정확한 목표가 아니라 모호한 목표를 제시하고 있고, 인종을 고려한 입시제도가 다양한 학생들로 구성된 교육 혜택을 제공한다는 증거가 없다는 이유로 반대하였다.[52)]

[대법관 케네디]

법원은 텍사스 오스틴 주립 대학(이하 "텍사스 대학")의 인종을 고려한 입학허가제도가 평등보호조항에 따라 합헌인지를 다시 한 번 검토하도록 요청받았다.

---

52) 대법관 케네디가 법정 의견을 작성하고 대법관 긴즈버그, 브레이어, 소토마요르가 참여하였다. 대법관 토마스가 반대의견을 작성하였다. 대법관 알리토가 반대의견을 작성하고 대법원장 로버츠, 대법관 토마스가 참여하였다. 대법관 케이건은 판결의 심리와 결정에 참여하지 않았다.

I

텍사스 대학은 지난 20년간 발전시켜 온 복잡한 입학제도를 갖고 있다. 1996년까지 텍사스 대학은 주로 대학입학자격시험(SAT) 점수와 고등학교 학업 성적을 더한 "학습 지표"로 입학을 결정했다. 지원자들을 평가할 때 소수인종을 우대하였다.

1996년 연방제5항소법원은 텍사스 대학 입학에서 인종의 고려는 평등보호조항에 어긋난다고 보고 이 입학제도를 무효로 판결하였다. Hopwood v. Texas, 78 F. 3d 932 (5th Cir. 1996) ("홉우드 판결").

1년 뒤 텍사스 대학은 새로운 입학정책을 채택하였다. 인종을 고려하는 대신에, 지원자의 학습지표와 "개인 성취 지표"를 바탕으로 입학을 결정하기 시작하였다. 개인 성취 지표는 지원자의 이력을 바탕으로 매긴 점수이다. 지원자의 자기소개서, 지도력과 일한 경험, 과외 활동, 봉사활동, 입학심사위원회에 학생의 배경을 알 수 있게 해주는 다른 구체적인 특징들을 포함하고 있다. 홉우드 판결에 따라 인종은 지원자의 지표를 계산하는데 고려되지 않았다.

텍사스 주의회도 홉우드 판결에 따라 상위 10%법으로 알려진 법을 만들었다. 법이름이 말해주듯이, 상위 10%법은 텍사스 지역 고등학교의 반에서 상위 10%에 드는 학생들은 텍사스 대학입학을 보장해준다. 그 학생들은 어느 주립 텍사스 대학에도 골라서 입학할 수 있다.

텍사스 대학은 1998년 상위 10% 법을 시행하였다. 그 법에 따라 자격을 갖춘 학생들의 입학을 먼저 허용한 뒤, 텍사스 대학은 인종을 고려하지 않고 지원자의 학습지표와 개인 성취지표 점수를 더하여 나머지 신입생들을 뽑았다.

이 법원이 Grutter v. Bollinger, 539 U.S. 306 (2003) ("그루터 판결")과 Gratz v. Bollinger, 539 U.S. 244 (2003) ("그레이츠 판결")을 한 2003년까지 텍사스 대학은 이 입학제도를 이용했다. 그레이츠 판결에서 이 법원은 소수인종 지원자에게 가산점을 주는 미시간 대학의 신입생 입학제도를 폐기하였다. 그러나 그루터 판결에서는 법원은 기계적으로 점수를 주지 않고 인종을 지원자의 더 넓은 지원 배경과 관련된 특징으로 감안한 미시간 법학전문대학원의 통합 심사제도를 승인하였다. 그루터 판결은 이렇게 인종을 미묘한 차이로 사용하는 것을 승인한 뒤, 홉우드 판결의 범주에 따른 금지를 묵시적으로 취소하였다.

그루터 판결에 뒤이어 텍사스 대학은 입학정책이 모든 텍사스 대학 신입생들에게 다양한 학생 구성으로 인한 교육 혜택을 제공하고 있는지를 확인하는 조사를 1년 동안 하였다. 텍사스 대학은 입학정책이 그러한 혜택을 주지 못하였다고 결론 내렸다.

제도를 바꾸기 위해 텍사스 대학은 학업능력으로 자격이 있는 사람이 텍사스 대학의 풍부하고 다양하며 도전적인 교육 환경에 기여하고 혜택을 받는 많은 방법 중의 하나로 인종 고려를 허용해 달라는 제안을 텍사스 대학위원회에 제출하였다. 위원회가 제안을 받아들인 후, 텍사스 대학은 제안을 실행하기 위해 새로운 입학정책을 채택하였다. 텍사스 대학은 그 입학 정책을 오늘까지 사용했다.

비록 텍사스 대학의 새로운 입학정책이 그루터 판결의 직접 결과이긴 하지만 이 법원이 그 사건에서 승인한 정책과 똑같지는 않다. 주의회의 방침에 따라 텍사스 대학은 상위 10%법에 통해 많은 신입생을 뽑았다. 오늘날 신입생의 75%는 그 법에 따라 채워진다. 지금 법으로 고정된 75%한도가 상위 10%법에 따라 시행되기는 하지만, 실제로 이 범주로 입학하기 위해서는 반에서 상위 7~8%에 들어야 한다.

텍사스 대학은 나머지 25% 또는 신입생의 25%를 뽑기 위해 그루터 판결에서 언급된 것과 비슷한 방법을 채택하지 않았다. 학습 지표와 개인 성취 지표를 바탕으로 입학이 허가되었다. 그러나 지금 인종은 개인성취지표내의 요소로서 가점이 주어진다. 개인성취지표는 1부터 6까지의 수자이고 2가지 요소로 구성되어 있다. 첫째 지원자가 제출한 2가지 글에 대해 심사관이 주는 평균점수이다. 둘째 개인성취점수인 1부터 6까지의 지원서류 전체 심사점수이다. 개인성취점수는 (1) 지원자의 글을 읽고, (2) 지원자가 낸 보충 정보(추천서, 이력서, 추가 제출한 글, 논문, 그림 등)를 심사하고, (3) 지원자의 지도 경험, 과외 활동, 수상내역, 봉사활동, 다른 특별한 상황을 바탕으로 텍사스 대학 학생 구성에 기여할 가능성을 평가한 심사위원들이 결정한다.

"특별한 상황"은 지원자 가족의 사회 · 경제 지위, 지원자 학교의 사회 · 경제 지위, 지원자 가족의 책임감, 지원자가 한부모 가정에서 살고 있는지, 지원자 학교의 평균 점수와 비교해서 지원자의 텍사스 대학입학시험성적, 지원자의 가정에서 사용하는 언어, 마지막으로 지원자의 인종을 포함하고 있다.

지원자에게 개인성취지표를 매기는 심사위원들은 지원자들에게 일관되게 점수를 매긴다는 것을 보증하기 위해 아주 많은 연습을 한다. 입학처는 점수부여의 신뢰성 분석을 규칙적으로 한다. 잦은 연습과 신뢰성 분석은 비슷한 상황에 있는 지원자들이 어느 입학 심사 위원이 심사를 하더라도 똑같이 다루어지도록 한다.

일단 심사위원들이 지원자의 학습지표와 개인성취지표의 점수를 계산하면, 텍사스 대학내 각 단과 대학에서 임명된 입학담당자들은 두 점수를 더하여 탈락점수를 정하고, 그 점수를 넘는 지원자들은 모두 입학허가된다. 탈락점수를 정하는 입학담당자들은 탈락점수를 받은 지원자들이 몇 명인지만 안다. 그들은 어떤 요소들이 지원자들의 점수를 계산하는데 사용되었는지 모른다. 입학여부를 마지막으로 결정하는 입학담당자들은 지원자의 인종을 모른 채 결정한다. 인종은 입학 절차의 한 단계에서, 즉 개인성취지표의 계산에서만 고려된다.

그러므로 입학담당자들이 인종을 소수인종지원자에게 유리한 요소로 고려할 수 있다고 하더라도, 인종은 통합 심사과정에서 여러 요소들 중의 하나일 뿐이라는 점은 다툼이 없다. 나아가 인종 고려는 소수인종을 기계적으로 우대하는 요소로 작용하는 것은 아니다. 지법판결 606("원고들은 흑인과 히스패닉계가 아닌 인종이 입학시 인종우대조치에서 배제되었다는 점을 밝혀주는 증거를 제시하지 않았다. 피고들이 지적하듯이 인종 고려는 전체 지원 상황을 종합하여 백인과 아시아계를 포함하여 모든 지원자들에게 유익할 수 있다."), 아시아계 미국인 법률지원과 교육기금 등 참고서면 12(텍사스 대학이 아시아계 미국인을 차별했다는 주장은 "기록이나 경험상으로 증거에 의해서 전혀 뒷받침되지 않는다."), 그러나 지원자 배경의 다른 측면과 연관되어 고려되는 인종은 지원자의 개인성취지표 점수를 바꿀 수 있다는 것은 다툼 없다. 그래서 이러한 간접 방식으로 지원자의 학습지표와 개인성취지표 점수를 구성하는 다른 모든 요소들과 함께 고려되는 인종은 지원을 받아들이거나 거부하는 차이를 만들어낼 수 있다.

상고인 피셔는 2008년에 입학신청을 했다. 상고인은 반에서 상위 10%에 들지 않았고 종합 심사를 통해 입학여부가 평가되었다. 상고인의 지원은 받아들여지지 않았다.

상고인은 텍사스 대학이 종합 심사 과정의 일부로 인종을 고려하여 자신과 다른 백인 지원자에게 불이익을 준 것은 평등보호조항 위반이라고 주장하면서 소송을 제기하였다. 미국 헌법 14조 1항(주는 관할 지역의 주민에게 법의 평등 보호를 거부해서는 안된다). 지방법원은 텍사스 대학 승소판결을 했고, 항소법원은 인용하였다.

이 법원은 상고를 허가하였고 텍사스 대학 입학제도의 합헌성을 평가하면서 대학의 "선의" 기준이 지나치게 존중되어 적용하였다는 이유로 항소법원의 판결을 취소하였다. Fisher v. University of Tex. at Austin, 570 U.S. ___ (2013) ("피셔 I 판결"), 법원은 올바른 법률 기준에 따라 당사자들의 청구를 판단하기 위해 항소법원으로 사건을 돌려보냈다. 항소법원은 지방법원으로 환송하지 않고 다시 텍사스 대학 승소판결을 했다. 758 F. 3d 633 (CA5 2014). 이 법원은 두 번째로 상고를 허가하였고, 이번에는 인용한다.

II

피셔 I 판결은 공립 텍사스 대학 우대제도의 합헌성을 평가하는 3가지 주요 원칙을 세웠다. 첫째, "인종 특성이 차별 대우의 적절한 근거가 거의 되지 않기 때문에, 입학절차가 엄격 심사를 통과하지 못하면 텍사스 대학이 인종을 고려할 수 없다." 엄격 심사에 따라 텍사스 대학이 "목적이나 이익이 헌법상 허용될 수 있고 실질적이며, 분류의 사용이 목적을 이루기 위해 필요하다"는 점을 명확하게 입증하여야 한다.

둘째, 피셔 I 판결은 "다양하게 구성된 학생들로부터 나오는 교육 혜택을 얻기 위한 결정은 실질적인 수단으로서 일정 정도 사법상 존중하는 것이 맞다"는 것을 확인하였다. 대학은 인종이나 민족이라는 이유만으로 고정된 할당량을 부여할 수 없고, 다양성을 특정 집단의 구체적인 비율로 정의할 수 없다. 그러나 대학이 그러한 결정을 "합리적이고 원칙있게 설명한" 이상, 경험이나 전문성을 바탕으로 다양한 학생 구성이 교육 목표에 이바지할 수 있다는 대학의 결론을 존중해야 한다.

셋째, 피셔 I 판결은 인종의 이용이 허용될 수 있는 대학의 목표를 이루기 위해 정밀하게 맞춰졌는지를 판단할 때는 대학의 결정을 존중하지 않는다는 것을 분명히 했다. 대학은 "인종과 무관한 방법"으로는 다양성의 교육 혜택에 관한 이익을 감당할 수 있는 비용으로 얻을 수 없다는 점을 증명할 책임이 있다고 피셔 I 판결은 설명하고 있다. "정밀한 설계는 알 수 있는 모든 인종 중립 방안을 다 써보아야 한다"거나, "텍사스 대학이 명성을 유지하는 것과 모든 인종 집단의 구성원들에게 교육 기회를 제공하겠다는 약속을 이행하는 것 사이에서 선택할 것을 요구" 하지 않지만, 텍사스 대학은 "이용할 수 있고 작동가능한 인종 중립 방안이 충분하지 않다"는 점을 증명할 책임이 있다.

피셔 I 판결은 이러한 원칙을 세웠고, 이 사건에서 문제가 된 입학 제도의 합헌성에 대해서는 판단하지 않았다. 대법원은 지방법원과 항소법원이 "인종 분류를 사용할 때 텍사스 대학의 선의를 존중하는 방식으로 엄격 심사 문제를 너무 좁게 한정하였다."고만 판결하였다. 법원은 올바른 기준에 따라 기록을 평가하고 텍사스 대학이 다양성으로부터 나오는 교육 혜택을 얻기 위해 "입학제도를 정밀하게 설계했다는 증명"을 했는지를 판단하라는 지시와 함께 사건을 되돌려 보냈다. 환송심에서 항소법원은 입학 제도가 피셔 I 판결이 규정한 엄격 심사 기준에 들어맞는다고 판결하였다. 판사 가르자는 반대하였다.

III

텍사스 대학의 제도는 독특하다. 이 법원이 검토한 다른 대학의 입학제도와 달리, 비율 제도와 종합 심사를 결합하고 있다. 이 방법은 이 사건과 같은 드문 결과를 낳았다. 상고인의 입학기회에 가장 큰 영향을 미친 텍사스 대학입학정책의 구성요소는 종합 심사과정에 따른 인종의 고려가 아니라 상위 10% 제도였다. 상고인은 고등학교 반에서 상위 10%에 들지 않았기 때문에 신입생의 3/4(75%)을 구성하는 자격에는 해당되지 않았다. 그 때 상고인은 학교가 그루터 판결에서처럼 전체 신입생을 인종을 의식한 종합 심사로 뽑았다면 텍사스 대학에 들어갈 가능성이 더 높았을 거라고 생각한 듯싶다.

상위 10% 제도가 상고인의 입학 가능성에 커다란 영향을 미쳤음에도, 다투어지지 않았다. 그 때문에 이 소송에서 상위 10% 제도는 주어진 전제로 받아들여졌다.

상고인이 상위 10% 제도를 받아들인 것은 이 법원의 심리를 복잡하게 만들었다. 특히 그 제도를 통해 텍사스 대학에 입학한 학생들에 관한 정보가 기록에는 거의 없는 결과가 되었다. 그래서 법원은 반 성적만으로 입학한 학생들이 종합 심사를 통해 입학한 학생들과 다양성에 대한 기여 부분에서 어떻게 다른지 알 수 없다.

보통의 사건에서는 이러한 증거 부족은 아마 추가 사실 확인을 위해 지방법원으로 되돌려 보냄으로써 채워질 수 있다. 그러나 상고인의 입학 지원이 거부되었을 때는, 텍사스 대학의 비율 입학 제도와 종합 심사 입학 제도는 3년째 진행되었다. 그 때 이후 8년 넘게 진행된 조사는 텍사스 대학의 현재 입학 정책의 합헌성을 판단하는데 의미 있는 가치를 가지고 있겠지만, 그 증거는 상고인이 2008년에 지원이 거부되었을 때 평등한 대우를 받았는지와 거의 관련이 없다. 그러므로 만약 법원이 되돌려 보냈다면, 사실확인은 3년간의 사례로 한정될 것이고 그 사실은 거의 의미가 없을 것이다.

나아가 위에서 논의했듯이 텍사스 대학은 입학과정에서 상위 10% 제도를 바꿀 권한이 없다. 그 제도는 텍사스 주의회가 홉우드 판결에 따라 요구했기 때문에 텍사스 대학은 이 소송의 상고인과 마찬가지로 1998년 법이 시행된 이래 그대로 시행해 왔다. 만약 텍사스 대학이 상위 10% 제도에서 벗어날 수 있다고 생각할 근거가 없었다면, 특히 피셔 I 판결이 인종을 의식한 심사를 하는 학교에게 엄격 심사 기준을 제시하기 전까지는 제도에 관한 많은 자료나 제도에 따라 입학한 학생들 자료를 보존할 이유가 없었다.

이러한 상황에서 환송심은 (지방법원에 돌려보냈다면) 이미 8년 동안 유지되어 온 소송을 연장했을 것이고 양쪽 당사자들은 많은 시간과 비용을 써야 했을 것이다. 상고인은 이미 다른 대학을 졸업하였고 텍사스 대학의 정책-그리고 자료-은 중요한 내용에서 발전하거나 바뀌었을 것이다.

또한 이 사건이 조금 인위적인 근거로 제소되었다는 사실로 인해 앞으로의 지침이 될 수 있는 가치가 줄어든다. 상위 10% 제도는 당시 텍사스주에서는 준수해야 할 홉우드 판결에 따른 입법이었기 때문에 텍사스 주의회는 크게 비판받을 수 없었다. 그러한 입법 반응은 입학 정책을 만드는 텍사스 대학의 재량권을 제한하였다. 이러한 상황은 텍사스 대학이 법에 따르기 위해 선의의 노력을 하지 않았다는 비판을 받을 수 없게 된다.

그러나 변화하는 상황에 맞추어 엄격 심사가 부과하는 책임을 다하기 위한 의무는 줄어들지 않는다. 텍사스 대학은 주기적으로 입학제도의 합헌성과 효율성을 재평가하였다. 학교가 쌓은 경험과 그 입학 제도를 채택한 이후 모은 자료를 바탕으로 그러한 평가가 이루어져야 한다.

텍사스 대학이 이 자료를 조사하면서, 다양성은 여러 형태를 띠고 있다는 점을 알고 있어야 한다. 형식적인 인종 분류는 때로 다양성을 얻지 못할 수 있고, 다양한 방식으로 이용될 때 텍사스 대학이 가치를 두는 교육 혜택은 훼손될 수 있다. 자료를 평가하고 학생들 경험을 정기적으로 고려함으로써, 텍사스 대학은 변화하는 상황에 맞추어 인종이 중대한 이익을 얻기 위해 필요한 정도 이상의 역할을 하지 않도록 하여야 한다. 이러한 이유로 텍사스 대학은 상고인의 지원이후 모은 자료를 조사하여 평등조항이 부과한 제한을 최대한 존중하는 방향으로 나가야 한다. 모은 자료 유형과 검토한 방식은 텍사스 대학이 해마다 엄격 심사 기준을 따르기 위해 입학정책을 어떻게 다듬어야 하는 지와 상당한 관련이 있을 것이다. 그러나 법원은 문제를 좁혀서 판단해야 한다. 즉 상고인에게 유리하게 모든 합리적인 추론을 했을 때, 상고인이 우월한 증거로 지원이 거부되었을 때 평등한 대우를 받지 못했다는 점을 밝혔느냐이다.

Ⅳ

상고인은 항소법원 판결의 취소를 요청하면서, 4가지를 주장했다. 첫째, 텍사스 대학이 중대한 이익을 명확하게 설명하지 못했다고 주장한다. 상고인에 따르면 텍사스 대학은 최소한의 소수인종 입학 인원 수준을 더 정확하게 설정해야 한다. 텍사스 대학의 궁극적인 목표가 무엇인지를 더 분명하게 밝히지 않으면, 심사하는 법원이 텍사스 대학의 입학 정책이 그 목표에 정밀하게 맞춰진 것인지를 평가할 수 없다고 주장한다.

그러나 이 법원의 선례는 텍사스 대학 입학에서 인종의 고려를 정당화하는 중대한 이익은 소수 인종 학생을 얼마나 입학시키는가의 이익이 아니라고 분명히 하였다. 그 보다는 텍사스 대학이 인종을 의식한 입학 제도를 "다양한 학생 구성으로부터 나오는 교육 혜택을" 얻는 수단으로 도입하였는지이다. 이 법원은 다양한 학생들을 입학시킴으로써 "인종 사이의 이해를 높이고, 인종의 고정관념을 깨는데 도움을 주며, 학생들이 다른 인종을 더 잘 이해할 수 있게 해 준다"고 말했다. "학생 구성의 다양성은 학습 효과를 높이고, 학생들이 점점 다양해지는 일터와 사회를 더 잘 대비할 수 있도록 한다."는 것도 마찬가지로 중요하다.

늘어나는 소수 인종 입학생은 이러한 교육 혜택을 얻기 위해 중요하지만 순수하게 숫자로만 말할 수 없고 말해서도 안 된다. 텍사스 대학이 특정한 수나 비율의 소수인종 학생을 뽑는 것이 금지되기 때문에, 다양성의 교육 혜택을 얻을 수 있다고 믿는 소수인종 신입생의 특정한 규모를 구체화하지 못했다고 해서 잘못이라고 할 수 없다.

반면에 다양성의 교육 혜택에 관한 이익을 주장하는 것은 충분하지 않다. 대학의 목표는 모호하거나 흐릿할 수 없고, 그 목표에 이르기 위해 채택한 정책을 사법 심사할 수 있도록 충분히 측정가능해야 한다.

현재의 입학 정책을 세우면서 텍사스 대학은 구체적이고 정확한 목표를 만들었다는 사실이 기록상 나타나 있다. 2004년의 "입학시 인종과 민족을 고려하기 위한 제안"의 첫째 쪽에서 텍사스 대학은 입학과정을 통해 이루고자 하는 다음의 교육 가치를 확인하고 있다. 고정관념의 파괴, 인종간 이해의 증진, 점점 늘어나는 다양한 일터와 사회를 대비한 학생 구성, 시민의 눈으로 보아 정당한 지도자들의 양성.

제안의 마지막에서 텍사스 대학은 생각의 활발한 교환, 다른 문화 경험, 점점 늘어나는 다양한 노동인구 구성 대비, 미래 지도자에게 요구되는 경쟁력 습득. 이러한 모든 목표는 일반적으로 이 법원이 과거 선례에서 인정한 "중대한 이익"이다.

텍사스 대학은 추가로 이러한 목표를 추구하는 결정을 "이유있고 원칙에 따라 설명" 하고 있다. 텍사스 대학의 39쪽 제안서는 1년 동안 조사를 한 뒤, 인종 중립 정책과 제도를 사용한 결과 인종 사이의 이해를 넓히고, 열린 토론과 학습을 할 수 있도록 하며, 학생들이 점점 다양해지는 일터와 사회 속에서 일하도록 준비하는 교육 환경을 제공하지 못했다고 결론지었다. 텍사스 대학의 결론을 추가로 뒷받침하는 많은 입학담당자들의 진술서가 있다. 그들은 모두 똑같이 조리 정연하고, 원칙에 따른 설명을 하였다. 텍사스 대학의 목표가 충분히 구체적이지 않다는 상고인의 주장은 기록상 인정되지 않는다.

둘째, 상고인은 텍사스 대학이 이미 상위 10% 제도와 인종 중립 종합 심사를 이용하여 2003년에 최소 인원(critical mass)에 도달하였기 때문에 인종을 고려할 필요가 없다고 주장한다. 텍사스 대학이 인종을 의식한 제도를 쓰기 전에, 교육 혜택을 얻지 못했다는 점을 증명할 무거운 책임이 있다는 상고인의 주장은 옳다. 그러나 기록상 상고인이 지원할 때, 텍사스 대학은 이 점에서 잘못이 없었다. 정책을 바꾸기 전에 텍사스 대학은 "몇 달간 면담조사, 자료 검토를 포함하여 연구와 조사를 했고", "인종 중립 정책과 제도의 이용은 텍사스 대학에서 인종 다양성을 충분히 얻는데 성공하지 못했다"는 결론을 내렸다. 이 소송에서 상고인은 조사한 텍사스 대학의 선의를 다투지 않았고, 법원은 반대의견이 기대고 있는 기록 밖의 자료, 그 중 많은 부분은 이 사건과 거의 관계가 없고, 텍사스 대학이 반론할 기회를 갖지 못한 자료를 검토하지 않음이 옳다.

기록 자체는 통계나 개인의 진술측면에서 텍사스 대학의 입장을 뒷받침하는 중요한 증거를 갖고 있다. 먼저 텍사스 대학이 제출한 학생 통계자료는 1996년부터 2002년까지 텍사스 대학에 입학한 소수 인종 학생들의 비율이 일관되게 적었음을 보여준다. 예컨대 1996년에 266명의 흑인 신입생이 입학했는데 전체 신입생의 4.1%였다. 그루터 판결이 선고된 2003년에 267명의 흑인이 입학했고 역시 전체 신입생의 4.1%였다. 히스패닉과 아시아계 학생들의 수도 비슷하다. 통계자료가 결정적이지 않더라도, 텍사스 대학이 소수인종의 시각을 펼 수 있는 학생들을 입학시켰는지를 측정할 수 있는 가치를 일부 가지고 있다. 이러한 학생통계자료에 더하여 텍사스 대학은 홉우드 판결에 따라 입학한 소수인종학생들이 외로움과 소외감을 느꼈다는 증거를 제출하였다.

이러한 증거는 더 미묘한 양적인 자료로 뒷받침된다. 2002년 5명 학생들로 이루어진 학급의 52%는 흑인학생이 없었고 27%는 한 명의 흑인 학생만 있었다. 달리 말하면 5명 이상의 학급에서 21%만이 한 명 이상의 흑인 학생이 있었다. 학급의 12%는 히스패닉 학생들이 없었고 1996년에는 10%에 없었다. 텍사스 대학이 인종을 의식한 심사 필요성을 계속 재평가해야 하지만, 그러한 재평가를 신중하게 한 것으로 보이고 아직 자신의 목표를 이루지 못했다는 텍사스 대학의 결정은 합리적이다.

셋째, 상고인은 인종 고려는 텍사스 대학의 중대한 이익을 얻는데 최소한의 영향만을 미치기 때문에 필요하지 않았다고 주장한다. 기록은 이러한 주장을 뒷받침하지 않고 있다. 2003년 종합 심사를 통해 입학한 텍사스 거주자의 11%가 히스패닉이었고 3.5%가 흑인이었다. 2007년에는 텍사스 종합 심사 신입생의 16.9%가 히스패닉이었고 6.8%가 흑인이었다. 각 54%와 94%의 증가는 인종의 고려가 여전히 제한되기는 하지만, 텍사스 대학 신입생의 다양성에 의미 있는 효과를 갖고 있음을 보여준다.

어느 경우든 소수자에게 인종을 고려하는 영향을 정밀하게 맞추지 못한 것은 아니다. 인종 고려가 입학을 결정하는 작은 부분에만 역할을 했다는 사실은 위헌성의 증거가 아니라 정밀하게 맞추었다는 특징이 되어야 한다.

상고인의 마지막으로 텍사스 대학의 중대한 이익을 "달성하는 수많은 다른 인종 중립 수단을 이용할 수 있다"고 한다. 그러나 기록을 검토해보면 상고인이 지원할 때, 제안한 대안들은 어느 것도 텍사스 대학이 다양성의 혜택을 얻기 위해 쓸 수 있는 수단이 아니었다. 예를 들면 상고인은 텍사스 대학이 흑인과 히스패닉 지원자들을 도와주는 노력을 더 할 수 있다고 한다. 그러나 텍사스 대학은 이미 그러한 학생들을 도와주는 노력을 기울인 여러 방식을 보여주는 증거를 많이 제출하였다. 텍사스 대학은 3가지 새로운 장학금제도를 만들었고, 지역의 입학지원센터를 열었으며, 50만달러까지 학생 모집 예산을 늘렸고, 1,000번 이상 모집행사를 열었다. 아마 더 중요한 것은 홉우드 판결에 따라 텍사스 대학은 인종 중립 종합 심사를 이용하여 중대한 이익을 얻기 위해 7년 동안 노력하였다. 이러한 노력은 어느 것도 성공하지 못했고, 상고인은 지원 당시 텍사스 대학이 더 잘할 수 있는 의미 있는 방법을 제안하지 못했다.

상고인은 또한 텍사스 대학의 입학 사정에서 학업과 사회 · 경제 요소에 주어진 무게를 바꿀 것을 제안하고 있다. 이 제안은 텍사스 대학이 사회 · 경제와 다른 요소들을 더욱 고려해서 다양성을 늘리려고 하였으나 실패했다는 사실을 무시하고 있다. 그리고 평등보호조항이 텍사스 대학에게 다양한 학생 구성과 학업 우수성에 대한 명성 사이에서 선택하도록 강요하지 않는다는 점을 분명히 한 이 법원의 선례도 무시하고 있다.

상고인의 마지막 제안은 상위 10% 제한을 없애서 비율로 나누어 텍사스 대학생들을 더 입학시키는 것이다. 상고인은 처음부터 상위 10% 제도가 겉으로는 중립적이지만 소수자 입학을 늘리고자 하는 기본 목적과 다르게 이해될 수 없다는 사실을 지나쳤다. 비율 입학 계획은 인종적으로 분리된 이웃과 학교를 중심에 두고 채택된다. 그러한 계획의 추진은 인종에 눈감은 것이 아니라 인종을 의식한 것이다. 결과적으로 상고인은 텍사스 대학이 비율 입학제도에 점점 의존하면 입학 정책이 더 인종중립일 것이라고 주장할 수 없다.

그런 제도로 소수 인종 입학생수가 늘어난다 하더라도, 상고인은 그것이 반 성적만에 따른 결과라면 텍사스 대학 입학 절차가 개선되었다는 주장을 뒷받침하는 증거를 찾기 어려울 것이다. 그러한 접근 방식은 소수인종 학생들을 더 많이 입학시키기 위해 다양성의 다른 요소들을 희생하게 될 것이다. 모든 학생을 성적만으로 뽑는 제도는 날마다 훈련과 연습 때문에 성적이 떨어지는 유명 체육선수나 음악가를 제외하게 될 것이다. 인문 과목 시간에서 중간 정도의 성적을 유지하려고 애쓰는 재능있는 젊은 생물학자를 뽑지 못하게 될 것이다. 그리고 가족 문제로 1학년 성적은 나쁘지만 마지막 3년은 학교생활에 복귀하였는데 상위 10%에 조금 미치지 못한 학생은 제외될 것이다.

이것들은 보통 생각할 수 있는 문제 사례들이다. 반 순위는 하나의 항목이고 다른 항목처럼 그것은 어떤 유형의 학생들은 포함하지만 다른 학생들은 놓치게 된다. 이것은 종합심사를 거쳐 입학한 학생들이 상위 10% 제도에 따라 입학한 학생들보다 능력이 더 있다거나 더 바람직하다는 것을 의미하지 않는다. 단지 다른 모든 항목보다 한 가지 항목을 우선하는 것이 다양한 학생 구성을 낳지 않는다는 사실을 보여줄 뿐이다. 대학들에게 반 성적만으로 학생들을 입학하도록 하는 것은 이 법원이 정의한 바와 같은 교육 다양성의 목표와 깊은 긴장관계에 있다. 그루터 판결, 340(비율 배분은 "단지 인종이 다양한 것만이 아니라 텍사스 대학이 가치있다고 여기는 질적인 다양성을 갖춘 학생들로 구성하기 위해 필요한 개별 평가를 하지 못하도록 할 수 있다."); 758 F.3d, 653(상위 10% 법은 "10%에 들지 못하지만 텍사스 대학교육의 다양성을 풍부하게 하는 특이한 방식으로 뛰어난" 학생들을 배제하고 "Regents of Univ. of Cal. v. Bakke, 438 U.S. 265 (1978) 판결이 품고 있는 다면화된 다양성을 이끌어내려는 입학 절차에 흠집을 남긴다"고 지적). 상위 10% 제도는 텍사스 대학 스스로가 얻고자 하는 다양성의 정의와 잘 어울리지 않는 도구이다.

이러한 근본 문제에 더하여, 반 성적만으로 뽑는 입학정책은 지원자들에게 비뚤어진 유인책을 제공한다. 비율 제도는 "부모들에게 아이들이 학업능력이 떨어지는 인종적으로 분리된 학교에 다니게 하고, 학생들은 평균 학점을 낮추는 어려운 과목을 듣지 않도록 한다." 그레이츠 판결, 304, 주) 10 (대법관 긴즈버그 반대의견).

위와 같은 이유로 상위 10% 제도가 자원이 부족한 학교에서 뛰어난 성적을 거둔 학생들에게 일부 길을 제공한다고 하더라도, 그 제도는 상고인이 제안하는 입학 문제 해결책으로 기능할 수 없다. 비율 입학과 종합 심사 사이의 균형이 어디에 놓여 있든, 현실에서는 효과적인 입학 정책으로 비율 입학만을 쓰도록 할 수 없다.

간추리면, 상고인이 제안한 대안이나 이 소송 중에 논의되거나 검토된 어느 제안도 텍사스 대학이 2008년에 이해하고 정의한 바와 같은 교육 목표에 이를 수 있는 쓸 수 있고 실행 가능한 수단임이 밝혀지지 않았다. 그래서 텍사스 대학은 상고인의 지원을 거부할 당시 쓰던 입학정책이 정밀하게 맞춰진 것이라는 입증책임을 다하였다.

* * *

대학은 대부분 "위대함을 지향하지만 객관적인 측정이 불가능한 무형의 특성"으로 정의된다. 대학의 정체성과 교육 임무 수행에 중요한 학생 구성의 다양성과 같은 이러한 무형의 특성을 정의하는데 있어서 대학을 상당히 존중해야 한다. 그러나 여전히 헌법상 평등 대우 및 존엄성의 약속과 다양성의 추구를 조화시키기 위해 우리 교육 제도에 대한 도전이 계속되고 있다.

이러한 민감한 균형을 유지하는데 있어서, 주가 세운 공공의 텍사스 대학은 "실험실"로 기능할 수 있다. 텍사스 대학은 배우고 가르칠 특별한 기회를 가지고 있다. 텍사스 대학은 이제 다른 방식의 입학절차가 다양성을 높일지, 아니면 줄일지에 관한 가치 있는 자료를 갖고 있다. 텍사스 대학은 이 자료를 써서 입학제도의 공정성을 계속해서 세심히 살피고, 바뀌는 학생들 통계가 인종을 의식한 정책 필요성을 허물어뜨리는지를 평가하며, 필요하다고 여기는 적극 평등 실현 조치의 긍정과 부정의 효과를 확인해야 한다.

법원이 오늘 텍사스 대학의 입학정책을 승인하는 것이 반드시 똑같은 정책을 다듬지 않고 계속 이행할 수 있다는 뜻은 아니다. 입학정책에 관하여 끊임없이 숙고하고 계속 되돌아볼 의무가 텍사스 대학에 있다.

항소법원의 판결을 인용한다.

[대법관 알리토 반대의견(대법원장, 대법관 토마스 참여)]

우리의 앞선 판결이후 이상한 일이 이 사건에서 일어났다. 피셔 I 판결에서 우리는 엄격심사에 따라 텍사스 대학은 입학 결정에서 인종과 민족을 이용하는 것이 중대한 이익을 얻기 위해서이고, 그 목적을 이루기 위해 정밀하게 맞춰져야 한다는 점을 증명하여야 한다고 판결했다. 그 문제에 대한 텍사스 대학의 판단을 존중하여야 한다는 주장을 받아들이지 않고, 우리는 (1) 법원이 엄격 심사 요건을 갖추었는지를 판단할 수 있도록 그 제도를 정당화하는 이익을 충분히 구체적으로 밝히고, (2) 그 요건이 실제 충족되었다는 점을 밝힐 의무가 텍사스 대학에 있다는 것을 분명히 했다. 환송심에서 텍사스 대학은 그 판결의 요청을 이행하지 못했다. 텍사스 대학은 여전히 인종과 민족을 이용하여 얻으려고 하는 이익을 구체적으로 제시하지 못했다. 텍사스 대학의 원래 주장은 "다양성의 교육 혜택들"을 드는 것만으로도 충분하고, 제도를 통해 이익을 얻을 필요가 있는지, 실제 얻으려고 하는지를 법원이 판단할 수 있는 어떤 측정방법도 제시할 필요가 없다는 것이었다. 이것은 우리가 앞 선 판결에서 단호하게 거부한 존중 요청에 지나지 않는다. 그러나 오늘 법원은 알 수 없게도 그 요청을 받아들이고 있다.

텍사스 대학이 존중 요청을 넘어 더 구체적인 용어로 관련된 이익을 제시한 범위에서, 그러한 시도는 종잡을 수 없고 설득력이 없으며, 때때로 솔직하지 못했다. 텍사스 대학이 인종을 바탕으로 한 입학계획을 세웠을 때, 계획은 학급의 다양성을 높이기 위해 필요하다고 말했다. 텍사스 대학은 많은 수업에서 흑인, 히스패닉, 아시아계 학생들의 수가 매우 적다는 조사결과를 지적하였다. 그러나 텍사스 대학은 인종을 의식한 계획이 실제 이 상황을 개선했다는 점을 밝히지 않았다. 텍사스 대학은 입학 담당자들이 종합 심사 항목에 따라 평가하면서 흑인, 히스패닉, 또는 아시아계 학생들이 소수인종 학생 수가 적은 학급에 등록할 것인지를 결정하는 시도를 했다는 증거를 내놓지 않았다. 그리고 텍사스 대학의 자료를 보면 인종 또는 민족 다양성이 부족한 학급에 등록시키기 위해, 종합 심사를 통해 입학한 신입생들이 상위 10%법으로 입학한 학생들보다 더 많은지를 큰 어려움 없이 판단할 수 있어야 하지만, 텍사스 대학은 그러한 숫자를 산출하거나 그 숫자들이 보여주는 바를 밝히지 않았다. 텍사스 대학은 여러 학급에서 아시아계 학생들을 차별하여 그들의 수가 매우 적다고 해서 그 계획이 정당한 이유를 설명하지도 않았다.

때때로 텍사스 대학은 "최소 인원"의 흑인과 히스패닉 학생들을 입학시키기 위해 계획이 필요하다고 주장했지만, 이 말이 뜻하는 바를 설명하지 않았다. 텍사스 대학에 따르면 최소인원은 흑인이나 히스패닉 학생들의 절대 수자도 아니고 주의 전체 인구에서 흑인이나 히스패닉의 비율도 아니다. 텍사스 대학은 용어는 정의되지 않았지만, 그것이 바람직한 목표에 이르렀을 때를 법원에 알려줄 거라고 말한다. 이것은 법원이 피셔 I 판결에서 거부한 바로 그것, 즉 존중, 묻지마 존중이다.

또한 텍사스 대학은 상위 10% 계획이 잘못된 유형의 흑인과 히스패닉 학생들, 즉 거의 흑인이나 히스패닉 학생들로 이루어진 학교에 다니는 가난한 학생들을 입학시키기 때문에 입학 제도의 인종 고려 항목이 필요하다고 주장했다. 텍사스 대학이 피셔 I 판결에 제출한 서면에서는, 입학 제도의 인종 항목은 "달라스에서 성공한 흑인 또는 히스패닉 전문직업군의 아이들"을 입학시키기 위해 필요하다고 말했다.

앞 선 사건에서 이 주장을 한 뒤, 텍사스 대학은 생각을 바꿔서 그 주장을 했다는 사실을 부인하려고 하였다. 그러나 텍사스 대학은 그 주장을 했고, 이는 적극적 평등실현조치를 뒤엎는 주장이다. 적극적 평등실현제도는 불우한 학생들을 도와주기 위해 만들어졌다.

비록 텍사스 대학이 상위 10% 제도가 잘못된 유형의 흑인과 히스패닉 학생들을 입학시키는 결과가 되었다는 주장을 부인하지만, 5항소법원의 다수의견은 그 주장을 차용하였다. 즉 다수의견은 상위 10% 흑인과 히스패닉 입학생들은 "개인 성취 기록," "다양한 관점," "활동 경험," 그리고 "독특한 재능"면에서 종합심사로 입학한 흑인과 히스패닉 입학생들에 미치지 못한다고 썼다. 상위 10% 학생들은 종합 심사로 입학한 학생들과 같은 방식으로 학생 구성의 다양성을 높일 수 없다고 보았다. 가르자 판사는 반대의견에서 다수의견이 상위 10% 입학생들이 "종합 심사로 입학한 학생들보다 더 균질하고, 활동적이지 못하며 더 틀에 박힌 사람들"이라고 결론 내렸다고 적었다.

5항소법원은 상위 10%와 종합 심사 입학생들의 특성과 관련하여 거의 직접 증거도 없이 이 결론에 이르렀다. 항소법원의 논증 뒤에는 인종 중립 요소에 따라 입학한 흑인과 히스패닉 학생들 대부분은 백인과 아시아계 학생들과 경쟁할 필요가 없었기 때문에 고등학교 반에서 상위 10%에 들었을 것이라는 가정이 숨어 있다. 이러한 모욕적인 고정관념은 기록상 인정되지 않는다. 상위 10% 제도에 따라 입학한 흑인과 히스패닉 학생들이 인종을 고려하여 입학한 흑인과 히스패닉 학생들보다 더 높은 성적을 거두고 있다.

우리가 이 사건에서 반드시 한 번 더 심리할 필요는 없었고, 나는 이 사건이 질질 끄는 것을 볼 마음은 없다. 그러나 그러한 일은 일어날 필요가 없다. 텍사스 대학이 인종을 의식한 계획을 채택하기로 결정했을 때, 그 계획이 엄격심사기준에 들어맞고 중대한 이익을 얻기 위해 정밀하게 맞춰졌음을 증명할 책임이 있음을 반드시 알아야 했다. 텍사스 대학은 그 증명을 못했다. 그렇다면 상고인 승소 판결이 내려져야 한다.

그러나 만약 다수의견이 텍사스 대학에게 다른 기회를 주려고 한다면, 우리는 파기하고 이 사건을 지방법원으로 돌려보내야 한다. 지금 다수의견이 한 일, 즉 이 사건에서 중요한 쟁점을 다루지 못한 의견으로 텍사스 대학에 승리를 안겨주는 것은 잘못이다.

I

지난 20년 동안, 텍사스 대학은 자주 입학정책을 바꾸었고, 선례가 보통 허용했던 가장 공격적인 방법으로 인종과 민족을 이용해왔다.

1997년 이전에는 인종이 입학 절차의 일부로 직접 고려되었고, 흔히 중요한 요소였다. 입학은 2가지 범주를 바탕으로 했다. (1) 표준 시험 점수와 고등학교 학급 성적으로 계산되는 지원자의 학습 지표, (2) 지원자의 인종. 이 인종을 의식한 제도가 시행된 마지막 해인 1996년에 신입생의 4.1%가 흑인이고 14.7%가 아시안계 미국인, 14.5%가 히스패닉이었다.

홉우드 판결에서 연방제5항소법원은 입학절차에서 텍사스 대학의 인종이용을 금지했다. 홉우드 판결에 따라 1997년부터 텍사스 대학은 지원자의 학습지표와 함께 소수 인종 입학을 늘리기 위한 개인성취지표를 보는 "종합 심사" 절차를 시작하였다. 인종 중립적인 개인성취지표는 2개의 글에 대한 점수와 지원자의 지도력 평가, 과외 활동, 상훈, 노동 경험, 공동체 봉사, 특별 상황에 대한 종합 심사를 바탕으로 한 개인 성취 점수로 구성되어 있다. 가난한 집의 지원자, 집에서 영어 아닌 다른 언어를 쓰는 지원자, 편부모 가정의 지원자는 특별히 고려한다. 이 인종 중립 제도는 어려운 학생들을 우대하기 때문에, 소수 인종 지원자들에게 균형에 맞지 않게 혜택을 주는 결과가 되었다. 645 F. Supp. 2d 587, 592 (WD Tex. 2009).

텍사스 주의회도 홉우드 판결에 응답하였다. 1997년 상위 10% 법을 제정하였는데, 텍사스 대학이 고등학교 반에서 위에서 10%에 드는 모든 텍사스 거주 학생들을 입학시키도록 하였다. 문면상 인종 중립법은 상대적으로 부유한 동네의 좋은 학교에 다니는 학생들과 뛰어난 학업 성과를 내지 못하는 학교가 있는 가난한 지역의 학생들 사이에 평등한 경쟁을 하도록 하기 위한 것이었다. 그리고 후자의 학생들에게 혜택을 줌으로써, 텍사스 대학이 이미 채택한 인종 중립적인 종합 심사 계획과 마찬가지로 이 제도는 뒤떨어진 공공 학교에 다녀야 하는 흑인과 히스패닉 학생들에게 혜택을 주곤 했다.

1998년 초 상위 10% 계획이 시행되었을 때, 텍사스 대학의 종합적이고 인중 중립 제도는 상위 10% 학생들이 채우지 못한 학과의 빈자리를 채우기 위해 계속 사용되었다. 그리고 상위 10% 학생들을 포함하여 모든 신입생들을 배치하는 프로그램을 시행할 때도 사용되었다.

"상위 10%법의 시행과 함께 텍사스 대학이 개정한 입학절차는 인종면에서 더 다양한 텍사스 대학 환경을 만들었다." 2000년 텍사스 대학은 흑인과 히스패닉의 입학률이 홉우드 판결이 입학정책에서 인종의 고려를 금지하기 전인 1996년 수준으로 회복되었다고 발표하였다. 그리고 2003년에 텍사스 대학은 "적극 조치의 손실 부분을 효과적으로 복구하였다"고 선언하였다.

종합적인 인종중립 제도에 따른 마지막 해인 2004년까지 텍사스 대학 신입생은 4.5%가 흑인, 아시아계는 17.9%, 히스패닉은 16.9%였다. 그래서 텍사스 대학이 인종을 우대하는 제도를 채용한 1996년보다 2004년에 흑인과, 아시아계, 히스패닉의 비율이 더 높았다.

이렇게 칭찬받을 결과에도 불구하고, 텍사스 대학은 인종을 입학절차에 다시 끼워 넣는 기회를 붙잡았다. 2003. 6. 23. 이 법원은 그루터 판결에서 미시간 대학 로스쿨의 인종 고려 입학제도를 승인하였다. 그루터 판결에서 법원은 인종을 입학 절차의 일부로 고려하려고 하는 학교는 "대학이 추구하는 다양성을 얻을 수 있는 운용가능한 인종 중립 대안을 선의로 진지하게 고려"하여야 한다고 경고했다. 그럼에도 그루터 판결이 선고된 날, 텍사스 대학 총장은 그루터 판결에 따라

"상위 10% 법의 혜택과 적극적 평등 실현 제도를 결합하여 텍사스 대학 신입생 입학절차에 적용"하는 것을 포함하여 "입학절차를 수정할 것"이라고 선언하였다. 텍사스 대학은 나중에 거의 1년간의 검토기간을 가지려는 뜻이었다고 말하지만, 인종을 입학 절차로 재도입한 것이 총장의 선언에 뒤이은 결론이 아니라는 증거는 없다.

인종을 의식한 입학을 다시 시작하겠다는 텍사스 대학의 계획은 입학에 인종과 민족을 고려하는 제안이라는 제목의 내부 문서에서 2004년 6월 공식 발표되었다. 제안서는 인종 다양성을 이루는 최소인원을 얻지 못했기 때문에 텍사스 대학이 인종을 의식한 입학이 필요하다고 말했다. 이 주장을 뒷받침하기 위해 텍사스 대학은 2가지 증거를 들었다. 첫째, "인종과 민족의 비율면에서 텍사스 대학생과 주 인구 사이에 큰 차이"가 있다고 적었다. 둘째, 제안서는 5명 이상으로 구성된 텍사스 대학생 반을 조사한 결과에 크게 기대고 있다. 조사에 따르면 5명 이상의 학생들이 있는 학급의 52%는 흑인이 없고, 16%는 아시아계 학생이 없으며, 12%는 히스패닉 학생이 없었다. 나아가 이 학급 중에서 21%만이 2명 이상의 흑인이, 67%가 2명 이상의 아시아계 학생, 70%가 2명 이상의 히스패닉 학생이 있었다. 이 조사를 바탕으로 제안서는 텍사스 대학이 학급 수준에서 최소인원에 이르지 못했다고 결론지었다. 제안서는 인종중립의 종합 심사 절차를 거쳐 텍사스 대학에 입학한 소수학생들의 배경, 인생 경험, 지도력, 상훈, 과외 활동, 봉사, 개인 특기, 또는 다른 특성을 분석하지 않았다.

"제안을 이행하기 위해 텍사스 대학은 2004년 가을 지원자들부터 학생의 인종을 개인 성취 점수의 요소로 포함하였다. 텍사스 대학은 학생들이 지원할 때 미리 정의한 5가지 인종 범주에 따라 분류하도록 요청하였다." 텍사스 대학은 흑인과 히스패닉 집단이 과소대표되는(underrepresented, 입학생비율이 적은) 소수집단이라고 생각했기 때문에 이들에게 혜택을 주기 위해 인종 우대를 하기로 결정하였다. 비록 텍사스 대학의 학급 조사 결과가 히스패닉 학생들보다 아시아계 학생이 더 적은 학급이 많았음을 보여주었지만, 텍사스 대학은 아시아계 미국인은 주의 인구 통계에 비교해 볼 때 과다대표되는(overrepresented) 학생들이 있다고 보았다.

비록 텍사스 대학은 인종이 "요소 중의 요소 중의 요소중의 한 요소"라고 말했지만, 텍사스 대학은 "인종이 모든 지원서의 표지에 나타나는 종합 요소 중의 하나임"을 인정하고 있다. "지원자의 인종이 입학서류의 앞면에 나타나기 때문에, 심사자는 평가의 전과정에서 이를 알고 있다." 그래서 인종의 고려는 텍사스 대학 입학 절차의 모든 단계에 스며들어 있다. 텍사스 대학이 인종분류를 "사회 공학(social engineering)"의 부드러운 형태로 여기고 있는 것처럼 이것은 의도적이다.

인종분류는 어디에나 있는데도, 텍사스 대학은 그러한 분류가 입학절차에 어떻게 영향을 미치는지에 관한 기록을 갖고 있지 않다고 한다. "대학은 입학결정에서 인종을 고려함으로써 얼마나 많은 학생들이 영향을 받았는지의 통계가 없고, 인종을 고려하는 적극적인 방법으로 얼마나 많은 소수인종 학생들이 영향을 받았는지를 알지 못하고 있다." 텍사스 대학은 이와 관련된 결정을 할 방법을 갖고 있지 않다. 텍사스 대학은 입학 담당자들에게 인종에 얼마나 많은 비중을 두어야 하는지를 말하지 않는다. 그리고 인종의 영향은 늘 상황과 관련되어 있기 때문에, 인종이 입학가능성에 영향을 준 사례를 한 건도 제시할 수 없다. 따라서 어떤 학생들이 인종을 의식한 제도의 결과로 입학했는지, 그리고 어떤 학생들이 인종중립 절차로 입학했는지를 알지 못한다고 주장한다. 그래서 텍사스 대학은 인종우대 결과로 입학한 학생의 개인 특성이 달리 입학한 학생들의 특성과 다른지(또는 다르지 않는지)를 평가하려는 시도를 하지 않는다.

II

텍사스 대학의 인종을 의식한 입학제도는 엄격심사를 넘을 수 없다. 텍사스 대학은 제도가 다양성의 교육 혜택 이익을 증진한다고 말하지만, 그 이익을 분명하게 정의하지 못하고 있거나 입학제도가 그 이익이나 다른 특정한 이익을 얻기 위해 정밀하게 맞춘 것이라는 점을 증명하지 못했다. 다수의견은 텍사스 대학의 논증이 그 증명책임을 다 한 것으로 인정함으로써, 다른 소수 인종 학생 집단에 대한 대학의 추정, 즉 엄격심사가 배척한 바로 그 추정을 허용하고 있다.

A

"인종 중립성의 도덕상 요청은 평등보호조항의 원동력이다." Richmond v. J. A. Croson Co., 488 U.S. 469, 518 (1989) (대법관 케네디 동조 의견). "헌법이 평등보호를 보장하는 중심에는 정부는 시민들을 단순히 인종, 종교, 성별, 나라 계층의 구성물로서가 아니라 사람으로 대우해야 한다는 단순한 명령이 자리하고 있다." Miller

v. Johnson, 515 U.S. 900, 911 (1995). "인종을 바탕으로 한 할당은 사람을 인종의 산물로 대우하고, 역사와 헌법이 금지한 범주에 따라서 시민으로서의 가치있는 생각과 노력을 평가하는 고정관념을 담고 있다." 912. "평등 원리"에 대한 우리 헌법의 약속에 따를 때, "조상으로만 시민들을 구분하는 것은 자유민에게는 본래 끔찍한 일이다." Rice v. Cayetano, 528 U.S. 495, 517 (2000) (Hirabayashi v. United States, 320 U.S. 81, 100 (1943) 인용)

"인종 특성은 차별 대우의 근거가 될 수 없기 때문에, 평등 보호 조항은 인종 분류가 가장 엄격한 심사대상이 되어야 함을 요구한다." 피셔 판결 I, 8. "사법 심사는 인종이나 민족을 이유로 사람을 달리 취급하는 공적인 조치는 본래 의심스럽다는 입장에서 시작해야 한다." 그루터 판결, 388 (케네디 대법관 반대의견) ("어떤 종류든 인종과 민족에 따른 구분은 본래 의심스럽고 가장 까다로운 사법 심사를 받아야 한다.") 엄격심사에 따라 인종의 사용은 "중대한 정부의 이익을 추구하기 위해 필요"해야 하고 채용한 수단은 중대한 이익을 얻기 위해 "구체적이고 정밀하게" 맞춰져야 한다.

고등교육의 역동성도 이 기준을 바꾸지 못한다. "인종 차별은 모든 맥락에서 부당하고," "인종 분류의 유효성을 결정하기 위해 적용하는 심사의 분석과 수준은 목적을 받아들일 수 있다는 이유만으로 달라지지 않는다." 피셔 판결 I, 12.

또한 심사 기준은 "특정한 분류에 의해 혜택을 받거나 불이익을 받은 사람의 인종에 따라" 달라지지 않는다. "그래서 어떤 인종이든 누구나 가장 엄격한 사법 심사를 통해 헌법을 준수하는 공무원이 인종 분류에 따른 불평등한 취급이 정당하다는 것을 밝히도록 요구할 권리가 있다."

줄이자면 모든 맥락에서 인종 분류는 다른 모든 방법이 실패했을 때, 마지막 수단으로만 허용된다. Croson, 519 (케네디 대법관 의견). "엄격 심사는 면밀한 조사이고, 증명책임은 정부가 진다." 피셔 판결 I, 8. 이 책임을 다하기 위해서 정부는 "목적이나 이익이 헌법상 허용될 수 있을 뿐만 아니라 실질적이며, 분류의 사용이 그 목적을 이루기 위해 필요하다는 것을 분명하게 입증"해야 한다.

B

이 사건에서 텍사스 대학은 인종 우대를 쓰는 이익을 명확히 정의하지 못했다. 그 결과 정밀하게 맞추었는지를 물을 수 없고, 대학은 엄격심사를 통과할 수 없다.

텍사스 대학이 입학정책을 채택했을 때, 과소대표되는 소수인종의 "최소 인원"을 입학시키는 것이라고 규정하였다. 2004년의 제안서는 "인종 중립 정책과 제도는 인종 다양성의 최소 인원을 확보하지 못했다"고 주장했다. 그러나 오늘까지 대학은 "최소 인원"이 무엇을 의미하는지를 모호한 용어로만 설명하고 있다. 실제 대학은 "다양성의 교육 혜택 확보"이외의 더 구체적인 이익을 제시할 필요가 없다고 주장한다.

텍사스 대학은 최소 인원은 절대 숫자가 아니라고 우겼다. 대신에 교묘하게 최소 인원에 대해 "우리가 보면 안다"는 식의 모호한 개념을 선호하고 있다. 대학은 "최소 인원"을 "다양성으로부터 나올 수 있는 교육 해택을 실제 얻을 수 있도록 소수 인종 학생들이 적정하게 대표되는 것"으로 정의한다. 달리 말하면 그냥 우리를 믿어 달라 이다.

텍사스 대학의 입학제도가 의미 있는 사법심사를 받지 않도록 하기 위해 이렇게 의도적으로 부정확한 이익으로 설계되었다.

가르자 판사는 다음과 같이 설명하였다.

"정밀한 맞춤 증명 책임을 다하기 위해서는 텍사스 대학이 의미 있는 방법으로 자신의 목표를 설명해야 한다. 우리는 텍사스 대학이 목표를 정의하지 못할 때 목표와 수단의 정밀한 맞춤 분석을 엄격하게 할 수가 없다. 우리는 텍사스 대학이 목표를 객관적으로 설명하지 못했을 때, 입학제도가 대학의 목표에 밀접하게 들어맞는지를 판가름할 수 없다. 또한 우리는 인종을 고려하는 것이 최소 인원을 얻기 위해 대학에 필요한지, 또는 대학이 최소 인원의 의미를 설명하지 못할 때, 효과있는 인종 중립 대안이 있는지를 판단할 수 없다." 758 F. 3d, 667 (반대의견)

합리적이고 구체적인 용어로 최소인원이 무엇인지 또는 어떻게 계산될 수 있는지를 알지 못하면 법원은 인종의 사용이 필요했는지에 대해 주의 깊은 사법상 질문을 할 수가 없다.

나는 우리의 선례들이 대학에 "일정 숫자의 소수 인종 학생들을 입학시키는 이익"을 정확히 찾아내도록 요구하지 않았다는 다수의견에 동의한다. 그러나 우리가 대학의 입학제도가 정밀하게 맞춘 것인지를 평가하기 위해서는, 대학이 일정 정도 구체적인 이익을 확인하여야 한다. "학생들을 인종에 따라 분류하고 배분하는 것이… 정당성을 갖기 위해서는 불확실한 목표 이상이 필요하다." 텍사스 대학이 인종을 고려한 정책이 필요한 이유와 목표에 도달했을 때를 아는 방법을 분명하게 설명하지 못했기 때문에, 정밀한 맞춤 분석을 의미있게 할 수 없다. 그래서 텍사스 대학은 엄격심사를 넘어설 수 없다.

다수의견은 "다양성의 교육 혜택 이익을 주장하는 것만으로는 충분하지 않고," 대학의 목표는 뜬구름잡기식이나 불확실할 수 없으며, 그 목표에 이르기 위해 채택한 정책의 사법심사를 허용할 만큼 충분히 측정가능해야 한다고 인정하고 있다. 그러나 다수의견에 따르면 텍사스 대학은 "구체적이고 정확한 목표"를 "고정관념의 해체, 인종간 이해 증진, 점점 다양해지는 일터와 사회를 대비하는 학생들 구성, 그리고 시민의 눈으로 보아 정당한 지도자들의 양성"이라고 설명했다.

이것들은 칭찬할만한 목표지만, 구체적이거나 정확하지 않다. 그리고 인종 우대를 제한하는 원칙을 전혀 제공하지 않고 있다. 예컨대 고정관념이 제대로 없어졌는지, 또는 인종 사이의 이해가 제대로 이루어졌는지를 법원이 어떻게 판단할 수 있겠는가? 만약 인종 우대가 이러한 흐릿한 목표를 이루기 위해 필요하다는 몇몇 직원들의 의견만으로 대학이 인종 차별을 정당화할 수 있다면, 정밀한 맞춤 질문은 의미없게 된다. 법원은 대학 입학 담당자들의 판단을 존중하여야 할 것이고 우대 정책은 사법심사로부터 완전히 면제될 것이다.

이러한 모호한 목표로 텍사스 대학이 증명책임을 다한 것으로 받아들임으로써, 다수의견은 "원래부터 의심스런" 분류라고 옹호하는 정부 공무원들의 주장에 눈감고 존중하는 것을 거부한 수십 년 동안의 선례를 어기고 있다. Miller, 515 U.S., 904 (Regents of Univ. of Cal. v. Bakke, 438 U.S. 265, 291 (1978) (파웰 대법관 의견) 인용); Miller, 922 ("우리는 모든 인종 분류를 의심하고 있어서 법무부의 결론을 그대로 받아들이지 못한다."); Croson, 488 U.S., 500 ("인종 분류에 관해 단지 좋은 또는 정당한 목적을 되풀이한다고 해도 거의 또는 전혀 영향이 없다."); 501 ("이 나라의 인종 분류 역사로 말미암아 사법이 입법부나 행정부의 필요성에 눈감고 존중하는 것은 평등보호 분석에서는 설 자리가 없다.") 더 곤란하게도 다수의견이 텍사스 대학의 주장을 비판 없이 무턱대고 존중한 것은 바로 이 사건의 앞 선 판결과 모순된다. 그 판결에서 우리는 5항소법원이 부적절하게 "인종 분류를 사용하는 텍사스 대학의 선의를 존중한" 잘못이 있다고 하였다. 우리가 3년 전에 강조한 바와 같이 우리의 선례는 입학절차가 정밀하게 맞춰졌는지를 보장하는 것은 "대학의 담당자들이 아니라 법원임을 분명히" 했다.

만약 법원이 입학절차가 얻고자 하는 목표를 정확하게 알아낼 수 없다면 법원은 그 절차가 정밀하게 맞춰졌다고 확인할 수 없다. 텍사스 대학의 모호한 정책 목표는 "너무 넓고 부정확해서 엄격심사를 견딜 수 없다."

C

텍사스 대학의 원래 주장은 다양성의 교육 혜택보다 더 구체적으로 이익을 지적할 필요가 없다는 것이었지만, 이 소송의 여러 단계에서 더 구체적인 다음 4가지 목표를 내세웠다. 인구통계와의 동등성, 학급 다양성, 인종간 다양성, 인종 격리 방지. 텍사스 대학이나 다수의견은 4가지 목표가 엄격심사에 맞는 충분한 근거를 제공한다고 밝히지 않았다. 그리고 텍사스 대학의 주장은 여러 부당한 가정에 의존하고 있다.

1

첫째, 텍사스 대학과 다수의견은 흑인계 미국인과 히스패닉 학생들이 텍사스 대학에는 (텍사스 주 전체의 인구비율과 비교해) 적고 인종 우대는 이러한 부족함을 채우기 위해 필요하다는 증거로 인구 통계자료를 들고 있다. 그러나 텍사스 대학이나 다수의견은 최소 인원을 입학시키는 대학의 이익과 텍사스 인구 통계 사이의 관련성에 대해서는 분명히 말하지 않는다.

최소 인원이 주의 인구에서 특정 집단의 상대적인 규모에 따른 것인가? 예를 들면 흑인이 텍사스 인구의 약 11.8%이고 히스패닉이 약 37.6%일 때, 텍사스의 흑인과 히스패닉 최소 인원은 흑인인구가 더 적고(약 2.1%) 히스패닉 인구는 더 많은(약 46.3%) 인접한 뉴멕시코주의 최소인원과 다른가?

이 질문에 대한 텍사스 대학의 답변은 왔다 갔다 했다. 피셔 I 사건의 구두 변론에서, 텍사스 대학의 변호사는 최소 인원은 집단별로 주별로 다를 수 있다고 말했다. 그리고 텍사스 대학은 처음에는 대학생들의 인종 및 민족 구성이 주 전체의 인구 구성과 큰 차이가 있어서 교육 임무를 완수하지 못하고 있다는 이유로도 인종 고려 계획이 정당하다고 하였다. 텍사스 대학이 주의 인구 통계에 폭넓게 의존하는 것은 아시아계가 아닌 히스패닉인구가 늘어나고 있다는 사실에 실제 관심을 갖고 있음을 보여주고 있다. 왜냐하면 히스패닉이 주의 인구통계와 비교했을 때 텍사스 대학에 입학하는 인원이 적기 때문이다.

다른 한편으로는 텍사스 대학의 변호사는 대학에 필요한 최소 인원은 텍사스 인구 통계에 의존하는 것은 아니고 인구 통계와도 관련이 없다고 주장했다. 그리고 텍사스 대학은 피셔 I 사건에 제출한 서면에서 "대학은 인종 통계를 고려할 수 없고, 인구통계에 매달린 목표에 도달하기 위해 입학절차에서 퇴보하지 않는다." 고 인정했다.

텍사스 대학이 주의 인구 통계와 균형을 맞추려고 한다면, 그것은 이 법원이 가끔 "명백히 위헌"이라고 판결했던 "완전한 인종 균형"일 뿐이다. "여러 인종의 비율에 따라 대표하는 것에 연결된 이익은 인종 분류를 무한정 이용하게 되고, 먼저 인종의 견해를 적절히 혼합하기 위해 채택하고 그 후 그 혼합체를 계속 유지하려고 할 것이다." Metro Broadcasting, Inc. v. FCC, 497 U.S. 547, 614 (1990) (오코너 대법관 반대의견). 우리가 피셔 I 판결에서 "인종 균형은 인종다양성으로 이름을 고쳐 달았다고 해서 명백한 위헌이 중대한 주의 이익으로 바뀔 수 없다."고 판결했다.

이 사건 기록은 인종 균형에 들어 있는 위험을 보여주고 있다. 비록 텍사스 대학은 다양성의 교육 혜택 이익을 주장하지만, 대학과 학급에서 소수인종의 숫자 외에는 거의 주의를 기울이지 않았던 것으로 보인다. 텍사스 대학의 2004년 제안서는 인종을 의식한 계획을 채택하는 정당성으로 학생들과 여러 학급의 인종 구성을 숫자로 산출한 것을 되풀이 인용하면서 이를 예시해주고 있다. 다양성의 혜택에 초점을 맞추는 대신에, 텍사스 대학은 단순한 인종 인구조사결과에만 기대고 있다.

다수의견은 비록 인구 통계가 결정적이지 않지만, 과소 대표되는 학생들을 입학시키는 텍사스 대학의 역량을 측정하는 기준으로서 일부 가치를 갖고 있다고 주장한다. 그러나 텍사스 대학이 관심을 기울이는 근거로 인구 통계상 불균형을 볼 뿐이고, 불평등을 없애기 보다는 줄이려고 한다 하더라도, 그러한 부정확한 목표는 엄격심사에 맞을 수 없다. 그 경우 법원은 텍사스 대학이 추구하는 구체적인 인구 통계상의 이익이 무엇인지, 왜 인종 중립 대안이 그 이익을 얻을 수 없는지, 언제 그 통계상의 목표에 이를 수 있는지를 알 수 있는 방법이 없다. 만약 인구 통계상의 불일치가 인종 차별의 이용을 정당화하는 측정 기준으로서 이용될 수 있다면, 이를 근거로 인종 차별은 인구 통계와 같아질 때까지 정당화될 수 있다. 명백히 위헌인 인종 균형이 생기지 않도록 멈추는 지점이 논리상 없다. 그래서 인구 통계상의 불균형은 엄격심사를 넘기 위해 사용될 수 없다. Croson, 498(인종 제도가 과거 차별에 비추어 볼 때 정당하다는 지방자치단체의 주장은 논리상 언제 그만두게 될지 멈추는 지점이 없고, 정부 계약 비율 중 인구 전체에서 소수 인종 비율을 반영하여 소수인종과 정부 계약을 체결할 때까지 계속될 수 있다는 이유로 배척).

2

텍사스 대학이 제안서에서 제시한 다른 주요한 설명은 학급 다양성을 높이려는 바람이었다. 제안서는 텍사스 대학이 "학급 수준에서 최소 인원에 이르지 못했다"고 강조했다. 이 제안을 뒷받침하기 위해 텍사스 대학은 5명 이상의 학생들이 있는 학급을 골라서 조사한 결과를 들고 있다. 위에서 보았듯이 조사 결과 이들 학급 중 52%는 흑인이 없고, 16%는 아시아계 미국인이 없고, 12%는 히스패닉이 없다. 이들 학급 중 21%만이 2명 이상의 흑인이 있고 67%는 2명 이상의 아시아계가 있으며 70%가 2명 이상의 히스패닉이 있다. 이 조사를 바탕으로 텍사스 대학은 적게 대표되는 인종이나 민족의 학생들이 전혀 없거나 한 명만 있는 학급수가 줄어들도록 인종 우대를 사용하는 "중대한 교육 이익"이 있다고 결론 내렸다.

텍사스 대학의 인종을 의식한 계획이 다양한 학생들 구성으로 인한 교육 혜택을 얻기 위해 필요하였다는 점을 증명하는 증거는 매우 부족하다. 기록상 텍사스 대학은 인종 우대로 되돌아가기 전에 이용할 수 있는 자료를 겉으로라도 다루지 못했다. 예를 들면 텍사스 대학은 상위 10%제도에 따라 입학하는 학생들이 누구이고 입학하지 못하는 학생이 누구인지를 알고 있다. 뿐만 아니라 어떤 학급에 어떤 학생들이 입학하는지를 알고 있었기 때문에 다양성이 부족한 유형의 학급에 입학하기 위해 상위 10% 학생들이 종합심사 입학생들보다 더 많은지 적은지를 쉽게 판가름할 수 있었을 것 같다. 그러나 텍사스 대학은 결코 이를 알아내려고 하지 않았다. 또한 텍사스 대학이 입학 담당자들에게 학급 단위에서 틈을 채울 수 있는 흑인과 히스패닉 지원자들을 찾아보도록 지시하였다는 자료도 없다. 텍사스 대학이 그러한 증거를 내지 못하여, 인종을 의식한 정책이 상위 10% 계획을 확장하거나 인종 중립의 종합 심사 입학안을 사용하는 것과 같은 인종 중립 제도보다 학급 다양성을 높일 것이라는 점을 증명하지 못했다.

나아가 만약 텍사스 대학이 정말 학생들에게 생각과 관점의 다양성을 경험하도록 하려 한다면, 입학 정책은 그 목적에 제대로 맞춰지지 않았다. 다수의견이 텍사스 대학의 입장을 뒷받침하는 최고의 "미묘한 양적인 자료"라고 칭찬한 텍사스 대학의 조사는 학급 다양성면에서 히스패닉 학생들보다 아시아계 학생들이 부족하다는 점을 밝혀주었다. 그러나 텍사스 대학은 아시아계 미국 학생들을 차별하고 있다.[53] 텍사스 대학은 아시아계 미국인들이 소외되었다고 느끼거나 그들 인종이나 민족의 대변자로서 여겨질 수 있는지에 대해서는 명백히 관심이 없었다. 그리고 텍사스 대학이 텍사스 인구 통계(히스패닉이 아시아계보다 많다)를 바탕으로 헌법에 어긋나는 인종 균형에 개입하지 않는 한, 대학은 히스패닉 학생들보다 아시아계 학생들의 학급 기여에 가치가 적다고 보는 것 같다. 텍사스 대학의 견해로는 분명히 "인종간 이해를 높이고, 인종사이의 고정관념을 깨뜨리고, 다른 인종을 더 잘 이해하도록 하는데 있어서 아시아계 미국인은 히스패닉만큼 큰 가치가 없다." 다수의견은 텍사스 대학이 자체 조사에 의존하는 것을 대학이 (아시아계 미국인에게 피해를 주는 인종 차별을 포함하여) 인종 차별 필요성을 "주의 깊게" 가늠하는 증거로 신뢰함으로써 이 견해를 지지하는 효과를 거두고 있다.

다수의견과 5항소법원이 모두 텍사스 대학의 학급 조사에 의존한 반면, 텍사스 대학의 학급에서 아시아계보다 히스패닉이 더 많이 대표되고 있다는 사실을 완벽하게 무시하고 있다. 실제로 그들은 마치 아시아계 미국 학생들을 거의 언급하지 않음으로써 이들이 존재하지 않는 것처럼 행동하고 있다.[54] 지방법원은 아시아계

53) 텍사스 대학의 인종에 기초한 정책이 아시아계 학생들을 차별하지 않는다는 다수의견의 주장은 수학법칙에 어긋난다. 텍사스 대학의 프로그램은 다른 지원자들보다 흑인과 히스패닉 학생들을 입학시 우대함으로써 이들 수를 늘리려고 분명히 계획되었다. 자리가 제한되어 있어서, 흑인과 히스패닉 학생들을 우대함으로써 우대를 받지 못한 학생들은 수가 줄어들어 불가피하게 피해가 생긴다.

54) 특히 아시아계 학생들을 의도적으로 외면한 5항소법원은 매우 뻔뻔하다. 예컨대 항소법원의 주요 논거 중의 하나이자 텍사스 대학이 서면과 변론에서 반복하여 강조한 것은, 백인과 흑인 및 히스패닉의 대학입학자격시험 점수 차이를 볼 때, 인종 우대가 없다면 종합 심사 입학은 모두 백인학생들이 유리하게 된다는 것이다. 이렇게 판시하면서 항소법원은 아시아계 미국인들을 말하지 않았다. 빠트린 이유는 분명하다. 5항소법원이 이러한 판시 내용을 위해 의존한 바로 그 자료와 쪽에 나와 있듯이, 종합심사를 거쳐 입학한 아시아계 학생들은 모두 백인 입학생들보다 대학입학자격시험 점수가 높다. 5항소법원이 고의로 분석과정에서 아시아계 미국인들을 뺀 것은 아시아계를 참조하는 내용을 빼거나 그들을 "기타"로 잘못 분류한 판결문 부록에서도 분명하다. 텍사스 대학이 아시아계 지원자들을 다룬 현실은 5항소법원이 말하려고 하는 훌륭한 내용과 맞지 않는다.

학생들에 대한 텍사스 대학 정책의 영향을 인정하였다. 그러나 지방법원은 이 영향을 털어버리고 놀랍게도 선호하는 인종과 민족 집단을 텍사스 대학이 고르고 뽑을 수 있다고 결론 내렸다. 지방법원에 따르면 "그루터 판결은 대학이 모든 소수 집단을 똑같이 우대하도록 요구하지 않았고," 텍사스 대학은 "인종을 고려할 때 어느 소수 집단이 혜택을 받아야 하는 지를 결정할 재량권을 행사할 수 있다."

특히 교육에서 아시아계 미국인들을 차별해 온 오랜 역사에 비추어 볼 때, 텍사스 대학의 입학절차에서 이러한 아시아계 후손 학생들에 대해 차별을 허용하려는 법원의 뜻은 특별히 곤란하다. 간추리면 "법원이 되풀이하여 특정한 소수자들의 우대를 허용하는 동안, 오늘 승인된 차별정책은 텍사스 대학에서 우대 집단에 들지 않은 아시아계 학생들을 배제하기 위해 작동되어 왔다는 점이 강조되어야 한다." Metro Broadcasting, 497 U.S., 632 (케네디 대법관 반대의견)

다수의견은 텍사스 대학에서 아시아계 학생들이 과다 대표되고 있기 때문에 아시아계 학생들 차별은 무해하다고 본 것 같다. 그러나 "역사로부터 더 큰 겸손함을 배워야 한다." Metro Broadcasting, 497 U.S., 609 (오코너 대법관 반대의견). 무해하다는 판단은 인종을 바탕으로 특정 시민들에게 가해진 정치적으로 수용가능한 부담이 합리적이라는 현 세대의 결론을 받아들이고 있음을 보여줄 뿐이다. 이 사건에서처럼 정부가 인종에 근거한 차별이 필요한 이유를 거의 설명하지 못할 때, "어떤 분류가 무해한지… 그리고 어떤 분류가 실제 열등한 인종이라는 잘못된 개념에 따른 것인지 또는 단지 인종 정책에 따른 것인지를 결정한 방법이 없다." 텍사스 대학이 엄격 심사를 통과했다는 증거로 학급 조사를 받아들임으로써, 다수의견은 "분리되나 평등한"에서 '불평등하나 무해한'으로 옮기고 있다. Metro Broadcasting, 638 (대법관 케네디 반대의견)

텍사스 대학이 아시아계 학생들을 차별하고 있다는 증명에 더하여 학급 조사 결과는 몇 가지 엉성하고, 지나치게 단순한 인종 및 민족 범주를 사용하고 있음을 보여주고 있다. 텍사스 계획에 따르면 우대받거나 우대받지 못한 집단은 넓고 매우 다양한 배경을 가진 학생들로 이루어져 있다. "이러한 유형의 엉성한 방법은 학생들을 인종청구서로 만들 위험이 있다." 텍사스 대학이 그러한 방법에 의존하는 것은 학급 다양성 통계에 바탕을 둔 주장을 훼손하게 된다.

예를 들면 아시아계 미국인 학생들은 "중국인, 일본인, 한국인, 베트남인, 캄보

디아인, 흐몽인, 인도인, 그리고 대략 전세계 인구의 60%인 다른 인종"을 포함한다.[55] 이러한 모든 학생들이 비슷한 배경과 생각과 경험을 가지고 있어서 공유할 수 있다고 보는 것은 터무니없다. 그래서 텍사스 대학이 그들을 함께 묶어서 텍사스 학생들 구성에서 과다 대표되고 있기 때문에 아시아계 학생들 차별이 적절하다고 결론내릴 이유가 무엇인가? 텍사스 대학은 좋은 답을 갖고 있지 않다. 그리고 텍사스 대학은 말하자면 "필리핀계 미국인" 또는 "캄보디안계 미국인"의 최소 인원의 입학을 보장하는 노력을 하지 않았다. "아시아계 미국인들"의 숫자가 충분한 이상 텍사스 대학은 만족하는 것 같다.

텍사스 대학이 다양한 인종 및 민족 집단을 정의하지 못한 것도 드러났다. 텍사스 대학은 "흑인계 미국인," "히스패닉," "아시안 계 미국인," "미국 원주민," "백인"이 무성을 뜻하는지 밝히지 않았다. 그리고 텍사스 대학은 다른 집단에 속한 조상을 가진 개인들이 어떻게 분류되는지를 설명하지 않고, 학생 개인을 하나의 인종 또는 민족 집단에 속한다고 분류한 것이 명백하다. 인종 및 민족 편견이 멀어지면서, 더 많은 학생들이 텍사스 대학의 5가지 집단 중 하나 이상에 속하는 부모(또는 조부모)를 가질 것이다. 인구 통계 조사에 따르면, 스스로를 다인종으로 설명하는 사람들이 2000년에서 2010년까지 26%나 늘어났다. 최근의 조사를 보면 히스패닉의 26%와 아시아계 미국인의 28%가 다른 인종이나 민족의 배우자와 결혼한다고 한다.

텍사스 대학의 엉성한 분류는 빠른 속도로 통합된 나라가 되어 가고 있는 우리나라와 어울리지 않는다. 텍사스 대학은 만약 지원자가 스스로를 특정 인종이나 민족에 속한다고 말한다면, 그 지원자는 다른 집단의 구성원이라고 말한 지원자들과 다른 관점을 가질 것이라고 가정하고 있다. 그러나 반드시 그런가? 만약 한 지원자가 우대받는 집단에 속했던 조부모, 증조부모, 또는 고조부모가 있었다면, 텍사스 대학은 이 학생이 그 집단과 연관된 독특한 관점이나 경험들을 반영하여 학급에 기여할 것이라고 추론할 수 있는가? 텍사스 대학은 그렇게 말하지 않고, 지원자들이 스스로를 분류하는 것에 따른다고 말한다. 이것은 지원자들이 제도를

55) 이 집단이 전부든 일부든 아랍, 아르메니아인, 아제르바이잔인, 조지아인, 쿠르드인, 페르시안, 테키 조상을 가진 지원자들을 포함하는지, 그러한 지원자들이 백인으로 간주되는지는 누구도 모른다.

가지고 장난치게 만든다.

마지막으로 학급 다양성의 부족이 텍사스 대학 학생들 구성에서 우대받는 집단의 대표이외의 다른 부분에 일부 기여할만한 점이 있다는 것은 분명하다. 텍사스 대학에는 넓은 범위의 과목에서 매우 많은 학급이 있고, 대학생들에게 학급을 선택하는 넓은 재량권을 주고 있다. 또한 우대를 받도록 설계하여 소수인종 집단에 속한 학생들의 관심을 끌 수 있는 과목도 있는데, 물론 이 때문에 이들 학생들이 등록할 수 있는 다른 과목의 수가 줄어든다. 사실상 학급 다양성이 부족해지는 대학의 제도를 설계하고서, 바로 이 때문에 헌법이 거의 허용하지 않는 인종 및 민족 차별의 정당성을 제공한다고 텍사스 대학이 주장하는 것은 매끄럽지 못하다.

3

텍사스 대학이 의도하는 "인종간 다양성"이나 "다양성 속의 다양성"의 이익도 충분하지 않다. 이 주장은 상위 10% 제도에 따라 입학한 흑인과 히스패닉 학생들에 대해 매우 다르거나 모자란 것이 있다는 근거없는 추정에 바탕을 두고 있다.

이 소송을 통하여 텍사스 대학은 인종간 다양성 필요에 관한 입장을 자주 바꿨다. 처음에 2004년 제안에서 텍사스 대학은 이 필요성을 전혀 들지 않았다. 그보다는 그 제안은 "다양성의 혜택을 제공하는 대학의 역량과 관련이 있다고 결론내린 두 가지 기준-학급 다양성과 인구통계상 격차-을 조사했다." 그 기준은 흑인과 히스패닉 숫자만을 보았고 각 집단내의 다양성을 보지 않았다.

그러나 5항소법원 항소심과 연방대법원에서 텍사스 대학은 인종간 다양성 주장을 강조하기 시작하였다. 텍사스 대학은 상위 10%법에 따라 입학한 소수인종이 다수인종과 소수 인종 학교들이 몰려 있는 텍사스의 특정 지역에서 배출되었기 때문에 폭넓게 다양한 계층을 모으려는 자신들의 노력을 막고 있다고 불평하였다. 이 학생들은 가난하고 어려운 가족들과 사는 경향이 있고, 텍사스 대학은 과소 대표되고 있는 소수인종 집단 내에서 폭넓은 다양성을 얻는 실질적인 재량을 주는 제도를 선호하였다고 주장하였다. 특히 텍사스 대학은 특권계층의 흑인과 히스패닉 학생들이 더 필요하다고 주장했다. 그래서 상위 10%법이 바람직하지 못한 유형의 흑인과 히스패닉 학생들을 입학시키는 잘못이 있다는 것이다.

5항소법원은 환송심에서 성적이 좋은, 백인이 다수인 고등학교로부터 소수인종 학생들을 입학시킬 필요성이 있다는 텍사스 대학의 주장을 옹호하면서 이 주장을 받아들였다. 5항소법원에 따르면, 이처럼 특권계층에 속한 소수인종은 "상위 10% 법에 따라 입학한 학생들, 즉 가끔은 매우 격리되어 있고, 예산이 부족하며, 성적이 좋지 않은 학교에서 온 학생들이 갖지 못한 관점을 보여준다." 예를 들면 법원은 특권 계층에 속하는 소수 인종은 그렇지 못한 계층의 학생들보다 "더 많은 준비를 하고 있고 더 어려운 텍사스 오스틴 대학 학부에 입학할 가능성이 많기 때문에 독특한 방식으로 학생 구성의 다양성을 풍부하게 할 수 있다."고 판단했다.

놀랍게도 텍사스 대학은 부유한 소수인종을 찾고 있다는 식으로 자신의 주장을 상고인이 왜곡했다고 주장하고 있다. 그 주장은 피셔 I 사건의 서면과 구두 변론에서 텍사스 대학이 한 과거의 말과 맞지 않는다. 게다가 텍사스 대학이 비록 주장을 바꿨지만, 여전히 특권 계층의 소수인종을 입학시킬 적극 조치가 필요하다고 주장한다. 예를 들면 텍사스 대학은 변론서에서 "안도버 지역에서 높은 성적을 거둔 흑인 학생"을 입학시킬 이익을 강조했다. 비슷하게 구두 변론에서 텍사스 대학은 "만약 모든 소수 인종 학생들이 사회 경제적으로 가난한 계층으로부터 온다면 다양성의 교육 혜택에 관한 이익은" 얻지 못할 것이라고 주장했다.

결국 텍사스 대학의 인종 다양성 이론은 상위 10% 제도에 따라 들어온 흑인과 히스패닉 학생들이 "성적이 낮은, 특정 인종이 많은 학교"에서 오기 때문에 뭔가 잘못되었다는 근거 없는 추정에 바탕을 두고 있다. 결국 텍사스 대학은 법원에 증거도 없이 "상위 10% 법에 따라 입학한 소수인종이… 종합 심사에 따라 입학한 학생들보다 더 균질하고 활력이 적으며, 바람직스럽지 못하게 뒤떨어졌다고 추정"해주기를 요청하고 있다. 그리고 텍사스 대학의 추정은 상위 10% 제도에 따라 입학한 흑인과 히스패닉 학생들은 많은 백인과 아시아계 학생들과 경쟁할 필요가 없었기 때문에 들어온 것이라는 치명적인 고정관념에 바탕을 두고 있는 것 같다. 이것이야말로 "평등 보호 조항이 금지하고 있는 낡은 추정"이다. 텍사스 대학은 "인종 고정관념을 증거로 바꿔치기하거나 인종 편견을 논리로 바꿔치기"하려고 함으로써 증명책임을 다할 수 없다.

고정 관념 외에 특권 계층의 소수인종을 입학시키는 인종 우대가 필요하다는 텍사스 대학의 주장은 차별 철폐 조치의 개념을 뒤집어 놓고 있다. 차별철폐조치가 처음 채택되었을 때, 불이익을 받았던 사람들을 도와주는 목적을 갖고 있다.

Bakke, 438 U.S., 272-275 (대법관 파웰 의견) (학교의 차별철폐 제도는 "경제나 교육상 불이익을 받은 지원자들의 대표성을 늘리기 위해" 설계되었다). 이제 우리는 가난하고 불이익을 받은 소수인종 학생들을 입학시켰던 제도가 더 운좋은 학생들의 이익을 위해 작동하지 않기 때문에 부당하다는 말을 듣고 있다. 이것은 제멋대로 하는 차별 철폐조치이다.

상위 10% 제도에 따라 입학한 소수인종의 사회 경제적 지위에 관한 텍사스 대학의 추정은 더욱 맞지 않다. 부모의 교육수준을 예로 들어보자. 2008년 상고인이 텍사스 대학에 지원했을 때, 텍사스에서 25살 이상의 약 79%가 고등학교 졸업을 하였고 17%가 학사학위, 8%가 석사 또는 전문 학위를 갖고 있었다. 반면에 상위 10% 제도에 따라 들어온 흑인의 96%는 고등학교를 졸업한 부모가 있었고, 59%는 학사 학위, 26%는 석사 또는 전문 학위를 가진 부모였다. 상위 10% 제도에 따라 들어 온 히스패닉 학생의 83%는 고등학교를 졸업한 부모가 있었고, 42%는 학사 학위, 21%는 석사학위나 전문 학위를 가진 부모였다. 텍사스 대학이 가난한 사회경제 계층 출신이라고 본 소수인종 학생이 일반적으로 텍사스 평균을 넘는 수준의 교육을 받은 집에서 왔다는 것을 이 통계가 보여준다.

또한 수입 정도를 보자. 2008년 텍사스의 연평균 중간 가계 소득은 49,453불이었다. 상위 10% 흑인과 히스패닉 입학생들의 가계 소득 수준은 같았다. 그 입학생들의 절반가량은 텍사스 평균이하의 가계출신이였고, 절반은 평균이상의 가계출신이었다. 그리고 이 입학생들 중 많은 수는 텍사스 평균을 훨씬 넘는 소득을 올린 가계출신이었다. 구체적으로 2008년에 상위 10% 제도에 따라 입학한 흑인의 25%와 히스패닉의 27%는 8만불을 넘는 소득을 올린 집에서 자랐다. 이 증거에 비추어 보면 텍사스 대학의 실제 주장은 소수인종 입학생들이 텍사스 주의 인구비율을 대표하는 것을 보장하기 위해 차별 철폐조치가 필요하다는 것이 아니다. 텍사스 대학은 평균 텍사스 가정보다 더 부유하고 교육수준이 높은 소수인종 가정출신이 입학하는 것을 보장하기 위해 차별철폐조치가 필요하다는 주장이다.

상위 10% 제도에 따라 입학한 소수인종 학생을 깎아내리기 위해 사회 경제적 지위를 잘못 이용하고 있을 뿐만 아니라, 텍사스 대학은 그러한 학생들이 학업능력이 떨어진다고도 주장한다. 텍사스 대학은 "종합심사에 따라 입학한 흑인과 히스패닉 학생들은 평균하여 상위 10% 입학생들보다 대학입학자격점수가 높다."고 주장한다. 그 결과 높은 대학입학자격시험점수를 가진 학업성적이 뛰어난 소수인종 학생들을 입학시키기 위해 인종을 의식한 입학이 필요하다고 주장한다. 유감스럽게도 다수의견은 이 주장을 받아들인 것 같다. 16("평등 보호 조항은 대학들에게 다양한 학생 구성과 학업 능력이 뛰어나다는 명성 중에서 선택하기를 강요하지 않는다.")

이 주장은 여러 이유로 잘못이다. 첫째, 상위 10% 소수인종 입학생들이 종합심사 입학생들보다 학업능력이 떨어진다는 것은 진실이 아니다. 텍사스 대학의 총장은 2000년에 "고등학교 상위 10% 학생들은 다른 학생들보다 학과성적이 훨씬 높고, 고등학교의 학업능력은 (대학입학자격시험과 같은) 표준화된 시험의 점수보다 대학에서 성공할 가능성이 더 높다고 예측할 수 있는 지표이다."라고 설명했다. 기록상 통계는 2003년부터 2007년 사이에 해마다 상위 10% 법에 따라 입학한 텍사스 주 거주 흑인 신입생들이 다른 방법으로 입학한 사람들보다 평균하여 더 높은 성적을 거두었음을 보여준다. 히스패닉 학생들도 마찬가지다. 이러한 결론은 고등학교 학업 성적이 대학입학자격시험점수보다 대학에서 성공할 가능성이 더 높다고 예측할 수 있는 지표임을 보여주는 전국의 조사결과와도 맞는다.

텍사스 대학이 고등학교와 대학에서 뛰어난 성적을 거둔 가난하고 불이익을 받은 흑인과 히스패닉 학생들에게 만족하지 못하는 이유로 가끔 인종 및 문화의 편견을 반영한다고 비판받아온 대학입학자격시험을 이용하는 것도 모순이 적지 않다. 비록 대학입학자격시험이 그러한 편견(나는 그 점에 관한 견해를 낼 준비가 되어 있지 않다)을 반영하지 않는다 하더라도 대학입학자격시험은 부와 분명히 상관관계가 있다.

텍사스 대학은 학업에서 성공할 수 있는 학생들을 입학시키는데 중대한 이익을 갖고 있다. 그러나 입학생들의 대학입학자격시험 점수를 최대한 활용하는 중대한 이익을 가진 것으로 이어지지 않는다. 약 850개의 4년 학위 기관은 입학절차에서 대학입학자격시험점수를 요구하지 않는다. 여기에는 많은 훌륭한 대학이 들어 있다.[56)]

---

56) 캘리포니아 공과대학 등 참고서면 15(조지 워싱턴 대학의 경험을 보면 표준화된 시험 점수는 지원자에 관하여 밝혀줄 수 있는 것이 매우 제한되어 있다고 생각되어, 대학이 최근 그 요건을 모두 없애버렸다), 아메리칸 대학, 아리조나 주립대학, 보든 대학, 브랜다이스 대학, 브라이언 메이어 대학, 성 십자가 대학, 조지 워싱턴 대학, 뉴욕 대학, 스미스 대학, 템플 대학, 웨이크 포레스트 대학.

인종 다양성이 특권 계층의 소수인종이나 높은 수학능력점수를 받은 소수인종을 입학시키는 일 외에 다른 것을 말한다면, 텍사스 대학은 그러한 이익을 명확하게 정의하지 못했다. 텍사스 대학은 스스로가 바라는 "특이한 양적인 다양성을 가진 소수인종 학생들을 입학시키기 위한 구체적인 목표를 제시하지 못했다." 758 F. 3d, 669(가르자 판사 반대의견). 뿐만 아니라 텍사스 대학은 어떤 특성, 견해, 삶의 경험이 상위 10% 제도에 따라 입학한 흑인과 히스패닉 학생들에게 부족한지를 특정하지 못했다. 실제 텍사스 대학은 자동으로 입학한 소수인종 학생들을 종합적이고 양적으로 평가하지 않았기 때문에, 어떤 특성이 빠졌는지를 알 방법이 없다. 나아가 텍사스 대학은 "정의되지 않은 양적인 다양성이라는 대학의 목표에 가능하다면 언제 이를 수 있는지"를 확인하지 않았다. 텍사스 대학의 인종간 다양성 논리는 너무 부정확해서 엄격심사분석을 할 수 없다.

마지막으로 텍사스 대학이 인종 다양성에 대학 입장을 바꾼 사실과 제안서에서 인종간 다양성이 강조되지 않았다는 사실은 "차별하는 분류에 들어 있는 실제 목적"이 아님을 암시한다. 그보다는 부정확한 합리화로 보인다.

4

텍사스 대학과 다수의견은 소수 학생들 사이의 "외로움과 소외감"을 피하는 이익을 주장하고 있다. 이 주장을 뒷받침하기 위해 인구 통계 자료와 일부 학생들(얼마나 많은 학생들인지 듣지 못했다)이 소외감을 느낀다는 텍사스 대학 직원의 입증되지 않은 진술만을 들고 있다. 이러한 모호한 이익은 엄격심사를 넘을 수 없다.

만약 텍사스 대학이 소외를 피하기 위해 인구 통계상의 균형을 찾는다면, 그것은 허용될 수 없는 인종 균형이다. 그리고 인종의 외로움과 소외를 주의 인구 통계로 연결하는 것은 비논리적이다. 예를 들면 흑인학생이 20%가 흑인인 대학에 들어간다고 상상해보자. 만약 인종 소외가 주의 인구 통계와 비교해서 판단된다면, 그 학생은 만약 대학이 몬타나(0.4%가 흑인)에 있는 학교보다는 미시시피(37%가 흑인)에 있는 대학에서 더 소외감을 느낄 것이다. 그러나 현실은 학생은 흑인이 인구 구성상 대체로 많은 미시시피에서 소외감을 덜 느낄 것이다.

반면에 만약 주의 인구 통계가 인종 격리를 피하기 위한 텍사스 대학의 이익을 뒷받침하지 않는다면, 아시아계 학생들의 대우를 이해하기 어렵다. 지방법원은 "텍사스 대학에 들어 온 히스패닉 전체 학생수는 아시아계 전체 학생 수보다 많다." 예컨대 2008년에 텍사스 대학에 1,338명의 히스패닉 신입생이 들어왔고 1,249명의 아시아계 신입생이 들어 왔다. 학생 분포에서 아시아계 보다 히스패닉 학생이 더 많음에도 불구하고 텍사스 대학은 아시아계 학생이 아니라 왜 히스패닉 학생들이 입학 우대를 받을 만큼 소외되고 외로운지를 설명하지 못했다. 텍사스 대학 직원의 입증되지 않은 진술은 히스패닉이 아시아계보다 더 외롭다는 것을 밝히지 않는다.

결국 텍사스 대학은 인종 소외를 막는 이익을 분명하게 설명하지 못했고, 그러한 소외가 더 이상 존재하지 않을 때는 어떻게 알 것인지를 확인하는 명확한 지침을 제시하지 못했다. 텍사스 대학이 의도하는 인구통계상의 균형 이익처럼, 학급 다양성, 그리고 인종간 다양성, 인종 소외를 피하는 이익으로 인종 우대가 정당화될 수 없다.

D

그루터 판결에 따라 다양성의 교육 혜택에 관하여 포괄적인 이익을 들면 된다는 텍사스 대학의 주장이 옳다고 가정해도, 정밀하게 맞춰지지 않았기 때문에 여전히 엄격심사를 넘지 못한다. 정밀한 맞춤은 "대학이 인종 분류를 사용하지 않고 충분한 다양성을 얻을 수 있는지에 관한 신중한 사법상의 질문"이 필요하다. "만약 비인종 방법이 실질적인 이익을 향상시킬 수 있고 실행비용을 감당할 수 있다면," 대학은 인종을 고려하지 못한다. 인종을 고려하지 않는 종합 심사가 적어도 인종에 기초한 정책만큼 텍사스 대학의 목표를 이룰 수 없다고 볼 증거는 없다. 또한 텍사스 대학은 목표를 이루기 위해 구제 노력을 강화하거나, 상위 10% 법의 제한을 풀거나, 사회 경제 요소에 더 큰 비중을 두는 등 다른 방법을 채택할 수도 있었다.

다수의견은 이러한 대안이 모두 "대학이 구하고 있는 다양성의 혜택을 얻기 위한 수단으로 기능할" 수 없다고 보고 있다. 그러나 다수의견은 가장 분명한 인종중립 대안, 즉 지원자의 특이한 개성과 상황을 고려하는, 인종을 보지 않는 종합 심사에 대해서만 한 하나의 결론적인 문장만을 남기고 있다.[57] 상위 10% 제도와

57) 다수의견은 인종을 보지 않는 종합 심사는 1996년부터 2003년까지 텍사스 대학이 시도했으나 실패했기 때문에 활용할 수 있는 대안이 아니라고 보고 있다. 그러나 다수의견은 텍사스 대학의 이전 제도가 실패했다고 결론내린 근거를 설명하지 않았다. 우리는 다수의견이 어떻게 성공

인종을 보지 않는 종합 심사를 결합하는 제도에서도 텍사스 대학은 "날마다 훈련과 연습으로 성적이 나쁜 유명 선수나 음악가, 인문 과목에서 평균 성적을 유지하는데 어려움을 겪는 재능있는 젊은 생물학자, 1학년 때는 집안의 위기 때문에 성적이 나빴지만 3년간 열심히 공부한 학생"을 입학시킬 수 있다. 이러한 특이한 상황은 인종을 입학절차에 넣지 않고도 고려될 수 있다. 텍사스 대학은 인종을 의식한 종합 심사가 인종을 보지 않는 종합 심사보다 다양성 목적을 더 효과적으로 이룰 수 있다는 증거를 대지 못하였기 때문에 엄격심사 기준이 부과한 무거운 책임을 다했다고 볼 수 없다.

텍사스 대학의 인종 우대가 목표를 이루기 위해 불필요하다는 사실은 텍사스 대학의 다양성에 미친 아주 적은 효과로도 밝혀진다. 2004년 인종이 입학 절차의 요소가 아니었을 때 상위10%에 들지 않는 신입생의 3.6%가 흑인이고 11.6%가 히스패닉이었다. 인종이 요소가 아니라 할지라도 적어도 같은 비율의 흑인과 히스패닉 학생들이 2008년 종합심사를 통해 입학할 수 있어야 맞을 것이다. 만약 그 추정이 옳다면 2008년에 15명의 흑인과 18명의 히스패닉 학생들(텍사스 고등학교에서 온 전체 신입생들의 각기 0.2%와 0.3%)에게만 인종은 결정적인 요소였다.[58)]

다수의견은 "인종 고려는 입학 결정의 작은 부분에서만 영향을 미친다는 사실이 위헌의 증거가 아니라, 정밀한 맞춤의 특징이 되어야 한다."고 판시한다. 이 내용은 이 법원의 선례와 직접 모순된다. 왜냐하면 인종 분류는 "매우 의심스런 도구"이고, 마지막 수단으로만 채용되어야 하기 때문이다. 이 사건처럼 인종 우대가 소수인종 입학에 작은 영향을 미친 경우, 인종 중립 대안도 같은 결과에 이를 수 있다. Parents Involved, 551 U.S., 733-734 (학교 지구의 인종 분류의 아주 적은 효과는

여부를 측정했는지, 인종을 의식한 제도가 인종 중립 종합심사보다 더 효과적으로 텍사스 대학의 목표에 다다를 수 있을 것인지를 어떻게 알 수 있는지를 듣지 못했다. 그리고 다수의견이 "변화하는 상황에 비추어 엄격심사의 증명 책임을 다하기 위한 텍사스 대학의 계속되는 의무"를 강조하였다 할지라도, 인종을 보지 않는 종합 심사를 배척한 것은 전적으로 5년간 상고인의 소송 중 과거의 증거에 의존하고 있다.

58) 2008년에 텍사스 고등학교에서 온 1,208명의 신입생은 상위 10% 제도를 거치지 않고 입학하였다. 2004년의 통계를 바탕으로 만약 대학이 2008년에도 인종 중립 종합 심사를 했다면 이 학생들의 3.6%(43명)는 흑인일 것이고 11.6%(140명)는 히스패닉일 것이다. 인종을 의식한 종합 심사에 따라 텍사스에서 58명의 흑인 신입생과 158명의 히스패닉 신입생이 2008년에 입학하였고, 흑인 학생은 15명, 히스패닉 학생은 18명만이 늘었다. 그리고 만약 이러한 소수의 증가인원을 텍사스 고등학교에서 들어 온 신입생 전체 수(6,322명)로 나눈다면, 0.2%와 0.3%가 된다.

그러한 분류를 사용하는 필요성에 의문을 남기고 목적을 이루기 위한 다른 수단이 효과가 있을 것이라고 판시). 대법관 케네디가 한 때 적절하게 말했듯이, "영향받는 학생들이 적다는 것은 학교가 다른 수단을 통해 그 목적을 이룰 수 있다는 것을 시사한다." 그리고 이 사건에서 인종 중립 대안은 쓸데없이 수만명 지원서류의 겉표지에 인종을 표시하지 않거나 학생들에게 스스로를 인종으로 분류하도록 요청하지 않고 텍사스 대학의 목적을 이룰 수 있다.

Ⅲ

다수의견은 "인종 특성이 불평등한 대우의 근거가 거의 되지 못하기 때문에, 입학절차가 엄격심사를 통과할 수 없으면 대학이 인종을 고려하지 못한다."고 인정하고 있다. 다수의견은 증명책임이 텍사스 대학에 있고 "인종을 의식하는 계획으로 가기 전에는 다양성의 교육혜택을 얻지 못했다는 점을 밝힐 무거운 책임이 있다"고 인정하였다. 그리고 다수의견은 이 사건 기록상 "그 계획에 따라 대학 입학이 보장된 학생들에 관한 정보가 거의 없고, 그래서 법원은 상위 10% 성적만으로 입학한 학생들이 다양성에 대한 기여에서 종합 심사에 따라 입학한 학생들과 어떻게 다른지를 알 수 없었다." 이로써 사건을 끝내서는 안된다. 이미 인종 중립 절차에 따라 입학시킨 흑인과 히스패닉 학생들에게서 얻지 못한 것이 무엇이었는지 확인하지 않고, 인종에 기초한 입학을 허용하는 것이 흠을 어떻게 바로잡을 수 있는지 보여주지 않고는, 텍사스 대학은 인종을 의식한 절차가 정밀하게 맞춰졌다고 증명할 수 없다.

그러나 왠지 다수의견은 인종 차별을 이용하는 결정을 정당화하는 증거를 텍사스 대학이 내지 못한 결과로써 상고인 패소 결론을 내렸다. 말하자면 법원은 마치 상고인이 증명책임을 지는 것처럼 분석하고 있다. 그러나 인종의 고려가 위헌이라는 점을 증명하는 책임이 상고인에게 있지 않다. 기록상 증거가 불충분한 점에서 텍사스 대학에 책임이 있다. 왜냐하면 특히 이 사건처럼 요약 판결에서 법원이 상고인에게 가장 유리하게 사실을 보도록 하는 경우, "법원이 정부의 조치를 엄격 심사 대상으로 삼을 때, 모호함을 주에게 유리하게 해석할 수 없다." Parents Involved, 786 (대법관 케네디 의견)

텍사스 대학이 증명책임을 지므로, 텍사스 대학이 증거 부족을 이유로 승소하여야 한다는 주장을 결코 할 수 없다. 대신에 텍사스 대학은 "만약 법원이 입학

정책의 합헌성에 의문을 남기는 흠이 기록상 있다고 믿는다면, 답은 요약판결이 아니라 사실심리를 명하는 것"이라고 주장하고 있다. 그럼에도 불구하고 다수의견은 3가지 이유를 엄격 심사의 정상 기준을 깨뜨리기 위해 인용하고 있다.

A

첫째, 법원은 "보통의 사건에서는 추가 사실확인을 위해 지방법원에 환송하여 증거부족을 메울 수 있겠지만, 이 사건에서는 상고인의 지원이 거절되었을 때, 상위 10%제도와 종합 심사 방식이 결합된 텍사스 대학의 입학제도는 3년간 시행되었다. 그래서 추가 사실 확인은 거의 의미가 없을 것"이라고 판시하였다. 이러한 이유는 위험하게도 옳지 않다. 평등보호조항은 인종 차별에 대한 3년간의 유예기간을 주지 않는다. 엄격심사에 따라 텍사스 대학은 3년 또는 더 지나서가 아니라 시행하기 전에 인종을 바탕으로 한 입학제도가 중대한 이익을 얻기 위해 필요하였다는 증거를 제출하여야 한다. 텍사스 대학이 인종 우대를 사용해서 문제를 풀기 전에 인종우대가 필요하다는 실제 증거를 내지 못한 것은 인종을 입학절차에 넣으려는 결정이 그루터 판결에 대한 반사적인 반응이었고,[59] 텍사스 대학은 인종 중립 방법이 인종에 기초한 절차만큼 목표를 이룰 수 있는지를 깊이 있게 검토하지 않았음을 보여준다.

B

둘째, 텍사스 대학의 증거부족을 눈감아주기 위해 법원은 "텍사스 대학이 상위 10% 제도를 바꿀 권한이 없기 때문에, 특히 피셔 I 판결이 인종을 의식한 심사를 채용한 학교에 엄격심사 책임의 엄중함을 명확하게 밝히기 몇 년 전에 그 제도에 따라 입학한 학생들이나 제도에 관한 많은 자료를 갖고 있을 이유가 없었다."고 보았다. 그러나 텍사스 대학은 엄격 심사에 따라 인종 차별을 정당화하는 책임을 지고 있다는 것을 오래전부터 알고 있었다. 이러한 부담에 비추어 보면, 텍사스 대학은 상위 10% 제도에 따라 입학한 학생들의 자료를 가지고 있어야 할 이유가 너무 많다. 그러한 자료가 없으면 텍사스 대학이 어떻게 상위 10% 입학생들에게 부족한 특성을 확인하여 인종을 의식한 입학제도를 통해 얻을 수 있겠는가? 텍사

59) 텍사스 대학의 총장은 그루터 판결이 발표되고 몇 시간만에 인종을 의식한 입학절차로 돌아가겠다고 약속했다는 것을 상기하라.

스 대학이 어떻게 인종에 기초한 입학절차를 채택하는 것이 예컨대 상위 10% 제도 확대보다 대학의 목표를 더 잘 달성할 수 있다고 결정할 수 있겠는가? 텍사스 대학은 상위 10% 제도에 따라 입학한 학생들을 조사하지 않고 그러한 결정을 할 수 없을 것이다. 그렇게 하지 못한 것은 텍사스 대학이 인종의 이용이 실제 필요할지를 검토하지 않고 인종에 기초한 입학절차를 생각없이 채택했다는 것을 밝혀준다. 이것은 다수의견이 말하듯이 법에 따르기 위한 선의의 노력이 아니다.

다수의견이 증거를 내지 못한 것을 눈감아주는 근거로 텍사스 대학의 "선의"를 인용하려는 의도는 텍사스 대학에 선의가 없었다는 점에서 특히 부당하다. 텍사스 대학은 피셔 I 사건에서 입학정책을 설명했는데 그 설명이 불완전하였다는 사실이 드러났다. 텍사스 대학은 입학과정에 관한 독립 조사에서 설명했듯이, 2014년에 전 입학 담당자가 문제를 제기할 때까지 공공의 심사를 회피한 은밀한 입학제도를 유지했다. 오랫동안 비밀 절차에서 대학 담당자들은 정상적인 종합 심사에서 자주 벗어나 기부자, 졸업생들, 주의회 의원들, 대학위원회, 대학 교직원들과 같은 정치적으로 연관된 개인들의 자녀들과 다른 사람들이 입학생들 평균점수보다 낮은 성적과 대학입학자격시험점수에도 불구하고 텍사스 대학에 입학하도록 허용하였다.

이 은밀한 절차에 참여한 텍사스 대학의 담당자는 고의로 기록을 거의 남기지 않았고 있던 자료도 없앴다. 그리고 이 소송 중에 텍사스 대학은 집안이 좋은 지원자들을 어떻게 다루었는지에 대해 솔직하지 못했다. 공중과 법원의 눈을 가리려는 텍사스 대학의 분명한 시도에도 불구하고, 다수의견은 "텍사스 대학이 가진 선의의 전문성에 만족하려고 한다." 그루터 판결, 394 (케네디 대법관 반대의견)

다수의견의 판시내용에도 불구하고 텍사스 대학은 "학급 성적만으로 입학한 학생들이 종합 심사로 입학한 학생들과 다양성에 대한 기여에서 어떻게 다른지"에 대해 많은 정보를 가지고 알아보아야 했었다. 텍사스 대학은 상위 10% 제도로 들어온 학생들과 종합 심사로 들어온 학생들이 누군지 알고 있다. 그리고 이 학생들이 등록한 모든 학급의 자료를 갖고 있다. 텍사스 대학은 이 정보를 이용하여 상위 10% 소수인종 입학생들이 종합심사 입학생보다 다양성이 부족한 학급에 등록하는지 여부를 밝힐 수 있었다.

또한 텍사스 대학은 상위 10% 제도로 들어온 학생들을 포함하여 모든 학생들의 전공 입학을 정할 목적으로 개인성취점수를 할당할 수 있다. 따라서 모든 학생들은 논술문, 추천서, 이력서, 고등학교 이수 과목, 과외 활동과 경험, 특별한 사정 소개서를 포함한 모든 지원서류를 내야 한다. 텍사스 대학은 이 서류들을 없애버리지 않는 한, 이것들을 이용하여 상위 10% 소수인종 학생들의 특이한 개인 특성을 종합심사 입학생들과 비교하여 상위 10% 입학생들이 실제 종합 심사 입학생들보다 바람직하지 못한지를 결정할 수 있었다. 이를 위해서는 텍사스 대학의 인력과 자원이 필요하겠지만 엄격 심사 기준과 관련된 모든 정보를 대학이 가지고 있다는 사실에 비추어 적절한 부담이다. 상고인에 비해 엄청난 예산을 쓰고 있는 텍사스 대학이 사실 확인 비용 부담 때문에 승소한다는 것은 이상한 논리다.

마지막으로, 나는 피셔 I 판결이 엄격 심사 기준의 엄정함을 분명히 하여 적용 법리를 크게 바꾸었다는 다수의견과 5항소법원의 의견에 동의하지만, 그 때문에 텍사스 대학이 무거운 책임을 다한 것으로 면책되지 않는다. 예를 들면 법원이 엄격 심사 기준의 엄정함을 명확히 한 다른 사건인 Adarand 판결에서, 법원은 판결이 일부 중요한 점을 변경했다고 인정했다. 515 U.S., 237. 그 결과 "판결에서 밝힌 원칙에 맞추어 추가 검토를 위해 사건을 되돌려 보냈다." 달리 말하면 법원은 법리의 변경에도 불구하고 정부는 판결이 밝힌 명확한 책임을 다해야 한다고 분명히 하였다. 법원은 엄격 심사 기준의 엄중함을 바꾸는 결정이 정부가 자동적으로 승소하는 것을 허용하였다는 개념을 받아들이지 않았다.

C

셋째, 다수의견은 이 소송이 몇 년 동안 이어졌고, 상고인이 이미 다른 대학을 졸업했으며, 텍사스 대학의 정책이 시간을 두고 바뀔 것이고, 이 사건은 앞으로의 지침이 거의 되지 못할 것이라고 적었다. 이러한 고려는 부주의하게 청구를 인용하기보다는 기각하는 쪽으로 기울었다. 그러나 그레이츠 판결, 251과 주1, 260-262를 보라(상고인들이 다른 대학을 졸업하기에 충분할 만큼 오랫동안 사건이 계류 중이었기 때문에 기각되어야 한다는 반대의견 주장을 배척); 282(스티븐스 대법관 반대의견). 이러한 고려는 어느 것도 이 사건과 관련이 없다. 다수의견은 단지 이 사건으로 지쳤다는 이유로 텍사스 대학편을 들 수 없다.

Ⅳ

이 사건에서 무엇이 본질이고 무엇이 본질이 아닌지를 이해하는 것이 중요하다. 텍사스 대학이나 다른 대학이 모든 인종 및 민족 집단의 학생들을 폭 넓게 대표하는 학생들을 구성하는 입학제도를 채택할 것인지는 본질이 아니다. 텍사스 대학은 이미 차별철폐조치가 없어도 효과적으로 보상해 왔다고 주장하는 인종 중립 제도를 가지고 있었고, 인종이나 민족 배경을 고려하지 않고 입학한 학생들의 다양성을 늘릴 수 있는 다른 조치를 취할 수도 있었다.

핵심은 대학 입학 담당자들이 차별이 왜 필요하고 차별제도가 "다양성의 교육 혜택"이라는 목적을 이루기 위해 어떻게 잘 만들어졌는지를 설명하거나 증명하지 않고, 체계적인 인종 차별을 단지 그 목적을 얻기 위해 필요하다고만 주장함으로써 그 차별이 정당하다고 할 수 있는지이다. 텍사스 대학이 인종을 바탕으로 한 차별 필요성에 대해 조리있는 설명을 하지 못했다 하더라도, 그리고 텍사스 대학이 일련의 근거없거나 인종에 관한 유해한 추측에 기대고 있다 하더라도 다수의견은 텍사스 대학이 무거운 책임을 다했다고 결론 내렸다. 이 결론은 놀랍게도 잘못이다.

텍사스 대학은 엄격 심사를 통과하지 못했기 때문에 나는 삼가 반대한다.

[사생활의 보호]

11. 텍사스주의 행정, 사법 공무원을 상대로 한 낙태제한법의 집행금지 청구

Whole Woman's Health v. Jackson

595 U.S._____(2021)

〈해 설〉

텍사스주는 2021년초 심장박동법을 제정하였는데, 응급처치상황이 아닌 한, 의사들이 태아의 심장이 뛴다는 사실을 알고 있다면 고의로 낙태하거나 낙태를 권유하는 행위를 금지하였다. 위 법은 법위반행위를 형사처벌하지 않는 대신, 민간인이 법위반행위의 금지 및 법정손해배상을 청구하는 방식으로 법이 집행되도록 규정하였다. 법위반행위에 대해서 텍사스 지역 내에서 누구나 어느 법원에서든 소송을 걸 수 있도록 하는 등 통상의 사법절차와 규범을 왜곡한 규정을 포함하고 있다. 상고인 낙태의료기관등은 심장박동법이 연방헌법위반이라고 주장하며 주법원 판사, 법원공무원, 주법무장관, 주의료위원회 이사 등을 상대로 법집행정지를 신청하였다. 피고들이 정당한 당사자 적격을 갖고 있는지가 이 사건의 쟁점이었다.

주법원 판사들은 법을 집행하지 않으므로 정당한 당사자가 아니며, 면허 관련 업무를 담당하는 주의료위원회 이사 등은 법을 집행하는 지위에 있으므로 정당한 당사자라는 점에는 모두 동의하였다. 그러나 법정의견은 주법원공무원이 주법원의 기능이 정지될 수 있다는 이유로, 형평법상 광범위한 금지는 허용되지 않는다는 이유로 주법무장관도 각각 피고적격이 없다고 판단하였다. 반대의견(대법원장 로버츠, 대법관 소토마요르)은 주법원공무원이 사건을 접수하여 사법절차가 진행되면 심장박동법에 따른 소송 위협으로 헌법상 권리행사를 위축시키는 체계에 편입되고, 주법무장관도 주의료위원회와 협력하여 법위반행위에 과태료를 부과할 수 있는 등 법집행에 관여하고 있다는 이유로 정당한 당사자라고 판단하였다.[60]

[대법관 고서치]

이 법원은 낙태 의료인들이 선례에 따라 최근 제정된 텍사스법의 집행정지를 신청할 수 있는지를 결정하기 위해 상고를 허가하였다. 우리는 그 신청은 일부 피고들에게 허용될 수 있지만 다른 피고들에게는 허용될 수 없다고 결론 내렸다.

I

올해 초에 텍사스는 심장박동법을 통과시켰다. 그 법은 응급처치상황이 아닌 한, "의사들이 태아의 심장이 뛴다는 사실을 알고 있다면 임신한 여성에게 고의로 낙태하거나 권유하는 행위"를 금지하고 있다. 그러나 법은 주 공무원들의 형사상 기소 또는 법집행조치를 허용하지 않고 있다. 대신에 법은 금지된 낙태를 시행하거나 도와주는 사람을 상대로 금지 및 법정손해배상을 청구하는 "민

---

60) 대법관 고서치가 법정의견을 작성하였고, 대법관 알리토, 카바노, 바렛은 모두 동의하고, 대법관 토마스는 Ⅱ-C를 빼고 참여하였다. 대법관 토마스는 일부 동조 및 일부 반대의견을 썼다. 대법원장 로버츠는 일부 동조 및 일부 반대 의견을 썼고 대법관 브레이어, 소토마요르, 케이건이 참여하였다. 대법관 소토마요르가 일부 동조 및 일부 반대의견을 썼고 대법관 브레이어와 케이건이 참여하였다.

간의 민사 소송"을 통하여 법을 집행하도록 하고 있다. §§171.207(a), 171.208(a)(2), (3). Planned Parenthood of Southeastern Pa. v. Casey, 505 U.S. 833 (1992) ("케이시 판결") 내용에 따라, 낙태의료인들은 법률상 책임이 인정되면 낙태하려는 여성들에게 "부당한 부담"이 된다는 항변이 허용된다. §§171.209(a)-(b).

법이 만들어진 뒤 여러 낙태의료인들은 법의 위헌성을 다투었다. 법집행 뒤 항변으로 다투게 될 조치를 기다리지 않고 법집행전 소송을 걸었다. 그들은 법이 연방 및 텍사스 헌법에 어긋난다는 확인을 구하기 위해 주법원에 14건의 소송을 제기하였다. 낙태의료인들은 일부 청구에서 승소하였다.

이 사건 상고인들을 포함한 다른 의료인들은 연방법원에 법집행정지를 청구하였다. 상고인들은 소장에서 법이 연방헌법을 어겼고 다음의 피고들에게 법집행조치를 금지하는 명령을 신청하였다. 주법원 판사인 오스틴 잭슨, 주법원 공무원 페니 클락슨, 주 법무장관 켄 팩스턴, 텍사스의료위원회 집행 이사 스테펜 칼튼, 텍사스 간호위원회 케서린 토마스, 텍사스 제약위원회 집행 이사 앨리슨 벤즈, 텍사스 보건위원회 위원장 세실 영, 그리고 유일한 민간인 마크 리 딕슨.

텍사스가 고용한 개별 피고들은 주권면제이론을 들면서 각하를 신청하였다. 유일한 민간인 피고 딕슨도 상고인들이 그에게 소송을 걸 적격이 없다며 각하를 신청하였다. 지방법원은 그 신청들을 기각하였다. 피고들은 연방제5항소법원에 중간항소하였다. 딕슨도 중간항소하였다.

상고인들은 법의 시행시기가 다가오므로 법원이 피고들 항소 사건의 본안판결시까지 법의 집행을 정지해 달라고 신청하였다. 항소법원은 상고인들의 신청을 받아들이지 않았다. 대신에 항소법원은 항소심 판결이 끝날 때까지 지방법원의 절차를 정지하는 명령을 하였다.

그 뒤 상고인들은 이 법원에 긴급구제를 신청하였다. 그들은 법집행을 금지하고 법의 시행일자가 다가옴에 따라 이틀 이내의 결정을 요청하였다. 대법원은 신청을 받아서 심리 가능한 짧은 기간에 현행법상 상고인들의 신청이 금지명령을 거부한 항소법원의 결정을 뒤집을 만한 충분하고도 정당한 근거가 없다고 결론내렸다.

그 결정 뒤 상고인들은 2번째 긴급구제를 신청하였다. 이번에는 항소법원의 판단을 기다리지 않고 피고들의 중간항소에 대한 판결 전에 상고를 허가해 달라고 요청하였다. 이 법원은 상고허가신청을 받아들여 신속한 서면 제출 사건으로 정하였다.

Ⅱ

이 법원이 항소심 판결 전 상고를 허가하였기 때문에, 우리는 결과적으로 항소법원과 같은 지위에 서 있게 되었다. 따라서 각하신청을 받아들이지 않은 지방법원의 결정을 다투는 피고들의 항소를 살펴보아야 한다. 중간항소처럼 우리의 심리는 대상이 되는 특정한 명령 및 이와 본질적으로 관련되어 있거나 의미 있는 심리에 필요한 법리로 제한된다. 이와 같은 예비단계에서 본안 문제-법이 연방헌법에 위반되는지-는 판단 대상이 아니다. 공공 정책의 문제로서 법이 올바른지도 마찬가지다.

A

우리는 주법원 판사, 주법원 공무원과 관련된 주권면제항소부터 살펴본다. 이 소송은 주법원의 판사와 공무원 한 사람씩을 피고로 삼았지만, 상고인들은 결국 모든 텍사스 주법원의 판사 및 공무원 집단을 상대로 한 소송이라고 설명하고 있다. 상고인들은 모든 주 공무원들이 이 사건 법 관련 사건을 접수하지 않고 판사들이 심리하지 않도록 금지하는 명령을 구한다고 한다.

그러나 곧바로 상고인들의 논리는 어려움에 부닥친다. 일반적으로 주는 수정헌법 제11조와 주권면제이론에 따라 소송에서 면제된다. Alden v. Maine, 527 U.S. 706, 713 (1999) 참조. Ex parte Young, 209 U.S. 123 (1908) ("영 판결")에서 이 법원은 전통의 형평 관행에 따른 예외, 곧 연방법원에 주의 행정 공무원을 상대로 연방법에 위반되는 주법의 집행을 금지하는 청구를 허용하는 예외를 좁게 인정했다. 영 판결 159-160. 그러나 영 판결에 따르면 이러한 전통적인 예외에 의해 연방법원이 주법원 판사들이나 법원공무원들을 상대로 금지명령을 발부할 수 없다. 대개 그들은 주법을 행정공무원처럼 집행하지 않고, 당사자들 사이의 다툼을 해결하는 일을 하고 있다. 주법원이 판결을 잘못한다면 상소가 전통의 구제방법이지, 주법원의 심리 금지를 명하는 명령이 아니다. 영 판결처럼 주법원이나 그 기능에 대한 금지명령은 우리 정부의 전체 연방 체계에 위반된다.

상고인들 논리의 문제는 그뿐만이 아니다. 헌법 제3조는 연방법원에 "대립 당사자들 사이에서 생긴 실제 다툼"만을 해결할 권한을 주었다. 주법원에 법집행 관련 소송을 제기한 당사자들은 상고인들을 상대로 한 청구인들일 수 있다. 그러나 그 사건을 접수하여 처리하는 주법원 공무원과 사건을 결정하는 주법원 판사들은 일반적으로 아니다. 법원공무원들은 사건이 들어오면 사건번호를 부여하여 처리하지 그 다툼에 당사자로서 참여하지 않는다. 판사들은 법의 의미나 연방 및 주 헌법에 맞는지에 관한 다툼을 해결하지 당사자들의 소송에 직접 참가자로서 다투지 않는다. "법에 따라 청구를 판정하는 판사와 법의 합헌성을 다투는 청구인 사이에 사건이나 다툼은" 존재하지 않는다. Pulliam v. Allen, 466 U.S. 522, 538, 주18 (1984) ("풀리암 판결")

그러면 구제의 문제가 있다. 텍사스 민사소송규칙은 법원 공무원들이 사건을 접수하여 사건번호를 부여하도록 명령하고 있다. 상고인들은 법원 공무원들이 본안을 판단하여 당사자의 청구를 거부하거나 사건의 실질을 살펴보도록 허용한 텍사스주법을 지적하지 않고 있다. 헌법 제3조는 연방판사들에게 주정부의 운영을 감독하여 텍사스 법원 공무원의 업무를 처음부터 다시 살펴보는 모호한 권한을 주지 않았다.

상고인들은 제한할 수 있는 기준을 말하지 않는다. 만약 연방 판사들이 주법원과 그 공무원들이 현재의 주법에 따라 당사자들 사이의 다툼을 처리하지 못하도록 금지할 수 있다면, 연방판사들이 주 법원과 그 공무원들이 다른 주법에 따른 당사자들 사이의 분쟁 심리와 처리를 막을 수 있겠는가? 그리고 만약 주법원과 그 공무원들이 현재 사건에서 헌법 제3조의 목적상 "반대 당사자"에 해당된다면, 해당되지 않는 경우는 언제인가? 상고인들은 만족스런 답변을 하지 못하고 있다.

다른 문제도 있다. 상고인들의 논리에 따르면 주법원공무원들이 각하에 해당하는 금지된 청구 목록을 모아야 하는가? 주법원이 그 소송들을 각하하기 전에 적법절차를 이행하기 위해 적용하여야 하는 질문들은 무엇인가? 주법원 공무원들 앞에 청구의 헌법상 흠결이 얼마나 많을지는 사건을 접수하는 법률상 위험을 높일 수 있다. 주는 공무원들을 위해 별도의 법률전문가를 고용해야 하고, 그 전문가들은 금지명령청구소송의 다음 대상이 되어야 하는가? 당사자가 의도적으로 위헌 청구를 담은 소장을 제출하여 주법원 공무원을 억지로 연방법원에 끌고 갔을 때, 공무원이 윤리적인 중립성 의무와 일치되게 스스로를 어떻게 방어할 수 있는가? 연방법원은 소장을 법원에 배달하는 집배원과 같이 소송에 잠재적으로 관련되어 있는 다른 업무를 수행하는 사람들을 금지시킬 수 있는가? 만약 법원이 이러한 방식으로 간다면 더 많은 문제가 나타날 것이다.

소수의견을 낸 동료 대법관들은 해답을 내놓지 않고 있다. 그들은 주법원 판사들이 사건 당사자들의 상대방이 아니기 때문에 이 소송에서 정당한 피고들이 아니라는데 동의하고 있다. (대법원장 로버츠 의견) 동시에 그들은 클락슨과 같은 법원공무원에 대해서는 이 사건이 진행되어야 한다고 말하고 있다. (대법원장 로버츠 및 대법관 소토마요르 의견) 그러나 그들은 그 결론에 이르기까지 여러 문제를 살펴보지 못하고 있다. 그들은 법 관련 소송 사건을 접수하여 처리하는 법원공무원들이 어떻게 판사들과 달리 헌법 제3조의 취지상 "반대 당사자"로 여겨질 수 있는지 설명하지 않고 있다. 그리고 그들의 견해는 영 판결과 어울리지 않는다. 예를 들면 대법원장은 법원공무원들은 법원 절차의 일부로 기능한다고 인정한다. 그러면서 법원 기능의 정지에 반대하는 위 판결의 명백한 가르침에 눈감고 있다.

대법관 소토마요르는 적어도 문제의 일부를 인정하는 듯하다. 영 판결과 같이 오래된 판결이 주법원 공무원을 상대로 한 소송을 금지하고 있는 듯하다고 인정하고 있다. 그러면서 우리가 더 현대적인 판례법에 비추어 그 판결을 무시해야 한다고 우긴다. 대법원장의 의견도 여러 군데에서 비슷한 주장을 펼치고 있는 듯하다. 그러나 동료 대법관들의 "법원공무원만 가능" 논리에 따른 다른 문제들을 건너뛴다 해도, 그들이 인용한 전거가 그 논리를 뒷받침해주지 않는다.

가장 뚜렷하게 동료들은 풀리암 판결을 가리키고 있다. 그러나 그 판결은 주법원 공무원들, 그들에 대한 금지명령, 주권면제와 아무 관련이 없다. 사법면제라는 독특한 이론에 따라 판사를 상대로 소송을 진행할 수 있는지의 문제만을 다루었다. 원고는 판사 스스로 창조한 법칙의 집행을 막기 위해서 금지명령을 청구하였다. 누구도 판사가 주의 성문법에 따라 사건을 처리하지 못하도록 막아달라고 요청하지 않았다. 연방법원이 전통의 형평 원칙에 따른 권한이 없다는 영 판결의 가르침을 무효로 해달라는 요청은 없었다. 동료 대법관들은 풀리암 판결이 이 사건에서 주법원 판사를 상대로 한 청구를 허용한다고 해석하지 않고 있다. 그리고 풀리암 판결이 논의하지 않았던 공무원인 주법원 공무원만을 상대로 한 청구에 대한 근거로 어떻게 그들이 그 판결을 인용할 수 있는지 미심쩍다.

동료 대법관들이 든 다른 판결들은 더 거리가 멀다. Mitchum v. Foster 판결은 주법원 공무원들 사건이 아니고 판사, 검사, 경찰관 관련 사건이다. 법원은 금지명령반대법이 이들에 대한 소송을 금지하지 않는다고 판결했을 뿐이다. 407 U.S. 225, 242-243 (1972) 위 법원은 영 판결에 부동의한다고 하지 않았고, 주권면제 항변을 판단하지 않았다. 오히려 위 판결이 "형평, 예의, 연방주의 원리"가 소송을 금지하는지의 문제를 판단하지 않았다고 강조하였다. 반면에 Shelley v. Kraemer 판결은 주공무원 피고에 대한 소송에서 법집행전 청구가 아니었다. 334 U.S. 1 (1948) 이 사건에서 상고인들이 자신들을 상대로 제기된 법집행 소송에서 헌법 항변을 하는 것처럼, 위 판결에서 상고인들은 제한협약 집행을 구하는 민간 당사자들을 상대로 헌법 항변을 하였다. 동료들이 든 판례들 중에서 판사들은 면제를 받지만, 주법원 공무원들을 상대로 한 금지명령청구에서 법집행전 소송을 허용하여야 한다는 그들의 새로운 제안을 뒷받침하는 판례는 없다.

B

아마도 법원 및 공무원 논리의 문제를 깨달았는지, 상고인들은 다른 의견을 짧게 밝혔다. 그들은 텍사스 주법무장관의 법집행금지를 구한다고 말한다. 그 금지명령은 상고인들을 상대로 법 관련 소송을 제기하는 민간 당사자들을 자동적으로 구속한다고 보고 있다. 그러나 상고인들은 서면에서 이 논리를 더 발전시키지 않고 있고, 문제가 많다.

영 판결에 따라 연방 법원이 주공무원들의 주법 집행을 금지할 수 있지만, 상고인들은 이 법원이 이 사건 법과 관련하여 주법무장관이 갖고 있는 집행 권한을 살펴보아야 한다고 하지 않는다. 상고인들은 규정 또는 텍사스 의료위원회가 채택한 규칙이나 명령의 위반에 대해 주법무장관이 1,000불의 과태료를 부과할 수 있다고 한 규정을 지적할 수 있다. 그러나 이 사건 법은 과태료를 부과할 수 있는 규정에 포함되지 않으며, 상고인들은 텍사스 의료위원회가 채택한 규칙이나 명령을 특정하지 않았다. 동료 대법관들은 위원회가 앞으로 그러한 규칙을 공표할 수 있고 법무장관이 집행조치를 취할 수 있을 거라고 한다. 그러나 이는 일련의 가정이고 상고인조차도 하지 않은 주장이다.

우리가 이 문제를 넘어갈 수 있다 해도, 다른 문제가 드러난다. 법무장관이 이 사건 법에 따른 집행 권한을 갖고 있다고 가정해도, 상고인들은 연방 법원이 그 권한, 또는 피고의 어떤 집행 권한을 이 사건 법 관련 소송을 청구하려는 모든 민간인들에 대한 금지명령으로 활용할 수 있다는 근거를 밝히지 않았다. 연방 법원의 형평권한은 역사상 실무에 의해 제한된다. "형평법원은 성문법원과 마찬가지로 제한된다." 역사상 실무와 일치하여 형평권한을 행사하는 연방법원은 피고들이 한 구체적인 위법조치의 집행을 금지할 수 있다. 그러나 전통의 형평 원리에 따르면 법원은 세상을 적법하게 정지시킬 수 없고, 법 자체를 금지시킬 수 없다.

동료 대법관들은 이 문제에 설득력 있는 해답을 내놓지 못하고 있다. 대법원장은 아예 다루지 않았다. 대법관 소토마요르는 급진적인 해답을 내놓았는데 연방법원이 전통의 형평 원리를 지켜야 한다는 선례들을 포기해야 한다고 제안하고 있다. 그러나 그녀는 자신의 주장을 뒷받침할만한 전거를 밝히지 않았는데, 이 사건 법에서 텍사스주는 법의 집행권한을 민간에 맡겼다는 사실만으로 옳다고 한다. 그러나 비슷한 소송이 민간대표소송을 허용하는 법률, 불법행위법, 연방독점금지법, 1964년의 민권법에서 제기될 수 있다. 이러한 법률들은 공공정책의 집행을 민간에 맡겼고, 징벌 또는 법정 손해액과 변호사비 같은 금전청구소송을 거는 당사자에게 보상하고 있다. 이 법원의 선례를 뒤집고 연방법원의 형평법상 권한을 넓히는 대법관 소토마요르의 새로운 계획이 어디에서 멈출 수 있는지를 설명하지 않는다.[61]

C

이 법원의 선례가 상고인들의 일부 구제 청구를 받아들이지 않지만 다른 청구는 살아 있다. 상고인들은 스테핀 칼튼, 캐서린 토마스, 앨리슨 벤즈, 세실 영을 피고로 삼고 있다. 상고심에 제출한 서면과 구두 변론에서 위 피고들은 주의 주권면제에 대한 영판결의 예외 범위에 포함된다. 위 피고들은 상고인들이 텍사스 보건 안전법의 요건을 위반한다면 상고인들을 상대로 집행조치를 취할 수 있거나 취해야 하는 행정 면허 집행 공무원이다. 따라서 우리는 각하신청단계에서 주권면제에 따라 위 피고들을 상대로 한 상고인들의 소송이 거부되지 않는다고 본다.

---

61) 상고인들이나 다른 낙태의료인들이 이 사건 법이 부당하게 주의 법집행권한을 위임하였다는 주법 청구를 할 수 없다고 말하지 않는다. 우리는 이 사건 법과 관련된 특정 원고가 주의 심판대상이론에 따라 소제기할 적격을 갖고 있는지를 판단하지 않는다. 우리는 그러한 주장으로 연방법원이 형평법상 권한에 대한 전통의 제한과 그 제한을 집행하는 우리 선례들을 포기하는 것이 정당하지 않다고만 적어둔다.

대법관 토마스만이 다른 결론이다. 그는 행정 공무원을 상대로 한 형평법상의 구제 청구는 전통이 허용할 때에만 허용될 수 있다고 강조한다. 또한 그는 이 사건에서 영 판결에 담긴 관련 전통은 이 사건 법을 집행하는 권한을 갖고 있는 공무원들만을 상대로 형평법상의 구제가 허용된다고 한다. 우리는 이 원리에 모두 동의하지만, 원리의 적용에는 동의하지 않는다.

대법관 토마스는 다른 법률에도 불구하고 민간 소송을 통해서만 법이 집행되기 때문에 면허 관련 피고들은 이 사건 법을 집행할 권한이 없다고 한다. 그러나 이 사건 법의 같은 조항은 낙태를 규제하거나 금지하는 다른 법의 집행을 제한하는 것으로 해석되어서는 안 된다고 규정하고 있다. 면허 관련 피고들은 낙태를 규제하는 다른 법을 집행할 책임이 있기 때문에 이 조항은 중요하다.

이러한 결론에 대해 대법관 토마스는 다른 논리를 펴고 있다. 그는 영 판결 및 제3조의 선례에 따라 소송을 제기하기 위해서, 상고인들을 상대로 한 집행 조치의 추상적인 가능성으로 금지되었다거나 움츠러들었다고 느낀 것으로 충분하지 않다고 강조한다. 그들은 적어도 그들을 상대로 한 조치의 믿을만한 위협이 있었음을 보여주어야 한다. 우리는 이 견해에 원칙적으로 동의하지만 이 사건 사실관계에 적용하는 데에는 반대한다. 상고인들은 이 사건 법이 이미 그들의 하루 하루 시설 운영에 직접 영향을 미치고 있다고 주장하였다. 그리고 그들이 이 사건 법을 어겼다면 그들에게 징계조치를 취하도록 하는 의무를 면허 피고들이 부여하고 있는 듯한 주법 조항을 밝혔다. 우리의 판단으로는 이로 인하여 상고인들이 집행조치의 대상이고 각하신청단계에서 이 소송의 심리를 허용하기에 충분하다.

D

(민간인 딕슨은 제소할 생각이 없다고 주장하고 상고인들이 딕슨의 위법한 행위로 인한 피해를 증명할 수 없으므로 딕슨은 당사자 적격이 없음은 다툼 없다는 부분 생략)

III

이와 같이 상고인들의 상소를 충분히 해결했지만, 한 마디 덧붙이겠다. 대법관 소토마요르는 이 법원이 주법에 대한 연방 헌법의 우선 적용을 방어하는 임무를 회피하였다고 한다. 그러나 전혀 관련이 없다.

이 분야에서 연방법을 우선 적용하는 여러 방법이 있다. 8명의 대법관들이 주권면제로 상고인들이 연방법원에 법집행전 소송 제기를 막지 않는다는데 동의하고 있다는 사실 외에도, 다른 법집행전 소송이 주법원에서도 가능함은 모두 인정하고 있다. 사실 14건의 주법원 사건이 이미 이 사건 법에 대해서 연방 및 주의 헌법상 청구를 하고 있고 요약 판결 단계에서 일부 승소를 하기도 했다. 그와 별개로 이 사건 법에 따라 제소된 개인은 연방 및 주의 헌법내용에 따라 항변할 수 있다. 법이 연방 헌법에 위반되는지를 다투는 다른 방법도 있다. 우리는 가능성을 미리 셈하지 않는다.

상고인들과 달리 주법의 위헌성을 다투는 사람들은 시간이나 공론장을 항상 고를 수 있는 것은 아니다. 이 법원은 연방법원에서 법집행전 헌법청구에 맞지 않는 권리를 인정한 적이 없다. 사실 일반적인 연방 재판권문제는 우리 역사에서 그렇게 많지도 않다. Mims v. Arrow Financial Services, LLC, 565 U.S. 368, 376 (2012). 그리고 상고인들이 들고 있는 법령체계에서 법집행전 심사는 20세기 중반까지 분명하지 않았다. 오늘날 많은 연방헌법상 권리는 실제 이 사건과 같은 법집행전 연방 사건이 아니라 주법 청구에 대한 항변으로 주장된다. Snyder v. Phelps, 562 U.S. 443 (2011) (수정헌법 제1조가 주의 불법행위법 소송의 항변으로 이용되었다)

마지막으로 대법관 소토마요르는 이 사건 법이 연방 헌법상 권리의 행사를 위축시키고 있다고 한다. 이 때문에 이 사건에서 구제가 허용되어야 한다고 한다. 그러나 법원은 이미 그리고 가끔 이러한 종류의 주장을 거부한 적이 있다. 헌법에 위반된 법이 존재해서 생기는 "위축 효과"는 법집행전 소송에서 연방의 개입이 정당하다고 보기에 불충분하다고 설명했다. 이 법원은 늘 더 구체적인 피해와 전통의 형평 법리에 맞는 증거를 요구하였다. 영 판결 159-160. 법원은 문제의 법이 종교의 자유, 언론의 자유, 무기소지의 자유 등을 위축시킨다고 볼 수 있는지의 사건이더라도 이러한 요건을 한결같이 적용하였다. 상고인들은 특별한 예외에 해당되지 않는다.

대법관 소토마요르는 다른 주들이 이 사건 법과 비슷한 법을 만들면 어떻게 되는지 묻고 있다. 그 가능성 때문에 우리의 전통 법리를 제쳐둘 수 있지 않은가? 그렇지 않다. 만약 다른 주들이 비슷한 입법을 한다면 그 법률들의 합헌성여부를 심사하기 위해 연방법원이 오늘 승인한 사건과 같은 법집행전 다툼을 처리할 수 있을 것이다. 또한 주법원에서 다른 법집행전 다툼이 가능하고 연방법이 집행조치에 대한 항변으로 주장될 수 있다. 대법관 소토마요르가 이러한 유형의 법을 다투기 위해 더 많은 도구를 필요로 한다면, 의회가 제공할 것이다. 실제 하원은 최근에 이 사건 법과 같은 주법에 우선 적용되는 법률을 통과시켰다. 그러나 이 법원은 선호하는 결과를 보기 위해 연방법원의 재판권에 대한 전통의 제한을 무시하는 일을 한 적이 없다. 그렇게 되면 권력 분립이 존재할 수 없고, 입법부나 행정부보다 사법부가 앞서는 세상이 된다.

Ⅳ

상고인들의 구제청구논리는 여러 문제가 있지만 기회도 있다. (1) 법원은 전원일치로 주법원 판사들에 대한 구제청구를 받아들이지 않았고 잭슨 판사에 대한 청구가 각하되어야 한다는데 동의하였다. (2) 다수의견은 주법원 공무원들을 상대로 한 청구에 대해서도 같은 결론에 이르렀다. (3) 법무장관 팩스턴에 대한 청구도 다수의견은 각하되어야 한다는 결론이다. (4) 동시에 8명의 대법관들은 이 사건이 칼튼, 토마스, 벤즈, 영, 상고인들을 포함한 의료 면허에 관한 구체적인 징계권한을 갖고 있는 피고들에 대해서는 본안심리가 진행되어야 한다고 판결한다. (5) 대법관들은 모두 유일한 민간인 피고 딕슨에 대한 청구도 기각되어야 한다고 인정했다.

지방법원의 판결은 일부 인용하고 일부 취소하며, 이 판결에 따른 추가 절차를 위해 되돌려 보낸다.

[대법원장 로버츠]

텍사스는 약 임신 6주 이후 낙태를 금지하는 법을 통과시켰다. 그 법은 Roe v. Wade, 410 U.S. 113 (1973) ("웨이드 판결")과 케이시 판결에 반한다. 우리가 연방헌법에 따라 보호된다고 판결했던 권리의 행사를 거부하는 효과를 가진다.[62]

텍사스는 헌법에 위반되는 법을 사법 심사로부터 보호하기 위한 여러 책략을 쓰고 있다. 몇 가지를 들자면 법은 공무원이 아닌 민간인이 약 6주가 지난 뒤의

---

62) 법은 낙태의료인이 "부당한 부담" 항변을 할 수 있다고 규정했지만, 그 항변은 케이시 판결이 선언한 부당한 부담 기준의 왜곡일 뿐이다. 예를 들면 법이 규정한 항변은 우리의 선례들이 구체적으로 허용한 항변을 포함하지 않고 있다. 무엇보다 조항 제목이 "부당한 부담 항변 제한"이다.

낙태수술을 교사 또는 방조하거나, 교사 또는 방조할 의도를 가진 사람을 상대로 소송을 제기할 수 있도록 허용하고 있다. 한 건의 낙태와 관련하여 여러 건의 소송을 허용하는 특별한 규정을 갖고 있다. 낙태가 어디에서 일어나든 텍사스의 254개 카운티에서 모두 소송을 허용하는 관할 조항을 두고 있다. 그리고 법은 최소 1만불 이상의 손해배상액과 비용 및 수수료를 규정하면서, 피고들이 승소하더라도 비용과 수수료를 반환받을 수 없도록 하고 있다. 또한 법집행을 막는 이 법원의 선례나 금지명령이 취소된다면 소급하여 책임을 지도록 하고 있다. 그리고 주 공무원의 직접 법집행을 금지하고 있다.

이 조항들은 텍사스에서 낙태를 위축시키고 있다. 텍사스는 법이 연방법원의 법집행전 사법심사를 막고 있다고 말하지만 틀렸다. 8명의 대법관들은 상고인들이 영 판결에 따라 연방법원에 텍사스법의 법집행전에 소송을 제기할 수 있다는데 동의하고 있다. 왜냐하면 법을 집행할 권한을 갖고 있는 주 행정공무원이 있기 때문이다. 주법의 이어지는 위축효과를 고려하여 지방법원은 소송을 해결해야 하고 늦지 않게 적절히 구제해야 한다.

나는 다른 피상고인들도 정당한 피고라고 본다. 첫째, 텍사스법에서 주법무장관은 이 사건 법 위반을 다루기 위한 의료 위원회와 협력하는 권한을 갖고 있다. 주법무장관은 의사가 규정이나 위원회의 명령을 어긴다면 과태료를 부과할 수 있다. 위원회 규정에 따르면 면허 의사는 텍사스 보건안전법을 위반해서는 안 되고, 거기에는 이 사건 법이 포함되어 있다. 주법무장관은 이 사건 법위반에 따라 집행조치를 취할 권한을 갖고 있다. 그래서 그는 영 판결에 따른 주권면제의 예외에 해당된다.

법원 공무원 페니 클락슨도 마찬가지다. 물론 법원 공무원은 보통 주법을 집행하지 않는다. 그러나 주가 부과한 독특한 규정을 고려할 때, 실패할 수도 있지만 이 사건 법에 따른 소송 위협은 헌법이 보호하는 행위를 움츠러들게 한다. 이러한 상황에서 이 사건 법 관련 소송을 접수하여 사건번호를 부여하는 법원 공무원은 이 사건 법의 위헌 조항을 집행하는 체계에 들어갈 수밖에 없고, 법집행에 충분히 연관되어 정당한 피고가 된다. 공무원이 이 사건 법에 대하여 수행하는 역할은 판사들의 역할과는 다르다. 판사들은 이 사건 법의 제한을 받는 당사자의 상대방은 아니다. 그러나 실제 문제로서 법원공무원들은 이 사건 법에 따라 제소된 사람들을 제한하는 체계에 들어 있는 범위에서 상대방이다.

다수의견은 이 결론이 영 판결에 맞지 않는다고 하면서, 주법원의 재판권 행사 금지가 부당하다고 본 영 판결내용을 들고 있다. 그러나 영 판결 이후 판결은 주 법원의 절차를 중지하는 소송은 타당하다고 인정하고 있다. Mitchum v. Foster, 407 U.S. 225, 243 (1972), 풀리암 판결 525. 그리고 이 결론은 영 판결의 전체 취지에 맞는다. 영 판결에서처럼, 이 사건 법에 따라 제소된 사람들은 위헌 법률에 따라 과태료를 집행하려는 시도로 볼 수 있는 소송으로 괴롭힘을 당할 수 있다. 이러한 상황에서 소송 개시와 사실상 소송 개시의 위협이 다른 사람에게 구체적인 피해를 줄 경우, 영 판결에 따른 법리는 그 과정에서 본질적인 역할을 하는 법원 공무원에 대해 구제청구를 허용하고 있다. 그리고 이 새로운 구제방식은 새로운 텍사스 제도에 따른 직접 결과이다.

* * *

이 사건 법의 분명한 목적과 실제 효과는 이 법원 법리의 무효화이다. 그러나 기본 원칙은 헌법이 "나라의 근본이고 최고의 법"이고 "무엇이 법인지의 판단은 전적으로 사법부의 영역이자 의무이다." Marbury v. Madison, 1 Cranch 137, 177 (1803). "만약 여러 주의 의회가 연방법원의 판결을 임의로 무효로 만들고, 그 판결에 따른 권리를 파괴한다면, 헌법 자체가 엄숙한 허수아비가 된다." United States v. Peters, 5 Cranch 115, 136 (1809). 침해된 연방 권리의 성격이 중요하지 않다. 우리 헌법 제도에서 연방대법원의 역할이 위기에 빠져 있다.

[대법관 소토마요르]

거의 3개월 동안 텍사스주의회는 임신한 여성이 자신의 몸을 통제할 권리를 보장하는 헌법을 실질적으로 중지시켰다. 웨이드 판결, 케이시 판결. 이 법원의 선례에 공개적으로 저항하면서 텍사스는 여성의 마지막 생리 이후 약 6주, 태아의 생존 가능시기 이전부터 낙태를 금지하는 이 사건 법을 만들었다. 이 사건 법이 2021. 9. 1. 시행된 이후 법은 헌법상 선택할 권리를 행사하는 여성을 도와주는 행위에 대해 텍사스의 어느 곳에서든 무제한의 손해배상 소송 가능성으로 낙태의료인들을 위협하였다. 위축효과가 너무 커서 텍사스의 임신여성이 6주가 지나면 주안에서 낙태를 할 수 있는 기회를 사실상 거의 빼앗겼다. 어떤 여성들은 주 밖으로 나가 권리를 행사하였다. 그렇게 할 수 없는 많은 여성들은 원치 않은 임신을 유지하거나 의료제도 밖에서 스스로 낙태를 시도하고 있다.

법원은 이 사건 법이 시행에 들어가기 몇 달 전에 광풍을 끝내야 했다. 그 때 실패하더니 오늘도 다시 못하고 있다. 나는 텍사스법에 따라 집행권한을 갖고 있는 면허 공무원들에 대한 상고인들의 소송이 진행되어야 한다는 판단에 동의하다. 그리고 지방법원이 더 필요한 구제를 빠르게 결정해야 한다고 믿는다. 그러나 나는 주가 헌법상 권리의 행사를 위축시키고 사법심사를 회피하려는 목적을 가진 법을 만들었을 때 연방법원이 구제할 수 있고 해야 한다고 밝힌 선례로부터 위험하게 벗어나려는 다수의견에 동의하지 않는다. 주법원 공무원과 주법무장관에 대한 소송을 각하하면서 다수의견은 다른 주들이 연방권리를 무효로 만드는 이 사건 법을 재조정하게 만드는 효과를 거두고 있다. 그래서 다수의견은 텍사스 시민들뿐만 아니라 우리나라의 헌법 체제를 배신하고 있다.

I

나는 이 사건 법의 위헌적인 체계가 낙태를 바라는 텍사스 여성들과 의료인들에게 가져다 준 대혼란을 이미 설명하였다.[63] 나는 여기서 그 내용을 자세히 되풀이하지 않겠지만, 다수의견이 거의 모두 무시해버린 법의 수많은 절차상 및 실질적인 변칙을 간추려보고자 한다.

이 사건 법은 쟁점이 된 여성, 의사, 절차와 관련이 없는 사람에게 텍사스의 반헌법적인 6주 금지를 위반하여 낙태를 하거나, 권유하거나 도와주거나 심지어 도와줄 의도가 있는 사람을 상대로 적어도 1만불 이상의 손해배상을 청구할 수 있도록 허용하고 있다. 제소 대상에는 의료인, 그 직원, 예약해준 친구, 임신부를 병원에 태우고 간 운전자도 들어 있다.

또한 이 사건 법은 주법원 절차를 수정하여 징벌배상을 청구할 수 있도록 하였다. 피고들이나 낙태와 무관한 지역이라 하더라도 원고가 살고 있는 어느 지역의 법원에서든 소송을 할 수 있다. 피고들에게 어떤 불편이 있다 하더라도 원고에게 관할 이전에 대한 거부권을 주었다. 법은 피고들이 승소해도 같은 행위에 대해

63) United States v. Texas, 595 U.S. ___, ___-___ (2021) (대법관 소토마요르, 일부 동조 일부 반대의견) (4-7); Whole Woman's Health v. Jackson, 594 U.S. ___, ___-___ (2021) (대법관 소토마요르 반대의견)(1-3).

주의 다른 원고가 소송을 제기할 수 있다는 의미에서 기판력 항변을 할 수 없도록 하고 있다. 또한 다른 법원의 설득력 있는 판례의 인용도 금지하고 있다. 승소한 당사자는 변호사비와 소송비용을 반환받을 수 있지만, 승소한 피고들은 반환받을 수 없다. 그래서 승소한 피고들은 돈이 얼마나 들더라도 스스로 소송비용을 마련할 수밖에 없다. 이 조항들은 텍사스 법원과 이 나라의 거의 모든 법원 규범과 동떨어져 있다.

이 사건 법은 피고들이 제기할 수 있는 실질적인 항변을 제한하고 있다. "부당한 부담" 항변을 허용하고 있으나, 헌법의 요구사항을 껍데기로 만들고 있다. 법이 낙태이용에 미치는 누적 효과를 고려하기 보다는 당사자들에게 미치는 효과로 좁혀서 검토하라고 지시하고 있다. 나아가 만약 이 법원이 나중에 웨이드 및 케이시 판결 중 하나를 뒤집으면 그 판결들이 유효한 기간 제공된 낙태뿐만 아니라, 나중에 금지명령이 상소심에서 취소된다면 법집행이 중지되는 동안 제공된 낙태행위에 소급하여 책임을 물을 수 있도록 하고 있다.

모아 보면 이 조항들은 헌법 권리의 행사에 책임을 묻는 정도를 넘어서고 있다. 법이 시행된다면, 낙태의료인들이 효과적인 법집행전 구제청구(주 및 연방 법원)를 금지한 반면, 효과적인 법집행 후 심판도 받을 수 없게 하여 적법절차를 위반할 가능성이 있다. 주법원들은 우리의 선례들이 인정하는 헌법상 권리나 항변을 제한할 수 없을 뿐만 아니라 헌법이 보호하는 행위에 대하여 소급하여 책임을 물을 수 없음은 분명하다. 그러한 행위는 주공무원들의 헌법준수의무를 어기게 된다. 그러나 이 사건 법이 집행될 수 없다고 해도, 징벌적 수단의 위협은 헌법에 위반되는 주의 목적에 따른 위축효과를 만들어낸다.

Ⅱ

이 법원은 권리를 주장하기 위해서는 주법원에서 피고가 되어 책임을 져야 하는 체계를 포함하여 연방 헌법 명령을 회피하려는 주의 시도를 마주하고 있다.

1908년 이 법원은 영 판결을 선고했다. 그 판결에서 법원은 새로운 철도요금을 정하여 그 요금을 지키지 않으면 벌금과 제재를 가하는 미네소타법을 살펴보았다. 법은 법을 어기고 제재를 받는 위험을 떠안는 것 외에 새로운 요금체계를 다투는 방법을 규정하지 않았다. 철도 직원들은 그 벌금과 제재의 위험을 감수하고 규정에 불복종하기를 기대할 수 없었기 때문에, 법에 따르면 회사가 청문절차를 열 필요가 없게 되었다. 법원은 그 입법 계획을 전원일치로 배척하였다. 주의회는 법의 유효성을 심사하는 제소 가능성을 배제할 수 없다고 결론내리면서, 법원은 회사들이 문제의 법을 집행하는 미네소타주법무장관을 상대로 소송을 걸어 법집행전 구제를 얻을 수 있다고 결정했다. 법원은 문제의 법을 포함하여 주의 법률을 집행하는 권리와 권한을 갖고 있는 법무장관에게 부과된 일반적인 의무만 갖고 있다는 사실에도 불구하고 그렇게 판결했다. 영 법리는 연방법원이 연방권리를 지키고 주공무원들이 미국 최고 규범에 책임을 지도록 하기 위해 필요하다고 인정되었다. PennhU.S. State School and Hospital v. Halderman, 465 U.S. 89, 105 (1984) (영 판결 160 인용); Virginia Office for Protection and Advocacy v. Stewart, 563 U.S. 247, 254-255 (2011).

영 판결에서 주주들처럼 낙태의료인들은 문면상 헌법에 위반되는 법으로부터 책임 추궁당할 처지에 있다. 그 위협은 손해배상 가능성만이 아니다. 승소하든 패소하든 의료인들은 손실이나 비용을 반환받을 수 없음에도 주 전역에 걸쳐서 셀 수 없는 소송을 당해 스스로를 방어해야 한다. 영 판결에서처럼 "법위반행위를 강압적으로 제재하려고 하는 법이 일으키는 효과는 법원 이용을 막아 버리는 참을 수 없는 헌법 위반이 된다." Thunder Basin Coal Co. v. Reich, 510 U.S. 200, 218 (1994). "헌법에 위반되는 법의 제재를 집행하기 위한 시도로 온갖 소송으로 괴롭히고, 형평 법원의 재판권을 거부하는 피해가 생길 수 있다." 영 판결 160. 이 사건 법이 소송으로 위협하고 있을 뿐만 아니라, 의료인들이 소송에서 자신의 권리를 효과적으로 옹호할 수 없도록 주법원 절차를 만든 이 사건의 상황을 보면 영 판결에서보다 법집행전에 구제할 필요성이 더 크다.

정상의 상황에서 의료인들은 주법원에서 권리를 방어할 수 없다. 이 사건 법의 구조는 사법심사를 가로막고 청문절차를 모두 거부하고 있다. 법은 법집행전 사법심사를 가로막기 위해 주공무원들의 직접 집행을 포기하고 있을 뿐만 아니라, 법집행이후의 사법심사를 막기 위해 주법원의 절차와 항변을 왜곡하였다. 지난 3개월간의 사건들을 보면 법의 계획이 이루어지고 있음을 알 수 있다. 이는 정확히 영 판결이 피하고자 했던 일이다.

또한 주법원의 공무원들은 이 소송에서 정당한 피고들이다. 이 법원은 정당한 권한에 따른 주법원과 법원공무원의 처분은 주의 처분으로 간주된다고 인정한 지 오래다. Shelley v. Kraemer, 334 U.S. 1, 14 (1948) ("셸리 판결"). 셸리 판결에서 시민들이 흑인들의 집소유를 막고 주거분리를 지키려는 인종 제한 협약의 집행을 청구하였다. 법원은 주의 권한에 포함된 주법원의 적극 개입이 없다면 이 민간 협약이 집행될 수 없기 때문에 겉으로 주의 조치와 관련되어 있다고 설명하였다. 소송제기 전에도 절차와 방어를 제한한 이 사건 법 관련 청구를 사건목록에 올리는 주법원 공무원들이 없다면 이 사건 법의 강압적인 위축효과는 나타나지 않을 것이다. 이러한 주법원공무원들이 위축효과를 일으키는데 필요한 사람들이고 이 사건 법을 집행하는데 뚜렷한 역할을 하므로, 그들은 정당한 피고들이다.

오랜 선례들은 법원이 이 공무원들을 상대로 왜 어떻게 구제를 허용해야 하는지를 밝혔다. 다수의견은 효력정지신청이 법원의 사건 처리를 금지하는 권리를 포함하지 않고 있고, 주법원에 대한 금지명령은 우리 정부의 전체 체제에 어긋난다고 판시한 영 판결의 구속력 없는 방론을 들고 있다. 그러나 현대 사건들은 주법원절차의 중지를 포함하여 주법원 판사들을 상대로 한 소송도 타당하다고 인정하고 있다. Mitchum v. Foster, 407 U.S. 225, 243 (1972), 풀리암 판결 525. 다수의견은 이 판결들이 주권면제를 명확히 다루고 있지 않거나 법원 공무원을 포함하지 않고 있다고 말한다. 만약 영 판결 내용이 주법원 절차와 공무원들에 대한 금지명령의 절대 금지하였다면, 위 판결들은 구속력이 없을 것이다.

나아가 다수의견은 영 법리를 뒷받침하는 원리들을 새로운 상황에 적용할 수 있다고 강조한다. 헌법상 권리 행사를 억누르기 위해 주가 법집행 기능을 대중에게 맡기고, 공무집행권한을 포기하며, 주법원의 절차를 비틀어버린 사례를 밝힌 당사자는 없다. 이 사건 법의 설계자는 영 판결을 회피하기 위해 이러한 제도를 만들었기 때문에, 새로운 제도라는 이유로 사법심사에서 제외하려는 다수의견은 특히 잘못이다.[64]

다음으로 다수의견은 주법원 공무원이 상고인들의 대립 당사자가 아니기 때문

---

64) 다수의견은 이 사건 법의 위축효과를 밝힌 내 의견에 답하고 있다. 16. 그러나 주법이 헌법상 권리의 행사를 억누를 때마다 법집행전 사법심사가 가능하다는데 다툼이 없다. 영 판결에서 판시하였듯이 법위반 제재가 너무 커서 권리에 깊게 영향을 미치는 법원의 해석 청구를 금지하는 법과 같은 효과를 갖고 있다면 법집행전 사법심사는 필요하다. 147. 이 사건에서처럼 주가 법원이 인식하지 못한 새로운 절차를 만들어 헌법에 위반되는 목적을 달성하는 경우도 마찬가지다.

에 영 판결이 적용될 수 없다고 한다. 그러나 대법원장의 설명처럼 텍사스주의회는 이 사건 법 관련 소송을 처리하는 일은 중립적인 행위가 아님을 확인하였다. 사법절차와 실질적인 방어권에 대한 이 사건 법의 극단적인 수정으로 텍사스 법원 제도는 더 이상 권리의 판정을 위한 중립적인 광장이 아니다. 이 사건 법은 법원 제도를 상고인들에게 직접 향하는 무기로 만들었다. 이러한 상황에서 당사자들은 충분히 대립관계에 있다.

마지막으로 다수의견은 "구제 문제"를 말하고 있다. 그 문제는 주의 소송규칙에 비추어 텍사스 법원 공무원들에 대한 정확한 금지명령에 관한 다른 문제를 일으킨다. 다수의견이 이처럼 사실조사를 해야 하는 귀찮은 문제를 발견했다 하더라도, 그 문제는 지방법원이 날마다 하는 업무들이다. 다수의견은 두 손 들고 불가능한 업무라고 선언하기 전에 지방법원에게 알맞은 구제방법을 만드는 기회를 주어야 했다. 답은 간단하다. 우리의 선례가 분명히 했듯이 이 사건 법이 위헌이라면, 이에 어긋나는 주의 민사소송규칙은 유보되어야 한다. 미국 헌법 제6조 제2절 (이 헌법과 헌법에 따라 제정된 미국의 범은 나라의 최고법이다).

구제를 머뭇거리면서 다수의견은 상고인들이 그들의 이론을 의미있게 제한하는 원리를 밝히지 못했다고 한다. 이는 그릇되었다. 상고인들은 다음과 같이 설명했다. "이 사건에서처럼 주가 (1) 의도적으로 개인의 이해관계가 없는 민간인에게 법집행을 맡기면서 연방사법심사를 회피하고, 그리고 (2) 최대한 괴롭히고 헌법상 권리를 때맞춰 그리고 효과적으로 보호하지 못하도록 하기 위해 주법원의 재판규칙을 만든 경우, 법원공무원을 상대로 한 연방구제는 허용된다." 상고인들은 위 2가지 특별한 요건이 없으면 주법원 공무원들에 대한 법집행전 구제청구가 가능해야 한다고 주장하지 않는다. 그 2가지 요건은 상고인들이 많은 소송으로 위협받고 있으며 영 판결에서처럼 헌법이 허용할 수 없는 선택을 마주하고 있는 이유이다.[65]

---

65) 다수의견은 텍사스주 법무장관이 정당한 피고가 아니라고 판단했다. 대법원장이 설명한 이유로 이 결론은 다수의견 스스로의 논리로도 옳지 않다.
다수의견은 "사회를 전체적으로 적법하게 중지시킨 법원은 없다"고 보고 있다. 그러나 상고인들은 그러한 구제를 청구하지 않는다. 이해관계를 요구하지 않고 전반적인 법집행권한을 사회에 맡기는 전례 없는 조치를 취한 주체는 텍사스이다. 법원의 선례에 따르면 주의 역할을 떠맡은 민간인은 주의 권한인 특권이나 권리를 행사하고 있고 주행위자라는 설명이 공정하다. Edmonson v. Leesville Concrete Co., 500 U.S. 614, 620 (1991). 이 법원은 실제 금지명령이

III

내가 다수의견에 반대하는 이유는 단순히 이 사건 상고인들이 얼마나 많은 피고들에게 소송을 걸지에 그치지 않는다. 주가 이 사건 법과 같은 제도를 만들어 연방헌법상 권리를 무효로 할 수 있는지에 관한 논쟁이다. 다수의견은 주가 면허 관련 공무원들을 포함하여 주공무원들이 법집행을 모두 포기하는 법을 만들면 가능하다고 보고 있다. 연방우선주의에 대한 텍사스의 도전을 회피하는 판단은 영향이 클 수 있다. 나는 법원이 이를 준비하고 있는지 의문이다.

구두변론에서 텍사스는 자신들의 입장이 가져올 파급효과를 인정하고 있다. 주 대리인은 개인의 헌법상 권리는 비슷한 제도에 따른 공격에서 안전하지 않다고 인정하였다. 대리인은 주는 하급법원을 구속하는 주대법원의 권한을 제한하는 절차를 만들 수 있다고 하였다. 대리인은 주가 그렇게 극단적인 방법으로 상급심의 권한을 무력화한다 해도 억울한 당사자들이 연방법원으로 가는 유일한 길은 헌법에 위반되는 법의 위반이고, 주대법원까지 자신들의 실질적이고 절차적인 권리의 침해에 동의하게 되고, 마침내 이 법원에 재량에 의한 상고허가를 요청하게 될 거라고 주장하였다. 이러한 모든 부담은 주법원의 절차와 방어를 교묘하게 비튼 이 사건 법에서 나왔다.

이는 우리의 연방구조에 대한 노골적인 도전이다. 노예제를 유지하는 남부를 열렬히 옹호하면서 주는 동의하지 않는 연방법을 거부하거나 무효로 하는 권한을 갖고 있다고 우긴 존 칼훈의 철학을 생각하게 한다. 비슷한 정서가 이 사건의 참고서면에 다음과 같이 드러나 있다. "연방대법원의 헌법 해석은 헌법 자체가 아니다. 그 해석은 판결이라고 부른다."

그 주제를 두고 남북전쟁을 벌였지만 칼훈의 이론은 사라지지 않았다. 그 이론은 전쟁 후 남부지역에서 되살아났고, 이어지는 폭력으로 의회는 법을 만들었다. 42 U.S.C. §1983. "법을 지지하는 사람들은 주법원이 연방이 보호하는 권리의 박탈을 막는 권한이 없거나 그 권리를 제한하는 사람들과 함께 하고 있기 때문에, 주

다른 주공무원을 구속한다 해도 그 금지명령을 통고받은 주행위자가 그 조건을 어겨도 된다고 판결하지 않았다. 다수의견은 텍사스의 제도가 얼마나 예외적인지를 가볍게 보고 있지만, 이전에는 비슷한 제도가 없었다. 이 사건 법은 불법행위법이나 일반변호사관련법이 아니다. 누구든지 개인의 이해관계(청구적격)가 관련되어 있음을 밝히지 않고 소송을 할 수 있도록 했고, 이러한 원고들에게 유리하게 소송절차를 왜곡하였다.

법원이 개인들을 괴롭히고 피해를 주는데 사용되고 있다고 적었다.” 미첨 판결 240. 그래서 영 판결이 받든 가치에 맞게 몇 십 년 뒤 법의 목적은 행정, 입법, 사법이든 주법에 따른 위헌적인 조치들로부터 국민을 보호하기 위해서였다. 미첨 판결 242.

이 사건 법은 연방우위에 또 달리 도전하고 있는데, 다수의견은 사법심사를 회피하기 위한 여러 시도를 묵인하고 있다. 이 사건의 진행을 막고 있는 다수의견은 텍사스에서 헌법상 권리를 행사하려는 여성들에게 엄청난 결과를 안겨 주고 있다. 더 나쁘게도 주법원공무원과 주법무장관을 상대로 한 소송을 금지함으로써 다수의견은 이 법원이 인정하였지만 주가 동의하지 않는 권리를 대상으로 앞으로 텍사스의 제도를 복사하는 길을 열어 주었다.

이는 단순한 가정이 아니다. 이 사건 법의 새로운 모습이 나타나고 있다. 이 법원이 법 적용을 정지시키지 않자 여러 주의 의원들이 지역에서 좋아하지 않은 권리[66]를 대상으로 비슷한 제도를 만드는 입법을 논의하거나 도입하고 있다. 예를 들면 주가 왜곡된 법원 절차가 가중시킨 민간 소송 부담을 법에 규정하여 공무원의 집행을 포기한 텍사스보다 더 일을 잘 처리함으로써 싫어하는 소수종교인들의 예배를 효과적으로 금지한다면 연방법원이 무엇을 할 수 있는가? 아마도 이 법원이 할 수 있는 일은 없을 것이다.[67] 오늘 인정되지 않는 구제방법이 있다 할지라도, 다수의견은 선례에 따른 가장 직접적인 길을 막아버렸다. 나는 법원이 그리고 이 나라가 그 선택을 후회하지 않을까 두렵다.

* * *

가장 빛나는 순간에, 이 법원은 “헌법상 권리를 주의원들이나 주 행정 또는 사법 공무원들이 공개적으로 그리고 직접 무효로 할 수 없을 뿐만 아니라, 기발하게든 순진하게든 회피하는 제도를 통해 권리를 간접적으로 무효로 할 수 없다.”

66) 낙태권과 무기소지권을 대상으로 한 입법안 등. 구두 변론 뒤 오하이오 주의회는 낙태를 거의 모두 금지하는 법안을 도입하였다.

67) 다수의견의 대안은 이러한 걱정을 해결할 수 없다. 다수의견은 의회에 맡기고 있지만, 헌법상 권리의 보호는 다수정치의 불확실성에 맡겨져 있지 않다. 다수의견은 연방법원은 못하지만, 주법원이 법집행전 구제를 제공하기 위한 조치를 취할 수 있을 거라고 가정한다. 그러나 연방법원에서 법집행전 구제를 받지 못하도록 한 이 사건 법의 특징이 주법원에서도 비슷한 효과를 가질 수 있고, 구제의 범위를 제한하고 끝없는 소송의 유령을 없애지 못할 것이다.

Cooper v. Aaron, 358 U.S. 1, 17 (1958) (Smith v. Texas, 311 U.S. 128, 132 (1940) 인용). 오늘 다수의견은 그런 용기를 증명해주지 못하고 있다 이 소송이 면허 공무원을 상대로 진행될 수 있다고 옳게 판단한 반면, 주법원 공무원과 주법무장관을 상대로 구제청구를 금지한 결정은 매우 큰 잘못이다. 다수의견은 우리 헌법과 공화국이 커다란 피해를 입고 있음에도 헌법상 모든 권리를 과거보다 더 위험한 상태에 놓아두었다.

12. 낙태의사에게 종합병원에서 진료할 수 있는 자격을 요구한 법과 낙태권의 부당한 제한

June Medical Services L.L.C. v. Russo

591 U.S._____(2020)

〈해 설〉

루이지애나주는 낙태의사가 자신의 의원에서 30마일 이내의 종합병원에 환자를 입원시키고 진료 및 수술을 할 수 있는 자격(진료특권)을 보유하도록 요구하는 법620을 통과시켰다. 의원에서 처리할 수 없는 응급환자를 종합병원으로 이송하여 치료와 수술 등을 할 수 있는 자격을 얻도록 하여 환자의 생명과 안전을 보호한다는 취지이나, 낙태의사들이 실질적으로 진료특권을 얻거나 유지하기 어려워 낙태를 바라는 여성들의 낙태권 행사를 실질적으로 제한하는지가 다투어졌다.

복수의견(과반수에 미달한 대법관 4인의 의견)은 법620의 시행으로 낙태의사들이 진료특권을 실제 얻지 못하여 낙태의사들과 낙태의원이 줄어들어 낙태를 바라는 여성들에게 실질적인 걸림돌이 된다는 지방법원의 사실인정 및 판단에 분명한 잘못은 없다고 판단했다. 또한 여성의 건강보호와 관련하여 중요한 혜택이 없기 때문에, 법620이 여성의 헌법상 낙태권을 부당하게 제한하였다고 판결했다.

로버츠 대법원장은 4년 전에 법620과 거의 똑같은 내용의 텍사스법에 대해 위헌을 선언한 여성건강판결에 따라 법620도 위헌이라고 보았다. 대법원장은 여성건강판결에서는 반대의견에 참여하였지만, 이번에는 선례구속의 원칙에 따라 위헌에 동조하였다.

대법관 알리토는 여성의 낙태를 실질적으로 제한할 정도로 주의 낙태의사들이 줄어든다는 지방법원의 사실인정에 문제가 있어서 추가 심리가 필요하고, 사실의 변화 및 법리의 발전, 신뢰이익 등을 고려할 때 여성건강판결은 선례로서 구속력이 없다며 반대하였다.[68)]

[대법관 브레이어]

우리는 여성건강판결(Whole Woman's Health v. Hellerstedt, 579 U.S. ___ (2016), "여성건강판결")에서 "낙태하려는 여성에게 실질적인 걸림돌이 되거나 그러한 효과가 있는 불필요한 건강 규제는 낙태권의 부당한 제한이므로 헌법에 위반되어 무효"라고 판결했다(Planned Parenthood of Southeastern Pa. v. Casey, 505 U.S. 833, 878 (1992), "케이시 판결" 인용). 우리는 이 기준에 따라 법원이 낙태 관련 법률의 입법 때 참고했던 사실인정을 독립하여 살펴보고 법의 혜택과 낙태과정의 부담을 저울질한다고 설명하였다.

여성건강판결에서 다투어졌던 텍사스법은 낙태제공자가 낙태를 하는 장소의 30마일 이내에 있는 병원에서 유효한 진료특권을 갖고 있어야 한다고 규정하였다. 우리는 기록을 살펴본 뒤 법이 주가 주장하는 여성 건강의 보호라는 이익을 증진하지 않는다고 인정한 지방법원의 결론을 지지하는 증거가 많다고 보았다. 나아가 신원조사 기능을 수행하지 않는 진료특권이라는 요건 때문에 텍사스주 낙태의원의 절반이 문을 닫았음을 설명해주는 증거가 있다. 낙태의원이 문을 닫음으로써 낙태하려는 텍사스 여성들에게 실질적인 걸림돌이 되었다. 다른 건강 혜택이 없다는 사실에 비추어 볼 때 그 걸림돌은 연방헌법을 위반하여 낙태를 부당하게 제한하였다.

이 사건에서 우리는 텍사스법의 진료특권조항과 거의 똑같은 루이지애나주법 620의 합헌성여부를 심리하고 있다. La. Rev. Stat. Ann. §40:1061.10(A)(2)(a) (West 2020). 여성건강판결에서처럼 지방법원은 법이 실질적인 건강 혜택을 주지 않는다고 보았다. 또한 주 전체에 똑같이 적용되는 진료특권 요건은 낙태의사가 여성의 건강과 안전을 보호한다는 이익과 관계없이 그 권한을 얻기가 어렵고 앞으로

68) 대법관 브레이어가 법정의견을 작성하고 대법관 긴즈버그, 소토마요르, 케이건이 참여하였다. 대법원장 로버츠는 동조의견을 작성하였다. 대법관 토마스는 반대의견을 작성하였다. 대법관 알리토가 반대의견을 작성하고 대법관 고서치, 토마스, 카바노가 일부 참여하였다. 대법관 고서치와 카바노가 반대의견을 작성하였다.

도 그렇다고 인정하였다. 그래서 낙태를 하려는 여성에게 실질적인 걸림돌을 놓았다고 하였다. 지방법원은 법이 실질적인 걸림돌을 놓았고 관련된 건강 혜택이 없기 때문에 법은 부당하게 낙태권을 제한하여 위헌이라는 결론에 이르렀다.

항소법원은 우리가 낙태 규제에 적용하는 기준의 해석에 동의하였다. 그러나 지방법원이 사실인정을 잘못했다고 보았다. 우리는 동의하지 않는다. 우리는 두꺼운 기록을 주의깊게 살펴보았고 지방법원의 사실인정이 타당하다고 결론 내렸다. 이러한 사실인정은 여성건강판결에서 인정한 것과 모든 면에서 닮았고 같은 결론에 이르게 되었다. 우리는 루이지애나법이 위헌이라고 판단한다.

I

A

텍사스주법의 진료특권 요건에 따라 주 전체로 낙태의원의 절반이 문을 닫은 뒤인 2014. 3. 루이지애나주의회는 실질적으로 같은 내용의 법안을 심사하는 청문회를 열었다. 법안은 2014. 6. 중순 통과되었다.

텍사스법과 마찬가지로 루이지애나법은 이미 낙태의사가 지역 병원의 진료특권을 갖고 있거나 또는 그 특권을 갖고 있는 의사에게 환자를 보내는 협약을 맺도록 요구하였다. 새 법은 그러한 유연성을 없앴다. 법620은 낙태의사가 낙태진료를 하거나 권장하는 곳에서 30마일 이내에 있는, 산부인과 진료를 하는 종합병원에서 유효한 진료특권을 갖고 있어야 한다고 요구하였다.

법은 "유효한 진료특권"을 의사가 "환자를 입원시켜서 그 환자에게 산부인과 진료 및 수술하는 병원의료진 자격"을 가져야 한다고 정의하였다. 법을 어기면 최고 4천불의 벌금, 의사면허 박탈, 민사책임을 질 수 있다.

B

법620 시행일인 2014. 9.의 몇 주 전에 낙태의원 3곳과 2명의 낙태의사가 연방지방법원에 소송을 걸었다. 그들은 법620이 낙태하려는 환자들의 권리를 부당하게 제한하기 때문에 위헌이라고 주장하였다. 법원은 2곳의 다른 의원과 다른 2명의 낙태의사들의 비슷한 소송을 병합하였다(하급심법원과 같이 우리는 첫번째 소송의 의사 2명을 의사 1, 2로, 두 번째 소송의 의사 2명을 의사 5, 6으로, 루이지애나에서 개업한 다른 의사 2명을 의사 3, 4라고 한다).

원고들은 지방법원에 법의 시행을 금지하는 금지명령청구에 이어 바로 긴급 집행정지를 신청하였다.

피고 보건부장관이 대표한 루이지애나주는 원고들의 긴급 집행정지신청에 반대하는 답변서를 냈다. 그러나 주는 만약 법원이 긴급집행정지명령을 내리거나 당사자들이 긴급집행정지명령없이 진료특권을 얻을 시간을 허용하는 합의를 한다면, 법원은 가능하면 빨리 금지명령에 관한 심리를 열어야 한다고 주장하였다. 주는 원고들의 부당한 제한 주장에 관한 본안판단을 늦출 이유가 없다고 주장하였다. 주는 의사들이 법을 다툴 적격이 있음을 다투지 않는다고 했다. 그리고 주의 진료특권법이 합헌임을 뒷받침하는 압도적인 이익에 비추어 볼 때 원고들의 소송은 법620의 정당성에 관한 다툼을 없애는 적절한 수단이라고 한다.

지방법원은 법의 시행을 중단하지 않았다. 대신에 원고 의사들이 요구한 진료특권을 신청하고 법원에 그 과정을 알려 달라고 요청하면서, 법의 벌금조항 집행을 금지하였다.

C

2015. 6. 지방법원은 원고들의 금지명령신청에 대하여 6일간 전원부 심리를 하였다. 법원은 12명의 증인으로부터 증언을 들었는데, 그 중에는 3명의 루이지애나 낙태의사들, 준 메디칼(June Medical) 의원 경영자, 주 보건위생부 장관과 고위 관료들, 원고들과 주가 신청한 전문가들이 포함되어 있다. 법원은 증인 진술서를 통해 다른 증인들의 진술도 들었다. 이러한 증거기록을 바탕으로 법원은 2016. 1. 법620이 문면상 위헌이라고 판단하고 법조항의 효력을 정지하는 결정을 하였다.

주는 바로 연방제5항소법원에 지방법원의 효력정지명령의 집행정지를 신청하였고 항소법원은 받아들였다. 그러나 우리는 원고들의 신청에 따라 지방법원의 효력정지명령을 (임시로) 유지하는 결정을 하였다.

약 2달 뒤인 2016. 6. 우리는 제5항소법원의 판결을 취소한 여성건강판결을 선고하였다. 우리는 재심리를 위해 이 사건을 되돌려 보냈고, 이어서 제5항소법원은 지방법원에 사건을 보내서 추가로 사실인정절차를 거치도록 하였다. 당사자들은 모두 지방법원이 이미 심리한 기록을 바탕으로 원고들이 신청한 금지명령을 판단할 수 있다고 동의하였다.

D

이 사건의 쟁점은 본래 지방법원의 사실인정(그리고 사실에 관련된 결정)에 초점을 맞추고 있기 때문에, 여기서 우리는 본질적인 사실인정만 나열하고 더 자세한 내용은 이어지는 분석에서 밝힌다.

법이 주장하는 혜택과 관련하여 지방법원은 다음과 같이 인정하였다.

- "루이지애나주에서 낙태는 매우 안전하며, 합병증의 비율이 특히 낮다. 의원 직원과 의사들의 증언에 따르면 환자들을 병원으로 이송할 필요가 거의 없어서, 1년에 한 번 이하이거나 수천명의 환자들 중 한명 이하다. 그리고 환자를 진료하는 의사들이 진료특권을 가지고 있는지는 환자 진료와 무관하다."
- 따라서 새 법이 해결하려고 하는 중요한 건강 관련 문제가 없다. 기록에는 낙태 합병증이 잘못 처리되었다든지, 낙태의사가 지역 병원에서 진료특권을 가지고 있어야 부정적인 결과를 피할 수 있다는 증거가 없다.
- 법620이 이미 기존의 루이지애나 법으로 보호하는 정도 이상으로 여성의 건강에 관한 주의 이익을 증진한다는 믿을만한 증거가 기록상 없다. 지방법원은 법620이 여성의 낙태권에 미치는 영향을 다음과 같이 인정하였다.
- 해마다 약 1만명의 여성들이 루이지애나에서 낙태를 한다. 이 소송 결과 그 여성들은 5곳의 낙태의원에서 6명의 의사들로부터 진료를 받는다. 법원이 판결할 즈음 그 병원 중 2곳은 문을 닫았고 의사들 중 한 명(의사 4)은 은퇴하고 의사 1, 2, 5, 6만 남았다.
- 의사 1, 2, 4, 5, 6은 낙태를 하는 곳에서 30마일 이내에 있는 병원의 진료특권을 유지함으로써 법을 지키려고 성실히 애썼지만, 법620에 관련된 이유 및 그들의 능력과 무관한 이유로 거의 성공하지 못했다.
- 이 의사들은 기존의 법과 낙태 의사들에게 특권을 부여하지 않거나 매우 제한하는 등의 관행과 함께 적용되는 법620 때문에 특권을 확보하지 못하였다.
- 의사들은 능력과 무관한 이유로 특권이 거부되었기 때문에 법률 요건에 따른 진료특권이 관련된 자격인증기능을 하지 못하였다.
- 법률요건의 영향을 받은 병원이 진료특권을 갖고 있거나 받을 수 있는 새

로운 의사들을 뽑아서 법을 준수하지 않을 것 같다.

- 의사 3은 두렵기도 하고 산부인과 진료수요가 많아지기 때문에, 만약 그가 주 전체 지역이나 주의 북부 지방에서 낙태를 하는 마지막 의사라면, 낙태를 계속하지 않겠다고 증언하였고, 믿을만하다.
- 그러므로 진료특권 요건을 시행하면 낙태의사의 수나 지역 분포가 너무 줄어들고 의원도 한 두 곳으로 줄어들며, 주 전체에서 낙태하는 의사도 한두 명으로 줄어들게 될 것이다. 의사 3, 5는 시리브포트와 뉴올리안즈에서만 진료가 허용될 뿐이다. 의사 3이 진료를 그만둘지, 또는 그의 은퇴가 법률상 연관되었다고 취급될지에 따라 낙태 진료가 55-77% 감소되는 영향을 받을 것이다.
- 여성과 낙태의사에 대한 이와 같은 제한의 결과를 함께 볼 때, 루이지애나에서 많은 여성들이 안전하고 적법한 낙태를 하지 못할 것이다. 낙태진료가 매우 줄어들어 낙태를 하려는 여성들은 헌법상 권리를 행사하는데 실질적인 걸림돌을 만날 것이다.
- 간추리면 법620은 낙태하려는 여성들의 건강을 보호하려는 루이지애나의 정당한 이익을 증진하지 못한다. 그 보다는 법620은 루이지애나에서 안전한 낙태의 가능성을 매우 줄여서 여성 건강에 피해를 입힐 위험을 늘릴 것이다.

지방법원은 다음과 같이 덧붙였다.

> "이 사건과 여성건강사건 사이에 법률상 중요한 차이가 없다. 법620은 텍사스의 진료특권요건을 본받아서 만들었고, 같은 방식으로 운영되며, 다른 혜택없이 낙태 과정에 커다란 걸림돌만 놓았다."

이러한 인정을 바탕으로 지방법원은 법620과 시행 규정을 위헌으로 판결했다. 법의 집행을 영구히 금지하는 명령을 내렸다.

E

주가 항소했다. 의견이 엇갈린 항소법원 재판부는 지방법원의 판결을 뒤집었다. 다수의견은 법620의 영향이 여성건강판결에서 무효가 된 텍사스법보다는 매우 적다고 결론 내렸다. 여성건강판결을 충실히 적용하려는 부지런한 노력에도 불구하고, 다수의견은 지방법원의 결론이 뚜렷하게 잘못되었다고 생각하였다.

법의 혜택과 관련하여 항소법원 다수의견은 텍사스와 달리 루이지애나는 법이 적으나마 혜택을 준다는 증거를 냈다고 보았다. 반대되는 지방법원의 판단을 배척하면서, 진료특권요건은 이전에는 다루지 않았던, 낙태를 바라는 여성의 행복을 증진하는 자격인증기능을 실제로 수행한다고 결론 내렸다. 다수의견은 특권을 얻는 과정이 신청인의 수술능력, 훈련, 교육, 경험, 임상 기록, 범죄 전력을 확인하는데 도움을 준다고 믿었다. 그리고 법이 설정한 외래환자의 낙태 병원 진료에 관한 요건은 응급수술실 의사들이 지역 내의 병원에서 특권을 갖고 있어야 한다는 기존의 요건과 일치한다는 주의 주장을 받아들였다.

법620의 제한에 대하여, 항소법원은 "전적으로 특권 요건 때문에 의사가 루이지애나에서 실제 진료를 할 수 없는지에 달려 있다"고 썼다. 비록 주가 의사 2, 3에 관한 지방법원의 판단만을 다투었지만, 항소법원은 더 나아갔다. 지방법원의 사실인정에 거의 모두 동의하지 않으면서, 의사 5만이 특권을 얻을 수 있고 신청과정이 루이지애나에서 낙태의사들에게 특별히 어렵고 걸림돌이 된다는 지방법원의 사실인정이 잘못이라고 결론지었다. 항소법원은 적어도 3곳의 병원은 특권을 확대할 뜻이 있음을 밝혔다고 적었다. 의사 1만이 진료특권을 얻으려고 성실히 애썼지만, 의사 2, 5, 6은 특권을 얻을 수 있을 것 같고, 의사 3의 진료중단선택은 법620탓일 수 없다고 생각했다.

한 명을 뺀 나머지 의사들에 대한 지방법원의 사실인정을 배척하고, 항소법원은 "루이지애나 (낙태)의원이 법620으로 문 닫을 거라는 증거가 없다"고 결론 내렸다. 항소법원은 의사 5가 특권을 얻지 못하면 배턴 루지 의원이 문닫을 거라고 인정했다. 그러나 특권을 얻기가 지나치게 어렵지는 않기 때문에, 한 병원이 문닫아야 한다면 의사 5가 성실히 노력하지 않았기 때문이지 법620 탓으로 돌릴 수 있는 실질적인 부담이 아니라고 했다. 항소법원은 의사 1이 낙태진료를 하지 못하면 의사 2,3이 일을 더 해야 한다는 업무가중은 여성건강 판결의 진료공급의 문제는 아니라고 덧붙였다. 법620은 기껏 30%의 여성들에게 주의 의원 중 한 곳에서 54분을 더 기다리게 할 뿐이라고 예측하였다.

이러한 사실인정을 바탕으로 다수의견은 루이지애나 진료특권요건이 낙태를 바라는 루이지애나 여성들에게 실질적인 부담을 주지 않는다고 결론 내렸다. 판사 히긴보텀은 반대했다.

원고들은 이 법원에 항소법원 판결의 집행정지를 신청하였다. 우리는 이 신청을 받아들였고 지방법원의 금지명령은 효력이 계속 되었다. 원고들은 이어서 항소법원 판결의 본안을 다루는 상고허가신청을 하였다. 주도 상고하면서 이 소송을 유지하는 원고들의 권한을 다투었다. 우리는 두 상고를 허가하였다.

Ⅱ

우리는 먼저 주가 상고허가신청에서 처음으로 내건 절차상 주장을 살펴본다. 이 사건에서 원고 낙태의사들과 병원은 법620을 다투면서 자신들 환자들의 낙태권을 침해하였다고 주장하였다. 주는 이 권리를 주장하는 정당한 당사자는 환자들 자신이라고 주장한다. 우리는 주가 그 주장을 포기하였다고 생각한다.

주는 당사자는 보통 제3자의 법률상 권리나 이익을 근거로 청구할 수 없다는 법리를 내세우고 있다. Kowalski v. Tesmer, 543 U.S. 125, 129 (2004) ("코왈스키 판결") (Warth v. Seldin, 422 U.S. 490, 499 (1975) 인용). 이 법리는 헌법상 "사건 또는 분쟁 요건"과 관련이 없으므로 신중하게 다루어야 한다. 그래서 우리는 박탈되거나 포기할 수 있다고 설명했다. Craig v. Boren, 429 U.S. 190, 193-194 (1976) ("이하 크레이그 판결")

위에서 보았듯이 원고들의 긴급집행정지신청에 반대하는 서면에서 주는 지방법원이 원고들의 부당한 제한이라는 본안 청구를 빨리 진행해주도록 촉구하였다. 주는 의사들이 당사자적격을 갖고 있다는 데는 문제가 없다고 했다. 그리고 제5항소법원이 텍사스의 동일한 법을 다투는 의사들이 환자들의 권리를 주장하는 제3자 적격을 인정받은 적이 있다고 지방법원에 말했다. 주는 텍사스법이 이미 승인되었다고 하면서 자신들 법의 유효성에 드리워진 구름을 없앨 절실한 이익이 있다고 주장하였다. 이 소송이 그렇게 하기에 적당한 수단이라고도 하였다. 주는 원고들의 적격을 묻지 않는다고 한 뒤 5년 이상 지나 상고하기 전까지 적격을 언급하지 않았다.

원고들의 부당한 부담 청구에 관하여 지방법원으로부터 빠른 본안 판단을 얻기 위해 주가 당사자 적격을 인정하였기 때문에 우리가 이를 상고심에서 검토하지 않는다.

주는 자인한 이유로 제5항소법원이 여성건강판결에서 적격을 인정했기 때문이라고 한다. 그러나 이 사건에서 주의 적격 관련 주장은 구체적으로 루이지애나주의 낙태의사들에 대한 이유를 바탕으로 하고 있다. 텍사스 의사들에 관한 판결로 자신들이 주장할 수 없었다는 주의 의견은 설득력이 없다.

그리고 주가 지난 5년 동안 주장하지 못해서 이의할 권리를 빼앗겼다 하더라도, 우리는 이를 근거로 끝내려고 하지 않는다. 우리가 45년 전에 크레이그 판결에서 말했던 내용이 오늘도 똑같이 적용된다. "당사자들이 청구하거나 적어도 하급법원에서 권위있는 헌법 판단을 거부하지 않았는데, 우리가 피해를 입은 제3자가 법률조항을 새로 다투기를 기다리기 위해 헌법 문제의 검토를 그만두는 결정은 신중함과 조심성의 탈을 쓰고 반복되고 시간낭비인 소송을 권유하는 결과가 되어 허용될 수 없다."

어느 경우든 주가 내세운 법리는 절대가 거의 아니다. 우리는 낙태의사들이 낙태관련 규정을 다투기 위해 실제의 또는 잠재적인 환자들의 권리 주장을 오랫동안 허용했다. (인용 판례들 생략)

그리고 우리는 당사자에게 규정을 집행하면 간접적으로 제3자의 권리를 침해하는 사건에서는 보통 원고들의 제3자 권리 주장을 허용하였다. 코왈스키 판결(Warth, 422 U.S., 510 인용); Department of Labor v. Triplett, 494 U.S. 715, 720 (1990) (대법관 스칼리아 법정 의견) ("트리플릿 판결") (수임료 약정에 관한 규정을 다투기 위해 의뢰인의 권리를 내세우는 대리인); 크레이그 판결 192 (성에 따른 맥주판매규제를 다투기 위해 젊은이들의 권리를 내세운 편의점); Doe, 410 U.S., 188 (낙태하기 위해 임산부의 권리를 내세운 낙태의사); Carey v. Population Services Int'l, 431 U.S. 678 (1977) (피임기구 판매 규제를 다투기 위해 소비자들의 권리를 내세우는 피임기구 판매자들); Eisenstadt v. Baird, 405 U.S. 438 (1972) (같은 뜻); Griswold v. Connecticut, 381 U.S. 479, 481 (1965) (같은 뜻); Sullivan v. Little Hunting Park, Inc., 396 U.S. 229 (1969) (계약할 권리의 차별 규제를 다투기 위해 흑인 계약 상대방의 권리를 내세운 백인 재산권자); Barrows v. Jackson, 346 U.S. 249 (1953) (같은 뜻). 위 사건들에서 우리는 "명백한 청구권자"와 "적어도 곤란한 이의제기자"는 법률에 따라 "법률상 의무와 무능력"을 안고 있는 당사자라고 설명하였다.

이 사건은 이러한 두 가지 유형의 선례가 만나는 지점에 있다. 원고들은 자신들의 행위를 제한하는 법을 다투는 낙태의사들이다. 법을 지키지 않을 때 정부로부터 제재받을 위험이 있기 때문에 원고들의 청구가 추상적이라거나 가상이라고 말할 수 없다. 그 위험으로 인하여 원고들은 자신들의 업무나 기능을 이용하려는 제3자의 권리를 옹호하는 행동을 함으로써 업무 규제에 저항하려는 모든 동기를 가지고 있음을 알 수 있다. 그리고 진료특권을 신청하고 유지하는 과정을 실제 거쳐야 하는 당사자들로서 그들은 환자들보다는 법준수의 부담을 다투기에는 더 나은 지위에 있다. 달리 말하면 그들은 "적어도 곤란한" 그리고 가장 "명백한" 청구인이다.

반대의견은 겉으로는 권리를 주장하는 여성들을 보호하기 위해 제정된 법을 다투고 있기 때문에 이 사건은 다르다고 한다. 그러나 그것은 우리가 제3자의 적격을 인정한 사건에서 마찬가지의 특징이다. 크레이그 판결에서 승차구매 가게가 다툰 젊은이들에 대한 맥주 판매 규제는 젊은이들이 특히 술에 취한 채 운전하기 쉽다는 전제를 포함하여 공중 보건과 안전을 이유로 내세웠다. 그리고 트리플릿 판결에서 변호사가 다툰 변호사 수임료 약정에서 노동부의 승인을 받도록 한 법조항이 부주의한 계약에서 의뢰인 및 의뢰인 가족뿐만 아니라 공중의 이익면에서 의뢰인을 보호하려고 설계되었다.

이 사건은 여성들을 보호한다는 규정을 다투기 위해 낙태의사들의 적격을 다룬 첫 사건도 아니다. Akron, 462 U.S., 435 판결의 입원 요건 및 Doe, 410 U.S., 195 판결의 병원 인증 요건도 건강과 안전 규제로 옹호되었다. 그리고 Danforth 판결에서 양수를 빼서 태아의 질병을 확인하는 행위의 금지는 산모의 건강에 해로운 기술이라고 주의회가 인정했기 때문이다.

간추리면 주의 전략적인 포기와 오랫동안 확립된 선례에 비추어 보면 원고들의 적격에 관한 뒤늦은 다툼은 허용될 수 없다. 그 결과 우리는 원고들의 본안 청구를 살펴본다.

Ⅲ

A

우리는 이전의 낙태 관련 사건들, 특히 케이시 및 여성건강판결에서 세운 헌법 기준을 적용한다. 여성건강 판결에서, 우리는 케이시 판결을 인용하여 "유효한 주의 이익을 추구하지만, 여성의 낙태 선택 과정에 실질적인 걸림돌을 놓는 효과를 가진 법률은 정당한 입법 목적을 이루기 위한 수단으로 허용될 수 없다."고 했다. 우리는 "불필요한 건강 규제가 낙태를 바라는 여성에게 실질적인 걸림돌이 되는 목적이나 효과를 가진다면 부당한 제한으로 위헌"이라고 덧붙였다.

우리는 이러한 기준을 적용하면서 법원은 법이 주는 혜택과 낙태 과정에 주는 부담을 함께 살펴보아야 한다. 법원은 신중하게 (입법기관의 사실인정) 존중 기준에 따라 주의회의 사실인정내용을 검토하여야 한다. 그러나 법원은 주의회의 사실인정에 결정적인 무게를 두어서는 안되는 데, 헌법상 권리가 문제될 때 사실인정을 심사하는 독립된 헌법상 의무가 법원에 있기 때문이다.

우리는 여성건강판결에서 사실심법원이 충실하게 이 기준을 적용했다고 판결했다. 약정서, 진술서, 법정 증언으로 제출된 전문가 증거를 포함하여 기록상 증거를 살펴보았다. 그리고 나서 법의 혜택과 낙태 과정에 부과한 부담을 저울질했다. 그리고 법률이 위헌 쪽으로 기울었다고 결론 내렸다. 이 사건에서 지방법원도 똑같이 했다.

B

항소법원은 지방법원의 결론에 동의하지 않았는데, 우리가 세운 법률기준이 아니라 법620이 주는 부담과 건강관련 혜택을 평가하는 지방법원의 사실 인정에 동의하지 않았기 때문이다. 우리는 이미 확립된 법률기준을 적용하면서 스스로 기록을 자세히 살펴보았다.

우리는 "구두 또는 다른 증거든 지방법원의 사실 인정이 명확히 잘못되지 않았으면 받아들여야 하고, 상급심 법원은 증언의 신빙성을 판단할 1심 법원의 기회를 적정하게 존중하여야 한다." Fed. Rule Civ. Proc. 52(a)(6). 항소법원은 배심없이 심리한 지방법원의 사실인정에 이 기준을 적용하면서, 사실 쟁점을 처음부터 다시 새롭게 결정해서는 안된다는 점을 마음에 새겨야 한다. "기록 전체에 비추어 지방법원의 증거 설명이 가능하다면(그럴듯하다면), 항소법원은 처음부터 사실인정을 한다면 증거를 달리 평가했을 거라고 확신했다 해도 뒤집어서는 안 된다." "전체 기록에 비추어 그럴듯한 사실 인정은 달리 인정할 수 있다고 해도 바꿀 수 없다." Cooper v. Harris, 581 U.S. ___, ___ (2017) (4).

반대 대법관들은 지방법원이 진료특권요건의 시행 전에 집행을 정지했기 때문에 다른 기준, 곧 지방법원의 사실인정을 덜 중시하는 기준을 적용해야 한다고 한다. 우리는 사실인정에 관한 항소심의 심사가 원고의 소송이나 1심 법원의 판결시기에 따라 달라야 한다는 근거를 알지 못한다. 그리고 어느 경우든 이 사건에서 지방법원의 사실인정이 어림짐작이라든가 섣부르다는 반대의견의 주장은 기록 내용과 맞지 않다. 원고의 긴급집행정지명령 신청을 인용한 지방법원은 법620의 벌금조항만을 정지했다. 원고들은 진료특권을 얻기 위해 계속 애써야 했다. 지방법원은 재판과정에서 이러한 노력을 지켜보았다. 지방법원은 추측하지 않고 실제 현실의 증거를 바탕으로 사실을 인정했다. 우리는 지방법원의 판결시점이 주에게 조금 불리했다는 주장에도 동의할 수 없다. 주는 처음부터 지방법원이 원고들의 진료특권 신청에 따른 결정을 기다리지 말고 원고들의 본안 청구를 판단하라고 졸랐다. 그리고 여성건강 판결 이후 이 사건이 2016. 8. 지방법원에 돌아왔을 때, 주는 판결해도 될 만큼 기록이 숙성되었다고 합의하였다. 간추리면 우리는 모든 사실인정에 적용되는 익숙한 기준에서 벗어날 법률상 또는 실무상 근거를 알지 못한다.

잘 알려진 기준에 따라 6일간의 심리내용을 담은 광범위한 기록에 들어 있는 증언과 증거자료를 볼 때, "법620이 여성의 건강을 조금 보호한다고 말할 수 있다 해도, 혜택보다는 제한이 더 크므로, 법의 부당한 제한은 위헌"이라는 지방법원의 결론이 옳다.

Ⅳ

지방법원의 실질적인 걸림돌 판단

지방법원은 진료특권요건을 시행하면 "낙태의사들의 수와 지역 분포가 매우 줄어든다"고 보았다. 지방법원은 인구, 경제, 그 밖의 증거에 비추어, 이러한 감소로 인하여 루이지애나에서 안전하고 적법한 낙태를 하려는 많은 여성들이 낙태할 수 없게 되고, 실질적인 걸림돌이 된다고 결론 내렸다. 우리는 차례로 이러한 인정내용을 살펴본다.

A

법620이 낙태의사들에 미치는 영향

우리는 법이 낙태의사들에게 미치는 영향에 관한 지방법원의 사실인정부터 본다. 지방법원은 법으로 인하여 의사 1, 2, 6이 낙태진료를 하지 못한다고 보았다.

그리고 법 때문에 의사 5가 뉴올리안즈로 내쫓기면서 배턴루지 지역 의원에서 일할 수 없게 되었다고 인정하였다.

1

우리는 여성건강판결에서 특권을 얻지 못한 의사들의 직접 증언과 법의 시행일 무렵 의원들이 문을 닫았다는 추론을 제시함으로써, 원고들은 텍사스 진료특권 요건이 그 의원들이 문 닫는 원인이 되었다고 증명할 책임을 다했다고 보았다.

우리는 이러한 추론은 병원들이 1년에 일정한 수의 입원환자를 데려오는 의사들에게만 진료특권을 허용한다는 다툼 없는 사실을 설명한 의료계의 참고서면으로 더 뚜렷해졌다. 낙태가 안전하다는 사실은 의사들이 낙태환자를 입원시킬 수 없음을 의미하기 때문에 그 요건에 따라 낙태 의사들이 앞으로 진료특권을 얻거나 유지할 수 없을 듯하다. 우리는 진료를 하는 능력과 무관한 진료특권을 얻기 위한 공통의 전제조건들, 예를 들면 의사들이 지난해 병원에서 많은 수의 환자를 진료하였다는 요건, 진료 통계 요건, 거주지 요건, 그 밖의 재량 요소를 언급했다.

이러한 영역이 낙태의사들에게 어떤 영향을 주었는지를 보여주기 위해 우리는 38년 경력을 가진 산부인과의사가 진료 능력을 고려하지 않은 이유로 특권이 거부된 사례를 적었다. 이 사례는 법이 자격인증기능을 수행하지 않고 의사들이 낙태를 바라는 여성들을 진료하지 못하도록 하였음을 밝혀주었다고 판단했다. 그리고 법의 새로운 진료특권 요건이 왜 그렇게 많은 텍사스 의원들의 문을 닫게 했는지를 설명해주고 있다고 보았다.

이 사건에서 지방법원이 들고 있는 증거는 더 강력하고 자세하다. 지방법원은 의사 1, 2, 5, 6이 1년 반 넘게 법이 요구하는 특권을 13곳의 병원에서 얻으려고 하였으나 실패한 과정을 지켜보았다. 법원은 의사들의 일부 신청이 안전하게 낙태하는 그들의 능력과 무관한 이유로 거부되었다는 직접 증거를 들었다.

또한 다른 신청이 거부된 이유를 설명하고, 신청비용과 거부되었을 때 명성이 손상되기 때문에 어떤 의사들은 병원에 특권을 신청하지 않기도 한다는 상황증거를 확인하였다. 그 상황증거에는 여성건강 판결에서 언급한 내용으로 낙태진료를 하는 의사의 능력과 무관한 요건을 포함하여 루이지애나 병원이 진료특권 신청을 검토할 때 따르는 과정을 설명한 서류와 증언도 있다.

병원의 낙태 입원사례가 드물기 때문에 의사들이 산부인과 진료를 계속 하지 않는 한 병원 내에서 최신의 임상 경험을 하지 못함을 의미하는 증거도 있다. 그러나 그러한 임상경험은 특권을 얻는 전제조건이 될 수 있다. 거의 40년간의 임상경험을 가진 산부인과 의사인 의사 2는 10년간 병원 내에서 일하지 못했고, 지난 5년간 환자들 중 2명만이 입원이 허락되었다고 증언하였다. 그 결과 그는 신청 전에 병원 안에서 수행한 "환자입원과 관리, 진찰과 수술" 자료를 내라는 어느 병원의 요구를 따를 수 없었다. 10년 넘은 임상경험을 가진 가정의인 의사 1도 환자들의 병원입원과 관리에 관한 서류를 낼 수 없었다.

많은 의사들이 처음에는 진료특권을 얻을 수 있지만 유지할 수 없음을 보여주는 증거도 있다. 그들이 정기적으로 병원 내 돌봄이 필요한 진료를 하지 못하면 특권을 잃게 되기 때문이다. 거의 50년 동안의 산부인과 진료를 한 의사 6은 약물 낙태만 처방한다. 그가 지방병원의 판결 전 10년 넘게 진료한 수천 명의 여성들 중 2명만이 병원 입원이 필요했고 그 중 한명은 입원 없이 진료 받았다. 그렇게 안전하다는 기록이 있어도 새로 임명된 의사들은 병원 내에서 수술하는 동안 다른 의료진이 관찰하는 방식의 전문능력 집중 평가를 거치도록 하는 많은 루이지애나 병원에서 의사 6이 특권을 유지할 수 없게 된다. 그리고 의사들이 초기에든 계속해서든 일정 수의 환자를 입원시키도록 하는 병원에서 자격을 얻을 수 없을 듯하다.

낙태반대가 진료특권을 거부하는 일부 병원의 결정에서 중요한 역할을 한다는 사실을 보여주는 증거도 있다. 일부 병원들은 진료특권을 가진 의사들의 낙태수술을 명백하게 금지하고 있다. 다른 병원들은 재량권을 행사하여 낙태의사들에게까지 진료특권을 주려고 하지 않는다. 예컨대 의사 2는 낙태진료경험 때문에 병원에서 진료특권을 신청하지 마라는 말을 들었다고 증언하였다. 그리고 의사 1은 낙태진료가 신청에 걸림돌이 될 거라는 말을 들었다고 하였다.

다른 병원들도 낙태의사들이 루이지애나에서 겪는 반감 때문에 채울 수 없는 요건을 갖고 있다. 많은 루이지애나 병원들은 신청자가 환자를 입원시켜야 하나 어떤 이유로 진료를 하지 못할 때 대직 의사를 지정하도록 요구하고 있다. 지방법원은 낙태에 대한 반감은 신청자가 대직의사를 지정하는데 심각하지는 않더라도 커다란 장애물이 될 수 있다고 보았다. 의사 5는 1심 심리 당시 9년 넘게 진료했다. 지방법원의 판결 전 3년 동안 진료한 수천 건의 낙태 중 병원 입원이 필요한 건은 한 건도 없었다. 그는 공개적으로 낙태의사의 대직의사가 되려는 의사를 찾을 수 없어서 배턴루지의 병원 3곳에서 진료특권을 얻지 못했다. 거의 45년의 임상경험을 있는 의사 3도 그의 낙태진료 때문에 대직의사를 구하는데 어려움을 겪었다고 증언하였다.

여성건강판결에서처럼 이 사건에서 의사들의 개인 경험은 루이지애나의 진료특권요건이 텍사스법의 요건처럼 자격인증 기능을 수행하지 않는다는 지방법원 판단을 뒷받침하고 있다.

2

항소법원은 의사들이 특권을 얻을 수 없는 이유로 경쟁이 심하다는 다른 이유를 댔다. 항소법원은 의사 1이 선의로 노력했음에도 진료특권을 얻지 못했다고 인정했다. 그러나 의사 2, 5, 6은 악의로 행동했다고 결론 내렸다. 항소법원은 우리가 설명한 "분명한 잘못" 기준에 따라 1심 법원의 사실인정을 심사해야 한다. 우리가 기록을 살펴본 결과 항소법원은 이 기준을 잘못 적용하였다.

대법관 알리토는 지방법원의 사실인정에 뚜렷한 잘못이 있다고는 하지 않는다. 그는 지방법원과 항소법원이 모두 이 사건 기록에 잘못된 법률 기준을 적용했다고 주장한다. 의사들이 선의로 행동했는지를 물으면서 그는 하급법원들이 의사들이 법률상 특권을 얻기 위해 가능하면 가장 최소한의 행위만 하려는 동기를 보지 못했다고 주장한다. 그러나 이는 법률 논리가 전혀 아니다. 의사들이 악의로 행동했다는 말과 다를 바 없다. 지방법원이 1년 반 동안 의사들의 시도를 지켜 본 후, 달리 인정하였다. 그리고 "1심의 사실인정을 존중하는 적절한 기준에 비추어 기록을 살펴볼 때, 지방법원의 결론이 뚜렷하게 잘못되었다고 인정할만한 사유가 없음이 명백하다."

의사 2

지방법원은 의사 2가 그의 시리브포트 지역 의원으로부터 30마일 이내에 있는 병원에서 특권을 얻기 위해 성실히 애썼다. 항소법원은 이 결론이 3가지 이유로 명백하게 잘못되었다고 생각하였다.

첫째, 항소법원은 의사 2가 윌리스 나이튼 병원에 특권을 신청하면서 필요한 자료를 내지 않았다고 한다. 의사 2가 위 병원으로부터 받은 마지막 문서(요청문)

에 따라 추가 자료를 내지 못한 사실이 있다. 그러나 그 이유가 기록에 나와 있다. 의사 2는 그렇게 할 이유가 없다고 믿었다. 병원의 문서에는 의사 2가 이미 낸 자료에 외래환자 낙태수술경험이 들어 있다는 설명이 있었다. 그러나 이 자료로 병원이 그의 환자 입원과 관리, 상담, 수술을 평가할 수 없기 때문에 진료특권 요청을 심사하는데 필요한 자료가 아니라고 했다. 의사 2는 1심법원에서 10년 동안 병원 안에서 일을 하지 않았지만, 병원 입원 자료를 내라는 뜻으로 이해하였다고 증언하였다(그는 그 정보가 없다고 설명하였다). 윌리스 나이튼 병원이 의사 1에게 보낸 비슷한 문서에도 "우리는 병원 입원과 그 환자들의 관리 자료가 필요하다"고 명확하게 말하고 있기 때문에, 의사 2의 이해가 타당하다. 기록에도 의사 2가 윌리스 나이튼 병원이 특권연장에 필요하다고 요구한 적절한 입원환자 진료의 적절한 양을 유지할 수 없었음을 보여준다. 대법관 알리토는 진료특권을 얻지 못한 잘못을 의사 2의 탓으로 돌리고 있다. 우대특권을 가진 의사가 법620이 요구하는 대로 환자를 입원시킬 자격이 있는지 뚜렷하지 않다. 또한 의사 2가 필요한 병원 내 경험이 부족하다는 문제를 해결해주지 않는다. 대법관 알리토는 윌리스 나이튼 병원이 그 경험 없이도 진료특권을 주었을지 모른다고 하고 있다. 그러나 병원이 특권을 위해 고려한 요소들은 사실상 같다. 우리는 증거에 기초하지 않은 사실에 대한 추측으로 1심법원의 사실인정을 뒤집을 권한이 없다.

둘째, 항소법원은 크리스터스 슘퍼트 병원이 낙태의사를 인정하지 않을 거라는 의사 2의 설명이 기록내용과 전혀 다르다고 보았다. 그러나 기록에는 크리스터스 병원 내규가 들어 있다. 내규는 "병원이 준수하는 윤리와 종교 지침이 금지하는 활동에 의료진이나 병원에서 진료 특권을 행사하는 사람들은 참여해서는 안된다"고 되어 있다. 이 지침은 낙태는 전혀 허용되지 않는다고 규정하고 있다. 낙태의사들과 관련되어 있다는 소문의 위험성도 경고하고 있다.

주는 항소법원이 의사 2가 이전에 진료특권을 가지고 있었듯이 의사 3도 크리스터스 병원에서 진료특권을 가지고 있다는 사실을 가리키고 있다고 한다. 그러나 의사 3은 크리스터스 병원이 본인의 낙태진료를 알고 있었는지를 몰랐다고 증언하였다. 그리고 크리스터스 병원이 낙태진료를 알고 있고 있었다면 어떻게 느끼는지를 물어보고 싶지 않았다고 하였다. 기록상 크리스터스 병원이 10년 전에 의사 3이 낙태와 관련된 사실을 알고 있었음을 보여주는 자료는 없다. 대법관 알리토는 크리스터스 병원이 의사 2,3의 낙태 진료를 알 수 있는 많은 경우의 수를 상상하고 있다. 주는 분명히 이러한 논리를 확인해볼 필요가 있다고 하거나 반대 신문에서 의사들의 진술을 반박하지 않았다. 그래서 지방법원이 선의에 관한 사실인정은 기록상 허용될 수 있다.

마지막으로 항소법원은 민덴 병원에 신청하지 않은 잘못을 의사 2의 탓으로 돌리고 있다. 민덴 병원은 모든 새 신청자는 집중적인 전문 실무 평가를 6개월 이상 거쳐야 한다고 하였다. 그 평가에는 의사의 병원 내 업무 평가도 포함된다. 의사 2는 병원 안에서 일하지 않았고, 지난 5년간 오직 2명의 환자들만이 병원 입원이 필요했기 때문에 그 요건을 맞출 수 없었다. 나아가 민덴 병원의 내규는 현재 병원의 의료진이 추천하는 지원자를 선호한다고 밝히고 있다. 의사 2는 민덴 병원은 더 작은 병원이고 30마일쯤 떨어져 있으며, 실제로 아는 사람이 없는 곳이라고 증언하였다. 그는 신청이 받아들여질 가능성이 매우 높다고 믿는 병원들에 신청을 했다. 이러한 증거들을 볼 때 의사 2에 관한 지방법원의 사실인정이 분명하게 잘못되었다는 5항소법원의 결론은 틀렸다.

의사 5

지방법원은 의사 5가 대직의사가 필요하다는 병원의 요건을 맞추기 위해 선의로 노력했음에도 자신의 배턴 루지 의원 근처의 병원 3곳에서 진료특권을 얻을 수 없었다고 인정했다. 항소법원은 동의하지 않았다. 의사 5는 한 명의 의사에게만 대직 요청을 했기 때문에 충분하지 않다고 생각했다.

그러나 기록을 보면 의사 5는 가장 긍정적으로 반응할 의사, 곧 의사 5의 배턴 루지 의원과 환자이송을 합의한 의사에게 요청했다. 그러나 의사 5는 이 의사마저도 환자이송합의의 비밀은 지켜지겠지만, 대직의사가 된다는 합의의 비밀이 지켜질지 걱정되어 대직의사가 될 수 없었다고 증언했다. 그리고 만약 사실이 널리 알려진다면 의사 5가 요청한 의사는 협박과 항의 대상이 될 수 있다고 걱정하였다.

의사 5는 그 문제를 잘 알고 있었다. 낙태반대 시위대는 이미 원고에게 배턴 루지 북동쪽 병원의 의사직에서 물러나도록 압력을 행사하였다. 그리고 시위대는 이전 동료의사의 아이들이 다니는 학교에서 팻말시위를 하였고, 그 결과 낙태진료를 그만두었다.

자신의 경험과 현재 상황을 생각할 때, 의사 5는 만약 이 의사가 대직의사를 할 수 없다면 다른 누구도 하지 않을 거라고 합리적으로 생각할 수 있었다. 그리고 기록에 비추어 이러한 판단은 지방법원의 재량범위 안에 있다. 의사 5의 증언은 의사 3의 비슷한 경험과 함께, 신청인이 대직의사를 구할 때 낙태반대가 완전히 이겨내기 어렵지는 않더라도 중요한 걸림돌이 될 수 있다는 판단을 뒷받침하는 기록상 많은 증거가 반박되지 않고 남아있다.

항소법원은 지방법원이 인정한 거의 모든 내용과 이를 뒷받침하는 인용 증거를 다루지 않았고, 이 사건 반대의견도 마찬가지다. 항소법원은 "대직의사를 찾는 일은 매우 어렵지는 않다"는 의사 4의 증언을 지적하고 있다. 의사 4의 실제 증언은 대직의사를 구하는 의무가 진료특권을 얻기 위해 지나치게 어려운 요건은 아니라고 믿는다는 것이었다. 맥락상(전후 사정상) 그 말은 요건은 합리적이지만 이행하기 쉽지 않다는 말로 가장 자연스럽게 해석된다. 사실 의사 4는 대직의사를 찾을 수 없어서 병원 2곳에 진료특권을 신청할 수 없었다고 증언하였다. 나아가 의사 4는 배턴 로지가 아니라 뉴올리안즈에서 진료특권을 얻으려고 노력했다고 진술하였다. 의사 5는 뉴올리안즈(특권을 얻었던 곳)에서는 배턴루지보다 낙태 반감이 덜해서 대직의사를 더 쉽게 찾을 수 있었다고 증언하였기 때문에 항소법원의 결론은 심사기준에 맞을 수 없다.

의사 6

마지막으로 지방법원은 선의의 노력에도 불구하고 의사 6은 자신이 일했던 뉴올리안즈 의원으로부터 30마일 이내에서 진료특권을 얻지 못했다고 인정했다. 항소법원은 튜레인 병원에 신청하지 않은 의사 6의 결정을 의문시하지 않았다. 동제퍼슨병원에 낸 신청은 잘못도 없이 거부되었다는 지방법원의 판단을 문제삼지 않았다. 그러나 항소법원은 의사 6이 의사 5에게 제한된 특권을 주었던 투로 병원을 포함하여 뉴올리안즈의 7곳 병원에 진료특권을 신청했어야 한다(그러나 신청하지 않았다)는 이유로 지방법원의 판단을 뒤집었다.

의사 6은 진료특권을 받기 위해 충분한 수의 환자를 입원시킨 적이 없기 때문에 다른 병원에 신청하지 못했다. 위에서 보았듯이 의사 6은 수술이 아니라 약물 낙태 진료만 하였다. 주의 진료특권 전문가 로버트 마리어 박사는 의사 6과 같은 의사는 어느 병원에서도 진료 및 수술 특권을 얻지 못할 거라고 증언하였다.

기록에는 항소법원이 말한 7곳의 병원 중 4곳의 내규가 들어 있다. 4곳 병원의 내규를 보면 모두 의사 6 및 주 전문가의 증언이 사실임을 보여준다. 3곳의 병원은 진료특권을 받은 의사들이 "집중 전문 실무 평가" 과정을 거치도록 요구하고 있다(투로 병원, 동뉴올리안즈 병원, 동제퍼슨 병원). 이 평가를 하기 위해 병원 의료진은 진료특권을 가진 의사가 몇 차례 수술하는 장면을 관찰한다. 만약 의사가 환자들을 입원시키지 못하면(의사 6에게는 입원이 필요한 환자가 없다), 관찰할 것도 없다. 다른 병원은 신청할 때든, 진료특권을 받은 뒤든 의사가 입원시킬 최소한의 환자 수를 요구한다(서제퍼슨 병원). 다른 병원은 둘 다 요구한다(동뉴올리안즈 병원). 나머지 3곳 병원의 자료는 기록에 없지만, 의사 6이 이들 병원에서 진료특권을 받지 못할 거라는 의사 6 및 주 전문가의 증언을 뒷받침하는 증거가 있기 때문에 이들 증언을 반박할 수 없다. 선의는 헛된 노력까지 요구하지 않는다.

우리는 의사 6이 신청하지 않았던 투로 병원에서 의사 5가 제한된 진료특권을 받을 수 있었다고 인정하였다. 그러나 의사 6과 달리 의사 5는 원래 낙태수술을 해왔다. 그리고 의사 5는 최근인 2012년에도 병원 내의 의사였지만, 의사 6은 2005년이래로 어느 병원에서도 진료특권을 갖고 있지 못했다. 그래서 의사 5가 진료특권을 받았다고 해서 의사 6의 사례를 설명한 증거와 바로 모순된다거나 의사 6에 관한 지방법원의 결론이 뚜렷하게 틀렸다고 인정되지 않는다. 위에서 말했듯이 "전체 기록에 비추어 그럴듯한 사실인정이라면 다른 판단이 가능하다 해도 받아들여야 한다." 쿠퍼 판결 (4)

우리가 논의한 증거를 전혀 다투지 않고, 대법관 알리토는 원고들이 지방법원의 판단을 뒷받침하는 증거를 더 많이 낼 수 있었다고 한다. "당사자들은 이미 자신들의 주장 사실이 옳다고 1심 판사를 설득하기 위해 에너지와 자원, 증거를 쏟아 부었다. 그들에게 항소심에서 3명의 더 많은 판사들- 9명의 대법관은 빼고라도-을 설득하라는 요구는 너무 지나치다."

다른 의사들

마지막으로 대법관 알리토와 고서치는 지방법원이 새로운 낙태의사들이 생겨서 의사 1, 2, 3, 5, 6의 역할을 새로 맡을 가능성을 설명하지 못했다고 한다. 그러나 항소법원은 "의사 1, 2, 4, 5, 6이 진료특권을 받는데 어려움을 겪었던 같은 이유, 그들의 능력과 무관한 이유 때문에… 다른 의원들이 진료특권을 얻었거나 얻을 수 있는 새로운 의사들을 채용하여 법을 지킬 수 있을 것 같지 않다."는 지방법원의 추가 판단을 다투지 않았고 기록상으로 옳은 판단이다.

B
낙태과정에 미친 법620의 영향

지방법원은 위에서 논의한 사실인정을 포함하여 기록의 증거로부터 법620이 루이지애나에서 낙태를 하려는 여성들에게 여러 가지 부담을 준다는 결론을 이끌어냈다. 이 결론의 중요성을 더 잘 깨닫기 위해서는 의사들과 그들 의원들의 지리상 분포를 머릿속에 넣고 있어야 한다. 그림1은 지방법원의 판결 무렵 의사들과 의원들의 분포이다. 그림2는 만약 진료특권요건이 시행되면 지방법원이 인정한 예상 분포이다. 지방법원에 따르면 괄호안의 숫자는 해마다 의사들의 대략적인 낙태건수를 가리키고 있다.

그림 1_ 지방법원 판결 무렵 낙태의원과 의사들의 분포

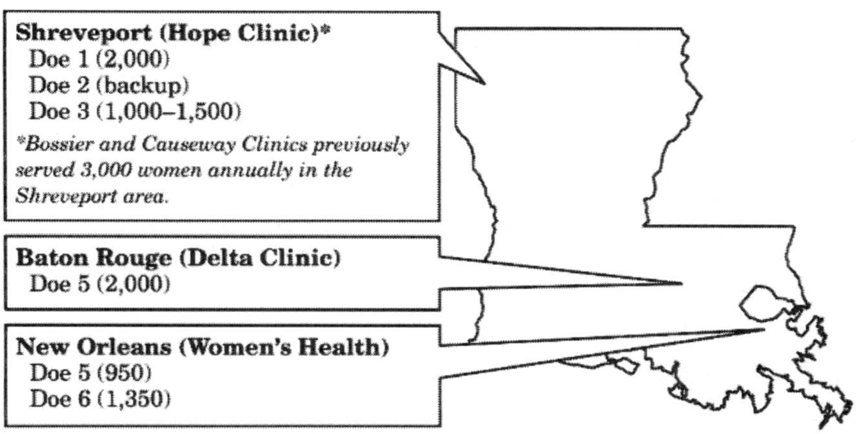

See 250 F. Supp. 3d, at 40–41; App. 1122, 1125, 1134, 1138, 1141, 1256.

그림 2_ 법620을 시행할 때 낙태의원과 의사들의 예상 분포

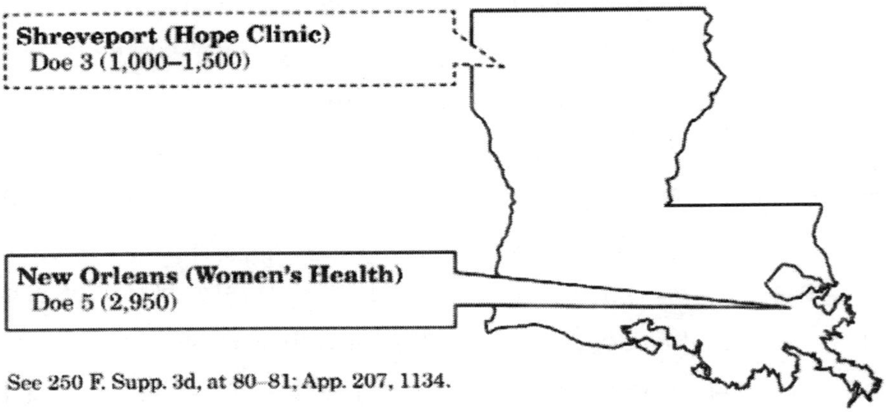

1

진료특권요건을 집행하면 의사 1, 2, 6은 낙태진료를 할 수 없다. 지방법원은 의사 3이 혼자서 북부 루이지애나에서 진료한다면 낙태진료를 그만두겠다는 법정증언을 믿었다. 그래서 원고 1, 2가 떠난다면 의사 3도 없어진다. 이제 의사 5만 남는다. 의사 5가 배턴루지 병원에서 특권을 얻지 못하면 주에서 해마다 낙태를 바라는 1만명의 여성들을 진료하기 위해 한 명의 의사를 둔 의원 한 곳만 남는다.

뉴올리안즈에서 일하면서 의사 5는 루이지애나의 낙태수요 중 30%가량을 처리할 수 있다. 그리고 의사 5는 임신 18주를 넘는 경우 낙태를 하지 않기 때문에 임신 18주 이상이 되고 주의 법률상 한계인 20주 사이에 있는 여성들은 헌법상 낙태권을 행사할 방법이 거의 또는 전혀 없다.

낙태를 하지 못하는 그 여성들은 또 다른 어려움을 겪는다. 여성건강판결에서처럼, 법620의 시행에 따라 낙태 의사들이 줄어들면 기다리는 시간이 늘어나고 의원도 더 붐비게 된다. 지방법원은 낙태가 늦어지면 낙태수술 중 합병증을 겪을 위험이 커지고 비수술 약물 낙태를 하지 못하게 된다는 증언을 들었다.

의원에 예약을 한다고 해도, 과거에 배턴루지 지역의 의원에 갔었던 여성들은 더 먼 거리를 운전하게 된다. 뉴올리안즈는 시리브포트에서 차로 5시간 거리이고, 배턴루지에서 한 시간이 넘는다. 배턴루지는 시리브포트에서 4시간이 넘게 걸린다. 이와 같이 더 어려워진 상황은 모든 여성이 초음파검사를 하고 낙태 24

시간 전에 상담을 해야 하는 루이지애나 법률 요건을 이행해야 하기 때문에 더 힘들어진다. 이전에 시리브포트의 지역 의원 중 한 곳에서 진료를 받았던 주민이 낙태를 하려고 할 때 의사 5의 의원에 2번 왕복하려면 거의 20시간을 쓰거나 뉴올리안즈에서 하룻밤을 지내야 한다. 지방법원이 말한 대로 전문가 증인들과 일반 증인들은 이러한 여행 부담이 증가가 가난한 여성들에게 떠넘겨질 거라고 증언하였다.

2

우리는 항소법원이 의사 3의 낙태진료중단을 참작한 지방법원의 판단을 나무란 잘못이 있다고 본다. 항소법원은 낙태를 그만둔다는 의사 3의 개인 선택은 법620과 무관하다고 생각했다. 이는 요점에서 벗어났다. 우리가 (기록상 증거와 반대로) 의사 3이 시리브포트 지역의 호프 병원에서 계속 낙태 진료할 거라고 가정해도, 법620이 실질적인 부담으로 남아 있다고 인정한 지방법원의 판단은 기록상 옳다.

기록을 보면 의사 3은 해마다 1,000~1,500명이 여성을 진료할 수 있음을 알 수 있다. 이를 위해 의사 3은 개인 산부인과 진료를 매우 오랜 시간 계속해야 한다고 증언하였다. 지방법원은 의사 5는 해마다 3,000명의 낙태 진료를 할 수 있다고 인정하였다. 의사 3이 시리브포트에서 계속 진료한다고 해도 루이지애나의 낙태 수요는 2배 이상이 될 것이다. 시리브포트 지역에서 낙태진료를 받을 수 있어 일부 여성이 겪는 운전거리를 줄일 수 있다 해도, 수천명의 루이지애나 여성들은 안전하고 적법한 낙태를 하는 실제 방법을 찾지 못하게 된다. 또한 주에 남은 2명의 의사들 중 한 명과 예약을 할 수 있는 사람들에게 진료가 붐비고 늦어짐으로 인한 건강 위험을 의미있게 처리하지 못할 것이다.

* * *

이상을 모아 볼 때, 우리는 사실인정과 증거들은 법620이 루이지애나에서 낙태를 바라는 여성들에게 실질적인 걸림돌이 된다는 지방법원의 결론이 타당하다는 충분한 근거가 된다고 생각한다.

V
혜 택

우리는 마지막으로 법이 주는 혜택 주장을 본다. 지방법원은 새 법이 해결하려는 건강 관련한 중요한 문제가 없다고 인정하였다. 진료특권요건은 여성의 건강을 보호하지 않고 중요한 건강 혜택을 주지 않으며, 이전 법과 견주어 여성의 건강을 더 보호하지 않는다고 인정하였다. 기록을 살펴본 결과 우리는 이러한 판단에 뚜렷한 잘못은 없다고 본다.

첫째, 지방법원은 진료특권 요건이 관련된 자격인증 기능을 수행하지 않는다고 보았다. 병원들은 안전하게 낙태하는 의사의 능력과 무관한 이유로 진료특권을 거부할 수 있고, 거부했다. 그리고 의사들이 낙태하는 곳으로부터 30마일 이내의 병원에서 특권을 얻도록 한 법620의 요건은 의사의 능력과 아무 관련 없는 제한 사유이다.

또한 능력이 자격인증 판단에 필요한 요소이지만, 병원은 주로 의사들이 특권을 구하는데 필요한 절차로 외래환자의 진료가 아니라 입원한 환자들을 병원에서 진료하는 능력에 초점을 맞추고 있다. 주의 진료특권 전문가인 로버트 마리어 박사는 루이지애나 의료심사위원회의 집행이사로 일할 때, 의사들이 임신 첫 3개월 동안 수술로 낙태하는 능력을 가져야 하고, 인가받은 전공의과정을 마치거나 어떤 병원이든 다른 전공의 과정에서 낙태수술에 참여하였으면 수술 합병증을 확인하고 다루는 능력이 있다고 보는 위원회의 입장에 동의하였다고 증언하였다. 진료특권신청을 심사할 때, 주의 의료심사위원회가 이미 제공한 조사결과에 특별히 추가한 내용이 있다는 증거는 기록에 없다.

둘째, 지방법원은 진료특권 요건이 널리 알려진 의료기준에 맞지 않으며 루이지애나에서 낙태의 안전성을 높이지 않을 거라고 인정하였다. 여성건강 판결에서처럼, 1심 재판에서 나온 전문가 증언과 일반 증언은 다음 사실을 밝혀준다.

- 낙태수술의 합병증은 드물고, 병원이나 응급실로 옮길 필요가 거의 없으며 대개 심각하지 않다.
- 의원에서 합병증을 겪는 환자들을 위해 현행법이 요구하는 이송계약은 응급상태의 환자들을 계속 돌보는데 충분하다.

- 의원에서 집으로 돌아 온 뒤 생긴 합병증을 겪는 환자가 있을 때 처리하는 표준 방식은 가장 가깝고 환자가 필요한 서비스를 제공할 수 있는 병원으로 보내는 것인데, 반드시 의원으로부터 30마일 이내의 병원일 필요가 없다.

여성건강 판결에서처럼, 주는 의사들이 진료특권을 가졌을 때 환자들이 더 나은 결과를 얻었다든지, 한 사람의 여성이라도 더 나은 치료를 받는데 도움이 되었다는 증거를 내지 못했다.

VI

결 론

기록상 많은 증거에 비추어 우리는 부담과 혜택에 관한 지방법원의 중요한 사실인정이 옳다고 결론 내린다. 무엇도 뚜렷하게 잘못되지 않았다. 인정된 사실을 바탕으로 우리 역시 지방법원의 사실 및 법리 판단을 인용해야 한다. 루이지애나법이 낙태를 바라는 여성들에게 실질적인 걸림돌이라는 판단, 법이 건강보호와 관련하여 중요한 혜택을 주지 않는다는 판단, 결과적으로 법은 여성의 헌법상 낙태권을 부당하게 제한한다는 판단은 모두 정당하다. 또한 우리는 이러한 사실인정과 우리의 선례에 비추어 법620이 헌법을 어겼다는 지방법원의 최종 법률 결론에 동의한다.

VII

후기로 우리는 주의 몇 가지 주장이 설득력이 없는 이유를 설명한다.

첫째, 주는 법620이 낙태결정에 실질적인 걸림돌이 아니라는 항소법원의 결론은 기록상 타당하다고 한다. 이 주장은 상고심의 쟁점을 오해하고 있다. 우리가 판단해야 하는 문제는 항소법원의 사실 해석이 뚜렷하게 잘못되었는지가 아니라, 지방법원의 사실인정이 명백히 잘못되었는지이다. 우리는 지방법원의 사실인정이 기록 전체를 볼 때 타당하다고 생각한다. 주의 서면은 그 결론을 흔들 근거를 대지 못하고 있다.

둘째, 주는 법620이 낙태를 바라는 루이지애나의 모든 여성들에게 부담을 줄 거라는 증명은 기록상 없다고 한다. 맞지만 요점에서 벗어났다. 케이시 판결에서 말했듯이, 주의 낙태관련법이 낙태를 하려는 많은 여성의 선택에 실질적인 걸림돌로 작용한다면 문면상 위헌이다. 여성건강 판결에서 우리는 그 기준을 재확인하였다. 우리는 그 문구가 관련 없는 제한이 아니라 현실적인 제한을 받는 여성들의 많은 수를 가리킨다고 밝혔다. "모든 여성들"이 아니라 그 기준(많은 여성)은 이 사건에서도 적용해야 하는 기준이다.

셋째, 주는 법620이 여성들의 낙태를 "거의 불가능"하게 하지는 않는다고 한다. 그러나 "거의 불가능"이라 낱말은 이 사건에 적용되는 법률기준의 내용이 아니다. 케이시 판결 이후 우리는 낙태규제를 다투는 원고의 입증책임은 규제의 목적이나 효과가 생존할 수 없는 태아의 낙태를 바라는 여성들에게 실질적인 걸림돌이 되고 있음을 밝히는 것이라고 반복하여 말하였다.

마지막으로 주는 규제가 여성들의 선택에 실질적인 걸림돌이 되지 않는다고 인정된 사건에서 우리가 적용한 몇 가지 심사기준을 내세우고 있다. 그러나 이 사건에는 맞지 않다. 이 사건 기록은 법620의 진료특권 요건이 낙태를 바라는 여성들 중 많은 이들에게 실질적인 걸림돌을 놓았다고 확인해주고 있다.

* * *

이 사건은 여성건강 판결과 비슷하며 거의 똑같다. 따라서 법은 비슷한 결론에 이른다. 법620은 위헌이다. 항소법원의 판결은 잘못되었다. 취소한다.

[대법원장 로버츠]

2013. 7. 텍사스주는 낙태진료를 하는 의사가 "낙태하는 곳에서 30마일 이내에 있는 병원에서 진료특권"을 갖도록 하는 법을 만들었다. Tex. Health & Safety Code Ann. §171.0031(a)(1)(A). 이 법으로 낙태 시설이 절반으로 들어들었다. 법원은 여성건강판결에서 텍사스의 진료특권요건은 "독자생존전 태아의 낙태를 바라는 여성들에게 실질적인 걸림돌을 놓았고," 수정헌법 제14조의 적법절차조항을 어겼다고 결론 내렸다. 여성건강판결 및 케이시 판결.

나는 여성건강판결에서 반대의견에 참여하였고 계속해서 그 판결이 잘못이라고 믿는다. 그러나 오늘 문제는 여성건강판결이 옳은지 그른지가 아니라, 이 사건을 판결하기 위해 여성건강판결에 따라야 하는지이다. Moore v. Texas, 586 U.S. ___, ___ (2019) (대법원장 동조의견) (1).

오늘 사건에서 몇몇 낙태의원과 의사들이 4년 전 여성건강판결에서 폐기된 텍사스법과 거의 똑같은 루이지애나법을 다투고 있다. 텍사스법처럼 루이지애나법은 낙태 의사들이 "낙태진료하는 곳에서 30마일 이내의 있는 병원에서 진료특권"을 갖고 있도록 요구하고 있다. 6일간의 전원부심리를 마친 뒤 지방법원은 루이지애나법으로 "낙태의사들의 수와 지역 분포가 매우 줄어드는 결과"가 된다고 인정했다. 법으로 인하여 의원들의 수는 3개에서 하나 또는 기껏해야 2개로 줄어들고 낙태의사도 5명에서 한 명 또는 기껏해야 2명으로 줄어들기 때문에 루이지애나에서 낙태하는 여성들의 권리를 제한하고 있다.

선례구속의 법리에 따라 우리는 특별한 사정이 없는 한 비슷한 사건은 비슷하게 다루어야 한다. 루이지애나법은 택사스법과 마찬가지로 똑같은 이유로 낙태에 커다란 부담을 주고 있다. 따라서 루이지애나법은 우리의 선례에 어긋난다.

I

선례구속(결정된 대로 유지)은 선례에 충실하자는 법률 용어이다. 같은 쟁점이 소송에서 다시 다투어졌을 때 이전의 선례들을 따르기 위해 오랫동안 확립된 법리이다. 정의의 저울을 균형에 맞게 안정적으로 유지하고 새 판사들의 모든 의견에 쉽게 흔들리지 않도록 하는 법리이다. 블랙스톤, 영국법 해설 1권 69 (1765). 이 원리는 오늘의 법률 쟁점이 가끔 어제의 문제와 크게 다르지 않고, 우리가 처음 그 문제를 해결하려는 사람이 아니라는 겸손에 뿌리내리고 있다. "각 개인이 갖고 있는 논리들 저장실은… 적지만 … 사람들은 나라와 시대의 일반 저장실과 자산을 더 잘 이용할 수 있기 때문이다. 에드먼드 버크, 프랑스혁명 3권 110 (1790).

선례를 따르는 일은 "법원의 자의적인 재량을 피하기" 위해 필요하다. 연방주의자 78, 529(1961) (해밀턴). 선례의 통제는 사법의 방법론과 철학을 정치 및 입법과정의 그것과 구분한다. Jackson, Decisional Law and Stare Decisis, 30 A. B. A. J. 334 (1944).

또한 그 법리는 실용적인 혜택을 준다. 선례의 존중은 법원리의 공평하고, 예측가능하며, 일관된 발전을 이끌고, 판결에 의존하도록 하며, 사법과정의 온전성에 기여한다. Payne v. Tennessee, 501 U.S. 808, 827 (1991). 법이 제멋대로 바뀌지 않고 원칙있고 이해할 수 있는 방식으로 발전하리라는 것을 보장하는 수단이다. Vasquez v. Hillery, 474 U.S. 254, 265 (1986). 그러한 방법으로 "선례구속은 보통법

변호사의 오래된 친구이다." 잭슨, 334.

선례구속은 "바꿀 수 없는 명령"은 아니다. Ramos v. LoU.S. ana, 590 U.S. ___, ___ (2020) (20). 그러나 선례에 의미가 있기 위해서는, 사건이 올바로 결정되었는 지 이상의 합리성에만 법리가 양보한다. 따라서 법원은 선례를 뒤집기 전에 추가적인 요소, 예컨대 집행가능성, 이어지는 사실 및 법리 발전에 맞는지, 선례가 준 신뢰이익 등을 고려한다.

선례구속원리는 우리가 과거의 사건에서 벗어난 판결을 어떻게 다룰 지를 결정하기도 한다. 그 경우에는 최근의 이탈을 따르기보다 과거 사건에서 확립된 본질적으로 더 건전한 법리를 따르는 것이 선례구속의 가치에 더 들어맞는다. 선례구속은 실용적이고 맥락에 따르며, 단순히 "최신 판결을 굳게 지키려는 기계적인 공식은" 아니다.

Ⅱ

A

루이지애나주와 의사들은 케이시 판결에서 선언된 부당한 부담 기준이 법을 분석하는 적절한 틀이라는데 동의한다. 어느 당사자도 그 기준의 헌법상 유효성을 다시 평가해 달라고 요청하지 않는다.

케이시 판결은 Roe v. Wade ("로우 판결")의 가장 핵심이 되는 원리인, 태아가 스스로 생존할 수 있기 전에 임신을 중단하는 여성의 권리를 다시 인정하였다. 케이시 판결 871 (복수의견).[69] 동시에 주는 임산부의 건강을 보호하고, 출생 전 생명을 보호하는 중요하고 정당한 이익을 갖고 있다고 인정하였다.

전자의 이익을 보호하기 위해 주는 다른 진료절차와 마찬가지로 낙태를 바라는 여성의 건강과 안전을 증진하는 규제를 만들 수 있다. 후자의 이익을 보호하기 위해 주는 임신의 계속 유지를 바라는 철학 및 사회적인 주장이 있다는 사실을 여성에게 알리는 규정이나 규제를 만들 수 있다. 그러한 규정을 만드는 주의 자유는 로우 판결의 핵심 전제와 일치하며, 주가 태아의 생명을 보호하는 이익을 가지고 있다는 판결의 불가피한 결과이다.

---

69) 케이시 판결의 공동의견은 다수의견이 아닌 복수의견이었지만, 공동의견도 Marks v. United States, 430 U.S. 188, 193 (1977) 판결에 따라 법원의 법리로 여겨진다.

케이시 판결에 따르면 주는 낙태를 바라는 여성에게 부당한 부담을 주어서는 안된다. "부당한 부담의 인정이란 주의 규제가 독자생존전의 태아를 낙태하려는 여성에게 실질적인 걸림돌을 놓으려는 목적이나 효과를 가졌다는 결론의 요약이다." 낙태 과정에 실질적인 걸림돌을 두지 않은 법은 정당한 주의 이익과 합리적으로 관련이 있으면 허용될 수 있다.

여성건강 판결에서 법원은 이러한 기준을 충실히 되풀이하면서 다음 내용을 더하였다. "케이시 판결이 밝힌 법리에 따르면 법원은 법이 낙태과정에 준 부담과 법이 주는 혜택을 함께 살펴야 한다." 오늘 복수의견은 부당한 부담 기준에 따라 법원이 법이 주장하는 혜택을 낙태과정에 준 부담과 함께 저울질하여야 한다고 다시 확인하였다.

이러한 맥락에서 균형심사를 적용하는 한 편으로 법원은 본질적으로 "사람의 생명과 여성의 건강을 보호하는" 주의 이익을, 다른 한 편으로 "생명의 존재, 의미, 우주, 신비에 관한 자신의 견해를" 정의하는 여성의 자유 이익을 저울질하여야 한다. 케이시 판결 851,871. 이 법원은 물론이고 어느 누구도 이러한 헤아리기 힘든 가치를 객관적으로 평가할 수 있는 감각이 없고 설령 있다 해도 의미있게 견줄 방법이 없다. 우리가 할 수 있다고 한다면 우리가 판사가 아니라 의원처럼 행동해야 하고 "중립적인 실용 고등계산법"으로 위장하여 "법원의 의사를 논증없이 집행할" 뿐이다. New Jersey v. T. L. O., 469 U.S. 325, 369 (1985) (대법관 브레넌 일부 동조 일부 반대의견).

케이시 판결의 어느 부분에서도 법원이 낙태규제의 비용과 혜택을 비교하라고 제안하지 않았다. 반대로 우리는 "주 및 연방의 입법부가 의료 및 과학의 불확실성이 있는 영역에서 광범위한 재량권을 가지고 입법할 수 있다는 전통의 법리가 케이시 판결에 부합"한다고 설명했다. 케이시 판결은 다양한 맥락 속에서 판사들에게 익숙한 질문 유형인 실질적인 걸림돌이 있는지에 초점을 맞추었다. Burwell v. Hobby Lobby Stores, Inc., 573 U.S. 682, 694-695 (2014) (정부가 종교의 자유 회복법에 따른 종교의 자유를 실질적으로 제한하는지); Arizona Free Enterprise Club's Freedom Club PAC v. Bennett, 564 U.S. 721, 748 (2011) (법이 개인 자금을 쓰는 후보자들과 독립하여 지출하는 집단의 언론을 실질적으로 제한하는지); Murphy v. United Parcel Service, Inc., 527 U.S. 516, 521 (1999) (미국장애인보호법에서 개인의 장애가 한 사람 이상의 중요한 일상생활을 제한하는지).

케이시 판결은 문제가 되었던 다양한 규제를 분석하였다. 예를 들면 펜실베이니아 주의 24시간 낙태대기기간이 비용을 늘리는 효과와 낙태를 늦추는 위험을 갖고 있다고 인정했지만, 지방법원은 늘어난 비용과 지연이 실질적인 걸림돌이 된다고 인정하지 않았다고 보았다. 886 (대법관 오코너, 케네디, 수터의 공동 의견). 판결은 법이 정의한 의료 응급의 내용을 볼 때, 대기기간이 실제 건강에 위험이 되지 않는다고 결론 내렸다. 법이 실질적인 걸림돌을 놓지 않았기 때문에 케이시 판결은 법을 유지하였다. 그리고 지방법원이 법에서 어머니의 건강을 증진한다는 주의 이익을 인정하지 않았음에도 그렇게 판결했다.

주가 요구하는 여러 기록관리와 보고 의무에 대해서, 케이시 판결은 이 의무가 낙태 비용을 기껏해야 조금 늘리는 정도이기 때문에 낙태에 실질적인 걸림돌이 되지 않는다고 보았다. 증가된 비용이 실질적인 걸림돌이 될 수도 있지만, 기록상 증거가 없었다. 법원은 이 비용을 법의 혜택과 비교하지 않았다.

부모동의의무에 대해서는 마찬가지였다. 케이시 판결은 적절한 사법대체절차가 있다면, 주가 미성년자들이 낙태할 때 부모나 보호자의 동의를 얻도록 할 수 있다고 판결했다. 케이시 판결은 사법대체절차가 어떤 사람이 미성년자의 낙태결정을 완전히 거부하는 것을 막는다는 선례를 들고 있다. Akron, 497 U.S., 510. 사법대체절차가 없으면 부모의 동의를 받도록 한 법은 미성년자의 낙태에 실질적인 걸림돌이 되므로 부당한 부담이 된다. 케이시 판결 899.

판결은 의사가 낙태수술의 성격에 관하여 진실되고, 올바른 정보를 제공하도록 한 법률 요건을 분석하면서, 혜택이 제한보다 더 큰가가 아니라 실질적인 걸림돌이 있느냐를 보았다. 판결은 그 요건이 낙태에 실질적인 걸림돌로 여겨질 수 없으므로 부당한 부담이 아니라고 결론 내렸다.

자격 있는 조력자가 아닌 의사가 여성에서 이러한 정보를 제공해야 한다는 요건에 대해서는, 법의 규정대로 의사가 정보를 제공하도록 한 것이 낙태를 바라는 여성들에게 실질적인 걸림돌이 된다는 증거가 기록상 없기 때문에, 부당한 부담이 아니라고 결론 내렸다. 다른 사람들이 같은 일을 할 수 있다는 객관적인 평가가 있다 해도, 마찬가지였다.

케이시 판결이 위헌으로 인정한 유일한 제한은 배우자에게 알리도록 한 규정이었다. 법원은 "수백만의 여성들이 남편들로부터 신체 학대나 엄청난 심리적인 압박을 당하는 두려움을 겪을 수 있음"을 보여주는 사회과학의 많은 증거를 들었다. "신체 폭력"과 "어린이 학대"에 더하여, 여성들이 "언어 괴롭힘, 장래 폭행 위협, 기물 파손, 가정내 신체 감금, 재정지원 철회, 가족 및 친구들에게 낙태 공개"를 두려워하는 것은 정당하게 인정될 수 있었다. 그래서 배우자 알림 요건은 많은 여성들이 낙태를 포기하도록 할 수 있었다. 낙태를 단순히 더 어렵게 하거나 돈이 더 들게 하는데 그치지 않고 많은 여성들에게 실질적인 걸림돌로 작용하였다. 법원은 주가 낙태를 불법으로 규정한다면, 자신들 및 아이들의 안전을 걱정하는 많은 여성들이 낙태를 그만둘 것 같은 현실에 눈을 감아서는 안된다고 강조하였다.

케이시 판결의 요점은 뚜렷하다. 실질적인 걸림돌이 되지 않는 몇몇 제한은 합헌인 반면, 실질적인 걸림돌이 된 제한을 위헌이다.

법원은 가끔 부모의 동의를 배우자 통지와 구분할 때를 포함하여 규제의 혜택을 논의한다. 여성건강판결 (19-20). 그러나 케이시 판결의 기준에 따르면 이러한 혜택은 법이 부과한 부담을 넘어서는 정도는 아니다. 케이시 판결은 주가 정당한 입법목적을 가졌고 법이 그 목적에 합리적으로 연관되어 있다는 기초 요건을 살펴보면서 혜택을 논의하였다.

그 부분이 밝혀진다면 마지막 남은 문제는 법이 생존불가능한 태아의 낙태를 바라는 여성에게 걸림돌로 작용하는 효과가 있는지이다. 케이시 판결은 "실질적인 걸림돌" 기준은 거의 15번 넘게 되풀이 하였다.[70)]

케이시 판결에서 비례심사는 대법관 스티븐스의 일부 반대의견에서만 나왔다. "생명보호에 관한 주의 이익과 여성의 자유에 관한 이익을 저울질하면서," 대법관 스티븐스는 복수의견보다 더 나아가서 배우자 동의 요건뿐만 아니라 24시간 대기기간도 폐기하였다. 그러나 그 방법은 다수의견이 되지 못하였다.

---

70) 대법관 고서치는 케이시 판결이 엄격 심사만큼의 엄격한 심사는 거부하였다고 올바르게 지적하였다. 그러나 그가 내 의견이 그 거부와 불일치한다고 한다면 분명 잘못이다. 엄격 심사를 적용하면 낙태에 관련된 모든 규제는 중대한 주의 이익을 달성하기 위한 최소한의 규제수단이어야 한다. 그러나 케이시 판결은 그 심사기준은 여성의 건강과 태아의 생명을 보호하려는 주의 정당한 이익을 거의 인정하지 않거나 이행할 수 없게 한다고 보았다. 케이시 판결에 따르면 낙태 규제는 정당한 입법목적에 합리적으로 관련되어야 한다는 기초 요건을 충족하고 실질적인 걸림돌이 아니라면 유효하다.

Mazurek v. Armstrong 판결은 케이시 판결의 부당한 부담을 이렇게 이해하는 것은 재확인하였다. 마주렉 판결은 자격이 있는 의사들에게만 낙태를 허용한 몬태나주법을 다루고 있다. 520 U.S., 969. 낙태하는데 걸림돌이 된다는 증거가 충분하지 않다는 점에 대해서는 다툼이 없었다. 그래서 법원이 몬태나주의회가 위법한 동기로 행동하지 않았다고 인정한 이상, 법원의 업무는 끝났다.

우리는 케이시 판결의 부당한 부담 기준을 적용한 여성건강 판결의 내용을 존중하여야 한다. 여성건강판결은 다음과 같이 시작한다. "우리는 텍사스법의 두 조항이 케이시 판결이 해석한 바와 같이 연방헌법에 위반되는지를 결정해야 한다." 그 뿐이다. 법원은 케이시 판결이 설명한 바와 같은 기준을 적용한다고 분명하게 밝혔고, 이 법원이 케이시 판결에서 세운 기준에 맞지 않는 방법을 적용한 항소법원의 판결을 뒤집었다.

이 사건에서 복수의견이 우리가 실질적인 걸림돌이 아닌 낙태 규제를 어떻게 분석하는지는 고려하지 않는다고 분명히 인정하고 있다. 복수의견대로 그 부분은 이 사건에 없다. 이 사건에서 낙태 규제를 무효로 하기 전에 실질적인 걸림돌을 인정하는 케이시 판결의 요건은 여성건강판결에서처럼 판결의 충분한 근거이다. 케이시 판결은 물론 두 사건에서도 규제의 혜택을 고려하라는 요청은 없었다. 선례구속의 원리에 따라 나는 텍사스법이 실질적인 걸림돌을 놓았다는 여성건강 판결이 루이지애나법에 관하여도 똑같은 결정을 이끈다는 복수의견에 동의한다. 같은 원리에 따라 나는 낙태규제를 폐기하기 전에 실질적인 걸림돌을 확인하라는 케이시 판결에 따른다.

B

여성건강판결은 텍사스법의 진료특권 요건이 법의 혜택과 별개로 "독자생존할 수 없는 태아의 낙태를 바라는 여성에게 실질적인 걸림돌"이 되었다고 판결했다. 579(2) (케이시 판결 878 인용). 루이지애나법의 진료특권 요건은 텍사스법과 똑같은 정도로 여성의 낙태 시도를 제한하고 있기 때문에 우리의 선례에 비추어 유지될 수 없다.[71]

먼저 두 법은 거의 같다. 텍사스법을 만들기 전에 낙태의사들은 지역 병원의 진

71) 나는 복수의견이 설명한 이유와 같이 이 사건 낙태 의사들이 자신들 환자들의 헌법상 권리를 주장할 당사자적격을 가지고 있다는데 동의한다.

료특권을 갖고 있거나 그 특권을 가진 의사에게 환자를 보내는 계약을 체결할 의무가 있었다. Tex. Admin. Code, tit. 25, §139.56(a) (2009). 2013년에 만들어진 새 법은 환자이송합의 부분을 없애버렸다. 의사들은 "낙태를 하는 곳에서 30마일 이내에 있는 병원에 유효한 진료특권을 갖고 있어야" 한다.

마찬가지로 루이지애나법은 낙태의사들에게 진료특권이나 환자이송계약을 요구하였다. 2014년 루이지애나는 환자이송계약 부분을 없앴다. 텍사스처럼 루이지애나는 이제 낙태의사들이 "낙태를 하는 곳에서 30마일 이내에 있는 병원에 유효한 진료특권을 갖고" 있어야 한다.

결정적으로 지방법원은 루이지애나법이 비슷하거나 더 어려울 정도로 텍사스법과 같은 방식으로 낙태시도를 제한한다고 인정하였다. 텍사스법에서는 "진료특권의무가 시행될 때 낙태진료 시설은 40곳에서 20곳으로 절반가량 줄어들었다." 8개 낙태 의원은 법이 시행되기 몇 달 전에 문을 닫았다. 다른 11곳의 의원들도 법이 시행되는 날 문을 닫았다.

비슷하게 지방법원은 루이지애나법의 시행으로 "낙태의사의 수와 지역 분포가 매우 줄어들 거라고" 인정하였다. 지방법원이 판결할 때 루이지애나에는 낙태진료하는 의원이 3곳, 의사는 5명이었다. 지방법원은 새 법이 의원을 한 곳이나 두 곳으로, 의사는 한 명이나 두 명으로 줄일 거라고 인정하였다. 최선의 경우라도 낙태수요는 공급을 훨씬 초과할 것이라고 보았다.

여성건강 판결은 낙태 의원들이 문을 닫아서 의사들이 줄어들고 대기시간이 길어지며 더욱 붐빌 거라고 인정하였다. 또한 의원에서 150마일 이상 떨어진 지역에 사는 가임여성들의 수는 86,000명에서 40만명으로 늘어나고 200마일 이상 떨어진 지역에 사는 여성들은 1만명에서 29만명으로 늘어난다고 인정하였다.

지방법원은 마찬가지로 루이지애나법도 예약대기시간이 길어지고 더욱 붐비며 그로 인하여 건강상 위험도 늘어난다고 인정하였다. 법원은 루이지애나 여성들이 이미 의원에 갈 때 교통편 마련이나 어린이 돌봄 확보에 어려움을 겪고 있다고 보았다. 멀어진 여행 거리로 이러한 어려움은 더욱 커지고 있다. 법조항으로 인하여 북부 루이지애나에 사는 여성들은 자신들이 살고 있는 지역의 의원에 갈 수 있었으나 이제는 뉴올리안즈로 320마일을 가야 하기 때문에 특히 부담이 된다.

텍사스에서는 "의원 자료 제공, 거주 요건, 다른 재량 요소들을 포함하여 낙태

진료를 하는 능력과 아무 관련이 없는 진료특권을 얻으라는 요건은" 자격 있는 낙태 의사들이 그 특권을 얻기 어렵게 하고 있다. 특히 법원은 진료특권을 내주기 위해서 해마다 입원시키는 환자 수를 확보하도록 요구하는 병원도 있다고 인정하였다. 그러나 병원입원을 요구하는 합병증을 매우 드물기 때문에, 낙태의사들이 환자들을 입원시킬 것 같지 않으므로 진료특권을 유지하거나 앞으로 그 특권을 얻을 수 없다.

이 사건에서도 마찬가지다. "루이지애나에서 의사의 능력은 진료특권 신청의 평가 요소이지만, 병원이 특권을 줄 지를 고려하는 하나의 요소에 지나지 않는다." 루이지애나의 병원들은 능력과 무관한 많은 이유, 예컨대 예상되는 의사의 병원 이용 빈도와 환자를 입원시켜서 치료를 하려는 의도, 최근 몇 년간 병원에서 치료한 환자의 수, 병원의 필요성, 병원의 임무, 병원의 사업 내용 등을 내세워 특권을 거부하거나 신청을 받지 않을 수 있다.[72]

그리고 지방법원은 텍사스에서처럼 루이지애나 병원들이 가끔 병원에서 치료할 계획을 갖고 있는 의사에게 진료특권을 주고, 보통 병원에서 치료할 의사가 없는 의사들에게는 진료특권을 주지 않는다고 인정했다. 그러나 낙태합병증이 드물기 때문에 낙태 의사는 환자들을 병원에 입원시킬 필요가 크지 않을 듯하다.

지방법원은 루이지애나법이 통과된 뒤, 5명의 의사들 모두가 선의로 진료특권을 신청하여 법을 지키려고 했지만, 거의 성공하지 못하였다. 이러한 사실인정은 의사들이 진료특권을 얻지 못한 이유가 무성의하게 특권을 얻으려고 했다기보다는 새 법 조항 때문임을 확인해준다. 지방법원은 루이지애나법이 낙태에 주는 부담을 날카롭게 확인할 수 있었다.

문제는 우리가 같은 기록에서 같은 판단에 이르는지가 아니다. 지방법원의 판단은 본래 사실인정에 따른 것이므로 명백한 잘못 기준에 따라서만 검토된다. 명백한 잘못 심사는 1심 및 상급심 법원의 비교우위를 솔직히 평가함으로써 나온 기준이다. "우리의 일은 기록을 심사하지만, 하급법원들은 증언을 듣는다. 우리는 거의 모두 서면을 읽지만, 그들은 당사자들과 증인들의 신빙성을 평가한다."

---

72) 대법관 알리토는 자격인증에 관한 내 논의가 법의 혜택이 부족하다는 데 초점을 맞추었다고 오해하고 있다. 그러나 케이시 판결처럼 내 분석은 낙태의 이용가능성에 미치는 법의 효과로 제한되어 있다.

따라서 우리는 잘못되었다는 뚜렷한 확신이 없다면 1심 법원의 사실 인정을 건드리지 않는다. 내 견해로는 복수의견이 설명한 이유로 지방법원에 그러한 명백한 잘못이 없다. 그러므로 지방법원의 사실인정을 이 사건에서 우리는 받아들여야 한다.

* * *

선례구속원리에 따르면 우리는 비슷한 사건은 비슷하게 다루어야 한다. 이 사건의 결과는 거의 똑같은 텍사스 법을 무효라고 선언한 4년 전 판결과 같아야 한다. 루이지애나법은 명백한 잘못이 없는 사실 인정에 따르면 텍사스법과 똑같은 정도로 낙태를 바라는 여성에게 부담을 준다. 그와 같은 이유로 나는 루이지애나법이 위헌이라는 다수의견에 동의한다.

[대법관 알리토 반대의견]

다수의견은 오늘 판결을 여성건강 판결의 복사물처럼 설명하고 있고, 닮은 내용이 있기는 하다. 두 판결은 낙태권을 유효한 법리를 깔아뭉개는 불도저처럼 사용되고 있다.

여성건강판결에서 기판력과 분리가능성에 대한 우리의 표준 방법론이 눈에 띄지 않는다. 케이시 판결도 수정되었다.

오늘 판결은 새로운 희생자를 만들어낸다. 갈라진 다수의견은 낙태권이 무엇을 요구하는지 합의할 수 없었지만, 주의회가 여성의 건강을 보호할 목적으로 만든 루이지애나법 620을 폐기하였다. 이 목적을 이루기 위해 다수의견은 선례구속원리를 잘못 이용하고 적용할 수 없는 상소심사기준을 쓰고 기록내용을 비틀었다.

복수의견은 케이시 판결에서 설정한 헌법심사를 버리고 대신에 여성건강 판결이 채택한 균형심사를 쓰고 있다. 복수의견은 루이지애나법이 여성건강을 보호하지 않는다고 했지만 기록상 증거는 이와 다르다. 그리고 복수의견은 루이지애나법이 낙태의사 수를 매우 줄일 거라는 지방법원의 사실인정이 잘못된 법률기준과 매우 부적절한 사실을 바탕으로 하고 있음에도 이를 받아들였다.

대법원장은 선례구속의 중요성을 강조하고 여성건강 판결이 루이지애나법에 적용된다고 생각한다. 그러나 동시에 그가 케이시 판결의 심사기준을 바꾸는 한도에서 여성건강 판결을 뒤집고 있다.

복수의견과 대법원장은 모두 여성의 건강을 보호하기 위해 만들어진 주법을 다투기 위해 낙태의사들이 여성들의 낙태권을 주장할 수 있다고 했다. 권리포기든 선례구속에 의하든 제3자 당사자적격에 관한 일반 법리와 부딪치는 이 판결은 옳지 않다. 그리고 규제받은 당사자가 제3자를 보호하기 위해 만든 법률을 다툴 목적으로 제3자의 권리를 내세울 수 있다는 생각은 깜짝 놀랄 일이다. 명백한 이익 충돌이 일어나기 때문에, 그 개념은 낙태와 관련 없는 사건에서는 거부되었을 것이다.

이러한 이유로 나는 법원의 결정에 동의할 수 없다. 나는 지방법원으로 사건을 되돌려 보내서 추가 절차로 나아가기 전에 원고들이 적격을 갖추도록 요구한다. 만약 정당한 원고가 추가된다면, 지방법원은 새로운 심리를 진행하여 정당한 증거를 바탕으로 법620의 시행이 여성의 낙태를 실질적으로 제한할 정도로 주의 낙태의사들 수가 줄어들지를 판단하여야 한다. 그 결정을 하면서 법원은 법620의 효력이 발생한다면 현재 진료특권이 없는 의사들이 특권을 얻어서 낙태진료를 계속 할 수 있는지를 판가름하는데 이용되는 "선의" 심사를 버려야 한다. 문제되는 의사들(이 사건의 원고들 또는 원고들이었다)이 특권을 얻어서 당사자적격을 잃을 것이기 때문에, 법원은 원고들에게 자신들의 이익이 크게 걸려 있다면 할 수 있는 노력을 다 하여 진료특권을 받으려고 했다는 사실을 밝히도록 요구하여야 한다.

I

우리의 선례에 따르면 이 사건의 핵심 쟁점은 문제의 루이지애나법이 "혼자 생존할 수 없는 태아의 낙태를 바라는 여성에게 실질적인 걸림돌"이 되었는지이다. 만약 이 사건의 법이 그 효과가 없다면 합헌이다.

상고인들은 낙태의사들에게 더 유리한 법리를 채택해 달라고 한다. 구두변론에서 상고인들 대리인은 여성의 낙태에 영향이 없는 법이 여성의 건강을 보호하기 위해 필요하지 않다면 위헌이라고 주장했다. 물론 이는 부담스러운 규제로부터의 자유를 바라는 업계의 주장이다. 그러나 낙태법이 여성들에게 부정적인 영향을 미치지 않는 한, 법이 건강이나 안전의 이름으로 규제당사자를 제한하는 다른 조치보다 더 강한 헌법 심사를 받아야 할 이유가 없다. 안전조치로 정당하다고 인정되는 주와 지방의 많은 법들이 자료에 근거한 경험적인 이유에 근거하고 있다.

그러나 제한을 받는 당사자가 적법절차위반이라며 다툴 때, 우리 선례는 "특정한 입법조치가 유효한 이익(공익)을 실현하기 위한 합리적인 방법이라고 생각된다면" 그 규제를 유지한다. 상고인들이 주장하는 심사기준은 다른 규제받는 당사자들보다 낙태의사들에게 부당한 특혜를 주기 때문에, 케이시 판결에서 배척되었다. 케이시 판결 851.

케이시 판결은 여성건강 판결에서 채택된 균형 심사를 배제하였다. 나는 여성건강판결이 케이시 판결의 심사기준을 변경하는 범위에서 번복되어야 한다고 본다. 케이시 판결이 재검토되지 않는 한 -루이지애나는 이를 요청하지 않는다- 그 판결이 사용한 심사기준은 계속 적용되어야 한다.

Ⅱ

복수의견은 여성건강 판결이 채택한 균형(비례) 심사를 따르고 있기 때문에, 루이지애나법이 낙태를 바라는 여성의 건강을 보호하는데 도움이 되는지를 살펴보고 있다. 그리고 "기록상 진료특권 신청 조사에서 주의 의료조사위원회가 제공한 자료 외에 추가로 조사되는 것은 없다"고 결론 내린다. 대법원장이 선호하는 심사에서 이 쟁점이 왜 중요한지 확실하지 않다 해도, 그는 동의하는 듯하다.

어느 경우든 복수의견과 대법원장의 견해와 다르게, 진료특권이 낙태진료를 하는 의사들이 단순한 의사자격증보다 더 높은 능력을 갖추도록 보장함으로써 여성의 건강을 보호하는 데 도움을 주고 있음을 보여주는 많은 증거가 기록에 있다. 진료특권을 줄지를 결정할 때, 병원들은 보통 책임감 있고 능력이 있으며 특권에 따라 진료를 하는데 필요한 훈련과 경험을 갖춘 의사임을 보장하기 위해 엄격한 조사절차를 거친다. 5항소법원이 설명하는 바와 같이, "병원은 신청인의 수술 능력, 훈련, 교육, 경험, 실무 기록, 범죄전력을 알아본다. 이러한 요소들은 의사 여러 명이 모인 위원회에서 심사된다."

특권을 줄 지를 결정할 때 거의 모든 병원이 쓰는 기준에 따르면 병원이 높은 수준의 능력을 보여주는 증거를 요구하고 있다. 건강보호 기관을 승인하는 공동위원회는 진료특권 기준을 발표하였고, 모든 병원(거의 모든 루이지애나 병원)은 이 기준을 따른다. 이 기준에 따르면 신청인들의 자격, 교육, 훈련, 현재 능력을 조사한다. 의사의 건강 기록, 의원 운영 자료, 동료 추천을 심사하고, 의사가 하는 수술을 눈여겨 평가한다. 루이지애나 의료조사위원회의 전 이사(루이지애나 주립대학 의대 전 학장)는 병원이 진료특권을 줄지 결정할 때의 절차는 능력을 결정하는 주된 방식이라고 증언하였다. 그 절차에서 신청인들이 의료서비스를 제공한 능력이 있음을 보장하기 위해 자격을 빈틈없이 심사한다고 설명하였다.

준 메디칼 의원의 전문가 프레스만 박사는 진료특권이 의사들의 능력을 평가하는 기회를 제공하는 기능을 할 수 있다는데 동의하였다. 현재 루이지애나에서 낙태진료를 하는 의사들 중 한 명인 의사 3도 다른 낙태의사인 의사 4처럼 진료특권의 지역인증 가치를 인정하였다.

비록 복수의견이 병원이 하는 심사가 주의 의료조사위원회가 하는 심사와 다를 바 없다고 했지만, 사실은 그렇지 않다. 병원은 분명한 이유를 가지고 단순한 의사자격 이상을 본다. 심사과정은 병원 내에서 이루어지는 의사들의 의료과오로 인한 배상의 위험을 줄이는 병원의 이익에도 관련되어 있다. 루이지애나에서 자격인정에 과실이 있는 병원은 주의 의료과오 배상 한도로부터 혜택을 받을 수 없다. 또한 병원의 의료보호 참여와 다른 증명도 자격인증 절차를 마쳤는지에 달려있다.

병원이 하는 심사는 위원회의 심사와 달리 되풀이된다. 공동위원회 기준에 따르면 병원은 진료특권을 가진 의사들을 관리해야 하고 그들의 능력을 계속 평가할 수 있다. 반면에 위원회는 자격을 주기 전에 심사하지만, 매년 자격 갱신절차는 표준 양식을 채우고, 수수료를 지불하며, 연수점수를 확인할 뿐이다.

병원들은 특권을 준 뒤에도 의사들을 평가하기 때문에 위원회가 책임을 이행하는데 필요한 정보를 찾을 수 있다. 과거에 병원들은 그 정보를 위원회에 보냈고, 위원회가 징계조치를 취하기도 하였다.

기록에는 병원이 하는 자격인증이 루이지애나 낙태의원들에서 하는 것보다 더 자세함을 보여준다. 일부 의원들은 의사면허만을 요구한다. 상고인 준 메디칼의 사례를 보자. 그 의원에만 지원하고 평가받은 의사 3은 범죄 전력은 물론 어떤 종류의 신원조사도 하지 않는다. 과거에 의사 3은 방사선과 의사와 안과 의사를 고용하여 낙태진료에 투입하였다.

배턴루지의 델타 의원과 뉴올리안즈의 여성의원도 비슷하게 실무가 느슨하다. 두 의원의 대표인 브링클리는 펜실베이니아 대배심 앞에서 채용결정을 하면서

"나는 면허를 평가하지 않는다. 면허를 가지고 있고 주가 면허를 주었다면, 나는 능력이 있는지를 판단하지 않는다."고 증언하였다. 신원조사도 하지 않는다.

지금은 없어진 뉴올리안즈 근처 코스웨이 의원에서 근무한 의사 4는 채용되었을 때 자격인증이 허실하게 진행되었음을 설명하였다. 그는 유효한 의사면허 및 약사면허를 가지고 있어야 했지만, "자격인증위원회가 하는 것과 비슷한 심사를 받지 않았다."

이러한 실무를 볼 때 루이지애나 보건부가 의사들을 상세히 인증하는 절차를 마련하지 않았고, 의사 면허 제한을 조사하지 않았으며, 과거 의료과오소송의 증거를 보지 않았다는 이유로 낙태시설에 부적격 판정을 한 것은 놀랍지 않다.

루이지애나는 규제 감독의 실패를 상세히 밝힌 커미트 고스넬 대배심 보고서의 여파로 법620을 만들었다. 대배심은 꼼꼼하게 감독하면 고스넬의 건강과 안전 위반사항을 적발할 수 있을 거라고 결론 내렸다. 고스넬은 의사면허를 갖고 있었지만, 진료특권을 줄 병원이 있을지는 의문이다.

간추리면 복수의견과 달리 기록상 진료특권을 요구하면 건강과 안전상의 혜택이 있음을 보여주는 자료가 많다. 이 요건의 필요성에 대해서 토론할 거리는 분명히 있지만, 우리의 선례법에 따르면 이 법원의 임무는 법이 기존의 규제 체계에 중요한 사항을 더했는지를 확인하는데 있지 않다. 대신에 법의 혜택에 관한 진정한 토론이 있을 때, 정당한 필요에 따른 의료 규제인지, 의료 및 과학적 불확실성속에서도 의료상 합리적인 규제인지를 판단하는데 우리는 폭넓은 재량권을 주의회에 주었다. Gonzales v. Carhart, 550 U.S. 124, 163 (2007); Mazurek v. Armstrong, 520 U.S. 968, 973 (1997); Akron v. Akron Center for Reproductive Health, Inc., 462 U.S. 416, 458 (1983) (대법관 오코너 반대의견) ("주의회는 이 영역에서 필요한 사실 판단을 하는데 법원보다 더 나은 위치에 있다.") 루이지애나는 쉽게 이 기준을 충족하였다.

이러한 이유로 진료특권요건이 유효한 입법목적과 무관하다고 결론내린 복수의견과 대법원장은 틀렸다.

III

복수의견과 대법원장은 법620이 낙태에 미치는 효과를 잘못 판단하였다. 그들은 선례구속원리와 사실 인정에 대한 상급심 심리기준을 잘못 이용하였다.

A

선례구속은 복수의견과 연방대법원장의 주된 이유이다. 두 의견은 이 사건이 여성건강 판결과 똑같고 선례구속원리에 따라 같은 결론이 나와야 한다는 인상을 주기 위해 애쓰고 있다. 그러나 사실 두 사건은 매우 다르다. 텍사스와 루이지애나법이 거의 모두 같지만 사건은 다르다. 여성건강판결은 텍사스 법 문언을 바탕으로 하지 않고 법률이 텍사스주의 낙태에 미치는 영향이라는 실증적인 질문을 바탕으로 하고 있다. 그 질문에 대한 법원의 답은 주마다 다른 수많은 요소들에 달려 있고, 여기에는 낙태수요, 낙태하는 의원과 의사의 수와 위치, 주의 면적, 인구 분포, 진료특권을 얻는 의사의 능력이 관련되어 있다. 진료특권을 요구하는 법이 반드시 모든 주에서 똑같은 효과를 가질 거라고 생각할 이유가 없다. 그 결과 이 법원이 기록상 증거를 바탕으로 텍사스의 진료특권요건으로 낙태이용이 실질적으로 줄어들었다고 인정하였다고 해서, 법620이 루이지애나에서 같은 효과를 거둘 거라고 할 수 없다. 두 주는 이웃하고 있으나 다르다. 따라서 기록을 바탕으로 한 여성건강 판결의 실증적인 판단이 이 사건에 적용되지 않는다.

여성건강 판결이 이 사건과 거의 같다는 주장은 사실이 아니다. 왜냐하면 여성건강 판결의 논증에 관한 중요한 방식 면에서 두 사건은 다르기 때문이다. 곧 법 시행전에 문면상 다툼과 법의 효과에 관한 증거를 바탕으로 법 시행 뒤의 다툼의 차이이다. 텍사스법이 시행되기 전에 낙태의사들은 법이 낙태이용을 매우 제한할 거라고 주장하면서 문면상 다투었으나 실패하였다. 5항소법원은 원고들이 법이 낙태를 바라는 여성들에게 실질적인 걸림돌임을 입증하지 못하였다고 판결했다. 그리고 나서 법이 얼마간 시행된 다음, 원고들 중 많은 이들이 2차 소송을 걸었고 다시 진료특권이 케이시 판결을 위반하였다고 주장하였다. 피고인 주는 종전 판결의 기판력에 따라 각하를 신청하였으나 여성건강 판결의 다수의견을 받아들이지 않았다.

법원은 텍사스법의 시행 결과는 법시행전에는 알 수 없었기 때문에 법시행전 문면상 다툼이 법시행 뒤 청구와 같은 청구가 아니라고 하였다. 이 사건은 텍사스법의 시행전 문면상 다툼과 비슷하므로 여성건강판결이 적용되지 않는다.

B

1

여성건강 판결의 적용과 별개로 복수의견과 대법원장은 법620이 시행된다면 낙태를 바라는 여성들에게 실질적인 걸림돌이 된다고 본 다른 이유가 있다. 복수의견과 대법원장은 루이지애나법이 낙태이용에 커다란 영향을 미칠 거라는 지방법원의 사실인정을 가리키면서, 그 사실 인정은 명백할 때에만 뒤집을 수 있고 이 사건에서는 그러한 잘못이 없다고 하였다. 이러한 방식을 택하면서 그들은 지방법원의 사실인정이 딛고 있는 잘못된 법률 기준에 눈감았고, 기록상 증거의 커다란 결함을 외면하였다.

일정한 기간 동안 루이지애나법이 시행되지 않았기 때문에, 지방법원은 그 효과가 어떨지를 예측할 필요가 있었다. 그렇게 하면서 법원은 진료특권요건으로 낙태진료를 못하게 된다면 현재 주에서 낙태진료를 하는 의사들은 모두 그만두게 될 것이라고 결론 내렸다. 원래 준 메디칼의 관리자 증언에 따른 추론인데 입증되지 않았기 때문에 논란이 있다. 복수의견이나 대법원장은 왜 이 증언을 받아들여야 하는지를 설명하지 않았다. 그것만으로 다수의견이 존중한 사실인정에 의문을 남기고 있지만, 문제는 거기서 끝나지 않는다.

지방법원은 흠이 있는 심사기준에 터잡아 사실을 인정하였다. 루이지애나에서 낙태진료를 하는 의사들 중 진료특권을 얻지 못해 그만둘 사람이 몇 명인지 확인하려고 하면서, 지방법원은 의사들이 특권을 얻으려고 애썼으나 얻지 못한 사례에 관한 여러 형태의 증거, 법정 증언, 인증진술서, 진술서, 대리인 서면을 제출받았다. 지방법원은 이 의사들이 성실하게 행동했는지를 살펴보았고, 모두 기준을 충족했다고 인정하였다. 그리고 법으로 인하여 주에 낙태의사가 거의 남아 있지 않게 되었다고 결론 내렸다.

2

복수의견과 대법원장이 받아들인 사실인정-루이지애나법이 낙태이용을 매우 줄일 거라는 사실인정-은 의사들이 "선의로" 특권을 요청하였다는 지방법원의 사실인정에 바탕을 두고 있지만, 매우 잘못되었다.

"선의는 우리가 어느 맥락에서 다른 맥락으로 움직일 때 다른 뜻과 주안점을 가지고 있는 헷갈리는 낱말"이라고 적절히 설명되고 있다. Black's Law Dictionary 836 (11개정판. 2019) 지방법원이 이 사건에서 어떤 뜻으로 이해했는지는 불확실하지만, 가장 중요한 요소, 곧 의사들의 이윤동기를 무시하였음은 뚜렷하다.

지방법원이 의사들의 "선의"를 판가름할 때, 법620의 시행이 정지되었고 소송에서 원고가 이긴다면 법시행이 영원히 금지되리라고 알고 있었다. 그래서 의사들은 진료특권을 받아도 얻을 게 없고 모두 잃게 되었다. 의사들 중 2명인 의사 1, 2는 상고인이자 이 법원의 피상고인들이다. 다른 두 명인 원고 5, 6은 알 수 없는 이유로 소송에서 빠졌다. 그리고 원고는 아니지만 의사 3은 이 사건의 당사자인 준 메디칼의 의료실장이다.

만약 이 의사들이 특권을 받는다면, 소송에서 질 가능성이 있었다. 진료특권을 얻으면 위에서 설명한 병원의 감독을 받을 뿐만 아니라 병원이 부과한 다른 의무, 예컨대 가난한 환자들의 진료비 미지불 사례 보고와 같은 의무를 이행해야 한다. 그래서 의사들이 특권을 얻으려고 할 때의 상황에 비추어 보면, 이윤동기는 소송에서 이긴다면 받게 될 혜택만큼이 아니라, 지방법원이 요구한다고 그들이 생각하는 정도에 그칠 만큼 매우 적었다.

유인구조를 볼 때 지방법원의 "선의" 심사는 옳지 않다. 지방법원이 무엇을 심사해야 하는지를 정확히 정의하지 않았다 해도, "선의"는 쉽게 의사가 특권을 얻지 않으려는 주관적인 동기가 부족했다는 의미를 갖고 있다. 법률용어사전 836 ("선의"를 "사기 치거나 부도덕한 이익을 구하려는 의사의 부족"으로 정의)

의사들이 특권을 신청할 유인이 있었는지에 대해서, 더 검토되어야 한다. 법원은 특권을 얻으려는 의사들의 노력이 낙태진료를 계속할 수 있을지를 알았을 때 하는 노력과 같은 정도인지를 물었어야 한다. 지방법원은 그러지 않았고, 잘못된 법률기준에 따라 낙태 과정의 사실을 인정하였으므로 유지될 수 없다. 잘못된 법률 심사를 바탕으로 한 사실인정은 무효이다. "명백한 잘못" 법리에 따라 유지될 수 없다. Abbott v. Perez, 585 U.S. ___, ___ (2018) (25) ("상급법원은 적용 법리의 오해에 기초한 사실인정을 포함한 법리의 잘못을 고칠 권한을 갖고 있다.") 등.

3

지방법원이 잘못된 심사기준을 적용했을 뿐만 아니라, 기록상 증거를 보아도 의사들이 특권을 얻기 위해 형식적인 시도 이상을 했음을 보여주지 못하고 있다.

루이지애나에는 3곳의 낙태의원이 있다. 시리브포트의 준 메디칼, 호프 의원, 배턴루지의 델타 의원, 뉴올리안즈의 여성의원. 5명의 의사들, 곧 준 메디칼의 의사 1~3, 델타 및 여성 의원의 의사 5, 여성의원의 의사 6이 그 곳에서 낙태진료를 한다. 다음 논의를 위해 나는 의사 1은 특권을 얻을 수 없다고 가정한다. 또한 이 의사들이 낙태진료를 그만둘 경우 대체할 다른 의사들이 없다고 가정한다면, 루이지애나에서 낙태과정에 미치는 법620의 충격은 나머지 4명의 의사들(의사 2, 3, 5, 6)이 그러한 특권을 얻을 수 있는지에 달려 있다. 올바른 법률기준에 따르면 준 메디칼은 법620으로 인하여 4명의 의사들이 낙태 진료를 할 수 없음을 밝히지 못했다.

의사 2

지방법원은 의사 2가 특권을 얻기 위해 선의의 노력을 했고 이 법원도 그 판단을 받아들였다. 그러나 의사 2는 법620의 준수가 그에게 이익이 된다면 예상할 수 있는 방식으로 움직이지 않았음이 명백하다.

기록상 전자우편을 보면 의사 2가 변호사의 충고에 따라 성의없이 특권을 신청하였고, 거부되는 것이 소송에서 가장 낫다고 계산하였음이 드러나 있다. 1452("변호사들은 지원서 병원 접수가 중요하다고 생각한다."), 1453("그러나 지원서를 접수해 놓거나 설령 거부되어도 법안을 법률상 다투는데 더 중요하다.")

이러한 태도에 맞게 의사 2는 이전에 특권을 가지고 있었고 낙태진료 하는 의사 3이 특권을 갖고 있는 시리브포트 지역의 크리스터스 병원에 특권을 신청하지 않았다. 의사 2는 위 병원은 환자를 입원시키지만 최소 입원환자수를 요구하지 않는 특권을 의사 3에게 주었음을 알고 있었다.

의사 2가 말하는 크리스터스 병원에 신청하지 않은 이유는 특권을 얻으려는 강력한 개인동기를 단념할만한 이유가 아니었다. 그는 크리스터스가 가톨릭병원이라는 이유로 신청하지 않았다고 증언하였다. 그는 직원들을 알고 있으며 더 편안하다고 느끼면서 특권을 얻을 가능성이 가장 큰 다른 병원에 지원하였다고 하였다. 특권을 얻으려는 강한 동기를 갖고 있는 사람이 이러한 이유로 신청자체를 하지 않을 거라고 보기 어려울 것 같다.

지방법원은 의사 2가 크리스터스 병원에 신청하지 않았다는 사실을 다루지 않았다. 그러나 복수의견은 크리스터스의 내규가 낙태실무에 반대하고 있기 때문에 의사 2에게 특권을 주지 않았을 거라고 보았다. 그러나 크리스터스 병원은 이전에 낙태진료를 하는 의사들에게 특권을 준 적이 있었다. 의사 2가 낙태진료를 하면서 그 병원의 특권을 가지고 있었을 뿐만 아니라 의사 3은 30년 동안 때때로 크리스터스에서 특권을 갖고 있었고, 2012년과 2014년에 의료진으로 재지명되었다. 이 기간 동안 낙태진료를 하였다.

복수의견은 의사 3이 크리스터스에서 낙태 진료 사실을 숨겼고, 만약 의사 2가 특권을 신청했더라면, 크리스터스는 의사 3이 낙태진료를 하고 있다는 사실을 알고 그의 신청을 받아들이지 않았을 거라고 하면서 의사 2가 크리스터스에 신청하지 않은 행위를 정당화하고 있다. 그러나 크리스터스가 실제 몰랐을지 의문스럽고 이러한 이유로 거부되었을 거라는 추측에 지나지 않는다. 그러나 강한 개인 동기를 가진 의사라면 시도했을 것이고 단순히 시늉만 하지 않았을 거라는 점이 중요하다.

크리스터스 병원에 신청하지 않고 의사 2는 윌리스 나이튼 보시어시에 공식 신청했고 대학병원에 비공식으로 문의하였지만, 그가 얼마나 열의를 갖고 요청했는지는 기록상 나타나 있지 않다. 보시어시에서 그는 최소한의 입원환자를 요구하지 않아서 신청요건이 느슨한 특권을 신청하지 않았고, 의료진 지위를 신청하였다. 의사 2에 따르면 이 신청은 그 지위에 따른 최소 입원환자수 요건을 채울 수 없기 때문에 받아들여지지 않았다. 의사 2는 나중에 3문단의 전자우편을 보우어시 전자메일주소로 보내서 102쪽의 신청서를 고쳐서 느슨한 특권을 바란다고 하였다. 그러나 기록은 그 전자우편이 수신되어 처리되었는지, 보우어시가 대답을 하였는지는 나타나 있지 않다. 의사 2는 장래 의원을 개업하기 위한 실무 경험을 갖기 위해 전임의를 구했다고 말했지만, 전임의를 성실히 구하지 않았음을 설명하지 않는다. 보우어시가 의사 2에게 입원환자기록을 요청한 사실이 있다 해도, 의사 2가 느슨한 특권을 신청했을 때에도 병원이 같은 요청을 했을지 우리는 알 수 없다.

의사 2는 대학 병원에 진료특권을 비공식으로 물어보았다고 했다. 그러나 부서장인 그룸 박사는 병원은 그의 자격을 새로 주지 않을 거라고 말했다. 의사 2는 자신이 하는 일의 정치적 성격과 논쟁 때문이라고 생각했다. 그러나 의사 2는 이러한 비공식 질의가 있었음을 입증하는 증거(또는 그룸 박사의 증언 신청)를 대지 않았다.

의사 2의 설명에는 뚜렷한 의문이 있다. 그는 이미 대학병원 의료진 중 한 사람이었으므로, 병원이 그의 진료가 가진 정치적인 성격 때문에 특권 요청을 거부했다는 이유가 분명치 않다. 그리고 대학병원은 의사 2의 낙태진료를 오랫동안 알고 있었다. 그는 1979년 이래로 그 병원과 일을 했었고, 1980년 이후 낙태진료를 하였다.

간추리면 의사 2는 특권을 얻으려는 노력이 겉치레였음을 전자우편에서 인정하였다. 또한 전에 특권을 받았던 병원에 신청하지 않았으며, 유일하게 공식 신청한 병원에서 그는 입원환자의 충분한 수가 부족하여 특권을 얻을 수 없음을 알고 있는 지위를 신청하였다. 그리고 (특권에 대해 자문하였던) 다른 병원에는 비공식으로 문의하였을 뿐이다. 지방법원은 의사의 시도가 정말 특권을 얻으려는 사람의 행위인지 살펴보았어야 한다.

의사 5.

의사 5는 뉴올리안즈의 여성의원과 배턴루지의 델타 의원에서 낙태진료 하는 산부인과 의사이다. 의사 5는 지방법원의 변론기일에 증언하지 않았지만, 지방법원은 진술서를 근거로 그가 선의로 특권을 얻으려고 애썼다고 인정하였다.

의사 5는 뉴올리안즈의 투로 병원에서 우대특권을 얻었으므로, 법620 때문에 그가 여성의원에서 진료하지 못하는 것은 아님을 모두 인정하고 있다. 남은 문제는 배턴루지에서 그의 낙태진료가 법으로 금지되느냐이다.

의사 5는 그 지역의 한 병원이 진료특권을 준다면, 그리고 그가 없을 때 대신할 의사를 찾는다면 여성 병원이 특권을 줄 거라고 증언하였다. 의사 5가 대직의사로 일할 수 있는지 물어본 의사가 있었다고 해서 그가 다른 의사에게 요청했을 때 과연 대직의사를 찾을 수 없었는지는 알 수 없다.

복수의견은 순전히 추측하여 의사 5의 하찮은 시도를 정당하다고 한다. 의사 5가 요청했던 의사 중 한 명이 배턴루지 낙태 의원과 환자 이송 계약을 맺었기 때문에, 복수의견은 "의사 5로서는 만약 이 의사가 대직의사로 일하지 못한다면 아무도 할 수 없다고 생각한 것은 합리적이라고 보았다." 나아가 "지방법원은 재량범위 안에서 기록상 그러한 해석을 받아들일 수 있다."고까지 말하고 있다.

이 주장은 복수의견이 어떻게해서든 루이지애나법을 폐기하려고 했음을 보여준다. 복수의견은 의사 5가 한 번만 질문한 이유와 지방법원이 이 질문으로 충분하다고 인정한 이유를 추측하였을 뿐이다. 그러나 사실 의사 5는 한 사람의 의사에게만 요청한 이유를 설명하지 않았고, 그 의사가 병원과 환자이송계약을 맺었기 때문에 포기했다고 밝히지 않았다. 지방법원은 의사 5가 선의로 행동했다고 인정하기 위해 그렇게 추론하지 않았다. 그리고 어느 경우든 의사 5가 요청한 의사가 대직의사를 수락할 거라고 기대한 강한 이유가 있다 해도, 다른 요청이 반드시 실패할 거라고 여겨지지 않는다.

의사 5는 여성 병원에서 특권을 받을 가능성이 가장 높다고 생각했기 때문에 다른 지역의 두 병원, 래인과 배턴루지에 특권을 신청하였으나, 이를 검토하기 위한 회신전화조차 받지 못했다. 래인과 배턴루지는 가난한 환자들을 무료로 진료하지만 책임은 면제되지 않는다고 요구하였다고 한다. 의사 5는 래인은 다른 병원들보다 델타의원에서 더 멀리 떨어져 있다고 설명했다.

의사 5의 상황을 간추리면 다음과 같다. 루이지애나법은 만약 그가 배턴루지에서 대직의사를 찾을 수 있다면 그에게 영향은 없지만 한 사람의 의사에게만 요청했다. 그는 다른 두 곳의 병원에서는 특권을 받을 가능성이 없었고, 일정 수의 가난한 사람들에게 무료 진료를 요구했기 때문에 특권을 얻기 위해 한 일이 거의 없다.

의사 6

의사 6은 뉴올리안즈의 여성의원에서 진료하는 산부인과 의사이다. 뉴올리안즈에는 9곳의 신청대상 병원이 있고, 의사 6은 한 곳에 비공식 질문을 했고, 다른 곳에 공식 신청서를 냈다. 지방법원은 의사 6이 증언하지 않았고 반대신문을 받지 않았다 해도 진료특권을 얻기 위해 선의로 노력했다고 인정하였다. 법원이 접하는 유일한 정보는 의사 6의 진술서 몇 문단이고, 여성의원 직원의 진술서에 있는 전문 진술뿐이다.

예컨대 여성의원에서 낙태진료한 의사 5가 특권을 가지고 있는 투로 병원에 의사 6이 특권을 신청하지 않은 이유를 포함하여 이 사건 미심쩍은 자료만으로는 여러 중요한 문제가 해결되지 않은 채로 남아 있다.

복수의견은 기록상 어디에서도 찾을 수 없는 설명을 하고 있다. 곧 수술 및 약물 낙태를 한 의사 5와 달리 의사 6이 약물 낙태만 했기 때문에 투로 병원에서 특권을 얻을 수 없었다고 한다. 이는 순전히 추측일 뿐만 아니라 이 차이가 중요한 이유가 명확하지 않다. 복수의견은 의사 6의 약물낙태환자들이 병원에 입원한 적이 없다고 적었지만 입원한 수술낙태환자는 매우 적었다고도 한다. 만약 의사 6이 증언하거나 인증 진술했다면, 투로 병원에 신청하지 않은 결정에 대해 물어볼 수 있었을 것이다.

투로 외에도 뉴올리안즈 지역에는 8곳의 병원이 있지만, 의사 6은 이들 중 6곳에 특권을 얻으려고 시도하지 않았고, 기록상 그 이유를 알 수 없다. 그는 동제퍼슨 병원에 공식 신청했고 튜레인 병원에 비공식으로 문의하였다고 하였지만, 이러한 노력에 대해서는 상세히 알려지지 않았다. 그 두 병원의 대리인들이 증언하거나 인증진술하지 않았고, 그 신청에 관련된 서류들이 나오지도 않았다.

의사 6가 튜레인 병원에 비공식으로 문의한 사실과 관련하여, 지방법원이 근거로 삼은 것은 그가 이름을 모르는 사람에게 물어보았고 해마다 필수 입원환자수를 확보하지 못하고 있기 때문에 신청해서는 안 된다는 말을 들었다는 구절 하나가 그의 진술서에 있을 뿐이다. 기록상 의사 6이 물어보았다는 특권의 종류가 무엇인지 알 수 없다.

의사 6은 요건이 완화되어 있고 입원환자수를 요구하지 않는 느슨한 특권을 내주는 병원인 동제퍼슨 병원에 공식 신청한 자료도 내지 않았다. 그는 2014. 9.에 서명한 진술서에서 신청을 했지만 답을 듣지 못했다고 썼다. 몇 주 뒤에 준 메디칼의 대리인은 의사 6이 추가 정보를 요구하는 동제퍼슨 병원의 요청에 따랐다는 서류를 지방법원에 냈다. 동제퍼슨 병원은 특권을 주지 않았던 듯하나 기록상 그 이유를 알 수 없다. 의사 6이 병원이 요청한 정보를 제공했고 신청절차에서 요구하는 모든 절차를 밟았는가? 기록에는 없고 지방법원은 궁금해 하지 않았다.

의사 3

시리브포트의 준 메디칼 의원에서 낙태진료를 하는 의사 3은 크리스터스 헬스 및 WKBC 병원에서 특권을 갖고 있기 때문에 법620으로부터 직접 영향을 받지 않는다. 그러나 그는 그 법 때문에 북부지방에서는 혼자서만 낙태의사로 남아서 낙태진료를 그만둘 거라고 말했다. 그래서 만약 의사 1 또는 의사 2가 특권을 얻어 계속 낙태진료를 한다면, 의사 3도 계속 진료할 거라고 증언하였다.

이를 모두 모아보면 기록상 의사 2,5,6이 낙태진료를 계속 할지가 달려 있는데

도 보통 예상할 수 있는 정도의 노력을 다 했는지를 보여주는 내용은 없다. 이 의사들은 판사가 요구할 거라고 생각하는 정도의 시도만 할 이유가 있었고, 판사는 그들이 법정에 나오지 않았어도 그 이상을 요구하지 않았다. 간추리면 기록상 법520이 이 의사들의 낙태진료를 막아버렸다는 내용은 밝혀지지 않았다. 그러므로 위 법 때문에 의사 3이 그만두지는 않을 것이다. 법620의 영향에 관한 지방법원의 판단은 유지될 수 없다.

C

올바른 법률 기준에 따라 새로운 심리를 위해 이 사건을 되돌려 보내야 한다. 지방법원은 여성건강판결의 비례심사가 아니라, 케이시 판결의 "실질적인 걸림돌" 심사를 적용해야 한다. 그리고 법620을 다투는 사람들이 진료특권이 없는 의사들이 법이 시행되고 노력하지 않으면 진료를 그만두어야 할 때 보여주었던 열의로 진료특권을 얻으려고 시도했음을 밝히라고 요구해야 한다.

IV

환송심에서 지방법원은 준 메디칼의 낙태를 바라는 여성의 권리 주장을 불허해야 한다. 법원은 원고의 소송참여자는 문제된 권리를 갖고 있어야 한다고 요구해야 한다. 우리의 선례들은 원고가 제3자의 권리를 주장하는 것을 거의 허용하지 않으므로, 준 메디칼은 제3자 적격에 관한 우리의 확립된 심사를 충족할 수 없다. 준 메디칼이 구하는 바는 우리가 결코 허용하지 않았다. 자신과 이해관계가 부딪침에도 제3자의 권리에 의존하려고 한다.

A

복수의견은 루이지애나가 준 메디칼의 제3자 적격 이의를 포기하였다고 하였으나 기록을 잘못 이해하였다. 복수의견은 원고의 임시 정지 신청과 관련하여 지방법원에 제출한 주의 서면 내용을 들고 있지만, 그 내용은 낙태의사들의 적격에 관한 항소법원의 선례를 똑바로 말하고 있을 뿐이다. 이의포기에 해당되지 않는다.

사실 루이지애나가 상고허가신청할 때까지 제3자 적격 문제를 적극 주장하지 않았다. 그러나 하급심에서 하지 않은 주장에 대한 일반적인 처리방식에 예외가 인정되고 있다. 당사자가 쟁점을 주장하지 않아도 하급법원이 문제를 다루었다면 우리가 이를 처리할 권한이 없어지지 않는다. Lebron v. National Railroad Passenger Corporation, 513 U.S. 374, 379 (1995) ("하급심에서 상고인이 주장하지 않았다 해도, 하급법원이 다룬 문제라면 우리는 보통 자유롭게 판단할 수 있다.")

이 사건에서 지방법원의 금지명령에 대한 루이지애나의 항소에서 5항소법원이 제3자의 당사자 적격 문제를 다루었다는 사실에는 다툼이 없다. 그리고 우리가 주의 상고를 허락했을 때, 이 문제를 심리하기로 하고 그에 관한 서면과 주장을 받았다.

제3자 당사자 적격이 앞으로 이 사건의 절차에서 문제될 수 있기 때문에 이를 판단할 강력한 이유가 있다. 이 사건은 새로운 심리를 위해 환송되어야 하고, 우리는 올바른 원고가 없다면 새로운 심리를 허용해서는 안 된다. 우리가 이 문제를 다루지 못할 아무런 이유가 없다.

B

이 사건은 낙태의사들과 그 환자들의 이해충돌을 숨김없이 보여주고 있다. 다른 규제 대상처럼 낙태의사는 법620의 진료특권요건과 같은 짐스러운 규제를 피하는데 경제적인 이해관계를 갖고 있다. 특권의 신청에 시간과 품이 들고, 특권의 유지도 부담스럽다. 반면에 낙태를 바라는 여성은 자신들의 건강을 보호하기 위해 규제를 보존하는 이익이 있다. 그러한 상황에서 이해충돌은 두드러진다.

진료특권요건이 안전과 관련이 없기 때문에 이 사건에서 이해충돌을 발견하지 못할 수도 있다. 그러나 안전 규제를 다툴 때 여성의 권리를 주장하는 낙태의사의 권한은 본안에서의 주장에 좌우되어서는 안 된다.

우리가 다른 안전 규제를 다투는 사건을 심리한다면 다수의견이 받아들인 법리는 문제가 많다. 예를 들면 의사가 아닌 사람이 자격인정을 받아 낙태 진료를 허용하는 주의 의원이 자격요건이 너무 짐스럽고 의원을 계속 운영하는데 어려움을 준다고 주장하는 경우를 가정해보자. 의원이 이 규제를 다투기 위해 여성의 권리를 주장할 수 있다면 주의원들은 어느 쪽이 여성의 건강을 보호하는데 중요하다고 생각하였을까?

낙태규제가 여성의 건강을 보호할 목적으로 만들어졌을 때, 그 법의 폐기를 바라는 낙태의사는 여성의 헌법상 권리에 의존해서는 안 된다. 짐스러운 규제를 싫어하는 다른 당사자처럼 낙태의사는 자신의 권리만을 주장해야 한다.

C

선례에 따른 법리이고 이해충돌과 관련한 일반 원칙에서 나온다. 우리는 이미 원고가 제3자 사이에 이해충돌의 가능성이 있는 경우 제3자 당사자 적격은 인정될 수 없다고 판결했다. Elk Grove Unified School Dist. v. Newdow, 542 U.S. 1, 9, 15, 주 7 (2004) ("뉴도우 판결")에서 원고와 그 딸 사이의 이해충돌이 항소심에서 발생하였다. 아버지는 딸이 공립학교에서 국기에 대한 맹세를 할 때, "하느님의 이름으로"라는 다른 학생들의 말을 듣지 않을 헌법상 권리를 갖고 있다고 주장했다. 그러나 어머니는 딸이 그 맹세를 말하거나 듣는데 반대하지 않는다고 주장했다. 법원은 "부모와 아이의 이익이 같지 않고 충돌할 가능성이 있기 때문에" 아버지 자신의 청구가 없다고 판결했다. 하급법원의 판결은 취소되었다.

뉴도우 판결은 제3자가 청구하는 구체적인 맥락에서 심각한 이해충돌을 인정하였지만, 법은 당사자가 대표하여 청구할 때 잠재적인 충돌에 늘 민감하였다. 당사자들은 자연스럽게 각자가 가지고 있는 이익과 자신을 연결하기 때문에, 이해가 충돌하면 소송에 참여하지 않고 있는 사람의 이익이 올바로 대표되지 못할 위험이 있다. 그래서 집단소송에서 연방민사소송규칙 23(a)(4)는 원고가 집단의 구성원들과 같은 이익과 피해를 갖고 있어야 한다고 요구하고 있다. 그 요건은 당사자와 대표하려는 집단 사이의 이해충돌여부를 밝히는데 도움이 된다. 마찬가지로 연방민사소송규칙 17(c)에 따르면 약자나 무능력자를 대리하는 당사자에게 이해충돌이 있다면 교체된다. 물론 대리인은 자신과 이해가 충돌되는 의뢰인을 대리하지 못한다.

D

이 사건에 들어 있는 이해충돌은 제3자의 당사자 적격을 거부하는 충분한 이유가 되고, 제3자 당사자 적격에 관한 우리의 표준 법리는 두 번째 사유가 된다. 일반적으로 원고는 자신의 법률상 권리와 이익을 주장해야 하고 제3자의 법률상 권리나 이익을 내세울 수 없다. 우리는 이 법리에 제한된 예외를 인정하였지만, 이에 해당하기 위해서는 당사자는 (1) 제3자와 가깝고, (2) 제3자가 소송을 제기할 능력에 장해가 있음을 밝혀야 한다.

기록을 보면 낙태의사는 이 심사를 전혀 통과할 수 없다. 첫째, 낙태를 바라는 여성은 수술을 하는 의사와 가까운 관계를 형성하지 않는다. 오히려 이 관계는 매우 짧고 제한된다. 루이지애나에서 여성은 수술 전날 의원에 처음 간다. 만약 그녀가 준 메디칼에 간다면 실제 수술하는 의사가 아닌 직원과 짧게 이야기한다. 의사 1의 설명에 따르면, 그녀는 수술직전에 처음 의사를 만나고, 의사는 무엇을 할지 말하고, 질문에 답을 하고 낙태가 진행되는 과정을 알려준다. 의사 4는 수술 자체는 2,3분 걸린다고 증언하였다. 의사 3은 한 시간에 낙태 6건을 할 수 있고 이틀간 64건의 낙태를 한 적도 있다고 증언하였다.

약물 낙태의 경우에 환자들은 3주 뒤 의사진료를 받아야 하지만, 준 메디칼 의원과 주에서 전체 낙태방법의 절반 이상인 수술로 낙태하면 수술 뒤 진료를 받을 필요가 없다. 거의 모든 여성들은 병원에 다시 오지 않는다.

이처럼 준 메디칼에서 의사와 환자 관계는 주의회에서의 증언내용과 비슷하다. 낙태를 했던 참고인들도 낙태의사와 관계가 가깝지 않다고 말하고 있다. 이러한 이유로 제3자 적격 법리의 첫 번째 요건은 들어맞지 않는다.

제3자 소송을 거는데 장해요인이 있음을 요구하는 두 번째 요건도 마찬가지다. Singleton v. Wulff, 428 U.S. 106, 117 (1976) ("싱글톤 판결")에서 복수의견은 낙태를 바라는 여성들의 소송제기에 장해가 있다고 인정했으나, 그 판결에서 추론은 받아들이기 어렵다. 그 판결에서 낙태를 바라는 여성들은 소송을 거는데 2가지 걸림돌-사생활을 보호하려는 희망과 소의 이익이 없다-이 있다고 인정하였다. 그러나 대법관 파웰은 이 걸림돌들은 터무니없다고 말하고 있다.

첫째, 낙태규제를 다투는 여성은 익명으로 소송을 걸 수 있고 많은 사례가 있다. 재판과정에서 정체를 밝혀지지 않도록 여러 신중한 조치를 취한다. 그리고 낙태 규제를 다투려는 여성이 비용을 들여 대리인을 선임할 거라고 생각할 이유는 없다.

둘째, 낙태를 바라는 여성이 소송을 건다면, 반복될 수 있는 사건은 소의 이익을 예외적으로 인정하므로 임신기간이 끝나고 소송은 각하되지 않을 것이다. Roe v. Wade, 410 U.S. 113, 125 (1973) (임신은 소의 이익을 인정하는 정당성이 인정되는 전형적인 사례이다). 임신이 끝났을 때 개인 원고가 사건을 계속 진행하는 이익은 줄어들 수 있다. 그러나 소의 이익이 예외적으로 인정되는 반복 사건에는 늘 비슷하다. 싱글톤 판결의 복수의견은 대법관들이 낙태의사들의 제3자 적격을 인정한 유일한 판결이고 그 의견은 설득력이 전혀 없다.

E

다수의견은 이 사건의 이해충돌이나 원고들이 제3자 당사자 적격 법리의 두 요건에 해당하지 않음을 다루지 않았다. 복수의견은 이 사건에서 원고들이 겉으로 보아 제3자의 권리를 보호하기 위해 만든 법을 다투는 소송은 제3자 당사자 적격 사례에서 흔하다고 한다. 이 이상한 주장을 위해 복수의견은 우리의 선례 2건을 인정하고 있지만 어느 판결도 이해충돌을 다루거나 인정하지 않았다. 두 판결은 이 사건과 매우 다른 상황에서 나왔는데, 제3자의 이익이 공정하게 대변되는 사실들을 담고 있다.

첫째, 크레이그 판결에서 판결 당시 소의 이익을 갖고 있는 유일한 항소인은 맥주 판매상으로, 18살의 여성에게 3.2도의 맥주 판매를 허용하지만 남성에게는 21살이 될 때까지 판매를 금지한 법을 다투고 있었다. 법원이 각하를 받아들이지 않은 주요한 논리는 판매상의 제3자 당사자 적격 주장과 아무런 관련이 없다. 법원은 다른 항소인인 크레이그가 하급법원에서 21살 이하였고, 피항소인은 당사자 적격에 관하여 이의하지 않았으며, 이 법원에서도 이의하지 않았다고 적었다.

법원은 제3자 당사자 적격을 말하였지만, 판매상과 미성년 남성 사이의 이해충돌에 대해서는 아무 말도 하지 않았다. 지금 복수의견은 이해충돌 가능성이 있었다고 주장하고 있다. 21살 이하 젊은 남성은 무절제한 행위로부터 스스로를 보호하기 위해 맥주 구입이 금지되는데 이익이 있다. 이 법원에서 크레이그 판결을 선고할 때 이러한 이해충돌이 발생했음을 알려주는 사실은 없었다.

복수의견이 인용한 두 번째 트리플릿 판결은 더 약하다. 주변호사협회윤리위원회는 진폐증법으로 금지된 보수계약을 체결한 변호사를 상대로 주법원에 징계절차를 신청하였다. 주대법원이 문제의 법조항이 헌법상 변호인의 도움을 받을 권리를 침해했다는 이유로 변호사 승소 판결을 했을 때, 주법원에 소송참가한 변협윤리위원회와 노동부는 상고하였다. 우리는 변호사는 의뢰인의 권리를 바탕으로 하급법원 판결의 정당성을 주장할 수 있다고 판결했다.

트리플릿 판결은 적어도 두 가지 이유로 이 사건에 맞지 않는다. 첫째, 그 사건의 변호사는 소송을 시작하지 않았다. 둘째, 주법원의 사건이기 때문에, 그 상황에서 의뢰인의 권리를 내세우는 변호사의 권리는 주법의 문제였다. 우리가 이 법원에서 그 권리의 주장을 막았다면, 변호사는 상고인들의 주장을 방어할 수 없었을 것이다. 우리가 코왈스키 판결에서 쓴 대로, 무엇보다 트리플릿 판결은 밝혀진 청구인들을 대표하였고, 변호사와 의뢰인 관계는 이 사건에서 낙태의사와 환자들 사이의 가상의 관계와는 사뭇 다르다. 복수의견이 찾을 수 있는 가장 확실한 근거인 크레이그와 트리플릿 판결은 논거가 모자람을 보여줄 뿐이다.

F

대법원장의 말대로 선례구속원칙에 따라 일반적으로 선례를 따라야 하고, 과거 판결을 뒤집기 위해서는 선례가 갖고 있는 논증의 효력을 뛰어넘는 요소들을 고려한다. 그러나 이 사건에서 그러한 요소들은 선례의 번복 쪽으로 기운다.

선례가 이례적이고 그 논증이 다른 확립된 선례들과 어울리지 않을 때, 적절하게 재검토될 수 있다. 그리고 낙태의사들의 환자들 권리 주장을 허용하는 결정에도 마찬가지다. 어느 당사자가 아예 상반된 이익을 가진 제3자의 권리를 내세울 수 있음을 보여주는 다른 사례를 우리에게 제시하지 않았다. 다수의견이 이 사건에 적용하는 법리는 낙태사건에 유일하다.

대법원장은 법리가 계속 발전하면 선례가 뒤집어질 수 있다고 적절하게 적고 있는데, 이 사건에 그러한 요인들이 있다. 우리의 일반 당사자 적격 법리학과 제3자 당사자 적격 판단은 싱글톤 판결 이후 바뀌었다. 우리는 원고가 자신의 사정에 딱 맞는 피해를 주장하는 중요성을 강조했다. 나아가 코왈스키(Kowalski 543 U.S.125) 판결에서 우리는 제3자 당사자 적격의 법리를 재정돈하였고, 뉴도우 판결에서 우리는 당사자의 이익이 충돌할 때 원고가 제3자를 위해 소송을 걸 수 없다고 분명히 밝혔다.

신뢰가 있느냐 없느냐는 선례구속의 법리를 적용할 때 중요하다. 그러나 복수의견이나 대법원장은 이 사건에 신뢰이익이 중요하다고 주장하지 않는다. 낙태를 바라는 여성들은 자신들을 위해 낙태의사들의 제소능력을 신뢰하는 어떤 조치를 취하지 않았고, 의사들의 제3자 당사자적격을 불허한다고 해서 여성들의 제소능력과 무관하다. 낙태의사들이 누리고 있는 제3자 당사자적격 법리에 의존하여 어떤 행위를 한 적도 없는 듯하다. 만약 그 법리가 없어져도, 그들은 여성들이 제소한 소송에서 참고인으로 여전히 참여할 수 있다. 그러나 의사들이 환자들의 안전을 보호하기 위해 만든 법조항을 다툴 때 환자들 이름으로 소송 제기를 허용하면 우리의 당사자적격법리에서 무척 벗어난다.

환송심에서 지방법원은 당사자적격을 갖춘 원고의 참여를 허용해야 하고 그 원고가 나타날 때까지 심리를 진행해서는 안된다.

* * *

이 사건 판결은 여성건강판결에서처럼 법리를 왜곡하였으므로 나는 정중히 반대한다.

13. 헌법상 동성부부의 결혼 허용과 적법절차

Obergefell v. Hodges
576 U.S. 644 (2015)

〈해 설〉

이 사건은 동성부부가 제기한 4건의 소송이 병합되었다. 이 사건 당시 미국의 11개주와 워싱턴DC는 법률상 동성부부의 결혼을 허용하였고, 나머지 주는 불허하였다. 상고인 오버게펄 등은 동성결혼이 허용되는 주에서 적법하게 결혼한 뒤 동성결혼을 불허한 주에 거주하거나 여행다닐 때 법률상 지위가 불안정해지고, 동성부부에게 입양을 허용하지 않는 주법으로부터 구제를 받기 위해 소송을 걸었다.

쟁점은 수정헌법 제14조에 따라 주가 동성간의 결혼을 허용하여야 하는지와 결혼할 권리를 인정한 주에서 허용된 동성결혼을 다른 주도 허용하여야 하는지 이다.

법정의견은 헌법상 기본권인 결혼할 권리가 동성부부에게도 똑같이 적용된다고 판결하였다. 4가지의 원리와 전통을 들었는데, 결혼할지, 누구와 결혼할지는 개인의 내밀하고도 중요한 자기결정행위이고, 서로에게 충실하기로 결정한 두 사람 사이의 고귀한 결합으로 인정되며, 아이들을 기르고 가족을 보호하는 자유가 동성부부에게도 인정되어야 하고, 결혼이 사회질서의 기반이라는 점에서 헌법은 결혼할 권리를 이성부부로 제한하지 않는다고 보았다. 동성부부에게 결혼할 권리를 인정하지 않고 이성부부에게 부여되는 각종 혜택의 거부는 평등보호조항에도 위반된다고 판시하였다. 헌법이 동성부부의 결혼을 허용하므로 어떤 주에서 적법하게 허용된 동성부부의 결혼은 다른 주에서도 인정되어야 한다고 판단하였다.

로버츠 대법원장의 반대의견은 역사적으로 결혼은 남성과 여성 사이에만 허용되었고, 동성결혼권은 헌법에 명시적으로 열거되지 않았다고 전제하였다. 동성결혼을 허용할 지에 대해 오래도록 논란이 진행되어 왔고 허용여부는 각 주의 시민들과 주의회가 입법을 통해 해결해야 하는 문제이지, 선출되지도 않고 책임지지도 않은 연방대법원의 5명 대법관이 사법정책판단의 형태로 결론내린 것은 열거되지 않은 기본권을 인정할 때 권력분립과 사법자제의 원칙에 맞지 않는다고 판단하였다.[73)]

[대법관 케네디]

헌법은 모든 사람에게 적법한 영역에서 자신들의 정체성을 정의하고 표현할 구체적인 권리를 포함하고 있는 자유를 약속하고 있다. 이 사건의 상고인들은 동성과 결혼하여 살아갈 자유를 이성간의 결혼과 같은 조건으로 합법적으로 허용해 주기를 바라고 있다.

I

이 사건들은 결혼을 남성 1명과 여성 1명사이의 결합으로 정의한 미시간, 켄터키, 오하이오, 테네시주에서 시작되었다. 상고인들은 14명의 동성부부와 동성파트너가 사망한 2명의 남자이다. 피상고인들은 문제의 법을 집행하는 주 공무원들이다. 상고인들은 피상고인들이 결혼할 권리, 또는 다른 주에서 적법하게 이행된 결혼을 인정하지 않아 수정헌법 제14조를 위반하였다고 주장한다.

상고인들은 거주하는 각 주의 연방지방법원에 소송을 제기하였다. 각 지방법원은 상고인들의 청구를 인용하였다. 사건목록은 부록 A 참조. 피상고인들은 연방 제6항소법원에 항소하였다. 항소법원은 각 사건을 병합하고 지방법원의 판결을 취소하였다. 항소법원은 주가 동성결혼을 허용하거나 다른 주에서 이행된 동성결혼을 인정할 헌법상의 의무가 없다고 판결하였다.

상고인들은 상고허가를 신청하였다. 이 법원은 2가지 문제로 한정하여 상고를 허가하였다. 첫째 미시간과 켄터키의 사건에서 제기되었는데, 수정헌법 제14조가 주에게 동성간의 결혼을 허용하도록 요구하고 있는지이다. 둘째 오하이오와

---

73) 대법관 케네디가 판결문을 작성하고 대법관 긴즈버그, 브레이어, 소토마요르, 케이건이 참여하였다. 대법원장 로버츠가 반대의견을 작성하고 대법관 스칼리아, 토마스가 참여하였다. 대법관 토마스가 반대의견을 작성하고 대법관 스칼리아가 참여하였다. 대법관 알리토가 반대의견을 작성하고 대법관 스칼리아와 토마스가 참여하였다.

테네시, 켄터키의 사건에서 제기되었는데, 수정헌법 제14조가 주에게 결혼할 권리를 인정한 다른 주에서 허용되고 이행된 동성결혼을 인정하라고 요구하고 있는지이다.

Ⅱ

이 사건에 적용되는 원리와 선례를 보기 전에 이 사건 주제의 역사를 적절히 기록해두고자 한다.

A

시작부터 최근까지 인류역사의 기록은 결혼의 무한한 중요성을 밝히고 있다. 남자와 여자의 한평생 결합은 항상 삶의 지위와 무관하게 모든 사람들에게 고귀함과 존엄성을 약속해왔다. 결혼은 종교를 가진 사람들에게는 신성하였고 비종교적인 영역에서 의미를 찾는 사람들에게 특별한 성취를 제공하였다. 단순히 두 사람의 결합이라기보다는 더 위대해지기 때문에, 그 역동성은 두 사람이 혼자서는 발견할 수 없었던 삶을 찾을 수 있게 해주었다. 결혼은 사람의 가장 기본적인 필요성에서 시작되어 우리가 가장 그윽한 희망과 열망의 본질이 되었다.

사람에게 결혼이 중요하기 때문에 결혼제도가 여러 문명에 걸쳐 수천 년간 존속되어 왔다. 유사 이래 결혼으로 낯선 이들은 가족, 친척, 공동체의 일원이 되었다. 공자는 혼인은 정부의 기초라고 가르쳤다(예기 266). 수세기 후에 "사회의 첫 번째 유대관계는 결혼이다; 다음은 아이들; 그리고 나서 가족이다."라고 쓴 키케로가 이 지혜에 공감하였다. 의무론(De Officiis) 57(1913). 미술과 문학뿐만 아니라 다양한 시대와 문화속의 종교 및 철학서적에서 결혼의 아름다움을 말한 사례는 셀 수 없이 많다. 이러한 사례들은 결혼이 이성간의 결합이라는 이해에 바탕을 두고 있다고 공정하게 말할 수 있다.

그 역사가 이 사건의 시작이다. 피상고인들은 그대로 다툼이 마무리되어야 한다고 말한다. 만약 결혼의 개념과 적법한 지위가 동성의 두 사람에게 확대된다면 영원한 제도를 훼손시킨다. 그들의 견해로는 결혼은 본래 남성과 여성의 다른 성별간의 결합이다. 미국과 전 세계적으로 합리적이고 성실한 사람들이 오랫동안 선의로 가지고 있었던 생각이고 앞으로도 계속 유지될 것이라고 한다.

상고인들은 이러한 역사를 인정하지만 이 사건은 거기서 끝날 수 없다고 주장한다. 결혼을 찬미하는 생각과 현실을 훼손할 의도가 있었다면, 그들의 청구는 다른 종류일 것이다. 그러나 그것은 그들의 목적도 제안도 아니다. 상고인들은 결혼의 가치를 떨어뜨리려고 하는 것이 아니라, 결혼의 특권과 책임을 존중하고 필요하기 때문에 청구하고 있다. 그리고 그 특권과 책임의 변치 않는 성질 때문에 동성결혼이 깊은 약속에 이르는 현실적으로 유일한 길이 된다.

이 사건들 중 3가지 상황은 상고인들의 관점에서 긴급한 사유를 보여준다. 상고인 제임스 오버게펠-오하이오 사건의 원고-은 20여년 전에 존 아서를 만났다. 그들은 사랑에 빠졌고 함께 살기 시작했으며 지속적이고 헌신적인 관계를 이루었다. 그러나 2011년에 아서가 루게릭병(ALS)에 걸렸다. 치료방법이 없어 점점 병약해졌다. 2년 전 오버게펠과 아서는 서로 함께 하기로 하고 아서가 죽기 전에 결혼하기로 다짐했다. 약속을 이행하기 위해 그들은 오하이오에서 동성결혼이 합법인 메릴랜드로 갔다. 아서가 움직이기 어려워 환자수송비행기가 볼티모어의 활주로에 있을 때 비행기 안에서 결혼식을 올렸다. 3개월 뒤 아서는 죽었다. 오하이오법은 아서의 사망증명서에 오버게펠을 생존한 배우자로 올리는 것을 허용하지 않는다. 법에 따라 그들은 죽어서도 남남으로 남아야 하고 법에 의한 분리로 오버게펠에게 남은 시간은 고통이 되었다. 그는 아서의 사망증명서에 생존한 배우자로 남기 위해 소송을 걸었다.

드보어와 로우즈는 미시간주 사건의 공동 원고들이다. 그들은 2007년에 영원한 관계를 약속하기 위한 서약식을 하였다. 둘은 간호사인데 드보어는 신생아실, 로우즈는 응급실에서 일했다. 2009년 드보어와 로우즈는 아들을 입양하여 키웠다. 그 이후 그들은 또 다른 사내아이를 가족으로 받아들였다. 조산되어 친어머니로부터 버림받은 아기를 밤낮으로 돌보았다. 다음 해에 여자아이가 가족이 되었다. 그러나 미시간주는 이성간의 부부 또는 한 사람만이 입양할 수 있도록 허용하고 있어서 아이들의 법적인 부모는 한 사람이었다. 만약 응급상황이 벌어지면 학교와 병원은 세 아이를 마치 부모 중 한 사람만 있는 것처럼 다룬다. 그리고 드보어 또는 로우즈에게 비극이 일어났을 때, 남은 사람은 입양이 허용되지 않았던 아이에게 법적인 권리를 갖지 못한다. 이 부부는 비혼상태에서 그들 삶에 계속 남아 있는 불확실성으로부터 구제를 청구하고 있다.

테네시 사건의 공동 원고인 예비역 육군 중사 데코와 동반자 코스투라는 사랑에 빠졌다. 2011년 데코는 아프카니스탄으로 배치되는 명령을 받았다. 떠나기 전에 그와 코스투라는 뉴욕에서 결혼했다. 1주일 후 데코는 출발하여 거의 1년간 근무했다. 그가 돌아와서 테네시에 정착하고 예비군직장에서 일하였다. 그들이 주 경계를 넘어 여행하면서 돌아오거나 떠나면서 테네시에서 거주할 때마다 그들의 적법한 결혼지위는 박탈되었다. 헌법이 보호하는 자유를 지키기 위해 이 나라에 봉사한 데코는 실질적인 부담을 견뎌야 한다.

이 사건들은 마찬가지로 각자의 경험을 갖고 있는 다른 상고인들을 포함하고 있다. 그들의 이야기를 보면 결혼을 폄하하기보다는 자신들의 삶을 살고 유대관계로 맺어진 배우자의 기억을 존중하고자 한다는 것이 드러난다.

B

결혼에 관한 고대의 기원은 결혼의 중심 역할을 확인해주고 있지만, 법과 사회의 발전에서 고립되어 있지 않다. 결혼의 역사는 지속성과 변화를 포함하고 있다. 결혼제도는 이성간의 관계로 제한되어 있을 때에도 진화해왔다.

예를 들면 결혼은 한 때 정치, 종교, 경제적인 이해관계에 따라 부부의 부모에 의한 합의로 여겨졌다. 그러나 건국시기에는 남성과 여성의 자발적인 계약으로 이해되었다. 코드, 결혼과 국가의 역사 9-17(2000); 쿤츠, 결혼의 역사 15-16(2005). 여성의 역할과 지위가 바뀌면서 제도도 발전하였다. 수세기 전의 유부녀이론(doctrine of coverture)에 따르면 국가는 결혼한 남성과 여성을 법적으로 남성이 지배하는 실체로 취급하였다. 블랙스톤, 영국법론 430(1765). 여성이 법과 정치, 재산상 권리를 얻고 사회가 여성이 스스로 동등한 존엄성을 갖고 있다고 이해하기 시작하면서, 유부녀법은 폐지되었다. 수세기에 걸친 결혼제도의 발전은 단순히 겉으로만의 변화가 아니었다. 결혼의 구조를 깊숙이 변형하여 많은 사람들이 오랫동안 결혼의 본질이라고 생각했던 부분에 영향을 미쳤다. 일반적으로 코트, 쿤츠의 위 책, 하톡 미국에서 남성과 부인의 역사(2000) 참조.

이러한 새로운 통찰은 결혼제도를 강화시켰고 약화시키지 않았다. 종종 청원이나 항의로 시작되어 정치 영역과 사법절차에서 검토되는 관점을 통하여, 결혼에 대한 이해의 변화는 새로운 차원의 자유가 새로운 세대에게 명확해지는 국가의 특성이다.

이러한 역동성은 남성 및 여성 동성애자들의 권리에 대한 국가의 경험에서 볼 수 있다. 20세기 중반까지 동성애는 대부분의 서구 국가에서 부도덕하다고 비난받아 왔고, 그 믿음으로 가끔 형사 처벌대상이 되었다. 이러한 이유로 많은 사람들은 동성애자들이 그들의 독특한 정체성에서 존엄성을 가졌다고 여기지 않았다. 그들의 마음속에 무엇이 있는지를 동성부부가 진실하게 선언하는 것은 불가능하였다. 2차세계대전 후 동성애자들의 인간성과 진실성을 더 깨닫게 되었을 시기에도 남성 및 여성 동성애자들이 단지 존엄성을 청구한다는 주장은 법과 널리 퍼진 사회 관습과 충돌하였다. 동성애는 많은 주에서 범죄였다. 남성 및 여성 동성애자들은 대부분 주정부의 고용과 군입대에서 제외되었고 이민법에서 배제되었으며 경찰의 단속대상이었고 결사의 권리도 제한받았다. 미국 역사가협회 참고서면 5-28.

나아가 20세기 동안 동성애는 질병으로 다루어졌다. 미국정신의학협회에서 1952년에 처음으로 정신병의 진단 및 통계책자를 발간했을 때, 동성애는 정신병으로 분류되었고 그 입장은 1973년까지 유지되었다. 동성애와 시민권의 지위, 정신의학저널(1974). 최근에 들어서 정신의학자들과 다른 사람들은 성적 지향은 성생활의 정상적인 표현이고 변하지 않는다고 인정하였다. 미국정신심리협회 등의 참고서면 7-17.

20세기 후반 실질적인 문화 및 정치 발전에 따라서 동성 부부는 더 공개되고 공식적인 삶을 살고 가족을 형성하기 시작했다. 정부와 민간 부분에서 이 사안을 매우 광범위하게 토론하고 공중의 태도가 더 포용적으로 바뀌면서 이러한 발전이 이어졌다. 그 결과 남녀 동성애자들의 권리에 관한 문제가 법원에 왔고 사안은 공식적인 법률 담론에서 논의되었다.

이 법원은 Bowers v. Hardwick, 478 U.S. 186 (1986) 판결에서 처음 동성애자들의 법적 지위를 상세히 검토하였다. 그 판결에서 법원은 동성애자의 어떤 행위를 형사처벌하는 조지아법의 합헌성을 인정하였다. 10년 뒤 Romer v. Evans, 517 U.S. 620 (1996) 판결에서 법원은 주정부가 성적 지향에 따른 차별로부터 보호하는 것을 금지한 콜로라도 개정헌법내용을 무효로 하였다. 그리고 2003년에 법원은 Bowers 판결을 취소하고 동성애를 범죄로 처벌하는 법이 동성애자들의 삶을 비하한다고 판결하였다. Lawrence v. Texas, 539 U.S. 558, 575 (2003).

이러한 배경에서 동성결혼의 법적 문제가 생겼다. 1993년 하와이 주대법원은 결혼을 이성부부로 한정하는 하와이법이 성에 따른 구분이고 하와이 헌법에 따른 엄격심사대상이라고 판결하였다. 비록 이 판결이 동성결혼이 허용된다고 하지 않았지만, 몇 몇 주는 결혼이 이성간의 결합이라고 규정한 법을 재승인하였다. 그래서 1996년에 의회는 모든 연방법의 목적상 결혼은 "한 남성과 한 여성의 남편과 아내로서 법률적인 결합"으로 정의한 결혼보호법을 통과시켰다. 1 U.S.C. §7.

새롭고 광범위한 토론에 따라 다른 주들은 다른 결론을 내렸다. 2003년 매사추세츠 대법원은 주의 헌법이 동성부부가 결혼할 권리를 보장한다고 판결했다. 그 판결이후 일부 주들은 사법절차나 입법절차를 통해 동성부부에게 결혼할 권리를 부여하였다. 이러한 판결들과 입법은 부록 B에 인용. United States v. Winder, 570 U.S. ____ (2013) 판결에서 이 법원은 결혼보호법이 동성결혼을 허용한 주에서 동성결혼이 적법할 때에도 연방정부가 유효하게 취급하는 것을 금지하는 부분을 무효로 하였다. 법원은 결혼보호법이 "아이들과 가족, 친구들, 지역사회 앞에서 서로에게 한 약속을 확인하려는" 동성부부를 폄하하는 것은 허용될 수 없다고 판결하였다.

최근에 동성결혼에 관한 수많은 사건이 연방항소법원에 접수되고 있다. 비난하거나 폄하하지 않고 원칙에 따른 이유와 중립적인 토론에 기초하여 판결하는 사법적 의무에 따라, 법원은 이러한 사안들의 모든 면을 검토하는 실질적인 법이론을 작성해왔다. 이러한 판례법은 이 법원이 지금 검토해야 하는 원칙을 설명하고 형성하는데 도움을 준다. 몇 건의 예외를 빼고 항소법원들은 동성부부의 결혼 거부는 헌법을 위반한다고 판결했다. 또한 동성결혼을 다룬 매우 사려 깊은 지방법원의 판결들도 있었는데 대부분은 동성결혼이 허용되어야 한다고 결론지었다. 많은 주의 대법원들도 주헌법을 해석하는 판결에서 이러한 법이론에 기여해왔다. 이 주들과 연방법원 판결들은 부록 A 참조.

이러한 공적인 활동에 참여하는 소송, 입법, 주민투표, 토론을 거치면서, 주들은 동성결혼에 대해 갈라져 있다.

Ⅲ

수정헌법 제14조의 적법절차조항에 따라, 주는 "적법절차없이 생명, 자유, 재산을 박탈"할 수 없다. 이 조항이 보호하는 기본적인 자유는 권리장전에 열거된 대부분의 권리를 포함하고 있다. 이러한 자유는 개인의 정체성과 믿음을 규정하는 내밀한 선택을 포함하여 개인의 존엄성과 자율성에 핵심이 되는 일부 선택에도 확대된다. Eisenstadt v. Baird, 405 U.S. 438, 453(1972); Griswold v. Connecticut, 381 U.S. 479, 484-486 (1965).

기본권의 확인과 보호는 헌법을 해석하는 법원의 지속적인 의무의 일부이다. 그러나 그 책임은 "어떠한 공식으로 제한되지 않는다." Poe v. Ullman, 367 U.S. 497, 542 (1962) (할란 대법관 반대의견). 그보다는 법원은 주가 마땅히 존중해야 하는 사람의 기본적인 이익을 인정하는데 있어서 합리적인 판단을 해야 한다. 구체적인 요건보다는 넓은 원칙을 설정한 다른 헌법 조항을 해석할 때 동일하게 고려할 사항이 이러한 과정에 참고가 된다. 역사와 전통은 이러한 문제에 대해 길을 인도하고 가르쳐주지만 외부 경계를 정하지 않는다. Lawrence, 572. 과거만이 현재를 규율하는 것을 허용하지는 않지만 우리의 역사를 존중하고 배우게 된다.

불공정성은 그 성격상 우리가 우리 시대에 늘 알아차리지 못할지 모른다. 권리장전과 수정헌법 제14조를 작성하고 승인한 세대들은 모든 차원에서 자유의 범위를 안다고 여기지 않았고, 우리가 알고 있는 자유의 의미에 따른 자유를 누리기 위해 모든 사람들의 권리 보호를 미래세대에게 맡겼다. 새로운 통찰에 따라 헌법의 핵심적인 보호와 법률적인 제한 사이의 부조화를 알게 되었을 때, 자유에 대한 청구는 숙고되어야 한다.

이러한 확립된 법리를 적용하면서 법원은 결혼할 권리는 헌법이 보호한다고 판결해왔다. 인종간 결합의 금지를 무효로 한 Loving v. Virginia, 388 U.S. 1, 12 (1967) 판결에서, 법원은 전원일치로 결혼은 "자유로운 사람이 행복을 질서있게 추구하는데 본질적으로 중요한 개인의 권리들 중 하나"라고 판결했다. 법원은 Zablocki v. Redhail, 434 U.S. 374, 384 (1978) 판결에서 양육비 지급을 지체하고 있는 아버지의 재혼을 금지한 법이 결혼할 권리를 제한하고 있다고 판결하면서 위 판결을 재확인하였다. 법원은 다시 이 원칙을 Turner v. Safley, 482 U.S. 78, 95 (1987) 판결에서 적용하였는데 수감자들의 결혼을 금지하는 규제가 결혼할 권리를 제한하고 있다고 판결하였다. 법원은 계속하여 다른 맥락에서도 결혼할 권리는 적법절차조항에 따른 기본권이라고 되풀이하였다. (인용 판례 생략)

이 법원의 판결들이 이성간의 관계를 전제로 결혼할 권리를 설명하고 있다는 것은 부정될 수 없다. 다른 제도처럼 법원도 그가 속한 시대와 세상이 정의하고 있는 추정을 받아들여 왔다. 이것은 1972년의 한 줄로 요약한 판결로서 동성부부를 결혼에서 배제하는 것이 실질적인 연방문제를 일으키지 않는다고 판결한 Baker v. Nelson, 409 U.S. 810 (1972)에서 분명하였다.

그러나 더 교훈적인 다른 선례들도 있다. 이 법원의 판결들은 더 넓게 적용되는 헌법 원칙을 밝혀왔다. 그러한 사건들은 결혼할 권리를 정의하면서, 이 내밀한 결합에 들어 있는 역사, 전통, 다른 헌법 자유들을 바탕으로 그 권리의 본질적인 특성을 확인하였다. 그리고 그 판결들의 효력과 합리성이 동성부부에게 적용되는지를 평가하면서, 법원은 결혼할 권리가 오랫동안 보호되어 왔던 이유를 존중했다.

이러한 분석의 결과 동성부부들도 결혼할 권리를 행사할 수 있다는 결론에 이르게 된다. 4가지 원칙과 전통은 결혼할 권리가 헌법상 기본권이라는 이유가 동성부부에게도 똑같이 적용됨을 밝혀준다. 결혼과 자유 사이의 이러한 변치 않는 관계는 Loving 판결이 적법절차조항에 따라 인종간의 결혼 금지를 무효로 한 이유이다. 388 U.S., 12; Zablocki, 384 (Loving 판결이 "결혼할 권리는 모든 사람들에게 기본적으로 중요하다"고 판결하였다고 판시). 헌법이 보호하는 피임, 가족관계, 출산, 아이들 양육에 관련된 선택처럼, 결혼여부는 개인이 내릴 수 있는 가장 내밀한 결정이다. Lawrence, 574. 법원은 "가족생활의 다른 문제에 관하여 사생활의 권리를 인정하면서 우리 사회의 가족을 형성하는 결정에 관하여 인정하지 않는 것은" 모순일 것이라고 판시했다. Zablocki, 386.

결혼에 관한 선택은 개인의 운명을 만든다. 매사추세츠 대법원이 설명하듯이 "보편적인 인간성을 나타내는 안전, 안식처, 그리고 결합을 위한 욕망을 충족하기 때문에, 결혼은 제도로서 존중되고, 결혼을 할 것인지 그리고 누구와 결혼할 것인지의 결정은 삶에 있어서 중대한 자기확인(self-definition) 행위이다." Goodridge, 440 Mass., 322, 798 N.E.2d,955.

결혼의 본질은 지속적인 결합을 통해 두 사람이 함께 표현, 친밀함, 영성과 같은 다른 자유를 찾을 수 있다는 것이다. Windsor, 570 U.S., (22-23). 결혼하려는 두 남성 또는 두 여성 사이의 결합과 심오한 선택을 하는 그들의 자율성에도 존엄성이 있다. Loving, 12 ("다른 인종의 사람과 결혼할 자유, 또는 결혼하지 않을 자유는 개인에게 있고 주는 침해할 수 없다.")

이 법원의 법리학에서 두 번째 원칙은 결혼할 권리는 헌신적인 개인들에게 중요한 다른 어떤 것보다 두 사람의 결합을 지지하고 있기 때문에 기본권이다. 이 점은 헌법이 결혼한 부부의 피임권을 보호하고 있다고 판결한 Griswold v. Connecticut 판결의 핵심 내용이었다. 381 U.S., 485. 결혼은 "권리장전보다 더 오래 된" 권리라고 하면서, Griswold 판결은 결혼을 다음과 같이 묘사하였다.

> "결혼은 좋든 나쁘든, 지속되기를 바라며, 성스러울 정도로 내밀한 시작이다. 명분이 아니라 생활양식을 개선하고, 정치적인 믿음이 아닌 생활에서 조화를 이루고, 상업적이거나 사회적인 일이 아니라 서로에게 충실하기로 하는 결합이다. 우리의 선례에 나타난 어떤 목적과 마찬가지로 고귀한 목적을 위한 결합이다."

그리고 Turner 판결에서 법원은 다시 이 권리가 보호하는 내밀한 결합을 인정하면서, 수감자들의 서약 관계가 결혼이 기본권이라는 기초적인 이유를 충족하기 때문에 이들의 결혼할 권리가 거부될 수 없다고 판결하였다. 482 U.S., 95-96. 그래서 결혼할 권리는 "서로에게 한 약속으로 스스로를 규정지으려는" 부부의 존엄성을 높여준다. Windsor, (14). 외로운 사람이 소리쳐도 아무도 찾지 못하는 일반적인 두려움에 대한 응답이 결혼이다. 결혼은 둘이서 살면서 서로를 돌봐주는 사람이 될 거라는 동지애와 이해, 보증의 희망을 제공한다.

이 법원은 로렌스 판결에서 동성부부는 내밀한 결합관계를 향유하기 위해 이성부부와 똑같은 권리를 갖고 있다고 판결했다. 로렌스 판결은 동성애를 범죄행위로 규정한 법을 폐기하였다. 그리고 "성생활이 다른 사람과의 내밀한 행위에서 표현되었을 때, 그 행위는 더 지속적인 개인간 결합의 한 요소일 수 있다." 539 U.S., 567. 그러나 Lawrence 판결이 형사처벌을 받지 않는 은밀한 결합을 개인에게 허용하는 자유를 확인했지만, 자유가 거기서 멈추지는 않는다. 그 판결은 한 단계 진전일 수 있지만, 충분한 자유를 확보하지 못하고 있다.

세 번째 근거는 결혼할 권리가 아이들과 가족을 보호하고 그래서 자녀 양육, 출산, 교육의 연관된 권리들로부터 의미를 이끌어낸다. Pierce v. Society of Sisters, 268 U.S. 510 (1925); Meyer, 262 U.S., 399. 법원은 다양한 권리들을 통일된 전체로서 설명하면서 이러한 관계를 인정하였다. "결혼하여 가정을 이루고 아이들을 기르는 권리는 적법절차조항이 보호하는 자유의 핵심적인 부분이다." Zablocki, 434

U.S., 384 (Meyer, 399 인용). 몇 개 주의 법에서는 결혼이 아이들과 가족을 보호하는 것이 중요하다. 부모관계를 인정하고 법적인 지위를 부여함으로써 결혼은 아이들에게 "자신들 가족의 일체성 및 친밀함과 그들 공동체와 일상생활에서 다른 가족들과의 화합을 이해하게 한다." Windsor (22-27).

당사자들은 많은 동성부부가 낳았든 입양했든 그들의 아이들에게 사랑스럽고 양육하는 가정을 마련해준다고 인정하고 있다. 그리고 수십만의 아이들을 현재 동성부부가 키우고 있다. 게이츠 참고서면 4. 대부분의 주는 개인이든, 부부로든 남성 및 여성 동성애자들의 입양을 허용하고 있고, 입양되고 양육되는 많은 아이들은 동성 부모를 갖고 있다. 이로 인하여 남성 및 여성 동성애자들이 사랑스럽고 보살펴주는 가족을 만들 수 있다는 유력한 확인을 하게 된다.

그래서 동성부부를 결혼으로부터 배제하는 것은 결혼할 권리의 핵심 전제와 충돌한다. 결혼이 제공하는 승인, 안정성, 예측가능성 없이 그들의 아이들은 그들의 가족이 조금 열등하다는 수치심을 느낀다. 그들은 스스로의 잘못도 없이 더 어렵고 불확실한 가족생활을 겪으면서, 결혼하지 않은 부모의 양육으로 인한 상당한 물질적인 비용부담도 안게 된다. 그래서 이 사건 결혼법은 동성부부의 아이들에게 피해를 주고 창피스럽게 한다. Windsor (23).

결혼할 권리가 아이들이 없거나 가질 수 없는 사람들에게 의미가 덜하다는 것은 아니다. 출산의 능력, 희망, 약속은 어느 주에서든 유효한 결혼의 전제요건이 아니고 아니었다. 출산하지 않는 부부의 권리를 보호하는 선례에 비추어 보면, 법원이나 주들이 결혼할 권리를 출산의 능력이나 약속을 조건으로 삼고 있다고 말할 수 없다. 헌법상 결혼권은 다양한 측면을 갖고 있고 아이들 양육은 그 중 하나일 뿐이다.

네 번째이자 마지막으로 이 법원의 판결과 나라의 전통은 결혼이 우리 사회질서의 기반임을 명백히 하고 있다. 토크빌은 2세기 전에 미국을 여행하면서 이러한 진실을 인정하였다.

> "미국에서처럼 결혼관계가 존중되는 나라는 세상에 없다. … 미국인이 공공생활의 소란에서 단란한 가정으로 돌아왔을 때, 질서와 평화의 느낌을 갖는다. … 그는 그 느낌을 갖고서 공공업무에 참여한다." 미국의 민주주의 309 (1990).

Maynard v. Hill, 125 U.S. 190, 211 (1888) 판결에서 법원은 토크빌에 공감하면서, 결혼이 "가족과 사회의 기초이고, 결혼이 없으면 문명도 진보도 없을 것"이라고 설명하였다. Maynard 판결은 결혼이 "우리의 모든 시민조직에 개성을 부여하는 위대한 공공 제도였다"고 말했다. 213. 많은 사람들이 결혼을 필수라고 생각한 이상, 결혼제도가 시간이 지나면서 부모의 동의, 성, 그리고 인종에 관련된 규정을 대체하면서 실질적인 방식으로 진화해 올 때에도 이 생각은 되풀이되었다. 결혼은 우리의 국가공동체를 건축하는 주춧돌로 남아 있다.

이러한 이유로 서로를 지원하기로 약속한 부부처럼 사회도 결혼관계를 보호하고 키우기 위해 상징적으로 승인하고 물질적인 혜택을 제공하면서 부부를 지원하기로 약속한다. 주들이 모든 결혼 부부에게 주는 다양한 혜택을 자유롭게 정할 수 있지만, 역사를 통하여 결혼을 정부의 권한, 혜택, 책임을 확대하기 위한 기초로 삼았다. 결혼이라는 지위의 이러한 측면은 다음과 같은 것을 포함한다. 세금; 상속과 재산권; 주간승계의 규칙; 증거법에서 배우자의 특권; 병원이용; 의료결정권한; 입양권; 생존자의 권리와 혜택; 출생 및 사망증명서; 전문 윤리; 선거자금제한; 노동자보상; 건강보험; 아이 양육, 지원, 방문교섭 규칙. 미국정부 참고서면 6-9. 미국변호사협회 참고서면 8-29. 주법에 따른 유효한 결혼은 연방법의 수천여 개 조항에서 중요한 지위를 갖는다. Windsor (15-16). 주들은 결혼제도를 법 및 사회 질서의 많은 측면의 중심에 놓음으로써 결혼할 권리의 기본적 성격에 기여하였다.

이러한 원리에서 동성 부부와 이성부부 사이에 차이는 없다. 결혼제도로부터 동성부부를 배제함으로써, 그들은 결혼과 연계된 각종 혜택을 받지 못한다. 이러한 피해는 단순히 부당한 제한이상의 결과를 낳는다. 동성부부는 이성부부라면 받아들일 수 없었을 불안정한 상황에 처해 있다. 주 스스로 결혼을 더 소중한 제도로 의미를 부여하면서, 그 지위에서 배제된 남성과 여성 동성애자들은 중요한 측면에서 불공평하다고 가르치는 효과를 낳는다. 주가 나라의 핵심 제도로부터 동성애자들을 배제함으로써 그들을 비하하고 있다. 동성부부 역시 결혼의 초월적인 목적을 추구하고 가장 높은 의미에서 이행하려고 한다.

이성부부로 제한된 결혼이 오랜 세월 자연스럽고 정당하다고 여겨왔지만, 기본권으로서 결혼할 권리의 핵심적인 의미와 일치하지 않다는 것이 이제 분명하다.

그러한 인식으로 동성부부에게서 결혼권을 박탈하는 법은 우리의 권리장전이 금지하는 유형의 수치와 피해를 가하고 있다는 인정을 하게 된다.

이것이 사안의 적절한 분석이 아니라고 반대하면서, 피상고인들은 기본권의 "신중한 설명"을 요청한 Washington v. Glucksberg, 521 U.S. 702, 721 (1997) 판결을 거론하고 있다. 그들은 상고인들이 결혼할 권리의 행사가 아니라 새롭고도 과거에 존재하지 않았던 "동성결혼권"을 청구하고 있다고 주장한다. Glucksberg 판결은 적법절차상의 자유가 특정한 역사적인 관습을 참고하여 제한된 방식으로 정의되어야 한다고 강조했다. 그러나 그 방법이 그 사건에서 주장된 권리(안락사)에는 적절할지 모르나, 이 법원이 결혼과 성관계를 포함한 다른 기본권을 논의하는데 사용한 방법과 같지 않다. Loving 판결은 "인종간 결혼권"에 대해 묻지 않았다; Turner 판결은 "수감자의 결혼권"에 대해 묻지 않았다; 그리고 Zablocki 판결은 "자녀양육비를 지급하지 않은 아버지의 결혼권"에 대해 묻지 않았다. 대신에 위 판결들은 넓은 의미에서 결혼할 권리에 관하여 물었고, 각 사건에서 그 권리를 배제하는 것이 충분히 정당한가를 물었다. Glucksberg, 521 U.S., 752-773 (수터 대법관 동조의견); 789-792 (브레이어 대법관 동조의견).

이러한 원칙은 이 사건에 적용된다. 만약 과거에 권리를 행사했던 사람들이 그 권리를 정의한다면, 그렇게 수용된 관행은 지속적인 정당성으로 작용할 수 있고 새로운 집단은 한 번 거부된 권리를 주장할 수 없었다. 이 법원은 결혼할 권리와 동성애자들의 권리에 관하여 그러한 방법론을 거부하였다. Loving, 388 U.S., 12; Lawrence, 539 U.S., 566-567.

결혼권은 역사와 전통의 문제로 기본권이지만, 권리는 고대로부터만 기원하지 않는다. 권리는 우리 시대에 긴급한 자유를 헌법이 어떻게 정의하는지를 더 잘 이해하는 것으로부터도 나온다. 동성결혼이 잘못이라고 생각하는 많은 사람들은 품위있고 훌륭한 종교 또는 철학이론을 바탕으로 그러한 결론에 이르고 있고 그들이나 그들 믿음의 가치가 이 사건으로 떨어지지 않는다. 그러나 그 진지하고 개인적인 반대가 제정된 법과 공공정책이 될 때 나오는 결론은 자유가 거부된 사람들을 비하하거나 낙인찍는 배제를 주가 공인하게 된다. 헌법에 의해 동성부부가 결혼제도와 관련하여 이성부부와 똑 같은 법적인 대우를 청구하는데, 이 권리를 거부하는 것은 그들의 선택을 폄하하고 그들의 인격을 깎아내릴 것이다.

수정헌법 제14조가 약속한 자유의 일부분인 동성부부의 결혼권은 수정헌법의 평등보호조항으로부터도 나온다. 적법절차조항과 평등보호조항은 독립적인 원칙으로 설정되었다 할지라도, 깊숙히 연결되어 있다. 자유에 내포된 권리와 평등보호가 보장하는 권리는 다른 개념에 의존하고 있고 항상 공존하는 것은 아니지만, 어떤 경우에는 서로의 의미와 적용에 대해 유익할 수 있다. 한 조항이 더 정확하고 포괄적인 방식으로 권리의 본질을 파악하고 있다고 생각되는 특정 사건에서 두 조항은 권리의 확인과 정의에서 수렴될 수 있다. M. L. B., 519 U.S., 120-121; 128-129 (케네디 대법관 동조의견); Bearden v. Georgia, 461 U.S. 660, 665 (1983). 두 원리의 상관성은 어떤 자유가 있고 존재해야 하는지에 관한 우리의 이해를 도와준다.

결혼할 권리를 다루고 있는 법원의 판결들은 이러한 역동성을 반영하고 있다. Loving 판결에서 법원은 평등보호조항과 적법절차조항에 의해 인종간 결혼 금지를 무효로 하였다. 법원은 먼저 인종간 부부의 불평등한 대우 때문에 금지가 무효임을 선언하였다. "인종분류만으로 결혼할 자유를 제한하는 것은 평등보호조항의 핵심 취지를 위반한다는 것은 의심할 수 없다"고 판시하였다. 388 U.S., 12. 평등조항과의 연관성속에서 법원은 금지가 자유의 핵심개념을 위반했다고 판결했다. "법률에 담겨 있는 인종 분류, 즉 평등의 원칙을 직접 파괴하는 분류와 같은 동의할 수 없는 근거로 기본적인 자유를 거부하는 것은 적법절차 없이 모든 주의 시민들에게 확실하게 자유를 빼앗고 있다." 인종간 결합을 금지한 법으로부터 유래한 피해를 충분히 깨닫고 이해하면서 결혼이 기본권이라는 이유는 더 분명하고 중대해졌다.

두 가지 보호 사이의 상승효과는 Zablocki 판결에서도 나타났다. 그 사건에서 법원은 법원의 승인없이 자녀양육비 지급을 지체한 아버지의 결혼을 금지하는 법을 폐기하는 근거로 평등보호조항을 들었다. 평등보호 해석은 그 법이 "기본적으로 중요한" 권리를 제한하고 있다는 판결내용에 핵심적으로 의존하였다. 434 U.S., 383. 그것은 Zablocki 판결에서 길게 논의된 결혼권의 본질적인 성격이었다. 383-387. 이로 인하여 법이 평등요건과 불일치한다는 것이 명백해졌다. 각 개념-자유와 평등보호-은 상대방을 더 잘 이해하게 해준다.

평등보호조항을 해석하면서 법원은 새로운 통찰과 사회적 이해로 인하여 한때 알아차리지 못하고 이의가 제기되지 않았던 우리의 가장 기본적인 제도 내에 부당한 불평등성이 나타날 수 있다는 점을 인정하였다. 한 기간만 보자면, 이러한 현상은 결혼과 관련하여 1970년대와 1980년대에 일어났다. 유부녀이론의 점차적인 소멸에도 불구하고, 결혼에서 성을 바탕으로 한 부당한 분류가 20세기 중반까지 보편적으로 남아 있었다. 1971년까지 남아 있었고 결혼에서 남성에 비해 여성을 불평등하게 대우한 오래된 법들 참조. 이러한 분류는 남성과 여성의 평등한 존엄성을 거부하였다. 예컨대 1971년에 "남편은 가족의 대표이고 아내는 남편에게 종속한다; 아내의 법적인 지위는 법이 달리 인정하지 않는 한, 아내의 보호를 위해서든, 아내의 이익을 위해서든 남편에게 합체된다."고 규정한 주법이 있었다. Ga. Code Ann. §53-501(1935). 새로운 깨달음에 따라 법원은 성을 바탕으로 결혼의 불평등을 규정한 법을 폐기하기 위해 평등보호 원리를 적용하였다. (인용 판례 생략) Loving 판결과 Zablocki 판결처럼 위 선례들은 헌법상 자유와 평등의 원리를 밝히면서 평등보호조항이 결혼제도의 불평등성을 확인하고 시정하는데 도움이 될 수 있음을 보여주었다.

다른 사건들도 자유와 평등의 관계를 확인하고 있다. M.L.B v. S.L.J 판결에서 법원은 적법절차와 평등보호원리에 따라 가난한 엄마에게 친권의 상실에 이의하기 위해 수수료를 지급하도록 한 법을 무효로 하였다. 519 U.S., 119-124. Eisenstadt v. Baird 판결에서 법원은 결혼한 사람을 제외하고 결혼하지 않은 사람에게 피임기구의 배포를 금지한 법을 무효로 하기 위해 두 원리를 적용하였다. 405 U.S., 446-454. 그리고 Skinner v. Oklahoma ex rel. Williamson 판결에서 법원은 두 원리를 적용하여 상습범들의 불임시술을 허용한 법을 폐기하였다. 316 U.S., 538-543 (1942).

Lawrence 판결에서 법원은 동성애자들의 법적인 대우와 관련하여 두 헌법보호원리의 상호성을 인식하였다. 539 U.S., 575. 비록 Lawrence 판결이 적법절차조항에 따라 법리를 전개했지만, 동성애자들의 성관계를 범죄로 규정한 법 때문에 지속되는 불평등성을 인식하고 구제하려고 하였다. 그래서 Lawrence 판결은 주는 "동성애자들의 성적인 행위를 범죄로 규정함으로써 그들의 존재를 비하하고 그들의 운명을 통제할 수 없다"고 판결함으로써 동성애자들의 권리를 정의하고 보호하기 위해 자유와 평등의 원리에 의지하였다. 578.

이러한 역동성은 동성결혼에도 적용된다. 이 사건 법이 동성 부부의 자유를 명백히 제한하고 있고, 평등의 핵심원리를 억압하고 있다고 인정되어야 한다. 피상고인들이 집행하고 있는 이 사건 결혼법은 본질적으로 불평등하다. 동성부부는 이성부부에게 부여되는 모든 혜택이 거부되고 기본권의 행사가 금지된다. 특히 동성관계를 부정해온 오래된 역사를 볼 때, 동성부부의 결혼권을 거부하는 것은 심대하고도 지속되는 피해를 일으킨다. 동성애자들에 대한 이러한 거부는 그들을 경멸하고 천시하게 된다. 그리고 평등보호조항은 적법절차조항과 마찬가지로 이와 같은 결혼할 기본권의 부당한 침해를 금지한다. Zablocki, 383-388; Skinner, 316 U.S., 541.

이러한 검토는 결혼권이 사람의 자유에 포함된 기본권이고 수정헌법 제14조의 적법절차 및 평등보호조항에 의해 동성부부의 결혼권과 자유가 박탈되어서는 안 된다는 결론에 이른다. 법원은 동성부부는 결혼할 기본권을 행사할 수 있다고 판결한다. 이러한 자유는 더 이상 그들에게 박탈되어서는 안 된다. Baker v. Nelson 판결은 이제 번복되어야 하고, 상고인들이 이 사건에게 이의를 제기하고 있는 주법 조항들은 이성부부와 똑같은 조건에서 동성부부의 결혼을 금지하는 범위에서 무효이다.

Ⅳ

이 사건들을 신중하게 다루어야 하고 입법, 소송, 토론이 더 진행되는 것을 기다려야 한다는 의견이 있을 수 있다. 피상고인들은 결혼의 정의와 같은 기초 쟁점을 결정하기 전에 충분한 민주적인 논의가 없다고 경고한다. 연방항소법원의 다수의견은 동성결혼을 허용하기 전에 피상고인 주들에서 공적인 토론이 더 이루어지고 정치적인 해결을 기다리는 편이 적절하다는 설득력 있는 주장을 했다. DeBoer, 772 F.3d, 409.

그러나 지금까지 많은 논의가 있었다. 투표, 입법토론, 풀뿌리 선전, 셀 수 없는 연구, 논문, 책, 다른 대중적이고 학구적인 글들이 있었다. 주법원과 연방법원에 소송도 많았다. 부록 A 참조. 판결내용은 당사자와 대리인들의 주장에서 인용되었고, 지난 수십년 동안 우리 사회에서 동성결혼과 그 의미를 토론한 내용이 반영되어 있다. 100명 이상의 참고인들이 서면에서 밝혔듯이 미국인들 생활에서 중심이 되는 제도의 많은 영역들-주와 지방정부, 군대, 크고 작은 사업체, 노동조합, 종교 조직, 법률 집행기관, 민간단체, 전문 조직, 대학-이 이 문제에 실질적인 관심을 기울였다. 이러한 상황들에 의해 사안을 더 잘 이해하게 되었고, 이제 헌법문제로서 해결을 기다리는 주장에 들어 있다.

물론 헌법은 기본권을 제한하지 않는 한, 민주주의가 변화를 위한 적절한 과정이라고 생각하고 있다. 지난 개정기에 이 법원의 다수의견은 Schuette v. BAMN, 572 U.S. ____ (2014) 판결에서 민주적 원칙의 중요성을 재확인하면서, "(헌법체계는) 토론할 권리를 인정하고 시민들이 배우고 결정하고 정치 절차를 통해 자신들 시대의 길을 만들어 나가기 위해 함께 행동한다."고 하였다. (15-16) 자유가 우리의 삶속에서 보존되고 보호되는 것은 대부분 민주주의를 통해서다. 그러나 Schuette 판결도 판시하듯이, "헌법이 보호하는 자유는 본질적인 차원에서 정부 권한의 위법한 행사로부터 피해를 받지 않는 개인의 권리로 구성되어 있다." (15) 그래서 개인의 권리가 침해되었을 때, 민주적인 의사결정이라는 더 일반적인 가치에도 불구하고 "헌법은 법원에 의한 구제를 요구하고 있다." (17) 개인의 권리를 보호하는 것이 가장 중요하고 민감한 사안에 영향을 미칠 때에도 이것은 진실이다.

우리 헌법 체계의 역동성은 사람들이 기본권을 주장하기 전에 입법조치를 기다릴 필요가 없다는 것이다. 우리의 기본 장전에서 직접적이고 사적인 이해관계의 정당성을 입증하기 위해 법원에 오는 피해자들에게 법원은 열려 있다. 개인은 피해를 입었을 때 대중이 반대하고 입법기관이 조치를 취하지 않았다 할지라도, 헌법의 권리 보호를 주장할 수 있다. 헌법은 "어떤 주제를 파란만장한 정치 논쟁으로부터 제외하고, 다수 및 공직자들의 손에서 벗어나게 하여 법원이 적용하는 법리로서 다루려고 하였다." West Vir-ginia Bd. of Ed. v. Barnette, 319 U.S. 624, 638 (1943). 이것이 "기본권이 투표에 복종하지 않고 선거결과에 의존하지 않는 이유"이다. 동성결혼의 옹호가 이제 민주적 절차에서 탄력이 붙거나 멀어지거나는 중요하지 않다. 법원에서 이 사건의 쟁점은 헌법이 동성부부의 결혼할 권리를 보호하는지에 관한 법리 문제이다.

이 사건에서 법원이 처음으로 기본권을 인정하고 보호하는데 신중한 접근을 해야 한다고 요청받은 것은 아니다. Bowers 판결에서 동성간의 성관계를 형사처벌하는 법을 승인하였다. 478 U.S., 186, 190-195. 이 방법은 동성애자들의 권리를 막 검토하기 시작했던 민주 절차를 신중하게 존중했다고 여겨질 수 있었다. 그러나 결과적으로 Bowers 판결은 동성애자들의 기본권을 부인하는 주의 조치를 승인하였고 그들에게 고통과 창피함을 안겨주었다. 그 사건의 반대의견이 밝힌 바와 같이 올바른 판결에 필요한 사실과 원칙을 법원도 알고 있었다. 199(대법관 블랙먼의 반대의견, 브레넌, 마샬, 스티븐스 대법관 참여). 이것이 로렌스 판결이 Bowers 판결이 "결정되었을 때 옳지 않았다"고 판결한 이유이다. 539 U.S., 578. 비록 Bowers 판결이 결과적으로 로렌스 판결로 취소되었다 하더라도, 그 동안 남성과 여성들은 피해를 입었고 이러한 피해는 Bowers 판결이 취소된 후에도 의심의 여지없이 오랫동안 남아 있었다. 존엄성의 상처는 한 번의 글로 항상 치료될 수는 없다.

동성부부에 반대하는 결정은 같은 결과를 가져올 것이고 Bowers 판결처럼 수정헌법 제14조에 의해 정당화되지 못할 것이다. 오버게펠은 지금 오하이오주가 아서와의 결혼을 영원히 지워버릴 수 있는지를 묻고 있다. 드보어와 로우즈는 지금 미시간주가 모든 어머니가 아이들을 보호하기 위해 희망하고 있는 확실성과 안정성을 계속 거부할지를 묻고 있고, 그들과 아이들에게 어린 시절은 곧 지나간다. 드코와 코스투라는 지금 테네시주가 나라에 봉사한 사람에게 뉴욕에서의 결혼을 인정하는 기본적인 존엄성을 거부할지를 묻고 있다. 상고인들의 사건을 적법하게 마주한 법원은 이러한 청구를 심리하고 결론을 내릴 의무가 있다.

항소법원사이의 불일치-연방법의 의미에서 허용할 수 없는 지역적 편차를 가져오는 불일치-를 직면해서도, 법원은 동성부부가 결혼할 권리를 행사할 수 있는지를 결정하기 위해 상고허가를 하였다. 법원이 이 사건 법을 합헌으로 승인한다면, 이 법이 우리 사회의 가장 기본적인 협약과 일치한다고 알려주게 될 것이다. 법원이 동성부부에 대한 특정한 공적인 혜택의 가능성을 천천히 사건별로 결정하도록 손을 놓고 있으면, 결혼과 연관된 많은 권리와 책임을 동성애자들에게 허용하지 않게 될 것이다.

피상고인들은 동성부부에게 결혼을 허용하면 이성부부의 결혼이 줄어들어 결혼제도를 손상하게 된다는 주장도 한다. 동성결혼을 허용하면 자연 출산과 결혼 사이의 연관을 끊기 때문에 이러한 일이 발생한다고 주장한다. 그러나 이 주장은 결혼과 부모됨에 관한 이성부부들의 결정과정을 상식에 어긋나게 평가한 견해일 뿐이다. 결혼할 것인지와 아이들을 기를 것인지의 결정은 사적이고, 낭만적이며 현실적인 많은 고려사항에 달려 있다. 그리고 이성부부가 단지 동성부부가 결혼할 수 있다는 이유로 결혼하지 않을 거라고 보는 것도 비현실적이다. Kitchen v. Herbert, 755 F. 3d 1193, 1223 (연방제10항소법원 2014) (동성부부사이의 사랑과 약속을 주가 인정하면 이성부부사이의 가장 내밀하고 사적인 결정을 변화시킬 것이라는 믿음은 완전히 비논리적이다) 피상고인들은 동성부부의 결혼 허용이 그들이 설명하는 유해한 결과를 낳는다는 결론의 근거를 대지 않았다.

마지막으로 종교단체와 교리에 따르는 신자들은 깊고도 진지한 확신으로 신성한 율법에 의해 동성결혼은 용납되어서는 안된다는 주장을 계속할 수 있다. 수정헌법 제1조는 종교단체와 신자들이 삶과 믿음, 그리고 오랫동안 받들어온 가족구조를 지속하려는 깊은 염원에 따른 핵심적이고 만족스러운 원칙을 가르치려고 할 때 정당하게 보호한다. 다른 이유로 동성결혼에 반대하는 사람들도 마찬가지로 보호한다. 동성결혼 허용이 정당하거나 필수적이라고 믿는 사람들이 종교 신념이든 세속적인 믿음의 문제로서든, 반대하는 사람들과 열린 토론을 할 수 있다. 그러나 헌법은 주가 이성부부에게 부여된 동일한 조건에서 동성부부의 결혼을 금지하는 것을 허용하지 않는다.

V

이 사건들은 헌법이 주에게 다른 주에서 시행된 동성결혼을 인정하도록 요구하고 있는지의 문제도 포함하고 있다. 오버게펠 및 아서, 데코 및 코스투라 사건으로 드러났듯이 인정 금지는 동성 부부에게 실질적이고 지속적으로 피해를 입하고 있다.

한 주에서 인정된 결혼이 다른 주에서 거부되는 것은 국내관계법에서 "가장 당황스럽고 괴로운 문제들" 중의 하나이다. Williams v. North Carolina, 317 U.S. 287, 299 (1942) (인용 부호 생략). 현재 상태를 그대로 두면 불안정성과 불확실성을 유지하고 키울 것이다. 어떤 동성부부가 가족이나 친구들을 만나기 위해 다른 주로 갈 때 주경계를 넘으면서 배우자가 병원에 입원해야 하는 상황이 발생하면 큰 어려움이 생길 수 있다. 많은 주들이 이미 동성결혼을 허용하였고 수십만 동성결혼이 이미 승인된 사실에 비추어 볼 때, 승인금지가 가져올 혼란이 너무 크고 계속 늘어날 것이다.

피상고인들 대리인이 공개변론에서 인정한 것처럼, 만약 헌법이 동성부부의 결혼을 허락하도록 요구한다면 다른 주에서 이행된 결혼의 인정을 거부하는 것은 정당성이 약하다. 법원은 동성부부가 모든 주에서 결혼할 기본권을 행사할 수 있다고 판결하고 있다. 이어서 법원은 주가 동성간이라는 이유로 다른 주에서 허용된 적법한 동성결혼의 인정 거부는 적법한 근거가 없다고 판결해야 하고 이제 판결한다.

* * *

결혼은 가장 높은 사랑, 충실, 헌신, 희생, 가족의 이상을 담고 있기 때문에 이보다 더 심오한 결합은 없다. 결혼을 하면서 두 사람은 과거의 그들보다 더 위대한 무엇이 된다. 이 사건에서 일부 상고인들이 보여주듯이 결혼은 죽은 뒤에도 지속되는 사랑을 포함하고 있다. 동성의 남성들과 여성들이 결혼의 이상을 하찮게 본다는 주장은 오해일 것이다. 그들의 청구는 결혼을 존중하고 있고, 깊이 존중하고 있어서 스스로 이를 이행할 것을 구하고 있다. 그들의 희망 때문에 외롭게 살아가도록 비난받거나 문명의 가장 오래된 제도로부터 배제되어서는 안 된다. 그들은 법의 눈으로 동등한 존엄성을 요청하고 있다. 헌법은 그들에게 그 권리를 부여한다.

제6항소법원의 판결을 취소한다.

[대법원장 로버츠 반대의견]

상고인들은 공정성에 관한 사회 정책과 고려에 뿌리를 둔 강력한 주장을 하고 있다. 동성부부는 이성부부처럼 결혼을 통한 사랑과 약속이 허용되어야 한다고 주장한다. 그 의견은 거부할 수 없는 호소를 담고 있다. 지난 6년간 11개 주와 콜럼비아구의 유권자들과 의원들은 법을 개정하여 동성간 두 사람의 결혼을 허락하였다.

그러나 이 법원은 입법기관이 아니다. 동성결혼이 좋은 생각인지는 우리와 무관해야 한다. 헌법상 판사는 무엇이 법이고 무엇이 법이어서는 안되는지를 말할 권한을 갖고 있다. 헌법을 승인한 사람들은 법원이 "힘이나 의지의 행사를 허용하지 않았고 단지 판단하는" 것만을 허락하였다. 연방주의자 78, 465쪽 (해밀턴)

비록 동성부부에게도 결혼을 허용하자는 정책적인 주장이 강력하다 할지라도, 그러한 허용을 요구하는 법적인 주장은 그렇지 않다. 결혼할 기본권은 주에게 결혼의 정의를 변경하도록 요구할 권리를 포함하고 있지 않다. 그리고 인류역사의 모든 문화를 통해 지속되어 온 결혼의 의미를 유지하는 주의 결정이 비이성적이라고 할 수는 없다. 요약하면 헌법은 하나의 이론으로 결혼을 정의하지 않았다. 주의 주민들은 자유롭게 결혼이 동성부부를 포함하는 것으로 확대하거나 또는 역사적 정의를 유지할 수 있다.

그러나 오늘 법원은 모든 주에게 동성결혼을 허용하고 인정하라고 명령하는 놀라운 조치를 취하였다. 많은 사람들은 이 결정에 매우 기뻐할 것이고, 나는 그들의 축하를 못마땅하게 생각하지 않는다. 그러나 사람이 아닌 법의 통치를 믿는 사람들에게는 다수의견의 접근은 매우 실망스럽다. 동성결혼 지지자들은 민주적인 절차를 통해서 자신들의 견해를 받아들이도록 동료 시민들을 설득하는데 상당한 성공을 거두었다. 그것이 오늘의 결과이다. 다섯 명의 대법관은 논쟁을 끝내고 자신들의 결혼관을 헌법문제로 만들었다. 주의 시민들로부터 이 사안을 빼앗으면 동성결혼에 먹구름을 드리우고 극적인 사회 변화를 받아들이기 어렵게 만들 것이다. 의지에 따른 다수의견은 법적인 판단이 아니다. 다수의견이 선언한 권리는 헌법에도 이 법원의 선례에도 근거가 없다. 다수의견은 자신들의 "새로운 통찰"에 따라 사회를 "불공정"하게 만들기 위해 자신들의 희망에 공개적으로 기대면서, 사법의 "신중함"을 명백히 포기하였고 겸손한 척도 하지 않았다. 그 결과 법원은 절반 이상 주들의 결혼법을 무효로 하고 수천년 동안, 칼라하리 사막의 원주민들, 중국의 한나라 사람들, 카르타고인들과 아즈텍인들에게 인간사회의 기초를 형성해왔던 사회제도의 변형을 명령하고 있다. 우리는 우리가 누구라고 생각하는가?

판사들은 자신의 선호를 법의 요구와 혼동하도록 유혹받기 쉽다. 그러나 이 법원이 역사를 통해 상기해 주듯이, 헌법은 "기본적으로 다른 견해를 가진 사람들을 위해 만들어졌다." Lochner v. New York, 198 U.S. 45, 76 (1905) (홈즈 대법관 반대의견). 따라서 "법원은 입법부의 지혜나 정책에 관심을 가져서는 안된다." 오늘 다수의견은 절제된 사법 역할 개념을 무시하고 있다. 다수의견은 헌법이 국민들에게 남겨 둔 문제에 대해 국민들이 활발하게 토론을 벌이고 있을 때, 스스로 그 문제를 붙잡고 있다. 그리고 헌법의 중립적인 원리가 아닌, 그 자신의 "무엇이 자유이고 실현되어야 하는가에 대한 이해"에 기초하여 결론내리고 있다. 나는 반대할 수밖에 없다.

이 반대의견이 무엇을 말하는지 잘 이해하라. 나의 판단으로는 반대의견은 결혼제도가 동성부부를 포함하는 것으로 변해야 하는지가 아니다. 우리의 민주 공화정에서 그 결정을 대표자를 선출하여 그들을 통해 행동하는 국민들에게 맡겨야 하는지, 또는 법에 따라서 법률 분쟁을 해결하도록 허락받은 다섯 명의 법률가에게 맡겨야 하는지에 관한 것이다. 헌법은 그 답에 대해 의문의 여지를 남기지 않는다.

I

상고인들과 그들의 조언자들은 "결혼권"과 "결혼 평등성"의 중요성을 근거로 주장하고 있다. 우리의 선례에서 헌법이 결혼권을 보호하고 있고 주에게 결혼법을 동등하게 적용하도록 요구하고 있다는 점에는 심각한 의문이 없다. 이 사건에서 진정한 문제는 무엇이 "결혼"을 구성하는가 또는 - 더 자세하게 - 무엇이 결혼을 구성하는 가를 누가 결정하는가이다.

다수의견은 대략 이 문제를 무시하고 인류의 결혼에 관한 경험을 한 줄 또는 두 줄의 문장으로 가볍게 처리하고 있다. 역사와 선례가 이 사건의 "끝"이 아니라 할지라도, 나는 지금까지 이어져 왔던 모든 것을 더 존중하지 않고 "오랫동안 정착되어 왔던 것을 지워버리지" 않을 것이다. Town of Greece v. Galloway, 572 U.S. (2014) (8)

A

다수의견이 인정하듯이, 결혼은 "수천년 동안 모든 문명에서 존재해 왔다." 모든 세기와 문명에서 결혼은 하나의 관계만을 가리켰다: 한 남성과 한 여성의 결합. (상고인들은 2001년 이전에 동성결혼을 허용한 사회가 있었는지 알지 못한다고 인정한다). "최근까지 … 대부분의 사람들은 한 남성과 한 여성사이의 결혼이 결혼의 정의와 문명의 역사를 통한 결혼의 역할과 기능에 본질이라고 생각한 것은 의문이 없다." United States v. Windsor, 570 U.S. ____, ____ (2013) (13쪽)

남성과 여성의 결합이라는 이러한 세계적인 결혼의 정의는 역사의 우연이 아니다. 결혼은 정치운동, 발견, 질병, 전쟁, 종교 교리, 또는 다른 인류역사의 다른 힘의 결과물이 아니었다. 그리고 남성동성애자와 여성동성애자를 배제하려는 선

사시대 결정의 결과물이 아닌 것도 분명하다. 그것은 평생 함께 살아가는 안정적인 조건에서 아이들을 키우기로 약속한 어머니와 아버지가 아이들을 낳아야 한다는 것을 보장하는 핵심적인 필요성에 부응하기 위한 본능에서 발생했다. 퀘일, 결혼 제도의 역사 2(1988); 키케로, 의무론 57(밀러 번역, 1913) ("생식본능은 모든 생물이 갖고 있는 공통의 성질이므로, 결합의 첫번째 유대는 남편과 아내 사이에, 그 다음에는 부모와 자녀들에 있고, 그리고 나서 우리는 모든 것을 공유하는 하나의 가정을 발견한다.")

이러한 결혼의 개념을 지지하는 전제들은 기초적이어서 거의 다른 설명이 필요치 않다. 인류는 생존하기 위해 아이를 낳아야 한다. 생식은 남성과 여성의 성관계를 통해 일어난다. 성관계가 임신으로 이어졌을 때, 그 아이의 장래는 어머니와 아버지가 헤어지는 것보다는 함께 지낼 때 일반적으로 더 낫다. 그래서 아이들과 사회를 위해서 생식이 가능한 성관계는 지속적인 유대를 약속한 남성과 여성 사이에만 있어야 한다.

사회는 그 유대를 결혼으로 인정해왔다. 그리고 결혼한 부부의 지위를 존중하고 실질적인 혜택을 줌으로써, 사회는 남성과 여성이 결혼 안에서 성관계를 하도록 장려해왔다. 유명한 학자는 "결혼은 아이들을 갖고자 하는 단순한 욕구와 아이들이 생길 수 있는 성관계가 해결하지 못하는 문제, 즉 사람들이 함께 지내면서 아이들을 돌보는 문제를 해결하기 위해 사회가 마련한 해법이다." 윌슨, 결혼 문제 41(2002).

이러한 결혼의 단일한 이해는 역사를 통틀어 미국에서 받아들여져 왔다. 다수의견은 "건국시기에 결혼은 남성과 여성 사이의 자발적인 계약으로 이해되었다"고 인정하고 있다. 초기 미국인들은 윌리암 블랙스톤 같은 법학자에 대부분 의지했는데, 그는 "남편과 아내" 사이의 결혼을 "사생활에서 중요한 관계"중의 하나로 여겼다. 그리고 결혼을 "남성과 여성 사이의 자발적인 계약"으로 설명한 존 로크와 같은 철학자들은 "주된 목적과 생식", 그리고 아이들의 "양육과 지원"에 초점을 맞추었다. 블랙스톤, 영국법해석 410; 존 로크, 시민정부론 §§78-79, 39 (1947) 헌법을 기초하고 승인한 사람들에게는 이러한 결혼과 가족의 개념은 "기정사실이었고, 그 구조, 안정성, 역할, 가치는 모든 사람들이 받아들였다." 포트, 결혼의 의미에 있어서 결혼과 가족에 대한 제정자들의 생각 100, 102 (2006)

헌법 스스로는 결혼에 대해 말이 없고 이로써 제정자들은 "남편과 아내의 관계에 관련된 모든 사항"을 주에게 위임하였다. Windsor, 570 U.S.,____(17). 건국시기에 모든 주-12년 전까지 역사적으로 모든 주-가 전통적이고 생물학적인 방식으로 결혼을 정의했다는 점에는 다툼이 없다. 이 사건에서 4개 주도 마찬가지이다. 주의 지위를 얻기 전과 후에 이들 주의 법은 결혼은 한 남성과 한 여성으로 결합으로 다루었다. DeBoer v. Snyder, 772 F.3d 388, 369-399 (CA6 2014). 주법이 이러한 결혼의 정의를 명백히 밝히지 않을 때에도 누구도 그 의미를 의심하지 않았다. Jones v. Hallahanm 501 S.W. 2d 588, 589 (Ky.App. 1973). "결혼"의 의미는 말할 필요도 없었다.

물론 많은 사람들이 결혼의 의미를 말하였다. 그의 첫 미국사전에서, 웹스터는 결혼을 "문란한 성관계를 막고… 가정의 행복을 촉진하며, 아이들을 보살피고 가르치는" 목적에 이바지하는 "한 남성과 한 여성의 일생동안 법적인 결합"으로 정의하였다. 미국 영어사전(1828). 영향력 있는 19세기 저서는 결혼은 "성의 구별에 기초하여 시민적 사회적 목적을 위해 평생 법적으로 결합된 한 남성과 한 여성에게 존재하는 시민적인 지위"라고 정의했다. 비숍, 결혼과 이혼의 법해석 25(1852). 블랙로사전의 첫 판은 결혼을 "평생 법적으로 결합된 한 남성과 한 여성의 시민적 지위"라고 정의했다. 756(1891). 사전은 다음 세기까지 본질적으로 똑같이 정의하였다.

이 법원의 선례도 결혼을 전통적인 의미와 일치하는 방식으로 되풀이하여 정의해 왔다. 일찍이 판례는 결혼을 "그것 없이는 문명도 진보도 없고, 가족과 사회의 바탕"을 형성하는 것으로, Maynard v. Hill, 125 U.S. 190, 211 (1888), "한 남성과 한 여성의 평생 결합"이라고 설시하였다. Murphy v. Ramsey, 114 U.S. 15, 45 (1885). 그 뒤 우리는 결혼을 생식에 반드시 필요한 것으로 이해하고, "우리의 존재와 생존의 기본"으로 설명하였다. Loving v. Virginia, 388 U.S. 1, 12 (1967); Skinner v. Oklahoma ex rel. Williamson, 316 U.S. 535, 541 (1942). 더 나중의 판결은 결혼권과 "생식권(right to procreate)"을 직접 연결하였다. Zablocki v. Redhail, 434 U.S. 374, 386 (1978).

다수의견은 결혼의 일부 측면이 시간이 지나면서 변해왔다고 적고 있다. 중매결혼은 대부분 낭만적인 사랑에 따른 짝짓기로 바뀌었다. 주는 결혼한 남성과 여성의 별도의 지위를 존중하는 법과 함께 그들이 하나의 법적인 단위가 되는 이론인 유부녀법을 폐기하였다. "백인 우월주의"를 퍼트리기 위해 "노예제"에 부수된 사건으로 발생한 인종간 결혼 제한은 많은 주들이 폐지하였고 결국 이 법원이 폐기하였다. Loving, 388 U.S., 6-7.

다수의견은 이러한 발전이 결혼의 "단순한 피상적인 변화가 아니라", 그 보다는 "결혼 구조에 깊은 변형으로 작용했다"고 보고 있다. 그러나 남성과 여성의 결합으로서 결혼의 핵심 구조는 바뀌지 않았다. "결혼은 지속성과 변화의 역사"라고 한 다수의견은 맞지만, 결혼의 핵심 의미는 바뀌지 않았다.

B

이 법원이 Loving 판결에서 결혼의 인종제한을 폐기한 직후 미네소타주의 남성 동성애자들이 결혼허가를 신청하였다. 그들은 다른 인종들 사이의 결혼을 허락하는 것과 똑같은 이유로 헌법은 주에게 동성 간 결혼의 허용을 요구하고 있다고 주장하였다. 미네소타 대법원은 Loving 판결은 그들과 다르다고 거부하였고 이 법원은 상고를 기각하였다. Baker v. Nelson, 409 U.S. 810 (1972).

베이커 판결 10년 뒤 더 많은 수의 남성 및 여성 동성애자들이 공개적으로 살기 시작하였고, 자신들의 관계를 결혼으로 인정해주기를 바랬다. 시간이 지나면서 더 많은 사람들은 결혼이 그러한 관계도 포함될 수 있다는 식으로 생각하기 시작했다. 2003년 매사추세츠 대법원은 주의 헌법이 동성결혼을 인정하고 있다고 해석하였고, 이 사건의 4개 주를 포함한 많은 주들이 오래된 결혼의 정의를 공식적으로 채택하는 헌법개정을 했다.

지난 몇 년간 결혼에 대한 여론은 빠르게 바뀌었다. 2009년 버몬트, 뉴햄프셔, 컬럼비아 특별구의 주의회는 신자들을 위한 공간을 제공하는 한편으로 결혼의 정의를 개정하여 동성 부부를 포함하였다. 2011년 뉴욕주의회는 비슷한 법을 제정하였다. 마찬가지로 메인주의 유권자들은 3년 전 결혼의 전통적인 정의를 지지했던 국민투표결과를 번복하였다.

11개주와 컬럼비아 특별구의 유권자들과 주의원들은 결혼의 정의를 바꾸어 동성부부를 포함하였다. 5개주의 최고법원은 자신들의 헌법에 따라 같은 결과를 선언하였다. 나머지 주들은 결혼의 전통적인 정의를 유지하고 있다.

상고인들은 수정헌법 제14조의 적법절차와 평등보호 조항에 따라 동성간의 결혼이 허용되고 인정된다고 주장하면서 소송을 제기하였다. 주의깊게 이유를 전개한 항소법원은 "결혼의 정의를 넓혀 남성동성애자 부부의 포함을" 지지하는 민주적인 “동력”이 있음을 인정하였으나, 상고인들은 “결혼의 정의에 관한 헌법 쟁점을 제기하지 못했고 건국 이래로 주 유권자들에게 있는 문제가 아님을” 밝히지 못했다고 결론지었다. 772 F.3d, 396,403. 그 판결은 헌법을 올바로 해석하였고 나는 인용한다.

II

상고인들은 먼저 그들 주의 결혼법이 적법절차조항을 어겼다고 주장하고 있다. 상고인들을 지지하는 법무부 송무차관은 이 법원에서는 그 입장을 명백하게 거부하였다. 그럼에도 불구하고 다수의견은 거의 전적으로 적법절차조항을 바탕으로 이 사건을 상고인들에게 유리하게 해결하였다.

다수의견은 이 법원의 적법절차 선례가운데 동성부부의 결혼기본권을 뒷받침하는 4개의 “원리와 전통”을 확인하려고 하고 있다. 그러나 실제로 다수의견의 접근은 Lochner v. New York, 198 U.S. 45 (1905) 판결과 같은 불명예스러운 판결이 보여주는 원칙 없는 사법정책판단의 전통을 제외하고, 원리나 전통에 근거가 없다. 빛나는 수사적인 허울을 벗기면, 다수의견은 결혼기본권이 동성부부에게도 좋고 사회에도 좋기 때문에 적법절차조항이 이를 허용한다는 것이다. 만약 내가 주의원이라면, 나는 사회정책의 문제로 그러한 견해를 충분히 검토할 수 있겠다. 그러나 판사로서 나는 다수의견이 헌법의 문제로 부당하다고 본다.

A

상고인들의 “기본권(fundamental right)[74)]”주장은 헌법소송절차에서 가장 민감한 영역이다. 상고인들은 주의 결혼법이 수정헌법 제1조가 보호하는 언론의 자유와 같이 열거된 헌법상의 권리를 침해했다고 주장하지 않는다. 무엇보다도 헌법에는 “동료애와 이해심” 또는 “고결함과 존엄성”조항은 없다. 대신에 그들은 결혼법이 “자유”는 “적법절차”에 따르지 않고는 박탈되지 않는다는 수정헌법 제14조에서 함축된(열거되지 않은) 권리를 어겼다고 주장한다.

---

74) 옮긴이 주) 미국에서 기본권(fundamental right)은 수정헌법 제1조에 열거된 권리(종교, 언론 및 출판, 집회 및 청원의 권리, 신체의 자유, 적법절차, 공정한 재판을 받을 권리 등)와, 연방대법원이 미국 역사와 전통에 뿌리내린 권리로 인정한 권리(사생활권, 결혼권 등)을 말한다. 기본권을 제한하는 법률은 엄격심사대상인데, 엄격심사를 통과하기 위해서는 중대한 이익이 있어야 하고, 대상과 방법, 시기 등을 정밀하게 맞춰서 제한해야 한다.

이 법원은 적법절차조항이 "어떤 절차가 제공되든지 간에" 주가 자유를 박탈하지 못한다는 "실질적인" 구성요소를 담고 있다고 해석하였다. Reno v. Flores, 507 U.S. 292, 302 (1993). 어떤 자유는 미국민들의 전통과 양심에 기본으로 뿌리박혀 있고, 중대한 정당성이 없으면 박탈될 수 없다는 원리이다. Snyder v. Massachusetts, 291 U.S. 97, 105 (1934).

선출되지 않은 연방법관에게 열거되지 않은 권리를 "기본권"으로 선정하고 그 결정을 바탕으로 주법의 폐기를 허용하는 것은 사법 역할에 대한 분명한 우려를 제기하게 된다. 따라서 우리의 선례들은 법관은 "적법절차 조항으로 보호되는 자유가 이 법원 구성원들의 정책 선호로 미묘하게 좌우되지 않도록" 함축된 기본권을 확인하는데 "극도로 주의를 기울여야" 한다고 강조하였다. Washington v. Glucksberg, 521 U.S. 702, 720 (1997) (내부 인용부호 생략); 케네디, 열거되지 않은 권리들과 사법자제의 명령(어떤 본질적이거나 기본적인 권리는 공정한 사회에서는 존재해야 한다고 결론내릴 수 있다. 그렇다고 해서 그 본질적인 권리를 우리가 판사로서 성문헌법으로 집행할 수 있는 것은 아니다. 적법절차조항은 이상적인 체제가 갖춰야 하는 모든 권리를 보증하지 않는다).

실질적인 적법절차의 강력한 집행을 자제할 필요성은 이 법원이 힘들게 배운 교훈이다. 먼저 법원은 Dred Scott v. Sandford, 19 How. 393 (1857) 사건의 법을 폐기시키기 위해 실질적인 적법절차조항을 적용하였다. 법원은 노예제도를 제한하는 법이 노예주의 함축된 권리를 침해하였다는 이유로 미주리 타협안을 무효로 하였다. 법원은 그렇게 하면서 자유와 재산에 대한 자신의 견해에 의존하였다. "단지 미국의 특정 지역으로 스스로 이동하거나 그의 재산을 옮겼다는 이유만으로 미국시민에게서 자유나 재산을 빼앗는 의회의 행위는… 적법절차의 이름으로 거의 인정될 수 없다." 450. 다수의견보다 긴 반대의견에서 커티스 대법관은 "법 해석을 지배하는 확정된 원리가 포기될 때, 그리고 개인의 이론적인 의견이 헌법의 의미를 좌우하는 것이 허용될 때, 우리는 더 이상 헌법을 갖지 않는다: 우리는 때때로 헌법이 무엇을 의미해야 하는지에 관한 자신의 견해에 따라 무엇이 헌법인지를 선언할 권력을 갖고 있는 개인의 지배아래 있게 된다." 621.

드레드 스콧 판결은 남북전쟁과 남부군 항복 이후 헌법 개정으로 번복되었으나, 적법절차조항에 대한 그 접근은 다시 나타났다. 일련의 20세기 초 판결들에서 가장 유명한 Lochner v. New York 판결에서 이 법원은 "개인의 권리에 대한 불필요한 간섭"과 "사람의 자유와 계약의 자유에 대한 부당한 간섭"을 담고 있는 주법을 무효로 하였다. 198 U.S., 60,61. 로크너 판결에서 법원은 "우리의 판단으로는 보건법으로서 필요하거나 적절하다고 인정할 합리적인 근거가 없기" 때문에 제빵노동자들의 최대 근로시간을 정한 뉴욕주법을 폐기하였다. 58.

로크너 판결에서 반대한 대법관은 뉴욕주법은 "토론과 진지한 의견 차이의 여지"가 있는 사안으로서, 제빵노동자들의 건강에 대한 주의회의 관심에 따른 합리적인 대응으로 볼 수 있다고 설명하였다. 72 (할란 대법관 의견). 다수의견은 "대부분의 나라가 고려하지 않는 경제이론"을 헌법으로 수용할 것을 요구하였다. 75 (홈즈 대법관 의견). 홈즈 대법관은 "수정헌법 제14조는 사회진화론의 중요한 저서인 허버트 스펜서의 사회정학(Social Statics)을 입법하지 않았다." 헌법은 "특정 경제이론을 담으려 하지 않았다… 기본적으로 다른 견해를 가진 사람들을 위해 만들어졌고, 어떤 의견이 자연스럽고 익숙하다거나 새롭고 심지어 충격적이라고 하는 우연한 사정에 의해서 그 의견을 구체화하고 있는 법이 헌법과 충돌하는지의 문제에 관한 우리의 판단을 결정해서는 안 된다." 75-76.

로크너 판결 이후 10여 년간 법원은 개인의 자유 침해라며 거의 200개의 법을 폐기하였는데, "합헌성의 기준은 법이 공공의 이익을 위한 것이라고 우리가 믿는지 여부가 아니다."고 주장하는 강력한 반대의견을 무시하기도 하였다. Adkin v. Children' s Hospital of D.C., 261 U.S. 525,570 (1923) (홈즈 대법관 의견). 법관에게 그들 자신의 정책 판단을 헌법이 보호하는 "자유"의 지위로 올리는 권한을 부여함으로써, 로크너 류의 판결들은 "법원을 입법부로 간주하는 결과"가 되었다. 핸드, 권리장전 42 (1958).

결국 법원은 자신의 잘못을 깨닫고 이를 반복하지 않기로 맹세했다. 우리는 뒷날 다음과 같이 설시하였다. "주의회가 현명하지 않게 행동했다고 믿을 때 법원이 적법절차조항에 의해 법이 위헌이라고 선언할 수 있다는 이론은 오래 전에 폐기되었다. 우리는 법원은 자신의 사회 및 경제적인 믿음으로 법을 제정하기 위해 선출된 입법기관의 판단을 대체하지 않는다는 원래의 헌법 원리로 복귀했다." Ferguson v. Skrupa, 372 U.S. 726, 730 (1963); DayBrite Lighting, Inc. v. Missouri, 342 U.S. 421, 423 (1952) ("우리는 입법기관의 지혜를 평가하는 초입법기구로 존재하지 않는다.")

그래서 법원은 법이 "현명하지 못하고, 부주의하거나 특정한 학설과 조화롭지 못한 것"으로 인정된다는 이유만으로 위헌이라고 판결하지 않는다는 원칙이 성립되었다. Williamson v. Lee Optical of Okla., Inc., 348 U.S. 483, 488 (1955).

로크너 판결을 배척했다고 해서 함축된 기본권론(the doctrine of implied fundamental rights)의 거부는 아니며 이 법원이 그렇게 하지 않았다. 그러나 개인의 선호도를 헌법 문제로 전환하는 로크너 판결의 잘못을 되풀이하지 않기 위해서, 실질적인 적법절차에 관한 현대의 판례는 "사법 자제"의 필요성을 강조해왔다. Collins v. Harker Heights, 503 U.S. 115, 125 (1992). 우리의 선례들은 열거되지 않은 권리들은 "이 나라의 역사와 전통에 객관적으로 깊이 뿌리내리고, 만약 희생된다면 자유도 정의도 존재하지 않게 되는 것과 같은 정돈된 자유의 개념에 담겨 있어야" 한다고 요구하였다. Glucksberg, 521 U.S., 720-721 (인용문구 생략)

비록 법원이 Glucksberg 판결에서 가장 자세하게 기본권 문제에 관해 역사와 전통의 중요성을 설시했지만, 그 앞뒤의 다른 판결들도 같은 접근방식을 취하였다. (인용판례 생략)

물론 역사와 전통의 참고는 문제되는 개별법을 넘어 살펴보아야 하므로, 자유의 모든 제한에 헌법상 정당성이 따르지 않는다. 다수의견은 이 점에서 옳다. 그러나 "이 미지의 영역에서 책임있는 결정을 내리기 위한 이정표가" 거의 없는 상황에서, Collins, 503 U.S., 125 "추상적인 공식에 기초한 것보다 역사에 뿌리를 둔 접근이 사법부의 결정을 더 의미 있게 제한하고 있다." Moore, 431 U.S., 504, 주12(다수의견). 기본권을 확인하는 훈련된 전문성도 판사를 의미있게 제약하지 않는다. "왜냐하면 충분히 알든 모르든, 그(판사)가 진짜 발견한 것은 그 자신의 가치이기 때문이다." 엘리, 민주주의와 불신 44(1980). 이 민감한 영역에서 자제를 보장하는 유일한 길은 "역사의 가르침 존중, 우리 사회에 놓여 있는 기본 가치의 굳건한 인정, 그리고 연방주의와 권력분립 이론의 위대한 역할에 대한 현명한 공감을 끊임없이 강조"하는 것이다. Griswold v. Connecticut, 381 U.S. 479, 501 (1965) (할란 대법관 동조의견)

B

다수의견은 이러한 이론적인 배경을 인정하지 않고 있고, 그 이유를 이해하기는 쉽다: 다수의견이 실질적인 적법절차를 공격적으로 적용한 것은 수십 년간의 선례를 깨고 로크너 판결의 잘못된 접근방식으로 법원을 되돌리고 있다.

1

다수의견의 강력한 요지는 결혼은 바람직하고 상고인들이 이를 원하고 있다는 것이다. 다수의견은 결혼의 "초월적인 중요성"을 설명하고, 상고인들이 결혼제도를 "비하, 평가 절하, 폄하, 멸시"하려고 하지 않는다고 강조한다. 누구도 이 점을 다투지 않는다. 상고인들과 같은 사람들의 중대한 개인적인 사유들은 많은 미국인들이 동성부부의 결혼이 허용되어야 한다고 마음을 바꾼 주요한 이유일 것 같다. 그러나 상고인들 희망의 진정성은 헌법문제와 관계가 없다.

다수의견이 법을 논할 때 기본적인 "결혼권"을 검토한 선례에 의지하고 있다. Turner v. Safley, 482 U.S. 78, 95 (1987); Zablocki, 434 U.S., 383; Loving, 388 U.S., 12. 이 사건들은 물론 결혼을 원하는 사람들이 결혼할 헌법상의 권리를 갖고 있다고 판결하지 않았다. 대신에 그들은 결혼제도가 항상 이해되는 바에 따라 결혼제한의 정당성을 주에게 요구하였다. Loving 판결에서 법원은 결혼권에 대한 인종적인 제한은 중대한 정당성이 부족하다고 판결했다. Zablocki 판결에서 양육비 미지급에 따른 결혼제한은 충분하지 않았다. Turner 판결에서 수용자의 지위에 따른 제한도 허용될 수 없었다.

그 사건에서 쟁점이 된 어떤 법도 남성과 여성의 결합이라는 결혼의 핵심 정의를 바꾸지 않았다. Zablocki 판결과 Turner 판결에서 문제된 법은 "어느 쪽이 양육비를 지급해야 하는지 또는 수용되어 있든지 간에 결혼을 한 남성과 한 여성의 결합"으로 정의하지 않았다. Loving 판결에서 문제가 된 인종간 결혼금지는 "한 남성과 같은 인종인 한 여성의 결합"으로 결혼을 정의하지 않았다. 그러므로 결혼에 대한 인종적 장벽을 제거하는 일은 학교를 통합하는 것이 학교 자체를 바꾸지 않은 것처럼 결혼 자체를 변경하지 않았다. 다수의견도 인정하듯이, 위 사건들에서 논의되는 결혼제도는 "이성들이 관련된 관계로 추정하였다."

간추리면 "결혼권" 사건들은 전통적으로 정의된 결혼에 대한 특정한 제한이 적법절차를 위반하였다는 중요하고도 제한된 명제를 보여주고 있다. 이러한 선례들은 이 사건에서 상고인들이 실제로 청구하는 권리인, 결혼의 정의를 변경하도록 하는 권리에 대해 말하지 않고 있다. 상고인들이나 다수의견은 그러한 헌법상 권리의 근거를 제공하는 단 하나의 판결이나 다른 법적인 자료를 제시하지 않았다.

존재하지 않기 때문에 상고인들의 청구를 기각하기에 충분하다.

2

다수의견은 결혼권을 알려주는 "더 유익한 선례들이 있다"고 내비치고 있다. 비록 완전히 분명하지는 않지만 열거되지 않은 "사생활권"을 검토한 사건들인 것 같다. Griswold, 381 U.S., 486. 그 사건들 중 첫번째로 법원은 피임기구 사용을 금지한 형사법을 무효로 하였다. 법원은 "결혼한 부부의 신성한 침실을 수색하기 위해 경찰이 침범할 수도 있는" 금지의 침해적인 성격을 강조하였다. 485. 법원은 그러한 법은 가장 기본적인 의미에서 사생활권, 간섭받지 않을 권리를 침해하였다고 보았다. Eisenstadt v. Baird, 405 U.S. 438, 453-454, 주10 (1972) (인용문구 생략); Olmstead v. United States, 277 U.S. 438, 478 (1928) (브랜다이스 대법관 반대의견)

다수의견은 또한 동성 성행위를 형사처벌하는 텍사스주법을 폐기한 Lawrence v. Texas, 539 U.S. 558 (2003) 판결에 있는 사생활권을 들고 있다. 로렌스 판결은 피임기구 금지처럼 동성 성행위 형사처벌법이 "가장 사적인 장소인 집에서 가장 개인적인 사람의 행위인 성행위를 다루는 정부의 부당한 개입을" 불러옴으로써 사생활을 침해하였다는 입장에 의존하였다. 562, 567.

로렌스 판결이나 사생활보호에 관한 다른 선례가 상고인들이 이 사건에서 주장하는 권리를 지지하지 않는다. 피임기구와 동성 성행위를 금지하는 형사법과 달리 이 사건 결혼법은 정부의 개입이 없다. 범죄로 처벌하지 않는다. 동성부부는 함께 살고, 성행위를 하고 아이들을 돌볼 자유가 있다. 누구도 이 사건의 법 때문에 비난받으면서 외롭게 살지 않는다. 동시에 법은 "간섭받지 않을 권리"를 방해하지 않는다.

다수의견은 또한 Poe v. Ullman, 367 U.S. 497 (1961) 판결에서 영향력있는 할란 대법관의 반대의견을 인용하고 있다. 그 의견은 "적법절차는 어떤 공식으로 축소되지 않는다."고 말하고 있다. 542. 그러나 다수의견이 파악한 넓은 해석 재량권과는 달리, 할란 대법관의 의견은 기본권을 다루는 법원이 "근거없는 추측이 이끄는 곳을 마음대로 돌아다닐 수" 없음을 분명히 하였다. 그 대신에 법원은 "역사가 가르치는 것을" 평가해야 하고 "판단"할 뿐만 아니라 "자제"해야 한다. 할란은 "성적인 권리가 이용되고 아이들이 태어나고 자라는 법률적이고 사회적인 맥락속에서 결혼에 관한 법은 우리 사회생활의 실체에 깊게 새겨진 생활양식을 형성하고 있어서 이 분야의 헌법이론은 그 기초위에 세워 져야 한다."고 설명하였다. 546.

요컨대 상고인들이 사생활권을 청구하지 않고 있기 때문에 사생활 판결들은 다수의견을 뒷받침하지 않는다. 반대로 그들은 그들 관계를 공식 인정해주고 그에 따른 정부혜택을 구하고 있다. 우리의 판례들은 청구인들이 헌법의 자유가 제공하는 방패를 주에게 적극적인 자격을 요구하는 칼로 바꾸는 것을 일관되게 거부해왔다. DeShaney v. Winnebago County Dept. of Social Servs., 489 U.S. 189, 196 (1989); San Antonio Independent School Dist. v. Rodriguez, 411 U.S. 1, 35-37 (1973). 그래서 비록 우리의 선례들이 인정한 사생활권이 동성 부부의 성관계를 보호하는 중요한 역할을 할지라도, 결혼을 재정의하는 적극적인 권리나 이 사건 법들의 폐기 근거가 되지 않는다.

3

다수의견은 아마도 선례로부터 가져올 근거가 거의 없다는 것을 알고, Glucksberg 판결이 취한 주의 깊은 접근을 버리기 위해 애쓰고 있다. 다수의 입장은 결과적으로 실질적인 적법절차의 경계를 설정한 가장 중요한 판결인 Glucksberg의 번복을 요구하고 있음이 드러났다. 적어도 다수의견의 이 부분은 솔직한 점이 있다. 누구도 다수의견이 주의 깊은 접근을 하지 않았다고 비난할 수 없다.

결국 하나의 선례(로크너 판결)만이 다수의견의 방법론을 지지하고 있다. 다수의견은 "정체성을 정의하고 표현하는" 상고인들의 권리를 선언하면서 시작하고 있다. 다수의견은 "결혼에 관한 개인의 선택권은 개인 자율의 개념 속에 들어 있다"고 설명한다. 개인 자율이라는 자유분방한 개념은 "자신의 노동과 관련하여 계약을 체결할 권한과 인격에서 자유로운 개인의 일반적인 권리"와 다를 바 없다. 로크너 판결, 198 U.S., 58.

공정하게 말하면 다수의견은 개인의 자율권이 완전히 무제한이라고 말하지 않는다. 다수의견이 설정한 제한은 "새로운 통찰"에 의해 전에는 보이지 않았지만 "우리가 자유의 의미를 배우면서" 점점 분명해진 "부당성"을 파악하게 된, 스스로의 "논리적인 판단"과 정확하게 일치한다. 진실은 오늘의 결정이 동성부부가 원하고 있기 때문에 결혼이 허락되어야 하고, 그들의 결혼권을 거부하는 것은 그들의 선택을 폄하하고 그들의 인간성을 깎아내린다는 다수의견 자신의 확신일 뿐이라는 것이다. 그 믿음이 도덕철학의 문제로 얼마나 유력하든지간에, 로크너 판결이 채택한 노골적인 정책 선호만큼 헌법상 근거가 없다. 198 U.S., 61("우리는 개인들이 최선이라고 생각하는 조건으로 노동계약을 체결하는 권리에 불법적으로 간섭하는 이 법을 승인하는 견해의 건전성을 믿지 않는다.")

다수의견은 이 사건들이 "법원에게 처음으로 기본권을 인정하고 보호하는 신중한 접근을 채택하도록 요청하는" 것은 아니라고 인정하고 있다. 그 점에 우리는 동의한다. 법원은 로크너 판결 시기의 완전한 실패 후 기본권을 인정하는데 신중한 접근을 하도록 요청받았다고 인정하였다. 오늘 다수의견은 신중함을 제쳐두고 그 시기의 심각한 잘못을 되풀이하고 있다.

다수의견이 불러 온 즉각적인 문제는 주가 두 사람의 결합이라는 결혼의 정의를 유지할 수 있는지이다. 비록 다수의견이 여러 군데에서 "둘"이라는 형용사를 임의로 쓰고 있지만, 남성-여성 요소가 사라진 반면 결혼의 핵심적인 정의인 두 사람이라는 요건이 유지되어야 하는 이유를 전혀 밝히지 않고 있다. 역사와 전통의 관점에서 볼 때, 이성결혼에서 동성결혼으로 뛰어 넘는 것은 두 사람의 결합으로부터 세상의 일부 문화에 깊은 뿌리를 갖고 있는 여러 사람의 결합으로 뛰어 넘는 것보다 더 엄청난 일이다. 만약 다수의견이 엄청난 도약을 하려고 한다면, 어떻게 해서 더 가까운 위치로 뛰지 않는지 알기 어렵다.

다수의견의 많은 논리가 중혼의 기본권 주장에 동등하게 적용될 수 있다는 것은 분명하다. 만약 "결혼하기를 원하고 스스로 뜻깊은 선택을 하려는 두 남성 또는 두 여성 사이의 결합에 존엄성이 존재한다면," 세 사람이 자율적으로 결혼을 하려는 뜻깊은 선택을 하는 관계에는 존엄성이 덜할 이유가 있는가? 만약 동성부부의 아이들이 가족이 다소 열등하다고 느끼는 수치를 겪게 되기 때문에 동성부부가 헌법상 결혼권을 갖는다면, 똑같은 논리가 아이들을 키우는 3명 이상의 가족에게도 적용되지 않는가? 만약 결혼할 기회를 갖지 못해서 남녀 동성 부부가 불명예와 굴욕을 느낀다면, 다중 관계를 맺는 사람들도 똑같은 고통을 겪지 않겠는가? Bennett, 다자간 사랑(Polyamory): 미래의 성적 혁명? 뉴스위크, 2009. 7. 28.(미국에 50만명의 다자연애가족이 있는 것으로 추정); Li, 결혼한 여성 동성애자 3인이 첫 아이를 기대, 뉴욕포스트, 2014. 4. 23.; Otter, 3명은 많지 않다: 다중결혼에 대한 헌법 권리, 64 Emory L. J. 1977 (2015).

나는 동성 부부의 결혼이 다중 결혼과 모든 면에서 같다고 보지 않는다. 다른 법률 해석이 필요한 차이가 있을 것이다. 그러나 만약 차이가 있다면 어떤 차이가 있는지 상고인들은 지적하지 않았다. 구두변론에서 다중 결혼에 대해 물었을 때, 상고인들은 주가 그러한 제도를 가지고 있지 않다고 말하였다. 그러나 그것이 정확한 요점이다. 이 사건에서도 주는 동성결혼 제도를 가지고 있지 않다.

4

다수의견은 마지막 부분에서 가장 명확한 견해를 밝히고 있다. 결혼이 동성 부부를 포함하는 것으로 확대하면서, "그들 스스로나 제3자에게 피해를 줄 위험이 없을 것"이라고 강조한다. 이 주장은 "이 사건 법이 안전, 도덕, 공공복지와 무관하고 공공의 이익은 그러한 행위에 의해 조금도 영향받지 않는다."는 로크너 판결의 반복이다. 198 U.S., 57.

그 때나 지금이나 이 "피해 원칙"은 법보다는 철학에서 더 논의된다. 법으로 표현한 제한을 넘는 개인의 완전한 자기완성에 대한 평가는 매력적인 도덕철학일 수도 있다. 그러나 대법관의 업무는 "적법 절차"로 위장하여 그러한 인식을 정당하게 부과하기에 충분한 특정 도덕, 철학, 또는 사회적 통찰을 동료 시민들에게 부여하지 않는다. 이러한 종류의 사안에 적절한 절차는 민주절차이다. 그러한 이해를 존중하여 법원은 특정한 사회사상이 아닌 법에 따라야 한다. 로크너 판결에서 홈즈 대법관의 반대의견을 되살려, 헨리 프렌들리 판사는 수정헌법 제14조는 허버츠 스펜서의 사회정학뿐만 아니라 존 스튜어트 밀의 자유론을 입법하지 않았다고 말한 적이 있다. 마찬가지로 그것은 결혼의 어떤 개념도 입법하지 않았다.

적법절차에 관한 다수의견의 이해는 앞으로 이 법원 구성원들에게 모호한 상상을 하게 할 것이다. 만약 모든 역사시대에 걸쳐 계속된 불변의 사회 제도가 사법의 정책 판단을 억제할 수 없다면 무엇이 가능하겠는가? 그러나 이러한 접근은 법의 지배에 위험하다. 열거되지 않는 기본권이 우리 국민의 역사와 전통에 뿌리를 갖고 있다고 강조하는 취지는 선출되지 않는 판사가 민주적으로 제정된 법을 폐기할 때 자신의 믿음 이상의 것을 바탕으로 해야 함을 보장하기 위해서다. 오늘 법원은 우리나라의 역사와 전통을 간과했을 뿐만 아니라 현세의 흥분된 시기에만 살려고 하는 것처럼 적극 이를 폐기했다. 나는 "우리가 자신의 시대에 늘 보지 못할 수도 있는 불공정성이 있다"는 다수의견에 동의한다. 상고인들의 말대로 시대는 눈이 멀 수 있다. 그러나 스스로 역사에 눈을 감는 것은 건방지고 어리석은 일이다.

Ⅲ

적법절차조항외에도 상고인들은 평등보호조항에 의해 주가 동성결혼을 인정하고 허가해야 한다고 주장한다. 다수의견은 이 청구를 심각하게 다루지 않는다. 솔직히 말하면 다수의견의 논리를 따르기 어렵다. 주된 요점은 평등보호조항과 적법절차조항 사이에 상승효과가 있고, 하나에 의존하는 선례는 다른 것에도 의존한다는 것 같다. 그러나 평등보호 사건을 결정하는 보통의 틀과 닮은 것에는 이러한 의견이 없다. "현대 연방대법원은 정부가 사용하는 분류가 추구하는 목적에 충분히 관련되어 있는지를 묻는 목적-수단 방법론을 사용하여 평등보호청구를 다룬다는 것"이 판례집이 정리한 이론이다. 스톤, 시드먼, 선스타인, 터쉬넷, 칼란, 헌법 453 (7판, 2013). 다수의견의 접근은 다르다.

"자유에 내포된 권리와 평등보호가 보장하는 권리는 다른 개념에 의존하고 있고 항상 공존하는 것은 아니지만, 어떤 경우에는 서로의 의미와 적용에 대해 유익할 수 있다. 한 조항이 더 정확하고 포괄적인 방식으로 권리의 본질을 파악하고 있다고 생각되는 특정 사건에서 두 조항은 권리의 확인과 정의에서 수렴될 수 있다."

다수의견은 결론적으로 평등보호조항이 판결의 또 다른 근거를 제공한다고 주장하고 있다. 그러나 다수의견은 어떻게 해서 평등보호조항이 독립적인 근거를 주는지를 설명하는 단 하나의 문장조차 덧붙이지 않았고, 헌법 문제를 필요이상으로 해결하는 것을 반대하는 규범을 불필요하게 위반하는 것을 정당화하려고 시도하지 않았다. Northwest Austin Municipal Util. Dist. No. One v. Holder, 557 U.S. 193, 197 (2009). 어떤 경우든 이성부부와 동성부부를 구분하는 것이 전통적인 결혼 제도를 보존하는 주의 정당한 이익과 합리적으로 관련이 있기 때문에, 이 사건 결혼법은 평등보호 조항을 침해하지 않았다. Lawrence, 539 U.S., 585 (오코너 대법관 동조의견)

상고인들이 다투고 있는 법을 정확하게 적어두는 것이 중요하다. 비록 그들이 병원 방문권과 공식 문서로 배우자의 지위 인정과 같은 결혼에 수반되는 법률상의 혜택을 논의하고 있지만, 상고인들의 소송은 구체적으로 혜택을 부여하는 법이 아니라 일반적으로 결혼을 정의하는 법을 대상으로 하고 있다. 내 견해로는 만약 유형적인 혜택을 거부하는 법에 더 초점을 맞추어 문제가 제기되었다면, 우리의 평등보호분석이 다를 수 있다. 물론 법원이 모든 주에게 동성 부부의 결혼을 인정하고 허락하도록 요구하는 급격한 조치를 취한 지금 그러한 세부적인 청구는 제기되지 않을 것이다.

Ⅳ

이 법원의 정당성은 궁극적으로 "판결에 부여되는 존중"에 있다. Republican Party of Minn. v. White, 536 U.S. 765, 793 (2002) (케네디 대법관 동조의견) 그 존중은 헌법과 법에 따라 사건을 결정할 때 우리가 겸손하고 자제한다는 인식과 현실로부터 나온다. 그러나 다수의견이 그리는 법원의 역할은 겸손이나 자제와 거리가 멀다. 다수의견은 사회 변화를 가져오는 사법부의 역할을 칭찬하고 있다. 다수의견에 따르면, 사회적 사안에 대한 "공식적인 담론"을 제공하고, "경멸하거나 비하하는 비판없이 중립적인 논의"를 보장하기 때문에, "새로운 세대에게 분명한… 자유의 새로운 차원을" 여는 책임은 국민이 아니라 법원에게 있다.

다수의견의 사법 우월성에 대한 과장된 개념은 동성결혼에 대한 공공의 토론을 설명하고 묵살하면서 분명히 드러났다. 다수의견은 지구상에서 삶을 일구어온 모든 사회의 수천년간 인류 역사가 한 편에 있다고 인정했다. 그러나 다른 한 편에는 "광범위한 소송," "많은 사려깊은 지방법원 판결," "수많은 연구, 논문, 책, 그리고 다른 유명하고 학문적인 글," "이러한 사건들에서 100건 이상의 법정조언자 서면들"이 있다. 민주 절차에 따르자는 쟁점은 어떻게 될 것인가? "우리 시대의 긴급한 사안으로 남아 있는 자유"에 대해 법조인 다섯 명의 "더 나은 이해"를 바탕으로, 법원이 결혼의 의미를 결정하고 있다. 답은 법정조언자들의 믿음이나 연구 중의 하나에 분명히 있다.

우리나라를 건국한 사람들은 사법부의 역할에 대한 다수의견의 개념을 인정하지 않을 것이다. 무엇보다도 그들은 스스로를 통치하는 귀중한 권리를 위해 목숨과 재산을 걸었다. 그들은 책임지지 않고 선출되지 않는 판사들에게 결코 사회정책문제에 관한 권한을 양보한다고 생각하지 않았을 것이다. 그리고 그들은 매우 광범위한 토론 후 정책판단을 한다면 그 정책판단을 무시하는 권한을 판사에게 주는 체제에 결코 만족하지 않았을 것임이 분명하다. 우리의 민주주의는 법원이 그들의 의지를 선언하기 전에 법의 내용에 관한 토론이 완결되었음을 확인하도록 요구하지 않는다. "헌법이 입법부나 행정부를 TV 퀴즈쇼의 참가자 지위에 두고, 주어진 시간이 지나고 문제를 풀지 못했을 때, 연방사법부가 버저를 울리고 다음 순서로 해결책을 만들도록 하지 않았다." 렌퀴스트, 살아있는 헌법 개념, 54 Texas L. Rev. 693, 700 (1976) 작년에 이 법원의 다수의견은 "유권자가 온당하고 합리적인 근거로 이 민감한 사안을 결정할 수 없다는 추정은 민주절차를 폄하하는 것이다" 라고 설명하였다. Schuette v. BAMN, 572 U.S. ____ (2014) (16, 17).

법원의 권한 증가는 진공상태에서 발생하지 않는다. 사람들이 비용을 치른다. 그리고 그들은 이를 알고 있다. 미국과 외국에서 사람들은 동성결혼에 관하여 진지하고 심사숙고하는 공공토론에 참여하고 있다. 그들은 유권자들이 동성결혼을 신중히 검토하는 것을 보고, 찬성 또는 반대로 투표하고 때때로 마음을 바꾸기도 한다. 그들은 정치지도자들이 자신들의 입장을 비슷하게 재검토하는 것을 보고, 방침을 바꾸기도 하거나 새롭게 확인한 오래된 신념을 고수하기로 한 이유를 설명한다. 그들은 정부와 산업계가 동성부부에 관한 정책과 실무를 수정하는 것을 보고 시민의 담론 형성에 적극 참여한다. 그들은 외국이 심오한 사회 변화를 극적으로 받아들이거나 거부하는 것을 본다. 이렇게 심사숙고하는 과정을 거쳐 사람들이 과거에는 문제로 여기지 않았던 문제를 진지하게 받아들인다.

민주적인 절차로 결정될 때, 일부 사람들은 결과에 대해 실망할 수 있다. 그러나 우리의 정치문화 전통 속에서는 승리하지 못한 견해를 가진 사람들은 적어도 그들이 발언권을 가졌고 따라서 공정하고 솔직한 토론의 결과를 받아들일 수밖에 없다는 것을 안다. 나아가 그들은 다시 생각하도록 충분히 설득할 수 있다는 희망을 갖고 나중에 문제를 제기할 준비를 할 수 있다.

그러나 법원은 오늘 모두를 중단시켰다. 헌법으로 이 문제를 결정함으로써, 법원은 이 문제를 민주적인 결정의 영역에서 제거해버렸다. 공적으로 매우 중요한 사안의 정치 절차를 중단시키는 결과가 된다. 토론을 막는 것은 마음을 막기 쉽다. 목소리가 거부된 사람들은 법원이 보통 결정하는 유형의 문제가 아닌 것 같은 사안에 대한 법원의 판단을 덜 받아들일 같다. 다른 사안에 관하여 생각이 깊은 학자는 다음과 같이 관찰하였다.

"정치 과정은 움직였다…, 빠르고 완전한 변화를 지지하는 사람들에게는 충분히 빠르지 않지만 다수결 제도는 듣고 있고 행동하고 있었다. 사법 개입은 정당하지 않고 충돌을 해결하기 보다는 일으킬 것 같다." 긴즈버그, 로 대 웨이드 판결과 관련하여 자치와 평등의 생각, 63 N.C. L. Rev. 375, 385-386 (1985) 오늘 동성결혼의 지지자들은 격려를 받겠지만, 그들은 동료 시민들에게 자신들 주장의 정당성을 설득하여 진정으로 받아들이도록 할 기회를 영원히 잃어버렸다. 그리고 그들은 변화의 바람이 그들의 등 뒤에서 불어올 때조차도 그 기회는 없다.

연방 법원은 권리를 창출할 때는 서툰 기구이다. 법원은 헌법상 구체적인 사건이나 논쟁을 해결하는 권한만을 갖고 있다. 법원에 오지 않는 당사자들의 관심사를 다루거나 새로운 권리의 행사로 인하여 발생하는 문제를 예상하기 위한 유연성을 입법기구만큼 갖고 있지 못하다. 예를 들면 오늘 결정은 종교의 자유에 관하여 심각한 문제를 낳는다. 많은 선량하고 괜찮은 사람들은 동성결혼을 교리상 반대하고 있고, 그들의 종교의 자유는 다수의견이 상상한 권리와 달리 헌법에 실제로 명시되어 있다.

진지한 종교 신념을 존중하여 동성결혼을 민주적으로 채택한 모든 주에서 유권자와 의원들은 종교 관습을 위한 타협안을 포함하였다. 물론 동성결혼을 허용한 다수의견은 그러한 여지를 남길 수 없다. 다수의견은 고맙게도 신앙인들은 그들의 결혼관을 "지지"하고 "가르칠" 수 있다고 말하였다. 그러나 수정헌법 제1조는 신앙의 자유를 보장하고 있다. 그것은 다수의견이 사용한 단어가 아니다.

신앙인이 새로운 동성결혼권과 충돌하는 방식-예컨대 종교대학이 결혼한 학생 기숙사를 이성부부에게만 제공할 때, 또는 종교입양기관이 아이들을 동성부부에게 맡기지 않을 때-으로 종교의 자유를 행사할 때, 어려운 문제가 발생한다. 송무차관은 만약 일부 종교 기관들이 동성결혼에 반대한다면 이들 기관의 세금 면제가 문제될 수 있다고 솔직하게 인정하였다. 이런 비슷한 문제들이 곧 이 법원 앞에 올 수 있음은 의문의 여지가 없다. 불행하게도 신앙인들은 오늘 다수의견으로부터 받은 대우가 불편할 수밖에 없다.

아마 오늘 판결의 가장 실망스러운 부분은 다수의견이 논쟁의 다른 부분에 있는 사람들을 모욕한 정도이다. 다수의견은 양심상 동성결혼을 받아들일 수 없는 사람들을 폄하할 의도는 없다는 형식적인 보증을 하고 있다. 그러나 다수의견이 결혼의 전통적인 정의를 법으로 성문화하는 "필연적인 결과"는 동성부부를 "비하하고 낙인찍는" 것이라는 바로 다음 문장과 어울리지 않는다. 다수의견은 그러한 설명을 반복하고 있다. 다수의견의 해석으로, 단지 우리의 모든 역사를 통해 존재했던 결혼에 대한 이해를 갖고 있던 미국인들-특히 결혼의 정의를 계속 유지하기로 재확인하는 투표를 한 수천만명-은 남성 또는 여성 동성애들을 "배제하고", "폄하하고", "멸시하고 복종시키고", "존엄성에 상처"를 주기 위해 행동한 것이 된다. 이러한 공정한 사람들의 인격에 대한 명시적인 공격은 사회와 법원에 영향을 미칠 것이다. (대법관 알리토 반대의견 참조) 나아가 그것들은 완전히 쓸데없는 일이다. 다수의견은 헌법이 동성결혼권을 보호하고 있다고 결론지었다. 다른 한 편으로 다수의견은 "더 제대로 된 이해"에 공감하지 못하는 사람들을 매우 속이 좁다고 묘사하고 있다.

이러한 모든 면을 고려할 때 법원 역할을 달리 보는 견해가 있을 수 있다. 그 견해는 더 온건하고 제한적이다. 판사들의 법률적인 능력이 도덕적이고 철학적인 사안에 통찰력을 발휘할 수 있는지 의심하고 있다. 판사들은 선출되지 않았고 책임지지 않고, 자신들 권한의 정당성은 법률 판단에 국한되었다는 사실에 더 민감하다. 대법관이 적정한 경계를 넘을 때 역사의 교훈, 나라와 연방대법원에 의미하는 바에 더 주의를 기울인다. 그리고 그 견해는 세계 사람들이 수천년간 특정한 방식으로 제도를 지켜 왔지만, 현재의 세대 및 대법원이 그 역사와 전통의 유대를 깨기 위해 선택되었다고 생각하는 것보다는 덜 가식적이다.

* * *

만약 당신의 성적 지향이 무엇이든 동성결혼의 확대를 지지하는 미국인중의 한 사람이라면, 오늘의 판결을 기념하라. 바라던 목적을 이뤘음을 축하하라. 배우자에게 약속하는 새로운 기회를 축하하라. 새로운 혜택을 받을 수 있음을 축하하라. 그러나 헌법을 기념하지 마라. 판결은 헌법과 아무 관련이 없다.

나는 정중히 반대한다.

[사 형 제]

14. 3단계 약물주사형의 사형집행과 잔인하고 비정상의 처벌을 금지하는 수정헌법 제8조

Glossip v. Gross
576 U.S. 863 (2015)

〈해 설〉

사형수인 상고인들은 오클라호마주가 시행하고 있는 3단계 약물주사형이 잔인하고 비정상적인 형벌을 금지하고 있는 수정헌법 제8조 위반이라고 다투고 있다. 3단계 약물주사형은 무의식상태로 이끄는 약물, 근육과 호흡을 멈추는 마비제, 심장마비를 일으키는 염화칼륨의 순서로 투여된다. 상고인들은 첫 번째로 투여되는 미다졸람이 2, 3번째로 투여되는 약물로 인한 커다란 고통을 막지 못한다고 주장하면서 임시금지명령를 신청하였다.

연방지방법원은 미다졸람의 사용으로 큰 고통을 받을 위험이 있음을 증명하지 못했고, 실질적인 고통의 위험이 적고 이용가능한 대체 집행방법을 밝히지 못했다는 이유로 신청을 기각하였다. 연방제10항소법원은 인용하였다.

법정의견은 임시금지명령을 받기 위해서는 본안의 승소개연성, 회복할 수 없는 피해 발생 우려, 형평에 따른 구제 필요성, 공익에 부합한다는 증명을 해야 한다고 하면서, 이 사건은 본안의 승소가능성에 달려 있다고 보았다. 항소법원 판결을 인용하는 이유로 상고인들이 고통의 위험이 더 적은 집행방법으로 알려져 있고 이용가능한 방법이 있음을 밝히지 못했고, 집행과정에서 다량의 미다졸람을 써도 극심한 고통이 생긴다는 사실을 입증하지 못했다고 인정한 것에 명백한 잘못이 없다고 결론 내렸다.

대법관 스칼리아는 대법관 브레이어의 반대의견에 대해 오판이나 자의적인 사형판결은 사형재판의 문제이지 사형제도 자체와는 관계가 없으며, 사형의 응보 및 범죄 억제 효과가 있다는 연구결과가 있고, 사형 폐지 여부는 국민과 입법부에 맡겨야 한다고 반론하였다.

대법관 브레이어는 오판에 따른 사형판결의 불신, 인종・성・지역 등의 영향에 따른 자의적인 사형판결, 지난해 사형집행에 평균 18년이 걸리는 등 가혹한 구금상태가 계속 되고 행형목적을 달성할 수 없게 되어 잔인한 결과가 되었다고 인정하였다. 또한 사형제를 폐지하는 주가 늘어나고 사형집행은 감소하여 사형 집행이 비정상이 되었으며, 가석방없는 종신형으로 대체될 수 있음을 종합할 때 사형제도가 수정헌법 제8조 위반이라는 반대의견을 작성하였다.

대법관 소토마요르는 기록상 미다졸람의 사용이 천장효과 등으로 헌법상 허용할 수 없는 큰 고통을 줄 위험이 있다는 증거가 분명하여 사실인정에 명백한 잘못이 있고, 상고인들이 이용가능하고 알려진 대체 집행 방법을 밝힐 의무가 없다는 반대의견을 작성하였다.[75)]

[대법관 알리토]

오클라호마주에서 사형을 선고받은 수감자들은 연방법원에 소송을 제기하고, 주가 사용하는 사용집행방법은 받아들일 수 없는 극심한 고통의 위험이 있기 때문에 수정헌법 제8조에 위반된다고 주장하고 있다. 그들은 현재 3단계 약물 중 처음 사용하는 미다졸람은 통증을 없애지 못한다고 주장한다. 지방법원은 증거심리 후 원고들이 미다졸람의 효과가 없다는 점을 증명하지 못했다고 인정하고 수감자 4명의 임시금지명령신청을 기각하였다. 연방제10항소법원은 미다졸람의 효능에 관한 지방법원의 사실인정을 받아들이고 인용하였다.

우리는 2가지 다른 이유로 인용한다. 첫째, 수정헌법 제8조의 집행방법에 관한 청구의 요건으로, 수감자들은 고통의 위험이 더 적은 집행방법이 알려져 있고 이용가능하다는 점을 밝히지 못했다. Baze v. Rees, 553 U.S. 35, 61 (2008) ("베이즈 판결"). 둘째, 오클라호마가 사형집행에 쓰는 다량의 미다졸람이 큰 고통을 일으킨다는 점을 수감자들이 입증하지 못했다는 지방법원의 판단에 명백한 잘못이 없다.

I

A

사형은 헌법 및 권리장전의 제정 당시에 인정된 처벌이었다. 그 시기에 사형은

75) 대법관 알리토가 판결문을 작성하고 대법원장 로버츠, 대법관 스칼리아, 케네디, 토마스가 참여하였다. 대법관 스칼리아가 동조의견을 작성하고 대법관 토마스가 참여하였다. 대법관 토마스가 동조의견을 작성하고 대법관 스칼리아가 참여하였다. 대법관 브레이어가 반대의견을 작성하고 대법관 긴즈버그가 참여하였다. 대법관 소토마요르가 반대의견을 작성하고 대법관 긴즈버그, 브레이어, 케이건이 참여하였다.

대개 교수형으로 집행되었다. 미국의 사형제 : 현재의 논쟁 4(1997). 교수형은 19세기에 대부분 표준적인 집행방법이었지만, 후반에 바뀌기 시작하였다. 1880년대 뉴욕주 의회는 "사형판결을 집행하는 가장 인간적이고 실용적인 방법을 현대 과학에서" 찾는 위원회를 구성하였다. 위원회는 전기형을 추천하였고, 주의회는 1888년 전기형을 채택하는 법을 제정하였다. 이어서 다른 주들도 "전기형이 교수형보다는 고통이 덜하고 더 인간적이라는 믿음"으로 뉴욕의 사례를 따랐다. 베이즈 판결 42 (Malloy v. South Carolina, 237 U.S. 180, 185 (1915) 인용)

1921년 네바다주의회는 가스형이 "현대 과학에서는 가장 인간적인 방법"이라고 결론내린 후 새로운 집행방법으로 채택하였다. 네바다 대법원은 독가스 사용이 위헌이라는 주장을 배척하였고, 다른 주들도 네바다의 사례를 따랐다. [주의 입법례 인용 생략]. 그럼에도 교수형과 총살형은 일부 주에 남아 있었고, 전기형은 Gregg v. Georgia, 428 U.S. 153 (1976) ("그레그 판결")이 폐기할 때까지 널리 사용되던 집행 방법이었다.

그레그 판결이 사형제가 헌법에 위반되지 않는다고 재확인한 후, 일부 주들은 다시 사형을 집행할 좀 더 인간적인 방법을 찾기 시작하였다. 그들은 결국 "그 때까지 미국에서 가장 많이 사용하던 집행방법"인 독극물 주입방식을 채택하였다. 오클라호마는 1977년에 독극물주사법을 채택하였고, 다음 3가지 종류의 약물을 사용하는 방식으로 확정되었다. (1) "독극물 주사법에 사용되는 양을 주입했을 때, 깊은 무의식 상태로 빠지도록 빠르게 작용하는" 티오펜탈 나트륨("티오펜탈"), (2) "모든 근육과 뼈의 움직임 및 호흡을 멈추는" 마비제, (3) "심장의 수축을 자극하는 전기신호에 개입하여 심장마비를 일으키는" 염화칼륨. 베이즈 판결, 44; 피상고인 서면 9 참조. 2008년까지 독극물 주입법을 사용하는 36개 주 중 30개 주가 3단계 약물 주입방식을 사용하였다.

집행방법이 바뀌는 동안, "이 법원은 주가 선택한 사형집행절차를 잔인하고 비정상적인 형벌로 무효로 한 적은 없었다." Wilkerson v. Utah, 99 U.S. 130, 134-135 (1879) ("윌커슨 판결")에서 법원은 총살형을 승인하였다. In re Kemmler, 447-449 (1890) 판결에서 법원은 전기의자의 사용에 대한 이의제기를 받아들이지 않았다. 그리고 법원은 전기형을 집행하는 1차 시도가 실패한 사건에서도 그 판단을 유지하였다. 가장 최근에 베이즈 판결 판결에서 7명의 대법관들은 방금 언급한 3단계 약물주입법이 수정헌법 제8조를 위반하지 않았다는데 찬성하였다.

이 분야에서 우리의 선례는 사형의 합헌성은 확립되어 있기 때문에, "사형을 집행하는 합헌적인 방식도 반드시 있어야 한다."는 인식을 가지고 있었다. 그리고 일부 고통받을 위험은 어떤 집행방법에도 있을 수 있기 때문에, 우리는 헌법이 모든 고통의 위험을 없애는 것을 요구하지 않는다고 판결했다. 무엇보다 거의 모든 사람들은 고통없는 죽음을 바라지만, 그런 행운이 없는 사람도 많다. 수정헌법 제8조가 모든 고통의 제거를 요구한다는 판결은 결국 사형을 금지하는 결과가 된다.

B

베이즈 판결은 빠르고 고통없는 방식으로 사형을 집행하는 가장 일반적인 3단계 약물 주입방식의 사용에 법적인 장애가 없다는 점을 분명히 했다. 그러나 사형반대활동가들이 사형집행에 사용되는 약을 공급하지 못하도록 제약회사에 압력을 넣으면서 실무적인 장애물이 나타났다. 표준 3단계 약물 주입법에서 처음 사용되는 티오펜탈을 미국에서 유일하게 생산하는 회사는 결국 생산을 중단하였다. 2009년에 미국 내 생산을 중단한 회사는 이탈리아에서 다시 생산하는 계획을 세웠다. 코펠, 사형집행약물 생산중단이 의사들을 화나게 하다. 월스트리트저널, 2011. 1. 15. A6. 그러자 활동가들은 회사와 이탈리아 정부에 압력을 가하여 미국에서 독극물주입에 사용되는 티오펜탈의 판매를 중단하도록 했다. 그 노력이 성공을 거두었고, 2011년 1월 회사는 티오펜탈 생산을 아예 멈추겠다고 발표하였다.

티오펜탈을 구하려는 노력이 실패한 후, 주들은 대안을 찾았고 다른 종류의 마취제인 펜토바르비탈로 대체하였다. 오클라호마는 2010. 12. 처음으로 펜토바르비탈을 이용하여 사형을 집행하였다. 사형이 사고없이 집행되었고, 주들은 티오펜탈이 떨어지자 점차 펜토바르비탈로 바꾸었다. 펜토바르비탈은 2012년에 집행된 43건의 사형에서 모두 사용되었다고 알려졌다. 사형기구, 2012년 집행목록, 온라인 자료(2015. 6. 26.에 접속한 인터넷 자료는 사건기록에 첨부되어 있다.). 상고인들은 펜토바르비탈이 티오펜탈과 마찬가지로 2번째와 3번째 단계의 약물이 일으키는 고통을 느끼지 못하는 혼수상태에 확실히 빠트리고 유지해 줄 수 있다고 인정한다. 그리고 법원은 사형집행에서 펜토바르비탈의 이용이 수정헌법 제8조를 위반하지 않았다고 판결해왔다. (인용 판결 생략)

그러나 오래지 않아 펜토바르비탈도 사용할 수 없게 되었다. 사형반대 활동가들이 덴마크 제조회사에게 사형집행에 사용하는 용도로는 약을 팔지 말도록 설득하였다. 그 회사는 사형제에 반대하였고 미국에서 사형집행에 사용하는 용도로 펜토바르비탈의 판매를 막는 조치를 취하였다. 스타인, 미국에서 사형제의 새로운 걸림돌, 워싱턴 포스트 2011. 7. 3. A4, 오클라호마는 어떤 방법으로도 약을 얻을 수 없는 지경이 되었다. 지방법원은 오클라호마가 이제는 티오펜탈과 펜토바르비탈을 사용할 수 없게 되었다고 인정하였다.

C

티오펜탈이나 펜코바르비탈을 얻을 수 없게 된 일부 주들은 신경안정제 종류의 마취제인 미다졸람에 눈을 돌렸다. 2013. 10. 플로리다는 처음으로 3단계 약물주입법의 일부로 펜토바르비탈 대신에 미다졸람을 사용하였다. 페르난데스, 주들이 다른 약을 구하면서 사형집행 지연, 뉴욕타임즈, 2013. 11. 9. A1. 현재까지 플로리다는 미다졸람에 이어 마비제와 염화칼륨을 투여하는 방법을 사용하여 11건의 사형을 집행하였다. 2014년 오클라호마도 펜토바르비탈 대신에 미다졸람을 사용하였다. 오클라호마는 2014. 4. 클레이튼 라켓과 2015. 1. 찰스 워너(워너는 이 사건 신청인 4명 중 한 명이다)의 사형을 집행하면서, 이미 이 3단계 약물 주입법을 2번 사용하였다.

라켓의 사형집행 때 오클라호마가 약물주입법의 일부로 새로운 안전조치를 이행할 필요가 생겼다. 오클라호마가 라켓의 사형을 집행했을 때, 지금의 500밀리그램과 달리 100밀리그램의 미다졸람을 사용하도록 되어 있었다. 사형집행날 아침에, 라켓은 팔 부분을 다쳤다. 그 날 저녁, 집행팀은 팔과 몸을 포함하여 라켓의 심혈관계에 정맥주사주입구를 만들기 위해 12번을 시도하면서 거의 1시간을 보냈다. 집행팀은 라켓의 오른쪽 넓적다리 정맥 주사 주입구를 만들고, 집행하는 동안에 라켓의 존엄성을 보존하기 위해 주입구를 종이 한 장으로 덮었다. 집행팀이 미다졸람을 투입하고 의사가 라켓이 무의식상태가 되었다고 결정한 후, 집행팀은 마비제와 대부분의 염화칼륨을 투입하였다. 라켓은 움직이고 말하기 시작했고, 그 때 의사는 종이를 들고 정맥주사가 스며들었다고 판단하였다. 즉 주사액이 라켓의 혈관으로 들어가지 않고 주입구 부근의 조직으로 새나갔다. Warner v. Gross, 776 F. 3d 721, 725 (연방제10항소법원 2015). 집행팀은 나머지 염화칼륨의 투입을 멈추고 미다졸람이 투입되고 33분 후 쯤 집행을 끝냈다. 10분 뒤 라켓은 사망했다고 발표되었다.

라켓에 대한 사형 집행을 조사한 결과 "정맥 주입구 확보가능성이 약물집행의 어려움이 일으키는 유일하고도 가장 큰 요인이었다."는 결론이 나왔다. 5개월이 걸린 조사는 오클라호마 사형집행 방법에 대해 몇 가지 수정을 권장하였고 오클라호마는 새로운 방법을 채택하여 2014. 9. 30.부터 시행하였다. 그 방법은 오클라호마 교정당국이 4가지 유형의 약물의 조합 중에 선택하도록 하였다. 오클라호마가 상고인들의 사형을 집행하기 위해 쓰려던 방법은 500밀리그램의 미다졸람을 투여하고 이어서 마비제와 염화칼륨 투여이다. 마비제는 3가지 종류가 있는데 이 사건의 목적상 기능이 같다는 점은 다툼이 없다. 약물주입법은 사형수가 마비제와 염화칼륨의 집행으로 나타나는 고통에 무감각해지는 것을 보장하는 절차적인 안전책을 포함하고 있다. 그 안전책은 다음과 같다. (1) 원래 및 예비의 주사용 관의 삽입, (2) 주입의 성공가능성 확인 절차, (3) 만약 주입지점이 1시간 내에 확보될 수 없다면 연기 가능, (4) 첫째와 둘째 약물 투입 사이에 중지 의무, (5) 심전계 사용과 육안 검사를 포함하여 사형수의 의식을 조사하는 여러 절차, (6) 집행팀을 훈련하고 준비하는 자세한 조항. 올해 1월 오클라호마는 이 개정된 절차와 미다졸람, 마비제, 염화칼륨의 조합을 사용하여 워너의 사형을 집행하였다.

II

A

오클라호마가 펜토바르비탈에서 미다졸람으로 바꾼 후 2014. 6. 21명의 오클라호마 사형수들이 42 U.S.C. §1983에 의해 주의 새로운 약물주입법에 이의를 제기하면서 소송을 걸었다. 그들은 미다졸람의 사용은 잔인하고 비정상적인 처벌을 금지하는 수정헌법 제8조를 위반하였다고 주장하였다. 원고들 중 4명-리챠드 글로십, 벤자민 콜, 존 그랜트, 워너-은 2014. 11. 임시금지명령을 신청하였다. 오클라호마 배심원들은 4명 모두 살인죄의 유죄를 인정하고 사형을 선고하였다. 글로십은 저스틴 스니드를 고용하여 고용주 트리세를 죽였다. 스니드는 트리세가 잠든 방에 들어가 야구방망이로 때려 죽였다. 콜은 아홉 달된 딸이 울음을 멈추지 않자 허리를 부러뜨려 죽였다. 딸이 죽은 후 콜은 비디오 게임을 했다. 그랜트는

130년형을 사는 동안, 교도소음식담당관인 카터를 대걸레 자루로 여러 차례 찔러서 죽였다. 워너는 11달된 여자아이를 강간하고 죽였다. 피해자는 두개골이 2군데 부서지고, 내손상을 입었으며, 턱이 2군데 부러지고, 간과 내장, 폐 손상을 입었다. (판결 인용 생략)

오클라호마 형사대법원은 4명에 대해 살인죄의 유죄와 사형판결을 인용하였다. 4명은 주의 재심과 연방 인신보호 구제를 신청했으나 성공하지 못했다. 유죄와 양형에 대한 이의제기를 모두 마친 후에 오클라호마의 약물주사방법에 대한 임시금지명령을 신청하였다.

B

2014. 12. 증거개시 후 지방법원은 임시금지명령신청에 대하여 3일간 증거심리를 하였다. 지방법원은 증인 17명의 증언을 들었고 수많은 증거를 검토하였다. 마취과 의사인 루바스키와 약학박사인 사시치는 상고인들을 위하여 미다졸람에 관하여 전문가증언을 하였고, 약학박사인 에반스는 피상고인들을 위하여 전문가증언을 하였다.

증거를 검토한 후 지방법원은 임시금지명령신청을 기각하는 구두결정을 하였다. 먼저 지방법원은 에반스 박사의 증언을 기초로 상고인들의 이의를 받아들이지 않았다. 법원은 오번 약학대학 학장인 에반스가 미다졸람의 성질을 증언할 자격이 충분하였고 믿을만한 증언을 하였다고 결론 내렸다. 그리고 나서 법원은 미다졸람 사용이 수정헌법 제8조를 위반하였다고 인정받을 가능성을 상고인들이 증명하지 못했다고 판결했다. 법원은 이 결론을 위해 2가지 이유를 밝혔다. 첫째, 상고인들이 주의 집행방법보다 고통의 위험이 실질적으로 적은 집행방법이 알려져 있고 이용할 수 있다는 점을 밝히지 못하였다고 판결했다. 둘째, 상고인들이 오클라호마의 방법이 "심한 질병과 불필요한 고통을 일으켜 객관적으로 참을 수 없는 피해를 야기할 것이 분명하다는 위험이 있다."는 점을 상고인들이 증명하지 못했다고 인정했다. 법원은 오클라호마의 방법이 2군데 정맥주사주입구, 그 위치의 성공가능성 확인, 그리고 절차 내내 사형수의 의식 상태 점검을 포함하여 많은 안전대책을 갖고 있다고 강조하였다.

지방법원은 미다졸람에 관한 사실인정으로 그 결론을 뒷받침하였다. 법원은 500밀리그램의 미다졸람은 "어떤 사람도 2번째와 3번째 약을 주입할 때 발생할 수 있는 유독한 자극에 무감각해지는 충분한 수준의 무의식상태를 거의 확실하게 보장해준다."고 인정했다. 법원은 500밀리그램의 약만으로도 30분 또는 1시간 내에 호흡정지로 숨질 수 있다고 인정하였다.

연방제10항소법원은 지방법원 판결을 인용하였다. 항소법원은 베이즈 판결에 따라 "알려지고 이용가능한 대안과 비교했을 때" 집행방법이 보여주는 심각한 고통의 위험이 실질적이라는 점을 약물주입법에 이의를 제기하는 원고가 증명해야 한다고 설명하였다. 상고인들이 그러한 대안을 밝히지 못했다는 지방법원의 판결에 동의하였다. 항소법원은 또한 상고인들이 미다졸람의 사용이 심각한 고통을 일으킬 위험이 있음을 밝히지 못했다는 점을 추가하였다. 항소법원은 에반스 박사의 증언을 근거로 한 지방법원의 판단에 재량권 남용이 없다고 인정했다. 그리고 미다졸람에 대한 지방법원의 사실인정에 명백한 잘못은 없다고 결론지었다. 에반스 박사 증언에 오류가 있다는 주장만으로 그의 증언이 믿을 수 없거나 지방법원의 사실인정이 명백히 잘못되었다고 볼 수 없다고 하였다.

오클라호마는 2015. 1. 15. 워너의 사형을 집행하였지만, 우리는 재심리를 하기로 하였고 이 사건 판결시까지 글로십, 콜, 그랜트의 사형 집행을 정지하였다.

III

"임시금지명령을 신청하는 원고는 본안재판의 승소개연성, 임시구제가 없으면 회복할 수 없는 피해 발생 우려, 형평의 균형이 그에게 기울고, 금지명령이 공공의 이익이라는 점을 증명하여야 한다." Winter v. Natural Resources Defense Council, Inc., 555 U.S. 7, 20 (2008). 이 사건은 상고인들이 본안재판의 승소개연성을 증명할 수 있느냐에 달려 있다는데 당사자 사이에 다툼이 없다.

수정헌법 제14조를 통해서 주에게 적용되는 수정헌법 제8조는 "잔인하고 비정상적인 처벌"을 금지하고 있다. 베이즈 판결은 사형수가 수정헌법 제8조의 집행방법에 관한 청구에서 승소하기 위해 증명해야 하는 내용을 정리하였다. 베이즈 판결은 켄터키의 사형수들이 티오펜탈, 판큐로늄, 염화칼륨의 3단계 약물주입법에 이의를 제기한 사건이다. 사형수들은 티오펜탈이 2차 및 3차 약물이 일으키는 고통을 느끼지 못하게 하기 때문에, 그 방법이 적정하게 집행된다면 인간적이고 헌법에 합치되는 집행이 될 것이라고 인정하였다. 553 U.S., 49. 그러나 그들은 티오펜탈이 적정하게 집행되지 않을 위험이 있어서 받아들일 수 없다고 주장하였다. 또한 만약 켄터키가 한 가지 약물만으로 집행하고 전문가가 추가로 점검한다면, 심각한 피해가 발생한 위험은 없을 것이라고 주장하였다.

베이즈 판결은 먼저 사형수는 "심각한 질병과 불필요한 고통을 일으킬 것이 거의 확실하고, 즉각적인 위험이 충분히 발생할" 위험이 있음을 증명하지 않는 한, 집행방법에 대한 다툼은 성공할 수 없을 것이라고 결론 내렸다. 50 (Helling v. McKinney, 509 U.S. 25, 33, 34-35 (1993) 인용) 청구에서 승소하기 위해서는, 교도관들이 수정헌법 제8조의 의미에서 주관적으로 책임이 없다고 항변하지 못할 정도로 "심각한 피해가 발생할 실질적인 위험과 객관적으로 참을 수 없는 피해 발생 위험이 있어야 한다." 553 U.S., 50 (Farmer v. Brennan, 511 U.S. 825, 846, 주 9 (1994) 인용) 또한 베이즈 판결은 사형수가 "조금 또는 더 안전한 대안을 제시하는 것만으로는 집행방법에 대한 이의제기는 성공할 수 없다"고 판시하였다. 553 U.S., 51. 대신에 사형수는 "이용가능하고, 쉽게 집행되며, 심각한 고통을 느끼는 실질적인 위험을 상당히 줄이는" 대안을 밝혀야 한다. 52.

베이즈 판결은 수정헌법 제8조에 따른 집행방법 청구에 관한 요건을 다음과 같이 요약하였다. "주의 약물주입법이 심각한 고통 발생 위험을 낳는다는 점을 사형수가 입증하지 못하면, 집행 정지는 이 사건 주장과 같은 이유로 허용되지 않을 것이다. 그리고 그는 알려지고 이용가능한 대안과 비교했을 때 그 위험이 실질적이라는 점을 증명해야 한다." 61. 그래서 상고인들이 오클라호마의 약물주입법이 심각한 고통의 발생 위험을 야기하고, 알려지고 이용가능한 대안과 비교했을 때 그 위험이 실질적이라는 점을 증명해야 한다.

베이즈 사건에서는 켄터키 사형수들이 위험이 실질적이고 급박하다는 점을 밝히지 못했고, 알려지고 이용가능한 대안으로 위험이 매우 적은 집행방법이 있다는 점을 증명하지 못했기 때문에 패소하였다. 이 사건 상고인들의 주장도 비슷한 이유로 받아들일 수 없다. 첫째, 상고인들은 집행방법으로 알려지고 이용가능한 대안과 비교했을 때 미다졸람이 드러낸 위험이 실질적이라는 점을 증명하지 못했다. 둘째, 미다졸람의 사용이 심각한 고통과 통증을 일으키지 않을 것이라고 인정한 지방법원의 판단에 명백한 잘못은 있다는 점을 증명하지 못했다. 우리는 이 유를 차례로 살펴본다.

IV

항소법원 판결을 인용하는 첫째 이유는 상고인들이 집행방법으로 알려지고 이용가능한 대안과 비교했을 때 피해 위험이 실질적이라는 점을 증명하는 책임을 다하지 못했다는 것이다. 상고인들은 주가 약물 1회 주입법으로 티오펜탈을 사용할 수 있다고 제안하였다. 그들은 오클라호마가 펜토바르비탈을 사용하는 것도 합헌일 거라고 제안하였다. 그러나 지방법원은 오클라호마 교정당국이 티오펜탈이나 펜토바르비탈을 얻을 수 없다고 인정하였다. 항소법원은 그 사실인정을 받아들였고, 거기에 명백한 잘못은 없다. 기록상 오클라호마가 선의의 노력을 해도 그 약물을 입수할 수 없다는 사실이 나타나 있다.

상고인들은 이러한 사실인정을 심각하게 다투지 않고 있고, 오클라호마가 입수할 수 없는 약물 대신에 사용될 수 있는 약물이나 이용가능한 약물을 밝히지 못하였다. 또한 그들은 고통받을 위험이 너무 커서 다른 수용가능하고 이용가능한 방법이 사용되어야 한다는 점을 증명하지 못했다. 그들은 위험이 적다고 알려지고 이용가능한 집행방법을 밝힐 필요가 없다고 주장하고 있다. 그러나 이 주장은 법원이 지금 따라야 할 요건을 정한 베이즈 판결에 맞지 않는다.

상고인들은 집행방법의 대안을 밝히라는 요건이 베이즈 판결 이전의 Hill v. McDonough, 547 U.S. 573 (2006) ("힐 판결")과 모순된다고 주장하고 있으나, 그 판결을 오해하고 있다. 그들이 기대고 있는 힐 판결의 의견은 민사절차에 관한 것이고, 수정헌법 제8조의 문제가 아니다. 힐 판결의 쟁점은 집행방법에 대해 인신보호영장 신청 또는 §1983에 따른 민사청구로 제소할 수 있느냐였다. 우리는 집행방법에 관한 청구는 유죄나 사형의 유효성을 다투지 않기 때문에 §1983에 의해 제소되어야 한다고 판결했다. 정부는 참고서면에서 사형수가 특정한 집행방법이 아니라 사형 자체를 다투기 위해 §1983의 사용을 금지하는 특별요건을 채택하여야 한다고 주장하였다. 이를 위해서 정부는 집행방법에 관하여 청구하기 위해서는 사형수가 집행방법으로 수용가능한 대안을 제시해야 한다고 주장하였다. 우리는 그 주장을 받아들이지 않았는데, "특정 요건은 연방민사소송규칙이 요구하는 것이고, 일반적으로 연방법원이 사건별로 결정하는 것은 아니다." 그래서 힐 판결은 §1983만으로는 강화된 제소요건이 필요하지 않다고 판결하였다. 반면에 베이즈 판결은 수정헌법 제8조의 집행방법에 관한 청구의 실질적인 요소를 다루었고, 수정헌법 제8조의 취지상 사형수가 알려지고 이용가능한 대안을 제시하고 증명하여야 한다는 점을 명백히 하였다. 상고인들이 이를 이행하지 못했기 때문에 지방법원이 수정헌법 제8조 청구의 승소개연성이 없다고 판결한 것은 타당하다.

사형수에게 대안을 밝히도록 요구하는 것에 반대하는 대법관 소토마요르 반대의견과 사형제가 위헌이라는 대법관 브레이어의 견해 사이에 많은 거리가 있다. 대법관 소토마요르는 반대의견에서 주가 약물주입법의 출현이전에 사용한 집행방법 중의 하나를 사용한다면 수정헌법 제8조 위반이라고 한다. 설령 윌커슨 판결에서 법원이 총살형이 합헌이라고 판결했고, 위 반대의견의 말로 하면 "상대적으로 빠르고 고통이 적다고 생각되는 이유가 있다"고 해도 마찬가지다. 주가 약물주입법으로 바꾸기 전에 대부분 사용하였던 집행방법(전기의자와 가스실)에 대해서는 침묵하면서, 위 반대의견은 "이전 과거 시대로 권한을 넘기는 것으로 비칠 수 있는" 방법의 사용은 위헌이라고 암시하고 있다. 만약 주가 과거에 사용되었던 "더 원시적인" 방법으로 돌아갈 수 없다면 그리고 위 반대의견의 승인조건을 충족할 수 있는 약을 사형집행에 사용할 수 없다면, 논리적인 결론은 분명하다. 그러나 우리는 되풀이하여 사형이 그 자체로는 위헌이 아니라고 재확인했다. [인용 판례 생략] 우리는 이 판결들의 취소를 바라지 않는다.

V

우리는 또한 두 번째 이유로도 인용한다. 지방법원이 미다졸람은 집행과정에서 고통을 느낄 수 없게 할 가능성이 매우 높다고 인정했을 때, 명백한 잘못을 저지르지 않았다. 우리는 분석을 시작하면서 4가지 요점을 강조한다.

첫째, 우리는 "명백한 잘못"기준을 존중하여 지방법원의 사실인정을 검토한다. 이 기준에 따라 우리는 "사건을 달리 결정하였을 것이라고 확신한다는 이유만으로" 사실인정을 번복하지 않는다. Anderson v. Bessemer City, 470 U.S. 564, 573 (1985).

둘째, 상고인들은 이 쟁점에 관하여 설득할 책임을 진다. 비록 상고인들이 에반스 박사 증언의 지엽적인 부분을 공격하기 위해 많은 노력을 했지만, 중요한 내용, 즉 그들이 지방법원에 제출한 증거가 미다졸람의 사용으로 불필요한 고통을 확실히 주거나 줄 가능성이 높다는 점을 밝혔다는 사실을 증명하려고 하지 않았다.

셋째, 많은 법원은 미다졸람을 3단계 주입법의 첫 번째 약으로 사용하면 마비제와 염화칼륨의 주입으로 발생하는 고통을 느끼지 못하게 된다고 결론 내렸다. [인용 판례 생략]. "항소법원이 1심 법원의 사실 인정을 심사하고 인용했을 때, 이 법원은 두 법원의 동일한 사실인정을 가볍게 뒤집지 않는다." Easley v. Cromartie, 532 U.S. 234, 242 (2001). 우리는 이 사건처럼 다수의 하급법원이 같은 결론에 이르렀을 때 그 사실인정을 더욱 존중한다. Exxon Co., U.S. A. v. Sofec, Inc., 517 U.S. 830, 841 (1996) (이 법원은 "매우 명백하고 예외적인 잘못의 증명이 없으면 두 하급법원이 일치하여 인정한 사실을 심사할 책임이 없다"고 설명).

넷째, 약물주입법에 대한 다툼은 연방법원의 권한과 역량의 경계를 시험하고 있다. 비록 약물주입법이 수정헌법 제8조를 위반한다면, 우리가 무효를 선언해야 하지만, 연방법원은 "그들의 전문지식을 넘어서 진행 중인 과학 논쟁에 휘말려서는" 안된다. 베이즈 판결 51. 따라서 집행방법에 이의를 제기하는 사형수는 법원에 제출된 증거를 바탕으로 심각한 고통을 받을 실질적인 위험이 있다는 점을 밝힐 책임이 있다.

A

상고인들은 2가지 이유를 들어 지방법원의 사실인정에 이의를 제기하고 있다. 첫째, 그들은 미다졸람이 무의식 상태를 일으킬 정도로 강력하다 해도, 2번째 및 3번째 약이 주입되면 고통에 둔감한 무의식과 무감각한 상태를 유지하기에는 너무 약하다고 주장한다. 둘째, 그들은 미다졸람 500밀리그램의 양이 보통의 치료량보다 훨씬 많다고 인정하지만. 미다졸람이 "천장 효과(ceiling effect)", 즉 일정한 수준에서 약물을 증가해도 사형수에게 더 큰 효과를 일으키지 않을 것이기 때문에 이 사실은 관계가 없다고 주장한다. 어느 주장도 옳지 않다.

지방법원은 미다졸람은 "2, 3번째 약을 주입했을 때 일어날 수 있는 유독 작용을 극복하는 충분한 의식불명 상태를" 만들 수 있다고 인정하였다. 이 결론에 뚜렷한 잘못은 없다. 피상고인 증인 에반스 박사는 미다졸람 500밀리그램을 적정하게 주입하면 오클라호마 방법에서 사용되는 "2,3단계 약물을 주입할 때 일어날 수 있는 유독 작용을 극복하는 충분한 의식불명 상태에" 이른다는 것이 "거의 확실"할 것이라고 증언하였다. 그리고 상고인들의 전문가들도 그와 반대되는 과학적인 증거를 가지고 있지 않다고 인정하였다.

사시치 박사는 증거부족을 설명하면서, "약의 효능이 없다든지 안전하지 않다든지를 증명하는 책임이 나나 식약청에게 있지 않다"고 증언하였다. 사시치 박사는 약물주입법에 도전하는 당사자가 짊어지는 기준과 치료약을 승인받기 위해 제약회사가 져야 하는 기준을 혼동하였다. 집행방법이 주법에 따라 허용되었을 때, 이것이 수정헌법 제8조를 위반하였다고 주장하는 당사자는 그 방법이 받아들일 수 없는 고통의 위험을 낳는다는 점을 밝힐 책임이 있다. 상고인들의 전문가도 다툼이 없을 정도로 이를 증명할 수 있는 증거가 부족하다고 인정하였다.

상고인들은 피상고인들의 전문가를 비판함으로써 이러한 흠결을 모면하려고 한다. 그들은 지방법원이 에반스 박사가 훨씬 적은 양의 치료용 미다졸람 연구로부터 추론한 결과임을 인정하였기 때문에 그의 증언을 믿어서는 안된다고 주장한다. 그러나 500밀리그램은 치료 목적으로 사용된 적이 없기 때문에 추론이 합리적이었다. 그리고 상고인들 전문가들의 결론도 추론과 가정에 바탕을 두고 있다. 예를 들면 루바스키 박사는 "천장효과 자료로 추정"하였다.

우리는 당사자들이 지방법원에 제출한 증거를 토대로 판결을 인용해야 한다. 양쪽의 증언은 미다졸람이 고통에 무감각해지도록 한다는 지방법원의 결론을 뒷받침하고 있다. 에반스 박사는 미다졸람이 진통제는 아니지만, 이어지는 절차에서 사람을 무의식과 무감각으로 이끌 수 있다고 증언하였다. 사시치 박사는 천장효과에 관하여 미다졸람의 양이 늘어나면, 진정작용, 기억상실, 마지막으로 고통과 같은 자극에 반응을 보이지 않을 것으로(무의식상태) 예상된다고 동의했다. 상고인들은 미다졸람이 2, 3번째 약물을 투입한 후 고통에 무감각한 상태를 유지하는데 충분할 만큼 강력하지 않다고 주장하지만, 에반스 박사는 그 반대로 믿을만한 증언을 하였다. 미다졸람의 적은 양으로 무의식을 초래하기에 충분하고 어떤 의료 수술에서는 가끔 무의식상태를 만들기 위한 유일한 약으로 사용되기도 한다. 예를 들면 사시치 박사는 미다졸람이 내시경 검사와 같은 의료 절차에 사용될 수 있다고 인정하였다.

상고인들은 미다졸람이 고통스런 수술에서 사용되는 유일한 마취제로 추천되거나 승인된 것은 아니라고 강조하나, 이것이 결정적이지 않은 2가지 이유가 있다. 첫째, 지방법원은 500밀리그램이 "미다졸람의 정상적인 치료용보다 수십배 많다."고 인정했다. 미다졸람의 적은 양은 500밀리그램 효과에 비해서 최소한의 효과만 있다. 둘째, 마다졸람의 적은 양이 수술을 하는 동안 무의식상태를 유지하는데 최선의 약이 아니라는 사실은 500밀리그램의 미다졸람이 사형집행목적상 헌법적으로 적절하는가의 문제와 거의 관련이 없다. 우리는 베이즈 판결에서 의료 치료 기준에 따르면 수술하는 동안 혈압계와 심전도의 사용이 요구된다고 하더라도, 수정헌법 제8조 심사를 통과하기 위해 사형집행에 이것들이 요구되지 않는다고 인정하였다.

오클라호마는 미다졸람이 올바로 집행되었음을 보증하기 위한 중요한 안전장치를 채택하였다. 지방법원은 특별히 3가지 요건을 강조하였다. 즉 집행팀이 주된 그리고 보조의 주입구를 확보하고, 그 주입구를 통한 실행가능성을 확인하며, 사형수의 의식 상태를 계속 점검해야 한다. 이러한 안전장치가 미다졸람이 바라는 대로 작동되지 않았을 경우에 일어날 수 있는 위험을 최소화하는데 도움이 된다는 지방법원의 결론에 명백한 잘못은 없다. 오클라호마가 채택한 많은 안전장치가 베이즈 판결의 반대의견이 켄터키 집행방법에는 없다고 지적한 것들을 반영하고 있다. 예를 들면 반대의견은 2번째 약을 주입하기 전에 의식상태를 확인하면 끔찍한 고통의 위험을 줄일 수 있기 때문에, 켄터키가 그 조치를 취하지 않은 것은 위헌이라고 주장하였다. 반대의견은 켄터키가 첫째 약물의 효과를 확인하지 않았거나, 첫째 약물과 2번째 약물 사이에 중단시간이 있다고 지적하였다. 오클라호마는 이러한 걱정을 모두 받아들였다.

B

상고인들은 미다졸람의 "천장효과"가 오클라호마의 다량 사용 효과에 관한 지방법원의 사실인정이 잘못되었음을 보여준다고 주장한다. 상고인들은 미다졸람의 양을 늘려도 효과가 없는 "천장"을 갖고 있다고 주장한다. 그 결과 500밀리그램이 약 5밀리그램의 치료용보다 더 큰 효과를 갖고 있다는 가정은 잘못이라고 한다. 그러나 미다졸람이 그러한 천장을 갖고 있다는 사실이 결정적일 수 없다. 사시치 박사는 "모든 약은 본래 천장효과를 갖고 있다"고 증언하였다. 여기서 관련 문제는 미다졸람의 천장효과가 500밀리그램 수준 이하에서 일어나는지, 그리고 2, 3번째 약물이 일으킨 고통에 무감각하게 하는 효과를 어느 지점에서 잃는지이다.

상고인들은 이 점에서 증거를 거의 제시하지 못했고, 지방법원에 낸 추측성 증거로는 법원의 사실인정이 명백히 잘못이라고 밝히기에는 부족하다. 사시치 박사는 전문가보고서에서 미다졸람이 천장효과를 갖고 있다는 자료가 있지만, 천장효과를 시험한 자료가 없기 때문에 의식불명에 관한 천장효과를 일으키는 미다졸람의 양을 판단할 수 없었다고 인정했다. 루바스키 박사의 보고서도 비슷했고, 상고인들 전문가들의 증언도 더 이상 설득력이 없었다. 사시치 박사는 천장효과가 나타나는 미다졸람의 양이 어느 정도인지를 시험하는 연구를 했지만 그 양을 확인할 수 없었다고 인정하였다. 상고인들 주장에 가장 근접한 것은 약 40-50밀리그램을 투입한 후 천장효과가 일어난다는 루바스키 박사의 의견이었다. 그러나 그는 관련된 계산을 실제 하지 않았고 어느 분량에서 천장효과가 일어나는지 정확하게 말할 수 없다고 인정했다. (인용 자료 생략) 우리는 그러한 추측성 증거를 바탕으로 2, 3번째 약물 투입으로 일으킨 고통에 무감각하게 해주는 미다졸람의 효능을 부정하는 천장효과를 인정하지 않은 지방법원이 명백히 잘못했다고 결론내릴 수 없다.

대법관 소토마요르 반대의견은 천장효과를 길게 설시하고 있지만, 상고인들이 천장효과가 일어나는 분량 또는 그 효과가 고통에 무감각해지기 전에 일어나는지에 관하여 설득력 있는 증거를 냈는지에 관한 언급을 애써 피하고 있다. 위 반대의견은 고통에 무감각해질 수 있는 양이 존재하지 않는다면 그러한 증거는 관련이 없다고 말하면서 이 중요한 논점을 회피하고 있다. 그러나 지방법원은 에반스 박사로부터 약이 고통에 무감각해질 수 있다는 증거를 확인하였다. 사시치 박사(상고인들쪽 전문가)도 미다졸람이 더 많이 투여되면 고통과 같은 자극에 반응하지 않을 것이라고 증언하였다.

상고인들은 에반스 박사의 증언을 비판함으로써 미다졸람의 천장효과에 관한 입증실패로부터 주의를 돌리려고 한다. 그러나 오클라호마 집행방법에서 사용된 500밀리그램 이하의 양과 고통에 무감각해지도록 하는데 실패한 양에서 미다졸람의 천장효과가 발생하였다는 점을 증명할 책임은 상고인들에게 있다. 그 책임을 다하지 못한 그들의 비판이 에반스 박사의 핵심 요점이자 지방법원이 신뢰하였던 사실, 즉 적정하게 투여된 500밀리그램의 미다졸람이 고통을 느끼지 못한다는 사실을 흔들지 못한다.

상고인들은 미다졸람의 천장 효과를 낳은 생물학적인 절차와 관련하여 에반스 박사의 증언과 루바스키 박사의 진술서 사이의 분명한 모순을 지적하고 있다. 그러나 루바스키 박사의 진술서가 옳다고 해도, 대부분 요점을 벗어났다. 중요한 것은 천장효과가 일어나는 분량이지, 효과를 낳는 생물학적인 절차가 아니다. 그리고 루바스키 박사의 진술서가 그 중요한 쟁점에 대해 지방법원의 사실인정에 명백한 잘못이 있다고 밝혀주지 않는다.

C

상고인들의 미다졸람에 대한 나머지 주장은 모두 이유가 없다. 첫째, 에반스 박사의 증언이 보고서에 열거된 일부 자료들 때문에 배척되어야 한다는 상고인들의 주장은 받아들일 수 없다. 상고인들은 에반스 박사가 그의 전문가보고서에서 인용한 2가지 "선택된 자료", 즉 웹사이트 drU.S.com과 미다졸람에 관한 물질안전자료대장(MSDS)을 비판하고 있다. 상고인들의 주장은 지방법원의 사실인정이 명백히 잘못이라는 주장보다는 에반스 박사의 증언에 대한 Daubert 판결에 관련된 이의를 제기하고 있다. 지방법원은 에반스 박사가 전문가 증언을 할 자격이 충분하고 그의 증언은 이 사건의 사실관계에 믿을만하게 적용되는 방법과 믿을만한 원리의 결과라고 결론지었다. 에반스 박사 증언의 신뢰성에 관하여는, 그의 증언이 믿을만한 근거에 기초하였다는 지방법원의 결론을 "재량권 남용" 기준에 따라 검토해야 한다. General Elec. Co. v. Joiner, 522 U.S. 136, 142-143 (1997). 에반스 박사는 다양한 근거와 자신의 전문성에 의존하고 있고, 하나의 근거(drU.S.com)가 "의학 자문용"이 아니라고 경고하고 있고, 다른 자료(MSDS)의 정보가 "정확성에 관하여 명시적이든 묵시적이든 보장하지 않고서" 제공되었다고 밝히고 있다는 이유만으로 에반스의 증언이 부적격이라고 볼 수 없다. 당사자들이 모두 의존하고 있는 의학저널도 비슷한 면책내용을 갖고 있다. (인용 근거 생략) 상고인들의 전문가인 루바스키 박사는 미다졸람이 천장효과를 갖고 있다고 주장하기 위해 MSDS를 인용하였다. 그리고 상고인들은 에반스 박사가 인용한 drU.S.com으로부터 부정확한 내용을 밝히지 않았다. 사실상 사시치 박사가 에반스 박사의 drU.S.com 인용을 비판하는 진술서를 항소법원에 제출했다 해도, 그 진술서는 웹사이트의 미다졸람 내용이 실질적으로 부정확하다는 사실을 하나도 밝히지 못했다.

둘째, 상고인들은 에반스 박사의 전문가 보고서가 수학적인 잘못을 담고 있다고 주장하고 있지만, 우리는 이 주장이 중요하지 않다고 본다. 에반스 박사는 전문가 보고서에서 MSDS에 따르면 죽음에 이르는 미다졸람의 최소량은 정맥주사로 들어가는 0.071밀리그램이라고 말하였다. 특히 그는 치명적인 결과는 0.04와 0.07밀리그램 사이의 량에서 일어난다고 증언하였고, 그에 관한 에반스 박사의 증언은 (그러한 치명적인 결과는 나이든 사람들에게서 일어난다고 추가했지만) 진실이라고 말하였다. 우리는 상고인들이 에반스 박사의 증언과 0.071밀리그램이 치명적인 미다졸람의 양이라는 상고인들(전문가)의 보고서를 다투는 것을 이해하지 못한다. 상고인들은 에반스 박사의 보고서에 붙은 MSDS에 오타가 있고 가장 적은 유독량으로 71밀리그램이라고 적은 사실을 중시하고 있다. 에반스 박사가 부정확한 수치를 반복하지 않고 정확한 양을 적었다는 것은 증언의 신뢰성을 오히려 높여준다. 지방법원은 MSDS의 수치에 근거하지 않는다고 명백하게 판시하였기 때문에 어느 경우든 MSDS에서의 오류는 관련없다.

셋째, 상고인들은 4개의 주(오클라호마, 아리조나, 플로리다, 오하이오)만이 미다졸람을 집행에서 사용하고 있기 때문에 미다졸람의 효능과 관련하여 주들 사이에 의견이 일치되어 있지 않다고 주장한다. 상고인들은 베이즈 판결에서 과반수 미달 다수의견이 "실제 널리 사용되고 있을 때 실무관행이 객관적으로 받아들일 수 없는 것으로 여기기는 어렵다"는 판시내용에 의존하고 있다. 그리고 36개 주들이 약물주입법을 채택하였고 30개 주들이 그 사건에서 논란이 된 특정한 3가지 약물주입법을 사용하였다는 사실을 강조한 위 다수의견도 인용하고 있다. 그러나 베이즈 판결에서 논란이 된 특정한 집행방법을 거의 전국에서 쓰고 있다는 점이 이 방법이 수정헌법 제8조를 위반하지 않았다는 결론을 지지하였지만, 우리는 다른 집행방법의 합헌성이 의심스럽다고 말하지 않았다. 그 주장이 받아들여진다면 새로운 그리고 더 인간적인 집행방법의 채택을 방해할 것이고 주들이 적정한 약물로 변경하지 못하게 될 것이다.

넷째, 상고인들은 오클라호마가 라켓의 사형을 집행할 때와 아리조나가 2014. 7. 우드의 사형을 집행할 때의 어려움은 미다졸람이 심각한 고통을 일으키는 것이 분명하거나 매우 가능성이 높다는 점을 증명하고 있다고 주장한다. 설득력이 없는 주장이다. 라켓집행은 제쳐두고, 12명의 다른 사형수들은 이 사건의 3단계 약물주입법을 사용하여 집행되었고, 별다른 문제없이 집행된 듯하다. 나아가 라켓은 100밀리그램의 미다졸람만을 투여했고, 오클라호마가 집행과정을 조사한 결과, 집행팀이 주입구를 확보하지 못한 것이 주된 원인이었다. 그리고 우드 집행은 이 사건의 집행방법과 관련이 없다. 우드에게 1차례 500밀리그램의 미다졸람만을 투여하지 않았다. 그에게 2시간에 걸쳐 15번 50밀리그램씩 투여되었다. 피상고인 서면 12 주 9. 그리고 아리조나는 미다졸람과 이 사건의 쟁점이 아닌 마약성 진통제의 2가지 약물투입법을 사용하였다. 모든 상황을 고려할 때, 라켓과 우드의 집행은 이 사건과 거의 관련이 없다.

마지막으로 우리의 의견이 사형수들을 "거열형으로 집행하고, 천천히 고문해서 죽이거나 실제 화형에 처하는 것"의 허용이나 마찬가지라는 대법관 소토마요르 반대의견의 근거없는 주장에 답변한다. 그것은 단순히 사실이 아닐뿐더러, 위 반대의견의 이러한 이상한 표현은 법적인 논리가 허약함을 드러낸다.

VI

연방제10항소법원의 판결을 인용한다.

[대법관 스칼리아 동조의견]

나는 법정의견에 참여하고, 법원이 사형을 폐지하여야 한다는 대법관 브레이어의 의견과 관련하여 별도로 의견을 쓴다.

낯익은 장면이다. 상고인들은 (11살 어린이를 강간하고 살인한 상고인의 사건을 포함하여) 자신들이 저지른 범행으로 사형이 선고되었다. 그들은 사형이 수정헌법 제8조의 "잔인하고 비정상적"인 형벌이어서 위헌이라고 주장하면서 상고하였다. 상고인들이 유일하게 기댈 수 있는 조항이 위 헌법조항이다. 주는 그들을 살인으로 기소하였다. 그들은 변호사의 도움을 받았고, 유죄인지, 그리고 사형이 적절한 양형인지를 결정하는 두 차례의 배심 재판을 받았다. 그들은 유죄판결을 받아 사형을 받았다. 그들은 항소할 권리를 행사하였고, 주법원과 연방법원에서 확정판결 이후 구제신청을 하였다. 그리고 이제 확정판결을 더 이상 다툴 수 없게 되자 우리에게 구명을 요청하고 있다.

반응도 낯이 익다. 목소리 큰 소수의견이 머리위로 최신 사형폐지론자의 연구자료를 마치 세익스피어의 잃어버린 책자를 발견한 듯이 흔들면서, 마침내 지금 사형제가 영원히 사라져야 한다고 외치고 있다. 미국 역사에서 이 법원이 사형제가 허용될 수 없다고 말한 적은 한 번도 없다. 그 이유는 뚜렷하다. 헌법이 명확히 예상하고 있는데 위헌이라고 판결할 수 없기 때문이다. 수정헌법 제5조는 "누구든지 대배심의 고발이나 기소가 없으면… 사형에 해당하는 죄로 처벌받지 않는다."라고 규정하고 있다. 그리고 누구든지 "적법절차에 의하지 않고… 생명을 박탈당하지" 않는다고 규정하고 있다. 그럼에도 불구하고 대법관 브레이어는 오랫동안 방송되는 드라마에서 폐지론자의 역할을 맡아서, 헌법의 문언과 2세기의 역사가 "이 법원의 20년 경험"에 양보해야 하고 사형이 계속 허용될 수 있는지를 충분히 설명해 달라고 요청하고 있다.

역사적으로 수정헌법 제8조는 허용되는 사형선고에 "공포, 고통, 모욕"을 더하는 처벌을 금지한다고 이해되었다. 베이즈 판결 96 (대법관 토마스 동조의견). 이렇게 번거롭게 자세히 들어가지 않고, 대법관 브레이어는 헌법 문언을 일그러뜨리려고 한다. "잔인한"의 뜻을 "신뢰할 수 없는", "자의적인", "지나친 지연"으로, "비정상"의 뜻을 "사용 감소"로 다시 정의하면서, 의미 있는 법률 주장이 들어 있지 않은 백서를 내놓고 있다.

수정헌법 제8조를 재정의한 대법관 브레이어의 의견을 받아들인다 해도, 그의 주장은 내부 모순과 이해하기 힘든 말로 가득 차 있다. 그는 사형이 신뢰할 수 없기 때문에 잔인하다고 말한다. 그러나 처벌이 아니라 유죄판결을 신뢰할 수 없다. 또한 사형 사건에서 오판의 위험을 높인다는 압력, 곧 "경찰, 검사, 배심에 대한 유죄선고를 받아내라는 압력"은 범죄의 속성에서 나오지, 범행에 이은 처벌에서 나오지 않는다. 대법관 브레이어는 이를 알고 있다. "사형 사건의 범죄는 전형적으로 끔찍한 살인사건이어서 공동체의 거센 압력이 뒤따른다." 끔찍한 사형 사건이 끔찍한 가석방없는 종신형 사건으로 바뀐다 해도, 압력과 오판의 위험은 마찬가지로 있다. 현실은 어느 억울한 피고인이라면 무기징역형보다 사형에 상소하는 편이 훨씬 낫다(대법관 브레이어는 법원이나 주지사는 사형선고를 받은 피고인을 방면할 가능성이 130배 더 높다고 인정). 사형수들은 사형폐지단체로부터 무제한의 법률상 도움(그리고 폐지론을 지지하는 판사들의 우호적인 법리)을 얻는 반면에 종신형을 받은 사람은 감옥에서 눈에 띄지 않고 시들어간다.

다음으로 대법관 브레이어는 사형이 자의적이기 때문에 자의적이라고 말한다. 이를 증명하기 위해 205개 사건에서 메트릭스 시스템으로 살인범 행위의 흉악성을 측정하고, 사형에 처해진 피고인 9명의 행위와 사형이 처해지지 않은 196건 사건 피고인들의 행위를 비교하여 그 정도를 알아 본 연구를 가리키고 있다. 흉악성은 평가할 수 있는 빠르고도 굳건한 법칙이 거의 없는 도덕 판단이다. 더 중요하게 범죄의 흉악성은 책임성, 갱생 가능성, 범죄억제필요성을 포함하여 적절한 처벌을 결정하는 여러 요인들 중의 하나일 뿐이다. 이 법원이 일부 흉악성 검사를 공식처럼 적용하기 보다는 모든 양형 상황을 따로 따로 고려하도록 한 이유이다.

우리는 이 문제가 여러 사정에 따라 다르고 쉬운 문제가 아님을 인정하고 배심원들에게 범죄와 사람을 판단하도록 하고 있다. 이 판단이 사건마다 다를 수 있다는 사실은 영미 사법절차의 토대인 배심재판의 불가피한 결과이다. 그러나 사람을 죽이면 사형에 처해진다와 같은 법에 따른 처벌일 때, 어떤 범인이 체포되지 않고, 재판받지 않았다거나, 무죄판결받거나 사면되었다는 사실 때문에 사형이 "잔인"해지지 않듯이 어떤 피고인들이 배심재판에서 감형을 받았다는 사실로 인하여 사형이 "잔인"해지지 않는다.

대법관 브레이어는 사형이 잔인하다는 3번째 이유로 사형 집행이 지연되어 (1) 오랫동안 사형수명부에 남아 있고, (2) 사형제부과의 형벌 정당성이 무너지고 있다고 한다. (1)의 이유는 말이 안된다. 가석방없는 종신형은 사형수명부에서 기다리는 기간보다 더 길다. 그리고 만약 사형수명부가 더 나쁜 상황이라면 사형을 폐지하기보다는 상황 개선이 해결책이다. 집행지연이 사형이라는 형벌의 정당성을 무너뜨린다는 주장을 보자면, "사형의 대안으로 가석방없는 종신형도 사회에서 영원히 격리한다"고 우기는데, 대법관 브레이어는 이 사건 원고들 중 한 명은 감옥에 있을 때 살인을 저질러 사형판결을 받았다는 사실을 잊고 있다. 대법관 브레이어는 또한 "현재의 사형제가 갖고 있는 응보 법익이 무엇이든, 그 법익은 가석방없는 종신형으로 달성될 수 있다"고 주장하고 있다. 만약 사형이 그렇게 엄한 처벌이 아니라면(그래서 응보효과가 더 크지 않다면), 그가 그렇게 없애려고 하는 이유는 무엇인가? 모두 존중한다 해도 사형과 종신형이 같은 응보효과가 있는

지는 사법부의 역량을 넘는 문제이다. 아마 대법관 브레이어는 칸트처럼 죽음만이 살인에 대한 정당한 처벌이라 믿는 사람들보다 더 관용적이고 계몽되었나 보다. 나는 아이들을 끔찍하게 죽인 범행으로 삶이 영원히 바뀌어 버린 부모들에게 종신형이 충분한 처벌이라고 주제넘게 말하지 않으련다.

그리고 마지막으로 대법관 브레이어는 사형의 범죄억제효과가 있을지 의문이라고 추측하고 있다. 내가 보기에는 억제효과가 있을 것 같고, 그렇게 보는 통계 연구도 있다. (인용 자료 생략) 그러나 우리 연방 판사들은 많은 미국인들이 사는 곳과 다른 곳에 산다. 우리는 은퇴하고 조용한 지역의 집이나 경비원이 문을 지키는 고층 아파트에서 산다. 우리는 미국인들이 일상생활에서 늘 겪는 폭력의 위협을 느끼지 않는다. 사형의 범죄억제효과가 크지 않다는 말은 사형이 필요하다고 생각하는 사람들에게 내가 보기에 "빵이 없으면 케이크를 먹으라"[76]고 말하는 것과 같다. 어느 정도의 억제효과가 적절한 지는 국민들이 결정한다.

물론 집행 지연은 법원이 스스로 만든 문제이다. 대법관 브레이어는 160년 이상 사형은 평균 2년 이내에 집행되었다고 인정하고 있다. 그러나 2014년에 사형을 집행하는데 평균 18년이 걸렸다고 한다. 그 사이에 무슨 일이 있었나? 이 법원이 수정헌법 제8조를 해석하면서 "성숙한 사회의 발전을 보여주는 진화하는 품위의 기준"을 알아내는 권한을 갖고 있다고 선언하고 복잡한 제한을 더했기 때문이다. Trop v. Dulles, 356 U.S. 86, 101 (1958) (복수의견) ("트롭 판결"). 그러나 우리가 잘 할 수 없는 일이다. 대법관 브레이어는 이 행진에서 지휘대장이다. 그는 사형폐지의 근거로 집행지연을 들었는데, 부모를 죽인 죄로 사형을 선고받은 사람이 고아라는 이유로 자비를 요청한 사건을 떠올리게 한다. 그는 초현실적인 주장을 퍼트리면서 이제 사형이 비정상이라고 결론내리기 위해 많은 주들이 사형을 포기했고, 정확히는 미심쩍은 판결 때문에 생기는 비용 때문에 포기한 사실을 들고 있다.

만약 우리가 대법관 브레이어가 만들 길을 걸어가며 사형제의 합헌성을 다시 살펴본다면, 나는 대리인들도 트롭 판결부터 시작하여 수정헌법 제8조의 역사적인 이해를 포기한 우리의 선례들이 번복되어야 하는지 의견을 밝히도록 요청하고 싶다. 그 판결은 우리 법이론, 우리 연방제도, 우리 사회에 다른 어떤 것보다 더

---

76) 옮긴이 주) 파리 시민들이 먹을 빵을 구하지 못해 굶주리고 있다는 말을 듣고 마리 앙투아네트가 한 말이라고 전해지나 실제 그런 말을 한 적은 없다고 한다. 현실을 모른다는 뜻이다.

큰 피해를 입혔다. 이 법원이 "진화하는 품위의 기준"을 인정할 능력을 갖고 있다는 트롭 판결의 가정을 반박하는 살아 있는 사례가 대법관 브레이어의 반대의견이다. 인민들은 여러 차례 가장 중한 범죄를 사형으로 처벌하는데 찬성하였다. 이 법원도 그 결정을 승인하였다. 이 법원은 소수의견은 큰 목소리로 상황이 빠르게 바뀌었다고 하면서, 스스로의 품위 기준으로 인민들의 판단을 대체하려고 하고 있다.

사형은 철학자, 신학자, 정치가들이 수천년 동안 붙들고 고심한 도덕적인 문제이다. 우리 헌법의 기초자들도 의견이 맞지 않았다. 그래서 다른 논쟁적인 문제들을 다룰 때처럼 이 문제를 인민들이 결정하도록 하였다. 그 결정을 뒤집기 위해 권한을 남용하면서 대법관 브레이어는 사형만을 배척하지 않고 계몽사상도 배척하고 있다.

[대법관 브레이어 반대의견]

니는 대법관 소토마요르의 의견에 기재된 이유로 법원 판결에 반대한다. 그러나 사형제의 법적인 문제를 한 번에 하나씩 땜질하기 보다는, 나는 더 기본 문제인 사형제가 헌법에 위반되는지를 알아보려고 한다.

관련 법적인 기준은 수정헌법 제8조에 설정되어 있다. 그 조항은 "잔혹하고 비정상적인 처벌"을 금지하고 있다. 법원은 "처벌이 지나치다는 주장은 1685년 제프리 경이 피의 순회재판을 주재했던 1685년의 기준이나 권리장전이 채택되었을 때의 기준이 아니라 현재 지배적인 기준으로 판단되어야 한다."고 인정했다. Atkins v. Virginia, 536 U.S. 304, 311 (2002). 헌법은 블랙스톤 시절에 행해졌던 섬뜩하고 다양한 처벌을 금지하고 있다. 4 블랙스톤, 영국법 해설 369-370 (1769) (신체 절단, 능지처참을 열거).

거의 40년 전에 이 법원은 처벌이 자의적이지 않고 믿을 수 있게 적용된다는 것을 보장하는 충분한 안전책을 가지고 있는 법에 따른 사형을 승인하였다. [판례 인용 부분 생략] 사형제를 적용하는 상황과 증거는 그 이후 빠르게 변하였다. 나는 지금 문제를 다시 검토할 때라고 믿는다.

법원은 1976년에 사형제가 가진 헌법 흠결은 치유될 수 있다고 생각하였다. 법원은 결과적으로 그러한 헌법 문제를 제거하는 절차를 발전시키는 책임을 주에게 맡겼다. 그러나 거의 40년간의 연구, 조사, 그리고 경험을 볼 때 이러한 시도는 실패임을 강하게 시사한다. 오늘날 사형의 집행은 헌법상 3가지 기본 결함이 있다. (1) 심각한 불신, (2) 자의적인 적용, (3) 사형의 행형 목적을 약화시키는 부당한 지연. 아마도 그 결과 (4) 미국 내 대부분의 지역에서 사형을 포기하였다.

나는 지난 40년간 일어난 변화를 강조하면서 이러한 관심사를 각각 설명한다. 이 법원에서 20년간 내 경험과 함께 그러한 변화를 볼 때, 나는 이제 사형제 그 자체가 "잔혹하고 비정상적인 처벌"이 되었다고 믿게 되었다.

I

"잔혹한" - 신뢰의 부족

이 법원은 돌이킬 수 없는 죽음이 다른 형사처벌(무기징역을 포함)과는 "질적인 차이"를 낳는다고 밝혔다. Wood-son, 428 U.S., 305 (복수의견). 그 "질적인 차이"가 "특정한 사건에서 사형이 적절한 처벌이라는 결정을 믿을만하다는 요건이 있어야 한다는 차이"를 낳는다. 그러나 지금 적용되는 사형이 그와 같이 필요한 신뢰성이 부족하다는 증거가 늘어나고 있다. Kansas v. Marsh, 548 U.S. 163, 207-211 (2006) (대법관 수터 반대의견) (DNA 면책이 사형의 합헌성을 검토할 때 "새로운 사실"로 작용한다).

우선 오래 전에 일어난 범죄의 집행을 둘러싼 상황을 조사하는 어려움에도 불구하고, 연구자들은 과거 30년간 무고한 사람들이 처형되었다는 확실한 증거를 발견하였다. 리브만, 치명적 불의; 드누너의 처형은 빠르고, 값싼 사형제가 위험한 생각임을 보여준다. 엘에이 타임즈, 2012. 6. 1. A19(4년간 조사한 사실들이 편의점에서 사람을 찔러 죽인 죄로 텍사스에서 붙잡혀 사형에 처해졌고 1989년에 집행된 드누너가 무죄라는 결론에 이른 사실 설명, 2014년에 책으로 발간됨); 그랜, 방화재판: 텍사스가 죄없는 사람을 처형했는가? 뉴요커, 2009. 9. 7. 42(세 아이를 죽인 집의 화재 장면을 과학적으로 분석한 결과가 타당하지 않음에도 윌링햄이 세 아이를 이유없이 죽인 죄로 유죄판결을 받고 2004년에 처형된 증거를 설명). 보도자료(2011. 1. 7.), 주지사의 1930년대 사건에서 뒤늦은 사과(콜로라도 주지사는 1936년에 처형된 지능지수 46인 23살의 아리디가 무죄임을 밝혀주는 많은 증거가 있다는 이유로 조건없이 사과하였다. 그 증거로는 거짓 및 강요된 자백, 아리디가 살인사건이 일어났을 때 푸에블로에 있지 않을 가능성, 다른 사람이 자백한 사실 등이 있었다); 와든, 콜린스의 주검이 살아나다: 소설, 사건, 잘못된 유죄판결 157-158 (2005) (네브라스카 주지사 밥 커레이는 1세기 전에 카메런을 죽인 죄로 처형된 매리언에게 사과했다. 피해자라는 카메런은 나중에 살아서 나타났는데, 마지못한 결혼을 피하기 위해 멕시코로 도망갔었다).

또한 (집행이 되었든 아니든) 사형이 잘못 선고되었다는 증거는 뚜렷하게 있다. 2002년에 이 법원은 사형에 처해졌다가 나중에 면책된 사례를 설명하기 위해 "방해하는"이라는 낱말을 썼다. 그 때까지 사형사건에서 약 60건의 면책 증거가 있었다. Atkins, 536 U.S., 320, 주 25; 전국면책등록, http://www.law.umich.edU.S.ecial/exoneration/Pages/about.aspx(인터넷 자료는 2015. 6. 25.에 입수하였고 사건기록에 보존되어 있다) (나는 피고인이 무죄라는 새로운 증거가 나타난 후 검사, 주지사, 법원의 결정을 통하여 사형판결의 모든 법적 결과로부터 면제되는 것을 가리키기 위해 "면책(exoneration)"이라는 말을 쓴다). 2002년 이래 사형 사건에서 면책된 사건은 115건에 이른다. 작년인 2014년에는 6명이 실제 무죄라는 이유로 면책되었다. 방면될 때 모두 30년 이상(한 사람은 거의 40년 이상) 감옥에 있었다. (인용 자료 생략)

작년에 면책된 세 남자의 사건을 보자. DNA증거는 맥콜럼이 사형선고를 받은 강간과 살인죄를 저지르지 않았다고 밝혀주었다. 켓츠와 엑홀름, DNA증거가 1983년의 살인죄에서 두 남자의 혐의를 벗겨주었다. 뉴욕타임즈 2014. 9. 3. A1. 지난 개정기에 이 법원은 살인죄로 유죄판결을 받은 힌튼이 주법원에서 추가 심리를 받아야 한다고 명령하였고, 그는 올해초 범죄과학증거가 흠이 있다는 이유로 면책되었다. Hinton v. Alabama, 571 U.S. ___ (2014); 블린더, 사형수로 30년간 살았던 앨라바마 남자가 자유를 찾았다. 뉴욕타임즈 2014. 4. 4. A11. 그리고 살인죄로 유죄판결을 받은 글렌 포드가 면책되었을 때, 검사는 심지어 "이 사건이 심리되었을 때, 포드의 혐의를 벗겨줄 증거가 있었다"고 인정하였다. 스트라우드 검사는 사형수로 만든 일에 대해 사과하다. 슈레브포트 타임즈, 2015. 3. 27. 3명의 남자들은 방면되기 전에 사형수로 30년을 지냈다. 나는 이 사례를 나중에 다시 언급하겠다.

또한 면책은 다른 형사처벌보다도 사형판결이 문제일 때 더 자주 일어난다. 연구자들은 사형판결의 경우에 법원(또는 주지사)이 130배 이상 더 피고인을 면책시킨다고 계산해냈다. 사형에 해당되는 살인이 다른 살인보다 9배 더 면책되는 것 같다.

그것은 왜 그런가? 사형사건에 적용되는 법이 더 복잡하기 때문임은 분명하다. 법원이 사형사건을 더 엄밀하게 심리한다는 사실도 반영되어 있다. 애초에 유죄판결이 잘못되었을 가능성이 더 크다는 점도 있다. 어떻게 그럴까? 이 분야에서 연구한 연구자들의 견해로는 사형사건의 범죄가 전형적으로 끔찍한 살인사건이고, 공동체가 경찰, 검사, 배심원들에게 강력하게 압력을 가하여 유죄판결을 내리도록 요구하기 때문에 그럴 수 있다고 한다. 이 압력은 억울한 사람에게 유죄판결을 할 가능성을 높이게 된다. [다른 사건과 비교해서 사형수로부터 면책된 사람들에 대한 경찰수사 기간이 더 짧은 경향에 관한 자료, 잘못된 유죄 판결의 원인으로 허위 자백과 위증, 교도소내의 거짓 정보, 효과없는 변론 등에 관한 자료 인용 생략]

예를 들면 무죄의 가능성에도 불구하고 형이 집행된, 위에서 본 윌링햄 사건에서 텍사스 변호사협회는 최근에 윌링햄의 유죄판결을 초래한 그의 행동과 관련하여 검사의 직권남용을 공식적으로 고발하였다. 포슬리, 사형사건에서 직권남용으로 고발된 검사, 워싱턴포스트, 2015. 3. 19. A3. 그리고 글렌 포드 사건에서 검사는 잘못된 유죄판결에 자신이 일부 책임이 있다고 인정하고, 유죄판결 당시 "정의보다는 재판에서 승리하는데 더 관심을 가졌다"고 말하면서 포드에게 공개 사과하였다.

다른 요소들도 역할을 한다. 하나는 사형 평결 실무이다. 사형을 선고하지 않으려고 한다면 누구도 배심원으로 참여할 수 없다. [50년 이상 경험에 따른 조사를 보면 사형 평결할 수 있는 자격은 배심원들을 유죄와 사형쪽으로 왜곡한다는 자료 인용 생략].

더 일반적인 문제로는 과학수사의 결함이다. 예를 들면 연방수사국(FBI)은 최근에 결함이 있는 현미경 모발분석이 사형 사건 35건 중 33건의 심리에서 사용되었다고 인정하였다. [연방수사국의 2015. 4. 20. 보도자료 및 워싱턴포스트 기사 인용 생략].

이 것을 포함하여 여러 가지 요소를 검토한 후 연구자들은 사형이 선고된 사건의 4% 가량이 실제 무죄일 것이라고 추정하였다. [인용 자료 생략].

마지막으로 만약 우리가 (피고인이 실제 무죄라고 암시하는) "면책"의 정의를 확대하고 법원이 법적으로 요구되는 절차를 따르지 않았다는 잘못된 사례를 포함한다면, 그 수는 훨씬 늘어난다. 1973년과 1995년 사이에 법원은 사형 사건의 68%에서 오류를 확인하였다. [자료 인용 생략]. 주법원은 1심 또는 상소심에서 심리한 사건의 양형 47%를 취소하였다. 인신보호절차에서 사형 사건을 심리한 연방법원은 40% 사건에서 잘못을 발견하였다.

이 연구와 숫자에 논란이 있을 수 있다. 우리는 좀 더 조심스럽게 이 내용을 검토하여야 한다. 그러나 최소한 신뢰성에 심각한 문제가 있음을 보여주고 있다. 법원이 필요한 절차를 따르지 않고 피고인들을 사형에 처하는 사례가 너무 많다는 것을 알려준다. 그리고 상당수 사건에서 사형은 범죄를 저지르지 않은 사람에게 선고됨을 보여준다. 이얼리, 내가 왜 더 이상 사형제를 지지할 수 없는가?, 리치몬드 대학 법학지, 811, 813 (2015) ("나는 사형제가 잘못된 이상에 기초하고 있다는 결론에 이르렀다. 그 잘못된 전제는 우리가 사형 판결과 집행에서 100% 정확성을 유지해왔고 하고 있고 할 것이라는 것이다.") 40년 전과 달리, 우리는 (아마도 DNA 증거 때문에) 과거보다 더 강력하게 증거를 신뢰할 수는 없다. 간추리면 오늘날 법원이 실제 죄가 없거나 사형 판결을 받지 않을만한 사람들에게 사형판결을 내리고 있음을 보여주는 증거를 바탕으로 연구한 자료가 많이 있다.

Ⅱ

"잔혹한" - 자의성

자의적인 형사처벌은 법의 지배와 반대다. 스튜어트 대법관은 다음과 같이 사형이 1972년에 집행될 때 위헌이라고 인정하였다.

> "이 사건 사형선고는 전기형이 잔혹하고 비정상적이어서 폐기된 것과 똑같이 잔혹하고 비정상적이다. 사형에 해당하는 범죄로 유죄를 선고받은 사람들 중에서, 상고인들은 자의적이고 임의로 선택되어 사형판결이 실제 선고된 소수의 사람들이다." Furman v. Georgia, 408 U.S. 238, 309-301 (1972) (동조의견) ("퍼먼 판결"). 같은 판결, 310("수정헌법 제8조와 14조는 제멋대로 변덕스럽게 부과되는 이러한 독특한 형벌을 허용하는 법률 체계에 따른 사형판결을 허용할 수 없다."); 313(대법관 화이트 동조의견) ("사형은 가장 끔찍한 범죄에 대해서조차 매우 드물게 선고되고… 사형이 선고되지 않는 많은 사건들과 사형이 선고되는 사건들을 구분하는 의미 있는 근거는 없다.")

사형이 1976년에 재개되었을 때, 이 법원은 만약 사형이 "자의적이고 변덕스럽게 가해진다면" 위헌이라고(위헌일 것이라고) 인정하였다. 그레그 판결 188(대법관 스튜어트, 파웰, 스티븐스의 공동의견); 189("인간의 목숨을 빼앗을지 살려줄지의 결정과 같은 중대한 문제에 관한 재량권이 결정기관에 주어질 때, 이 재량권은 완전히 자의적이고 변덕스런 행동의 위험을 최소화하기 위하여 적절하게 안내되고 제한되어야 한다.")

법원은 대법관 수터가 말한 "최악 중의 최악"인 사람에게만 사용하는 것으로 제한함으로써 사형을 선고하는데 자의성을 줄이도록 요구해왔다. Kansas v. Marsh, 548 U.S., 206 (반대의견); Roper v. Simmons, 543 U.S. 551, 568 (2005) ("사형은 가장 심각하고 좁은 범주의 범죄를 저지르고 그의 극단적인 죄책이 사형집행을 받을만한 자로 제한되어야 한다"); Kennedy v. LoU.S.ana, 554 U.S. 407, 420 (2008).

그레그 판결을 선고한 법원이 사형의 공정한 집행을 바랐음에도 불구하고, 이후 40년간의 추가 경험은 사형이 자의적으로, 즉 사형의 사용과 헌법의 명령을 법적으로 조화시키기 위해 필요한 합리적인 일관성 없이 부과되고 있음이 점점 분명해지고 있다. Eddings v. Oklahoma, 455 U.S. 104, 112 (1982).

사형판결을 철저히 연구하면 이 결론이 나온다. 예컨대 최근의 연구는 2012년에 사형제를 폐지한 코네티컷에서 1973년과 2007년 사이에 부과된 사형판결을 조사하였다. 도노휴, 1973년 이후 코네티컷 사형제도의 실증적 평가 : 불법적인 인종, 성, 지리적 차별이 있는가? (2014). 이 연구는 살인 피고인 모두를 어떻게 취급했는지 검토하였다. 피고인의 범죄에 대해 코네티컷법상 사형이 규정된 사건은 205건이었다. 법원은 205건 중 12건에 대해 사형을 선고하였고 상소심에서 9건이 승인되었다. 그 9건의 사건에서 살인자 행동의 "끔찍함"을 측정하는 메트릭스를 개발하여 측정하였다. 그리고 나서 사형이 선고된 9명의 피고인들 행위의 끔찍함과 남은 196개 사건(사형에 해당하는 범죄로 유죄가 인정되었지만 사형이 선고되지 않은 사건)의 피고인들 행동의 끔찍함을 비교했다. 연구 메트릭스를 적용했더니 그 9명의 피고인 중 한 명만이 "최악 중의 최악"(또는 적어도 가장 끔찍하다고 여겨지는 15% 이내)이었다. 남은 8명은 아니었다. 그들의 행위는 적어도 33명의 행위보다 나쁘지 않았고 사형이 선고되지 않은 (205명 중) 다른 170명의 피고인과 비슷했다.

위 연구는 사형의 적용에 가장 분명하게 영향을 미쳐야 하는 요소들, 즉 상대적으로 범죄의 끔찍함이 가끔 그렇지 않다는 것을 알려준다. 다른 연구들도 인종, 성, 지리와 같은 사형에 영향을 미쳐서는 안되는 상황이 영향을 미친다는 것을 보여준다.

예를 들면 많은 연구들은 흑인이나 다른 소수인종 피해자들이 아닌 백인을 죽인 죄로 기소된 사람들은 사형판결을 많이 가능성이 높았다. [인용 자료 생략]

그보다는 적지만 여전히 많은 연구는 피고인의 성이나 피해자의 성이 차이를 만들어낸다고 인정하고 있다.

지역도 누구에게 사형이 선고되는지를 결정하는데 중요한 역할을 한다. 그것은 일부 주들이 다른 주보다 사형을 많이 허용하기 때문만은 아니다. 그보다는 사형제가 있는 주내에서도 피고인이 재판받은 카운티에 따라 매우 달라진다. 스미스,

사형의 지역과 영향, 92 B. U. L. Rev. 227, 231-232 (2012) (이하 스미스라 함). 예를 들면 2004년과 2009년 사이에 29개 카운티(전체 카운티 중 1% 이하)에서 전국 사형의 절반 정도가 선고되었다. 스미스 233. 그리고 2012년에 전국적으로 59개 카운티(전국 카운티의 2% 이하)에서 사형이 전부 선고되었다. [인용 자료 생략]

이러한 카운티 별 차이는 무엇을 말하는가? 일부 연구는 이 차이가 결정 권한, 법적 재량, 그리고 지역 검사의 권한을 반영한다고 말한다. [인용 자료 생략] 다른 연구는 변호사를 이용할 수 있는지(또는 변호사의 부족)가 지역 차이를 설명하는데 도움이 된다고 시사한다. [인용 자료 생략] 카운티 내의 인종구성과 분포도 중요한 역할을 한다는 연구도 있다. [인용 자료 생략] 마지막으로 일부 연구는 선거에 출마해야 하는 판사들에 대한 압력을 포함하여 정치 압력이 차이를 만들 수 있다고 말한다. [인용 자료 생략]

그래서 인종, 성, 지역, 그리고 변호인과 같은 관련 없고 부당한 요소들이 사형선고를 받을 자를 결정한다고 알려주는 연구를 보든, 또는 끔찍함과 같은 타당한 요소들이 사형판결을 받을 자를 결정하지 않는다는 연구를 보든지 간에 법률 결론은 같아야 한다. 연구는 사형이 자의적으로 부과되고 있다고 강력하게 말해주고 있다.

대법관 토마스는 다양한 사형 사건의 비극을 자세히 열거하고 있지만 이것은 요점을 벗어났다. 모든 살인사건은 비극이지만, 우리가 Woodson(428 U.S., 304-305) 판결에서 폐기한 의무사형시대로 돌아가지 않는 한, 사형의 합헌성은 최악 중의 최악에 게 적용된다는 제한을 따른다. 그리고 이러한 광범위한 증거들은 그렇게 제한되지 않음을 보여준다.

40년 전에 이 법원은 사형의 자의적인 적용을 매우 제한하는 방식으로 수정헌법 제8조를 해석할 수 있다고 믿었다. 그레그 판결 195 (대법관 스튜어트, 파웰, 스티븐스 공동 의견) ("퍼먼 판결에서 표명된 관심, 즉 사형이 자의적이고 변덕스런 방식으로 부과되지 않을 것이라는 기대는 이루어질 수 있다"). 그러나 이제는 더 이상 그럴 것 같지 않다. 헌법은 기소 재량의 사용을 금지하지 않는다. 사형 변론 기금을 늘리는 것이 가능한지 증명되지 않았다. [인용 자료 생략]

나아가 인종 및 성별 편견은 불행하게도 (의식적이든 무의식적이든) 공동체의 편견에 뿌리깊게 반영되어 있고, 법적인 무관함에도 불구하고 배심의 양형 감경 증거의 평가에 영향을 미친다. 그럼에도 불구하고 피고인의 감경 증거가 그에게 선처를 해 줄 수 있는지를 개인적으로 평가하는 임무는 배심에게 남아 있다. [인용 판결 생략]

마지막으로 이 법원이 비교 형량 심리가 헌법적으로 요구되지 않는다고 판결한 이래로, Pulley v. Harris, 465 U.S. 37 (1984) 상소는 내가 설명한 자의성을 막을 수 있을 것 같지 않다. [인용 자료 생략]

내 견해를 지지하고 있는 연구들은 수천 건의 사형 사건과 20년이 넘는 마지막 신청 사건들을 검토한 후 도달한 결론이다. 나는 합리적인 설명을 할 수 없는 불일치를 본다. Godfrey, 446 U.S., 433 (과반수 미달 다수의견) ("사형이 선고된 이 사건을 사형이 선고되지 않은 많은 사건들과 구분하는 원칙적인 방법은 없다.") 아기를 범죄현장에서 죽도록 방치하고 젊은 엄마를 납치, 강간하고 죽인 피고인이 사형을 받지 않은 반면에, 피해자가 한 명인 살인죄를 저지른 피고인이(과거 중죄 전과와 살인직후 강도를 합친 것 때문에) 왜 사형선고를 받는가? [인용 자료 생략]. 젊은 남자와 그의 임신한 아내를 죽여서 3명을 죽였음에도 사형을 선고받지 않았는데, 피해자 1명을 죽인 피고인이(과거 중죄 전과와 총을 가지고 난폭하게 행동한 것을 합쳐서) 왜 사형판결을 받는가? [인용 자료 생략]. 자고 있는 아내를 60번 칼로 찌르고 6살 딸과 3살 아들을 죽인 피고인이 사형을 받지 않는 반면에, 위 사건에서 1명을 죽인 살인범행을 교사한(범행 직후 강도를 포함하여) 피고인이 왜 사형을 선고받는가? [인용 자료 생략] 각 사례에서 비교된 형은 거의 같은 시간에 같은 주에서 부과되었다.

내가 인용한 연구들뿐만 아니라 이러한 사례들이 드러낸 문제는 대법관 스튜어트, 파웰과 다른 이들이 지난 수십 년에 걸쳐 지적한 같은 문제이다: 사형의 부과와 집행은 변덕스럽고 자의적이며, 임의적인 것 같다. 피고인의 관점에서 그 형을 받고 집행된다는 것은 전기형으로 폐기된 사유와 다를 바 없다. 그럴 때 우리는 첫째이자 무엇보다 법의 지배를 강조하고 있는 헌법의 요청을 사형과 어떻게 조화시킬 수 있겠는가?

III

"잔혹한" - 지나친 지연

신뢰성과 불공정성의 문제는 불가피하게 3번째의 헌법 문제, 즉 살아 있으나 사형판결을 받고서 사형수로 보내는 기간이 지나치게 길다는 문제로 이어진다. 말하자면 지연은 헌법 자신의 요구로 만든 문제이기도 하다. 사형 사건에서 신뢰성과 공공성의 특별한 요청을 생각할 때, 수정헌법 제8조는 "특별한 효력을 가지고" 사형에 적용되어야 한다. Roper, 543 U.S., 568. "가장 가혹한 처벌을 받은 사람은 헌법에 따라 그 집행을 금지할 공정한 기회를 가져야 한다." Hall v. Florida, 572 U.S. ___, ___ (2014) (22). 동시에 헌법은 "피고인의 생명이 걸려 있을 때 모든 안전대책이 검토되어야 한다"는 것을 요구한다. 그레그 판결 187 (대법관 스튜어트, 파웰, 스티븐스 공동의견); 퍼먼 판결 306 (대법관 스튜어트 동조의견) (죽음은 "정도의 문제가 아니라 종류의 문제로서 다른 모든 형태의 형사처벌과 다르다"); Woodson, 305 (과반수 미달 다수의견) ("100년 징역형이 1년 또는 2년의 징역형과 다르지만, 죽음은 최종적이라는 점에서 무기징역형보다도 더 차이가 크다").

이렇게 필요한 절차를 밟는 데 시간이 걸린다. 그리고 우리가 공정성과 신뢰성을 보증하는 절차 요건을 포기하지 않는 한, 우리는 사형 사건에서 점차 집행이 늦어지는 문제를 만나게 되어 있다. 결국 이러한 법적인 이유가 설명에 도움이 된다 하더라도, 지연 그 자체가 일으키는 피해를 줄이지 못한다.

A

먼저 통계를 보자. 2014년에 35명이 사형집행되었다. 그 집행은 법원이 처음 사형을 선고한 이후 평균 18년이 걸렸다. [인용 자료 생략]. 일부 사형 주에서 지연되는 평균 기간은 더 길다. 작년 구두 변론에서 플로리다주에서 집행된 10명의 사형수는 거의 25년을 보낸 후에 집행되었다고 인정했다.

평균 지연 기간은 매우 늘어났다. 1960년에 선고와 집행 사이에 평균 지연 기간은 2년이었다. [인용 자료 생략]. 10년 전인 2004년에 평균 지연 기간은 약 11년이었다. [인용 자료 생략]. 지난해까지 평균 지연 기간은 18년으로 늘어났다. 지금 3,000명 사형수들의 거의 절반이 15년 이상 살아 있다. 그리고 현재 집행 비율을 보면 그 3,000명을 사형집행하려면 75년 이상 걸릴 것 같다. 그래서 평균 사형수는 집행되기 전에 추가로 37.5년을 보내야 될 것 같다.

나는 그 경향이 곧 바뀌리라고 믿을 이유를 찾을 수 없다.

B

이렇게 늘어진 집행 지연은 2가지 헌법 문제를 낳는다. Johnson v. Bredesen, 558

U.S. 1067, 1069 (2009) (대법관 스티븐스 상고허가신청 기각에 관한 의견). 첫째 사형수는 지연으로 인하여 가혹하고 비인간적인 구금상태로 수십년간 지내기 때문에 지연 그 자체로 특히 잔혹하다. Gomez v. Fierro, 519 U.S. 918 (1996) (대법관 스티븐스 반대의견) (선고부터 집행까지 지나친 지연은 그 자체로 수정헌법 제8조가 금지하고 있는 잔혹하고 비정상적인 처벌이 될 수 있다). [추가 인용 판례 생략] 둘째, 집행 지연은 사형에 대한 형벌론의 의미를 약화시킨다. [인용 판례 생략].

1

첫째 헌법 문제를 보면, 사형제도를 갖고 있는 거의 모든 주들은 사형수를 하루에 22시간 이상 격리 수용한다. 미국민권연합(ACLU), 처형 전의 죽음 : 사형수의 독방 구금 5(2013. 7.). 미국변호사협회가 사형수는 일반 수형자와 비슷한 조건으로 구금되어야 한다고 제안하고, 유엔고문방지특별보고관이 15일 이상 독거수용의 금지를 요청했음에도 그렇다. 그러한 독방 수감이 수많은 해로운 피해를 낳는다는 자료는 잘 정리되어 있다. 해니, 장기 독방 및 엄중 구금의 정신 건강 문제, 49 범죄와 비행 124, 130 (2003) (독방 수용으로 죄수는 "불안, 공포, 격분, 통제 상실, 피해망상, 환각, 자해" 등을 경험할 수 있다); [추가 인용 자료 생략].

독방수용의 비인간적인 효과는 사형이 언제 집행될지 모르는 불확실성으로 가중된다. 1890년에 이 법원은 "사형을 선고받은 사형수가 사형집행을 기다리면서 감방에 구금되어 있을 때, 그 시간에 느끼는 가장 공포스런 느낌 중의 하나는 불확실성이다."라고 인정하였다. Medley, 172 법원은 그 사건에서 단 4주간의 지연을 설명하고 있었다. 과거 한 세기 동안 집행지연을 제외하고 이 점에서 거의 변화가 없었다. 오늘 우리는 몇 주가 아니라 수십 년간 지연되는 것을 설명하여야 한다.

나아가 우리는 한 번이 아니라 되풀이하여 발행되고 취소되는 사형집행영장을 검토하여야 한다. Suárez Medina v. Texas 사건의 상고허가신청 O. T. 2001, No. 02-5752, 35-36 (2002. 8. 13. 신청) (메디나의 사형이 선고된 후, 집행 시간, 날짜 방법이 14번 통지되었다. 그는 남은 신체를 어떻게 처리할 것인지 11차례 질문을 받았다) [추가 인용 자료 생략].

사형수 몇 명은 면책되기 몇 시간 또는 며칠 전에 집행될 뻔했다. 매닝은 예정된 집행 4시간 전에 미시시피 대법원이 사형집행을 정지하였다. 로버트슨, 집행은 몇 시간 전에 연기되었다. 뉴욕타임즈, 2015.4.8. A17. 2년 뒤 매닝은 FBI 모발검사원 증언의 결함을 포함하여 유죄의 증거가 매우 의문시되어 면책되었다. 매닝 사례만 있는 것은 아니다. [인용 자료 생략].

또한 구금과 불확실성의 부정적인 효과를 볼 때, 많은 수용자들이 추가 재심을 포기하고 스스로 집행을 감수하는 일이 벌어지고 있다. [ACLU 보고서 인용 생략]. 나중에 면책된 어떤 사형수는 면책을 구하면서 사형수로 세월을 보내기 보다는 차라리 죽는 것이 낫다고 말하였다. [인용 자료 생략]. 많은 사형수들이 자살을 생각하거나 자살하고 있다는 것은 놀랄 일도 아니다. [인용 자료 생략].

많은 이들은 사형집행지연에 관한 사실이나 주장, 결론을 반복하기 보다는 지연이 초래하는 헌법상의 문제에 관하여 자세히 쓰고 있다. 나는 그들의 글을 일부 인용한다. Johnson, 558 U.S., 1069 (스티븐스 대법관) (집행지연으로 사형수들은 수십년간 특히 고통스럽고 비인간적인 구금 상태에 있게 된다); Soering v. United Kingdom, 11 유럽인권재판소 (ser. A), 439 (1989) (미국으로 살인혐의자를 인도하는 것은 집행지연의 위험에 비추어 볼 때, 유럽인권헌장의 위반이다) [기타 인용 자료 생략].

2

장기간의 집행지연으로 인한 두 번째 헌법상의 문제는 그 지연이 사형이 갖는 행형상의 이유를 아마도 돌이킬 수 없게 허물어뜨린다는 것이다. 사형을 하는 이유는 다른 형사처벌과 마찬가지로 전통적으로 범죄억제, 자격박탈, 응징, 갱생을 확보하려는 사회의 필요성에 있다. 사형은 갱생이 불가능하다. 물론 사형이 범죄자의 자격을 박탈하기는 한다. 그러나 사형의 주요한 대안인 가석방 없는 무기징역도 자격을 박탈한다.

그래서 법원은 사형에 처하는 행형상의 이유는 범죄를 억제하는 경향이 있다는 믿음과 공동체의 응징 정서 충족에 사실상 거의 전적으로 의존하고 있다고 인정하였다. 그레그 판결 183 (대법관 스튜어트, 파웰, 스티븐스 공동의견). 많은 연구는 사형의 범죄억제효과를 조사하였는데, 일부는 그 효과가 있다고 인정하였지만 범죄를 억제한다는 증거가 부족하다는 연구도 있다. [범죄억제효과가 있다는 스칼리아 대법관이 인용한 자료와 범죄 억제 효과의 증거가 없다는 연구의 비교 부분 생략].

최근에 전국연구협의회(회원은 전국과학학회, 전국공학학회, 약학학회의 위원들로 구성)는 30년간 실증적인 증거를 검토하였고, 범죄억제효과가 있다는 증거가 충분하지 않아서 사형의 범죄억제효과에 관한 논의에 제공되는 정보로 사용되어서는 안된다고 결론지었다. 전국연구협의회, 범죄억제와 사형제 2(2012); 베이즈 판결 79 (스티븐스 대법관 동조의견) ("이 분야에서 30년간의 실증적인 연구에도 불구하고, 사형이 실제 범죄를 억제한다는 믿을만한 통계상의 연구는 없다.")

나는 "증거가 없다"는 것이 그 반대(범죄억제효과가 없다)를 증명하지 않는다고 인정한다. Ring, 615 (연구가 결정적이 아닐 수 있다). 그러나 우리는 이러한 연구에 사형수 중 일부만 실제 집행되고 있다는 사실, 그러한 집행도 평균적으로 사형판결을 받고 거의 20년 후에 이루어진다는 사실을 더해서 생각해보자. 사형이 여전히 의미 있는 범죄억제효과를 갖고 있을 것 같은가?

예컨대 1978년에 사형이 선고된 183명의 사형수에게 실제 일어난 일을 보자. 2013년까지(35년 뒤), 38명(또는 그들 중 21%)이 집행되었다. 132명(72%)은 형선고가 번복되거나 감형되었다. 7명(7%)은 다른 이유(자연사 등)로 죽었다. 6명(3%)은 사형수로 남아 있다. [인용 자료 생략].

사례들은 일반적인 경향을 보여준다. 1973년과 2013년 사이에 사형판결을 받은 8,466명중에서 16%가 집행되었고, 42%가 판결이 번복되거나 감형되었고, 6%가 다른 이유로 죽었다. 남은 35%는 여전히 사형수로 지내고 있다. [인용 자료 생략].

그래서 사형에 처해진 범죄자는 집행되는 사례보다 2,3배 더 많은 수가 판결이 번복되거나 감형될 것 같다. 한마디로 집행은 드문 일이다. 범죄를 계획하고 있지만 형사처벌을 따져보는 사람은 어떤 경우든 가석방 없는 무기징역형을 받는다고 예상할 것이다.

이러한 사실은 범인의 사형에 대한 두려움을 상쇄하는 효과를 가질 것임에 틀림없다. 그리고 그 효과가 적다고 하더라도, 드문 집행이 흉악한 범죄를 크게 억제할 것이라고 믿기 어렵다. 퍼먼 판결 311-312 (대법관 화이트 동조의견) (특정한 범죄억제에 대한 사회의 요구 때문에 비슷한 상황에서 많은 범인들에게 무기징역형 또는 유기징역형이 충분하다고 판단될 때, 소수에 대한 사형이 정당하다는 것을 확신있게 말할 수 없다).

그러나 응징은 어떤가? 응징은 형벌의 유효한 목적이다. 나는 흉악범죄 피해자의 유가족들, 또는 아마도 공동체 스스로 사형집행을 지지하고 있다는 것을 알고 있다. 사형을 지지하는 공동체는 그들의 목소리를 대표하는 이익을 갖고 있다는 것도 이해한다.

그러나 여기서 관련된 문제는 "공동체의 응징 정서"가 범죄가 저질러진 후, 만약 집행된다면 수십 년만에 집행되는 사형을 지지할 수 있는지이다. 그 때의 공동체는 다른 사람들로 이루어져 있다. 범죄자와 피해자의 가족들은 나이가 든다. 분노의 감정은 가라앉게 될 것이다. 범죄자는 바뀐 사람이 되어 있을 수도 있다. 그리고 때로는 뉘우침과 용서가 한 때 망가졌던 생명의 의미를 되살릴 수 있다. 동시에 공동체와 피해자의 가족들은 사형이 집행되지 않더라도, 범인이 가석방 없는 무기징역형을 살게 된다고 알게 될 것이다.

물론 나는 이것이 항상 맞지 않을 수 있고, 때로는 공동체가 집행이 사건의 매듭을 짓는 일이라고 믿고 있음을 알고 있다. 그럼에도 불구하고 집행지연과 낮은 집행가능성은 공동체가 응징방법으로 사형을 고집하도록 하는 것에 중요한 역할을 해야 한다. 그것들은 공동체가 스스로 사형에 대해 의미 있는 정당성을 가질 수 없는 지점에 이르러 응징에 관한 이익을 희석시킨다. 어느 경우든 나는 지금처럼 집행되는 사형으로 어떤 응징의 이익이 있든지 간에, 그 이익은 가석방 없는 무기징역형으로도 거의 달성할 수 있다고 믿는다.

마지막으로 장기 지연은 헌법기초자들이 수정헌법 제8조를 만들었을 때 그 때 사용되는 용어로 사형의 정당성을 옹호하는 논리를 훼손한다. 기초자들이 헌법을 만들었을 때, 20년이나 30년의 지연은 없었다. 집행은 선고 직후에 이루어졌다. [인용 자료 생략]. 그리고 내가 다음에서 설명하는 것처럼 우리는 헌법 제정시기의 빠른 집행으로 돌아갈 수 없다.

3

결과는 장기 지연은 사형의 잔혹함을 더하고 형벌학상의 이유를 훼손한다. 그리고 이 법원은 만약 사형이 범죄억제나 응징의 목표를 이행하지 못한다면, "사형은 목적이 없고 불필요한 고통과 괴로움의 부과이자 위헌적인 처벌일 뿐이다"라고 말했다. [인용 판결 생략]

대법관 파웰(그레그 판결에서 중요한 역할)은 대법관직에서 퇴직한 후에 같은 결론에 이르렀다. 파웰은 연방 헌법은 사형을 제정하지 않았고 그 문제는 개별주들이 결정하도록 맡겼다고 확신하였다. [인용 자료 생략]

파웰의 퇴직 후, 대법원장 렌퀴스트는 그를 사형의 지연 문제를 다루는 위원회(사형 사건의 연방 인신보호영장에 관한 위원회, 이하 위원회)의 의장에 임명하였다. 위원회는 의회에 보고서를 제출하였고, 파웰은 "집행지연이 사형의 범죄억제가치를 대부분 없애버린다"라고 증언하였다. 인신보호영장 개혁, 상원 법사위원회 청문회, 100th Cong., 1st and 2d Sess., 35 (1989과 1990). 파웰의 공식 전기작가에 따르면, 그는 결국 다음과 같이 결론 내렸다고 한다. 사형은

> "유용한 목적에 이바지하지 않는다. 미국은 서구 산업국가에서 독특하게 사형제를 유지하고 있고, 드물게 집행되어서 범죄를 억제할 수 없다. 더 중요하게는 모든 사형 사건에서 흥정과 지연, 끊임없는 소송은 제도 자체에 오명을 씌우고 있다."

요컨대 지나친 지연의 문제 때문에 파웰은 적어도 부분적으로는 사형이 위헌이라고 결론지었다. 오늘날 지연 문제는 더 나빠졌다. 대법원장 렌퀴스트가 파웰을 위원장으로 임명했을 때, 선고와 집행 사이에 7년 11개월이 걸렸지만, 오늘날에는 17년 7개월이 걸린다. [인용 자료 생략]

C

의회나 주가 왜 집행지연문제를 직접 다루지 않는지 물을 수 있다. 선고와 집행 사이의 기간을 줄여서 문제를 완화하는 조치를 취하지 않는 이유는 무엇일까? 이른 집행이 생각보다 훨씬 더 어렵기 때문이다. 그리고 일부는 집행을 당기는 시도가 사형의 합헌성을 훼손하는 절차상의 하자를 낳을 수 있기 때문이기도 하다.

지연 때문에 사형의 적용이 더 신뢰받게 된다. 유전자 증거로 유죄판결을 받은지 30년이 지나서 면책된 맥콜럼 사례를 보자. 만약 맥콜럼이 더 일찍 집행되었다면 그는 유전자 증거가 그를 면책시키고 다른 사람이 범인임을 암시했을 때 살아서 세상에 나오지 못했을 것이다. 진범은 맥콜럼이 유죄판결을 받은 살인범행 몇 주 뒤 저지른 강간 및 살인범행으로 이미 무기징역을 살고 있었다. 이 법원은 대법관 한 사람만이 공개 반대한 채 맥콜럼의 재심신청을 기각하였다. McCollum v. North Carolina, 512 U.S. 1254 (1994). 그리고 법원이 재심을 기각하고 20년이 지나서 맥콜럼은 유전자 증거로 석방되었다. 비슷한 많은 사건이 있고 일부는 위에서 본 바와 같다. [인용 자료 생략]

무죄라는 이유로 면책된 사람들 외에도 사형이나 유죄판결이 다른 이유(위에서 적었듯이, 주 및 연방 법원이 상소심에서 1973년과 1995년 사이에 심리한 사형 사건의 68%에서 잘못이 발견되었다)로 유죄판결이 뒤집힌 사람들도 있다. 이러한 사건들 중 많은 사건에서 법원은 사형 판결에 요구되는 모든 절차적인 보호를 받지 못했다는 구

체적인 이유로 사형이 부당하다고 인정했다. 이러한 절차상 보호 중 일부를 없애서 지연을 줄일 수도 있을 것이다. 그러나 우리가 어떤 보호장치를 없앨 것인가? 우리가 사형을 받은 피고인들을 위해 만든 다음과 같은 사실심 재판에 관련된 보호를 없애야 하는가? 피고인들은 판사나 배심에게 모든 감경 상황[정상 참작용]을 제출할 수 있다. Lockett v. Ohio, 438 U.S. 586; 주는 특히 심각한 살인에 사형을 적용하기 위해 적절한 지침을 만든다. 그레그 판결 153; 주는 변호인을 선임해주고, 타당할 경우 전문가의 도움을 받는다. Powell v. Alabama, 287 U.S. 45 (1932); Wiggins v. Smith, 539 U.S. 510 (2003); Ake v. Oklahoma, 470 U.S. 68 (1985); 또는 배심은 사형을 부과하기 위해 필요한 가중 요소를 찾아야 한다. Ring, 536 U.S. 584; 614 (대법관 브레이어 동조의견). 우리가 심각한 지적 장애가 있는 사람의 사형집행을 더 이상 금지하지 않아야 하는가, Atkins, 536 U.S. 304, 우리가 집행방법이 헌법에 적합해야 한다는 요건, 베이즈 판결 35, 또는 사형수가 집행 당시 정신적으로 정상이어야 한다는 요건, Ford v. Wainwright, 477 U.S. 399 (1986)을 없애야 하는가? 또는 우리가 모든 형사 피고인들이 받은 보호, 예컨대 헌법상 권리(즉 "적법절차")의 침해를 주장하는 피고인들이 연방법원에 인신보호영장을 청구할 수 있다는 것을 없애야 하는가? O'Neal v. McAninch, 513 U.S. 432 (1995). 이 질문에 대한 내 대답은 "절대 아니다"이다.

물론 법원, 특히 추가 재심리를 하는 연방법원이 이러한 요건들을 너무 엄격하게 적용하기 때문에 지연이 발생한다고 주장할 수 있다. 그러나 법률요건을 까다롭게 적용하지 않은 결과 억울한 사람이 사망에 이를 수 있을 때, 까다롭게 적용하지 않는다는 것은 누구에게나 그렇듯이 판사에게도 어렵다. Zant v. Stephens, 462 U.S. 862, 885 (1983) ("극형은 다양한 오류 주장에 대해 주의깊게 심사해야 한다는 것을 요구한다."); Kyles v. Whitley, 514 U.S. 419, 422 (1995) ("애써서 헌법에 따른 잘못을 찾는 우리의 의무는 사형 사건에서 가장 힘든 일이다"); Thompson, 556 U.S., 1116 (대법관 스티븐스 글) ("사법절차는 시간이 걸리지만, 사형 사건에서 오류 비율은 그 필요성을 예시해주고 있다.")

나아가 모든 단계에서 법원의 심사는 신뢰성을 보장해준다. 만약 이 법원이 주법원에서 추가 심리를 받도록 지시하지 않았다면, Hinton v. Alabama, 571 U.S. ___, 힌튼은 아마 면책아 아니라 사형이 집행되었을 것이다. 내 견해로는 우리 법률

체계의 복잡성, 분리된 주와 연방 법원을 가진 연방 체제, 우리의 헌법 보장, 공정한 절차에 대한 약속, 그리고 무엇보다 사형사건에서 특별한 신뢰성과 공정성의 요청은 서로 결합되어 실무상 수용 가능한 수준으로 집행지연을 줄일 것 같지 않다.

그 사실은 곤경을 만들어낸다. 절차상 공정성과 신뢰성을 요구하는 사형제도는 사형을 선고하는 이유를 매우 훼손하는 처벌의 잔혹함을 심각하게 가중시키는 집행지연을 가져 온다. 그러나 지연을 최소화하는 사형제도는 신뢰성과 절차상 공정성을 확보하려는 법률제도상의 노력을 막을 것이다.

이 세상에서, 또는 이 나라에서, 우리는 정당한 행형상의 목적에 이바지하는 사형제도를 가질 수 있거나, 또는 사형의 적용에 있어서 신뢰성과 공정성을 요구하는 절차상 제도를 가질 수 있다. 우리는 둘 다 가질 수는 없다. 그리고 지난 40년 넘게 확실하게 밝혀진 그 단순한 사실이 사형은 수정헌법 제8조를 위반하였다는 주장을 강력하게 뒷받침하고 있다. 믿을 수 없거나 절차상 불공정한 사형제도는 수정헌법 제8조를 위반할 것이다. Woodson, 428 U.S., 305 (복수의견); Hall, 572 U.S., ___ (22); Roper, 543 U.S., 568. 그리고 만약 사형의 적용에 신뢰성과 공정성이 있다면 정당한 행형상의 목적에 이바지 할 수 없는 제도가 될 것이다. 퍼먼 판결 312 (대법관 화이트 동조의견); 그레그 판결 183 (대법관 스튜어트, 파웰, 스티븐스 공동의견); Atkins 319.

Ⅳ

"비정상적" - 사형제 사용 감소

수정헌법 제8조는 잔혹하고 비정상적인 처벌을 금지하고 있다. 2014년에 7개주만이 사형을 집행하였다. 더 중요하게 지난 20년간 사형 선고와 집행은 점차 비정상이 되었다. 나는 몇 가지 방법으로 사형제 사용이 꽤 줄어들었음을 예시할 수 있다.

1970년대부터 오늘날까지 전국에서 해마다 사형선고의 수 추이부터 보자. 주들이 법을 개정하여 사형제를 복구한 직후인 1977년에 137명이 사형에 처해졌다. 퍼먼 판결의 요건에 맞추어 많은 주들은 사형제도를 개정하였고, 그 때 사형판결은 증가하였다. 1986년과 1999년 사이에 해마다 평균 286명이 사형에 처해졌다.

그러나 약 15년 전에 그 수는 줄어들기 시작하였고, 그 이후 훨씬 줄어들었다. 1999년 279명이 사형에 처해졌다. 지난해에는 73명이 사형에 처해졌다. [인용 자료 생략]

지난 15년간 상당한 감소 경향은 매년 집행되는 건수에도 나타난다. 1999년 98명이 집행되었다. 지난해에 그 수는 35명뿐이다. [인용 자료 생략]

다음으로 주의 자료를 검토해볼 수 있다. 종종 처벌 실무가 헌법상 "비정상적" 인지를 결정할 때, 이 법원은 그 실무에 몇 개 주가 참여하는지를 본다. Atkins, 536 U.S., 313-316; Roper, supra, 564-566. 이 점에서 사형제를 시행하는 주의 숫자는 확 줄어들었다. 1972년에 법원이 퍼먼 판결을 선고했을 때, 사형은 41개주에서 적법했다. 9개주는 이를 폐지하였다. 오늘날 19개주(콜럼비아 특별구 포함)가 사형제를 폐지하였고, 그 중 일부 주는 장래에만 폐지하였다. [인용 자료 생략] 사형제를 유지하고 있는 11개 주에서는 8년 이상 집행이 이루어지지 않았다. 아칸소(2005년 마지막 집행); 캘리포니아(2006년); 콜로라도(1997년); 캔사스(1976년 이후 집행 없음); 몬태나(2006년); 네바다(2006년); 뉴햄프셔(1976년 이후 집행 없음); 북캐롤라이나(2006년); 오리건(1997년); 펜실베이니아(1999년); 와이오밍(1992년). [인용 자료 생략]

따라서 30개주는 공식적으로 사형을 폐지했거나 8년 이상 사형집행을 하지 않았다. 지난 8년간 한 차례 이상 사형집행한 20개주 중에서 9개주는 그 시기에 5차례 이하로 집행하여 매우 드문 사건이 되었다. 나머지 11개주는 사형이 "비정상적"이지 않다고 말하는 것이 맞다. 그리고 2014년에 그 중 3개주(텍사스, 미주리, 플로리다)가 전체 사형집행의 80%(35명 중 28명)를 차지한다. 지난 해 7개 주만이 사형을 집행하였다. 43개 주에서는 아무도 집행되지 않았다. [인용 자료 생략]

인구면에서 보면 만약 가끔 사형이 집행되는(지난 3년 이내에 한 건 이상) 주에 살고 있는 미국사람은 20년 전에는 60% 또는 70%였다. 지금은 33%이다.

동시에 사형의 사용은 점차 지역적으로 집중되고 있다. 사형선고가 일반적으로 지역 단위에서 행해지기 때문에 카운티(county)별로 통계수치가 관련이 있다. 카운티의 사형 숫자를 보면 1973년과 1997년 사이에 미국의 3,143카운티 중 66곳이 모든 사형판결의 약 50%를 점하고 있다. [인용 자료 생략]. 2000년대 초에 사형은 적은 수의 카운티에서 실제 집행되었다. 2004년과 2009년 사이에 35개 카운티가 5건 이상, 1년에 한 건의 사형을 선고하였다. 그리고 최신 자료는 더 줄어들고 있다는 것을 보여주고 있다. 2010년과 2015년(6.22.까지) 사이에 15개 카운티만이 5건 이상의 사형판결을 선고하였다. 요컨대 적극적으로 사형판결을 하는 카운티의 수는 적고 또 줄어들고 있다. 그리고 카운티별 집행 통계도 이를 보여준다. 1976년과 2007년 사이에 미국의 전체 카운티 중 86%에서 사형집행이 없었다. [인용 자료 생략]

요약하면 60% 이상의 주에 결과적으로 사형이 존재하지 않고 18%의 주에서 집행은 드물고 비정상적이다. 6%의 주가 모든 사형집행의 80%를 차지한다. 인구를 보자면 전국적으로 66%가 지난 3년간 사형을 집행하지 않은 주에 살고 있다. 카운티를 보면 86%가 실질적으로 사형이 없다. 나라 전체를 보았을 때, 미국에서 사형은 이제는 비정상이라고 보아야 맞는 것 같다. 퍼먼 판결 311 (대법관 화이트 동조의견) (집행이 매우 드물게 진행되어서 "형사 정의 체계에서 믿을만한 억제 효과가 있거나 처벌이 다른 목적에 의미 있게 기여하지는 않을 것 같다. 사형이 드물게 집행되는 정도에 도달할 때, 일반적인 응징의 요구가 어느 정도 충족된다는 것은 매우 의문시 된다.")

또한 우리는 "이러한 주의 숫자가 아니라, 변화되는 방향의 일관성에 의미가 있다"고 판시하였다. Roper, 543 U.S., 566 (Atkins, 315 인용) (법원의 Stanford v. Kentucky, 492 U.S. 361 (1989) 판결 이후, 4개주는 입법으로 한 주는 사법적으로, 합계 5개 주가 청소년의 사형을 포기하였다고 인정). 그렇게 볼 때, 사형은 비정상적이 되었다. 최근의 네브라스카를 포함하여 7개주는 지난 10년간 사형을 폐기하였다. 그리고 일부 주는 사형을 폐지하는 투표를 했다. [인용 자료 생략] 위에서 보았듯이 11개주는 지난 8년간 사형을 집행하지 않았다. 그리고 일부 주는 공식적으로 사형집행을 멈추었다. [인용 자료 생략]

나아가 변화의 방향도 일관된다. 지난 20년간 사형이 없는 주는 사형을 재도입하는 입법을 통과시키지 않았다. 사형과 가장 관련이 있는 주에서조차 눈에 띌만한 변화가 일어났다. 가장 많은 사형을 집행하는 텍사스에서 집행건수는 2000년의 40건에서 2014년의 10건으로 줄었고, 사형선고건수는 1999년 48건에서 2013년 9건으로 줄었다. [인용 자료 생략]

이러한 상황은 아마도 사형과 가석방 없는 무기징역 사이에 무엇을 선택할 것인지 물었을 때, 대다수 미국인들이 후자를 선택한다는 사실을 담고 있다. [인용 자료 생략]

나는 사형이 헌법상 비정상적이라는 주장이 정당하게 된 변화와 상황을 지적하면서, 주로 외국이 아닌 국내 사례에 의존하고 있다. 그러한 상황은 사형의 위헌성에 관한 재검토를 요청하기에 충분하다. 그러나 나는 유엔 193개 나라 중 95개 나라가 공식적으로 사형을 폐지하였고 42개 나라가 사실상 폐지하였다는 것을 적어 둔다. [인용 자료 생략] 2013년에 전세계의 22개 나라만이 사형을 집행하였다. 유럽과 중앙아시아에서는 사형이 집행되지 않았고 미국은 2013년 아메리카대륙에서 유일하게 사형을 집행하였다. 8개 나라(미국, 중국, 이란, 이라크, 사우디아라비아, 소말리아, 수단, 예멘)만이 10명 이상의 사형을 집행하였다. 그리고 자료가 공개된 사형집행의 거의 80% 이상이 이란, 이라크, 사우디아라비아의 세 나라에서 집행되었다(정확한 자료가 없는 중국 제외). [인용 자료 생략]

V

나는 합헌으로 기우는 강력한 반론을 알고 있다. 우리는 법원이다. 우리가 왜 이 문제를 입법부를 통해 민주적으로 행동하는 국민들에게 맡기지 않는가? 헌법은 대부분의 중요한 문제를 민주적으로 결정하는 나라를 예상하고 있다. 사형을 폐지한 대부분의 나라들도 사법 결정이 아니라 입법을 통해 그렇게 했다. 그리고 판사들처럼 의원들도 내가 이 사건에서 관련이 있다고 말하지 않은 비용 부담과 같은 문제를 자유롭게 고려한다. 캘리포니아 정의실현위원회, 사형 집행에 관한 보고 및 권장 117(2008. 6. 30.) (사형은 1년에 137백만불이 들고, 가석방 없는 무기징역을 운영하면 1년에 11.5백만불이 들 것으로 예상) [다른 인용 자료 생략]

신뢰성의 결여, 심각하고 되돌릴 수 없는 처벌의 자의적인 적용, 행형목적의 달성미흡과 같이 내가 논의한 문제는 본래 사법 문제이다. 그것들은 사람에 대한 심각한 처벌-불공정하고 잔혹하며 비정상적인 처벌-을 가하는 문제와 관련되어 있다. 나는 이 법원이 1972년에 사형을 부과하는 공정성과 신뢰성을 높일 수 있는 기준을 의회와 주의회가 찾도록 하였다. 입법하였지만 지난 40년간 그러한 입법이 효과가 없다고 알려주는 많은 증거가 쌓였다.

그래서 사법 책임이 우리에게 있다. 수정헌법 제8조는 관련 규범을 설정하였고 우리는 이를 해석해야 한다. Marbury v. Madison, 1 Cranch 137, 177 (1803); Hall, 572 U.S., ___ (19) ("독립 판단이 법원의 의무이다"). 우리는 "헌법이 수정헌법 제8조에 따라 사형이 허용될 수 있는지의 문제에 관하여 결국은 우리 자신이 판단하도록 하고 있다"는 점을 분명히 했다. [인용 자료 생략]

내가 판시한 위와 같은 이유로, 나는 사형은 수정헌법 제8조를 위반하였다고 믿는다. 최소한 법원은 이 기본 문제에 관하여 충분한 논의를 해야 한다.

나는 반대한다.

[대법관 소토마요르 반대의견]

오클라호마의 사형수명부에 있는 상고인들 3명은 약물주사형의 합헌성을 다투고 있다. 주는 미다졸람, 브롬화 로쿠로늄, 염화칼륨의 3가지 약물로 사형을 집행하려는 계획을 갖고 있다. 2, 3번 약물은 몸을 마비시키고 심장을 멈추게 하는데, 몸이 타는 듯하고 극심한 통증을 일으켜 고통스런 방식으로 진행된다. 그래서 1번 약 미다졸람이 사형수를 무의식에 빠트리는 중요한 역할을 한다. 상고인들은 미다졸람이 그 기능을 수행하리라고 기대할 수 없고, 주가 이 약을 쓰면 실질적이고, 헌법상 견딜 수 없는 위험을 드러낸다는 증거를 많이 제출하였다.

그럼에도 불구하고 오늘 다수의견은 상고인들이 미다졸람 사용의 부당성을 증명하는 동안이라도 사형집행을 정지해 달라는 신청을 기각하였다. 다수의견은 두 가지 방식으로 이렇게 결정하였다. 첫째, 과학적으로 근거가 없고 타당하지 않은 전문가 증인 한 명의 증언을 믿은 지방법원의 판결을 존중하고, 둘째, 상고인들이 이용할 수 있는 사형집행 대안을 증명하라는 전혀 새로운 요건을 이행하지 못했다. 둘 다 잘못이다. 그 결과 상고인들은 화학적으로 불에 타는 것과 마찬가지의 상황에 놓여 있다.

I

A

수정헌법 제8조는 "잔인하고 비정상의 처벌"을 간결하게 금지하고 있다. 7년 전 베이즈 판결에서 법원은 켄터키의 약물주사법에 이 의무를 적용할지를 살펴보았다. 그 무렵 켄터키는 사형제를 유지하고 있는 35개 주 중 29개주와 마찬가지로 3가지 약물로 사형을 집행하였다. (1) 티오펜탈, 빠르게 작용하는 진정제로 치사량을 주입했을 때 식물인간 같은 깊은 무의식상태에 빠지는 약물, (2) 브롬화 로쿠로늄, 근육과 뼈의 움직임 및 호흡을 멈추는 마비제, (3) 염화칼륨, 심장 수축을 자극하는 전기신호에 개입하여 심장마비 유도. 44(대법원장 로버츠의 복수의견).

베이즈 판결에서 적당량의 티오펜탈이 없으면 브롬화 로쿠로늄에 의한 질식과 염화칼륨의 주입으로 인한 고통이 실질적이고 헌법상 받아들일 수 없는 위험일 수 있음은 다툼이 없었다. 53. 만약 의식이 있는 사형수에게 주입된다면, 염화칼륨이 극심한 고통을 일으키는데, 브롬화 로쿠로늄은 질식시켜 고통이 겉으로 드러날 수 없게 되기 때문이다. 그러나 베이즈 판결의 상고인들은 계획대로 집행된다면, 알맞게 투여된 티오펜탈이 이어지는 두 약물로부터의 고통을 느낄 위험을 없애주기 때문에 켄터키의 집행방법에 따라 인간다운 죽음을 맞이할 수 있다고 인정하였다. 그 전제를 바탕으로 법원은 켄터키의 사형집행방법에 대한 다툼을 기각하였다. 복수의견은 이 3가지 약물을 투여하는 주의 절차는 객관적으로 참을 수 없는 끔찍한 고통을 줄 위험이 없음을 보장한다고 결론 내렸다.

B

여러 해 동안 오클라호마는 베이즈 판결의 3가지 약물을 똑같이 사용하여 사용을 집행하였다. 그러나 베이즈 판결 뒤, 티오펜탈의 주제조업체가 사형집행에 약물사용을 거부하였다. 다른 주들처럼 오클라호마는 다른 약으로 대체하기로 하였다. 그러나 2014년 2명의 사형집행 바로 전에 오클라호마는 약을 구할 수 없음을 알았다.

주는 다른 마취제를 찾는 몇 달 뒤로 집행을 연기하였다. 1주일도 지나지 않아 오클라호마 교정국과 법무부의 직원들은 미다졸람을 대체약물로 골랐다.

바로 뒤 오클라호마는 클레이튼 라켓의 사형을 집행하면서 처음으로 미다졸람을 썼다. 사타구니부위에서 정맥혈관을 찾아서 100밀리그램의 미다졸람을 투여하고 10분 뒤, 참관 의사가 라켓이 무의식상태에 있다고 진단했다. 마비제와 염화칼륨이 투여되는 동안 라켓은 깨어 있었다. 여러 증인들은 라켓이 “무언가 잘못되었어. 약이 듣지 않아”라고 말하면서 묶여 있는 상태에서 몸부림쳤다고 증언하였다. 집행공무원들은 차양막을 내리고 집행을 멈추었다. 그러나 10분 뒤, 집행 시작하고 약 40분이 지나 라켓이 숨졌다고 공표되었다.

주는 라켓의 집행에 어떤 잘못이 있는지를 알아보는 동안 사형 집행을 모두 정지하였다. 5달 뒤 주는 조사보고서를 공개하고 주요 원인으로 정맥주사관의 오류를 확인하였다. 정맥주사관이 라켓의 정맥으로 약물을 충분히 투여하지 못했다는 오류였다. 그러나 부검결과 라켓의 혈관에 있는 미다졸람의 농도는 평균인을 무의식상태로 만드는데 충분한 양보다 많았음이 밝혀졌다.

이 보고서에 따라 주는 약물주사방법을 수정하였다. 새로운 방법은 사형집행팀원들이 정맥주사관이 맞게 삽입되었는지를 확인하고, 사형수의 무의식상태를 확인하도록 하였다. 그러나 미다졸람양을 100밀리그램에서 500밀리그램으로 늘리는 것 외에는 라켓의 사형 집행에 썼던 3가지 종류 약물 주입방법은 여전히 사용되었다. 주는 마비제 교체 외에 앞으로 모든 사형 집행에 이 방법을 사용할 계획이라고 밝혔다.

C

2014. 6. 오클라호마 사형수들이 피상고인 교정공무원을 상대로 사형집행방법의 합헌성을 다투는 소송을 걸었다. 42 U.S.C. §1983. 주의 새 집행방법이 공개된 뒤 집행시기가 가장 이른 4명의 사형수들-상고인 리차드 글로십, 존 그랜트, 벤자민 콜, 그리고 찰스 워너-은 예비 금지명령을 신청하였다. 그들은 미다졸람은 다른 2개의 고통을 주는 약이 주입된 뒤에 무감각상태를 믿을 만큼 유지시켜 주지 않기 때문에 주의 미다졸람 사용은 수정헌법 제8조 위반이라고 주장하였다.

지방법원은 3일간의 증거심리를 하였고 상고인들은 주로 2명의 전문가-마취과 의사 데이비드 루바스키 박사와 약학박사 래리 사시치- 증언에 의존하였다. 주는 약학박사 에반스의 증언을 인용하였다.

전문가들의 증언은 대부분 겹쳤다. 3사람은 미다졸람이 신경안정제로 알려진 진정제의 한 유형이고 진통효과는 없다는데 동의하였다. 또한 미다졸람이 무의식상태에 빠지게 하는데 사용될 수 있지만, 식품의약국에서 수술할 때 마취하기 위해 사용되는 유일한 약으로 승인하지 않았다고 인정했다. 마지막으로 미다졸람은 투입량을 늘려도 더 센 효과가 나타나지 않는 천장효과가 있다고 인정하였다.

그러나 그들은 이 천장효과가 어떻게 작용하는지, 2,3번째 약물이 투여될 때 천장효과가 사형수의 무의식 상태 유지를 방해하는지의 핵심 문제에서는 의견이 갈렸다. (이하 세 증인의 약물의 기능과 효과 증언내용 생략)

D

지방법원은 상고인의 예비금지명령신청을 기각하였다. 먼저 미다졸람의 특성과 오클라호마의 사형집행에서 사용방법과 관련하여 사실인정을 하였다. 이 사건에 가장 연관된 내용으로 지방법원은 "미다졸람 500밀리그램을 올바로 투여하면 사람이 2,3번째 약물을 주입하여 나타날 수 있는 해로운 자극을 견디는데 충분한 정도의 무의식상태에 빠진다."고 인정하였다. 투여량을 늘려도 마취효과가 더 커지지 않은 천장효과가 있다는 상고인들의 주장을 받아들이면서, 지방법원은 다음과 같이 결론 내렸다.

"에반스 박사는 미다졸람의 천장효과가 척수에서 일어나는 마취와 어떤 관련이 있다 해도, 마취 현상이 아니라 호흡을 멈추고 사람의 통증자각을 없애는 효과를 가진 현상인 뇌를 효과적으로 마비시키기 위한 미다졸람 500밀리그램의 기능과 관련해서 천장효과는 없다."

이러한 사실인정을 바탕으로 지방법원은 상고인들이 두 가지 이유로 수정헌법 제8조 청구의 본안에서 승소할 개연성을 입증하지 못했다고 판결했다. 첫째, 상고인들이 개정된 방법의 집행절차가 객관적으로 견딜 수 없는 피해를 낳을 위험이 있음을 입증하지 못했다고 판단했다. 둘째, 지방법원은 베이즈 판결에 따른 요건이라고 이해되고 있는 "알려지고 이용가능한 대체" 집행방법을 상고인들이 제시하지 못했기 때문에 승소하기 어렵다고 판단하였다. 지방법원은 주가 "상고인들이 넌지시 말한 유일한 대안인 티오펜탈과 펜토바르비탈은 주가 구할 수 없음을 밝혔다"고 결론 내렸다.

연방제10항소법원은 인용하였다. 지방법원과 마찬가지로 상고인들이 "알려지고 이용가능한 대안"이 있음을 증명하지 못했기 때문에 본안에서 승소할 가능성이 낮다고 판단하였다. 항소법원은 지방법원의 사실인정에 뚜렷한 잘못이 있다고 볼 수 없고, 상고인들은 미다졸람의 사용으로 심각한 고통을 받을 위험을 증명하지 못했다고 결론 내렸다.

상고인들과 워너가 상고허가신청을 하였고 집행정지를 신청하였다. 법원은 집행정지신청을 기각하였고 워너는 2015. 1. 5. 사형이 집행되었다. 법원은 이후 상고를 허가하였고 주의 요청으로 상고인들의 집행을 정지하였다.

Ⅱ

나는 먼저 법정의견의 두 번째 요점부터 본다. 법정의견은 상고인들이 오클라호마의 집행방법에 헌법에 어긋나는 고통을 줄 위험이 있음을 소명하지 못했다고 인정한 지방법원이 결론이 옳다고 보았다. 이 결론에 이르면서 미다졸람이 무의식에 빠지게 할 수 있지만, 고통스런 자극이 가해질 때 무의식을 유지하는데 유용하지 않을 수 있음을 보여주는 실질적인 증거를 무시하고 있다. 지방법원처럼 법정의견은 500밀리그램의 미다졸람이 뇌를 마비시킨다는 에반스 박사의 아무런 근거없는 주장을 들고 있다. 법정의견은 객관적으로 참을 수 없는 심각한 고통을 줄 위험을 못 본 체하고 있다.

A

나는 법정의견처럼 500밀리그램의 미다졸람이 2,3번째 약물을 투여하여 생길 수 있는 해로운 자극을 견디기에 충분할 만큼 무의식에 빠지게 한다는 지방법원의 사실인정에 명백한 잘못이 있는지 살펴본다. 그때 나는 지방법원의 사실인정 근거, 곧 미다졸람이 척수부위에서만 천장효과가 있고 500밀리그램이 뇌를 마비시키는 효과가 있다는 에반스 박사의 증언을 비판적으로 살펴보는 우리의 임무를 버리지 않겠다. 법정의견대로 과학적인 증언은 때때로 연방법원 전문성의 한계지점에 있다. 그러나 자칭 전문가가 무엇을 말했기 때문이 아니다. 특히 중요한 헌법상 권리가 위험에 처해 있을 때, 연방지방법원은 과학적인 결론의 증거와 전제를 주의깊게 평가하여야 하고 항소법원은 지방법원이 제출된 모든 증거를 신중하게 살펴보았는지 확인하여야 한다. 사실인정을 뒷받침하는 증거가 있다 하더라도, 증거를 살펴본 상급법원이 사실인정에 잘못이 있다는 뚜렷하고도 굳건한 확신이 들 때 명백한 잘못은 존재한다. United States v. United States Gypsum Co., 333 U.S. 364, 395 (1948). 이 사건에서 에반스 박사 증언에 있는 여러 흠결을 볼 때, 이를 믿는 지방법원에 명백한 잘못이 있음은 의심의 여지가 거의 없다. (전문가 증언 내용 생략)

간추리면 에반스의 결론을 지지하는 연구나 제3의 자료는 없고, 상고인들이 낸 증거와 모순되며, 미다졸람의 특성에 대한 과학적인 이해에 맞지 않고 논리적인 오류위에 서 있다. 이렇게 두드러진 흠을 볼 때 500밀리그램의 미다졸람이 뇌를 마비시킨다는 에반스의 주장을 받아들인 지방법원의 결론은 신뢰할 수 없다. 이 사건은 허용될 수 있는 증거 해석이 두 가지 있을 때 지방법원이 하나를 선택할 수 있는 사건이 아니다. 그보다는 1심 판사가 증인이 다른 증거와 모순되지 않고 한결같고 가능한 논리를 증언하지 않았는데도 2명 이상의 증인 진술 중 한 명의 증언만 믿은 사건이다. 달리 말하면 이 사건은 지방법원에게 뚜렷한 잘못이 있다.

B

500밀리그램의 미다졸람이 뇌를 마비시킨다는 지방법원의 사실인정이 잘못되었지만, 문제는 그럼에도 불구하고 법원이 상고인이 미다졸람의 사용으로 객관적으로 견딜 수 없는 큰 고통을 줄 위험을 소명하지 못했다고 판단하는 것이 옳으냐이다. 베이즈 판결 50. 나는 상고인들이 이를 소명했다고 본다. 왜냐하면 에반스 박사와 반대로, 상고인들의 전문가들은 미다졸람이 2,3번째 약물 주입으로 인한 고통에 무감각하게 만드는 마취효과가 없음을 가리키는 객관적인 증거를 보여줄 수 있었기 때문이다.

이 전문가들은 미다졸람의 천장효과를 알려주는 여러 자료를 인용했다. 그 증거만으로도 미다졸람의 효능을 의심할 이유가 적지 않다. 상고인들이 승소하기 위해서는 참을 수 없는 고통을 줄 위험(확실성이 아니라)만을 소명하면 된다. 베이즈 판결 50. 이 사건에서 주는 미다졸람이 어떤 양을 넘으면 투여량을 늘려도 실제 약물 효과가 커지지 않음을 보여주는 연구에도 불구하고, 이전에 보여주지 못한 효과를 얻기 위해 사용하려고 하고 있다. 그래서 약물이 주가 바라는 방식대로 작용하지 않을 실제 위험이 있는 가운데 집행하려고 하고 있다.

또한 아마도 가장 중요하게도 기록에는 이 위험이 실질적이라고 생각해도 좋을 이유가 있다. 법정의견은 상고인들이 "미다졸람의 천장효과가 500밀리그램 이하에서 일어나는지, 그리고 어느 정도에서 고통에 무감각해지는 효과가 없어지는지"에 관하여 개연성있는 증거를 내지 못했다고 보았다. 그러면서 루바스키 박사는 천장효과가 어느 정도 투여량에서 일어나는지 말할 수 없었고, 아마도 약 40에서 50 밀리그램 이후에 일어날 수 있다고 추측할 수 있을 뿐이었다고 한다.

그러나 만약 고통에 무감각해질 수 있는 정도의 투여량이 없다면, 미다졸람이 천장효과에 이르는 정확한 투여량은 관련이 없다. 이 중요한 부분에 대해서 루바스키 박사는 매우 분명하다. 그는 약물은 해로운 자극에 대해 무의식상태를 만드는 작용을 하지 않고, 사람에게 외과수술할 때의 마취효과를 기대하기에는 충분하지 않다고 설명하였다. 그는 "약이 외과수술 중 마취상태를 유지하기 위해 유일한 마취약으로 이용되지 않으며 그런 적도 없다"고도 했다. 그리고 식품의약국에서 약물을 유일한 마취제로 승인하지 않았는데, 그 이유는 천장효과에 충분히 도달하는 많은 양을 사용하여 무의식상태에 빠진 뒤에도, 환자가 수술에 반응하기 때문이라고 한다. 그래서 루바스키 박사는 천장효과가 40, 50, 60밀리그램인지 아니면 더 많은 양에서 도달하는지를 알 수 없지만, 2,3번째 약물이 투여되었을 때 미다졸람이 어느 투여량에서 무의식상태를 유지한다고 신뢰할 수 있는 지 특정할 수 없었다.

이 주장은 미다졸람이 사용되고 있거나 사용될 수 있는 방식에 관한 증거로 확인되었다. 전문가 3명 모두 미다졸람이 가벼운 수술절차에서만 유일한 진정제로 사용되었다고 인정하였다. 예를 들면 에반스 박사는 미다졸람이 수술용 칼을 깊게 쓰지 않는 일부 수술에서 유일하게 사용되지만, 그 때에도 진통제와 함께 사용된다고 인정하였다. 법정의견이 인정한 바와 같이 사시치 박사가 미다졸람이 대장내시경과 위장내시경과 같은 의술에 이용될 수 있다 해도, 고통스럽지 않은 검사이고, 미다졸람이 집행하는 동안 무의식상태를 유지하는 효과가 있다는 결론은 과장이다. 기록상 이 검사가 오클라호마가 쓰려고 하는 2, 3번째 약물이 만든 고통에 비할만큼 극심한 고통을 일으킨다고 생각할 이유가 없다.

더 고통스런 과정이라는 데에 3사람의 의견은 같았다. 미다졸람은 무의식상태를 유지하기 위한 유일한 약으로 식품의역국이 승인하지 않았고 사용되지도 않는다. 특히 루바스키 박사는 4가지 근거를 인용한 조사보고서를 인용하면서 미다졸람이 적절한 마취상태를 유지하기 위해서 홀로 사용될 수 없다고 밝혔다.

이 증거만으로 충분하였지만, 만약 이 결론에 추가 근거를 원한다면, 라켓과 우드 사형집행이 알려주었다. 라켓의 집행을 흠집낸 절차상 결함은 미다졸람 효능에 관한 의도하지 않은(또한 기이한) 실험 조건을 만들어냈다. 정맥주사관 문제 때문에 라켓은 2,3번째 약물이 투여된 뒤 완전히 마비되지 않았다. 그러나 지방법원은 평균인을 무의식상태로 만드는데 필요한 양의 미다졸람 이상이 투여되었다고 인정하였다. 라켓이 깨어 있으면서 몸부림치고 말할 때, 미다졸람이 무의식상태로 빠지게 하는 효과와 무의식상태를 유지하는 효과 사이에 중요한 차이가 있음을 알려주었다. 법정의견은 100밀리그램의 미다졸람이 라켓의 집행에 사용되었다고 보았지만, 천장효과를 고려할 때 더 많은 양이 반드시 더 나은 결과를 가져오지 않는다.

우드의 집행은 아마도 더 확실한 증거가 된다. 미다졸람 750밀리그램을 투여했음에도 우드는 거의 2시간 동안 헐떡거리고 킁킁거렸다. 루바스키 박사는 이러한 반응이 완전히 마취된 우드의 상태가 아니고, 500밀리그램보다 적은 양이 충분하리라는 주장이 사실이 아님을 보여준다.

반면에 11번의 사형집행에서 똑같이 3가지 약물을 사용한 플로리다의 사례는 참고대상이 아니다. 뚜렷한 사고가 없었다고 해서 문제가 전혀 없는 것은 아니다. 사시치 박사와 루바스키 박사는 강력한 마비제가 투여되기 때문에 사형수가 무의식 상태에 있었는지 알기 어렵다고 설명하였다. 또한 눈을 깜박거리는 등 사형수가 깨어 있을 가능성을 알려주는 현상도 있었다.

마지막으로 3약물을 투여하는 주의 안전장치도 미다졸람이 법정의견대로 작동하지 않을 실질적인 위험을 줄이지 않을 듯하다. 공무원이 정맥주사관이 올바로 확보되었는지를 확인하는 방법은 미다졸람이 화학적으로 갖고 있지 않은 효과를 기대할 수 없을 것이다. 의식상태를 점검한다고 해서 2, 3번째 약물이 투여되는 동안 사형수가 무의식의 상태에 있는지를 알 수 있다는 근거는 없다. 누구도 미다졸람이 무의식상태에 빠지게 할 수 있는지를 묻지 않는다. 라켓의 사형집행이 생생히 보여주듯이, 2,3번째 약물 투여로 생기는 통증과 호흡곤란으로 무의식 상태의 사형수가 깨어날 수 있다는 문제가 있다. 이 지점에서 마비제의 사용으로 미심쩍지만 사형수가 의식이 있는지, 없는지를 판단할 수 있다 해도 이미 늦었다. 이러한 이유로 10항소법원은 지방법원이 판단근거로 삼은 안전장치가 미다졸람의 특성과 관련한 상고인들 주장의 배척과 무관하다고 본 듯하다.

C

법정의견은 미다졸람이 부적절하다는 기록상 증거를 무시하였고, 이 사건에서 드러난 절차상 문제를 올바로 인정하지 않고 있다. 상고인들은 본안에서 변론한 기회를 갖지 못했다. 주가 집행방법을 바꾼 뒤 3달 이내에 약식 증거 절차만을 거쳤다. 심지어 그들은 에반스 박사가 증언한 뒤 반박 증거를 낼 기회도 갖지 못했다. 그들은 예비 금지명령을 신청하였기 때문에 주장을 증명할 필요는 없고 본안에서 승소할 가능성만을 소명하면 된다.

아마 주는 에반스 박사의 근거없는 증언외에 더 입증을 해야겠지만 본안 심리를 하면 승소할 지도 모르겠다. 그러나 예비금지명령 단계에서 상고인들은 미다졸람이 주의 의도대로 기능하지 못할 수도 있음을 보여주는 강력한 증거를 냈다. 반면에 주는 믿을만한 반대 증거를 내지 않았다. 그래서 상고인들은 미다졸람의 결함 때문에 끔찍한 고통을 일으킨다고 알려진 화학물질이 정맥혈관에 흐르는 동안, 움직일 수는 없지만 깨어 있게 되는 상태가 되는, 헌법상 허용될 수 없는 위험이 있음을 소명했다.

III

미다졸람의 사용이 객관적으로 참을 수 없는 커다란 고통을 줄 위험이 없다는 법정의견은 사실 오인이다. 상고인들이 주가 이용할 수 있는 대체 사형집행 방안을 밝히지 못하였기 때문에 기각되어야 한다는 법정의견은 법률상 허용될 수 없다.

A

이 법원은 오래전에 어떤 집행방법은 절대로 금지된다고 인정했다. 윌커슨 판결이 쟁점이었던 총살형을 인정하였다 해도, "공개 처형, 화형, 불필요하게 잔인한 다른 고문형은 수정헌법 제8조에 의해 금지"됨을 분명히 하였다. 11년 뒤 법원은 전기의자사용 금지 청구를 기각하면서 "만약 주법 위반에 대한 처벌이 화형, 십자가형, 거열형 등과 같이 명백하게 잔인하고 비정상이라면, 그러한 형벌은 헌법이 금지한다고 판단할 의무가 법원에 있다." In re Kemmler, 136 U.S. 436, 446 (1890).

한 세기 이상 대법관들은 비정상의 잔인한 처벌을 금지하는 수정헌법 제8조의 적용범위를 둘러싸고 자주 논쟁을 벌였다. 퍼먼 판결. 그러나 최소한 "야만스러운 신체 처벌"이 금지된다는데 거의 의문이 없었다. (인용 판례 생략). 수정헌법이 "모든 상황에서 야만스러운 처벌"을 금지한다는데 전혀 문제가 없었다. 쉽게 말해서 "수정헌법 제8조가 잔인하고 비정상의 처벌을 완전히 금지"한다. Penry v. Lynaugh, 492 U.S. 302, 330 (1989).

B

그러나 오늘 법원은 이 완전금지를 조건부금지로 바꾸고 있다. 화학적인 방법으로 화형에 이른다고 할 정도로 참을 수 없게 고통스러운 집행방법이 알려지고 이용가능한 대체 집행방법이 있을 때에만 위헌이라고 판결했다. 베이즈 판결이 다른 주장을 모두 배척하고 있다고 여기고 있다.

베이즈 판결이 그와 같이 판결하지 않았다. 먼저 법정의견은 알려지고 이용가능한 대체 집행 방법 요건의 근거로 베이즈 판결의 복수의견만을 인용하고 있다. 베이즈 판결의 복수의견이 그러한 요건을 세우지 않았지만 세웠다고 가정해도, 베이즈 판결의 다수의견에 동조한 대법관들은 비슷한 견해를 말하지 않았다. (대법관 스티븐스, 토마스, 브레이어 동조의견 인용 생략). 보통 "법원 판결은 다수의견에 동조한 대법관들이 가장 좁은 범위에서 일치한 견해가 받아들여진다." Marks v. United States, 430 U.S. 188, 193 (1977). 수정헌법 제8조에 따라 집행방법을 다투는 원고가 이용가능한 대체 집행방법을 증명하여야 한다는 입장은 다수의견의 견해를 대표하지 않기 때문에 베이즈 판결의 내용이 아니었다. CTS Corp. v. Dynamics Corp. of America, 481 U.S. 69, 81 (1987).

어느 경우든 베이즈 판결의 복수의견조차도 법정의견의 논리를 지지하지 않는다. 베이즈 판결에는 다음 문장이 있을 뿐이다. "사형수는 알려지고 이용가능한 대체 집행 방법에 견주어 볼 때 위험이 실질적임을 증명해야 한다." 61. 그러나 이 핵심 문장의 뜻과 베이즈 판결이 부과한 요건의 한계는 바로 앞선 문장에 뚜렷이 드러나 있다. "사형수가 주의 약물주사형이 끔찍한 고통을 줄 위험이 있음을 증명하지 않는 한 이 사건에서 주장한 이유로 집행정지가 허용될 수 없다." 베이즈 판결에서 상고인들의 수정헌법 제8조 청구의 전제는 대체 집행 방법으로 없앴을 수 있는 피해를 주는 상당한 위험을 확인했다는 것이었다. 그들의 기본 논리는 고통을 줄 위험이 25%에 지나지 않는다고 해도, 5%로 줄여주는 명백한 대체 집행방법이 있다면 객관적으로 견딜 수 없는 위험이라고 했다. 그래서 베이즈 판결에서 구제신청의 근거는 쓸 수 있는 대체 방법이 있음을 고려할 때 주의 집행방법이 견딜 수 없게 위험하다였다.

이 주장을 살펴보면서 베이즈 판결의 복수의견은 사형수가 조금 더 안전한 대안이 있다는 사실만을 증명해서는 주의 집행방법을 다툴 수 없다고 정리하였다. 대신에 이러한 종류의 청구에 승소하기 위해서는 상대적인 위험이 실질적이어야 한다고 하였다. 복수의견은 어디에서도 주의 집행방법에 대한 모든 다툼에서 상대적인 위험 분석이 필요하다고 하지 않았다. 이용가능한 대안도 관련되어 있음을 인정했다고 해서 그 대안이 없으면 집행방법이 객관적으로 견딜 수 없는 위험이 있음을 증명하지 못한다는 결론과는 전혀 다르다. 예를 들면 교도관들이 오래도록 끔찍한 고통을 일으킬 가능성이 99%인 집행방법을 선택했다면, 그 방법을 선택할 때 다른 방법을 무시했든 아니든 객관적으로 견딜 수 없는 위험이 된다. 대안이 존재하든 안 하든 위험이 너무 커서 현재의 품위 기준을 위반한다.

사형수가 이용가능한 대체 집행 방법을 밝히는 능력에 관한 베이즈 판결의 복수의견 내용은 그 대안의 존재를 근거로 한 청구에만 관련되어 있음은 힐 판결의 전원일치 의견과 구분하려고 하거나 심지어 언급조차 하지 않았다는 것으로도 증명된다. 힐 판결은 1983조에 따라 주의 집행방법을 다투는 원고는 대안, 허용된 집행방법을 밝힐 필요가 없다고 판결했다. 힐 판결은 1983조 청구 기준을 다투는 맥락에서 그렇게 판결했고, 강화된 청구요건을 부과할 근거를 찾을 수 없었기 때문에 대안 요건을 배척하였다. 힐 판결은 수정헌법 제8조 청구의 요건으로서 대체 집행 방법의 이용가능성을 보지 않았음을 확인하고 있다. 만약 그 요건을 요구했다면 원고에게 요건 이행의 요구가 강화된 기준의 부과가 아니라 전통의 청구 요건에 꼭 들어맞는다는 의미가 될 것이다. 베이즈 판결의 복수의견이 2년도 지나지 않아 힐 판결의 전제를 부주의하게 제쳐두었다고 이해해서는 안 된다.

C

새로운 법리를 만들기 위해 베이즈 판결을 재구성한 법정의견은 잘못된 삼단논법에 기대고 있다. 만약 사형이 합헌이라면, 이를 집행하는 수단이 있어야 하고, 이용가능한 어떤 집행방법은 합헌이어야 한다는 식이다. 그러나 사형이 추상적으로 진화하는 품위의 기준에 맞는다고 인정하더라도(대법관 브레이어 반대의견도 있음), 법정의견의 결론으로 이어지지 않는다. 사형의 합헌성은 사형집행방법을 위헌으로 여기는 고통의 정도에 대한 우리의 관념을 영향을 줄 수 있다. 그러나 야만스러운 집행 방법 또는 고문이나 오래 끄는 죽음은 주가 현재 이용할 수 있는 유일한 방법이기 때문에 잔인성이 줄어들지 않는다. 만약 이용가능한 모든 집행방법이 잔인하고 비정상적인 처벌이라면, 그 집행은 잔인하고 비정상적인 처벌이 된다. 아무도 주에게 그렇게 집행하라고 하지 않는다. 주가 사형집행을 바란다는 이유만으로 헌법을 그냥 통과할 수 없다. 헌법은 어떤 그리고 모든 집행방법이 옳다고 하지 않는다. 만약 주가 집행하려고 한다면, 선택한 집행방법이 잔인하거나 비정상적이어서는 안된다고 보장할 의무를 포함하여 헌법이 부과한 제한에 맞추어 집행해야 한다. 사형수가 자신이 죽는 방법을 만들어내거나 고를 의무는 없다.

이러한 이유로 법정의견의 이용가능한 대안 요건은 터무니없는 결론에 이른다. 상고인들은 오클라호마의 현재 집행방법이 야만스러운 처벌-화학적 화형-이라고 주장하고 있다. 그러나 현재 새 법리에 따르면 상고인들은 티오펜탈이나 펜토바르비탈의 이용가능성을 증명하지 못했기 때문에, 주가 미다졸람을 사용하려고 했는지, 또는 대신에 상고인들을 거열형, 천천히 고문해서 숨지게 하거나, 실제 불태우든지 문제없게 된다.[77] 수정헌법 제8조는 그러한 결과를 용인할 수 없다.

D

추가 요건을 밝힌 법정의견은 변화하는 상황에 맞추어 주의 사형 집행력을 유지하려는 희망에 따르고 있다. 주가 베이즈 판결이후 약물주입형의 약물을 구하는데 실무상 어려움을 겪고 있음은 사실이다. 최근에 주가 이 나라 역사에서 집행방법을 전례 없이 자주 바꾸고 있다는 연구가 있다.

그러나 그러한 변화로 법원이 추가 부담을 부과하는 이유를 모르겠다. 이 사건에서 상고인들은 집행약물의 부족에 아무런 역할을 하지 않았다. 약물회사의 조치와 사형 폐지를 바라는 사람들의 조치, 물론 모두 적법한 조치인데 이에 따른 상고인들의 처벌은 이상하다. 또한 빠르게 변화하는 상황 때문에 마지막으로 선택된 집행방법이 수정헌법 제8조에 어긋나지 않을 만큼 충분히 인도적이라는 더 큰 확신을 가질 수도 없다. 오히려 반대다. 주가 서둘러 시험을 거치지 않은 새로운 약물을 겨우 찾으면서 만든 집행방법은 더 잔인하고 비정상적일 가능성이 높다. 그 약물들이 더 효과가 있다면 주가 맨 먼저 선택한 약물이었으리라는 추정도 해볼 수 있다. 법원은 주가 인간을 실험대상으로 삼은 행위를 할 때 더 자세히 검토해야 한다.

또한 죽는 방법을 정하라는 다수의견의 비현실적인 요건을 일부 사형수들은 현대 감성에 맞지 않는 집행방법을 제안하라는 뜻으로 해석할지 모른다. 이 사건

---

77) 법정의견의 법리를 이와 같이 논리적으로 설명해도 다수의견은 이를 "간단히 진실이 아니고""기이한 말"이라고 비웃으면서, 자신들의 법리가 그렇게 넓게 적용되지 않는다고 말한다. 그러나 법정의견이 모든 수정헌법 제8조 집행방법 관련 청구에 요건을 부과했을 때, 그 요건은 사실상 모든 집행 방법에 예외없이 적용된다.

에서 상고인들은 펜토바르비탈과 티오펜탈을 주가 이용할 수 있다는 가정 때문에 법원의 새로운 기준을 통과하지 못했다. 특히 이웃한 텍사스와 미주리가 오늘날까지 사형집행에 펜토바르비탈을 계속 이용하고 있음을 고려할 때 아마도 합리적인 가정이었다.

그러나 앞으로 사형수는 주의 약물주사형을 받아들이지 않을 수도 있다. 특히 일부 사형수는 대안으로 총살형을 제안할 수 있다. 1920년 이후 유타주만이 이 집행방법을 사용하였다. 그러나 총살형은 집행 때까지 개발된 약물을 섞어서 주사하는 방법을 포함한 다른 집행방법보다 더 믿을만하다고 볼 증거가 있다. 상대적으로 총살형이 빠르고 고통 없다고 생각할 이유도 있다.

총살형을 사용하면 더 원시적인 시기로 퇴보한다고 여겨질 수 있다. 물론 위헌이라고 말하려는 뜻은 아니다. 그러나 약물주사형은 주가 수세기에 걸쳐 찾은 깔끔하고 신체를 손상하지 않은 방법이라고 최근에 설명되고 있다. 눈에 보이게 피를 튀기고 신체를 훼손하는 총살형으로 돌아가면 거꾸로 향한다. 그 죽음의 잔인함은 수정헌법 제8조의 우려를 불러일으킬 수 있다고 말하는 사람도 있겠다. 그러나 사형수의 입장에서 보면 약물의 허울아래 끔찍한 고통 끝의 죽음보다는 눈에 보이지만 상대적으로 고통없는 폭력이 더 낫다고 여길 수 있다.

* * *

흉악범조차도 보호함으로써 수정헌법 제8조는 모든 사람의 품위를 존중하는 정부의 의무를 재확인하고 있다. Roper v. Simmons, 543 U.S. 551, 560 (2005). 그러나 오늘 법원은 오클라호마가 의무에서 벗어나게 해주고 있다. 3가지 약물을 섞은 주사형에서 미다졸람이 진정제로 헌법상 충분히 허용될 수 있는지에 관한 기록상 증거를 잘못 해석하거나 무시하였다. 그리고 사형수에게 자신의 집행에서 이용가능한 방법 제시라는 완전히 전례없는 의무를 이행하라고 하고 있다. 이 사건의 약물주사형을 사리는데 필요한 왜곡은 가치가 없다.

나는 반대한다.

[행 정]

15. 의료진의 백신접종의무 지침을 제정할 법적 근거와 행정절차법의 적법한 절차

Biden v. Missouri

595 U.S._____(2022)

〈해 설〉

보건부장관은 2021. 11. 5. 메디케어 및 메디케이드 제도에 참여하는 의료기관의 의료진들이 백신을 의무적으로 맞도록 하는 지침을 발표하였다. 보건부장관이 지침을 발표할 법률상 권한이 있는지, 행정절차법상 예고 및 의견수렴을 거치지 않을 정당한 이유가 있는지 등이 다투어졌다.

법정의견은 메디케어 및 메디케이드 관련 법은 보건부장관에게 환자들의 건강과 안전을 지키기 위해 조건을 붙이도록 허용하였고, 코로나19 감염 및 환자, 사망자를 낮추기 위해 겨울이 오기 전에 빨리 지침을 시행할 필요가 있어서 행정절차법상 예고 및 의견수렴절차를 생략하는 정당한 이유가 있다고 판결하였다.

반대의견은 의회가 장관에게 제도를 관리할 권한을 주었지만, 이 사건 백신접종의무를 부과하도록 허용한 명백한 법률상 근거가 없고, 예고 및 의견수렴절차를 생략하는 예외는 제한되어야 하는데 예외를 허용할만큼 급한 사정이 존재하지 않으므로 행정절차법위반이라고 판단하였다.

이 사건은 같은 날(2022. 1. 13.) 산업보건청이 공표한 사업장 백신접종의무 지침이 위법하다고 선고한 판결(National Federation of Independent Business v. OSHA 595 U.S.____(2022))과는 결론이 다르다.

[PER CURIAM][78)]

보건부장관은 수백만명의 노인, 장애인, 저소득층에게 건강보험(메디케어와 메디케이드)을 제공하는 건강보호제도를 운영한다. 2021. 11. 장관은 건강보험제도에 참여하는 의료기관의 의료진들이 건강이나 종교상의 면제사유를 제외하고 코로

78) 법정의견을 작성한 대법관의 이름을 밝히지 않은 판결이다.

나19백신을 맞아야 한다고 발표하였다. 연방지방법원 두 곳은 그 지침의 집행을 정지하였고, 정부는 우리에게 그 금지명령의 정지를 요청하고 있다. 정부가 그러한 구제를 청구할 권리가 있음을 인정하고 우리는 신청을 받아들인다.

I

A

메디케어는 65살 이상의 노인과 특별한 장애를 가진 사람에게 건강보험을 제공한다. 메디케이드는 저소득층 사람들에게 같은 보험을 제공한다. 두 제도는 보건부장관이 운영하는데, 권한의 효율적인 집행에 필요한 지침을 선포하는 일반적인 법률상 권한을 갖고 있다. 42 U.S.C. §1302(a).

보건부의 핵심 임무에 따른 가장 기본적인 기능은 메디케어 및 메디케이드 환자들을 보살피는 기관이 환자들의 건강과 안전을 지키도록 보장하는데 있다. 그 기관은 병원, 요양원, 응급의료센터, 말기환자병원, 재활원 등이다. 의회는 그 목적으로 장관에게 기관의 제도 참여 조건을 설정하여, 서비스를 받는 사람들의 건강과 안전을 위해 필요한 요건을 발표할 권한을 주었다.

이 권한에 따라 장관은 의료기관이 메디케어 및 메디케이드 보험금을 받기 위해 지켜야 하는 자세한 조건 목록을 만들었다. 그 조건에는 "전염병의 확산과 감염을 막기 위한 통제와 감염을 방지하는 방침"을 만들어 집행하는 요건이 들어있다.

B

2021. 11. 5. 장관은 기존의 조건을 고쳐서 의료진의 백신접종을 의무화하는 새 요건을 추가한 지침을 발표하였다. 지침에 따르면 의료기관은 건강 및 종교상 이유로 접종을 면제할 수 있고, 재택근무하는 직원도 예외이다. 지침을 지키지 않은 의료기관은 과징금 부과, 보험금지급거부, 보험제도 참여 배제 조치를 받을 수 있다.

장관은 의료진의 코로나19 백신접종이 환자의 건강과 안전을 위해 필요하다고 판단한 뒤 지침을 발표하였다. 장관은 의료진 중 35% 이상이 백신접종하지 않은 상태이고, 환자들의 건강과 안전에 커다란 위협이 되고 있다고 설명하였다. 코로나 19 바이러스는 의료기관 직원들 사이 및 환자들에게 빠르게 퍼질 수 있고, 직원들이 백신을 맞지 않았을 때 그 가능성이 높아질 수 있음을 보여주는 자료를 근거로 지침이 결정되었다. 또는 메디케어와 메디케이드 환자들은 나이가 많고, 장애가 있거나 건강이 좋지 않는 경우가 있기 때문에, 그 환자들에게 바이러스 전염은 특히 위험하다고 설명하였다. 기관 내 전염 자체가 불러오는 위협뿐만 아니라, 백신을 맞지 않은 의료진들로부터 바이러스가 감염될 수 있다는 두려움 때문에 환자들이 필요한 의료서비스를 포기할 수 있고, 환자의 건강과 안전에 더 큰 위험이 될 수 있다고 한다. 또한 코로나19 관련된 감염 위험이나 질병으로 생기는 의료진 부족이 환자 치료에 방해가 되었다고 한다.

장관은 즉시 효력을 발생시킬 정당한 이유가 있다고 본 뒤, 예고 및 의견수렴 절차를 거치지 않고 잠정적으로 최종 지침을 발표하였다. 조치가 늦어지면 델타 바이러스가 퍼지고 있고 다가오는 겨울철을 생각할 때 환자의 건강과 안전이 위험에 빠질 수 있다는 그의 믿음이 정당한 이유였다.

C

지침 발효 직후 루이지애나주와 미주리주의 두 집단이 지침을 다투는 소송을 따로 제기하였다. 루이지애나서부 및 미주리동부 연방지방법원은 하자를 인정하고 집행 금지를 명령하였다. 각 사건에서 정부는 항소심에 금지명령의 정지를 신청하였다. 루이지애나 사건에서 연방제5항소법원은 정부의 신청을 기각하였다. 미주리 사건에서 연방제8항소법원도 마찬가지로 결정하였다. 정부는 우리에게 두 지방법원의 금지명령의 정지를 신청하였고, 우리는 빠르게 주장을 검토하였다.

II

첫째, 우리는 장관의 지침이 의회가 부여한 그의 권한범위에 속한다는 정부의 주장에 동의한다.

의회는 장관에게 메디케이드와 메디케어 보험금을 수령하기 위해서는 환자들의 건강과 안전을 위하여 필요한 조건을 붙이도록 허용하였다. 42 U.S.C. §1395x(e)(9). 코로나 19는 전염이 잘 되고, 위험하며 특히 메디케어와 메디케이드 환자에게 치명적인 병이다. 보건부장관은 코로나19 백신의무접종으로 의료기관 직원들이 바이러스를 접촉하여 환자들에게 옮길 가능성을 실질적으로 줄일 거라고 판단했다. 따라서 백신의무접종이 계속되는 전염병확산국면에서 “환자의 건강과 안전 보호에 필요하다"고 결론 내렸다.

그래서 지침은 법문언의 내용에 거의 들어맞는다. 무엇보다 의료기관이 위험한 바이러스를 환자들에게 옮기지 않는 조치를 취하는 일은 환자에게 피해를 주지 않는다는 의료전문직의 기본 윤리에도 맞다. 코로나19의 감염은 치료기관의 효과적이고 효율적인 운영에 어긋나는 결과가 된다.

주들과 대법관 토마스는 이 사건의 여러 권한을 좁게 제한하는 의견을 밝히고 있다. 곧 위에서 인용한 여러 법문언은 장관에게 메디케어와 메디케이드의 기술적인 관리에 관한 행정 규칙 부과를 허용하였다고 주장하고 있다. 그러나 관련된 법률 권한을 이행해 온 보건부의 오래된 관행을 보면 다르다. 메디케어와 메디케이드에 참여하려는 의료기관은 늘 안전하고 효과적인 요양에 관한 조건을 이행할 의무가 있었다. 그 요건에는 예컨대 입원시간, 환자 수술과 수술 의사, 치료, 환자 이송, 콩팥과 간, 심장, 폐, 췌장의 이식, 의사가 보조자나 간호사에게 맡기는 임무, 이 사건과 가장 관련되는 일로서 병원이 전염병의 감시, 방지, 통제를 위해 이행해야 하는 방침 등이 들어 있다.

또한 장관은 의료기관 직원들의 자격과 의무에 관련된 참여조건을 새로 추가해 왔다. §§482.42(c)(2)(iv) (의료인들과 직원들의 감염 방지 및 통제 지침에 대한 연수 요건), 483.60(a)(1)(ii) (영양사는 900시간 이상 실무경력이 있어야 한다는 자격요건), 482.26(b)-(c) (방사선 장비 사용허가를 받을 자격 특정) 등. 그리고 장관은 이러한 요건 부과의 정당한 법률상 근거로 환자의 건강과 안전을 보호하는 자신의 권한을 들었다. 이 사례에서 보듯이, 메디케어와 메디케이드를 관리하는 장관의 역할은 단순한 경리 업무를 넘는다.

피상고인들은 기다란 참여 조건 내용이 유효함을 다투지 않는다. 구두변론에서 장관이 이 사건과 똑 같은 법률상 권한을 이용하여 병원 직원의 의료용 장갑 사용, 의료용 기기 소독, 손을 씻는 방법과 시간 설정 등을 요구할 수 있는지를 물었을 때, 미주리는 할 수 있다고 대답하였다. "장관이 이러한 시설에서 모든 종류의 감염 통제 조치를 이행하기 위한 권한을 분명히 갖고 있다." 물론 백신접종의무는 장관이 과거에 했던 감염 통제 조치를 넘어선다. 그러나 장관은 전에는 결코 지금과 같은 규모와 범위로 감염 문제를 다룰 필요가 없었다. 어떻든 메디케어와 메디케이드 시설에서 감염통제는 그가 처리해야 하는 일임은 의심할 수 없다.

백신의무접종은 미국 의료기관의 공통된 특징이다. 의료기관 직원들은 B형 간염, 독감, 홍역, 볼거리, 풍진과 같은 질병의 백신 접종이 의무다. 그래서 장관은 기존의 요건에서 참여조건으로 백신접종의무를 채택하지 않은 중요한 이유이라고 설명하였다.

이것이 아마도 의료기관 직원들과 공공의료단체들이 압도적으로 장관의 지침을 지지하는 이유일 것이다. 이러한 지지를 보면 백신의무접종이 의회가 장관에게 허용한 "건강과 안전" 규제의 직접적이고 예측가능한 사례임을 보여주고 있다.

따라서 우리는 장관이 메디케어 및 메디케이드 보험금을 받는 자격을 유지하기 위해 지침이 적시한 시설 직원들의 코로나 19 백신의무접종 요구가 법률상 권한을 넘지 않았다고 본다.

B

우리는 하급법원의 금지명령을 지지하는 피상고인의 나머지 주장에도 동의하지 않는다. 첫째, 지침이 자의적이거나 변덕스럽지 않다. 지침 제정 기록에 따르면, 장관이 (1) 검사의무대신에 백신접종 의무를 부여하고, (2) 코로나 19에 걸려 자연 면역된 직원에게 백신접종을 요구하고, (3) 과거 백신을 권장하는 방침에서 더 나아가기 위해 관련된 자료를 조사하지 않고 충분한 설명을 하지 않았다는 주장은 인정될 수 없다. 또한 장관이 지침으로 지역을 포함하여 의료진 숫자가 줄어들 수도 있음을 검토하지 않았다고 볼 여지는 없다. 지방법원들이 인정한 추가 흠결, 특히 근거로 든 자료의 성격과 관련된 내용에 관하여, 자의적이고 변덕스럽다는 주장을 심사하는 법원의 역할은 "행정청이 합리성의 범위 내에서 행동했음을 보장"하는 정도에 그친다. FCC v. Prometheus Radio Project, 592 U.S. ___, ___ (2021) (12).

지침에 대한 다른 법률상 이의도 받아들일 수 없다. 첫째, 대법관 알리토는 예고 및 의견수렴을 늦춘 데에 정당한 이유가 있는지를 묻고 있다. 그러나 겨울 독감시기가 오기 전에 빠른 지침 선포가 코로나 19 감염, 입원환자, 사망률을 낮출 수 있다는 장관의 판단이 예고 및 의견수렴을 생략하는 "특별한 사유"에 해당한다. 그리고 우리는 이 경우에 73쪽의 지침을 준비하는데 걸린 두 달이 정당한 이유를 인정하지 못하는 "지연"에 해당된다고 말할 수 없다. 둘째, 우리는 지침을 발표하기 전에 미리 주의 관련 행정청과 논의할 필요가 없다는 장관의 의견에 동의한다. 이 사건에서 올바르게 제기된 정당한 이유의 예외가 존재하므로, 연기된 예고 및 의견수렴 기간 동안의 협의가 허용될 수 있다. 우리는 지침을 발표했을 때 작은 지역 병원에 미치는 영향을 검토하는 규제 충격 효과를 따져볼 필요가 없다는 장관 의견에 동의한다. 그 요건은 장관이 "지침안을 예고"하고 이어서 최종 지침을 발표하는 방식으로 진행하는 경우에만 적용된다. 마지막으로 방역 지침은 연방 공무원은 의료행위가 제공되는 방법이나 의료진의 근무기간을 감독하거나 통제해서는 안 된다는 1395조의 내용에 어긋나지 않는다. 장관이 오랫동안 발표해 온 거의 모든 건강보험 참여 조건이 위법이라는 뜻으로 해석되어서는 안 된다.

* * *

전세계에 전염병이 퍼졌다 해도 의회가 부여하지 않은 권한을 연방 행정청이 행사할 수 없다. 동시에 일찍이 보지 못한 상황은 행정청이 오랫동안 가지고 있다고 인식해 온 권한의 행사를 제한할 근거를 제공하지 않는다. 후자의 원리가 이 사건에 적용되기 때문에 금지명령 정지신청을 받아들인다.

[대법관 토마스 반대의견]

두 달 전 메디커어 및 메디케이드 제도를 운영하는 보건부 정책실은 전국 의료시설의 직원, 자원봉사자, 계약자들이 코로나 19 백신을 맞도록 의무화하는 지침을 발표하였다. 의료시설에서는 백신을 맞지 않은 직원들을 해고해야 하고 벌금을 내거나 메디케어 및 메디케이드 참여 계약이 종료될 위험에 빠졌다. 정부는 천만명의 의료시설 직원들이 백신을 의무적으로 접종하는 효과를 거두었다.

두 연방지방법원은 이 사건 지침의 집행을 정지하였고, 정부는 항소심 선고시까지 그 명령의 긴급 정지를 요청하고 있다. 정부는 지침을 발표한 법률상 권한이 있음을 분명히 밝히지 못했기 때문에 나는 반대한다.

정부가 정지결정을 받기 위해서는 (1) 상고를 허가할 합리적인 가능성이 있고, (2) 하급심 판결이 취소될 가능성이 있으며, (3) 정지를 거부할 경우 회복할 수 없는 피해가 생길 가능성이 있음을 밝혀야 한다. Hollingsworth v. Perry, 558 U.S. 183, 190 (2010). 이 사건은 주로 정부가 본안에서 승소할 가능성이 크다는 점을 증명할 수 있는지에 달려 있다. 나는 이 사건에서 그러한 증명을 하지 못했다고 본다.

정부는 먼저 메디케어 및 메디케이드 운영 지침을 발표할 수 있는 일반적인 권한을 부여한 법률 규정 2개를 들고 있다. 첫째 "제도의 효과적인 관리에 필요한 지침과 규정을 발표"할 권한을 준 규정이다. 42 U.S.C. §1302(a) 둘째 메디케어법에 따라 "보험제도를 관리하기 위해 필요한 규정을 발표"하는 권한을 준 규정이다. §1395hh(a)(1).

각 규정이 백신의무를 부과하는 권한을 주었다고 볼 수 없다. 메디케어 및 메디케이드를 관리하기 위한 지침은 그 제도의 실무적인 운영과 방향을 정하기 위해서다. 그 지침들이 제도의 실제 운영에 현실적이며 뚜렷한 관련성이 있다면 관리에 필요하다. 이 사건에서 지침은 수백만 명의 의료기관 직원들에게 원치 않은 접종을 강요하고 있다. 지침이 메디케어 및 메디케이드 운영에 관련이 있다 해도 스치는 정도일 뿐이다.

구두변론에서 정부는 §1302(a) 및 §1395hh(a)(1)만을 근거로 해서 지침을 발표했다고 하지 않았다. 지침이 적용되는 15개 유형의 의료시설들을 각각 대상으로 하는 여러 법률 조항을 들었다. 이 조항들 중에는 의료지원제도가 "건강과 안전"을 위해 그 시설들을 규제할 수 있다고 하는 문언이 포함되어 있다. 정부는 그 조항 내용에 따라 모든 유형의 시설들에게 적용될 수 있는 백신의무접종을 포함하여 환자의 건강과 안전 보호에 필요하다고 판단되는 요건을 채택할 권한이 부여되었다고 보고 있다. 다수의견 역시 이 흩어져 있는 조항들이 건강과 안전을 규제할 수 있는 권한을 장관에게 맡겼다고 보고 있다.

정부는 이 법률 조항들이 이 사건 지침 제정 근거임을 확실하게 밝히지 못했다. 먼저 15개 시설관련 법률들 중 5개는 건강과 안전 규정을 만들 권한을 부여하지 않았다. 42 U.S.C. §§1396d(d)(1), (h)(1)(B)(i), 1395rr(b)(1)(A), 1395x(iii)(3)(D)(i)(IV), 1395i-4(e). 이 조항들은 법문에 권한의 근거가 있다는 주장과는 무관하다. 그래서 정부가 권한의 근거로 위 조항들을 크게 내세우지 않은 이유이다.

다음으로 정부는 병원의 자격요건을 설명한 8개의 정의조항을 들고 있다. 이 조항들은 법이 적용되는 시설은 "장관이 건강과 안전을 위해서 필요하다고 인정한 조건"을 포함하여 다양한 조건을 준수하는 시설이라고 정의하고 있다. §1395x(e)(9) 등. 정부는 별도로 노인들을 위한 모든 포괄적인 의료보호제도에 적용될 수 있는 "건강과 안전" 규정과 장기 요양시설은 질병의 변이와 전염을 막는데 도움이 되는 안전하고, 위생적이며 편안한 환경을 제공하는 감염통제 제도를 만들어 운영해야 한다는 요건을 들고 있다. §1395i-3(d)(3).

정부는 이 뒤섞인 조항들이 전국의 백신의무접종을 허용한 법적 근거라고 강하게 주장하지 않았다. 우리는 의회가 모호하거나 부수 조항으로 규제 체계의 자세한 내용을 숨기지 않았다고 추정한다. Whitman v. American Trucking Assns., Inc., 531 U.S. 457, 468 (2001). 이 사건에서 정부는 위에서 본 조항들을 합하여 수백만의 의료시설 직원들에게 거의 무제한의 백신접종 권한을 갖고 있다고 말하는 듯하다. 정부는 의회가 이러한 보조 조항들을 이용하여 법률 체계의 근본 내용을 담으려고 한 이유를 설명하지 않았다. 의회가 모든 시설에 백신접종의무를 부과하는 권한을 주려고 했다면, 다른 법에서처럼 그렇게 했을 것이다. 22 U.S.C. §2504(e) (평화유지군 지원자에게 필요하고 적절한 면역 의무 규정).

그럼에도 불구하고 나는 의회가 백신의무권한을 법률상 정의조항에 숨겨둘 수 있음을 인정한다 해도, 이 "건강과 안전" 조항이 의회의 의도를 보여주지 않는다. 예컨대 42 U.S.C. §1395x(e)는 병원을 어떤 취지에 따라 정의하고 있다. 3개의 항은 병원을 특별한 환자에 서비스를 제공하는 곳으로 정의하고 있다. §§1395x(e)(1), (4), (5). 5개의 항은 병원에 해당되기 위해 시설이 지켜야 하는 행정 요건을 설명하고 있다. §§1395x(e)(2)-(3), (6)-(8). 그 뒤 마지막 항은 병원은 서비스를 받는 사람의 건강과 안전을 위해서 장관이 필요하다고 인정한 다른 요건을 준수해야 한다고 규정하고 있다. §1395x(e)(9).

정부의 입장과 달리, 이 포괄적인 조항들이 "건강과 안전"에 관련된 모든 규정 제정을 허용하지 않았다. 모든 법문처럼 맥락에 따라서 조항의 범위가 정해져야 한다. "이 사건에서처럼 더 일반적인 용어는 목록에 있는 더 자세한 용어를 뒤따르고, 일반적인 용어는 앞선 구체적인 낱말이 열거한 대상과 본질이 비슷한 대상만 포함된다고 이해된다." Epic Systems Corp. v. Lewis, 584 U.S. ___, ___ (2018) (12). 포괄 조항의 앞선 내용이 나머지 권한을 제한한다는 암시를 주면서 다른 요건을 가리키는 경우에 특히 강하게 추정할 수 있다. 이 사건 §1395x(e)에서 "건강과 안전"의 항에 앞서는 많은 세부 항들의 의미가 정부가 병원에게 거의 모든 직원들의 백신의무접종을 요구할 수 있다는 뜻은 아니다. 이 세부 항들은 보건부의 나머지 권한이 "24시간 간호 서비스 제공", "모든 환자 진료기록 유지", "유효한 내규” 시행 등 선행하는 내용과 비슷한 관리 요건만을 포함함을 보여주고 있다. §§1395x(e)(2), (3), (5). 모든 의료시설 직원들이 백신을 맞아야 한다는 요건은 분명히 다른 종류다. 같은 논증은 거의 모든 정부 시설관련 법률에도 적용된다.

오직 한 조항만이 다를 수 있다. 장기 요양 시설을 규제하면서 “건강과 안전” 조항에 “감염 통제 제도”를 요건으로 하고 있다. §1395i-3(d)(3). 그러나 감염 통제 조항은 사람이 아니라 시설의 환경 위생에 초점을 맞추고 있다. 어느 경우든 이 법문이 장기 요양 시설의 백신접종의무를 허용하고 있다 해도, 그 밖의 지침내용이 정당할 수 없다. “감염 통제” 문구와 달리 합리적으로 보아 비슷한 문구는 다른 시설 조항에는 없다. 그래서 해석의 기본 원칙에 따르면 장관은 다른 종류의 시설에 대해 백신접종의무를 부여할 권한이 없다. 물론 지침이 장기 요양 조항만을 근거로 정당할 수 없다. 보건부 스스로의 평가에 따르면 장기요양시설은 지침이 적용되는 의료기관 직원 천만명 중 10% 인원일 뿐이다. 간추리면 장기요양 시설의 정의 조항에 있는 “감염 통제”를 에둘러 참조함으로써, 보건부의 영역에 들어가는 모든 유형의 시설에 적용되는 백신의무접종 지침이 허용될 수 없다.

다수의견은 정부가 주장하는 법률 조항에 근거하지 않고 있다. 그 보다는 보건부의 여러 규정들을 들면서 보건부의 폭넓은 백신의무접종 권한을 인정하고 있다. 다수의견은 이러한 규정들이 있다고 해서 의회가 보건부에게 어떤 권한을 부여했다고 보는 이유를 설명하지 않는다. 앞뒤가 바뀐 듯하다.

그럼에도 이러한 규정들은 정부가 지금 주장하는 포괄적인 권한을 거의 뒷받침해주지 않는다. 예를 들면 영양사의 의무 실습시간에 관한 내용, 또는 보조의사나 간호사들에게 위임되는 임무를 밝힌 보건부 건강보험 정책실 규정들로 의료인들에 대한 백신의무접종권한이 인정되지 않는다.

다수의견은 병원에게 감염병을 감시, 예방, 통제하는 제도를 이행하도록 요구한 규정뿐만 아니라 일부 시설에서 감염 및 예방 통제 제도를 요구한 일부 규제를 들고 있다. 그러나 42 U.S.C. §1395i-3(d)(3)에 규정된 전염 통제 제도와 같은 전염 통제 규정들은 면역과 다르다. 42 CFR §§485.725(b)-(e) (살균 기술, 시설 관리, 질병, 해충 방지 요건). 그리고 면역에 관련되는 범위에서는 백신을 맞거나 거부하는 기회를 직원들에게 제공하도록 요구하고 있을 뿐이다. §483.80(d)(1). 이 규정들은 모든 직원들의 백신접종의무를 요구할 권한의 전례가 아니다.

마지막으로 우리 선례에 따르면 정부가 본안에서 높은 승소가능성을 보여주지 못했다. "우리는 의회가 행정청에 커다란 경제 및 정치적인 의미를 갖는 권한을 쓰도록 허용했을 때는 분명하게 명시하였을 것으로 기대한다." Alabama Assn. of Realtors v. Department of Health and Human Servs., 594 U.S. ___, ___ (2021) (6). 그리고 우리는 의회가 주와 연방의 권한 사이의 균형을 수정하기를 바랐다면, 매우 분명하게 말했으리라고 기대한다. 이 사건 지침은 수백만 명의 의료시설 직원들에게 일자리를 잃을지 몇 달 동안 거부했던 백신을 맞아야 할지 선택하도록 요구하고 있어서 의심할 여지없지 중요하다. 백신의무접종은 정확히 주의 행정권한범위에 속한다. 만약 의회가 보건부에 전국적으로 백신접종의무 부과 권한을 주고, 주와 연방과의 균형을 깨트리려고 했다면, 뚜렷한 문언으로 그렇게 했을 것이다. 그러지 않았다.

* * *

이 사건은 코로나 19 백신의 효과나 중요성에 관한 사건이 아니다. 보건부가 의료시설 직원들에게 원치 않고 피할 수도 없는 백신접종 절차를 거치도록 강요할 법률상 권한이 있는지에 관한 사건이다. 정부는 의회가 그러한 광범위한 권한을 보건부에 주었음을 확실하게 증명하지 못했기 때문에, 나는 본안사건의 항소심 계류 중 금지명령의 정지에 반대한다.

16. 백신접종의무를 부과한 산업보건청의 긴급지침과 법률상 권한 범위

National Federation of Independent Business v. OSHA
595 U.S.______(2022)

〈해 설〉

산업보건청은 2021. 11. 5. 긴급지침을 발표하여 근로자 100명 이상인 사업장에서 백신접종 또는 매주 코로나19검사 및 마스크 쓰기를 의무화하였다. 재택근무하거나 실외 근무하는 근로자들은 적용대상에서 제외하였다. 지침에 반대하는 27개 주와 사업체, 비영리기구 등이 긴급지침의 집행정지를 신청하였고, 산업보건청이 산업안전 및 보건법에 따라 위와 같은 내용의 긴급지침을 발표할 권한이 있는지가 다투어졌다. 위 법은 노동자가 신체에 피해를 주는 물질에 노출되어 심각한 위험에 빠져 있고, 그 위험으로부터 노동자를 보호할 필요가 있는 경우 긴급 안전 및 보건 기준을 발표할 수 있도록 규정하고 있다.

법정의견은 위 법은 산업보건청에 사업장의 안전과 보건을 감독하기 위해 사업장의 위험을 규제하는 권한만을 주었으므로 이를 넘어 일반적인 공중보건조치에 해당하는 긴급지침을 발표할 권한이 없다고 판단하였다. 동조의견은 법률에서 의회의 명백한 위임이 없으면 전국의 8천 4백만명 근로자들에게 적용되는 중요한 결정권한을 행정청이 행사할 수 없다고 보았다.

반대의견은 사업장 안에서 전파되어 심각한 위험을 불러오는 코로나19 바이러스로부터 노동자들을 보호할 필요가 있기 때문에, 긴급지침은 위 법이 규정한 행정청의 권한에 정확히 들어맞는다고 판단하였다. 코로나19로 인한 사망자와 확진자가 늘어나고 있는 상황에서 공익에 부합한 결정이고 보건전문가들의 전문성과 오랜 경험에 근거한 행정청의 결정을 존중할 필요가 있다고 보았다.

이 사건은 보건부장관이 공표한 의료진의 백신접종의무 지침이 적법하다고 선고한 판결(Biden v. Missouri 595 U.S.____(2022))과는 결론이 다르다.

[PER CURIAM][79)]

노동부장관은 산업 안전 및 보건 관리청(the Occupational Safety and Health Administration, OSHA, 이하 "산업보건청")을 통해 최근 거의 모든 작업장에 백신접종의무를 부과하는 지침을 발표하였다. 백신접종의무는 100명 넘게 고용한 사용자에게 모두 적용되므로, 거의 8천 4백만명의 노동자들에게 적용된다. 대상 노동자들은 코로나19 백신을 맞아야 하고 다른 주법규보다 우선 적용된다. 매주 자비로 검사를 받고 매일 마스크를 쓰는 노동자들은 예외다. 산업보건청은 이러한 의무를 부과한 적이 없었다. 의회도 마찬가지다. 의회가 코로나19 대유행을 다루는 중요한 법을 만들었다 해도, 산업보건청이 이 사건에서 발표한 내용과 비슷한 조치를 입법하지 않았다.

여러 주들과 사업체, 비영리기구들은 전국의 항소법원에서 지침을 다투고 있다. 연방제5항소법원이 먼저 집행정지를 결정하였다. 그러나 연방제6항소법원은 병합된 사건에서 집행정지를 취소하고 지침의 효력을 인정하였다. 신청인들은 이

---

79) 법정의견을 작성한 대법관의 이름을 밝히지 않은 판결이다.

법원에 긴급구제를 신청하면서, 산업보건청의 지침은 법률상 권한을 넘었으므로 위법하다고 주장하고 있다. 신청인의 승소가능성이 높다는데 동의하면서, 우리는 지침의 집행을 정지한다.

I

A

의회는 1970년에 산업 안전 및 보건법을 만들었다. 29 U.S.C. §651. 법은 노동부 소속으로 장관의 감독을 받는 산업보건청을 만들었다. 산업보건청은 산업 안전, 곧 안전하고 건강한 근로 환경을 보장하는 일을 하고 있다. §651(b). 장관은 이를 위해 산업 안전 및 보건 기준을 발표하고 집행한다. 그 기준은 안전하거나 건강한 고용을 제공하기 위해 합리적으로 필요하거나 적절하여야 한다. §652(8). 기준은 예고, 의견수렴과 청문회 기회를 포함한 엄격한 절차를 거쳐 만들어져야 한다. §655(b).

법은 "긴급한 잠정 기준"을 위해 예고-의견수렴 절차의 예외를 규정하고 있다. §655(c)(1). 그 기준은 연방관보에 공고되는 즉시 바로 효력이 생긴다. 그러나 다음과 같이 가장 제한된 상황에서만 허용될 수 있다. (1) 노동자가 유독하거나 신체에 피해를 주는 물질이나 새로운 위해요소에 노출되어 심각한 위험에 빠져 있고, (2) 긴급 기준이 그 위험으로부터 노동자를 보호할 필요가 있는 경우. 코로나19가 퍼지기 전에 장관은 과거에 이 권한을 9번만 행사하였고, 이 사건 지침같이 광범위한 지침을 발표한 적이 없었다. 그 9번의 긴급 지침 중에서 6번은 법원에서 다투어졌고, 그 중 한 번만 모두 승인되었다. BST Holdings, L.L.C. v. Occupational Safety and Health Admin., 17 F. 4th 604, 609 (CA5 2021).

B

2021. 9. 9. 바이든 대통령은 더 많은 미국인들이 백신을 맞는 새로운 계획을 발표하였다. 그 계획의 하나로 대통령은 100명 이상을 고용하고 있는 사용자에게 노동자 전원의 백신접종이나 1주일에 한 번 음성 확인하도록 의무화하는 긴급지침을 노동부가 발표할 거라고 말했다. 지침은 전국 사업장에서 백신접종 비율을 높이려는 목적을 갖고 있었다. 다른 규제와 함께, 행정 목표는 노동자의 2/3에 해당하는 약 1억명의 미국인들에게 백신접종을 의무화는 것이었다.

2달 뒤 노동부장관은 긴급 지침을 발표하였다. 바이든 대통령의 발표에 맞추어 기준은 100명 이상 고용한 모든 사업장의 노동자들에게 적용된다. 재택근무만하거나 실외에서 일하는 노동자들은 예외지만, 그 예외는 매우 적다. 예컨대 장관은 조경사 및 공원관리인들의 9%만이 실외에서만 일하는 사람에 해당된다고 추산하였다. 산업종류나 코로나19 노출 위험정도에 따른 구분은 없다. 그래서 거의 모든 인명구조원과 전선보수기술자들은 의대생과 정육업자와 마찬가지로 똑같은 규제를 받는다. 산업보건청은 8천 4백 2십만명의 노동자가 의무를 이행해야 한다고 보았다.

적용대상 사용자들은 코로나19 백신접종기준을 의무적으로 이행하는 방안을 만들어 집행해야 한다. 사용자들은 모든 노동자들의 백신접종 상태를 확인해야 하고 그 증거를 갖고 있어야 한다. 백신접종 대신에 백신미접종 노동자들이 매주 코로나19 검사를 하고 마스크를 쓰도록 하는 예외가 있다. 그러나 사용자들은 이 선택지를 제공할 의무가 없고, 긴급 규제는 모순되는 주법보다 우선 적용된다. 산업보건청의 지침을 따르지 않고 백신을 맞지 않은 노동자들은 사업장에서 계속 일할 수 없다. 지침을 위반한 사용자들은 무거운 과태료를 받게 되는데, 기준위반은 13,653불, 고의로 어기면 136,532불에 이른다.

C

산업보건청은 2021. 11. 5. 백신의무접종을 발표하였다. 주, 사업체, 무역업체, 비영리기구를 포함한 당사자들이 항소했고, 각각 지역 연방항소법원에 접수되었다. 각 사건은 28 U.S.C. 2112(a)에 따라 제6항소법원에 병합되었다.

그러나 병합 전에 연방제5항소법원은 심리진행 중에 지침의 집행을 정지하였다. 접종의무지침은 산업보건청의 법률상 권한을 넘었고, 의회로부터 명확한 권한위임이 없으면 권력분립위반의 소지가 있으며 다른 유형의 직장인들과 직장에 나타날 수 있는 위험에 정교하게 대응하지 않았다고 판단하였다.

6항소법원에서 두 건의 신청이 있었다. 첫째, 많은 상고인들이 처음부터 전원부심리를 요청하였다. 둘째, 산업보건청은 5항소법원의 집행정지결정을 취소해달라고 요청하였다. 판사들 투표결과 8대8로 전원부심리요청이 기각되었다. 항소법원장 슈턴 판사는 7명의 동료판사들과 함께 반대하였다. 그는 노동부장관의 광범위한 행정권한 주장은 입법부의 분명한 위임이 필요하나, 찾을 수 없다고 보았다. 판사 3명 재판부는 5항소법원의 집행정지를 풀었고, 산업보건청이 발표한 접종의무는 헌법 및 법률상 권한에 맞다고 판단하였다. 판사 라센은 반대하였다.

여러 당사자들이 상고하여 이 법원에 지침의 집행정지를 요청하였다. 우리는 전국독립사업연합(NFIB)과 주의 상고사건을 병합하고, 2022. 1. 7. 신속 심리절차를 진행하였다.

Ⅱ

6항소법원은 지침의 집행정지가 정당하지 않다고 결정했다. 우리는 동의하지 않는다.

A

신청인들은 장관이 접종의무를 부과할 법률상 권한이 없다는 주장에 따라 승소할 가능성이 있다. 행정청은 법에 따라 의회가 준 권한만을 갖고 있다. 장관은 8천 4백만명의 미국인들에게 코로나19 백신을 맞거나 매주 자신의 비용으로 검사를 받도록 하였다. 이는 연방권한의 일상적인 행사가 아니다. 거의 모든 노동자들의 삶과 건강을 크게 침해하고 있다. "우리는 의회가 경제 및 정치적으로 매우 중요한 권한을 행정청에게 위임하려고 했다면 분명하게 명시했을 것으로 예상한다." Alabama Assn. of Realtors v. Department of Health and Human Servs., 594 U.S. ___, ___ (2021) (6). 접종의무가 그러한 권한의 사용임은 의심할 수 없다.

그러면 문제는 장관이 법에 따라 접종의무를 부여할 권한을 행사했는지이다. 그렇지 않다. 법은 장관에게 사업장의 안전기준을 발표할 권한을 주었지, 광범위한 공중보건조치를 취할 권한을 주지 않았다. 29 U.S.C. §655(b) (장관에게 산업 안전 및 보건 기준을 설정하도록 지시), §655(c)(1) (장관에게 사업장의 중대한 위험으로부터 근로자들을 보호하는데 필요한 긴급 임시 기준을 부과하도록 허용). 이를 확인하면서 법조항은 근로자들이 사업장에서 마주하는 위해요소를 언급하고 있다. §§651,653, 657. 어디에도 보건청의 전문영역밖에 해당하는 더 일반적인 공중보건을 다룬 조항은 없다.

반대의견은 우리가 법률에서 찾을 수 없는 제한을 부과하고 있다고 한다. 그렇지 않다. 이 사건 법 문언은 산업보건청이 산업 위험과 근로자의 안전 및 건강을 규제한다고 뚜렷하게 밝히고 있다. 29 U.S.C. §§652(8), 654(a)(2), 655(b)-(c).

송무차관은 산업보건청이 사업장 관련 위험을 규제하는데 제한이 있음을 다투지 않는다. 대신에 코로나19 바이러스에 전염될 위험이 그러한 위해요소라고 주장한다. 우리는 동의할 수 없다. 코로나19가 많은 사업장에서 일어나는 위험이라 하더라도 꼭 산업상 위해요소는 아니다. 코로나19는 집에서, 학교에서, 운동경기 중에, 사람들이 모이는 모든 곳에서 퍼질 수 있고 퍼지고 있다. 이러한 종류의 광범위한 위험은 범죄, 대기오염, 여러 전염병으로부터 나오는 일상의 위험과 다르지 않다. 산업보건청이 거의 모든 미국인들이 직업을 갖고 일하는 동안 같은 위험에 마주친다는 이유만으로 일상생활의 위해요소를 규제하도록 허용하면, 의회의 명확한 권한위임 없이 산업보건청의 규제권한을 크게 확대하게 된다.

반대의견은 산업보건청의 접종의무가 행정청이 부과한 화재나 위생에 관련된 규제에 견줄만하다고 한다. 그러나 백신의무접종은 산업보건청의 전형적인 사업장규제와 매우 다르다. 반대의견과 달리 전세계의 전염병대유행에 따라 8천 4백만 명의 미국인들에 백신접종의무 부과는 산업보건청이 해야 할 업무범위가 아니다.

코로나19 관련하여 사업장별로 위험을 규제하는 권한이 산업보건청에 없다는 뜻은 아니다. 바이러스가 근로자의 업무나 사업장의 특별한 특성 때문에 구체적인 위험을 일으킬 수 있다면, 그 특성을 대상으로 한 규제는 허용될 수 있다. 예를 들면 우리는 산업보건청이 코로나19 바이러스 연구를 규제할 수 있다는데 의문이 없다. 마찬가지로 특히 분비고 비좁은 환경에서 일할 때의 위험을 규제할 수 있다. 그러나 그러한 사업장의 위험은 누구나 일상에서 마주치는 코로나19 감염의 위험과 정도, 유형에서 다르다. 산업보건청의 무차별적인 조치는 이러한 중요한 차이-사업장 위험과 더 일반적인 위험-를 고려하지 않았다. 그래서 접종의무는 사업장 안전이나 건강 기준보다는 일반적인 공중 보건조치의 성격을 띠고 있다.

백신의무접종에 관한 의회의 가장 눈여겨볼 조치는 2021. 12. 8. 규제를 승인하지 않은 상원의 다수투표였다.

50년 전통의 산업보건청은 이 사건 백신의무와 같이 일상의 의미에서 사업장과 직접 관련 없는 위험을 다루는 광범위한 보건규제를 채택한 적이 없었다. 장관이 주장하는 권한의 광범성과 함께 전례가 없는 조치라는 사실은 접종의무가 행정청의 정당한 권한범위를 넘어 확대되었음을 말해주는 지표이다.[80)]

---

80) 반대의견은 우리가 긴급 임시 기준 요건에 따라서 접종의무가 타당할 수 있음을 다투지 않는다

B

형평법상으로도 집행정지의 취소가 옳지 않다. 우리는 접종의무에 따르기 위해서는 수십억불의 비용이 들고 수십만명의 노동자들이 일자리를 잃게 될 거라는 주와 사용자들의 의견을 들었다. 연방정부는 그 부분에 대해 접종의무는 6,500명의 목숨을 살리고 수십만명 환자의 입원을 막을 수 있다고 말한다.

이를 비교판단하는 일은 우리의 임무가 아니다. 우리 정부 체계에서 민주절차에 따라 국민이 뽑은 대표자들이 해야 할 일이다. 의회가 산업보건청에 사업장의 위험을 규제할 권한을 주었다는데 다툼이 없지만, 더 넓게 공중 보건을 규제할 권한을 주지 않았다. 100명 이상이 근무한다는 이유만으로 8천 4백만명 미국인들이 백신을 맞도록 한 조치는 분명히 후자의 범주에 들어간다.

* * *

산업보건청의 긴급 임시 기준: 코로나19백신접종 및 검사 지침은 연방제6항소법원의 판결선고시와 상고허가신청에 대한 결정시까지 집행정지한다. 상고허가신청이 기각되면 이 명령은 자동 종료된다. 상고허가신청이 받아들여지면 이 법원의 판결시에 종료된다.

[대법관 고서치 동조의견(대법관 토마스, 알리토 참여)]

오늘 우리가 마주한 핵심 문제는 누가 결정하는가이다. 코로나19 대유행이 모든 미국인에게 얼마나 큰 문제인지는 누구도 미심쩍어하지 않는다. 또한 주와 연방정부가 모두 질병과 싸우는 역할을 하고 있다는 사실도 마찬가지다. 오직 하나의 문제는 사업장 안전을 감독하는 워싱턴의 행정청이 8천 4백만명에게 백신접종이나 정기 검사를 요구할 수 있느냐이다. 또는 그와 같은 권한이 이 사건의 27개 주처럼 주와 지방정부, 그리고 국민이 뽑은 의원들에게 속하는 일인지이다. 이 법원은 공중 보건에 관한 권한은 없다. 그러나 헌법과 법률에 따라 지침 제정 권한을 누가 갖고 있는지에 관한 다툼을 해결할 임무가 있다.

나는 이 법원의 선례로부터 시작한다. 주와 지방정부가 공중보건을 규제할 권

고 말한다. 29 U.S. C. §655(c)(1). 분명히 하자면, 우리는 다수의견에서 다루지 않은 사안에 대해 견해를 밝히지 않았다.

한을 갖고 있다는데 의문이 없다. 그들은 헌법이 규정한 모든 주권적 권한과 연방정부에 구체적으로 부여되지 않은 일반적인 통치권한을 갖고 있다. 그리고 주는 지금의 바이러스 대유행에 대응하여 여러 조치를 취하고 있다.

그러나 연방정부 권한은 포괄적이지 않고 제한되고 나누어져 있다. 연방정부가 이 분야든 다른 분야에서든 규제권한을 행사하기 위해서는 헌법이 열거한 올바른 근거를 밝혀야 한다. 또한 헌법의 권력분립원리에 따라 한결같이 행동해야 한다. 그리고 그 의무에 대해서 이 법원은 적어도 한 가지 굳건한 법리를 확립했다. "우리는 의회가 경제 및 정치적으로 매우 중요한 결정 권한을 행정청에 위임하려고 했다면 분명하게 명시했을 거라고 예상한다." Alabama Assn. of Realtors v. Department of Health and Human Servs., 594 U.S. ___, ___ (2021) (6). 우리는 가끔 이 중요한 법리를 인용한다.

산업보건청의 접종지침은 이 법리에 어긋난다. 행정청은 8천 4백만명의 미국인들이 백신을 맞거나 정기 검사를 하도록 요구하는 권한을 갖고 있다고 한다. 국가의 중대사안을 결정하는 권한을 주장하고 있다. 그러나 의회는 어디에서도 뚜렷하게 그러한 권한을 산업보건청에 주지 않았다. 대유행이 시작된 지 대략 2년이 지났다. 백신은 1년 이전부터 맞을 수 있었다. 그 동안 의회는 코로나 19와 싸우기 위해 몇 가지 중요한 입법조치를 하였다. 그러나 의회는 산업보건청이나 다른 연방기관에 백신접종의무를 부과하는 권한을 주지 않았다. 상원의 다수의원들은 산업보건청의 규제를 불허하는 쪽에 투표하였다. 행정청은 임시조치라고 말하는 듯하다. 중요성이 떨어지는 행정 지침은 중요사안 법리에 어긋난다. 이 사건 지침이 어떻게 위반이 아닌지 알기 어렵다.

이에 대하여 산업보건청은 29 U.S.C. §655(c)(1)을 들고 있다. 그 법조항에서 의회는 근로자들이 독성의 또는 신체에 해로운 물질에 접촉하여 위험에 노출되어 있고 근로자들을 위험으로부터 보호하는데 필요하다고 판단될 때, 산업보건청에 긴급 규제 기준을 발표할 수 있는 권한을 부여하였다. 행정청은 대유행에 대응하는 전국적인 지침이 사업장의 안전에 합리적으로 관련되어 있으면 이 조항이 그 지침의 이행을 요구하는 거의 무제한의 재량권을 주고 있다고 한다.

다수의견은 중요사안 법리를 올바르게 적용하고 있고 이 법조항 하나가 산업보건청의 권한을 분명하게 허용하지 않고 있다는 결론이다. §655(c)(1)은 대유행에 대응하기 위해 만들어지지 않았고, 산업보건청이 설립된 50년 이전에 제정되었다. 그 뒤로 산업보건청은 이 규정에 따라 석면과 드문 화학물질과 같이 특히 사업장내에서 위험한 물질을 다루기 위해 비교적 온건한 지침을 발표하였다. 행정청 스스로가 1년여 전에 연방법원에 설명하였듯이 법은 산업보건청에 사업장 바깥에서 근로자들의 삶에 영향을 미치는 전면적인 보건 지침을 발표할 권한을 주지 않았다. 그러나 지금 행정청의 조치는 정확히 사업장내에서 일어나는 사안이 아니라 사업장 밖에서 자신들의 삶에 영향을 미치는 의료절차를 밟으라고 요구하고 있다. 역사적으로 그러한 문제는 더 광범위하고 더 일반적인 통치권한을 갖고 있는 기관이 주정부 수준에서 규제해 왔다. 반면에 연방정부 수준에서 산업보건청은 공중보건규제와 가장 관련된 행정청이라고 볼 수 없다. 그리고 의회가 백신의무를 부과하는 드문 경우에는 법에 명시하였다. 8 U.S.C. § 1182(a)(1)(A)(ii). 이 사건에서 그러한 조항이 없다.

*

왜 중요사안 법리가 중요한가? 법을 제정하는 권한이 헌법 제1조에 따라 국민이 뽑은 대표자들에게 남아 있어야 함을 보장한다. 만약 행정기관이 미국인들의 일상생활과 자유를 규제하려고 한다면, 법리에 따르면 행정기관은 의회로부터 권한을 명확히 위임받았음을 밝힐 수 있어야 한다.

중요사안 법리는 비위임법리로 불리는 것과 가깝게 연결되어 있다. 수십년 동안 법원은 비위임법리를 중요사안 법리를 적용하는 이유로 인용해왔다. Industrial Union Dept., AFL-CIO v. American Petroleum Institute, 448 U.S. 607, 645 (1980) (복수의견). 두 법리는 권력분립을 보호하기 위해서 세워졌고 미국인들의 삶을 규제하는 새로운 법은 헌법이 요구하는 탄탄한 민주절차에 따라야 함을 보장하고 있다.

비위임법리는 의회가 고의로 자신의 입법권을 선출되지 않은 공무원에게 위임하는 행위를 방지함으로써 민주적 책임성을 보장한다. 때로 입법자는 인기없는 조치에 대한 책임부담을 줄이기 위해 행정청에 권한을 위임하려는 유혹을 받을 수 있다. 카스, 위임 재검토: 현대 행정국가의 위임 법리 Harv. J. L. Pub. Pol'y 147, 154 (2017). 그러나 헌법은 여기서 어느 정도 선을 그었다. 만약 의회가 모든 입법권을 선출되지 않은 행정 공무원에게 넘길 수 있다면, 우리 헌법 체계 전체를 내동댕이치고 선출된 대표자들의 동의만으로 이루어져야 함에도 단순한 포고령(행정지침)으로 미국인들의 사생활과 자유를 침해할 수 있게 된다. Department of Transportation v. Association of American Railroads, 575 U.S. 43, 61 (2015) (대법관 알리토 동조의견); 맥코넬, 왕이 아닌 대통령 326-335 (2020); 우르맨, 건국시기 비위임, 130 Yale L. J. 1490, 1502 (2021).

중요사안 법리는 입법권의 의도하지 않은, 완곡한, 또는 달리 위임되지 않은 사안에 대하여 방어함으로써 비슷한 기능을 한다. 때때로 의회는 어떤 분야에서 중요한 정책사안을 해결하는 법률에서 포괄적인 문언을 사용하여 세세한 집행과정은 행정청이 결정하도록 남겨두기도 한다. 나중에 행정청은 애초의 업무권한을 넘는 책임이 있다고 가정하고 법률의 틈새, 모호함, 의심스런 표현을 해결하려고 시도한다. 중요사안법리는 의회가 대개 "쥐구멍에 코끼리를 숨기"지 않았다고 인정함으로써 이 가능성을 차단한다. Whitman v. American Trucking Assns., Inc., 531 U.S. 457, 468 (2001). 이러한 방식으로 행정권의 확대에 제동을 거는 핵심이론이다.

어느 이론이든 요지는 같다. 국민에 의한 정부를 대체하는 관료에 의한 정부를 막는다. 그리고 이 사건에 대한 교훈을 준다. 한편으로는 산업보건청은 전국적인 접종의무를 발표할 권한을 주장하지만 의회로부터 명확히 위임받아서 그 권한을 갖고 있음을 증명할 수 없다. 다른 한편으로는 만약 행정청이 인용하는 법률 조항이 산업보건청에게 그 권한을 주었다면, 입법권의 위헌적인 위임에 해당할 것 같다. 산업보건청의 해석에 따르면 법은 거의 무제한의 재량권을 주게 되고 행정권한을 적정하게 제한하는 구체적인 한계가 없다. 산업보건청은 "악마를 찾아서 구제하기 위해 악마인지를 물으면서 방랑하는 기관"이나 다름없게 된다. A.L.A. Schechter Poultry Corp. v. United States, 295 U.S. 495, 551 (1935) (대법관 카르도조 동조의견). 요점은 연방대법원장 마샬이 1825년에 했던 말과 같다. 곧 입법부가 스스로 완전히 규제해야 하는 일부 중요한 사안이 있고, 관심이 적고 일반조항에 따라 세부적인 사항을 채울 권한이 주어지는 다른 사안이 있다. Wayman v. Southard, 10 Wheat. 1, 43 (1825). 이 사건 접종의무는 세부사안에 해당되지 않는다.

*

이 사건의 문제는 대유행에 어떻게 대응하느냐가 아니라 대응할 권한이 누구에게 있는가이다. 답은 분명하다. 현행법에 따라 그 권한은 주와 의회에 있고 산업보건청에 있지 않다. 우리는 산업보건청의 의도를 의심하지 않는다. 우리는 8천 4백만명 미국인들의 삶에 영향을 미치는 일에서 법의 요청을 이행하는 우리의 의무를 다할 뿐이다. 그 요청을 존중하는 일이 힘든 일일 수 있다. 그러나 이 법원이 더 평온한 조건에서만 그 요청을 이행한다면, 긴급선언은 끝나지 않을 것이고 우리 헌법의 권력분립에 의해 지키고자 하는 자유는 작아질 것이다.

[대법관 브레이어 반대의견(대법관 소토마요르, 케이건 참여)]

하루하루 코로나19는 이 나라의 시민들에게, 특히 노동자들에게 커다란 위협이 되고 있다. 이 전염병은 거의 백만 명의 목숨을 앗아갔고 4백만 명이 환자로 입원하였다. 한정된 실내공간에서 사람간 접촉으로 퍼지고 거의 모든 사업장 환경에서 피해를 일으킨다. 그러한 환경에서 사람들은 자제력을 잃고 위험을 줄이지 못하고 있다. 코로나19는 사업장 환경에서 위협적인 존재이다. 증거는 우리 가까이에 있다. 질병이 생긴 뒤 거의 모든 미국인들은 직장환경이 바뀌고 있음을 보고 있다.

그래서 사업장에서 건강과 안전을 보장할 책임이 있는 행정청은 의회가 내린 지시를 이행했다. 그러한 장소에서 코로나19 위협을 통제하는 조치를 취했다. 산업보건청은 미국 노동자들을 보호하기 위해 긴급 임시 기준을 발표해서, 백신의 무접종 또는 마스크 착용과 검사를 요구하였다. 지침은 새로운 위협요소나 유해물질 노출에서 오는 심각한 위험으로부터 근로자들을 보호하는 산업보건청의 핵심 임무에 속한다. 29 U.S.C. §655(c)(1). 산업보건청은 지침이 6개월 동안 6,500명의 목숨을 구하고 25만명 넘는 입원환자발생을 막을 수 있을 거라고 예상하고 있고, 이를 다툴만한 근거도 없다.

그러나 다수의견은 지침의 효력발생을 막는 결정을 하였다. 우리는 법원의 결정이 법리를 크게 오해하였다고 본다. 그리고 코로나19가 우리나라의 노동자들에게 가하는 비교할 수 없는 위협과 싸우는 연방정부의 역할을 방해하고 있다. 올바른 역할을 저버리고 있고 법리상 근거가 없는 다수의견은 긴급한 사업장 보건상황에 대응할 책임이 있는 정부 공무원의 판단을 대신하고 있다. 우리는 정중하게 반대한다.

I

1970년 의회는 매일 남성과 여성이 가능하면 안전하고 건강한 작업환경 속에서 일하도록 보장하고, 사업장의 안전 및 보건 문제를 다루기 위한 혁신적인 조치, 기술, 방안을 발전시킴으로써 인적자원을 보전하기 위해 산업안전보건법을 만들었다. 29 U.S.C. §§651(b), (b)(5). 그 목적에 따라 법은 산업보건청에 주간통상에 영향을 주는 사업체에 적용되는 사업장 안전 및 보건 기준을 발표하는 권한을 주었다. §651(b)(3). 또한 산업보건청은 (A) 노동자가 물질이나 유독물, 또는 신체에 피해를 주는 물질, 새로운 위험요소로부터 심각한 위험에 노출되어 있고, (B) 긴급임시기준이 그 위험으로부터 노동자들을 보호하는데 필요하다고 판단될 때, 연방공보에 공표하여 즉시 효력이 생기는 긴급임시기준을 발표하도록 규정하고 있다. §655(c)(1).

법률규정에 따라 산업보건청은 이 사건의 긴급임시기준을 발표하였다. 기준은 (1) 100명 이상을 고용한 사용자에게 근로자들이 코로나19백신을 맞도록 하거나, (2) 매주 코로나19검사를 받고 마스크를 쓰도록 하는 의무를 부과하고 있다. 그래서 기준은 백신접종을 장려하지만, 사용자에게 마스크 착용 및 검사 방침을 채택하도록 허용하고 있다(다수의견은 이 선택조치를 한결같이 "백신접종의무"라고 부르면서 모호하게 만들고 있다). 나아가 기준이 적용되지 않는 상황도 있다. 집이나 외부에서, 또는 혼자 일하기 때문에 감염위험이 적은 근로자들은 면제된다. 종교적인 반대나 의학상 필요에 따라 면제되는 경우도 있다. 그리고 기준은 사업장의 "조건, 실무, 수단, 방법, 작동, 절차"에 따라 사업장을 똑같이 안전하고 건강하게 만들었음을 증명하는 것을 제한하지 않는다. 29 U.S.C. §655(d). 법률 요건에 따라 기준은 6개월만 유효하다. §655(c)(3).

II

상급심에 계류 중일 때 구제신청에 적용되는 법리는 분명하다. 그 구제를 얻기 위해서는 신청인들은 다음 3가지를 소명하여야 한다. (1) (본안의) 승소 가능성, (2) 구제거부로 회복할 수 없는 피해 발생 가능성, (3) 구제허용이 공공의 이익을 침해하지 않음. Roman Catholic Diocese of Brooklyn v. Cuomo, 592 U.S. ___, ___ (2020) (2). 나아가 신청인들이 6항소법원이 기각한 사법개입(집행정지)을 청구하고 있기 때문에, 이 법원은 구제받을 권리가 다툼이 없을 정도로 분명함을 신청인들이 증명하지 않으면 인용되어서는 안된다. South Bay United Pentecostal Church v. Newsom, 590 U.S. ___, ___ (2020) (대법원장 로버츠 구제신청거부 동조의견) (2). 이 사건에서 어느 요건도 충족되지 않았다.

Ⅲ

A

올바른 법리에 따르면 신청인들의 승소가능성이 높지 않다. 산업보건청의 지침은 적용할 수 있는 법조항에 그대로 들어맞는다. 그 조항은 산업보건청에게 긴급 임시 기준을 발표할 수 있다가 아니라 발표하여야 하는데, (A) 근로자가 물질에 노출되거나 독성의 또는 신체에 해롭다고 판단되는 물질, 새로운 위해요소로부터 심각한 위험에 노출되어 있고, (B) 그 위험으로부터 근로자를 보호하기 위해 필요하다고 판단될 때마다 발표한다. 그 조항 내용은 이 사건 상황에서 산업보건청이 사업장 피해를 막기 위해 행동하기를 요구하고 있다.

코로나19를 일으키는 바이러스는 "새로운 위해요소"일 뿐만 아니라 "신체에 해로운 물질"이다. 메리암 웹스터 사전 572 (11판 2005) ("위해요소"를 "위험의 원천"으로 정의), 24 ("물질"을 "화학, 물리, 생물학적으로 활동하는 원소"로 정의), 1397 ("바이러스"를 "전염병을 일으키는 물질"로 정의).

바이러스는 수백만 명의 근로자들에게 "심각한 위험"이 되고 있다. 산업보건청이 지침을 발표할 무렵에 72만 5천명이 숨졌고 수백만 명 넘게 입원하였다. 그 뒤 질병은 비극적인 통계를 계속 만들어 가고 있다. 지난주만 하더라도 11,000명이 숨졌다. 전염병이 실내 공간에서 퍼지기 때문에, 거의 모든 사업장에서 위험성이 매우 커졌다.

마지막으로 기준은 코로나19 위험에 대처하기 위해 필요하다. 산업보건청은 지침에서 검사 및 마스크 쓰기 또는 백신접종을 요구하고 있는데, 그 조치가 거의 모든 사업장에서 코로나19 위협을 줄이는데 왜 꼭 필요한지를 보여주는 연구결과와 정부보고서를 근거로 삼고 있다. 산업보건청은 감염된 사람과 감염되지 않은 사람 사이의 가까운 접촉이 질병을 퍼트리고 있음을 상세히 밝혔다. 전파 양상은 산업이나 사업장의 유형에 따라서 다르지 않다. 검사, 마스크 쓰기, 백신맞기는 전염위험, 입원환자, 사망자를 줄이는데 매우 효과 있고, 필수불가결한 조치이다. 백신을 맞지 않은 근로자들은 모든 연령대에서 백신을 맞은 같은 나이대의 사람들에 비해 코로나19 전염위험이 높았다. 간추리면 산업보건청은 지침만큼 코로나19로 인한 사망과 입원환자 발생을 막는 더 나은 정책이 없음을 밝혔다.

산업보건청의 판단은 실질적인 증거가 있다면 최종적이다. 29 U.S.C. §655(f). 사법심사는 그 판단을 존중해야 한다. 산업보건청이 집행부서와 보건부서에서 특히 사업장 환경과 관련하여 많은 과학자, 의사, 공중보건 전문가를 쓰고 있다. 우리는 그들의 결정이 "결론을 적절하게 뒷받침한다고 합리적으로 인정되는 관련 증거"가 있다면 유지되어야 한다고 판시했다. American Textile Mfrs. Institute, Inc. v. Donovan, 452 U.S. 490, 522 (1981) (Universal Camera Corp. v. NLRB, 340 U.S. 474, 477 (1951) 인용). 코로나19의 위험과 검사, 마스크 쓰기, 백신접종 효과에 대한 산업보건청의 판단을 뒷받침하는 많은 증거들을 볼 때, 법원은 지침이 실질적인 증거심사를 통과하지 못했다고 결론내릴 수 없다.

B

다수의견은 위와 같은 법문언을 정상적으로 풀이했을 때 지침을 허용하고 있다는 것을 다투지 않는다. 달리 말하면 다수의견은 코로나19가 새로운 위협요소이고 신체에 해로운 물질이라는 점, 근로자들에게 커다란 위험이라는 점, 검사 및 마스크 쓰기, 또는 백신맞기 정책이 피해를 막는데 필요하다는 점을 다투지 않는다. 대신에 다수의견은 법이 산업보건청에 사업장 안전 기준을 세울 권한을 주었지만 코로나19는 사업장 안이나 바깥이나 모두 있기 때문에 이 사건 기준을 발표할 권한을 주지 않았다고 한다. 달리 말하면 다수의견은 산업보건청이 사업장 밖의 질병에 대처할 권한이 없기 때문에 코로나19로부터 사업장 안전을 지킬 권한이 없다고 주장한다.

그러나 법문에는 산업보건청의 규제권한을 다수의견처럼 제한할 근거는 없다. 물론 산업보건청이 돌아다니는 공중보건 규제기관이 아니라는 다수의견은 옳다. 사업장의 위해요소로부터 근로자들을 보호하는 권한만을 갖고 있다. 그러나 지침이 정확하게 의도하는 바가 바로 그렇다. 그리고 법은 그 이상을 요구하지 않는다. 다수의견과 달리 사업장의 위해요소가 어디에 있어도 차이가 없다. 법률에 따르면 산업보건청은 일반적으로 가능하면 안전하고 건강한 사업장 환경을 보장할 의무가 있다. 29 U.S.C. §651(b). 그 조항은 사업장에 있는 모든 위해요소, 또는 적어도 일부라도 그 환경에 의해 만들어진 위해요소로부터 근로자들을 보호하기 위한 규제를 허용하고 있다. 그 위해요소가 사업장 벽을 넘어 밖에 있는지는 중요하지 않다. 긴급 임시 기준을 발표하도록 요구하고 있는 이 사건 법조항도 마찬가지다. 그 조항은 근로자들이 사업장에서 "새로운 위협요소"나 신체에 해로운 "물질이나 성분"에 노출되었을 때 적용된다. 법률은 근로자들이 사업장 안에 있는 동안에만 위험에 노출되어야 함을 요구하지 않는다. 의회가 법률에서 행정청의 업무범위를 제한하려고 했다 해도 구체적인 내용이 없고 폭넓은 용어를 사용하였을 때, 이 법원은 법문에 근거하지 않고 행정청의 재량권을 제한할 수 없다. Little Sisters of the Poor Saints Peter and Paul Home v. Pennsylvania, 591 U.S. ___, ___ (2020) (16). 오늘 다수의견은 법률에 근거없이 행정청의 재량권을 제한하고 있다.

의회의 입법취지에 맞추어 산업보건청은 사업장의 안팎에서 생기는 위험을 오랫동안 규제했다. 예를 들면 산업보건청은 화재, 전기설비부실, 부적절한 비상구로 인한 위험을 막기 위해 사업장 안에서만이 아니라 여러 시설(예컨대 경기장, 학교, 호텔, 심지어 가정에서도)에서 발생하는 위험이라 해도 거의 모든 사업장에 적용되는 지침을 발표하였다. 또한 지나친 소음과 깨끗하지 않은 식수처럼 사업장안에 국한하지 않은 위험을 줄이기 위해 규제하였다. 이 사건의 코로나19를 일으키는 바이러스와 같은 생물학적인 위험도 다르지 않다. 의회는 지난해에 이를 분명히 하였다. 산업보건청이 모든 종류의 사업장 환경에서 코로나19 관련하여 근로자들을 보호하는 활동을 위해 1억불을 배정하였다. 그 입법조치는 코로나19에 노출된 사업장이 사업장 위협요소가 아니라는 다수의견을 반박하고 있다. 의회는 코로나19가 다른 환경에서 사람들을 위험에 빠트렸다는 이유만으로 전형적인 사업장에서 코로나19의 위험에 대처하는 산업보건청의 책임이 줄어들지 않는다는 것을 알고 있고 의견표명도 했다.

코로나19가 온 나라 산업분야의 거의 모든 사업장에서 특별한 위험을 불러오고 있음을 산업보건청이 증명했기 때문에 특히 그렇다. 다수의견은 이러한 사실을 외면하고 있지만 기준이 타당함을 보여주는 많은 자료가 있다. 산업보건청은 "사업장에서 많은 사람들이 서로 접촉하고 오랜 시간 동안 함께 일하는 경우도 있기 때문에 쉽게 전염될 수 있다"고 판단하였다. 달리 말하면 코로나19는 다른 곳보다는 더 많은 사람들이 더 많은 시간을 보내는 사업장에서 더 널리 퍼진다. 그리고 노동자들이 대개 그러한 상황에서는 거의 스스로 통제하지 못하다는 점이 중요하다. 산업보건청은 "근무시간 중에 노동자들은 바이러스에 노출될 수 있는 동료, 의뢰인, 손님, 환자 등과 접촉을 줄일 수 없다."고 설명하였다. 조립공장처럼 바싹 붙어있는 환경뿐만이 아니라 소매점, 식당, 의료시설, 건설현장, 보통의 사무실에서 코로나19가 발생한다는 수백 건의 사업장 보고서를 첨부하였다. 그러나 여전히 산업보건청은 주의를 기울여 상황에 맞게 기준을 짜려고 했다. 근로자들이 심각한 위험에 노출되지 않는 작업환경은 면제하였다. 행정청은 법이 하라는 대로 했을 뿐이다. 근로자들을 새로운 바이러스가 일으킨 커다란 위험에서 필요한만큼 근로자들을 보호했고, 더 나아가지도 않았다. 다수의견은 이 지침을 뒤집으면서 사법의 일방적인 결정으로 합리적인 정책결정을 바꿔치기하고 있다.

다수의견은 법률체계에 맞지 않는다. 위에서 보았듯이 명백한 법문에 따르면 기준발표가 허용된다. 산업보건청은 근로자들을 심각한 위험에 빠트리는 사업장의 새로운 위해요소에 대응하기 위해 긴급 기준을 발표해야 한다. 법조항의 요점은 산업보건청이 긴급상황에 대응하여 새로운 사업장 환경에 맞는 새로운 조치를 발동하도록 하고 있다. 법을 만든 의회는 산업보건청에게 코로나19 대유행에 대응하기 위해 이 기준을 발표하라고 말하지 않았다. 왜냐하면 의회가 미래를 내다볼 수 없었기 때문이다. 그러나 의회는 산업보건청이 사업장에서(전염병을 포함하여) 새로 생기는 위험에 대처하기 위해 필요한 수단을 갖기 원했다. 우리는 무엇보다 산업보건청이 법을 만들었을 때부터 이 사건 지침과 다르지 않는 방식으로 권한을 쓴 사실을 알고 있다. 산업보건청은 모든 또는 거의 모든 사업장에 적용되는 지침을 발표하기도 하였는데, 한 번에 수천만 명의 노동자들에게 영향을 미쳤다. 이전에도 백신접종을 포함하여 전염병을 규제하였다. 다른 경우에도 노동자들을 위한 건강검진과 얼굴보호대를 요구한 때도 있었다. 이러한 조치의 연장선상에서 이 사건 기준은 사용자들이 근로자들에게 백신접종을 요구하지 않는다면 검사 및 마스크쓰기를 의무화하도록 하고 있다. 산업보건청이 심각한 사업장 유해환경으로부터 노동자들을 보호하라는 의회의 명령에서 사법이 창안한 예외가 필요할 만큼 정상에서 벗어나는 내용은 없다.

만약 산업보건청의 기준이 수백만 명의 미국인 노동자들에게 적용되어 범위가 넓다면, 이는 위기의 정도가 크고 넓기 때문이다. 이 사건 기준은 산업보건청의 역사에서 전례가 없는 긴급한 사업장 보건사태에 대한 대응이다. 수십만 명이 숨졌고 수백만 명이 병원에 입원한 전염병이고, 노동자들이 일하는 실내환경에서 가장 쉽게 전염되며, 직업이나 산업을 가리지 않고 퍼진다. 지난 2년 동안 코로나 19는 거의 모든 노동자와 사업장에 영향을 미쳤고 환경도 바꾸었다. 사용자와 근로자는 업무 환경에서 전염되는 특별한 위험을 인정하고 대응해왔다. 이러한 상황에서 역사상 가장 심각한 사업장 위해요소중 하나에 대응하는 행정청의 긴급권한을 제한하는 다수의견은 그릇된 결론이다. 기준은 특히 사업장에서 널리 퍼지고 있는 위험으로부터 셀 수 없는 근로자들을 보호하고 있다. 이는 산업보건청의 핵심권한이자 이러한 임무를 수행하기 위해서 설립되었다.

Ⅳ

설령 본안의 승소가능성에 의문이 있다 하더라도, 다수의견이 집행정지를 명한 잘못이 있다. 왜냐하면 법원은 피해와 공공의 이익사이에 균형이 깨지지 않는 한 집행정지를 할 수 없기 때문이다. Trump v. International Refugee Assistance Project, 582 U.S. ___, ___ (2017) (10) (집행을 정지하기 전에 관련된 피해와 공공의 이익을 비교하여 형평을 고려할 필요가 있다). 이 사건에서 노동자들의 목숨과 건강이 달려 있다. 다수의견은 노동자들의 안전을 지키기 위해 필요한 조치를 정부가 하지 못하게 막았다.

먼저 집행정지를 인정하기 위해 주장된 경제적인 피해를 생각해보자. 사용자들은 원래 기준이 시행되면 수십만 명의 노동자들이 일을 그만두어 사업상 어려움이 커질 거라고 주장했다. 그러나 산업보건청은 그 주장을 살펴보았고 과장되었다고 인정하였다. 산업보건청에 따르면 백신접종의무를 이행한 사용자들은 회사를 떠나겠다고 한 근로자들 중 실제 사직한 사람은 훨씬 적었음을 인정하였다고 한다. 물론 기준이 백신접종의무만 부과하지 않고 사용자들이 마스크쓰기와 검사만을 요구할 수도 있다. 또한 산업보건청에 따르면 기준은 사용자들에게 거꾸로 일부 경제적인 혜택도 준다고 한다. 많은 근로자들이 기준에 따른 안전의무를 이행하는 회사들에 남아 있거나 구직신청을 할 가능성이 더 많다고 밝혔다. 그리고 근로자들이 아파서 결근하는 날이 줄어들 것으로 예상했다. 이러한 결론들은 합리적이고 존중받아야 한다.

더 근본적으로 이 사건에서 공공의 이익-노동자들을 질병과 사망으로부터 보호하는 이익-은 사용자들이 말하는 비용보다 훨씬 더 크다. 산업보건청은 6개월 동안 긴급기준에 의해 6,500명의 목숨을 살리고 25만명의 입원환자발생을 막을 수 있다고 예상하고 있다. 그러나 그 예측은 너무 조심스러웠음이 밝혀지고 있다. 산업보건청이 기준을 발표한 뒤 코로나19환자는 10배나 늘어났다. 질병통제예상센터, 코로나19 자료(2022. 1. 12.)(1주일 평균 하루확진자가 2021. 11. 5. 71,453명, 2022. 1. 10. 751,125명) 그리고 입원환자 수는 4배에 이르렀다. 위 자료(1주일 평균 하루당 입원환자가 2021. 11. 5. 5,050명, 2022.1.10. 20,269명). 대유행이 계속 이어진다면 산업보건청이 오미크론 발견 전에 예측했듯이 돌연변이가 나올 위험도 계속될 것이다. 86 연방공보 61409(높은 전염률과 낮은 백신접종비율로 인하여 기존의 종과 비슷하거나 더 해로운 새 변종이 나올 가능성이 커진다고 경고). 산업보건청이 제시한 여러 이유들 때문에 광범위하게 적용될 수 있는 사업장 보호 조치 필요성은 줄어들지 않고 더 커지고 있다.

이상을 종합해 볼 때 집행정지가 결정적으로 부당하다고 판단된다. 이 법원은 수천명 노동자들의 목숨과 더 많은 사람의 건강을 위협하는 방식으로 형평법상의 재량권을 행사해서는 안된다.

* * *

이 소송의 바탕에는 하나의 단순한 문제가 놓여 있다. 노동자들을 코로나19로부터 보호하기 위해 어떤 종류의 조치가 얼마나 필요로 하는지를 누가 결정하는가이다. 사업장 보건과 안전에 전문성을 갖고 있고 의회와 대통령이 허용한 대로 행동하는 행정청인가? 아니면 사업장을 어떻게 보호할지 잘 알지 못하고 피해에 따른 책임에서 한 발 떨어져 있는 법원인가?

이 사건에서 의회가 사업장의 위험으로부터 노동자들을 보호하라는 임무를 준 행정청은 조치가 필요하다고 결정했다. 행정청은 질병이 모든 경제 분야에 걸쳐 드러낸 위험을 꼼꼼하게 평가하였다. 그 위험을 줄이는 정책의 적용범위와 비용을 여러모로 살펴보았다. 백신접종을 권장하지만 그 대신에 사용자가 마스크쓰기와 검사를 이용할 수 있는 방안을 채택하였다. 왜 이러한 결론에 이르렀는지 자세하게 설명했다. 법률이 허용한 한도 내에서 조치를 취하였다. 산업보건청은 온

나라에 걸쳐 코로나19라는 새로운 위협요소에 노출된 사업장들의 노동자들에게 미치는 커다란 위험을 줄이는데 필요한 방식으로 대응하였다. 행정청의 기준에는 사업장의 보건과 안전 사안을 다루는 50년간의 전문성과 경험이 녹아 있다. 또한 정치적 책임을 지는 측면도 있다. 왜냐하면 산업보건청은 대통령에게 책임이 있고 대통령은 미국민들에게 책임이 있기 때문이다.

이 법원의 구성원들은 선출되지도 않았고 책임지지도 않는다. 우리는 사업장 보건 및 안전 사안을 "평가할 배경지식, 능력, 전문성이 부족하다." South Bay United Pentecostal Church, 590 U.S., ___ (대법원장 로버츠 의견) (2). 우리가 슬기로울 때, 이 사건과 같은 사안에 대해 충분히 존중할 줄 안다. 우리가 슬기로울 때, 긴급상황을 다루기 위해 의회가 인정한 범위에서 대통령의 통제 아래 행동하는 전문가들의 판단을 대체하지 않음을 안다. 오늘 법원은 슬기롭지 못하다. 여전히 계속되는 대유행의 시기에 이 법원은 노동자의 안전을 보호하는 임무를 가진 행정청에게 모든 사업장에서 필요한 일을 하지 말라고 하고 있다. 환자와 사망자가 늘어나는데도 이 법원은 행정청에게 가장 효과적인 방안을 사용하지 말라고 말하고 있다. 법률상 근거가 없이 이 법원은 다른 기관의 올바른 결정을 뒤집고 있다. 미국 노동자들을 심각한 위험으로부터 보호하기 위해 법률상 권한범위 내에서 업무를 처리하는 책임있는 연방공무원의 역량을 훼손하고 있다.

17. 불법체류자 추방유예의 철회와 행정절차법상 재량권 남용

Department of Homeland Security v. Regents of the Uni. of Cal.
591 U.S._____(2020)

〈해 설〉

오바마 행정부의 국토안보부장관은 2012년 미성년자로 미국에 입국하여 불법체류자가 된 약 70만명이 정해진 요건에 해당할 경우 일정 기간 추방을 유예(추방유예)하였다. 트럼프 행정부가 출범한 뒤 추방유예를 철회하였다.

피상고인들은 추방유예의 철회가 행정절차법을 어겨 자의적이고 변덕스러우며, 평등보호조항위반이라고 주장하면서 철회의 취소를 청구하였다.

법정의견은 추방유예 수혜자들의 정당한 신뢰이익을 고려하지 않아 자의적이고 변덕스러우므로 추방유예의 철회가 위법하다고 결론 내렸다. 평등보호조항위반에 대해서는 국토안보부장관이 추방유예에 부모추방유예와 마찬가지의 법률상 흠결이 있다고 보았을 뿐이므로 차별목적이 있다고 볼 근거는 없다고 판단하였다.

반대의견은 이민국적법에 따르면 국토안보부장관이 이 사건 추방유예를 공표할 법률상 권한이 없고, 과거에 행정청의 재량으로 유예 조치를 언제든지 끝내거나 갱신할 수 있다고 밝혀 왔기 때문에 신뢰이익을 고려할 필요가 없으므로 추방유예의 철회는 자의적이거나 일관성이 없다고 볼 수 없다고 판단하였다.

이 사건은 트럼프 행정부 출범 후, 불법체류자를 구제하는 효과가 있는 오바마 행정부의 추방유예제도를 철회한 정책을 둘러싸고 미국 사회에서 불법체류자 문제의 처리와 관련하여 논쟁이 일었던 사건이다. 공화당 정부에서 임명된 로버츠 대법원장이 진보성향으로 분류되는 4명의 대법관과 함께 추방유예 철회가 위법하다고 판결하였다.[81)]

[대법원장 로버츠]

2012년 국토안보부는 미성년자 추방유예(Deferred Action for Childhood Arrivals, DACA, "추방유예")로 알려진 정책을 발표하였다. 그 제도는 미성년자로 미국에 입국한 불법체류 외국인이 2년 동안 추방유예를 신청할 수 있도록 하였다. 그 혜택에는 취업허가와 그 밖의 연방 혜택이 들어 있었다. 70만 명의 외국인이 이 기회를 이용하였다.

5년 뒤 법무부장관은 추방유예제도가 법위반이라고 보고 국토안보부에 제도의 철회를 권고하였다. 국토안보부장관 대행은 이를 근거로 제도를 끝냈다. 제도 종료로 영향을 받은 개인과 제3자들은 장관이 철회결정과 관련한 중요한 문제를 적절하게 다루지 못하는 등 행정절차법을 어겼다고 주장하면서 취소를 청구하였다. 아래와 같은 이유로 우리는 장관이 행정절차법을 어겼고, 철회는 취소되어야 한다고 결론 내린다.

81) 대법원장 로버츠가 Ⅳ항을 제외한 법정의견을 작성하고 대법관 긴즈버그, 브레이어, 케이건이 참여하였다. 대법관 소토마요르는 Ⅳ항을 제외하고 참여하였고, 일부 동조의견, 일부 반대의견을 제출하였다. 대법관 토마스가 일부 동조, 일부 반대의견을 작성하였고 대법관 알리토와 고서치가 참여하였다. 대법관 알리토와 카바노가 일부 동조, 일부 반대 의견을 작성하였다.

I

A

2012. 6. 국토안보부장관은 "미성년자로 이 나라에 입국한 젊은이들"을 위한 이민구제제도를 발표하였다. 추방유예는 미성년자로 입국하여 2021년에 31세 미만인 사람들에게 적용되는데, 2007년 이후 계속 거주하고 현재 학생이거나 고등학교나 군복무를 마쳤거나 중점죄를 저지르지 않았고, 국가안보와 공공의 안전을 위협하지 않아야 한다. 국토안보부는 이러한 요건에 맞는 사람들은 "법을 어길 의도가 없고 우리 사회에 생산적으로 기여하고 있으며, 이 나라만을 조국으로 알고" 있기 때문에 이민법상 우대를 받는다고 하였다.

"미국에서 이 사람들의 추방을 막기 위해서" 추방유예는 이민 및 세관당국에 2년 동안 추방조치를 취하지 않는 재량권을 행사하고 갱신도 가능하도록 하였다. 나아가 미국시민권 및 이민국에게 "유예조치 기간동안 추방유예제도 이전의 규정에 따라 허용되는 취업허가신청"을 받도록 했다. 8 CFR §274a.12(c)(14) (2012) (경제적인 필요성을 밝히면 유예조치대상자는 취업허가를 받을 수 있다). 다른 규정에 따라 유예조치 대상자는 사회보장과 의료보호 혜택을 받을 "적법한 지위"를 가졌다고 인정될 수 있었다.

추방유예가 시행되고 2년이 지난 2014. 11. 국토안보부는 유예조치대상자를 넓혀서 나이 제한을 없애고 입국요건을 2007년에서 2010년까지로 확대하여, 유예조치와 취업허가 기간을 3년으로 넓히는 방침을 내놓았다("추방유예확대").

또한 국토안보부는 부모추방유예(Deferred Action for Parents of Americans and Lawful Permanent Residents, DAPA)로 알려진 새로운 관련 제도를 도입하였다. 이 제도는 미국시민권자이거나 적법한 영주권을 가진 아이들의 부모들 약 430만명의 추방을 유예하였다. 이 부모들은 추방유예 대상자와 같은 관용, 취업허가, 다른 혜택을 받을 수 있었다.

부모추방유예가 시행되기 전에 텍사스가 주도하여 26개주는 텍사스 남부연방지방법원에 소송을 걸었다. 부모추방유예와 추방유예확대가 행정차법의 예고 및 의견수렴조항, 이민국적법과 헌법의 충실한 법집행의무조항을 어겼다고 주장하였다. 지방법원은 주들이 적어도 청구사유 중 하나는 본안에서 승소할 가능성이 있다고 인정하고 위 제도의 집행을 금지하는 전국 단위의 임시 금지명령을 내렸다.

연방제5항소법원은 지방법원의 금지명령을 인용하였고, 반대의견도 있었다. 금지명령에 반대하는 정부는 부모추방유예는 법원의 심사대상이 될 수 없는 정부의 집행재량에 속한다고 주장하였다. 5항소법원의 다수의견은 동의하지 않았다. 부모추방유예는 불법체류 외국인에게 적법한 거주와 관련된 혜택을 부여하고 있다고 보았다. 다수의견은 부모추방유예는 법에 따른 행정청의 재량권행사여서 심사대상에서 제외되는 조치라고 볼 수 없으므로 심사대상이라고 판단하였다.

다수의견은 두 가지 이유로 금지명령을 승인하였다. 첫째, 주들이 부모추방유예가 예고 및 의견수렴을 거쳐야 하는 실질적인 입법 규칙이라는 절차상의 이유에서 승소할 가능성이 있다고 결론 내렸다. 적법한 거주와 관련된 혜택, 취업허가를 받을 수 있는 법률상 자격을 명백하고도 신중하게 규정하고 있는 이민국적법에 위반되기 때문에 행정절차법에 따라 부모추방유예가 중단되어야 한다고 판결했다. 킹 판사는 반대하였다.

이 법원은 2016년 4대4로 5항소법원의 판결을 유지하였고, 법정의견은 작성되지 않았다. 다음 해에 부모추방유예와 추방유예확대)의 시행이 금지된 가운데 두 제도에 대한 소송이 텍사스 남부 연방지방법원에서 계속되었다.

대통령이 트럼프로 바뀌고 난 뒤 2017. 6. 국토안보부는 부모추방유예를 철회하였다. 국토안보부는 금지명령과 텍사스에서 계속되고 있는 소송을 가리키면서 부모추방유예는 시행되지 않았고 새로운 행정부의 이민정책이 바뀌었음을 알렸다.

3달 뒤인 2017. 9. 세션스 법무부장관은 국토안보부 장관 대행인 듀크에게 추방유예도 철회되어야 한다는 서한을 보냈다. 법무부장관은 이 법원이 4대4로 유지한 5항소법원의 판결을 인용하면서 추방유예가 부모추방유예와 마찬가지의 법률상 결함을 갖고 있어서 비슷한 운명에 처해 있다고 하였다. 법무부장관은 국토안보부의 비용과 부담을 생각하여 질서있고 효과적으로 차츰 적용을 줄여나가는 방안을 고려하라고 권고하였다.

다음날 듀크는 법무부장관의 조언에 따라 철회하면서 두 제도의 역사, 5항소법원의 판결내용 및 인용사실, 법무부장관의 서한 내용을 요약하였다. 듀크는 "연방대법원 및 5항소법원의 법리, 법무부장관의 서한을 고려하여 추방유예는 종료되어야 한다."고 결론 내렸다.

듀크는 제도의 적용을 차츰 줄여나가는 과정을 설명하였다. 새로운 신청을 받지 않지만, 혜택이 6개월 이내에 끝나는 추방유예 대상자의 2년 갱신신청을 받겠다고 하였다. 이전에 추방유예 및 취업허가를 받은 나머지 모든 대상자들은 그 혜택이 취소되지는 않지만, 그 기간이 지나면 종료되고 갱신이 불허되었다.

B

듀크 대행의 철회 발표 며칠 뒤 추방유예의 개인 수혜자와 캘리포니아 대학 이사회, 유색인종지위향상협회와 같은 원고들은 캘리포니아 북부 연방지방법원(Regents, No. 18-587), 뉴욕 동부연방지방법원(Batalla Vidal, No. 18-589), 콜럼비아 특별구 연방지방법원(NAACP, No. 18-588)에 철회의 취소를 구하는 소송을 걸었다. 철회가 행정절차법을 어겨 자의적이고 변덕스러우며(일관성이 없으며) 수정헌법 제5조 적법절차조항의 평등보호를 침해하였다고 청구하였다.[82]

지방법원은 절차상 단계는 다르지만 모두 원고들 승소판결을 했다. 각 법원은 청구는 행정절차법에 따른 심사대상이 아니고, 이민국적법에 따라 법원이 재판권을 행사하지 못한다는 정부의 애초 주장을 받아들이지 않았다.

Regents 및 Batalla Vidal 판결에서 두 지방법원은 평등보호 청구를 적절하게 주장하였다고 보았다. 그리고 본안에서 철회가 자의적이고 변덕스럽다는 원고들의 청구가 받아들여질 가능성이 있다는 결론을 바탕으로 전국단위로 임시 금지명령을 하였다. 이 금지명령은 국토안보부가 새로운 신청을 받아들이라고 하지 않았지만, 추방유예 수혜자들의 등록 갱신을 허용하라고 명령하였다.

NAACP 판결에서 지방법원은 다른 길을 갔다. 2018. 4. 평등보호 청구의 판단을 미루고 원고들의 행정절차법 청구에 대해 일부 승소로 요약판결을 했다. 법원은 듀크의 철회 결정내용이 추방유예의 적법성에 관한 견해 변경을 충분히 설명하지 못했다고 판단하였다. 지방법원은 국토안보부가 추방유예를 철회하는 방침을 다시 발표하여 법률상 및 헌법상 근거가 모자란다는 지적을 더욱 충실히 설명하도록 90일 동안 결정의 집행을 정지하였다.

두 달 뒤 듀크의 후임자인 닐슨 장관은 발표하였다. 그녀는 "듀크의 지침서를 살펴본 뒤 철회를 유지하기로" 하였다고 설명하였다. 닐슨은 추방유예 철회 결정

82) 원고들은 예고 및 의견수렴 절차를 거치지 않았다는 주장을 했지만 인정되지 않았고, 적법절차도 주장하였다. 그 청구이유는 상고이유에 없다.

이 타당하였고 여전히 타당한 3가지 이유를 들면서 자신이 이해하는 듀크 방침을 설명하였다. 첫째, 법무부장관이 추방유예가 법에 위반된다고 결론 내렸다. 둘째, 국토안보부는 추방유예의 적법성에 심각한 의문을 갖고 있었고, 사법당국으로서 법률상 문제가 될 수 있는 정책을 피하고 싶었다. 셋째, (1) 특정 집단에 대한 이민구제는 행정부의 집행중단이 아니라 의회가 결정해야 하고, (2) 국토안보부의 기소재량 행사는 개인별, 사건별로 이루어져야 하며, (3) 이민법이 모든 집단과 외국인들에게 적용된다는 의사를 전달하는 중요성을 포함하여 추방유예를 철회하는 많은 정책 이유를 말하였다. 마지막으로 닐슨은 추방유예의 지속에 신뢰이익이 있다고 알고 있었지만, 제도의 합법성이 의문시되고 결정문에서 논의된 철회의 다른 이유들보다 더 타당하지 않다고 결론 내렸다.

정부는 2, 9, DC 항소법원에 각각 항소하였다. 2018. 11. 항소사건이 계류 중에 정부는 3건의 상고허가신청을 하였다. 9항소법원이 Regents 사건에서 지방법원 판결을 인용하였고, 다른 두 항소법원이 판결을 하기 전에 우리는 상고를 허가하였고 사건을 병합하였다. 이 사건의 쟁점은 (1) 행정절차법 청구를 심사할 수 있는지, (2) 심사할 수 있다면 철회결정이 행정절차법을 어겨 자의적이고 변덕스러운지, (3) 원고들이 평등보호청구를 소명하였는지이다.

II

이 사건에서 국토안보부가 추방유예를 철회했는지를 다투지 않고 있다. 모든 당사자들이 철회했다고 인정하고 있다. 행정청이 철회할 때 따라야 하는 절차에 관하여 다투고 있다.

행정절차법은 연방행정청이 국민에게 책임을 지는 절차와 법원이 심사하는 처분을 규정하고 있다. 행정청은 논리적인 정책결정을 하여야 하고, 행정처분이 자의적이거나 변덕스럽다면 무시되어야 한다고 요구하고 있다. 5 U.S.C. §706(2)(A). 이 "심사의 좁은 기준에 따라… 법원은 행정청 판단을 대체하지 않지만," 관련된 요소들을 고려하여 결정되었는지와 판단에 명백한 잘못이 있는지만을 평가한다.

그러나 철회가 자의적이고 변덕스러운지를 결정하기 전에, 우리는 먼저 국토안보부의 결정이 행정절차법에 따른 사법심사대상이 아니고 이 법원의 재판권에 속하지 않는다는 정부의 주장을 다룬다.

A

행정절차법은 "행정처분으로 법률상 권리를 침해당한 사람이 사법심사를 받을 수 있다는 기본 추정"을 확립하였다. 관련 법률이 "사법심사를 배제, §701(a)(1), 또는 법이 행정처분을 행정청의 재량에 맡겼[§701(a)(2)]"음을 밝혔을 때 그 추정은 뒤집어질 수 있다. 후자의 예외에 해당되는지가 이 사건의 쟁점이다.

"사법심사 추정을 존중하기 위해 우리는 §701(a)(2)의 예외를 매우 좁게 풀이하여, 전통적으로 행정청의 재량에 맡겨진 드문 행정결정으로 한정했다." 이렇게 사법심사대상에서 제외된 제한된 범주의 행정처분에는 권한을 행사하지 않기로 한 행정청의 결정이 있고, Heckler v. Chaney, 470 U.S. 821, 831-832 (1985) ("체니 판결") (약물주입에 의한 사형집행이 연방식품의약법위반이고 이를 막기 위한 행정조치를 취해달라는 요구를 식품의약국이 거절한 사건), 정부는 그 예외를 주로 들고 있다.

체니 판결에서 사형수들이 식품의약국에 두 주들의 사형집행에 약물 사용을 막는 조치를 취해 달라고 요청하였다. 법원은 "기소 또는 집행하지 않는다는 행정청의 (부작위) 결정은 일반적으로 행정청의 절대 재량에 속한다."는 확립된 전통에 비추어 볼 때 식품의약국의 요청거절은 사법심사대상이 아니라고 판결했다. 831. 우리는 이 전통을 뒷받침하는 이유들을 밝혔다. 먼저 집행하지 않는다는 부작위결정은 가끔 특정한 집행행위가 행정청의 전체 정책에 가장 잘 맞는지와 같이 행정청의 전문성으로 판단해야 하는 여러 요소들의 균형을 까다롭게 맞춰야 하는 일일 수 있다. 오랫동안 행정부의 특별한 영역으로 인정되어 온 검사의 불기소결정도 있다. 그리고 실무상으로 행정청이 조치를 거부했을 때, 사법심사의 대상이 되는 처분 자체가 없다.

정부는 일반적인 부집행방침[83]은 체니 사건의 쟁점인 개별적인 부집행결정과 같다고 주장한다. 정부는 행정청은 특히 전문영역 내 요소들을 균형 있게 판단해야 하고, 형사기소와 비슷한 방식으로 한다고 말한다. 그러한 전제에서, 정부는 부집행 정책의 철회는 사법심사목적상 그러한 정책의 채택과 다르지 않다고 주장한다. 철회가 그 자체로 특정한 집행행위가 되지 않는다. 정부는 이러한 논리를 이 사건에 적용하면서 추방유예는 부집행정책이어서 그 철회는 사법심사할 수 없

83) 옮긴이 주) 예컨대 불기소, 추방절차를 진행하지 않는 방침 등.

다고 한다.

그러나 우리는 추방유예가 단순히 부집행정책이 아니기 때문에 이러한 논리를 살펴 볼 필요가 없다. 먼저 그 제도는 단순히 특정한 대상이나 계층에 대해 "절차 개시를 거부"하지 않았다. 대신에 열거된 범주에 들어 있는 사람들을 확인하는 "뚜렷하고 효과있는 절차를 세우"라고 이민서비스국에 지시하였다. 이민서비스국은 이 지시에 따라 해당 외국인들로부터 신청을 받아서 표준적인 심사절차를 만들었고, 외국인이 2년 유예를 받을 수 있는지를 알리기 위해 공식 통지했다. 이는 유효한 판정절차이다. 그리고 이 판정결과-국토안보부의 유예조치 결정-는 "조치거부"의 정확한 반대인 "적극적인 승인 행위"이다. 간추리면 추방유예는 수동적인 부집행방침을 발표하지 않았고, 적극적인 이민구제를 주는 제도를 만들었다. 그 제도의 창시-그리고 철회-는 "사법심사의 대상이 되는 조치"이다.

유예조치에 따른 혜택은 추방유예가 단순히 부집행정책이상임을 확인해준다. 위에서 말한 바와 같이, 유예조치를 받아 70만명이 취업허가를 신청할 수 있고 사회보장 및 의료보호를 받을 자격이 있다. 행정청의 집행조치 요청의 거부와 달리, 이러한 종류의 혜택 신청은 "법원에 요청하는" 이익이다. Barnhart v. Thomas, 540 U.S. 20 (2003) (사회보장혜택의 적격결정 심사).

추방유예는 부집행정책 이상이기 때문에 그 철회는 행정절차법에 따라 사법심사할 수 있다.

B

정부는 사법심사를 할 수 없는 근거로 이민국적법(INA)의 사법관련 조항 두 개를 들고 있으나 이 사건에 적용되지 않는다.

"외국인을 추방하기 위한 조치나 절차"에서 일어나는 청구의 사법심사는 금지되어 있다. 8 U.S.C. §1252(b)(9). 그 문언은 이 사건과 같은 유형에는 적용되지 않는다. §1252(b)(9)는 청구가 "추방명령, 추방을 구하는 결정, 추방이 결정되는 절차의 심사를 요청하지 않으면" 사법심사를 금지하지 않는다. 그리고 이 사건에서 당사자들은 추방절차를 다투지 않고 있어서 금지대상이 아니다.

마찬가지로 1252(g)도 적용범위가 좁다. 그 조항은 "절차 시작, 사건 심리, 추방명령 집행" 결정에서 발생하는 사건의 심사를 제한하고 있다. 우리는 이전에 1252(g)가 "추방절차에서 일어나는 모든 청구"를 포함한다거나 "일반적인 사법심사 제한"을 말한다는 정부의 주장을 "불합리"하다며 받아들이지 않았다. Reno v. American-Arab Anti-Discrimination Comm., 525 U.S. 471, 482 (1999) ("리노 판결"). 연관된 혜택과 함께 유예조치를 취소하는 철회는 "절차를 시작하거나 사건을 심판하거나 추방명령을 집행"하는 결정이 아니다.

Ⅲ

A

행정행위가 적절하게 설명되었는지를 결정하려면 먼저 행정청이 언제 설명을 했는지 찾아야 한다. 이 사건에서 자연스럽게 듀크 장관 대행이 2017. 9. 철회를 발표했을 때의 설명부터 시작된다. 그러나 정부는 닐슨 장관이 2018. 6. 발표한 지침서 내용도 이어서 살펴보아야 한다고 주장한다. 그러나 그 문서는 DC지방법원이 듀크의 철회를 취소하고 국토안보부에 "제도가 헌법 및 법률상 근거가 부족하다는 결정에 대해서 더 충분히 설명하면서 추방유예를 철회하는 지침서를 다시 공표"할 기회를 준 뒤에 나왔다. 정부는 지방법원이 요청하였고 이민정책의 공식 책임자인 국토안보부 장관의 견해를 담고 있기 때문에 닐슨의 문서는 적절한 검토대상이라고 한다. 피상고인들은 닐슨의 문서는 추방유예 철회 9달 뒤에 나왔고 듀크가 인용하지 않은 정책상 이유와 신중함을 강조하고 있어서 허용될 수 없다는 이유로 반대한다.

행정행위의 사법심사는 "행정청이 처분을 할 때 들었던 이유"로 제한된다는 것은 "행정법의 근본원리"이다. 미시간 판결, 576 U.S., 758. 만약 그 이유가 부당하다면, 법원은 행정청이 다음 둘 중 하나를 하도록 요구할 수 있다. 첫째, 행정청이 "행정처분시에 이유를 더 충분히 설명"할 수 있다. 이 방법에는 중요한 제한이 있다. 행정청의 애초 설명이 최종 처분을 확정하는 이유를 말하고 있을 때, 행정청은 나중에 그 이유를 보완할 수 있지만 새로운 이유를 내세울 수 없다. 대신에 행정청은 새로운 행정조치로 "문제를 새롭게 처리할" 수 있다. 이 방식을 취한 행정청은 이전의 이유로 제한되지 않지만 새로운 행정처분을 하기 위해서는 절차상의 요구조건을 따라야 한다.

그래서 지방법원은 국토안보부가 듀크의 이유를 보완하든가, 듀크의 결정이유와 다른 새로운 이유를 담아 새 처분을 하든가 선택하도록 되돌려 보냈다. 닐슨 장관은 첫째 방식을 골랐다. 새로운 처분을 하기보다는 듀크의 결정이유를 바탕으로 그 조치에 대한 설명을 추가하였다. 이어서 정부는 듀크의 결정을 추가로 설명하는 닐슨의 이유를 다시 검토해달라고 요청하였고, 지방법원에 추방유예 방침을 철회하는 2017. 9. 5. 듀크의 결정을 판단해 달라고 요청하였다. 이 법원에서 정부 및 고서치 대법관의 입장과 반대로, 닐슨의 문서는 스스로도 새 방침을 이행하는 새로운 지침은 아니었다.

닐슨 장관이 새로운 행정처분을 하기보다는 애초 철회의 이유를 보완하려고 하였기 때문에, 원래의 이유만을 주장할 수 있고, 허용될 수 없는 "사후 합리화"를 근거로 철회가 승인될 수 없도록 닐슨의 이유 설명은 비판적으로 살펴보아야 한다. 그러나 듀크의 문서를 설명하려고 했음에도 닐슨 장관의 이유는 듀크의 이유와 거의 관련이 없다. 듀크 대행은 추방유예가 불법이라는 결론으로 철회하였다. 반면에 닐슨의 새로운 지침은 철회하는 3가지 "별개의 독립된 이유"를 들었고, 그 중 하나 만이 추방유예가 불법이라는 결론과 같았다.

닐슨의 두 번째 이유는 추방유예가 최소한 법률상 의문이 있고 법률의 지배에 대한 국민의 믿음을 지키기 위해 종료되어야 한다고 한다. 그러한 정당성은 듀크의 지침에서는 찾을 수 없다. 물론 법률상 불확실성은 위법성과 관련이 있다. 그러나 둘은 이 사건 맥락상 특히 의미가 다르다. 행정청은 불확실성의 국면에서는 어느 이유도 고를 수 없는 반면 위법성은 구제 처분을 할 필요성이 추정된다.

닐슨 장관이 3번째 철회 근거로 든 정책이유도 듀크의 지침서에서는 찾을 수 없다. 그 지침서는 입법 해결의 선호, 사건별 의사결정의 우선, 강력하게 집행하겠다는 의사를 밝히는 중요성, 그 밖의 다른 정책 고려를 말하지 않았다. 이러한 이유들은 사후 합리화로 허용될 수 없고 이 사건에서 우리가 검토하지 않는다.

대법관 카바노가 동의하는 정부의 주장은 닐슨 장관이 내세운 새로운 정당성을 살펴보기 전에 새로운 결정을 요구하는 것은 "한가하고도 쓸모없는 형식성"이라고 한다. 절차상의 요건을 가끔 그럴 수 있다. 그러나 그 법리는 이 사건에서 행정법의 중요한 가치를 담고 있다. 새로운 이유를 살펴보기 전에 새 결정을 요구하면 당사자들과 국민들이 행정청의 권한행사에 충분하고도 적절한 방식으로 대응할 수 있음을 보장하여 "행정청의 책임성"을 높인다. 행정처분 당시의 설명만을 검토함으로써 그 설명이 단순히 "소송 편의적인 입장"이 아니라는 믿음도

준다. Christopher v. SmithKline Beecham Corp., 567 U.S. 142, 155 (2012). 반면에 행정청이 뒤늦게 밝힌 정당성을 허용하면 소송당사자와 법원이 움직이는 목표물을 쫓아다니도록 함으로써 "사법심사절차의 질서있는 진행"을 방해할 수 있다. 국토안보부가 듀크의 철회 발표 9달 뒤 그리고 3개의 법원이 원래 설명에 흠결을 확인한 뒤에 새로운 이유를 제시하도록 우리가 허용한다면 이러한 가치들을 깎아내리게 된다.

대법관 카바노는 이 "행정법의 근본 원리"는 실제 법률가의 주장을 제한할 뿐 행정청이 하는 일을 제한하지 않는다고 주장한다. 법원이 가끔 변호사가 뒤늦게 주장한 정당성을 배척하기도 하지만, 우리는 문제가 시간이지 발언자가 아니기 때문에 합리화의 옹호가 아니라 사후 합리화의 금지라고 말하고 있다. 처분 당시의 설명이 필요하다는 기능상의 이유는 행정청을 대리하여 법정에 출석하는 사람들이든 행정청 공무원들 스스로든 누가 사후 합리화를 주장하는지에 관계없이 동등하게 적용된다. American Textile Mfrs. Institute, Inc. v. Donovan, 452 U.S. 490, 539 (1981) (행정청의 사후 합리화는 행정처분의 충분한 근거가 될 수 없다), Overton Park, 401 U.S., 419 (행정청 공무원의 소송 진술서를 단순한 사후 합리화로 배척).

대법관 홈즈는 "정부 일을 처리할 때는 정확하게 해야 한다."는 유명한 말을 했다. 그러나 중요한 일을 처리할 때는 특히 정부는 "국민들에게 정확한 모습을 보여야 한다."는 것도 맞다. 이 사건에서 기본 법리는 뚜렷하다. 행정청은 처분을 했을 때 밝혔던 이유를 바탕으로 행정처분을 방어해야 한다. 이 사건은 국토안보부가 원래의 결정과 다른 이유를 내세우기 위해 지름길을 허용하는 사건이 아니다.

B

우리는 마지막으로 국토안보부의 추방유예철회 결정이 자의적이고 변덕스러운지를 본다. 위에서 보았듯이 듀크 대행이 밝힌 철회의 정당성은 간단했다. 부모추방유예가 이민국적법을 어겨 혜택을 주고 있기 때문에 불법이라는 5항소법원의 결론과 추방유예도 같은 이유로 불법이라는 법무부장관의 결론을 고려하여, 듀크는 다른 이유보완없이 "추방유예를 끝내야 한다."고 결론 내렸다.

피상고인들은 이 설명이 3가지 이유로 흠이 있다고 주장한다. 첫째 및 둘째 주장은 듀크의 지침서가 추방유예가 불법이라는 결론을 적절하게 설명하지 않았고,

어찌되었든 이 결론은 잘못이라고 한다. 그 주장들은 하급법원에서 받아들여졌지만, 우리는 듀크 장관대행의 결정권한에 중요한 제한이 있었음을 간과하였다고 본다. 즉 듀크는 법무부장관의 법률상 결정에 따라야 했다.

국토안보부장관이 이민법을 적용하고 집행하는 권한을 확립한 법률조항은 동시에 그 권한을 제한한다. 즉 모든 법률문제에 관한 결정권한은 법무부장관이 갖고 있다. 8 U.S.C. §1103(a)(1). 피상고인들은 이 제한을 알고 있다. 그들은 사법심사 여부에 관한 서면내용에서 이 점을 강조하였다. 그러나 본안에서 그들은 이 특별한 법률조항이 사법심사에 영향을 미치는지, 어떻게 미치는지를 말하지 않았다. 그들은 듀크가 스스로 내리지 않은 법률 결론을 설명하여야 하는지를 논하지 않았다. 또한 이민국적법상의 법적 권한에 따른 처분이라고 모두가 동의하고 있는 듀크의 철회결정을 다투는 현재 소송이 법무부장관의 법률 결론을 다투기 위해 맞는 방식인지도 논하지 않았다.

피상고인 서면내용의 빈틈 때문에 우리는 위법성 결론의 설명과 정당성을 다투는 주장을 평가하지 않는다. 대신에 우리는 피상고인들의 3번째 주장, 즉 듀크 대행이 "문제의 중요한 측면을 살피지 못했다"는 주장에 집중해서 본다. Motor Vehicle Mfrs. Assn. of United States, Inc. v. State Farm Mut. Automobile Ins. Co., 463 U.S. 29, 43 (1983) ("스테이트 팜 판결").

추방유예가 위법인지는 물론 법률 결정이므로 법무부장관의 문제이다. 그러나 어떻게 위법성을 인정할 것인지를 결정하는 일은 중요한 정책 선택에 달려 있고, 그 인정이 추방유예의 광범성과 관련되어 있을 때는 특히 그렇다. 그 정책 선택은 국토안보부가 한다.

듀크 장관 대행은 재량권을 행사하여 제도를 차츰 축소하였다. 그래서 듀크는 혜택이 6개월 이내에 끝나는 추방유예 수혜자들이 2년 갱신을 받을 자격을 주었다.

그러나 듀크는 법무부장관의 법률 논리를 어디에 남겨 둘지는 판단하기 위해 재량권을 충분히 쓰지 않은 듯하다. 법무부장관은 "추방유예가… 법원이 부모추방유예에서 인정한 동일한 법률상 흠결을 갖고 있다"고 보았다. 그래서 그러한 결함을 이해하기 위해 우리는 부모추방유예의 적법성에 관하여 판단이유를 제시한 5항소법원의 판결을 보았다. 그 법원은 일정한 집단의 불법체류 외국인들에게 취업허가, 사회보장, 의료보호를 포함한 혜택받을 자격을 주는 장관의 결정을 핵심 쟁점으로 설명하였다. 5항소법원이 논증의 모든 단계에서 이러한 혜택에 집중해서 분석하였다. 그리고 5항소법원은 부모추방유예가 취업허가와 공공의 혜택을 받을 수 있는 430만명을 추방대상 외국인으로 만들었기 때문에 정확하게 이민국적법을 어겼다고 판결했다.

그러나 부모추방유예(및 추방유예)에는 그러한 혜택이상이 있다. 유예조치의 특징은 추방을 유예하는(그리고 그 결정을 영향받는 외국인에게 알리는) 결정이다. 5항소법원은 주의깊게 혜택받을 자격과 유예 사이를 구분하였다. 다투고 있는 부모추방유예는 수혜자들에게 혜택받을 자격을 주는 결정이었다. 다른 부분은 우선순위가 떨어지는 외국인이라고 여기는 집단에 대해서 적어도 임시로 이민법을 집행하지 않는다는 장관의 결정이다. 대법원의 과거 유예조치 설명을 인용하면서 5항소법원은 "주들은 절차를 계속하거나 종료하지 않는다는 결정, 또는 마지막 추방명령을 집행하지 않는다는 장관의 결정을 다투지 않고 있다."고 보았다. 그리고 5항소법원은 스스로의 재량이나 임시금지명령으로 장관에게 외국인을 추방하거나 장관의 집행우선순위를 수정하라고 요구하지 않는다고 강조하였다. 달리 말하면 장관의 유예권한은 그대로 남아 있었다.

듀크 대행은 5항소법원의 판결이 부모추방유예와 관련된 혜택을 다루었다고 인정하였다. 듀크는 지침서에서 5항소법원이 이민국적법에 따라 수백만명의 불법체류외국인들을 적법 체류로 재분류하여 취업허가를 포함한 연방 및 주 혜택을 받을 새로운 자격을 허용하지 않았기 때문에, 부모추방유예가 의회가 부여한 재량권과 충돌한다고 결론 내렸다고 설명했다. 듀크는 판결내용을 유예에 관한 것으로 보지 않았다.

간추리면 법무부장관이 추방유예의 핵심인 유예정책을 다루지 않았고 국토안보부에게 그 정책을 포기하라고 강요하지 않았다. 그래서 추방유예기간동안 수혜자격의 박탈은 정확하게 이민집행정책과 우선순위를 만드는 책임이 있는 듀크의 재량에 달려 있었다. 6 U.S.C. §202(5). 그러나 듀크의 지침서는 유예를 끝내는 이유를 밝히지 않았다. 대신에 추가 설명 없이 혜택의 위법성에 관한 법무부장관의 결론을 혜택과 유예를 철회하는 충분한 근거로 삼았다.

그런 식의 이유는 우리가 현대 행정법판례를 이끄는 선례중의 하나에서 확인한 잘못을 되풀이하고 있다. 스테이프 팜 판결 29. 그 사건에서 교통안전국은 1982년 이후 생산된 자동차는 에어백이나 자동안전띠 중 하나를 갖추어야 한다는 지침을 공포하였다. 4년 뒤 지침의 효력이 발생하기 전에 교통안전국은 자동안전띠가 보호에 효과적이지 않다고 결론 내렸다. 이 결론에 따라 교통안전국은 안전장치지침을 모두 철회하였다.

우리는 완전한 철회가 자의적이고 변덕스럽다고 판결했다. 철회는 자동안전띠의 경우에만 정당했다. 에어백 기술의 효과나 안전장치기준이 필요하다는 데는 의문이 없었다. "에어백이 효과가 있고 비용이 절약되는 생명보호기술"이라는 교통안전국의 과거 판단을 볼 때, 우리는 "에어백만의 안전요건을 검토하지 않고 의무안전장치지침을 폐기할 수 없다"고 판결했다.

이 사건의 사실관계는 다르지만, 잘못은 같다. 국토안보부가 취업허가나 다른 혜택을 추방유예 수혜자들에게 넓히는 것이 불법이라 할지라도, 그 결론은 혜택을 불허할 때만 옳다. 유예의 적법성이나 미성년자로 미국에 온 사람들도 유예받을 수 있도록 한 원래의 이유에는 의문은 없었다. 그래서 유예가 미성년자로 미국에 와서 이 나라만을 조국으로 알고 있는 생산적인 젊은이들에게는 특히 유예하는 것이 정당하다는 애초의 국토안보부 판단을 볼 때, 추방유예는 유예만이라도 유효하다는 방침을 고려하지 않고 모두 철회될 수 없다. 스테이트 팜 판결 51.[84)]

정부는 "연관된 혜택과 함께 유예조치가 추방유예방침이 서 있는 두 개의 다리"라고 인정한다. 그러나 국토안보부가 그 둘을 나누는 방식으로 추방유예의 위법성을 처리할 수 있는지를 살펴볼 필요가 없다고 강조한다. 정부에 따르면 "국토안보부가 추방유예조치와 연관된 혜택이 중요하게 이어져 있다고 보았다고 해서 자의적이고 변덕스럽다고 볼 수 없다"고 한다. 아마 그럴 수 있겠다. 그러나 그 대답은 요점에서 벗어났다. 추방유예를 혜택으로부터 분리할 수 없는 타당한 이유가 있다는 사실로 국토안보부가 그 선택지를 고려할 필요가 없어지지는 않는다.

---

84) 추방유예를 확정한 3쪽의 지침서는 이민서비스국이 추방유예 수혜자들이 취업허가를 받을 자격이 있는지를 결정하도록 지시한 한 문장을 빼고는 모두 유예를 설명하고 있다. 추방유예와 관련된 혜택은 다른 규정에서 나온다. 그래서 국토안보부는 추방유예방침을 철회하지 않고 그 수혜자들을 그 혜택에서 제외하기 위해 규정을 개정하는 방법으로 이민국적법에 따라 허용될 수 없다는 법무부장관의 결정을 처리할 수 있었다. 그러나 듀크의 철회지침서는 이러한 가능성을 알지도 못했음을 보여준다.

대법관 토마스의 반대의견은 유예와 혜택이 법률상 거리가 있고 떨어질 수 있다고 인정한다. 그러면서도 우리가 행정처분을 조각조각 나누어서는 안 된다고 한다. 반대의견은 혜택만을 검토한 법무부장관의 법률상 결론이 혜택과 유예 모두의 철회를 뒷받침하는 합리적인 이유를 보여준다고 한다. 그러나 스테이트 팜 판결은 행정청이 과거의 방침을 철회할 때 합리적인 이유는 기존 정책의 범위 내에서 대안을 고려해야 한다고 가르친다. 이 사건에서 추방유예는 단순히 기존 정책의 범위 내가 아니라 정책의 핵심이었다. 추방유예는 무엇보다 "미성년입국자 추방유예"이다. 그러나 철회지침에서는 추방유예나 혜택없는 추방유예유지방법을 논의하지 않고 있다. 듀크는 문제의 중요한 측면을 전혀 검토하지 않았다. 스테이트 팜 판결 43.

그러한 빠트림만으로도 듀크의 결정은 자의적이고 변덕스럽다. 그러나 그것이 하나의 흠결만이 아니다. 듀크는 추방유예에 "정당한 신뢰"가 있는지 다루지 않았다. 이 사건 국토안보부처럼 행정청이 방침을 바꿀 때, "오래된 정책이 반드시 고려되어야 하는 중대한 신뢰 이익을 갖고 있는지"를 알고 있어야 한다. 그러한 문제를 지나치면 자의적이고 일관성이 없게 된다. 그러나 듀크의 지침서가 그랬다.

이 부분에서 정부는 듀크가 잠재적인 신뢰이익을 살펴보았다고 주장하지 않는다. 그럴 필요가 없었다고 한다. 토마스의 반대의견과 마찬가지로 정부는 추방유예의 수혜자들이 "법률상 인정할만한 신뢰이익"을 갖지 못했다고 한다. 왜냐하면 추방유예가 실질적인 권리를 주지 않았고 2년 단위로만 혜택을 주었기 때문이라고 한다. 그러나 정부나 반대의견은 그러한 특성이 자동으로 신뢰이익을 빼앗는다는 법률상 근거를 들지 않았고 우리도 알지 못한다. 이러한 포기가 신뢰이익의 강도를 판단하는데 분명히 관련되어 있지만 먼저 행정청이 행정절차법의 정상적인 심사에 따라 이를 고려해야 한다. 듀크의 지침서에는 그러한 고려는 없다. 피상고인들과 참고인들은 국토안보부가 고려해야 할 일이 많았다고 주장한다. 2012년이래로 추방유예 수혜자들은 추방유예를 받아 "학위과정 등록, 취업, 사업 시작, 집을 사고, 결혼하고 아이를 낳았다." 철회의 결과는 20만명의 미국 시민권자인 어린이들을 포함하여 추방유예자들 가족, 수혜자들이 공부하고 가르치고 있는 학교들, 그들을 훈련시키기 위해 돈과 시간을 투입한 고용주들에게 미친다.

또한 적법한 노동시장에서 추방유예 수혜자들을 내쫓으면 경제활동에서 2억달러, 앞으로 10년간 연방조세수입에서 600억달러의 손실이 예상된다. 주와 지방정부는 조세수입에서 해마다 12억달러를 얻지 못할 수 있다.

이는 분명히 적어둘만한 관심사항이기는 하지만 반드시 결정적인 내용은 아니다. 정부나 반대의견은 국토안보부가 추방유예지침서의 명백한 제한에 비추어 보면 추방과 혜택에 대한 신뢰를 인정할 수 없다고 한다. 또는 인정될 수 없는 혜택을 신뢰한 이익이 전혀 또는 거의 중요하지 않다고 결론내릴 수 있다고 한다. 국토안보부가 결국 신뢰이익이 중요하다고 결론 내렸다 해도, 이는 고려해야 할 여러 요소 중의 하나일 뿐이다. 국토안보부는 특히 이 사건 맥락에서 다른 이익과 정책 관심사항이 신뢰이익보다 중요하다고 판단할 수도 있다. 그 어려운 결정은 행정청의 몫이지만 하지 않았다.

국토안보부는 책임을 이행하기 위해 많은 유연성을 갖고 있다. 이 사건에서 점진적인 축소는 그러한 선택의 좋은 예이다. 듀크 대행은 국토안보부가 6개월 이내에 혜택이 끝나는 추방유예 수혜자들이 신청한 2년 갱신 요청을 처리하라고 하였다. 그러나 듀크는 복잡한 행정처리를 도와줄 목적만 고려하였다. 듀크는 추방유예 수혜자들의 신뢰이익을 처리할 때도 비슷한 유연성을 발휘할 지를 생각했어야 한다. 반대의견은 그러한 이익의 수용은 권한의 위법한 행사일 수 있다고 한다. 그러나 정부는 그러한 주장을 하지 않았고 국토안보부는 이미 법무부와 협의한 뒤 신뢰이익이외의 다른 목적으로 혜택을 확대하였다.

듀크가 신뢰이익을 살펴보았다면, 그녀는 추방유예 수혜자들이 일을 정리할 필요성에 따라 더 긴 갱신기간을 고려할 수도 있었다. 듀크는 일정한 기간의 중간에 걸린 수혜자들, 즉 학위과정, 군대복무, 또는 치료계획을 마치도록 더 유연한 종료일을 생각할 수도 있었다. 또는 이민국 공무원들에게 개별적인 집행재량을 행사할 때 추방유예에 대한 신뢰이익에 두드러진 무게를 주도록 지시할 수도 있었다.

분명하게 국토안보부는 이러한 일을 하도록 지시받지 않았고 "결론에 이르기까지 모든 정책대안을 검토하라는" 요구도 없었다. 행정청은 "생각할 수 있는 모든 대안과 착상을 탐구"할 의무도 없었다. 그러나 국토안보부는 "백지에 글을 쓰지 않았기" 때문에, 신뢰이익이 있는지를 평가하고, 그 이익이 중요한지 결정하고, 그 이익을 다른 정책 관심사항과 저울질하여야 한다.

반대의견은 위의 모든 사항을 달리 보고 있다. 추방유예가 불법이므로 그에 따른 모든 조치 역시 불법이라고 한다. 그러한 조치는 바로 멈추어야 하고 행정절차법은 그 결과를 막는 쪽으로 해석되어서는 안된다고 보고 있다.

추방유예가 법무부장관의 위법성 판단으로 철회되어야 한다는 반대의견은 옳다. 그러나 그 위법성 판단은 유예를 계속하거나 특정한 신뢰이익을 수용할 지의 정책 선택을 막거나 심지어 다루지도 않았다. 듀크 대행은 그러한 문제들을 살펴보았어야 했으나 하지 않았다. 그 잘못 때문에 행정절차법을 어겨 자의적이고 일관성이 없었다.

Ⅳ

마지막으로 우리는 철회가 수정헌법 제5조 평등보호조항을 어겼다는 피상고인들의 주장을 본다.

정부는 적대감을 가지고 어떤 집단에 혜택을 주는 제도를 끝냈다는 주장은 집행 재량의 선택적인 행사 주장이라고 한다. 그러한 청구는 리노 판결(불법체류중인 외국인은 추방에 대한 항변으로 집행 재량의 선택적인 행사를 주장할 헌법상 권리가 없다고 판결)에 따라 허용될 수 없다고 정부가 주장한다. 피상고인들은 개별적인 집행절차를 다투지 않기 때문에 그 선례의 적용범위 밖이라고 반박한다.

적대감을 주장하려면 원고는 부당한 차별 목적이 결정의 동기였다는 개연성있는 추론을 드러내야 한다. 가능한 증거는 특정한 집단에 미치는 전혀 다른 충격, 정상적인 절차진행에서 벗어남, 의사결정에 참여한 당시 구성원들의 진술 등을 포함한다. 피상고인들은 이러한 요소들을 찾아서 반감이 (1) 추방유예 수혜자들의 78%인 멕시코 출신 중남미사람들에게 철회가 미치는 부당한 영향, (2) 드문 철회 배경, (3) 트럼프 대통령의 대통령선거전과 선거후의 진술에 관한 증거로 입증되어야 한다.

하나든 합쳐서든 이러한 요점들 중 어느 것도 평등보호청구를 개연성있게 뒷받침하지 못하고 있다. 첫째, 중남미사람들이 불법체류 외국인들의 대다수이기 때문에 이민구제제도 수혜자들 중 많은 수를 차지한다고 예상된다. (인용 생략) 이 사실이 청구의 충분한 이유가 된다면, 평등보호를 근거로 거의 모든 이민정책을 다툴 수 있게 된다.

둘째, 2017. 9.에 철회에 이르게 된 배경은 불규칙하지 않다. 하급법원은 추방유예가 유효하다고 말한 2017. 6. 부모추방유예 철회지침서를 가리키면서, "추방유예가 철회되기 3개월 전에도 국토안보부가 재승인하였다."고 결론 내렸다. 그러나 이 설시는 재승인과 자제 사이를 헷갈리고 있는 내용이다. 부모추방유예 지침서는 추방유예의 실질이나 그 적법성을 다루고 있지 않았다. 그래서 법무부장관이 나중에 추방유예에 부모추방유예의 법률상 흠이 있다고 판단했을 때, 추방유예를 재평가한 국토안보부의 결정은 이상하지 않았다. 새롭게 찾은 문제에 자연스런 반응이었다.

마지막으로 인용된 진술은 명쾌하지 않다. 행위자들은 듀크 대행과 법무부장관이다. Batalla Vidal 판결이 인정하듯이, 피상고인들은 "차별동기를 추론할 수 있는 진술을 확인"하지 못했다. 피상고인들은 트럼프 대통령이 차별 의도를 보여주는 중남미 사람들을 비판하는 진술을 했다고 주장한다. 그러나 피상고인들이 해석하는 대로 이러한 진술이 시간상 떨어져 있고 관련 없는 맥락 속에서 나온 말이어서 이 사건을 결정하는 증거가 되는 "당시의 진술"이 아니다. 알링턴 하이츠 판결 268. 그래서 피상고인들의 지적처럼 철회의 동기가 반감이라고 개연성 있게 추론할 수 있는 진술이 아니다.

* * *

우리는 추방유예나 그 철회가 올바른 정책인지를 결정하지 않는다. 그 결정의 "현명함"은 우리의 관심사가 아니다. 우리는 행정청이 행정처분에 이유있는 설명을 해야 한다는 절차상의 요건을 지켰는지만을 다루었다. 이 사건에서 행정청은 계속 유예할지와 추방유예 수혜자들의 어려움에 대해 무엇을 할지의 두드러진 사안을 살피지 못하였다. 그 2가지 때문에 행정청이 재량권의 범위를 알고 있었는지 또는 합리적인 방식으로 재량권을 행사했는지에 관하여 의문을 낳고 있다. 그러므로 문제를 새롭게 검토하도록 국토안보부에 되돌려 보내는 것이 올바른 절차이다. 이 의견에 맞는 추가 절차를 진행하기 위해 3건의 사건을 되돌려 보낸다.

[대법관 토마스 반대의견(대법관 알리토, 고서치 일부 동조, 일부 반대)]

2001년과 2011년 사이에 의회는 미성년자로 미국에 불법 입국한 수백만 명의 외국인에게 합법체류자격을 주는 20개의 법률안을 검토하였다. 그 입법시도는 모두 좌절되었다. 오바마 대통령 시절의 국토안보부는 문제를 직접 처리하였다. 의회로부터 권한을 위임받지 않고 규칙제정절차를 거치지 않고, 국토안보부는 추방유예로 알려진 제도를 만들었다. 3쪽의 지침서는 대략 170만명의 불법체류 외국인들이 임시로 적법하게 체류하고 연방 및 주의 혜택을 받을 자격을 주었다. 트럼프가 2017년 대통령에 취임했을 때, 그가 임명한 국토안보부 장관은 다른 지침서로 추방유예를 철회하였다. 간단하게 말해서 트럼프 행정부는 오바마 행정부가 한 똑같은 방식으로, 일방적으로 단순히 지침서로 추방유예를 철회하였다.

오늘 다수의견은 추방유예의 철회가 불법이라는 어리둥절한 결정을 하였다. 다수의견은 마치 행정법의 표준 원칙을 적용하는 듯하면서 그 결정에 이르렀다. 그와는 반대로 이 사건은 표준적인 행정법 사건일 뿐이다.

국토안보부는 오바마 행정부 시절에 법률상 위임받지 않고 필요한 제정 절차를 거치지 않고 추방유예를 만들었다. 그 결과 제도는 처음부터 불법이었다. 다수의견은 법원이 불법 제도를 철회하는 행정청의 정책 이유를 자의적이고 변덕스러운지의 현미경으로 심사하는 권한을 가지고 있는 이유를 설명하려는 시도조차 하지 않는다. 불법인 행정조치를 되돌리는 결정은 뚜렷하게 합리적이다. 위법하다는 행정청의 판단이 옳다면 우리의 심사는 거기서 끝나야 한다.

오늘 판결은 정치 논쟁이 있지만 법률적으로 옳은 결정을 피하려는 노력으로 인식되어야 한다. 법원은 피상고인이 구하는 해결책은 입법부가 마련하여야 한다고 분명히 밝힐 수 있었다. 대신에 다수의견은 스스로 만든 임시방편의 조치로 위법한 제도를 연장하기로 결정했다. 다수의견은 입법부가 미래의 정치 다툼을 해결하기 보다는 이 법원에서 분쟁이 계속 제기되는 길을 열어주었다. 그러한 소심함 때문에 중립적인 원리에 따라 법을 적용하여야 하는 법원의 의무를 저버렸다.

아마 더 불행하게도 다수의견은 특히 떠나는 행정부에게 비뚤어진 조치를 장려하게 된다. 오늘 판결을 바탕으로 행정부는 행정청의 지침서로 중요한 법률적인 정책 변화를 위법하게 채택하여 다음 행정부의 손발을 묶을 수 있다.

행정청이 정책을 바꿀 권한이 부족했다고 해도, 다음 행정부의 같은 행정청은 이 법원이 충분히 인정할만한 정당성을 갖추지 못하는 한 그 변경을 원상태로 돌릴 수 없다. 달리 말하면 다수의견은 행정청이 이전 행정부가 만든 불법적인 제도를 승인해야 할 뿐만 아니라 계속 운영해야 한다고 판결한 잘못이 있다. 나는 일부 반대한다.

I

A

미성년자로 입국한 외국인에게 적법한 체류자격을 부여하는 의회의 20여차례 입법시도이후에 2012년 당시 국토안보부 장관 나폴리타노는 지침서로 추방유예로 알려진 "기소재량"정책을 발표했다. 지침서는 이민집행공무원에게 열거된 범주에 해당하는 "미성년자로 이 나라에 온 젊은이"를 추방하지 말라고 지시하였다. 장관은 제도가 "기존 법률 체계"와 맞다고 보았다.

추방유예는 임시로 체류할 자격이 있는 외국인 약 170만명을 추방하지 않고 2년간의 갱신기간을 주었다. 추방을 미룸으로써 사회보장 및 의료보호를 포함하여 주 및 연방의 혜택을 받을 자격도 주었다. 8 U.S.C. §§1611(b)(2)-(4); 8 CFR §1.3(a)(4)(vi) (2020); 45 CFR §152.2(4)(vi) (2019). 나아가 추방유예 수혜자들은 취업허가를 신청할 수 있었다. 8 U.S.C. §1324a(h)(3)(B); 8 CFR §274a.12(c)(14). 이러한 변화에도 불구하고 지침서는 "입법권을 행사하는 의회만이 실질적인 권리나 이민지위를 부여할 수 있기" 때문에, "그러한 권리나 지위를 부여하지 않았다"는 모순된 주장을 담고 있다.

2014. 당시 국토안보부 장관인 존슨은 다른 짧은 지침서로 추방유예 범위를 넓혔다. 이 2014 지침서는 추방유예 기간을 3년으로 늘리고 다른 범주를 완화하였다. 또한 부모추방유예로 알려진 관련 제도를 도입하였다. 부모추방유예는 미국 시민권자이거나 적법한 영주권을 가진 어린이들을 가진 불법체류중인 부모들이 추방을 유예받을 수 있도록 허용하였다. 430여만명의 외국인들이 부모추방유예 자격을 얻었고 승인을 받으면 연방 및 주의 혜택을 받을 자격이 주어졌다. 그럼에도 2014 지침서에서 이 제도가 "어떤 형태의 법률상 지위를 주지 않았다"는 엉뚱한 주장을 되풀이하였고, 추방유예가 "행정청의 재량에 따라 언제든지 끝날 수 있다"고 하였다.

B

26개주들이 부모추방유예와 확대된 추방유예가 헌법, 행정절차법, 이민국적법을 어겼다고 주장하면서 집행을 정지하는 소송을 걸었다. 주들은 2014 지침서가 외국인들에게 추방유예와 다른 혜택을 받도록 허용하고 있기 때문에 행정절차법의 예고 및 의견수렴절차를 거쳐야 하는 입법규칙(법규명령)이라고 주장하였다. 또한 국토안보부가 모든 외국인들을 불법체류자와 합법체류자로 구분하는 결정은 연방이민법상의 법률상 권한을 넘는 일이라고 주장하였다. 이러한 흠결은 2014 지침서가 자의적이고 변덕스러우며 법에 부합하지 않는다고 한다.

지방법원은 기소재량권의 행사였다는 국토안보부의 주장을 받아들이지 않으면서 부모추방유예와 확대된 추방유예의 효력을 임시로 정지하였다. 법원은 주들이 2014 지침서가 규칙제정에서 예고 및 의견수렴절차를 거쳐 채택되어야 하는 입법규칙이라는 주장에서 승소할 가능성이 있다고 보았다. 나아가 이민국적법이 그 제도들을 집행할 법률상 권한을 국토안보부에 주지 않았기 때문에 2014 지침서는 "실질적으로 법을 위반"하였다고 결론 내렸다.

이 법원은 5항소법원의 판결을 4대4로 인용하였다.

C

2014 지침서는 효력이 생기기 전에 2017. 6. 15. 철회되었다. 철회 바로 뒤 원고였던 일부 주들은 당시 법무부장관 세션스에게 공문을 보냈다. 그 주들은 "부모추방유예 처럼 추방유예도 의회로부터 법률상 위임을 받지 않고 일방적으로 합법체류자격을 부여하고" 있기 때문에 2012 추방유예 지침서도 법률상 흠이 있다고 주장했다. 또한 행정부가 2017. 9. 5. 까지 추방유예를 만든 2012 지침서를 철회하지 않으면 추방유예를 다투기 위해 소장을 바꾸겠다고 했다.

9. 4. 당시 법무부장관 세션스는 당시 국토안보부 장관 대행 듀크에게 공문을 보내 추방유예를 철회하도록 권고하였다. 세션스는 의회에서 비슷한 효과를 내기 위한 입법안이 여러 차례 거부된 뒤 타당한 법률상 위임없이, 종료일도 못 박지 않은 채, 추방유예는 행정 조치를 통해 효력이 발생하였다고 하였다. 그러한 기한없는 이민법의 우회는 헌법에 위반되는 행정부의 권한 행사라고 썼다. 추방유예가 법원이 부모추방유예에 대해 인정한 흠결과 같은 흠결을 갖고 있어서 추방유예도 마찬가지로 금지되어야 한다고 했다.

당시 장관 대행 듀크는 다음날 지침서로 추방유예를 철회하였다. 듀크의 지침서 첫머리에서 추방유예가 의회가 법으로 제공하지 않은 혜택을 불법 체류 외국인에게 주기 위해 유예조치를 사용했다고 했다. 5항소법원 소송의 과정을 설명하면서, 이민국적법은 수백만의 불법체류 외국인을 합법 체류자 신분으로 재분류하는 조치를 허용하지 않기 때문에, 법원은 추방유예가 의회로부터 부여받은 재량권과 모순된다고 결론 내렸다고 적었다. 마지막으로 지침서는 추방유예가 부모추방유예와 마찬가지의 이유로 불법이라는 세션스의 법률 결론을 받아들였다. 5항소법원과 법무부장관의 법률결론에 따라 듀크는 추방유예를 단계적으로 축소하는 절차에 들어갔다.

이 사건 3건이 바로 시작되었다. 각 사건에서 피상고인들은 추방유예의 철회는 행정절차법을 위반하여 자의적이고 변덕스럽다고 주장하였다. 두 지방법원은 전국 단위로 임시 금지명령을 하였고, 3번째 법원은 철회를 취소하였다.

Ⅱ

"의회가 권한을 위임하지 않는 한, 또는 위임할 때까지… 행정청은 법을 만들 권한이 전혀 없다." Arlington v. FCC, 569 U.S. 290, 317 (2013)(대법원장 로버츠 반대의견). 행정청이 범위를 넘어서 권한을 행사할 때, 불법이다. 추방유예를 만든 2012 지침서는 권한을 넘는 행정조치의 가슴 아픈 사례이다.

추방유예는 이민법이 특정 집단의 외국인들에게 적용되는 방식을 바꾸었다. "추방유예 수혜자들은 원래 체류기간이 지났거나 출입국감시를 받지 않고 들어왔고, 이민국적법은 그 외국인들을 추방할 수 있다고 밝히고 있다." 그러나 "추방절차개시를 하지 않거나, 추방절차를 중단하는 결정, 최종 추방명령을 하지 않는 결정" 등으로 수혜자들의 추방을 미루었다. 다른 규정에서는 추방유예의 수혜자들을 연방 혜택을 받기 위해 합법 체류로 여겼다. 그래서 추방유예는 추방관련 법률 규정에 새로운 예외를 만들었고, 그 과정에서 모든 외국인들에게 합법체류를 인정하는 효과가 있었다.

그러한 변화를 적법하게 이행하기 위해서는 국토안보부가 추방유예 수혜자들을 합법 체류자로 재분류하든 추방유예 적용대상인 모든 외국인들을 법률이 정한 추방절차로부터 면제시키기 위해서든 의회로부터 권한을 위임받을 필요가 있었다. 이민법에 그러한 결과를 이행하는 명백한 위임조항이 없다는 점은 당사자사이에 다툼이 없다. 매우 촘촘한 이민제도를 조사해도 국토안보부가 합법체류하는 새로운 집단을 만들거나 순엉터리로 추방으로부터 구제해주는 묵시적인 재량권을 가지고 있지 않음은 분명하다. 따라서 추방유예는 실질적으로 위법하다.

이 결론으로 우리의 심리는 시작과 동시에 끝나야 한다. 위법한 행정조치를 철회하는 결정은 그 자체로 적법하다. 정책적인 정당성이나 고려는 더 필요하지 않다. 그리고 월권인 행정조치가 허용되어야 하고 계속되어야 한다는 다수의견의 반대되는 결론은 법리상 근거가 없다.

A

의회는 국토안보부에게 추방대상인 외국인들을 모두 합법체류자로 다시 분류하거나 일정한 범위에서 법률상 추방조항으로부터 외국인들을 면제하는 권한을 주지 않았다.

1

나는 합법체류를 먼저 본다. 연방이민법은 국토안보부에게 새로운 범주의 합법체류 외국인을 허용하는 무제한의 재량을 주지 않았다. 그리고 의회가 국토안보부에 일정한 범위의 외국인들을 합법체류자로 분류하는 권한을 묵시적으로 위임하였다고 볼 근거도 없다. 이민법은 임시든 영구든 합법 체류자격을 얻는 수많은 방법을 규정하고 있다. 이러한 조항들이 매우 자세하기 때문에 의회는 합법체류자격을 얻을 수 있는 모든 방법을 규정하였고 국토안보부에 새로운 방안을 더할 재량권을 남기지 않았음을 알 수 있다.

예를 들면, 연방이민법은 외교관, 정규 학생과 그 배우자와 아이들, 미국에 온 지 90일 이내에 미국시민권자와 결혼한 사람들, 운동선수와 연주자, 고용주와 관련된 특별한 지식을 가진 외국인을 포함한 60가지가 넘은 임시 비자를 규정하고 있다. §§1101(a)(15)(A)-(V), 1184; 8 CFR §214.1. 또한 법률은 법무부장관에게 "긴급한 인도적인 이유나 중요한 공공의 이익"이 있을 때 임시입국허가증을 주도록 허용하고 있다. 8 U.S.C. §1182(d)(5)(A). 법무부장관이 전쟁이 계속 중인 나라로의 추방이 "개인의 안전에 심각한 위협을 준다."고 인정했을 때 임시 체류 지위를 규정하고 있다. §1254a(b)(1)(A). 그리고 국토안보부장관은 (국무부장관과 협의하고) 어떤 외국인에게 90일까지 비자를 요구하지 않을 수 있다. §§1187(a)-(d).

이민법은 영주권을 얻을 때도 복잡하고 자세하다. 의회는 외국인이 이민 비자를 얻어서 영구권자가 되는 많은 방법을 규정하였다. §§1201, 1255(a). 그 중에서 특정한 가족이 후원하는 외국인, 박사학위나 예외적인 능력을 가진 외국인, 일정한 유형의 기술노동자, "특별한 이민자," 새로운 사업을 하려고 입국한 외국인들은 이민비자를 받을 수 있다. §§1153(a)-(b), 1154. 난민과 망명자들도 일정한 조건으로 영주권을 받을 수 있다. §1159; 8 CFR §§209.1, 209.2. 임시 합법 체류 허가와 함께 영주권을 받기 위한 규정과 예외도 갖추고 있다.

5항소법원이 추방유예 소송에서 판결했듯이 "이민국적법의 구체적이고 자세한 조항은 정의된 집단의 외국인들을 합법체류자의 법률상 자격을 명확하고도 신중하게 규정하고 있다." 이러한 정교한 법률 체계에 비추어볼 때 추방유예 수혜자들을 위한 비슷한 조항이 없다는 것은 의회가 국토안보부에 합법 체류자격을 주는 외국인 집단을 새로 만들 재량권을 주지 않았음을 보여주고 있다. 의회는 넓은 재량권을 주는 방법을 잘 알고 있어서 하나하나 들기도 어려울 정도로 많은 법률에서 재량권을 위임하였다. 그러나 합법 체류에 대해서 의회는 너무도 달랐다. 넓게 일반 조항으로 법률을 만들어 행정청에 내용을 채우도록 맡기지 않는 대신에, 의회는 합법체류자격을 처리하기 위해 복잡하게 구체적인 규정을 두었다. 이러한 체계는 국토안보부가 어떤 식으로든, 적어도 지침서에 의해서 법률조항을 메우거나 고치는 재량을 갖고 있지 않음을 보여주고 있다. FDA v. Brown & Williamson Tobacco Corp., 529 U.S. 120, 125 (2000) (행정청은 의회가 만든 행정 체계와 일치하지 않는 방식으로 권한을 행사할 수 없다).

2

마찬가지로 의회가 추방대상 외국인에게 확대해 온 구제를 보면 추방유예가 위임받은 국토안보부의 권한을 넘었음을 확인해준다. 유예조치를 통해 추방유예는 추방대상 외국인을 임시로 구제하였다. 그러나 합법 체류에 관해서는 의회가 국토안보부에 법률의 추방요건에 대한 예외를 범주를 정해서 만들 권한을 명시적으로 주지 않았다. 합법 체류에 관하여도, 추방으로부터 구제되는 연방이민법의 복잡하고 자세한 내용은 국토안보부가 완전히 새로운 제도를 만들어 추방에서 면제하는 방법으로 그 구제를 보완할 재량권을 갖고 있지 않다는 점을 가리킨다.

처음부터 의회는 어떤 집단에 대해 유예조치가 필요할 때 어떻게 규정할 지를 뚜렷하게 알고 있었다. 여러 차례 의회는 명확한 용어를 써서 어떤 집단의 개인들이 유예조치를 받을 자격이 있는지를 밝혔다. (인용 생략).[85] 의회는 추방유예 수혜자들에게 비슷하게 명확한 조항을 두지 않았고, 이민법에 국토안보부가 스스로의 뜻에 따라 범위를 정하여 유예조치 정책을 만들 수 있다는 취지의 내용도 없다.

추방으로부터의 구제와 관련된 다른 조항들도 국토안보부가 추방유예를 만들 권한이 없음을 보여준다. 합법 체류와 관련하여 의회는 외국인이 추방으로부터 구제를 받을 여러 방법을 규정하였다. 예를 들면 영주권자와 임시거주권자는 일정한 거주요건에 해당하고 특정한 범죄를 저지르지 않았다면 추방의 취소를 구할 수 있다. §§1229b(a)-(b). 그리고 비영주거주자는 이러한 절차를 거치는 동안 영주권자와 비슷한 지위를 가질 수 있다. §1229b(b)(2). 외국인은 특정 범죄를 저지르지 않는 한 추방절차 동안 망명이나 추방보류를 신청할 수 있다. §§1158, 1231(b)(3). 비이민비자를 신청한 사람은 그 신청이 결정될 때까지 추방이 미뤄진다. §1227(d). 그리고 외국인은 추방명령에 따르기 보다는 스스로 떠날 수도 있다. §1229c.

간추리면 합법체류처럼 의회는 구체적이고 복잡한 방식으로 추방으로부터 구제를 규정하였다. 이러한 자세한 내용은 의회가 추방으로부터 구제를 바라는 외국인들이 쓸 수 있는 방법을 모두 규정하였고, 다른 구제 방식을 추가로 제공할 재량권을 국토안보부에 주지 않았음을 보여주고 있다.[86]

3

마지막으로, §1103(a)(3)에 따라 권한을 행사하기 위해 필요한 조치를 하거나 이민정책과 우선순위를 설정하는 능력과 같은 일반 권한이 국토안보부에 부여되

85) 부모추방유예 소송에서 국토안보부는 다른 추방유예방침은 명확한 입법없이 행정부가 집행한 적이 있다고 적었다. 그러나 “과거의 실무 자체가 행정부의 권한을 창출하지 않는다.” Medellín v. Texas, 552 U.S. 491, 532 (2008). 만약 이러한 방침이 다투어졌다면, 추방유예와 마찬가지 이유로 법률상 근거가 없을 듯하다. 또한 만약 국토안보부가 추방유예를 받을 자격이 있는 새로운 범주의 외국인을 설정할 권한이 있다면, 의회의 모든 추방유예 입법은 필요하지 않다. 마지막으로 다른 추방유예방침은 입법으로 추진되었지만, 추방유예는 8년간 존속하였고, 의회는 2012년 이후 입법으로 해결하려고 하지 않았다.

86) 유예조치는 사건별로 자주 일어날 수 있고, 추방가능한 외국인을 추방할 근거가 없다는 이유로 유예조치가 정당할 수 있다는 데에는 다툼이 없다. 이러한 임시의 재량권 행사가 허용될 수 있다고 가정하더라도, 근거자료가 부족한 행정청이 조치를 바꿀 수 있지만, 법을 바꿀 수는 없다. Utility Air Regulatory Group v. EPA, 573 U.S. 302, 327 (2014).

어 있다는 점에 대해서는 다툴 수 없다. 6 U.S.C. §202(5). 8 U.S.C. §1103(g)(2). 우리는 법률을 "균형있고 일관성 있는 규제 체계로" 풀이해야 하기 때문에, 이러한 권한은 법률이 밝힌 제한과 함께 해석되어야 한다. 이러한 일반적인 권한을 바탕으로 이민법을 모두 정비하는 장관의 권한을 인정하면 미국에 불법 체류하는 외국인들에게 장관이 합법 체류자격을 주도록 허용함으로써 신중한 법률 체계를 뒤엎게 된다. 이는 이민국적법의 복잡한 체계에 비추어 동의할 수 없을 뿐만 아니라, 국토안보부가 임의로 관련 규정을 폐기할 수 있기 때문에 많은 규정들이 아예 쓸모없게 된다. 그리고 이러한 치명적인 문제 외에도, 일반적인 장관의 권한을 넓게 해석하면 "의회는 자세한 기본 규제체계를 모호한 용어나 부수적인 조항으로 바꾸지 않는다."는 추정과 맞지 않는다. 의회가 "경제 및 정치적으로 중요한 결정"을 하도록 권한을 위임할 때 분명히 말할 거라는 기대에 근거한 주요한 이론과도 충돌하게 된다.

임시 및 적법한 영주 지위, 추방으로부터 구제, 집단별 추방 유예제도 등을 다룬 자세한 법률 조항을 종합해 볼 때, 추방유예는 "전체 법률의 구조와 설계에 맞지 않다"는 결론에 이를 수밖에 없다. 지방법원이 부모추방유예 소송에서 밝혔고, 세션스 장관이 동의하였듯이, "단순히 이민국적법상 추방조항의 집행을 거부하는 데 그치지 않고, 국토안보부는 의회가 추방하거나 내보내야 한다고 본 개인에게… 합법 체류 자격을 주는 광범위한 제도를 만들었다." 이민법은 현대 행정법에서 매우 드물게 구체성을 갖춘 내용으로 채워져 있다. 외국인 사업가로 좁게 정의되는 집단에게 조건부로 합법 체류를 제공할 만큼 자세히 규정한 법률 체계가 국토안보부 장관의 지침서로 거의 200백만 명의 불법 체류 외국인에게 합법 체류를 부여할 만큼 충분히 품이 넓다고 결론내리는 것은 모든 논리 및 상식에 반한다.

B

세션스 장관은 추방유예가 법률상 권한없이 이행되었다고 인정하면서 부모추방유예 및 추방유예확대와 마찬가지의 법률상 흠결을 갖고 있다고 결론 내렸다. 이 결론은 옳을 뿐만 아니라, 우리의 심사를 결정짓는다. "행정기관의 권한은 … 분명히 의회가 준 권한으로 제한된다." 이 사건에서 국토안보부는 추방유예를 만들 권한이 없고 그 제도의 불법성으로 철회의 정당성은 충분하다.

다수의견은 다른 길을 갔지만 추방유예의 실질적인 법률상 흠결을 무시할 뿐이다. 다수의견의 행정절차법 이해에 따르면 국토안보부는 권한없이 취한 조치를 철회하기 위한 정책 정당성이 별도로 필요하다. 이러한 논리는 "우리의 법리학에 근거가 없고, 지지하는 판결도 없다."

다수의견을 지지하는 근거가 없다는 것은 헌법의 권력분립에 비추어 볼 때도 놀랍지 않다. 어느 법원도 행정부 공무원에게 의회가 위임한 권한을 넘어서 처음부터 무효인 제도를 계속 시행하도록 요구할 수 없다. (인용 판례 생략). 행정처분을 심사하는 우리의 역할은 행정부 공무원이 올바른 권한 범위를 넘지 않고, 법률의 분명한 제한을 직접 어겨 권한을 위법하게 계속 행사하지 않도록 보장하는데 있다.

우리의 선례에 따르면 국토안보부는 의회가 위임한 권한만을 행사할 수 있다. 추방유예를 이행하면서 오바마 행정부의 국토안보부는 의회가 위임하지 않는 권한을 가로챘다. 그래서 국토안보부가 추방유예에 따라 취한 모든 조치는 위법한 권한의 행사이다. 이제 트럼프 행정부에서 국토안보부는 추방유예를 철회할 가장 중대한 이유를 밝혔다. 제도가 불법이고 만약 국토안보부가 제도를 계속 이행한다면 불법행동을 강요하게 된다는 것이다.

Ⅲ

다수의견의 국토안보부 결정과정 심사는 2012년 지침서가 자의적인 결정을 막기 위한 행정절차법의 절차 요건을 어겼다는 점을 볼 때 특히 뒤틀려 있다. 국토안보부가 추방유예를 만들 권한이 있다 하더라도 행정규칙 제정 절차를 거치지 않고 만들 수는 없다. 국토안보부가 이 절차를 거치지 않았다는 사실은 추방유예를 철회하는 독립 근거가 될 수 있다. 그러나 최소한 이러한 절차상 흠결은 이 사건에서 다수의견의 불합리를 보여주고 있다.

위에서 보았듯이 추방유예는 이민법을 근본에서 수정하였다. 법률상 추방절차에서 면제되는 새로운 집단의 외국인을 설정하였고, 그들에게 임시의 합법체류를 허용하였다. 두가지 변화는 법률상 한계를 넘었다. 그래서 추방유예는 보통 실질적인 또는 입법 규칙이라고 부른다.[87] 이름이 암시하듯이 우리의 선례들은 입법

87) 다수의견은 인정할 수밖에 없어서 조용히 인정하고 있다. 그렇지 않다면 다수의견은 추방유예

규칙은 “법률의 효력과 집행력을 가진다.” 라고 밝혔다. Chrysler Corp. v. Brown, 441 U.S. 281, 295 (1979).

우리의 선례는 거의 모든 입법규칙은 이른바 “비공식적인” 통지와 의견수렴절차를 거쳐서 제정될 수 있도록 허용하고 있다. 그러나 우리의 선례에 따르면 행정기관은 그 규칙이 법집행력을 발휘하기 전에 행정절차법이 요구하는 절차를 거쳐야 한다. (인용 판례 3건 생략). 이러한 절차는 행정기관이 연방 관보에 규칙안을 실어서 알리고, 규칙을 만드는 법적 권한의 정당성을 밝혀야 하며, 규칙의 주제와 사안을 설명하고, 이해관계자들이 의견을 낼 수 있도록 하여야 한다. 5 U.S.C. §§553(b)-(c). 우리가 최근에 인정하였지만, 낱말 “하여야 한다(shall)”의 사용은 행정기관이 구속력있는 유효한 규정을 채택하기 전에 이러한 절차를 이행할 의무가 있음을 가리키고 있다. 예고 및 의견수렴 절차를 거친 뒤, 행정기관은 마지막 규칙을 공포하면서 “인정된 사실과 선택한 정책사이의 합리적인 연관관계를 충분히 설명하여야 한다.” 스테이트 팜 판결 43. 이 절차를 마친 뒤에야 입법규칙은 유효하다.[88)]

추방유예는 법률 효력과 집행력을 갖고 있기 때문에 국토안보부가 입법규칙을 공포하려고 했다면 행정절차법에 규정한 절차를 거쳤어야 한다. 그러나 국토안보부가 그렇게 하지 않았다는 사실에는 다툼이 없다. 이해관계자들에게 이민법에서 제도가 가져오는 극적이고 중요한 변화가 사회의 다양한 측면에 미치는 영향에 관한 의견을 낼 기회를 주지 않았다. 경제적인 고려사항이나 국가안보이익에 관한 논의도 없었다. 여러 해 동안 사고 없이 이 나라에서 살아 온 외국인 집단과 다르게 미성년자로 이 나라에 온 젊은이들을 대우하는 실질적인 정책정당성도 밝히지 않았다. 그리고 추방유예가 기존법에 어긋나지 않는다는 이해할 수 없는 주장을 넘어서 국토안보부는 그러한 제도를 만들 수 있도록 허용한 법을 꼭 집어서 말하지 못하였다. 국토안보부가 법률상 의무인 절차를 거치지 않았기 때문에, 추

는 철회 심사대상이 될 수 없는 기소재량에 관한 정책일 뿐이라고 인정해야 할 것이다. Heckler v. Chaney, 470 U.S. 821, 831 (1985)

88) 행정절차법은 예고 및 의견수렴절차의 예외도 규정하고 있다. 예컨대 행정기관은 정당한 이유가 있다면 예고 및 의견수렴 절차를 거치지 않고 법률적으로 구속력있는 규칙을 공포할 수 있다. 5 U.S.C. §553(b)(B). 만약 행정기관이 쉽게 예고 및 의견수렴 절차를 건너뛰어 같은 효과를 거둘 수 있다면 이 문언은 무효가 된다.

방유예는 제3자에게 의무나 책임을 부과할 수 있는 법률상 구속력 있는 규칙의 지위를 얻지 못했다.

이렇게 보면, 국토안보부가 추방유예를 철회하기로 결정했을 때, 어떻게든 설명해야 할 필요가 있는지 나는 알 수 없다. 추방유예가 처음부터 위법이라고 인정하고서도 정책이 정당함을 밝혀야 한다는 점을 그만두고라도, 행정절차법에는 국토안보부가 무효인 입법규칙의 철회가 정당함을 설명해야 한다고 되어 있지 않다. 그리고 법에서 조치를 취하도록 하거나 조치를 금지할 때 행정기관이 그 이유를 바로잡도록 우리가 환송하지 않는다는 법리는 확립되어 있다. 이 사건에서 정책의 정당성을 어떻게 설명해도 국토안보부가 처음부터 추방유예를 만들 법률상 권한이 없다는 사실을 바꿀 수 없기 때문에 환송할 이유도 없다.

이를 인정하지 않고 다수의견은 이제 국토안보부가 무효인 규칙을 정당한 규칙처럼 다루어야 한다고 요구하고 있다. 그러한 요구는 행정절차법에 맞지 않다. 다수의견은 추방유예가 공포될 때는 없었더라도, 국토안보부가 (추방유예의 폐지로 인한) 혜택과 유예와 관련하여 매우 자세하게 정책선택을 논의할 의무가 있다고 우기고 있다. 그리고 추방유예가 전통적으로 신뢰이익을 고려하지 않으며 국토안보부가 예고 및 의견수렴절차를 거치면서 신뢰이익을 어떻게 생각했는지를 설명하도록 요구받지 않았다 해도, 국토안보부가 신뢰이익을 길게 논의해야 한다고 요구한다. 이 사건에서 다수의견의 그러한 설명 요구를 쉽게 이해할 수 없다.

물론 국토안보부가 철회를 충분히 설명했기 때문에 문제가 안 된다. 추방유예가 월권이라는 국토안보부의 말이 철회가 정당함을 충분히 설명하고 있다. 그 이상을 요구하고 있는 다수의견은 앞으로 불법 조치를 철회하는 모든 시도를 어렵게 하면서 행정절차법의 심사과정을 알아볼 수 없을 정도로 비틀어 버렸다. 보통 원고들은 자주 행정청이 입법규칙을 정책판단으로 포장하는 것은 허용될 수 없고 당사자들을 구속하는 규칙을 만들기 전에 관련된 절차를 거쳐야 한다고 주장하면서 행정 조치를 다투는데 성공하였다. 그러나 앞으로 철회한 행정청은 행정절차법의 거의 모든 규칙제정 절차를 무시하여 무효인 입법 규칙을 이어받았을 때, 그 현실에 눈감아야 한다. 필수 절차를 거치지 않았기 때문에 간단하게 제도를 끝내는 대신에, 행정청은 무효인 입법규칙을 정당한 규칙으로 취급해야 한다.[89)]

---

89) 나는 추방유예가 연방이민법에 따라 허용되고 행정절차법에 부합한다고 해도, 허용될 수 없는

Ⅳ

내가 추방유예의 철회가 정당하다는 정책상의 이유가 더 필요하다는 다수의견을 받아들인다 해도, 그 철회를 취소한 다수의견의 이유는 여전히 부당하다.

A

첫째, 다수의견은 5항소법원이 2014 지침서에서 혜택 부여의 적법성만을 판단했고 "유예하는 내용," 즉 추방유예 수혜자들의 추방절차를 진행하지 않기로 한 결정은 판단대상이 아니었다고 주장한다. 그래서 다수의견은 법무부장관의 법률상 결론에도 불구하고 듀크는 추방을 계속 유예하는 동안 추방유예 수혜자들의 합법 체류와 다른 혜택들의 취소여부를 살펴보아야 한다고 썼다. 다수의견이 5항소법원의 판결내용을 올바로 분석하였다고 가정해도, 자의적이고 일관성이 없다는 심사기준에 따르면 행정청이 위법한 조치를 모두 철회하는 대신에, 조각조각 나누어서 각각의 내용이 독립하여 법을 위반했는지를 판단하기 위해 자세히 들여다보아야 한다고 요구하는 근거가 없다.

법무부장관은 지방법원과 5항소법원의 상세한 결정을 살펴보았다. 그 법원들은 이민국적법의 문언과 구조, 다른 연방 이민 관련 법률의 관련 조항, 유예조치의 과거 실무, 이민정책을 결정하는 일반적인 법률상 권한부여여부를 샅샅이 살펴보았다. 두 판결은 부모추방유예와 확대된 추방유예가 주의깊게 만든 연방 이민 체계를 어겼고, 그 위반이 유예조치의 과거 실무를 참조함으로써 정당해질 수 없으며, 일반적인 법률상 권한 부여가 국토안보부에 그러한 광범위한 (추방을 유예하는) 집행정지 제도를 만들 권한을 주지 않았다고 결론 내렸다. 그 판결의 논증을 바탕으로 세션스 법무부장관은 추방유예도 마찬가지로 법률상 권한 없이 이행되었다고 결론 내렸다. 그는 국토안보부에 법의 지배를 되살리라고 지시했다. 국토안보부는 법무부장관의 법률 분석을 받아들여 제도를 철회하였다. 이러한 법률 결론은 위법한 조치를 철회하는데 필요한 "논리적인 분석"을 충분히 제공하였다.

다수의견은 이러한 논증이 스테이트 팜 판결에 부합하지 않는다고 말할 뿐 다른 설명은 없다. 그러나 다수의견은 스테이트 팜 판결에서 드러난 전형적인 "정

입법권의 행사로서 헌법에 위반된다고 본다.

책 우선 순위"와 다르게 추방유예가 위법하다는 사실에 눈감고 있다. 스테이트 팜 판결이나 다수의견이 든 다른 판결은 행정청이 위법한 조치를 이어받았을 때 어떻게 해야 하는지를 다루고 있지 않다.

B

둘째, 다수의견은 국토안보부가 추방유예 수혜자들의 신뢰이익을 고려하지 않은 잘못이 있다고 한다. 그러나 신뢰이익은 행정청에게 법률상 권한이 없는 행정조치를 철회할지를 판단할 때는 관련이 없다. 의회도 헌법도 주지 않은 권한을 국토안보부가 휘두르도록 허용한 조치의 계속 이행을 정당화하는 신뢰란 존재할 수 없다. 그리고 그러한 결정은 "법과 일치하지 않거나 법률상 권한을 넘는 것이다." 5 U.S.C. §§706(2)(A), (C). 따라서 국토안보부가 처음부터 위법한 조치의 계속 이행을 정당화하기 위해 신뢰이익을 쓴다면 쉽게 또 다른 위법한 권한을 행사할 수 있고, 법원은 그 조치를 유지해야 할 것이다.

신뢰이익이 때로 위법한 조치를 철회할 때 관련이 있다 하더라도, 이 사건 철회는 자의적이거나 변덕스럽다고 볼 수 없다. 다수의견은 다투지 않지만, 철회는 유예조치가 늘 작동하는 방식과 일치한다. 보통 유예조치는 권리가 아니어서 정부의 재량이고 언제든지 취소될 수 있다. 정부는 "유예 조치는 이민 관련 법률상 지위가 아니기 때문에 외국인은 유예 조치에 대한 권리가 없다. 정부의 재량으로만 이루어지며 외국인에게 보호나 혜택을 주지 않는다."고 여러 번 분명히 했다. (인용 자료 생략). 그래서 근거없는 다수의견의 주장과 달리, 행정부가 이런 방식으로 오랫동안 유예조치를 다루어 온 사실은 행정청이 이 사건 맥락에서 신뢰이익을 고려할 필요가 없다는 명제를 뒷받침하는 강력한 증거와 권위가 된다.

마지막으로 국토안보부에게 추방유예를 철회하기 전에 조치가 과거에 어떻게 옹호되었는지를 살펴야 한다고 요구하는 것은 상상할 수 없는 일이다. 국토안보부는 추방유예를 시작한 이래로 그러한 신뢰이익을 살피지 않을 것임을 분명히 했다. 추방유예 지침서와 동시에 국토안보부는 "행정청의 재량으로 유예 조치를 언제든 끝내거나 갱신할 수 있다"고 말했다. 사실 국토안보부는 법원에서 유예조치가 수혜자들이 기댈 수 있는 권리를 만들지 않았기 때문에 2014년 지침서가 유효한 기소재량권의 행사라고 반복해서 주장했다. 5항소법원에서 국토안보부는 "유예조치를 취소하거나 끝낼 수 있고 스스로의 재량으로 언제든 추방절차를 시작할 수 있다"고 말했다. 그리고 이 법원에서도 "국토안보부는 예고 또는 절차를 거치지 않고 유예 조치를 일방적으로 취소하는 절대 재량권을 가지고 있다"고 반복했다. 만약 신뢰이익을 이렇게 다루는 것이 틀렸다면, 철회가 아니라 추방유예의 공포에서 흠결이 하나 더 있었음이 드러난다.

* * *

트럼프 행정부의 국토안보부 장관은 오바마 행정부의 장관이 법률상 권한 없이 그리고 행정절차법의 필요 절차를 거치지 않고 만들고 집행한 제도를 이어받았다. 세션스 장관은 위법한 제도는 철회되어야 한다고 올바르게 판단하였다. 이 사건들은 그의 법률상 판단이 옳았다는 결론으로 끝날 수 있고 끝나야 한다.

오늘 다수의견은 국토안보부가 그 이상을 해야 한다고 결론 내렸다. 행정절차법이나 선례에 근거를 두지 않고 다수의견은 법의 지배를 되살리기 전에 국토안보부가 추방유예의 명백한 법률상 흠결에는 눈감고 (철회하는) 정책상의 이유와 정당성을 추가해야 한다고 밝혔다. 이러한 판결은 잘못이며, 앞으로 법률상 권한을 어긴 조치를 이행하지 않으려는 모든 행정청의 시도에 발목을 잡을 것이다. 그러므로 나는 전국적인 금지명령을 끝내기 위해 하급심 판결을 취소하고 되돌려 보낸다.

18. 법규명령을 공표할 행정청의 법률상 권한과 행정절차법상 적법한 절차

Little Sisters of the Poor Saints Peter and Paul Home v. Pennsylvania
591 U.S.______(2020)

〈해 설〉

보건사회부, 노동부, 재무부는 건강보험개혁법(오바마케어법)의 위임에 따라 여성근로자들이 회사 건강보험의 적용항목에서 피임도 보장받도록 하되, 종교 및 도덕적인 이유로 피임에 반대하는 단체는 그 의무를 면제하는 규칙을 발표하였다. 펜실베이니아주와 뉴저지주 등은 보건사회부 등이 면제를 공표할 법률상 권한이 없고, 행정절차법상 예고 및 의견수렴절차 위반, 재량권 남용 등을 이유로 집행정지를 신청하였다. 연방지방법원은 집행을 정지하는 금지명령을 내렸고, 연방제3항소법원은 인용하였다.

법정의견은 건강보험개혁법이 여성들의 예방진료 및 검사 범위를 결정하도록 위임하였고 법이 달리 제한하지 않은 이상 보건사회부 등은 법에 따라 종교 및 도덕에 기초하여 면제를 공표할 법률상 권한이 있다고 판결하였다. 법원은 법률상 근거없이 법문을 추가하거나 행정청의 재량권을 제한하지 못한다는 법리를 인용하였다. 또한 충분한 예고기간, 의견 제출 기회 제공, 규칙 내용의 설명 등 행정절차법이 요구하는 실질적인 요건을 지켰다고 판단하고, 항소법원 판결을 취소하였다.
대법관 긴즈버그의 반대의견은 의회가 여성들의 예방진료 및 검사 범위를 결정하도록 위임하였을 뿐, 종교 또는 도덕을 이유로 피임에 반대하는 사용자를 면제할 권한을 위임하지 않았고, 종교의 자유는 개인의 종교활동 자유를 보장하지만 제3자, 이 사건에서 그 종교와 무관한 여성의 권리를 침해하는 방식은 허용되지 않는다는 이유로 반대하였다.[90]

[대법관 토마스]

우리는 정부가 건강보험개혁법을 이행하는 규제 요건에서 적법한 면제를 만들었는지를 결정한다. 문제의 요건은 사용자에게 근로자들의 피임진료에 적용되는 단체건강보험을 요구하고 있다. 건강보험개혁법조항에서 피임적용을 요구하지 않거나 언급되지 않았다 해도, 정부는 건강보험개혁법이 통과된 바로 뒤 잠정적인 최종 규칙을 공포하여 이를 의무화하였다. 그 요건은 피임적용의무라고 알려졌다.

6년 동안 오래 끌었던 소송 끝에 건강보험개혁법을 공동으로 집행하는 보건사회부 등은 종교 및 양심상 반대하는 사용자들을 의무에서 면제하였다. 연방제3항소법원은 보건사회부 등이 이러한 면제를 공표할 법률상 권한이 없다고 결론내리고 지방법원의 전국적인 금지명령을 인용하였다. 우리는 보건사회부 등이 종교 및 양심에 따라 반대하는 사용자들에게 피임적용요건을 면제할 권한이 있다고 본다. 따라서 우리는 항소법원의 판결을 뒤집고 금지명령을 풀라는 판단과 함께 되돌려 보낸다.

---

90) 대법관 토마스가 법정의견을 작성하고 대법원장 로버츠, 대법관 알리토, 고서치, 카바노가 참여하였다. 대법관 알리토가 동조의견을 작성하고 대법관 고서치가 참여하였다. 대법관 케이건이 동조의견을 작성하고 대법관 브레이어가 참여하였다. 대법관 긴즈버그가 반대의견을 작성하고 대법관 소토마요르가 참여하였다.

I

건강보험개혁법의 피임적용의무-행정청의 규제 내용-은 약 9년 동안 시행되었다. 그 요건을 둘러싼 소송도 비슷하게 오래 계속되었다. 우리는 경위를 간추리면서 시작한다.

A

건강보험개혁법은 적용대상 사용자들이 "최소한의 필수적용 항목"을 포함하는 "단체건강계획 또는 단체건강보험("단체건강보험")"을 마련하도록 하고 있다. 26 U.S.C. §5000A(f)(2); §§4980H(a), (c)(2). 위반하는 사용자들은 근로자 1인당 하루 100불의 벌금을 포함한 무거운 제재를 받는다. §§4980D(a)-(b), Burwell v. Hobby Lobby Stores, Inc., 573 U.S. 682, 696-697 (2014) ("하비 라비 판결"). 이 사건 소송대상은 법조항에 따라 공표된 규제로서 사용자들이 여성들에게 비용분담 없이 예방진료 및 검사를 받도록 하는 내용이다.

법에는 "예방 진료 및 검사"가 무엇인지 정의되어 있지 않고, 그러한 서비스의 구체적인 내용을 예시하거나 한정하지 않았다. 그래서 법률 자체는 예방진료의 구체적인 내용을 명확하게 밝히지 않았다. 대신에 의회는 단체건강보험의 적용범위는 보건사회부 소속 보건서비스국(the Health Resources and Services Administration, HRSA)이 발표하는 지침에 들어 있는 추가 예방진료 및 검사를 포함하여야 한다고 규정하였다. §300gg-13(a)(4). 건강보험개혁법을 만들 무렵에 이러한 지침은 없었다.

법이 통과된 뒤 바로 보건사회부 등은 건강보험개혁법조항에 관련된 규칙을 공표하기 시작하였다. 그러나 행정절차법에 따라 법규명령의 효과가 생기기 전에 예고 및 의견수렴 절차를 밟지 않았다. 대신에 행정절차법의 정당한 이유에 의한 예외조항에 따라서 예고 및 의견수렴을 거치지 않고 바로 법률적 효력이 생기는 규칙을 공표하였다. §553(b)(3)(B).

첫 번째 규칙("2010년 규칙")은 2010. 7.에 공표되었는데, 원래 §300gg-13의 다른 내용을 이행하기 위해서였다. 2011. 8.까지 예방진료규칙을 만든다는 계획을 갖고 있었으나 종교를 이유로 한 면제나 다른 유형의 면제 수용을 언급하지 않았다.

예정대로 보건사회국은 2011. 8. 첫 번째 규칙을 발표하였다. 그 규칙은 비영리 자문기관인 전국의약협회가 제출한 의견을 반영하였다. 규칙은 피임적용의무를 포함하고 있었는데 건강보험계획이 식품의약국이 승인한 모든 피임방법 및 불임 시술뿐만 아니라 관련된 교육과 상담에 적용되도록 규정하였다.

같은 날 규칙은 공표되었고, 보건사회부 등은 기존 2010년 규칙을 개정하였다 (개정된 규칙은 "2011년 규칙"). 2010년 규칙이 처음 공표되었을 때 보건사회부 등은 피임을 적용대상에 포함시킨다면 종교의 자유를 침해한다는 우려를 드러내는 수많은 종교 사용자들로부터 의견을 받기 시작했다. 규칙은 결국 피임을 적용대상에 포함하였고 종교의 자유에 영향을 미칠 수 있게 되었다. 개정된 규칙에서 보건사회부 등은 "보건서비스국이 종교사용자들에게 미치는 영향을 적절하게 고려하였고" 면제를 설정할 수 있는 재량권이 있다고 결론 내렸다. 보건사회부 등은 면제는 종교 사용자에게 적용되어야 하고, 어느 사용자가 이에 해당하는지를 확인하기 위한 4가지 심사요건을 만들었다. 마지막 요건은 교회, 부설기관, 교회 협회, 종교활동만 하는 단체여야 한다. 보건서비스국은 동시에 이 사용자들을 의무에서 면제하는 규정을 만들었다. 교회에만 초점을 맞추었기 때문에, 첫 번째 면제는 교회면제로 알려졌다.

규칙은 2012. 8. 1. 에 시작하는 연도계획에 따라 효력이 발생할 예정이었다. 그러나 2012. 2. 규칙의 효력이 생기기 전에 보건사회부 등은 잠정적으로 일부 비영리종교활동에 적용되지 않는 최종 규칙을 공표하였다. 구체적으로 보건사회부 등은 면제되지 않은 대상 중에서 피임서비스적용에 반대하는 비영리 종교단체를 포함하는 추가 규칙을 발표할 생각이라고 밝혔다. 규칙의 개정절차가 진행될 때까지 2012년 규칙은 그 사용자들을 잠정적으로 규칙의 적용대상에서 제외하였다. 종교적인 이유로 꾸준히 피임서비스를 건강보험적용대상에서 제외한 비영리 단체를 보호하였다. 그래서 비영리단체는 규칙의 효력이 생겼을 때 피임적용의무 대상이 아니었다.

보건사회부 등은 이 사건에 두 가지 방식으로 관련되어 있는 2013년 규칙을 공표하였다. 첫째, 건강보험개혁법 조항에 따라 보건서비스국이 종교 사용자들이 만들어 운영하고 있는 단체건강보험을 면제하는 방식으로 규칙을 발표할 권한이 있음을 확인하면서, 보건사회부 등은 종교 사용자의 정의를 단순화하고 분류하였다. 둘째, 같은 권한에 따라 보건사회부 등은 면제대상 종교기관을 정의하였는데,

(1) 종교적인 이유로 일부든 전부든 피임서비스의 보험대상 포함에 반대하고, (2) 비영리단체로 조직되고 운영되며, (3) 스스로를 종교단체로 표방, (4) 위 세 요건을 충족한다고 스스로 인정하는 조직으로 정의하였다. 해당 조직은 보험회사에 자가증명서 사본을 내면 단체건강보험에서 피임서비스를 뺄 수 있고 건강보험과 별개로 대상자들에게 피임서비스비용을 지원할 수 있다. 보건사회부 등은 종교단체가 피임적용을 계약, 준비, 지불하지 않도록 함으로써 종교자유회복법에 위반되지 않도록 하기 위함이라고 말했다. 이러한 조정은 자가인증조정이라고 불린다.

B

보건사회부 등이 2013년 규칙을 공표한 뒤 바로 상고인(Little Sisters of the Poor Saints Peter and Paul Home)들이 운영하는 2개의 비영리종교단체가 자가인증제도를 다투었다. 상고인들은 1868년부터 미국에서 빈곤노인을 위한 양로원을 운영하고 있는 국제여성가톨릭모임이다. 그들은 "신앙, 재산, 또는 노쇠함"을 가리지 않고 노인들을 돌보아야 한다는 믿음을 갖고 있다. 상고인들은 모든 노인들을 "마치 예수님처럼 여기고 가족처럼 돌보며, 하느님이 부르실 때까지 품위있게 대우"하려고 하였다.

가톨릭 신앙에 맞게 상고인들은 의학적인 방법으로 아이를 낳지 않으려는 행위는 부도덕하다는 확신을 갖고 있었다. 그들은 자가인증제도를 다투면서 인증서 작성이 자신들의 신앙에 어긋나는 행위를 강요한다고 다투었다. 곧 다른 사람들에게 피임을 제공하는 조치를 취하게 하거나 보건사회부 등이 만든 제도에 참여하게 한다고 한다. 그 결과 자가인증제도가 종교자유회복법에 위반된다고 주장한다. 그 법에 따르면 종교의 자유를 실질적으로 제한하는 법은 중대한 정부의 이익에 기여하여야 하고 그 이익을 추구하는 최소한의 제한 수단이어야 한다. §§2000bb-1(a)-(b). 항소법원은 자가인증제도가 상고인들의 종교의 자유를 실질적으로 제한한다고 보지 않았다.

상고인들이 자가인증제도를 다투는 유일한 단체는 아니다. 전국의 비영리 종교단체와 교육기관들이 비슷한 소송을 걸었고, 거의 모두 자가인증제도가 종교자유회복법에 위반되지 않는다는 판결을 받았다. (7건의 항소법원 판결 생략). 우리는 종교자유회복법 쟁점을 결정하기 위해 항소법원 4곳의 사건들의 상고를 허가하였다. Zubik v. Burwell, 578 U.S. ___ (2016) (익명 판결) ("주빅 판결"). 그러나 우리는 그 문제를 결정하지 않고 사건을 되돌려 보냈다. 보충서면에서 정부는 "상고인들의 보험회사가 상고인들로부터의 요청이 없어도 근로자들에게 피임에 보험적용이 가능하다고 확인했다." 상고인들은 그 방법은 종교의 자유를 침해하지 않는다고 인정하였다. 따라서 모든 당사자들이 그 대안이 가능하다고 받아들였기 때문에, 우리는 정부에게 건강보험계획이 적용되는 여성들에게 피임혜택을 포함하여 완전하고 동등한 보험혜택이 보장되는 동시에 종교의 자유도 수용하라고 지시하였다.

C

주빅 판결이 피임의무적용에 대한 이 법원의 유일한 판결이 아니었다. 상고인들과 다른 당사자들이 자가인증제도를 다투면서 다른 단체들도 피임적용의무 자체를 종교자유회복법 위반이라고 다투었다. (연방항소법원 판결 5건 생략). 이 법원은 그 의무가 종교자유회복법을 침해했는지를 결정하기 위해 두 사건의 상고를 허가하였다.

하비 라비 판결의 피상고인들은 피임적용의무의 4가지 방법에 반대하였다. 그들은 사람의 생명이 수정에서 비롯되고 문제의 피임방법은 배아의 죽음을 일으키고 근로자들에게 피임방법을 제공하면 사용자들은 낙태를 공모하게 된다고 진심으로 믿었다. 우리는 피임적용의무를 이행하면 낙태를 도와주고 이행하지 않으면 많은 비용을 지급해야 한다고 믿고 있어서, 실질적으로 피상고인들의 종교의 자유를 제한한다고 판결했다. 만약 이 결과가 실질적인 제한이 아니라면 무엇이 제한일지 알기 어렵다고 덧붙였다. 우리는 의무가 최소한의 제한이 아니라고 보면서, 자가인증제도를 제한이 적은 대안으로 언급하였다.

그래서 보건사회부 등은 피임적용의무 내용을 개정하는 작업에 착수하였고, 종교의 자유를 반영하는 주빅판결에 따른 재량권뿐만 아니라 의무를 그대로 적용하면 종교단체가 (낙태에) 공모하게 되어 종교자유회복법에 위반된다고 선언한 하비 라비 판결도 반영하였다.

D

2016년 보건사회부 등은 주빅 판결에 따라 3번째로 균형을 맞추려고 하였다. 이 시도는 보건사회부 등이 가능한 방법을 찾을 수 없다고 결론내리면서 쓸모없게 되었다. 보건사회부 등은 자가인증제도가 실질적으로 종교의 자유를 제한하지 않으며 설령 제한한다 하더라도 정부의 이익을 달성하는 최소한의 제한이므로 종교자유회복법에 위반되지 않는다는 입장을 지켰다.

2017년 보건사회부 등은 이 사건 소송을 이끈 두 개의 규칙을 공표하여 다시 주빅 판결내용을 반영하려고 시도하였다. 첫째 규칙은 진지한 신앙에 따라 일부 또는 모든 피임서비스 계획을 만들고, 유지, 제공, 운용하거나 돈을 지급하는 것에 반대하는 사용자들을 포함하기 위하여 면제되는 종교 사용자의 정의는 매우 넓혔다. 82 Fed. Reg.

47812 (2017). 정의조항에 영리목적의 상장회사가 들어 있었다. 이들이 면제되었기 때문에 이 사건 규칙의 절차에 참여할 필요가 없었다.

이전의 규정과 마찬가지로 보건사회부 등은 종교면제를 공표하는 권한으로 건강보험개혁법조항을 들면서, 보건서비스국의 규칙에서 밝힌 의무에서 이들 단체를 면제시킬 권한이 있다고 하였다. 보건사회부 등은 추가로 종교자유회복법에 따라 종교 면제를 만들어야 하거나 적어도 만들 재량권이 있다고 처음으로 밝혔다. "우리는 하비 라비 판결에서 조정을 하지 않으면 피임적용요건이 반대 사용자들의 종교의 자유를 실질적으로 제한하게 된다고 알고 있다. 다른 소송이나 공중의 의견에서 많은 종교단체가 자신들의 진지한 신앙을 바탕으로 자가인증 제도에 반대하고 있음을 알고 있다." 보건사회부 등은 하비 라비 판결의 법리에 따라 실질적인 제한을 적용하는 취지상 종교단체가 자가인증절차 참여를 종교적인 이유로 반대할 때 마주하는 부담에도 적용된다고 믿었다. 그래서 피임적용의무에 진지한 신앙을 바탕으로 반대하는 다른 기관에도 면제를 넓히는 것이 타당하다고 보았다.

두 번째 규칙은 비영리 및 비상장 영리회사를 포함한 사용자들 중 일부 또는 모든 형태의 피임 지원에 진지한 도덕적인 이유로 반대하는 사용자들에게 비슷한 도덕적인 면제를 도입하였다. 보건사회부 등은 면제를 도입하는 권한으로 의회의 법률 제정과정, 법원의 선례, 행정청의 실무, 양심을 보호하는 주법을 인용하였다. 두 규칙에 대해 공포 후 의견수렴을 받았다.

E

2017년 규칙을 공포한 직후 펜실베이니아주는 확인 및 금지명령을 청구하는 소송을 걸었다. 이 사건 규칙들이 절차 및 실질적으로 행정절차법에 의해 무효라고 주장하였다. 연방지방법원은 본안에서 승소할 가능성이 있다고 보고 규칙들의 집행을 금지하였다. 연방정부는 항소하였다.

항소사건이 계류 중에 보건사회부 등은 최종 2017년 규칙을 공포하였다. 최종 규칙이 면제내용을 거의 고치지 않았다 해도, 규칙 공포 후 수렴한 의견에 답변하면서 원래의 면제를 좁히거나 넓히지 않은 이유를 설명하였다. 종교 면제를 도입한 최종 규칙에서 자가인증절차가 종교자유회복법에 어긋나는지에 관하여 보건사회부 등의 입장이 바뀐 이유를 길게 설명하였다. 자가인증제도를 다투는 수많은 소송이 있고 대안을 찾지 못해서, 기존 안보다 면제 확대가 연방대법원이 하비 라비 판결에서 인정한 실질적인 제한의 취지를 행정청이 가장 적절하게 수용하는 것이라고 설명하였다.

최종규칙이 공포된 뒤 뉴저지가 펜실베이니아 소송에 소송참가하고 청구취지를 변경하였다. 이 사건의 피상고인들인 주들은 또 다시 규칙들이 절차 및 실질적으로 행정절차법에 따라 무효라고 다투었다. 두 규칙은 보건사회부 등이 건강보험개혁법이나 종교자유회복법에 따라 면제를 공포할 법률상 권한이 없기 때문에 실질적으로 위법하다고 주장하였다. 피상고인들은 두 규칙이 행정절차법의 예고 및 의견수렴 절차를 생략할 정당한 이유가 없어서 허용될 수 없다고도 했다. 마지막으로 피상고인들은 그 절차상 흠결들이 최종 규칙의 하자로 남았다고 주장했다.

지방법원은 규칙 시행일과 같은 날 전국에서 집행을 금지하는 명령을 내렸다. 연방정부는 항소했고 종교면제조항을 방어하기 위해 소송에 참가한 상고인들도 항소했다. 그 항소사건은 기존의 항소사건에 병합되었다.

연방제3항소법원은 인용하였다. 보건사회부 등이 각 법률에 따라 면제를 도입할 권한이 없다고 보았다. 항소법원은 건강보험개혁법조항을 해석하면서 보건서비스국이 예방진료 및 검사에 포함되는 서비스를 결정할 권한을 주었지 그 요건에서 면제를 도입할 권한은 없다고 보았다. 또한 종교자유회복법은 종교 면제를 허용하거나 요구하지 않았다고 결론 내렸다. 주빅 판결이 취소하고 환송한 3항소법원의 선례에 따르면 자가인증제도는 종교의 자유를 실질적으로 제한하지 않는다고 보기 때문이다. 피상고인들의 절차상 하자 주장에 대해서 보건사회부 등이

2017년 규칙들을 공표할 때 예고 및 의견수렴을 생략할 정당한 이유가 없다고 보았다. 전후 규칙들이 사실상 같기 때문에, 최종 규칙을 둘러싼 예고 및 의견수렴이 형식적으로 진행되었다고 판단했다. 항소법원은 행정청이 적절하게 대응하지 않은 구체적인 의견을 밝히지 않았다.

Ⅱ

피상고인들은 종교 및 도덕적인 이유로 피임적용의무를 면제하는 2018년 최종 규칙들이 절차 및 실질적으로 무효라고 다툰다. 우리는 보건사회부 등이 규칙들을 공포할 법률상 권한이 없다는 주장부터 본다.

A

보건사회부 등은 건강보험개혁법조항이 면제제도를 도입하는 법률상 권한의 근거규정이라고 한다. 조항은 "여성에 대하여" "단체 또는 개인의 건강보험을 제공하는 회사나 보험회사는 최소한 보건서비스국의 지침에서 규정한 대로 추가 예방 진료 및 검사를 지원하여야 한다."고 규정되어 있다. 보건사회부 등은 2011년 이래로 "규정한 대로" 문구에 따라 보건서비스국이 예방 진료 및 검사에 무엇이 포함되어야 하고 종교적인 이유로 반대하는 사용자들을 면제하거나 조정할 수 있다고 주장하고 있다. 또한 교회 면제에 대해 행정청은 보건서비스국이 규칙에서 허용할 수 있는 면제와 조정의 범위를 정의할 재량이 있다고 주장한다. 반면에 피상고인들은 건강보험개혁법조항은 보건서비스국이 건강보험이 제공하는 예방 진료 및 검사의 범위만을 결정할 권한을 주었지, 그 서비스에서 단체를 면제시키는 권한은 없다고 주장한다. 법률에 그러한 제한을 찾을 수 없기 때문에 우리는 보건사회부 등의 의견에 동의한다.

"우리의 분석은 법문으로 시작해서 법문으로 끝난다." Octane Fitness, LLC v. ICON Health & Fitness, Inc., 572 U.S. 545, 553 (2014). 이 사건에서 핵심문구는 "규정된 대로(as provided for)"이다. "규정하다"는 "공급하다, 제공하다, 이용할 수 있게 하다"의 뜻이다. 그리고 보건사회부 등이 설명하듯이 "as"는 "규정되다"를 수식하는 형용사로 기능하면서 무엇이 행해지는 방식을 가리킨다.

법문상 조항은 보건사회국에 건강보험이 적용되어야 하는 예방진료를 정의하는 기준들을 만드는 포괄적인 권한을 주었다. 그러나 포괄적인 규칙에 반드시 들어가야 할 내용이나 보건사회국이 어떻게 만들지에 대해서는 법이 전혀 말하지 않고 있다. 의회가 다른 법률과는 달리 포함되어야 하는 예방진료 및 검사를 법에 예시하거나 열거하지 않았다. 18 U.S.C. §1961(1); 28 U.S.C. §1603(a) 참조. 의회가 이 사건 건강보험개혁법의 같은 조항의 다른 부분에서와 달리 보건사회국의 규칙 제정을 안내하는 영역이나 기준을 세우지 않았다. 42 U.S.C. §300gg-13(a)(3) ("증거에 근거한 예방진료 및 검사"); §300gg-13(a)(1) ("증거를 바탕으로 한 항목 또는 서비스"). 다른 맥락에서와 달리 법에는 보건서비스국이 규칙을 만들 때 자문을 받거나 자문받지 마라는 요구도 없다. 16 U.S.C. §1536(a)(1); 23 U.S.C. §138. 이는 보건사회국이 예방진료 및 검사의 범위를 결정하는 거의 무제한의 재량권을 갖고 있음을 뜻한다. 그러나 이렇게 포괄적인 결정 권한을 주었기 때문에 규칙의 면제를 확인하고 만들어내는 권한을 포함하여 다른 분야에서도 마찬가지로 제한을 받지 않는 재량권을 보건사회국에 허용하였다.

의회는 여러 방식으로 보건사회국의 재량권을 제한할 수 있었으나 그렇게 하지 않았다. Ali v. Federal Bureau of Prisons, 552 U.S. 214, 227 (2008); Rotkiske v. Klemm, 589 U.S. ___, ___ (2019) (6); Husted v. A. Philip Randolph Institute, 584 U.S. ___, ___ (2018) (16). 대신에 보건서비스국이 예방진료 및 검사로 무엇을 지정하거나 그 적용범위를 누가 공표해야 하는지를 제한하는 기준을 전혀 밝히지 않은 포괄적인 법문으로 제정되었다. "법률해석의 근본 원칙에 따르면 법조항이 없으면 법원이 내용을 채워 넣을 수 없다." Rotkiske, 589 U.S., ___ (5) (스칼리아 및 가너, 법률해석 : 법률문언의 해석 94 (2012) 인용); Nichols v. United States, 578 U.S. ___, ___ (2016) (6). 이 원칙은 법률에서 발견하지 못한 용어를 추가할 때뿐만 아니라 법문에 근거하지 않고 행정청의 재량권을 제한할 때도 적용된다. 법률에 없는 제한을 도입함으로써 피상고인들은 우리에게 건강보험개혁법을 해석하기보다는 개정하라고 요구하고 있다.

법문에 따르면 건강보험개혁법은 보건서비스국에 규칙내용을 결정하는데 독점적인 재량권을 주었다. 법률의 평이한 해석에 따르면 우리는 건강보험개혁법이 보건서비스국에 예방진료 및 검사를 정의하고 종교 및 도덕 면제를 만드는 넓은 재량을 주었다는 결론이다.[91]

---

91) 주빅 판결과 하비 라비 판결은 §300gg-13(a)(4)가 보건서비스국에 면제를 만들 권한을 주었다는

반대의견은 이 결론에 반대하며 보건사회부 등의 해석이 보험적용을 받으려고 하는 여성들에게 피임보험제공하려는 의회의 의도를 얕보고 있다고 주장한다. 또한 면제로 인하여 비용을 분담하지 않고 피임을 고르게 이용하는 이익, 우리가 중대한 정부의 이익으로 전제한 이익을 누리려는 여성들이 더 힘들어진다고 주장한다. 보건사회부 등은 2018년 면제로 인하여 여성들이 불리한 영향을 받는다는 주장을 반박하고 있다. 우리는 이러한 견해 차이에 의견을 달지 않지만, 그런 걱정이 있다 하더라도 법문의 평이한 의미를 바꿀 수 없다. "법을 개정하여 우리가 의회의 진정한 의도라고 생각하는 취지를 달성하는데 필요하다고 생각되는 대상에 적용하는 일은 우리의 몫이 아니다." Lewis v. Chicago, 560 U.S. 205, 215 (2010).

또한 반대의견이 실제 일어날 문제로서 옳다고 가정해도, 그 걱정은 의회가 정부의 이익을 보호하기 위해 만든 규제 체계 속에서 더 적절하게 해소되어야 한다. 반대의견도 인정하지만, 피임적용은 건강보험개혁법조항에서 전혀 언급되지 않았고, 피임적용이 의회의 의도임을 보여주는 어떤 암시도 법에 없다. 그래서 반대의견과 상반되게 건강보험개혁법 자체에서 피임적용을 뚜렷하게 요구하지 않은 주체는 의회이지 보건사회부 등이 아니다. 그리고 의회는 규칙의 내용이나 면제가 허용될 수 있는지에 대해서 구체화하지 않고 규칙을 만들 권한을 보건서비스국에 주면서 예외적으로 광범위한 재량권을 주었다. 반대의견이 요구하는 피임적용을 포함시키지 않은 주체는 의회이지 보건사회부 등이 아니다.

어느 당사자도 이 사건 위임의 광범성이 헌법위반이라고 다투지 않는다. 오늘 우리가 마주한 유일한 문제는 법률의 평이한 법문이 무엇을 위임하였는지이다. 그리고 법의 평이한 문언은 뚜렷하게 보건사회부 등에 예방진료기준뿐만 아니라 종교 및 도덕상 면제 요건을 만들도록 허용하였다.

결론을 묵시적으로 지지하고 있다. 피상고인들은 자신들의 건강보험개혁법 해석을 받아들이면 보건사회부 등이 위 법에 따라 최초의 교회 면제를 공표할 권한이 없다는 결론에 이르게 된다. 나아가 2013년 자기 인증제도를 만들 권한도 없다는 뜻이 된다. 그러한 해석은 자가인증제도가 정부가 쓸 수 있는 제한이 덜한 수단의 예라고 밝힌 하비 라비 판결, 상고인들의 종교 관행을 반영하라고 명시적으로 지시한 주빅 판결과 상충될 수 있다. 만약 건강보험개혁법이 권한을 부여하지 않았다고 생각했다면 이 법원이 그렇게 수용하라고 지시하는 것은 낯선 일이 된다. 또한 우리는 보건사회부 등이 건강보험개혁법상 권한이 없기 때문에 다른 방법을 채택할 수 없다고 밝힌 하비 라비 또는 주빅 판결 이전의 판결을 하나도 알지 못하고 있고, 반대의견도 밝히지 못하고 있다.

B

보건사회부 등은 종교면제를 확립한 2017년 규칙과 2018년 규칙의 이유에 맞게, 종교자유회복법이 독립하여 종교면제를 요청하고 있거나 적어도 종교면제를 허용하고 있다고 주장한다. 건강보험개혁법이 두 면제의 근거가 된다는 우리의 결론에 비추어 이 주장을 다룰 필요가 없다. 그러나 우리는 보건사회부 등이 피임적용의무로부터 종교 면제를 만들면서 종교자유회복법을 고려할 수 없었다는 피상고인들의 주장을 본다. 특히 이 사건의 맥락에서 보건사회부 등이 위 법을 적절하게 고려하여야 한다.

종교자유회복법은 매우 폭넓게 종교의 자유를 보호하고 있다. 의회는 정부가 종교 활동, 법에서는 양도할 수 없는 권리라고 설명한 권리를 실질적으로 제한해서는 안된다고 밝혔다. 42 U.S.C. §§2000bb(a)(1), (3). 의회는 이 권리를 보호하기 위해 중대한 정부의 이익을 추구하고 최소한으로 제한하는 수단이 아니면, 설령 보편규칙에 따른 제한이라 하더라도 정부가 종교의 자유를 실질적으로 제한할 수 없다고 규정하고 있다. §§2000bb-1(a)-(b). 의회의 의도에 논란이 없도록 하기 위해 종교자유회복법은 "법률이든 다른 규정이든 모든 연방법과 그 법의 집행에 적용된다"고 명시하였다. §2000bb-3(a). 의회가 종교자유회복법의 적용에서 제외하는 것도 허용된다. §2000bb-3(b).

피임적용의무가 종교자유회복법에 위반될 수 있음은 법조항에 따르면 분명하다. 건강보험개혁법이 명시적으로 종교자유회복법의 적용을 제외하지 않았고, 피임적용의무를 이행하는 규정은 연방법 또는 연방법의 집행에 해당된다. 또한 우리는 하비 라비 판결에서 피임적용의무가 공모이론에 근거하여 반대하는 단체에 적용되면 종교자유회복법에 위반된다고 분명히 밝혔다. 그래서 피임적용의무와 종교자유회복법 사이의 충돌가능성은 정리되었다.

또한 우리 판결은 보건사회부 등에게 종교자유회복법을 계속해서 고려하라고 하였을 뿐이다. 예를 들면 우리가 하비 라비 판결에서 피임적용의무가 종교자유회복법을 위반했다고 판결했지만, 해결방법을 찾아서 이행하는 업무는 연방정부에 맡겼다. 동시에 위 법에 따라 종교 단체의 공모이론에 근거한 진정한 반대를 진지하게 받아들여야 한다고 분명하게 밝혔다. 이는 "반대하는 단체가 마땅히 해야 하는 일과 그들이 도덕적으로 틀렸다고 인정하는 바 사이의 연결관계가 너무 멀다는 이유로 원고들에게 믿음이 잘못되었다고 말할 수 없다"는 뜻이다. 하비 라비 판결 723-724. 마찬가지로 우리가 주빅 판결에서 자가인증제도가 종교자유회복법에 위반되는지를 판단하지 않았다 해도, 당사자들에게 환송심에서 자기인정제도에 대해 공모이론에 따라 반대하는 단체들의 종교의 자유를 수용하도록 권고하였다. 보건사회부 등이 종교자유회복법에 따른 단체의 권리를 고려하지 않았다면 이 판결들에 맞는 규칙을 어떻게 공표할 수 있었는지 알기 어렵다.

특히 규칙제정절차의 기본 요건에 비추어 보아도 맞다. 우리 선례는 최종 규칙에서 인정된 사실과 정책선택 사이의 합리적인 연관관계를 포함하여 충분히 설명하도록 요구하고 있다. Motor Vehicle Mfrs. Assn. of United States, Inc. v. State Farm Mut. Automobile Ins. Co., 463 U.S. 29, 43 (1983). 이 요건에 따라 법원은 행정청이 문제의 중요한 측면을 전혀 고려하지 않았거나 증거와 모순되는 결정을 설명함으로써 자의적이고 변덕스러운 규칙을 공표했는지를 판단한다. 위 판결, Department of Commerce v. New York, 588 U.S. ___, ___-___ (2019) (대법관 브레이어 일부 동조 및 일부 반대의견) (3-4). 이 사건에서 보건사회부 등은 하비 라비 판결에 따라 공모이론에 근거한 반대의견을 가진 종교단체에 적용되면 피임적용의무가 위법함을 알고 있었다. 또한 주빅 판결 내용도 알고 있었다. 보건사회부 등은 우리 판결과 별개로, 국민의 의견들과 수백 개의 조직이 관련된 수십 건의 소송사건에서 제기된 종교자유회복법 관련 우려를 알고 있었다. 만약 보건사회부 등이 해결방법을 공표할 때, 종교자유회복법의요건을 보지 않거나 전혀 논의하지 않았다면, 문제의 중요한 측면을 살피지 못했기 때문에 자의적이고 변덕스러운 규칙이라는 주장에 분명히 민감하게 반응했을 것이다. 그래서 보건사회부 등이 종교면제를 만들 때 종교자유회복법을 고려하지 않았다는 피상고인의 주장은 타당하지 않다.

Ⅲ

우리가 보건사회부 등은 면제를 공표할 권한이 있다고 판결했기 때문에 그 다음으로 2018년 최종 규칙이 절차적으로 무효인지를 판단해야 한다. 피상고인들은 두 가지 주장을 하고 있으나 어느 것도 설득력이 없다.

A

법률에 예외규정이 없으면 행정절차법은 행정청이 법률상 효력을 갖는 규칙을 공표하기 전에 연방공보에 규칙안을 예고하도록 하고 있다. 5 U.S.C. §553(b). 피상고인들은 2018년 최종 규칙이 "규칙안 제정 예고"라는 제목이 아니라 "의견 요청과 함께 잠정 최종 규칙"이라는 제목으로 먼저 공표되었다는 사실을 가리키고 있다. 잠정 규칙 공표가 예고 요건을 충족할 수 없기 때문에 최종 규칙이 절차상 무효라고 주장하고 있다. 피상고인들은 옳지 않다. 형식적인 제목과 달리 규칙들은 행정절차법이 요구하는 규칙안제정을 위한 예고요건을 모두 갖추고 있다.

행정절차법에 따르면 규칙안 예고는 규칙 제안의 법률상 근거와 규칙안의 용어나 내용, 관련된 주제와 사안의 설명을 포함하여야 한다. §§553(b)(2)-(3). 2017년 규칙의 의견수렴요청은 이 요건에 쉽게 들어맞는다. 그 요청은 건강보험개혁법에 따른 법률상 권한으로 두 면제제도를 공표할 수 있을 뿐만 아니라 종교자유회복법에 따라 종교면제를 공표할 권한이 있다는 보건사회부 등의 견해를 상세히 밝히고 있다. 그리고 피상고인들도 보건사회부 등의 입장을 이해할 정도로 자세하게 관련된 사안을 공표하지 않았다고 주장하지 않고 있으며 주장할 수도 없다. 그래서 행정절차법의 예고 요건은 이행되었다.

행정절차법에 행정청이 최종규칙을 발표할 때 "규칙안 제정 예고"라는 제목으로 공표되어야 한다고 가정해도, 이 사건에서 중대한 하자는 없었다. 우리는 이전에 "중대한 하자 법리가 행정법에서… 무해한 하자 법리"로 다루어진다고 적었다. National Assn. of Home Builders v. Defenders of Wildlife, 551 U.S. 644, 659-660 (2007). 보건사회부 등은 상세하게 내용을 설명한 규칙을 공표하고 공중에게 규칙이 제정되어야 하는지 개정되어야 하는지에 관하여 의견을 낼 기회를 주었다. 그래서 피상고인들은 무해한 하자에 해당하는지를 그만두고라도 제목 때문에 피해를 입었다고 밝히지 못했다. "예고 및 의견수렴의 대상은 공정한 예고의 대상이고," 피상고인들은 이 사건에서 그러한 예고를 받았다. 규칙이 행정절차법 요건을 지켰기 때문에 이 주장은 받아들이지 않는다.

B

다음으로 피상고인들은 보건사회부 등이 공표 후 절차에서 열린 자세를 갖고 있었다고 볼 수 있는 자료가 없기 때문에 2018년 최종 규칙이 절차상 무효라고 다툰다. 이 주장의 근거로 피상고인들은 최종 규칙에 하찮은 수정만 반영되었고 실질적인 내용을 바뀌지 않았다는 사실을 들고 있다. 연방제3항소법원은 "열린 자세" 심사를 적용하여, 최종 규칙이 기존 규칙과 거의 같기 때문에 보건사회부 등은 최종 규칙을 공표할 때 필요한 "유연하고 열린 자세"가 부족했다고 결론 내렸다.

우리는 열린 자세 심사에 따라 최종 규칙을 평가하지 않는다. 우리는 행정절차법의 문언은 행정청이 규칙을 공표하기 위해 따라야 하는 최대한의 절차상 요건을 규정하고 있다고 여러 차례 밝혔다. 행정절차법이 행정 조치의 절차상 정당성을 제한없이 사법심사하는 권한을 규정하였기 때문에, 우리는 행정절차법상 의무에 더하여 판사가 만든 절차를 추가하려는 시도를 자주 거부해 왔다. 우리가 무효라고 판결한 절차처럼 열린 자세 심사도 행정절차법에 근거가 없는 특별한 절차상 요건을 부과하지 않는다는 일반적인 입장에 위배된다. 그 심사기준을 채택하기 보다는 우리는 과거의 선례처럼 보건사회부 등이 행정절차법의 요건을 충족했는지에 초점을 맞춘다. 우리는 충족했다고 본다.

553(b)는 보건사회부 등이 법률상 효력을 갖는 규칙을 공표하기 전에 적절한 예고를 하여야 한다고 규정하고 있다. 위에서 설명한 바와 같이 규칙은 충분히 예고되었다. 이 예고 요건과 별개로 행정청은 이해관계자들에게 서면 자료와 의견, 주장을 제출하여 규칙 제정에 참여할 기회를 주어야 하고, §553(c), 최종 규칙은 목적과 근거를 자세히 설명하는 내용을 담고 있어야 하며, 효력이 발생하기 30일 전에 공표되어야 한다. §553(d).

보건사회부 등은 법률상 절차를 모두 지켰다. 규칙에서 다룬 모든 문제, 곧 제정권한의 법률상 근거, 면제의 합리성, 상세한 면제범위설명에 대해 공중의 의견을 요청하고 권장하였다. 이해관계자들에게 의견을 제출하도록 60일을 주었다. 최종 규칙은 목적과 근거를 간추린 내용을 담고 있는데, 진지한 도덕 및 종교적인 반대를 보호하는데 필요하다고 설명하고 그 면제의 법률상 분석 결과를 요약하였다. 마지막으로 최종 규칙은 2018. 11. 15.에 공표되었고, 30일이 지나 2019. 1. 14.에 효력이 생겼다. 간추리면 규칙은 의회가 규칙 제정절차에서 행정청에 부과한 최대한의 절차상 요건을 모두 지켰다. 따라서 피상고인들의 두 번째 절차상 다툼도 받아들이지 않는다.

* * *

150년 이상 상고인 리틀 시스터즈는 자매들을 위해 모든 것을 양보하라는 종교적인 소명의식에 따라 충실한 봉사와 희생을 계속해 왔다. "그들은 모든 사람, 특히 나약하거나 보잘것없다고 여기는 사람들의 고유하고, 불가침의 존엄성을 선언하는 증인으로 살겠다고 맹세하였다." 그러나 지난 7년 동안 오늘 판결을 이끈 규칙과 소송에 참여한 다른 종교적인 반대자들처럼, 그들은 진정한 신앙을 어기지 않고 고귀한 일을 계속하기 위해 싸워 왔다. 이 법원의 두 차례 판결과 여러 번 실패한 규제시도 끝에 연방정부는 공모이론에 따른 우려-행정이 부과한 피임적용의무-에서 상고인을 면제하는 해결책을 마련하였다.

우리는 오늘 보건사회부 등이 그 면제 및 도덕 면제를 만들 법률상 권한이 있다고 판결한다. 나아가 이 면제를 공표한 규칙은 절차상 흠결은 없다고 본다. 그러므로 우리는 연방항소법원의 판결을 뒤집고 이 의견에 일치하는 추가 절차를 위해 사건을 되돌려보낸다.

[대법관 알리토]

이 사건에서 항소법원은 다음과 같이 판결했다. (1) 리틀 시스터즈의 항소적격이 없다. (2) 건강보험개혁법이 이른바 피임적용의무로부터 면제를 허용하지 않고 있다. (3) 문제의 규칙[92]을 공표할 책임이 있는 보건사회부 등은 규칙안을 예고하지 않아 행정절차법을 위반하였다. (4) 현재의 면제를 만들 최종 규칙은 보건사회부 등이 의견수렴을 검토할 때 열린 자세를 갖지 않았기 때문에 무효이다. 이러한 분석을 바탕으로 항소법원은 지방법원이 발부한 전국적인 금지명령을 인용하였다.

이 법원은 위 판시내용이 모두 잘못되었다고 결론 내렸고, 나는 법정의견에 모두 동의한다. 이제 사건은 항소법원으로 가는데, 그 곳에서 펜실베이니아와 뉴저지는 현재의 규칙이 다른 이유로, 곧 자의적이고 변덕스러우므로 행정절차법을 위반하였다는 주장을 할 게 분명하다. 이 때문에 리틀 시스터즈가 법률 다툼을 진행한 7년 동안 그 직원들 중 이의를 제기한 직원이 전혀 없었음에도 불구하고 재판은 길어질 것이다.

---

92) 보건사회부 등 소속인 보건서비스국은 여성을 위한 "추가 예방진료 및 검사"의 적용범위에 관한 포괄적인 규칙을 만들었지만, 법률은 보건사회부 등, 노동부, 재무부 합동으로 관리되고 집행된다. 보건사회부 등은 이 사건 면제를 공표하였고, 이어서 보건서비스국의 지침으로 편입되었다.

나는 필요한 만큼만 결정하려는 다수의견의 희망을 이해하지만, 이러한 상황에서 다음 문제를 더 판단하고자 한다. 항소법원이 종교자유회복법이 현재의 규칙에서 부여한 종교 면제를 요구하지 않는다는 항소법원 판결이 잘못인지 여부. 만약 종교자유회복법이 이 면제를 요구한다면, 보건사회부 등은 자의적이고 변덕스러운 방식으로 이를 인정하지 않았는지이다. 그리고 나는 종교자유회복법에 따라 리틀 시스터즈가 면제되어야 하고 피임적용의무에 대한 조정이라고 불리는 제도에 대해 비슷한 이유로 반대하는 다른 사용자에게도 면제되어야 한다고 본다.

I

피임적용의무가 여러 번 수정되었기 때문에 이 과정을 짧게 간추리면 도움이 된다. 건강보험개혁법 자체는 단체보험이 피임 적용을 포함하도록 요구하지 않고 있다. 대신에 보건사회부 등 소속 행정청인 보건서비스국이 적절하다고 인정한 예방 서비스도 단체보험이 보장하도록 규정하고 있다. 건강보험개혁법조항. 2011년 보건서비스국은 단체보험이 식품의약국이 승인한 모든 피임방법을 보장하도록 권장하였다. 보건서비스국은 관련된 부처의 지시를 받아 "종교 교리에 따른 독점적인 종교 활동"뿐만 아니라, "교회, 부속 시설, 교회 연합"에 대해 의무를 면제("교회 면제")하였다. 이 교회 면제는 일부든 전부든 모든 피임의 사용에 반대하는 종교 집단을 충분히 보호하지 못한다는 이유로 강력한 반대에 부딪쳤다.

보건사회부 등은 비영리 종교 사용자들을 수용하여 조정한 새로운 규제("조정안")를 발표하였다. 대상이 되는 사용자들은 보험사에 반대입장을 확인해 줄 수 있었고, 보험사는 반대 단체의 근로자들에게 피임적용을 보장할 수 있었다. 초기 교회 면제와 달리 조정안은 이 종교 사용자들을 피임적용의무에서 면제하지 않았지만, 보건사회부 등은 조정안에 따르면 의무를 지키는 것으로 해석하였다.

한편 적어도 종교적인 이유로 일부 피임방법적용에 반대하지만 교회 면제나 조정안에 해당되지 않은 사용자들은 피임적용의무를 다투었다. 하비 라비 판결에서 우리는 종교자유회복법이 이 범주에 들어가는 비공개 영리 회사들에 대해 규제 적용을 금지한다고 판결했다. 보건사회부 등은 비공개 회사들이 조정안을 사용할 수 있도록 허용함으로써 위 판결내용을 수용하는 새로운 규정을 발표하였다.

이 개정이 우리의 종교자유회복법 문제를 풀었다 하더라도, 여전히 리틀 시스터즈를 포함한 일부 종교 사용자들이 피임적용의무에 반대하였다. 우리는 이 반대를 주빅 판결에서 살펴보았지만, 법률 분쟁을 해결하는 대신에, 당사자들에게 합의를 시도해보라고 지시하면서 항소심 판결을 취소하고 되돌려 보냈다. 힘겨운 노력에도 불구하고 불행하게도 2017. 1. 9. 행정부는 합의에 이르지 못했다고 발표했다. 리틀 시스터즈와 다른 사용자들은 단체보험에서 근로자들이 피임을 이용하는 효과가 있는 어떤 조치에도 참여하기를 거부하였고, 단체보험 없이 근로자들에게 피임적용보장을 제공할 수 있는 방안도 없었다.

2017년 새 행정부가 해결책을 찾는 임무를 맡았다. 5만 6천 건 이상의 의견을 받은 뒤 일부 또는 전부 피임서비스 제공에 반대하는 비정부 기관 사용자들이 진실한 신앙을 바탕으로 교회 면제("종교 면제")를 이용할 수 있도록 한 이 사건 규칙을 발표하였다.[93] 항소법원은 종교자유회복법에 의해 새 규칙이 필요하지 않다고 판시했다.

II

A

종교자유회복법은 연방정부가 종교의 자유를 침해하는 행위를 넓게 금지하고 있다. 42 U.S.C. §2000bb-1(a). 연방정부의 모든 부, 부처, 행정청, 대행기관에 적용될 뿐만 아니라 연방법에 따라 업무를 처리하는 사람들에게도 적용된다. 그리고 연방법의 집행에도 적용된다. 그래서 건강보험개혁법이나 뒤이은 법이 피임의무에 종교자유회복법이 적용되지 않는다고 명시하지 않는 한, 정부부처는 종교자유회복법을 지키는 방식으로 의무가 이행되도록 할 책임이 있다.

건강보험개혁법이 종교자유회복법을 제한하지 않고 있고, 하비 라비 판결도 피임적용의무 적용은 종교자유회복법의 취지에 부합하여야 한다고 밝혔다. 그래서 의무를 집행하는 규칙은 우리 판결이 해석한 대로 종교자유회복법에 부합함을 보장할 필요가 있다.

B

종교자유회복법에 따르면 연방정부는 제한이 (1) 중대한 정부의 이익을 추구하

---

93) 도덕적인 이유로 반대하는 사용자에게도 비슷한 면제가 허용되었다.

고, (2) 중대한 정부 이익을 추구하는 최소한의 제한 수단임을 증명하지 않는 한, 보편적으로 적용되는 규칙에 따른 결과라 하더라도 종교의 자유를 실질적으로 제한해서는 안된다. 그래서 피임적용의무에 종교자유회복법을 적용하면 3가지 문제가 있다. 첫째, 의무가 사용자의 종교의 자유를 실질적으로 제한하는가? 둘째, 의무가 제한이라면, 중대한 이익을 달성하기 위해서인가? 셋째, 만약 그 이익달성에 이바지한다면, 그 이익을 추구하는 "최소한의 제한 수단"인가?

실질적인 부담

하비 라비 판결에서 리틀 시스터즈나 종교적으로 반대하는 사용자들에게 의무준수를 요구하는 것은 실질적인 제한이다. 라비 판결의 내용은 이 문제를 두 부분으로 나누어 분석될 수 있다. 첫째, 의무를 지키지 않으면 실무상 실질적인 불이익이 있는가? 둘째, 의무를 지키면 반대하는 당사자가 진지하게 갖고 있는 신앙에 위배되는가?

첫 번째 문제에 대한 답변은 다툼이 있을 수 없다. 만약 사용자가 의무를 지키지 않으면, 근로자 한 명의 하루당 100불의 과태료를 문다. 26 U.S.C. §4980D(b)(1). 만약 사용자가 건강보험 제공을 멈추기로 결정하고 적어도 한 명의 정규직원이 건강보험에 등록되어 있으며 정부가 운영하는 건강보험개혁법 보조금을 받을 자격이 있다면, 사용자는 1년에 정규직원 한 명당 2,000불을 내야 한다. §§4980H(a), (c)(1). 하비 라비 판결에서 우리는 의무를 지키지 않아 겪게 되는 모진 재정부담이라는 실제 결과가 실질적인 제한임을 보여주기에 충분하다고 인정하였다.

두 번째 문제에 대한 결론 역시 매우 뚜렷하다. 만약 사용자가 피임적용에 종교적으로 반대한다면, 그리고 의무를 준수하면 그 행위에 공모하게 된다고 믿는 진지한 신앙을 갖고 있다면, 종교자유회복법에 따르면 그 신앙이 존중되어야 한다. 우리는 하비 라비 판결에서 사용자들이 제기한 반대가 어렵고도 중요한 종교 및 윤리 철학의 문제, 곧 자체로는 무고하지만 다른 사람의 부윤리한 행위를 가능하게 하거나 도와주는 결과가 되는 행위가 잘못인 상황을 담고 있다고 적었다. 우리는 이 문제에 관하여 여러 다른 의견이 있을 수 있지만, 우리는 "연방 법원이 종교자유회복법에서 보호하는 신앙이 합리적인지를 다루는 일을 하지 않음"이 분명하다고 적었다.

이 내용을 리틀 시스터즈에게 적용하면 결론은 분명하다. 리틀 시스터즈가 피임의 사용에 진지하게 반대하는 신앙을 갖고 있고 조정안을 이용하면 피임행위에 공모하게 된다는 진지한 신앙을 갖고 있음은 다툼이 없다. 하비 라비 판결에서처럼 "우리는 그들의 신앙이 잘못되었다든지 하찮다고 말할 수 없다."

반대의 결론에 이른 항소법원은 의무가 요구하는 자가인증서류의 제출이 피임적용을 시작하거나 도와주지 않으며 리틀 시스터즈가 반대하는 서비스의 제공에 공모하게 되지는 않는다는 과거 3항소법원의 논증을 채택하였다.

3항소법원이 채택한 입장은 주빅 사건때 정부의 입장과 비슷하다. 리틀 시스터즈 등의 입장에 반대하던 정부는 조정안에 따라 반대하는 쪽은 제3자에게 피임보장을 지원하도록 한다는 사실을 알면서 피임보장에서 벗어나도록 요청하는 것과 실질적으로 다르지 않다고 주장하였다. 정부는 면제요청에 이어지는 절차는 정부조치의 결과라고 한다.

상고인들은 동의하지 않았다. 그들의 우려는 정부에게 의무 자체의 준수로부터 면제를 바란다는 통지가 아니라, 그들이 부도덕하다고 인정하는 행위에 공모하게 만드는 두 요건에 반대한다는 것이다. 첫째, 그들은 피임적용이 제공되는 건강계획에 돈을 내고 유지하는 요건에 강력하게 이의하고 있다. 만약 그들이 건강계획을 포기함으로써 견딜 수 없는 과태료를 내야 한다면, 보험회사들은 보험 수혜자들에게 피임보장을 제공하거나 권장하려고 하지 않을 것이다. 둘째, 그들은 자가인증이 없으면 건강보험이 피임 보장에 이용될 수 없기 때문에 조정안이 요구한 자가인증서류의 제출에 반대하였다. 정부와 종교 반대자들은 조정안이 요구하는 바와 피임적용의 제공사이의 관련성에 대해 의견이 갈렸다.

주빅 판결에서 우리가 환송하면서 이 맞서는 주장을 심리하도록 했다. 상고인들은 다음과 같이 자신들의 입장을 설명하였다. 만약 근로자들이 같은 보험회사에서 비용을 지불하지 않고 피임적용을 받는다 해도, 그들이 피임보장을 포함하지 않은 건강계획 계약을 체결하는 것뿐이라면 종교활동은 침해되지 않는다. 그무렵 정부는 건강보험개혁법에 따라 이 결과를 얻을 수 있다고 생각했지만, 이러한 방식의 시도는 실패하였다. 온갖 노력을 다한 끝에 정부는 사용자의 건강계획, 보험사, 제3자 관리자를 이용하지 않고, 특히 반대하는 사용자들의 근로자들에게 피임보장을 제공하는 권한과 실무 체계를 발견하지 못했다고 결론내릴 수밖에 없었다.

조정안이 리틀 시스터즈와 같은 단체들이 종교상 이유로 강하게 반대하는 행위(피임)에 필요한 원인 행위에 관여하기를 요구하고 있다는 것이 피할 수 없는 지점이다. 토마스 사건에서 탱크를 만드는데 쓰이는 철강제품 생산을 도와주는데 반대하지 않지만 탱크 생산 참여를 거부한 양심적 병역거부자의 상황과 마찬가지다. 반대하는 행위에 이르는 인과관계에서 어디에 선을 그을지는 어려운 도덕적인 문제이고, 우리 선례는 법원이 그 문제에 관한 반대자의 진정한 신앙을 무시할 수 없음을 분명히 했다. 토마스 판결 450 U.S., 715-6.

이러한 이유로 피임적용의무는 리틀 시스터즈와 같이 피임사용에 진지하게 반대하고 의무(조정안을 통해서는 아니든) 이행이 피임에 반대함에도 근로자들에게 피임제공에 공모하게 된다는 진지한 믿음을 가진 사용자에게 실질적인 부담이 된다.

중대한 이익

하비 라비 판결에서 정부는 모든 여성들이 돈을 내지 않고 식품의약국이 승인한 피임방법을 이용할 수 있도록 보장하는 중대한 이익이 있다고 주장했고 우리는 논의의 편의상 그렇게 가정했다. 이제 정부는 그 이용에 중대한 이익이 없다고 인정하고 있고, 이번에 정부는 옳다.

종교자유회복법의 취지 내에서 중대한 이익이 있음을 밝히기 위해서 정부는 큰 걸림돌을 치워야 한다. 종교자유회복법에 편입된 조항의 기초를 제공한 Sherbert v. Verner, 374 U.S. 398 (1963)에서 우리는 "가장 심각한 남용, 위태로운 최고의 이익만이 종교의 자유 제한을 허용하는 기회를 줄 수 있다." 그래서 모든 여성들에게 피임을 제공하는 중대한 이익을 갖고 있음을 증명하기 위해서 정부는 만약 모든 여성들에게 피임을 제공하지 않으면 책임을 "가장 심각하게 남용"하고 있음을 밝혀야 한다.

만약 우리가 정부가 모든 여성들에게 피임을 제공할 의무가 있는지를 판단해야 한다면, 우리는 정부가 모든 국민들에게 돈을 내지 않고 포괄적인 진료를 제공해야 하는지의 전국민적 토론에 참여해야 한다. 정책토론은 우리의 올바른 역할에 어울리지 않으며, 종교자유회복법도 우리에게 그 사안에 대한 의견을 밝히라고 요청하지 않는다. 우리는 의회가 모든 여성들에 제공하는 피임혜택을 중대한 이익으로 다루었는지를 확인하여 그 문제에 답할 수 있다.

"허용된 핵심 이익에 눈에 띄는 피해를 남겼을 때…법이 최고의 이익을 보호한다고 인정될 수 없다." Church of Lukumi Babalu Aye, Inc. v. Hialeah, 508 U.S. 520, 547 (1993). 그래서 의회가 모든 여성들에게 피임혜택을 주는데 중대한 이익을 가지고 있다는 견해를 밝혔는지를 판단할 때, 우리는 "보편 적용 가능성에 대한 예외"를 살펴보아야 한다. Gonzales v. O Centro Espírita Beneficente União do Vegetal, 546 U.S. 418, 436 (2006). 그리고 이 사건에서 예외가 많다. 수백만명 여성들의 피임이용을 보장하지 못한 건강보험개혁법은 의회가 현재까지 중대한 이익으로 간주하지 않고 있음이 분명히 보여주고 있다.

첫째, 건강보험개혁법은 집안에서 일하는 여성들에게 피임혜택을 제공하지 않는다. 만약 의회가 모든 여성들이 무료 피임을 자유롭게 이용하도록 하는 중대한 필요성이 있다고 생각하였다면, 월급을 받지 않는 여성들에게 왜 피임을 제공하지 않았겠는가? 이 여성들 중 일부는 직장에서 일하는 여성들보다 무료 피임의 필요성이 더 클 수 있다.

둘째, 만약 의회가 모든 직장여성들에게 무료 피임혜택을 제공할 중대한 필요성이 있다고 생각하였다면, 의회가 건강보험개혁법에서 그 혜택을 의무로 규정하지 않았겠는가? 의회가 왜 보건서비스국에게 그 혜택에 보험을 적용할지를 결정하도록 했겠는가?

셋째, 건강보험개혁법의 불완전한 적용범위가 말하는 바가 많다. 그 법은 "많은 사용자들을 적용에서 면제시켰다." "50명 이하를 고용한 사용자들은 건강보험의 제공이 필요하지 않고" 기존 단체보험을 갖고 있는 많은 수의 사용자들은 피임적용의무를 지킬 필요가 없다. 최근 조사에 따르면 사용자가 지급하는 건강보험을 갖고 있는 1억 5천 3백만명의 미국인 중 13%가 기존 단체보험에 가입되어 있는 반면 작은 회사의 56%만이 건강보험을 제공하고 있다. 하비 라비 판결에서 우리는 "현재 피임적용의무는 수천만명의 근로자들에게 적용되지 않고," 종교 면제와 별개로 여전히 사실인 듯하다.[94]

넷째, 오늘 판결에서 건강보험개혁법이 헌법이 요구하는 바를 넘어서 면제를 허용했다는 법원의 인정은 의회가 모든 여성에서 무료 피임을 제공하는 것을 중대한 이익으로 여기지 않았다는 증거이다.

94) 반면에 보건사회부 등은 72만 7천명에게 적용되는 보험이 종교면제를 이용할 수 있고, 가임기 여성 70,500명에서 126,400명이 종교면제로 영향을 받을 거라고 추산했다.

나아가 보건사회부 등과 보건서비스국이 만든 면제는 행정청 스스로가 피임혜택제공을 중대하다고 보았다는 주장을 허물어뜨린다. 처음부터 교회면제는 교회, 부속시설과 단체에 적용된다. 그리고 조정안이 1974년의 근로자은퇴수입보장법에 따라 운영되는 방식 때문에 보건사회부 등은 신학대학과 교단이 설립한 병원을 포함하여 교회 또는 교회 협회가 세운 수많은 비영리 조직을 피임적용의무에서 면제시키는 효과가 있다. 결과는 복잡하고 때로는 비이성적인 모습을 띠기도 한다.

반대의견은 이른바 의무가 추구하는 중대한 이익을 보편적인 무료 제공 이익이라는 다른 용어로 포장하고 있다. 그러나 이는 더 약한 주장이다. 균일한 보장이 뜻하는 바는 여성의 사용자가 제공하는 보험 혜택이다. 반대의견은 리틀 시스터즈에게 적용되는 것처럼 피임을 하려는 근로자가 다른 의료서비스를 받고자 할 때 필요없는 단계를 거쳐야 한다면 심각한 권한남용이라고 생각하고 있다. 만약 정부가 무료로 피임처방을 받기 위해 약국에 내는 특별한 쿠폰을 보내준다고 해도 충분하지 않을 것이다. 정부가 운영하는 병의원에 가서 무료 피임처방을 받을 수 있다고 안내해도 충분하지 않을 것이다. 이러한 대안은 균일한 혜택을 주지 않으며 반대의견에 따르면 둘 다 불충분하다.

반대의견은 중대한 이익이라는 개념의 합리적인 이해와 어울리지 않는다. 근로자들이 일반 건강보험에서 모든 형태의 의약서비스를 받으면 말할 필요도 없이 편리하고, 아마도 피임을 하기 위해 추가 절차를 거치는 것이 눈에 띄는 부담이 되는 여성들이 있을 수 있다. 그러나 모든 여성이나 직장 여성들이 이러한 편의를 누릴 중대한 필요성이 있다고 말할 수 있는가?

건강보험개혁법은 모든 형태의 의료 진료에 균일한 적용을 규정하지 않고 있다. 치과 진료 사례를 보자. 치과 치료를 받지 못하면 엄청난 고통이 따르고 심각한 건강문제를 일으킬 수 있다 해도, 건강보험개혁법은 단체보험이 치과진료를 포함하도록 요구하지 않는다. 수백만명의 근로자들이 돈을 내고 별도의 치과보험에 가입하거나 치과치료비를 내야 한다.

간추리면 피임적용의무는 틀림없이 많은 여성들이 매우 바라는 혜택을 제공하지만, 의회가 만든 법은 무료 피임 제공이나 고른 보험적용 제공을 중대하다고 여기지 않았음을 보여준다.

최소한의 제한 수단

의무가 중대한 이익을 추구한다고 해도, 조정안은 여전히 예외적으로 필요한 최소한의 제한수단기준을 충족하지 못한다. 이 기준에 이르기 위해서는 정부가 "종교의 자유를 실질적으로 제한하지 않고 목적을 이루는 다른 수단이 없음"을 증명해야 한다. Holt v. Hobbs, 574 U.S. 352, 365 (2015) ("만약 목적을 이루기 위해 제한이 덜한 수단이 있다면 정부는 그 수단을 써야 한다.")

하비 라비 판결에서 우리는 정부가 여성들에게 반대자들의 종교의 자유를 실질적으로 제한하지 않고 무료 피임을 제공하는 다른 수단이 있다고 보았다. 우리는 가장 직접 수단으로 정부가 단체보험에서 피임이 보장되지 않는 여성들에게 피임비용을 부담하는 방법이 있다고 적었다. 연방정부의 건강보험 예산에서 이를 위한 비용은 적은 편이다.[95]

정부는 그러한 제도를 만드는 법률상 권한이 정부에 없기 때문에 이 방안을 고려해서는 안된다고 주장했지만, 우리는 이를 받아들이지 않았다. 의회가 모든 여성들에게 무료 피임을 제공하는 것이 중요한 관심사라고 생각한다면 그 제도를 만들 수 있다.

의회는 이 방향으로 움직이고 있다. 메디케이드, 연방법전 10편. 임시빈곤가족지원을 포함하여 "현재의 연방, 주, 지방 제도가 저소득 여성들에게 무료피임지원이나 보조를 하고 있다." 그리고 피임적용의무에 종교적으로 반대하는 사용자들을 위해 일하는 많은 여성들은 가족들의 건강보험을 통해 피임비용보장혜택을 받을 수 있다.

간추리면 보건사회부 등이 조정안을 진지한 종교 반대자들에게 적용하면 종교자유회복법 위반이라고 본 것은 옳다. 종교자유회복법의 3가지 요건-실질적인 제한, 중대한 이익, 최소한의 제한 수단-분석이 이러한 결론에 이른다.

III

조정안의 종교자유회복법 위반이 뚜렷한 이상 정부는 위반에서 벗어날 의무가

---

95) 2019년 정부는 65세 이하의 국민들에게 건강보험을 보조하는데 7천3백7십억불을 썼다고 추산된다. 그 중 2천8백7십억불은 고용관련 비용으로 지출되었다. 피임비용은 다를 수 있지만, 1년에 1,000불 가량 드는 가장 비싼 수단을 고른다고 가정해도 종교면제로 영향을 받는다고 추정되는 12만6천4백명 여성들에게 보험을 제공하는 비용은 1억2천6백4십만불이다.

있다. 종교자유회복법은 위반을 구제하는 정확한 방법을 밝히지 않으면서 정부에게 종교의 자유를 실질적으로 제한하지 않도록, 곧 위반하지 않도록 요구하고 있다. 그래서 하비 라비 사건에서 우리가 반대자에게 피임보장의무 적용이 종교자유회복법을 위반하였다고 판결한 이상, 우리는 이 문제를 어떻게 바로잡을지를 보건사회부 등에 맡겼다.

같은 원리가 이 사건에서도 적용된다. 과거의 조정안이 일부 종교자유회복법 위반이라고 인정된 이상 그 위반상태를 해소할 의무는 보건사회부 등에 있고 최선의 해결책이라고 여기는 바를 만들 재량권을 갖고 있다.

보건사회부 등이 만든 해결책이 문제를 풀고, 조정안에 종교적으로 반대하는 자들에게 더 촘촘한 면제가 가능할지는 뚜렷하지 않다. 힘들여 애쓴 끝에 정부는 사용자의 단체보험, 보험사, 제3집행자를 이용하지 않고 문제를 풀기가 어렵다고 결론 내렸다. 그 결과 정부는 현재의 규칙을 마련하였고, 반대자는 보험적용이나 비용지급을 제공하는 단체보험, 보험사, 제3집행자든 피임의 보험적용 또는 비용지급을 위한 방침을 세우거나, 유지, 제공, 준비하는 것이든 진지한 신앙을 바탕으로 반대하고 있음을 인정해야 한다.

주들은 몇 가지 이유로 새로운 종교 관련 규칙에 이의하고 있다. 첫째, 그들은 새 규칙이 종전 조정안의 요건에 해당하는 일부 사용자들을 면제하였다고 주장하지만, 이 주장의 근거는 거의 없다. 조정안의 요건에 해당하는 사용자는 계속해서 그에 따르면 된다. 사용자가 조정안에 종교적인 이유로 반대하지 않는다면 사용자가 종교 면제를 포기할 이유가 없다. 조정안은 사용자에게 비용을 부담시키지 않으며, 사용자의 사업장에 혜택을 추가해준다.

주들은 또한 상장회사도 새 규칙의 면제를 이용할 수 있다는 이유로 반대하고 있지만, 정부는 피임적용의무 준수에 반대하는 상장회사가 있는지 알지 못한다. 그러므로 실무상 종교적인 이유로 피임적용의무에 반대하는 단체와 관련된 새 규칙의 내용이 피임적용의무의 종교자유회복법 준수에 필요한 정도보다 더 나아갔는지는 뚜렷하지 않다.

어느 경우든 종교자유회복법에 따라 정부가 신앙을 제한하는 중대한 이익을 추구하기 위해 최소한의 제한수단을 써야 하지만, 정반대-신앙에 따른 조정이 중대한 이익을 추구하기 위해 촘촘히 맞춰져야 한다-로 행동해야 되는 것은 아니다. 주들이 옹호하는 후자의 방식은 종교자유회복법을 완전히 후퇴시킨다. 종교자유회복법은 허용될 수 있는 최소한의 교정수단으로 위반이 시정되어야 함을 요구하지 않는다.

말할 필요도 없이 종교자유회복법의 구제방법은 헌법을 위반할 수 없고, 새 규칙도 마찬가지다. 법원은 피임방법을 이용하는 헌법상 권리가 있다고 판결했다. Griswold v. Connecticut, 381 U.S. 479 (1965); Carey v. Population Services Int'l, 431 U.S. 678 (1977). 그러나 법원은 무료 피임에 대한 헌법상 권리가 있다고 판결한 적이 없다.

반대의견과 항소심법원은 새 규칙이 면제하는 단체에서 일하는 근로자들에게 부담을 주고 있기 때문에 부당하다고 하지만, 새 규칙이 그러한 부담을 주지 않는다. 회사보험에서 피임적용혜택을 받지 못한 여성이 새 규칙이나 사용자가 부과한 제한의 희생자가 아니다. 그 여성은 연방법이 제공하지 않은 혜택의 수혜자가 아닐 뿐이다. 가정주부나 피임에 비용을 지불하지 않는 이전 회사보험이 제공하는 건강보험을 이용하는 여성 또는 건강보험이 전혀 제공되지 않는 작은 사업장에서 일하는 여성과 같은 처지에 있다.

* * *

나는 보건사회부 등의 종교자유회복법 고려가 타당할 뿐만 아니라 그 법에 따라 종교 면제를 도입하여야 한다고 본다. 나는 리틀 시스터즈의 오랜 법정 다툼을 끝내고 싶다.

[대법관 케이건]

나는 보건서비스국이 피임적용의무에서 일부 사용자들을 면제할 법률상 권한이 있다고 판단하지만, 다수의견과는 이유가 다르다. 또한 면제가 논리적인 의사결정을 요구하는 행정법의 요건을 지켰는지에 의문이 있기 때문에 따로 의견을 낸다. 이는 하급법원이 다루어야 하는 쟁점이다.

다수의견과 반대의견은 건강보험개혁법의 여성보건개정조항에서 위임의 광범성을 다투고 있다. 개정조항은 건강보험이나 보험자는 이 절의 목적에 따라 보건서비스국이 동의하는 포괄적인 지침에서 규정된 대로 예방진료 및 검사를 보장하여야 한다고 규정한다. 쟁점은 보건서비스국이 규정할 수 있는 내용이 무엇인가

이다. 다수의견과 반대의견은 보건서비스국의 지침이 예방서비스 내용, 의무적용범위를 달리 정할 수 있다는데 동의한다. 그러나 그 지침이 건강보험중에서도 피임적용의무의 일부 적용, 일부 면제가 가능한지에 대해 의견을 달리 한다. 16(**다수의견**)(의회가 만든 법문에는 보건서비스국이 예방 진료 및 검사로 무엇을 지정할 수 있는지 또는 누가 그 보장을 제공하는지의 제한이 없다). 9(**반대의견**)(법률에서 보건서비스국에 누가 보장을 제공하여야 하는지를 결정할 권한을 주지 않았다).

내가 보기에는 법이 분명히 정리하지 않았다. 어떤 때는 나는 보건서비스국에 적용범위 일체에 관하여 재량권을 주었다고 해석한다. 곧 행정청은 여성에 대한 어떤 서비스를 누가 제공할 필요가 있는지를 결정한다. 다른 때는 나는 법이 행정청에게 어떤 버시스를 제공할지 만을 결정하고 누가 제공하는지를 결정하도록 하지는 않았다고 보기도 한다. 나는 어느 쪽이 더 나은 해석인지 결정해야 한다. 그러나 세브론 판결의 존중법리는 이 사건과 같은 사례를 위해서 세워졌다. Chevron U.S. A. Inc. v. Natural Resources Defense Council, Inc., 467 U.S. 837, 842-843 (1984) ("세브론 판결"); Arlington v. FCC, 569 U.S. 290, 301 (2013) ("세브론 판결은 행정청의 법률상 권한의 범위에 관한 문제에 적용된다.") 세브론 판결은 모호한 법률에서 법원이 집행하는 행정청의 합리적인 해석에 동의해야 한다고 가르친다. 행정청이 정치적으로 더 책임있게 행동하는 주체이기 때문에 그렇게 해야 한다. 그리고 행정청은 어느 해석이 법률 체계에 가장 잘 맞는지를 더 타당하게 판단하는 전문성을 종종 갖고 있기 때문에 그렇다.

이 사건에서 보건사회부 등은 법이 만들어지고 나서부터 법률위임에 관한 다수의견의 해석을 채택하였다. 보건사회부 등은 여성건강개정법 및 건강보험개혁법이 관련된 많은 문제에 위임범위를 더 확대하는 입장을 가졌다. 그러나 여성건강개정법이 보건서비스국에 피임적용의무의 면제를 만들 권한을 주었는지에 관해서는 그러지 않았다. 보건서비스국은 오늘 주장하는 바와 똑같은 넓은 법률상 권한 해석에 따라 원래의 교회 면제를 채택하였다. 면제 자체가 확대되는 동안 보건사회부 등의 법률 위임 해석-법이 보건서비스국에 누가 제공하는지의 문제에 대한 재량권을 주었다-은 동일하게 남아 있었다. 나는 그와 같이 오래되고 합리적인 해석을 존중한다.

그러나 이 사건이 하급법원에 되돌아갔을 때 보건사회부 등이 승소하여야 한다는 뜻은 아니다. 주들은 보건서비스국의 법률상 권한 밖이라는 이유뿐만 아니라 자의적이고 변덕스럽다는 이유로도 면제를 다툴 수 있다. 하급법원은 첫째 문제에 대해 주에 유리하게 인정할 수 있었기 때문에 둘째 문제를 다루지 않았다. 이 쟁점은 오늘 판결에 영향을 받지 않고 앞으로 판단되어야 한다. 위임받은 권한의 범위 내에서 행동하는 행정청은 "논리적인 의사 결정" 심사에서 물론 떨어질 수 있다. Michigan v. EPA, 576 U.S. 743, 750 (2015). 행정청이 "행정조치를 충분히 설명하지 않았을 때"- 찾은 문제와 선택한 해결책 사이의 이성적인 연관성을 보여주지 못했을 때, 또는 숙고절차에서 뚜렷한 판단 잘못이 드러날 때 그렇다. MotorVehicle Mfrs. Assn. of United States, Inc. v. State Farm Mut. Automobile Ins. Co., 463 U.S. 29, 43 (1983). 합리성의 기준에 따라 평가해 볼 때 보건서비스국과 보건사회부 등이 발표한 면제는 여러 가지 면에서 부족하다.[96]

가장 크게는 종교면제의 범위와 행정청이 다루려고 한 문제가 서로 일치하지 않다. 보건사회부 등은 피임에 종교적으로 반대하는 개인이나 단체를 넓게 보호하기 위해 면제가 필요하다고 한다. 종교를 이유로 피임에 반대하는 사용자는 "자가인증조정안"을 이용할 수 있었다. 인증을 하면 사용자는 피임적용과 관련하여 계약, 준비, 돈을 지불하지 않아도 되었고, 보험사가 비용을 부담한다. 그 방법은 일부 사용자의 반대를 풀었으나 모든 사용자의 반대를 풀지는 못했다. 리틀 시스터즈는 조정안 자체가 피임 제공에 자신들이 공모하게 만든다고 주장하였다. 그래서 조정안은 진지한 신앙에 따른 반대를 누그러뜨리지 못했다. 보건사회부 등은 리틀 시스터즈와 그 밖의 반대 단체를 의무에서 면제시킬 필요가 있었다. 그러나 보건사회부 등은 너무 멀리 나갔다. 그들의 규칙은 조정안이 피임적용의무에 반대하는 사용자들의 종교적인 필요성에 부응한다 해도 이들을 모두 면제하였다. 달리 말하면 보건사회부 등은 현 상태에서 공모에 관하여 리틀 시스터즈와 같은 견해를 갖고 있지 않아서 종교적으로 반대하지 않는 사용자들까지 면제하였다. 그래서 규칙은 정당성이 인정되는 범위를 넘어 문제와 논리적인 연관성이 모자란다는 의문을 불러일으켰다.[97]

---

96) 나는 면제의 실질적인 유효성만을 다룬다. 나는 면제를 포함한 최종 규칙이 절차상 유효하다는 다수의견에 동의한다.

97) 구두변론에서 송무차관은 면제에 해당하는 모든 사용자들이 조정안을 이용할 수 있기 때문에 규칙의 적용범위가 지나치게 넓다고 해도 무해하다고 주장하였다. 그러나 최종 규칙에서 보건

그리고 규칙의 지나친 광범성은 커다란 피해를 낳는다. 규칙을 발표하면서 보건사회부 등은 피임적용의무 자체를 유지하기로 결정하였다. 의무가 여성들의 건강과 안녕을 위해 필요하다는 이전의 보건서비스국의 판단을 재검토하기 보다는 그대로 놔두었다. 그래서 보건사회부 등은 종교적인 이유로 계속 반대하는 사용자들을 보호하려고 했다 해도, 피임적용에 미치는 충격을 줄이겠다고 약속했다. 그러나 여성에 대한 약속을 지키지 못했다. 조정안은 근로자들이 무료 피임을 이용할 수 있도록 했지만, 면제는 그렇지 않음을 기억하자. 그래서 보건사회부 등은 조정안이 의무준수를 위해 종교적으로 받아들일만한 방안이라고 생각한 당사자들이 아니라 종교적인 이유로 반대하는 사용자들만을 면제했어야 한다. 종교적으로 필요하다고 생각하지 않은 사용자들에게까지 면제를 넓힌 보건사회부 등의 모순되는 결정은 돈만 들고 혜택은 못 받게 되었다. 그 결과가 논리적인 판단이라고 보기 어렵다.98)

보건사회부 등 업무의 다른 측면도 자의적이고 변덕스럽다고 증명될 수도 있다. 예를 들면 상장회사도 종교면제를 주장할 수 있도록 허용하고 있다. 이는 보건사회부 등이 적절하게 판단했는지 커다란 의문을 불러일으키기에 충분할 만큼 드문 일이다. 보건사회부 등은 피임적용의무에 종교가 아닌 윤리를 이유로 반대하는 사용자들에게 면제를 제공하고 있다. 아마도 종교와 비종교 사이에 중립을 지키려는 희망이 그 결정의 충분한 이유가 된다. 그러나 종교자유회복법은 보건사회부 등의 규칙 제정에 그림자를 드리우고 있고 도덕적인 거리낌만을 갖고 있는 사용자에게 적용되지 않는다. 이처럼 다른 상황에서는 신중한 행정청이라면 더 많은 여성들에게 피임적용보장을 빼앗아가는 피해와 의무에서 더 많은 사용자들 면제하는 혜택을 새롭게 저울질할 것이다. 그러한 평가 없이 윤리 면제가 유효할 수 있을지는 만만치 않을 듯하다.

보건사회부 등이 피임적용의무에서 면제를 넓히는 유효한 규칙을 공표할 수

사회부 등 스스로 조정안에 종교적으로 반대하지 않는 일부 사용자들이 면제로 바꿀 수 있다는 가능성을 인정하였다. 그리고 송무차관은 규칙의 효력이 생기고 리틀 시스터즈와 같은 공모 믿음을 갖고 있지 않은 사용자들이 새로운 면제를 이용하지 않는다는 증거를 낼 수 없었다.

98) 보건사회부 등은 면제가 의무에 반대하는 종교 단체에 다루는데 조정안보다 더 효과적이라고 보고 있다. 그러나 보건사회부 등은 조정안을 요청하는 종교 사용자들에게 계속 허용하고 있어서 2가지 체계를 유지하고 있다. 충분한 설명이 없다면 행정부처의 편의성이 필요한 정도 이상으로 더 넓게 면제를 제공하는 보건사회부 등 결정의 정당한 근거가 될 수 없다.

없다는 말은 아니다. 나는 의회의 위임범위에 대한 보건사회부 등의 견해를 존중한다. 이는 논리적인 규칙 제정 요건을 충족하는 한, 보건사회부 등이 면제에 관하여 넓은 재량권을 갖고 있다는 뜻이다. 그러나 법률상 재량권의 범위가 넓은 영역에서도 행정청은 자신들의 판단을 합리적으로 설명해야 한다.

[대법관 긴즈버그]

이 법원은 종교의 자유 청구를 수용하면서 일부의 신앙이 그 신앙을 함께 하지 않은 사람들의 권리와 이익을 압도하지 않도록 하는 균형있는 접근방법을 취하였다. Estate of Thornton v. Caldor, Inc., 472 U.S. 703, 708-710 (1985); United States v. Lee, 455 U.S. 252, 258-260 (1982). 오늘 처음으로 법원은 종교의 권리를 최대한으로 보장하려는 열의에 빠져 상충하는 권리와 이익을 모두 무시하였다. 구체적으로 건강보험개혁법의 여성건강개정법에서, 의회는 유급으로 고용된 근로여성의 건강과 안녕을 보호하는 예방진료를 포괄적으로, 고르게, 무료로 보험으로 보장하기로 하였다. 의회는 보건서비스국에 예방진료보험을 정하는 권한을 주었다.

여성건강개정법의 취지를 무시하면서, 이 법원은 일하는 여성들이 스스로 사용자의 건강보험이 아닌 다른 방법의 피임보장을 찾아 나서고, 다른 자금지원이 없을 때 자기 돈으로 피임서비스비용을 내도록 하고 있다. 헌법의 종교의 자유조항은 이렇게 불균형한 결과를 바라지 않는다.[99] 뿐만 아니라 종교자유회복법, 42 U.S.C. §2000bb 등은 여성들의 요구를 모두 무시함으로써 일어나는 피해를 용납하지 않는다. 그래서 나는 정부의 추산대로 70,500명에서 126,400명 사이의 여성들이 곧장 무료 피임서비스를 이용할 수 없을 거라는 다수의견에 반대한다. 나는 본안에 관하여 연방제3항소법원의 판결을 인용한다.

---

99) Employment Div., Dept. of Human Resources of Ore. v. Smith, 494 U.S. 872 (1990) 판결에서 법원은 종교의 자유권은 종교가 지시(또는 금지) 행위를 법이 금지(또는 지시)한다는 이유로 보편적으로 적용되는 유효하고 중립적인 법을 지키는 개인의 의무를 면제하지 않는다. 보험회사가 식품의약국이 승인한 피임처방을 보장한다는 요건은 보편적으로 적용되고,… 종교활동이 아닌 여성의 안녕을 위한 것이고 종교활동에 미치는 영향은 우연일 뿐이다. 하비 라비 판결 745 (대법관 긴즈버그 반대의견). 위 스미스 판결은 그 요건을 반대하여 주장되는 수정헌법 제1조의 종교의 자유조항 청구를 받아들이지 않는다.

I

A

건강보험개혁법에 따르면 사용자가 지원하는 "단체건강계획"은 비용분담없이, 곧 분담이나 공제와 같은 본인부담비용없이 예방건강서비스를 보장해야 한다. 42 U.S.C. §300gg-13.[100] 원래의 법안에서는 열거된 서비스에 여성의 예방진료는 들어 있지 않았다. 이 문제를 고치기 위해 상원의원 바바라는 여성건강개정법안을 제안했고, §300gg-13(a)(4)로 신설되었다. 이 조항은 여성이 건강진료를 평등하게 이용하도록 돕고 성에 따른 차별과 불공평에 맞서자는 취지였다. "여성들이 예방진료에 남성보다 더 많은 돈을 내고 있고, 비용부담으로 많은 여성들이 필요한 진료를 받지 못한다"고 밝혔다.

여성건강개정법에 의하여 단체건강방안이 보장해야 하는 예방건강서비스는 보건서비스국이 승인하는 포괄적인 지침에서 규정한 대로 여성과 관련하여 예방진료 및 검사를 포함해야 한다. 이 지시에 따라 보건서비스국은 의학연구소의 자문을 받은 뒤 여성들의 건강과 안녕이 필요한 예방 진료가 무엇인지를 확인해서 여성 예방 서비스를 위한 포괄적인 지침을 만들어야 했다. 그 결과 여성 예방 서비스 지침이 2011. 8. 발표되었다. 이 지침에 따르면 이전에 건강보험이 없거나 빈약한 보험을 갖고 있던 수백만 명의 여성들이 피임서비스뿐만 아니라 해마다 유방암, 자궁암, 산후우울증, 임신당뇨병 진찰과 검사를 무료로 이용할 수 있었다. 피임서비스에 대해서 보건서비스국은 건강보험개혁법조항을 이행하기 위해 여성의 예방서비스에 식품의약국이 승인한 모든 피임수단, 불임 시술, 모든 가임기 여성들을 위한 교육 및 자문을 포함시켰다.

건강보험개혁법조항에 따라 피임 및 다른 예방 수단을 이용할 수 있게 되어 여성의 건강을 보호하고 인생계획을 세워나갈 수 있게 되었다. 계획을 세워 임신하는 여성보다 의도치 않게 임신한 여성은 제때에 임신 돌봄을 받지 못할 수 있어

100) 50명 이하 근로자를 고용한 사용자, 2010. 3. 23.부터 있었고 그 이후 보험대상의 변경이 없었던 "기존 건강보험계획"에 적용되지 않는다. 연방법은 소기업을 적용대상에서 제외하고 있고 이 때문에 법이 추구하는 이익이 훼손된다는 판결이 나온 적이 없다. 기존 건강보험계획은 범주를 정하여 면제한 것은 아니고, 사용자들이 차츰 의무 보장으로 전환하는 과정에 있는 잠정적인 면제이다.

서 효과적인 피임은 여성과 아이들의 건강상태를 개선한다고 특별히 강조하고 있다. 피임은 임신으로 건강상 어려움을 겪고 있는 개인들에게도 중요하고, 임신 예방과 무관한 건강 혜택(자궁내막암과 난소암의 위험 감소)을 주며, 계획없는 임신 위험을 줄여서 여성들이 고등교육과 경력쌓기에 참여하도록 함으로써 사회 및 경제 지위를 높여준다.

B

6년 동안 정부는 피임에 관한 다양한 종교쪽 의견을 수용하는 한편 일하는 여성들이 중요한 예방건강 서비스를 이용할 수 있도록 주의를 기울였다. 국세청, 근로복지국, 메디케어 및 메디케이드 서비스국(세 기관을 합하여 "국세청등"이라 함)은 예배당, 부속시설, 교회연합, 수도회를 피임보장요건에서 면제하는 예외를 만들었다. 종교적인 이유로 피임에 반대하는 다른 비영리 및 소수주주지배 회사를 위해 면제보다는 조정안을 이용할 수 있도록 했다.

"조정안에 따라 사용자는 특정 피임서비스를 보장하는데 반대한다는 자가인증을 할 수 있다. 만약 사용자가 그 인증을 한다면, 사용자의 보험회사나 제3의 관리자는 단체건강계획과 관련하여 제공되는 보험보장대상에서 피임을 제외하고, 사용자, 단체건강계획, 가입자나 수혜자의 비용분담요건 없이 피임서비스를 위한 별도의 비용을 지원해야 한다."101)

하비 라비 판결에서 살펴보았듯이, 자가인증조정은 피임보장보험 제공이 종교에 위반된다는 사용자의 신앙에 끼어들지 않는다. 이는 정부의 가장 높은 수준의 이익, 곧 여성근로자들에게 식품의약국이 승인한 모든 피임수단을 무료로 이용할 수 있도록 하고 있다. 그리고 그 이익에 유용하게 이바지하고 있다. 건강보험개혁법이 통과된 뒤, 특히 저소득집단에 속하는 유급여성근로자들은 보험비용을 더 감당할 수 있고, 의료진료 및 예방진료를 더 많이 이용할 수 있었다고 보고되고 있다.

C

그럼에도 불구하고 상고인 리틀 시스터즈를 포함하여 종교 사용자들은 자가인

---

101) 이 의견에서 2013년에 만든 피임적용조정을 "자가인증조정"이라고 부른다. 이 조정이 보험회사에 피임서비스 비용을 부담시킨다 해도, 보건사회부 등은 그 비용은 서비스로 인한 비용절감액보다 적거나 같을 것이기 때문에 비용이 더 늘어나지는 않는다고 판단하였다.

증조정에 따라도 그들은 진지하게 반대하는 피임을 보장하는데 공모하게 된다고 주장한다. 2017년 그러한 사용자들의 항의에 대응하여 정부는 예방서비스 이용에서 근로여성들의 차별을 끝내는 한편 종교 활동을 수용하려는 노력을 모두 그만두었다. 보건서비스국이 아니라 국세청 등이 만든 새 규칙에 따르면, 비정부사용자는, 영리목적의 상장 회사라 하더라도 과거 예배당에게 주어지던 종교면제를 이용할 수 있게 되었다.[102] 가임기 여성 약 58만명을 포함하여 290만명 이상의 미국인들이 새롭게 면제에 해당하는 조직을 통하여 보험보장을 받고 있다. 면제로 영향을 받는 여성들이 피임보장을 계속 받는 다른 방안은 포함하지 않고 있어 문제다.

이 사건 피상고인인 펜실베이니아와 뉴저지는 면제의 집행을 정지하기 위해 소송을 걸었다. 그 소송은 다음과 같은 핵심 문제를 드러내고 있다. 정부가 사용자의 종교 교리를 수용하는 한편으로 여성근로자들의 안녕을 꾀하는 방안을 버리고, 믿음을 함께 하지 않은 여성들에게 피해를 주는 사용자들의 신앙을 전면적으로 존중할 수 있는가?

Ⅱ

건강보험개혁법을 통해 건강보험에서 여성들 차별을 바로잡으려는 의회의 노력에도 불구하고, 오늘 법정의견이 면제를 승인하여 근로여성들에 대하여 보험제공자가 무료로 예방서비스를 제공하여야 하는 의무를 지지 않아도 되는 상태로 남게 되었다. 정부는 건강보험개혁법 자체가 사용자로부터 피임적용요건을 면제하는 권한을 보험서비스국에 위임함으로써 이러한 결과를 허용하고 있다고 주장하고 있다. 이 주장은 다수의견의 동의를 받았지만 옳지 않다.

A

먼저 법문부터 본다. 건강보험개혁법의 예방진료 조항 내용은 다음과 같다. 42 U.S.C. §300gg-13(a)

“집단 또는 개인 건강보험을 제공하는 집단건강계획과 건강보험제공자는 최소

---

102) 피임에 대해 도덕적으로 진지하게 반대하는 비영리 및 소수주주영리 조직도 면제에 해당하였다. 이 의견에서 달리 적지 않으면 종교 및 도덕 면제를 합하여 면제 또는 전면 면제라고 부른다.

한 다음 사항에 대한 보험을 무료로 제공하여야 한다.

(1) 미국예방서비스준비단의 추천으로 A 또는 B 등급을 갖는 증거에 기초한 항목 또는 서비스

(2) 질병통제 및 예방센터의 면역 자문위원회의 추천에 따른 예방 접종

(3) 보건서비스국이 동의하는 포괄적인 지침에서 규정한 젖먹이, 어린이, 청소년들에 대한 증거에 따른 예방진료 및 검사

(4) 이 절의 목적에 따라 보건서비스국이 동의하는 포괄적인 지침에서 규정된 바에 따라 여성에 대하여 (1)항에 규정되지 않은 추가 예방진료 및 검사"

이 조항에서 의회는 누가 구체적인 범위의 건강예방서비스를 제공하는지를 밝혔다. 곧 "집단건강계획"과 "건강보험제공자"이다. 항소법원이 설명하듯이, 여성건강개정법이 추가한 (a)(4)항은 보건서비스국에 집단건강계획과 건강보험제공자가 여성에게 제공해야 하는 서비스의 종류와 관련된 포괄적인 지침을 공표할 권한을 주었다. 보건서비스국이 누가 이 서비스를 제공하여야 하는지에 관하여 (a)에서 시작된 의회의 지시를 무시할 권한을 주지 않았다.

정부는 보건사회부 등의 여성 예방서비스 의무를 규정하거나 지침을 만드는 보건서비스국의 권한에는 어떤 서비스를 포함하여야 하는지를 구체화하는 권한뿐만 아니라, 면제를 설정하는 권한도 포함되어 있다고 주장한다. 이 단순한 주장은 의회가 만든 법문을 무시하고 있다. 가장 눈에 띄게 정부는 (a)(4)항의 법문이 단체건강계획이 특정한 서비스를 "제공하여야 한다."고 명기한 §300gg-13(a)의 서두에 있는 문장내용과 어떻게 조응하는지를 설명하려고 하지 않는다.

법정의견과 대법관 케이건의 동조의견("동조의견")은 정부 주장을 받아들이고 있다. 법정의견은 보건서비스국이 보험자가 여성에게 제공하는 예방서비스가 무엇인지를 결정한 넓은 재량권이 있다고 인정하였다. 그러나 그 재량권은 지침의 면제대상을 확인하고 만들어낼 권한을 포함하여 다른 영역에서도 동등하게 제한되지 않는다고 하였다. 정부처럼 법정의견과 동조의견은 단체건강계획이 건강보험제공자가 특정한 서비스를 포함하여야 한다는 §300gg-13(a)의 포괄적인 내용에는 눈감고 있다. 규정이 없으면 법원이 보충할 수 없다는 법리는 법원의 결론에 도움이 되지 않고 오히려 거꾸로다. 의회가 건강보험개혁법의 요건에서 어떤 사용

자들을 면제하려고 했다면, 뚜렷하게 그렇게 말했다. 주11 참조. 300gg-13(a)(4)는 그런 면제를 규정하지 않았다.[103)]

B

정부와 법정의견, 동조의견은 또 다른 걸림돌을 만난다.

300gg-13(a)(4)의 법문은 아이들의 예방건강서비스를 규정한 300gg-13(a)(3)의 법문을 포함하고 있다. 보건서비스국이 아이들의 예방진료 지침에서 면제를 설정할 권한이 없음을 다투지 않으면서, 정부는 (a)(4)와 (a)(3)을 구분하려고 한다. 이 시도는 옳지 않다.

먼저 정부는 (a)(3)과 달리 (a)(4)는 "이 절의 목적으로" 만든 지침을 상정한다고 본다. 이 법문은 보건서비스국이 만드는 지침의 범위를 말하지 않고 있다. 또한 정부 스스로 이 법문의 차이를 설명하면서, (a)(3)의 아이들 예방진료 지침은 건강보험개혁법과 무관한 목적으로 이미 개발되어 있던 지침이라고 한다. 반면에 여성 예방진료 지침은 건강보험개혁법이전에 없었고, 예방진료의무를 위해 만들어져야 했다고 한다. 또한 정부는 (a)(3)에는 "증거에 기초한"이라는 수식어가 있지만 (a)(4)에는 없다고 한다. 그러나 이러한 차이는 보건서비스국이 요구하는 단체건강보험의 보장대상인 예방서비스의 종류와 관련되어 있을지언정, 누가 이 서비스를 보장해야 하는지와는 관련이 없다.[104)]

보건서비스국의 역할은 정부, 법정의견, 동조의견의 300gg-13(a)(4) 해석과 거꾸로 간다. 보건서비스국은 건강진료이용을 늘리고 보건불평 등을 없애는 임무에 따라 여성의 예방진료 서비스 대상을 결정하는 논리적인 선택을 하였다. 무엇보다도 300gg-13(a)(4)는 예방진료 이용에서 성에 따른 불평등을 뿌리뽑는 목적을 가지고 있다. 법정의견과 동조의견은 간과하고 있지만 보건서비스국의 전문가들은 종교 및 도덕적인 면제를 분류하는데 능숙하지 않다. 그래서 의회가 보건서비스국에 그러한 면제를 만들어내는 임무를 맡겼다고 기대할 수 없다. King v. Burwell, 576 U.S. 473, 486 (2015) (의회가 이러한 분야의 정책 전문성이 없는 행정청에 결정권한을 맡겼을 것

103) 법정의견이 자신의 결론을 뒷받침하는 유일한 법문으로 "규정된 대로"를 가리키고 있다. 이 문구는 "추가 예방 진료 및 검사"를 수식하고 있다. 그래서 그 문구는 어떤 서비스를 제공하여야 하는지를 말하고 있고 누가 서비스를 제공하여야 하는지를 말하지 않는다.

104) 법정의견은 보건서비스국이 여성예방진료에서의 면제 권한을 아이들의 예방 진료지침에서도 행사할 수 있는지를 말하지 않는다.

같지 않다).

사실상 보건서비스국은 전면 면제를 만들지 않았다. 앞서 보았듯이 그 임무는 국세청, 노동후생국, 건강보호센터가 맡았다. 300gg-13(a)(4)은 어디에서도 그 기관들을 명시하지 않았고, 정부, 법정의견, 동조의견은 인정하지 않으려고 한다.

C

정부는 만약 건강보험개혁법이 전면 면제를 허용하지 않았다면, 2011년에 예배당에 부여한 면제도 무효여야 한다고 주장한다. 그러나 항소법원이 설명하였듯이 그 면제는 건강보험개혁법에 의해서가 아니라, 수정헌법 제1조로 정당했다. Hosanna-Tabor Evangelical Lutheran Church and School v. EEOC, 565 U.S. 171, 188 (2012) (수정헌법 제1조의 성직자 예외는 교회안의 내부 관리를 보호한다). 예배당 면제가 수정헌법 제1조를 넘어 확대된다고 해도, 건강보험개혁법의 법문으로부터 나올 수 없다.

Ⅲ

나는 전면 면제가 건강보험개혁법상 근거가 없다는 결론이기 때문에, 정부의 다른 주장을 본다. 정부는 도덕 면제가 아닌 종교 면제는 종교의 자유를 보호하기 위해서 필요하다고 주장한다. 정부는 종교활동의 자유를 말하지 않고 종교자유회복법을 들고 있다. 그 법은 "일반적으로 적용가능한 법에서 나오는 제한이라 해도 정부가 중대한 정부 이익을 추구하는 최소한의 제한이 아니라면 개인의 종교활동을 실질적으로 제한해서는 안된다"고 규정하고 있다.

A

1

당사자들은 연방행정청이 종교자유회복법 위반을 시정하기 위해 조정과 면제를 만들 수 있다는데 동의하고 있다. 그러나 그 권한이 무제한은 아니다. 종교활동의 권리는 동료 시민들의 권리와 조화를 이루어야 한다. 팔을 휘두르는 권리는 다른 사람의 코앞에서 멈춰야 한다.

이에 따라 법원은 피임보장의무에 대한 종교 조정은 균일하고 무료의 피임보장을 계속 이용하는 여성의 권리를 수용해야 한다고 여러 차례 전제하였다. (인용판결 생략). 사실 보건사회부는 이미 비영리 종교단체의 근로자들이 식품의약국이 승인한 모든 피임수단을 다른 회사의 근로자들과 똑같이 이용할 수 있도록 보장하면서 종교의 자유를 존중하는 제도를 만들어서 집행하였다.

정부가 종교활동을 보호할 때 제3자의 권리를 희생하여 신앙인에게 혜택을 주어서는 안된다. 종교 면제가 모든 다른 이익보다 신앙인의 이익에 유리하게 기운다면 무효이다. 이와 달리 판결하면 신앙인들을 지원하기 위해 비종교인에게 세금을 물리는 것과 다름없는 규제를 지지하게 된다.

2

이 사건의 면제 확장은 여성 근로자들에게 많은 부담을 준다. 정부는 가임기 여성 70,500명에서 126,400명에게 이전에는 이용할 수 있었던 보험보장이 사라지게 된다고 추정한다. 대체할만한 보험이 없어서 면제로 인하여 여성들에게 2가지 선택이 남게 되는데, 무엇도 만족스럽지 않다.

첫째 방법은 정부가 가장 최근에 규칙제정하면서 제안한 것으로, 여성들이 기존에 정부가 지원하는 프로그램을 통해서 피임진료를 받는 방법이다. 그 프로그램은 원래 소득이 적은 사람들을 위한 것이고 이전에 보험적용을 받던 여성들 수만명을 수용하도록 계획되어 있지 않다. 또한 정부도 인정하지만, 여성에게 새 건강혜택을 배워서 등록하는 절차를 거치도록 하여 소수의 여성들만 이용할 수 있게 되는 장애물을 만들어 놓았다. 마지막으로 정기 진료 병원 대신에 정부 프로그램에서 진료를 받으면 진료이력을 알고 있는 병원으로부터 계속 진료를 받지 못하는 어려움이 있다.

피임보장을 잃은 여성들이 선택할 수 있는 두 번째 방법은 스스로 피임상담과 도구이용에 돈을 내는 방법이다. 그러나 가장 효과가 좋은 피임은 가장 비싸다. 예를 들면 자궁내장치는 최저임금을 받는 근로자들의 한달치 월급액에 이른다. 비싼 돈 때문에 많은 여성들은 피임을 안 할 수 있다.

종교 면제는 의회가 건강보험개혁법의 여성 예방 서비스 조항을 만들 때 없애려고 했던 건강불평등과 진료 장애물을 다시 만들어낼 수 있다. 종교자유회복법에 따른 전통이나 이전 판결은 다른 사람들, 곧 이 사건에서 피임보장요건이 보호하려고 했던 바로 그 사람들에게 피해를 주는 종교 면제를 허용하지 않고 있다. 그래서 나는 종교면제가 종교자유회복법에서 요구하지도 않고 있고 허용되어서도 안된다고 본다.[105)]

B

펜실베이니아와 뉴저지의 또 다른 주장을 본다. 자가인증조정이 종교 활동에 대한 실질적인 부담을 충분히 줄여주기 때문에 종교자유회복법에 따라 면제가 필요하지 않다고 한다. 그 조정으로 종교 면제의 흠은 더 두드러지고 있다.

1

여러 해 동안 종교 기관은 자가인증조정이 종교의 자유를 보호하기에 충분하지 않다고 다투었다. 나는 종교기관이 그 조정을 반대하는 진정성은 의심하지 않지만, 조정이 종교활동을 실질적으로 제한하지 않는다는 펜실베이니아와 뉴저지의 의견에 동의한다.

상원의원 해치는 종교자유회복법이 정부에게 종교활동에 영향을 미치는 모든 조치의 정당성 확보를 요구하지는 않는다고 하였다. Bowen v. Roy, 476 U.S. 693 (1986) ("로이 판결")은 이 점에서 교훈이 된다. 그 사건에서 한 인디언 아버지가 사회보장번호를 사용하는 미국정부 조치로 딸의 영혼이 피해를 입었다는 진지한 신앙을 주장하였다. 법원은 이 신앙의 진정성을 의심하지 않으면서 다음과 같이 판시하였다.

"우리가 알기로 법원은 수정헌법 제1조를 적용하면서 국민이 개인이나 가족들의 정신을 함양한다고 믿는 방식으로 정부가 행동하여야 한다고 해석한 적이 없다. 종교의 자유조항은 정부에게 어떤 시민의 신앙에 맞는 방식으로 업무를 처리하도록 요구할 수 없다."[106]

로이 판결은 법원의 종교 관련 법이론에서 중요한 내용을 말하고 있다. 신앙인들은 자신의 종교에 순응하여 행동할 권리가 있지만, 다른 사람에게 자신의 종교적인 필요에 따르도록 강요할 권리는 없다. 상고인들 대리인은 보험사에게 피임보장을 제공하도록 직접 요구한 정부의 조치에 종교 사용자들이 반대할 수 없다고 인정했을 때 이를 알고 있다.

---

105) 위에서 말했듯이, 정부는 종교자유회복법에 의해 도덕 면제를 옹호하지 않는다.

106) 대법관 알리토는 로이 사건에서는 신앙인이 법위반으로 제재를 받을 수 있는 사건이 아니라고 반론하고 있다. 그러나 핵심 문제는 두 갈래로 나뉜다. 법위반에 실무상 실질적으로 불이익한 결과가 따르는지를 묻는 것으로 충분하지 않다. 법준수가 종교활동을 실질적으로 제한하는지도 물어야 한다. 로이 판결처럼 나는 후자의 문제를 보고 있다.

그러나 자가인증조정이 정확하게 하는 일이 바로 그것이다. 법원이 하비 라비 판결에서 "집단건강보험사가 사용자가 종교적인 이유로 일부 또는 전부의 피임 서비스 보장에 반대한다고 알렸을 때, 그 보험사는 사용자의 계획에서 피임보장을 제외하고 계획 참여자들에게 피임 서비스를 위해 따로 지원해야 한다." 698-699. 자가인증조정에 따르면 반대하는 사용자는 피임보장제공의무에서 벗어나고, 그 의무는 보험사에게 넘어간다. 이 조정은 여성 건강에 대한 정부의 이익을 증진하지만 사용자의 신앙을 침해하지 않는다.

2

주빅 판결에서 종교 기관의 주장을 이용하고 있는 상고인은 이 결론에 2가지 방식으로 반대한다. 첫째, 그들은 자가인증조정에 따라 보험사가 제공하는 피임 보장이 "사용자가 제공하는 보장과 똑같은 계획의 일부"라고 우긴다. 이 주장은 그 조정을 만든 규칙의 평이한 문언이 반박한다. 되풀이하자면 보험사는 "단체건강계획과 연관되어 제공되는 단체건강보험보장에서 피임보장을 명시적으로 제외해야 한다."

둘째, 상고인은 "근로자들에게 균일한 피임보장을 제공하는 데 필요한 서류를 내는 적극적인 행위는 신앙에 위배하여 여성들에게 피임서비스를 제공하는데 관여하게 된다" 주장한다. 그러나 동시에 피임보장요건 반대 등록에 반대하지 않았다. 이러한 사정을 종합해 볼 때 상고인은 자가인증조정이 자신들에게 요청하는 바, 말하자면 피임에 대한 종교적인 반대 증명에 반대하지 않는다. 대신에 그들은 보험사가 그 반대증명을 활용하는 것에 반대하고 있다. 그러나 그 활용제도는 건강보험개혁법과 이행 규칙에서 나왔지 종교 사용자의 자가인증이나 다른 통지에서 나오지 않았다.

* * *

국세청, 노동후생국, 메디케어 센터가 만든 피임을 반대하는 종교 및 도덕 반대자들을 위한 전면 면제는 건강보험개혁법과 종교자유회복법의 문언과 의회의 의도에 어긋난다. 어느 법도 이를 허용하지 않았다. 피임에 대한 종교적인 반대를 조정한 원래의 행정 규칙이 여성들에게 예방 서비스를 동등하게 이용할 수 있게 함으로써 공중 보건과 복지, 여성의 안녕을 증진하려고 한 의회의 굳건한 결정에 맞게 건강보험개혁법 및 종교자유회복법을 이행하였다. 그러므로 나는 항소법원 판결을 인용한다.

19. 모호한 행정규칙을 해석한 행정청의 의견을 존중하는 아우어 법리의 적용범위

Kisor v. Wilkie

588 U.S._____(2019)

〈해 설〉

행정규칙의 의미가 모호할 때 행정청의 해석을 존중하는 아우어 법리를 적용하는 기준과 한계에 관한 판결이다.

다수의견은 행정청의 해석이 존중되기 위해서는 진정으로 의미가 모호하고, 행정청의 해석이 합리적이며, 권위있거나 공식적인 해석이고, 전문성에 바탕을 둔 공정하고 사려깊은 판단을 담고 있어야 한다고 판결했다. 또한 신뢰이익을 고려해야 한다고 보았다. 반대의견은 헌법상 법률해석의무가 있는 사법권의 본질에 비추어 행정청의 해석을 존중하기보다는 아우어 법리를 폐기하고 법원이 행정규칙의 의미를 독립하여 판단하며, 행정청의 견해가 설득력이 있는 범위 내에서만 존중되어야 한다고 보았다. 동조의견은 다수의견과 반대의견의 실제 차이가 크지 않으며, 위와 같은 요건에 따라 행정청의 행정규칙 해석을 존중하더라도, 행정청의 법률 해석을 존중하는 문제는 다르다고 지적하고 있다.[107)]

[대법관 케이건]

이 법원은 진정으로 모호한 규정에 관한 행정청의 해석을 가끔 존중하였다. 우리는 이러한 관행을 아우어 판결의 존중 법리, 또는 세미놀 록 판결의 존중 법리

---

107) 대법관 케이건이 법정 의견을 작성하고 Ⅰ, Ⅱ-B, Ⅲ-B, Ⅳ항을 작성하였고(대법원장 로버츠, 대법관 긴즈버그, 브레이어, 소토마요르 참여), Ⅱ-A, Ⅲ-A항을 작성하였다(대법관 긴즈버그, 브레이어, 소토마요르 참여). 대법원장 로버츠는 일부 동조의견을 작성하였다. 대법관 고서치는 동조의견을 작성하였고(대법관 토마스 참여), Ⅰ,Ⅱ,Ⅲ,Ⅳ,Ⅴ항에 대법관 카바노가 참여, 대법관 알리토가 Ⅰ,Ⅱ,Ⅲ항에 참여하였다. 대법관 카바노가 동조의견을 제출하였고 대법관 알리토가 참여하였다.

라고 부른다. Auer v. Robbins, 519 U.S. 452 (1997)("아우어 판결"); Bowles v. Seminole Rock & Sand Co., 325 U.S. 410 (1945)("세미놀 록 판결") 이 사건에서 드러난 오직 하나의 문제는 우리가 행정청에게 주었던 존중을 버리면서 그 판결을 뒤집어야 하느냐이다. 우리는 아니라고 답한다. 아우어 존중 법리는 행정청의 규칙을 해석하는 중요한 역할을 하고 있다. 그러나 우리가 이를 승인한다 해도 그 한계를 다시 강조한다. 아우어 존중 법리는 어떤 때는 적절하고 어떤 때는 옳지 않다. 그 법리를 적용할지는 우리가 지금 다시 밝히지만, 오늘 다듬고 개발한 여러 고려사항에 달려 있다. 우리가 설명하는 존중 법리는 지위가 강력하지만, 범위는 한정되어 있다. 환송심에서 항소법원은 이 사건 행정청의 해석에 적용되는 지는 결정해야 한다.

I

상고인 카이저는 베트남전쟁 참전군인으로 보훈청에 장애연금을 신청하였다. 그는 1982년에 처음 신청하였는데, 한가위 보름달 작전에 참여하여 외상후 스트레스 장애를 입었다고 주장하였다. 보훈청의 정신과 의사가 작성한 평가보고서는 카이저가 전투에 참여했으나, 장애를 입지 않았다고 보았다. 그래서 보훈청은 카이저의 연금 신청을 거부하였다. 그 뒤 2006년 카이저가 다시 신청하였다. 새로운 정신과 의사 보고서를 바탕으로 이번에는 보훈청이 카이저가 장애를 입었다고 인정하였다. 그러나 보훈청은 첫 신청일이 아니라 재신청일 이후로만 연금을 주었다.

행정판사 한 사람이 주재한 보훈청내의 보훈심사위원회는 보훈청 규칙 해석을 바탕으로 연금지급 시기 결정을 인용하였다. 규정에 따르면 보훈청은 처음 거부할 때 고려하지 않은 "군복무 부서의 공적인 관련 자료"가 있다고 인정한다면 카이저에게 소급하여 연금을 지급할 수 있다. 38 CFR §3.156(c)(1) (2013). 위원회는 카이저가 한가위 보름달 작전에 참가했다고 확인하는 2건의 새로운 복무 기록을 냈다고 인정했다. 그러나 위원회는 그 기록들은 참전확인일 뿐, 카이저가 장애를 갖고 있지 않다는 점을 뒤집을 이유가 아니기 때문에 관련이 없다고 보았다. 보훈 항소 법원은 같은 이유로 인용했다.

연방항소법원도 위원회의 규칙 해석을 존중하여 인용했다. 카이저는 연방항소법원에서 "관련"되었다고 보기 위해서, (위원회가 생각하듯이) 복무기록이 과거 거부처분의 근거를 반박할 필요가 없고, 장애연금을 받기 위한 다른 근거로 이용될 수 있다고 주장했다. 연방항소법원은 규정이 두 가지 해석사이에서 모호하다고 인정했다. 규정상 '관련된' 기록이 보훈청의 과거 판단에 의문을 던지는 것인지, 제대군인의 청구에 더 넓게 관련되어 있는 것인지를 구체적으로 다루지 않고 있다고 보았다. 그래서 두 견해 사이에서 어떤 선택? 법원은 "두 당사자들은 규정의 명백한 문언이 자신들의 주장을 뒷받침한다고 하였고, 어느 당사자의 입장도 불합리하다고 볼 수 없다"고 하였다. 명백히 잘못되거나 보훈청 규정 체계와 어긋나지 않는 한 보훈청의 규정 해석이 우선한다고 하였다. 그 기준을 적용하여 법원은 위원회의 해석을 인정하였고, 연금의 소급 지급 거부를 승인하였다.

우리는 아우어 판결과 (그 선례인) 세리놀 록 판결을 번복할 지를 결정하기 위해 상고를 허가하였다.

Ⅱ

문제를 직접 다루기 전에, 우리는 아우어 존중 법리가 무엇인지를 설명한다. 우리가 이전의 판결에서 요점을 자주 말하였기 때문에 단순한 배경으로 이해할 수 있다. 그러나 그렇다 해도 중요한 배경이다. 법리가 왜 나왔는지, 그리고 우리가 어떻게 범위를 제한했는지를 설명하면서 지킬 가치가 있는 우리의 견해를 설명하는 방향으로 가기 때문이다.

A

행정법의 익숙한 문제로 시작한다. 여러 이유로 규정은 정말 모호할 수 있다. 규정은 직접 또는 명확하게 모든 사안을 다루지 못할지도 모른다. 어떤 사실관계에 적용될 때, 규정은 한 가지 이상의 합리적인 해석이 가능할 수 있다. 때때로 이러한 종류의 모호성은 수식어의 혼란, 서툰 단어, 이해하기 힘든 해석의 사용과 같은 부주의한 규정제정에서 나온다. 그러나 모호함은 표현이나 지식의 잘 알려진 한계 때문이기도 하다. 규칙의 적용대상은 자세히 알아차리기가 불가능하거나 비현실적일 정도로 성격상 너무 구체적이고 다양하다. SEC v. Chenery Corp., 332 U.S. 194, 203 (1947). 또는 행정청이 규칙을 만들 때 합리적으로 예측할 수 없는 문제가 나타날 수 있다. 202. 어느 쪽이든 규칙의 의미가 실제 불확실하게 되는 결과를 낳는다.

다음과 같은 예를 보자

- 장애인보호법을 이행하기 위한 규칙에서 극장과 경기장에 장애인들에게 일반인들과 같은 시야를 제공하도록 규정하고 있다. 28 CFR pt. 36, App. A, p. 563 (1996). 워싱턴 위저드 구단은 관중이 일어섰을 때 관중키보다 높은 시야를 제공하기 위한 휠체어 자리를 만들어야 하는가? 또는 모든 사람들이 앉아 있을 때 볼 수 있는 시설을 제공하는 것으로 충분한가? Paralyzed Veterans of Am. v. D. C. Arena L. P., 117 F. 3d 579, 581-582 (CADC 1997).
- 운송보안국은 비행기 안으로 들고 가는 액체, 젤, 분무제는 100그램이하의 용기에 담아서 투명한 비닐가방에 넣어야 한다고 요구한다. 승객은 초코렛이 들어 있는 병을 그런 식으로 포장해야 하는가? Laba v. Copeland, 2016 WL 5958241, (WDNC, Oct. 13, 2016).
- 광산 안전 및 보건국은 광부들이 진단받고 2주 이내에 직업병을 보고하도록 하는 규칙을 만들었다. 30 CFR §50.20(a) (1993). 일정 정도 불투명성을 보여준 가슴 X-레이 결과가 "진단"에 포함되나? 어느 정도가 정확한가? American Min. Congress v. Mine Safety and Health Admin., 995 F. 2d 1106, 1107-1108 (CADC 1993).
- 식품의약국 규정에 따르면 신약 신청에서 식품의약국이 승인한 활성 성분이 없다면 제약회사에 의약품의 독점권을 준다. 21 CFR §314.108(a) (2010). 제약회사는 화학접착물에 이전에 승인받은 성분을 더하는 방법으로 "활성 성분"을 만들었다고 보아야 하는가? Actavis Elizabeth LLC v. FDA, 625 F. 3d 760, 762-763 (CADC 2010); Tr. of Oral Arg. 12, 35.
- 또는 아우어 판결의 사실을 보자. 행정청은 경찰 지서장이 공정노동기준법에 따른 초과근무수당을 받을 수 있는지 결정해야 한다. 기관의 규정에 따르면 경찰관이 봉급을 받으면 초과근무수당을 받을 수 없다. 29 CFR §541.118(a) (1996). 그리고 경찰관이 봉급을 받는지를 결정하는데 하나의 문제는 그의 급여가 업무수행을 바탕으로 감액될 수 있는지이다. 경찰청의 규정은 경찰관들에게 만약 징계 규정을 어기면 공제될 수 있다고 알

> 리고 있다. 그 규정만으로 경찰관이 급여 감액 대상인가? 아니면 경찰청에서 경찰관의 급여를 감액한 실제 사례가 있어서 감액이 일어날 가능성이 단순한 이론이상이어야 하는가? 459-462.

각 사건에서 규정의 해석은 하나 이상의 합리적인 해석 사이의 선택이다. 예상하지 못했거나 해결되지 않은 상황에 규정을 적용하기 위해서 법원은 판단해야 한다. 어떻게 할 수 있나?

우리는 종종 법원이 행정청의 규칙 해석을 존중해야 한다고 생각했다. 지난 20여년간 우리는 그 법리를 아우어 존중 법리라고 불렀고 가끔 적용하였다. 그러나 이름이 잘못 붙여졌다. 아우어 존중법리라고 부르기 전에, "규정의 의미가 모호할 때 행정청의 해석이 뚜렷이 잘못되거나 규정과 불일치하지 않는다면 무게가 크게 실린다"는 1945년 판결인 세미놀 록 존중 법리로 불렀다. 325 U.S., 414. 그리고 세미놀 록 판결 자체가 모래위에 세워지지 않았다. 행정청 해석의 존중은 19세기 후반, 아마도 그 이전으로 거슬러 올라간다. United States v. Eaton, 169 U.S. 331, 343 (1898) ("이튼 판결").

우리는 아우어 존중 법리의 뿌리가 의회 의도의 추정에 있다고 설명했다. 의회가 일반적으로 행정청이 규제의 모호성을 해결하는 주된 역할을 하기를 바랐다는 추정이다. Martin v. Occupational Safety and Health Review Comm' n, 499 U.S. 144, 151-153 (1991) ("마틴 판결").

우리는 의회가 정기적으로 규칙을 만들어 법을 집행할 권한을 행정청에 위임하였다고 지적하였다. 의회는 규칙에 때로 모호한 내용이 들어 있다고 알고 있었다(어떻게 모르겠는가?). 그러나 의회는 그 문제를 다루는 책임을 행정청이나 법원에 명시적으로 맡기지 않았다. 지금부터 의회가 바라는 바를 추정할 필요가 있다. 그 중에서 행정청이 선택되었다. 우리는 늘 반박될 수 있지만, 자신의 규정을 권위있게 해석하는 권한은 행정청에 위임된 법 제정 권한의 일부라는 추정을 받아들였다. 마틴 판결 151. 달리 말하면, 우리는 규칙제정권한을 행정청에 맡겼을 때, 의회는 대개 행정청이 발표한 모호한 규칙을 해석하는 재량도 같이 주려는 의도였다고 생각했다.

규칙을 선포한 행정청이 원래의 의미를 재해석하는 데 더 나은 위치에 있기 때문이기도 했다. 152. 만약 어떤 글(즉 메모나 전자메일 등)의 뜻을 모를 때, 아마도 쓴 사람에게 물어보려고 한다는 점을 생각해보자. 그리고 같은 이유로 우리는 의회 역시 마찬가지라고 생각했다. 규정을 만든 행정청은 가끔 규칙이 뜻하는 바에 관하여 직관을 갖고 있다. 규칙 제정자는 규칙에 무엇을 넣고 무엇을 빼는지, 문제에 어떻게 적용해야 하는지를 알 것이다. 이러한 정당성도 한계가 있음은 분명하다. 예컨대 행정청이 규칙을 만들 때 예상하지 못했던 사안이 있을 때(예컨대 행정청이 가슴 x-레이가 진단에 해당되는지, 언제 해당되는지를 생각하지 못했다면), 규칙은 잘 작동하지 않는다. 그 때 행정청은 구체적인 의사를 밝히지 못한다. 기껏해야 규칙 작성자가 고려했던 비슷한 사안에 관한 견해나 규제하려는 목적을 제공할 것이다. 그리고 규칙의 공고와 해석 사이에 많은 시간이 지났을 때, 구체적으로 이전과 다른 해석이라면 규칙은 잘 작동하지 않는다. 규칙이 무엇을 뜻하는지 알고 싶은가? 작성자에서 물어보라.

의회가 아우어 존중 법리를 의도했다는 추정은 진정한 규제 모호성의 해결이 가끔 정책에 근거한 판단을 해야 한다는 깨달음에서도 나온다. Thomas Jefferson Univ. v. Shalala, 512 U.S. 504, 512 (1994) ("토마스 제퍼슨 판결"). 운송보안국 사례를 보자. 거의 모든 신청서에서 "액체"와 "젤"같은 낱말의 뜻은 분명하다. 그러나 초코렛이나 올리브 향신료와 같은 불확실한 문제의 해결은 규칙을 만든 정책 속에서 판단해야 한다. 먼저 운송보안국은 왜 액체와 젤을 금지했을까? 무엇이 그 물건을 위험하게 했을까? 납치범이 콜라캔과 같은 방법으로 초코렛용기를 사용할 수 있을까? 또는 그보다 구체성이 떨어지는 듯한 장애인보호법 사례를 보자. 영화관에서 비슷한 시야가 뜻하는 바를 알기는 쉽다. 그러나 운동 경기장처럼 관중이 가끔 일어섰을 때는 더 복잡하다. 경기장 소유자가 이따금 일어나는 행위를 고려해야 한다고 할 때 얼마나 비용이 들며, 그 때 보는 가치가 추가 비용을 들일만 할까? 그 비용-혜택 계산은 법보다는 정책 판단에 더 가깝다. 마지막으로 더 전문적인 "성분" 사례를 보자. 만약 당신이 판사라면, 식품의약국의 규칙이 무엇을 뜻하는지 알기 어려울 듯하다.

그리고 의회는 이를 잘 알고 있다고 생각했다. 그러한 정책 판단을 하는데 행정청이 법원보다 상대적으로 유리하다. 행정청은 (법원과 달리) 복잡하거나 바뀌는 상황에 규정을 적용할 때, 과학이나 기술에 관하여 "독특한 전문성"을 갖고 있다. 마틴 판결 151; 토마스 제퍼슨 판결 512. 행정청은 (법원과 달리) 사실 조사를 할 수 있고, 이해당사자들과 상의할 수 있으며, 규제 제도의 오랜 집행 과정에서 행정청의 전문가들이 비슷한 사안을 어떻게 다루었는지를 살펴볼 수 있다. Long Island Care at Home, Ltd. v. Coke, 551 U.S. 158, 167-168 (2007). 그리고 행정청은 (법원과 달리) 국민에게 응답하는 대통령의 감독을 받기 때문에 정치적인 책임을 진다. Free Enterprise Fund v. Public Company Accounting Oversight Bd., 561 U.S. 477, 499 (2010); Pauley v. BethEnergy Mines, Inc., 501 U.S. 680, 696 (1991) (규제의 틈을 메울 때 정치와 사법의 적정한 역할을 민주적 책임성의 문제로 논의). 의회가 처음 법을 만들 때, 규칙 제정권한을 행정청에 맡겨서 법률 체계를 보완하도록 허용한 이유가 그러한 특징들 때문이다. 그리고 새로운 정책 판단을 요구하는 새로운 사안이 그 체계 내에서 나타났을 때, 의회는 법원보다는 행정청이 힘든 일을 떠맡기를 바랐을 것으로 추정된다.

마지막으로 우리가 추정하는 이유는 진정으로 모호한 규칙을 해석할 때, 통일성의 이점이 잘 알려졌다는데 있다. 우리는 의회가 "소송에 의해 조각조각 해결하기 보다는 행정청의 통일된 결정에 따라 해석 사안이 해결되기를 자주 선호"한다고 밝혔다. Ford Motor Credit Co. v. Milhollin, 444 U.S. 555, 568 (1980). 그러한 선호는 해석이 필요한 문제가 "복잡하고 매우 전문적인 규제 제도" 의 맥락에서 발생할 때 가장 강하다. 토마스 제퍼슨 판결 512. 무엇보다 판사들이 하고 있는 일을 거의 알지 못할 때 결론이 갈라지기가 가장 쉽다. (새로운 활성 성분이 무엇인지를 알려고 하는 판사들에게 설명해야 하나?) 그러나 규칙 문언의 합리적인 해석이 분명하게 하나 이상일 때도 통일성이 가진 정당성은 꽤 무게를 갖는다. 아우어 판결을 살펴보자. 4곳의 항소법원은 경찰청에서 누구의 급여를 감액하지 않았다 해도 경찰 지침상 징계 규정을 어기면 급여가 삭감된다면, 경찰지구대장은 징계 규정 위반으로 급여 삭감대상이라고 판결했다. 2곳의 다른 항소법원은 경찰청의 실제 실무가 징계를 현실적인 가능성으로 만들었을 때에만 지구대장은 급여삭감대상이라고 판결했다. 행정청이 항소법원들의 판결 전에 해석을 공표하였다면, 존중 법리는 거의 모든 모순과 불확실성을 피할 수 있었을 것이다. 그래서 아우어 존중 법리는 연방 규제 제도의 내용을 알려고 하는 모든 사람들에게 규제의 일관성을 보장하는데 이바지한다.

B

그러나 아우어 존중 법리는 행정규칙의 해석에 관한 모든 문제의 해답은 아니다. 우리는 이 항에서 규제가 정말 모호할 때에만 존중이 가능할 수 있다고 설명한다. 그리고 그 용어를 썼을 때, 모든 해석의 기준과 도구를 쓴 뒤에도 진정으로 모호하다는 것을 뜻한다. 그러한 행정청이 진정으로 모호한 규칙을 합리적으로 해석한 모두가 존중받지 않는다. 행정청이 자신들의 모호한 규칙을 해석했을 때 법원이 행정청을 존중하는 것이 의회의 의도였다고 추정한다. 그러나 그 추정의 이유가 적용되지 않을 때, 또는 반박하는 이유가 더 우세할 때, 법원은 행정청의 해석이 설득력을 가지는 범위를 넘어서서 이를 존중해서는 안 된다. Christopher, 567 U.S., 159 (Skidmore v. Swift & Co., 323 U.S. 134, 140 (1944) ("스키드모어 판결") 인용). 그래서 우리는 아우어 존중 법리기 일반론일 뿐이라고 하였고 모든 사건에 적용하지 않는다고 주의를 주었다. Christopher, 567 U.S., 155. 비록 아우어 존중 법리의 한계가 엄격한 심사를 따르지 않는다 해도, 우리는 그러한 존중이 보장되지 않는 다양한 상황을 밝혔다. 특히 법원이 행정청의 권위있는, 전문성에 바탕을 둔, 공정하고, 사려 깊은 판단에 따른 해석이 아니라고 결론내렸을 때 보장되지 않는다.

우리는 과거의 뒤섞인 의견을 정리하기 위해 이 사건에서 그 원리를 다시 다듬고 확장할 기회를 갖는다. 이 법원은 어떤 때는 관련 규정의 분석없이 아우어 존중 법리를 적용했다. 다른 때는 해석의 성격이나 맥락을 주의깊게 살펴보지 않고 아우어 존중 법리를 적용하였다. 그리고 우리의 가장 고전적인 심사 방식인 행정청의 해석이 "명백히 잘못되거나 규정과 불일치"하는 지가 법리의 특징을 그리고 있다. 카이저는 아우어 법리가 행정청에 심사받지 않는 폭넓은 권한을 주었다고 한다. 그러나 아우어 법리는 그렇지 않다. 법원의 심사 및 제한 기능을 허용하면서, 행정청에 적절한 권한을 주었다. 카이저의 구체적인 청구를 살펴보기 전에, 우리는 아우어 법리에 들어 있는 한계를 다시 강조할 필요가 있다고 생각한다.

무엇보다 첫째, 법원은 규정이 정말 모호하지 않는 한 아우어의 존중을 하지 않아야 한다. Christensen v. Harris County, 529 U.S. 576, 588 (2000); 세미놀 록 판결 414 (오직 사용된 용어의 뜻에 의문이 있을 때에만 존중). 만약 불확실성이 없다면, 존중할 이유가 없다. 법원은 법률에게 하듯이, 규정이 뜻하는 바에 효력을 부여하여야 한다. 그러나 만약 법이 해답을 준다면, 만약 오직 하나의 합리적인 규정 해석만 존재한다면, 그 때 법원은 행정청이 아무리 더 낫다고 우긴다 해도 다른 해석을 존중할 일이 없다. 그러한 상황에서 존중하게 되면 행정청이 규정의 해석을 빌미로 새로운 규제의 창출을 허용하게 될 것이다. 아우어 법리는 그렇지 않고 그렇게 나갈 수도 없다.

그리고 규칙이 정말 모호하다고 결론내리기 전에, 법원은 모든 전통의 해석 수단을 다 써야 한다. Chevron U.S. A. Inc. v. Natural Resources Defense Council, Inc., 467 U.S. 837, 843, 주 9 (1984) ("셰브론 판결"). 해석 도구함이 비어 있고 해석 문제에 올바른 해답이 없을 때에만 판사는 "법률보다는 더 정책 문제" 라고 결론내릴 수 있다. 이는 법원이 단지 규정을 처음 읽었을 때 이해할 수 없다고 해서, 모호성 깃발을 흔들 수 없음을 뜻한다. 행정 규제는 때로 따분할 수 있다. 그러나 어려운 해석 수수께끼가 복잡한 규칙에 관련되어 있다 해도 해결되는 경우가 있다. 그러한 노력을 하기 위해 법원은 기댈 행정청이 없다면 행정청이 했을 지도 모르는 모든 방법으로 규제의 문언, 구조, 연혁, 목적을 주의깊게 살펴보아야 한다. 그렇게 하여 아우어 존중 법리를 쓰지 않고도 많은 모호함을 해결할 수 있다.

나아가 만약 진정한 모호함이 남아 있다면 행정청의 해석은 "합리적"이어야 한다. 토마스 제퍼슨 판결 515. 달리 말하면 법원이 모든 해석 도구를 쓴 뒤에 확인한 모호함의 영역에 들어와야 한다(규정이 정말 모호하다고 밝혀졌을 때에도 그러한 해석도구를 적용한다. 적어도 문언, 구조, 연혁 등이 허용될 수 있는 해석의 도구다). 일부 법원은 (아마도 세미놀 록 판결의 "명백한 잘못"이라는 표현 때문에) 이러한 분석 시점에서 행정청의 규칙 해석이 행정청의 법률 해석보다 더 많은 존중을 받는다고 생각했다. 그러나 그렇지 않다. 셰브론 판결에서처럼 아우어 법리에 따르면 행정청의 해석은 합리적인 해석의 범위 안에 있어야 한다. 그리고 실수가 없어야 한다.

진정으로 모호한 규칙의 합리적인 행정 해석이 모두 아우어 법리의 존중을 받아서는 안 된다. 우리는 아우어 법리를 적용하면서 법원이 행정청 해석의 성격과 맥락에 비추어 중요한 영향력이 있는지를 독립하여 물어야 한다고 인정하였다. 위에서 설명한 대로, 우리는 법원과 행정청의 상대적인 특징에 관련된 여러 이유들에 의해 의회가 바라는 바를 추정하였기 때문에 아우어 존중 법리를 세웠다. 그러나 행정의 영역은 매우 넓고 다양하다. 우리는 늘 그렇게 추정할 수 없음을 이해했다. 우리는 아우어 존중 법리가 적절할 때와 그렇지 않을 때를 확인하기 위해 특히 중요한 일부 지표를 만들었다.

먼저 행정청이 실제 규정 해석을 해야 한다. 달리 말하면, 행정청의 견해가 들어 있지 않은 임시의 의견이 아니라, 행정청의 "권위 있는" 또는 "공식 입장"이어야 한다. 아우어 존중 법리의 논리에서 그러한 제한이 나온다. 왜냐하면 의회가 규칙제정권한과 이에 전형적으로 따르는 모든 권한을 행정청에게만 위임했기 때문이다. 물론 권위있는 조치의 요건은 행정관료 업무의 현실을 인정해야 한다. 행정청이 모든 일을 장관이나 그의 수석 고문의 이름으로 하지 않는다. 그래서 예를 들면 우리는 "연방 공보에 공표된 공식 제안서"가 기관장의 승인을 받지 않았다 해도 존중하였다. Ford Motor Credit, 444 U.S., 566, 주9, 567, 주10 (아우어 존중 법리에서 기관장과 직원 사이를 빈틈없이 구별하지 않음). 그러나 한계는 있다. 해석은 적어도 관련된 맥락 속에서 권위있는 정책결정으로 이해되는 과정을 거쳐서 권위를 갖고 있는 사람으로부터 나와야 한다. 만약 해석이 그렇지 않으면 법원은 존중하지 않는다. Paralyzed Veterans, 117 F. 3d, 587 (중간 간부의 발언을 권위있는 부서 입장으로 보지 않음); N.Y. State Dept. of Social Servs. v. Bowen, 835 F. 2d 360, 365-366 (CADC 1987) (직원들 사이의 전화 통화 내용을 적은 비공식 메모를 권위있는 공표로 보지 않음); Exelon Generation Co. v. Local 15, Int'l Brotherhood of Elec. Workers, AFL-CIO, 676 F. 3d 566, 576-578 (CA7 2012) (행정청 스스로가 사용된 규제 지침의 권위를 포기하였을 때 존중하지 않음).

다음으로 행정청의 해석은 실질적인 전문성을 담고 있는 방식이어야 한다. 행정지식과 경험은 "의회가 규칙의 해석 권한을 행정청에 맡겼다고 추정하는 이유를 설명"하고 있다. 그래서 "논쟁의 대상이 행정청의 정상 업무에서 벗어나 있거나 다른 행정청의 권한 범위 내의 것이라면" 존중의 근거는 사라진다. Arlington, 569 U.S., 309 (대법관 브레이어 의견). 이 법원은 의회가 규제 권한을 두 행정청으로 나눈 분리된 집행 체제를 분석할 때 그와 같이 말하였다. "어느 기관의 합리적인 규칙 해석"이 우선되는 지를 결정하기 위해, 우리는 의회가 주어진 문제의 전문성을 발전시키는 가장 좋은 지위에 있는 기관에 해석 권한을 줄 의도였다고 추정하였다. 마틴 판결 149,153. 같은 생각은 행정청과 법원 사이에서도 마찬가지다. "보통 행정청은 그들이 집행하는 규정의 작은 차이를 이해하고 있다." 그 점은 전문적인 내용의 규칙일 때 가장 뚜렷하다. “성분”이나 “진단” 사례를 생각해보자. 그러나 더 평범해 보이는 문제도 보통 정책 전문성이 필요하다. 초코렛 용기의 보안 위험성을 가늠하는 운송보안국과 경기시설의 비용과 혜택 사이를 저울질하는 장애인보호국을 생각해보라. 다시 한 번 한계는 있다. 일부 해석 문제는 더 중립적인 판사의 몫일 수 있다. 단순한 보통법 재산 용어의 설명이 필요한 사례, Jicarilla Apache Tribe v. FERC, 578 F. 2d 289, 292-293 (CA10 1978), 대리인 보수 지급에 관련된 사례, West Va. Highlands Conservancy, Inc. v. Norton, 343 F. 3d 239 (CA4 2003). Cf. Adams Fruit Co. v. Barrett, 494 U.S. 638, 649-650 (1990) (행정청이 사법심사 조항을 해석할 때 셰브론 존중 법리의 적용을 거부)이 있다. 행정청이 규제의 모호성을 해결하는 전문성이 없을 때, 의회는 그 권한을 주지 않았다고 추정된다.[108)]

마지막으로 행정청의 규칙 해석이 아우어 판결의 존중을 받기 위해서는 “공정하고 사려깊은 판단”을 담고 있어야 한다. Christopher, 567 U.S., 155 (아우어 판결 462 인용). 이는 법원이 시행된 행정 조치를 방어하기 위해 개발된 사후 합리화나 편리한 소송상 지위를 존중하지는 않는다는 뜻이다. 그리고 법원은 소송에서 제출되었든 아니든 규제받은 당사자를 “부당하게 놀라게 하는” 새로운 해석을 존중하지 않는다. Long Island Care, 551 U.S., 170. 그러한 혼란스런 상황은 행정청이 규칙의 해석을 바꾸었을 때 나타난다. 그래서 우리는 행정청이 해석이 과거의 해석과 부딪칠 때 아우어 존중 법리를 적용하지 않는다. 토마스 제퍼슨 판결 515. 또는 그러한 뚜렷한 해석의 변경없이도 존중하지 않을 수 있다. 예를 들면 이 법원은 최근에 행정청이 과거에 전혀 다루지 않았던 오래된 행동에 대해 당사자에게 소급하여 책임을 인정한 해석을 존중하지 않았다. Christopher, 567 U.S., 155-156. 그 사건에서 “공정한 경고”가 없어서 아우어 판결을 적용할 이유를 물리쳤다.

* * *

요점을 간추리면 다음과 같다. 아우어 존중 법리가 적용될 때, 행정청에게 자신이 만든 규칙의 의미를 말할 수 있는 많은 재량을 준다. 법리에 따라 행정청은

---

108) 비슷한 이유로, 이 법원은 행정청이 법률 문언을 그대로 옮긴 규칙을 해석할 때 아우어 존중 법리를 거부하였다. Gonzales v. Oregon, 546 U.S. 243, 257 (2006). 행정청은 규칙을 만들기 위해 자신의 전문성과 경험을 사용하는 대신에 법률 문언의 표현만을 바꿔 쓸 때, 규칙 문언의 해석 권한이 없다.

의회의 감독아래 부여한 규제체계를 채워 나갈 수 있다. 그러나 "적용될 때"의 문구가 중요하다. 왜냐하면 가끔 적용되지 않기 때문이다. 그리고 위에서 설명한 대로 이 법원은 다양하고 중요한 방식으로 아우어 법리의 범위를 제한하였고, 정확히 그 조치로 규칙을 해석하는 사법의 강력한 역할을 지켜왔다. 누군가 희망하는 만큼 길들여지지도 않았지만, 두려워할 만큼 거의 위협적이지도 않은 존중 법리이다.

Ⅲ

이제 이미 설명한 오래된 법리를 버려야 하는지의 문제가 우리 앞에 왔다. 카이저는 법률, 정책, 헌법 주장을 하면서 버려야 한다고 주장한다. 그러나 그는 힘겨운 싸움을 하고 있다. 먼저 그는 아우어 존중 법리가 잘못이라는 확신을 주어야 한다. 그 때에도 우리가 선례를 지키기 위해 특별히 주의하는 선례구속원칙을 극복해야 한다. 카이저는 1단계에서 실패했다. 그의 주장에는 아우어 존중 법리를 의심해야 할 정당한 이유가 전혀 없다. 그리고 설령 있다고 해도, 카이저는 아우어 및 세미놀 록 판결, 그리고 모호한 규칙을 합리적으로 해석한 행정청을 존중한 다른 많은 판결들을 뒤집을 만한 특별한 정당성을 보여주지 못하였다.

A

카이저는 먼저 아우어 법리가 행정절차법의 사법 심사 조항에 맞지 않는다고 한다. 5 U.S.C. §706. 의회는 세미놀 록 판결 다음인 1946년에 행정부의 기본 헌장으로 쓰도록 행정법을 만들었다. 행정행위의 사법심사를 규정한 706조는 심사 법원은 (규정을 포함하여) "행정행위의 의미 또는 적용가능성을 결정"하도록 하였다. 카이저에 따르면 아우어 법리는 행정 규칙의 "의미 있는 사법 심사"를 포기함으로써 그 지시를 어겼다. 아우어 법원은 규정의 의미를 결정하는 책무를 다하지 못했다고 한다.

먼저 그 주장은 위에서 본 바와 같이 법원이 행정규칙의 의미를 독립하여 심사하는 여러 방식을 무시하고 있다. 법원은 행정규칙에 모든 전통의 해석방법을 적용해야 하고, 그 방법이 드러낸 분명한 의미를 적용해야 한다. 그러한 꼼꼼한 심사를 한 뒤 규정이 정말 여러 가지 합리적인 의미를 가질 수 있고 행정청의 해석이 그 중의 하나이지 않는 한, 존중은 생각할 수 없다. 그리고 법원은 행정청 해석의 성격이나 맥락상 존중받아야 하는지를 스스로 결정해야 한다. 나아가 법원은 해석이 권위있고, 전문성에 바탕을 두고 있으며, 사려 깊고, 규제받는 당사자에게 공정한지를 살펴야 한다. 이러한 모든 것이 "의미 있는 사법 심사"의 특징이다.

그리고 행정청의 규정 해석을 존중할 때도, 706조에 맞게 한다. 그 조항은 법원이 모호한 규칙의 의미를 결정하는 데 써야 하는 심사기준을 밝히지 않고 있다. 카이저가 말하듯이 사안을 새롭게 심사하는 방법이 하나 있다. 그러나 행정청의 해석이 합리적인지를 심사하는 다른 방법도 있다. 행정규칙의 근거 법률(예컨대 고용법)이 법원에게 행정청의 모호한 규칙 해석을 심사할 때 아우어 존중 법리를 적용하도록 명시적으로 지시하고 있다고 가정해 보자. 그 법률은 706조와 전혀 부딪치지 않는다. 고용법은 단지 법원이 행정청의 합리적인 해석을 존중함으로써 행정규칙의 의미를 어떻게 결정할 지를 분명히 하고 있다. 물론 이는 우리가 아는 현실이 아니다. 거의 모든 실체법은 아우어의 존중 법리에 대해 이러쿵저러쿵 말하지 않는다.

그러나 위에서 본 모든 이유로 우리는 규정해석권한을 행정청에게 맡긴 의회가 모호한 규칙을 해석하는 많은 재량을 행정청에 부여할 의도였다고 오랫동안 추정했다. 그리고 그 추정은 위에서 가정한 법률처럼 작동한다. 이 때문에 법원은 아우어 법리를 적용함으로써 706조를 어기지 않았다. 거꾸로 법원은 행정청의 합리적인 해석을 정확하게 존중함으로써 행정규칙의 의미를 결정할 의무를 이행하고 있다. The Unbearable Rightness of Auer, 84 U. Chi. L. Rev. 297, 306 (2017) (만약 의회가 규정의 의미를 행정청의 해석에 맡길 의도였다면, 그 때 법원은 그 견해를 존중함으로써 규정의 의미를 결정하는 706조의 지시를 따른다). 그래서 706조와 아우어 법리는 공존한다.

행정절차법이 제정될 때 사법 심사 실무를 보면 특히 그렇다. 706조가 만들어졌을 때 "사법심사 범위에 관하여 당시의 법을 그대로 반영"했다고 이해되었다. 그래서 우리는 행정절차법이 행정행위의 사법심사에 관한 보통법을 많이 고치지 않았다고 해석했다. 그 행정절차법 이전의 보통법에 세미놀 록 판결과 그 법리를 예상한 그 이전 판결이 들어 있다. 그 사건에서 밝힌 존중 체계가 아직 완전히 확립되지 않았다고도 가정해보자. 최소한 그 영역에서의 법리 중에 행정 해석을 모두 새롭게 사법심사하라고 요구하는 것은 없다. 그리고 706조가 그 요건을 달고 있다는 제안도 없다. 또는 달리 말하자면, 706조가 사법 심사에 관한 법리를 바꾸지 않았기 때문에 당시 알려지고 썼던 존중 법리를 규정하지 않았다.

다음으로 카이저는 아우어 법리가 행정절차법의 규칙 제정 요건을 우회한다고 주장한다. 553조가 입법 규칙을 공표하기 전에 행정청이 알림 및 의견수렴 절차를 거치도록 하고 있다고 한다. 5 U.S.C. §§553(b),(c). 그러나 그 조항에 따르면 행정청은 알림 및 의견수렴 절차 없이 해석 규칙을 공표할 수 있다. §553(b)(A). 그 해석 규칙의 핵심 특징은 (입법 규칙과 달리) 민간 당사자들을 구속하는 법적 효과와 강제력을 갖고 있지 않다. 대신에 해석 규칙은 행정청이 법률과 입법규칙을 어떻게 이해하고 적용하는지를 공중에 알린다는 의미를 갖고 있을 뿐이다. 그러나 카이저는 법원이 아우어 판결에 따라 해석 규칙을 존중할 때 어떻게 되는지 생각해 보자고 한다. 카이저는 알림 및 의견수렴 절차를 거치지 않고 공중을 구속하는 규칙이 된다고 한다. 달리 말하면 해석 규칙은 절차 비용을 들이지 않고도 "강제력과 법적 효과"를 가지게 된다는 것이다.

그러나 이 법원은 몇 년 전에 정당한 이유로 똑같은 주장을 받아들이지 않았다. Mortgage Bankers 사건에서, 우리는 해석 규칙은 아우어 존중 법리가 적용될 때에도 법률의 강제력을 갖지 않는다고 판결했다. 해석 규칙 자체는 "집행 행위의 근거"가 되지 않는다. 왜냐하면 그러한 규칙은 국민들에게 "법적으로 강제되는 요건"이 아니기 때문이다. 집행행위는 통지와 의견수렴을 거쳐야 하는 유효한 입법 규칙에 의하여야 한다. 그리고 위에서 설명하였듯이, 법원이 때로는 행정청의 해석을 보고 그 의미를 알아차린다 해도, 입법 규칙의 의미는 법원의 손에 달려 있다. 법원은 먼저 규칙의 의미가 분명한지, 만약 그렇지 않다면 행정청의 해석이 모호함의 영역내인지, 모호함의 영역 내라면 존중을 받아야 하는 지를 결정한다. 간추리면 법원은 알림 및 의견수렴 규칙의 행정청 해석을 인정하든 거부하든 마지막 권한을 갖고 있다. 단지 행정청이 말했다는 이유만으로 당연히 구속력이 발생하지 않는다.

그리고 아우어의 존중 법리를 적용할 지를 결정하는 법원은 553조에 들어 있는 동일한 절차적인 가치에 주의를 기울여야 한다. 법원은 행정청의 권위 있고 사려 깊은 판단만 존중한다는 점을 기억하라. 임시의 의견이나 사후 합리화는 적용되지 않는다. 존중 법리는 행정청의 해석이 부당한 충격이나 신뢰 이익 훼손에 해당하는지에 달려 있다는 점도 기억하라. 그래서 행정청은 해석을 일찍 그리고 넓게 퍼트릴 강력한 유인이 된다. 그러한 방식으로 아우어 존중 법리는 행정절차법의 핵심에 있는 공정성의 이념과 널리 알리는 의사결정과정을 훼손하기 보다는 강화하고 있다.

카이저는 행정절차법에 관한 2가지 주장을 보충하면서 정책으로 방향을 틀어서 아우어 법리가 행정청을 유인하고 있다는 익숙한 논리를 들고 있다. 카이저는 아우어 법리로 인하여 행정청이 나중에 어느 쪽이든 행정청이 좋아하는 해석을 적용할 수 있다고 믿고 모호하고 여러 해석이 가능한 규정을 만들도록 부추긴다고 한다. 아우어 법리 이전에 널리 인정받았던 법률논문에서 자세히 설명되었던 이론이다. 더 최근에 이 법원의 의견에서도 아우어 법리 재검토라고 부른 스칼리아 대법관의 몇 몇 의견에서 시작된 자기 위임의 우려가 있었다.

그러나 그 이론은 실증 및 이론상 결함을 갖고 있다. 첫째, 경험에 따른 반박에 밀린다. 어떤 실제 증거나 개인의 진술도 그 주장을 뒷받침하지 못한다. 두 명의 유명 학자(그 중 한 명은 공무원으로 일하는 4년 동안 수천 건의 규칙을 심사했다)는 다음과 같이 썼다. “우리는 미국 역사에서 아우어 법리 때문에 모호하게 만들어진 규정이 있다는 사실을 알지 못하고 이를 지적한 사람도 없다.” 강력한 (거의 확실하게 더 강력한) 유인책과 압력이 반대방향으로 작용한다. “규제자는 그들의 규제가 효과적이기를 바라고, 명확할수록 규제를 더 잘 지킨다.” 규제받은 자들도 할 수 있는 일과 없는 일을 알고 싶어서, 행정청에 정확성을 요구한다. 그리고 규칙의 모호성은 행정청의 정책이 오래 지속되지 못하도록 할 위험성이 있다. 모호함은 거꾸로 사법 규제의 기회를 늘린다. 그리고 모호함은 다른 견해를 가진 미래의 행정이 자신의 뜻대로 규칙을 다시 해석할 수 있게 만든다. 이러한 모든 것들과 카이저의 근거없는 유인이론은 아우어 법리의 반대에 아무런 기여를 하지 못한다.

마지막으로 카이저는 아우어의 존중 법리가 “권력 분립 원칙”을 어겼다고 주장한다. 권력분립원칙이 한 부에 법률 제정과 법률 해석 기능을 주는 것을 금지한다고 한다. 만약 그 주장이 법원의 해석 기능을 행정청이 빼앗은 것이라면, 이 의견은 타당하지 않다. 올바로 이해되고 적용되면 아우어 법리는 그런 일을 하지 않는다. 우리가 설명한 모든 방식에서 법원은 해석기능을 굳건하게 지키고 있다. 만약 카이저의 반대가 행정청 내에서 입법과 사법 기능이 뒤섞인 거라면, 이 법원은 전에 가끔 답변하였다. Withrow v. Larkin, 421 U.S. 35, 54 (1975)(기능의 조합을 허용). 그러한 종류의 조합은 행정청 고유의 일이고, 공화국의 초기부터 있어 왔다. 행정청의 활동이 입법 및 사법 형식을 띠고 있을 때에도, 그 활동은 행정권의 행사, 즉 달리 말하면 법률을 집행하는 방식이기 때문에, 그것이 권력 분립을 어기지 않았다고 판시했다.

B

만약 이 모두가 충분하지 않는다 해도, 선례구속의 원칙이 카이저의 입장을 강하게 반대한다. "선례의 번복은 결코 작은 일이 아니다." 선례를 지키는 일은 "법치주의의 기반"이다. "선례구속원칙은 법리의 공평하고, 예측가능하며, 일관된 발전을 꾀하고, 사법절차의 실제로 인식되는 온전성에 기여한다." 분명히 선례구속의 원칙이 불변의 명령은 아니다. 그러나 그 원칙으로부터 벗어나기 위해서는 선례가 잘못되었다는 주장 이상의 "특별한 정당성"이 필요하다. Halliburton Co. v. Erica P. John Fund, Inc., 573 U.S. 258, 266 (2014).

그리고 이 사건 상황에서는 더 그렇다. 첫째, 카이저는 하나의 판결이 아니라, 서로를 재승인하였고 75년 이상된 많은 선례들을 뒤집어 달라고 요구하고 있다. 이 법원이 수십 건의 사건에서 아우어 또는 세미놀 록 법리를 적용하였고, 하급 법원에서는 수천 번 적용하였다. 모호한 규칙을 합리적으로 해석한 행정청의 의견을 존중하는 일은 전체 행정법계에서 널리 퍼져 있다. 둘째, 아우어 법리의 포기는 확립된 많은 규칙 해석에 의문을 던지게 된다. 카이저가 구두 변론에서 인정하였듯이, 그에게 유리한 판결은 아우어 법리를 바탕으로 한 판결의 재심을 허용하게 될 것이고, 법원은 아우어 법리가 실제 차이를 만들어 냈는지를 씨름해야 한다. 많은 법 분야에서 그렇게 많은 불안정성을 일으키는 번복은 드문 일이다.

그리고 아우어 법리가 잘못이라 해도, "의회는 우리가 한 일을 자유롭게 수정할 수 있다." 헌법 사건에서는 우리만이 우리의 잘못을 고칠 수 있다. 그러나 이 사건에서는 아니다. 우리의 존중 법리는 의회의 법정이 받아들일지를 결정하도록 던진 공이다. 그리고 적어도 지금까지는 의회는 받아들이기로 했다. 의회는 카이저가 좋아하는 규정 해석의 새로운 심사를 요구하는 행정절차법이나 특별한 법을 개정할 수 있었다. 한 세기 동안 의회는 규칙 제정권을 행정청에 맡긴 많은 법률들 및 행정절차법과 함께 우리의 존중 법리가 운용되도록 두었다. 우리가 존중 판결이 의회의 의도를 추정한 것임을 분명히 한 이후에도 그렇게 했다. 그리고 다른 대법관들이 그 법리에 대해 문제를 제기하기 시작한 이후에도 그렇게 했다. 역사와 카이저의 주장을 받아들일 수 있었던 의회의 능력을 고려할 때, 우리는 아우어 법리를 뒤집기 위해서는 "특별한 정당성"이 필요할 것이다.

카이저는 그 부분에 대해서는 아무런 주장을 하지 않고 있다. 선례를 포기해야 한다는 거의 모든 주장은 다양한 변종들이다. 우리는 카이저 서면의 다른 부분에서도 아우어 존중 법리가 "행정절차법의 입법 취지"를 무너뜨리고, 권력 분립을 어겼다는 말을 다시 듣는다. 세미놀 록 판결이 "자신의 용어로 잘못되었고 나쁜 논리"라고 한다. 물론 옳고도 논리가 바른 우리의 의견이 바람직하고도 중요하다. 그러나 그 것이 선례를 뒤집는 심사기준은 아니다. 카이저는 아우어 존중 법리가 판례를 뒤집는 전통의 근거인 "쓸모없다" 고 주장하지 않는다. 또한 아우어 법리를 "이론적 공룡"으로 만드는 법리의 변화를 가리키지 않는다. 그가 모을 수 있는 주장은 "행정국가가 1945년 이후에 실질적으로 발전해왔다."는 것이다. 우리는(아우어 법리와 다른 중요한 존중 판결은 발전이 일어난 이후에 나타났다고 적었지만) 그 점을 미심쩍어하지 않는다. 우리는 행정법 법리가 행정청에 미치는 커다란 영향과 행정권이 남용될 가능성을 생각해야 한다는 카이저의 생각에 동의한다. 그것이 오늘 우리가 주의를 기울여서 아우어 존중 법리의 한계를 다시 힘주어 밝히고, 법원이 규칙 해석에서 갖고 있는 중요한 역할을 강조하는 이유 중의 하나이다. 그러나 법원이 전문성에 바탕을 두고 정책을 결정하는 행정청의 기능을 빼앗는 것이 행정기능의 확장에 대한 응답이 아니다. 누가 알겠는가? 아마 1945년에 식품의약국은 "활성 성분"을 생각하지 않았을 것이다. 그러나 오늘도 여전히 세미놀 록 및 아우어 판결처럼 식품의약국이 그 용어의 뜻을 말하는 재량권을 가져야 한다.

Ⅳ

마지막으로 우리는 카이저의 사건을 살펴본다. 그의 소급 혜택은 보훈청 규칙의 "관련된" 자료라는 낱말의 뜻에 달려 있다. 보훈청 심사위원회는 심판관 한 사람의 의견으로 자료는 처음 거부처분의 근거와 관련이 있을 때에만 "관련"되었다고 이해했다. 카이저는 자료가 다툼이 없는 어느 혜택 영역에 관련되어 있다면 관련성이 있다고 주장했다. 연방항소법원은 아우어의 존중 법리를 바탕으로 위원회의 해석을 승인했다.

이 의견에서 설정한 원칙을 적용하여 우리는 두 가지 이유로 다시 심리할 필요가 있다고 판결한다. 첫째, 연방항소법원이 서둘러 규제가 모호하다고 선언하였다. 우리는 법원이 모호하다고 인정하기 전에 모든 해석 도구를 써야 한다고 강조했다. 항소법원이 "두 당사자가 규정의 뚜렷한 문언이 자신들의 주장을 지지하고 있고, 어느 당사자의 입장이 비합리적이라고 볼 수 없다"고 아무 생각없이 말하는 것으로 충분하지 않다. 법원은 문언, 구조, 역사, 입법 목적과 같은 요소를 바탕으로 규정이 정말 하나 이상의 뜻을 가지고 있는지를 판단하는 성실한 노력을 해야 한다. 송무차관은 이 법원에서 위원회의 해석만이 합리적이라고 주장했다. 아마 카이저는 정반대로 이야기할 것이다. 존중을 고려하기 전에 법원은 그들의 입장을 진지하게 살펴보아야 한다.

둘째. 연방항소법원은 너무 일찍 아우어 존중 법리가 진정으로 모호한 규정의 경우에 적용되어야 한다고 가정했다. 이는 늘 그렇지 않다. 법원은 의회가 존중되기를 바라는 유형의 해석인지를 가려내야 한다. 송무차관은 구두 변론에서 이 사건에서는 아니라고 제안했다. 그는 보훈심사위원회의 100명 심사위원들은(심판부를 구성하기 보다는) 개별로 결정하고, 해마다 8만 건의 결정이 거의 "선례로서의 가치"가 없다고 설명하였다. 그래서 그는 위원들의 결정이유가 "행정청 전체의 사려깊은 생각에 따른 판단을 담고" 있는지 의문이라고 했다. Mead, 533 U.S., 233 (흩어진 46개 행정청 사무소에서 해마다 1만 건의 비율로 빨리 결정되는 결정에 세브론의 존중법리 적용을 사양). 우리는 정부가 그 사안에서 어떤 입장을 취했는지 알지 못한다. 그러나 송무차관이 들고 있는 문제는 정확히 법원이 위원회의 해석에 아우어의 존중 법리를 적용해야 하는 지를 결정하기 위해 고려해야 하는 사항들이다.

따라서 우리는 하급법원의 판결을 취소하고 추가 절차를 위해 되돌려 보낸다.

[대법관 고서치 반대의견]

법원이 아우어 판결과 쉽게 헤어졌어야 한다. 정부와 국민의 관계에 관한 다툼에서 아우어 판결에 따르면 판사는 행정청의 행정규칙 해석이 최선도 아니고 가장 공정하지 않을 때에도 이를 받아들여야 한다. 이 법리는 "연방정부, 가장 강력한 당사자들에게 우호적이고, 다른 모든 이들에게 불리한 사법의 체계적인 편향"[109)]을 만들어낸다. 뿐만 아니라 아우어의 치우친 법리는 우리가 시정할 힘이 없다고 의회가 강요한 결과가 아니다. 이 법원이 행정절차법이나 헌법과 조화시킬 의미 있는 노력도 하지 않고 거의 우연히 창안했다. 학계와 하급법원 판사들, 이우어 판결에 참여한 대법관들이 아우어 법리를 버리라고 요청했다. 그러나 오늘 가까스로 과반수가 참여하여 아우어 법리는 살아남았다.

오늘 판결은 허용보다는 집행정지에 가깝다. 이 법원은 아우어 법리가 적법하거나 현명하다고 말하기 위해 다섯 표도 모을 수 없다. 대신에 다수의견은 아우어 법리를 단지 선례구속의 원칙 때문에 유지하고 있다. 그러나 그 선례의 유지에서 나아가 다수의견은 많은 새롭고도 흐릿한 요건과 제한을 더했고, 대법원장 로버츠는 이런 방식으로 유지하는 것과 완전한 번복 사이에 실무상 차이가 거의 없다고 보고 있다. 그래서 법리는 절뚝거리게 되었고 무기력해졌으며, 사실상 산송장이 되었다.

우리는 하급 법원에 더 솔직하고 유용한 지침을 주어야 한다. 그리고 당사자들이 법률 요건의 해석으로 법원을 설득할 동등한 기회를 가진 경우에, 판사들은 법원에 온 국민들에게 공정한 심사를 해야 한다. 대법원장이 옳다거나, 우리가 공식적으로 아우어 법리를 뒤집거나 또는 단순히 무력화시킨 경우에 거의 모든 사건에서 결과는 똑같다고 예상할 수 있다. 그러나 수단, 목적이 아닌 방법, 그리고 약해진 아우어 법리를 지키면 소송당사자와 하급 법원이 불필요하고 복잡한 어려움을 겪게 되고, 국민들은 독립된 사법 결정을 받지 못하게 된다. 어떤 목적으로? 그래서 우리는 선례구속원칙을 지키는 척 하나?

이 사건을 살펴보자. 해병대원 카이저는 항소법원이 보훈청의 규정 해석을 존중하였을 때 외상후 스트레스 장애에 대한 장애연금을 받지 못했다. 항소법원은 아우어 법리를 충실히 따른 잘못밖에 없다. 그러나 다수의견은 오늘 선례구속원칙을 들어서 판결을 취소하고, 항소법원에게 새롭게 다듬어서 다양한 요소를 갖

---

109) Larkin & Slattery, The World After Seminole Rock and Auer, 42 Harv. J. L. & Pub. Pol'y 625, 641 (2019).

춘 아우어 법리를 이용하여 다시 재판하라고 말하고 있다. 나는 판사들이 법을 해석하는 자신들의 책무를 거부하는 핑계를 만드는 일을 그만두고, 단지 항소법원이 최선을 다해 법의 의미를 독립하여 판단한 결과를 카이저에게 제공하도록 할 것이다.

법원이 아우어 법리의 처리에 실패하고 많은 새롭고도 모호한 제한을 붙여서 아우어 법리를 꾸민 결정은 우리가 이 길을 언젠가 다시 지나가야 할 것임을 보여줄 뿐이다. 그 날이 왔을 때, 나는 이 법원이 오늘 모자란 용기를 발견하고 아우어 법리를 마침내 묻어 버리기를 바란다. 그 때까지 나는 다른 법원의 동료 법관들이 오늘의 법리에서 용기를 갖고, 소수의견이 아우어 법리를 종이호랑이로 바꾸었음을 깨닫기 바란다.

I. 우리는 어떻게 여기까지 왔나

아우어 법리는 어디서 왔는가? 헌법도 아니고, 옛날의 보통법 전통도 아니고, 현대 법률도 아니다. 2차 세계대전이 한창 때 긴급 가격 통제에 관한 판결에서 설명되지 않은 여담에서 시작되었다. 그 때에도 몇 년간 거의 알려지지 않은 채 선반위에 놓여 있었다. 20세기의 지난 수십 년간 법률가들과 법원은 먼지를 털기 시작했고 우리가 오늘 알고 있는 행정청을 존중하는 법리로 다듬었다. 그리고 법리가 법률적으로 정당할 수 있는지, 말이 되는지를 잠깐이라도 살펴보지 않고 그렇게 했다. 아우어는 정말 우연이었다.

A

20세기 중반 이전에 몇 몇 연방행정청이 많은 규칙을 제정했고, 그들은 규정해석의 존중을 거의 바라지 않았다. 그러나 문제가 발생했을 때, 이 법원은 행정행위를 심사하는 판사들이 규정의 의미와 함께 모든 법률문제를 결정해야 한다고 머뭇거리지 않고 말했다. 브랜다이스 대법관은 "적법절차 조항은 적용할 수 있는 법리가 발견되는지를 법원이 판단할 기회를 마땅히 보장하고 있다."고 말했다. 정부의 초기, 오래되고 일관된 법률, 규칙, 다른 법률 규정의 해석은 원래의 공적인 의미를 보여주는 강력한 증거로 여겨질 수 있었다. 그러나 법원은 "행정 해석이 집행되었기 때문이 아니라, 법률 제정과 거의 동시에 만들어졌고, 안정적으로 유지되고 실행되었다고 이해"되었기 때문에, 그 범위에서만 행정 해석을 존중하였다.

다수의견을 쓴 대법관 케이건은 행정 규정 해석에 관한 아우어 판결의 논리는 이 법원의 1898년 이튼 판결로 거슬러 올라간다고 한다. 그러니 이는 잘못이다. 그 사건은 이튼의 임명이 주의 규정에 맞는지의 문제였다. 몇 쪽의 주의깊고 독립된 법률 분석을 한 뒤, 법원은 규정에 따라 임명이 허용된다고 판결했다. 법원은 문언을 검토하여 그 결론이 필요하다고 판단하였다. 이 결론에 이른 뒤에야 법원은 주 정부의 견해는 "가장 큰 무게가 있다"고 적으면서 주 정부가 이전에 같은 해석을 하였고, "이 사건에서 이를 시정할 이유가 없다"고 보았다. 그래서 이튼 판결은 행정청의 규정 해석은 그 규정의 뜻을 보여주는 증거가 될 수 있다는 흔한 인식에 따랐을 뿐이다. 법원은 어디에서도 만약 독립된 문언 분석이 같은 결론에 이르지 않는다 해도 법의 의미에 관한 주정부의 견해를 존중할 거라고 귀띔조차 하지 않았다.

그러한 법원의 가르침은 1944년 스키드 모어 판결에서 모두 밝혀졌다. 그 사건의 쟁점은 화재 경고에 대비하기 위해 기다리면서 밤샘근무한 직원이 연방노동기준법에 따라 초과근무수당을 받을 수 있는지였다. 하급법원은 법률문제로 지급할 수 없다고 판결했다. 대법관 잭슨은 뒤집었다. 법원은 먼저 스스로의 독립 분석을 바탕으로 "법률 규정이나 법원 판결의 어떤 법리도 기다리는 시간을 근무시간에서 빼지 않는다."고 판결했다. 그리고 나서 법원이 노동부의 임금 및 근로시간국 공무원의 견해를 존중해야 하는지를 살펴보았다. 행정청의 법률 해석은 "법원을 구속하지 않으며, 행정청의 심사숙고, 논리의 유효성, 이전 및 이후 공표와의 일관성, 설득력을 주는 모든 요소들을 통해 밝혀지는 완전성에 비례하여 무게를 지닌다"는 전통의 법리를 재승인하였다.[110] 당시 영향력있는 행정법 학자인 데이비스는 이를 "완전히 믿을만한 법리"라고 보았다.

B

사실 아우어 판결의 씨앗은 1945년 세미놀 록 판결에서 처음 싹 텄다. 그 사건은 가격통제국이 만든 규정이 문제되었는데, 의회가 긴급한 가격 통제를 통해 2차 세계대전 동안 국가 경제를 안정화시킬 임무를 준 기관이었다. 그러한 사정에

110) 139(행정청이 직접 다루는 사건에서도 행정청의 견해는 물론 결정적이지 않고, 상급 법원의 권위있는 판결처럼 지방법원을 구속하지 않는다).

서 법원은 처음으로 권위있는 근거를 들지 않고, "만약 규정의 의미가 미심쩍다면, 명확히 잘못되거나 규정과 불일치하지 않으면 행정청의 해석은 중요성이 매우 크다"고 선언하였다.

그러나 그 때에도 법원이 행정청의 해석에 얼마나 많은 무게를 실어야 하는지 뚜렷하지 않았다. 이튼 판결에서처럼 세미론 록 판결은 먼저 "규정의 평범한 낱말"을 광범위하게 살펴보았고, 그 결과 문언이 정부의 입장을 명백히 뒷받침한다고 결론 내렸다. 자신의 독립된 분석을 바탕으로 그 결론에 이른 뒤에, 법원은 나아가 "행정청의 해석을 참고하면 의문은 사라진다."고 덧붙였다.

당시 학자들은 세미놀 록 판결이 무엇을 바꾸었다고 인식하지 않았다. 데이비스 교수는 행정청의 해석에 무거운 무게를 얹은 법원의 논리는 결론에는 영향이 없는, 설명되지 않은 방론이라고 보았다. 그 판결은 "전쟁과 경제 침체라는 특이한 상황"을 다루기 위해 만들어진 긴급 정부 제도와 관련하여, 사건이 일어난 비상한 사정을 반영한 것으로 쉽게 설명되었다. 그리고 법원은 법률에 대한 행정청의 견해는 법원을 설득해야 하지만 결코 법원을 구속할 수 없다는 전통의 법리를 재승인한 스키드모어 판결이 선고된 같은 개정기에 세미놀 록 판결을 했다. 사실은 세미놀 록 판결에서 법원은 가격통제국의 해석이 스키드모어 판결의 설득력이 커진다고 인정할 수 있는 많은 특징을 갖고 있다고 주의깊게 적었다. 그 해석은 규정과 함께 공개되었고, 규제받는 단체에 널리 퍼졌으며, 행정청이 일관되게 지켰다.

판결 이후 몇 년 동안 법원은 "세미놀 록 판결을 스키드 모어 판결에 따른 존중 체계에 더 가깝게 연결하였고," "규정을 독립하여 분석하고 행정청 해석이 맞다고 결론내린 뒤에만" 행정청의 해석을 받아들이는 스키드 모어 판결 유형의 분석을 널리 따랐다. 만약 세미놀 록 판결의 "무거운 무게" 논리가 권위를 갖는다면, 가격 통제 상황에서일 뿐이다. 그 때에도 규정과 함께 공표되고 널리 퍼진 행정청의 공식 해석에만 적용된다. 연방 제4항소법원은 세미놀 록 판결을 이해할 때, 확립된 원리에 따르면 행정청 문건에서의 공식 해석은 "정중하게 고려"될 거라고 하였다. 그 법원은 행정청 문건은 "법률 효과가 없고, 법원이 규정의 뜻에 관한 자신의 판단을 행정부처의 자문 변호사의 의견보다 가볍게 여겨야 한다고 판결하는 것은 우스꽝스러운 일"이라고 강조하였다.

C

이 법원은 1965년 Udall v. Tallman, 380 U.S. 1 (1965) ("톨만 판결")에서 다시 "무거운 무게" 논리를 들었다. 그리고 톨만 판결이 세미놀 록 판결의 법리를 이해하는데 추가한 것은 거의 없지만, 이른바 "세미놀 록 존중" 법리의 확장을 도와주었다. 1960년대부터 이 법원과 하급법원은 세미놀 록 판결을 자주 그리고 더 넓고 다양한 상황에서 인용하기 시작하였지만, 여전히 설명은 보태지 않았다. 법원들은 차츰 세미놀 록 판결과 스키드 모어 판결을 구분했다.

아우어 판결은 이러한 판례들의 맨 꼭대기에 있다. 이제는 아우어 법리라는 이름으로 법원들은 최근에 세미놀 록 의견을 "자동적으로 적용하고, 법원이 문언분석을 해주기를 정상적으로 기대하는 사안의 제한으로 반사적으로 다루었다." 아우어 법리에 따르면 판사들은 법이 무엇을 뜻하는 지에 관한 자신의 견해보다 법원의 소송 당사자일 수도 있는 정치 행위자의 견해를 중시하여야 한다. 무엇보다 만약 법원이 행정청의 해석이 최선이라고 인정한다면, 아우어는 실제 작동하지 않는다. 법원이 행정청의 해석이 규정의 가장 공정한 또는 최선의 해석이 아니라고 결론내릴 때에만 아우어 법리가 문제된다.

대법관 케이건은 매우 다르게 아우어 법리를 포장하면서, 우리에게 2가지 동등하게 설득력 있는 해석 사이에 정의의 저울이 팽팽한 사건에서만 구제하는 경우를 생각해보라고 하고 있다. 그러나 그것은 환상이다. "만약 자연이 법리 주장에서 그러한 균형을 안다면, 법원은 적어도 알지 못한다." 현실에서 판사는 최선 및 가장 공정한 법률 해석에 따른 판결을 하기 위해, 규범과 균형을 깨는 법리로 가득 찬 전통의 해석 도구를 쓴다. 물론 합리적인 판사들이 때로 동의하지 않을 수 있다. 그러나 하루하루 전국의 법원에서는 판사들이 법률, 절차법, 계약, 헌법의 의미에 대해 결론을 내리기 위해 이러한 전통의 도구로 씨름하고 있다. 그러나 연방 규정을 해석할 때는 아우어 법리는 이 과정을 바꾸어 판사들에게 행정청의 해석이 최선이 아닐 때에도 무겁게 받아들이라고 요구하고 있다.

만약 그 걸로 충분하지 않다면, 아우어 법리는 "불확실한 영역과 적용의 법리"가 된다. 이 법원은 사법이 충분히 존중할만큼 행정청의 해석이 합리적인지를 결정하는 방법을 알려주는 의미 있는 지침을 결코 제공하지 않았고, 하급 법원은 그 경계를 매우 다른 곳에 그어 왔다. 더욱 뒤죽박죽해지면서 이 법원과 하급법원은 시간이 지나면서 행정청의 해석이 "이전의 해석과 부딪치거나" "편리한 소송상 지위"를 반영하거나 과거 행정 조치의 "사후 합리화"와 같이 잘못된 상황에서는 적용되지 않을 수 있다고 선언함으로써 아우어 법리의 엄격함을 풀려고 하였다. 이로 인하여 아우어 존중 법리를 언제 어떻게 적용할 지에 관하여 "뒤죽박죽이 널리 퍼지는" 결과가 되었다.

아우어 법리의 많은 문제에 비추어 몇몇 연방 대법관들과 더 많은 하급법원 판사들, 법학자들이 아우어 법리의 유효성에 의문을 품었고 이 법원이 재검토해주기를 바랐다.

D

카이저는 1962년부터 1966년까지 미해병대원으로 복무했고 베트남에서 전투에 참여하였다. 보훈청은 1980년대 초에 카이저가 우울증과 자살충동과 싸우고 있었고 외상후 스트레스 장애를 겪고 있다고 보았다. 카이저는 이를 근거로 1982년에 장애연금을 신청하였으나 보훈청은 받아들이지 않았다.

2006년에 카이저는 다시 신청하였다. 그 요청에서 그는 외상후 스트레스 장애로 진단한 정신과 의사의 의견서와 베트남 복무를 뒷받침하는 추가 기록을 포함하여 새로운 증거를 냈다. 보훈청은 카이저의 신청을 다시 심리하였고, 새로운 신청서를 낸 2006. 6. 5.부터 장애연금 혜택을 주었다. 카이저는 보훈청의 규정에 따르면 장애연금을 처음 신청한 1982년부터 받을 수 있다고 주장했다. 그러나 보훈심사위원회는 규정에 따르면 그 구제를 허용하지 않는다고 결론 내렸다.

카이저는 연방항소법원에 항소하면서, 위원회가 관련 규정을 잘못 풀이하였다고 주장하였다. 아우어 법리에 따라 항소법원은 위원회의 해석이 "명백히 잘못되거나 규정에 불일치하지 않으면" 무겁게 받아들일 수밖에 없다고 판결했다. 카이저와 위원회의 해석 중에서 더 나은 해석이 무엇인지를 결정하려고 하지도 않고, 법원은 "위원회의 해석이 명백히 잘못되거나 보훈청의 규제체계와 불일치한다고 여기지 않는다."고 선언하였다.

카이저는 전원부 재판을 신청했으나 기각되었다. 3명의 판사들이 반대했고 "아우어 법리를 지속적으로 따르는 논리"를 미심쩍어한 사람들과 함께 하였다. 그들은 아우어 존중 법리가 없다면, 카이저의 규정 해석이 유력하다고 주장하였다. 카이저는 아우어 법리를 재 검토해달라고 요청하면서 상고하였다.

Ⅱ. 행정절차법

이 법원이 연방 행정처분의 사법심사를 다루면서 적용하는 법리를 말할 때, 우리는 보통법을 만드는 권한을 행사하지 않는다. 우리는 행정절차법을 적용하여야 한다. 행정절차법은 의회가 법원과 행정청 사의의 관계를 정의하기 위해 만든 기본법이다. 이 법을 우리의 "행정 국가"를 위한 헌법의 일종이라고 설명한 사람도 있다. 그러나 놀랍게도 오늘 이 법원은 아우어 존중 법리를 행정절차법에 맞추기 위한 노력을 전혀 하지 않았다. 4명의 대법관만이 이제 그 시도를 하지만, 적어도 2가지 이유로 그들의 주장은 전혀 설득력이 없다.

A

첫째 문제는 706조에 있다. 그 조항은 심사 법원이 "모든 관련 법률문제를 결정"하고 "법에 맞지 않다고 인정된 행정처분을 취소"하라고 지시하고 있다. 그러나 이러한 규정만으로 분명하지 않은 사건이 있다면, 행정절차법은 법원이 행정청이 공표한 규칙을 포함하여 "행정처분의 의미를 결정"하라고 하고 있다. 그래서 행정절차법은 심사 법원이 행정 규정의 올바른 해석에 관한 다툼을 스스로 해결하라고 하고 있다. 행정청을 존중하면서 최선의 규정 해석이 아닌 것을 채택한 법원은 관련 법률문제나 규정의 의미를 결정하지 않고 있다. 대신에 법원은 행정청이 문제에 답하도록 허용하고 있다. 그러면서 법원은 의회가 행정절차법에서 맡긴 의무를 다하지 못하고 있다.

대법관 케이건은 판사가 만든 법리와 법률 사이의 두드러진 불일치를 다음과 같이 다루고 있다. 행정절차법이 심사법원에 규정의 "뜻을 결정"하라고 하지만, "어떻게" 결정하라고 말하지 않는다고 한다. 그래서 법원의 규정해석과 행정청의 해석 존중이 법원이 규정의 "뜻을 결정"하는 법률상 의무를 이행하는 똑같이 유효한 2가지 방법이라고 한다.

그러나 행정절차법은 그처럼 허약하지 않다. 사건에 직접 이해관계가 있는 소송당사자일 수도 있는 관료들이나 임명된 공무원들이 아니라, 법원이 규정의 뜻에 관한 문제를 포함하여 법률문제를 스스로 결정하도록 요구하고 있다. 의회가 행정절차법을 만들었을 때, 원했다면 법원이 행정청을 존중하도록 요구하는 방법을 잘 알고 있었다. 의회는 다른 조항에서 사법심사에 필요한 존중 기준을 자주 구체화하였다. 그러나 규정 해석에는 그러한 명령이 없다. 대신에 의회는 법원에 그 문제들을 스스로 결정하라고 말하였다. 그 점을 인정하기 위해 학문 연구가 거의 필요하지 않지만, 행정법 학자들은 706조가 법률문제를 새롭게 심사하도록 요구하는 듯하다고 일반적으로 인식하고 있다.

법률 문언이 말하는 바도 같다. 만약 아우어 존중 법리가 실제 법원이 706조에 따라 규정의 뜻을 결정하는 또 다른 방법이었다면, 마지막 사법 판단이 적어도 규정의 뜻이 무엇인지를 해결하게 될 것이다. 판결에 비추어 보면, 법원이 아우어 법리를 해석하기를 법원이 선례가 가진 힘처럼 규정의 뜻이 결정되기를 금지하고 있다고 보았다. 왜냐하면 행정청은 늘 다른 견해를 가질 수 있고, 그 새로운 판단을 사법이 존중해주기를 요구할 수 있기 때문이다. 그리고 만약 행정청이 법원의 첫 결정에 영향을 미칠 수 있을 뿐만 아니라 언제든 그 결정을 뒤집을 수 있다면, 행정청이 아닌 법원이 어떻게 규정의 뜻을 실제로 결정할 수 있다고 말할 수 있겠는가?

법원에게 형사 사건의 적절한 형량을 결정하라고 한 법률을 생각해 보자. 만약 판사가 피고인에게 정부의 "합리적인" 구형을 존중해서 스스로가 적당하다고 믿는 기간보다 길게 징역형을 선고했다고 말한다면, 법에 잘 따르고 있다고 생각할 수 있는가? 또는 법원에게 독점 금지 사건에서 정부가 제안한 화해안이 "공공의 이익인지"를 결정하도록 지시한 법률을 생각해 보자. 만약 제안한 화해안이 공중에게는 해롭지만 정부의 "합리적인" 반대 견해를 존중하기로 법원이 결정했다면, 법원이 의회의 지시에 따랐다고 말할 수 있겠는가?

대법관 케이건의 706조 해석도 이치에 닿지 않는다. 만약 법원이 행정청의 합리적인 해석을 존중함으로써 규정의 뜻을 결정할 수 있다면, 행정청의 어떤 해석도 존중하지 못할 이유가 무엇인가? 만약 행정절차법이 규정의 뜻을 법원이 어떻게 결정하는지를 말하지 않고 있다는 것이 사실이라면, 행정절차법이 행정청이 늘 옳다는 법리를 수용하고 있다고 보아야 할 것이다.

B

문제는 여기서 끝나지 않는다. 아우어 법리는 행정절차법 553조 규정과 함께 설 수 없다. 그 조항은 행정청이 법률적으로 구속되는 규칙(법규명령, 행정절차법이 "실질적인 법리"라고 부르는 것)을 공표하거나 개정할 때 알림 및 의견수렴 절차를 거치도록 요구하고 있다. 그러나 그러한 규칙의 단순한 해석일 때에서는 필요하지 않다. 구속되는 규칙을 만들거나 개정하려는 행정청은 연방 공보에 규칙안을 공개하고, 이해당사자에게 규칙안에 대한 서면의견을 내는 기회를 주며, 규칙을 공표하기 전에 그 의견을 살펴보아야 한다. 행정절차법에 따르면 그 규칙은 개정되거나 폐지될 때까지 법률 효력을 가진다. 반면에 행정청이 미리 알리지 않고 어떤 형식이든 기존 법규명령의 해석을 공개할 수 있다.

아우어 법리는 의회가 여기서 설정한 구분을 효과적으로 무효로 만들고 있다. 아우어 법리에 따르면 법원은 행정청이 적법하게 공표한 규칙뿐만 아니라, 법률 서면, 보도자료, 또는 미리 알리거나 의견수렴 기회를 주지 않고 발행한 지침문에서의 단순한 해석마저도 "지배적(무게 있게)"으로 다루어야 한다. 실무상, "새로운 해석은 새로운 규정이 될 수 있다." 그래서 아우어 법리는 의회가 중요하다고 생각했던 구분을 없애고, 행정청에게 법률 효과를 가지고 국민을 완전히 구속하는 실질적인 규칙을 만들어 내거나 개정하면서 행정절차법이 요구하는 절차를 거치지 않는 지름길을 제공해준다.

이런 식으로 생각해 보자. 우리는 헌법에서 법률 제정을 위해 하나의 정교하게 만든 절차를 구체화한 것은 의회가 그 절차를 따르지 않고는(예컨대 하원에게만 법 개정을 허용) 제정된 법률을 고칠 수 없다는 점을 함축하고 있다고 판결했다. 같은 논리로, 의회가 행정절차법상 새로운 법규명령의 제정을 위한 절차(알림 및 의견수렴)를 구체화한 것은 행정청이 그러한 절차를 거치지 않고 법규 명령을 고칠 수 없다는 점을 담고 있다. 아우어 법리가 요구하듯이 달리 판결하면 행정절차법의 설계를 뒤엎는다.

어떤 참고인들은 보훈청이 심판절차에서 이 사건의 해석을 밝혔기 때문에 위 주장이 이 사건에서 나올 수 없다고 한다. 그러나 행정절차법에 따르면 행정청이 심판절차에서 규정의 "구속적인" 개정내용을 밝힐 수 있다는 전제는 옳지 않다. 행정청이 알림 및 의견수렴을 통해 행정규칙을 공포한 이상, 똑같은 알림 및 의견수렴 절차를 거쳐야만 그 규칙을 개정할 수 있다. 행정청이 보도자료나 재결 등으로 자신의 해석을 공포했든지 간에, 기존 규칙의 뜻에 관한 행정청의 의견이 법원이나 미국민을 구속하지 않는다고 말한 것이 있을 뿐이다.

그것이 작동하지 않는다면 대법관 케이건은 거의 반대 방향에서 다른 주장을 하고 있다. 그녀는 행정청의 해석이 실질 규칙(법규명령)이 갖고 있는 "법률 효력"이 부족하기 때문에, 아우어 법리가 행정청의 규칙 해석을 존중하는 것은 결코 행정절차법을 어기지 않는다고 답변한다. 법원이 행정청 해석이 존중받을 수 있는지의 결정 권한을 늘 갖고 있기 때문에 행정청 해석에는 이 힘이 모자라다. 그러나 이러한 주장은 행정처분이 법적 효력을 갖고 있다는 의미를 좁게 해석하기 때문에 나온다. 케이건의 논리에 따르면, 법원이 구속적인 법규 명령조차도 자의적이고 변덕스러운지, 그래서 행정절차법에 따라 무효인지를 결정할 권한을 갖고 있기 때문에, 법규 명령도 법률 효력이 부족하다. 그러나 아무도 이를 믿지 않는다. 행정청의 해석은 법규 명령처럼 "존중을 받기 전에 어떤 조건에 맞아야 하지만, 일단 조건에 맞으면 (아우어 법리에 따라) 법규 명령과 똑같은 구속력을 갖는다." 아우어 법리가 있다 해서 행정청의 해석 지침이 구속력이 없다고 제안하는 것은 말장난에 지나지 않는다.

C

만약 아우어 법리가 행정절차법의 문언에 맞지 않는다면, 대법관 케이건은 적어도 "의회의 의도에 관한 합리적인 추정"에 맞는다고 제안한다. 의회가 행정청에 규칙 제정 권한을 줄 때마다, 행정청이 만든 규칙이 무엇이든 "권위 있게 해석할 권한"도 암묵적으로 주었다는 것 같다. 그러나 행정절차법에서 의회가 밝힌 명확한 법률상 명령과 달리, 의회가 정말 비밀스럽게 법원에게 행정청의 해석을 구속력이 있는 것으로 취급하기를 바랐다고 어떻게 추정할 수 있는가? 보통 이 법원은 감춰진 입법 의도로 그와 같이 명백하게 표현된 법률 규정을 흐리게 하지 않는다.

이 주장은 그 자체로 매우 흐릿하다. 간추리면 행정절차법의 초안작성자는 1946년까지의 행정행위에 대한 확립된 사법심사제도를 바꾸려고 하지 않았다. 아우어 법리는 그 확립된 법의 일부이다. 그러므로 행정절차법은 묵시적으로 법원에게 행정청에 아우어 존중법리를 부여하라고 요구하고 있다는 것이다. 그러나 이 삼단논법의 명제는 어느 것도 뚜렷한 근거가 없다.

행정절차법을 만든 사람들은 확립된 행정행위의 사법심사법리를 바꾸려고 하지 않았다는 주된 명제를 보자. 법무장관 클락이 행정절차법 통과 바로 뒤에 그대로 말했다고 한 대법관 케이건이 옳다. 그러나 행정부의 이해관계를 반영한 그의 견해는 널리 퍼진 견해와는 다르다. 많은 의원들을 포함한 다른 사람들은 행정절차법이 사법심사의 범위를 확대하지는 않았지만 분류했다고 생각했다. 예를 들면, 법사위원회 위원장인 상원의원 매카란은 "이 법이 연방법과 관련하여 재량권의 숭배를 줄였다는 것 외에 다른 일을 했다고 말하기는 어렵다"고 썼다. 그리고 행정절차법에 대한 양원 보고서는 이 법이 "법률문제를 마지막으로 분석하여 결정하는 기관은 행정청이 아니라 법원이라고 규정"하려고 했다고 말했다.

행정절차법이 통과되고 5년이 지나, 이 법원은 그 법이 기존 법리의 요약 이상의 일을 하려고 했다고 생각하는 사람들과 함께 한 듯하다. 대법관 프랑크퍼터가 작성한 의견에서 법원은 행정절차법에 따라 행정행위의 심사에서 "일부 법원이 과거에 보여주었던 것보다 더 많은 책임"이 필요하다고 썼다. 마찬가지로 초기 어느 학자는 "법률문제를 심사하는 법원이 자신의 독립된 판단으로, 그리고 스스로 결정해야 한다는 모든 의문을 없애기 위해 행정절차법이 설계"된 듯하다고 보았다. 그가 생각하기에 "이 의무를 부여하기 위해 더 명확한 낱말을 거의 찾을 수 없었다."

대법관 케이건의 삼단논법은 작은 명제, 즉 의회가 행정절차법을 만들 때 아우어 법리가 보통법의 일부로 확립되어 있었다는 명제에서 더 큰 어려움에 빠진다. 이미 보았듯이, 이 법원은 의회가 행정절차법을 통과하기 딱 1년 전에 세미놀 록 판결에서 처음으로 아우어 존중 법리의 씨앗을 심었다. 그리고 그 법리는 바로 보통법의 굳건한 자리를 차지하지 않았다. 세미놀 록 판결 이후 몇 년간 법원과 학자들은 거의 이를 무시하였고, 알게 된 사람들은 어떻게 봐야할지 확신하지 못했다. 예를 들면 데이비스 교수는 법리가 다른 사건에서 법원의 논리와 차이가 커서 그대로 받아들일 수 있을 수 미심쩍어했다. 사실 의회가 행정절차법을 통과시켰을 때 행정행위의 사법심사에 관한 법은 뒤죽박죽이었다. 법안의 의회 공청회에서, 의회는 사법 심사 범위를 "현재대로" 놔두어야 한다는 증인의 제안을 듣고 행정절차법의 하원소위 위원장이자 하원보고서 작성자인 월터 의원은 다음과 같이 답변했다. "당신은 현재대로 두자고 말하고 있다. 솔직히 나는 현재대로가 무엇인지 알지 못한다.… 연방대법원은 날마다 자신의 마음을 바꾸는 듯하다."

Ⅲ. 헌 법

아우어 법리는 행정절차법에 맞지 않을 뿐만 아니라 헌법에도 어긋난다. 제3조 1절은 "미국의 사법권"은 이 법원과 연방 하급법원에 독점적으로 부여된다고 규정한다. 그 사법권의 핵심은 "법원에 온 사건에서 법을 해석하고 적용하는 의무"이다. 연방대법원장 마샬은 "무엇이 법인지를 말하는 것은 단연코 사법부의 영역이자 의무"라고 말했다.[111)]

A

우리나라를 세운 사람들은 행정부와 입법부가 사법 결정 과정에 개입하는 위험성을 고통스럽게 깨달았다. 미국 혁명을 이끌어냈던 왕권 남용 행위중의 하나는 조지 왕이 식민지 판사들에게 영향력을 미치려는 시도였다. 식민지 입법부도 "민간 이해관계자들과 파벌의 명령에 따라" 법원의 독립성에 개입하였다. 이러한 경험은 설립자들에게 "재판권이 입법권 및 행정권으로부터 분리되지 않으면 자유는 없다"는 가르침을 주었다. 그들은 정치인이 자유롭게 성문법을 만들고 집행할 뿐만 아니라 그 법의 해석까지 관리할 때, "얕보거나 의심 계층에 속하는… 비주류나 소수자의 청구이유를 가진 소송당사자는 의지할 데가 없다"[112)]는 사실을 알았다. 아마 힘 있고, 돈 많고, 인기 있고, 관계가 넓은 사람들은 그와 같은 체제에서 좋은 결과를 이끌어 낼 수 있지만, 다른 사람들은 어떨까? 그들은 늘 무엇이 법인지 거의 알지 못한 채, 정치인들의 자비와 변화하는 인기영합적인 의견에 맡겨져 있고, 중립적인 판사 앞에서 공정한 심리의 기회를 갖지 못한다. 법의 지배는 사람의 지배로 바뀌게 된다.

당시 이를 경험한 설립자들은 후손들이 이를 겪지 않도록 했다. "법을 만드는 권력은 해석하는 권력과 달라야 한다는 격언보다 더 나은 것은 없다"고 믿고, 설립자들은 법을 "다른 권력의 가능한 통제"에서 벗어나 해석할 수 있는 사법부를 도입하였다. 그러한 목적으로 그들은 정치인이 법원 판결을 심사하도록 하자는

---

111) Marbury v. Madison, 1 Cranch 137, 177 (1803); Wayman v. Southard, 10 Wheat. 1, 46 (1825) ("법을 입법부는 만들고, 행정부는 집행하고, 사법부는 해석한다").

112) Palmore v. United States, 411 U.S. 389, 412 (1973) (대법관 더글라스 반대의견); United States v. Hatter, 532 U.S. 557, 568-569 (2001) ("사회에서 가장 힘있는 사람과 가장 가난하고 미움받는 사람 사이의 다툼"을 판단하는 판사는 "신과 그의 양심을 빼고 그에게 미치는 영향이나 통제와 무관하게 완전하고도 철두철미하게 독립되어 있어야 한다."는 존 마샬의 경고 인용).

제안에 저항하였다. 그리고 그들은 나쁜 법을 통과시킨 불완전한 기관도 법을 해석할 때 같은 정신으로 작동할 것이라는 두려움 때문에 상원이 최종심의 기능을 하는 영국의 전통을 거부하였다. 대신에 그들은 연방판사들을 종신직으로 하고 탄핵으로만 해임되도록 하였다. 그리고 다른 부들이 판사들이 현직에 있는 한 임금을 줄일 수 없도록 하였다.

설립자들은 판사들의 안락을 위해서가 아니라 독립 사법부가 정부 권한의 자의적인 이용에서 국민들을 더 잘 보호할 수 있도록 그러한 예외적인 권한과 보호를 주었다. 그리고 사법부의 맨 위에 있는 이 법원은 사법부 독립이라는 헌법의 약속을 빈틈없이 지키는 특별한 의무를 늘 다해 왔다. 그래서 우리는 “법을 해석하고 적용하는 법원의 권한을 빼앗으려는” 다른 부들의 시도에 오랫동안 버텨왔다. 이 법원은 “대통령이 법률안 거부권을 사법부와 나눌 수 없고, 의회가 대통령의 거부권을 뒤집는 권한을 사법부와 나눌 수 없듯이” 법을 해석하는 사법권을 다른 부와 나눌 수 없다고 판결했다.

아우어 법리는 이러한 근본 원리에 대한 하찮은 위협이 아니다. 행정절차법에 따르면 연방 행정청이 알림 및 의견수렴 절차를 거쳐 공포한 법규 명령은 “법률로서 집행력”이 있고, 헌법이 연방 판사에게 해석 임무를 부여한 연방법의 일부가 되며, 국민들을 기속한다. 그러나 아우어 법리는 판사가 이 기속력이 있는 법을 그가 생각하는 뜻이 아니라 행정청이 말하는 의미로 해석해야 한다고 말한다. 헌법 제3조와 달리 집행 공무원은 완전히 공정하지 않으며 그렇게 되지도 않는다. 그들은 스스로의 이해관계와 지지층, 정책 목표를 갖고 있고, 규정을 해석할 때 가장 공정하고 최선의 해석을 채택하는 대신에 그들이 대표하는 쪽을 대변할지 모른다. 그래서 “거리를 지키는 것”과 달리 아우어 법리의 의미는 법을 만들고, 집행하고, 해석하는 권한이 같은 손에 들어가고, 법치주의의 초석이 위험에 빠지는 과정에 들어감을 뜻한다.

비슷한 사례를 살펴보자. 법원은 오랫동안 의회가 자신의 견해에 따라 법을 해석하도록 법원에 요구하는 방식으로 “법원의 행위를 간접 통제”할 수 없다고 판결했다. 만약 의회가 법원의 법률 해석에 동의하지 않는다면, 다른 법리가 발전되도록 법률을 자유롭게 고칠 수 있다. 의회가 할 수 없는 일은 “법원에게 사법부의 판단이 아니라 입법부의 판단에 따라 법을 해석하고 적용하도록 강요하는…

명령"을 내리는 일이다.

아우어 법리에 따르면 행정청은 이 법원이 늘 주의회가 할 수 없다고 말한 일, 즉 사법부의 판단이 아니라 다른 부의 판단에 따라 법을 해석하고 적용하도록 강제하는 일을 하도록 허용하고 있다. 우리가 최선의 법해석이라고 믿는 바와 다른 행정청의 해석을 존중할 때, 우리는 독립성을 굽히게 되고 이 헌법이 보장하고 있는 공명정대한 판단을 받기 위해 법원에 온 국민들을 거부하게 된다.

B

우리의 동료 대법관들이 이러한 우려에 대해 어떻게 말하고 있는가? 다수의견은 아무런 말도 하지 않고 있고, 대법관 케이건은 모두 제쳐놓고 있다. 사실상 그녀는 법원이 아우어 존중 법리가 적용되는지를 결정하는 능력을 통하여 해석 기능을 굳건히 맡고 있기 때문에, 아우어 법리가 행정청에게 "법원의 해석 기능을 빼앗도록" 허용하지 않고 있다는 보장 외에 헌법을 거의 거론하지 않고 있다. 그러나 이는 전혀 보장이 아니다. 사법권은 스스로 이해관계가 있는 정치행위자의 해석인지를 제쳐두고라도 단지 다른 이의 해석이 합리적인지를 말하는 권한이 아니라, 중립적인 심판관으로 국민들에게 법을 설명하고 해석하는 책임과 의무를 누가 지는지를 밝힌다고 늘 이해되었다.

의회가 부당한 행정처분을 구제하기 위한 판사의 권한을 제한하려고 했다고 상상할 수 있다. 예를 들면 법원은 불합리한 규정 해석을 바탕으로 한 행정처분일 때에만 행정처분을 취소할 권한을 가지고 있다고 규정할 수 있다. 그러나 그와 같은 가정적인 법률이 합헌이라고 가정해도, 아우어 법리는 다르다. 사법권의 범위를 제한하지 않고 헌법 제3조 판사가 법을 올바로 반영하지 않고 있다고 믿는 법리에 따라서 사건을 결정하도록 요구함으로써 사법권을 마음대로 쓰도록 하고 있다. 아우어 법리에 따르면 판사는 독립적인 판단을 내려놓고 규정이 행정청의 말이 곧 법이라고 적극 선언하여야 한다. 그 때 판사는 행정청의 법해석에 따라 민간의 권리와 의무를 조정하기 위해 사법권을 행사하여야 한다. 만약 아우어 법리가 실정법이었다면, 법원에게 어떤 유형의 사건을 결정하고, 또는 어떤 구제를 하라고 말하는 것은 의회 권한의 행사는 아니었을 것이다. 그러나 법원이 사건을 어떻게 결정할지를 규정하거나 감독하는 일은 금지되었을 것이다. 그리고 그와 같은 법률이 없을 때, 이 법원은 법을 해석하는 맡은 바 책임을 행정부에 그냥 넘겨주어서는 안된다. "책임의 포기는 헌법이 설계한 내용이 아니다."

대법관 케이건의 마지막 답변은 이렇다. 잘못하면 우리의 해석 권한을 행정청에 넘겨줄지도 모르지만, 적어도 행정청이 자신들의 해석 재량권을 키우려고 "모호하고 개방적인" 규정을 의도적으로 만들기 위해 권한을 썼다는 점을 보여주는 실증적인 증거가 많지 않다. 그러나 이조차도 요점을 벗어났다. 규칙이 모호하게 만들어졌든 아니든 법원에 제소되는 사건들처럼 특히 새롭고 예상하지 못한 상황에 적용할 때, 다른 방식으로 해석될 수 있는 조항은 많다. 아우어 법리가 없다면 당사자들은 공정한 판사 앞에서 공정한 심리를 받을 수 있다. 행정청의 해석이 배척될 때도 있을 것이고, 규정 의 개정 가능성을 주장하는 공중의 의견을 이끌어 내어 더 나은 정책을 만들 수 있는 국민의 의사가 드러나는 기회를 제공할 수도 있다. 그러나 아우어 법리로는 공정한 심리도 없고 행정청이 알림 및 의견수렴을 거쳐 규정을 개정할 필요도 없다. 의도적이든 아니든 행정청이 분명하게 규정을 만들지 못하면 행정청의 권한이 커지고 법적 효력을 가진 규칙을 만들고 해석하도록 허용하게 된다. 헌법이 사려깊게 분리한 권한을 통합하고 법의 의미를 독립된 사법부가 결정하는 국민들의 권리를 빼앗게 된다.

Ⅳ. 정책 주장

근거가 부족하자 대법관 케이건은 아우어 법리를 방어하기 위해 정책 주장에 기대고 있다. 그러나 가장 그럴듯한 정책 주장도 행정절차법의 뚜렷한 문언이나 헌법의 명령을 무시할 권한을 주지 않는다.

첫째 및 가장 대담한 주장을 보자. 대법관 케이건은 규정 의미의 판단은 거의 모두 "규정을 만든 사람이… 의도하는" 바를 찾는 일이라고 한다. 법률적으로 기속력이 있는 규정은 "메모나 전자우편"과 다르지 않다. 즉 만약 "규정의 뜻을 알고 싶다면 저자에게 물어보는 것이 낫다." 그러나 연방정부의 법규명령은 메모나 전자우편과 다르다. 그것들은 모든 시민들에게 법률 효력을 갖는 구속력 있는 명령이다. 그리고 만약 법의 지배가 의미가 있다면, 규정을 만든 이의 사적인 의도가 아니라 법률과 규정에 들어 있는 낱말의 공적인 의미가 적용된다는 뜻이다. 이는 "사람이 아닌 법의 통치"가 뜻하는 핵심 내용이다. 판사가 규정을 풀이할 때, 우리가 얻고자 하는 것은 대법관 홈즈가 오래 전에 말했듯이, 규정을 만든 이의 "특정 의도"가 아니라 "문언이 사용되는 상황에서… 정상적인 영어사용자에게 뜻하는 바가 무엇인지"이다. 만약 최선의 규정 해석이 행정청의 의도와 다르다고 밝혀졌다면, 행정청은 규정을 자유롭게 다시 만들 수 있다. 그러나 감춰진 의도는 법이 아니다.

대법관 케이건의 해석과정 설명도 아우어 법리를 뒷받침하지 못한다. 만약 규정을 해석하는 법원의 목표가 정말 만든 이의 의도를 결정하는 것이라면, 아우어는 그 목적에 거의 들어맞지 않는다. 시간이 흐르면서 행정청 담당자가 바뀌고, 행정청의 정책 선호도가 대통령이 바뀔 때마다 극적으로 바뀌기도 한다. 그러나 아우어 법리에 따르면 법원은 실제 규정을 만들었던 때의 행정청 견해와 같을 수도 있고 다를 수도 있지만, 규정의 뜻은 행정청의 현재 견해에 따라 해석되어야 한다고 말한다. 만약 규정의 해석이 정말 전자우편을 해석하는 것과 같다면, 아우어 법리는 몇 년 또는 몇 십 년 지나서 전자우편을 보낸 최근 컴퓨터 이용자에게 전자우편의 뜻에 관한 지침을 달라는 것과 마찬가지다. 우리는 법률 해석 맥락에서 그러한 방식을 여러 차례 거부하였다. 대법관들은 가끔 입법과정의 유용성에 동의하지 않았지만, 우리는 모두 이미 제정된 법률의 뜻에 관한 의원들의 말이 "올바른 법률 해석 도구"가 아니라는데 동의하고 있고, 하물며 "지배적인 의미가 있다"고 하지 않는다. 그래서 도대체 왜 우리가 이미 공포된 규칙의 뜻을 풀이하는 행정청의 진술에 "지배적인 무게"를 주어야 하는가?

이러한 미심쩍은 길을 가면서, 대법관 케이건은 규정의 모호함을 해결하는 일은 "법보다 정책에 더 가깝고" 판사들보다는 행정공무원들에게 더 맞는 일이라고 주장한다. 그러나 이 주장 역시 우리의 법률 질서의 기본 명제와 부딪친다. 우리는 정치인과 관료들의 변덕이 아니라 의미가 확정되어 있고 확인할 수 있는 성문법의 지배를 받는다. 만약 모든 국민들의 지배가 아니라면 적어도 국민들에게 조언할 수 있는 법률가들과 우리의 전통의 해석도구에서 찾은 중립 원리에 따라 법을 개별 사건에 적용해야 하는 판사들의 지배를 받는다. 규정의 문언은 법으로 다루어지고, 행정청의 정책 판단은 규정의 문언에 들어 있는 범위 내에서만 법적인 효력이 있다. 만약 기존의 규칙에서 다루지 않은 "새로운 정책 수요를 요구하는 새로운 사안"이 생기면, 행정청이 행정절차법에 있는 알림 및 의견수렴 절차를 써서 새 규정을 공포하면 해결된다. 그러나 행정청이 판사들에게 행정청의 현재 정책 선호에 맞추어 법리를 바꾸라고 강요할 근거는 없다.

아우어 법리이전에는 성문법의 의미를 항상 "본질적으로 가늠할 수 없어서" 이를 해석하는 판사들이 "대부분 문언보다는 정책에 의존한다."는 견해가 있었다. 그리고 그와 같은 환경에서 만약 법률 다툼이 정치적인 이유로 해결되려고 한다면, 그 때는 재판석에 앉은 짝퉁 정치인보다는 행정부의 실제 정치인이 해결하여야 한다고 결론 내리는 쪽으로 한 발 나아간다고 생각되었다. 그러나 제안된 치료제가 병보다 더 나쁘다고 밝혀졌다. 이러한 주장은 법원이 국민에게 법률의 의미를 독립하여 판결할 의무가 있다는 헌법과 행정절차법에 들어 있는 판단을 포기하였다. 게다가 우리는 실제 치료제는 판사들을 정치인들의 꼭두각시로 만드는데 있지 않고, 무제한의 정책 호소와 입법 의도에 관한 추측에서 벗어나, 판사들이 수세기 동안 법의 원래 공적인 의미를 설명하기 위해 썼던 전통의 해석 도구를 향하여 판사들의 해석 임무를 초심으로 보내는데 있다고 깨닫기에 이르렀다. 오늘 우리 판사들은 어느 정도 "이제 모두 원문주의자들"이라고 말해진다.

다음으로 대법관 케이건은 더 얌전한 방침을 좇으면서 아우어 법리는 행정청의 전문성을 존중함으로써 정당하다고 제안한다. 법원이 전문적인 문제에 관하여 그 분야 전문 행정청의 견해에 주의를 기울여야 한다는데 누구도 의문이 없다. 법원이 "존 헨리 위고모어가 증거법 사안에 대해 말한 내용이나 코빈이 계약법 문제에 관하여 생각한 내용을 알려고 하는" 것처럼, 마찬가지로 법원은 식품의약국이 처방약 안전규제의 작동 방식을 어떻게 생각하는지를 꼼꼼히 살펴보아야 한다. 그러나 모든 행정전문가들은 "잘못할 수 있고 호머조차도 끄덕였다."는 사실은 남는다. 스키드 모어 판결과 거기에 들어 있는 전통의 방법은 행정청의 전문적인 견해를 물론 존중하여 살펴보아야 하지만, 대립당사자 환경에서 제출된 경쟁하는 전문적인 증거와 다른 증거에도 열려 있어야 한다고 설명하면서, 오래 전에 이러한 사실들을 모두 알고 있었다. 행정청의 전문성을 존중한다고 해서 그 이상을 요구하지 않는다.

대법관 케이건의 마지막 정책 주장은 아우어 법리가 규정 해석의 "일관성"과 "통일성"을 높인다고 한다. 만약 우리가 법원에게 규정의 뜻을 결정하도록 했다면, 동의하지 않는 법원이 있을 수 있고 대법원이 이러한 불일치를 해결하기 위해 시간이 걸릴 거라고 경고한다. 그러나 일관성과 통일성은 아우어 법리의 지지자들이 옹호하고자 하는 근거가 거의 아니다. 사법 절차는 성문법의 의미에 관한 다툼을 어떻게 해결하느냐이고, 우리의 사법 체계는 규정이 개정되거나 폐지될 때까지 계속되는 하나의 통일되고 안정된 해석을 만드는 것 이상이다. 반면에 아우어 법원은 존중이 보장되는 지, 그리고 규정의 의미가 새 대통령의 행정부가 시작될 때마다 한 번의 펜놀림으로 바뀔 수 있는지 가끔 의견이 같지 않다. 법의 "일관성," "통일성," 그리고 안정성은 거의 아우어 법리의 업적 속에는 없다.

V. 선례 구속의 원칙

마지막에 가서 다수의견은 대법관 케이건의 주장을 지지하지 않고 만약 아우어의 법리가 "옳거나 논리가 서지 않는다." 해도, 선례로 존중되어야 하기 때문에 따라야 한다고 우긴다.

그러나 선례구속원리에 따르는 척하면서, 다수의견은 우리의 선례를 새롭고도 실험적인 방식으로 재구성하고 있다. 다수의견이 인정하듯이 이 법원은 과거에 "문제된 규정을 분석하거나 규정의 성격과 맥락을 꼼꼼히 살피지 않고" 아우어 존중법리를 반사적으로 적용하였고, 하급 법원에도 똑같이 하도록 권장하였다.

그러나 더 이상 안 된다. 이제 부터 다수의견은 "판사들이 행정청의 해석이 합리적인지를 결정하기 위해 모든 전통의 해석 도구를 다 써야 할 뿐만 아니라," "행정청 해석의 성격과 맥락으로 존중이 정당화되는지를 독립하여 물어보아야 한다."고 말한다. 다수의견은 이 새로운 질문이 마지막 심사로 보기 어렵다고 솔직히 인정하고, 몇 가지 기준을 만들었다. 법원이 항상은 아니지만 중간 행정 간부가 제공한 해석은 존중하지 않을 수 있고, 참고서면에서 처음 나온 해석은 존중하지 않을 수 있으며, 가장 먼저의 해석과 부딪치는 해석은 존중하지 않을 수 있다. 이 모두에서 유일하게 확실한 것은 다수의견은 정말 선례구속원리에서 많이 벗어나지 않았다. 모든 사람들은 어느 정도 아우어 법리는 유지될 수 없다고 인정한다. 그리고 우리의 남은 선택, 즉 새로운 존중 법리를 계속 만들어 나가느냐 행정절차법 문언 및 거의 모든 우리 역사에서 우세했던 사법심사방법으로 돌아가느냐 사이의 선택은 쉽다.

A

선례구속원칙이 이 사건에 적용되어야 하는지는 큰 문제다. 아우어 판결에서 규정의 의미에 관한 제한된 판결내용은 선례구속원리가 적용될 수 있다. 이 법원이 아우어 법리를 적용한 다른 사건에서 구체적인 판결 내용도 마찬가지다. 그러나 선례구속원칙이 개개의 판결내용을 넘어서 확장되고 아우어 법리의 더 넓은 존중 체계를 적용하도록 미래의 대법관들을 구속하는가?

선례구속원리가 그렇게까지 요구하는지 의문이다. 우리는 한 건의 법률이나 규정의 뜻을 밝히거나 특정 사건을 해결하기 위해 선례를 다루지 않는다. 아우어 법리는 모든 규정의 뜻에 관한 앞으로의 모든 다툼에 적용되는 해석방법론을 세웠다고 한다. 다른 맥락에서 우리는 헌법 사건의 역사적인 실무나 법률 사건의 입법과정에 적정한 무게를 부여하는 것처럼, 일반적으로 적용할 수 있는 해석 방법에 관한 판결의 내용을 동등한 선례구속원칙의 힘으로 미래의 대법관들을 구속한다고 여기지 않는다. 우리가 행정규칙 사건에서 행정청의 해석에 무게를 부여하는 아우어의 판시내용에 구속된다고 여겨야 하는 이유가 무엇인가? 아우어 법리가 "미래의 대법관들이 법원이 관여하지 않은 법률과 규정을 해석할 때의 해석추론"을 지시하려고 했다는 범위에서 "선례구속원칙의 한계를 뛰어넘는다."

연방대법원이 과거 아우어 법리를 지지한다는 표현들이 선례의 효력을 조금 인정했다 하더라도, 우리가 법률 판결에 제한하여 적용하는 선례구속원칙의 특별하고 높은 지위를 받을 자격이 없음이 분명하다. 특정 법률의 뜻을 밝히고 절차상 믿을 만한 이익을 가져오는 선례와 다르게, 아우어 원칙은 자신의 힘으로 무엇도 해결하지 못하는 해석 방법론에 관한 추상적인 판단 법리이다. 이는 이 사건에서 아우어 법리가 이 법원이 지켜야 할 특별한 책임이 있는 사법 독립성을 깎아내리고 있기 때문에 특히 그래야 한다.

뿐만 아니라 의회가 아우어의 법리를 입법으로 뒤집을 수 있는지 뚜렷하지 않다. 다수의견은 규칙제정권을 행정청에 맡긴 법률을 법원이 어떻게 풀이하여야 하는지의 추정으로 아우어 법리를 설명하고 있다. 물론 의회는 법률별로 또는 과거 모든 법률에 적용되도록 그 추정을 뒤집을 수 있다.그러나 의회가 앞으로의 법률에서도 아우어 법리의 추정을 없앴을 수 있는가? 아마 그와 같은 입법은 다수의견이 다루지 않았지만, 어느 의회가 미래의 의회가 만든 입법의 해석을 통제하는 규정을 단단히 박아놓을 수 있는지의 문제가 나올 수 있다. 우리는 공을 의회의 법정으로 보내서 만약 의회가 그 공을 집으려고 한다면 헌법문제가 터져 나올 수 있는 일을 해서는 안 된다.

B

표준적인 선례구속원리가 적용된다고 가정해도, 우리가 아우어법리를 유지해야 할 이유가 없다. 다수의견 조차도 충실하게 아우어법리를 적용한 항소법원 판결을 취소하고 다수의견의 새로운 법리를 이용하여 다시 재판하라고 지시하면서, 묵시적으로 이를 인정하고 있다. 만약 선례구속원리에도 불구하고 우리가 자유롭게 아우어 법리를 새롭게 만들 수 있다면, 어떤 부분에서 아우어 법리를 유지해야 할지 알기 어렵다.

우리는 선례를 쉽게 뒤집지 않으며, 우리보다 앞선 사람들의 사려깊은 지침을 존중하려고 한다. 동시에 선례구속원리가 "바꿀 수 없는 명령"이 아니라는데 모두 동의한다. 이 법원은 이제는 "그 법리가 신중한 분석을 이겨낼 수 없는" 판결에 더 이상 얽매여서는 안 된다. 이 분야에서 균형을 갖출 필요성을 인정하면서 법원은 선례를 다루는 지침이 되는 원칙을 만들어 왔다. 그러한 원칙에 따라 우리는 "선례 논증의 충실성, 선례가 세운 법리의 현실적용가능성, 다른 관련된 판결들과의 일관성, 그 판결이 내려진 이후 발전, 판결에 의존하는 정도" 등과 같은 요소들을 고려한다. 아우어 판결에 적용하면, 이러한 고려사항들은 모두 계속 유지하기 보다는 안녕을 고하는 쪽으로 강력하게 기운다.

첫째, 우리는 이미 설득력이 없는 이유가 아우어 법리에 들어 있다고 보았다. 처음부터 전쟁시기의 긴급 가격 통제 사건에서 설명되지 않았던(이유를 충실히 설명하지 않았던) 아우어 법리는 엄격한 존중 법리로 진화하였다. 그리고 이 법원은 행정절차법, 헌법, 또는 전통의 사법심사 방식과 조화시키거나 이유를 충실히 밝히려는 시도가 없었다. 가장 강력한 옹호자도 "아우어 존중 법리는 시간이 지나면서 고정되어 있지 않으므로" 법원이 계속해서 법리를 재구성해야 한다고 촉구하였다. 오늘 판결은 새로운 요건과 제한을 두고 아우어 판결의 개량을 시도하고 있다. 이러한 변경은 선례구속원칙의 효력을 떨어뜨리고 있다.

둘째, 오늘 판결은 아우어 법리가 적용가능한 기준이 될 수 없음을 증명했다고 인정할 뿐이다. 오늘의 재정비이전에도 아우어 법리의 범위와 적용을 둘러싼 불확실성은 많은 사람들에게 스키드모어 판결처럼 덜 존중하지만 좀 더 유연하고 개방된 기준이 아니라 아우어 법리를 계속 적용할 실무상 이익이 있는지 의문을 제기하였다. 뿐만 아니라 다수의견의 더 친절하고 부드러운 아우어 법리의 수정이 문제를 풀 수 없다. 반대로 "행정청 해석의 성격과 맥락"을 묻는 새로운 질문은 마지막 심사기준이 될 수는 없지만, 혼란을 더할 운명인 듯하다. 많은 말들이 우리가 오늘 하급법원 판사들에 맡긴 임무를 설명하기 위한 듯하지만, 그들이 적용할 수 없다.

셋째, 아우어 법리는 법원이 성문법을 정상적으로 설명하는 방법에서 벗어나 있다. 우리가 규칙을 해석할 때, 보통 성문법을 해석할 때와 마찬가지의 방법을 쓴다. 즉 "문언에서 규칙을 해석하기 시작하고" 만약 문언이 뚜렷하지 않다면, 우리는 모호함을 해결하기 위해 다른 해석방법과 판단하는 원리를 쓴다. 그리고 우리가 모호한 법률을 해석할 때, 우리는 현재의 의원들에게 어떻게 생각하는지 묻지 않는다. 사실 우리는 법의 의미에 관한 의원들의 법제정이후의 견해는 "타당한 법률 해석 도구"가 될 수 없다고 전원일치로 판결했다. 모호한 규칙의 의미에 관하여 규칙이 공포된 이후 행정청의 견해에 "지배적인 무게"를 주는 것은 이러한 보통의 사법 실무에 들어맞지 않는다.

넷째, 지난 반세기 동안 행정국가의 폭발적인 성장은 아우어의 잠재성을 악화시켰다. 법원이 세미놀 록 판결에서 처음으로 법리를 언급했을 때, 행정국가는 새로웠고 행정절차법은 의회의 눈에 어슴푸레하게 비쳤다. 20년 뒤에 법원이 세미놀 록 판결을 되살려 새로운 존중법리로 만들었을 때, 행정국가가 보통의 미국사람들 삶속에 얼마나 퍼질지 뚜렷하지 않았다. 이제 21세기에 "행정국가는 엄청난 권한을 휘두르고 있고 거의 모든 일상생활에 영향을 미치고 있다." 무엇보다 행정국가는 많은 규칙을 만들어서 의회가 만든 법률을 작고 초라하게 만들고 있다. 2018년까지 연방규칙은 242권 185,000쪽에 달하는데, 법률 최신판보다 거의 네 배나 많다. 그리고 행정청은 해마다 수년 쪽의 규칙을 만들어내고 있다. 행정의 생산력이 좋은 일이라고 생각하든 안 좋은 일이라고 생각하든, 다툼이 있는 규칙의 의미에 관하여 시민들이 공정한 사법 심사를 받지 못하도록 하는 비용은 극적으로 늘어났다.

다섯째, 아우어 판결은 신뢰이익이 크지 않았다. 아우어의 존중 법리에 기댄 유일한 당사자는 행정절차법의 알림 및 의견수렴 절차를 비켜서 임시의 해석을 사용한 행정청이다. 그러나 이 법원은 특히 독립된 판사와 안정되고 알려진 법률들에 따른 공정한 심판절차에서 시민들이 얻는 이익에 어긋날 때, 정부 공무원의 편의가 선례구속원리의 판단에 고려되어야 한다고 제안하지 않았다. 간추리면 "행정청이 아우어의 존중법리를 권리로 본다는 사실이 시민들의 헌법상 권리가 모두 보호된다는 시민들의 반대되는 이익보다 우선될 수 있는 일종의 신뢰이익을 주지 않는다."

다수의견은 "아우어 법리를 포기하면 규제받는 당사자들이 그동안 의존해왔던 많은 확립된 규칙 해석에 의문을 던질 수 있다"고 걱정한다. 그러나 특정 규칙을 해석하는 판결은 법원이 아우어의 해석방법론을 더 이상 따르지 않는다고 선언해도 선례구속효과를 갖고 있다. 무엇보다 특정 법률을 해석한 판결은 그 해석 방법론이 인기를 잃어도 계속 존중을 받는다. 게다가 아우어 법리를 포기하면 그 존중 법리에 따라 승인된 규칙의 해석을 다시 살펴보아야 될 것이라는 다수의견의 옳다면, 다수의견과 같은 아우어 법리의 수정도 똑같은 결과를 낳게 된다. 법원이 오늘 요구한 질문을 하지 않고 이 법원의 아우어 존중 법리를 기계적으로 따른 수많은 하급법원 판결이 있다. 우리가 아우어 법리에서 단순히 벗어났을 때와 마찬가지로 오늘의 법리는 그러한 하급심 판결들이 계속 유효한지 의문을 던지게 된다.

*

아우어 판결을 번복하면 스키드모어 판결로 돌아간다. 법원은 독립된 판단으로 사건을 결정하게 되고 설득력이 있는 범위에서만 행정청의 견해를 따른다. 반면에 아우어 법리를 중층 단계의, 다양한 요건들을 질문하는 것으로 아우어 법리를 재구성하려는 다수의견의 시도는 불확실성이 커지고 소송도 늘어난다. 이러한 절차는 다툼 있는 규칙을 풀이하는 하급법원 판사들에게 어려움을 준다. 또한 중립적인 광장(법정)에서 다툼이 해결되기를 기대하고 바라는 국민들을 외면하게 된다.

20. 자동차 배출가스를 규제하는 규칙 제정 거부의 위법성과 당사자 적격

Massachusetts v. Environmental Protection Agency

549 U.S. 497 (2007)

〈해 설〉

환경보호 관련 19개 민간단체들은 1999년 환경보호청이 맑은공기법에 따라 신차의 온실가스배출을 규제하는 규칙의 제정을 신청하였다. 2003년 환경보호청은 규칙 제정을 거부하였는데, 환경보호청이 맑은공기법상 지구기후변화와 관련된 규칙을 만들 권한이 없고, 설령 있다고 하더라도 당시 시점에서 규칙 제정은 슬기롭지 않다고 결정하였다. 민간단체들이 제기한 소송에 캘리포니아 등 12개주와 뉴욕시 등 지방정부 4곳이 참가하였고, 연방DC항소법원은 규칙제정신청의 거부에 환경보호청의 재량권남용은 없다고 판단하였다.

법정의견은 환경보호청의 처분을 다투는 권리를 법에서 인정하였고, 매사추세츠는 온실가스배출에 따라 해수면이 올라가 해변토지를 상실하는 등 피해의 위험이 현실화되었고, 미국 이산화탄소 배출량의 1/3에 달하는 교통 분야의 배출과 그 피해 사이에 인과관계가 있으며, 위험을 줄이기 위한 구제의 실익이 있으므로 당사자적격을 인정하였다. 환경보호청은 대기오염물질이 공중보건이나 공공복지를 위협한다고 판단했으면, 유해한 오염물질 배출을 규제할 권한이 있고, 위협이 아니라고 판단하여 규제를 거부했으면 그 이유를 합리적으로 설명해야 하는 법률상 의무가 있음에도, 그 의무를 이행하지 않아 위법하다고 판결하였다.

반대의견은 이 사건에서 매사추세츠의 피해가 구체적으로 특정되거나 확인되지 않아 억측에 지나지 않고, 온실가스 배출이 매사추세츠의 해안토지상실과 인과관계가 있다고 보기 어려우며, 배출가스규제가 그 피해를 막아줄 거라는 판단은 추측일 뿐이라고 보아 당사자적격을 인정할 수 없다고 하였다.[113)]

113) 대법관 스티븐스가 법정의견을 작성하고 대법관 케네디, 수터, 긴즈버그, 브레이어가 참여하였다. 대법원장 로버츠가 반대의견을 작성하고 대법관 스칼리아, 토마스, 알리토가 참여하였다. 대법관 스칼리아가 반대의견을 작성하고 대법원장 로버츠, 대법관 토마스, 알리토가 참여하였다.

[대법관 스티븐스]

관련 자료로 입증되고 있는 기후 상승은 대기중에 이산화탄소의 증거와 맞아 떨어지고 있다. 유명 과학자들은 두 가지 경향이 관련되어 있다고 믿고 있다. 이산화탄소가 대기중으로 나갈 때, 온실의 천장처럼 작용하여, 태양에너지를 붙잡고, 열의 방출을 늦춘다. 그래서 이산화탄소는 온실가스의 일종이자 가장 중요한 물질이다.

지구온난화가 우리 시대의 가장 심각한 환경문제라고 하면서 몇몇 주들114)과 지방정부들115), 민간단체는 상고허가신청서에서 환경보호청이 맑은공기법에 따라 이산화탄소를 포함한 4가지 온실가스 배출 규제 권한을 행사하지 않았다고 주장하였다. 구체적으로 상고인들은 법 §202(a)(1)의 의미와 관련하여 다음 2가지 문제에 답해주기를 바라고 있다. 환경보호청이 신차의 온실가스배출을 규제할 법률상 권한을 갖고 있는지, 갖고 있다면 규제하지 않는다고 말한 이유가 법률에 맞는지이다.

보조참가한 10개의 주116)와 6개의 기업 협회117)가 지지하는 환경보호청은 우선 상고인 중 1명이 헌법 제3조에 따라 재판받을 권리가 없으면 우리는 위 문제를 다룰 수 없다고 답변하였다. 그 재판권 주장의 상당성과 §202(a)(1) 해석에 모순된 판결이 없음에도 불구하고, 이 사건 쟁점이 드물게 중요하여 우리는 상고를 허가하였다.

I

현행 맑은공기법 §202(a)(1)은 다음과 같이 규정하고 있다.

“환경보호청장은 법률조항에 따라 규칙을 만들어, 공중보건이나 공공복지를 위협한다고 합리적으로 예상되는 대기오염을 일으키거나 기여한다고 판단되는, 어떤 유형의 신차나 신차엔진에서 나오는 대기오염원의 배출에 적용될 수 있는 기

---

114) 캘리포니아, 코네티컷, 일리노이, 메인, 매사추세츠, 뉴저지, 뉴멕시코, 뉴욕, 오리건, 로드아일랜드, 버몬트, 워싱턴.

115) 콜럼비아특별구, 미국 사모아, 뉴욕시, 볼티모어.

116) 알라스카, 아이다호, 캔자스, 미시간, 네브래스카, 노드다코타, 오하이오, 사우스다코타, 텍사스, 유타.

117) 자동차제조사협회, 전국자동차대리점협회, 엔진제조사협회, 트럭제조사협회, 이산화탄소소송단체, 대기규제단체.

준을 설정하여야 한다."[118)]

법은 "대기오염원"을 대기중으로 배출되거나 들어가는 물리, 화학, 생화학, 방사능…물질을 포함한 대기오염물질이나 혼합물"이라고 정의하고 있다. "공공복지"는 폭넓게 정의되고 있는데 "날씨나 기후에 미치는 영향"을 포함하고 있다.

의회가 이 조항을 만들었을 때 기후변화 연구는 초창기였다. 미국기상청이 하와이 관측소에서 대기중 이산화탄소 농도를 측정하기 시작한 직후인 1959년 평균 316ppm이었다. 이는 지난 시기 가장 높은 이산화탄소 농도인 300ppm보다 높았다. 의회는 이산화탄소농도가 325ppm에 이른 1970년에 §202(a)(1)을 제정하였다.[119)]

1970년대 후반 연방정부는 사람의 활동에 연관된 이산화탄소배출이 기후변화를 일으킬 가능성을 심각하게 지켜보기 시작하였다. 1978년 의회는 기후프로그램법을 만들었는데, 대통령에게 나라와 세계가 사람이 일으킨 기후 변화와 그 의미를 이해하고 대응하는 제도를 만들도록 하였다. 이에 따라 카터 대통령은 국가연구위원회와 과학협회에 그 주제를 조사하도록 요청하였다. 위원회의 조사결과는 명백했다. "만약 이산화탄소량이 늘어난다면, 연구집단은 기후 변화가 발생한다고 의심할 이유가 없고 이러한 변화를 무시할만하다고 믿을 이유도 없다. 관망정책은 기다리다가는 너무 늦음을 의미한다."

의회는 1987년 이 문제를 다루었고, 지구기후보호법을 만들었다. 의회는 "사람이 만들어내는 오염물질-이산화탄소, 염화불화탄소, 메탄, 대기중으로 들어가는 다른 가스들-이 장기간에 걸쳐 지구 평균 기온을 실질적으로 증가시킬 수 있다."고 인정하면서, 환경보호청에게 지구기후변화 관련 정책을 제안하라고 지시하고, 국무장관에게 지구온난화를 해결하기 위해 다양한 외교채널을 통해 외교적인 노력을 하라고 지시하였다. 의회는 "계속되는 오염과 산림벌채가 회복할 수 없는 변화에 기여하고 기후를 보호하기 위해 필요한 조치를 확인하여 이행하라"고 강

---

118) 원래 1970년의 §202(a)(1)은 "공중보건 또는 공공복지를 위협한다고 합리적으로 예상되는"의 문구가 아니라 "공중보건 또는 공공복지를 위협한다"는 문구를 썼다. 의회는 Ethyl Corp. v. EPA, 541 F.2d 1, 25 (연방DC항소법원, 1976) (전원부) 판결을 승인하는 의미로 1977년에 개정하였다. 위 판결은 맑은공기법과 "상식은… 규제자가 피해 발생이 확실한지 의문이 있다 해도, 피해를 막는 규제조치를 요구한다"고 판결했다.

119) 2006년에 이산화탄소 농도는 382ppm에 이르렀는데, 지난 2천만년 동안의 대기중 이산화탄소 농도를 넘는 수치였다.

조하였다.

그동안 기후변화의 과학 연구도 계속되었다. 유엔 지원으로 여러 나라가 참여한 과학연구기구인 기후변화위원회(IPCC, "위원회")는 1990년에 처음으로 광범위한 보고서를 공개하였다. 위원회는 전 세계 전문가들의 의견을 모아서 "인간 활동에 따른 배출이 온실가스의 대기집중을 실질적으로 증가시켜, 온실효과가 커지고 있고, 지구표면의 평균온도를 높이고 있다."고 결론 내렸다.

위원회의 보고서에 따라 유엔은 1992년 리오데자네이로에서 "지구정상회의"를 열었다. 부시대통령도 참석하여 154개 나라가 참여한 유엔기후변화협약(UNFCCC, "협약")에 서명하였다. 그 비구속 협약은 지구기후체계에 인류의 위험한 간섭을 막기 위해 이산화탄소와 다른 온실가스의 대기집중을 줄이자는 내용이었다. 상원은 만장일치로 협약을 비준하였다.

위원회가 1995년에 "지구기후에 미친 인간의 영향을 확인할 수 있는 증거자료가 있다"는 결론을 내린 2번째 보고서를 공개하고 5년 뒤에 협약 서명자들은 일본 교토에서 만나 산업국가들이 온실가스 배출을 줄이기로 한 의정서를 채택하였다. 이 의정서는 중국, 인도와 같이 오염물질을 많이 배출하는 개발도상국가에게는 적용되지 않았기 때문에, 미국은 교토의정서에 가입해서는 안된다는 뜻을 담은 결의안을 상원은 만장일치로 통과시켰다. 클린턴 대통령은 상원 비준을 위해 의정서를 제출하지 않았다.

II

1999. 10. 20. 19개 민간단체들은 환경보호청에게 맑은공기법 202조에 따라 신차의 온실가스배출을 규제하는 규칙을 제정하라고 신청했다. 상고인들은 1998년이 역사상 가장 따뜻한 해였고, 이산화탄소, 메탄, 아산화질소, 수소불화탄소가 열을 붙잡고 있는 온실가스이며, 온실가스배출은 기후변화를 매우 재촉하고 있고, 위원회의 1995년 보고서는 "이산화탄소가 기후변화를 일으키는 가장 중요한 요인"이라고 경고했다고 주장했다. 또한 기후변화는 사람의 건강과 환경에 심각한 부작용을 가져온다고 했다. 상고인들은 환경보호청 스스로가 이미 이산화탄소를 규제할 법률상 권한이 있음을 확인했다고 보았다. 환경보호청의 법무담당관 캐논은 의견서에서 이산화탄소배출은 환경보호청의 규제범위 내에 있는데, 지금까지

그 권한을 행사하지 않았다고 인정하였다. 캐논의 후임자 구지는 규칙제정신청을 받은 2주 뒤 열린 의회위원회에서 그 의견을 되풀이하였다.

신청 후 15개월만에 환경보호청은" 신청내용과 관련하여 검토하여야 하는 과학, 기술, 법률, 경제 그 밖의 다른 측면"에 관한 의견을 포함하여 "신청의 모든 내용"에 관하여 공개적으로 의견을 수렴하였다. 환경보호청은 5개월 동안 5만건이 넘는 의견을 받았다.

의견수렴기간이 끝나기 전에, 백악관은 가능한 한 빨리 국가연구위원회에게 가장 확실하거나 불확실한 내용이 있을 경우 기후변화과학에서 그 분야를 특정하도록 도와달라고 하였다. 그 결과물이 기후변화과학이라는 제목의 2001년 보고서였다. 주로 1995년 IPCC 보고서의 일부 핵심 문제를 분석한 결과 온실가스는 인간활동의 결과로서 증가하여 지표면온도와 해수면온도를 끌어올리고 있다는 결론이었다. 실제 기온은 올라가고 있는 중이다.

2003. 9. 8. 환경보호청은 규칙제정을 거부하였다. 환경보호청은 다음 두 가지 이유를 들었다. (1) 법무담당관의 의견과 다르게, 맑은공기법에 따라 환경보호청이 지구기후변화를 다루는 의무규칙을 만들 권한이 없다. (2) 환경보호청이 온실가스배출기준을 설정한 권한이 있다 해도, 지금 시점에서 슬기롭지 않다.

환경보호청은 온실가스에 관하여 법률상 권한이 없다고 하면서 의회가 1990년에 맑은공기법을 두루 개정했을 때, 지구 기후 변화를 잘 알고 있었지만, 배출제한의무를 설정하는 개정안은 채택하지 않았다고 보았다. 대신에 의회는 기후 변화를 더 조사해보기로 하였다고 한다. 또한 의회가 지구 온도 문제의 해결책을 마련하기 위해, 1990년 오존층을 넓히는 오염물질을 규제하는 광범위한 제도를 만들었고, 42 U.S.C. §§ 7671-7671q, 이는 §202(a)(1)로 일반적인 온실가스 규제권한을 주었다는 해석에 배치된다고 한다.

환경보호청은 FDA v. Brown & Williamson Tobacco Corp., 529 U.S. 120 (2000) 판결에 의해 이러한 결론에 이른다고 밝혔다. 그 사건에서 담배의 독특한 정치 역사를 살펴 본 우리는 미국 경제에서 중요한 부분을 차지하고 있는 산업에 관할권을 주장하는 근거로서 약물을 규제하는 일반적인 권한을 내세운 식약처의 주장을 받아들이지 않았다.

환경보호청은 기후변화도 정치 역사를 갖고 있다고 했다. 의회는 원래 세계 기온에 영향을 미치는 물질보다는 지역의 공기오염물질을 다루기 위해 맑은공기법을 만들었다. 1990년에는 환경보호청이 자동차의 이산화탄소배출기준을 만드는 개정안을 채택하지 않았다. 그리고 다른 입법에서 지국 기후 변화를 다루었다. 이러한 정치 과정과 온실가스 배출 제한은 담배규제보다 더 커다란 경제 및 정치의 파급효과가 있기 때문에, 환경보호청이 규제할 권한이 없다고 하였다. 본질은 기후 변화가 너무 중요해서 의회가 더 정확하게 말하지 않는 한 환경보호청이 다룰 수 없음을 의미한다는 결론이었다.

환경보호청은 온실가스가 법의 의미상 대기오염물질일 수 없다는 결론으로 이어진다고 믿었다. 만약 이산화탄소가 대기오염물질이라면 배기가스배출을 줄이는 유일한 방법은 연료산업을 발전시키는 것이라고 설명하였다. 그러나 의회는 이미 자세한 연료산업 의무기준을 만들어 교통부에게 집행하도록 했기 때문에, 환경보호청 규제가 그 기준과 모순되거나 중복될 수 있다고 보았다.

온실가스규제 권한을 갖고 있다고 가정해도 환경보호청은 그 권한을 행사하지 않은 이유를 자세히 설명하였다. 먼저 인간활동의 결과 온실가스가 극적으로 늘어났고 지표면 대기온도도 높아졌다고 인정하였다. 그럼에도 둘 사이의 인과관계가 뚜렷하게 확립되었다고 볼 수 없다는 국가연구위원회의 보고서를 너무 중시하고 있다. 환경보호청은 그 불확실성이 남아 있어서 온실가스 배출 규제가 슬기롭지 못하다고 결론 내렸다.

또한 자동차배출가스규제는 기후 변화에 사소한 접근방식이라고 보았고, 그 규제는 그 문제에 대한 대통령의 포괄적인 정책과 충돌할 수 있다고 덧붙였다. 대통령의 정책에는 기술 혁신의 추가 지원, 민간영역에서 스스로 온실가스배출을 줄이도록 권장하는 비규제 제도 개발, 기후 변화의 추가 연구가 들어 있다. 환경보호청의 일방적인 자동차배출 온실가스의 규제는 온실가스 배출을 줄이기 위해 주요 개발도상국을 설득하는 대통령의 권능을 방해할 수 있다고도 했다.

III

나중에 소송참가한 주들과 지방정부와 함께 상고인들은 연방DC항소법원에 환경보호청의 처분을 심사해달라고 요청하였다. 재판부의 3명 판사가 각자 의견을 작성하였지만, 두 판사는 환경보호청장이 규칙제정 신청을 거부하면서 §202(a)

(1)에 따른 재량권을 올바로 행사하였다고 인정하였다. 항소법원은 청구를 기각하였다.

판사 랜돌프는 법정의견에서 상고인 적격 문제를 결정하지 않으면서, 그 이유로 적격과 본안 문제가 중복되기 때문에 본안심리가 허용된다고 하였다. 온실가스 배출이 공중보건이나 공공복지를 위협한다고 합리적으로 예상된다고 판단될 때, 법에 따라 환경보호청장이 이를 규제할 권한이 있는지를 판단하지 않는다고 전제하고, 청장이 과학적인 증거로만 판단할 필요가 없다고 보았지만, 의회의 정책판단도 참고할 수 있다고 보았다. 이러한 상황에서 환경보호청은 과학적인 불확실성뿐만 아니라, 미국 자동차 배기가스 배출의 일방적인 규제가 온실가스 배출을 줄이려는 다른 나라의 노력을 약화시킬 수 있다는 걱정을 포함한 다른 요소를 바탕으로 판단하는 것이 합리적이라고 한다.

센텔 판사는 헌법 제3조의 당사자적격에 필요한 피해를 증명하지 못했다며 별개의견을 썼다. 청구인들은 지구온난화가 인류에 피해를 준다고 했지만 자신들에게 특정한 피해가 있었음을 주장하지 못했다고 보았다. Lujan v. Defenders of Wildlife, 504 U.S. 555, 562 (1992) ("루한 판결"). 그는 당사자적격에는 반대의견을 냈지만, 본안에서는 판사 랜돌프의 판단이 그가 동의하는 결론에 가장 가깝다고 인정하고 참여하였다.

판사 타텔은 반대하였다. 환경보호청이 상고인들의 선서진술서에 있는 사실관계를 다투지 않았다고 강조하면서, 적어도 매사추세츠는 헌법 제3조 적격-피해, 인과관계, 구제가능성-의 각 요소를 충족했다고 결론 내렸다. 판사 타텔은 해수면이 올라 해변 지역 토지가 사라질 "실질적인 가능성"은 헌법 제3조의 재판권을 배제할만한 일반적인 피해와는 거리가 멀다고 보았다. 그는 상고인들의 진술서들은 온실가스 배출을 규제하지 않은 환경보호청이 매사추세츠 해변 재산을 위협하는 해수면 변화에 기여하고 있다는 결론을 적절하게 뒷받침하고 있다고 인정하였다. 구제가능성에 대해서, 그는 상고인들의 전문가들 중 한 명인 환경보호청 전 기후학자가 미국 자동차의 이산화탄소와 다른 온실가스의 배출을 줄인다면 지구온난화의 부정적인 영향을 늦추거나 완화할 수 있다고 말했음을 가리켰다. 또한 배출의무규제가 세계의 다른 나라들을 차츰 새로운 기술 개발로 이끌 것이라고 말한 과거 환경보호청 자동차 오염물질 규제담당의 진술을 들었다. 본안에서 판사 타텔은 법문이 환경보호청에게 온실가스배출 규제 권한을 주었다고 믿는 이유와 그러한 입법정책에 비추어 그 권한행사의 거부가 정당하지 않은 이유를 길게 설명하였다.

Ⅳ

헌법 제3조는 연방법원의 재판권을 "사건"과 "분쟁"으로 제한하고 있다. 그 두 낱말은 "연방법원의 업무를 당사자들 사이에서 그리고 역사적으로 사법절차를 통해 해결될 수 있다고 여겨진 형태에서 제기된 문제"로 제한하고 있다. Flast v. Cohen, 392 U.S. 83, 95 (1968). 그래서 당사자들이 정치 문제의 판결을 구할 때, Luther v. Borden, 48 U.S. 1, 7 How. 1, 12 L. Ed. 581 (1849), 조언을 구할 때, Clinton v. Jones, 520 U.S. 681, 700, 주33 (1997), 이후 사정 변화로 판결할 문제가 사라졌을 때 법원이 판단할 "분쟁"이 존재하지 않는다. 이 사건에 그러한 흠결은 없다.

당사자들의 다툼은 연방법원이 해결하기에 매우 알맞은 문제에 관하여 의회가 만든 법률의 올바른 해석에 달려 있다. 나아가 의회는 이러한 유형의 신청을 환경보호청이 처리하도록 허용하였다. 그 권한이 당사자적격 문제에 매우 중요하다. 의회는 피해를 정의하고, 이전에는 없었던 사건이나 분쟁을 일으킬 수 있는 인과관계를 신설하는 권한을 갖고 있다. 루한 판결 580. 그러나 이 권한을 행사하려면 의회는 적어도 정당하다고 여기는 피해를 확정하고 소송 제기할 자격이 있는 집단의 사람과 그 피해를 연관시켜야 한다. 그러므로 우리는 법의 올바른 집행과정에서 추상적인 이해관계의 정당성을 입증하려는 시민들의 소송을 허용하지 않는다.

환경보호청은 온실가스배출이 피해를 널리 퍼트리기 때문에, 당사자적격은 넘을 수 없는 사법상의 걸림돌이라고 주장한다. 우리는 동의하지 않는다. 대법관 케네디는 루한 판결 동조의견에서 다음과 같이 설명하였다.

"얼마나 많은 사람들이 문제된 조치로 피해를 입었는지는 중요하지 않지만, 소송을 제기하는 당사자는 그 조치가 구체적이고 개인적인 방식으로 피해를 주었음을 밝혀야 한다. 이 요건은 결코 공허한 형식논리가 아니다. 법정에 선 당사자가 결과에 실제 이해관계를 갖고 있을 뿐만 아니라, 미온적인 사회분위기가 아니라 사법 결정의 결과를 현실적으로 이해하는데 도움이 되는 구체적인 사실관계 속에서, 제기된 법률문제가 해결될 것임을 보장함으로써 대립당사자절차의 활력을 보존한다.” 581.

올바른 대심절차를 보장하기 위해 루한 판결은 청구인이 현실의 또는 임박한 구체적이고 특정한 피해를 입었고, 피해가 피고의 책임으로 귀속될 수 있으며, 청구인용판결이 그 피해를 구제할 수 있음을 증명하여야 한다고 판결했다. 560-561. 그러나 의회가 구체적인 이익을 보호하는 절차상의 권리를 부여한 청구인은-이 사건에서 위법하게 거부한 행정처분을 다투는 권리-구제가능성과 임박성의 정상 기준을 충족하지 않고도 그 권리를 주장할 수 있다. 청구인에게 절차상 권리가 주어졌을 때, 그 청구인은 청구한 구제방법이 피해를 준 당사자에게 피해를 준 결정을 재검토하도록 하는 가능성이 조금이라고 있다면 당사자적격이 있다.

상고인들 중 1인은 상고심리를 위해 당사자적격을 갖출 필요가 있다. 우리는 이 사건에서 항소법원의 타텔 판사처럼 매사추세츠의 특별한 지위와 이해관계를 강조한다. 이 사건에서 심사를 바라는 당사자가 자치권을 갖는 주이고 루한 판결에서처럼 일반인이 아니라는 사실이 검토대상이다.

현대 행정국가가 형성되기 전에 우리는 주가 연방 사법권에 호소할 목적으로 청구할 수 없다고 인정했다. 대법관 홈즈는 조지아주가 주 경계 바깥에서 나오는 공기오염으로부터 주민을 보호하기 위한 사건인 Georgia v. Tennessee Copper Co., 206 U.S. 230, 237 (1907) (“테네시 판결”)에서 다음과 같이 판결했다.

“이 사건은 마치 두 일반 당사자 사이에서 한쪽 당사자처럼 다투고 있으나 그렇지 않다. 이 사건에는 형평법상 구제를 위한 근거로서 동료 시민들 사이의 소송에서 나타나는 요소들이 부족하다. 주는 영향을 받는다고 하는 지역을 거의 소유하고 있지 않고, 돈으로 측정될 수 있는 손해액도 매우 적다. 이 소송은 준독립국인 주가 피해를 입었다며 제기한 소송이다. 주는 경계 내에 모든 토지 및 공기와 관련하여 주민들과 별개로 그리고 주민들의 권리와는 다른 이해관계를 갖고 있다. 주는 산에 있는 숲이 벌거벗게 되는지, 주민들이 맑은 공기를 마실 수 있는지에 관하여 최후의 발언권을 갖는다.”

한 세기 전에 주경계내에서 모든 토지와 공기에 관한 조지아의 독립된 이해관계가 연방 재판권의 대상이었듯이, 이 사건에서 영토를 보존하려는 매사추세츠의 타당한 희망도 마찬가지이다. Alden v. Maine, 527 U.S. 706, 715, 119 S. Ct. 2240, 144

L. Ed. 2d 636 (1999) (연방제도에서 주는 단순히 지방의 역할에 그치지 않고, 완전한 권한은 아닐지라도 주권을 가진 권위를 유지한다). 매사추세츠가 소유하고 있는 지역의 많은 곳이 사실상 영향을 받고 있기 때문에 이 사건의 결과에 따른 메사추세츠의 이해관계가 연방사법권의 행사를 보장할 만큼 충분히 구체적이라는 결론에 이른다.

주가 연합에 가입했을 때, 일부 주권 특권을 양보하였다. 매사추세츠는 온실가스 배출을 줄이기 위해 로드 아일랜드를 침입할 수 없고, 중국이나 인도와 그 배출에 대해 협의할 수 없다. 어떤 상황에서는 주내에서 자동차 배출가스를 줄이는 권한의 행사와 관련하여 연방법이 우선 적용되기도 한다.

이러한 주권 특권은 지금 연방정부에 있고, 연방의회는 환경보호청에 어떤 종류든 신형 자동차 엔진에서 나오는 대기오염물질이 공중 보건이나 공공복지를 위협한다고 합리적으로 예상되는 대기오염을 일으키거나 기여한다고 청장이 판단할 때, 그 오염물질의 배출에 적용될 수 있는 기준을 제정하여 매사추세츠를 보호하도록 지시하고 있다. 나아가 연방의회는 규칙제정신청의 거부가 자의적이거나 변덕스럽다고 다툴 절차상 권리를 인정하였다. §7607(b)(1). 절차상 권리와 준주권적 이익을 보호하는 매사추세츠의 이해관계를 고려할 때, 매사추세츠는 당사자적격이론에서 "특별한 배려"를 받을 자격이 있다.[120)]

---

120) 대법원장은 다수의견이 테네시 판결을 잘못 해석하고 있다고 하면서, 주의 당사자적격에 대한 새로운 이론을 만들었다고 한다. 그러나 다수의견은 테네시 판결을 당사자적격 판결이라고 이해하고 있는 연방법원과 연방제도에 관한 권위있는 교재(2006년)내용과 같다. R. Fallon, D. Meltzer, & D. Shapiro, Hart & Wechsler's The Federal Courts and the Federal System 290 (5판. 2003). 위 교재는 오랜 기간 동안 주에게 준주권이익, 곧 전체적으로 주에 관련된 공공 또는 주정부 이익을 보호하기 위해 후견 소송을 허용한 사례를 연대순으로 기록하고 있다. 예를 들면 Missouri v. Illinois, 180 U.S. 208 (1901) (주의 토지와 거주자들의 경계와 재판권에 관련된 사건, 주의 재산권과 이익에 직접 영향을 미치는 사건뿐만 아니라, 주의 마을과 도시의 건강과 번영에 실질적인 피해가 걸려 있을 때 연방재판권을 인정).
대법원장은 Massachusetts v. Mellon, 262 U.S. 447 (1923), Alfred L. Snapp & Son, Inc. v. Puerto Rico ex rel. Barez, 458 U.S. 592 (1982) (Missouri v. Illinois, 180 U.S. 208 (1901))를 근거로, 우리 선례들이 연방정부를 상대로 준주권이익을 주장하는 주의 당사자적격에 상당한 의문을 갖고 있다는 사실을 우리가 지나쳤다고 주장한다. 우리는 Georgia v. Pennsylvania R. Co., 324 U.S. 439 (1945) 판결에서 주가 연방법의 적용으로부터 주민 보호를 허용하는 경우(Mellon 판결이 금지함)와 연방법에 따른 자신의 권리 주장의 허용(당사자적격을 갖고 있다) 사이에 중요한 차이가 있다고 판결하였다. 이 사건에서 매사추세츠는 맑은공기법이 주민들에게 적용됨을 다투지 않고 있고, 오히려 그 법에 따른 권리를 주장하고 있다. Nebraska v. Wyoming, 515 U.S. 1, 20 (1995) (와이오밍주는 연방정부를 상대로 주경계내의 모든 영토와 영공에서 주민들의 소유권과 독립하여 그리고 그 배후에서 준주권이익이 정당함을 주장하는 당사자적격이 있다고 판결).

그래서 상고인들이 매사추세츠와 관련성이 있다는 주장은 당사자대립절차의 가장 중요한 기준을 충족하고 있음이 분명하다. 온실가스배출의 규제를 거부하는 환경보호청의 일관된 자세는 매사추세츠에게 "실제로" 그리고 "임박한" 피해를 가져올 위험이 있다. 또한 청구된 사법구제가 환경보호청에게 그 위험을 줄이는 조치를 취하도록 촉구할 실질적인 가능성도 있다.

피 해

기후변화에 따른 피해는 심각하고 널리 인정되고 있다. 환경보호청이 관련된 과학분야의 객관적이고 독립된 평가라고 여긴 국가연구위원회의 보고서는 전 지구에서 빙산이 떨어져 나가고, 적설량이 줄어들었으며, 강과 호수의 얼음이 이른 봄에 녹고, 지난 수천년 동안과 비교하여 20세기에 해수면이 올라가고 있는 사실을 포함하여 이미 커다란 피해를 낳고 있는 수많은 환경변화를 확인하고 있다.

상고인들은 환경 피해의 전조가 아직 오지 않았다고 주장한다. 기후과학자 마이클 맥크래컨에 따르면 "기후변화연구에 참여한 유능한 과학자들은 지구온난화가 무엇보다 세기말에 해수면을 끌어올려서, 자연생태계에 심각하고 되돌릴 수 없는 변화를 일으키고, 겨울에 산악지역에 눈이 적게 내려 담수의 심각한 부족현상이 발생하여 직접적이고 중요한 경제적인 결과를 가져오며, 질병을 널리 퍼트릴 위험이 있다는데 거의 모두 동의하고 있다." 그는 바다온도가 올라가서 허리케인이 더 세질 수 있다고도 보았다.

기후변화위기가 널리 알려진다고 해서 이 소송 결과에 대한 매사추세츠의 이해관계가 줄어들지 않는다. 다툼 없는 상고인들의 진술서를 보면, 지구온난화의 결과 20세기 동안 세계 해수면이 10cm와 20cm 사이에서 상승하였다. 이러한 해수면 상승은 이미 매사추세츠의 해변지역을 삼키기 시작했다. 매사추세츠가 해변토지를 거의 모두 소유하고 있기 때문에,[121] 토지소유자로서 피해가 특정되었다고 주장하고 있다. 만약 해수면이 예측한 대로 계속 올라간다면, 어느 주공무원은 많은 해변 토지가 범람으로 영구히 사라지거나 주기적인 폭풍과 해일로 임시

---

121) 예를 들면 매사추세츠 자연보존 및 휴양 관련 부서는 53개의 주립공원, 해수욕장, 보존지구, 생물보호지역을 소유, 운영, 관리하고 있다. 또한 해변에 수영장, 스케이트장, 놀이터, 운동장, 옛 방어시설, 공연장, 미술관, 자전거길, 테니스장, 보트 관련 시설을 포함하여 체육 및 휴양시설을 소유, 운영, 관리하고 있다. 이와 같은 해안의 재산과 시설은 도로, 공원, 배수시설, 부두, 바다 제방, 댐과 함께 주가 소유, 운영, 관리하는 기반시설이다.

로 사라질 수 있다고 믿고 있다. 상고인은 복원비용만으로 수억 달러가 들 수 있다고 주장하고 있다.[122)]

인과관계

환경보호청은 인간의 온실가스 배출과 지구온난화 사이의 인과관계가 있음을 다투지 않고 있다. 그래서 최소한 그 배출을 규제하지 않은 환경보호청은 매사추세츠의 피해에 기여하고 있다.

그럼에도 환경보호청은 신차의 온실가스배출을 규제하지 않기로 한 결정이 상고인들의 피해에 크게 기여하지 않았다고 주장한다. 같은 이유로 상고인들이 청구한 구제가 지구 기후 변화를 누그러뜨리고 피해를 구제해 줄 현실적인 가능성이 있다고 믿지 않고 있다. 개발도상국, 특히 중국과 인도의 온실가스 배출 증가 예상치가 국내의 배출감소분을 상쇄할 것이기 때문에 특히 그렇다고 한다.

그러나 환경보호청은 사건을 부풀리고 있다. 작은 조치는 작기 때문에 연방법원에서 절대 다뤄질 수 없다는 잘못된 가정에 기대고 있다. 그 전제를 받아들이면 규제 결정에 대한 다툼은 거의 쓸모없게 된다.

행정청은 입법기관과 마찬가지로 일반적으로 한 번의 규제로 거대한 문제를 해결하지 않는다. 대신에 계속해서 문제를 좁혀가면서 상황의 변화에 따라 무엇이 가장 좋은 방법인지를 더 까다롭게 이해하면서 더 나은 방법을 마련한다. 첫 번째 조치가 잠정적이라 하더라도 그 자체로 연방법원이 그 조치가 법을 준수하였는지를 판단할 수 없다는 논리가 성립하지 않는다.

그리고 국내 자동차 배기가스 배출 감소는 임시 조치이다. 다른 온실가스는 제쳐두고라도 미국의 교통 분야는 엄청난 양의 이산화탄소를 대기중으로 배출하고 있다. 맥크래켄 진술서에 따르면 1990년에만 17억 미터 톤 이상을 내뿜고 있다. 그 양은 전 세계 이산화탄소 배출량의 6% 이상이다. 미국의 전체 이산화탄소 배출량의 1/3가량인 교통 분야의 배출만을 생각해보면, 미국은 전 세계에서 3번째

---

122) 대법원장은 반대의견에서 아마도 상고인들이 매사추세츠의 토지 상실을 그가 바라는 만큼 정확하게 수량화하지 않았기 때문에 추측이라고 보는 것 같다. 그래서 매사추세츠의 피해가 억측이라고 한다. 그러나 매사추세츠의 해안선이 물러날 가능성은 상고인들이 곧 범람할 땅의 정확한 면적과 경계를 확정했는지와는 아무 관계가 없다. 상고인들은 바닷물높이가 올라가고 있고 앞으로도 계속 올라갈 것이며 그렇게 되면 매사추세츠의 영토가 줄어들 거라고 주장하고 있다. 누구도, 아마도 반대하는 대법관들도 이 주장에 이의하지 않는다. 우리의 선례는 그 이상을 요구하지 않는다.

이산화탄소 배출국가이다. 유럽과 중국 다음으로 많다. 어느 기준으로 평가하든 미국의 자동차 배출가스는 온실가스 농도, 상고인들에 따르면 지구온난화에 많은 기여를 하고 있다.

구 제

사실 자동차 배출 규제가 그 자체로 지구 온난화를 거스를 수 없지만, 우리가 환경보호청에 이를 줄이거나 늦추는 조치를 취할 의무가 있는지를 결정할 재판권이 없다는 뜻은 아니다. Larson v. Valente, 456 U.S. 228, 244, 주15 (1982) (원고는 판결이 피해를 구제할 수 있음을 증명할 때 회복가능성 요건을 충족한다. 판결이 모든 피해를 구제해준다고 증명할 필요는 없다) 인간이 만든 기후 변화의 잠재적인 결과가 엄청나기 때문에, 구형차를 신형차로 바꾸는데 드는 상대적으로 짧은 기간 동안 구제 효과가 지연될 수 있다는 사실은 본질적으로 관련성이 없다. 중국과 인도와 같은 개발도상국가가 다음 세기 동안 온실가스 배출을 실질적으로 증가시킬 거라는 것도 결정적이지 않다. 다른 나라에서 무슨 일이 일어나더라도, 국내 배출 감소가 지구 배출 증가 속도를 늦출 것이다.

나아가 우리는 지구 기후 변화 문제를 다루어야 하는 대통령의 입장을 인정하고 많은 자발적인 배출 감소 제도를 지지하는 환경보호청의 견해도 매우 중요하다고 본다. 항소법원 판사 타텔은 반대의견에서 환경보호청이 배출 감소가 미래의 지구 온난화에 큰 충격이 없다고 생각했다면 그러한 시도를 신경 쓰지 않았을 거라고 보았다.

간추리면 다툼 없는 상고인들의 진술서에 따르면 적어도 지구온난화로 인한 해수면 상승은 이미 매사추세츠에게 피해를 주고 있고 앞으로도 피해가 발생할 것이다. 그럼에도 언젠가 나타날 엄청난 피해의 위험은 현실적이다. 상고인들이 바라는 구제가 주어진다면 그 위험을 어느 정도는 줄일 수 있다. 그러므로 우리는 상고인들이 규칙 제정 신청을 거부한 환경보호청의 결정을 다툴 적격이 있다고 본다.[123)]

---

123) 대법원장은 반대의견에서 United States v. Students Challenging Regulatory Agency Procedures (SCRAP), 412 U.S. 669 (1973) 판결에 동의하지 않고 있다. 그러나 그는 대법관 스튜어트의 다음 의견을 부정하지 않고 있다. "Sierra Club v. Morton, 405 U.S. 727 (1972) 사건에서 상고인이 주장하듯이 구체적이고 지리적으로 제한된 연방 조치와 달리, 이 사건에서 문제의 행정청 조치는 전국의 철도에 적용될 수 있고, 모든 천연자원에 환경상 부정적인 영향을 미치고 있다.

V

이 사건 법률 쟁점을 심판하는 범위는 좁다. 우리가 계속 되풀이 했듯이 행정청은 맡겨진 책임을 수행하기 위해 한정된 자원과 사람을 어떻게 제대로 모을지를 선택하는 넓은 재량을 갖고 있다. 그 재량은 행정청이 집행조치를 취하지 않는다고 결정했을 때 정점에 있다. 그러므로 우리는 집행절차를 진행하지 않겠다는 행정정의 결정은 보통 사법심사대상이 아니라고 판결했다. 그러나 우리가 행정청의 규칙 제정 거부를 심사할 때의 엄격함에 대하여 논란도 있다.

규칙제정신청의 거부와 행정청이 집행조치를 취하지 않기로 한 결정 사이에 중요한 차이가 있다. 집행부작위결정과 비교해서 규칙 제정의 거부는 자주 있는 일이 아니고, 사실 분석과 달리 법률 분석에 더 필요한 일이고, 공개설명과 같은 특별한 형식에 따른다. 나아가 (적어도 이 사건 상황에서는) 영향을 받는 당사자가 먼저 신청할 수 있는 절차상 권리를 갖고 있는 규칙제정 신청이 거부되었다. 그래서 사법심사가 매우 제한되고 행정청의 결정을 크게 존중할지라도, 규칙 제정 거부는 사법심사대상이다.

환경보호청은 규칙제정신청을 거부하면서 이산화탄소가 §7602에서 정의된 "대기오염물질"이 아니기 때문에 42 U.S.C. §7521(a)(1)에 따라 신차의 배출가스를 규제할 권한이 없다고 결론지었다. 그 권한이 있다고 하더라도, 규제가 다른 행정부의 정책과 모순될 수 있어서 규칙 제정을 거부한다고 했다. 위에서 보았듯이 맑은공기법은 뚜렷하게 그러한 조치의 사법심사를 허용하고 있다. §7607(b)(1). 그래서 우리는 자의적이거나, 변덕스럽거나, 재량권남용, 법위반이라고 인정된다면 그 조치를 취소할 수 있다. §7607(d)(9).

캘리포니아의 그림같은 계곡을 이용하는 일부 사람들보다는, 나라의 멋있는 경관을 이용하고 공기로 숨쉬는 모든 사람들이 이 사건의 환경단체가 주장한 바와 비슷한 피해를 주장할 수 있다. 그러나 우리는 이미 많은 사람들이 똑같은 피해를 겪고 있다는 이유만으로 당사자적격이 부인되지 않음을 분명히 했다. 우리가 Sierra Club 판결에서 인용한 일부 판결들도 전국민이 정부의 중요한 조치에 불리한 영향을 받을 수 있다는 명백한 사실을 밝혔다. 다른 사람들도 피해를 입었다는 이유만으로 실제 피해를 입은 사람들의 당사자적격이 부인되면 가장 피해가 크고 널리 적용되는 정부의 조치를 누구도 문제삼지 않게 된다. 우리는 그 결론을 받아들일 수 없다." 또한 맑은공기법에 대한 환경보호청의 빡빡한 해석을 다투고 있는 매사추세츠와 다른 공공 및 민간단체가 펼치고 있는 법률상 청구를 "법률가의 게임"처럼 본 잘못도 있다.

VI

본안에서 첫 번째 문제는 맑은공기법의 §202(a)(1)에 따라 환경보호청이 신차의 온실가스배출이 기후변화에 기여하고 있다고 판단할 경우 그 배출을 규제할 권한이 있는지이다. 우리는 그러한 권한이 있다고 결론 내리는데 아무런 어려움이 없다. §202(a)(1)은 다음과 같이 규정하고 있다. 환경보호청은 "공중보건이나 공공복지를 위협한다고 합리적으로 예상되는 대기오염을 일으키거나 기여하는 대기오염물질이 신차나 신차의 엔진에서 배출된다고 판단될 때 규칙을 제정하여 그 배출에 적용될 수 있는 기준을 정할 수 있다." 42 U.S.C. §7521(a)(1). 환경보호청은 의회가 기후변화에 기여하는 물질을 규제할 의도가 없었다고 믿기 때문에, 이산화탄소는 규정의 의미상 "대기오염물질"이 아니라고 주장하고 있다.

법문은 환경보호청의 해석이 틀렸다고 말하고 있다. 맑은공기법은 "대기오염물질"을 "대기중으로 내뿜거나 들어가는 물리, 화학… 물질을 포함하여 모든 대기오염물질 또는 그 물질의 혼합물"이라고 정의하고 있다. 문면상으로 그 정의는 하늘에 떠 있는 모든 혼합물을 말하고 "어떤"이라는 낱말을 반복하여 써서 그 의도를 드러내고 있다. 이산화탄소, 메탄가스, 아산화질소, 수소불화탄소는 의심할 여지없이 "대기중으로 내뿜는 물리, 화학…물질"이다. 법률은 모호하지 않다.

환경보호청은 법문에 따르기 보다는 온실가스배출 규제에 나서지 않기 위해 의회의 지시를 잠정적이라고 본 법제정이후 의회의 행위와 고려사항을 내세우고 있다. 법제정이후 의회의 행위가 모호한 법률의 의미를 밝혀준다 해도, 환경보호청은 의회가 온실가스를 대기오염물질로 다루는 자신의 권한을 줄였음을 조금이라도 보여주는 의회의 행위를 특정하지 못했다. 그 뒤의 의회가 지구 온난화와 싸우기 위해 배출한계의무를 제정하지 않았다는 사실이 의회가 1970년 및 1977년에 §202(a)(1)을 개정한 의도가 무엇인지 말해주지 않는다. 그리고 우리는 공공복지를 위협하는 모든 대기오염물질을 규제하는 환경보호청의 의무와 기후변화의 이해를 높이기 위해 행정청 사이에 협력과 연구를 촉진하는 의회의 다양한 노력들을 조화시키는데 어려움이 없다. 협력과 연구는 신중한 규제 시도와 모순되지 않으며, 오히려 보완한다.

환경보호청이 들고 있는 Brown & Williamson Tobacco Corp., 529 U.S. 120

("브라운 판결")도 이 사건에 맞지 않는다. 담배제품이 식품, 의약품, 화장품법(FDCA)에 따른 식품의약국의 규제 대상인 마약이나 제품이 아니라고 판결하면서, 우리는 적어도 이 사건에는 관련이 없는 두 가지 중요 사유를 인정했다.

첫째, 우리는 의회가 위 법으로 담배 제품을 막으려고 하지 않았다고 생각했다. 반면에 이 사건에서 환경보호청의 조치는 그와 같은 극단적인 수단이 아니다. 환경보호청은 배출 규제만 하고, 법준수 비용을 적절히 고려하면서 필요한 기술의 개발과 응용을 허용하기 위해 조치를 늦출 수도 있다. §7521(a)(2). 그러나 담배제품 금지는 의회가 그 제품의 판매를 금지하려고 하지 않았다는 상식적인 직관에 어긋난다. 브라운 판결 133. 환경보호청이 지구 기후를 정상에서 벗어나게 하는 물질의 배출을 줄일 수 있다는 개념에 반대되는 직관은 없다.

둘째, 브라운 판결에서 우리는 위 법에 따라 담배를 규제한 권한이 없다는 식품의약국의 일관되고 반복된 태도를 배경으로 하였을 때에만 이해되는 의회의 입법을 지적하였다. 우리는 이 사건에서 그러한 입법을 지적할 수 없다. 환경보호청은 신차의 온실가스 배출 규제와 상충하는 의회의 행위를 전혀 특정하지 못했다. 환경보호청은 이 소송 대상이 된 거부처분 이전에 온실가스를 규제하는 권한을 부인한 적이 없다. 1998년에 사실상 그러한 권한을 갖고 있음을 인정하였다(캐논 의견서). 명확한 법률을 모호하게 해석하려는 환경보호청의 주장을 받아들일 이유가 없다.

마지막으로 환경보호청은 자동차 이산화탄소 배출을 규제하려면 주행거리 기준을 강화해야 하는데 이는 의회가 교통부에 맡긴 일이기 때문에 규제할 수 없다고 한다. 그러나 교통부가 주행거리기준을 정한다고 해도 환경보호청이 자신의 환경보호 책임에서 벗어나는 허가증이 아니다. 환경보호청은 에너지 효율을 올리려는 교통부의 의무와 전혀 다른 법률상 의무인, 공중보건과 공공복지를 보호할 책임이 있다. 두 의무가 겹쳐질 수 있지만, 두 행정기관이 자신들의 의무를 수행할 수 없다거나 불일치를 피할 수 없다고 생각할 이유가 없다.

§202(a)(1)을 만든 의회가 화석연료를 태우는 일이 지구 온난화를 일으킬 수 있다는 가능성을 이해하지 못했지만, 유연한 규제없이는 변화하는 상황과 과학의 발전이 곧 맑은공기법을 쓸모없게 만들어버릴 것이라고 이해했다. §202(a)(1)의 폭넓은 법문은 쓸모없어지지 않도록 미리 막기 위해 필요한 유연성을 주려는 의

도가 들어 있다. Pennsylvania Dep't of Corrections v. Yeskey, 524 U.S. 206, 212 (1998) (법률이 의회가 명확히 예상하지 않은 상황에 적용될 수 있다고 해서 모호하다고 볼 수 없다. 광범성을 보여준다). 온실가스가 맑은공기법의 대기오염물질의 정의에 들어맞기 때문에, 우리는 환경보호청이 신차에서 그러한 가스의 배출을 규제하는 법률상 권한이 있다고 본다.

Ⅶ

환경보호청 결정의 다른 근거, 곧 온실가스를 규제할 권한이 있다 해도, 이 시점에서 슬기롭지 않다는 이유는 법문과는 동떨어진 이유이다. 법률이 환경보호청의 권한 행사를 스스로의 판단에 따르도록 했지만, 그 판단은 "공중보건이나 공공복지를 위협할 것으로 합리적으로 예상되는 대기오염을 일으키거나 기여하는" 물질인지에 관련되어 있어야 한다. 달리 말하면 판단이라는 낱말을 썼다고 해서 법문을 무시하도록 허용하지 않았다. 법이 정의한 한계 내에서 재량을 행사하라는 지시일 뿐이다.

만약 환경보호청이 위협이 있다고 인정했다면, 맑은공기법에 따라 신차의 유해한 오염물질 배출규제를 해야 한다. 환경보호청은 다른 행정청과 함께 규제의 방식, 시기, 내용, 협력에 관하여 중요한 재량권을 갖고 있다. 그러나 환경보호청이 규칙제정 신청을 받았으면, 인용 또는 거부하는 이유는 법률에 맞아야 한다. 맑은공기법의 명확한 요건에 따르면 환경보호청은 온실가스가 기후변화에 기여하지 않는다고 판단하거나 재량을 행사할 수 없거나 행사하지 않을 거라고 결정한 이유를 합리적으로 설명했을 때에만 조치를 취하지 않을 수 있다. 환경보호청장이나 대통령의 우선되는 정책을 추진하는 재량을 제한하는 범위에서 의회의 계획이 그러하다.

환경보호청은 이러한 명확한 법률상의 의무를 따르지 않았다. 대신에 규제하지 않는 이유를 길게 말했다. 예컨대 환경보호청은 행정기관이 만든 여러 자발적인 제도가 이미 지구 온난화의 위협에 효과적으로 대응하고 있고, 온실가스 규제가 배출가스를 줄이기 위해 주요 개발도상국과 협상하는 대통령의 역량에 지장을 줄 수 있으며, 자동차 배출 가스 감축이 "기후 변화 문제를 다루는 비효율적이고 단편적인 방법"이라고 했다.

비록 우리가 이러한 정책 판단을 평가하는 전문가가 아니고 권한도 없지만, 온실가스 배출이 기후 변화에 기여하는지와 아무런 관련이 없는 내용이다. 과학적인 판단을 하지 않는 정당한 이유에 미치지 못한다. 특히 대통령이 외교 사안에 광범위한 권한을 갖고 있지만, 그 권한은 국내법을 집행하지 않는 데에 미치지 않는다. 1987년의 지구기후보호법에서 의회는 환경보호청이 아니라 국무부에 기후와 관련된 환경문제와 관련하여 미국외교정책을 만들도록 하였다. 환경보호청은 이 사건에서 국무부와 협의한 뒤 결정했는지를 밝히지 않았다. 의회는 환경보호청에 정책과 규칙을 만들 때 다른 행정기관과 협의하도록 지시했지만, 국무부는 그 대상이 아니다. §1103(b).

환경보호청은 기후 변화의 다양한 측면을 둘러싼 불확실성을 지적하고 이 시점에서 규제하지 않는 것이 더 낫다는 결론으로 법률상 의무에서 벗어날 수 없다. 만약 과학적인 불확실성이 커서 온실가스가 지구 온난화에 기여하는지를 합리적으로 판단하지 못한다면, 환경보호청은 그렇게 말해야 한다. 법률상 문제는 (공중보건이나 공공복지를) 위협한다는 사실인정을 하기 위해 충분한 정보가 있느냐이다.

간추리면 환경보호청은 온실가스가 기후 변화를 일으키거나 기여하는지를 결정하지 않은 이유를 합리적으로 설명하지 못했다. 그러므로 규칙제정거부 결정은 "자의적이고 변덕스러우며 법을 위반하였다." 우리는 환송심에서 환경보호청이 위협 인정을 해야 하는지, 위협한다고 인정한 경우에 정책 고려가 결정에 영향을 미칠 수 있는지의 문제를 다룰 필요가 없고 다루지 않는다. 우리는 환경보호청이 법률에 따라 작위 또는 부작위의 이유를 대야 한다고만 판결한다.

VIII

항소법원 판결을 취소하고, 이 판결에 맞는 추가 절차를 위해 되돌려보낸다.

[대법원장 로버츠 반대의견]

지구온난화는 위기이자, 우리 시대의 가장 큰 환경문제이다. 지구상의 거의 모든 사람들에게 부정적인 영향을 미칠 수 있고, 여러 나라들은 이 문제를 해결하기 위해 한 일은 거의 없을지 모른다. 그러나 미국의 행정부와 입법부 정책 담당자들은 지구기후변화를 다루기 위한 규제, 입법, 조약에 따른 수단을 계속 검토해

왔다.

선출된 사람들이 이 문제를 다루는 속도에 만족하지 못한 상고인들은 다양한 범위의 피해를 주장하고, 정부가 법률 조항을 지키지 않아서 피해가 발생하였다고 하면서 소송을 걸었다. 나는 이러한 청구는 사법심사대상이 아니므로 각하하려고 한다. 그 결론은 지구온난화가 존재하는지, 그 원인이 무엇인지, 문제의 범위를 판단하지 않는다. 또한 상고인들의 청구이유가 없다고 여기지 않는다. 이 법원의 당사자적격 법리는 이 사건과 같은 종류의 고충 처리는 "의회와 대통령의 역할"이지 연방법원의 역할이 아님을 인정하고 있다. 루한 판결 576. 나는 항소법원의 판결을 파기하고 상고인의 청구 각하를 위해 되돌려보낸다.

I

헌법 제3조 제2절은 연방사법권을 "사건"과 "분쟁"의 심판으로 제한하고 있다. "만약 다툼이 적정한 사건이나 분쟁이 아니라면, 법원은 이를 결정하거나, 결정과정에서 법을 자세히 설명하지 않는다." DaimlerChrysler Corp. v. Cuno, 547 U.S. 332, 341 (2006) ("다임러크라이슬러 판결") "청구적격은 사법심사할 사건이 무엇인지를 이해하는 부분이고, 헌법 제3조의 사건 또는 분쟁 요건의 본질적이고 변하지 않는 부분"으로 설명된다.

우리가 당사자적격을 다루는 틀은 익숙하다. "원고는 피고의 위법한 행위로 발생한 개인 피해가 청구한 구제에 의해 회복될 수 있음을 주장해야 한다." 다임러크라이슬러 판결 342. 이 사건에서 그 기준을 적용하면 상고인들은 환경보호청이 신차 온실가스 배출기준을 제정하지 않은 행위로 피해가 발생하였고, 그러한 기준을 제정하면 회복될 수 있다고 주장할 책임이 있다.

그러나 상고인들이 이러한 심사를 통과했는지를 결정하기 전에, 다수의견은 기준을 바꾸었다. "주는 연방사법권에 호소할 목적의 정상적인 청구인은 아니다"라고 하면서, 매사추세츠가 준주권적 이해관계를 보호하는 이익이 있기 때문에 우리의 당사자적격분석에서 특별한 배려를 받을 자격이 있다고 한다.

그러나 주가 강조한 피해가 우리 법리상 근거가 없고, 특별한 배려를 인정한 사례가 없기 때문에, 헌법 제3조의 당사자적격 요건 완화는 법원의 판결과는 뚜렷이 다르다. 다수의견이 인용한 사법심사조항(42 U.S.C. §7607(b)(1))이 주에게 특별한 권리나 지위를 주지 않는다. 다수의견은 "의회가 환경보호청에게 법률조항(§7521(a)(1))을 통해 상고인들 중에서 매사추세츠를 보호하라고 지시하였고, 규칙 제정신청의 거부가 자의적이고 변덕스럽다고 다투는 절차상 권리를 인정하였다"고 한다. 의회가 법률 조항에서 주의 권리에 관하여 어떤 말을 하였다고 생각할지 모른다. 의회는 무슨 일을 하려고 할 때 어떻게 할지를 알고 있다. 예컨대 §7426(b)는 주에게 어떤 오염물질을 직접 규제하기 위해 환경보호청에 신청하는 권리를 주었다. 그러나 이 사건에서는 그러지 않았다. 상고인들이 들고 있는 법에서 의회는 공공 또는 민간 청구인들을 똑같이 다루고 있다.

또한 다수의견이 들고 있는 판례도 헌법 제3조가 묵시적으로 공공 청구인과 민간 청구인을 달리 취급하고 있다는 생각을 지지하지 않고 있다. 다수의견은 새로운 당사자적격 법리를 만들려면 1세기 전으로 되돌아가야 하지만, 부족하기는 마찬가지다. 다수의견의 분석은 테네시 판결 (주와 민간 청구인을 구분한 사건)과 연관되어 있지만, 위 판결은 가능한 구제방법에 대해서만 구분하였다. 위 판결은 헌법 제3조의 당사자적격과는 전혀 다르다. 테네시 판결에서 조지아주는 옆 테네시주에 있는 구리회사가 조지아군 경계에 있는 숲, 과수원, 농작물을 완전히 파괴할 수 있는 오염물질을 내뿜는 행위의 금지를 청구하였다. 주는 영향을 받는다는 토지를 거의 소유하고 있지 않았지만, 법원은 준주권국으로서 조지아가 경계내의 모든 토지 및 공기에 대해 주민들의 소유권과 독립하거나 그 배후에 있는 이익을 갖고 있다고 판시하였다. 법원은 시민들 사이의 소송에서 형평 구제의 근거로 필요한 요소들이 부족한 반면, 주가 금전배상을 위해 준주권의 권리를 포기할 필요는 없다고 하였다. 그래서 민간 청구인은 법률 구제를 추구하지만, 주는 형평 구제를 받을 자격이 있다.

이 사건과 달리, 테네시 판결에서 헌법 제3조의 피해에 관한 문제는 없다. 주가 민간 당사자들이 당사자적격을 증명할 수 없는 경우에 주가 증명할 수 있다는 의견은 없다. 무엇보다 민간 토지 소유자는 재판권을 갖고 있다는 점에는 다툼이 없다. 테네시 판결은 후견소송에서 대표능력을 가지고 소송을 제기하는 주의 권리를 말하고 있을 뿐이다. 그러한 능력을 갖고 소송을 제기하는 주의 능력이 헌법 제3조를 충족하기 위해 피해입증, 인과관계, 구제가능성이라는 기본 요건을 전혀 건드리지 않는다.

후견소송에서 당사자적격 주장은 직접 피해 주장과 다르다. 헌법 제3조 피해와 다르게, 후견소송을 하는 주에게 추가 요건이 있다. 곧 특정한 개인 당사자의 이익과 다른 준주권적 이익의 존재이다. 선정자를 위해 소송을 제기하는 선정당사자소송에서 선정당사자가 선정자들을 대리하고 있을 뿐만 아니라 적어도 제3조 요건을 충족하고 있다고 입증해야 하듯이, 후견소송으로 준주권적 이익을 주장하는 주는 주민들이 헌법 제3조의 요건에 해당한다고 증명해야 한다. 준주권자로서 매사추세츠의 이익을 보더라도 증명이 더 어렵지, 더 쉽지는 않다. 다수의견은 후견소송의 당사자 적격에 필요하다고 늘 여겨지는 조건-준주권적 이익-을 헌법 제3조의 목적에도 충분히 입증되었다고 해버렸다.

나아가 다수의견의 논증은 그 자체로 흔들리고 있다. 다수의견은 매사추세츠가 준주권적 이익으로 특별한 배려를 받을 자격이 있다고 하지만, 해변 토지의 상실 피해에 헌법 제3조 적격 심사를 적용하고 있다. 그러나 후견소송에서 우리는 주의 토지 소유에 대해서 주가 비슷한 상황에 있는 재산권자와 같은 이익을 갖고 있기 때문에 주권적 이익이 아니라고 하였다.

무엇보다 다수의견은 우리의 선례가 직접 피해와 반대로 연방정부에 대해 준주권적 이익을 주장하는 주의 당사자적격에 의문을 던지고 있다는 사실을 지나치고 있다. 일반론으로 우리는 주가 후견소송에서 주민의 보호를 위해 준주권적 이익을 주장할 수 있지만, 이는 연방정부와 관계 속에서 그 권리를 집행할 의무나 권한이 있는 것은 아니라고 판결했다. 그 분야에서 그들을 대표하는 곳은 연방정부이지 주가 아니다.

이를 모아보면 상고인들이 이 법원이나 항소법원에 낸 서면에서 테네시 판결을 인용하지 않았는지를 추정해 볼 수 있다. 상고인들을 지지하는 사람들 중 아무도 위 판결을 인용하지 않은 이유도 설명해준다. 그리고 항소법원의 세 판사들 중 아무도 위 판결을 인용하지 않은 이유도 마찬가지이다. 당사자적격 요건이 필요한 이유는 법원의 이해를 위해 폭넓게 의존하는 쟁점들을 선명하게 드러내는 구체적인 대립구조를 보장하기 위해서인데, 오늘 다수의견이 이 점에 관한 서면 내용이나 주장 없이 주를 위해 헌법 제3조 당사자적격의 새로운 이론을 받아들인 것은 모순된다.

Ⅱ

상고인들이 전통적인 법리상 당사자적격을 밝힐 수 없다는 암묵적인 인정을 빼면, 법원의 "특별한 배려"가 적격분석에서 어떤 역할을 하는지 뚜렷하지 않다. 그러나 매사추세츠 주의 지위는 상고인들이 사실상 피해, 인과관계, 구제가능성의 증명을 실패하였음에도 이를 대체할 수 없다.

다수의견이 항소법원의 반대의견처럼 사실상 3단계심사를 적용할 때, 매사추세츠의 사실상 피해로 해변 토지의 상실을 들었다. 그러나 만약 상고인들이 헌법 제3조의 피해로 토지의 상실을 든다면, 남은 당사자적격 주장은 그 특정한 피해를 근거로 해야 한다. 그 피해는 구체적이고 특정되어야 하며, 구분되고 확인될 수 있어야 한다. 특정한 피해라는 개념의 중심에는 원고가 개인적이고 개별적으로 영향을 받았으며, 공공에 미치는 영향과는 구분되는 방식으로 그에게 직접 구체적으로 혜택을 주는 구제를 청구해야 한다는 요건이 있다. 특정한 피해가 없으면 사법권을 행사할 실제 필요가 있다는 확신이 있을 수 없고, 법원의 판결이 적용되는 정확한 사실관계에 따라 요구되는 구제보다 더 넓을 수 없다.

지구온난화라는 개념은 이러한 특정 요건에 맞지 않는 듯하다. 지구온난화는 인간 사회에 널리 피해를 주는 현상이고, 상고인들이 청구하는 구제는 공중에 초점을 맞추고 있다. 곧 세계의 대기를 바꾸려고 한다.

만약 상고인들의 특정한 피해가 해변 토지의 상실이라면, 그 피해는 실재하거나 임박하여야 하고, 추측 또는 가정적이어서는 안 된다.

"실제 피해"에 관하여 다수의견은 "지구온난화의 결과 해수면이 20세기 동안 10~20cm 올라갔고, 이러한 해수면 상승이 매사추세츠의 해변 토지를 삼키기 시작했다"고 보았다. 그러나 상고인들의 진술서는 그 부분을 뒷받침하지 않고 있다. 어떤 진술서는 "기후변화로 해수면의 상승은 매사추세츠 해안, 보스턴 지역에서 일어나고 있다"고 하지만 더 이상 설명하지 않고 있다. 그리고 보스턴의 해수면 상승 원인으로 지구온난화와 다른 이유를 중요하게 지적하고 있다. 그래서 한 문장의 결론과 달리, 상고인들의 당사자적격 관련 진술서 43개와 이에 붙은 증거들 중 20세기 해수면상승에 따른 매사추세츠 해안 토지의 실제 상실이 추론된다는 점을 뒷받침하는 내용은 전혀 없다. 단순한 억측일 뿐이다.

매사추세츠가 해안 토지를 곧 상실할 가능성 또는 분명히 임박했음을 확인하려는 다수의견의 노력도 마찬가지다. 상고인들의 진술인 중 지구 온난화가 2100년까지 해수면을 20~70cm 끌어올릴 거라고 예측한 사람이 있었다. 컴퓨터 모델 프로그램으로 현재의 매사추세츠 해안 토지와 높이를 지도로 나타내고, 가장 높은 해수면상승이 주가 소유하고 있는 해안 토지의 많은 부분들을 삼켜버릴 거라는 결론을 내렸다. 그러나 컴퓨터 모델 프로그램은 평균하여 약 30cm 가량 오류가 있고 가장 크게는 70cm의 오류도 있었다고 인정하고 있다. 그 문제를 제쳐두고라도 한 세기 동안의 수평선과 일련의 측정결과가 임박성과 급박성의 요건을 매우 허술하게 만들고 있다. 앞으로 피해가 발생할 가능성이 있다는 주장은 헌법 제3조의 요건을 채우지 못한다. 피해발생위협은 실제 피해에 해당할 정도로 분명하게 닥쳐야 한다.

III

상고인들이 당사자적격이 있음을 뒷받침하기 위해 매사추세츠 해안토지의 상실을 실제 피해로 주장하는 것에는 인과관계와 구제가능성에 관하여 극복할 수 없는 문제가 있다. 당사자적격을 밝히기 위해 상고인들은 그 구체적인 피해와 신차 온실가스 배출 기준이 없다는 사실 사이에 인과관계와 그 기준의 공표가 그 피해를 구제할 것임을 증명해야 한다. 인과관계와 구제가능성의 문제는 가끔 중복된다. 그리고 당사자가 정부의 제3자에 대한 위법한 규제나 규제 없음을 다툴 때, 인과관계와 구제가능성 요건의 충족은 실질적으로 더 어렵다.

상고인들은 피해와 환경보호청의 신차온실가스배출기준을 선포하지 않은 행위의 관계를 단순하고 직접적이라고 보고 있다. 곧 국내 신차가 이산화탄소와 다른 온실가스를 내뿜고 있다고 한다. 세계의 온실가스 배출이 지구온난화, 그래서 상고인들이 주장하는 피해를 일으키고 있다고 한다. 신차배출기준이 없으면 온실가스 배출과 그로 인한 지구온난화 및 뒤따르는 피해가 더 크다. 일단 환경보호청이 길을 바꾸면, 추세도 뒤집힐 거라고 한다.

다수의견은 지구온난화의 복잡성을 무시하고 1차로 피해의 특정성을 도외시하면서 인과관계와 구제가능성을 찾는 수단으로 지구온난화 자체의 끔찍한 성격을 이용하고 있다. 첫째, 이 사건에서 문제가 되고 있는 배출이 어느 정도 인지를 알 필요가 있다. 지역의 온실가스 배출이 대기 중으로 퍼지고 50년에서 200년 동안 어딘가에 머물고 있기 때문에, 지구 전체의 배출 자료를 봐야 한다. 상고인들의 진술서에 따르면 국내 자동차는 지구 이산화탄소 배출에 약 6% 가량, 지구 온실가스 배출에 4% 가량 기여하고 있다. 이 사건에서 문제되는 지구 배출량은 더 적다. 맑은공기법 §202(a)(1)은 신차와 신차 엔진에만 적용되므로, 상고인들이 바라는 배출기준은 지구배출의 4% 중 일부만 줄이게 된다.

이것은 온실가스배출에만 관련되어 있다. 이것을 지구온난화와 상고인들이 주장하는 피해로 연결하기 위해서는 더 복잡한 고려사항이 있다. 환경보호청이 상고인들의 규칙제정신청을 거부할 때 다음과 같이 설명하였다.

> "미래의 기후 변화 예측은 다음과 같은 경제와 물리적인 요소의 복잡한 연결고리가 관련되어 있다. 미래 인위적인 온실가스와 연무제의 배출 예측 능력, 이들이 대기중으로 들어갔을 때 그 배출이 가져올 결과(식물이나 바다가 흡수하는 량 등), 대기 복사성에 따라 대기중에 남아 있는 배출의 영향, 매우 중요한 기후의 변화(구름층과 바다순환의 변화 등), 기온특성의 변화(평균 기온, 낮과 밤의 기온 변화 등), 다른 기상의 변화(강수량, 태풍의 변화 등), 궁극적으로 그 변화가 인간의 건강과 복지에 미치는 영향(농작물 수확의 증감, 인간 건강 영향 등)"

상고인들은 자신들의 피해가 이러한 복잡한 연결망 속에서 환경보호청의 기준으로 제한될지 모르는 단편적인 지구 배출량 때문이라고 결코 밝히기 어렵다. 일부 국내 신차 온실가스 배출이 상고인들이 말하는 150년간의 지구 현상에서 일정한 역할을 했고, 상고인들이 주장하는 피해, 곧 매사추세츠의 해안 토지 상실에 관련되어 있다고 해도, 연관관계가 너무 불확실하여 인과관계를 인정할 수 없다.

IV

구제가능성은 더 문제가 있다. 상고인들이 주장하는 피해와 이 사건의 단편적인 국내 배출 사이의 연관성이 미약한데, 상고인들은 미국 밖에서 나오는 온실가스 80%의 원인이 무엇인지 쉽게 예측할 수 없다. 다수의견이 인정하듯이 중국과 인도와 같은 개발도상국이 다음 세기에 걸쳐 실질적으로 온실가스를 더 배출하므로, 이 사건에서 문제가 되는 국내배출은 전 지구 배출에서 차지하는 부분이 줄어들고, 상고인들이 바라는 기준에 따라 감소되는 부분보다 지구상의 다른 곳에서 늘어나는 배출량이 훨씬 많을 것이다.

상고인들은 이러한 불확실성에 관한 진술서를 냈는데, 만약 미국이 신차 배출을 줄이는 조치를 취한다면, 다른 나라들도 미국의 제도에 따라 개발된 기술을 이용하여 자신들의 차량에도 비슷한 조치를 취할 수 있다고 한다. 달리 말하면 다른 나라들이 미국의 자동차 배출보다 지구온난화에 더 많이 기여할 거라고 걱정하지 마라, 누군가가 혁신을 할 것이고 중국이나 인도는 돈이 얼마나 들지 간에 새로운 기술을 쓰게 된다고 한다. 다수의견은 당사자적격은 소송당사자가 아닌 독립행위자의 자유로운 선택에 달려 있고, 그 독립행위자의 포괄적이고 정당한 재량권을 법원이 통제하거나 예상할 수 없을 때, 당사자는 독립행위자가 그러한 방식으로 선택할 거라는 주장을 뒷받침하는 사실을 밝혀야 한다. 진술서의 결론 부분은 이와는 거리가 멀다.

다수의견은 국내 배출 감소가 지구온난화 증가속도를 늦출 것이기 때문에 다른 지역에서 무슨 일이 일어나든 무관하다고 한다. 티끌 모아 태산이어서 매사추세츠도 티끌을 모으려고 소송을 제기할 수 있다는 것이다.

다수의견은 3가지 당사자적격 심사기준의 다른 요소들을 서로 묶어내지 못하고 있다. 구제되어야 하는 대상은 실제 특정한 피해이다. 다수의견이 고려한 피해는 토지 상실 주장이다. 다수의견은 국내 자동차 배출 규제가 대기중의 이산화탄소를 줄일 수 있고, 매사추세츠의 피해도 구제할 수 있을 거라고 한다. 그러나 규제가 배출을 어느 정도 줄인다 해도, 지구의 다른 곳에서 발생하는 사건을 생각할 때, 다수의견은 그것이 토지 상실이라는 실제 피해를 구제할 수 있는 이유를 설명하지 않았다. 환경보호청의 신차 배출 규제가 매사추세츠의 해안 토지 상실을 방지할 것이라는 판단은 순전히 추측일 뿐이다.

V

상고인들이 인과관계와 구제가능성을 증명하는 어려움은 피해의 원인-재앙적인 지구 온난화-와 이 소송에서 문제가 된 맑은공기법 조항의 제한된 내용사이의 뚜렷한 불일치를 보면 당연하다. 불일치는 상고인들이 이 소송을 제기한 진정한 목적을 더 상징해주고 있음을 알 수 있다. 그러나 헌법이 정한 법원의 역할은 구체적인 사건을 판단하지 정책 토론의 편리한 장을 제공하는 것이 아니다.

공정하게 원인을 밝힐 수 있는 또는 구제될 수 있다는 당사자적격의 법리를 다룰 때, 논란이 될 수 있다. 그러나 이러한 요건을 얼마나 좁게 또는 넓게 정의하느냐를 고려할 때, 반드시 질문의 목적을 염두에 두어야 한다. 사법권을 사건과 분쟁으로 제한한 뜻은 헌법이 설정한 3권분립을 유지하는데 매우 중요하다. 나는 오늘 다수의견이 헌법 제3조가 규정한 "당사자적격의 핵심 성분"을 다루면서 이러한 제한을 심각하게 받아들이지 않았다고 생각한다.

공정하게 말하자면 다수의견의 그러한 판단은 이번이 처음은 아니다. 오늘 판결은 과거에 당사자적격 요건을 가장 크게 외면한 사례를 떠올리게 한다. United States v. Students Challenging Regulatory Agency Procedures (SCRAP), 412 U.S. 669 (1973). 위 판결은 아마도 오늘날까지 가장 거리가 먼 피해에 제3조 당사자적격을 인정하였고 법의 한계를 넘어섰다. 위 판결에서 법원은 철도운임을 올리면 재활용할 수 없는 제품 사용이 늘어나고(생산비용이 싸니까?), 그러한 제품을 만들기 위해 천연자원이 더 필요하게 된다고 주장하는 환경단체의 주장을 근거로 철도운임 추가를 다투는 단체의 당사자적격이 문제된 사건이었다. 단체는 이러한 자원의 일부는 워싱턴 지역에서 채집(채굴, 벌채 등 포함)되는데 주변 공원지역에 피해를 줄 수 있고, 단체 구성원들에게(숲과 강, 산을 이용하는데 불편을 주는 등) 피해를 준다고 하였다. 위 판결은 제3조 당사자적격 요건을 완화하는 사건이 아니라 사법자제의 문제로 심각하게 받아들이지 않는다면 그 요건들을 어떻게 다룰 수 있는지의 문제가 되었다. 위 판결은 당사자적격을 판단하면서 법원이 법원의 역할을 하고 정치적으로 책임지는 영역(입법부와 행정부)에 침범하지 않음을 보장하는 근본 제한이 아니라 법률가의 게임처럼 만들었다. 오늘 판결은 새로운 세대의 SCRAP 판결이다.

아마 다수의견도 이를 인정하고 있으리라. 그렇지 않다면 자신의 결론을 뒷받침하기 위해 주의 당사자 적격이라는 새로운 법리를 창안할 필요성을 설명하겠는가? 다수의견이 밝힌 매사추세츠에 대한 "특별한 배려"가 이 사건에서 적용된 느슨한 당사자적격 요건을 앞으로 적용할 때 제한으로 작용할 수 있어서 다행이기도 하다. 그러나 다수의견이 헌법 제3조의 요건을 스스로 풀었으니 민주사회에서 법원의 올바르고도 적절하게 한정된 역할을 넘어서도록 이끌었다.

나는 정중하게 반대한다.

[형 사]

21. 컴퓨터사기법이 처벌하는 "허용된 접근을 넘는" 행위의 적용 범위

Van Buren v. United States

593 U.S.______(2021)

〈해 설〉

경찰관 뷰런은 돈을 받고 사법당국의 컴퓨터 데이터베이스에서 자동차번호를 검색하였다. 뷰런은 법집행목적과 무관한 이유로 데이터베이스에 접근하여 컴퓨터사기법 위반으로 기소되었다. 뷰런은 비록 부당한 목적으로 접근하여 정보를 수집하였다 하더라도 컴퓨터에 접근할 자격이 있으므로, 법위반이 아니라고 주장하였다. 법정의견은 허락을 받고 컴퓨터에 접근했지만 접근이 금지된 컴퓨터의 특정 영역, 예를 들면 파일, 폴더, 데이터베이스에 있는 정보를 수집했을 때 법이 금지하는 "허용된 접근을 넘는" 행위에 해당된다고 판단하였다. 뷰런이 부당한 목적으로 정보를 얻었다 해도 정보가 들어 있는 데이터베이스에 접근할 자격이 있는 이상 법위반이 아니라고 판결하였다. 반대의견처럼 부당한 목적으로 컴퓨터에 접근한 행위를 법위반으로 해석하면 직장내 업무지침이나 웹사이트 이용조건 등에 위반된 컴퓨터 이용 행위가 광범위하게 형사처벌대상이 될 우려가 있다고 보았다.[124)]

[대법관 바렛]

전직 경찰관 뷰런은 돈을 받고 사법당국의 컴퓨터 데이터베이스에서 자동차번호를 검색하였다. 뷰런은 법집행목적으로만 데이터베이스 정보를 수집하도록 허락한 경찰서 지침을 어겼다. 우리는 뷰런이 1986년의 컴퓨터 사기법(the Computer Fraud and Abuse Act)을 위반했는지를 판단해야 한다. 위 법은 "허락을 받아 컴퓨터에 접근하고 접근자가 그렇게 얻거나 바꿀 자격이 없는 컴퓨터의 정보를 얻거나 바꾸기 위해 그 접근을 이용하는 행위"를 불법으로 규정하고 있다.

그는 그러지 않았다. 이 조항은 컴퓨터 접근으로 접근할 수 없는 파일, 폴더,

---

124) 대법관 바렛이 판결을 작성하고 대법관 브레이어, 소토마요르, 케이건, 고서치, 카바노가 참여하였다. 대법관 토마스가 반대의견을 작성하고 대법원장 로버츠와 대법관 알리토가 참여하였다.

데이터베이스와 같은 컴퓨터의 특정 영역에서 정보를 얻는 사람에게 적용된다. 뷰런처럼 접근할 수 있는 정보를 얻는데 부당한 동기를 가진 사람에게 적용되지 않는다.

I

A

1980년대 초 기술 발전으로 컴퓨터가 전국의 학교, 사무실, 집에서 이용되었다. 그러나 공공 및 민간 분야에서 혁신과 개발을 위해 컴퓨터기술을 활용하면서, 이른바 해커들이 위법한 목적으로 컴퓨터를 활용하는 방법을 만들어냈다. 이어지는 해킹 사례들이 대중의 관심을 끈 뒤, 기존의 절도나 주거침입법이 전통적인 의미처럼 컴퓨터 소유자에게서 재산을 빼앗지 않는 사이버범죄를 다루기에는 마땅치 않았다.

몇몇 주들의 입법이 이어 의회는 1984년 포괄적인 범죄통제법의 일부로 첫 연방 컴퓨터범죄법을 만들었다. 몇 년 뒤 의회는 컴퓨터 사기법을 통과시켜 이 사건에서 다툼이 되는 조항을 넣었다. 법은 "고의로 허락 없이 컴퓨터에 접근하거나, 허용된 접근을 넘어" 컴퓨터정보를 입수한 사람을 형사처벌하였다. 18 U.S.C. §1030(a)(2). "허용된 접근을 넘은" 문구는 "허락을 받고 컴퓨터에 접근하여 정보를 수집하거나 바꿀 자격없이 정보를 수집하거나 바꾸기 위해 그 접근을 이용"하는 행위를 의미한다고 정의하였다. §1030(e)(6).

처음에 §1030(a)(2)는 오직 금융정보의 접근을 금지하였다. 그 뒤 "국내 또는 외국 상업거래나 통신에서 사용되거나 영향을 미치는" 컴퓨터 정보로 확대되었다. §1030(e)(2)(B). 그 결과 인터넷에 연결된 모든 컴퓨터의 모든 정보에 적용된다.

§1030(a)(2)를 어긴 사람은 벌금형과 10년 이하의 징역형에 처해질 수 있다. §1030(c)(2). 법위반으로 피해나 손실을 입은 사람들이 민사상 금전배상과 형평법상의 구제를 청구할 수 있다. §1030(g).

B

이 사건은 뷰런이 조지아에서 경찰관으로 일할 때의 일이다. 직무수행 중에 뷰런은 앤드류 알보라는 남자와 어울렸다. 뷰런 부서의 책임자는 알보를 매우 위험한 사람으로 보고 부서의 경찰관들에게 조심하라고 알렸다. 그 경고에도 불구하고 뷰런은 알보와 친한 관계가 되었다. 또는 뷰런이 그렇게 생각하고 알보에게 돈을 빌려달라고 했다. 뷰런 모르게 알보는 비밀리에 그 요청사실을 적어두었다가 지방 보안관에게 알리면서, 뷰런이 자신에게서 돈을 갈취한다고 불평하였다.

녹음된 대화내용은 연방수사국에 전달되었고, 뷰런이 돈을 받고 무슨 일을 할지 알아보는 조사가 시작되었다. 알보는 뷰런에게 사법당국의 컴퓨터 데이터베이스에서 스트립 클럽에서 만났던 여성이 소유했다고 하는 자동차번호를 검색해 달라고 요청하였다. 알보는 그 여성이 사복경찰인지 확인해보려고 한다고 말했다. 검색해주면 알보는 5,000불을 주겠다고 했다.

계획대로 일이 진행되었다. 뷰런은 순찰차 컴퓨터에서 유효한 그의 권한으로 사법당국의 데이터베이스에 접근하였다. 그는 알보가 제공한 자동차번호를 데이터베이스에서 검색하였다. 연방수사국이 만든 자동차번호를 알아낸 뒤 뷰런은 알보에게 알려줄 정보를 갖고 있다고 말했다.

연방정부는 뷰런이 알보를 위해 자동차번호를 확인한 행위는 "허락된 접근을 넘어" §1030(a)(2)를 어겼다는 이유로 컴퓨터사기법 위반으로 기소하였다. 1심 재판에서 제시된 증거에 따르면 뷰런이 사적으로 부당한 목적으로 사법당국의 데이터베이스를 이용하지 않도록 교육받았다. 그래서 뷰런은 검색이 경찰서 지침 위반임을 알고 있었다. 정부는 지침의 위반 역시 컴퓨터사기법 위반이라고 한다. 그 입장에 따라 정부는 배심에게 뷰런이 "법집행이 아닌 목적으로" 데이터베이스에 접근한 행위는 직무나 지침을 어기는 방식으로 컴퓨터 네트워크의 사용을 금지하는 컴퓨터사기법 위반이라고 말했다. 배심은 유죄평결을 내렸고, 지방법원은 징역 18개월형을 선고하였다.

뷰런은 연방제11항소법원에 항소하면서, "허용된 접근을 넘은"은 접근이 허용되지 않는 컴퓨터상의 정보를 얻은 사람에게 적용되고, 접근할 자격이 있으나 이를 남용한 사람에게 적용되지 않는다고 주장하였다. 일부 항소법원은 뷰런과 같이 해석하고 있으나, 11항소법원은 더 넓은 견해를 취하는 곳 중의 하나이다. 자신의 선례에 따라 재판부는 뷰런이 "부당한 이유로" 사법당국의 데이터베이스에 접근함으로써 컴퓨터사기법을 위반하였다고 판결했다. 우리는 "허용된 접근을 넘은" 문구에 따른 책임의 범위에 관한 엇갈린 판단을 정리하기 위해 상고를 허가하였다.

Ⅱ

A

1

뷰런과 정부는 자신들의 해석을 뒷받침하기 위해 정책 판단이 필요하다고 하였다. 그러나 우리는 늘 살펴보는 법률의 문언에서 시작한다. 가장 관련된 문언은 "허용된 접근을 넘은"으로 "허가를 받아 컴퓨터에 접근하고 얻을 자격이 없는 컴퓨터상의 정보를 얻기 위해 그 접근을 이용하는" 행위를 뜻한다. §1030(e)(6).

당사자들은 뷰런이 사법당국의 데이터베이스에 들어가기 위해 유효한 자격증과 순찰차의 컴퓨터를 이용할 때, 허가를 받아 컴퓨터에 접근했다고 인정한다. 또한 뷰런이 알보를 위해 자동차번호정보를 입수했을 때 컴퓨터상의 정보를 얻었다는데 다툼이 없다. 뷰런이 자료를 얻기 위해 그렇게 할 자격이 있었느냐가 쟁점이다.

"자격(Entitle)"은 "무엇에 대한 소유권, 권리, 주장"을 뜻한다. 당사자들은 뷰런이 사법당국의 데이터베이스에서 자동차번호정보를 입수할 권한이 있다는데 동의한다. 그러나 뷰런은 법률이 규정하는 바와 같이 자동차번호정보를 얻기 위한 자격이 있었는가?

뷰런은 그렇다고 말한다. 그는 법률에 사용된 "그렇게"는 이미 언급되거나 설명된 똑같은 방법으로 적용되는 참조 용어라고 말한다. "그렇게 수집하기 위한 자격"은 관련 정보를 얻기 위해 언급된 바와 똑같은 자격을 가지고 있는지를 묻는다고 한다. 그리고 이미 정의규정에 언급된 정보 수집의 유일한 방법은 "접근이 허용된 컴퓨터를 통해서"이다. 뷰런은 "그렇게 수집하는 자격이 없는"이라는 문언은 접근이 허용된 컴퓨터를 이용하여 수집이 허용되지 않는 정보를 말한다고 한다. 만약 정보수집이 허용된 컴퓨터의 "Y폴더"에 저장된 정보에 접근하였다면, 금지된 목적으로 어떤 정보를 수집하였든지 간에 그 정보수집이 법위반이 아니라고 한다. 그러나 만약 정보가 접근하지 못하는 금지된 "폴더X"에 있다면, 그 정보의 수집은 법위반이다.

정부는 법이 참조의 의미로 "그렇게"라는 낱말을 사용했다는데 동의하지만, 더 넓은 의미로 쓰인다고 한다. "그렇게 수집할 자격이 없는"이라는 문언이 특정한 방식이나 상황에서 수집이 허용되지 않는 정보를 말한다고 한다. 정보를 수집할 자격이 있는 방식이나 상황은 정보에 접근하는 자격을 구체적이고 명확하게 제한하여 정의하였다고 한다. 정부주장에 따르면 직원은 오전에 허용된 목적, 곧 회의준비를 위해 적법하게 폴더Y로부터 정보를 수집할 수 있지만, 오후에 경쟁 회사에 내는 지원서 작성이라는 금지된 목적으로 같은 폴더에서 정보를 수집하는 행위는 위법하다고 한다.

정부의 해석은 겉으로는 그럴듯하지만 옳지 않다. “그렇게”가 “방식이나 상황”을 말한다고 강조하면서, 정부는 동시에 그 방식이나 상황이 이미 언급되고, 주장되었거나 설명되었다는 점을 무시하고 있다. 정부의 해석에 따르면 관련된 상황-위법한 행위가 되는 상황-은 법률에서 먼저 확인되지 않는다. “그렇게”는 연방법, 주법, 사적인 계약 등에서 나타나는 상황에 따른 제한을 본다. 그리고 정부가 그러한 제한이 구체적이고 명확하게 언급되고, 표현되고, 자격 자체에 포함되어 있어야 한다고 제안하여 자신의 해석을 한정하려는 반면, 그러한 한계의 문언상 근거를 밝히지 않고 있다.

“그렇게”는 §1030(e)(6) 자체에서 언급한 “방식이나 상황을 참조한다”는 뷰런의 설명이 정부의 설명보다 더 설득력이 있다. “그렇게”는 다른 곳에서 언급된 제한을 찾아다니듯이 자유롭게 떠돌아다니는 용어가 아니다. 앞선 문언에서 언급되고 확인할 수 있는 내용을 말한다. “그렇게”는 반복을 피하기 위해 “이미 설명된 낱말이나 문구”를 대변한다. 수많은 연방 법률에 이러한 보통의 용례가 들어 있다. 우리는 뷰런의 견해에 동의한다. “그렇게 수집하기 위한 자격이 없는”은 접근이 허용된 컴퓨터를 이용하여 수집할 자격이 없는 정보를 말한다는 해석이 맞다.[125)]

2

정부는 원래 뷰런의 해석이 “그렇게”를 쓸모없게 만든다고 반론하였다. 정부는 앞서 규정내용대로 허락을 받고 접근한 컴퓨터를 사용하여 정보를 얻는 방식만을

125) 반대의견은 이러한 해석이 “재산법의 기본 원리”, 특히 “남의 재산을 이용할 자격은 구체적인 상황에 달렸다는 익숙한 법리”에 맞지 않는다고 비판한다. 그러나 보통법의 원리는 “의회가 보통법의 용어를 채택했을 때에만 법문으로 도입”되어야 하고, 의회가 “보통법 용어를 쓰지 않고 보통법 범죄와 비슷한” 범죄를 규정했을 때에는 아니다. Carter v. United States, 530 U.S. 255, 265 (2000). 의회가 컴퓨터사기법 제정에 나선 것은 기존법이 컴퓨터 범죄에 적용되지 못했기 때문에 이 사건에서 보통법을 참조하는 해석은 특히 적절하지 않다.

말한다면 문장에 더한 게 없다고 한다. 뷰런 해석에는 수집할 자격이 없는 정보를 얻은 사람은 "그렇게"를 삭제해도 마찬가지라고 한다. 반면에 "그렇게"가 정보를 수집하는 자격에 해당하는 모든 상황을 포함한다면 의미 있는 용어가 된다고 한다. 정부의 해석만이 "그렇게"에 의미를 부여하기 때문에 과잉조항금지법칙에 따라 옳은 해석이라고 강조한다.

그러나 뷰런의 해석이 "그렇게"를 쓸모없게 만들지 않기 때문에 정부에 도움이 안 된다. 뷰런이 지적하듯이 "그렇게"가 없으면 법률은 컴퓨터사기법 책임을 면하기 위해 비디지털 형태로 정보를 얻는 자격을 사용하도록 허용할 수 있다. 예컨대 컴퓨터를 이용하여 수집할 자격이 없음에도 개인 파일을 내려받은 사람을 생각해보자. 그 사람은 다른 방식(파일의 복사본 요청 등)으로 개인 파일에 접근할 자격을 가지고 있다면 정보를 수집할 자격이 있다고 주장할 수 있다. 컴퓨터사기법은 "그렇게"를 통해 그 항변을 허용하지 않는다. 법률은 사람이 컴퓨터에서 하는 일에 관심을 갖고 있다. 해커가 복사본을 줍기 위해 걸어 다닐 수 있다 해도 개인의 전자 파일 해킹을 허용하지 않는다.

이러한 구분은 정보에 대한 자격의 한 유형, 곧 컴퓨터를 이용하여 정보에 접근하는 자격을 무시하고 있기 때문에 중요하다. 이는 위 사례가 보여주는 바와 같이 책임범위를 넓힐 수 있다. 그러나 "그렇게"가 없다면, 법률은 모든 종류의 정보에 대한 자격 제한을 포함한다고 해석될 수 있다. 반대의견이 그 이유를 말해준다.

3

반대의견은 뷰런이 정의한 "그렇게"를 받아들이고 있지만, "자격이 있다"라는 낱말을 통해 정부의 결론에 이르고 있다. 반대의견에 따르면 "타당한 근거"가 있을 때에만 무엇을 할 "자격이 있다." 그래서 정보를 수집할 자격이 있는지를 결정하기 위해서는 접근이 타당한지를 상황에 따라 분석해야 한다고 본다. 정부의 의견과 마찬가지로 이 해석은 어디나 나타나는 모든 상황에서의 제한에 법률이 적용되기에 이른다.

반대의견의 "자격이 있는" 문구 해석은 추상적으로는 그럴듯하나 맥락상으로는 그르다. 법률은 "접근자가 수집할 자격이 없는… 정보"라고 하지 않았다. "접근자가 그렇게 수집할 자격이 없는… 정보"라고 했다. "자격이 있는" 문구는 따로 떨어져 있지 않고, 정보에 대한 접근자의 모든 자격범위를 고려하라고 하고 있다. "그렇게 수집할"이라는 수식구는 접근자의 자격에 대한 구체적인 제한을 살펴보라고 지시하고 있다. 곧 앞서 규정한 방식으로 정보를 수집하는 그의 자격. 그리고 위에서 설명한 바와 같이 앞서 규정한 방식은 접근할 자격이 있는 컴퓨터의 이용이다. 그래서 반대의견은 뷰런의 "그렇게" 해석을 말로는 받아들이면서도, 정부와 마찬가지로 "그렇게"에 제한적인 기능을 부여하지 않고 있다.

반대의견은 둘을 다 가질 수 없다. 뷰런의 "그렇게" 해석을 받아들인 결과 "자격이 있는"의 범위가 좁아진다. 사실상 반대의견의 사례들도 암묵적으로 이를 인정하고 있다. 그 사례들은 "그렇게"라는 낱말을 모두 빼고 "자격이 있는"에 모든 초점을 맞추고 있다. 법률을 개정하는 해석은 정부의 의견보다도 설득력이 없다.

4

정부는 "허용된 접근을 넘은" 문구의 의미를 "일상용어"로서 의미에 기대고 있다. 정부는 영어를 쓰는 보통 사람들은 뷰런이 개인 목적으로 자동차번호 정보를 얻었을 때 사법당국에 허용된 접근을 초과하였다고 생각할 거라고 한다. 반대의견은 이 점으로 사건이 해결된다고 주장한다.

만약 "허용된 접근을 넘은" 문구가 살펴보아야 할 모든 내용이라면, 정부와 반대의견이 맞을 수 있다. 그러나 "허용된 접근을 넘은" 문구를 정의한 컴퓨터사기법의 명백한 내용을 보면 다르다. 법률이 용어를 분명하게 정의하고 있을 때, 용어의 일상 의미가 다양하다 하더라도 우리는 그 정의에 따라야 한다. Tanzin v. Tanvir, 592 U.S. ___, ___ (2020). 그래서 뷰런이 허용된 접근을 초과하였는지가 아니라 컴퓨터사기법이 그 문구를 정의한 내용에 따라 허용된 접근을 넘었는지가 문제이다. 그리고 우리가 이미 설명했듯이 뷰런의 해석이 법률상 정의에 맞다.

나아가 그 해석은 문구에 대해 적절하게 설명들은 사람이 "허용된 접근을 넘은"의 의미를 이해하는 방식에 바로 들어맞는다. 법률을 해석할 때, 법원은 기술적인 의미를 갖고 있는 용어에 주의한다. "접근"이 바로 그와 같은 용어로 컴퓨터와 관련되어 오랫동안 확립된 의미, 컴퓨터에 관한 법률을 해석할 때 중요한 의미를 갖고 있다. 컴퓨터와 관련하여 "접근"은 컴퓨터 시스템 자체 또는 파일, 폴더, 데이터베이스와 같은 컴퓨터 시스템의 특정 부분에 들어가는 행위를 말한다. 그래서 "허용된 접근을 넘은"은 이용자가 접근할 자격이 없는 시스템 부분에 들어가는 행위와 같다는 해석이 그 의미에 맞다. 정부와 반대의견의 넓은 해석은 가장 자연스러운 해석도 아니고 가능한 오직 하나의 해석도 아니다.

B

법률 용어가 정부의 입장에 어려움을 초래하고 있지만, 법률 구조를 더 넓게 보면 더 많은 난관이 있다.

"자격을 갖고"와 "허용된 접근을 넘은" 사이의 상호작용이 특히 밝혀주고 있다. 두 문구는 구체적으로 위법하게 정보를 얻는 두 가지 방식을 보여주고 있다. 첫째, "자격없이 컴퓨터에 접근했을" 때 조항 위반이다. §1030(a)(2). 둘째, "자격을 갖고" 컴퓨터에 접근하고서 "그렇게 수집할 자격이 없는" 정보를 수집하여 "허용된 접근을 넘었을" 때 조항위반이다. §§1030(a)(2), (e)(6). 뷰런은 조항내용을 전체로 조화롭게 해석한다. 정부는 그렇지 않다.

먼저 뷰런의 견해를 보자. 뷰런은 "자격 없이" 구절은 이른바 외부 해커-"허락을 전혀 받지 않고 컴퓨터에 접근하는" 사람-로부터 컴퓨터 자체를 보호한다. 뷰런은 "허용된 접근을 넘은" 구절은 컴퓨터 안에 있는 일부 정보를 동시에 보충적으로 보호한다고 해석한다. 이른바 내부 해커-허락을 받고 컴퓨터에 접근했으나 허용되지 않는 컴퓨터 영역에 들어가서 허용된 접근한도를 넘은 사람-가 대상이라고 한다.

뷰런의 §1030(a)(2) 설명은 "자격없이"와 "허용된 접근을 넘은" 구절을 한결같이 다루고 있기 때문에 법률구조의 의미가 통한다. 뷰런의 해석에 따르면 두 구절은 문을 여느냐 닫느냐 질문에서 나온다. 컴퓨터 시스템에 접근할 수 있느냐 또는 접근할 수 없느냐와 시스템내부의 어떤 영역에 접근할 수 있느냐 또는 접근할 수 없느냐의 문제. 그리고 문을 여느냐 닫느냐 방식을 채택한 두 구절의 해석은 접근을 진입으로 이해하는 컴퓨터 환경에 맞다.

반면에 "허용된 접근을 넘은"을 해석하는 정부의 의견은 §1030(a)(2)의 구조와 취지와 맞지 않는다. 정부는 위 구절을 계약이나 직장 내 규정에 들어 있는 이용목적에 의한 제한을 포함하고 있다고 해석하고 있다. 그러나 정부는 "허락 없이" 컴퓨터를 이용했는지의 첫 문제에서 사적인 이용 금지와 같은 비슷한 이용목적 제한이 컴퓨터를 접근하기 시작할 자격에 영향을 준다 해도 그 제한을 보지 않는다. 그래서 정부는 앞 선 "허락 없이" 구절을 문을 여느냐 닫느냐의 문제로 해석하고 뒤의 “허용된 접근을 넘은” 구절을 상황에 달린 문제라고 해석하려고 한다. 정부는 법률이 부당한 목적으로 컴퓨터 자체가 아니라 컴퓨터내의 정보에 접근을 막는 이유를 설명하지 않는다.126)

정부의 입장에는 또 다른 구조적인 문제가 있다. 뷰런이 기소된 §1030(a)(2) 위반행위는 민사책임을 질 수 있다. §1030(g). 원고가 민사소송에서 받을 수 있는 “피해”와 “손실”을 정의하는 규정이 있다. “피해”는 “자료, 프로그램, 시스템, 또는 정보의 완전성이나 이용가능성의 훼손”이다. §1030(e)(8). “손실”은 컴퓨터 자료, 프로그램, 시스템, 정보서비스의 피해로 인한 비용을 말한다. §1030(e)(11). 그래서 “피해”와 “손실”의 법률상 정의는 파일의 파손과 같이 무단이용자가 컴퓨터 시스템과 자료에 가하는 유형의 기술적인 피해에 초점을 맞추고 있다. “피해”와 “손실”을 이러한 방식으로 제한하여 “전형적인 해킹의 결과를 막는 목적을” 가지고 있다. 그러나 용어의 정의를 보면 직원이 자신의 컴퓨터를 이용하여 접근이 허용된 민감정보를 “오용”하는 행위를 제재하기에는 적절하지 않다. 뷰런의 상황이 예시하고 있다. 그가 자동차번호 자료를 검색하는 일은 자료의 “완전성이나 이용가능성”을 훼손하지 않았고, 달리 데이터베이스 시스템 자체를 해치지 않았다.

C

법문 및 구조에서 벗어나서 정부는 선례와 입법연혁을 보면 자신들의 해석이 맞다고 주장한다. 이 주장은 쉽게 해결된다.

선례에 대해서 정부는 이 법원의 Musacchio v. United States, 577 U.S. 237 (2016) (“무사치오 판결”)이 자신들의 해석을 뒷받침하고 있다고 주장한다. 그 사건에서 법원은 배심설명의 잘못을 심사하는 기준을 다루면서, §1030(a)(2)를 (1) 허락 없이 접근하고, (2) 허락 없이 접근했으나 그 접근을 부당하게 이용한 행위라고 설명하였다. 법문을 이렇게 요약했다고 해서 정부의 주장과 아무 관련이 없다. 무사치오 판결은 이 사건 쟁점을 다루지 않았고, 정부에 유리하게 판단하지

126) 정부와 달리 반대의견은 두 구절의 적용에는 구체적인 상황 분석이 필요하다고 해석한다. 그러면서 재산법은 일반적으로 위법한 진입과 위법한 사용으로부터 보호한다고 한다. 이 해석은 자체로 구조적인 문제가 있다. 개인 목적으로 업무용 컴퓨터의 이용을 금지하는 기본 규칙을 생각해 보자. 반대의견에 따르면 직원이 개인 이유로 파일을 얻을 목적으로 컴퓨터에 접근한다면 허락 없이 컴퓨터에 접근하게 된다. 그 경우에 파일을 얻으면 허락을 받고 컴퓨터에 접근했을 때에만 적용되는 “허용된 접근을 넘은” 문구를 위반하지 않는다. 그러므로 반대의견의 해석은 “허용된 접근을 넘은” 문구가 작동하지 않게 된다.

않았다. 그래서 우리는 이에 구속되지 않는다. 그러나 어느 경우든 뷰런의 해석은 정부와 마찬가지로 접근을 부당하게 이용한 행위와 관련되어 있다. 컴퓨터 안에 있는 금지된 정보를 얻기 위해 컴퓨터에 접근할 기회를 이용한 것이 부당한 행위이다.

입법연혁과 관련하여 정부는 원래 1984년 법이 지금 법의 해석을 지지하고 있다고 주장한다. "허용된 접근을 넘은"의 개정되기 전 1984년 법 규정은 "허락을 받고 컴퓨터에 접근하여 허락받지 않은 목적으로 그 접근이 제공하는 기회를 이용"이었다. 정부 주장에 따르면 이 내용을 보면 "허용된 접근을 넘은" 구절에서 목적을 지운 개정법은 허용되지 않는 목적으로 컴퓨터에 접근한 뷰런과 같은 내부자에게 적용된다고 주장한다.[127] 정부의 주장은 문제를 정확하게 거꾸로 보고 있다. "의회가 법을 개정했을 때 법원은 실제 그리고 실질적인 개정효과를 의도했다고 추정해야 한다." Ross v. Blake, 578 U.S. 632, 641-642 (2016). 그래서 법률에서 목적구절을 삭제한 의회의 선택은 "바로 그 개념을 포함한" 해석과는 거꾸로다. 그래서 입법연혁은 정부의 입장을 도와주기 보다는 허물어뜨리고 있다.

Ⅲ

정부의 법률 해석에 따르면 일상의 수많은 컴퓨터 활동이 형사책임을 받을 위험이 있다. 뷰런은 정부 해석이 엄격해석법칙이나 헌법해석자제법칙에 위반될 수 있다고 한다. 우리는 그렇게 생각하지 않는다. 법문, 맥락, 구조를 보면 뷰런의 해석이 맞기 때문에 이러한 규범이 필요하지 않다.

만약 "허용된 접근을 넘은" 구절로 컴퓨터 이용 지침을 위반한 사람들이 모두 형사처벌된다면, 법을 지키는 시민들 수백만 명이 범죄자가 된다. 직장에서 보자. 사용자는 흔히 컴퓨터와 전자기기를 업무용으로만 사용할 수 있다고 말한다. 정부의 법률 해석에 따르면 회사 컴퓨터를 이용하여 개인 이메일을 보내거나 뉴스를 보는 직원은 컴퓨터사기법을 어기게 된다. 또는 인터넷을 생각해보자. 보호되

127) 정부는 의회가 §1030(a)(2)의 문언을 단지 명확히 하기 위해 개정했다고 주장하지만, 반대의견은 달리 받아들인다. 반대의견은 1986년의 개정은 사실상 목적뿐만 아니라 "시간 및 방식" 제한에 적용하기 위해 조항을 확대하였다고 한다. 의회가 왜 "목적" 부분을 지웠는지에 대한 반대의견의 독특한 설명에 따르면 "허용된 접근을 넘은" 정의가 구체적인 상황분석을 지지하고 있음을 인정해야 한다. 우리는 이미 설명한 대로 법문 및 구조적인 이유로 반대의견의 전제를 받아들이지 않는다.

는 컴퓨터에서 정보를 제공하는 많은 웹사이트, 서비스, 데이터베이스는 이용자가 서비스특약을 따르기로 동의할 때에만 접근을 허용한다. 만약 "허용된 접근을 넘은" 구절이 사용자의 컴퓨터에서 상황에 따른 접근 제한을 수용한다면, 웹사이트 제공자의 컴퓨터에서 그와 같은 제한의 위반에 적용되지 않을 이유가 없다. 여러 참고서면들은 정부의 §1030(a)(2) 해석으로 페이스북의 필명을 이용하여 온라인 만남 프로필을 꾸민 행위가 형사처벌대상이 되는 이유를 설명하고 있다.

이 점에 대해 정부는 "자격"과 "이용"과 같은 법률의 용어가 기소권을 제한할 거라는 입장이다. 그러나 그러한 제한으로는 부족하다. 그렇게 기소를 제한하기 위해 법률을 해석한 이전 사례를 들지 못하고 있다. 거꾸로 뷰런은 기소가 제한되지 않은 사례를 인용하고 있다. 정부의 현재 컴퓨터사기범 기소 방침을 보면 뷰런의 걱정이 단지 가정이 아님을 보여주고 있다. 방침에 따르면 만약 계약이나 인터넷 서비스 제공자나 웹사이트의 서비스특약에 들어 있는 접근 제한에 의해서만 허용된 접근을 누군가가 초과하여 이용한다면, 불기소된다는 보장은 없다. 그리고 정부는 고의 요건이 다른 안전책이 될 수 있다고 하지만, 그 요건은 직장에서 스포츠 경기결과를 확인하거나 요금을 지불하는 것과 같이 업무상으로나 지침에서 금지되는 방식으로 고의로 컴퓨터를 이용한 사람에게는 쓸모가 없다.

마지막으로 정부의 해석은 형사책임을 자의적으로 묻는 결과를 낳을 수 있다. 정부는 "허용된 접근을 넘은" 구절이 위법한 정보 접근만을 금지하고 내려받은 정보의 오용을 금지하지 않는다고 인정한다. 그러나 정부의 해석에 따르더라도 둘 사이의 경계는 매우 흐리다. 목적에 따른 접근 제한은 종종 정보의 오용을 대상으로 한다. 예를 들면 어느 경찰서는 법집행목적이 없을 때 비밀데이터베이스의 이용을 금지할 수 있지만(접근 제한), 다른 경찰서는 법집행목적이 없을 때 데이터베이스로부터 정보의 이용을 금지할 수 있다(이용 제한). 뷰런의 행위는 어느 쪽으로도 해석될 수 있고, 사용자는 둘 사이에 차이를 크게 느끼지 못할 것 같다. 그러나 정부의 해석으로는 사용자가 접근 제한 방침이라고 정했을 경우에만 컴퓨터사기법을 위반한 행위가 된다. 일반인들의 이용특약 작성 실무관행에 따른 구분에 지나치게 의존하는 해석이 타당하다고 말하기 어렵다.

Ⅳ

간추리면 허락을 받고 컴퓨터에 접근했지만 접근이 금지된 컴퓨터의 특정 영역, 예컨대 파일, 폴더, 데이터베이스에 있는 정보를 수집했을 때 "허용된 접근을 넘은" 행위이다. 당사자들은 뷰런이 허락을 받고 사법당국의 데이터베이스 시스템에 접근했음을 인정했다. 남은 문제는 뷰런이 자동차번호 정보를 얻기 위해 시스템을 이용할 수 있느냐이다. 이용할 수 있다는데 다툼이 없다. 따라서 뷰런은 부당한 목적으로 데이터베이스에서 정보를 얻었다 해도, 컴퓨터사기법이 정의한 대로 데이터베이스에 "허용된 접근을 넘"지 않았다. 그러므로 우리는 연방제11항소법원의 판결을 뒤집고 이 의견에 따른 추가 절차를 위해 사건을 되돌려보낸다.

[대법관 토마스 반대의견]

보통법과 성문법은 허락한 범위를 넘어 남의 재산을 이용한 사람을 처벌해 왔다. 예를 들면 주차안내인은 주차하기 위해 남의 차를 점유할 수 있지만 재미로 운전하고 다닐 수 없다. 컴퓨터사기법은 그 원칙을 컴퓨터와 정보로 넓혔다. 법은 허락한 범위를 넘어서 남의 소유인 컴퓨터의 이용을 금지하고 있다. 구체적으로 "고의로 허락 없이 컴퓨터에 접근하거나 허용된 접근을 넘어, 그 컴퓨터에서 정보를 수집한" 사람을 처벌하고 있다. 18 U.S.C. §1030(a)(2).

경찰관 뷰런은 정부의 데이터베이스에서 자동차번호 정보를 얻기 위한 허락을 받았으나, 법집행 목적으로만 수집할 수 있다. 뷰런은 수천달러를 받고 잠복 경찰관을 밝혀내기 위해 데이터베이스를 이용했을 때 이 제한을 어겼다.

이 사건 쟁점은 다음과 같다. 영어를 쓰는 보통 사람이 뷰런이 명확하게 금지된 상황에서 데이터베이스를 사용했을 때 "허용된 접근을 넘"었다고 이해하는가이다. 나는 그렇다고 본다. 그가 데이터를 얻기 위해 필요한 요건이 충족되지 않았다.

다수의견은 "허용된 접근을 넘은" 문구가 뷰런의 행위에 쉽게 적용된다는 것을 다투지 않는다. 대신에 법률이 그 문구를 정의하고 있고, 용어의 보통 의미가 다양하더라도 그 정의에 따라야 한다고 한다. 그러나 다수의견의 문제는 법문, 재산권의 일반 원리, 입법 연혁에 따르면 정의 내용이 그 용어사용례와 매우 일치함을 확인해주고 있다는데 있다.

I

A

법은 "허용된 접근을 넘은"을 "허락을 받아 컴퓨터에 접근하고 그 접근을 이용하여 얻거나 바꿀 자격이 없는 컴퓨터내의 정보를 얻거나 바꾸는 행위"라고 정의하고 있다. §1030(e)(6). 이 사건에서 뷰런은 정부 데이터베이스에 접근할 자격이 있고, 이를 이용하여 그 데이터베이스에서 가짜 자동차번호 정보를 얻는데 사용하였다는데 다툼이 없다. 그래서 나는 이 사건의 결론이 뷰런이 가짜 자동차 번호 정보를 "그렇게 얻을 자격이" 있는지에 달려 있다는데 동의한다. 또한 "그렇게"가 뷰런이 정의 조항이 규정한 수단으로 그 정보를 얻을 자격을 가지고 있는지를 묻는다는데도 동의한다. 그 수단은 2가지로 (1) 자격을 갖고 컴퓨터에 접근, (2) 컴퓨터의 정보를 얻기 위해 그 접근의 이용이다. 달리 말하면 뷰런의 행위는 그가 데이터베이스에 접근할 자격을 이용함으로써 특정한 자동차 번호 정보를 얻을 자격이 있다면 합법이다.

그는 그렇지 않았다. 사람은 무엇을 할 권리를 가지고 있을 때만 그 일을 할 자격이 있다. 뷰런은 특정 자동차번호를 얻기 위해 컴퓨터를 이용할 권리가 없다. 그가 유효한 법집행이 아니라 사익을 위해 자동차번호를 얻었다는데 다툼이 없다. 그리고 유효한 법집행목적이 없다면 그 정보를 얻기 위한 컴퓨터의 이용은 금지된다.

B

다수의견은 이 정의 조항을 달리 해석하고 있다. 적어도 어떤 상황에서 정보를 얻기 위해 컴퓨터를 이용할 자격이 있는 한, 그 상황에서 벗어나서 자료를 얻더라도 이 법이 적용되지 않는다고 한다. 그 결과 다수의견은 "[어느 상황에서든] 정보를 그렇게 얻는 자격이 없을 때에만" 법이 적용된다고 해석하고 있다.

1

무엇보다 그 해석은 법문의 평범한 의미에 반한다. 자격은 반드시 상황에 따른다. 사람은 타당한 이유나 사실이 있을 때에만 무엇을 할 자격이 있다. 다수의견은 뷰런이 자동차 번호 정보를 얻을 자격이 있다는 한 문장으로 결론내리면서,

"그렇게"에 초점을 맞추고 "자격이 있는" 용어분석을 회피하고 있다. 그러나 "자격이 있는"의 평범한 뜻은 반대의 결론에 이른다. 뷰런은 법집행목적이 없기 때문에, "타당한 근거"가 없다. 그는 당시 데이터를 얻을 자격이 없었다.

현실 세계의 사례가 요점을 예시해준다. 불이 났을 때 화재경보기를 당길 자격이 있는 근로자는 다른 목적, 예컨대 준비 못한 회의를 연기시킬 목적으로 경보기를 당길 자격이 없다. 식당 손님에게서 차를 받은 주차안내원은-§1030(e)(6)의 용어를 빌리자면-차에 접근한 자격이 있고 차를 주차하고 다시 가져오기 위해 그 접근을 이용할 자격이 있다. 그러나 그는 재미로 운전하기 위해 그 접근을 이용할 자격이 없다. 이 법에 더 가까운 예를 들자면, 자동차 렌탈 회사의 직원은 렌탈자동차의 위치정보를 보여주는 컴퓨터에 접근할 자격이 있고, 도난당했다면 차의 위치를 확인하기 위해 그 접근을 이용한 자격이 있다. 그러나 전 여자친구를 따라다니며 괴롭히기 위해 그 접근을 이용할 자격이 있다고 말하면 부자연스럽다.

다수의견은 답변하지 않고 있다. "자격이 있는"은 "그렇게"가 수식하고 있으므로 법원은 정보를 얻기 위해 컴퓨터를 이용할 자격이 있는지를 살펴보아야 한다고 한다. 그러나 정보를 얻을 자격이 전혀 없다면, 당연히 컴퓨터를 이용하여 정보에 접근할 권리가 없다. 뷰런은 자격을 얻기 위해 필요한 선행 요건, 곧 법집행목적이 없기 때문에 이 정보를 얻을 자격이 전혀 없다.

2

다음으로 다수의견의 해석은 재산권의 기본원리에 맞지 않는다. 컴퓨터에 들어있는 정보는 "재산"으로 인정되고 있다. 예를 들면 컴퓨터에 저장된 영화가 지적재산임을 누구도 부인하지 않는다. 연방 및 주법은 컴퓨터 데이터가 재산에 포함된다고 정의하고 있다. 그리고 다수의견조차도 이 법이 재산을 보호하기 위해 만들어졌다고 인정하고 있다. 그러나 다수의견의 해석은 남의 재산을 이용하는 자격이 상황에 따라 다르다는 익숙한 법리에 맞지 않다.

경계침범을 생각해보자. 허락을 받고 토지에 들어가서 어떤 목적을 위해 그 진입을 이용할 자격이 있지만 다른 목적으로 이용한다면 불법침범이다. 불법행위법해설은 "땅에 들어가는 조건부 또는 제한된 동의는 조건이나 제한이 지켜졌을 때에만 그렇게 들어갈 권리를 준다." 해설은 다음과 같은 예시도 도움을 준다.

"3. A가 이웃인 B에게 A의 땅에 들어가서 B가 이용할 목적으로 A의 수원지에서 물을 떠가도록 허락을 했다. A는 C에게 A의 땅에 들어가서 물을 떠가도록 허락하지 않았다. C가 부추겨서 B는 A의 땅에 들어가서 C를 위해 물을 얻었다. B의 진입은 침범이다."

땅이나 컴퓨터나 마찬가지다. 만약 회사가 직원에게 특정한 목적으로 컴퓨터를 이용하도록 허락하였다면, 그 직원은 다른 목적으로 이를 이용할 자격이 없다.

절도행위를 보통 어떻게 이해하는지 살펴보자. 제한된 목적으로 재산을 소지하도록 허락을 받은 사람이 동의나 자격을 초과하여 위법한 통제권을 행사하는 순간 절도죄가 된다. 다시 §1030(e)(6)의 법문을 빌리자면, 경찰관은 경찰서의 은행계좌에 접근하여 법집행비용을 치르기 위해 그 접근을 이용할 자격이 있지만, 주머니에 돈을 넣기 위해 그 접근을 이용한다면 횡령죄가 된다. 그가 다른 상황에서 계좌에서 돈을 얻을 자격이 있다는 이유만으로 면책되지 않는다.

또는 임치를 보자. 수치인이 임치된 물건을 사용할 자격이 없으면서도 사용했을 때, 또는 특정한 방법으로만 사용할 자격이 있는데 다른 방법으로 사용했을 때 많은 주 들이 형사범죄로 정한 횡령죄가 된다. 컴퓨터 기술자는 부서진 하드 드라이브에서 데이터를 복구하기 위해 유명인의 컴퓨터에 접근할 자격이 있지만, 그 컴퓨터에 저장된 사진을 복사하여 빼돌리기 위해 그 접근을 이용할 자격은 없다.

다수의견은 자신들의 해석을 이렇게 친숙한 원리에 맞추려고 하지 않는다. 대신에 의회가 이 사건 법에 보통법 용어를 넣지 않았다면서 이 맥락을 외면하고 있다. 그러나 법은 다른 재산 관련 맥락에서 흔한 "넘는"과 "자격"과 같은 낱말을 사용하고 있다. 그리고 다수의견은 의회가 포함시켜야 한다고 스스로 생각하는 특정한 재산법 유행어를 거론하지 않았다.

또한 다수의견은 기존법이 컴퓨터범죄에 적용되지 못했음을 고려하여 의회가 이 법을 만들었기 때문에 이전에 존재하는 재산법 개념에 따른 해석은 적절하지 않다고 말한다. 그러나 기존법이 부적절하다고 생각되는 이유는 다수의견에 흠집을 내고 있다. 첫째, 주법은 뷰런 같은 행위에 적용되었지만, 상당한 창의성을 필요로 하였다. 왜냐하면 그 법들은 "물리적인" 진입(컴퓨터에는 잘 맞지 않음)이나 "피해자에게 재산을 빼앗는 행위"(단순히 데이터를 복사하거나 금지된 개인용도로 사용할 경우 잘 맞지 않음)를 요구하였기 때문이다. 둘째, 범위가 더 제한된 연방법에서는 더 이상하다. 의회는 재산을 사용할 자격은 구체적인 상황에 따른다는 확립된 원리를 없애기 위해 이 법을 만들지 않은 대신에 빼앗음과 물리적인 진입 요건을 없애기 위해서 만들었다.

자신의 해석을 확립된 재산법원리에 맞출 수 없었던 다수의견은 그럼에도 "자격없이 컴퓨터에 접근"을 금지하는 법률이 다른 조항과 더 조화로운 해석이라고 주장한다. §1030(a)(2). 다수의견은 이 조항이 "문을 여느냐 닫느냐-컴퓨터 시스템에 접근할 수 있느냐 없느냐"를 묻고 있고, 같은 문장에서 "허용된 접근을 넘은" 같은 방식을 포함하고 있다고 해석하는 것이 타당하다고 한다.

나는 두 구절이 조화롭게 해석되어야 한다는데 동의하지만, 문이 어떤 경우에 열렸다면, 무한정 열려 있어야 한다고 믿어야 할 이유가 없다. 민감한 정보를 다루는 직원은 사무실 밖에서도 사용자가 준 노트북 컴퓨터에 접근할 자격을 갖고 있다. 그러나 사용자가 네트워크 연결과정이 불안한 나라로 여행가는 동안 접근하지 말라고 지시했는데도, 그가 접근했다면 허락 없이 컴퓨터에 접근하였다. 두 구절에서 문을 열지 닫을지를 구분하기 위해서는 문을 움직이게 하는 상황을 고려하여야 한다.

내 해석으로 두 구절은 확립된 재산법 개념과 조화를 이룬다. 재산법은 일반적으로 위법한 진입과 진입 이후 위법한 사용으로부터 모두 보호한다. 이 사건에서도 마찬가지다. 경찰서는 경찰관이 부당한 목적으로 접근하지 못하도록 하여 정보를 보호할 수 있지만, 경찰관이 근무를 시작할 때 정당한 의도로 접근했고 몇 시간 뒤 돈을 받고 자동차번호 검색을 했다면 좋은 일이 아니다. 의회는 "허락 없이"와 "허용된 접근을 넘은"의 두 구절을 삽입하여 부당한 접근과 동시에 정당한 접근 이후 오용으로부터 보호하려고 했다.

3

다수의견에 따르면 회원의 구매이력자료 수집을 금지하고 있는 신용카드 회사의 직원은 계좌가 사기행위에 이용될 가능성이 있을 때 사용자가 구매이력자료를 수집하여 전달할 수 있다고 말하지 않는 한, 전처의 자료를 수집할 때 법위반이 된다.

퇴직하기 직전에 컴퓨터의 모든 파일을 지운 사람에게도 마찬가지다. 근로자가 어떤 상황에서든 파일을 수집하거나 수정할 수 있는 한, 그는 면책된다. 그러나 다수의견에 따르면 업무태만을 걱정한 사용자가 윈도우즈에 있는 게임 폴더에 접근을 금지한다면 카드게임을 한 직원은 범죄자가 된다. 이는 예외가 있느냐 없느냐에 너무 많이 의존하는 이상한 결과가 된다.

다수의견의 해석은 다른 법률 조항에 적용될 때 더 이상하다. §1030(a)(1)은 "정보가 미국에 피해를 주거나 외국에 유리하게 사용될 수 있다고 믿을 만한 이유로 제한되어 있는 자료를 얻기 위해 허용된 접근을 넘은" 행위를 금지하고 있고, 그 자료의 보관 또는 배포를 금지하고 있다. "제한된 자료"는 "핵무기의 설계, 제조, 활용에 관한 모든 자료"를 포함한다. 42 U.S.C. §2014(y). 다수의견에 따르면 과학자가 핵무기의 설계도를 어떤 상황에서 얻을 수 있는 한, 적대국의 핵무기 제조를 도와준다는 부당한 목적으로 자료를 얻어도 면책될 것이다. 1984년 이후 실질적으로 비슷한 형태로 존재하고 있는 이 조항이 다수의견의 해석에 따르면 어떤 효력이 있을지 알기 어렵다.

4

어떤 해석이 더 적절할지의 의문이 남아 있다면, 용어 정의가 이를 해결한다. 정의한 내용이 여러 가지로 해석될 수 있을 때, 정의된 용어의 평범한 의미에 가장 들어맞는 것이 보통 적용된다. Bond v. United States, 572 U.S. 844, 861 (2014), 870 (**대법관 스칼리아 동조의견**) (법원은 정의내용의 모호함을 해결할 목적으로 정의된 용어의 일반적인 의미를 사용할 수 있다). 이는 정의된 용어의 일반적인 의미에 모순되는 해석을 채택하지 않는다는 추정이 있기 때문이다.

그러나 다수의견은 정의된 용어의 일반적인 의미와 반대로 정의조항의 모호함을 해결하고 있다. 다수의견은 정의내용에 관해 선호된 해석을 채택하고 나서 정의된 용어가 이 선호된 견해와 일치되는 방식으로 해석될 수 있는지를 묻고 있다. 그러나 의회가 일반적이고 전통적인 의미와 다른 방식으로 용어를 정의했다고 믿게 하려면 가장 강력한 증거를 제시해야 한다. 다수의견은 그러한 증거를 대지 않았다. "허용된 접근을 넘은"에 대한 내 해석이 반드시 최선은 아니며 "접근"이 기술적인 의미를 갖고 있을 수 있기 때문이라고 한다. 곧 접근은 컴퓨터 시스템이나 컴퓨터시스템의 일부에 들어가는 행위. 그러나 "접근"의 의미가 무엇이든 "자격이 있는"처럼 "자격"은 상황에 따라 다르다. 다수의견의 "접근"해석은 이 점을 확인해주고 있다. 다수의견의 "접근" 해석은 단순한 진입뿐만 아니라 특정 자료를 얻기 위하여 진입을 이용한 행위를 참조하고 있다. 이는 접근한 후 컴퓨터의 이용을 규제하고 있는 이 사건 정의와 일치한다. §1030(e)(6). 이 사건에서 재산법의 다른 맥락에서처럼 재산에 접근하려는 자격은 상황에 따라 다르다. 다수의견은 "자격"과 "자격이 있는"을 버리고 "접근"에 초점을 맞추고 있는데 도움이 되기보다는 오히려 말썽이 되고 있다.

Ⅱ

재산법의 확립된 문언과 개념이 분명히 하고 있는 내용은 입법 연혁에 비추어 보아도 타당하다. 이 법의 원래 법문은 허락을 받고 컴퓨터에 접근하여 허락대상이 아닌 목적으로 접근이 제공하는 기회를 이용하는 행위를 명확히 금지하였다. 그래서 법은 뷰런이 이 사건에서 한 것처럼 부당한 이유로 컴퓨터를 이용했을 때 적용되었다.

다수의견은 이를 부인하지 않는다. 대신에 의회가 1986년에 현재의 정의규정으로 법문을 개정하였고, 법원은 "목적"이라는 용어를 뺀 의회의 결정이 부당한 목적의 정보 수집 전면 금지를 삭제하였다고 추정할 수 있다고 한다.

그러나 다수의견은 그렇게 쉽게 입법연혁을 회피할 수 없다. 법에 "목적"이라는 용어가 있었다가 지금은 없지만, 다수의견은 그 변경이 법에 어떤 영향을 미쳤는지를 살펴보지 않고 있다. 용어의 삭제는 조항의 적용범위를 줄이기보다는 넓히기도 한다. 시가 공원의 표지판을 "목줄없는 개 금지"에서 "개 금지"로 바꾼다면, 누구도 목줄없는 개는 이제 허용된다고 추정하지 않는다. 구체적인 내용이 포괄적인 내용으로 바뀔 때도(개 금지에서 애완동물금지로) 마찬가지다.

의회의 법률 개정은 법의 적용범위를 넓혔다. 원래의 법문은 허락을 받고 컴퓨터에 접근하여 허락되지 않은 목적으로 그 접근이 제공하는 기회를 이용하는 행위를 금지하였다. "목적"이라는 용어는 그 조항을 목적에 따른 제한으로 한정하였다. 시간 및 방식의 제한 같은 다른 제한은 자연스럽게 포함하지 않았다. 구체적이고 제한된 용어인 "목적"을 더 넓고 일반적인 용어인 "자격이 없는"으로 교체함으로써 의회는 다른 종류의 제한에도 효력을 부여하였다. 보안되지 않는 네트워크를 가진 적대국에 있는 동안 접근하지 마라는 지시를 어긴 직원의 사례를 살펴보자. 원래의 법문은 업무용 전자우편의 확인처럼 정당한 목적으로 접근하는 한 적용되지 않는다. 새로운 법문은 자료를 얻거나 수정하는 자격은 맥락에 따라 다르기 때문에 그에게 적용될 것이다. 그의 목적은 무죄이지만 사용의 시간이나 방식은 그렇지 않다.

Ⅲ

다수의견은 마지막에서 정책 판단을 하고 있다. 필요하지 않다고 하면서도 길게 강조하고 있다. 그럼에도 불구하고 다수의견의 정책 판단은 잘못되었다.

이용자들이 오늘날 컴퓨터를 이용하는 "일상의 엄청난 컴퓨터 활동이 정부 해석에 의구심을 던지고 있다"고 말한다. 그러나 법은 의회가 법을 만들었을 당시에 일반적인 의미에 따라 해석된다. 다수의견이 1980년대에 가능한 해석이 무엇인지를 판단하기 위해 오늘날의 컴퓨터 이용을 참조하면 1984년에 의회가 2021년에 컴퓨터가 어떻게 사용될지 알았다고 가정하게 된다.

또한 나는 내 해석이 자동으로 그렇게 많은 활동에 적용되리라고 쉽게 가정하지 않는다. 예를 들면 법률은 "고의로… 허용된 접근을 넘"어야 한다는 엄격한 범의요건을 포함하고 있다. 그래서 흔하고 용인되는 행위이기 때문에 컴퓨터의 이용이 허용된다고 믿는다면 법률은 아마 적용되지 않을지 모른다. 또한 법은 컴퓨터에서 정보를 얻거나 수집하는 행위만을 대상으로 하고 있고, 다른 서버(다른 컴퓨터)에 저장되어 있는 스포츠 경기결과를 확인하기 위해 인터넷을 이용하는 행위를 대상으로 삼고 있지 않다. 다수의견은 많은 조항들이 이 법의 적용범위를 좁힐 수 있음을 부인하지 않는다. 단지 이 부분을 더 강력하게 주장하지 않은 정부의 잘못을 지적하고 있다. 나는 정부가 무해한 행위를 기소할 지와 법원이 그 행위에 법률을 적용한다고 해석할지에 관한 가상의 걱정에 큰 무게를 주고 싶지 않다.

다수의견의 걱정은 너무 지나치다. 많은 연방법은 흔한 활동을 범죄로 규정하고 있다. 가중 요소가 없다면 이 법 위반은 경범죄다. §1030(c)(2)(A). 그래서 이 법은 연방법이 국립공원에서 모래 한줌을 가져가거나 정부 건물에서 전등을 부수거나 연방토지의 풀을 말이 뜯어먹게 하는 행위만큼 엄하게 처벌하고 있다. 형사처벌을 규정한 많은 연방법과 규정은 수십만 건에 이른다. 그렇게 많은 행위를 형사처벌하는 것이 불편할 수 있음은 이해할 수 있지만, 그 불편 때문에 우리가 법률을 개정할 자격은 없다.

결국 법은 1984년 이후 일어난 기술 변화 때문에 많은 유형의 행위들에 적용될 수도 있고 아닐 수도 있다. 그러나 법문은 명확히 하고 있다. 이용이 명확하게 금지되는 상황에서 정보를 얻기 위해 경찰 데이터베이스를 이용하는 행위는 범죄다. 나는 정중하게 반대한다.

22. 영장없이 집에 들어가 총을 압수하는 행위와 헌법상 영장주의

Caniglia v. Strom

593 U.S._____(2021)

〈해 설〉

상고인은 부부싸움을 하다 집을 나간 아내의 신고로 집에 온 경찰과 마주쳤다. 상고인은 경찰관들이 총을 몰수하지 않는다는 조건으로 정신과 진단을 받기로 하고 병원으로 간 뒤, 경찰관들은 집에 들어가 총을 압수하였다. 상고인은 경찰관들이 영장없이 집에 들어가서 총을 압수한 행위는 수정헌법 제4조 위반이라고 주장하였다. 전원일치의 법정의견은 헌법의 영장주의는 집안에서 불합리한 정부의 간섭으로부터의 자유를 보장한다고 밝히고, 압수된 차량의 영장없는 수색이 영장주의에 위반되지 않지만, 영장없이 집에 들어가는 행위까지 허용하지 않는다고 판결하였다.[128)]

[대법관 토마스]

이 법원은 수십 년 전에 압수된 차량에서 영장없는 총기 수색행위가 수정헌법 제4조를 위반하지 않았다고 판결했다. 캐디 판결. 법원은 공공도로를 순찰하는 경찰관들은 범죄와 관련 없이 가끔 고장 난 차량에 응답하거나 사고를 조사하는 일과 같은 "공동체를 돌보는 기능"을 수행하도록 요청받는다고 판결했다. 441. 이 사건은 캐디 판결이 인정한 이러한 의무가 집에서 영장없는 압수 수색의 정당성을 인정하는 별개의 법리인지가 문제되고 있다. 그렇지 않다.

---

128) 대법관 토마스가 전원일치 판결문을 작성하였다. 대법원장 로버츠가 동조의견을 작성하고 대법관 브레이어가 참여하였다. 대법관 알리토와 카바노가 동조의견을 작성하였다.

I

로드 아일랜드의 집에서 아내와 다투다가 상고인 에드워드 카니글리아는 침대에서 총을 가져와서 주방 탁자에 올려놓고 아내에게 "지금 나를 쏘고 끝내자"고 말하였다. 그녀는 거절하고 호텔에서 밤을 보냈다. 다음날 아침 상고인의 아내는 남편과 통화가 안 되자 경찰들(피상고인들)에게 전화해서 확인해 달라고 요청하였다.

피상고인들은 상고인의 아내와 함께 집으로 가서 현관에서 상고인과 마주쳤다. 상고인은 피상고인들과 대화하면서 아내의 이야기를 들었으나 자살충동을 느끼지 않는다고 하였다. 그러나 피상고인들은 상고인이 스스로나 다른 사람들에게 위협이 된다고 생각하였다. 그들은 응급차량을 불렀고 상고인은 정신과진단을 위해 병원에 가기로 하였는데, 피상고인들이 총기를 압수하지 않는다고 약속한 뒤에 동의했다고 한다. 응급차량이 상고인을 병원으로 데려간 뒤 피상고인들은 총을 압수하였다. 경찰관들이 상고인의 희망을 실제와 다르게 알려주고 나서 상고인 아내의 안내를 받아 집에 들어가 총 2개를 압수하였다.

상고인은 피상고인들이 영장없이 집에 들어가 그를 체포하고 총기를 압수했을 때 수정헌법 제4조를 어겼다고 주장하면서 소송을 걸었다. 지방법원은 피상고인들 승소판결을 했고, 제1항소법원은 상고인을 체포하고 총기를 압수한 결정은 영장요건의 예외로서 "공동체 돌봄 예외"에 해당한다는 이유만으로 인용하였다. 경찰관들은 가끔 범죄가 아니더라도 "공공도로"에서 운전자들에게 대응할 이유가 있다는 캐디 판결의 판시내용을 인용하면서, 항소법원은 자동차와 집에 모두 적용되는 공동체 돌봄 예외를 독자적으로 이끌어냈다. 953 F. 3d, 124 ("개인 및 공동체 안전 위협은 도로에 한정되지 않는다.") 항소법원은 피상고인들의 행동에 동의했는지, 이 행동이 "긴급 상황"으로 정당한 지, 주법이 이러한 정신 건강 문제를 처리하도록 허용했는지를 살펴볼 필요가 없었다. 중요한 것은 상고인 및 상고인 주변을 보호하려는 피상고인들의 시도가 정상의 범죄조사업무와 달랐고, 합리의 영역에 속하며, 일반적으로 "건전한 경찰 업무"라고 간주하였던 것이었다. 우리는 상고를 허가하였다.

II

수정헌법 제4조는 "불합리한 수색 및 압수로부터 국민의 신체, 집, 자료, 동산의 안전을 지킬 권리"를 보장하고 있다. 이 보장의 핵심은 "자신의 집에 들어가서 정부의 불합리한 간섭을 받지 않을 권리"이다. Florida v. Jardines, 569 U.S. 1, 6 (2013).

수정헌법 제4조가 사유 재산에 대한 모든 침범이 아니라, 오직 불합리한 침범만을 금지하고 있음은 분명하다. 그래서 우리는 집과 그 대지의 침범이 허용되는 몇 가지 예외를 인정하였다. 예를 들면 유효한 영장에 따른 압수 수색이 가장 익숙하다. 또한 우리는 부상을 당한 사람을 긴급하게 도와주거나 거주자가 부상을 입지 않도록 보호할 필요가 있을 때를 포함하여, 사법경찰이 긴급한 상황일 때 영장없이 사유재산에 들어갈 수 있다고 판결했다. Kentucky v. King, 563 U.S. 452, 460, 470 (2011); Brigham City v. Stuart, 547 U.S. 398, 403-404 (2006) ("브리검시 판결") (화재진압과 그 원인 조사, 긴급한 증거파괴 방지, 도망가는 용의자 추적 등 긴급상황의 사례를 나열). 물론 사법경찰은 일반 시민이 책임지는 두려움 없이 할 수 있는 모든 행동을 일반적으로 할 수 있다.

그러나 항소법원의 "공동체 돌봄" 법리는 이 법원이 인정한 범위에서 벗어났다. 하급심 판결은 피상고인들이 영장이나 동의가 없었다고 전제하고 있고, 범죄에 대응했을 가능성을 명백히 부인하고 있다. 또한 피상고인들이 주장하지 않아서 긴급상황이 있었는지를 살펴보지 않았다. 만약 상고인의 아내가 경찰 대신에 이웃에게 도움을 청했다면 피상고인들의 행동이 일반 시민의 행동에 필요한 권한과 비슷하다고 인정하지도 않았다.

캐디 판결의 내용이나 논리가 그 방법론의 올바른 근거가 될 수 없다. 캐디 판결은 영장없이 총기를 수색한 사건이다. 그러나 수색 장소는 판결이 반복해서 강조하고 있듯이 집이 아니라 압수된 자동차였고 헌법상 차이가 있다. 사실상 캐디 판결은 이미 경찰이 압수한 자동차의 수색과 차량소유자의 주거지 근처에 주차된 차의 수색을 뚜렷이 대비하고 있다.

캐디 판결이 차량과 집 사이를 분명히 구분한 것은 "공동체 돌봄"이라고 언급한 맥락과도 관련이 있다. 이 문구는 "차량이 자주 고장 나거나 공공도로에서 사고가 나기 때문에" 경찰이 운전자를 도와주는 것과 같은 "공동체 돌봄 기능"의 수행이 필요하다고 설명한 부분에서 나왔다. 그러나 경찰관들이 현대 사회에서 여러 비범죄 업무를 수행한다고 인정했다고 해서 어디서나 그러한 업무 수행이 허용되는 것은 아니다.

* * *

자동차와 집은 합리성 판단이 다르다. 캐디 판결은 그와 같이 인정하고 있고 이 법원은 "영장없이 집에 들어가도록 허용하기 위해 영장요건의 예외범위를 넓히는 것을 여러 차례 거부하였다." 그래서 우리는 하급법원의 판결을 취소하고 이 판결에 맞는 추가 절차를 위해 되돌려 보낸다.

[대법원장 로버츠]

15년 전에 이 법원은 전원일치로 "경찰관의 역할에는 사상자를 도와주는데 그치지 않고 폭력 방지와 질서 회복도 들어 있다"고 인정하였다. 브리검시 판결 406. 우리는 "큰 부상을 당하거나 그러한 부상을 당할 위험이 있는 사람을 도와줄 필요"가 있을 때, 집에 들어가기 위해 영장은 필요하지 않다고 설명하였다. Michigan v. Fisher, 558 U.S. 45, 49 (2009) (의료 도움이 필요하거나 위험에 빠진 사람이 있다고 믿을만한 객관적으로 합리적인 근거가 있을 때 영장없는 진입은 정당하다). 오늘 판결에 그와 반대되는 내용은 없기 때문에 찬성한다.

[대법관 카바노]

나는 법원 판결에 찬성한다. 오늘 판결이 경찰관들이 집안에서 도움이 필요한 사람을 돕기 위한 합리적인 조치를 금지하지 않는다는 대법원장의 요지를 강조하고 보완하기 위해 별개의견을 쓴다. 예를 들면 경찰관들은 자살위험을 막거나 연락이 안 되고 쓰러졌거나 큰 부상을 입은 노인을 돕기 위해 합리적으로 애쓰는 상황에서 영장없이 집에 들어갈 수 있다.

1791년에 비준되고 1868년에 주에게 적용된 수정헌법 제4조는 불합리한 압수수색으로부터 신체, 집, 서류, 동산을 보호하는 국민의 권리를 보장하고 있다. 헌법의 문언이 확인하듯이 "수정헌법 제4조의 궁극적인 주춧돌은 합리성이다." Riley v. California, 573 U.S. 373, 381 (2014). 법원은 사법경찰이 집에 들어가는 정상의 요건은 상당한 이유가 있는 영장이라고 보았다. 무엇이 합리적인지에 관한 보통법의 해석과 상식적인 판단에 따라 법원은 영장이 필요없는 여러 상황을 인정하였다. 예컨대 긴급상황법리는 사법경찰이 불을 끄고 그 원인을 조사, 임박한 증거 파손 방지, 도망가는 범인 추적이나 혐의자 도망 방지, 사법경찰이나 공중의 안전 보호, 다친 거주자에게 응급 도움, 심각한 부상위험으로부터 거주자 보호와 같은 상황에서 영장없이 집에 들어가는 것을 허용하고 있다. (인용 판례 12건 생략).

여러 해 동안 이 사건의 제1항소법원과 같이 자살을 막거나 연락이 안 되는 노인의 상태 확인과 같은 범죄수사가 아닌 목적으로 영장없이 집에 들어가는 행위를 허용하기 위해 법원이 "공동체 돌봄"이라고 이름붙인 이론에 의존하였다. 그러나 오늘 법원이 설명하듯이 그러한 공동체 돌봄 이론은 원래 집이 아니라 차량의 수색을 위해 고안되었다. 캐디 판결 447-8.

수정헌법 제4조 판례법은 이미 긴급상황이론, 곧 상황이 긴급하여 사법경찰이 집에 들어갈 필요성이 너무 커서 영장없는 수색이 객관적으로 수정헌법 제4조애 따라 합리적이라면 경찰관이 영장없이 집에 들어갈 수 있다는 이론을 받아들였다. 브리검시 판결 403. 이 사건에서처럼 큰 부상을 당하거나 부상의 위협을 받고 있는 사람을 도와줄 긴급한 필요성이 인정된다. 경찰관은 도움이 필요하다고 믿을 만한 객관적으로 합리적인 이유가 있다면, 그리고 집안에서 경찰관의 조치가 상황에 따라 합리적이라면 수정헌법 제4조에 따라 집에 들어가는 것이 허용된다.

이 사건에서 우리는 경찰관들이 그 법리를 주장하지 않았기 때문에 긴급도움 상황에 해당되는 긴급한 상황인지를 살펴볼 필요가 없다. 그러나 앞으로 혼란을 피하기 위해 나는 일부 중요한 긴급도움 상황에 그 법리가 어떻게 적용되는 지를 짧게 설명할 필요가 있다고 생각한다.

리빙스턴 판사가 설득력 있게 설명한 대로, 이 법리가 법원이나 학자들로부터 주의를 크게 끌지 못했지만, "지역 경찰은 실종된 사람, 아픈 이웃사람, 밤에 문이 열려 있다는 신고를 처리한다." 그리고 실종된 사람을 찾고, 다툼을 가라앉히고, 아픈 사람이나 부당당한 사람을 도와주는 경찰관의 책임이 심각한 토론주제가 된 적이 없다. 긴급상황에서 도와주는 경찰의 책임도 마찬가지다.

그러한 현실에 맞추어 법원의 긴급상황 선례는 경찰관들이 눈앞에서 위기가 계속되고 있어서 바로 조치를 취하는 것이 믿을만한 객관적으로 합리적인 근거가 있을 때 영장없는 진입을 허용하고 있다. Sheehan, 575 U.S., 612; Michigan v. Fisher,

558 U.S., 48-49; 브리검시 판결 406-407. 경찰관들은 이미 피해가 발생했다거나 바로 전에 일어난 일이라는 사실을 밝힐 필요가 없다. 왜냐하면 자살충동을 느끼거나 연락이 안 닿거나 쓰러진 노인이 관련된 사건이라면 알기가 어려울 수 있기 때문이다. 만약 누군가 큰 피해를 입을 위험이 있고 경찰관이 바로 개입하는 것이 합리적이라면 경찰관이 집에 들어갈 충분한 이유가 된다.

몇 가지 사례를 들어보자. 한 여성이 의료구조센터나 9111에 전화해서 집에 불을 질러서 자살하려고 하는데 죽을 지도 모르겠다고 말했다고 가정해보자. 전화를 받은 직원은 경찰에 연락했고 두 명의 경찰관이 그 여성의 집으로 갔다. 문을 두드렸으나 반응이 없다. 경찰관은 집에 들어갈 수 있는가? 물론이다.

긴급상황법리는 경찰관들이 거주자가 큰 부상을 입었거나 그러한 부상을 당할 위험이 있다고 믿는데 객관적으로 합리적인 이유가 있기 때문에 적용된다. Sheehan, 575 U.S., 612 (정신이상자가 칼을 들고 방에 들어가 문을 잠갔을 때 경찰관은 그 방에 들어갈 수 있다). 무엇보다 그러한 상황에서 자살충동을 느끼는 사람은 언제든지 자살할 수 있다. 수정헌법 제4조는 자살이 일어나는 곳 바깥에서 경찰관이 한가롭게 서 있도록 요구하지 않는다.[129)]

다른 사례를 살펴보자. 어떤 노인이 평소와 달리 일요일 교회 예배에 오지 않았고 하루 내내 전화를 받지 않았다. 걱정스런 친척들이 경찰에 신고해서 이상이 있는지 확인해 달라고 요청하였다. 두 명의 경찰관이 집에 가서 문을 두드렸으나 반응이 없다. 경찰관들이 집에 들어갈 수 있나? 물론이다.

경찰관들은 거주자가 "큰 부상을 입었거나 그러한 부상을 당한 위험"이 있다고 믿을만한 객관적으로 합리적인 이유가 있다. 노인은 넘어져서 다쳤을 수 있고, 이는 나이든 사람들이 죽거나 큰 부상을 당하는 흔한 이유이다. 수정헌법 제4조는 경찰관이 집에 들어가서 상태를 확인하는 행위를 막지 않는다.[130)]

물론 법원, 경찰서, 경찰관들은 그러한 사례에서 경찰관의 조치가 상황에 따라 합리적일 수 있는지 주의깊게 살펴야 한다. 그러나 두 사례와 학교에 가지 않고 집안에 있는 어린이와 관련된 사건과 같은 사례는 영장없는 진입이 긴급상황법리

129) 2019년 미국에서 47,511명이 자살하였다. 그 숫자는 1년 평균 피살된 사람의 두 배가 넘는다.
130) 2018년 미국에서 약 32,000명의 노인이 넘어져서 죽었다. 넘어짐은 나이든 사람들의 중요한 부상 원인이다.

에 따라 헌법에 부합할 수 있음을 예시한다고 생각한다.

나는 위와 같은 이유로 판결에 찬성한다.

23. 뇌물죄와 공무행위의 해석

McDonnell v. United States

579 U.S.______(2016)

〈해 설〉

버지니아 전 주지사 맥도넬은 재직시에 한 사업가로부터 합계 17만 5천불을 차용, 선물 등으로 받고, 공무원들과 회사 임직원들 사이의 만남 및 논의 기회 주선, 주지사 공관에서 제품홍보를 위한 행사 개최 등을 했다는 혐의로 뇌물죄, 부당이득죄 등으로 기소되었다. 배심의 유죄평결을 거쳐 맥도넬은 징역 2년을 선고받았고, 연방제4항소법원은 지방법원 판결을 인용하였다. 상고심의 쟁점은 뇌물죄의 구성요건인 공무행위(official act)의 범위를 어떻게 해석할 것인가였다. 연방형법상 뇌물죄에서 공무행위는 "공무원이 위임 또는 보수를 받는 지위에서 직권으로 법에 따라 다루거나 다룰 수 있는 문제, 사안, 사유, 소송, 절차 또는 분쟁에 관한 결정이나 조치"로 규정하고 있다.

전원일치의견을 작성한 로버츠 대법원장은 법규정의 "사유, 소송, 절차, 분쟁"은 소송, 심판, 행정결정과 같은 권한행사를 말하고, "문제, 사안"은 권한의 공식 사용과 관련이 있어야 하는데 전형적인 회의나 일상의 연락, 관례적인 행사는 이에 해당하지 않는다고 보았다. "법에 따라 다루거나 다룰 수 있는"은 행정행위의 대상이 되고 집행을 점검하여 완료되었음을 확인할 수 있는 일로 제한된다고 해석하였다. "결정 또는 조치"는 연구 시작 결정, 연구 대상 결정과 같은 구체적인 결정이나 조치로 제한하여 해석되어야 하고, 결정이나 조치의 동의나 조언도 공무 행위에 해당될 수 있다고 보았다. 이렇게 제한하여 해석하지 않으면 공무원의 거의 모든 행위가 기소대상이 될 수 있고, 공무원과 국민들 사이의 접촉과 상호 작용을 위축시켜 민주적 참여절차를 후퇴시킬 수 있다고 판단하였다. 위와 같은 공무행위의 해석에 따라 다시 심리하기 위해 항소법원으로 되돌려 보냈다.

[대법원장 로버츠]

2014년 연방정부(연방검찰)은 전 주지사 로버트 맥도널과 그의 아내 모린 맥도널을 뇌물죄로 기소하였다. 맥노널이 주지사로 재직할 때, 금전 차용, 선물 등으로 버지니아 사업가 조니 윌리엄스로부터 17만 5천불을 받았다는 내용이었다. 윌리엄스는 버지니아에서 설립된 스타 회사의 사장으로, 담배에서 발견된 합성물질 아나타바인으로부터 만든 영양보조제를 개발하였다. 스타는 버지니아 주립대학이 아나타바인을 연구하기를 희망하였고, 윌리엄스는 그 연구에 주지사의 도움을 기대하였다.

뇌물죄의 유죄판결을 받기 위해서 정부는 주지사가 차용 및 선물의 대가로 "공무 수행"을 한(또는 이에 동의한) 사실을 증명해야 한다. 그러나 당사자들은 "공무 수행"이 무엇을 뜻하는 지 다투고 있다. 정부는 공소장 및 항소심에서 주지사가 적어도 다섯 가지의 "공무 수행"행위를 했다고 주장하였다. 그 행위들에는 윌리엄스와 다른 버지니아 공무원들의 "만남 주선, 주지사 공관에서 스타 회사를 위한 행사 주최", 아나타바인의 연구와 관련하여 "다른 공무원에게 연락"이 들어 있다. 정부는 이러한 행위들이 주지사 정책의 우선순위인 버지니아 경제 발전에 관련되어 있기 때문에 "공무 수행"을 구성한다고 주장하였다. 맥도널은 단순한 만남 주선, 행사 주최, 공무원 연락만으로는 "공무 수행"에 해당하지 않는다고 주장하였다.

지방법원은 "공무 수행"이 무엇인지를 폭넓게 해석한 정부의 견해에 따라 배심에게 설명하였고, 배심은 주지사 부부를 뇌물죄로 유죄 평결하였다. 연방제4항소법원은 유죄판결을 인용하였고, 우리는 "공무 수행"의 의미를 명확히 하기 위해 상고를 허가하였다.

I

A

2009. 11. 3. 상고인 로버트 맥도널은 버지니아의 71번째 주지사로 뽑혔다. 그의 선거 홍보 문구는 "일자리 밥"이었고, 공무를 수행하면서 버지니아에서 사업 진흥을 중점 추진하였다. 맥도널은 거의 날마다 버니지아의 경제 발전을 역설하였고, 여러 행사와 공장 개소식에 참석하였다. 또한 수천명의 유권자들이 보좌진 및 다른 공무원들과 만나도록 주선하였다. 보좌진들은 맥도널 주지사가 다른 어

느 주지사 때보다 버지니아 경제 발전을 위해 주지사 공관에서 더 많은 행사를 열었다고 한다.

맥도널 주지사가 버지니아 유권자 중 한 사람인 사업가 조니 윌리엄스와 교류한 행위가 이 사건 내용이다. 윌리엄스는 버지니아에서 설립된 회사인 스타의 사장으로, 담배에서 발견되는 성분인 아나타바인에서 만든 영양보조제 아나타블록(Anatabloc)을 개발하여 파는 회사였다. 스타는 식품의약국에서 아나타블록이 소염제로 승인받기를 바랐다. 승인을 받기 위해 우선 아나타바인의 건강 혜택에 관한 독립기관의 연구가 필요했다. 스타는 버지니아 주립 대학들이 버지니아 담배위원회로부터 승인을 받아 그 연구를 시작해주기 바랐다.

주지사는 윌리엄스가 자신의 개인 비행기로 선거운동을 도와주겠다고 제안한 2009년에 윌리엄스를 처음 만났다. 선거 바로 뒤 윌리엄스는 맥도널 부부와 뉴욕의 식당에서 저녁을 함께 했다. 맥도널 여사가 취임식에서 입을만한 옷이 없다고 말하자 윌리엄스는 사주겠다고 제안했다. 나중에 주지사의 변호사는 윌리엄스에게 옷을 사지 말라고 말했고, 맥도널 여사도 다음을 기약하자고 말했다.

2010. 10. 주지사와 윌리엄스는 비행기에서 다시 만났다. 비행 중에 윌리엄스는 주지사에게 버지니아 주립 대학에서 연구를 시작하는데 도움이 필요하다고 말했고, 이 문제로 이야기할 사람을 소개해 달라고 요청하였다. 주지사는 버지니아 보건 책임자인 헤이즐 박사를 소개해주었다. 윌리엄스는 다음 달 헤이즐 박사를 만났지만, 성과는 없었다. 헤이즐 박사는 아나타블록의 과학적인 효능을 믿지 않았고 연구 개시에 도움을 주지 않았다.

6개월 뒤 주지사의 아내는 정치집회에서 윌리엄스가 주지사 옆 자리에 자리하도록 도와주었다. 그 행사 뒤 윌리엄스는 맥도널 여사와 함께 쇼핑을 가서 디자이너가 만든 2만불짜리 옷을 사주었다. 그 뒤 맥도널 부부는 주지사 공관에서 저녁을 함께 하면서, 아나타블록 연구를 논의하였다.

이틀 뒤 윌리엄스는 전자우편으로 스타의 연구 관련 논문을 맥도널 여사에게 보냈고, 그녀는 남편에게 전달하였다. 한 시간도 지나지 않아 주지사는 버지니아 해변에 갖고 있는 임차부동산의 재정상태를 논의하기 위해 여동생에서 문자를 보냈다. 또한 딸에게도 결혼식 비용을 묻는 전자우편을 보냈다.

다음날 윌리엄스는 맥도널 여사를 만나기 위해 공관에 왔다. 그녀는 버지니아 해변의 임차 부동산과 딸의 결혼식 비용을 포함하여 가족들의 재정문제를 설명하였다. 영양보조제를 팔아 본 경험이 있는 맥도널 여사는 윌리엄스에게 그 분야를 알고 있고 아나타블록 사업을 도와줄 수 있다고 말했다. 윌리엄스에 따르면 그녀는 주지사가 "내가 당신을 도와줄 수 있지만 나도 당신의 도움이 필요하다. 내가 이 재정상황에서 벗어나기 위해 나를 도와주었으면 한다."는 내용으로 말했다고 설명하였다. 그리고 나서 맥도널 여사는 윌리엄스에게 5만불을 빌려주고, 딸 결혼식비용에 쓰기 위해 15,000불을 선물해달라고 요청했고, 윌리엄스는 동의했다.

윌리엄스는 그 만남 뒤 주지사에게 전화해서 "나는 재정상황을 이해했고 기꺼이 도와주겠다. 당신이 이러한 사정을 알고 있음을 확인하려고 했다."고 말했다고 증언하였다. 윌리엄스는 주지사가 도와주어서 고맙다고 말했다고 한다. 반면에 주지사는 그 무렵에 금전 차용은 알지 못했고, 그 사실을 알았을 때 아내가 윌리엄스에게 돈을 빌려 달라고 요청한 사실에 화를 냈다고 증언하였다. 윌리엄스와 맥도널 여사가 만나고 3일 뒤, 주지사는 보좌관에게 스타 회사의 자료를 헤이즐 박사에게 보내라고 지시하였다.

2011. 6. 윌리엄스는 아나타블록 연구 제안내용이 담긴 문서를 맥도널 여사의 비서에게 보냈다. 버지니아 의과대학과 약대에서 아나타블록 연구를 시작하기 위해 주지사는 헤이즐 박사에게 주지사의 제안내용이 담긴 문서를 보냈다. 윌리엄스는 그 문서에 반응이 있었는지를 기억하지 못한다고 증언하였다.

2011. 7. 맥도널 가족은 윌리엄스의 별장에서 주말을 보냈고, 그 곳에서 윌리엄스의 페라리를 빌렸다. 바로 뒤 주지사는 헤이즐 박사에게 윌리엄스 및 맥도널 여사와 아나타블록의 연구를 논의하기 위해 연구원을 보내 달라고 요청하였다. 그 연구원은 주지사나 부인에게서 논의외에 무슨 일을 하도록 강요하는 압력을 느끼지 않았다고 증언하였다. 윌리엄스와 만난 뒤 연구원은 윌리엄스에게 "정중하게 거절하는" 전자우편을 보냈다.

그 뒤 주지사 공관에서 맥도널 여사는 윌리엄스의 로렉스 시계를 부러워하면서 남편에게도 하나 있었으면 좋겠다고 말하였다. 윌리엄스는 자신이 주지사의 로렉스 시계를 사주기를 바라는지 물어보았고, 그녀는 그럼 좋겠다고 말했다. 그녀는 윌리엄스가 사준 시계를 나중에 주지사에게 성탄절 선물로 주었다.

2011. 8. 맥도널 부부는 공관에서 스타를 위한 점심 행사를 열었다. 윌리엄스에

따르면 행사의 목적은 아나타블록을 위해서였다. 그러나 주지사의 변호사는 단순한 점심이었다고 한다.

행사에 온 손님으로는 버지니아 주립대학의 연구자들도 있었다. 행사중에 스타는 아나타블록의 샘플을 무료로 나눠주었고, 아나타블록의 연구에 사용할 수 있는 25,000불 수표 8장을 나눠주었다. 주지사는 연구자들에게 "아나타블록을 연구할 가치가 있는지, 계속 개발할 이유가 있는지"를 물어보았다. 특히 버지니아의 경제나 일자리 창출에 좋을 지도 물었다. 윌리엄스가 연구자금을 지원해도 되는지를 물었을 때, 주지사는 "매우 정중하게 이 분야에서 내 결정권한이 제한되어 있다."고 대답하였다.

2012. 1. 맥도널 여사는 윌리엄스에게 버지니아 해변 임차 부동산에 쓸 돈을 추가로 빌려달라고 요청하였고, 그도 동의하였다. 2. 3.에도 주지사는 윌리엄스에게 5만불 차용을 논의하였다.

며칠 뒤, 윌리엄스는 맥도널 여사에게 버지니아 대학들이 스타의 요청에 답변하지 않는다고 볼멘소리를 했고, 그녀는 주지사에게 전달했다. 그녀는 주지사와 함께 차를 타고 가는 동안 주지사의 변호사에게 전자우편을 보내서, 윌리엄스가 연구제안을 준비하는데 25,000불 수표 8장을 준 뒤 진행되는 일이 없는 이유를 주지사가 알고 싶다고 말했다. 그리고 주지사가 대학에서 연구가 진행되기를 바란다고 말했다. 그러나 주지사는 그녀가 말한 내용은 자신의 허락을 받지 않았거나 자신은 알지 못하는 일이고, 자신은 그런 말을 한 적이 없다고 한다.

2. 16. 주지사는 윌리엄스에게 5만불 차용과 관련된 서류 상태를 확인해 달라는 전자우편을 보냈다. 몇 달 뒤, 주지사는 변호사에게 "버지니아 주립대학에서 아나타블록을 연구하는 일을 이야기해 봅시다."라는 전자우편을 보냈다. 주지사 변호사는 "네. 우리는 이 사안에 조심할 필요가 있다."고 답변했다. 다음날 주지사의 변호사는 연구에 주지사가 관여하기를 바라는 스타의 기대를 바꾸기 위해 스타의 로비스트를 불렀다.

2월말 주지사는 공관에서 보건산업계 연회를 열었고, 그 자리에 윌리엄스도 참석하였다. 맥도널 여사도 버지니아 주립 대학의 연구자들을 포함하여 윌리엄스가 추천한 손님들도 불렀다. 주지사는 행사 중에 스타나 윌리엄스, 아나타블록을 거론하지 않았다. 같은 날 주지사와 윌리엄스는 5만불 차용을 이야기하였고, 바로 뒤 윌리엄스는 그 돈을 빌려주었다.

2012. 3. 주지사는 버지니아 주정부 직원 리사와 인사부서장인 사라 윌슨을 만났다. 주 공무원들을 위한 건강 증진 계획을 논의하기 위해서였다. 그 때 주지사는 여러 차례 아나타블록을 말하였다. 회의 중에 그 약을 먹었고 리사와 윌슨에게 약이 자신에게 좋은 것 같고 주 공무원들에게도 도움이 될 것같다고 말했다. 리사는 주지사가 스타 직원들을 만나보도록 요청했다고 기억하고 있으나 윌슨은 그런 기억이 없다. 주지사와 이야기한 뒤 리사와 윌슨은 인터넷에서 아나타블록을 찾아보았지만 스타측과 만나지 않았고 그 뒤 다른 일도 없었다. 버지니아의 건강 증진 계획에는 아나타블록 같은 영양보조제가 들어 있지 않았다.

2012. 5. 주지사는 윌리엄스에게 2만불을 더 빌려달라고 요청하여 받았다. 이 때까지 윌리엄스는 주지사와 자녀들의 골프에 몇 번 후원하였고, 주지사 부부와 주말여행을 같이 다녔고, 주지사 딸에게 결혼선물로 1만불을 주었다. 윌리엄스는 선물과 대여금으로 합계 17만 5천불을 주었다.

B

2014. 1. 주지사는 스타 제품의 연구가 필요하다고 홍보하고 연구개시를 위해 필요할 때마다 공무 수행의 대가로 윌리엄스와 스타로부터 현금, 차용, 선물, 다른 금품을 받은 혐의로 기소되었다. 공소장은 한 건의 뇌물수수죄공모, 3건의 뇌물 수수, 한 건의 부당이득죄 공모, 6건의 부당이득죄, 2건의 허위사실 공표로 이루어져 있다. 18 U.S.C. §§1343, 1349 (뇌물수수); §1951(a) (부당이득죄); §1014 (허위사실공표). 맥도널 여사도 비슷한 혐의로 기소되었고, 모의에 가담하여 공무집행을 방해한 혐의가 추가되었다.

뇌물수수죄와 부당이득죄 혐의는 주지사가 윌리엄스로부터 뇌물을 받았다는 내용이다. Skilling v. United States, 561 U.S. 358, 404 (2010) ("스킬링 판결") (뇌물수수죄를 뇌물이나 사례금을 통해 다른 사람이 정당한 공적 서비스를 받지 못하게 하는 사기행위의 금지로 해석), Evans v. United States, 504 U.S. 255, 260, 269 (1992) ("에반스 판결") (부당이득죄에 뇌물수수도 포함).

당사자들은 뇌물수수죄를 연방뇌물죄를 참고하여 정의하는데 동의하였다. 18 U.S.C. §201. 그 조항에 따르면 "공무원이나 선출된 공무원이 직접, 간접, 부정직하게 공무 행위에 영향을 미치는 대가로 뇌물을 요구, 요청, 받거나, 이에 동의하는 행위는 처벌한다."고 되어 있다. §201(b)(2). "공무 행위"는 "공무원이 위임 또는 보수를 받는 지위에서 법에 따라 직권으로 다루고 있거나 언제든 다룰 수 있는 문제, 사안, 사유, 소송, 절차, 또는 분쟁에 관한 결정이나 조치"로 정의된다. §201(a)(3).

당사자들은 "공무 행위의 대가로 금품을 준다는 사실을 알면서… 금품을 받는 행위"가 부당이득죄의 구성요건이고, 부당이득죄의 "공무 행위"를 정의하기 위해 연방뇌물죄의 "공무 행위" 정의를 쓰는데 동의하였다.

그 결과 정부는 주지사가 윌리엄스로부터 받은 차용금과 선물을 대가로 "공무 행위"를 하거나 그에 동의하였음을 입증하여야 한다. 에반스 판결 268 ("공무원이 특정한 공무 행위에 동의하는 대가로 뇌물을 받았을 때 범죄는 성립한다; 대가에 따라 공무 행위를 했는지는 범죄성립요건이 아니다.")

정부는 주지사가 다음과 같이 적어도 다섯 가지의 "공무 행위"를 했다고 주장하였다.

(1) "아나타블록을 논의하고 개발하기 위해 주지사 부하인 버지니아 정부 공무원들과 윌리엄스의 만남 주선"

(2) "버지니아 대학의 연구자들에게 아나타블록의 연구를 시작하게 하고 의사들이 환자들에게 권유하도록 스타 제품을 홍보하기 위해 주지사 공관에서 행사를 열어 참석"

(3) "아나타빈의 연구를 시작하기 위해 버지니아 주립대학 연구를 권유하기 위해 주지사 사무실에서 다른 정부 관리들과 접촉"

(4) "주지사 공관에서 열린 행사에서 윌리엄스가 스타 사업에 중요한 사람들을 초청하도록 함으로써 스타의 제품을 홍보하고 버지니아 주정부 공무원들과 관계를 맺도록 함"

(5) "고위 공무원들이 스타의 제품으로 보건의료비용을 낮출 수 있는 방법을 논의하기 위해 주지사 사무실에서 회사 임원들과 만나도록 권유"

사건은 배심재판에서 회부되어 5주간 계속되었다. 면책합의에 따라 윌리엄스는 주지사의 도움을 받아 버지니아 주립 의과대학에서 아나타블록을 실험하기 위해 주지사 부부에게 선물을 주고 돈을 빌려주었다고 증언하였다. 주지사는 금전대여를 요청하고 윌리엄스로부터 선물을 받았다고 인정하였다. 그러나 주정부 관리와 만남 주선은 주지사로서 글자 그대로 너무나 자주 했던 일이고, 그의 비서가 윌리엄스와 만나서 다른 일을 하리라고 기대하지 않았다고 증언하였다.

다른 주 공무원들은 윌리엄스나 주지사와 아나타블록을 논의하였으나 연구를 추진하는 조치는 전혀 하지 않았다고 증언하였다(헤이즐 박사, 사라, 리사의 증언). 아나타블록에 대해 주지사와 이야기 한 적이 없었던 버지니아 대학 연구소의 직원은 아나타블록 연구에 관련하여 찬반의견을 썼다고 증언하였다.

최후 변론에 이어 지방법원은 배심에게 주지사의 유죄가 인정되기 위해서는 그가 공무 행위의 대가로 금품을 받는데 동의하였다고 인정하여야 한다고 설명하였다. 법원은 만남 주선, 행사 주최, 다른 공무원 접촉을 포함하여 공소장에 써 있는 다섯 가지 "공무행위"를 설명하였다. 그리고 나서 법원은 "공무 행위"의 법률상 정의를 인용하였고, 정부의 요청에 따라 배심에게 그 문구는 공무원이 "장기 정책 목표를 추진하거나, 목적을 달성하거나 영향력을 행사하는 일련의 단계"에서 조치를 포함하여 관행적으로 수행하는 행위를 포괄한다고 말하였다.

주지사는 공직자의 정기 활동이나 확립된 관행만으로는 "공무 행위"에 해당하지 않고, 단순한 만남 주선, 행사 참석, 연회 주최, 연설만으로는 설령 확립된 공무 수행 관행이라 하더라도 계류 중인 사안에 대한 결정이 아니므로 그 자체로 "공무 행위"가 아니라고 배심에게 설명해달라고 법원에 요청하였다. 또한 법원이 "공무 행위"가 계약 체결, 직원 채용, 면허 부여, 법안 통과, 규정 집행과 같이 주정부의 실제 구체적인 공무상 결정에 영향을 미치거나 그런 의도가 있어야 한다고 배심에게 설명해달라고 요청하였다. 법원은 주지사가 요청한 배심 설명을 받아들이지 않았다.

배심은 주지사의 뇌물죄와 강요죄는 유죄 평결, 허위 사실 공표에 대해서는 무죄평결하였다. 주지사 부인의 거의 모든 혐의도 유죄평결이 나왔다. 검찰은 주지사에게 징역 10년을 구형하였지만, 법원은 징역 2년을 선고하였다. 주지사 부인은 1년형을 받았다.

평결 뒤, 주지사는 배심 설명에 의해 배심이 (1) "공무행위"를 잘못 이해하여 유죄평결하였고, (2) 그가 미래에 확정되지 않은 행위의 대가를 받았다는 논리로 유죄평결을 하였기 때문에 유죄평결이 취소되어야 한다고 신청하였다. 지방법원은 신청을 기각하였다. 또한 주지사는 유죄평결의 증거가 불충분하고, 뇌물수수죄와 강요죄가 모호하여 위헌이라는 이유로 무죄판결을 요청하였으나 기각되었다.

주지사는 연방제4항소법원에 항소하여, 배심 설명에서 "공무행위" 정의에 따르면 하찮거나 악의가 없다 해도, 사실상 거의 모든 공직자의 활동을 공무라고 여기고 있다고 다투었다. 그는 증거 불충분과 법률의 위헌성도 다투었다.

4항소법원은 1심 판결을 인용하였고 우리는 상고를 허가하였다. 주지사 부인의 별도 항소는 항소법원에 남아 있다.

II

이 사건의 쟁점은 "공무 행위"의 올바른 해석이다. §201(a)(3)은 "법에 따라 공무원이 직권의 범위에서 다루거나 언제든 다룰 수 있는 문제, 사안, 사유, 소송, 절차, 또는 분쟁에 관한 결정이나 조치"로 정의하고 있다.

정부는 "법에 따라 공무원이 직권의 범위에서 다루거나 언제든 다룰 수 있는 문제, 사안, 사유, 소송, 절차, 또는 분쟁에 관한 결정이나 조치"를 널리 포괄하기 위해서 "의회가 일부러 포괄적인 용어를 사용했다"고 한다. 그래서 "공무 행위"는 공무원의 거의 모든 활동을 포함한다고 한다. 정부의 견해로는 "공무 행위"는 구체적으로 버지니아 경제 발전과 같은 정책 과제를 포함하여 어느 사안과 관련해서든 만남 주선, 다른 공무원 접촉, 행사 주최도 포함한다고 한다.

반면에 주지사는 법문의 맥락상 "공무 행위"의 해석은 더 제한되어, "구체적인 정부 결정을 지시하는" 행위나 다른 공무원에게 그렇게 하도록 하는 압력으로 한정되어야 한다고 한다. 또한 §201와 같은 "모호한 부패방지법"은 헌법상 문제가 많아서, "그 형사법조항을 신중하게 좁혀서 해석"해야 한다고 주장한다.

법문, 이 법원의 선례, 주지사가 제기한 헌법상 문제를 종합하여 고려할 때 우리는 정부의 §201(a)(3) 해석을 받아들이지 않고 "공무 행위"를 더 제한하여 해석한다. 그 해석에 따르면 만남 주선, 다른 공무원에게 연락, 행사 주최만으로는 "공무 행위"에 해당하지 않는다.

A

§201(a)(3)의 법문은 "공무 행위"에 2가지 요건을 두었다. 첫째, 정부는 법에 따라 공무원이 다루거나 언제든 다룰 수 있는 문제, 사안, 사유, 소송, 절차나 분쟁을 확정하여야 한다. 둘째, 정부는 공무원이 그 문제, 사안, 사유, 소송, 절차나 분쟁에 관하여 결정하거나 조치를 취하였거나 그에 동의하였음을 증명해야 한다.

이 사안의 쟁점은 만남 주선, 다른 공무원에게 연락, 행사 주최만으로 "문제, 사안, 사유, 소송, 절차나 분쟁"일 수 있는지, 아니라면 "문제, 사안, 사유, 소송, 절차나 분쟁"에 관한 결정이나 조치일 수 있는지이다.

첫째 질문은 보통의 만남, 연락, 행사 그 자체가 "문제, 사안, 사유, 소송, 절차나 분쟁"인지이다. 정부는 연락, 회의, 행사와 같은 일상의 기능부터 경제발전추구와 같은 정부가 마주한 가장 광범위한 사안에 이르기까지 공무원의 거의 모든 활동이 문제나 사안에 해당한다고 한다. 그러나 우리는 "문제, 사안, 사유, 소송, 절차나 분쟁"이 그렇게 넓게 적용되지 않는다고 본다.

"사유, 소송, 절차, 분쟁"의 4가지 낱말은 소송, 심의, 행정결정과 같은 정부 권한의 공식 행사를 말한다. Crimes Act of 1790, §21, 1 Stat. 117 (관련된 법률 맥락에서 "사유, 소송, 분쟁"이 사법절차를 가리킨다). 18 U.S.C. §201(b)(3) ("절차"는 법원, 의회 위원회, 행정청, 위원회, 공무원 앞에서 재판, 심의를 가리킨다). 이러한 낱말들의 정확한 범위를 정의하기 어렵다 해도, 전형적인 회의, 전화 연락, 공무원이 주최한 행사는 "사유, 소송, 절차나 분쟁"에 해당되지 않는다.

그러나 "문제나 사안"은 어떤가? "문제"는 토론 중이거나 토론의 대상이거나 조사대상인 주제나 측면, "사안"은 관심 또는 관련성이 있는 주제를 뜻할 수 있다. 웹스터 국제 사전 3판 1394,1863 (1961). 만약 그런 뜻이라면, 전형적인 회의, 연락, 행사는 "문제나 사안"에 해당할 수 있다. 그러나 "문제"는 의회에서 다루는 문제처럼 토론의 주제나 대상, 회의에서 투표를 거칠 의안처럼 더 좁게 해석될 수도 있다. 비슷하게 "사안"은 위원회에서 다룰 문제처럼 대개 심각하거나 실무상 고려대상인 실제 주제로 제한될 수 있다.

위와 같은 다른 정의 중에서 어느 쪽이 맞는지를 고르기 위해서 우리는 낱말을 쓴 맥락을 본다. 잘 알려진 해석 규범인 문맥해석원리(noscitur a sociis)에 따르면 "문맥 속에서 낱말을 파악해야 한다." 이 규범을 꼭 사용해야 하지는 않지만, 낱말이 여러 뜻을 가지고 있을 때 의회가 만든 법의 의도하지 않은 넓은 적용을 피하기 위해 가끔 현명하게 적용된다. 예를 들면 Gustafson v. Alloyd Co., 513 U.S. 561 (1995) 판결에서 법은 "안내문(prospectus)"을 "안내문, 통지, 회람문, 광고물, 편지, 통신"으로 정의하였다. 우리는 낱말 "통신"이 추상적으로는 모든 유형의 통신을 말하기는 하지만, 그 목록은 널리 배포되는 서류를 가리키고 있고, 그 목록의 통신 역시 공중 통신을 가리킨다고 보았다.

우리는 이 사건에 같은 방법을 써서, "문제"나 "사안"은 "사유, 소송, 절차나 분쟁"과 성질상 비슷해야 한다고 본다. 공무원이 마련한 전형적인 회의, 연락, 행사는 법원의 소송, 행정청의 결정, 위원회의 심의와 같지 않기 때문에, §201(a)(3)의 "문제"나 "사안"에 해당되지 않는다.

그와 같은 제한된 해석이 "법률용어는 남아돌지 않는다."는 추정에 들어맞는다. 만약 문제와 사안이 정부가 주장하듯이 범위가 제한되지 않는다면, "사유, 소송, 절차나 분쟁"이란 용어는 법률에서 아무 역할이 없다. 모든 "사유, 소송, 절차나 분쟁"이 "문제"나 "사안"이 되기 때문이다. 그러나 더 한정된 해석에 따르면 "문제"나 "사안"은 성질상 "사유, 소송, 절차나 분쟁"과 비슷한 정부 권한의 공식 사용을 가리킨다고 이해될 수 있으나, 반드시 그 범주 중의 하나에 들어갈 필요는 없다.

전형적인 회의, 연락, 행사는 그 자체로 문제나 사안이 아니기 때문에, 다음으로 만남 주선, 다른 공무원 접촉, 행사 주최가 문제나 사안에 관한 "결정이나 조치"에 해당하는지를 결정한다. 먼저 이 사건에서 무엇이 문제나 사안인지를 확인하여야 한다.

위에서 살펴 본 요건에 더하여 §201(a)(3)은 문제나 사안은 공무원이 다루고 있거나 법에 따라 다룰 수 있어야 한다. "법에 따라 다루고 있고 다룰 수 있는"은 의제가 되고, 집행을 점검하고 완료되었다고 확인될 수 있는 종류의 일로 제한된다. 특히 "법으로 다룰 수 있는"은 공무원의 지위에 따른 구체적인 의무내의 일, 그의 지위에 따라 주어진 기능을 말한다. "모든"이란 낱말은 직무를 수행하는 공무원이나 다른 공무원이 맡고 있는 사안을 뜻한다.

그러나 지방법원은 이 사건에 관련된 사안이 "버지니아에서 사업과 경제 발전," 또는 배심에게 전달된 "일자리 밥"과 같은 훨씬 폭넓은 개념이라고 판단했다. 판사가 법에 따라 다루고 있거나 다룰 수 있는 "정의"나 군인이 법에 따라 다루고 있거나 다룰 수 있는 "국가안보"와 마찬가지로, 경제발전이 공무원이 법에 따라 다루고 있는, 또는 다룰 수 있는 사안으로 자연스럽게 설명되지 않는다. §201(a)(3)에 따르면 관련된 "문제, 사안, 사유, 소송, 절차나 분쟁"은 더 제한되고 좁혀져야 한다.

4항소법원은 이 사건에서 적어도 3가지 종류의 문제 또는 사안을 인정하였다. (1) "버지니아 주립대학의 연구자들이 아나타블록의 연구를 시작하였는지," (2) "주가 설립한 담배 보상 및 공동체 회복 위원회가 아나타블록의 연구에 자금을 지원했는지," (3) "버지니아 주 정부 직원들의 건강보험이 아나타블록에 적용되는지." 우리는 위 3가지가 §201(a)(3)에 따른 문제나 사안에 해당한다는데 동의한다. 3가지가 구체적으로 한정되었고, 성질상 소송, 행정결정, 심의와 비슷한 정부 권한의 공식 사용과 관련되어 있다.

하지만 정부가 주장하듯이 만남 주선, 행사 주최, 다른 공무원에게 연락한 행위만으로 3가지 문제나 사안에 관한 결정이나 조치에 해당하는지의 문제는 남는다. "결정" 그리고 특히 "조치"라는 낱말이 정부의 견해처럼 폭넓게 해석될 수 있다 해도, United States v. Sun-Diamond Growers of Cal., 526 U.S. 398 (1999) ("선다이아몬드 판결")에서 우리는 그 해석을 받아들이지 않았다.

선다이아몬드 판결에서 대법원은 대통령이 백악관에 우승팀을 초청하고, 교육부 장관이 고등학교를 방문하고, 농무장관이 농부들에게 여러 농림정책을 연설하는 행위가 §201상의 "공무 행위"가 아니라고 했다. 우리는 "대통령이 대학이나 프로스포츠 팀에게 영향을 미치는 사안, 교육부장관이 고등학교에 영향을 미치는 사안을 다루거나 앞으로 다루듯이, 농무장관도 늘 농부들에게 영향을 미치는 사안을 다루거나 앞으로 다룰 것"이라고 인정하였다. 그러나 우리는 그러한 사안이 존재한다고 해서 그에 관련된 조치가 "공무 행위"에 해당한다고 인정하기에는 충분하지 않다고 보았다. "공무 행위"의 정의를 더 제한하는 방식으로 그 용어를 한정함으로써 그러한 행위에 관여하였다고 해서 불합리하게 부패혐의로 처벌하지 않을 수 있었다.

선다이아몬드 판결에서 볼 때 행사 주최, 다른 공무원 연락, 이해관계자들에게 한 발언만으로는 계류 중인 문제나 사안에 관련되어 있다고 해도 §201(a)(3)의 의미상 "결정이나 조치"가 아님은 분명하다. 그 이상이 필요하다. §201(a)(3)은 공무원이 그 문제나 사안에 대해 결정하거나 조치를 취하거나 그에 동의해야 한다고 규정하고 있다.

예를 들면 연구를 시작하는 결정이나 조치, 또는 연구 주제 목록을 좁히는 것과 같은 결정이나 조치는 "공무 행위"에 해당될 수 있다. 공무원은 그의 직위를 이용하여 다른 공무원에게 "공무 행위"를 하도록 압력을 가함으로써 "문제, 사안, 사유, 소송, 절차나 분쟁"에 관한 결정이나 조치를 할 수도 있다. 나아가 공무원이 조언이 다른 공무원의 "공무 행위"의 근거가 됨을 알거나 의도하고서 다른 공무원에게 조언하기 위해 그의 직위를 이용한다면, 역시 §201(a)(3)의 취지상 결정이나 조치에 해당할 수 있다. United States v. Birdsall, 233 U.S. 223, 234 (1914) ("버솔 판결") ("상급자가 특정 사건의 사실과 정황을 더 잘 알고 있는 하급자의 보고와 조언에 반드시 의존해야 하는 경우 하급자의 공무 행위 인정")

이 법원의 선례에 따르면 공무원은 "문제, 사안, 사유, 소송, 절차나 분쟁"에 관하여 실제 결정하거나 조치를 취할 필요는 없다. 그 결정이나 조치에 동의해도 충분하다. 동의는 명시적일 필요 없고, 거래 목적을 달성하기 위해 쓰는 수단을 특정할 필요도 없다. 공무원은 동의만 한다면 공무 행위를 실행할 의도가 없어도 된다. 예를 들면 배심은 공무원이 대가로 "공무 행위"를 실행하리라는 기대를 가지고 준다는 사실을 알면서 대가물을 받았다는 증거가 있다면 동의가 있었다고 결론내릴 수 있다. 구체적인 사실을 확인하여 공무원이 대가물을 받을 때 "공무 행위"를 실행하는데 동의하였는지의 결정은 배심에게 달려 있다. 배심은 그 문제를 풀기 위해 거래의 성질을 포함하여 관련된 광범위한 증거를 검토할 수 있다.

그러나 추가 정보를 얻거나 연구를 논의하기 위한 만남 주선, 행사 주최, 공무원에게 연락(또는 그렇게 하기로 동의)만으로는 연구를 시작할지의 문제에 관한 결정이나 조치라고 볼 수 없다. 만남, 행사. 연락에서 연구를 지지하거나, 그 만남, 행사에 하급자를 보내거나 하급자를 통해 연락하는 행위도 공무원이 조언이 "공무 행위"의 근거가 됨을 알거나 되게 하려는 의도를 가지고 다른 공무원에게 압력을 행사하거나 조언하려는 의도가 없는 한 연구에 관한 결정이나 조치에 해당하지 않는다. 그렇지 않고 연구에 조금이라고 관련이 있는 모든 조치가 "공무 행위"라면, 공무원이 그 연구에 관하여 결정하거나 조치를 취하거나 그에 동의한다는 요건은 쓸모가 없다.

물론 만남 주선, 행사 주최, 전화 연락이 이 사건과 같은 사건에서 늘 죄없는 행위라거나 무관하다는 말은 아니다. 만약 공무원이 다른 공무원이 맡고 있거나 맡을 수 있는 문제나 사안과 관련하여 만남을 주선하거나, 행사를 주최하고, 전화 연락을 한다면, 공무 행위를 하는데 동의하였다는 증거가 될 수 있다. 예를 들면 배심은 공무원이 맡고 있는 사안에 대해 다른 공무원에게 압력을 행사하거나 조언하려고 시도했다고 결론내릴 수 있다. 만약 공무원이 대가를 받고 그런 압력을 가하거나 조언을 하는데 동의했다면 불법일 수 있다.

정부는 이 법원의 버슬 판결에 따라 "공무 행위"가 더 넓게 해석되어야 한다고 하지만, 버슬 판결은 이 사건 §201(a)(3) 해석과 완전히 같다. 우리는 버슬 판결에서 "공무 행위"는 법률이나 성문의 규칙 또는 규정보다는 관행으로 인정될 수 있고, 공무원의 공식 의사결정절차의 일부일 필요가 없다고 판결했다. 230-231. 그러나 주민에게 다른 공무원을 소개하는 관행상 셀 수 없는 결정처럼 공무원이 하는 모든 결정이나 조치가 "공무 행위"가 된다는 뜻은 아니다. 버슬 판결에서 문제가 된 "공무 행위"는 인디언업무 담당 위원에게 사실과 다르게 인디언들에게 술을 판 범법행위로 유죄판결을 받은 피고인들에게 관용을 베풀만한 사실이 있다고 조언한 행위였다. 그 "결정이나 조치"는 우리의 §201(a)(3) 해석에 딱 들어맞는다. 이는 다른 공무원이 맡고 있는 관용을 베풀지의 문제에 관하여 조언하는 결정이나 조치이다.

간추리면 "공무 행위"는 "문제, 사안, 사유, 소송, 절차나 분쟁"에 관한 결정이나 조치이다. "문제, 사안, 사유, 소송, 절차나 분쟁"은 성질상 법원의 소송, 행정청의 결정, 위원회의 심의와 비슷한 정부 권한의 공식 행사와 관련되어 있어야 한다. 공무원이 맡고 있거나 법으로 맡을 수 있는 구체적이고 명확한 일이어야 한다. "공무 행위"에 해당하기 위해서는 공무원은 "문제, 사안, 사유, 소송, 절차나 분쟁"에 관하여 결정하거나 조치를 취하거나 그에 동의하여야 한다. 그 결정이나 조치에는 자신의 직위를 이용하여 다른 공무원에게 "공무 행위"를 하도록 압력을 가하거나, 조언이 다른 공무원의 "공무 행위" 근거가 됨을 알거나 의도하면서 조언하는 행위가 들어 있다. 만남 주선, 다른 공무원에게 연락, 행사를 주최(또는 그렇게 하는데 동의)만으로는 "공무 행위"의 범위에 들어가지 않는다.

B

문맥과 선례에 어긋날 뿐만 아니라, "공무 행위"의 확대 해석은 헌법 문제도 생긴다. §201은 "공무 행위"와 금품의 교환, 곧 대가를 받은 부패를 금지하고 있다. 정부의 견해에 따르면 선거기부금부터 점심까지 공무원이 받는 거의 모든 것이 금품이 된다. 만남 주선부터 행사에 손님 초청까지 공무원이 하는 거의 모든 일이 금품의 대가가 된다.

그러나 성실한 공무원은 유권자들을 위해 만남을 주선하고 다른 공무원들에게 연락하고 늘 유권자들을 행사에 부른다. 대의 정부를 꾸리기로 한 기본 협약은 공무원들이 유권자들에게서 듣고 그들의 관심사-공장이 문 닫을지 걱정하는 노동조합 간부든 폭풍 뒤 전기를 복구하는데 5일이나 걸리는 이유를 알고 싶어하는 집주인-를 적절하게 처리한다는 것을 전제한다. 정부의 입장에 따르면 노동조합이 과거에 선거 기부금을 주었거나 집주인이 해마다 열리는 야구경기에 공무원을 불렀다면 이러한 관계에 범죄혐의를 뒤집어씌울 수 있다. 공무원들은 가장 평범한 지원 요청에도 응할 수 있는지 궁금할 수 있고, 정당한 관심사항을 갖고 있는 시민들은 민주 절차의 참여를 꺼릴 수 있다.

헛된 걱정이 아니다. 레이건 대통령부터 오바마 대통령까지 모든 행정부에서 일했던 백악관의 변호사들은 검찰이 "부패방지법을 숨막힐 정도로 넓게 적용하면 연방공무원과 국민들의 상호 작용을 위축시킬 수 있고 효과적인 의무이행에 해로울 수 있다."고경고하고 있다. 6명의 전직 버지니아 법무장관들-민주당원 4명과 공화당원 2명-도 같은 우려를 담은 참고서면을 냈고, 다른 주의 77명 전직 법무장관들-민주당원 41명, 공화당원 35명, 무소속 1명-도 같은 서면을 냈다.

물론 이 사건의 사실들이 공무원과 그 유권자들 사이에 전형적인 정치의 상호작용임을 뜻하지는 않는다. 그와는 거리가 있다. 그러나 정부의 법률 해석은 사치스러운 선물이나 많은 액수의 돈이 연관된 사건으로 국한되지 않는다. 우리는 정부가 책임있게 법을 적용하리라는 가정에 따라 형사법을 해석할 수 없다. United States v. Stevens, 559 U.S. 460, 480 (2010). 선다이아몬드 판결에서 이 법원은 열의가 지나친 §201 기소를 통제하는 정부의 재량을 믿기보다는, 문언상으로는 고기 자르는 칼 또는 수술용 칼로도 해석될 수 있는 법률은 후자로 해석하는 것이 합리적이라고 결론지었다. 412.

정부의 해석에 따르면 "보통 사람들이 금지되는 행위가 무엇인지를 이해하도록, 또는 자의적이고 차별적인 법집행을 막는 방식으로" "공무 행위"를 정의하기 어렵다. 스킬링 판결 402,3. 정부해석대로 기준 없이 적용하면 공무원은 거의 모든 일상의 접촉도 기소대상이 될 수 있다. "징역 15년 이하에 처할 수 있는 조항을 엉성하게 해석하면," 그 조항이 헌법의 적법절차보장에 어긋난다는 걱정을 하게 된다. Johnson v. United States, 576 U.S. ___, ___ (2015) (10). 우리가 §201(a)(3)을 제한하여 해석함으로써 이러한 "모호함의 함정"에 빠지지 않는다. 스킬링 판결 368.

정부의 해석에 따르면 연방주의와 관련하여 많은 걱정이 생긴다. 주는 스스로 "자신의 정부 구조, 정부 권한을 행사하는 사람들"을 통해 주권국으로 자리매김하고 있다. 그 주권에는 주 공무원과 유권자들 사이의 허용가능한 접촉 범위를 규정하는 특권도 들어 있다. 이 사건에서 문맥과 선례에 따라 정당하게 "공무 행위"를 더 제한하여 해석할 수 있는 경우에, 우리는 그 경계를 모호하게 만들고 연방정부가 주나 지역 정부의 공무원들을 위한 바람직한 기준을 세우는데 관여하는 방식으로 법조항을 해석하지 않는다. McNally v. United States, 483 U.S. 350, 360 (1987); United States v. Enmons, 410 U.S. 396, 410-411 (1973) (주의 형사사법권에 전례없는 침범으로 이어질 수 있는 강요의 확장 개념을 거부).

III

A

주지사는 배심이 연방뇌물법 §201(a)(3)의 "공무 행위"에 대해 그릇된 설명을 들었기 때문에 유죄판결이 취소되어야 한다고 주장한다. 주지사는 지방법원이 공무 행위의 개념을 의미있게 제한하려고 하지 않았고, 배심에게 적법한 행위를 유죄평결하도록 설명하였다고 한다. 우리는 동의한다.

배심 설명에는 공무 행위의 법률상 정의가 들어 있었고, "법이 명확히 부여한 책임에 따라 취한 조치가 아니라 해도, 공무원 지위에 따라 관행으로 확립된 조치"도 포함되어 있었다. 설명은 "공무 행위에는 장기 목표를 추구하는 행위, 목표를 이루거나 영향을 미치는 일련의 단계에 있는 행위를 포함하여 공무원이 관행적으로 수행하는 행위도 포함한다."고 말하고 있다. 우리의 "공무 행위" 해석에 비추어 보면 그러한 설명은 지나치게 포괄적이어서 중요한 요건을 빠트렸다.

첫째, 배심 설명은 배심에게 "문제, 사안, 사유, 소송, 절차나 분쟁"을 확인하는 방법을 올바로 설명하지 않았다. 위에서 보았듯이 4항소법원은 다음 3가지 문제나 사안에 관한 증거를 냈다고 판결했다. (1) "버지니아 주립대학의 연구자들이 아나타블록의 연구를 시작할 지," (2) "주가 설립한 담배 보상 및 공동체 회복 위원회가 아나타블록의 연구에 자금을 지원했는지," (3) "버지니아 주 정부 직원들의 건강보험이 아나타블록에 적용되는지."

지방법원의 설명은 배심이 그 문제나 사안을 인정한 뒤 유죄평결에 이르는 근거를 제공하지 못했다는 문제가 있다. 법정에서 주지사가 어떻게 만남을 주선하고, 다른 공무원에게 연락했으며, 행사를 주최했는지의 증언이 있었다. 배심은 전형적인 만남, 연락, 행사 자체를 "문제, 사안, 사유, 소송, 절차나 분쟁"으로 생각할 수 있다. 그렇다면 배심은 올바로 정의된 "공무 행위"를 했거나 그에 동의했다는 사실인정없이 주지사를 유죄로 평결할 수 있다. 이를 방지하기 위해서는 지방법원은 배심에게 정부 권한의 공식 집행과 관련된 "문제, 사안, 사유, 소송, 절차나 분쟁"을 확인해야 한다고 설명했어야 한다.

둘째, 배심 설명은 배심에게 "문제, 사안, 사유, 소송, 절차나 분쟁"이 폭넓은 정책 목표보다는 더 구체적이고 제한되어야 한다고 알리지 않았다. 정부는 최후 논고에서 배심에게 "주지사가 무슨 일을 했든 모두 공무 행위"라고 말했다. 그 말을 근거로 재판에서 "일자리 밥"(선거구호)이라는 말이 반복하여 언급되었고, 배심은 "문제, 사안, 사유, 소송, 절차나 분쟁"이 지방법원이 결론내린 대로 "버지니아 사업 및 경제 발전"과 같은 모호한 거라고 생각할 수 있었다. 지방법원은 헷갈리지 않도록 배심에게 "문제, 사안, 사유, 소송, 절차나 분쟁"이 연구를 시작할 지와 같이, 공무원이 맡고 있거나 법으로 맡을 수 있는 구체적이고 세부적인 일이어야 함을 설명했어야 한다.

셋째, 지방법원은 배심에게 주지사의 유죄평결을 위해서는 우리가 해석한 대로 확인한 "문제, 사안, 사유, 소송, 절차나 분쟁"에 관해 결정하거나 조치를 취하였음-또는 그렇게 동의하였음-을 인정하여야 한다고 설명하지 않았다. 재판에서 주지사의 직원 몇 명은 그가 만나보라고 이야기했을 뿐, 그 외에 다른 일을 하라고 하지 않았다고 증언하였다. 만약 그 증언내용이 주지사가 윌리엄스로부터 돈을 빌리고 선물을 받을 때 동의한 일이라면, 그는 4항소법원이 설시한 3가지 문제나 사안에 대해 결정하거나 조취를 취하는데 동의하지 않았다.

배심은 그 증언을 믿지 않을 수 있고 주지사가 연구를 시작하거나 아나타블록을 건강보험대상으로 추가하기 위해 그들에게 압력을 행사하는데 동의했다는 다른 증거를 인정할 수도 있다. 그러나 배심이 올바로 정의된 "문제, 사안, 사유, 소송, 절차나 분쟁"에 관하여 결정하거나 조취를 취하는데 동의하였다는 판단없이 주지사의 유죄를 인정할 수도 있다. 그 가능성을 막기 위해서 지방법원은 배심에게 사안을 논의하기 위해 단순히 만남을 주선하거나 행사를 주최하는 일은 그 사안에 대한 결정이나 조치가 아니라고 설명했어야 한다.

배심이 "공무 행위"의 올바른 의미를 듣지 않았기 때문에, 범법이 아닌 행위로 주지사의 유죄를 인정했을 수도 있다. 그러한 이유로 우리는 배심 설명의 잘못된 내용에 "합리적인 의심을 넘는 결함이 없다"고 결론내릴 수 없다. 따라서 우리는 주지사의 유죄평결을 취소한다.

B

주지사는 2가지 주장을 더 하고 있다. 첫째, 이 사건 뇌물수수죄와 강요죄가 모호하여 위헌이므로 공소가 기각되어야 한다고 한다. 우리는 그 주장을 받아들이지 않는다. 이 사건에서 당사자들은 연방뇌물법 201조를 참조하여 위 법조항들을 정의하였다. 우리는 주지사가 말하는 모호함을 피하는 방식으로 §201(a)(3)의 "공무 행위"를 풀이하였기 때문에, 이 사건 사실관계에서 그 법률들의 무효를 인정하지 않는다. 스킬링 판결 403 (의회의 법제정을 비난하지 않고 해석함).

둘째, 주지사는 "공무 행위"를 했거나 그에 동의했다는 충분한 증거가 없기 때문에 공소가 기각되어야 한다고 주장한다. 당사자들은 이 법원이 채택한 §201(a)(3)의 해석에 비추어 자신들의 주장을 펼칠 기회를 갖지 못했기 때문에, 우리는 먼저 항소법원이 이 문제를 해결하도록 한다. 만약 항소법원이 배심이 주지사가 "공무 행위"를 하거나 이에 동의하여 유죄를 인정할 증거가 충분하다고 판단한다면, 1심 재판을 새로 열어야 한다. 증거가 충분하지 않다고 판단한다면, 공소는 기각되어야 한다. 우리는 그 문제에 관한 의견을 밝히지 않는다.

* * *

언짢은 사건임에 틀림없다. 그보다 더 나쁠 수 있다. 그러나 우리는 지저분한 페라리, 로렉스와 행사 옷 이야기에는 관심이 없다. 너무 넓게 연방뇌물법을 해석하는 검찰의 입장이 가지는 법률상 함의를 눈여겨보았다. "공무 행위"를 더 제한하여 해석함으로써 법조항의 문맥과 이 법원의 선례에 맞으면서도 부패행위를 기소하는 여지도 넉넉히 남긴다.

항소법원의 판결을 취소하고 이 판결에 맞는 추가 절차를 위해 되돌려 보낸다.

24. 제출명령으로 입수한 무선기지국 위치정보와 수정헌법 제4조의 부당한 수색 금지

Carpenter v. United States

585 U.S._____(2018)

〈해 설〉

연방수사국은 강도혐의자로부터 공범들의 휴대전화번호를 확보하고, 검사는 법원으로부터 공범들의 휴대전화 무선기지국 정보의 제출명령을 받은 뒤 2군데 통신사로부터 이들의 위치정보 관련 자료를 입수하였다. 상고인 카펜터는 압수수색영장 없이 자료를 입수한 행위는 수정헌법 제4조 위반이라고 주장하였다.

법정의견은 수정헌법 제4조가 부당한 수색을 금지한 목적은 공권력의 자의적인 침입으로부터 사생활과 안전의 보호에 있다고 강조하였다. 위치정보는 휴대전화 이용자의 움직임과 사생활을 거의 정확하게 알려주기 때문에 사생활을 보호하는 합리적인 기대를 인정할 수 있다고 보았다. 또한 제3자인 통신사가 사업상 위치정보를 갖고 있다고 하더라도, 자동적으로 기록되기 때문에 휴대전화 이용자가 자발적으로 위치정보를 통신사에 넘겨준다고 볼 수 없다고 판단하였다. 제출명령은 진행중인 수사와 합리적인 관련이 있으면 받을 수 있으나, 수색영장을 받기 위해 필요한 상당한 이유에는 미치지 못하므로 위치정보의 입수는 수색에 해당된다고 결론지었다.[131)]

[대법원장 로버츠]

이 사건의 문제는 정부가 이용자의 과거 움직임을 시간순으로 광범위하게 보여주는 휴대전화 기록에 접근할 때 수정헌법 제4조에 따른 수색을 할 수 있는지이다.

131) 로버츠 대법원장이 법정의견을 작성하고, 대법관 긴즈버그 브레이어, 소토마요르, 케이건이 참여하였다. 대법관 케네디가 반대의견을 작성하고 대법관 토마스, 알리토가 참여하였다. 대법관 토마스가 반대의견을 작성하였다. 대법관 알리토가 반대의견을 작성하고 토마스와 참여하였다. 대법관 고서치가 반대의견을 작성하였다.

I

A

미국의 326백만 인구의 나라에 396백만 개의 휴대전화 계정이 있다. 휴대전화는 "무선기지국(cell site)"이라고 불리는 무선 안테나들에 연결되어 다양한 기능들이 계속 개발되면서 널리 쓰이고 있다. 무선기지국을 보통 탑으로 세우지만, 가로등, 깃대, 교회 첨탑, 건물 벽 등에도 있다. 무선기지국은 관할 지역을 부분으로 나누는 방향 안테나 몇 개를 갖고 있다.

휴대전화는 보통 가장 가까운 기지국에서 오는 가장 좋은 신호를 찾기 위해 주변 환경을 계속 검색한다. 가장 최신 휴대전화는 기능을 사용하지 않는다 해도 신호가 올 때마다 1분에 몇 차례 무선 기지국을 두드린다. 전화가 무선기지국에 연결될 때마다 무선기지국 위치정보(cell-site location information(CSLI), 이하 "위치정보") 라고 불리는 시간이 찍힌 기록이 만들어진다. 휴대전화가 데이터를 더 많이 쓸수록, 무선통신사들은 수요에 맞추기 위해 더 많은 무선기지국을 세운다.

통신사들은 네트워크의 취약한 지점을 찾거나 다른 통신사가 자신들의 무선기지국을 통해 자료를 전달할 때 수수료를 받는 등의 사업목적을 위해 위치정보를 모으고 저장한다. 또한 통신사들은 이 사건에서 문제가 된 종류의 개인 확인 정보를 없앤 위치 기록을 자료 중개인에게 팔기도 한다. 통신사들이 신호의 시작과 끝의 위치정보를 오래도록 갖고 있지만, 최근에 휴대전화 회사들도 문자전송과 자료 송수신으로부터 위치 정보를 모으고 있다. 따라서 지금의 휴대전화는 더 정확한 위치정보를 더 많이 만들어내고 있다.

B

2011년에 경찰은 디트로이트의 전자상가와 휴대전화 가게를 턴 4명의 혐의자들을 체포하였다. 한 사람은 지난 4달 넘게 운전사와 망보는 사람과 함께 미시간과 오하이오의 9개 가게를 털었다고 자백했다. 혐의자는 범죄에 가담한 15명의 공범을 불었고 연방수사국에 이들의 휴대전화번호를 알려주었다. 연방수사국은 범죄를 저지를 무렵 혐의자가 걸었던 전화번호를 추가로 확인하기 위해 통화기록을 살펴보았다.

그 정보를 바탕으로 검사는 상고인 카펜터와 다른 혐의자들의 휴대전화 기록을 얻기 위해 통신저장법(the Stored Communications Act)에 따라 법원에 명령을 신청하였다. 1994년에 개정된 법에 따르면 정부는 "요청하는 기록이 진행되고 있는 범죄수사에 관련이 있고 중요하다고 믿을만한 합리적인 이유가 있다고 구체적이고 분명히 설명할 수 있는 사실"을 제시했을 때, 통신 기록의 공개를 요구할 수 있도록 했다. 18 U.S.C. §2703(d). 연방 치안 판사는 카펜터의 두 통신사-메트로PCS와 스프린트-에 범죄가 계속된 4개월 동안 "카펜터가 전화를 받거나 걸 때 통화가 시작되고 끝나는 시점의 무선기지국 정보"를 공개하라는 2개의 명령장을 내주었다. 첫 명령장으로 메트로PCS는 152일 중 127일 동안의 무선기지국 기록을 제출했다. 두 번째 명령장으로 스프린트는 카펜터의 전화가 오하이오 북동부지역에서 접속하고 있는 7일 중에서 이틀 동안의 기록을 제출했다. 정부는 카펜터의 움직임을 알려주는 12,898건의 접속 지점-하루 평균 101건의 위치 정보-을 얻었다.

카펜터는 6건의 강도와 연방 폭력 범죄를 저지르면서 총기를 휴대한 6건의 죄로 기소되었다. 18 U.S.C. §§924(c), 1951(a). 사실심리를 하기 전에 카펜터는 통신사가 제공한 무선기지국 자료의 증거 배제를 신청하였다. 그는 정부가 입수한 기록은 상당한 이유에 따른 영장을 받지 않고 얻었기 때문에 정부의 행위는 수정헌법 제4조를 어겼다고 주장하였다. 지방법원은 신청을 기각하였다.

사실심에서 카펜터의 공범 7명은 그를 범죄 두목으로 생각했다고 말했다. 연방수사국 직원 헤스는 무선기지국 자료에 대해 전문가 증언을 하였다. 헤스는 휴대전화가 무선 네트워크를 접속할 때마다. 통신사는 시간이 찍힌 무선기지국과 사용된 특정 지점의 기록을 남긴다. 이 정보로 헤스는 카펜터의 전화가 4군데 범죄현장 근처에 있었음을 알려주는 지도를 만들었다. 기록은 카펜터가 "강도가 이루어진 정확한 시간에 현장"에 있었음을 확인해주었다. 카펜터는 총기혐의 중 1건을 제외하고 모두 유죄평결을 받고 100년 이상의 징역형을 받았다.

연방제6항소법원은 1심 판결을 인용하였다. 법원은 연방수사국이 모은 위치 정보를 통신사와 공유했기 때문에 카펜터가 그 정보에 합리적인 사생활보호의 기대를 가질 수 없다고 판결했다. 법원은 휴대전화 이용자들이 스스로 무선기지국 자료를 통신사에게 "통신을 확보하는 수단"으로 건네준다는 사실을 볼 때, 그 사업상 기록은 수정헌법 제4조의 보호를 받지 못한다고 결론 내렸다. Smith v. Maryland, 442 U.S. 735, 741 (1979) ("스미스 판결" 인용).

Ⅱ

A

수정헌법 제4조는 “부당한 수색으로부터 국민의 신체, 주거, 서류 및 동산이 안전할 권리”를 보호하고 있다. 우리의 선례들이 인정한 이 수정헌법의 기본 목적은 “정부 공무원의 자의적인 침입으로부터 사람의 사생활과 안전을 보호하는 것”이다. Camara v. Municipal Court of City and County of San Francisco, 387 U.S. 523, 528 (1967). 헌법 제정 세대는 영국 공무원이 범죄행위 증거의 무제한 수색을 위해 집안을 뒤지도록 허용한 “식민시대의 일반 영장과 가택 수색 영장”이 맹비난받자 이에 대한 대응으로 수정헌법 제4조를 만들었다. Riley v. California, 573 U.S. ___, ___ (2014) (27) (“라일리 판결”). 존 아담스는 가택수색 영장을 비난하는 애국자 제임스 오티스의 1761년 연설이 영국의 자의적인 주장에 반대하는 첫 행동이었고 독립혁명 자체의 불쏘시개 역할을 하였다고 회상하였다.

우리의 역사에서, 수정헌법 제4조의 수색 이론은 “보통법의 침입론”과 연계되어 정부가 “헌법이 보호하는 지역에 물리적으로 침입하여 정보를 얻는지”에 초점을 맞추었다. United States v. Jones, 565 U.S. 400, 405, 406, 주3 (2012) (“존스 판결”). 최근에 법원은 “재산권은 수정헌법 제4조의 유일한 판정기준이 아니”라고 인정하였다. Soldal v. Cook County, 506 U.S. 56, 64 (1992).

Katz v. United States, 389 U.S. 347, 351 (1967) (“캐츠 판결”)에서 우리는 “수정헌법 제4조가 장소가 아닌 사람을 보호”하고, 우리의 수정헌법 관념을 넓혀서 사생활 보호의 기대도 보장한다고 선언하였다. 사람이 “사적인 것으로 보존하려고” 하고, 그 사생활 보호 기대를 “사회가 합리적이라고 인정할 준비가 되어 있을” 때, 우리는 그 사적인 영역으로 공권력이 침입하는 행위는 일반적으로 수색에 해당되고 상당한 이유로 뒷받침되는 영장을 필요로 한다고 판결해 왔다.

어떤 사생활의 기대가 보호될 수 있는지를 단번에 해결하는 전거는 없지만,[132)]

132) 대법관 케네디는 캐츠 판결이 넘고자 했던 “재산권에 기초한 개념”이 그러한 전거라고 믿고 있다. 그러나 재산권이 종종 도움이 되기도 하지만, 우리의 선례는 그러한 이익이 사생활 보호 기대가 정당한지를 결정할 때 “근본적”이라거나 “결정적”이라고 말한 적이 없다. 대법관 토마스(대법관 고서치도 거의 비슷)는 우리가 케츠 법리를 포기하고 재산권에만 기초한 논리에 돌아가야 한다고 한다. 물론 캐츠 판결은 재산 이익만으로 판단해야 한다는 전제는 받아들이지 않았고, 우리는 사생활 이익이 재산권과 함께 하지 않는다고 반복하여 강조하였다. 존스

역사적으로 "수정헌법 제4조가 채택되었을 때 무엇이 불합리한(부당한) 수색과 압수로 여겨졌는지"를 이해하면 도움이 된다. 이 점에서 우리의 선례는 몇 가지 기본 지침을 인정했다. 첫째, 수정헌법은 "자의적인 권력"으로부터 "생활의 비밀"을 확보하려고 한다. Boyd v. United States, 116 U.S. 616, 630 (1886). 둘째 그리고 관련하여 헌법 제정자들의 핵심목적은 "경찰이 지나치게 침투하여 감시하는 행위"를 견제하려고 했다.

우리는 수정헌법 제4조를 발전하는 감시도구에 적용할 때 헌법 제정 시기의 이해에 주의를 기울였다. 기술이 발전하여 정상적으로 보호되는 영역에 침입하는 정부의 능력이 커지면서, 이 법원은 "수정헌법 제4조가 채택되었을 때 존재하였던 정부로부터의 사생활 보호 수준을 지키고자" 했다. Kyllo v. United States, 533 U.S. 27, 34 (2001) ("킬로 판결"). 그러한 이유로 우리는 킬로 판결에서 수정헌법의 "기계적인 해석"을 거부하고, 피고의 집 옆에서 열을 감지하는 열영상기의 사용은 수색이라고 판결했다. 달리 결론내리면 집 소유자들은 "발전하는 기술에 꼼짝 못하기" 때문에, 우리는 영장이 없으면 정부는 집안에서 일어나는 일을 알아내는 새로운 기술을 이용할 수 없다고 판단했다.

라일리 판결에서도 경찰관이 휴대전화의 내용을 수색하기 전에 영장을 얻어야 한다고 판결하면서 현대 휴대전화의 "엄청난 저장용량"을 인정하였다. 우리는 체포에 따르는 영장없는 수색을 허용하는 일반 법리는 물체와 관련해서는 적절한 균형을 지켜야 하지만, 그 법리는 휴대전화에 들어있는 민감 정보의 어마어마한 저장과 관련해서는 그다지 큰 힘을 갖지 못한다고 설명했다.

B

이 사건은 카펜터가 전화를 걸거나 받을 때, 휴대전화의 위치를 알려주는 통신사 무선기지국 기록을 정부가 입수한 사건이다. 제3자가 갖고 있는 개인 위치정보와 같은 디지털 자료는 기존 선례와 잘 들어맞지 않는다. 무선기지국 기록의 요청행위는 사생활이익을 이해하는데 유익한 두 종류의 선례가 엇갈리는 지점에 있다.

판결 411 (침입만을 심사기준으로 삼기를 거부); 킬로 판결 32 (우리는 사람에 대한 수정헌법 제4조 위반을 그의 재산 침입에 따른 위반과 분리했다). 이 사건에서 어느 당사자도 법원에게 캐츠 판결을 재검토해달라고 요청하지 않았다.

첫째 선례들은 사람이 물리적인 위치와 움직임에 갖고 있는 사생활보호의 기대를 다루고 있다. United States v. Knotts, 460 U.S. 276 (1983) ("노트 판결")에서 우리는 차량 추적에 도움이 되는 삐삐의 이용을 살펴보았다. 노트의 공범 중 한 명이 마취제 컨테이너를 사기 전에 삐삐를 설치하였다. 경찰관은 공중신호의 도움을 받아 차량이 보이도록 도와주는 삐삐의 신호를 쫓아서 차량이 미니에나폴리스에서 위스콘신에 있는 노트의 집까지 컨테이너를 옮기는 차량을 따라갔다. 법원은 "사람이 공공도로에서 차량을 타고 옮겨 다니면서 한 곳에서 다른 곳으로 이동하는 행위에 합리적인 사생활 보호의 기대가 없"기 때문에 계속해서 눈으로 감시하는 행위는 수색이 아니라고 결론지었다. 차량의 움직임과 최종 목적지를 "보려는 사람에게 자발적으로 드러내기" 때문에, 노트는 그 정보에 사생활 이익을 주장할 수 없다.

그러나 노트 판결에서 법원은 삐삐를 이용한 초보적인 추적과 더 광범위한 감시 형태를 주의깊게 구분하였다. 법원은 "자동차 이동"중에 특정한 삐삐에서 나온 신호라는 제한된 이용을 강조하였다. 법원은 만약 "이 나라 시민들을 24시간 감시할 수 있다면" "다른 헌법 원칙이 적용될 수 있는지"의 문제는 남겨 두었다는 점이 중요하다.

30년 뒤 법원은 노트 판결에서 살펴본 것보다 더 복잡한 감시행위를 살펴보았고 다른 원칙이 적용된다고 판단하였다. 존스 판결에서 연방수사국은 존스의 차량에 위성 위치 확인 장치를 설치하고 28일 동안 멀리서 차량의 움직임을 감시하였다. 법원은 정부가 차량에 물리적으로 침입하였다는 것을 바탕으로 사건을 결정하였다. 동시에 5명의 대법관들은 예컨대 존스를 추적하기 위해서 존스의 차에 "몰래 도난차량 감시 장치"를 가동하거나 휴대전화를 위성 위치확인장치로 추적하는 행위가 사생활 침해의 우려를 낳을 수 있다는데 동의하였다. 426, 428 (대법관 알리토 동조의견), 415 (대법관 소토마요르 동조의견). 차량의 위성 위치 확인 감시는 그 차량을 탄 사람의 모든 움직임을 쫓기 때문에, 동조의견의 낸 대법관들은 그러한 움직임이 대부분 공중에게 공개되었는지와 관계없이, "거의 모든 범죄 조사에서 장기간의 위성 위치 확인 감시는 사생활 보호 기대를 침해한다."고 결론지었다. 430 (대법관 알리토 의견), 415 (대법관 소토마요르 의견).[133]

---

133) 대법관 케네디는 이 사건에서 무선기지국 자료의 공개는 "법원의 허가"에 따랐기 때문에, 존스

법원은 두 번째 유형의 판결에서 사람이 보호하려고 한 것과 다른 사람에게 공개하는 것 사이에 선을 그었다. 우리는 "제3자에게 자발적으로 넘긴 정보에 정당한 사생활 보호 기대가 없다"고 판결했다. 스미스 판결 743-744. "정보를 제한된 목적으로만 사용할 것이라는 가정 아래 공개된다고 해도" 허용되었다. United States v. Miller, 425 U.S. 435, 443 (1976) ("밀러 판결"). 그 결과 정부는 수정헌법 제4조의 문제를 일으키지 않고 그러한 정보를 자유롭게 얻었다.

이러한 제3자 이론은 주로 밀러 판결에 뿌리를 두고 있다. 밀러의 세금 회피를 조사하는 동안, 정부는 몇 달 간의 취소된 수표, 예금 전표, 입출금 자료 등을 요구했다. 법원은 기록 입수가 수정헌법 제4조를 위반했다는 주장을 받아들이지 않았다. 밀러는 그 서류의 "소유권이나 점유권을 주장할 수 없었다." 서류들은 "은행의 영업 기록"이었다. 또한 수표는 "은밀한 의사소통수단이 아니라 상업 거래에서 협상 도구로 이용되기" 때문에 자료의 성격상 밀러는 사생활 보호를 기대할 수 없었다. 입출금 자료는 "일반 거래 과정에서 은행 직원들에게 노출된" 정보가 들어 있다. 그래서 법원은 밀러 판결이 밀러가 "사실을 다른 사람에게 공개하면서 그 사람이 정보를 정부에게 넘겨주는 위험을 감수했다"고 판결했다.

3년 뒤 스미스 판결은 같은 원리를 전화 회사에 전달된 정보에도 적용하였다. 법원은 정부가 유선전화로 거는 전화번호를 기록한 장치인 전화이용기록장치(pen register)의 사용은 수색이 아니라고 판결했다. 그 장치의 한정된 기능을 적으면서, 법원은 "사람들이 전화를 거는 번호에 실제 사생활 보호의 기대를 일반적으로 가지고 있을지 의문이라고" 했다. 전화 이용자들은 무엇보다 전화회사가 호출 경로 선택 등을 포함하여 "여러 정당한 사업 목적"으로 전화번호를 이용한다는 사실을 알고 있다. 법원은 어쨌든 그러한 사생활 보호 기대를 "사회가 합리적이라고 인정할 정도는 아니"라고 설명하였다. 스미스가 전화를 걸었을 때, 그는 전화회사에 "사업 과정에 보통 들어있는 장치에 그 정보를 노출함으로써" 전화번호를 "스스로 전달"했다. 우리는 한 번 더 피고가 전화회사의 기록이 "경찰에 알려질 수 있다는

판결과 노트 판결이 다루고 있는 저인망식 실무와는 다른 유형이라고 주장한다. 그러한 주장은 수색이 일어났는지의 기본 질문을 수색이 합리적인지라는 다른 문제와 섞어버린다. 통신저장법에 있는 제출명령절차는 대상의 사생활 보호 기대를 판단하지 않는다. 그리고 어떤 경우에든 존스 판결과 노트 판결은 그러한 전자 감시 기술을 쓰려면 어떤 허가가 필요한지의 문제를 해결하려고 하지 않았다.

위험을 떠안았다"라고 판결했다.

Ⅲ

우리가 오늘 마주 한 문제는 휴대전화 신호 기록을 통해 사람의 과거 움직임을 순서대로 기록하는 새로운 현상에 수정헌법 제4조를 어떻게 적용하느냐이다. 그러한 추적은 우리가 존스 판결에서 살펴보았던 위성 위치 확인 감시를 많이 쓰고 있다. 차량의 위성 위치 추적처럼, 무선기지국 위치 정보도 상세하고 빠짐없으며 힘들이지 않고 쌓인다.

동시에 통신사에 위치를 계속 남긴다는 사실은 스미스 및 밀러 판결의 제3자 원칙과 관련되어 있다. 그러나 제3자 이론은 전화번호와 은행 기록에 적용되지만, 그 논리가 무선기지국 기록이라는 양적으로 다른 범주에까지 확장되는지는 분명치 않다. 무엇보다 스미스 판결은 1979년에 결정되었고, 소유자가 가고 싶은 곳이 어디든 전화를 갖고 다니고, 통신사에 전화번호뿐만 아니라 자세하고 광범위한 이동 기록을 남기는 사회를 상상할 수 있는 사람은 없었다.

우리는 스미스 및 밀러 판결을 이 사건의 새로운 상황에 적용하지 않는다. 휴대전화 위치 기록의 독특한 성격을 생각할 때, 정보를 제3자가 갖고 있다는 사실 자체로 수정헌법 제4조의 보호를 요구하는 이용자를 배척하지 않는다. 정부가 존스 판결에서와 같이 감시 기술을 쓰거나 무선통신사의 기술을 이용할 경우, 우리는 사람은 위치정보를 통해 알아 낸 물리적인 움직임의 기록에 정당한 사생활의 보호 기대를 갖고 있다고 본다. 카펜터의 무선통신사로부터 얻은 위치정보는 수색의 산물이었다.

A

사람은 공공 영역에 들어가면서 모든 수정헌법 제4조의 보호를 포기하지 않는다. 거꾸로 "사적으로 보호하려고 하는 것은 공중이 접근가능한 영역에서조차도 헌법이 보호할 수 있다." 케츠 판결 351-352. 이 법원의 다수는 이미 사람들은 자신들의 모든 신체 움직임에 합리적인 사생활보호의 기대를 가지고 있다고 인정했다. 존스 판결, 430 (대법관 알리토 동조의견), 415 (대법관 소토마요르 동조의견). 디지털 시대 이전에는 사법경찰이 혐의자를 짧은 순간 쫓아갈 수 있었지만, "순간을 놓치면 추적이 어렵고 비용이 들어서 거의 불가능했다." 429 (대법관 알리토). 그러한 이유로

"사회의 기대는 사법경찰관들이 매우 오랫동안 사람이 탄 차량의 모든 움직임을 감시하고 기록하지 못한다는 것이었다."

정부가 무선기지국 기록에 접근하는 행위를 허락하는 것은 그 기대에 어긋난다. 그 기록들이 사업 목적으로 만들어졌다 하더라고 카펜터가 그의 신체 위치에 갖고 있는 사생활보호의 기대를 없애지 못한다. 127일 동안 휴대전화의 위치를 지도에 그리는 일은 소유자의 행방을 모두 적는 일이다. 위성위치정보와 함께, 시간이 찍힌 자료는 사람의 삶을 은밀하게 엿보는 창이 되고, 특정한 움직임뿐만 아니라 그를 통해서 그의 "가족, 정치, 직업, 종교, 성적 관계"를 보여준다. 415(대법관 소토마요르). 이러한 위치 기록은 "많은 미국인들의 사생활"을 담고 있다. 그리고 위성위치감시처럼, 휴대전화 추적은 과거의 조사도구에 비하면 매우 쉽고, 싸고, 효과적이다. 단추를 한번 누르면, 정부는 거의 돈이 들지 않고 위치 정보를 담고 있는 각 통신사의 저장소에 접근할 수 있다.

사실상 휴대전화기록은 존스 판결에서 살펴보았던 차량의 위성 감시보다 더 크게 사생활에 관련되어 있다. 노트 판결의 도청장치를 단 콘테이너나 존스 판결의 차와 달리 거의 "사람 몸과 같은 특징"을 갖고 있는 휴대전화는 소유자의 움직임을 거의 정확하게 알려준다. 사람들은 차에서 자주 내리지만, 휴대전화는 늘 가지고 다닌다. 휴대전화는 충실히 소유자를 따라 공공도로뿐만 아니라 개인의 거주공간, 의사의 사무실, 정당 사무실, 다른 현장에 다닌다. 의견서 19 ("스마트폰 이용자의 거의 3/4은 대부분의 시간에 전화의 1.5미터 이내에 있고, 12%는 목욕탕에서도 사용한다고 인정하고 있다.") 따라서 정부가 휴대전화의 위치를 추적할 때는, 전화 이용자에게 전자 팔찌를 채운 것처럼 거의 완벽하게 감시한다.

또한 이 사건에서 자료의 양을 보면 경찰은 다른 방법으로는 알지 못하는 정보의 유형에 접근할 수 있다. 과거에 사람의 이동경로를 알아내려는 시도는 기록이 모자라고 기억이 부실하여 제한되었다. 위치정보에 접근함으로써, 정부는 이제 5년 동안 기록을 갖고 있는 통신사의 기록보유방침만으로 사람의 행방을 시간에 맞춰 뒤쫓을 수 있다. 특히 위치 정보는 우연히 조사를 받게 된 사람 소유뿐만 아니라 4억개의 장치에 계속 적용되기 때문에, 새롭게 개발된 추적 능력은 모든 사람들에게 영향을 미친다. 존스 사건의 GPS 장치와 다르게 경찰은 특정인을 언제 어떻게 따라 다녀야 하는지는 미리 알 필요조차 없다.

혐의자가 누구든지 간에, 그는 효과적으로 5년 동안 하루하루의 움직임이 추적되었다. 정부의 견해로는 경찰은 수정헌법 제4조의 제한을 받지 않고 그 감시 결과를 요청할 수 있다. 휴대전화가 없는 적은 사람들만이 이러한 끊임없고 완벽한 감시를 피할 수 있다.

그러나 정부와 케네디 대법관은 위치 정보 자료가 GPS 정보보다는 정확하지 않기 때문에 정보수집이 허용되어야 한다고 주장한다. 위치 기록이 "그 자체로 (카펜터가) 범죄 현장에 있었다는 충분한 증거는 아니"고, 1/8에서 4평방 마일안의 지역에 있다는 것을 알려준다고 주장한다. 그러나 법원은 이미 "간섭은 수색이 아니다"라는 이론을 거부했다. 정부는 127일 동안의 위치 자료와 다른 정보를 결합하여 카펜터가 강도 현장에 언제 있었는지를 포함하여 그의 움직임을 자세히 추론하였다. 그리고 정부는 사실심리의 마지막 변론에서 위치정보는 충분히 정확하다고 강조했다.

어찌 되었든 법원이 채택한 법리에 따르면 "이미 사용하고 있거나 개발 중에 있는 더 복잡한 수단을 고려해야 한다." 이 사건의 기록은 2011년의 기술 상태를 반영하고 있지만, 위치정보의 정확성은 빠르게 GPS 수준의 정확성에 접근하고 있다. 무선 기지국의 수가 늘어나면서, 특히 도시지역에서는 각 기지국이 맡고 있는 지역은 줄어들고 있다. 또한 기지국과 연결되는 시간과 각도를 측정하는 새로운 기술과 함께, 무선통신사는 이미 휴대전화의 위치를 50미터 이내로 집어내는 능력을 갖고 있다.

따라서 정부가 무선통신사로부터 위치정보에 접근하였을 때, 카펜터가 갖고 있는 신체 움직임 전체에 대한 합리적인 사생활 보호의 기대를 침해하였다.

B

정부는 원래 제3자이론이 이 사건에 적용된다고 주장했다. 휴대전화 위치 기록은 무선통신사들이 만들어 갖고 있는 "사업상 기록"이기 때문에 공정하다는 것이다. (케네디 대법관과 함께) 정부는 이 사건의 특징은 새로운 기술이라고 인정하면서도 법률문제는 제3자가 갖고 있는 증거에 대한 평범한 요청에 달린 일이라고 주장한다.

정부의 입장은 짧은 기간이 아니라 몇 년 동안 카펜터의 위치뿐만 아니라 모든 사람의 위치를 추적할 수 있는 디지털 기술의 엄청난 변화를 고려하지 못하고 있다. 스프린트와 경쟁업체들은 전형적인 증인이 아니다. 세상일을 눈여겨보면서 꼬치꼬치 따지는 이웃과 달리 통신사들은 늘 초롱초롱하고, 기억은 거의 사라지지 않는다. 스미스 및 밀러 판결이 다루었던 제한된 개인 정보와 오늘날 무선통신사들이 아무 생각없이 모으고 있는 완전한 위치정보는 매우 다른 세상이다. 그래서 정부는 제3자 이론의 직접 적용을 요청하지 않고, 관련성이 떨어진 정보영역으로 상당히 확장하여 적용해 달라고 요청하고 있다.

제3자 이론은 개인이 다른 사람과 공유하고 있다는 사실을 알고 있는 정보에는 사생활보호의 기대가 줄어든다는 관념에서 나온다. 그러나 "사생활 이익이 줄어들었다 해서 수정헌법 제4조가 완전히 사라졌다는 의미는 아니다." 라일리 판결 (16). 무엇보다 스미스 및 밀러 판결은 공유하는 행위만 지적하지 않았다. "서류의 내용과 관련하여 정당한 사생활 보호의 기대가 있는지"를 판단하기 위해 "문제가 된 특정 서류의 성격"을 검토하였다. 밀러 판결 442. 스미스 판결은 전화 이용상황 기록장치의 제한된 능력을 짚었다. 라일리 판결에서 설명하듯이, 통화 기록은 "정보를 확인하는" 방법을 거의 드러내지 않는다. 스미스 판결 742, 라일리 판결 (24). 마찬가지로 밀러 판결은 수표는 "비밀 통신이 아니라 상업 거래에서 이용되는 거래도구"라고 적었다. 이 사건에 제3자 이론을 자동 적용한 정부는 위치정보의 모두 드러내는 성질을 제한하는 방법이 없다는 점을 인식하지 못하고 있다.

사실 법원은 이미 제3자의 맥락에서 위치정보에 대한 특별한 배려를 보여주었다. 노트 판결에서 법원은 개인이 "자발적으로 드러낸" 공개 움직임에 합리적인 사생활보호의 기대가 없다고 판결하기 위해 스미스 판결을 인용하였다. 그러나 광범위한 추적을 다룰 때는 5인 대법관들은 공공 도로를 오갈 때조차 오랜 기간의 GPS 감시는 수색에 해당한다는데 동의하였다. 존스 판결 430 (알리토 대법관 동조의견). 대법관 고서치는 "휴대전화를 사용할 때 사람의 위치"가 민감한 이유에 의문을 갖고 있고, 대법관 케네디는 사람의 자유로운 움직임은 "특별한 사생활이 아니라"고 적고 있다. 그러나 이 사건은 특정한 시간에 휴대전화를 사용하거나 사람의 움직임에 관한 것이 아니다. 몇 년에 걸쳐 날마다 모든 움직임을 기록하여 사람 신체의 위치를 순서대로 자세히 만든 자료에 관한 사건이다. 그러한 기록은 스미스 및 밀러 판결에서 검토한 것을 훨씬 넘은 사생활 보호 관심을 담고 있다.

제3자이론의 두 번째 논거-자발적인 공개-는 위치정보에는 적용되지 않는다. 휴대전화 위치 정보는 보통 이해되는 방식으로 공유되지 않는다. 먼저 통신사들이 제공하는 휴대전화와 서비스는 현대 생활에서 불가피하게 써야 하는, "널리 이용되고 지속되는 일상생활의 일부"이다. 둘째, 휴대전화는 이용자가 전원을 켜기만 하면 다른 적극 행동이 없어도 작동과 동시에 위치기록을 남긴다. 전화 수신, 문자, 이메일과 보도, 날씨, 또는 소셜 미디어를 확인할 때 전화가 자동으로 연결하는 셀 수 없는 자료를 포함하여 사실상 휴대전화상의 모든 행위는 위치정보를 남긴다. 휴대전화가 망과 연결을 끊기 전에는 위치 자료의 흔적에서 벗어날 수 없다. 그 결과 이용자가 자발적으로 모든 신체 움직임에 관한 자료를 넘겨주는 "위험을 감수"했다고 볼 수는 없다.

그러므로 우리는 스미스 및 밀러 판결을 이 사건 위치정보를 모으는 행위에 적용하지 않는다. 휴대전화 위치 정보의 독특한 성격을 볼 때, 정부가 제3자로부터 정보를 얻었다는 사실이 수정헌법 제4조의 보호를 주장하는 카펜터의 청구를 넘어서지 못한다. 정부가 휴대전화 위치 기록을 얻은 행위는 수정헌법 제4조의 의미상 수색이었다.

* * *

오늘 판결은 제한된다. 우리는 이 사건과 관련이 없는 실시간 위치정보나 기지국의 무더기 자료(특정한 시간 동안 특정한 기지국에 연결된 모든 장치에 관한 정보 입수)에 관한 문제는 판단하지 않았다. 우리는 스미스와 밀러 판결의 적용을 제한하거나 안전 카메라와 같은 전통적인 감시 기술과 도구를 문제삼지 않는다. 우리는 우연히 위치 정보를 드러낼 수 있는 다른 사업 기록을 다루지 않는다. 우리의 의견은 외국 관련 일이나 국가 안보와 관련된 다른 정보수집과 무관하다. 대법관 프랑크퍼터가 말했듯이, 비행기와 라디오의 새로운 혁신을 대할 때, 법원은 미래가 곤란해지지 않도록 주의깊게 나아가야 한다. Northwest Airlines, Inc. v. Minnesota, 322 U.S. 292, 300 (1944).

Ⅳ

우리는 카펜터의 위치정보를 얻는 행위는 수색이라고 인정하였고, 정부는 그러한 자료를 얻기 전에 상당한 이유에 따른 영장을 받아야 한다고 결론짓는다. "정부 수색의 합헌성을 궁극적으로 측정하는 방법"은 합리성이지만, 우리의 선례들은 "사법경찰이 범죄행위의 증거를 찾기 위해 수색"할 경우에 영장없는 수색은 전형적으로 불합리하다는 점을 확립하였다. 그래서 "영장이 없으면, 수색은 영장요건에 대한 특별한 예외에 해당될 때에만 합리적이다."

정부는 진행 중인 수사에 관련 있고 중요하다고 믿을만한 "합리적인 근거"의 제시를 요구하는 통신저장법에 따라 받은 법원의 명령에 따라 기지국 자료를 입수하였다. 18 U.S.C. §2703(d). 그것은 영장을 받기 위한 상당한 이유에 미치지 못한다. 법원은 대개 수색이나 압수가 일어나기 전에 "일정 정도의 개별화된 혐의"를 요구한다. 그러나 통신저장법의 기준에 따르면 법집행공무원은 기지국 증거가 진행 중인 수사에 관련이 있다는 점만 보여주면 되는데, 정부가 설명하듯이, 상당한 이유와는 커다란 차이가 있다. 결과적으로 §2703(d)에 따라 발부된 명령은 기지국 자료에 접근하기 위해 허용될 수 있는 방법이 아니다. 무선 통신사에게 이용자의 위치정보를 넘겨달라고 요구하기 전에, 정부는 영장을 받아야 한다.

대법관 알리토는 영장 요건은 정부가 의무 절차를 통해 기록을 얻을 때 적용하지 않는다고 주장한다. 실제 수색과 달리 제출명령은 직접 증거를 수집하는 행위가 아니고, 기껏해야 제출명령을 받은 자가 하는 "추정 수색"이라고 주장한다. 개인의 사생활 침입이 덜하기 때문에 기록의 의무 제출은 상당한 이유 기준과 같을 필요가 없다고 주장한다. 그는 이 법원의 선례들이 기록에 대한 혐의자의 사생활보호 기대와 무관하게 제출명령은 완화된 심사를 받아도 된다는 법리-제3자이론과 별개로-를 세웠다고 한다.

그러나 이 법원은 혐의자가 합리적인 사생활 보호의 기대를 갖고 있는 기록의 제출을 정부가 제3자에게 명령할 수 있다고 판결하지 않았다. 대법관 알리토가 인용한 거의 모든 사례들은 사생활 이익이 줄어든 증거를 요청하거나 회사의 장부를 요청한 사례를 판단하고 있다.[134] 물론 제3자 제출명령의 분석이 제3자 이

---

134) United States v. Dionisio, 410 U.S. 1, 14 (1973) (다른 사람들이 자신의 목소리를 알지 못할 것이라는 합리적인 기대를 가질 수 없다.); Donovan v. Lone Steer, Inc., 464 U.S. 408, 411, 415 (1984) (월급대장과 판매 기록); California Bankers Assn. v. Shultz, 416 U.S. 21, 67 (1974) (은행비밀법의 보고요건); See v. Seattle, 387 U.S. 541, 544 (1967) (회계장부와 기록); United States v. Powell, 379 U.S. 48, 49, 57 (1964) (회사 세금 기록); McPhaul v. United States, 364 U.S. 372, 374, 382 (1960) (기관의 책과 기록); United States v. Morton Salt Co., 338 U.S. 632, 634, 651-653 (1950) (연방거래위원회의 보고 요건); Oklahoma Press Publishing Co. v. Walling,

론의 적용으로 합쳐질 경우에 밀러 판결은 예외였다. 밀러 판결 444 (밀러는 은행에 대한 제출명령을 다투는데 필요한 사생활 보호 이익이 부족하다는 결론)

대법관 알리토는 중요한 쟁점을 지나치고 있다. 반대의견은 이 사건 위치정보가 완전히 다른 유형의 사업 자료-회사의 세금이나 월급 대장보다는 훨씬 더 직접적으로 정부의 자의적인 권한에 수정헌법 제4조의 우려를 담고 있는 것-라는 점을 인정해야 한다. 디지털 기술이 일으킨 새로운 우려를 마주했을 때, 이 법원은 기존의 선례를 비판없이 넓히지 않도록 주의해왔다. 라일리 판결 (10) (휴대 전화 정보의 수색은 과거 선례들이 살펴 본 간단한 물리적인 수색의 유형과 거의 닮지 않았다).

만약 제출명령이 수정헌법 제4조 보호를 제한하는 범주라면, 어떤 형태의 기록도 영장요건에 의해 보호되지 않을 것이다. 대법관 알리토의 견해에 따르면 사적인 편지, 휴대전화의 디지털 내용물-사실상 문서 형태로 된 개인 정보-은 "사법경찰의 호기심"외에 다른 이유없이도 제출명령에 따라 수집될 수 있을 것이다. 대법관 케네디는 "정부가 제3자가 갖고 있는 개인의 사적인 서류나 물건 등을 수집할 때" 영장요건이 필요한지의 문제는 남겨두면서, 이러한 과격한 견해까지 포함하지는 않고 있다. 이것은 제출명령이론이 사생활의 합리적인 기대를 억누르는 것을 막기 때문에 의미 있는 예외이다. 만약 제3자이론이 개인이 소유한 서류나 물건과 다름없는 요즘 시대의 같은 물건에 적용되지 않는다면, 서류는 수정헌법 제4조의 충분한 보호를 받아야 한다는 의미가 된다. 우리는 단순히 그러한 보호가 몇 년 동안 사람의 움직임을 기록한 자세한 로그기록에도 확대되어야 한다고 생각한다.

우리는 서류를 제출하라는 모든 명령에 상당한 이유의 제시가 필요하다고 보지 않는다. 정부는 대부분의 조사에서 기록을 얻기 위해 제출명령을 이용할 수 있다. 우리는 제3자가 갖고 있는 기록에 혐의자가 정당한 사생활의 이익을 갖고 있는 드문 경우에 영장이 필요하다고 판결한다.

또한 정부가 일반적으로 위치정보에 접근하기 위해 영장이 필요하지만, 사건별로 예외적으로 특정한 상황에서는 개인의 휴대전화 기록의 영장없는 수색이 허용될 수 있다. "영장없는 수색이 수정헌법 제4조에 따라 객관적으로 합리적"이라는

---

327 U.S. 186, 189, 204-208 (1946) (월급 대장); Hale v. Henkel, 201 U.S. 43, 45, 75 (1906) (회사 장부와 자료).

사법경찰의 강력한 필요성이 있는 급박한 상황에서는 예외가 적용된다. 그러한 긴급함에는 도망간 혐의자를 추적할 필요성, 협박당하는 급박한 개인 보호, 임박한 증거파괴의 방지가 들어 있다. Kentucky v. King, 563 U.S. 452, 460 주3 (2011).

사법경찰이 긴급한 상황에 마주친다면, 그러한 특정한 사실에 근거한 위협에 따른 영장없는 위치정보의 수집은 정당할 것이다. 예컨대 하급법원은 폭파 위협, 총격 현장, 어린이 유괴와 관련한 영장없는 수색을 허용했다. 오늘 우리의 판결은 그러한 상황에서 위치정보에 대한 영장없는 접근에 의문을 제기하지 않는다. 경찰은 일반적으로 진행하는 범죄 수사를 위해 위치정보를 수집할 때 영장을 받아야 하지만, 우리가 설정한 법리는 계속되는 긴급한 상황에 대응할 경찰의 능력을 제한하지 않는다.

* * *

대법관 브랜다이스가 그의 유명한 반대의견에서 설명했듯이, 법원은 - 정부가 사생활을 침입하는 더 민감하고 교묘한 수단을 갖게 되면서 - "기술의 발전"이 수정헌법 제4조의 보호를 허물지 않도록 보장할 의무가 있다. Olmstead v. United States, 277 U.S. 438, 473-474 (1928). 이 사건에서 기술의 발전으로 사법경찰이 중요한 직무를 수행하기 위해 강력하고도 새로운 도구를 얻었다. 동시에 이 도구는 헌법작성자들이 역사의 교훈을 배운 후 수정헌법 제4조의 보호를 제정한 종류의 정부 침입의 위험을 낳고 있다.

우리는 주가 영장없이 이동통신사의 위치정보 자료에 무제한으로 접근하는 행위를 허용할 수 없다. 위치를 훤히 드러내는 위치정보의 속성, 깊이와 넓이, 광범위한 범위, 피하지 못하고 자동으로 수집되는 성질에 비추어 볼 때, 그러한 정보를 제3자가 수집한다는 사실로 수정헌법 제4조 보호의 예외가 인정되지 않는다. 휴대전화 기록을 정부가 입수하는 행위는 수색에 해당한다.

항소법원의 판단을 취소하고 이 의견에 따른 추가 절차를 위해 되돌려 보낸다.

25. 위치추적장치를 붙이고 수집한 자료와 수정헌법 제4조의 부당한 수색

United States v. Jones

565 U.S. 400 (2012)

〈해 설〉

경찰은 공공주차장에 서 있는 피상고인 존스의 차량에 위치추적장치(GPS)를 달고 차량의 위치와 움직임을 추적하였다. 존스는 마약혐의로 기소되었고 위치추적장치를 이용하여 얻은 자료가 증거로 제출되었다. 존스는 위 자료가 부당한 수색에 해당한다는 이유로 증거능력을 부인하였으나 배심은 유죄평결하였고 연방DC항소법원은 위 자료가 영장없이 수집한 위법 증거라는 이유로 유죄판결을 취소하였다. 수정헌법 제4조는 신체, 집, 서류 및 재산의 안전을 보장받는 국민의 권리는 부당한 수색에 의해 침해될 수 없다고 규정하고 있다.

전원일치의견은 수정헌법 제4조가 제정되었을 때 물리적인 침입을 금지하였는데, 유효한 영장없이 위치추적장치를 달고 정보를 수집한 행위는 개인 재산인 차량의 점유를 침범한 행위이므로 부당한 수색을 금지하는 수정헌법 제4조 위반이라고 판결했다.

대법관 소토마요르는 동조의견에서 공공 도로를 이동하는 차량의 움직임이나 위치와 같이 공개된 정보라 하더라도 감시기간에 관계없이 사생활 보호가 필요하다는 합리적인 기대를 침해한다면 수정헌법 제4조가 적용될 수 있다고 하였다.

대법관 알리토는 18세기의 물리적인 침범 법리에 따라 결론내린 법정의견이 수정헌법 제4조의 적용범위를 너무 제한하고 있다고 지적하고, 오랜 기간 동안 차량의 움직임을 감시하여 합리적인 사생활의 기대가 침해되었다면 부당한 수색이 될 수 있다는 동조의견을 냈다.[135)]

[대법관 스칼리아]

우리는 개인의 자동차에 위치추적장치(GPS)를 달고서, 공공의 도로에서 자동차의 움직임을 알아보기 위해 그 장치를 쓴 행위가 수정헌법 제4조의 의미상 수색

135) 스칼리아 대법관이 의견을 작성하고 대법원장 로버츠, 대법관 케네디, 토마스, 소토마요르가 참여하였다. 대법관 소토마요르는 동조의견을 작성하였다. 대법관 일라토는 동조의견을 작성하였고 대법관 긴즈버그, 브레이어, 케이건이 참여하였다.

또는 압수에 해당하는 지를 판단한다.

I

2004년 콜럼비아 특별구의 나이트 클럽의 소유자이자 운영자인 피상고인 존스는 마약 거래 혐의로 연방수사국과 경찰국 합동 조사단의 조사 대상이 되었다. 수사관들은 여러 조사 기법을 썼는데 나이트클럽의 동영상 감시, 정문 주시 카메라, 전화 이용 기록 장치, 존스의 휴대전화 감청이 포함되어 있었다.

이러한 장치에서 모은 일부 정보를 바탕으로, 2005년 정부는 미국 연방 DC 지방법원에 존스의 아내 이름으로 등록된 지프차에 전자 추적장치의 사용을 허락하는 영장을 신청하였다. 콜럼비아 특별구에서 10일 이내에 장치의 설치를 허용하는 영장이 나왔다.

11일째 되는 날, 지프가 콜럼비아 특별구가 아닌 메릴랜드[136] 공공주차장에 서 있는 동안 수사관은 위치추적장치를 달았다. 그 뒤 28일 넘게 정부는 장치를 써서 자동차의 움직임을 추적하였고 차가 메릴랜드의 다른 공공 주차장에 서 있을 때 전지를 한 번 바꾸었다. 인공위성으로부터 신호를 받은 장치는 15m에서 30m 사이로 차의 위치를 확인하였고. 휴대전화로 그 위치를 정부 컴퓨터로 보냈다. 4주 동안 2,000쪽 이상의 자료가 전달되었다.

정부는 5킬로그램 이상의 코카인과 50그램 이상의 코카인 원료의 배포를 공모하거나 배포할 의도를 가지고 소지한 혐의로 존스와 공범자들을 기소하였다. 1심 재판전에 존스는 위치추적장치로 얻은 증거의 증거 능력을 부인하는 신청을 하였다. 지방법원은 차가 존스의 집 근처 주차장에 서 있는 동안 얻은 자료만을 배척하였다. 지방법원은 나머지 자료는 "공공의 주요 도로에서 차를 운행하는 사람은 장소를 옮겨 다니는데 사생활을 보호하는 합리적인 기대를 갖고 있지 않기" 때문에 증거능력이 있다고 판단했다. 2006. 10. 공모 혐의에 관하여는 배심 평결에 이르지 못했다.

2007. 3. 대배심은 존스와 공범들을 같은 음모 혐의로 다시 기소하였다. 정부는 1심 법원에서 첫 재판에서 인정된 같은 위치추적장치에서 나온 위치 자료를 제출

136) 이 소송에서 정부는 영장내용과 다르게 집행한 사실을 인정하고 영장이 필요하지 않다고만 주장하였다.

하였는데, 85만 달러의 현금과 97킬로그램의 코카인, 1킬로그램의 코카인 원료가 있는 공범의 은닉처와 연관되어 있었다. 배심은 유죄평결을 하였고 지방법원은 존스에게 무기징역형을 선고했다.

연방DC항소법원은 수정헌법 제4조를 위반하여 위치추적장치를 영장없이 사용하여 얻은 증거라는 이유로 유죄판결을 취소하였다.

Ⅱ

A

수정헌법 제4조는 "부당한 수색, 압수로부터 신체, 집, 서류 및 재산의 안전을 보장받는 국민의 권리는 침해되어서는 안 된다." 차가 그 조문에서 사용된 "재산"에 해당됨은 다툼이 없다. 우리는 정부가 위치추적장치를 대상 차량에 단 행위와 차량의 움직임을 감시하기 위해 그 장치를 이용한 행위가 수색에 해당한다고 본다.

이 사건에서 일어난 일을 명확히 하는 것이 중요하다. 정부는 정보를 얻기 위해 사유재산인 물건을 점유했다. 그러한 물질적 침해가 수정헌법 제4조가 채택될 때의 의미에서 수색에 해당하리라는 점은 의문이 없다. Entick v. Carrington, 95 Eng. Rep. 807 (C.P. 1765) 판결은 우리가 압수 수색과 관련하여 헌법이 제정될 때 모든 미국 정치인들에게 의심할 여지없이 친숙한 자유의 기념비로 설명하고, 진실하고 궁극적인 헌법의 표현으로 여겨진다고 설명한 사건이다. 그 사건에서 캠든 경은 압수 수색을 해석하면서 재산권의 중요성을 쉬운 말로 표현했다.

우리의 법은 모든 사람의 재산을 신성하게 여기고, 허락받지 않고는 어떤 사람도 이웃의 땅에 발을 들여놓을 수 없다. 만약 그렇게 한다면 피해가 없다 하더라도 침입자가 된다. 이웃의 땅을 밟으려면 반드시 적법한 이유가 있어야 한다.

수정헌법 제4조의 문언은 부당한 수색과 압수로부터 국민의 권리를 지킨다고 단순하게 말하고 있기 때문에 재산과 밀접한 연관성을 갖고 있다. "신체, 집, 서류와 재산"은 불필요한 단어였을 수 있다.

이러한 이해를 바탕으로 수정헌법 제4조 법리는 적어도 20세기 후반까지 보통법의 침범과 연관되어 있다. 그래서 Olmstead v. United States, 277 U.S. 438 (1928) ("옴스테드 판결")에서 우리는 공중 전화기에 붙인 도청장치는 피고들의 집이나 사무실에 들어가지 않았기 때문에 수정헌법 제4조의 수색에 해당하지 않는다고 판결했다.

물론 나중의 판결들은 재산에만 근거한 법리에서 벗어났다. Katz v. United States, 389 U.S. 347, 351 (1967) ("캐츠 판결")에서 우리는 수정헌법 제4조가 장소가 아니라 사람을 보호한다고 말하고, 공중전화기에 도청장치를 붙인 행위는 위반이라고 인정하였다. 나중의 판결들은 캐츠 판결에서 할란 대법관의 동조의견, 즉 공무원이 사람의 "합리적인 사생활 보호의 기대"를 침해하였을 때 위반이 발생한다고 말한 의견을 적용하였다.

수사관이 접근한 차량 밑 부분과 모든 사람이 볼 수 있는 공공도로를 다니는 차량에 존스가 "사생활 보호를 합리적으로 기대"하였다고 볼 수 없다는 이유로, 정부는 할란 대법관의 기준에 따르면 이 사건에서 그러한 수색은 발생하지 않았다고 주장하고 있다. 그러나 우리는 존스의 수정헌법 제4조의 권리가 캐츠 판결의 공식에 맞지 않기 때문에 정부의 주장을 다룰 필요가 없다. 실제로 우리는 "수정헌법 제4조가 제정되었을 때 존재하였던 정부에 대하여 그 정도의 사생활 보호를 보장"해야 한다. 대부분의 기간 동안 수정헌법 제4조는 정부가 특히 열거된 영역(신체, 집, 서류, 재산)을 침해하지 않도록 하였다고 이해되었다.[137] 캐츠 판결은 이러한 이해에 바탕을 두고 있다. 캐츠 판결 2년 뒤 연방대법원은 정부가 영장없이 집에 전자감시장치를 설치하여 집주인와 다른 사람들 사이의 대화를 도청한 내용을 (증거로) 제출할 수 없다는 피고들의 주장을 인정하였다. 판결에서 "집주인의 대화 사생활이 침해되지 않는 한" 수정헌법 제4조의 침해는 존재하지 않는다는 반대의견을 배척하였다. Alderman v. United States, 394 U.S. 165, 176 (1969) ("앨더만 판결"). "우리는 수정헌법 제4조가 신체와 개인 대화를 보호한다고 판결한 캐츠 판결이 수정헌법이 집에 부여한 보호 범위의 확대를 거부하려고 했다고 믿지

137) 대법관 알리토의 동조의견은 "이 사건과 비슷한 일이 18세기 후반에 일어난다고 상상하기가 거의 불가능"하기 때문에 우리 논리가 현명한지 의문이라고 한다. 마차의 움직임을 추적하기 위해 그 마차에 숨어 있는 경찰의 사례를 들었다. 그러나 그 침입행위로 얻은 정보-그 정보가 마차 안에서 일어나는 대화이든, 마차가 가는 목적지이든-가 위법한 수색의 결과임은 의심의 여지가 없다.
어느 경우든 18세기와 비슷한지는 관련성이 없다. 새로운 조사 방법으로 무엇이 개발되어도, 우리의 임무는 문제의 행위가 수정헌법 제4조의 원래 의미상 "수색"에 해당하는지 이다. 이 사건처럼 정부가 헌법이 보호하는 영역에 물리적으로 침입하여 정보를 얻었을 경우, 의심할 여지없이 "수색"이다.

않는다.”

최근에 Soldal v. Cook County, 506 U.S. 56 (1992) (“솔달 판결”)에서, 법원은 전원일치로 이동 주택을 강제로 옮겼을 때, 기술적인 의미에서 압수가 발생했다 하더라도, 수사관이 개인의 사생활을 침해하지 않았기 때문에 수정헌법 제4조 위반은 없다고 판결했다. 법원은 캐츠 판결이 “재산권은 수정헌법 제4조 위반의 유일한 대상은 아니”라고 밝혔지만, 그 이전에 인정된 재산의 보호를 없애지 않았다고 설명했다. 대법관 브레넌은 United States v. Knotts, 460 U.S. 276 (1983) (“노트 판결”)의 동조의견에서, 캐츠 판결은 “정부가 정보를 얻기 위해 헌법이 보호하는 분야에 물리적으로 침범할 때, 그 침범은 수정헌법 제4조 위반에 해당될 수 있다.”는 원칙을 허물지 않았다고 설명했다. 286. 우리는 수정헌법 제4조 밖에서 기원을 갖고 있다고 말했던 “합리적인 사생활 보호 기대”에 대해 물권법의 개념을 참조하든, 사회가 인정하고 허용하였다고 이해하든 과거의 권리를 보호하였다. 캐츠 판결은 수정헌법 제4조의 범위를 좁히지 않았다.[138]

정부는 캐츠 판결 이후 판결들이 이 사건에 일어난 일이 수색에 해당된다는 결론을 배척하고 있다고 주장한다. 정부는 주로 우리가 전자 감시 형태의 하나인 “무선호출기”가 수정헌법 제4조 위반이라는 주장을 배척한 판결 2개를 들고 있다. 첫째, 노트 판결은 마취제 컨테이너에 무선호출기를 설치하여 수사관이 저장소의 위치를 추적한 행위가 수정헌법 제4조 위반이 아니라고 판단하였다. 우리는 공공도로에서 컨테이너를 옮기는 차량의 위치와 노트의 집 근처 마당에 서 있는 컨테이너의 위치는 자발적으로 공개되었으므로, 합리적인 사생활 보호의 기대가 침해되지 않았다고 보았다. 그러나 캐츠 판결의 합리적인 사생활 보호 기대 심사는 보통법의 침범 심사에 추가되었고 대체하지 않았다. 노트 판결은 후자는 쟁점

---

138) 대법관 알리토의 동조의견은 캐츠 판결이후 대법원이 “헌법 위반에 실제 침범이 필요하지 않고 충분하지도 않다”고 설명했다고 적었다. 마땅히 진실이지만, 이 사건과 관련이 없다. 카로 판결은 침범이 일어났을 때가 아니라 “그 재산에 대한 개인의 점유이익을 의미있을 정도로 침해했을 때” 압수가 일어났는지, 동조의견의 설명대로 재산의 압수가 일어났는지를 살펴보았다. 수색도 마찬가지다. 침입만으로는 수색이 아니고, 이 사건에서 일어난 일과 같은 행위, 곧 정보를 얻거나 무엇을 찾으려는 행위가 결합되어야 한다.
만약 장치의 부착이나 그 사용을 별개로 분석하면 수정헌법 제4조의 수색이 아니라는 동조의견 내용은 마찬가지로 관련성이 없다. 정보를 얻기 위해서가 아니라면 집이나 재산에 침입 또는 캐츠 판결의 사생활 침입은 그 자체로 수색은 아니다. 침범이나 사생활 침입으로 수집되지 않으면 정보수집만으로는 수색이 아니다.

이 아니었기 때문에 전자만을 판시하였다. 무선호출기는 노트가 컨테이너를 소유하기 전에 그 소유자의 허락을 받고 설치되었다. 노트는 그 설치를 다투지 않았고, 우리는 특별히 수정헌법 제4조에 관련된 영향을 검토하지 않았다. 만약 정부가 헌법에 어긋나는 수색이라도 공개된 정보만을 얻을 경우에는 위헌이 아니라고 주장했다면 아마 노트 판결이 관련이 있었을 것이다. 정부는 그러한 주장을 하지 않았고, 우리는 이를 뒷받침하는 사례를 알지 못한다.

두 번째 무선호출기 사건인 United States v. Karo, 468 U.S. 705 (1984) ("카로 판결")에서도 다른 결론이 나오지 않는다. 우리는 노트 판결이 열어 둔 문제, 즉 컨테이너에 무선호출기를 붙인 행위가 압수 또는 수색인지를 다루었다. 노트 판결에서 무선호출기가 부착될 때, 컨테이너는 제3자 소유였고, 그 뒤까지 피고의 소유가 아니었다. 그래서 우리가 살펴본 문제는 무선호출기의 존재를 알지 못하는 매수인에게 컨테이너가 넘어갔을 때, 원 소유자의 동의를 받고 설치한 행위가 수색 또는 압수에 해당하는지였다. 우리는 아니라고 판결했다. 정부는 피고가 소유하기 전에 컨테이너에 물리적으로 접촉했다. 그리고 부착된 무선호출기를 쓰지 않고 컨테이너가 이전되어 정보를 얻지 않았기 때문에 피고의 사생활을 침해하지 않았다. 그 결론은 우리가 이 사건에서 도달한 결론과 완전히 들어맞는다. 피고는 무선호출기가 들어 있는 컨테이너를 받았고, 컨테이너의 장소를 감시하기 위해 사용되었다 하더라도 무선호출기의 존재를 반대할 자격이 없었다. On Lee v. United States, 343 U.S. 747, 751-752 (1952) (녹음기를 감춘 정보원이 피고의 사무실에 초대받았을 때 압수나 수색이 아니다). 정부가 정보수집 장치를 붙일 때 지프를 점유한 존스는 매우 다른 처지에 있다.

정부는 "차의 외관은 공중에 공개되어 있어서 이를 조사하는 행위는 수색에 해당되지 않는다."는 New York v. Class, 475 U.S. 106 (1986) ("클래스 판결")을 근거로 삼고 있다. 정부가 인정한 바와 같이 "이 사건에서 공무원은 피상고인 차량을 눈으로 검사하는 행위 이상을 했"기 때문에 위 판결은 이 사건과 거의 관련이 없다. 지프에 장치를 붙여서 수사관은 보호되는 영역에 침입하였다.

마지막으로 수사관이 정보를 모으기 위해 공유지에 들어가는 행위가 보통법상 무단 침입이라 하더라도 이는 수정헌법 제4조의 수색이 아니라는 Oliver v. United States, 466 U.S. 170 (1984) 판결도 정부의 입장을 지지하지 않는다. 매우 단순하게 집 마당과 달리 공유지는 수정헌법 제4조가 열거한 보호되는 영역이 아니다. 이 사건 쟁점인 재산에 침입하는 행위와 달리 공유지에 정부가 들어가는 것은 수정헌법 제4조와 무관하다.[139]

B

동조의견은 우리가 18세기 불법행위법을 적용하고 있다고 비판하고 있다. 이는 왜곡이다. 우리가 적용한 것은 수정헌법 제4조가 제정되었을 때, 부여한 정도의 최소한의 보호를 제공하여야 한다고 믿는, 불합리한 수색에 대한 18세기의 보장이다. 동조의견은 그 믿음을 공유하지 않았다. 오직 캐츠 판결의 정당한 사생활 보호 심사만을 적용하려고 한다.

동조의견은 전자 신호를 보내는 것과 같이 물리적인 접촉이 없는 사건에서 "특히 성가신 문제가 드러난다."며 우리의 이론이 잘못이라고 한다. 우리는 그 점을 전혀 이해하지 못한다. 캐츠 판결의 심사를 독점적으로 적용하는 동조의견과 달리, 우리는 침입을 배타적인 심사라고 보지 않는다. 침입하지 않고 전자 신호를 보내는 상황은 캐츠 판결의 해석과 관련이 있게 된다.

사실 캐츠 판결의 심사를 배타적으로 적용하려는 동조의견의 고집이 이 사건에서 불필요하게 우리들을 특히 성가신 문제로 이끌게 된다. 이 법원은 단순히 눈으로 보는 행위는 수색이 아니라는 이해에서 벗어나지 않았었다. 따라서 우리는 노트 판결에서 "주요도로에서 자동차로 여행하는 사람은 장소를 옮겨 다니는 행위에 합리적인 사생활의 보호를 기대하지 않는다."고 판결했다. 그래서 4주 동안 존스를 감시하려면 많은 조사관들과 차량, 그리고 전파의 도움이 필요했다고 말한 동조의견이 옳다고 가정해도, 우리의 선례들은 눈으로 관찰하는 행위는 합헌이라고 판단하였다. 침범하는 행위없이 전자 장비를 이용하여 같은 결과를 얻는 행위는 헌법에 위반되는 사생활의 침해이겠지만, 이 사건에서 그 문제를 다룰 필요는 없다.

만약 우리가 적극 대답해야 한다면, 불필요하게 골치 아픈 문제가 더해진다.

---

139) 그래서 우리의 법리는 수정헌법 제4조가 증거를 모으는 모든 기술 침입에 관련되어 있다는 것이 아니다. 수정헌법 제4조는 열거한 대상(신체, 집, 서류, 재산)과 관련한 수색에 대해서만 보호한다. 올리버 판결에서 일어난 침입은 "수색"으로 이해될 수 있지만, "헌법적 의미"의 수색은 아니다.

동조의견은 공공도로에서 사람의 움직임을 상대적으로 짧은 시간 감시하는 일은 괜찮지만, 위법행위를 조사하기 위해 위치추적장치를 오랜 기간 사용하는 것은 좋지 않다고 말하고 있다. 이는 전혀 새로운 문제를 낳는다. 수색인지 여부가 조사되고 있는 범죄의 성격에 달렸다는 논리를 지지하는 선례는 없다. 그리고 새로운 논점임을 인정하더라도, 왜 4주간의 조사는 확실히 너무 길고, 상당한 양의 현금과 마약이 관련된 마약거래음모는 더 오랜 감시가 허용되는 예외적인 범죄가 아닌 지를 설명할 수 없다. 훔친 전자장치를 옮기는 혐의를 이틀간 감시하는 일은 어떤가? 테러 혐의자를 6개월간 감시하는 행위는? 우리는 전통적인 침범 수색과 무관하고 캐츠 판결의 분석에 기대야 하는 미래의 사건에서 이러한 성가신 문제와 씨름해야 할지 모른다. 그러나 이 사건에서 해결하려고 나설 이유가 없다.

* * *

항소법원의 판결을 인용한다.

[대법관 소토마요르 동조의견]

나는 "이 사건에서 정부가 헌법이 보호하는 영역에 물리적으로 침입하여 정보를 얻은 경우" 최소한 수정헌법 제4조 의미상 수색이 발생하였다는데 동의하기 때문에 법원의 의견에 찬성한다. 이 사건에서 정부는 유효한 영장이나 존스의 동의없이 위치추적장치를 존스의 차에 붙였고, 4주 넘게 존스의 움직임을 감시하기 위해 그 장치를 썼다. 정부는 그를 감시하기 위해 존스의 재산을 이용하였고, 사생활의 이익을 침해하였으며, 존스는 의문의 여지없이 수정헌법 제4조의 보호를 받을 자격이 있다.

물론 수정헌법 제4조는 재산에 대한 침입만을 다루지 않는다. Kyllo v. United States, 533 U.S. 27, 31-33 (2001). 그 침입이 없어도, "사회가 합리적이라고 인정하는 주관적인 사생활보호의 기대를 정부가 침해했을 때, 수정헌법 제4조의 수색이 일어난다." 킬로 판결, 33; Smith v. Maryland, 442 U.S. 735, 740-741 (1979); 캐츠 판결 (1967) (할란 대법관 동조의견). 캐츠 판결에서 이 법원은 수정헌법 제4조의 범위가 "물리적인 침입이 있는지 없는지에 달려 있지" 않는다고 선언함으로써 재산권에 초점을 맞추는 법리를 확대하였다. 그러나 다수의견이 분명히 하듯이, 캐츠의 합리적인 사생활 기대 심사는 확대되었지만, 앞 선 보통법의 침입 기준을 줄이거나 대체하지 않았다. 그래서 "정부가 정보를 얻으려고 헌법이 보호하는 영역에 물리적으로 침입할 때, 그 침입은 수정헌법 제4조 위반이다." 존스의 차에 정부가 물리적으로 침입한 행위의 헌법적 관련성을 무시하는 대법관 알리토의 논리는 사람들이 소유하거나 통제하는 재산에 들어 있는 사생활 보호의 기대를 무시하고 있다. 다수의견에서 적용되는 침입 기준은 헌법 규정의 최소한을 반영하고 있다. 정부가 정보를 얻기 위해 물리적으로 개인의 재산을 침해하였을 때, 수색은 발생한다. 그 원칙을 재확인하면 이 사건의 결정에 충분하다.

그럼에도 불구하고 대법관 알리토는 물리적인 침입이 여러 형태의 감시에 이제는 불필요하다고 적고 있다. 규제가 늘어나면서, 정부는 이 사건에서 일어난 감시를 계속 하거나, 제조회사나 소유자가 설치한 차량 추적 장치나 위치추적이 가능한 휴대전화를 이용할 수 있을 것이다. 재산의 물리적인 침입이 따르지 않는 전자 또는 새로운 형태의 감시 사례에서, 다수의견의 침입 심사는 거의 지침이 되지 않을지 모른다. 그러나 "침입없는 전자 신호의 전송만이 관련된 상황에서 캐츠 분석은 여전히 유효하다." 대법관 알리토가 날카롭게 분석하고 있듯이, 침입하지 않고 감시할 수 있는 기술의 발전도 사회의 사생활보호 기대가 바뀌면서 캐츠 심사에 영향을 줄 것이다. 나는 "대부분의 범죄수사에서 오랜 기간 위치추적장치로 감시하는 행위는 사생활보호의 기대를 침해한다."는 알리토 대법관의 의견에 동의한다.

짧은 기간의 감시조차도, 캐츠 분석에 관련된 위치추적 감시의 독특한 점을 특별히 주의해야 한다. 위치추적 감시는 가족, 정치, 직업, 종교, 성적인 유대에 관하여 매우 풍부한 내용을 담고 있는 개인의 공개적인 움직임을 정확하고 광범위하게 기록하게 된다. People v. Weaver, 12 N. Y. 3d 433, 441-442, 909 N. E. 2d 1195, 1199 (2009) (위치추적장치로 드러난 내용은 별다른 상상력이 필요치 않을 정도로 사적인 성격의 움직임이다: 정신과 의사, 성형외과 의사, 낙태 병원, AIDS 치료 병원, 나체쇼장, 형사변호인, 시간제 모텔, 노동조합 모임, 이슬람 사원, 유대사원, 교회, 동성애 바에 가는 행위 등). 정부는 그러한 기록을 모을 수 있고 미래에 유효하게 그 정보를 활용할 수 있다. 그리고 위치추적 감시는 과거의 감시 기술에 비하면 값이 싸고 몰래 할 수 있기 때문에, 사법경찰 실무에서 권한 남용행위를 억제하기 위해 정당하게 확인하는 내용, "제한된 경찰 자원과 지역사회의 적대성"을 회피할 수도 있다. Illinois v.

Lidster, 540 U.S. 419, 426 (2004).

정부가 지켜보고 있다는 자각이 결사 및 표현의 자유를 위축시킬 수 있다. 그리고 정부가 무제한으로 개인의 사생활에 관련된 자료를 모으는 권한은 남용되기 쉽다. 그 결과는 위치추적 감시-낮은 비용으로 정부가 무제한의 재량을 가지고 뒤쫓고자 하는 사람의 내밀한 정보를 상당량 모으는 행위-가 "민주사회에 해로운 방식으로 시민과 정부 사이의 관계를 바꿀" 수 있다. United States v. Cuevas-Perez, 640 F. 3d 272, 285 (연방제7항소법원 2011) (플라움 판사 동조의견).

사람의 공개된 움직임을 종합해서 합리적인 사생활보호의 기대가 있는지를 검토할 때, 나는 위치추적 감시의 이러한 특징을 고려하고 있다. 나는 정부가 개인의 정치 및 종교 신념, 성적인 습관 등을 확인할 수 있는 방법으로 사람들의 움직임을 기록하고 모은다고 사람들이 합리적으로 예측할 수 있는 지를 물을 것이다. 나는 정부가 위치추적 감시 결과를 전통의 적법한 감시 기술을 통해 얻는다는 사실이 사안을 결정한다고 보지 않는다. 특히 자의적인 경찰권 행사를 제한하고 "지나치게 활용되는 경찰 감시"를 막으려는 수정헌법 제4조의 목적에 비추어, 적절한 감독이 없을 때 오용되기 쉬운 도구를 행정부에 맡겨도 적절한지를 살펴볼 것이다.

더 근본적으로 개인이 자발적으로 제3자에게 공개한 정보에는 사생활보호의 합리적인 기대가 없다는 전제를 다시 검토할 필요가 있다. 이 견해는 사람들이 하루하루 일하는 과정에서 자신들에 관한 많은 양의 정보를 공개하는 디지털 시대에는 맞지 않는다. 사람들은 통신사나 서비스제공자에게 통화번호나 문자, 글을 공개한다. 그들이 방문하는 URL과 인터넷 서비스 제공자에게 통신할 때 이메일 주소, 인터넷 상거래로 사는 책, 잡화, 약품도 공개한다. 알리토 대법관이 적었듯이 아마도 어떤 사람들은 편리함을 사생활보호와 바꾸거나, "사생활 보호의 축소"가 어쩔 수 없다고 여길지 모르고, 그렇지 않을 수도 있다. 나는 사람들이 지난주나 지난 달, 또는 지난 해 방문했던 모든 웹사이트 목록을 정부에 영장없이 공개하는 것을 불만없이 받아들일지 의문이다. 그러나 사회의 기대가 어떠하든, 수정헌법 제4조 법리가 비밀성을 사생활보호의 전제조건으로 다루기를 그만 둘 때에만 사람들은 헌법이 보호하는 지위를 얻을 수 있을 것이다. 나는 정보를 제한된 목적으로 자발적으로 일부 사람들에게 공개하였다는 이유만으로 수정헌법 제4조의 보호를 받지 못한다고 가정하지 않는다. 캐츠 판결 351-352 (사적으로 지키고자 하는 것은 공중이 접근할 수 있는 영역에 있다 해도 헌법이 보호할 수 있다).

그러나 이 사건에서 정부가 존스의 차에 물리적으로 침입한 행위는 더 좁은 기준으로 판단할 수 있기 때문에, 이러한 어려운 문제들을 풀어야 할 필요는 없다. 그러므로 나는 다수의견에 동참한다.

[대법관 알리토 동조의견]

이 사건에서 우리는 불합리한 수색과 압수를 금지한 수정헌법 제4조를 21세기의 감시 기술, 상당한 기간 동안 차량의 움직임을 감시하기 위한 위치추적장치의 사용에 적용할지를 판단해야 한다. 역설적으로 다수의견은 이 사건을 18세기의 법리에 따라 해결하고 있다. 피상고인이 모는 차량의 아랫부분에 작은 위치추적장치를 붙여서, 수사관은 1791년의 재산 침해 소송의 사유가 되는 행위에 가담하였다. 그리고 이러한 이유로 법원은 장치의 설치와 이용이 수색에 해당한다고 결론 내렸다.

내가 보기에 이러한 논증은 슬기롭지 못하다. 수정헌법 제4조의 문언을 왜곡하고 있다. 현대의 수정헌법 제4조 판례와도 거의 관련이 없다. 매우 억지스럽다.

나는 피상고인이 모는 차량의 움직임을 오랜 기간 감시함으로써 그의 합리적인 사생활의 기대가 침해되었는지를 살펴서 이 사건을 해결하려고 한다.

I

A

수정헌법 제4조는 “불합리한 수색과 압수”를 금지하였고 법원은 위치추적장치의 부착과 사용이 이 범위에 들어가는지를 설명하기 위해 거의 노력하지 않았다. 법원은 그것이 압수였다고 말하지 않는다. 재산의 압수는 “재산에 대한 개인의 소유권에 의미 있는 개입”이 있을 때 일어난다. United States v. Jacobsen, 466 U.S. 109, 113 (1984) 이 사건에서는 그러한 일이 없다. 수사관이 사용한 감시 기술의 성공은 장치가 차량의 기능에 전혀 개입하지 않았다는 사실에 달렸다. 만약 어떤 개입이 있었다면 장치는 아마 발견되었을 것이다.

법원은 장치의 부착과 사용이 수색에 해당한다고 하지만, 이 두 과정이 수정헌법 제4조를 해석하는 목적상 분리될 수 없다는 전제에 서 있어서 의문스럽다. 만약 두 과정이 따로 분석된다면, 각각이 수색에 해당하는 이유가 법원의 의견에서는 뚜렷하지 않다. 장치의 부착은 그 자체로 수색이 아님은 분명하다. 만약 장치가 작동하지 않거나 수사관이 쓰지 않았다면 정보는 얻지 못했을 것이다. 그리고 법원은 장치의 사용이 수색에 해당한다고 말하지 않는다. 반대로 법원은 공공 도로에서 차량의 움직임을 감시하기 위해 몰래 붙인 전자장치를 쓰는 행위는 수색에 해당하지 않는다는 노트 판결을 받아들이고 있다.

법원은 수정헌법 제4조가 제정되었을 때 존재하던 사생활보호를 보장하여야 한다고 하였고 나도 동의한다. 그러나 이 사건과 비슷한 일이 18세기 후반에 일어난다고 생각하기가 거의 어렵다(수사관이 마차 소유자의 움직임을 감시하기 위해 일정한 기간 동안 마차 어딘가에 숨어 있는 행위를 상상할 수 있을까?).[140] 법원의 논리는 원래 이해되는 수색의 개념이 증거를 모으기 위해 기술적으로 침입하는 행위를 포함하고 있다는 것 같다. 그러나 우리는 이것이 잘못이라고 알고 있다. 보통법상 허가받지 않고 사유 재산에 침입하는 행위는 소송대상이지만, 집마당과 달리 들판에 들어가는 행위는 수정헌법 제4조의 범위에 들어가지 않는다. 왜냐하면 집마당을 벗어난 사유 재산은 "수정헌법 제4조의 의미상 집"의 일부가 아니기 때문이다.

B

이 사건에서 법원의 논리는 도청과 전자도청장치, 즉 증거수집을 위해 기술적으로 침입하는 행위는 압수수색에 해당한다는 이전 판결과 매우 비슷하다. 초기 전자도청사건에서 법원은 피고가 "점유한 영역으로 물리적으로 무단 침투한" 결과로서 개인간 대화를 감시했을 때, 수정헌법 제4조의 수색이라고 판결했다. Silverman v. United States, 365 U.S. 505, 509 (1961) ("실버맨 판결"). 실버맨 판결에서 경찰관은 비어 있는 옆집 벽을 통해 마이크 장치를 넣어서 대화를 엿들었다. 이 과정은 마이크가 벽의 다른 쪽 난방 기구에 닿아서 부동산의 필수 부분을 차지했기 때문에 수색이라고 보았다.

침입행위가 없는 사건에서 법원은 수색이 아니라고 판결했다. 옴스테드 판결에

---

140) 법정의견은 이 사건과 같은 일이 1791년에도 일어날 수 있다고 하지만, 매우 큰 마차나 몸집이 아주 작은 경찰-믿을 수 없을 정도의 용기와 참을성을 가져야 함은 말할 것도 없다-, 또는 둘 다 필요할 것이다.

서 "도청이 집에서 가까운 거리에서 이루어졌기" 때문에, 법원은 수정헌법 제4조가 적용되지 않는다고 판결했다. 또한 법원은 방 안의 대화를 엿듣기 위해 피고 사무실의 바깥벽에 도청기를 설치한 Goldman v. United States, 316 U.S. 129, 135 (1942) ("골드만 판결")에서, 수색이 아니라고 했다.

이 침입에 기초한 법리는 계속 비판받았다. 옴스테드 판결에서 브랜다이스 대법관은 "전화선과 물리적인 연결이 있었는지는 중요하지 않다"고 썼다. 비록 전화선으로 오가는 개인 대화가 수정헌법 제4조의 문구에 들어가지 않는다 하더라도, 그는 수정헌법은 "개인의 사생활을 정부가 부당하게 침해하는 모든 경우"를 금지한다고 해석되어야 한다고 주장했다. (더글라스 대법관 동조의견) ("다수의견이 말한 '부동산에 물리적인 침투'라는 개념은 내가 보기에 요점을 벗어난 것 같다. 은밀한 가정생활이 도청되고 기록되고, 드러나도 잘못이 없다는 것인가? 전자 장치가 스며드는 깊이는-집안에서 멀리 떨어져 있다 해도-신체피해의 측정과 무관하다."), 골드만 판결 139 (머피 대법관 반대의견) ("가정이나 사무실의 수색에 물리적인 침입이 더 이상 필요하지 않다. 왜냐하면 수정헌법 제4조를 만들었고 우리의 선조들이 몹시 싫어했던 직접적이고도 명백한 억압 수단보다 개인의 사생활을 침해하는 훨씬 더 효과적인 장치를 과학이 만들어 내고 있기 때문이다.")

캐츠 판결은 마침내 수정헌법 위반에 침입이 요구되지 않는다고 판결함으로써 과거의 법리를 버렸다. Rakas v. Illinois, 439 U.S. 128, 143 (1978). 캐츠 판결은 공중전화시설 바깥에 붙인 도청장치를 이용하여 경찰관이 통화 내용을 도청하는 행위에 대한 판결이었다. 이 과정은 물리적으로 대상이 점유한 지역을 들어가지 않았지만, 캐츠 법원은 "오래된 법리를 버리고, 전자 장치가 공중전화시설의 벽을 뚫지 않았다는 사실이 헌법상의 의미를 가질 수 없다"고 판결했다. 389 U.S., 353 ("수정헌법 제4조의 범위는 주어진 울타리 안으로 물리적으로 침입하는 행위가 있는가 없는가에 달려 있을 수 없다."), 라카스 판결 143 (캐츠 판결은 수정헌법 제4조의 보호를 주장할 자격이 침입받은 장소의 재산권에 달려 있지 않고 침입받은 장소에서 정당한 사생활 보호의 기대를 가지고 있는가에 달려 있다고 선언했다고 설명). 법원은 문제의 행위가 "공중전화시설을 이용하는 동안 정당하게 기대할 수 있는 사생활을 침해했는지"가 중요했다.

이러한 논리에 따라 법원이 나중에 기술 침입을 다룰 때 말했듯이, "헌법 위반에 해당되기 위해 실제 침입이 필요하지도 않고 충분하지도 않다." 카로 판결 713. Oliver v. United States, 466 U.S. 170 (1984) (침입이지만 수정헌법 4조 위반이 아니다") 판결에서 법원은 다음과 같이 판시했다.

"재산권은 사생활보호의 기대가 정당하지를 결정하는 하나의 요소이다. 재산 이익이 정부의 압수 수색 권한을 통제한다는 전제는 의심되고 있다." 466 U.S., 183.

II

다수의견은 캐츠 판결 뒤의 두 판결-솔달 판결, 앨더만 판결-이 기술 침입이 수색임을 뒷받침하는데 충분하다고 보았지만, 거의 그렇지 않다.

솔달 판결에서 법원은 소유자의 동의를 받지 않고 이동식 주택을 끌고 간 행위는 비록 소유자의 개인 사생활을 침입하지 않았다 해도 수색에 해당한다고 판결했다. 그러나 이 사건에서 법원은 수색이 있었다고 인정하지 않았고 수색이 분명히 발생하지 않았다.

앨더만 사건은 집주인이 갖고 있는 수정헌법 제4조의 권리는 그 집안에서 일어나는 제3자의 대화를 감시하기 위한 도청장치를 몰래 심어서 쓴 행위와 연관되어 있다. 앨더만 판결을 가장 잘 이해하면 집주인이 지붕 아래서 일어난 모든 대화에 정당한 사생활의 기대를 갖고 있다는 것을 뜻한다고 본다. 캐츠 판결 144, 주12 (법원은 수정헌법이 보호하는 사생활의 이익이 있는지를 판단하면서 재산 개념의 사용을 포기하지 않았다며 앨더만 판결을 인용); 153 (대법관 파웰 동조의견) (재산권은 어떤 영역에서는 바라는 대로 행동할 권리가 있음을 사회가 명백히 인정하고 있고, 사생활의 기대가 합리적인지를 결정하는데 고려되어야 한다면서 앨더만 판결을 인용); 카로 판결 732 (대법관 스티븐스 일부 동조의견과 일부 반대의견) (집주인은 다른 사람이 소유한 것들과 함께 집안의 물건에 합리적인 사생활의 기대를 갖고 있다는 명제를 뒷받침하기 위해 앨더만 판결을 인용).

줄이자면, 다수의견이 침입에 기초한 법리를 뒷받침하기 위해 캐츠 판결 뒤의 두 판결을 들어야 하는 의미는 거의 없다.

III

그 밖에도 법원의 논증에서 현재 판례법의 실질적인 내용과 여러 가지로 어울리지 않는다.

나는 간단하게 네 가지를 적어둔다. 첫째, 법원의 논증은 진짜 중요한 것(오랜 기간 추적하기 위한 GPS의 사용)을 거의 무시하는 대신에 상대적으로 거의 하찮은 것(차량 운행에 지장없는 작고도 가벼운 물건을 차량 바닥에 붙인 행위)에 큰 의미를 두고 있다. 그 물건을 붙인 행위는 보통 사소해서 현재 불법행위법의 피해 회복 근거도 되지 못한다. 그러나 법원의 논증에 따르면 이러한 행위는 수정헌법 제4조를 어겼다. 기술 침입없이도 오랜 동안의 감시가 이루어질 수 있다면-예컨대 연방정부가 자동차 회사에 모든 차에 위치추적장치를 달도록 요구하거나 설득한다고 가정할 때-법원의 논리로는 보호받지 못할 것이다.

둘째, 법원의 논증은 앞뒤가 안 맞는 결과를 낳게 된다. 만약 경찰이 위치추적장치를 차에 붙이고 짧은 시간 동안 그 차를 따라 가기 위해 썼다면, 법원의 논리에 따르면 수정헌법 제4조가 적용된다. 그러나 만약 경찰이 위장순찰차와 항공의 도움을 받아 더 오랜 기간 동안 같은 차를 따라 갔다면, 이러한 추적은 수정헌법 제4조의 제한을 받지 않는다.

이 사건에서 법원은 소유자로 등록된 피상고인의 아내가 피고에게 차를 쓰도록 넘겨준 뒤에 경찰관이 위치추적장치를 달았기 때문에 수정헌법 제4조가 적용된다고 결론 내렸다. 그러나 만약 위치추적장치를 그 전에 붙였다면, 법원의 논리는 다른 결론에 이를 것이다. 법원은 피상고인이 "적어도 수탁자의 재산권을 갖고 있다"고 가정했다. 그러나 수탁자는 피해가 수탁기간동안 생길 때에만 재산피해에 소송을 걸 수 있다. 그래서 만약 피상고인의 아내가 열쇠를 건네주기 전에 위치추적장치가 설치되었다면, 피상고인은 침입을 이유로 청구를 할 수 없었을 것이고 수정헌법 제4조 청구도 할 수 없었을 것이다.

셋째, 법원의 논리에 따르면 수정헌법 제4조의 범위는 주마다 다르게 된다. 만약 이 사건이 캘리포니아와 같이 부부공동재산으로 인정하는 주나 모범 결혼재산법을 채택한 주에서 일어났다면, 피상고인은 차량의 소유자였을 것이고 아내가 열쇠를 주기 전이나 뒤에 위치추적장치를 달았는지는 문제되지 않았을 것이다. 달리 말하면 부부공동재산을 인정하지 않는 주에서는 차량을 피상고인 아내의 이름으로 등록하면 보통 그녀를 유일한 소유자로 추정하는 증거로 본다.

넷째, 법원이 침입관련 법리를 적용하면 추적대상과 물리적인 접촉이 아닌 전자 접촉을 통해 감시가 이루어지는 사건에서는 특히 복잡한 문제를 낳는다. 예를 들면 이 사건에서 경찰관들이 차를 살 때 달려 있는 도난차량 추적 시스템을 몰래 작동하여 피상고인을 추적했다고 가정해보자. 이 시스템을 가동하는 신호를 보내는 것이 재산 침입에 해당되는가? 재산 침해는 전통적으로 재산을 물리적으로 손대는 행위를 필요로 한다. 최근에 법원은 컴퓨터 시스템에 원하지 않는 전자 접촉을 한 사건에서 이러한 오래된 불법행위법의 적용과 씨름했다. 통신을 한 컴퓨터에서 다른 컴퓨터로 보낼 때 생기는 전자의 전송도 충분하다고 판결한 사례도 있다. 그러나 그러한 판결은 법원의 침입 이론을 적용할 때도 나올 수 있는가? 법원의 이론에 따라 수정헌법 제4조가 채택될 때의 침범 관련 법리가 중요하다고 가정한다면, 최근의 판결들은 법리의 변경인가 아니면 오래된 불법행위법을 새로운 상황에 적용한 것인가?

Ⅳ

A

캐츠의 사생활보호의 기대 심사는 위와 같은 문제와 혼선을 피할 수 있지만 어려움이 없지는 않다. 어느 정도 순환논리에 빠지게 되고, 판사는 자신들의 사생활보호 기대가 캐츠 판결 심사가 주목하는 합리적인 사람의 기대와 혼동하기 쉽다. 나아가 캐츠 판결 심사가 가정하고 있는 합리적인 사람은 잘 발전되고 안정된 사생활 보호 기대를 갖고 있다는 가정에 의존하고 있다. 그러나 기술은 이러한 기대를 바꿀 수 있다. 극적인 기술 변화로 대중의 기대가 바뀌고 결국 대중의 태도가 바뀔 수 있다. 새로운 기술은 사생활 보호를 희생하며 편의성이나 안정성을 높일 수 있고, 많은 사람들은 전세계적으로 균형을 찾으려고 할지 모른다. 그리고 비록 공중이 신기술에 따른 사생활보호가 줄어드는 것을 바라지 않지만, 결국 이러한 발전을 불가피하다고 받아들일지 모른다.

다른 한편 사생활의 새로운 침입에 대한 걱정은 사생활 보호 입법을 부추길 수 있다. 도청과 관련하여 새로운 입법이 만들어졌다. 캐츠 판결 뒤 의회는 복잡한 주제를 다루는 수정헌법 제4조 판례법의 개발을 법원에 맡기지 않았다. 의회는 광범위한 법률(18 U.S.C. §§2510-2522)을 만들었고, 판례법이 아니라 그 성문법이 주로 도청을 신속히 규제했다. 모순되게도 캐츠 판결이 옴스테드 판결을 뒤집었지만, 도청 규제는 의회가 더 잘 다룰 수 있다는 옴스테드 판결의 태프트 대법원장의 의견이 받아들여졌다.

B

최근 몇 년간 개인의 움직임을 감시하는 새로운 장치가 많이 나오고 있다. 어떤 지역에서는 CCTV 감시가 흔한 일이 되었다. 도로요금소에서 자동 요금 징수 시스템은 자동차의 정확한 움직임을 기록으로 남기고 있다. 많은 사람들은 어느 때든 위치를 확인하는 장치를 갖춘 차를 사서, 필요할 때 도움을 받고 도난당한 차를 찾을 수 있게 된다.

아마 가장 중요하게는 휴대전화와 다른 무선기기로 이제 무선 통신사가 이용자의 위치를 찾아내고 기록할 수 있다. 2011. 6. 현재 미국에서 3억여 개 이상의 무선기기가 사용되고 있다고 한다. 오래된 전화의 위치 정보 정확성은 네트워크 탑이 얼마나 많으냐에 달렸으나, 새 스마트폰은 위치추적장치를 달아서 더 정확한 추적을 할 수 있다. 예를 들면 이용자가 휴대전화의 위치추적장치를 작동하면, 통신사는 전화의 위치와 움직임의 속도를 감시할 수 있고, 특정한 길에서 모든 전화의 속도를 종합한 뒤 실시간 통신 조건을 알려줄 수 있다. 비슷하게 전화 위치 추적 서비스는 소비자들이 서비스에 등록한 다른 사람들을 찾거나 피하도록 하는 사회적인 도구로 제공된다. 여러 가지 새로운 장치의 사용과 유용성은 일반인들이 갖는 일상생활에서 사생활 보호에 관한 기대를 형성해 갈 것이다.

V

컴퓨터가 나오기 전에, 사생활은 헌법이나 법률이 아니라 현실적인 이유로 보호되었다. 과거에 일정한 기간 동안 감시하는 행위는 힘들고 돈이 많이 들어서 거의 이루어지지 않았다. 이 사건에서 문제가 되고 있는 감시-몇 주 동안 차량의 위치를 계속 감시-는 여러 팀의 수사관들이 필요하고 수십 대의 차량, 그리고 항공 도움이 필요했을 것이다.[141] 드물게 중요한 사건 조사의 경우에만 그러한 비용 지출이 허용되었을 것이다. 그러나 이 사건에서 사용된 것과 같은 장치들을 이용하면 오랜 기간 동안 상대적으로 쉽고 값싸게 감시할 수 있다. 놀랍게 기술이 발전하는 상황에서 사생활보호를 위한 최선의 해결책은 입법일 것이다. 의회는 공중의 입장 변화를 저울질하고 상세한 경계를 그으며, 사생활보호와 공공의

---

141) 노트 사건이나 카로 사건에서 사용된 무선송신기조차도 오랜 기간 감시가 예외적으로 필요하다. 그 사건의 무선호출기들은 무선수신기가 잡을 수 있는 주기적인 신호만을 보냈다. 신호 송수신 범위가 짧아 경찰이 가까이 있지 않으면 신호를 받을 수 없다. 노트 사건에서도 경찰은 무선호출기의 신호를 놓쳤고, “헬리콥터에 있는 감시 장비의 도움을 받아서 한 시간 뒤에야 다시 신호가 나오는 위치를 찾아낼 수 있었다.”

안전 사이에서 포괄적으로 균형을 잡을 수 있는 역량을 갖추고 있다.

그러나 오늘날까지 의회와 대부분의 주는 사법경찰 목적으로 위치추적장치 기술의 사용을 규제하는 법을 만들지 않고 있다. 이 사건에서 우리가 할 수 있는 최선은 기존의 수정헌법 제4조 법리를 적용하여 특정한 사건에서 위치추적장치의 사용이 합리적인 사람이 예상할 수 없었던 정도의 침해인지를 확인하는 것이다.

이러한 방식에 따라 공공도로에서 상대적으로 짧은 기간 사람의 움직임을 감시하는 행위는 우리 사회가 합리적이라고 인정하는 사생활보호의 기대에 어긋나지 않는다. 그러나 범죄수사를 하면서 장기간 위치추적장치로 감시하는 행위는 사생활보호의 기대를 침해한다. 그러한 범죄에 대해서 사회는 매우 오랜 기간 동안 사법경찰이 몰래 감시하고 개인의 모든 차량 움직임을 기록해서는 안된다고 기대해왔다. 이 사건에서 4주 동안 사법경찰이 피상고인이 운전하는 차량에서 일어나는 모든 움직임들을 뒤쫓았다. 우리는 차량 추적이 수색이 되는 때를 정확하게 확인할 필요가 없는데, 분명히 4주째가 되기 전에 수색이 발생하였기 때문이다. 다른 사건들은 더 어려운 문제가 될지 모른다. 그러나 어느 기간의 위치추적 감시가 수정헌법 제4조의 수색에 충분히 해당하는지 불확실하다면, 경찰은 영장을 청구하면 된다.[142] 또한 우리는 예외적인 범죄와 관련된 수사에서 위치추적 감시가 헌법이 보호하는 사생활을 침해하는 지에 관하여 살펴볼 필요가 없다. 그러한 사건에서 장기간의 추적은 과거에 이용할 수 있는 기술을 사용하게 될 것이다.

* * *

이러한 이유로 나는 이 사건에서 발생한 장기간의 감시는 수정헌법 제4조의 수색에 해당한다고 결론 내린다. 그러므로 나는 항소법원의 판결이 인용되어야 한다는 다수의견에 찬성한다.

---

142) 이 사건에서 사법경찰관들은 영장을 받았지만 영장의 두 가지 제한을 지키지 않았다. 그들은 위치추적장치를 영장조건과 연방형사소송법에 따라 10일 이내에 달지 않았다. 그들은 위치추적장치를 영장의 조건과 관련 법령에 따라 콜럼비아특별구 내에서 달지 않았다. 정부는 수정헌법 제4조가 이러한 자세한 제한을 부과하지 않고 있으며, 이러한 제한을 위반하여 추적장치를 써서 얻은 증거가 금지되지 않는다는 주장을 하급심은 물론 여기에서도 하지 않았다.

[독점금지]

26. 아마추어 대학생 선수들에게 보상을 제한한 대학체육협회 규정과 독점금지법

National Collegiate Athletic Association v. Alston
594 U.S._____(2021)

〈해 설〉

미국대학체육협회(NCAA, 협회)는 아마추어 대학생 선수들에게 각종 보상을 제한하는 규정을 마련하여 소속 지구회와 대학들이 집행하였다. 학생선수들은 보상을 제한하는 협회 규정이 거래나 통상을 제한하는 계약, 담합 등을 금지하는 독점금지법을 위반하였다면서 소송을 걸었다. 지방법원은 교육 관련 혜택을 제한하는 일부 규정의 위법성을 인정하고 효력을 정지하였고, 연방제9항소법원은 인용하였다. 협회는 교육 관련 혜택 제한 규정이 위법하지 않다며 상고하였다.

전원일치 법정의견은 협회의 보상제한은 합리법칙에 따른 반독점심사대상이고, 이 사건은 독점권을 행사하는 시장에서 수평가격담합이 허용되는지가 쟁점이라고 보았다. 대법원의 합리법칙은 3단계의 입증책임전환체계로 이루어져 있는데, 먼저 원고가 보상제한이 실질적으로 반경쟁효과가 있음을 증명하고, 이어서 피고가 보상제한이 경쟁을 촉진하는 합리성이 있음을 증명하고, 마지막으로 원고가 경쟁을 적게 제한하는 수단을 통해 경쟁촉진 효과가 합리적으로 달성될 수 있음을 증명한다. 반경쟁효과는 협회가 크게 다투지 않고 있으므로, 2번째로 보상제한이 경쟁을 촉진하는 합리성이 있음을 증명하여야 하는데, 아마추어 대학 운동경기를 즐기려는 소비자들의 수요를 창출하는 경쟁촉진효과를 인정할 수 있으나, 교육 관련 혜택을 제한하는 규정은 제한이 적은 수단을 통해 달성할 수 있다고 판단하였다. 판사는 경제 전문가가 아니고 시장 상황의 변화를 따라가기 어려우므로 가격, 수량, 거래 조건 등을 구체화하려는 유혹에 빠져서는 안된다고 강조하면서, 교육 관련 보상 제한만을 무효로 하고 협회에 재량의 여지를 남긴 지방법원의 판결이 타당하다고 결론 내렸다.

대법관 카바노는 법정의견의 교육 관련 보상 제한 외에도 대학운동경기로 엄청난 수익을 올리고 있는 협회와 대학들이 학생선수들의 보상을 제한하는 것은 독점금지법 위반의 여지가 있다는 동조의견을 냈다.

[대법관 고서치]

셔먼법에서 의회는 시장의 힘이 국가 자원을 최선으로 분배할 수 있다는 믿음으로 경쟁 정책을 집행하는 임무를 법원에 맡겼다. National Collegiate Athletic Assn. v. Board of Regents of Univ. of Okla., 468 U.S. 85, 104, 주27 (1984) ("대학이사회 판결"). 원고들은 협회가 대학이 학생 운동 선수들에게 보상을 제한하는 합의를 하여 경쟁 정책을 위반하였다고 주장하면서 소송을 걸었다. 많은 자료를 모으고 긴 심리 끝에 지방법원은 50쪽 판결문을 발표하였다. 지방법원은 대학 운동 장학금을 제한하고 경기 성적에 따른 보상을 제한하는 협회의 다른 규정을 건드리지 않았다. 동시에 법원은 학교가 학생 선수들에게 제공하는 교육 관련 혜택, 예컨대 학교가 대학원이나 직업학교의 장학금 제공을 금지하는 협회 규정을 폐기하였다. 대법원에서 학생 선수들은 지방법원 판결을 다투지 않지만, 협회는 다투고 있다. 협회는 독점금지법의 적용 면제를 구하고 있고, 현재 모든 규정을 승인해야 한다고 주장한다.

I

A

먼저 미국 대학들은 운동경기 및 돈과 복잡한 관계를 맺고 있다. 1852년 하버드대와 예일대의 학생들이 나라에서 처음 열린 대학간 경기로 알려진 뉴햄프셔주의 호수 조정경기에 참가하였다. 철도회사 사장은 호수로 가는 열차여행을 홍보하기 위해 경기를 후원하였다. 사장은 참가자들에게 무제한의 술, 후한 상품과 함께 휴가비용 전액을 제공하였다.

대학 스포츠가 시작한 계기는 미식 축구였다. "1880년대 말까지 전통의 경쟁관계인 프린스턴대와 예일대 경기는 4만명의 관중을 불러 모았고 입장료 수입만 25,000불 이상을 거두었다. 학교에서는 선수단에 대학생 선수와 용병을 포함시켰다. (일부 중략)

20여년이 지나 카네기재단은 대학 경기 보고서를 내고 여전히 대학 경기가 만들어내는 상업성, 이해관계에 둘러싸여 있다고 보았다. 전국의 학교들은 경기를 이용하여 돈을 벌고, 관심을 끌며, 대학 등록률을 높이고, 동창회에서 모금하였다. 여러 대학들은 최고의 선수들을 뽑기 위해, 특정 대학에 들어가기 위한 금전 및 다른 혜택을 제공받는 구조에 적극 참여하였다.

1948년 협회는 "건전 지침"을 채택하였다. 지침은 어떤 형태의 보상 약속을 반대하는 내용이 들어 있다. 그러나 지침은 대학들의 선수들 수업료 지급을 처음 허락하였다. 그리고 지침 위반이 밝혀진 학교는 "정지 또는 제명"하는 의무이행 체계를 만들었다. 이를 통해 오랫동안 퍼져 있던 은밀한 관행을 버리고 한결같고 투명한 보상제도로 바꾸려고 하였다. 지침이 대학들에게 학생 선수들의 땀에 지불해야 하는 돈을 제한하는 규칙을 만들어 집행하도록 함으로써, 협회가 효과적인 독점체로 활동하기 시작한 계기였다고 보는 사람들도 있다.

1956년 협회는 보상범위를 넓혀 기숙사비, 식비, 교재비, 수수료를 포함하였고, 세탁비와 같은 부수비용을 현금으로 지불하였다. 1974년 협회는 아마추어 경기에 프로 선수를 허용하기 시작하였다. 2014년 협회는 산하 지구회 소속 대학들이 전액 장학금까지 보상범위를 올릴 수 있도록 허용하였다.

요즘에도 변화는 이어지고 있다. 협회는 학생들의 자금수요에 맞추기 위해, 학생들의 복지나 학업 지원을 위해, 학업성취를 인정하기 위해 학생지원기금과 학업증진기금을 만들었다. 이 기금들은 대학원장학금과 학용품비뿐만 아니라 보험료, 여행경비, 옷 구입, 잡지 구독과 같은 교육과 무관한 혜택에 필요한 돈을 학생 선수들에게 지급하였다. 2018년 협회는 8천 4백만불 이상을 학생활동기금으로, 4천 8백만불 이상을 학업증진기금으로 이용할 수 있도록 했다. 현금 등으로 제공되었고 학생 선수가 받을 수 있는 금액에는 제한이 없다. 2015년 이후 개별 학생들에게 지급된 돈은 전액 장학금을 넘어 수만불에 이르기도 하였다.

또한 협회는 참가상이나 본선진출과 같은 경기 참가로 받는 상금, 올림픽 경기와 같은 외부 단체에서 받은 상금 지급을 허용하였다. 협회는 소속 대학들이 대학원에 진학하여 경기 참가 자격이 없어진 학생들에게 2년마다 1만불까지 지급을 허용하였다. 마지막으로 협회는 학생 선수들 가족이 경기에 참가하는 여행비의 지급을 허용하였다.

협회 사업은 번창하였다. 1,100개 대학이 가입하였고 3개부으로 구분되었다. 1부 팀들은 가장 유명하였고 돈과 재능있는 선수들을 끌어모았다. 현재 1부는 32

개 지구회로 나뉜 350개 학교들로 이루어져 있다. 가장 인기있는 경기인 야구와 미식축구는 1부에 있다. 협회는 1부 미식축구를 FBS(the Football Bowl Subdivision)와 FCS(the Football Championship Subdivision)로 나누었고 최고의 팀들은 FBS에 속했다. 1부 소속 32개 지구회는 작은 규모지만 협회와 비슷한 기능을 하였다. 32개 지구회는 스스로 규칙을 만들었다.

협회의 최근 농구경기 방송은 해마다 11억불의 가치가 있다. FBS 대학 미식축구 결선진출전 경기 TV 중계는 1년에 4억 7천불을 받을 수 있다. 이 금액 외에도 1부는 정규 게임에서도 많은 돈을 벌어들인다. 예를 들면 남동지구회는 2017년 6억 5천불이 넘는 수입을 올렸고, TV방송계약만으로 4억불의 수입을 거두었다. 이러한 수입은 해를 거듭할수록 꾸준히 늘어났다.

이 사업을 운영하는 사람들은 학생 선수들과는 다르게 연봉을 받는다. 협회 회장은 연수입이 4백만불에 이른다. 지구회 회장들은 2백만불에서 5백만불, 대학의 운동책임자는 해마다 백만불 이상을 받는다. 1부 대학 미식축구 감독의 연봉은 천만불가량이고, 코치는 2.5백만불 이상을 받는다.

B

원고들은 현재 및 과거 학생선수들로, 1부 FBS 남성 미식축구와 1부 남녀농구 선수들이다. 원고들은 협회 및 1부의 11개 지구회(모든 피고들을 합하여 "협회"라 한다)를 상대로 집단소송을 걸었다. 학생선수들은 자신들의 경기 참여로 받는 보상을 제한하는 협회의 현재 및 연관된 규정들을 다투고 있다. 구체적으로 그들은 협회의 규정들이 "거래나 통상을 제한하는 계약, 담합, 모의"를 금지하는 독점금지법 제1조를 어겼다고 주장하였다. 15 U.S.C. §1.

재판에서 협회는 학생선수들 보상을 제한하는 합의가 있었음을 보여주는 증거를 다투지 않았다. 협회와 지구회들은 합의 위반을 제재하면서 이 제한을 집행하였고, 이 제한이 주사이의 통상에 영향을 미쳤음을 다투지 않았다.

이 법원은 독점금지법이 만들어졌을 때 보통법과 이 나라 법에 비추어 볼 때 거래 제한이 부당한 제한을 의미한다고 해석함이 타당하다고 오랫동안 인정해 왔다. Ohio v. American Express Co., 585 U.S. ___, ___ (2018) (8) ("아메리칸 익스프레스 판결"). 어떤 제한이 독점금지법의 목적상 부당한지 결정하기 위해서는 우리가 합리법칙이라고 설명하는 법리가 필요하다. Texaco Inc. v. Dagher, 547 U.S. 1, 5 (2006)

(대거 판결), Standard Oil Co. of N. J. v. United States, 221 U.S. 1, 60-2 (1911). 그 분석 방법에 따르면 법원은 다툼의 대상이 되는 제한이 실제 경쟁에 미치는 효과를 평가하기 위해 구체적인 사실을 바탕으로 시장지배력과 시장 구조를 평가한다. 아메리칸 익스프레스 판결 (8-9). 목표는 소비자에게 해로운 반경쟁효과를 갖는 제한과 소비자에게 최선의 이익이 되는 경쟁을 촉진하는 제한 사이의 구분이다.

지방법원은 합리법칙을 적용하여 협회가 관련 시장, 곧 1부 남녀 농구경기와 FBS 미식축구 시장, 원고들이 각기 참여했던 시장에서 거의 완전한 지배력을 누리고 독점권을 행사했는지를 살펴보았다. 가장 재능있는 선수들이 1부 농구경기와 FBS 미식축구 경기에 모였다. 협회의 1부는 대학 엘리트 미식축구와 농구 경기 시장인만큼 대체가능한 시장이 없다. 간추리면 협회와 소속 대학들은 "자신들의 시장지배력이 의미있게 줄어들 위험없이 학생 선수들의 보상을 어느 때 어떤 방식으로든 제한하는 힘"을 갖고 있다.

지방법원은 협회의 보상 제한이 관련 시장에서 상당한 반경쟁효과를 갖고 있다고 인정하였다. 비록 협회 소속 대학들이 학생 선수들을 뽑기 위해 엄청 경쟁하고 있지만, 협회는 선수 모집을 위해 제공하는 보상을 인위적으로 제한하려고 독점권을 쓰고 있다. 지방법원은 제한이 없는 시장에서는 대학들 사이의 경쟁으로 선수 모집에 들이는 보상수준이 높아지고, 그 결과 학생 선수 보상도 더 올라갈 것이라고 인정했다. "학생 선수들은 운동 능력의 가치에 더 가까운 제안을 받을 것이다." 그리고 협회는 이러한 증거를 크게 다투지 않고 있다고 보았다.

다음으로 지방법원은 제한이 경쟁을 촉진하므로 정당하다는 협회의 주장을 살펴보았다. 협회는 제한에 의해 대학 운동 경기에 참여를 늘리고 팀 사이에 경쟁적인 균형을 잡는데 도움이 된다고 한다. 그러나 지방법원은 그 정당성을 받아들이지 않았고, 협회는 대법원에서 그 주장을 유지하지 않고 있다. 남아 있는 협회의 유일한 항변은 규칙의 아마추어리즘 보존인데, 아마추어 대학 운동 경기는 프로 운동경기와 구분되는 독특한 상품을 보여줌으로써 소비자의 선택을 넓혀준다고 한다. 이러한 혜택은 협회가 노동시장의 구매자편에서 보상을 제한한 학생선수보다는 협회의 판매자 쪽 소비자 시장에 있는 소비자들에게 돌아간다. 협회는 지방법원이 소비자 시장에서 경쟁촉진 효과에 비추어 노동시장에서의 제한을 평가할 필요가 있다고 주장했고 지방법원은 동의했다.

지방법원은 협회의 아마추어리즘의 개념이 해를 거듭하면서 차츰 바뀌고 있다고 보았다. 법원은 협회가 어디에서도 소비자가 고집한다고 하는 아마추어리즘의 개념을 정의한 적이 없다고 판시했다. 그리고 아마추어리즘의 바른 뜻이 무엇인지가 뚜렷하지 않다는 전 남동 지구회 회장의 증언을 들면서, 지방법원은 스스로 그 낱말의 한결같은 정의를 확인하려고 애썼다.

지방법원은 보상제한이 소비자의 수요를 일으키는 역할을 한다는 협회의 주장을 뒷받침하는 증거를 확인하지 못했다. 보상 제한 규정이 소비자의 수요와 직접 연관되어 있다는 증거가 없었다. 예를 들면 지방법원은 소비자의 수요에 관한 협회의 경제전문가가 소비자 수요를 측정하는 기준을 연구하지 않았고, 단지 협회 및 소속 학교들과 관련되어 있고 피고 대리인이 고른 사람들을 만나서 조사하였을 뿐이라고 보았다. 반면에 학생선수들은 전문가 증언과 다른 증거를 통해 협회가 최근 몇 십 년간 허용한 새로운 유형의 보상제도에도 불구하고 소비자의 수요가 시장에서 늘어났음을 밝혔다. 원고들은 학생 선수들에게 더 보상해도 소비자 수요에 부정적인 영향이 거의 없음을 보여주는 경제 및 다른 증거를 냈다. 그러나 동시에 지방법원은 협회의 보상 제한이 갖고 있는 어떤 특정 요소가 소비자의 수요를 보존하는 효과가 일부 있을 수 있음을 인정하였다. 구체적으로 지방법원은 "학생선수들이 교육과 무관한 보수를 무제한으로 받지 못하도록" 하는 규정이 프로 운동 경기와는 다른 상품을 만들어내는데 일정한 역할을 할 수 있고 대학 운동 경기에 대한 소비자의 수요를 유지하는데 도움이 될 수 있다고 인정했다.

다음으로 지방법원은 학생선수들에게 다투고 있는 규정과 똑같은 경쟁촉진 효과를 거둘 수 있고 "실질적으로 제한이 적은 대체 규정"이 있음을 증명해달라고 요청하였다. 지방법원은 운동 장학금을 학비 전액 장학금으로 제한하고 교육과 무관한 보상 및 혜택을 제한한 협회의 규정을 다투는 학생선수들의 주장을 받아들이지 않았다. 이는 일종의 가격담합일 수 있지만, 지방법원은 프로 수준의 현금 보상이 대학 운동과 프로 운동 사이의 구분을 흐리게 할 수 있고 소비자 수요에 부정적인 영향을 미칠 수 있다는 가능성에 비추어 볼 때 합리적이라고 인정하였다.

지방법원은 대학원이나 직업학교를 위한 장학금을 제한하거나, 과외비나 직업 연수비를 제한하는 규정처럼 교육 관련 혜택 제한에 대해서는 결론이 달랐다. 법원은 그러한 교육 관련 혜택이 프로 선수들의 연봉과 혼동되지 않는다고 인정하였다. 오히려 수령인이 학생들임을 보여주고 있다. 이러한 형태의 보상을 제한하는 협회의 규정만을 금지하는 것이 협회의 현재 규정보다 실질적으로 제한이 적고 대학 운동 경기에 대한 소비자의 수요를 충분히 보존할 수 있을 거라고 결론지었다.

지방법원은 사실인정과 결론을 반영한 금지명령을 내렸다. 협회가 교육과 무관한 보상 및 혜택을 계속 결정하는 것이 금지되지 않았다. 예를 들면 운동 장학금 제한은 그대로 남았다. 법원은 협회가 지구회와 대학들이 1부 미식축구 및 농구 경기를 하는 학생 선수들에게 제공하는 교육 관련 보상이나 혜택의 제한만 금지하였다. 법원의 금지명령은 협회가 운동 성적에 따라 지급하는 현금 보상(현재 해마다 5,980불) 이상의 한도 내에서 학업 성적에 대한 현금 보상을 계속 제한할 수 있다고 하였다. 법원은 협회와 소속 대학들이 교육과 관련된 보상이나 혜택의 의미와 범위를 자유롭게 제안할 수 있다고 덧붙였다. 그리고 법원은 협회가 지구회와 대학들이 교육 관련된 보상 및 혜택을 어떻게 제공할 지를 자유롭게 규제할 수 있다고 설명하였다. 나아가 법원은 금지명령이 협회와 지구회사이의 합의에만 적용되고, 개별 지구회(그리고 소속 대학들)는 원하는 대로 더 엄격히 제한할 수 있다고 강조하였다. 지방법원의 금지명령은 2019. 3. 발부되었고 2020. 8.에 효력이 생겼다.

쌍방 항소하였다. 항소법원은 지법판결을 모두 인용하고, 지방법원이 대학 운동 경기의 인기를 보존하는 목적의 경쟁 촉진 효과를 지키고 학생 선수들에게 경쟁 제한으로 인한 피해를 방지하는 구제방법을 결정하면서 권리의 균형을 유지하였다고 판시하였다.

C

이 결론을 받아들이지 못한 협회는 하급법원들이 내린 학생선수들에게 유리한 결정을 뒤집어 달라고 요청하고 있다.

독점금지소송에서 가장 자주 다투어지고 있는 일부 쟁점들은 이 사건에서는 논란이 없다. 당사자들은 지방법원이 밝힌 관련 시장의 정의를 다투지 않는다. 그들은 협회가 노동시장에서 독점(또는 매수인 측에서 말할 때 수요독점)을 누리고 있어서 경쟁 시장 수준보다 임금을 줄일 수 있고 학생 선수들 노동량을 제한할 수 있다는데 다툼이 없다. 협회는 소속 대학들이 학생 선수들을 데려오기 위해 엄청난 경쟁을 벌이고 있지만, 그들이 제시할 수 있는 보상을 제한하는 협회의 규정을 따르고 있음을 다투지 않는다. 간단하게 말하면 이 소송은 피고들이 독점권을 행사하는 시장에서 수평가격담합이 허용되는지이다.

다른 중요한 문제도 역시 이 사건에서는 다툼이 없다. 경쟁 시장과 비교하여 협회의 제한이 실제 학생선수들의 보상을 줄이고 있음을 다투지 않는다. 보상의 감소가 관련 노동 시장에서 학생 선수들의 참여를 억누르고 있다는데도 의문이 없다. 가격과 양(참여하는 학생선수들 숫자)가 모두 제한받고 있다. 협회는 원고 학생 선수들이 승소하기 위해서는 협회의 제한이 구매자 측(또는 노동)에서의 시장뿐만 아니라 판매자 측(소비자) 시장에서의 경쟁을 해치고 있음을 증명해야 한다고 말하지 않는다.

반면에 학생 선수들은 협회가 소비자 시장에서 만들어내는 경쟁 촉진 효과를 가리키면서 노동시장에서의 제한이 정당하다고 주장할 수 있음을 다투지 않는다.

Ⅱ

A

우리는 다른 문제는 모두 빼고, 오직 협회가 제기한 문제에만 초점을 맞춘다. 협회는 주로 하급법원들이 보상제한을 합리법칙으로 분석한 잘못이 있다고 한다. 하급법원들은 "약식으로 존중하는 심사" 또는 "간단 심사"를 해야 한다고 한다.

협회는 몇 가지 이유를 댄다. 주로는 공동 사업이고 대학들의 운동 경기로 인한 혜택을 소비자들에게 제공하기 위해서는 대학들 사이의 협력이 필요하다고 한다. 우리는 이에 의문이 없다. 예를 들면 많은 공동 사업이 과거보다 더 비용을 줄이고 또는 사업을 더 잘 하기 위해 조직되었음은 의문이 없다. 그리고 공동사업이 경쟁을 촉진하는 혜택을 줄 수 있다는 사실을 고려할 때 그들의 공동행위를 너무 반사적으로 비난하지 않도록 신중해야 한다.

그러나 협회가 공동사업이라고 가정하더라도, 요청하는 약식 심사를 보장하지 않는다. 대부분의 공동사업 제한을 포함하여 셔먼법에 따라 다투는 거의 모든 제한은 경쟁에 대한 제한의 실제 효과, 구체적으로 산출을 줄이고 가격을 올리는 힘을 평가하는데 목표를 두는 시장지배력과 시장구조를 사실을 바탕으로 평가하는 합리법칙의 분석 대상이다. 아메리칸 익스프레스 판결 (8-9).

이 문제들을 얼마나 공정하게 평가할 지는 다양할 수 있다. 이 법원은 때로 한 눈에 제한의 경쟁 효과를 결정할 수 있다. 이는 완전 독점 또는 완전 경쟁 시장에서 제한일 때에만 가능하다. 양 극단의 중간에 있는 제한이 아니라 이러한 유형의 제한은 일별하면 충분히 승인하거나 배척할 수 있다.

일부 제한은 명백히 경쟁에 피해를 주지 않아서 거의 심사대상이 되지 않는다. 예를 들면 Rothery Storage & Van Co. v. Atlas Van Lines, Inc., 792 F. 2d 210 (CADC 1986) 사건에서 보크 판사는 심리 대상인 공동사업이 관련 시장의 5.1%와 6% 사이에서 지배하고 있다는 관찰만으로 분석이 끝날 수 있다고 설명했다. 보통 작은 시장 지분을 갖고 있는 공동 사업은 경쟁을 해칠 수 없다. 그들이 산출을 줄여야 한다면, 시장의 94%를 점유하는 회사가 쉽게 포기한 사업을 넘겨받을 수 있기 때문에 시장가격에 미치는 영향이 없을 것이다. Polk Bros., Inc. v. Forest City Enterprises, Inc., 776 F. 2d 185, 191 (CA7 1985) (회사들이 생산을 줄여 가격을 올릴 힘이 없다면, 그들의 합의가 소비자들에게 피해를 줄 것 같지 않고, 회사들 사이의 협력은 무해하거나 이롭다고 이해할 수 있다).

다른 쪽 끝에는 경쟁자들 사이의 어떤 합의는 너무 명백히 상품생산을 줄이고 가격을 올리는 위험이 있어서 그 자체로 불법으로 인정되거나 척 보고 배척될 수 있다. 대거 판결 7, 주 3; California Dental Assn. v. FTC, 526 U.S. 756, 770 (1999). 전체 산업동향에 익숙하지 않고 복잡한 사업상 합의에 따르는 효율성을 알기 어려운 법원으로서는 문제가 된 유형의 제한에 따른 경험이 쌓이고 거의 모든 경우에 그 합의가 무효라는 확신이 들 때까지 불법으로 판정하지 않도록 특별한 주의를 기울인다.

협회에 도움되는 내용은 없다. 협회는 소속 대학들이 학생 선수들 시장에서 독점권을 행사했고, 그 제한이 경쟁을 해칠 수 있다(실제 해쳤다)고 인정하였다. 작은 판매 회사가 시장 가격보다 값을 올릴 때 다른 곳을 찾는 소비자들과 달리, 지방법원은 학생선수들이 자신들의 능력을 팔 곳이 없었다고 인정했고 협회는 다투지 않았다. 협회가 공동사업이라 해도, 많은 규정과 제한을 척 보고 승인할 수 있는 상황은 아니다.

특별한 유형의 사업을 하는 협회라 해서 정상적인 합리법칙 심사가 면제되지 않는다. 우리는 운동경기에 참가하는 경쟁자들 사이에 어느 정도 협력은 경쟁을 촉진한다는데 의문이 없다. 선수가 몇 명 참여하고 경기시간 등과 관련하여 경쟁자들 사이의 합의가 없다면, 소비자들이 가치 있다고 여기는 경쟁 자체가 가능하지 않다. 따라서 시장 지배력을 갖는 경기도 회원들 사이의 일부 합의는 한 눈에 승인받을 수 있다.

그러나 이러한 통찰이 늘 적용되지 않는다. 그 일부 제한이 운동 대회를 만들거나 유지하는데 필요하다고 해서 상세한 협력 내용들이 모두 그렇다는 뜻은 아니다. 가끔 한 눈에 보아 경기를 만드는데 필요한 제한이라고 승인할 수 있지만, 다른 제한들에게는 더 꼼꼼한 심사가 적절하다. Chicago Professional Sports Ltd. Partnership v. National Basketball Assn., 95 F. 3d 593, 600 (CA7 1996) (햄버거 신제품 출시에 협력하기 위한 맥도날드 가맹점의 권한이 매장 직원들 임금에 합의하는 권한을 함축하지 않듯이, TV 방송 계약을 합의하기 위한 운동 구단의 권한은 선수들 임금을 설정하는 권한을 반드시 포함하지 않는다).

학생선수들 급여를 고정한 협회의 규정은 이러한 사례들에서 멀리 떨어져 있다. 당사자들은 지방법원이 금지한 교육 관련 보상 제한이 없어도 1부 농구와 FBS 미식축구가 계속될 수 있다는 점에 의문이 없다. 당사자들은 협회의 노동 시장에서 그러한 제한이 실질적으로 제한이 적은 수단을 써서 얻을 수 있는 소비자 혜택을 줄 수 있는지와 있다면 어느 정도인지를 다투고 있다. 그 다툼은 간단히 대답할 수 없는 매우 어려운 문제이다.

B

독점금지 원리에 따라 합리법칙에 따른 분석이 필요하다고 해도, 협회는 미식축구경기를 방송으로 중계하는 대학들의 권한을 제한한 규정을 검토한 대학이사회 판결을 참고해야 한다고 한다. 협회의 해석에 따르면 그 판결에서 학생 선수 보상 제한을 분명히 승인하였고, 그로 인하여 이 사건 제한을 의미있게 심사할 필요가 없다고 한다.

우리는 달리 본다. 대학이사회 판결은 방송 규정이 그 자체로 보통 불법으로 인정되는 종류의 수평 가격 담합이자 산출 제한이라고 설명하였다. 법원은 수평경쟁 제한이 본질적인 산업분야에서 발생한 제한이라는 이유만으로 협회의 제한을 그 자체로 불법이라고 선언하지 않았다.

TV 방송 제한에 관한 판단에 이르는 과정에서 대학이사회 법원은 학생 선수 보상 제한을 언급하였다. 협회는 특히 다음 문단을 강조하고 있다.

"협회는 대학 운동 경기에서 존중받는 아마추어리즘의 전통을 지키는데 핵심 역할을 하고 있다. 협회가 그 역할을 하기 위해 넓은 재량권이 필요하거나, 고등교육에서 학생 선수들을 보호하여 대학간 경기에 풍부함과 다양성을 주며, 이는 셔먼법의 목적에 완전히 들어맞는다는 점에는 의문이 있을 수 없다."

협회는 이러한 고찰이 이 사건에서 합리법칙 분석이 필요하지 않음을 말해준다고 한다.

우리는 동의할 수 없다. 대학이사회 판결에 따르면 법원은 학생 선수 보상을 제한하는 협회의 규정을 평가할 때 그 규정의 경쟁 촉진 가능성을 감안하여 주의하여야 한다. 그러나 이러한 판시내용은 법원이 협회의 보상 제한에 대한 다툼을 모두 배척하여야 한다는 뜻은 아니다. 학생 선수 보상 규정은 대학이사회 판결에서 다툼의 대상 아니었다. 그리고 법원은 협회 제한의 합리성을 가정하고 있음을 분명히 하였다. "협회의 거의 모든 규제 장치가 아마추어 선수단 사이의 경쟁을 장려하는 정당한 수단임을 가정한다." 117. 따라서 법원은 협회의 제한이 1984년과 그 이후 경쟁 촉진적이라고 선언하지 않았다.

이 내용에 대한 우리의 확신은 다른 요소로 더 굳어진다. 독점 금지를 위반했는지는 현실 시장에 대한 주의 깊은 분석에 달려 있다. 만약 그러한 현실 시장이 바뀐다면 법률 분석도 바뀔 수 있다.

대학 운동경기를 보면 시장의 현실이 1984년 이후 크게 바뀌었음은 의문이 있을 수 없다. 그 이후 협회 소속 대학이 학생 선수들에게 주는 혜택의 종류와 양이 크게 늘어났다. 예를 들면 운동 장학금을 인상하는 새로운 규정의 설정을 허용하는 유연성을 보였다. 경기 참여에 따라 허용될 수 있는 혜택의 크기도 늘렸다. 그리고 학생지원기금과 학업증진기금을 늘려서 2018년에만 학생 선수들에게 1억불 넘게 지급하였다. 1985년 1부 미식축구와 농구에서는 각각 9억불과 4천만불의 수입을 거두었다. 2016년까지 협회 1부 학교들은 100억불이상의 수입을 올렸다. 1982년부터 1984년까지 CBS는 1부 남자 농구 대회를 중계하기 위해 해마다 1천 6백만불을 지급하였다. 2016년에 한 해 방송중계권은 10억불 이상이었다.

C

협회는 여전히 다른 이유로 합리법칙 분석이 부당하다고 주장하면서, 협회와 소속 학교들은 "영리사업체"가 아니고 대학간 운동경기를 "필수불가결한 대학 경험의 일부"라고 보고 있다. 협회는 "대학 스포츠에서 아마추어리즘은 고등교육에서 사회적으로 중요한 비영리목적을 이루는 부분으로 지켜져야" 한다고 강조한다.

그러나 협회는 보상제한이 주간의 거래 및 통상에 영향을 미치고 있고 독점금지법의 적용대상임을 다투지 않는다. 협회는 이 법원이 이미 대학이사회 판결에서 협회의 일부 제한을 반경쟁적이라고 판단하였음을 인정하고 있다. 그리고 법원이 독점금지법을 이미 다른 비영리기구에 적용하였고 협회와 소속 대학들이 사실 수입을 극대화하기 위해 조직되었음을 생각할 때 협회의 비영리 성격의 경제적인 중요성에 의문이 있음을 살펴본 뒤 이러한 결론에 이르렀음을 인정하고 있다. 협회 소속 대학들의 지위와 학생선수들의 지위가 합리법칙 심사에서 소비자 수요를 측정하는데 관련이 있음을 누구도 다투지 않는다.

협회 주장이 정확히 무엇인지도 분명하지 않다. 법원이 거래 제한에 대해 독점금지법을 적용하지 말아야 한다는 뜻이라면, 협회가 고등교육, 운동, 돈이 섞여 있는 지점에 있기 때문에 우리가 제한에 눈감아야 한다는 뜻이라면, 우리는 동의할 수 없다. 이 법원은 거래 제한이 경쟁 촉진을 넘어 사회적으로 중요한 목적에 이바지한다는 이유로 독점금지법의 면제를 구하는 당사자들의 요청을 자주 거부해 왔다.

2가지 사례를 보자. National Soc. of Professional Engineers v. United States, 435 U.S. 679 (1978) ("NSPE 판결")에서 건설협회는 건축사업에서 경쟁하는 회사들 사이의 가격 경쟁은 건물의 품질을 보장하고 공공의 안전을 보호하기 위해 제한되어야 한다고 주장했다. 이 법원은 그 주장을 "독점금지법의 기본 정책을 바로 공격하는 거나 마찬가지"라면서 받아들이지 않았다. 법의 입법 정책은 경쟁 정책이고 경쟁이 좋은지 나쁜지의 질문은 배제한다. FTC v. Superior Court Trial Lawyers Assn., 493 U.S. 411 (1990) 사건에서 형사변호인은 정부가 변호보수를 인상할 때까지 법원의 국선변호사 임명을 거부하였다. 그리고 법원이 이러한 제한이 경쟁보다 더 중요한 공익에 기여하는지를 검토하는데 동의하지 않았다. "피상고인들의 거래 제한을 뒷받침하는 사회적인 정당성이 있다고 해서, 거래 제한의 위법성이 줄어들지 않는다." 424.

협회는 "사업의 특별한 성격 때문에" 독점금지법의 적용에서 면책되어야 한다고 자유롭게 주장할 수 있지만, 의회에서 적절하게 다루어야 할 문제이다. NSPE 판결 689. 의회는 그러한 요청에 눈감지 않았다. 의회는 과거 어떤 산업을 위해 독점금지법을 개정하였고, 앞으로 또 개정할 수 있다. 7 U.S.C. §§291-292 (농업협동조합); 15 U.S.C. §§1011-1013 (보험); 15 U.S.C. §§1801-1804 (신문공동운영합의). 의회가 달리 말하기 전까지 우리는 독점금지법을 집행해야 하고, 그 법은 나라 경제에서 "경쟁이 자원을 분배하는 최선의 방법"이라는 전제에 서있다. NSPE 판결 695.

III

협회는 합리법칙에 저항하면서 지방법원의 합리법칙 적용도 다투고 있다.

이 법원은 합리법칙을 설명하면서 소비자에게 피해를 주는 반경쟁효과를 가진 제한과 소비자에게 최선의 이익이 되는 경쟁을 자극하는 제한을 구분하는 수단으로 "3단계의 입증책임전환 체계"를 말했다. 아메리칸 익스프레스 판결 (9). "원고는 먼저 제한이 실질적인 반경쟁효과가 있다고 증명할 책임이 있다." 원고가 그 책임을 이행했다면, 이어서 "제한이 경쟁을 촉진하는 합리성이 있음을 증명하는 책임이 피고에게" 전환된다. 만약 피고가 그 책임을 이행할 수 있다면, "다시 경쟁을 덜 제한하는 수단을 통해 경쟁촉진 효과가 합리적으로 달성될 수 있음을 증명할 책임이 원고에게 돌아간다." (9-10).

이러한 3단계는 암기 대상이 아니고 신중한 분석을 대신하는 굳어버린 내용이 아니다. 다툼의 대상이 된 제한이 경쟁을 해치는지의 평가는 상황에 따라 달라질 수 있다. 합리법칙의 요점은 법원이 위법을 선언하기 전에 경쟁에 부당하게 피해를 주지 않도록 제한의 상황, 자세한 내용, 이유를 보면서 사건별로 살펴본다.

지방법원은 아메리칸 익스프레스 판결과 매우 비슷한 다단계 구조를 적용하기 위해 항소법원의 선례를 따랐다. 첫째 단계로 지방법원은 학생선수들에게 "제한으로 관련 시장에서 중대한 반경쟁효과가 있었음"을 증명하도록 하였다. 이는 가벼운 입증책임이 아니다. 한 참고서면에 따르면 지난 45년동안 원고가 실질적인 반경쟁 효과를 밝히지 못했다는 이유로 거의 모든 합리법칙 사건이 처리되었다. 이와 다르게 이 소송에서는 증명하였다. 두꺼운 기록을 바탕으로 지방법원은 협회가 학생 선수 노동시장에서 임금을 결정하는 권한을 갖고 있었고 중요한 반경쟁결과를 낳은 방식으로 그 권한을 행사했음을 학생 선수들이 밝혔다고 판단하였다. 협회는 이 결론을 크게 다투지 않았다.

많은 다른 사건과 달리 지방법원은 두 번째 단계로 나아가서, 협회가 제한이 경쟁을 촉진하는 합리성을 내세울 수 있는지 물어보았다. 여기서 협회 주장의 잘못이 드러나기 시작한다. 지방법원은 두 번째 단계에서 먼저 법원은 다른 수준의 일반론으로 규정을 살펴보았다. 첫 번째 단계에서 협회의 보상 제한 규정 모두가 실질적으로 반경쟁 효과가 있는지를 전체적으로 확인하였다. 그러나 그 다음 지방법원은 협회에게 학생 선수 보상을 제한하는 각 규정들이 개별적으로 경쟁촉진 혜택이 있음을 증명하라고 요구했다. 협회는 이 요구로 개별 규정이 차별화된 대학생 경기의 경쟁 촉진 목적에 기여하고 그 경기에 대한 수요를 보존하는 제한이 덜한 수단임을 증명하도록 요구하는 잘못된 결과를 가져왔다고 한다.

우리는 독점금지법이 적법한 사업목적을 이루기 위해 제한이 적은 수단을 이용하도록 요구하지 않는다는 협회의 전제에 동의한다. 법원은 "행위의 적법성이 효율성의 정도에 관한 판단에 달려" 있도록 "합리적인 필요성의 정도"를 추측해서는 안 된다. 유능한 변호사는 거의 모든 공동합의에 제한이 적은 대안을 상상해내는데 어려움이 거의 없을 것이다. 그리고 법원이 그러한 상상속의 대안을 받아들인다면 경쟁촉진에 크게 도움이 되지 않고 문제의 정당한 목적에 개입할 위험이 있다.

더 나쁘게도 모든 경제적인 복잡성과 요건을 담으려고 한 규정들은 예측하기 어려운 집행과정에서 역효과를 낳을 수 있고 경제적인 목적 자체에 피해를 줄 수 있다. 무엇보다 "최선의 상황에서도" 독점금지법의 적용이 어려울 수 있고 타당한 사업 합의에 법적용을 잘못 하면 법이 보호하고자 하는 경쟁촉진 행위를 바로 위축시키기 때문에 특히 대가가 클 수 있다. 성장하는 시장에서 변화가 없는 판결은 충돌을 일으키거나 시장진입과 경쟁을 좌절시킬 수 있다. 독점금지법이 불합리한 거래제한만을 막고 있기 때문에 작은 변화를 살펴보려는 시도는 적절한 독점금지 기능이 아님을 알게 된다.

우리는 협회의 법리주장에 동의하지만 사실에 관한 주장에 동의하지 않는다. 첫 번째 단계에서 지방법원은 학생 선수들이 협회의 제한이 전체적으로 반경쟁효과를 갖고 있음을 증명하는 책임을 다했다고 판결했다. 2번째 단계에서 협회는 같은 규정이 전체적으로 경쟁촉진 혜택이 있음을 증명해야 했다. 협회의 어려움은 일반론의 수준이 아니다. 지방법원이 협회가 제시한 증거의 대부분을 설득력이 없다고 인정한 사실이다. 법원은 쟁점 보상 규정이 소비자 수요와 직접 연관이 있음을 협회가 밝히지 못했다고 인정했다.

여기서 묘안이 있다. 지방법원은 협회가 규정 전체가 소비자 수요를 이끌어내고 있음을 밝히지 못했다고 인정했지만, 일부 규정들은 교육과 무관하고 프로 운동 경기에서 볼 수 있는 연봉과 비슷한 보상을 금지하는 범위에서 경쟁촉진 효과를 가질 수 있다고 인정했다. 법원은 아메리칸 익스프레스 판결의 3번째 단계로 접어들어, 학생선수들에게 쟁점 규정들과 똑같은 경쟁촉진 효과를 얻을 수 있으면서 실질적으로 제한이 적은 대안이 있음을 증명하라고 요구하였다. 물론 지방법원은 학생 선수들이 일부 증명에 성공해서 협회가 교육 관련 혜택에서 실질적으로 제한이 적은 대안으로 같은 경쟁촉진 혜택을 얻을 수 있음을 증명할 수 있었다고 인정했다.

이러한 묘안을 인정한다 해도 지방법원의 분석에 협회가 말하는 법리를 위반한 내용이 없다. 법원 판결은 결국 3번째 단계의 핵심문제로 향한다. 곧 학생선수들이 협회가 2번째 단계에서 증명한 바와 같은 경쟁촉진 혜택을 달성하기 위해 실질적으로 제한이 적은 대안이 존재함을 증명할 수 있는지이다. 물론 2번째 단계에서 협회가 낸 경쟁 촉진 혜택 증거의 결함은 3번째 단계분석에 영향을 미친다.

간단히 말해서 지방법원은 협회에게 명확하게 또는 결과적으로 규정들이 소비자 수요를 이끌어내는데 덜 제한적인 수단임을 증명하도록 요구하지 않았다. 협회의 제한이 경쟁촉진 혜택을 얻는데 필요한 정도 이상으로 엄격하다고 인정한 뒤였을 뿐이다. 이러한 까다로운 기준 때문에 사법이 앞으로 정당한 사업 결정에 세세하게 개입하는 전조가 되지 않는다.

B

협회는 지방법원이 아마추어리즘에 관한 협회의 견해를 배척하고 법원이 선호하는 개념으로 바꾸고 상품을 재정의한 것은 허용될 수 없다고 주장한다.

그러나 이 주장은 피고 사업의 경쟁촉진 정당성이 독점금지법에 관련되는 방식을 잘못 이해하고 있다. 회사는 정당한 사업 이익을 얻기 위해 합의(새상품을 시장에 내보내는 노력을 포함한 합의)할 실질적인 재량권을 갖고 있다. 그러나 제한을 상품 특징이라고 달리 포장하여 말하면서 독점금지법에서 면책된다고 말할 수 있다는 뜻은 아니다. 이 소송에서 여느 소송과 마찬가지로 지방법원은 피고들 합의가 경쟁을 해치는지와 제한이 가진 경쟁촉진 혜택을 실질적으로 제한이 적은 대안으로 얻을 수 있는지를 결정해야 했다.

협회의 주장은 심사기준을 잘못 이해했을 뿐만 아니라 우리에게 지방법원의 사실 인정을 뒤엎기를 바라고 있다. 협회는 아마추어리즘 개념을 존중해주기를 바라고 있지만, 지방법원은 협회가 일관된 정의를 갖고 있지 않았다고 보았다. 법원은 협회의 보상 규정과 제한이 시간이 흐르면서 뚜렷하게 바뀌지 않았다고 인정하였다. 또한 법원은 협회가 "소비자 수요"를 참고하지 않고 이 제한을 채택하였고, 일부 제한은 "소비자 수요를 보존하는데 필요하지 않다"고 인정하였다. 이러한 판시 내용이 상품을 재정의하지 않는다. 합리법칙을 올바로 적용한 결과다.

C

마지막으로 협회는 현재 규정들과 똑같은 경쟁촉진 혜택을 갖고 있는 방안으로 실질적으로 제한이 적은 대안이 있다는 하급법원의 판시내용이 부당하다고 지적한다. 협회는 지방법원의 금지명령이 자신의 사업에 관여하여 세세하게 관리할 위험이 있다고 주장한다.

우리는 협회가 든 법리에 크게는 동의한다. 독점금지법을 적용하는 법원은 책임을 인정하기 전에 사업 판단을 넓게 존중해야 한다. 구제방법을 정할 때도 비슷한 고려가 필요하다. 판사들은 매우 자세한 판결로 계속 감독하는 것이 경쟁을 촉진하기 보다는 해칠 가능성에 촉각을 곤두세워야 한다. 판결에 따르는 비용이 판결로 얻은 효율성을 넘을 수 있다. 판결이 의도와 달리 경쟁 혁신을 억누를 수 있고 담합으로 몰고 갈 수 있다. 판사들은 경제나 산업 전문가가 아님을 알고, 적정한 가격, 수량, 다른 거래 조건을 구체화하려는 유혹에 빠져서는 안 된다. 판사들은 시간이 흐르면서 바뀌는 시장 현실의 변화에 비추어 판결의 재검토나 수정에 열려 있어야 한다. 그리고 법원은 실무상 판결 집행에 제한이 있음을 올바로 인식해야 한다. "독점금지법을 적용하는 법원은 상세한 판결을 매일같이 효율적으로 집행할 수 없고 사건은 많은데 변화하는 시장 상황을 따라 갈 수 없을 듯하다.” Trinko, 540 U.S., 415. 뿐만 아니라 법원은 설명할 수 없거나 적절하고도 합리적으로 감독할 수 없는 의무를 부과해서는 안 된다. 간추리면 판사들은 중심 설계자가 될 수 없고 그 역할에 뜻을 두어서는 안 된다.

우리는 지방법원이 이 원리를 존중했다고 생각한다. 법원은 대학원 장학금의 제한, 과외비용 등과 같은 교육 관련 혜택 제한만을 금지하였다. 나아가 법원은 이러한 제한의 완화가 대학과 프로 운동 경기 사이의 구분을 흐리게 하지 않고 수요를 해치지 않는다고 인정하고, 협회의 현재 규정과 똑같은 경쟁촉진 혜택을 얻는 방안으로 실질적으로 제한이 적은 수단이라고 인정한 뒤에 결정하였다.

교육 관련 혜택에 대해서도 지방법원은 협회에 많은 재량을 주었다. 지방법원은 협회가 교육 관련 혜택이 무엇인지를 정의할 수 있고 그 정의를 반영하기 위해 금지명령의 수정을 요청할 수 있다고 하였다. 지방법원은 협회와 회원들이 지구회와 학교들의 교육 관련 혜택 제공방법을 규제하는 규정을 합의할 수 있다고 설명하였다. 법원은 협회와 회원들이 운동 성적 보상 제한보다 낮지 않다면 교육 관련 현금 보상을 계속해서 한정할 수 있다고 말했다. 그리고 금지명령이 협회 및 지구협의회에게만 적용되고 개별 지구는 자유롭게 법원이 금지한 제한 또는 더 강한 제한을 다시 쓸 수 있다고 강조하였다.

결국 협회의 상고이유는 실제 3가지로 모아진다.

첫째, 협회는 지방법원이 교육 관련 혜택 가운데 유급 수습 제도를 포함시킨 것에 우려하고 있다. 협회는 학생 선수들이 운동 성적으로 받은 보상 제한을 회피하는 방법으로 수습제도를 이용할까 두려워하고 있다. 심지어 협회는 후원자들이 운동화 회사나 자동차 판매점에서 프로 선수 수준의 지나친 연봉을 지불하기 위한 위장된 방안으로 수습제도를 이용하지 않을까 걱정하고 있다.

이 주장은 금지명령을 지나치게 넓게 해석한 결과이다. 지방법원은 지구협의회나 학교 차원에서 이용가능한 교육 관련 보상이나 혜택의 제한만을 금지하였다. 따라서 학생 선수들이 인정하듯이 금지명령은 협회가 운동화 회사, 자동차 판매상, 후원자 등 누구에게서든 보상을 계속 금지하는 것을 막지 않았다. 협회 스스로 이를 잘 이해하고 있는 듯하다. 지방법원의 금지명령에 따라 협회는 새로운 규정을 만들어서 지구협의회나 기관만이 유급 수습 제도를 지원한다고 명시하였다.

지구협의회와 대학들이 제공한 수습제도에 대해서도 지방법원은 협회에 유연성을 남겼다. 법원은 협회 회원들이 정당한 교육 활동과 무관한 보상이나 혜택 제공을 금지한 협회 규정을 금지하지 않았고, 가짜 수습제도를 단속하는 재량을 허용하였다. 또한 지방법원은 협회가 어떤 혜택이 교육과 관련되거나 관련되지 않는지를 정의하는 규정을 만들고 집행하는 것을 허용하였다. 따라서 협회는 적절하다고 생각하는 유급 수습제도의 한계를 설정할 수 있다. 그리고 법원은 개별 지구회가 바라는 대로 수습제도를 제한할 수 있음을 강조하였다. 이러한 모든 특징들은 현재 판결의 온건함을 보여주고 있다.

둘째, 협회는 지방법원이 비슷한 운동 보상을 제한하는 총액(연 5,980불)보다 많으면 학업 및 졸업 성적에 주는 보상에 대하여 총액 제한을 할 수 있다는 판결내용에 이의하고 있다. 협회는 이것이 프로 연봉 규제나 마찬가지라고 주장하고 있다. 또한 협회는 현재 허용되는 운동 보상은 개인 또는 팀 학업 성적에 대한 보상이고 대부분 해마다 일부 학생 선수들만이 받는다고 한다. 그런데 지방법원 판결은 과락을 면하는 학점을 유지하는 것과 같은 작은 성과에 해마다 수천불을 지급하도록 허용할 수 있다고 한다.

이러한 비판의 근거가 뚜렷하지 않다. 협회는 현재 허용되는 운동 보상이 프로선수 연봉에 이른다고 믿지 않는다. 그리고 금지명령의 이 부분이 운동 참여 보상 상한이 소비자 수요를 감소시키지 않는다는 지방법원의 사실인정에서 직접 나오지 않았다. 상응하는 학업 보상이 어떤 식으로든 소비자의 이익을 해친다는 증거는 지방법원에 제출되지 않았다. 지방법원의 금지명령은 협회에 재량을 주었다. 협회는 운동 보상을 자유롭게 줄일 여지가 있다. 그리고 법원은 어떤 범주의 대학들이 학업 성적과 졸업 성적에 사용하여야 하는지를 정하지 않았다. 만약 협회가 학업 성적이 교육과 관련되어 있음을 보장하기 위해 필요한 영역이 있다고 본다면, 그러한 규정을 자유롭게 제안할 수 있고, 개별 지구회는 더 엄격한 규정을 채택할 수 있다.

셋째, 협회는 학교가 교육 관련 혜택을 제공하도록 허락하면 문제가 있을 수 있다고 주장한다. 이 구제는 대학원이나 직업학교의 장학금을 주고 컴퓨터나 과외에 비용을 지출하는 것에 초점을 맞추고 있다. 그러나 협회는 학생 선수들에게 수업에 가기 위해 값비싼 차를 주거나 교육에 관련되어 있다면 다른 불필요하거나 비상식적인 가치 있는 지원을 하기 위해 이 권한을 이용할 수 있다고 두려워하고 있다.

그러나 이는 지나친 해석이다. 금지명령에 따르면 협회는 실제 학생 교육과 무관한 종류의 혜택을 금지할 수 있다. 고급차 금지 규정을 막지 않는다. 그리고 지방법원은 협회가 교육에 정당하게 관련되어 있다고 생각하는 혜택을 정리한 규정을 만들어 집행할 수 있다고 허용하였다. 협회가 허용되는 권한의 범위-수습제도, 학업보상, 혜택 종류 등-에 관하여 정말 모호함이 있다고 믿는다면, 3년 전에 금지명령을 결정한 지방법원에 정정을 신청할 수 있다. 협회는 딱 한 번 학업보상의 정확한 상한에 관하여 금지명령의 정정을 신청했는데 그 문제는 빨리 해결되었다. 이 법원에서 가상의 걱정거리를 말하기 전에, 협회가 실무상 중요한 문제가 있다면 먼저 지방법원에 물어보는 것이 최선이라고 본다.

우리가 독점금지법의 구제책을 만들 때 신중해야 한다. 판사들은 사업체가 정당한 사업 목적을 이루기 위해 가장 제한이 적은 수단을 쓰도록 요구하는 유혹을 견뎌내야 한다. 판사들은 제너럴리스트로서, 법률가로서, 그리고 복잡한 사업 관계를 이해하려고 하는 외부인으로서 자신들의 한계를 잊지 않아야 한다. 판사들은 시장이 사법권보다 소비자 효용을 높이는데 더 효과가 있을 수도 있다는 사실을 알고 있어야 한다. 그리고 판사들이 시장현실의 변화를 반영하여 금지명령을 재검토하고 정리하는데 열려 있어야 한다. 달리 말하면 복잡한 사업 합의를 살펴보는 법원은 "의문의 바다로 떠나지" 않도록 삼가야 한다. 그러나 우리는 지방법원이 그 유혹에 빠졌다고 생각하지 않는다. 지방법원의 판단은 의문의 바다를 떠다니지 않고 충실한 사실 인정 자료, 확립된 독점금지 법리와 일치하는 사려깊은 법리 분석, 건전한 사법 겸손과 같은 굳건한 토대위에 서있다.

*

어떤 사람들은 지방법원의 결정이 충분하지 않았다고 생각할 수 있다. 대학에게 교육 관련 혜택을 늘리도록 허용하면서 학업 성적을 높이도록 하고 학생 선수들이 학교에 기여한 가치를 더 반영한 보상 수단을 허용하였다. 동시에 다른 사람들은 지방법원이 아마추어 선수들에 대한 특별 혜택을 과소평가하면서 너무 나갔다고 생각할 것이다. 우리는 단지 9항소법원의 다음 의견에 동의한다. "대학 운동 경기에서 아마추어리즘에 대한 논쟁은 중요하다. 그러나 항소법원 판사로서 우리의 임무는 그 논쟁을 해결하는데 있지 않다. 우리가 그럴 수도 없다. 우리의 임무는 독점금지법에 관한 적절한 심사기준을 통해 단순히 지방법원 판결을 살펴보는데 있다." 우리는 그 심사기준에 따라 지방법원이 법의 범위 내에서 판결했다고 본다.

항소법원 판결을 인용한다.

[대법관 카바노]

협회는 오랫동안 학생선수들이 받는 보상과 혜택을 묶어놓았다. 그러나 오늘 법원은 협회가 독점금지법을 위반했다고 판결한다. 법원 판결은 중요하고도 이미 늦은 결정이고, 나는 훌륭한 판결에 모두 동의한다.

그러나 이 사건은 협의 보상 규정 중 작은 부분, 곧 대학원이나 직업학교에서의 장학금과 같은 교육 관련 혜택을 제한하는 규정만을 다루고 있다. 나머지 협회의 보상 규정은 이 사건의 쟁점이 아니고 여전히 유효하다. 다른 보상 규정들은 학생선수들이 운동 경기 대가로 대학에서 보상이나 혜택을 받는 것을 제한하고 있다. 그리고 그 규정들은 역사적으로 학생 선수들이 광고계약 등으로 돈을 받는 행위를 제한했다.

나는 협회의 남아 있는 보상 제한 규정 역시 독점금지법에 따라 큰 문제가 있음을 강조하기 위해 동조의견을 덧붙인다. 3가지 점이 주목받아야 한다.

첫째, 다수의견은 협회의 다른 보상 규정의 적법성을 다루지 않았다. "학생 선수들이 협회의 보상 제한에 대해 새롭게 다투지 않았다. 따라서 우리는 남아 있는 규정이나 이를 승인한 지방법원의 판단을 다루지 않는다. 우리의 심사는 (지방법원에 의해) 금지된 제한으로 한정한다."

둘째, 다수의견이 협회의 다른 보상 규정들이 적법한지를 다루지 않았다 해도, 법원의 판결은 그 규정들이 앞으로 어떻게 분석되어야 하는지를 밝혔다. 오늘 판결 이후 협회의 다른 보상 규정들은 독점금지법의 합리분석론에 따라 판단되어야 한다. 법원은 NCAA 판결에서 대학 운동 경기와 아마추어리즘에 관한 몇 십 년 전의 빗나간 판시내용이 구속력이 없고 협회의 현재 보상 규정들이 적법한지에 관하여 관련이 없음을 분명히 하였다. 그리고 법원은 협회가 독점금지법의 면책을 받을 자격이 없다고 강조했다. 그 결과 별도의 입법이나 협회와 학생 선수들 사이에서 합의가 없으면, 나머지 협회 보상 규정은 정상적인 합리법칙 심사의 대상이어야 한다.

셋째, 협회의 나머지 보상 제한 규정이 합리법칙 심사를 통과할 수 있을지 의문이 크다. 합리법칙에 따르면 협회는 나머지 보상 규정에 대해서 적법한 경쟁촉진 정당성을 밝혀야 한다. 그러나 나는 정당성이 모자란다고 생각한다.

협회는 대학 운동 경기 시장을 독점하고 있다고 인정한다. 협회는 보상 규정이 학생 선수들의 노동력 가치를 시장가격 아래로 설정하였다고 인정하였다. 그리고 학생선수들이 현재 보상 규정에 대해 협회와 협상할 능력이 없다고 인정한다.

그럼에도 협회는 보상 규정이 대학 운동 경기라는 상품을 정의하는데 도움을 주기 때문에 경쟁을 촉진시킨다고 주장한다. 구체적으로 협회는 대학 운동경기의 특징을 학생선수들이 돈을 받지 않는다고 정의하고 있기 때문에 학생들에게 급여를 지급하지 않는다고 말한다.

나는 그 주장은 순환논리이고 설득력이 없다고 생각한다. 협회는 학생선수들에게 돈을 주지 않는 조치를 악의없는 행위라는 식으로 말하고 있다. 그러나 그것으로 실제 현실을 덮을 수 없다. 협회의 사업 방식은 미국의 거의 모든 다른 산업계에서는 명백히 불법일 것이다. 한 지역의 식당 모두가 연봉을 적게 받는 요리사들이 만든 음식을 소비자들이 좋아한다는 논리로 임금 삭감을 짬짜미할 수 없다. 법률회사가 법을 사랑하여 법률 서비스를 제공한다는 허울아래 변호사의 연봉삭감을 공모할 수 없다. 병원이 환자를 더 순수한 형태로 돕기 위해 간호사의 월급을 제한하기로 합의할 수 없다. 언론사가 공공 언론 전통을 지킨다는 이유로 기자들 월급을 깎기 위해 힘을 합칠 수 없다. 영화사가 할리우드의 아마추어리즘을 권장할 목적으로 카메라맨들에게 주는 혜택을 줄이기 위해 담합할 수 없다.

협회와 소속 대학들이 해마다 수십억 달러의 수입을 올려주었던 학생 선수들에게 보상을 제한하고 있다는 사실이 핵심이다. 그 엄청난 돈이 학생 선수들만 빼고 다른 사람들에게 흘러간 듯하다. 대학 총장, 경기 관계자, 감독, 지구회 이사, 협회 임원들이 몇십 및 몇백만 불의 연봉을 받고 있다. 대학은 호화로운 시설물을 지었다. 그러나 수입을 올려주었던 학생 선수들은 흑인과 저소득층 출신이 많은데 받은 게 별로 없다.

협회가 학생 선수들에게 학생 신분의 유지를 요구할 수 있다는 데는 누구도 이의가 없다. 그러나 대학들이 수십억불의 수입을 올리기 위해 학생 선수들에게 보상을 하지 않는 협회의 사업 방식은 독점금지법에 따르면 문제가 매우 많다. 특히 협회와 소속 대학들이 대학 운동 경기의 특징을 정의함으로써 학생선수들에게 보상을 하지 않는다는 순환논리로 공정한 수익 분배를 거부하는데 정당성이 있을 수 있는지 매우 의문스럽다. 그리고 만약 그러한 정당성이 허용될 수 없다면, 협회가 어떻게 나머지 보상 규정의 합법성 지킬 수 있을지 뚜렷하지 않다.

만약 협회의 나머지 보상 규정의 일부 또는 모두가 독점금지법을 어겼다고 한다면, 다음과 같은 쉽지 않은 정책 및 실무상 문제가 반드시 따라 올 것이다. 학생 선수들에게 더 많은 보상을 하는 방침이 수입이 없는 경기에 어떻게 영향을 미칠까? 모두가 아닌 일부 운동 경기의 학생 선수들이 보상을 받을 수 있을까? 보상 체계가 독점금지법상 합법인가? 만약 학생 선수들이 경기의 균형을 유지하기 위하여 일부 운동 경기에서 연봉상한과 같은 것을 요구한다면, 그 상한이 어떻게 집행될 수 있는가? 그리고 1부에 18만명의 학생 선수들이 있는데, 그들의 일부 또는 모두를 공정하게 보상하기 위해 재정이 감당할 수 있는 방법이 무엇인가?

물론 그러한 어려운 문제는 소송이 아닌 방식으로 풀 수 있었다. 입법도 가능하다. 또는 대학과 학생 선수들이 프로 미식축구나 농구 선수들이 수입을 나누기 위해 협상하는 방식과 비슷하게 대학이 경기를 통해 올린 수입을 올바르게 나누기 위해 단체 협상(또는 다른 협상 방식)을 할 수도 있다. 그러나 이러한 문제가 끝에 가서 어떻게 해결되든지 간에 협회의 현재 보상 체계는 독점금지법에 따라 문제가 적지 않다.

협회와 소속 대학들이 분명히 미국의 일부 뿌리가 된 여러 가지 중요한 전통을 지켜왔다. 그러나 그러한 전통만으로 올바르게 보상을 받지 못한 학생 선수들을 등치면서 황금알을 낳는 사업을 계속하는 협회의 결정이 정당할 수 없다. 미국의 어디에서도 상품의 속성이 노동자들에게 공정한 시장 가격을 지급하지 않는다고 정의된다는 논리로 노동자들에게 공정한 시장 가격을 주지 않는 합의로 그냥 넘어갈 수 있는 사업이 없다. 그리고 독점금지법 이론에 따르면 대학 운동 경기를 달리 다루어야 하는 이유가 뚜렷하지 않다. 협회는 법위에 있지 않다.

[저작권]

27. 구글이 안드로이드 플랫폼을 만들기 위해 자바SE프로그램의 선언코드와 조직 등을 베낀 행위와 저작권법상 공정이용

Google LLC v. Oracle America, INC
593 U.S._____(2021)

〈해 설〉

구글은 안드로이드사를 합병한 후 스마트폰 플랫폼을 만들기 위해 자바 SE 프로그램 중 37개의 API 패키지에 들어 있는 11,500줄의 선언코드와 매소드-클래스-패키지라는 구조, 연속, 조직 체계(SSO)를 베꼈다. 자바 프로그램을 개발한 선마이크로시스템을 합병한 오라클은 위 선언코드와 SSO가 저작권의 보호대상이고, 구글이 무단 복제하였다고 주장하면서 구글을 상대로 소송을 걸었다. 구글은 선언코드와 SSO는 “체계 또는 작동방법”에 해당되어 저작권의 보호대상이 아니고, 설령 보호된다고 하더라도 베낀 행위는 공정이용이라고 주장하였다.

캘리포니아 북부 연방지방법원[143]은 선언코드와 SSO가 저작권법의 보호대상이라고 판단한 반면, 연방항소법원[144]은 보호대상이 아니라는 상반된 판결을 하였다. 공정이용에 대해서도 지방법원은 공정이용에 해당한다고 보았으나 연방항소법원[145]은 공정이용이 아니라고 판단하였다.

법정의견은 이 사건 프로그램이 기능적인 성격을 갖고 있고, 구글의 이용목적이 스마트폰이라는 새로운 제품의 이용환경을 만들기 위해서였으므로 변형 이용이며, 안드로이드 플랫폼에서 스마트폰을 위한 새로운 프로그램 작성하기 위해 자바 사용경험과 지식을 이용하는데 필요한 범위내의 복제였고, 선마이크로시스템이 이동전화시장에 진입하지 못하였으므로 시장 피해가 없다는 등을 이유로 공정이용에 해당한다고 결론 내렸다.[146]

---

143) Oracle America, Inc. v. Google Inc., 872 F. Supp. 2d 974, 978 (ND Cal. 2012).
144) Oracle America, Inc. v. Google Inc., 750 F.3d 1339 (Fed. Cir. 2014).
145) Oracle America, Inc. v. Google Inc., 886 F.3d 1179 (Fed. Cir. 2014).
146) 대법관 브레이어가 판결문을 작성하고 대법원장 로버트, 대법관 소토마요르, 케이건, 고서치, 카바노가 참여하였다. 대법관 토마스가 반대의견을 작성하고 대법관 알리토가 참여하였다. 대법관 배럿은 심리 및 결정에 참여하지 않았다.

[대법관 브레이어]

오라클 아메리카는 인기있는 자바 컴퓨터 프로그램 언어를 사용하는 자바 SE의 저작권자이다. 구글은 허락 없이 그 프로그램의 일부를 베꼈는데, 개발자들이 그 부분을 이용하여 컴퓨터 하드웨어와 함께 여러 구체적인 임무를 수행하는 미리 작성된 소프트웨어를 이용할 수 있다. 하급법원은 (1) 자바 SE(Standard Edition) 소유자가 구글이 베낀 부분의 저작권을 갖고 있는가, (2) 만약 저작권이 있다면 구글이 베낀 행위가 공정이용에 해당하여 구글의 저작권침해책임이 면제되는가를 살펴보았다. 연방항소법원은 오라클 승소판결(곧 그 부분이 저작권으로 보호될 수 있고, 구글이 베낀 행위는 공정이용이 아니다)을 했다. 우리는 논의를 위하여 베낀 부분이 저작권으로 보호될 수 있다고 가정한다. 그럼에도 우리는 이 사건의 복제행위는 공정이용에 해당한다고 본다. 그래서 구글의 복제행위는 저작권법을 어기지 않았다.

I

2005년 구글은 스마트폰 소프트웨어를 만들려고 하는 신생회사 안드로이드사를 흡수합병하였다. 구글은 안드로이드를 통해 스마트폰과 같은 이동통신장비의 소프트웨어 플랫폼을 개발하려고 하였다. 플랫폼은 컴퓨터 프로그램 개발자들이 새로운 프로그램과 앱을 개발하는데 필요한 기반 시설을 제공한다. 소프트웨어 플랫폼은 일종의 공장시설로 개발자들(자동차회사 노동자, 디자이너, 제조회사와 비슷)이 들어가서 그 곳에 있는 공구나 도구를 사용하여 새로운 앱, 즉 스마트폰을 만들 수 있다(플랫폼과 다른 컴퓨터와 관련된 용어를 보려면 별첨 A의 내용을 볼 수 있다).

구글은 안드로이드 플랫폼을 자유롭게 쓸 수 있도록 공개하였고 소프트웨어 개발자들은 도구를 무료로 사용할 수 있었다. 안드로이드 플랫폼을 써서 더 많은 개발자들이 안드로이드 기반의 앱을 더 많이 개발하고, 소비자들이 그 앱들을 활용하여 구글-안드로이드 기반의 스마트폰을 이용할 수 있도록 하는 계획이었다. 그러면 소비자들은 구글 스마트폰을 더 사서 이용하게 될 것이다. 그 계획을 이행하기 위해서는 유능한 개발자들이 필요했다.

그 무렵 많은 소프트웨어 개발자들은 선마이크로시스템(오라클이 합병하기 전 회사)이 만든 자바 프로그램 언어를 이해하고 그 언어로 프로그램을 만들었다. 6백만명 가량의 개발자들이 많은 시간을 들여 자바 언어를 배우고 이용해 왔다. 그 개발자들은 원래 데스크 톱 컴퓨터 및 노트북 컴퓨터용으로 새로운 프로그램을 개발하기 위해 선의 자바SE 플랫폼을 이용하였다. 그 플랫폼에서 개발자들은 하드웨어에 관계없이(거의 모두 호환될 수 있는 프로그램) 자바 언어를 이용하여 데스크 톱이나 노트북에서 구동되는 프로그램을 만들었다. 선의 표어 중의 하나는 "한번 만들어서 어디서나 구동"이었다.

구글이 안드로이드를 흡수합병한 뒤 바로 새로운 스마트폰 기술을 위해 모든 자바 플랫폼을 이용할 수 있는지를 협의하기 시작하였다. 그러나 구글은 안드로이드 플랫폼에서 만든 모든 프로그램의 호환을 바라지 않았다. 안드로이드 설립자는 "오픈소스 플랫폼에 관한 아이디어는 사람들의 행위에 거의 제한을 두지 않는다"고 설명하였다. 선의 호환정책은 구글의 사업모델에 맞지 않았다. 이러한 의견 차이로 구글과 선의 협상은 깨졌다. 그리고 나서 구글은 스스로 플랫폼을 만들었다.

기록에 따르면 구글의 개발자 100명이 안드로이드 플랫폼 소프트웨어를 만들기 위해 3년 이상 작업했다. 구글은 안드로이드 플랫폼을 스마트폰 기술에 맞추었고, 데스크 톱 및 노트북 컴퓨터와는 달랐다. 예컨대 스마트폰은 전지의 수명이 짧고 GPS 기술을 이용한다. 안드로이드 플랫폼을 이용하여 개발자들은 그 환경에 맞는 프로그램을 만들 수 있다. 플랫폼을 만들기 위해 구글은 수백만줄의 코드를 새로 만들었다. 구글이 자바에 익숙한 수백만명의 개발자들이 새로운 안드로이드 플랫폼에서 쉽게 일하기를 바랐기 때문에, 자바 SE 프로그램에서 11,500줄의 코드를 베꼈다. 베낀 코드 줄은 API(Application Programming Interface)라고 불리는 도구의 일부가 되었다.

API가 무엇인가? 연방항소법원은 "프로그래머가 어떤 기능을 수행하기 위해 처음부터 스스로 코드를 만들기 보다는, 그 기능을 자신의 프로그램에 넣기 위해 미리 작성된 코드를 이용할 수 있도록 하는" 도구라고 설명하고 있다. API를 통하여 프로그래머는 복잡한 임무를 수행하기 위해 미리 작성된 방대한 양의 코드를 이용할 수 있다. 판사, 배심원 등을 포함하여 일반인들의 이해를 위해 더 자세히 설명하면 유용하겠다.

API가 무엇을 하는지를 더 상세히 살펴보자. 컴퓨터는 프로그래머가 이용하려는 수천의, 아마도 수백만 개의 임무를 수행할 수 있다. 이 임무들은 기본임무에서 매우 복잡한 임무까지 다양하다. 예컨대 컴퓨터에게 두 숫자 중 큰 수를 알려주거나 1,000개의 수를 오름차순으로 분류해주기를 요청하면, 바로 정확한 답을 내놓는다. API는 특정한 방식으로 계산 임무 유형을 나누고 조직한다. 프로그래머는 자신의 프로그램에 필요한 특정 임무를 선택하기 위해 API를 이용할 수 있다. 선의 API(선 자바 API)에서 개별 임무는 "메소드(mathod)"로 알려져 있다. API는 비슷한 메소드들을 모아서 더 큰 "클래스(classes)"로 분류한다. 비슷한 클래스들은 모아서 더 큰 "패키지(packages)"로 분류한다. 이러한 메소드-클래스-패키지 조직 구조가 선 자바 API의 "구조, 연속, 조직(structure, sequence, and organization, SSO)"이라고 불린다.

각각의 임무를 수행하는 컴퓨터 코드를 "이행코드"라고 하는데, 컴퓨터에게 수행하기를 바라는 특정 임무(두 숫자 중 큰 수를 말하라)를 하는 방법을 말해준다. 이행코드(구글이 독립하여 만들었다)는 이 사건의 쟁점이 아니다. 하나의 임무를 수행하기 위한 이행코드는 수백줄 길이가 될 수 있다. 프로그래머가 개별 임무를 이행하기 위해 미리 작성된 임무이행프로그램의 도움을 받지 않고 복잡한 소프트웨어 프로그램을 창작하기 어렵거나 아마도 불가능하다.

그러나 프로그래머가 컴퓨터에게 어느 이행코드 프로그램을 골라야 하고, 어느 임무를 수행하여야 한다고 어떻게 말할 수 있겠는가? 프로그램에 특정 임무에 맞고 불러낼 수 있는 명령어를 넣으면 가능하다. 이 명령어들은 "메소드 콜(method calls)"이라고 알려져 있는데, 이행코드로 작성된 프로그램을 선택하여 두 숫자 중 큰 수를 찾으라는 임무를 수행하도록 도와준다. 어느 컴퓨터가 수백만 건의 임무를 수행한다면, 다른 메소드 콜이 컴퓨터에게 어느 임무를 선택할지를 알려준다. 이미 자바 언어에 익숙한 사람들은 무수한 임무를 처리하는 수많은 메소드 콜을 알고 있다.

메소드 콜은 어떻게 컴퓨터에게 특정 임무 수행 방법을 지시하는 이행코드를 실제 찾아서 구동하는가? 당사자들이 "선언코드"라고 부르는 다른 유형의 코드를 통해서 그렇게 한다. 선언코드는 API의 일부이다. 각 임무를 위해 프로그래머가 입력한 구체적인 명령어는 API 내부에 있는 구체적인 선언코드와 일치시킨다. 그 선언코드는 API의 전체 조직 체계 내에서 각 임무의 이름과 위치(곧 특정 클래스내의 메소드의 위치와 특정 패키지 내에서 클래스의 위치)를 알려준다. 이러한 의미에서 선언코드와 메소드 콜은 프로그래머가 이행코드로 미리 작성된 수천건의 임무를 이용할 수 있게 해주는 연결고리가 된다. 그 선언코드가 없으면 프로그래머가 입력한 메소드 콜은 이행코드를 부를 수 없다.

그래서 선언코드는 적어도 선 자바 API 에서 두 가지 중요한 기능을 수행한다. 첫째 선언코드는 프로그래머에게 지름길을 제공해준다. 메소드 콜로 복잡한 이행코드에 이어줌으로써 프로그래머는 간단한 명령어만으로 API 임무가 모여 있는 도서관에서 특정 임무를 고를 수 있다. 예컨대 개인 은행 앱을 새로 만드는 프로그래머는 이용자의 잔액을 계산하거나 비밀번호를 인증하는 등의 다양한 임무를 이용하려고 한다. 그렇게 하려면 그 임무와 관련된 메소드 콜만 배우면 된다. 이러한 방식으로 선언코드의 지름길 기능은 차를 빨리 움직이라고 말하는 자동차 엑셀 페달이나 특정키를 누르면 어떤 글자를 불러오는 타자기의 키보드와 비슷하다. 이렇듯 선언코드는 사람과 기계사이의 연결영역(인터페이스)의 일부로 생각할 수 있다.

둘째 기능은 자바의 창작자가 임무들의 잠재 영역을 실제의 영역으로 나누는 방식, 곧 우리가 자바 기반의 컴퓨터 시스템에서 수행하기를 바라는 수백만 건의 다른 임무와 그 임무들이 배열되고 집합되는 방법을 담고 있다. 이러한 의미에서 선언코드는 조직 기능을 수행한다. 자바 창작자들이 만들려고 하는 임무 도서관의 구조를 판단한다. 이러한 구조 체계를 이해하기 위해서 도서관에서 책을 찾기 편하도록 분류한 듀이 십진 분류법이나 도시의 관광 명소를 범주별로 배열한 여행책자를 생각해보자. 언어 자체는 어떤 면에서는 언어가 다르면 달리 구분되는 세계에서 일단의 개념들을 나누고 있기 때문에, 선언코드의 조직 특징과 대강 비슷하다. 예컨대 자바의 개발자들은 "그림"이라고 부르는 메소드를 "그래픽"이리고 부르는 클래스 안에 두기로 결정했다.

생뚱맞아도 프로그래머가 실제 API를 어떻게 이용하는지를 보여주는 모습을 생각해보자. 어떤 키를 눌러서 로봇에게 서류보관함에 가서, 서랍을 열고, 특정 요리방법을 꺼내라고 지시할 수 있다고 상상해보자. 로봇은 조리법을 들고 부엌으로 가서 음식을 준비하는 요리사에게 준다. 이 사례는 API의 임무 관련 조직 체계를 보여주고 있다. 간단한 명령으로 로봇은 조리법을 찾아서 요리사에게 준다. 같은 방식으로 메소드 콜을 입력하면 API는 이행코드를 찾아서 컴퓨터에 넘겨준다. 그리고 원하는 음식을 고르기 위해서 조리법의 내용을 알 필요가 없듯이, API를 이용하는 프로그래머는 이행코드를 배울 필요가 없다. 두 상황에서 단순한 명령어를 배우면 충분하다.

이제 지방법원이 이 사건의 정확한 기술을 설명하기 위해 사용한 사례를 살펴보자. 프로그래머가 두 자연수 중에 큰 수가 무엇인지 결정하는 기능을 프로그램에 넣으려고 한다. 자바 언어로 이 작업을 하려면, 먼저 java.lang을 적는다. 이 낱말은 "패키지"(서류보관함과 비슷)를 가리킨다. 그리고 나서 Math.를 적는다. 이 낱말은 "클래스"(서랍과 비슷)를 가리킨다. 그 다음 max를 적는다. 그 낱말은 "메소드"(조리법과 비슷)를 가리킨다. 그리고 괄호를 친다. 괄호 사이에 비교할 두 자연수 4와 6을 넣는다. 전체 메소트 콜 모습은 "java.lang.Math.max(4, 6)."이다. 이 표현을 사용하여 API에서 더 큰 수를 결정하는 임무를 이행하는 프로그램을 불러올 수 있다.

프로그래머는 이 프로그램을 만들면서 굵은 글씨를 차례로 적는 기호를 사용할 수 있다. 그러나 기호 자체는 아무 일도 못한다. 기호를 서류보관함, 서랍, 서류의 동의어로 이어주는 소프트웨어를 사용해야 한다. API가 바로 그 소프트웨어이다. 각 메소드 콜을 특정 임무의 이행 프로그램으로 연결하는 선언코드와 실제 그 임무를 수행하는 이행코드가 모두 들어 있다.

이제 우리는 이 사건에서 문제가 된 복제행위를 보자. 구글은 선 자바 API에서 임무 이행 프로그램이나 이행 코드를 베끼지 않았다. 두 자연수 중 어느 수가 더 큰지를 결정하거나 다른 (보통 훨씬 더 복잡한) 임무를 수행하는 임무 이행 프로그램을 스스로 작성했다. 이러한 이행코드는 선 자바 API와 구글이 안드로이드용으로 만든 API의 대부분을 차지한다. 구글은 자신의 API에 들어 있는 거의 모든 패키지에 대해 선언코드도 새로 만들었다. 그러나 구글은 37개 패키지에 대해서는 선 자바 API에서 선언코드를 베꼈다. 그 37개 패키지에 대해 구글이 특정 임무의 이름과 그 임무를 클래스와 패키지로 모으는 것을 베꼈다는 뜻이다.

그렇게 하면서, 구글은 자바 언어에 익숙한 프로그래머가 이미 배워서 쓰고 있던 임무 호출 체계를 사용할 수 있도록 선 자바 API의 일부를 베꼈다. 문제된 37개 패키지에는 휴대 기기용 앱을 만드는 프로그래머에게 가장 유용한 임무수행기능이 들어 있다. 그 중 3개는 자바 언어를 사용하기 위해 기본이 되는 패키지다. 안드로이드 플랫폼을 사용하는 프로그래머는 위 패키지의 같은 선언 코드를 이용함으로써 특정 임무수행(예컨대 자연수 둘 중 큰 수를 판단)을 불러오는데 익숙한 메소드 콜을 이용할 수 있다. 그러나 구글의 이행 프로그램이 그 임무를 수행한다. 그와 같이 베끼지 않고는 프로그래머가 같은 임무를 불러오기 위해서는 완전히 새로운 체계를 배울 필요가 있을 것이다.

우리는 안드로이드 플랫폼이 성공하였음을 알고 있다. 2007년에 처음 나오고 5년만에 안드로이드 기반의 기기는 미국 시장의 점유율이 매우 높아졌다. 2015년까지 안드로이드 판매수입은 420억불 이상이었다.

2010년 오라클은 선을 산 바로 직 후 캘리포니아 북부 연방지방법원에 이 소송을 걸었다.

Ⅱ

사건은 복잡하고 시간이 오래 걸렸다. 처음에 오라클은 구글이 선 자바 API의 저작권과 특허권을 모두 침해했다고 주장하였다. 오라클은 구글이 선언코드를 문자 그대로 베끼고, API의 구조 체계-메소드들을 모아 클래스로 조직하고 클래스들을 모아 패키지로 조직-를 베껴서 저작권을 침해하였다고 주장하였다. 지방법원은 3가지 절차를 진행하였다. 첫째는 저작권 쟁점을 다루었고, 두 번째는 특허권 쟁점을 다루었고, 세 번째는 필요시 손해액 계산이었다. 지방법원은 판사가 API의 저작권 보호 여부를 결정해야 하고, 배심은 구글의 오라클 API 사용이 저작권을 침해했는지 및 만약 침해했다면 공정이용 항변이 받아들여질 수 있는지를 결정해야 한다고 판단했다.

6주간의 증거심리를 거쳐 배심은 오라클의 특허 침해 주장을 배척하였고, 그 이후 특허 쟁점은 사라졌다. 배심은 저작권침해를 조금 인정하였다. 구글의 공정이용 항변을 인정할 지에 관해서는 합의에 이르지 못했다. 그 뒤 판사는 API 선언코드는 저작권법이 보호하는 창작물이 아니라고 판단했다. 지방법원은 구글이 자신의 API 거의 모두를 차지하는 이행코드를 스스로 만들었다고 적었다. "저작권법에 따르면 선 자바 API가 선택한 임무나 구체화한 임무와 정확히 똑같은 임무를 수행하기 위해 스스로 코드를 만들 수 있다"고 했다. 구글은 자바로 훈련된 프로그래머가 (자신의 이행코드를 작성하는 동안) 익숙한 임무를 개시하기 위해 필요한 선언코드와 조직 구조만을 베꼈다. 그래서 판사는 베낀 자료가 저작권법의 보호대상에서 제외된 "체계 또는 작동방법"이라고 보았다.

항소심에서 연방항소법원은 지법판결을 뒤집었다. 항소법원은 선언코드와 조직 구조가 모두 저작권으로 보호될 수 있다고 판결했다. 구글이 스스로 이행코드뿐만 아니라 선언코드를 만들 수 있었다고 지적하였다. 이론상 구글이 프로그래머가 요청할 수 있는 임무를 나누고 이름붙이는 새로운 체계를 전부 만들 수 있기 때문에, 선 자바 API를 구성하는 선언코드(와 체계)는 저작권으로 보호될 수 있다고 보았다.

또한 항소법원은 구글의 선 자바 API의 이용이 공정이용이어서 저작권침해책임에서 벗어날 수 있는지를 판단해달라는 오라클의 주장을 받아들이지 않았다. 항소법원은 "저작권법이 장려하는 바로 그 창작성을 억누르는 경우가 있을 때 법원이 공정이용을 인정하여 법의 엄격한 적용을 피하도록 허용하고 있"다고 하였다. 그러나 기록상 구글의 공정이용 항변을 평가할 만큼 충분히 사실 심리가 진행되지 않았다고 보았다. 그래서 그 문제를 다시 심리하기 위해 사건을 되돌려 보냈다. 구글은 이 법원에 저작권보호대상이라는 항소법원의 판단에 이의를 제기하면서 상고허가신청을 하였다. 우리는 상고를 기각하였다.

환송심에서 지방법원은 배심과 함께 1주일동안 증거심리를 하였다. 법원은 배심에게 다음 문제의 결론을 내리라고 설명하였다. 구글이 베낀 37개의 선 자바 API 패키지에 들어 있는 선언코드와 조직 구조를 안드로이드에서 사용한 행위가 저작권법상 공정이용에 해당함을 우월한 증거로 증명했는가? 3일 동안의 숙의 끝에 배심은 그렇다고 결론 내렸다. 구글은 공정이용을 증명하였다.

오라클은 다시 연방항소법원에 항소하였다. 항소법원은 다시 지방법원의 판결을 뒤집었다. 항소법원은 모든 사실 문제가 구글에 유리하다고 가정하였다. 그러나 그 사실들이 공정이용에 해당하는지는 법률문제라고 보았다. 법률문제를 결정하면서, 항소법원은 구글의 선 자바 API 이용은 공정이용이 아니라고 판결했다. 저작물을 글자 그대로 베껴서 경쟁 플랫폼에서 원작과 똑같은 목적과 기능으로 이용하는 행위는 공정하지 않다고 보았다. 사건을 손해배상액의 심리를 위해 다시 되돌려 보냈다.

구글은 상고허가신청을 하였다. 연방항소법원의 저작권보호대상 및 공정이용이라는 판단의 재심리를 요청하였다. 우리는 상고를 허가하였다.

Ⅲ

A

헌법은 "과학 및 유용한 기술의 발전을 도모하기 위해 저작자와 발명가에게 한정된 기간 동안 저작물과 발명에 독점권을 부여하기 위해" 저작권과 특허권을 보호한다고 하였다. 저작권법과 판례법은 저작권이 실용 목적을 가지고 있음을 분명히 하였다. 저작권법은 저작자에게 저작물을 복제할 독점권을 (종종 1백년 이상) 주었는데, 특별한 보상이 아니라 다른 사람들이 더 싸게 복제할 수 있도록 장려하기 위해서였다. 동시에 저작권은 부정적인 면도 갖고 있다. 보호는 소비자값을 올릴 수 있다. 저작권자와 접촉하여 복제허락을 받는데 필요한 비용과 같은 특별한 비용이 들 수 있다. 저작권법이 준 독점권은 때로 다른 사람들이 자신의 창작권한을 행사하는데 걸림돌이 될 수 있다. Twentieth Century Music Corp. v. Aiken, 422 U.S. 151, 156 (1975); Mazer v. Stein, 347 U.S. 201, 219 (1954).

영국의 문호 매콜리는 한때 저작권법은 "저작자에게 포상금을 줄 목적으로 독자에게 부과된 세금"이라고 말했다. 장점과 단점을 저울질하는 의회는 저작권법을 만드는 헌법상 권한을 행사하면서 세금의 더 구체적인 모습, 저작권의 한계와 조건, 예외와 면제 사유를 결정한다.

현재의 저작권법 4개 조항은 이 사건에 특히 관련되어 있다. 첫째, 정의 규정은 저작권을 인정받는 3가지 기본 조건을 설정하였다. "유형의 표현매체에 고정된" "독창적인" "저작물"이어야 한다. 17 U.S.C. §102(a); Feist Publications, Inc. v. Rural Telephone Service Co., 499 U.S. 340, 345 (1991) ("파이스트 판결").

둘째, 저작권법은 저작권으로 보호되는 저작물 종류를 열거하고 있다. 어문, 음악, 연극, 영화, 건축, 그 밖의 다른 저작물을 포함하고 있다. 1980년 의회는 컴퓨터 프로그램을 저작권법으로 보호하였다. 그리고 컴퓨터프로그램을 컴퓨터에서 결과를 얻기 위해 직접 또는 간접으로 사용되는 지시나 명령들이라고 정의하였다.

셋째, 저작권법은 저작권으로 보호될 수 있는 저작물에 한계를 설정하였다. 예를 들면 "생각(아이디어), 절차, 공정, 체계, 작동방법, 개념, 원리, 발견…"은 저작권으로 보호되지 않는다. §102(b). 유형의 표현매체에 저작물을 고정할 필요성과 함께 이 제한에 따라 법원은 새롭고 유용한 생각을 보호하는 특허권과 달리, 저작권은 표현을 보호하지, 그 표현 안에 들어 있는 생각을 보호하지 않는다고 말하곤 하였다.

넷째, 의회는 법원과 함께 저작권으로 보호되는 저작물에 대해서도 그 보호범위를 제한하였다. 예컨대 저작권법은 저작권자의 공연권과 전시권을 제한하거나, 녹음물의 공연권을 제한하였다. 110, 114조. 그리고 이 사건에 직접 관련되어 있는 조항으로 저작권자는 저작물의 공정이용을 막을 수 없다. 107조.

우리는 저작권법이 장려하려는 바로 그 창작성을 저작권이 억누를 때, 법원이 저작권법의 엄격한 적용을 피할 수 있는 형평법상의 합리적인 법리로 공정이용원리를 설명하였다. 법리를 담은 법률조항은 법원이 어떻게 적용해야 할지를 알려주고 있다. 조항내용은 다음과 같다.

"비평, 논평, 보도, 교육…학술, 또는 연구와 같은 목적으로…저작물의 공정이용은 저작권침해에 해당하지 않는다. 구체적인 사건에서 저작물의 이용이 공정이용에 해당되는지를 판단할 때 다음 요소가 고려되어야 한다.

(1) 이용이 상업 성격인지, 비영리 교육 목적인지를 포함하여 이용의 목적과 성격

(2) 저작물의 성질

(3) 저작물 전체와 관련하여 이용된 부분의 양과 실질

(4) 저작물의 가치나 잠재 시장에 미치는 이용의 효과" 107조.

우리는 이 조항을 적용하면서, 이 조항의 요소들이 제한되지 않고("포함하다"는 낱말을 쓰고 있다), 조항의 예가 다른 요소를 배제하지 않으며("와 같은" 문구 사용), 어떤 상황에서 일부 요소는 다른 요소보다 더 중요할 수 있다고 이해하였다. Campbell v. Acuff-Rose Music, Inc., 510 U.S. 569, 577 (1994) ("캠벨 판결"); Harper & Row, Publishers, Inc. v. Nation Enterprises, 471 U.S. 539, 560 (1985) ("하퍼 판결"), 레발, 공정이용기준을 향하여, 103 Harv. L. Rev 1105, 1110 (1990) (레발 I). 간추리면 우리는 그 조항은 일반 원리를 설정하였고, 그 원리를 적용할 때 기술의 중요한 변화를 포함하여 관련 상황에 따라 법원이 균형을 잡아야 한다고 이해하였다. Sony Corp. of

America v. Universal City Studios, Inc., 464 U.S. 417, 430 (1984); Aiken, 422 U.S., 156 (기술 변화로 법문이 모호하게 되었을 때, 저작권법은 기본 목적에 비추어 해석되어야 한다).

B

구글의 상고허가신청은 2가지 쟁점을 드러내고 있다. 첫째는 자바의 API가 저작권으로 보호될 수 있는지이다. 위에서 말한 법률조항 2개를 검토하여야 하는데, 하나는 컴퓨터 프로그램의 저작권 보호를 허용하는 조항이고, 다른 하나는 공정, 체계, 작동방법의 저작권보호를 금지하는 조항이다. 구글은 API의 선언코드와 조직이 후자의 범위에 들어가므로 명확히 저작권보호에서 제외된다고 믿는다. 둘째 문제는 구글의 API 사용이 공정이용인지이다. 구글은 공정이용이라고 믿고 있다.

어느 쪽 문제든 구글이 승소하면 오라클의 저작권청구는 해결될 것이다. 빠르게 바뀌는 기술, 경제, 사업 환경을 고려할 때, 우리는 당사자들의 다툼 해결에 필요한 정도 이상으로 답변해서는 안된다고 본다. 우리는 순전히 논의의 편의상 선 자바 API는 모두 법률 정의상 저작권으로 보호될 수 있다고 가정한다. 대신에 우리는 구글의 그 API 이용이 공정이용인지를 묻는다. 연방항소법원과 달리 우리는 공정이용이라고 결론 내린다.

Ⅳ

107조 공정이용 조항의 법문은 판사가 만든 법리를 담고 있다. Folsom v. Marsh, 9 F. Cas. 342, 348 (No. 4,901) (CC Mass. 1841) 판결에서 대법관 스토리가 쓴 표현과 비슷하다. 캠벨 판결 576 (대법관 스토리가 공정이용 검토를 요약한 내용이 107조에서 어떻게 확인할 수 있는지 적음). 현대 법원의 법리와 그 배경을 보면 법리에 융통성이 있고, 때로는 모순되는 저작권법의 목적에 비추어 적용해야 하며, 맥락에 따라 달리 적용될 수 있음이 분명하다. 그래서 저작물이 사실이 아니라 허구일 경우, 뉴스방송보다 영화일 경우, 유용한 기능보다는 예술적인 내용일 경우 저작권이 더 강하게 보호된다. 비슷하게 법원은 어떤 상황에서는, 곧 저작권보호대상이 저작권으로 보호되지 않은 자료와 밀접한 관계가 있을 경우 저작권 보호는 좁다고 판결했다. 파이스트 판결 349.

일반적으로 말해서, 컴퓨터 프로그램은 거의 항상 기능목적을 수행한다는 점에서 책, 영화, 그 밖의 어문저작물과 다르다. 여러 차이 때문에 어느 판사는 "컴퓨터 프로그램에 저작권법을 적용하는 일은 제대로 맞지 않는 퍼즐 조각을 맞추는 것과 같다"고 불평하곤 했다. Lotus Development Corp. v. Borland Int'l, Inc., 49 F. 3d 807, 820 (CA1 1995) (보딘 판사 동조의견).

의회는 컴퓨터 프로그램에 저작권을 부여할 지 오랫동안 힘들게 논의했다. 1974년 의회는 저작물의 새로운 기술적 이용에 관한 위원회(CONTU; 콘투)를 만들어 문제를 들여다보았다. 몇 년간의 연구 끝에 콘투는 "컴퓨터프로그램의 저작권 보호가 바람직하다"고 결론 내렸다. 동시에 컴퓨터프로그램이 독특한 특징을 갖고 있다고 인정하였다. 프로그램 이용자와 일반 공중에 부당한 부담을 주지 않기 위해 저작권은 창작동기를 얻는데 필요한 정도 이상의 경제권을 주어서는 안된다고 하였다. 그리고 법원이 사건별로 적용하는 저작권법리(예컨대 공정이용)가 혁신을 억누르기 위한 저작권의 사용을 막을 수 있다고 믿었다. 의회는 컴퓨터프로그램을 법에 편입하였다.

요점은 공정이용이 이 사건 쟁점 저작권처럼 컴퓨터프로그램 저작권의 적법한 범위를 결정하는데 중요한 역할을 할 수 있다는데 있다. 공정이용은 기술들을 구분하는데 도움을 줄 수 있다. 컴퓨터 코드의 표현 및 기능 특징이 섞여 있을 때 둘 사이를 구분할 수 있게 해준다. 저작권보호가 다른 시장이나 다른 제품의 개발과 무관하거나 부당한 피해를 주는 범위를 조사하는 한편 저작물을 창작할 동기를 제공하는 정당한 필요성에 초점을 맞출 수 있다. 한마디로 공정이용은 적법한 범위 내에서 저작권 독점을 유지할 수 있도록 확인하는 기본 목적을 수행할 수 있다. 하원보고서(1976) (법원이 사건별로 기술의 빠른 변화에 비추어 특정 상황에 맞게 공정이용법리를 적용), Lexmark Int'l, Inc. v. Static Control Components, Inc., 387 F. 3d 522, 543-545 (CA6 2004) (호환가능성을 보존하기 위해 복제한 사건에서 공정이용 논의), Sony Computer Entertainment, Inc. v. Connectix Corp., 203 F. 3d 596, 603-608 (CA9 2000) (프로그램의 보호되지 않는 기능 요소에 기술적으로 접근하는데 필요한 중간 복제에 공정이용 적용), Sega Enterprises Ltd. v. Accolade, Inc., 977 F. 2d 1510, 1521-1527 (CA9 1992) (컴퓨터 제품을 개발하는 사전 단계로서 저작권으로 보호되는 코드의 전부 복제는 공정이용).

대법관 토마스의 사려깊은 반대의견은 공정이용이 컴퓨터프로그램에 어떤 역할을 하는지(아마도 할 수 있는지)에 관하여 매우 다른 견해를 보여주고 있다. 프로그램이 이용되고 설계되는 방식에서 중요한 차이가 있다 해도, 저작물의 성질을 검토할 때 컴퓨터코드 사이를 구분하려는 시도는 유지될 수 없다고 한다. 컴퓨터코드를 베끼는 이유가 다른 종류의 저작물의 경우와는 매우 다르고 다양하다 해도, 새로운 프로그램에서 코드의 재사용은 유효한 목적과 특성을 가질 수 없다고 한다. 그리고 우리의 선례법이 공정이용은 맥락에 달려 있다고 가르쳤다 해도, 우리의 공정이용 분석에서 어떤 요소는 다른 요소보다 우선된다고 한다.

그러나 우리는 의회가 저작권의 제한된 원리의 적용으로부터 컴퓨터프로그램을 이런 식으로 보호하려고 했다고 이해하지 않는다. 컴퓨터프로그램을 101조에서 정의하면서 의회는 프로그램을 저작권 제도안에 두었다. 다른 저작물처럼 컴퓨터프로그램의 소유자는 복제권이나 2차적저작물작성권을 포함하여 저작권법이 규정한 독점권을 누린다. 그러나 컴퓨터프로그램의 독점권은 다른 저작물처럼 제한된다. 공정이용이 저작권의 보호대상인 책과 영화를 구분하듯이 컴퓨터프로그램 사이에서도 마찬가지로 선을 그어야 한다. 공정이용이 대본과 그림을 사고 파는 시장을 고려하듯이, 기술저작물이 창작되고 판매되는 현실을 고려해야 한다. 우리는 "전부 아니면 전무"에 가까운 방식이 저작권법의 전체 취지에 충실하다고 보지 않는다.

V

구글은 공정이용은 배심이 결정할 문제라고 주장한다. 이 사건에서 배심은 구글에게 유리하게 결정했다. 우리는 배심의 결정이 실질적인 증거에 의해 옳은지를 판단하는데 그쳐야 한다. 연방항소법원은 동의하지 않았다. 공정이용 문제는 사실과 법이 섞인 문제라고 보았다. 배심의 사실 인정을 적절하게 존중하여야 하지만, 그 사실로 공정이용을 인정할 지의 최종 문제는 판사가 결정하는 법률문제라고 보았다.

우리는 이 문제에 대한 연방항소법원의 결론에 동의한다. 우리는 "공정이용이 법과 사실이 섞인 문제"라고 말했다. 하퍼 판결 560. 우리는 법원이 사실 부분과 법률 부분을 나누어 타당한 법률 기준에 따라 각 부분을 살펴보아야 한다고 설명하였다. 그러나 문제가 더 이상 좁혀지지 않을 때, 섞인 문제의 심사 기준은 모두 주로 법률 업무인지 또는 사실 인정업무인지에 달려 있다고 하였다. U.S. Bank N. A. v. Village at Lakeridge, LLC, 583 U.S. ___, ___(2018) (9) (“미국 은행 판결”).

이 사건에서 공정이용 문제는 주로 법률 업무이다. 공정이용은 원래 판사들이 창안한 개념이었다. 우리의 선례들도 여전히 공정이용조항의 법률 해석을 내놓고 있다. 이러한 해석은 장래 사건에 일반 지침을 제공한다. 캠벨 판결 592-3 (저작권의 개념이 아닌 시장 피해 종류 설명), 하퍼 판결 564 (출간되지 않은 저작물의 공정이용 범위는 좁다), 소니 판결 451 (시장대체물을 만들 목적으로 전면 복제하는 행위는 공정하지 않다고 추정된다). 이러한 유형의 업무는 법률 업무이다. 미국 은행 판결 (8) (법을 적용하면서 다른 사건에서 사용될 유용한 법리를 개발할 때, 상급법원은 판결을 새롭게 분석해야 한다).

물론 법률적인 공정이용 결론을 적용할 때 “저작물의 실제 시장이나 잠재 시장에 피해가 있었는지”나 “저작물이 얼마나 복제되었는지”와 같은 사실 문제의 결정도 따른다. 이 사건에서 연방항소법원은 사실인정은 배심에게 맡기고 최종 법률 문제는 새롭게 심리하면서, 우리가 미국 은행 판결에서 설정한 사실/법리 원리를 신중하게 적용하였다.

다음으로 구글은 연방항소법원의 방식이 수정헌법 제7조를 어겼다고 주장한다. 그 수정헌법은 “배심 재판을 받을 권리를 보장하며” 법원은 배심이 심리한 사실의 재심리를 금지하고 있다. 그러나 재심리 금지 조항은 이 사건에서 최종 문제가 사실인정이 아니라 법률 판단일 때 적용되지 않는다. 법원이 법리 문제를 판단할 때마다 발생하듯이, 배심 평결에 관한 다툼을 해결하기 위해 적용 법리를 결정하는 일은 재심리금지 조항을 위반하지 않는다.

배심재판 받을 권리에는 배심이 공정이용 항변을 해결할 권리도 포함되어 있다는 구글의 주장도 옳지 않다. 그 조항은 문제가 된 “특정한 사실심 판결”과 관련되어 있다. 독립혁명전 영국 판례에서 판사가 공정 요약과 같은 관련 문제를 배심에게 보낸 사건을 찾을 수 있다 해도, 그 문제는 오늘 법원이 적용하는 공정이용 법리와 매우 다르다. (인용 판례 생략). 우리가 이 사건에서 미국 은행 판결을 적용하면 1791년에 존재하는 보통법상 배심재판권을 보장하지 못한다는 선례를 찾지 못했다.

VI

우리는 이제 이 사건의 기본 법률문제, 구글이 선 자바 API를 베낀 행위, 구체적으로 37개 패키지의 선언코드와 조직 구조의 이용이 공정이용이었는지를 본다. 이 문제에 답하기 위해서는 컴퓨터 프로그램에도 적용되는 공정이용조항의 4가지 요소들을 살펴보아야 한다. 우리는 두 번째 요소부터 본다.

A. "저작물의 성질"

선 자바 API는 "이용자 인터페이스"이다. 이용자(이 사건에서는 개발자)가 메뉴 명령어들을 통해 임무수행 컴퓨터 프로그램을 조종하고 통제할 수 있는 방법을 제공해준다. 선은 API에서 컴퓨터들이 실제 수행하는 임무들을 수행할 수 있도록 임무를 구분해놓았다. 예를 들면 선은 API가 두 개의 자연수에서 어느 수가 큰지를 비교하는 임무를 불러오도록 했다. 비록 임무를 뭐라고 부르고 조직하는지에 관한 결정(어떤 임무를 max라고 부르거나 그 임무를 Math라 불리는 클래스에 두는 결정 등)에 대해서는 저작권을 주장할 수 있을지 몰라도, 어떤 임무에 관한 결정이 그 자체로 저작권으로 보호된다는 주장은 누구도 하지 않는다. Baker v. Selden, 101 U.S. 99 (1880).

앞에서 그리고 부록 B에서 보았듯이 우리는 3가지 본질적인 부분으로 이루어진 기술을 생각할 수 있다. 첫째, API는 임무를 수행하는 단계별로 컴퓨터에게 실제 지시하는 이행 코드를 포함하고 있다. 구글은 API가 불러오는 각각의 임무를 수행하는 자신의 프로그램(이행 프로그램)을 작성하였다.

둘째, 선 자바 API는 임무를 불러오는 메소드 콜이라고 불리는 특정 명령어와 연관되어 있다. 예를 들면 java.lang. 기호는 더 큰 수를 고르는 임무를 수행하라고 컴퓨터에 지시하는 프로그램(이 사건에서 선이 작성했든 구글이 작성했든)을 불러오는 명령의 일부이다. 오라클은 이 사건에서 개발자가 이러한 명령을 사용하는 행위 자체가 자신의 저작권을 침해한다고 주장하지 않는다.

셋째, 선 자바 API는 필요한 이행코드를 갖고 있는 컴퓨터의 특정한 장소와 메소드 콜을 이어주는 컴퓨터 코드를 갖고 있다. 이것이 선언코드이다. 선언코드는 API의 특정 임무에 이름을 붙이고 그 임무 또는 "메소드"를 "패키지"와 "클래스"로 조직하고 있다. 우리는 이러한 조직과정을 서류 보관함, 서랍, 서류에 비유하였다. 오라클은 구글이 선 자바 API의 선언코드를 사용한 행위가 저작권을 침해하였다고 주장하고 있다.

이 사건 선언코드는 컴퓨터프로그램의 일부를 구성하고 있는 다른 저작물과 닮았다. 의회는 컴퓨터프로그램이 저작권보호대상임을 확인하였다. 그러나 컴퓨터프로그램은 저작권으로 보호될 수 있는 유형인 컴퓨터 코드와는 다르다. 저작권의 타당한 보호대상이라고 주장하지 않은 일반 체계, 임무의 구분과 뗄 수 없게 묶여 있다. 또한 저작권으로 보호될 수 없는 아이디어인 이른바 서류함, 서랍, 서류라고 부르는 임무를 조직하는 생각과 뗄 수 없는 관련이 있다. 프로그래머가 알고 있는 구체적인 명령, 이 사건에서 메소드 콜(java.lang.Math.max,)로 알려졌고 오라클은 다투지 않고 있는 명령을 불가분으로 사용하고 있다. 그리고 저작권으로 보호될 수 있지만 복제되지 않은 이행코드와도 뗄 수 없게 묶여 있다.

나아가 복제된 선언코드와 복제되지 않은 이행 프로그램은 다른 기능을 요청하고 있고 반영하고 있다. 하나의 이행은 컴퓨터를 움직여 수십건의 다른 단계를 거치게 한다. 증인들은 이행프로그램을 작성하기 위해서는 컴퓨터가 얼마나 빨리 임무를 수행할 수 있는지와 컴퓨터 메모리의 크기를 고려하여야 한다고 배심에게 말하였다. 어떤 증인은 API 개발자가 배터리로 구동되는 장치의 전원 유지와 같은 것을 걱정할 때 창작성을 발휘한다고 설명하였다. 이것이 데스크톱이나 노트북이 아닌 전혀 다른 스마트폰 환경에서 쓰는 안드로이드 소프트웨어를 개발할 때 필요한 창작성이다.

(프로그래머의 메소드 콜과 분리될 수 없는) 선언코드는 다른 유형의 창작성을 갖고 있다. 예를 들면 선 자바의 개발자들은 직관적으로 외우기 쉬운 선언코드이름을 지으려고 하였다. 시스템을 배우는 프로그래머들을 불러 모아서 프로그램 개발을 도와주고, 다른 시스템을 쓰지 않기를 바랐다. 선의 사업 전략상 원래 프로그래머를 끌어들이기 위해 API 사용이 중요함을 강조하였다. API를 공개하고 이행프로그램으로 경쟁하도록 하였다. 1심 증언에는 사용자 중심의 선언코드와 혁신적인 이행코드 사이를 중요하게 구분하는 내용으로 가득 차 있다.

이러한 특징들은 이용자 인터페이스의 일부로서 선언코드가 보통의 컴퓨터프로그램과는 조금 다르다는 뜻이다. 다른 컴퓨터프로그램처럼 성질상 기능을 수행한다. 그러나 다른 프로그램과 달리, 저작권으로 보호되지 않는 아이디어(일반적인 임무 구분 및 조직)와 새로운 창작 표현(안드로이드의 이행코드)과 본래 결합되어 있다. 다른 프로그램과 달리 선언코드의 가치의 많은 부분은 저작권을 갖고 있지 않은, 즉 컴퓨터 프로그래머가 스스로 시간을 들여서 API 시스템을 배워서 얻은 가치에서 나온다. 그리고 다른 프로그램과 달리, 그 가치는 프로그래머들이 그 시스템을 배워서 사용함으로써 구글이 베끼지 않은 선과 관련된 이행프로그램을 이용하는 노력에 달려 있다.

비록 저작권이 종류가 다른 많은 어문저작물을 보호하지만, 우리는 일부 저작물이 다른 저작물보다 저작권의 핵심에 더 가깝다고 인정할 필요성을 강조했다. 캠벨 판결 586. 위에서 설명한 바와 같이 선언코드가 저작권으로 보호된다고 해도, (이행코드처럼) 거의 모든 컴퓨터프로그램보다는 저작권의 핵심에서 멀리 떨어져 있다. 그래서 이 사건에서 공정이용의 적용이 의회가 컴퓨터 프로그램을 저작권으로 보호하려는 취지를 매우 허물어뜨린다는 반대의견과 연방항소법원의 걱정은 지나치다. 그리고 "저작물의 성질" 요소는 공정이용 쪽으로 기운다.

B. "이용의 목적과 성격"

공정이용을 주장하는 상황에서, 우리는 베낀 행위가 "추가 목적이나 다른 성격을 위해 새로운 표현, 의미나 의견으로 저작물을 수정하여 새로운 내용을 더했는지"를 살펴본다. 학자들은 더 폭넓게 보아서 복제자의 이용이 대중의 창작성을 자극하려는 저작권법의 목적을 이행하였는지를 묻는다. 레발 1111. 이 문제를 해결하면서 우리는 새롭거나 중요한 내용을 더한 복제이용을 설명하기 위해 "변형적"이라는 낱말을 썼다. 캠벨 판결 579. 예를 들면 미술작품도 소비지상주의를 비판하기 위해 저작권으로 보호되는 광고로고를 정확하게 복제했다 해도 공정이용에 해당할 수 있다. 우리가 캠벨 판결에서 패러디가 의도를 드러내기 위해 원작을 흉내 낼 필요성이 있었는데, 원작을 논평 또는 비평하기 때문에 변형적일 수 있다고 판결했다.

구글은 선 자바 API의 일부를 정확히 베꼈고, 선이 그 부분을 창작한 똑같은 이유, 곧 프로그래머들이 특정 임무를 완수하는 이행프로그램을 불러올 수 있다는 이유로 베꼈다. 그러나 저작권으로 보호되는 컴퓨터프로그램의 사실상 무단이용(교육이나 연구)도 같은 일을 하기 때문에, 이 사건에서 못하게 하면 기능을 수행하는 컴퓨터 프로그램의 성질을 고려할 때 공정이용의 범위가 매우 좁아진다.

그보다는 이용이 변형적인가를 결정하기 위해서, 우리는 더 나아가서 복제자가 구체적으로 설명하는 "목적"과 "성격"을 살펴보아야 한다.

이 사건에서 구글의 선 자바 API 이용은 새로운 제품을 만들기 위해서였다. 안드로이드 기반의 스마트폰의 이용과 유용성을 높이기 위해서였다. 새로운 제품은 프로그래머에게 스마트폰환경에서 매우 창의적이고 혁신적인 도구를 제공해준다. 구글이 프로그래머가 쉽게 쓸 수 있는 새 플랫폼을 창작하기 위해 선 자바 API의 일부를 이용한 범위에서, 그 이용은 저작권법 자체의 헌법상 기본 목적인 창의적인 "발전"과 일치한다. 파이스트 판결 349-350(저작권법의 원래 목적은 저작자의 노동을 보상하는데 있지 않고 과학과 유용한 기술의 발전을 도모하는데 있다).

배심은 구글이 안드로이드와 관련된 임무와 프로그램을 만드는 구체적인 수요에 한정해서 선 자바 API를 이용했다고 들었다. 구글은 (선이 데스크톱과 노트북 컴퓨터용으로 창작한) API를 스마트폰 프로그램에 유용한 임무를 포함하는데 필요한 한도 내에서 베꼈다. 그리고 프로그래머가 익숙한 프로그램 언어를 버리고 새로운 언어를 배우지 않고도 그 임무를 불러올 수 있도록 하는 범위 내에서만 베꼈다. 되풀이하자면 구글은 안드로이드를 통해 독특하고 다른 컴퓨터 환경에서 작동하는 임무들을 모아서 제공하였다. 그 임무들은 구글이 새로운 환경에서 작동하는 계획에 따라 작성한 새 이행코드를 이용하여 수행되었다. 일부 참고서면은 구글의 행위를 기존 시스템과 똑같은 낱말과 문법을 다른 용도로 고쳐서 시스템을 만든다고 정의되는 재실행- 이 사건에서 기존 시스템을 배운 프로그래머가 그 기술을 새로운 시스템에서 사용하는데 썼다고 말하고 있다.

이 사건 기록에는 인터페이스의 재실행이 컴퓨터프로그램의 개발을 촉진할 수 있는 수많은 방식이 나타나 있다. 배심 심리에서 다른 프로그램이 서로 호환되기 위해서 인터페이스의 공유가 필요하다는 진술이 있었다. 프로그래머가 자신들의 기술을 이용할 수 있으려면 인터페이스의 재실행이 필요하다는 진술도 있었다. API의 재사용은 관련 산업에서 흔한 일이라는 진술도 있었다. 선 스스로 자바를 창작할 때 기존에 존재하던 인터페이스를 사용하였다. 그리고 선의 임원진들은 자바 프로그램 언어가 스마트폰 플랫폼을 포함하여 널리 사용되면, 회사에 도움이 될 거라고 생각하였다는 진술도 있었다.

구글을 지지하는 참고서면은 증인들이 배심에서 설명했던 내용과 같은 내용을

요약하고 있다. (저작권학자들, 마이크로소프트, 컴퓨터과학자, 미국반독점협회 등의 서면내용 생략)

이러한 사실들을 모아 볼 때 우리들은 구글이 베낀 "목적과 성격"이 변형적이라고 확신하므로, 이 요소 역시 공정이용 쪽으로 기운다.

첫째 요소에서 가끔 고려되는 2가지 사항, 곧 상업성과 선의가 있다. 107조의 법문은 허용되는 복제의 예시로 교육, 학문과 같이 여러 비상업적 사용을 포함하고 있다. 복제의 성격이 상업적이 아니라는 사실은 의심의 여지없이 공정이용 쪽으로 저울이 움직인다. 그러나 보통의 공정이용사례가 많은 경우 어쩔 수 없이 상업적이기 때문에 상업이용이라고 해서 불허되지 않는다. 예를 들면 107조는 "뉴스 보도"와 같은 사례를 들고 있는데 영리 목적에 따라 보도가 이루어지기도 한다. 그래서 특히 재실행이 새로운 안드로이드 시스템에서 변형적인 역할을 하고 있다는 점에 비추어 볼 때, 구글의 이용이 상업성을 띠고 있다고 해도 첫 번째 요소를 좌우하지 않는다.

악의와 관련해서, 캠벨 판결에서 우리는 악의가 공정이용 분석에서 어떤 역할을 하는지에 대해 조금 회의적이었다. 585 주18. 우리는 "저작권이 예의바른 사람들을 위한 특권이 아니기 때문에," 이러한 의문이 맞다고 인정한다. 라발 1126. 우리는 이 사건에서 선의가 일반적으로 도움이 될 수 있는지를 알 수 없다. 우리는 공정이용 쪽으로 기우는 다른 요소들이 강력하고, 치열하게 다툰 증거심리를 거쳐 구글에 유리하게 인정한 배심 결정을 볼 때, 악의여부에 관한 고려사항은 결정적이 요소는 아니라고 본다.

C. "이용된 부분의 양과 실질"

만약 선언코드만을 따로 떼어 본다면, 구글이 베낀 양은 매우 많다. 구글은 선 자바 API 37개 패키지의 선언코드, 약 11,500줄을 모두 베꼈다. 그 부분은 수백 건의 다른 임무를 불러오기 위해 필요한 거의 모든 선언코드에 해당하는 양이다. 반면에 선 자바 API의 모든 소프트웨어를 본다면, 베낀 부분은 적다. 선 자바 API의 컴퓨터 코드는 이행코드를 포함하여 모두 2.86백만 줄에 이르고, 베낀 11,500줄은 0.4%에 지나지 않는다.

여기서 문제는 그 11,500줄의 코드를 따로 떼어서 볼지 아니면 전체의 일부로 볼지이다. 우리는 적은 양의 복제도 그 부분이 원작의 창작적인 표현에서 핵심이라면 공정이용이 아닐 수도 있다고 말했다. 하퍼 판결 564-565. 반면에 더 많은 양의 복제도 그 복제된 내용에 창작 표현이 들어 있지 않거나 복제자의 유효한 목적에 필수일 경우 공정이용에 해당할 수 있다. 캠벨 판결 588. 만약 피고가 소설에서 한 문장을 베꼈다면, 그 복제는 실질적인 복제가 아니다. 그러나 만약 그 한 문장이 세상에서 가장 짧은 소설의 일부라면- "그가 깨어났을 때, 공룡이 그 곳에 있었다."- 베낀 내용이 소설을 작은 부분이지만 전부와 다를 바 없기 때문에 매우 다르다.

구글이 베낀 행위의 몇 가지 특징을 보면 구글이 베끼지 않았던 수백만 줄을 고려해야 한다. 선 자바 API는 그 임무 이행 줄과 뗄 수 없이 결합되어 있다. API의 목적은 그 줄들을 불러내는데 있다. 구글은 선언코드 줄을 창작성이나 아름다움, 또는 목적 때문에 베끼지 않았다. 프로그래머가 이미 선 자바 API 시스템과의 작업을 배웠기 때문에 베꼈고, 구글로서는 그 시스템이 없었다면 프로그래머들이 안드로이드 스마트폰 시스템에서 작업하도록 이끌지 못했을 것이다. 나아가 구글의 기본 목적은 다른 컴퓨터 환경(스마트폰)을 위한 다른 임무 관련 시스템을 만드는데 있었고, 그 목적을 이루는데 도움이 되는 안드로이드 플랫폼을 만드는데 있었다. "실질" 요소는 일반적으로 이 사건처럼 복제의 양이 유효하고 변형적인 목적에 따른 경우 공정이용에 유리하게 기운다.

우리는 구글이 자바 언어로 작성하기 위해 필요한 170줄의 코드만을 베끼면 자바 호환성 목적을 달성할 수 있었을 거라는 연방항소법원의 결론에 동의하지 않는다. 그 결론이 구글의 정당한 목적을 너무 좁게 보고 있다는 생각이다. 구글의 기본 목적은 단지 안드로이드 시스템에서 자바 프로그래밍 언어를 쓸 수 있도록 하는데 있지 않다. 프로그래머들이 안드로이드 플랫폼에서 스마트폰을 위한 새로운 프로그램을 작성할 때 선 자바 API를 사용한 경험과 지식을 이용할 수 있도록 하는데 있었다. 원칙적으로 구글은 스스로 다른 선언코드 체계를 만들 수도 있었다. 그러나 배심은 그렇게 하면 기본 목적을 달성할 수 없었을 거라고 인정할 수도 있다. 선언코드는 프로그래머의 창의적인 활기를 끌어내는데 필요한 핵심이었다. 그리고 자신의 혁신적인 안드로이드 시스템을 만들고 향상시키기 위해 그 활기가 필요했다.

우리는 결국 이 "실질" 요소가 공정이용 쪽으로 기운다고 믿는다.

D. 시장에 미치는 효과

4번째 요소는 복제행위가 저작물의 시장이나 가치에 미치는 효과이다. 적어도 컴퓨터 프로그램을 다투고 있는 경우에 이 요소를 고려할 때 처음 생각보다 더 복잡할 수 있다. 시장 효과는 법원이 저작권자가 잃을 수 있는 수입을 고려하고 있다. 우리가 캠벨 판결에서 지적하였듯이 "상업 목적으로 원작을 거의 글자 그대로 복제한 행위"는 원저작물의 시장 대체물이 될 수 있다. 591. 소설을 영화로 만드는 행위도 저작권자는 잠정 손해나 추정 손해를 입을 수 있다. 그 손실은 보통 저작자에게 창작 표현을 하도록 자극하는 독점권을 주는 저작권의 기본 목적과 충돌한다.

그러나 수입 상실 가능성이 전부는 아니다. 이 사건에서 우리는 상실액뿐만 아니라 상실의 원인도 살펴야 한다. 캠벨 판결은 "통렬한 영화비평처럼 신랄한 패러디가 원작의 수요를 줄일 수 있다"고 인정했다. 그러나 이러한 종류의 피해는 저작권법에서 인정할 수 없다.

나아가 우리는 저작권이 가져다 줄 수 있는 공공의 혜택을 생각해야 한다. 예컨대 그러한 혜택이 새로운 표현의 창의적인 개발에 대한 저작권자의 관심과 관련되어 있는가? 그 혜택이 잃을 수 있는 수입(상실 원인도 고려하여)과 비교할 때 중요한가 그렇지 않은가?

우리는 이 문제가 늘 공정이용의 적용에 관계가 있다고 말하지 않으며, 컴퓨터 프로그램에서도 마찬가지다. 또한 우리는 이 문제가 법원이 보아야 하는 유일한 문제라고 말하지 않는다. 그러나 우리는 이 사건에서 구글의 재실행이 가져 올 수 있는 시장 효과를 결정하는데 도움이 된다고 본다.

수입의 상실 가능성에 대해 배심은 안드로이드가 자바 SE의 실제 또는 잠재 시장에 피해를 입히지 않았다고 인정할 수 있었다. 그리고 선 스스로가 구글이 API 일부를 베끼든 베끼지 않았든 그 시장에 진입하지 못했을 거라고 인정할 수 있었다. 첫째, 사실심의 증거는 안드로이드 스마트폰 기술에도 불구하고 선은 이동전화 시장에서 거의 성공적인 위치에 있지 못했음을 보여준다. 배심은 자바 SE의 원래 시장이 노트북과 데스크톱이었다는 많은 증거를 살펴보았다. 또한 이동전화 시장에 들어가려는 선의 노력이 성공하지 못했다는 증거도 보았다. 안드로이드가 판매되기 전인 2006년으로 되돌아가 보면 선의 경영진은 스마트폰 기술이 새롭게 나오기 때문에 이동전화 수입이 줄어들 거라고 예상했다. 선의 전 사장은 스마트폰을 개발하지 못한 이유가 구글이 안드로이드를 개발했기 때문이냐는 질문을 받고 그렇지 않다고 대답했다. 선이 이동전화 제품 개발하는 사업상의 어려움에 시달렸음을 보여주는 증거를 볼 때, 배심은 그 평가에 동의할 수 있다.

둘째, 배심은 구글의 안드로이드 플랫폼을 사용하는 기기가 선의 기술을 이용하는 기기와 다르다는 진술을 여러 차례 들었다. 예를 들면 증인들은 산업계에서는 스마트폰과 더 단순한 "피처폰"을 구분하였다고 설명하였다. 선이 만든 소프트웨어를 사용한 특정 기기에 대해서 배심은 그 폰들은 화면을 누르는 기능이 없었고, 자판이 없는 것도 있었다는 진술을 들었다. 다른 이동 기기를 보면 킨들과 같은 더 단순한 제품은 자바 소프트웨어를 사용하였고, 킨들 파이어와 같은 더 진화한 기술은 안드로이드 작동 체계로 개발되었다. 이러한 기록상 증거는 선의 코드를 큰 컴퓨터에서 더 작은 컴퓨터로 다시 만들었다기보다는 구글의 안드로이드 플랫폼이 자바 소프트웨어보다 독특하고(더 진화한) 시장의 일부였음을 보여주고 있다.

이러한 중요한 차이를 주목하면서 구글의 전문가는 배심에게 안드로이드는 자바 소프트웨어의 시장 대체재가 아니라고 설명하였다. 그는 두 제품은 매우 다른 기기이고, 모든 이동 구동 기능을 제공하는 안드로이드 플랫폼은 단순한 앱 프로그래밍 체제인 자바 SE와는 전혀 다른 제품이라고 설명했다. 모든 증거를 모아 볼 때 선의 이동전화사업은 쪼그라드는데, 시장에서는 선이 제공할 수 없었던 스마트폰 기술이라는 새로운 형태를 점차 요구하고 있다.

마지막으로 배심은 선이 안드로이드와 같은 새로운 플랫폼에서 자바 프로그래밍 언어를 널리 사용하면, 자바로 훈련된 개발자들이 늘어나서 수입을 얻을 수 있으리라고 예상했다는 증거도 살펴보았다. 달리 말하면 배심은 안드로이드와 자바 SE를 2곳의 다른 시장에서 운영된다고 이해할 수 있었다. 그리고 2개의 시장이 있기 때문에, 한 시장(스마트폰)에서 작업하기 위해 자바 언어를 배우는 프로그래머는 그 재능을 다른 시장(노트북)에 가져올 수도 있다.

선은 반대되는 증거를 냈다. 항소법원은 선이 안드로이드 시장에 들어가려고 했기 때문에 시장 효과 요소는 공정이용에 불리하다고 판결했다. 그러나 선이 구글과 이용허락협의를 했지만, 자바 코드의 이행, 두 회사의 광고 및 협력과 같은 주제를 포함하여 37개 패키지의 선언코드보다 훨씬 더 많은 코드를 대상으로 했다. 어찌 되었든 배심의 공정이용 판단은 선이 이용허락을 하려는 시도나 오라클의 모순되는 증거를 볼 때 구글이 선 자바 API 일부를 쓰지 않았다 해도, 최소한 선이 스마트폰 시장에 진입하기 어려웠음을 보여주는 증거를 뒤집지 못했음을 의미한다.

다른 한편으로 구글은 베낀 코드의 도움을 받아 안드로이드 플랫폼에서 엄청난 돈을 벌었다. 그리고 선 자바 API의 저작권을 집행하였다면 오라클은 이 수입을 나누어 가졌을 것이다. 그러나 오라클이 왜 그리고 어떻게 이 돈을 받을 권리가 있는지가 중요하다. API나 스프레트 시트와 같은 새로운 인터페이스가 처음 시장에 나왔을 때, 더 나은 화면처럼 표현의 품질 때문에, 또는 뛰어난 기능성 때문에 새로운 이용자들을 끌어 모았다. 그러나 시간이 지나면서 다른 이유로, 곧 프로그래머를 포함한 이용자들이 단지 익숙해졌기 때문에 가치가 커질 수 있다. 이용자들은 이미 운용방법을 배웠다. Lotus Development Corp., 49 F. 3d, 821 (보딘 판사 동조의견).

이 사건 기록은 이러한 요인 때문에 구글이 선 자바 API를 이용하려고 했음을 보여주는 증거로 가득 차 있다. 안드로이드 수익성의 원천은 선 자바 프로그램에 투자한 제3자(곧 프로그래머)와 매우 큰 관련이 있다. 선 자바 API를 개발하기 위한 선의 투자와는 관련성이 떨어진다. 우리는 저작권법이 창작물을 이용하는 방법을 배우기 위한 제3자의 투자를 보호한다고 믿을 이유가 없다.

마지막으로 선 자바 API를 배우기 위한 프로그래머의 투자를 볼 때, 이 사건에서 오라클의 저작권을 인정한다면 공중에 피해를 야기할 수 있다. 프로그래머에게 비슷하게 이용될 수 있는 대안 API를 만드는 비용과 어려움을 생각해 보면 이 사건에서 저작권을 인정하면 선 자바 API의 선언코드는 앞으로 새로운 프로그램을 만드는 창작성을 억누르는 자물쇠가 될 수 있다. 오라클만이 그 열쇠를 가지고 있다. 오라클(또는 컴퓨터 인터페이스 저작권을 갖고 있는 다른 회사들)에게는 수익성이 매우 높은 결과이다. 그러나 그 수익은 그 인터페이스로 작업하는 방법을 배운 이용자들이 발전시킨 창의적인 개발, 새로운 앱, 새로운 이용에서 나왔다. 그 범위에서 자물쇠는 저작권의 기본 목적인 창작성에 간섭하지 장려하지는 않을 것이다. Connectix Corp., 203 F. 3d, 607; Sega Enterprises, 977 F. 2d, 1523-1524 (다른 사람들의 경쟁을 못하게 하는 시장 독점 시도는 창작 표현을 발전시키려는 입법 목적과 상충); Lexmark Int'l, 387 F. 3d, 544 (후속 이용자가 기능성을 향상시키기 위해 컴퓨터프로그램을 베낀 경우, 저작물로서 그 프로그램의 상업 가치를 빼앗지 않았다). 무엇보다 "저작권은 아이디어를 창작하고 퍼트리기 위한 경제적인 유인책을 제공하고 있다." 하퍼 판결 558. 그리고 이용자 인터페이스를 재실행하여 창의적인 새로운 컴퓨터 코드는 시장에 더 쉽게 들어갈 수 있다.

안드로이드 시장에서 경쟁하는 선의 역량이 불확실하고, 상실한 수입의 원천, 공중이 창작과 관련하여 피해를 볼 위험을 모아 볼 때, 4번째 요소-시장 효과-는 공정이용에 유리하게 기운다.

* * *

컴퓨터 프로그램이 원래 기능을 수행한다는 사실 때문에 그러한 기술 세계에서 전통의 저작권 개념을 적용하기 어렵다. 이 사건에서 우리는 그 개념의 본질을 바꾸지 않았다. 또한 공정이용에 관한 과거 선례-보도 기사, 패러디 등-를 뒤집거나 수정하지 않았다. 그보다는 이 사건에서 공정이용과 같은 저작권 법리의 적용은 입법부와 법원이 협력한 결과이고, 의회가 계속 그렇게 하기를 바랐다고 본다. 우리는 저작권법 107조에 규정되고 과거 선례가 세운 법리를 살펴보았고, 이 사건과 같이 다른 종류의 저작물에 적용하였다.

우리는 이 사건에서 구글이 이용자들이 새롭고 변형된 프로그램에서 그들이 얻은 재능으로 작업하는데 필요한 만큼만 가져가서 이용자 인터페이스를 재실행한 경우, 구글이 선 자바 API를 복제한 행위는 법률문제로서 그 자료의 공정이용이었다는 결론에 이르렀다. 항소법원의 반대되는 판결을 취소하고 이 의견에 맞는 추가 절차를 위해 되돌려 보낸다.

판례색인

C

D

E

F

G

H

I

J

K

N

O

S

T

V

W

Y

Z

편 역 자 약 력

■ 장 주 영

〈약 력〉

서울대학교 법과대학 졸업
제27회 사법시험 합격
사법연수원 제17기 수료
미국 워싱턴대학(UW) 로스쿨 석사과정(LLM) 졸업(법학석사)
미국 뉴욕주 변호사시험 합격
국가인권위원회 위원(비상임)
KAIST 지식재산대학원 겸직교수
KBS 이사회 이사
정부법무공단 이사장

현) 변호사

〈저 서〉

제2증보판 미국저작권판례 2017
수정헌법 제1조와 표현의 자유 판결 2015

최신 **미국 연방대법원 판결 (I)**

편역자 장 주 영 — 2022년 6월 17일 인쇄
발행인 양 진 수 — 2022년 7월 12일 발행
발행처 진 원 사

서울시 송파구 법원로 9길 26, C동 1107호 (문정동, H비즈니스파크)
전화 : 02) 916-1850 / 팩스 : 02) 916-3442
신고번호 제 2018 - 000026호
http://www.jinwonsa.co.kr
http://www.lawbookstore.co.kr
e-mail : hhansin@hanmail.net

저자와의 협의하에 인지생략

ISBN : 978-89-6346-616-3 93360 — 정가 30,000 원